gli studi leggiadri

Dal Novecento a oggi

© 2015 by Mondadori Education S.p.A., Milano
Tutti i diritti riservati

www.mondadorieducation.it

Prima edizione: aprile 2015

Edizioni

15	14	13	12	11	10	9	8	7	6
2024		2023		2022		2021		2020	

Questo volume è stampato da:
Rotolito S.p.A. – Pioltello (MI)
Stampato in Italia - Printed in Italy

Progettazione e coordinamento	Benedetta Montagni
Redazione	Alberto Pozzi
Progetto grafico	Angela Garignani
Impaginazione	Edistudio, Milano
Progetto grafico della copertina	Alfredo La Posta
Ricerca iconografica	Martina Giorgi

Revisione e integrazione testi, Il film del mese e Il libro del mese	Filippo Doveri
Percorsi visivi	Martina Giorgi
Scuola di grammatica, Storia della lingua e Scuola di scrittura (Parafrasi e riassunto)	Silvia Fantacci

Contenuti digitali

Progettazione	Fabio Ferri, Simona Ravalico
Redazione	Alessandro Ristori, Valentina Benedetti
Realizzazione	Nowhere S.r.l., Marco Versari

Per informazioni e segnalazioni:
Servizio Clienti Mondadori Education
e-mail *servizioclienti.edu@mondadorieducation.it*
numero verde **800 123 931**

Angelo Roncoroni
Milva Maria Cappellini
Alberto Dendi
Elena Sada
Olga Tribulato

gli studi leggiadri

Dal Novecento a oggi

C.SIGNORELLI SCUOLA

LIBRO+WEB

Libro+Web è la piattaforma digitale Mondadori Education adatta a tutte le esigenze didattiche, che raccoglie e organizza i libri di testo in formato digitale, i **MEbook**; i **Contenuti Digitali Integrativi**; gli **Strumenti per la creazione di risorse**; la formazione **LinkYou**.

Il **centro dell'ecosistema digitale Mondadori Education** è il **MEbook**: la versione digitale del libro di testo. È fruibile **online** direttamente dalla homepage di Libro+Web e **offline** attraverso l'apposita app di lettura. Lo puoi consultare da qualsiasi dispositivo e se hai problemi di spazio puoi scaricare anche solo le parti del libro che ti interessano.

Il **MEbook** è personalizzabile: puoi ritagliare parti di pagina e inserire appunti, digitare del testo o aggiungere note. E da quest'anno il vocabolario integrato direttamente nel testo.

È sempre con te: ritrovi qualsiasi modifica nella versione online e su tutti i tuoi dispositivi.

In Libro+Web trovi tutti i **Contenuti Digitali Integrativi** dei libri di testo, organizzati in un elenco per aiutarti nella consultazione.

All'interno della piattaforma di apprendimento sono inseriti anche gli Strumenti digitali per la personalizzazione, la condivisione e l'approfondimento: **Edutools**, **Editor di Test e Flashcard**, **Google Drive**, **Classe Virtuale**.

Da Libro+Web puoi accedere ai **Campus**, i portali disciplinari ricchi di news, info, approfondimenti e Contenuti Digitali Integrativi organizzati per argomento, tipologia o parola chiave.

Per costruire lezioni più efficaci e coinvolgenti il docente ha a disposizione il programma **LinkYou**, che prevede seminari per la didattica digitale, corsi, eventi e webinar.

Come ATTIVARLO e SCARICARLO

MEBOOK

COME ATTIVARE IL MEbook

PER LO STUDENTE

- Collegati al sito mondadorieducation.it e, se non lo hai già fatto, registrati: è facile, veloce e gratuito.

- Effettua il login inserendo Username e Password.

- Accedi alla sezione Libro+Web e fai clic su "Attiva MEbook".

- Compila il modulo "Attiva MEbook" inserendo negli appositi campi tutte le cifre tranne l'ultima dell'ISBN, stampato sul retro del tuo libro, il codice contrassegno e quello seriale, che trovi sul bollino argentato SIAE nella prima pagina dei nostri libri.

- Fai clic sul pulsante "Attiva MEbook".

PER IL DOCENTE

- Richiedi al tuo agente di zona la copia saggio del libro che ti interessa.

COME SCARICARE IL MEbook

È possibile accedere online al **MEbook** direttamente dal sito mondadorieducation.it oppure scaricarlo per intero o in singoli capitoli sul tuo dispositivo, seguendo questa semplice procedura:

- Scarica la nostra applicazione gratuita che trovi sul sito mondadorieducation.it o sui principali store di app.

- Lancia l'applicazione.

- Effettua il login con Username e Password scelte all'atto della registrazione sul nostro sito.

- Nella libreria è possibile ritrovare i libri attivati: clicca su "Scarica" per renderli disponibili sul tuo dispositivo.

- Per leggere i libri scaricati fai clic su "leggi".

Accedi al MEbook anche senza connessione ad Internet.
Vai su **www.mondadorieducation.it** e scopri come attivare, scaricare e usare il tuo MEbook.

www.mondadorieducation.it

UNA DIDATTICA DIGITALE INTEGRATA

Studente e docente trovano un elenco dei Contenuti Digitali Integrativi nell'INDICE, che aiuta a pianificare lo studio e le lezioni in classe.

MEBOOK

ANALISI INTERATTIVA E FILE AUDIO

T6 Solo et pensoso i più deserti campi

Canzoniere, XXXV

Il sonetto, composto non più tardi del 1337, e collocato nella prima parte del *Canzoniere*, tra le «rime in vita» di Laura. Il poeta cerca rifugio nei luoghi disabitati per sottrarsi allo sguardo ironico delle genti, di fronte alle quali non riesce a celare il proprio sentimento.

Metrica Sonetto con schema ABBA ABBA CDE CDE.

Solo et pensoso i più deserti campi
vo mesurando[1] a passi tardi et lenti,
et gli occhi porto per fuggire intenti
4 ove vestigio human l'arena stampi[2].

Altro schermo[3] non trovo che mi scampi
dal manifesto accorger de le genti[4],
perché negli atti d'allegrezza spenti
8 di fuor si legge com'io dentro avampi[5]:

sì ch'io mi credo omai[6] che monti e piagge
et fiumi et selve sappian di che tempre[7]

Ascolta la poesia

Fai l'analisi interattiva

- Per i testi fondamentali della letteratura italiana un laboratorio interattivo di lettura, analisi e commento, con la possibilità di inserire evidenziazioni, note personali e segnalibri e con una serie di esercizi autocorrettivi.
- Letture ad alta voce dei testi più belli, in particolare testi poetici, per apprezzare il valore delle parole e il senso del ritmo.

MONDADORI EDUCATION

Torquato Tasso

Ritratto di Torquato Tasso conservato alla Galleria Palatina di Firenze.

La vita e le opere

I primi studi Torquato Tasso nasce a **Sorrento** nel 1544 da genitori nobili, la pistoiese Porzia de' Rossi e Bernardo Tasso, di famiglia bergamasca. Il padre, distintosi in diverse corti per le sue doti militari e letterarie, nel 1531 era entrato al servizio del condottiero Ferrante Sanseverino, principe di Salerno, e nel 1552 l'aveva seguito in esilio. Torquato, iniziati gli studi a Napoli, nel 1554 raggiunge il padre a Roma. Due anni dopo, alla morte della madre, viene inviato a Bergamo presso alcuni parenti e nel 1557 il padre lo chiama presso di sé a Urbino, dove era entrato al servizio del duca Guidobaldo Della Rovere; alla corte urbinate il giovane Torquato intraprende le **prime prove letterarie**. Nel 1559, sempre seguendo il padre, si reca a Venezia, dove comincia il *Gierusalemme*, poema epico sulla prima crociata e sulla liberazione del Santo Sepolcro, primo abbozzo della *Gerusalemme liberata*. Nello stesso anno Bernardo dà alle stampe il suo poema cavalleresco *Amadigi*.

A Padova e a Ferrara Torquato è poi a Padova, dove, intrapresi e subito abbandonati gli studi di diritto, si volge alla filosofia e all'eloquenza, stringendo importanti rapporti con Sperone Speroni e altri eruditi dell'Accademia degli Infiammati, uno dei più importanti centri di diffusione del pensiero di Aristotele e in particolare della sua *Poetica*. Interrotto il tentativo epico del *Gierusalemme*, Torquato si dedica alla steso-ra interamente dedicati al poema epico, frequenta la vita mondana e raffinata delle corti di Ferrara e Mantova e comincia a comporre alcune **liriche d'amore**, prime prove di una vasta produzione di rime che proseguirà anche negli anni successivi. Nell'ottobre del 1565 Tasso si trasferisce a **Ferrara** per entrare al servizio del cardinale Luigi d'Este, che lo incarica di occuparsi della vita culturale di corte. Qui, nel 1569, lo raggiunge la notizia della morte del padre. Nel 1572, dopo un viaggio in Francia, passa al servizio del duca Alfonso II. Il soggiorno ferrarese è estremamente fecondo per Tasso dal punto di vista creativo: oltre a partecipare alla vita culturale della corte e a frequentare i più importanti letterati e artisti, Tasso riprende a lavorare intorno al progetto di un poema epico sulla prima crociata; modificando radicalmente l'impianto del *Gierusalemme*, comincia la stesura di *Gerusalemme liberata*, l'opera cui avrebbe dedicato il resto della vita. Nel 1573 compone per questa corte amante delle feste e degli spettacoli teatrali il dramma pastorale *Aminta* e inizia la tragedia *Galealto re di Norvegia* (rielaborata nel 1587 con il titolo di *Re Torrismondo*).

Inquietudini e dubbi Nel 1575, conclusa la stesura del poema sulla prima crociata – privo ancora di un titolo definitivo – Tasso entra in un grave stato di **insicurezza**, di sfiducia e di **confusione intellettuale e psicologica**; all'insoddisfazione per l'opera si aggiunge un profondo malcontento per la vita di corte e laceranti dubbi sulla propria fede cattolica. Sottopone così il poema all'esame di quattro autorevoli reviso-

---

LEZIONE LIM

Per gli autori e i movimenti principali, lezioni per Lim, facilmente personalizzabili, utili per rendere più partecipata la lezione frontale, ma da sfruttare anche per ripassare e riassumere gli argomenti una volta spiegati.

LINEA DEL TEMPO INTERATTIVA

- Per avere sott'occhio i principali fatti artistici e letterari e per poterli al tempo stesso collocare nel tempo.
- Dalle origini al Novecento tutta la letteratura in ordine cronologico, con la possibilità di selezionare il periodo che interessa visualizzare.

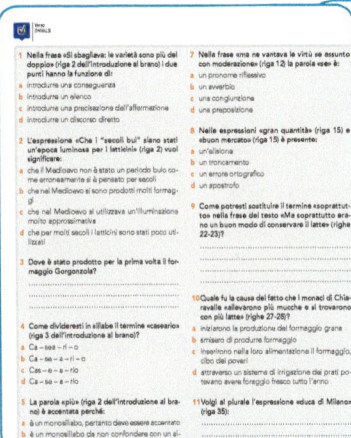

TEST INTERATTIVI E AUTOCORRETTIVI

Verso l'INVALSI Versione interattiva e autocorrettiva della Prova INVALSI proposta su carta.

Test online Per permettere allo studente di verificare le conoscenze acquisite e valutare la propria preparazione in vista di una verifica scritta o orale.

E tanti altri Contenuti Digitali Integrativi:

La biblioteca digitale: altri testi, con cappello introduttivo e note, per ampliare l'offerta antologica.

Laboratorio cinema: per approfondire la conoscenza dei *Film del mese*, spunti operativi e materiali integrativi.

Dal primo al secondo dopoguerra

 LEZIONE LIM Il secondo dopoguerra *Una pace armata*

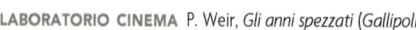 **LABORATORIO CINEMA** P. Weir, *Gli anni spezzati (Gallipoli)*

 LINEA DEL TEMPO INTERATTIVA

 TEST ONLINE Dal primo al secondo dopoguerra • Verso l'INVALSI

Giuseppe Ungaretti

TUTORIAL *In memoria* (*L'Allegria*) • *Veglia* (*L'Allegria*) • *San Martino del Carso* (*L'Allegria*) • *I fiumi* (*L'Allegria*)

AUDIO *I fiumi* (*L'Allegria*) • *San Martino del Carso* (*L'Allegria*) • *Natale* (*L'Allegria*)

BIBLIOTECA DIGITALE *Stasera* (*L'Allegria*) • *Nostalgia* (*L'Allegria*) • *C'era una volta* (*L'Allegria*) • *Sentimento del tempo* (*Sentimento del tempo*) • *Di luglio* (*Sentimento del tempo*) • *Giorno per giorno* (*Il dolore*)

TEST ONLINE Giuseppe Ungaretti

Quasimodo e l'Ermetismo 71

LEZIONE LIM L'Ermetismo *La poesia reticente*   **AUDIO** *S. Quasimodo, Uomo del mio tempo*

BIBLIOTECA DIGITALE S. Quasimodo, *Forse il cuore* (*Giorno dopo giorno*) • S. Quasimodo, *L'Eucalyptus* (*Oboe sommerso*) • L. Sinisgalli, *Vidi le Muse* (*Vidi le Muse*) • A. Gatto, *Alba* (*Poesie*) • M. Luzi, *Avorio* (*Avvento notturno*) • M. Luzi, *Nell'imminenza dei quarant'anni* (*Onore del vero*) • C. Pavese, *I mari del Sud* (*Lavorare stanca*) • C. Pavese, *Verrà la morte e avrà i tuoi occhi* (*Verrà la morte e avrà i tuoi occhi*) • S. Penna, *Amore, gioventù, liete parole* (*Croce e delizia*)

TEST ONLINE Quasimodo e l'Ermetismo

LEZIONE LIM Montale *Il poeta senza risposte*

 TUTORIAL *Non chiederci la parola* (*Ossi di seppia*) • *Meriggiare pallido e assorto* (*Ossi di seppia*) • *Spesso il male di vivere ho incontrato* (*Ossi di seppia*) • *La casa dei doganieri* (*Le occasioni*) • *Ti libero la fronte dai ghiaccioli* (*Le occasioni*)

 AUDIO *Meriggiare pallido e assorto* (*Ossi di seppia*) • *Spesso il male di vivere ho incontrato* (*Ossi di seppia*) • *La casa dei doganieri* (*Le occasioni*) • *Ho sceso, dandoti il braccio* (*Satura*)

 BIBLIOTECA DIGITALE *Antico, sono ubriacato dalla voce* (*Ossi di seppia*) • *La bufera* (*La bufera e altro*) • *Il tu* (*Satura*) • *Il rondone* (*Diario del '71 e del '72*)

 TEST ONLINE Eugenio Montale

La narrativa italiana tra le due guerre — 201

 BIBLIOTECA DIGITALE A. Moravia, *Prima del ballo* (*Gli indifferenti*) • A. Moravia, *Prove di iniziazione* (*Agostino*) • A. Moravia, *La bella serata* (*Racconti romani*) • A. Savinio, *Angelo* (*Casa «la Vita»*) • M. Bontempelli, *Viaggio sull'arcobaleno* (*Donna nel sole e altri idilli*)

 TEST ONLINE La narrativa italiana tra le due guerre

LEZIONE LIM Il Neorealismo *L'invenzione della realtà*

 BIBLIOTECA DIGITALE C. Pavese, *La trebbiatura* (*Paesi tuoi*) ● C. Pavese, *La collina* (*La casa in collina*) ● C. Pavese, *La morte di Santa* (*La luna e i falò*)
● C. Pavese, *Perché sono tornato qui* (*La luna e i falò*) ● B. Fenoglio, *La liberazione di Alba* (*I ventitre giorni della città di Alba*) ● B. Fenoglio, *Il primo incontro con i partigiani* (*Il partigiano Johnny*) ● F. Jovine, *T'hanno ammazzato, Luca Marano!* (*Le terre del Sacramento*) ● P. Levi, *Il lavoro* (*Se questo è un uomo*) ● P. Levi, *La gallina* (*La tregua*) ● P. Levi, *Amare il proprio lavoro* (*La chiave a stella*) ● C. Levi, *La strega* (*Cristo si è fermato a Eboli*)

 TEST ONLINE Neorealismo e dintorni

L'età contemporanea

 LEZIONE LIM Dal 1956 a oggi *Cronaca o storia?*   **LINEA DEL TEMPO INTERATTIVA**

 LABORATORIO CINEMA L. e A. Wachowsky, *Matrix*   **TEST ONLINE** L'età contemporanea ● Verso l'INVALSI

 LEZIONE LIM Pasolini *Un intellettuale antagonista*

 AUDIO *L'interrogatorio di don Mariano* (*Il giorno della civetta*)

 BIBLIOTECA DIGITALE C. Cassola, *Il primo appuntamento* (*Un cuore arido*) • V. Brancati, *Don Procopio e il sindaco* (*Don Giovanni in Sicilia*) • G. Tomasi di Lampedusa, *Don Fabrizio Salina* (*Il Gattopardo*) • G. Tomasi di Lampedusa, *Il plebiscito* (*Il Gattopardo*) • G. Tomasi di Lampedusa, *Angelica e Tancredi* (*Il Gattopardo*) • C. E. Gadda, *Claudio disimpara a vivere* (*L'Adalgisa*) • C. E. Gadda, *Il colonnello Di Pasquale* (*La cognizione del dolore*) • P. P. Pasolini, *Il pianto della scavatrice* (*Le ceneri di Gramsci*) • P. P. Pasolini, *Dentro Roma* (*Ragazzi di vita*) • A. M. Ortese, *Un paio di occhiali* (*Il mare non bagna Napoli*)

 TEST ONLINE La narrativa tra tradizione e sperimentalismo

LEZIONE LIM Italo Calvino *Il manipolatore di storie*

 BIBLIOTECA DIGITALE *Pin e il carruggio* (*Il sentiero dei nidi di ragno*) • *Le riflessioni del commissario Kim* (*Il sentiero dei nidi di ragno*) • *L'onorevole, lo scrutatore e il nano* (*La giornata di uno scrutatore*) • *Il ritorno di Viola* (*Il barone rampante*)

 TUTORIAL *Non scenderò più* (*Il barone rampante*) • *Isaura e Sameraldina* (*Le città invisibili*, I e IV)

 TEST ONLINE Italo Calvino • Verso l'INVALSI

La narrativa straniera del secondo Novecento

475

 AUDIO J.L. Borges, *Il labirinto di Asterione* (*L'Aleph*)   **TEST ONLINE** La narrativa straniera del secondo Novecento

BIBLIOTECA DIGITALE V. Sereni, *Una visita in fabbrica* (*Gli strumenti umani*) ● F. Fortini, *La gronda* (*Una volta per sempre*) ● A. Bertolucci, *Pagina di diario* (*Fuochi di novembre*) ● A. Bertolucci, *E viene un tempo* (*Lettere da casa*) ● G. Raboni, *La guerra* (*A tanto caro sangue*) ● E. Sanguineti, *La poesia è ancora praticabile* (*Postkarten*) ● E. Pagliarani, *Dopo la scuola serale* (*La ragazza Carla*) ● A. Rosselli, *I bambini sono i padroni del paese* (*Serie ospedaliera*) ● A. Zanzotto, *Il cielo è limpido* (*Idioma*) ● G. Giudici, *Le ore migliori* (*La vita in versi*) ● D. Bellezza, *Forse mi prende malinconia a letto*

 AUDIO G. Caproni, *Preghiera* (*Il seme del piangere*)

TEST ONLINE La poesia italiana del secondo Novecento

Il teatro del secondo Novecento — 623

 BIBLIOTECA DIGITALE D. Fo, *La giornalista e il matto* (*Morte accidentale di un anarchico*) ● D. Fo, *L'arte dell'attore* (*Manuale minimo dell'attore*) ● E. De Filippo, *Che serata!* (*Natale in casa Cupiello*)

 AUDIO

 TEST ONLINE Il teatro del secondo Novecento ● Verso l'INVALSI

Dal primo al secondo dopoguerra

Adolf Hitler raffigurato su un manifesto propagandistico del 1934.

Consulta la linea del tempo interattiva

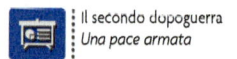
Il secondo dopoguerra
Una pace armata

Pablo Picasso, *Guernica*, 1937.

L'Europa tra le due guerre

- Democrazie
- Regimi comunisti
- Regimi nazisti-fascisti
- Regimi autoritari

NORVEGIA
Oslo
Mare del Nord
IRLANDA
Dublino
GRAN BRETAGNA
DANIMARCA
Copenaghe
PAESI BASSI
Londra · L'Aia
Berlino
Oceano Atlantico
Bruxelles
BELGIO
Parigi
GERMANIA
LUSSEMBURGO
PORTOGALLO
SVIZZERA · Berna
Vie
FRANCIA
AUSTRIA
ITALIA
Lisbona · Madrid
SPAGNA
Roma
Mar Tirreno
Algeri
Fez ·
MAROCCO
ALGERIA
Tunisi
TUNISIA

Totalitarismo

Negli anni Venti e Trenta in Europa si affermano vari regimi totalitari (il fascismo in Italia, il comunismo in Urss, il nazismo in Germania), accomunati da un rigido controllo della vita economica, sociale e politica della nazione. I totalitarismi ricercano il consenso delle masse popolari attraverso una vasta opera di propaganda e garantiscono un'apparente armonia sociale eliminando i partiti politici, limitando la libertà di stampa e di parola, e non esitando a imprigionare e uccidere gli oppositori.

Fascismo

Nel 1922 in Italia ha inizio il regime fascista di Mussolini, che governa il Paese fino al 1943. Come gli altri totalitarismi anche il fascismo reprime duramente il dissenso e le opposizioni. Nei primi anni della dittatura, precedenti le Leggi speciali del 1926, molti intellettuali si schierano apertamente contro il regime e firmano il Manifesto degli intellettuali antifascisti, in aperta polemica con il Manifesto degli intellettuali fascisti, promosso dai sostenitori di Mussolini dopo la svolta autoritaria seguita al delitto Matteotti.

La Borsa di New York nel 1929.

La liberazione di Milano nel 1945.

ILANDIA
Helsinki
a • Tallin
ESTONIA Mosca •
Riga
LETTONIA
LITUANIA
• Vilnius
URSS
Varsavia
OLONIA
LOVACCHIA
udapest
ERIA ROMANIA
Bucarest •
AVIA Mar Nero
BULGARIA
Sofia Istanbul
Ankara •
GRECIA TURCHIA
Atene •
neo

Trattati di Parigi al termine della Prima guerra mondiale.	1919
Marcia su Roma: Mussolini nominato capo del governo.	1922
In Unione Sovietica sale al potere Stalin.	1924
Inizia la dittatura fascista.	1926
Crollo di Wall Street: inizia la "grande crisi".	1929
Negli Stati Uniti Roosevelt vara il New Deal.	1932
Hitler è nominato cancelliere.	1933
Guerra civile spagnola.	1936-1939
Leggi razziali in Italia.	1938
Hitler invade la Polonia: inizia la Seconda guerra mondiale.	1939
L'Italia entra in guerra a fianco della Germania e del Giappone.	1940
Attacco giapponese a Pearl Harbor: gli Stati Uniti entrano in guerra.	1941
L'Italia firma l'armistizio (3 settembre).	1943
L'Italia viene liberata (25 aprile). Vengono sganciate le prime bombe atomiche: il Giappone si arrende.	1945
Referendum del 2 giugno: l'Italia diventa una Repubblica.	1946
Entra in vigore la Costituzione italiana.	1948

Resistenza

Con questo nome si definiscono i gruppi di combattenti che, durante la Seconda guerra mondiale, si opponevano in tutta Europa ai regimi nazi-fascisti. In Italia la Resistenza inizia dopo l'8 settembre 1943 e interessa quasi soltanto le regioni centro-settentrionali, militarmente occupate dai tedeschi e dalla Repubblica di Salò. Secondo molti storici la Resistenza italiana si configura come una vera e propria guerra civile, poiché contrappose gli antifascisti (di varia estrazione politica) ai fascisti di Salò e spesso si caratterizzò per episodi di estrema violenza e brutalità.

Esistenzialismo

Negli anni Venti si afferma in Europa l'Esistenzialismo, una corrente filosofica che mette l'uomo al centro delle sue indagini, cercando di spiegare il senso dell'esistenza. Accanto a un Esistenzialismo più propriamente filosofico (Heidegger) nascono anche un Esistenzialismo cattolico (Jaspers, che individua in Dio il fine ultimo della vita) e un Esistenzialismo ateo (Sartre, per il quale solo l'impegno politico e civile possono dare un senso all'assurdità dell'esistenza), che alla fine della guerra prende il nome di "Umanismo".

Un periodo di grandi cambiamenti

Том. Ленин ОЧИЩАЕТ землю от нечисти.

Vladimir Lenin raffigurato su un manifesto di propaganda bolscevica del 1917.

Tra le due guerre

I nuovi assetti geopolitici Al termine della Prima guerra mondiale i **trattati di Parigi** (1919) stabiliscono le condizioni di pace tra gli Stati vincitori (Francia, Inghilterra, Italia e Stati Uniti) e quelli sconfitti (l'Impero austro-ungarico, la Germania e l'Impero ottomano) e **mutano radicalmente l'assetto geopolitico dell'Europa**:
– l'**Impero austro-ungarico** viene **smembrato** nelle repubbliche di Austria, Ungheria, Cecoslovacchia e Jugoslavia;
– l'Impero ottomano è ridotto al solo territorio della Turchia;
– per **indebolire la Germania**, le regioni di **Alsazia** e **Lorena** (conquistate nella guerra franco-prussiana del 1870-1871) tornano **alla Francia** e viene creato un "corridoio polacco" che divide in due il territorio tedesco (a ovest la Germania, a est la Prussia orientale) e dà alla Polonia un accesso al Mar Baltico, ma che costituirà poi una delle cause della Seconda guerra mondiale. La fine della guerra sancisce l'**ascesa degli Stati Uniti**, prima potenza mondiale in grado di intervenire negli affari europei e l'avvento del **comunismo in Russia**. Qui, in seguito alla **rivoluzione del 1917** la zar abdica e si insedia un governo di ispirazione marxista guidato da **Lenin**, che impone la **dittatura del Partito comunista**.

La situazione italiana Anche se l'Italia risulta tra i vincitori e i trattati di pace riconoscono l'annessione del Trentino, dell'Alto Adige e della Venezia Giulia, questi risultati vengono aspramente criticati dai nazionalisti, che parlano di una «vittoria mutilata». Tra i più attivi agitatori c'è anche il poeta **Gabriele D'Annunzio** che, alla testa di un gruppo di «legionari», dal settembre 1919 al dicembre 1920 **occupa** militarmente la città di **Fiume** (assegnata alla Jugoslavia), rischiando di scatenare un nuovo conflitto internazionale.
In ambito politico il **Partito socialista** e le organizzazioni sindacali raccolgono le adesioni del ceto operaio (e in parte di quello rurale), ma sono guardati con diffidenza da buona parte dell'opinione pubblica, spaventata dal "pericolo bolscevico".I gruppi **liberali** al governo si appoggiano soprattutto alla grande borghesia industriale e agraria, causando la **frustrazione** della piccola e media borghesia, già duramente provata dalla crisi economica: è dunque il **ceto medio** ad aderire per primo e in modo compatto ai programmi del **movimento fascista**, che si fa portavoce dell'antibolscevismo e del desiderio di ordine.

Le conseguenze della guerra La Prima guerra mondiale lascia in eredità numerose questioni sociali ed economiche comuni a tutti i Paesi coinvolti nel conflitto, a cominciare dall'alto tasso di **disoccupazione** dovuto al faticoso reinserimento dei soldati nella vita lavorativa. Per fare fronte all'enorme **indebitamento interno**, gli Stati ricorrono a nuove imposte ed emissioni di carta-moneta, ma queste misure finiscono per provocare un **aumento dell'inflazione**, che colpisce i ceti popolari e piccolo-borghesi e favorisce le grandi speculazioni finanziarie. Inoltre, dopo la **crisi del 1929**, la già fragile economia europea deve affrontare il brusco **crollo delle esportazioni** verso gli Stati Uniti (per esempio nel settore tessile) e, soprattutto, l'inaspettato ritiro dei capitali americani investiti nel continente. Le conseguenze sul piano sociale sono drammatiche, con milioni di nuovi **disoccupati** e un **impoverimento diffuso**, che alimenta politiche estremiste e prepara l'avvento del nazismo.

La crisi economica del 1929 e il *New Deal* Gli anni Venti si chiudono con il **crack finanziario** della borsa newyorkese di **Wall Street**, dove il 24 ottobre 1929 (il cosiddetto «giovedì nero») si registra un **crollo del valore dei titoli azionari**. Le ragioni dell'evento, eccezionale soprattutto perché i suoi effetti interessano l'intero quadro economico-finanziario mondiale, sono complesse e non del tutto chiarite. Con ogni probabilità, esso ha origine dalla contrazione delle esportazioni agricole americane, conseguenza di una **crisi di sovrapproduzione** che indebita molti produttori nei confronti delle banche, le quali, a loro volta, si trovano a fronteggiare una crescente carenza di liquidità. Gli effetti del crollo sono amplificati dal **panico dei risparmiatori**, che si precipitano in massa agli sportelli bancari per ritirare i loro risparmi e vendere i titoli che possiedono. Molti istituti di credito dichiarano bancarotta e **il sistema finanziario americano collassa**.

Anche negli Stati Uniti, paese simbolo del **capitalismo liberista** (basato cioè sulla non interferenza dei governi con le dinamiche economiche), l'eccezionale gravità della situazione suggerisce la necessità di un maggiore controllo statale dell'economia. Nel 1932 il presidente **Franklin Delano Roosevelt** vara la politica del *New Deal* (Nuovo Corso), una serie di provvedimenti che prevedono un **ampio intervento dello Stato in campo finanziario ed economico** e promuovono forme di democrazia sociale e sindacale.

⭕ Sosta di verifica

1 Quali sono le conseguenze geo-politiche dei trattati di Parigi?

2 Quali sono le conseguenze della Grande Guerra a livello economico e sociale?

3 Quali sono le cause della grande crisi del 1929?

Dorothea Lange, *Madre migrante*, 1936.

I regimi totalitari

L'avvento del fascismo Il movimento fascista, fondato nel **1919** a Milano dall'ex socialista **Benito Mussolini** (1883-1945), nasce con l'intento di opporsi alle rivendicazioni del Partito socialista e dei sindacati, in accordo con gli orientamenti di gran parte della borghesia (proprietari terrieri, imprenditori, professionisti, ceti medi arricchitisi con la guerra). Attraverso la violenza delle **squadre d'azione** fasciste, Mussolini ottiene il duplice obiettivo di procacciarsi le **simpatie del ceto moderato** ed esasperare lo scontro politico e sociale, legittimando la richiesta di un governo forte. Sostenuto dai conservatori e ben visto dal re Vittorio Emanuele III, nelle elezioni politiche del maggio **1921** il movimento fascista ottiene alla Camera una trentina di deputati e nel novembre successivo si trasforma in **Partito nazionale fascista**. Il **28 ottobre 1922**, dopo un biennio di crescenti conflitti sociali e di violenze, alcune migliaia di **fascisti armati marciano su Roma**. Anche se l'esercito potrebbe facilmente bloccarli, il re preferisce affidare a Mussolini l'incarico di formare il nuovo governo. In un primo momento sembra che Mussolini intenda solo dare vita a un **governo autoritario** in grado di ristabilire l'ordine sociale, ma con l'**assassinio** del deputato socialista **Giacomo Matteotti** da parte di sicari fascisti (1924), e il successivo discorso parlamentare in cui Mussolini si assume la responsabilità politica e morale del delitto (1925), il fascismo rivela apertamente i suoi **obiettivi dittatoriali**. L'instaurazione formale del regime è sancita dalle **Leggi speciali del 1926**, che aboliscono le libertà di parola, di stampa e di associazione, dichiarano illegale l'opposizione parlamentare, sciolgono e vietano tutti i partiti democratici, introducono il Tribunale speciale e il confino per i reati politici.

Lo Stato fascista Da questo momento fino alla caduta del regime (25 luglio 1943), cresce il **controllo totalitario** del fascismo sulla vita politica, sociale, economica e culturale del Paese:
– il potere degli organi amministrativi periferici dello Stato (prefetti, podestà) viene accresciuto, ma nel contempo sottoposto al più rigido centralismo;
– sciolti i sindacati, i lavoratori sono inquadrati, insieme ai rappresentanti dei datori di lavoro, in **Corporazioni** organizzate dall'alto;
– l'economia nazionale, con il consenso dei capitalisti agrari e industriali, viene orientata verso un regime di **autarchia**, cioè di autosufficienza e quindi di chiusura nei confronti dei prodotti stranieri;

Prontuario del «vero fascista»

Il testo che presentiamo è tratto da *La dottrina fascista*, un manualetto pubblicato nel 1929 da Giorgio Berlutti che, imitando la struttura a domanda e risposta del catechismo cattolico, propone al lettore una sintesi dei principi teorici del fascismo basata su affermazioni tratte dai discorsi di Mussolini.

Come deve essere la disciplina del vero fascista?
La disciplina del vero fascista deve essere silenziosa, operante e devota. [...]
Perché bisogna obbedire a un Capo?
Perché nella subordinazione di tutti alla volontà di un Capo, che non è la volontà capricciosa, ma è la volontà seriamente meditativa, e provata dagli avvenimenti, il Fascismo ha trovato la sua forza ieri e troverà la sua forza e la sua gloria domani. [...]
Chi è Benito Mussolini?
Benito Mussolini è il Duce del Fascismo e il Capo del Governo fascista. È il figlio prediletto della Patria rinnovellata: è Colui che riuscì a salvarla dal precipizio verso cui correva con gli occhi bendati, ed ora la guida per il raggiungimento di superbe mete degne del passato. [...]
Quali sono le sue ambizioni?
Non ha alcuna ambizione personale. L'unica sua ambizione è quella di render forte, prosperoso, grande e libero il popolo italiano.
Quale è dunque la sua grande meta?
Fare che il XX Secolo veda Roma, centro della civiltà latina, dominatrice del Mediterraneo, faro di luce per tutte le genti.

G. Berlutti, *La dottrina fascista: ad uso delle scuole e del popolo*, con prefazione di S.E. Turati, Roma, Libreria del Littorio, 1929

– un ulteriore appoggio viene dalla Chiesa cattolica, dopo che i rapporti con il Vaticano sono regolati con i **Patti lateranensi (1929)**;
– la cultura e l'informazione sono sottoposte alla censura e controllate dal Ministero della cultura popolare (il **Minculpop**);
– si rafforza il **potere personale di Mussolini**, oggetto di un vero e proprio culto.
Per quanto riguarda la politica estera, Mussolini prosegue con l'**espansionismo coloniale**, promuovendo la **conquista dell'Etiopia (1936)** e dell'Albania (1939); in ambito europeo, tenta di accreditare l'immagine dell'Italia quale potenza politica e militare e si avvicina alla Germania di Hitler approvando le **Leggi razziali (1938)**.

Hitler e il nazismo

Alla fine della Prima guerra mondiale in Germania nasce la **Repubblica di Weimar**, ma le conseguenze della crisi economica del '29 favoriscono l'affermarsi di gruppi estremisti, tra i quali raccoglie consensi sempre maggiori il **Partito nazionalsocialista** di **Adolf Hitler** (1889-1945), un austriaco che aveva partecipato alla guerra col grado di caporale. Il programma del partito ha come punti fondamentali l'opposizione violenta ai socialisti e ai comunisti e di conseguenza al pluralismo democratico; l'ostilità contro il pacifismo; l'impegno di rendere nuovamente grande la Germania, patria della razza ariana destinata a dominare gli altri popoli. Nel **1933** Hitler diventa **cancelliere** e in pochi mesi instaura una dittatura inaugurando il regime totalitario del **Terzo Reich**, il "terzo impero" della storia tedesca. Per consolidare il proprio potere il **nazismo** (forma contratta di nazionalsocialismo) si serve di due strumenti: la **propaganda**, attuata con un abile uso dei mezzi di comunicazione di massa, e la **repressione**. Gli oppositori politici vengono rinchiusi nei campi di concentramento, i *Lager*, dove presto saranno internati anche gli ebrei, che, coerentemente al **programma razzista e antisemita** di Hitler, rappresentano un popolo da eliminare: nel 1938, al termine di una serie di persecuzioni che avevano privato gli ebrei dei diritti civili e politici, prende forma l'idea della «soluzione finale» (cioè dello sterminio degli ebrei) che sarà messa in pratica durante la Seconda guerra mondiale.

Lo stalinismo in Unione Sovietica

Nel 1924, alla morte di Lenin, sale al potere **Stalin** che dà il via a una **dittatura di stampo comunista**. Mentre instaura un regime di tipo totalitario, egli promuove un massiccio programma di **industrializzazione** fondato sui «**piani quinquennali**» (programmi degli obiettivi economici da raggiungere in un quinquennio): l'industria pesante, e in particolare il settore dell'acciaio, diventano così il fulcro dell'intera economia sovietica. Poiché l'industrializzazione richiede enormi investimenti, lo Stato impone una ferrea limitazione nei consumi privati, intervenendo con una vasta opera di **propaganda** per garantirsi il consenso delle classi lavoratrici. Inoltre, Stalin opera una **collettivizzazione forzata delle terre**, eliminando, spesso fisicamente, i piccoli proprietari terrieri che si oppongono all'esproprio da parte dello Stato.

⬤ Sosta di verifica

1 Quale situazione porta alla progressiva affermazione del fascismo?

2 Come è organizzato lo Stato fascista?

3 Quali sono i principi su cui si basa il fascismo?

4 Chi è Hitler e qual è il suo programma politico?

5 Che cosa succede in Unione Sovietica alla fine degli anni Venti?

La Seconda guerra mondiale e la Resistenza

Verso il conflitto mondiale La **guerra d'Etiopia** (1935-1936) intrapresa dal fascismo è condannata dalla Società delle Nazioni, che applica al regime **sanzioni** economiche. L'isolamento spinge l'Italia verso un'alleanza sempre più stretta con la **Germania nazista** di Hitler, con cui il fascismo condivide l'esaltazione del **nazionalismo**, l'ostilità verso la democrazia e il socialismo e, soprattutto, un'analoga forma totalitaria di governo. Con

la Germania vengono così sottoscritti **patti politico-militari** (l'Asse Roma-Berlino nel 1936, il Patto anticomintern nel 1937, il Trattato di alleanza o «Patto d'acciaio» nel 1939), che hanno lo scopo di costituire nell'Europa centrale una **barriera contro il bolscevismo** e contro la potenza militare ed economica di Francia e Inghilterra (definite «plutocrazie», cioè Paesi dominati dalla sete di ricchezza). In questo quadro rientra anche l'aiuto militare che Italia e Germania forniscono al generale golpista **Francisco Franco**, nella sanguinosa **guerra civile spagnola** (1936-1939) che porta alla sconfitta del legittimo governo repubblicano di Madrid.

Spinto da un **disegno politico-militare pangermanico**, mirante cioè a raccogliere in un unico Stato tutti i popoli di lingua tedesca, e in disprezzo degli accordi internazionali, Hitler procede all'**annessione dell'Austria** (*Anschluss*) e del territorio dei Sudeti (1938), con la conseguente spartizione e occupazione della **Cecoslovacchia** (1939). Infine, dopo essersi garantito la neutralità della Russia con il Patto Ribbentrop-Molotov (agosto 1939), **Hitler invade la Polonia (1° settembre 1939)**, provocando la reazione della Francia e dell'Inghilterra e scatenando così la **Seconda guerra mondiale**. Per sei anni l'Europa, il Giappone e parte dell'Africa e dell'Asia sono sconvolti da stragi e devastazioni causate da conflitto, a cui si aggiunge il sistematico **sterminio degli ebrei** nei Lager nazisti.

L'Italia in guerra e la Resistenza L'Italia entra nel conflitto mondiale come **alleata della Germania**, dichiarando guerra alla Francia e alla Gran Bre-

⬤ I regimi totalitari

Comunismo sovietico (dal 1917) →
- Dittatura del Partito comunista
- Nuova politica economica di Lenin
- Dal 1928: totalitarismo stalinista (piani quinquennali e collettivizzazione delle terre)

Fascismo (1922-1945) →
- Appoggio della borghesia e dei ceti moderati
- Controllo statale dell'economia («autarchia»)
- Controllo e censura di stampa e dissenso
- Propaganda di Stato e culto di Mussolini

Nazismo (1933-1945) →
- Mito della «Grande Germania»
- Ideologia razzista e antisemita
- Occupazione di altri territori di lingua tedesca
- Militarizzazione del Paese

Carlo Rosselli, «Oggi in Spagna, domani in Italia...»

Allo scoppio della guerra civile spagnola la comunità internazionale proclama la neutralità tra i due schieramenti, ma Italia e Germania riforniscono ugualmente le truppe di Franco con uomini e mezzi, sperimentando in Spagna le prime forme di bombardamento aereo su obiettivi civili. Per contrastare l'avanzata dei franchisti, da tutta Europa giungono volontari in difesa della Repubblica. Tra questi vi è l'antifascista Carlo Rosselli (1899-1937), che era riuscito a evadere dal confino nell'isola di Lipari e a fuggire in Francia (dove verrà poi ucciso da sicari fascisti). In questo discorso Rosselli invita tutti gli italiani a schierarsi con i repubblicani, considerando la liberazione della Spagna come il primo passo verso la caduta del regime fascista italiano.

Compagni, fratelli, italiani, ascoltate.
Un volontario italiano vi parla dalla Radio di Barcellona per portarvi il saluto delle migliaia di antifascisti italiani esuli che si battono nelle file dell'armata rivoluzionaria.
Una colonna italiana combatte da tre mesi sul fronte di Aragona. Undici morti, venti feriti, la stima dei compagni spagnuoli: ecco la testimonianza del suo sacrificio. Una seconda colonna italiana, formatasi in questi giorni, difende eroicamente Madrid. In tutti i reparti si trovano volontari italiani, uomini che avendo perduto la libertà nella propria terra, cominciano col riconquistarla in Ispagna, fucile alla mano. [...]
Ascoltate, italiani. È un volontario italiano che vi parla dalla Radio di Barcellona. Un secolo fa, l'Italia schiava taceva e fremeva sotto il tallone dell'Austria, del Borbone, dei Savoia, dei preti. Ogni sforzo di liberazione veniva spietatamente represso. Coloro che non erano in prigione, venivano costretti all'esilio. [...] Oggi una nuova tirannia, assai più feroce ed umiliante dell'antica, ci opprime. Non è più lo straniero che domina. Siamo noi che ci siamo lasciati mettere il piede sul collo da una minoranza faziosa, che utilizzando tutte le forze del privilegio tiene in ceppi la classe lavoratrice ed il pensiero italiani. Ogni sforzo sembra vano contro la massiccia armata dittatoriale. Ma noi non perdiamo la fede. Sappiamo che le dittature passano e che i popoli restano. La Spagna ce ne fornisce la palpitante riprova. Nessuno parla più di de Rivera[1]. Nessuna parlerà più domani di Mussolini. È come nel Risorgimento, nell'epoca più buia, quando quasi nessuno osava sperare, dall'estero vennero l'esempio e l'incitamento, cosi oggi noi siamo convinti che da questo sforzo modesto, ma virile dei volontari italiani, troverà alimento domani una possente volontà di riscatto.
È con questa speranza segreta che siamo accorsi in Ispagna. Oggi qui, domani in Italia.
[...] Un ordine nuovo è nato, basato sulla libertà e la giustizia sociale. Nelle officine non comanda più il padrone, ma la collettività, attraverso consigli di fabbrica e sindacati. Sui campi non trovate più il salariato costretto ad un estenuante lavoro nell'interesse altrui. Il contadino è padrone della terra che lavora, sotto il controllo dei municipii.
[...] L'esperienza in corso in Ispagna è di straordinario interesse per tutti. Qui, non dittatura, non economia da caserma, non rinnegamento dei valori culturali dell'Occidente, ma conciliazione delle più ardite riforme sociali con la libertà. Non un solo partito che, pretendendosi infallibile, sequestra la rivoluzione su un programma concreto e realista[2]: anarchici, comunisti, socialisti, repubblicani collaborano alla direzione della cosa pubblica, al fronte, nella vita sociale. Quale insegnamento per noi italiani!
Fratelli, compagni italiani, ascoltate. Un volontario italiano vi parla dalla Radio di Barcellona per recarvi il saluto dei volontari italiani. Sull'altra sponda del Mediterraneo un mondo nuovo sta nascendo. È la riscossa antifascista che si inizia in Occidente. Dalla Spagna guadagnerà l'Europa. Arriverà innanzi tutto in Italia, così vicina alla Spagna per lingua, tradizioni, clima, costumi e tiranni. Arriverà perché la storia non si ferma, il progresso continua, le dittature sono delle parentesi nella vita dei popoli, quasi una sferza[3] per imporre loro, dopo un periodo d'inerzia e di abbandono, di riprendere in mano il loro destino.
Fratelli italiani che vivete nella prigione fascista, io vorrei che voi poteste, per un attimo almeno, tuffarvi nell'atmosfera inebriante in cui vive da mesi, nonostante tutte le difficoltà, questo popolo meraviglioso. Vorrei che poteste andare nelle officine per vedere con quale entusiasmo si produce per i compagni combattenti; vorrei che poteste percorrere le campagne e leggere sul viso dei contadini la fierezza di questa dignità nuova e soprattutto percorrere il fronte e parlare con i militi volontari. Il fascismo, non potendosi fidare dei soldati che passano in blocco alle nostre file, deve ricorrere ai mercenarii di tutti i colori. Invece, le caserme proletarie brulicano di una folla di giovani reclamanti le armi. Vale più un mese di questa vita, spesa per degli ideali umani, che dieci anni di vegetazione e di falsi miraggi imperiali nell'Italia mussoliniana.

R. Battaglia – R. Ramat, *L'Italia in lotta*, Firenze, La Nuova Italia, 1961

1. de Rivera: nel 1923 il generale spagnolo Miguel Primo de Rivera (1870-1930) aveva sciolto il parlamento con un colpo di stato ed era stato a capo del governo fino al 1930, quando era stato allontanato dal re Alfonso XIII.
2. Non un solo partito ... realista: allusione polemica alla degenerazione del comunismo sovietico.
3. una sferza: una frustata.

tagna. Subito impegnato in una guerra di aggressione in Grecia, Africa e Russia, l'esercito italiano va incontro a una **serie di sconfitte** che ne mettono a nudo l'evidente impreparazione: nonostante l'ideologia bellicista propagandata dal fascismo, i soldati italiani, male armati e poco addestrati, pagano un prezzo altissimo in termini di vite umane, soprattutto nella drammatica campagna di Russia.

Il conflitto diventa globale quando gli **Stati Uniti**, dopo l'attacco aereo giapponese alla base di **Pearl Harbor** (dicembre 1941), **dichiarano guerra all'Asse di Germania, Italia e Giappone**. Gli insuccessi militari italiani accelerano la **crisi del fascismo** acuendo il divario ormai profondo tra il regime, che aveva promesso facili e immediati trionfi militari, e le masse popolari, duramente colpite dalla guerra e dalle privazioni. All'indomani dello **sbarco degli Alleati in Sicilia** (10 luglio 1943), **Mussolini** viene **deposto** (25 luglio) e lo Stato italiano, rappresentato dal generale Pietro Badoglio, firma un **armistizio con gli Alleati** (**3 settembre 1943**). L'Italia si trova così drammaticamente divisa e sottoposta a una **duplice occupazione militare**: l'esercito anglo-americano nel Sud e i tedeschi nel resto del Paese. Nelle regioni centro-settentrionali gruppi di combattenti (operai, studenti, soldati) si oppon-

gono all'occupazione nazista e alla Repubblica Sociale Italiana di Mussolini (detta anche **Repubblica di Salò**, dal nome del luogo in cui aveva sede il governo) organizzandosi in bande partigiane impegnate in azioni di sabotaggio e guerriglia, spesso in stretto contatto con le truppe alleate. Esse costituiscono la base della **Resistenza** e danno un contributo determinante alla **guerra di liberazione dai tedeschi**, che assume i tratti di una **guerra civile**, combattuta da italiani contro italiani, da antifascisti di varia estrazione politica contro i fascisti di Salò. Dopo venti mesi di feroci combattimenti, il **25 aprile 1945** l'Italia può dirsi libera dai nazifascisti, mentre in maggio gli anglo-americani e i sovietici entrano a Berlino, decretando la disfatta della Germania hitleriana. Poco dopo, in seguito ai **bombardamenti nucleari di Hiroshima e Nagasaki** (6 e 9 agosto 1945), si arrende anche il Giappone.

○ Sosta di verifica

1 Come si arriva alla Seconda guerra mondiale?
2 Quale ruolo svolge l'Italia nella guerra?
3 Che cosa si intende per Resistenza?
4 In seguito a quale avvenimento gli Stati Uniti entrano in guerra? Contro chi?

◎ Le date e gli eventi fondamentali

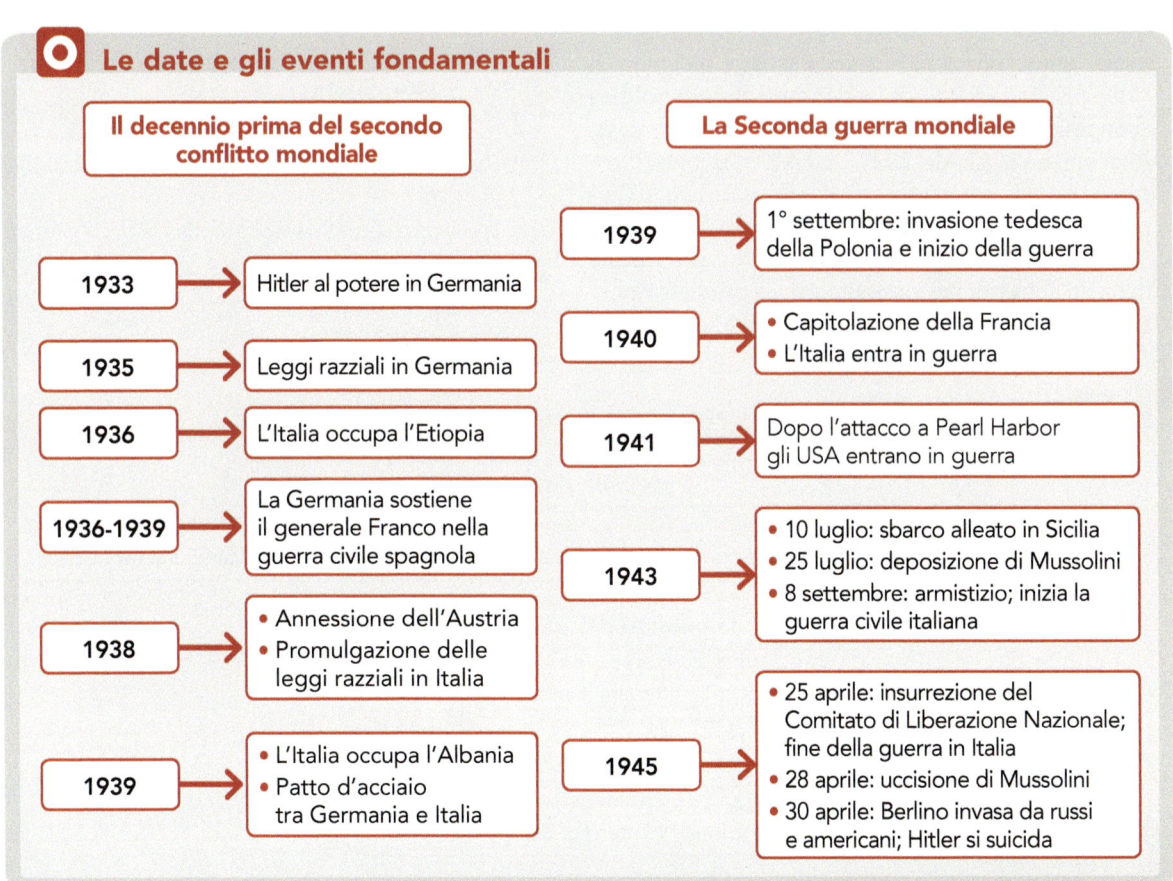

Il decennio prima del secondo conflitto mondiale

1933	Hitler al potere in Germania
1935	Leggi razziali in Germania
1936	L'Italia occupa l'Etiopia
1936-1939	La Germania sostiene il generale Franco nella guerra civile spagnola
1938	• Annessione dell'Austria • Promulgazione delle leggi razziali in Italia
1939	• L'Italia occupa l'Albania • Patto d'acciaio tra Germania e Italia

La Seconda guerra mondiale

1939	1° settembre: invasione tedesca della Polonia e inizio della guerra
1940	• Capitolazione della Francia • L'Italia entra in guerra
1941	Dopo l'attacco a Pearl Harbor gli USA entrano in guerra
1943	• 10 luglio: sbarco alleato in Sicilia • 25 luglio: deposizione di Mussolini • 8 settembre: armistizio; inizia la guerra civile italiana
1945	• 25 aprile: insurrezione del Comitato di Liberazione Nazionale; fine della guerra in Italia • 28 aprile: uccisione di Mussolini • 30 aprile: Berlino invasa da russi e americani; Hitler si suicida

Il secondo dopoguerra e la «guerra fredda»

La repubblica e i governi di coalizione . Alla fine del conflitto in Italia si formano **governi di "Unità nazionale"**, basati sulla cooperazione tra le forze politiche che hanno partecipato alla lotta di liberazione dal nazifascismo, accomunate dall'ideale di porre le basi di un nuovo e moderno Stato democratico. Il **2 giugno 1946**, dopo più di vent'anni, gli italiani tornano alle urne e per la prima volta il **suffragio universale è esteso anche alle donne**. Si vota per l'elezione dell'Assemblea Costituente che avrà il compito di redigere la **Costituzione**, e per il **referendum** con il quale si sceglierà la futura forma istituzionale del Paese (monarchia o repubblica). Risulta **vittoriosa la repubblica**, mentre le elezioni per l'Assemblea Costituente sanciscono l'affermazione dei **tre grandi partiti di massa**: la Democrazia Cristiana, il Partito comunista e il Partito socialista.

Se sul terreno costituzionale le forze antifasciste trovano intese comuni, non altrettanto accade per la politica economica e sociale: i primi governi retti dal democristiano **Alcide De Gasperi** si caratterizzano infatti per misure tese a salvaguardare gli **interessi di imprenditori e grandi proprietari** e a garantire l'ingresso dell'Italia nel mercato internazionale. In tale situazione, i partiti della sinistra scelgono di ridimensionare i loro obiettivi immediati di politica economica per evitare spaccature violente nel Paese. Alla fine di maggio del 1947 De Gasperi scioglie il governo di coalizione e ne costituisce uno nuovo con l'appoggio delle destre moderate. Tale svolta fa confluire sulla Democrazia Cristiana il consenso dei ceti medi e di quelli abbienti, persuasi anche dalla promessa americana di ingenti aiuti economici (**Piano Marshall**), da erogarsi solo nel caso di una netta affermazione della linea democratico-moderata. Nelle **elezioni del 1948**, complice il massiccio supporto del Vaticano e degli Stati Uniti, la **DC** ottiene la vittoria con il 48% dei voti.

La «guerra fredda» La situazione italiana si inserisce in un contesto internazionale dominato dalla cosiddetta **«guerra fredda»** (cioè non combattuta con le armi) **tra Usa e Urss**, le maggiori potenze vincitrici della Seconda guerra mondiale, che si sono spartite il mondo in zone di influenza.

I **contrasti ideologici** provocano ben presto la fine dell'alleanza e danno inizio a una **tensione** internazionale che sfocia in una frenetica **corsa agli armamenti nucleari** e in una serie di conflitti locali. Il più importante è la **guerra di Corea** (1950-1953), che si conclude con la spartizione del Paese in due Stati diversi, controllati rispettivamente dalle due superpotenze. Il simbolo di questa **cortina di ferro** – la linea di confine europea tra la zona d'influenza americana e quella sovietica – è il **muro di Berlino**, un muro eretto dal governo comunista della Germania Est per dividere in due la città di Berlino (da una parte Berlino Est, capitale della Repubblica Democratica Tedesca sotto l'influenza sovietica, dall'altra Berlino Ovest, enclave della Repubblica Federale di Germania). Il muro resisterà per 28 anni, dal 13 agosto 1961 al 9 novembre 1989, data del suo abbattimento e simbolo della fine del comunismo reale.

⊙ Sosta di verifica

1 Per che cosa si vota alle elezioni del 2 giugno 1946 in Italia?
2 In che cosa consiste la svolta moderata di De Gasperi?
3 Che cos'è la «guerra fredda»?
4 Perché viene costruito il muro di Berlino? Quando viene abbattuto?

⊙ Le date e gli eventi fondamentali

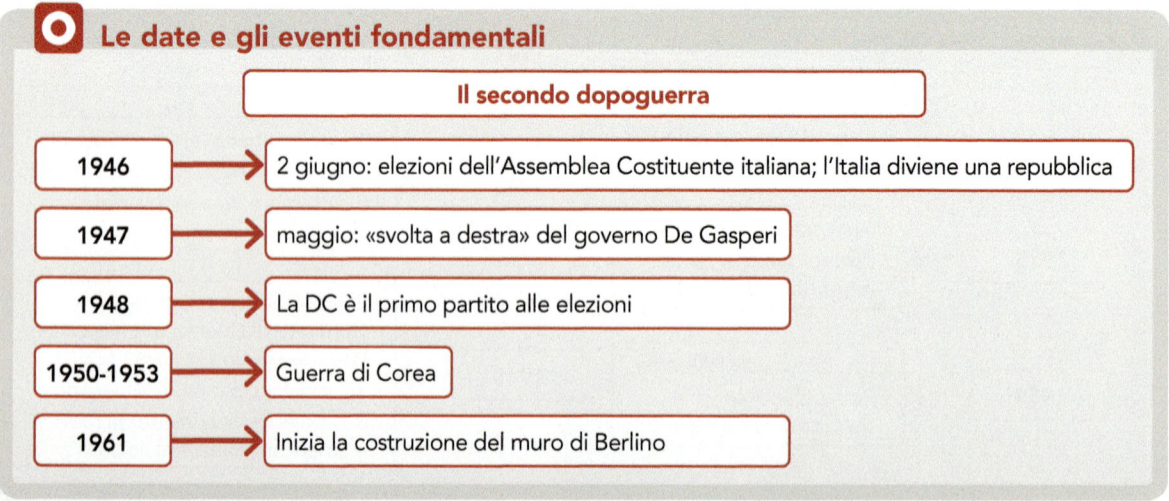

Il secondo dopoguerra

1946	2 giugno: elezioni dell'Assemblea Costituente italiana; l'Italia diviene una repubblica
1947	maggio: «svolta a destra» del governo De Gasperi
1948	La DC è il primo partito alle elezioni
1950-1953	Guerra di Corea
1961	Inizia la costruzione del muro di Berlino

Il film del mese

Gli anni spezzati (Gallipoli)

REGIA	Peter Weir
ANNO	1981
DURATA	110 min.
CAST	Mel Gibson (Franck), Mark Lee (Archy), Robert Grubb (Billy), Bill Hunter (maggiore Barton), Harold Hopkins (Les McCann), Tim McKenzie (Barney)

⚙ Scopri altri materiali sul film

TRE BUONI MOTIVI PER VEDERLO

1 Rappresenta in modo realistico le carneficine della Prima guerra mondiale.

2 Racconta il ruolo, poco conosciuto, che i soldati provenienti dalle colonie britanniche hanno avuto nel conflitto.

3 Mostra la scarsa considerazione che gli alti comandi avevano per i soldati, mandati a morire senza nessuna possibilità di vittoria.

L'AUTORE E L'OPERA L'australiano Peter Weir (1944) è uno dei più famosi registi del cinema contemporaneo, in grado di spaziare dal cinema di genere (*Witness. Il testimone*, 1985; *Green Card. Matrimonio di convenienza*, 1990; *Master and Commander. Sfida ai confini del mare*, 2003) a capolavori come *L'attimo fuggente* (1989) e *The Truman Show* (1998). *Gli anni spezzati* è uno dei primi film di Weir ed è ancora oggi uno dei maggiori successi di critica e pubblico del cinema australiano. Si tratta di un'opera che mescola una tipica vicenda di formazione e amicizia (i due giovani protagonisti che si arruolano nell'esercito britannico e si ritrovano a combattere insieme) con la denuncia dell'insensatezza della guerra, creando una storia di fantasia all'interno di un episodio storico (la battaglia di Gallipoli, sulle rive dei Dardanelli, combattuta nel 1915 dalle truppe dell'Intesa e dall'esercito turco).

LA TRAMA Archy Hamilton è un ragazzo che vive nelle immense pianure dell'Australia Occidentale. Dotato di uno straordinario talento nella corsa sogna di partecipare alle Olimpiadi, ma nel maggio 1915, pochi giorni prima di una gara, viene a sapere dello scoppio della Prima guerra mondiale e chiede alla famiglia il permesso di partire per l'Europa. Dopo il rifiuto dei genitori (Archie è ancora minorenne), partecipa alla gara e batte per un soffio Franck, un giovane che, come lui, immagina la guerra come un'avventura eroica e romantica. Divenuti amici i due ragazzi decidono di arruolarsi, ma vengono respinti a causa della giovane età; senza perdersi d'animo, Archie e Frank raggiungono un altro centro di reclutamento dove, mentendo sulla loro reale età, la loro domanda viene accettata. Archie viene assegnato alla cavalleria mentre Frank finisce nella fanteria. Partiti separatamente per l'Europa, i due ragazzi si rincontrano durante un'esercitazione nel deserto egiziano e Franck riesce a farsi assegnare allo stesso corpo di Archie. Finalmente la loro unità viene trasferita in Turchia, nei pressi di Gallipoli, dove l'esercito turco è asserragliato nelle trincee a difesa della costa. Il comando inglese progetta una grande offensiva e, per creare un diversivo, incarica il contingente australiano di attaccare le linee turche subito dopo un massiccio bombardamento. Ma qualcosa nella catena di comando si inceppa e gli australiani devono lanciarsi contro trincee perfettamente difese, pur rendendosi conto di andare incontro a morte certa.

Tra irrazionalismo e impegno civile

Tra scienza e filosofia: la rivoluzione epistemologica

La fine delle certezze   Il pensiero del Novecento è segnato dalla **fine delle certezze razionali e scientifiche** che avevano animato la cultura positivistica del secondo Ottocento, messe definitivamente in crisi dalle nuove scoperte della scienza, e in particolar modo dalla **teoria della relatività** di **Albert Einstein** (1879-1955), formulata nel 1905 e ampliata nel 1916. Inoltre, nel 1927 il fisico tedesco **Werner Heisenberg** (1901-1976) elabora, nell'ambito della fisica delle particelle, il **principio di indeterminazione**, secondo il quale la posizione e la velocità di una particella elementare non si possono indicare simultaneamente e con precisione, perché lo studio del campo di osservazione è sempre condizionato dagli strumenti dell'osservatore. La **rifondazione della scienza** su basi di **tipo probabilistico** e il continuo sviluppo della tecnica fanno sì che anche la filosofia modifichi i propri ambiti di interesse, abbandonando il terreno della metafisica per interrogarsi soprattutto sui **meccanismi della conoscenza** e sui suoi limiti.

L'**epistemologia**, cioè la ricerca intorno ai principi e ai metodi della conoscenza scientifica, è al centro della riflessione del **Neopositivismo logico**, una corrente filosofica attiva presso il **Circolo di Vienna** a partire dal 1922. Traendo spunto dall'opera di Ludwig **Wittgenstein**, i neopositivisti sostengono che la filosofia debba adottare un metodo "scientifico" e occuparsi soltanto di ipotesi verificabili in modo sperimentale. Analogamente, **Karl Popper** (1902-1994) in *Logica della scoperta scientifica* (1934) sostiene che ogni teoria ha valore solo se può essere falsificata, ossia criticata. Anche in questo caso quindi la ricerca di una verità di tipo scientifico approda a una **concezione problematica e dinamica della conoscenza**, intesa come continua approssimazione.

Fenomenologia ed Esistenzialismo   Accanto ai movimenti di pensiero che operano su basi scientifiche, il filosofo **Edmund Husserl** (1859-1938) pone al centro della propria ricerca la **coscienza soggettiva dell'individuo**, non indagabile con gli stessi strumenti usati per la realtà fisica. Per comprendere l'uomo e la sua esistenza è quindi necessario abbandonare i pregiudizi e osservare non tanto il mondo oggettivo percepito dai sensi, ma il **modo in cui i fenomeni appaiono alla coscienza interiore**. Questa concezione è alla base della **Fenomenologia**, ossia la «scienza dell'apparire delle cose», che si sviluppa negli anni Venti e Trenta del Novecento e avrà una grande influenza sul pensiero esistenzialista.

L'**Esistenzialismo** è la corrente filosofica che riflette sulla stessa esistenza dell'uomo con un **senso di inquietudine e di angoscia**. Essa muove dalla considerazione che l'uomo è «gettato» in un mondo ostile e incomprensibile, dove tenta invano di spiegarsi il senso dell'esistenza, approdando alla **consapevolezza dell'assurdità del vivere**. Il tedesco **Martin Heidegger** (1889-1976), autore di *Essere e tempo* (1927), pone al centro della propria riflessione l'esistenza dell'uomo, il suo «essere-nel-mondo» come un «essere-per-la-morte»: attraverso la percezione della propria **condizione di finitezza** l'uomo può riscoprire la propria autenticità. Il tedesco **Karl Jaspers** (1883-1969) teorizza invece un **Esistenzialismo cattolico**, che vede nel concetto di assoluto, coincidente con Dio, la meta della ricerca esistenziale.

Infine il francese **Jean-Paul Sartre** (1905-1980) con *Essere e nulla* (1943) fonda un **Esistenzialismo ateo**, legato al Marxismo, mettendo in relazione il tema dell'angoscia e dell'assurdità dell'esistenza con quello del **ruolo dell'intellettuale** nella società.

L'Umanismo   Il pensiero di **Sartre** approda nell'immediato dopoguerra all'**Umanismo**, una filosofia che ha al centro il **ruolo dell'uomo e delle sue azioni**. Prendendo spunto dai drammatici avvenimenti della Seconda guerra mondiale, nel saggio *L'Esistenzialismo è un umanismo* (1946) Sartre proclama la sua fiducia nell'**impegno politico e civile**, visto come l'unica possibilità che l'uomo ha per cambiare il proprio destino, e nella **«libertà»**, che nella sua visione è strettamente connessa al senso di responsabilità, con la paradossale conclusione che «l'uomo è condannato ad essere libero». La riflessione di Sartre ha origine da una rielaborazione critica del pensiero di Heidegger, che nella *Lettera sull'Umanismo* (1947) attacca violentemente il filosofo francese, accusandolo di aver volutamente travisato i fondamenti della sua filosofia, che rifiutava qualsiasi forma di impegno in base alla convinzione che sia impossibile definire dei valori etici condivisi da tutti gli uomini.

Il Marxismo critico

L'impegno politico a favore della società dà origine anche a diverse **filiazioni del pensiero marxista**, che si esprime in ambito italiano nell'opera di **Antonio Gramsci** e in Europa nel cosiddetto **Marxismo critico**, identificato per lo più con la **Scuola di Francoforte**, che ha tra i suoi rappresentanti **Theodor W. Adorno** (1903-1969), Max Horkheimer (1895-1973), Herbert **Marcuse** (1898-1979) e Walter **Benjamin** (1892-1940).

Nata nel 1924, la Scuola di Francoforte pone in stretto rapporto la filosofia e le scienze sociali in vista di una trasformazione concreta della società che può essere raggiunta solo attraverso una **nuova educazione culturale**. Tipica di questa corrente è la **critica alla società capitalistica e consumistica** (Marcuse) e agli sviluppi tecnico-scientifici (Adorno), unita alla **riflessione sull'arte**. In particolare Walter Benjamin nel suo saggio *L'opera d'arte nell'epoca della sua riproducibilità tecnica* (1936) sostiene che, mentre in passato l'arte era riservata a pochi, le tecniche moderne come la fotografia e il cinema hanno permesso la sua diffusione tra le masse, facendone un potenziale **mezzo di educazione critica del popolo**.

⭕ Sosta di verifica

1 Che cosa si intende con il termine «Fenomenologia»?
2 Quali sono i temi al centro della ricerca dell'Esistenzialismo?
3 Che cosa è l'Umanismo?
4 Che cosa è il «Marxismo critico»?

Intellettuali e cultura nell'Italia fascista

I regimi totalitari tra propaganda e consenso

Gli Stati totalitari che si affermano tra le due guerre – l'Urss stalinista, la Germania nazista e l'Italia fascista – sono accomunati da alcuni elementi ricorrenti: l'annullamento della dimensione privata, il culto della personalità del capo supremo, la **riduzione degli individui a "massa"**, la repressione di qualsiasi forma di dissenso. Facendo leva sulla predisposizione delle masse al conformismo, i leader delle ideologie totalitarie raccolgono con facilità un **ampio consenso popolare**, garantendosi l'appoggio incondizionato e acritico della gran parte dell'opinione pubblica. Fondamentali in questo senso risultano sia la creazione di un'articolata **simbologia** in cui i singoli possono rispecchiarsi con una specifica identità di gruppo – si pensi ai richiami alla Roma repubblicana in ambito fascista – sia l'accorta gestione degli **strumenti di propaganda**. Il nazismo e il fascismo per primi utilizzano a questo scopo non solo la scuola e la cultura (con la censura ma anche i «ministeri per la cultura popolare»), ma soprattutto i **nuovi mezzi di comunicazione**, come il cinema e la radio. L'organizzazione del con-

Benito Mussolini raffigurato su un manifesto propagandistico realizzato da Xanti Schawinski nel 1934.

senso penetra in modo capillare in ogni attività dei cittadini, anche nello sport e nel tempo libero, istituendo riti come le famose «adunate oceaniche» fasciste, le esercitazioni ginniche del «sabato fascista», le organizzazioni dei «giovani Balilla».

Gli intellettuali di fronte al fascismo

Anche tra gli intellettuali italiani molti aderiscono al fascismo, sottoscrivendo nel **1925** il *Manifesto degli intellettuali fascisti* elaborato da **Giovanni Gentile**, ma numerose sono anche le voci dissonanti di letterati e artisti che si oppongono con fermezza al regime, traendo anzi spunto dalla dittatura per riflettere sulla necessità di un legame tra impegno culturale e impegno politico.

Fin dai primi anni Venti emergono le riflessioni di Benedetto Croce (1866-1952), Antonio Gramsci (1891-1937) e Piero Gobetti (1901-1926) sul ruolo dell'intellettuale e sulla necessità del suo impegno sociale e politico. **Benedetto Croce**, filosofo dai molteplici interessi che domina il panorama culturale italiano per quasi mezzo secolo, dopo un'iniziale simpatia per il fascismo, redige e promuove il *Manifesto degli intellettuali antifascisti*, pubblicato il 1° maggio 1925 e sottoscritto, tra gli altri, da Eugenio Montale.

Ostile alla dittatura fascista, che lo fa rinchiudere in carcere fino a pochi mesi prima della morte, è anche **Antonio Gramsci**. Seguendo la dottrina marxista, Gramsci intende l'**arte come** una **«sovrastruttura»** che riflette e rispecchia la struttura economica della società, e **lamenta il distacco dell'intellettuale italiano dal popolo**. Con i suoi *Quaderni del carcere* (1929-1935), egli rappresenta un punto di riferimento per il rinnovamento dell'arte e della critica in senso realistico e democratico.

Breve ma intensa è la parabola intellettuale di **Piero Gobetti**, costretto all'esilio e morto in seguito a un'aggressione fascista e, soprattutto, grande organizzatore culturale, sostenitore del **ruolo-guida degli intellettuali**, ai quali spetta di promuovere, non più dall'alto ma insieme al popolo, un'opera di rinnovamento della cultura. La «rivoluzione liberale» a cui pensa Gobetti ha come protagonista la **classe operaia** e deve aspirare ai valori di pacifica convivenza, libertà e sviluppo individuale appartenenti alla tradizione del pensiero illuministico-liberale.

Oltre all'accettazione del fascismo e all'aperta opposizione al regime, emerge tra gli intellettuali italiani anche una "**terza via**", che coincide con il **distacco programmatico dall'impegno politico** e il rifugio in una letteratura che, ignorando il contesto storico contemporaneo, si volge a esplorare la condizione umana in senso esistenziale. La scelta di isolarsi nella creazione artistica porta molti intellettuali a perseguire forme d'arte raffinate ed elitarie, rivolte a un pubblico ristretto. In questa direzione si orienta sia la narrativa, con la prosa d'arte che ruota intorno alla rivista «La Ronda», sia soprattutto la lirica, egemonizzata dal movimento dell'**Ermetismo** fiorentino. La purezza della parola rischia quindi di isolare gli ermetici in uno spazio al di fuori della storia, sebbene essi stessi abbiano più tardi sostenuto che tale isolamento era l'unica forma di rifugio contro la retorica trionfalistica del regime.

Il ruolo delle riviste

Nel periodo tra le due guerre i canali privilegiati del dibattito ideologico sono ancora le riviste. Anch'esse si possono distinguere sulla base di **tre schieramenti**: quelle che sostengono l'**ideologia del regime**, quelle di **opposizione** e quelle che si interessano esclusivamente al **dibattito letterario**. Al primo gruppo appartengono riviste a forte caratterizzazione ideologica, come «Gerarchia», diretta dallo stesso Mussolini, e «Critica fascista», fondata nel 1922 da Giuseppe Bottai, uno dei massimi gerarchi del regime. Sono invece dichiaratamente antifasciste «La Critica» (1903-1944) di Benedetto Croce e le due riviste di Gobetti, «La Rivoluzione liberale» (1922-1925) e «Il Baretti» (1924-1928), presto

Mario Sironi, *L'allieva*, 1924.

Due manifesti a confronto

Il 21 aprile 1925 il filosofo Giovanni Gentile pubblica il *Manifesto degli intellettuali fascisti*, in cui presenta il fascismo come diretta continuazione dello spirito risorgimentale, esaltandone il ruolo pacificatore e "religioso". Dopo soli dieci giorni Benedetto Croce risponde all'ex allievo nel *Manifesto degli intellettuali antifascisti*, in cui rivendica l'indipendenza degli intellettuali dal potere politico e confuta punto per punto le tesi di Gentile. Riportiamo di seguito alcuni passi dei due testi.

Manifesto degli intellettuali fascisti

Il Fascismo è un movimento recente ed antico dello spirito italiano, intimamente connesso alla storia della Nazione italiana, ma non privo di significato e interesse per tutte le altre.

Le sue origini prossime risalgono al 1919, quando intorno a Benito Mussolini si raccolse un manipolo di uomini reduci dalle trincee[1] e risoluti a combattere energicamente la politica demosocialista[2] allora imperante. […] Il Fascismo pertanto alle sue origini fu un movimento politico e morale. La politica sentì e propugnò come palestra di abnegazione e sacrificio dell'individuo a un'idea in cui l'individuo possa trovare la sua ragione di vita, la sua libertà e ogni suo diritto; idea che è Patria, come ideale che si viene realizzando storicamente senza mai esaurirsi, tradizione storica determinata e individuata di civiltà ma tradizione che nella coscienza del cittadino, lungi dal restare morta memoria del passato, si fa personalità consapevole di un fine da attuare, tradizione perciò e missione. Di qui il carattere religioso del Fascismo.

Questo carattere religioso e perciò intransigente, spiega il metodo di lotta seguito dal Fascismo nei quattro anni dal '19 al '22. I fascisti erano minoranza, nel Paese e in Parlamento, dove entrarono, piccolo nucleo, con le elezioni del 1921. Lo Stato costituzionale era perciò, e doveva essere, antifascista, poiché era lo Stato della maggioranza, e il fascismo aveva contro di sé appunto questo Stato che si diceva liberale. […]

Contro tale Stato il Fascismo si accampò anch'esso con la forza della sua idea la quale, grazie al fascino che esercita sempre ogni idea

Benedetto Croce.

religiosa che inviti al sacrificio, attrasse intorno a sé un numero rapidamente crescente di giovani e fu il partito dei giovani (come dopo i moti del '31 da analogo bisogno politico e morale era sorta la "Giovane Italia" di Giuseppe Mazzini). Questo partito ebbe anche il suo inno della giovinezza che venne cantato dai fascisti con gioia di cuore esultante. E cominciò a essere, come la "Giovane Italia" mazziniana, la fede di tutti gli Italiani sdegnosi del passato e bramosi del rinnovamento. […] Era la fede stessa maturatasi nelle trincee e nel ripensamento intenso del sacrificio consumatosi nei campi di battaglia pel solo fine che potesse giustificarlo: la vita e la grandezza della Patria. Fede energica, violenta, non disposta a nulla rispettare che opponesse alla vita, alla grandezza della Patria.

Sorse così lo squadrismo. Giovani risoluti, armati, indossanti la camicia nera, ordinati militarmente, si misero contro la legge per instaurare una nuova legge, forza armata contro lo Stato per fondare il nuovo Stato.

Manifesto degli intellettuali antifascisti

Gl'intellettuali fascisti, riuniti in congresso a Bologna, hanno indirizzato un manifesto agl'intellettuali di tutte le nazioni per spiegare e difendere innanzi ad essi la politica del partito fascista. […] E, veramente, gl'intellettuali, ossia i cultori della scienza e dell'arte, se, come cittadini, esercitano il loro diritto e adempiono il loro dovere con l'iscriversi a un partito e fedelmente servirlo, come intellettuali hanno il solo dovere di attendere, con l'opera dell'indagine e della critica e le creazioni dell'arte, a innalzare parimenti tutti gli uomini e tutti i partiti a più alta sfera spirituale affinché con effetti sempre più benefici, combattano le lotte necessarie. Varcare questi limiti dell'ufficio a loro assegnato, contaminare politica e letteratura, politica e scienza è un errore, che, quando poi si faccia, come in questo caso, per patrocinare[3] deplorevoli violenze e prepotenze e la soppressione della libertà di stampa, non può dirsi nemmeno un errore generoso. […]

Nella sostanza, quella scrittura è un imparaticcio scolaresco, nel quale in ogni punto si notano confusioni dottrinali e mal filati raziocini[4]. […] . Ma il maltrattamento delle dottrine e della storia è cosa di poco conto, in quella scrittura, a paragone dell'abuso che si fa della parola "religione"; perché, a senso dei signori intellettuali fascisti, noi ora in Italia saremmo allietati da una guerra di religione, dalle gesta di un nuovo evangelo e di un nuovo apostolato. […]

Chiamare contrasto di religione l'odio e il rancore che si accendono contro un partito che nega ai componenti degli altri partiti il carattere di italiani e li ingiuria stranieri, e in quell'atto stesso si pone esso agli occhi di quelli come straniero e oppressore, e introduce così nella vita della Patria i sentimenti e gli abiti che sono propri di altri conflitti; nobilitare col nome di religione il sospetto e l'animosità sparsi dappertutto, che hanno tolto persino ai giovani delle università l'antica e fidente[5] fratellanza nei comuni e giovanili ideali, e li tengono gli uni contro gli altri in sembianti[6] ostili; è cosa che suona, a dir vero, come un'assai lugubre facezia[7].

In che mai consisterebbe il nuovo evangelo, la nuova religione, la nuova fede, non si riesce a intendere dalle parole del verboso manifesto; e, d'altra parte, il fatto pratico, nella sua muta eloquenza, mostra allo spregiudicato osservatore un incoerente e bizzarro miscuglio di appelli all'autorità e di demagogismo, di proclamata riverenza alle leggi e di violazione delle leggi, di concetti ultramoderni e di vecchiumi muffiti, di atteggiamenti assolutistici e di tendenze bolsceviche, di miscredenza e di corteggiamenti alla Chiesa cattolica, di aborrimenti della cultura e di conati sterili verso una cultura priva delle sue premesse, di sdilinquimenti[8] mistici e di cinismo. […]

Per questa caotica e inafferrabile "religione" noi non ci sentiamo, dunque, di abbandonare la nostra vecchia fede: la fede che da due secoli e mezzo è stata l'anima dell'Italia che risorgeva, dell'Italia moderna; quella fede che si compose di amore alla verità, di aspirazione alla giustizia, di generoso senso umano e civile, di zelo per l'educazione intellettuale e morale, di sollecitudine per la libertà, forza e garanzia di ogni avanzamento.

A.R. Papa, *Storia di due manifesti*, Milano, Feltrinelli, 1958

1. dalle trincee: *dalla Prima guerra mondiale.*

2. demosocialista: *democratica e socialista.*

3. patrocinare: *sostenere, difendere.*

4. mal filati raziocini: *ragionamenti privi di logica.*

5. fidente: *fiduciosa.*

6. sembianti: *atteggiamenti.*

7. facezia: *battuta spiritosa.*

8. sdilinquimenti: *atteggiamenti sdolcinati.*

messe a tacere dalla **censura del regime**. Il dissenso prende quindi la via della **clandestinità** e si esprime attraverso il foglio di controinformazione «Non mollare» (1925), stampato di volta in volta in diverse città italiane per eludere i controlli della polizia fascista. Tra le riviste che scelgono la via dell'**astensione politico-ideologica**, predicando un ritorno ai valori "puri" della letteratura, vi è «La Ronda», pubblicata a Roma dal 1919 al 1923 sotto la direzione di Vincenzo Cardarelli, Riccardo Bacchelli ed Emilio Cecchi. La rivista proclama la distinzione netta tra letteratura e impegno politico e si propone di recuperare, sul piano letterario, gli scrittori «sbandati» che si erano allontanati dalla roccaforte delle lettere, per ricondurli a un'idea tradizionale di **arte come supremo esercizio di stile**.

Fondata nel 1926 a Firenze da Alberto Carocci, «Solaria» è la rivista in cui confluiscono le forze migliori della letteratura italiana dell'epoca (vi collaborano infatti a vario titolo autori come Montale, Gadda, Vittorini, Moravia). «Solaria» rivendica una certa autonomia dall'autarchia culturale imposta dal regime e si caratterizza per l'**attenzione alla cultura europea** (pubblicando saggi su Marcel Proust e sulla letteratura ebraica di Franz Kafka, Italo Svevo e Umberto Saba) e, soprattutto dopo il 1930, a quella americana. Grazie alle traduzioni di Elio Vittorini e di Cesare Pavese, la rivista alimenta il **mito americano**: i testi di Ernest Heming-

way, William Faulkner, Francis Scott Fitzgerald, John Dos Passos, cioè degli autori della cosiddetta «generazione bruciata» degli anni Venti e Trenta, sono quelli su cui si formano i giovani intellettuali antifascisti, che vedono nell'America un mondo libero, moderno, democratico, vitale e autentico, in opposizione a un'Europa vecchia, decadente e oscurantista.

L'evoluzione di «Solaria» anticipa la **riscoperta dell'impegno** che caratterizza alcune riviste dell'immediato dopoguerra, tra cui spicca «Il Politecnico» – diretto da Elio Vittorini ed edito dal 29 settembre 1945 alla fine del 1947 – che dichiara apertamente la necessità di una cultura capace di evitare in futuro gli orrori della guerra e di proporre un rimedio concreto alle disuguaglianze sociali. «Il Politecnico» vuole essere una rivista nuova in un'Italia nuova: viene scelto un formato innovativo (un foglio di quattro pagine, della grandezza di un quotidiano, in cui si alternano rosso, nero e bianco) e si promuove un **rapporto costante tra politica e cultura**.

⊙ Sosta di verifica

1 Quali sono gli atteggiamenti degli intellettuali italiani di fronte al regime fascista?

2 Qual è il ruolo delle riviste nel periodo tra le due guerre?

3 Che rivista diffonde in Italia il mito americano?

4 Quali sono gli obiettivi del «Politecnico»?

La lingua del fascismo e l'unificazione linguistica

La battaglia linguistica del fascismo   Tra le parole "nuove" che entrano a far parte della lingua italiana nel periodo tra le due guerre, vi è naturalmente *fascismo*. Il termine, ripreso dall'antica Roma, dove i *fasci littori* erano le insegne del potere consolare, viene a indicare il nuovo regime che si instaura in Italia: Mussolini, chiamando il suo movimento "Fasci di combattimento", vuole richiamare il proverbio secondo cui "l'unione fa la forza", in quanto anche i fasci littori erano composti da tante verghe che, insieme, vincevano la loro singola fragilità. Tra le numerose battaglie del regime fascista ve n'è anche una linguistica, quella **contro i "forestierismi"**, cioè le parole di origine straniera. Tale rifiuto ha **motivi linguistici** (la difesa dell'italiano contro il dilagare dell'influenza straniera), ma soprattutto **politici**: il regime intende infatti proteggere tutti i prodotti nazionali, compresa la lingua.

Verso una lingua nazionale   Le trasformazioni sociali ed economiche, in particolare il processo di urbanizzazione e industrializzazione, contribuiscono a **diffondere l'uso della lingua italiana** anche in quelle fasce di popolazione che erano invece abituate a servirsi solo del dialetto. Altri fattori contribuiscono all'alfabetizzazione e alla diffusione dell'italiano: il **servizio militare** obbligatorio, l'aumento dell'**alfabetizzazione** e in particolare l'avvento dei nuovi mezzi di comunicazione di massa: i **giornali**, la **radio** e, dai primi anni Cinquanta, la **televisione**. Questi mezzi permetteranno infatti una graduale omogeneizzazione della lingua parlata, contribuendo in modo decisivo a quella unificazione linguistica tanto sperata fin dai tempi dell'Unità d'Italia.

Fuori lo straniero!   Per portare avanti la battaglia fascista contro i forestierismi, nel 1932 il quotidiano «La Tribuna» bandisce un concorso tra i lettori per trovare **sostituti italiani a parole straniere** ormai entrate nell'uso: alcuni propongono di sostituire *bar* con *barra*, *dancing* con *balleria, sala da danza* o *danzatorio*.
Due sostituzioni destinate ad avere fortuna sono quelle del linguista Bruno Migliorini, che propone *autista* al posto di *chauffeur* e *regista* invece di *régisseur* .

Molte parole italiane sostituiscono quelle straniere nell'ambito dello **sport**, soprattutto del calcio, disciplina molto cara al regime: da allora si parlerà così di *autorete, fallo, fuorigioco, calcio d'angolo* e i corrispondenti termini inglesi passeranno in secondo piano.
Si provvede inoltre a **modificare le grafie e italianizzare** alcune parole: il *taxi* diventerà il *tassì*, il *walzer* sarà il *valzer*, il *croissant* infine il *cornetto*.
Un'altra campagna del regime fascista è quella **contro l'uso del pronome di rispetto *lei***, entrato nell'uso italiano con la dominazione spagnola del Cinquecento: nel 1938 si stabilisce l'uso del *voi* anziché del *lei*.

I **discorsi di Mussolini** si basavano su una sintassi fatta di poche subordinate e sulla ripetizione di elementi e frasi fatte, divenute ormai proverbiali (es. "Combattere, soffrire e, se occorre, morire"). La lingua italiana, soprattutto nella sintassi e lessico, risentì delle caratteristiche dell'oratoria mussoliniana, che ricercava la sintesi, l'enfasi e la sentenziosità: non a caso fu riscoperto l'uso del **motto**, di ascendenza classica, utile nella declamazione in pubblico e davanti alle folle, nonché utilizzato nelle epigrafi ed iscrizioni fasciste su strade e palazzi.
Il regime inoltre si preoccupò di regolamentare l'**uso corretto della lingua italiana**, con il proposito di diffondere un italiano uniforme e accurato, a scapito dei dialetti. A questo fine la riforma Gentile della scuola (1923) indicò tra i punti fondamentali dei programmi scolastici l'insegnamento dell'italiano corretto: nel 1929 fu inoltre introdotto il libro di testo unico per tutte le scuole del paese e nel 1939 la *Carta della scuola*. Sempre nell'intento di normalizzare l'uso corretto dell'italiano si diffusero anche grammatiche e dizionari: nel 1934 l'Accademia d'Italia fu incaricata da Mussolini di redigere un nuovo *Vocabolario della lingua italiana*, il cui primo volume uscì nel 1941 e, nonostante l'avversione del regime per i forestierismi, esso dava ampio spazio a **parole nuove e straniere**, per indicare le novità dei tempi (per esempio *clown, club, banjo*).

Le tendenze artistiche tra primo e secondo dopoguerra

La Metafisica La corrente della **pittura metafisica**, inaugurata già nel 1910 dal quadro *Enigma di un pomeriggio di autunno* di **Giorgio De Chirico** (1888-1978), nasce ufficialmente nel **1917** dall'incontro tra lo stesso De Chirico, il fratello Andrea noto con lo pseudonimo di **Alberto Savinio** (1891-1952), e l'ex futurista **Carlo Carrà** (1881-1966), ma ben presto si amplia coinvolgendo pittori come Giorgio Morandi (1890-1964) e Filippo de Pisis (1896-1956) e gli scultori Arturo Martini (1889-1947) e Marino Marini (1901-1980). Il termine "metafisica" (dopo la fisica, quindi oltre la realtà sensibile) deriva dalla filosofia e viene usato per indicare una **riflessione sull'enigma dell'esistenza**, sulla verità nascosta in ogni oggetto o ambiente, percepibile solo andando al di là dell'apparenza, attraverso figure tratte fuori del tempo e ricontestualizzate in un quadro d'insieme che risulta dissonante e spesso privo di senso. È proprio il non-senso dell'esistenza, la fondamentale **solitudi-**

Giorgio Morandi, *Natura morta*, 1918.

Giorgio De Chirico, *Le muse inquietanti*, 1918.

ne e attesa della condizione umana, che il pittore metafisico esplora attraverso elementi, luoghi e temi ricorrenti: la piazza spesso vuota e deserta, la torre, il manichino, il monumento equestre, le statue antiche, le figure mitologiche. Per esempio nelle *Muse inquietanti* di De Chirico, la piazza di Ferrara, delimitata dalla storica residenza degli Estensi e da una fabbrica-simbolo dell'età industriale, accoglie figure non umane, immobili e senza volto (un manichino solennemente eretto su un piedistallo, un altro seduto e quasi bloccato nelle articolazioni, una statua di marmo sullo sfondo), a suggerire un effetto di straniamento e desolazione.

Il senso di eterna sospensione, di emblematica assenza e staticità, tipico anche della poesia di Montale, si fa evidente nelle **nature morte** di **Giorgio Morandi**, dove gli oggetti rappresentati, che sembrano mancare di peso e consistenza, si dispongono in un ambiente dai colori tenui, impercettibilmente variati pur all'interno della stessa famiglia cromatica.

Il Surrealismo Nell'autunno del 1924, a Parigi, **André Breton** (1896-1966) pubblica il *Manifesto del Surrealismo*, col quale fonda l'omonimo movimento artistico. Surrealismo, secondo la definizione stessa dello scrittore, vuol dire «automatismo psichico puro mediante il quale ci si propone di esprimere sia verbalmente, sia per iscritto o in altre maniere, il funzionamento reale del pensiero».

Si tratta di un'arte che, richiamandosi alle scoperte freudiane, nasce direttamente dall'**inconscio**, dal **sogno** o da

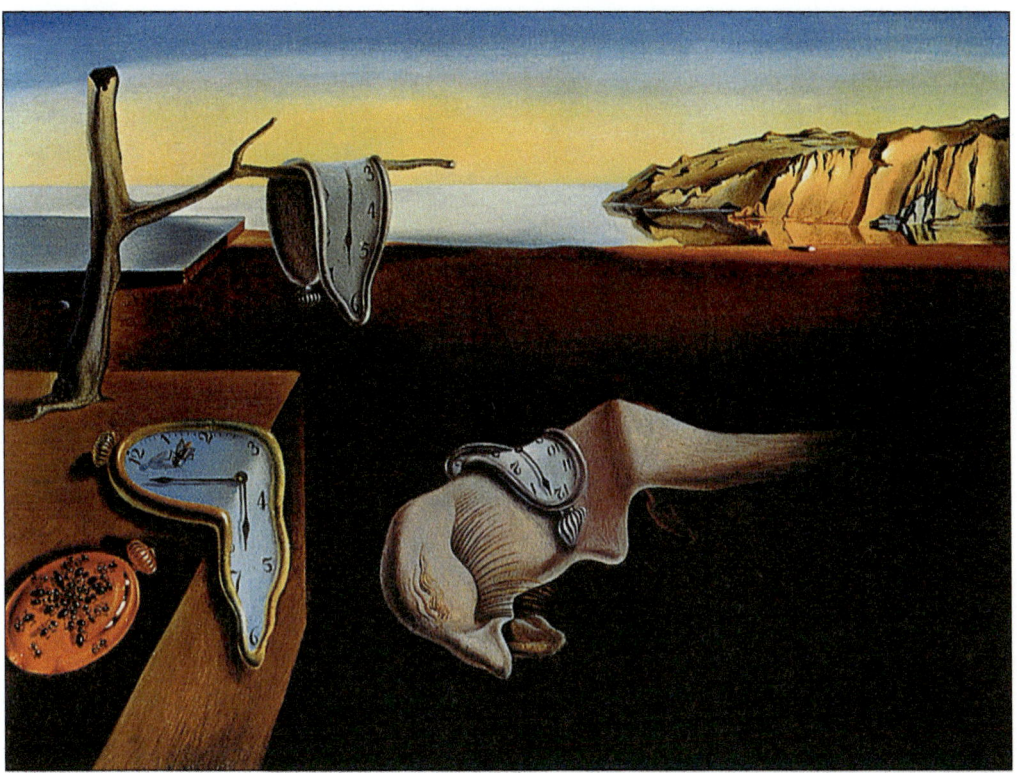

Salvador Dalí, *La persistenza della memoria*, 1931.

libere associazioni della mente, non soggette al controllo razionale né alla logica del ragionamento, poiché, secondo Breton, «perché un'opera d'arte sia immortale bisogna che esca completamente dai confini dell'umano: il buon senso e la logica saranno dei limiti».

Max Ernst, *Celebes*, 1921.

Pittori come **Max Ernst** (1891-1976), **René Magritte** (1898-1967), **Juan Miró** (1893-1983) e **Salvador Dalí** (1904-1989) rappresentano **immagini oniriche** in cui spesso, come accade nei sogni, gli oggetti più comuni della vita quotidiana, gli animali, gli elementi del paesaggio naturale o le stesse figure umane vengono ricollocati in contesti inusuali o improbabili, così da provocare nell'osservatore del quadro un **disturbante senso di inquietudine**. In un dipinto come *La persistenza della memoria* di Dalí, per esempio, oggetti familiari come gli orologi assumono consistenze semiliquide e sono disposti in un paesaggio desertico, a suggerire un'oscura concezione della temporalità.

L'architettura europea Nel corso degli anni Venti il già avviato processo di industrializzazione e la **crescita delle metropoli moderne** impongono all'architettura di progettare edifici funzionali ai bisogni della collettività, ma pur sempre dotati di una certa qualità artistica. Il compromesso tra arte e funzionalità si esprime attraverso una tendenza al **razionalismo** e l'adozione di nuove norme architettoniche necessarie per la **produzione in serie degli edifici**. L'architetto è dunque visto come un **pianificatore della vita cittadina**, al quale si chiedono costruzioni formalmente semplificate ma strutturalmente agibili ed efficaci.

Le Corbusier, *Villa Savoye*, 1929-1931. Poissy (Francia).

vazioni in campo architettonico, quali l'uso dei *pilotis*, piloncini che tengono in sospeso un edificio dalla propria base, il giardino pensile ricavato su un tetto piano e le finestre a nastro, tutti elementi ben rappresentati nella sua opera-manifesto, la *Villa Savoye* a Poissy.

Anche l'Italia risente dell'influenza del razionalismo tedesco, con la fondazione, nel 1926, del **Gruppo 7** che si ispira alla lezione di Gropius, ma gli anni Trenta sono dominati dall'**architettura di regime**, che unisce alla lezione razionalista una **tendenza monumentale**, in omaggio al mito della romanità imperiale.

Sebbene muova da presupposti analoghi a quelli del Razionalismo, l'architetto americano **Frank Lloyd Wright** (1869-1959) se ne distacca ben presto per fondare un tipo di **architettura «organica»**, cioè strettamente connessa ai materiali naturali e all'ambiente esterno, come nella sua celebre *Casa sulla cascata*, dove l'abitazione sembra appropriarsi della natura circostante.

In area tedesca tale tendenza è incarnata dalla corrente del **Funzionalismo**, il cui maggiore rappresentante è **Walter Gropius** (1883-1969), che nel **1919** fonda a Weimar la **Bauhaus**, una scuola d'arte dedicata allo studio delle **nuove modalità di produzione artistica nella società industriale**, che promuove un legame operativo tra arte e industria. Sulla stessa linea d'onda opera anche il celebre architetto, urbanista e designer francese **Le Corbusier** (1887-1965), cui si devono importanti inno-

⬤ Sosta di verifica

1 Che cos'è l'arte metafisica?
2 Quali sono le caratteristiche della pittura surrealista?
3 Qual è la tendenza principale dell'architettura europea degli anni Venti e Trenta?
4 Che cosa è la Bauhaus?

Frank Lloyd Wright, *Casa sulla cascata*, 1939. Mill Run (Stati Uniti).

Guida alla verifica orale

 Verifica le tue conoscenze

DOMANDA N. 1 Come sono influenzate le filosofie di inizio Novecento dal pensiero scientifico?

LA RISPOSTA IN SINTESI

La crisi delle certezze scientifiche, iniziata con la teoria della relatività di Einstein e confermata dal principio di indeterminazione di Heisenberg, condiziona anche il pensiero filosofico. Accanto ad alcune correnti ancora ispirate al rigore del metodo scientifico – come il Neopositivismo logico, che applica tale metodo allo studio del linguaggio – la filosofia tende a ripiegarsi sull'individuo e sul suo rapporto con il mondo, come accade nella Fenomenologia di Husserl e nell'Esistenzialismo di Heidegger e Sartre, che in seguito dà vita all'Umanismo.

DOMANDA N. 2 Quali diversi atteggiamenti assumono gli intellettuali di fronte al Fascismo?

LA RISPOSTA IN SINTESI

L'ascesa del fascismo costringe gli intellettuali italiani a una scelta di campo. Oltre ai sostenitori del regime, in Italia hanno particolare rilievo le riflessioni di Benedetto Croce, Antonio Gramsci e Piero Gobetti, che teorizzano una figura di intellettuale impegnato nella società e antifascista. Altri letterati, invece, scelgono di abbandonare l'impegno politico, rifugiandosi in una letteratura elitaria e staccata dalla realtà sociale dell'epoca.

DOMANDA N. 3 Quali sono le due principali riviste letterarie del periodo tra le due guerre?

LA RISPOSTA IN SINTESI

«La Ronda», pubblicata a Roma tra il 1919 e il 1923 e diretta da Vincenzo Cardarelli, che sostiene la distinzione netta tra letteratura e impegno politico e promuove un'idea tradizionale di arte come supremo esercizio di stile; e «Solaria», pubblicata a Firenze a partire dal 1926, che mostra una certa autonomia dall'autarchia culturale del regime pubblicando testi di autori europei e americani.

DOMANDA N. 4 Come si caratterizza l'arte tra le due guerre?

LA RISPOSTA IN SINTESI

Nel periodo tra le due guerre si affermano due correnti pittoriche: la Metafisica, con gli italiani De Chirico, Carrà e Savinio, che riflette sull'enigma dell'esistenza con quadri dissonanti e pervasi da inquietudine; e in ambito europeo il Surrealismo, con pittori come Magritte, Dalí e Ernst, che promuovono un'arte fondata sulla dimensione onirica dell'inconscio.

Saggio breve

ARGOMENTO La guerra fredda

DOCUMENTI

1 [*La guerra fredda è stata*] un'epoca che, nella periodizzazione canonica e maggiormente in uso, va dalla fine del secondo conflitto mondiale al crollo dei regimi comunisti in Europa centro-orientale, e che culmina con l'implosione e la scomparsa dell'Unione Sovietica. Un periodo, quello che va dal 1945 al 1989-91, peculiare nella storia delle relazioni internazionali moderne.

Talmente peculiare, che per descriverlo ed etichettarlo fu utilizzata una metafora, la «guerra fredda» appunto, intrinsecamente ambigua e contraddittoria. Perché nel sistema bipolare postbellico, con due sole superpotenze sulla scena – gli Stati Uniti e l'Unione Sovietica –, l'antagonismo geopolitico e ideologico era assoluto e radicale come mai prima di allora (e quindi tra i due poli vi era davvero una condizione di guerra). Un antagonismo, però, che fortunatamente non poteva essere risolto per via militare, vista la capacità di distruzione totale di cui le due parti disponevano (la guerra, cioè, non poteva diventare «calda»).

> P. Deery – M. Del Pero, *Spiare e tradire. Dietro le quinte della Guerra fredda*, Milano, Feltrinelli, 2011

2 Il lancio di un satellite sovietico il 4 ottobre 1957 fu visto come la mossa della torre o dell'alfiere sullo scacchiera della guerra fredda. Non era ancora uno scacco, ma poteva rapidamente diventarlo.

A Mosca vi era un uomo nuovo, Nikita Kruscev, che dava segnali contraddittori e sembrava ora conciliante, ora minaccioso e aggressivo. Nel febbraio dell'anno precedente, durante una seduta a porte chiuse del XX congresso del Pcus (Partito comunista dell'Unione Sovietica), aveva denunciato i crimini di Stalin e il culto della personalità. Nella stessa occasione, durante una seduta pubblica, aveva elogiato il concetto leninista di coesistenza pacifica e dichiarato che questo sarebbe stato, da quel momento, l'obiettivo della politica estera sovietica. In aprile sciolse il Cominform con cui l'Urss, dal 1947, aveva cercato di teleguidare i partiti comunisti dell'Europa occidentale. Ma nello stesso mese, durante un viaggio a Londra, aveva annunciato che il suo Paese si accingeva a costruire missili dotati di testate nucleari all'idrogeno. E in novembre non aveva esitato a reprimere nel sangue la rivoluzione ungherese.

A quale Kruscev avremmo dovuto credere? A quello che «riabilitava» le minoranze oppresse da Stalin e cacciava la vecchia guardia dal Comitato centrale? O a quello che tradiva i patrioti ungheresi e mandava i carri dell'Armata Rossa alla conquista di Budapest?

Anche l'Occidente, d'altro canto, lanciava segnali non propriamente pacifici. Nel maggio del 1955 la Germania venne ammessa a far parte della Nato. Nei mesi seguenti l'organizzazione cominciò a discutere il problema dell'installazione di basi missilistiche in Europa occidentale.

> S. Romano, *Guerra fredda. La mossa più ardita*, «Corriere della Sera», 2 ottobre 2007

3 All'indomani della rielezione di Reagan, nessuno, né in Occidente né nei Paesi comunisti, poteva prevedere che nel breve arco di sette anni il panorama delle relazioni internazionali sarebbe stato completamente sconvolto dalla fine della guerra fredda e, tanto meno, che uno dei suoi poli sarebbe addirittura scomparso.

Durante la segreteria di Chernenko, Gorbaciov aveva cercato di acquisire competenze in politica internazionale, anche se il settore restava saldamente nelle mani di Gromyko; in particolare, due viaggi dell'informale numero due della gerarchia sovietica lo segnalarono all'opinione pubblica internazionale: quello a Roma nell'estate del 1984 per partecipare ai funerali del leader comunista italiano Berlinguer e, ancor più, la visita effettuata a Londra qualche mese dopo, ove Gorbaciov ebbe prolungati colloqui con Margaret Thatcher, che riconobbe in lui un esponente sovietico di nuovo tipo.

> C. Pinzani, *Il bambino e l'acqua sporca. La guerra fredda rivisitata*, Firenze, Le Monnier, 2001

Le guerre del futuro le combatteranno eserciti robot

Competenze linguistiche
- Uso del congiuntivo
- Uso del condizionale

Un generale americano ha rivelato che entro il 2019 l'esercito ridurrà di 120.000 unità il numero di soldati per reclutare robot. Ma difficilmente la guerra diventerà meno sanguinaria.

Quando siete andati a vedere l'ultimo *Terminator*, poi vi siete rigirati nel letto tutta la notte. E non solo perché il film era oggettivamente brutto, ma perché questa cosa dei robot programmati per fare la guerra proprio non vi lasciava rilassare, complici anche tutti quei video *YouTube* che avevate visto sui robottoni militari della Boston Dynamics. È stata una notte difficile, senz'altro,

5 però il giorno dopo vi siete svegliati, vi siete asciugati i sudori freddi e vi siete ricordati che nel mondo reale i robot sono roba da laboratorio e se riescono a mettere in fila due passi senza rovinare a terra è già tanto.

I successivi quattro anni li avete passati in una sorta di ebete limbo, avete trascinato la vostra routine come una coperta di Linus. Poi un giorno vi siete svegliati in un mondo in cui i droni fanno la

10 guerra, le aziende cinesi programmano di sostituire gli operai con i cyborg, Google conosce tutto su di voi e ha rilevato la più importante compagnia di sviluppo di robot militari. Non bastasse, a dare il colpo di grazia alla vostra tranquillità esistenziale ci pensa l'esercito americano in persona, e in particolare il Generale Robert Cone, il quale ha dichiarato che la US Army intende ridurre il numero di soldati in carne e ossa sul fronte per reclutare robot.

15 Stando alle dichiarazioni di Cone, entro il 2019 il numero di soldati arruolati nell'esercito americano verrà ridotto di almeno 120.000 unità, dai 540.000 di oggi a circa 420.000. Questo non significa che di qui a qualche anno vedremo robot umanoidi imbracciare i fucili e uscire dalle trincee sventagliando proiettili. L'obiettivo dell'esercito americano è ridurre il numero di truppe che vanno a rischiare la vita sul campo ricoprendo ruoli di supporto. Per operazioni di questo tipo

20 (fornire munizioni, alimenti e trasportare armamenti) esistono già robot specializzati, basta dare un'occhiata al novero di prodigi cibernetici della Boston Dynamics.

Non passerà tuttavia molto tempo prima che gli eserciti comincino a schierare sul campo di battaglia robot con un ruolo bellico "attivo". L'esercito americano sta già sviluppando veicoli robotizzati, aerei pilotati a distanza come in un videogame e torrette mitragliatrici in grado di

25 riconoscere i volti umani.

Una simile prospettiva potrebbe sembrare buona. Dopotutto, se la guerra diventasse l'equivalente di una partita a Risiko, con i robot al posto dei carrarmatini, si potrebbe ridurre al minimo il costo in vite umane che ogni conflitto bellico esige. Certo, in un mondo in cui ogni esercito si affidasse ad androidi armati, questa sarebbe una prospettiva interessante. Ma fino ad ora l'im-

30 piego di unità robotiche nei teatri di guerra ha tratteggiato uno scenario molto diverso, in cui i droni fanno strage di civili, creando problemi diplomatici notevolmente maggiori a quelli che hanno scatenato i conflitti iniziali.

Se da un lato è vero che un esercito fatto di robot non può registrare perdite umane, è anche vero che può causarne. E considerando la tradizionale disparità tra gli armamenti degli eserciti, un

35 esercito robot potrebbe rivelarsi semplicemente un sistema più freddo e anonimo per seminare morte e distruzione.

(da www.panorama.it)

1 Le due frasi «E non solo perché il film era oggettivamente brutto», «ma perché questa cosa dei robot programmati per fare la guerra proprio non vi lasciava rilassare» (righe 1-3) sono tra loro in un rapporto di:

a parallelismo

b contrapposizione

c causa-effetto

d giustapposizione

2 Il termine «robottoni» (riga 4) è:

a un nome primitivo

b un nome alterato

c un aggettivo alterato

d un neologismo

3 Nella frase «I successivi quattro anni li avete passati in una sorta di ebete limbo» (riga 8) riconosci:

a un anacoluto

b una frase marcata con dislocazione a sinistra

c un eufemismo

d un'espressione tipica del linguaggio burocratico

4 A quale campo semantico potresti associare parole come *robot, droni, cyborg* contenute nel testo?

....

....

5 Nella frase «Non bastasse, a dare il colpo di grazia alla vostra tranquillità esistenziale ci pensa l'esercito americano in persona» (righe 11-12) l'espressione *non bastasse* sottintende:

a *perché* bastasse

b *affinché* bastasse

c *come se* non bastasse

d *invece* bastasse

6 In base alle informazioni che puoi desumere dal testo Robert Cone è:

a un esperto di informatica

b un robot di ultima generazione

c un generale dell'esercito americano

d un soldato semplice delle truppe americane

7 Nella proposizione subordinata «prima che gli eserciti comincino» (riga 22) il verbo è espresso al modo:

....

....

8 In base all'affermazione «Una simile prospettiva potrebbe sembrare buona» (riga 26) si può anche affermare che:

a sicuramente l'impiego di robot nella guerra avrà unicamente effetti positivi

b l'impiego di robot in guerra diverrà esclusivo e non ci saranno più eserciti di uomini

c l'impiego di robot in guerra potrebbe avere qualche effetto positivo

d l'impiego di robot in guerra non potrà mai essere realizzato

9 Il periodo del testo «se la guerra diventasse l'equivalente di una partita a Risiko, con i robot al posto dei carrarmatini, si potrebbe ridurre al minimo il costo in vite umane che ogni conflitto bellico esige» (righe 26-28) è un esempio di:

a periodo ipotetico della realtà (I tipo)

b periodo ipotetico della irrealtà (III tipo)

c periodo ipotetico della possibilità (II tipo)

d Principale + proposizione concessiva

10 Quali effetti ha avuto fino ad oggi l'impiego di droni nelle operazioni belliche secondo le informazioni che puoi desumere dal testo?

....

11 Fai l'analisi del periodo della seguente porzione di testo: «Se da un lato è vero che un esercito fatto di robot non può registrare perdite umane, è anche vero che può causarne » (righe 35-36)?

	TIPOLOGIA DI PROPOSIZIONE
Se da un lato è vero	....
che un esercito fatto di robot non può registrare perdite umane	....
è anche vero	....
che può causarne	....

12 Nella frase «un esercito robot potrebbe rivelarsi semplicemente un sistema più freddo e anonimo» (riga 35) il modo condizionale esprime:

a un'azione futura rispetto al passato

b un'opinione di cui non siamo sicuri

c una richiesta cortese

d una condizione

Ripassiamo insieme – Morfologia/Sintassi

Non dimentichiamo il congiuntivo!

Osserva la frase seguente:

Penso che Marco <u>ha</u> ragione

Si tratta di una frase che sempre più spesso ci capita di sentire, ma in realtà non è corretta. La forma corretta è invece:

→ *Penso che Marco <u>abbia</u> ragione*

I **verbi che esprimono dubbio, incertezza, possibilità** (*Penso*) **reggono una proposizione dipendente** che richiede l'uso del modo congiuntivo (*abbia*). Oggi infatti si tende sempre meno a utilizzare il congiuntivo nelle proposizioni dipendenti. Le cause possono essere molteplici: l'influenza del parlato quotidiano e dei registri meno colti, la preferenza verso un modo più concreto e più semplice da usare (come l'indicativo), la decadenza delle congiunzioni idonee a organizzare un periodo di ampio respiro, come *affinché*, *qualora*, *sebbene* ecc.

Uso del congiuntivo: facciamo il punto

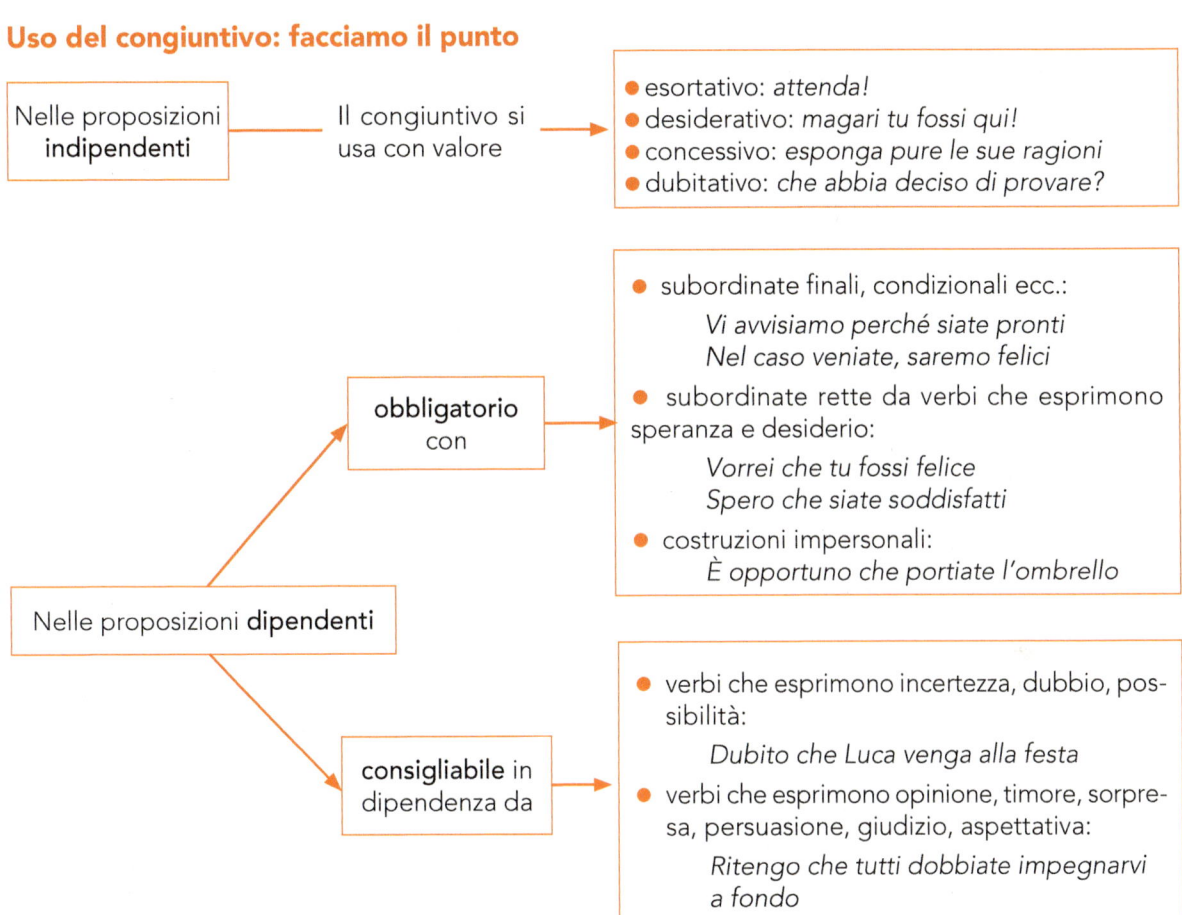

Nelle proposizioni **indipendenti** — Il congiuntivo si usa con valore →
- esortativo: *attenda!*
- desiderativo: *magari tu fossi qui!*
- concessivo: *esponga pure le sue ragioni*
- dubitativo: *che abbia deciso di provare?*

Nelle proposizioni **dipendenti**

obbligatorio con →
- subordinate finali, condizionali ecc.:
  Vi avvisiamo perché siate pronti
  Nel caso veniate, saremo felici
- subordinate rette da verbi che esprimono speranza e desiderio:
  Vorrei che tu fossi felice
  Spero che siate soddisfatti
- costruzioni impersonali:
  È opportuno che portiate l'ombrello

consigliabile in dipendenza da →
- verbi che esprimono incertezza, dubbio, possibilità:
  Dubito che Luca venga alla festa
- verbi che esprimono opinione, timore, sorpresa, persuasione, giudizio, aspettativa:
  Ritengo che tutti dobbiate impegnarvi a fondo

L'uso del condizionale

- Il modo condizionale si usa **per esprimere un'azione possibile solo a patto che se ne verifichi un'altra**, espressa invece al modo congiuntivo:

  Verrei a trovarti al mare, se avessi qualche giorno di vacanza.

- Il **condizionale presente** si usa inoltre per esprimere:
  un'opinione di cui non **siamo** sicuri:

  → *Secondo voci di corridoio, la professoressa Messori vorrebbe andare in pensione*

  una richiesta cortese:

  → *Potresti abbassare la musica?*

- Il **condizionale passato** si usa invece per esprimere **un'azione futura rispetto al passato**:

  → *Ero sicuro che Giorgio mi avrebbe perdonato*

Periodo ipotetico

Il modo condizionale si usa in particolare nel cosiddetto periodo ipotetico:

Se tu venissi alla festa, ne sarei felice  → proposizione reggente / apodosi

↓

Proposizione condizionale (ipotesi) / protasi

TIPO DI PERIODO IPOTETICO	MODI E TEMPI VERBALI USATI	ESEMPIO
1° *Realtà* → l'ipotesi è presentata come un fatto sicuro e reale	*Protasi*: indicativo *Apodosi*: indicativo / imperativo	*Se esce il sole, vado in spiaggia*
2° *Possibilità* → l'ipotesi è possibile, mentre l'azione espressa dalla reggente potrebbe realizzarsi oppure no	*Protasi*: imperfetto congiuntivo *Apodosi*: condizionale presente	*Se arrivasse qualcuno, lo farei accomodare in sala d'attesa*
3° *Irrealtà* → l'ipotesi è impossibile perché indica un fatto passato che non si è realizzato oppure un fatto del tutto impossibile a realizzarsi	*Protasi*: congiuntivo imperfetto (se il periodo è riferito al presente) o congiuntivo trapassato (se il periodo è riferito al passato *Apodosi*: condizionale presente (se il periodo è riferito al presente) o condizionale passato (se il periodo è riferito al passato)	*Se potessi fermare il tempo, rimarrei per sempre qui!* *Se fossi stato avvisato prima, sarei venuto alla riunione*

Attenzione!

Nel periodo ipotetico di 2° e 3° tipo:
- proposizione introdotta da *se*, *qualora* ecc. → al modo congiuntivo
- proposizione reggente → al modo condizionale

  Se ~~vorrebbe~~, potrebbe superare l'esame
  ERRATA

  Se volesse, potrebbe superare l'esame
  CORRETTA

Da evitare

Nella lingua parlata si utilizza spesso l'indicativo anche nei periodi ipotetici di 3° tipo, ma si tratta di un uso da evitare:

  Se le telefonavi,
  Mara veniva sicuramente alla tua festa
  ERRATA

  Se le avessi telefonato,
  Mara sarebbe venuta sicuramente alla tua festa
  CORRETTA

Scritto e parlato

Scritto e parlato sono due ambiti distinti, ma il precetto "non si scrive come si parla" è in realtà vago e talvolta duttile. Scritto e parlato consentono un'ampia escursione per quanto attiene a formalità, accuratezza, ufficialità ecc. e, sebbene si cerchi di circoscrivere un registro specifico per la lingua scritta, separato dal parlato, si assiste spesso a un avvicinamento tra i due ambiti. Cerchiamo tuttavia di delineare alcuni **criteri per la lingua scritta:**
- usare come modello un italiano rispettoso della grammatica e di livello medio o medio-alto;
- evitare gli estremi: sia l'uso di registri troppo formali e burocratici, sia una lingua troppo vicina a un parlato di registro basso e colloquiale.

Nella lingua scritta si noteranno talvolta (come accade anche nel testo che hai appena letto) alcuni influssi sintattici della lingua parlata:
- **frasi marcate**, cioè sottoposte a una segmentazione che interrompe l'ordine regolare (soggetto-verbo-oggetto) per anticipare un termine che viene così messo in evidenza. In particolare sarà da ricordare la *dislocazione a sinistra*, in cui il termine anticipato all'inizio della frase viene ribadito con un pronome:

  → *Il giornale l'ho comprato io stamani!*

- **"che" polivalente**, usato come sostituto di congiunzioni causali, temporali, consecutive:

  → *Prestami i tuoi pantaloni, che li indosso stasera (cosicché); Ho finito di lavorare che erano già le nove (quando); Vai tu ad aprire, che io sono occupato (perché).*

Giuseppe Ungaretti

Giuseppe Ungaretti

Giuseppe Ungaretti nel 1968.

La vita e le opere

Dall'Egitto a Parigi Giuseppe Ungaretti nasce l'8 febbraio **1888** ad **Alessandria d'Egitto** da **genitori lucchesi**. Il padre è impiegato come sterratore al canale di Suez, ma muore in un incidente quando Ungaretti ha solo due anni. Nonostante le difficoltà economiche, il giovane completa gli studi ad Alessandria in una scuola di lingua francese, dove conosce l'opera di Baudelaire, che con *I fiori del male* aveva aperto la strada al concetto di «poesia pura» e al Simbolismo, di Mallarmé e Valéry.

Nel 1912 Ungaretti si reca a **Parigi** per completare la sua formazione intellettuale. Si iscrive alla facoltà di lettere della Sorbona e entra in contatto con alcuni dei personaggi più in vista della cultura europea: il poeta francese **Guillaume Apollinaire**, i futuristi italiani Marinetti e Papini e i pittori Pablo Picasso, Amedeo Modigliani e Giorgio De Chirico.

Al fronte sul Carso Grazie all'amicizia con Papini, Ungaretti pubblica le sue prime poesie nel 1915 sulla rivista di orientamento futurista «Lacerba». Nel frattempo, tornato in Italia, consegue l'abilitazione all'insegnamento del francese. Convinto interventista, quando l'Italia entra nella Prima guerra mondiale si arruola **volontario come soldato semplice di fanteria** e viene inviato al fronte sul Carso. La presa di coscienza delle **atrocità della guerra** è immediata e l'esaltazione bellicista di Ungaretti – e di tanti altri intellettuali della sua generazione – subisce un duro colpo. Come ricorda il poeta, le prime poesie vengono scritte in trincea, «coricato nel fango e di fronte al nemico che stava più in alto ed era cento volte meglio armato», annotate su pezzi di carta o su vecchi giornali e portate in un tascapane. Il tenente **Ettore Serra**, proprietario dello Stabilimento Tipografico Friulano, riesce a ottenere le sue liriche e le pubblica

nel volume *Il porto sepolto* (1916). La raccolta sarà ristampata a La Spezia nel 1923 in un'edizione fuori commercio, sempre a cura di Ettore Serra e con una prefazione di Benito Mussolini.

L'adesione al fascismo Nel 1918 il reggimento di Ungaretti viene trasferito in **Francia**, sul fronte della Champagne. Alla fine della guerra il poeta si ferma a **Parigi** e lavora come corrispondente per «Il popolo d'Italia», il giornale diretto da Mussolini. Nel 1921 torna in Italia con la moglie Jeanne Dupoix e **si trasferisce a Roma**, dando la sua **adesione al fascismo** anche per l'amicizia personale che lo lega a Mussolini.

Nel frattempo, nel **1919** l'editore Vallecchi di Firenze ha pubblicato *Allegria di naufragi*, in cui confluiscono le poesie de *Il porto sepolto* e altre composte nei mesi successivi, che vanno a formare un **diario poetico della terribile esperienza della guerra**. Di fronte alla violenza del conflitto e allo spaesamento che ne deriva (descritto con la metafora del «naufragio»), il poeta si rifugia nella poesia come in un «porto». È come se egli riscoprisse il vero significato delle parole, dalle quali si aspetta una rinascita: lo stile è pertanto segnato dalle frequenti figure retoriche (in particolare metafore e allegorie), mentre il **verso** appare **«scavato» fino all'essenzialità**. Alla disgregazione morale e psicologica della guerra corrisponde così l'estrema **frantumazione del verso e della sintassi**. In seguito la raccolta verrà ripubblicata nel 1931, con importanti modifiche che coinvolgono anche il titolo, diventato semplicemente *L'Allegria*.

La crisi religiosa Tra il 1920 e il 1936 Ungaretti svolge un'**attività di giornalista e conferenziere** che lo porta a viaggiare molto, in Italia e all'estero

Una poesia nata dalla guerra

A distanza di decenni, Ungaretti commenta la genesi di *Veglia*: si tratta di liriche nate in mezzo alla terribile esperienza della guerra, che testimoniano l'estrema precarietà della condizione umana ma anche la voglia di vivere che spinge il poeta a rimanere «attaccato alla vita».

Ero in presenza della morte, in presenza della natura, di una natura che imparavo a conoscere in modo terribile. Dal momento che arrivo ad essere un uomo che fa la guerra, non è l'idea di uccidere o di essere ucciso che mi tormenta: ero un uomo che non voleva altro per sé se non i rapporti con l'assoluto, l'assoluto che era rappresentato dalla morte. Nella mia poesia non c'è traccia d'odio per il nemico, né per nessuno; c'è la presa di coscienza della condizione umana, della fraternità degli uomini nella sofferenza, dell'estrema precarietà della loro condizione. C'è volontà d'espressione, necessità d'espressione, nel *Porto sepolto*, quell'esaltazione quasi selvaggia dello slancio vitale, dell'appetito di vivere, che è moltiplicato dalla prossimità e dalla quotidiana frequentazione della morte. Viviamo nella contraddizione. Posso essere un rivoltoso, ma non amo la guerra. Sono anzi un uomo della pace. Non l'amavo neanche allora, ma pareva che la guerra s'imponesse per eliminare la guerra. Erano bubbole[1], ma gli uomini a volte si illudono e si mettono dietro alle bubbole.

G. Ungaretti, *Vita d'un uomo*, Milano, Mondadori, 1969

1. bubbole: *sciocchezze*.

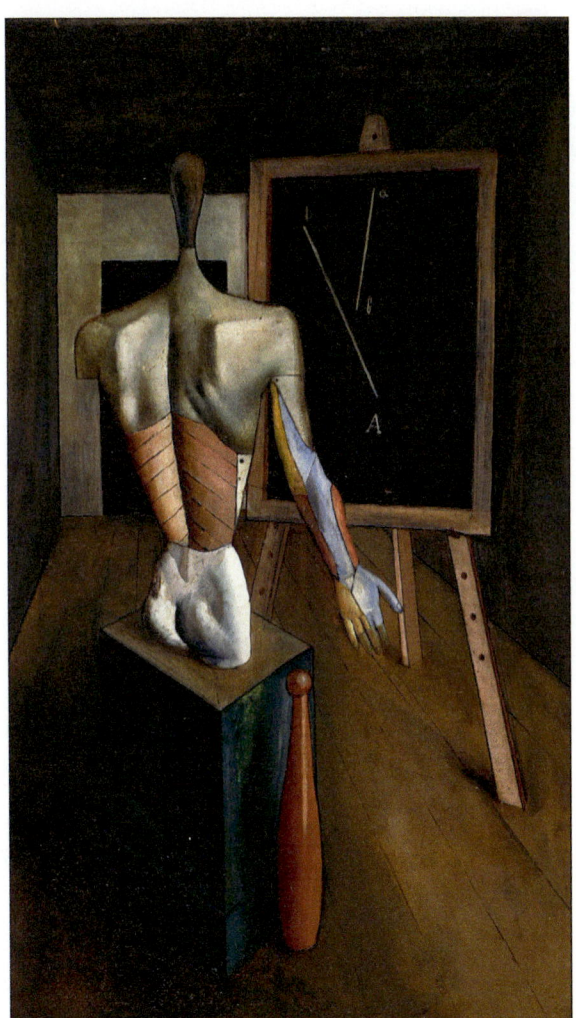

Carlo Carrà, *Solitudine*, 1917.

(anche in Egitto, dove ritorna dopo vent'anni di assenza). Questo periodo è segnato dalla **nascita dei figli** Anna Maria (1925) e Antonietto (1930) e da una **crisi religiosa** che lo induce ad accostarsi al **cattolicesimo**, in cui trova un possibile conforto al senso tragico della vita. Da questa svolta ideologica nascono le poesie di *Sentimento del tempo* (1933) che, pur composte a breve distanza da altre confluite nell'*Allegria*, mostrano evidenti differenze a livello sia contenutistico sia stilistico. Mentre la prima raccolta era una sorta di diario personale scandito da riferimenti puntuali ai luoghi e ai tempi della guerra, *Sentimento del tempo* approfondisce la tendenza a dar voce ai **sentimenti** e al **dolore di tutti gli uomini**, senza distinzioni di epoca storica e di luogo. Abbandonato lo sperimentalismo giovanile in favore di un **ritorno alla lezione dei "maestri" della tradizione italiana**, la poesia è ora vista come «un'ancora di salvezza» di fronte alla sofferenza e non più come un mezzo per testimoniare gli orrori del conflitto. In questi anni Ungaretti si dedica anche all'attività di **traduttore**, raccogliendo le sue versioni di autori come Góngora e William Blake nel volume *Traduzioni* (1936).

Il periodo brasiliano e il ritorno in Italia Nel 1936 Ungaretti accetta il posto di **insegnante di lingua e letteratura italiana** all'università di **San Paolo del Brasile**, dove si trasferisce con tutta la famiglia. La permanenza in Brasile è contrassegnata da due **tragici eventi**: la morte del fratello (1937) e, soprattutto, quella del figlio (1939). Complice lo scoppio della seconda guerra mondiale, **nel 1942 il poeta ritorna in patria**, dove è nominato Accademico d'Italia (il massimo riconoscimento attribuito dal fascismo agli intellettuali) e ottiene «per chiara fama» la **cattedra di letteratura italiana** all'università di Roma.

Il dopoguerra   Nel luglio del 1944, quando Roma è già stata liberata dagli Alleati, da più parti si chiede la revoca della cattedra di Ungaretti, accusato di complicità con il regime, ma dopo un processo il poeta viene assolto e può mantenere il suo posto. La **sofferenza per i drammi privati e collettivi** è al centro della raccolta *Il dolore* (1947), che si avvicina ai **toni accorati della poesia civile**. La prima parte, intitolata *Giorno per giorno*, contiene diciassette liriche dedicate all'esperienza tragica della **morte del figlio Antonietto**, mentre nella seconda sezione, *Roma occupata*, lo strazio personale si fa emblema **del dolore universale** dell'umanità.

I riconoscimenti ufficiali e gli ultimi anni   Nel dopoguerra Ungaretti continua il suo lavoro di **traduttore**, orientandosi verso autori come Shakespeare, Mallarmé, Racine, a testimonianza della sua predilezione per una poesia "preziosa" e barocca, che lo impegna in una raffinata ricerca lessicale e metrica. Le sue poesie sono sempre più apprezzate anche a livello internazionale e Ungaretti sfiora per due volte il Nobel, anche se molti intellettuali lo criticheranno per la sua adesione al fascismo.

Nel frattempo riprende la composizione (iniziata già prima della guerra) di un **poema drammatico ispirato all'***Eneide* di Virgilio, che pubblica in frammenti con il titolo ***La terra promessa*** (1950). Negli anni Cinquanta lavora anche a due nuove raccolte, in cui si fa più incalzante il tema del trascorrere del tempo

e del senso di vuoto che attanaglia l'individuo (reso ancora più acuto dalla scomparsa della moglie, nel 1958): *Un grido e paesaggi* (1952) e *Taccuino del vecchio* (1960), in cui confluiscono 27 nuovi frammenti "virgiliani", ormai svincolati dal tessuto narrativo originario.

Ormai vedovo Ungaretti si trasferisce a Milano e diventa popolare presso il grande pubblico per la **lettura radiofonica di famosi capolavori della letteratura**. Nel 1969 Mondadori completa la **pubblicazione di tutta la sua produzione** nel volume **Vita d'un uomo**; il titolo è scelto dallo stesso Ungaretti che afferma in proposito: «Se la rileggo, ridisegno tutta la mia vita nel suo sviluppo. È un diario e ha il carattere di diario anche dove l'animo trabocca e sembra oltrepassarmi».

Nel **1970**, il poeta viene colto da malore durante un viaggio negli Stati Uniti; rientrato in Italia, muore a Milano nella notte tra l'1 e il 2 giugno.

⭘ Sosta di verifica

1 Quali sono le città fondamentali del percorso di Ungaretti e perché?

2 Da quale esperienza nascono le prime poesie di Ungaretti?

3 Quali sono i rapporti del poeta con il fascismo?

4 Quali procedimenti stilistici e retorici vengono attuati nell'*Allegria*?

5 Quali sono le principali differenze tra *L'Allegria* e *Sentimento del tempo*?

6 Quali avvenimenti segnano la permanenza di Ungaretti in Brasile?

7 Quali sono i temi al centro della raccolta *Il dolore*?

8 Di che cosa parla l'opera *La terra promessa*?

La poetica

La poetica della parola   La poesia del primo Ungaretti nasce da un'**esperienza autobiografica**, come rivela l'intestazione epigrafica che accompagna le liriche dell'*Allegria*, indicando il luogo e la data di composizione. Nella prima guerra mondiale egli scopre dolorosamente tutta la distanza che separa l'ideologia interventista dalla realtà della vita al fronte e avverte l'esigenza di una **poesia nuova**, lontana dalla retorica dannunziana, ma anche dallo sperimentalismo esasperato dei futuristi.

L'elemento fondamentale della poesia ungarettiana è la **parola**. In un mondo lacerato dalla guerra, in cui l'intera civiltà europea sembra ridotta in frantumi, il poeta rinuncia a elaborare discorsi complessi e articolati, preferendo **frammenti di straordinaria intensità**. Ma Ungaretti non si limita a esprimere in maniera immediata sensazioni e stati d'animo. Al contrario, egli va alla **ricerca dell'essenziale**, di ciò che, a partire dalla sua esperienza individuale, ha un **valore universale** per tutti gli uomini. Per questo egli sottopone le sue poesie a un lunghissimo processo di

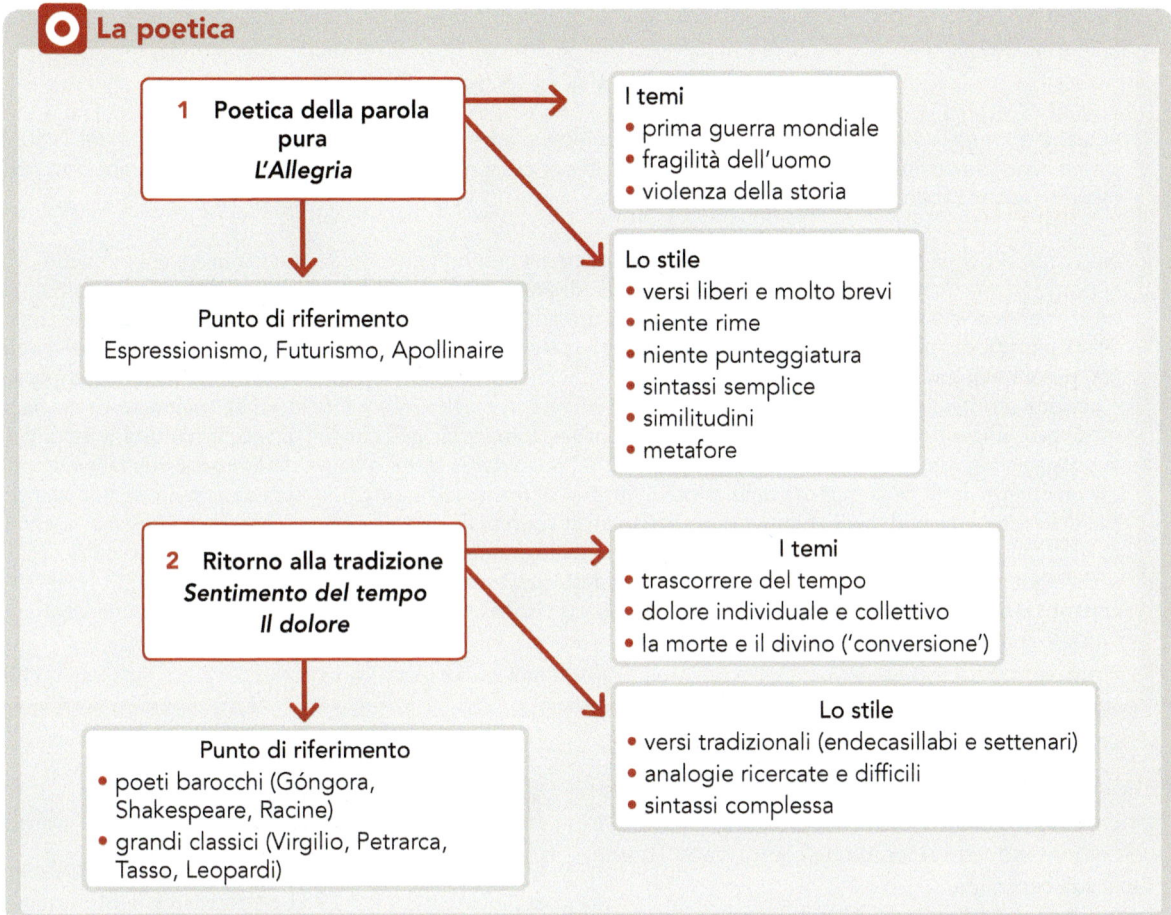

La poetica

1 Poetica della parola pura
L'Allegria

→ **I temi**
- prima guerra mondiale
- fragilità dell'uomo
- violenza della storia

Punto di riferimento
Espressionismo, Futurismo, Apollinaire

Lo stile
- versi liberi e molto brevi
- niente rime
- niente punteggiatura
- sintassi semplice
- similitudini
- metafore

2 Ritorno alla tradizione
Sentimento del tempo
Il dolore

→ **I temi**
- trascorrere del tempo
- dolore individuale e collettivo
- la morte e il divino ('conversione')

Punto di riferimento
- poeti barocchi (Góngora, Shakespeare, Racine)
- grandi classici (Virgilio, Petrarca, Tasso, Leopardi)

Lo stile
- versi tradizionali (endecasillabi e settenari)
- analogie ricercate e difficili
- sintassi complessa

---

revisione formale, limando i versi fino ad arrivare a una **parola pura e isolata**, «scavata nella mia vita / come un abisso».

Avanguardia e tradizione Per dare centralità alla parola Ungaretti si serve di alcune **innovazioni**, mutuate in parte dai futuristi e dai tardo-simbolisti francesi, destinate a sconvolgere il panorama della poesia italiana del Novecento. Si possono riassumere quattro aspetti fondamentali:
– la **brevità** delle poesie, spesso di poche parole, veri e propri **frammenti** in cui si condensa il significato di un'esperienza complessa; ciascuna parola si carica così di una grande ricchezza di significati;
– la **semplificazione della sintassi**, che vede la subordinazione ridotta al minimo;
– l'**eliminazione della punteggiatura**, per dare a ciascun elemento della frase il massimo rilievo;
– l'uso sistematico del **verso libero**, spesso coincidente con una singola parola.
È stato notato che spesso versi brevi o brevissimi nascono dalla scomposizione di versi tradizionali («M'il-

lumino / d'immenso» è un settenario; «La morte / si sconta / vivendo» è un novenario e così via); ma questa osservazione non toglie valore all'operazione di Ungaretti, anzi ne sottolinea ulteriormente il senso volto a isolare e quindi evidenziare le singole parole che formano il verso.

Poetica barocca e analogia Nel clima di restaurazione letteraria che domina gli anni Venti, anche la poesia di Ungaretti è caratterizzata dal «**ritorno all'ordine**». Il poeta sente il bisogno di recuperare almeno in parte la tradizione da cui si era allontanato – per esempio utilizzando il verso **endecasillabo** – e di costruirsi nuove certezze dopo le devastazioni, per lui soprattutto psicologiche, della guerra. *Sentimento del tempo* (1933), raccolta che riunisce tutti i testi del quindicennio precedente, si distingue perciò dall'*Allegria* per il recupero della **metrica tradizionale** e per una **sintassi** originale, spesso molto **complessa e involuta**: oltre alla tradizione lirica italiana, Ungaretti guarda anche ai **poeti stranieri dell'età barocca** a cui lo avvicinano le molte analogie tra la crisi del Seicento e quella del XX secolo, epo-

Che cos'è la poesia?

«Qual è dunque la sua definizione di poesia?» si chiedeva a Ungaretti in un'intervista radiofonica del 1950. Il poeta risponde con una dichiarazione fondamentale per comprendere la sua opera, basata sul rapporto tra il mistero inconoscibile dell'animo umano e la parola.

Non so se la poesia possa definirsi. Credo e professo che sia indefinibile e che essa si manifesti nei momenti della nostra parola quando ciò che ci è più caro, ciò che di più ci ha inquietato e agitato nei nostri sentimenti e nei nostri pensieri, ciò che appartiene più profondamente alla ragione stessa della nostra vita, ci appaia nella sua verità più umana; ma in una vibrazione che sembri superare la forza dell'uomo, e che non saprebbe mai essere conquista né di tradizioni né dello studio sebbene delle une e dell'altro essa incessantemente si nutra. La poesia è dunque un dono come essa comunemente è considerata, o meglio essa è il frutto d'un momento di grazia al quale però una sollecitazione paziente, disperata, è necessaria, specie nelle lingue di vecchia cultura. I modi della poesia sono dunque infiniti, sono tanti quanti sono i poeti del passato, d'oggi e del futuro. Sino dalle mie prime esperienze, fatte nella tragicità della trincea, quando di fronte alla morte non c'era da pensare se non alla verità della vita, ho capito bene queste cose, e mi sono sforzato nelle mie ricerche e scoperte di poesia, a insegnare che ogni poeta ha da svincolare la propria originalità liberamente, ma che ha nello stesso tempo da ricordarsi che ogni poesia, per essere tale, deve anche possedere quei caratteri d'anonimia che le impediranno sempre di apparire estranea ad un essere umano. Ogni vera poesia risolve miracolosamente il contrasto d'essere singolare, unica, e anonima, universale.

G. Ungaretti, in *Vita d'un uomo. Saggi e interventi*, Milano, Mondadori, 1993

che che devono fare i conti con il **senso di incertezza e di smarrimento** legato ai sanguinosi conflitti e alle nuove scoperte scientifiche che privano l'uomo della sua centralità.

Sentimento del tempo è una raccolta fondamentale anche per la presenza di numerosi testi costruiti intorno alla tecnica dell'**analogia**, che da un lato riprende ed esaspera la poetica barocca della metafora, dall'altro si riallaccia al **simbolismo francese** (Mallarmé e Valéry soprattutto). Il ricorso alle analogie si traduce in **versi spesso oscuri e ricchi di immagini difficili e ricercate** (come «improvvise vidi zanne viola / in un'ascella che fingeva pace»). Si tratta di testi che suscitano un vivace dibattito critico e che saranno presi a modello dagli ermetici degli anni Trenta, diventando un punto di riferimento per un'intera generazione di poeti.

○ Sosta di verifica

1 In che cosa consiste la poetica della parola pura e come nasce dalla traumatica esperienza della guerra?

2 Quali sono le innovazioni formali introdotte da Ungaretti nell'*Allegria*?

3 Perché nella nuova stagione poetica Ungaretti si avvicina al Barocco?

4 Che cosa produce l'uso dell'analogia nelle liriche di *Sentimento del tempo*?

L'Allegria

Le vicende editoriali *L'Allegria* viene pubblicata da Ungaretti nel **1931** e successivamente rimaneggiata ulteriormente fino all'**edizione definitiva** del **1942**. Vi confluiscono sia *Il porto sepolto* (1916) sia la sua versione ampliata *Allegria di naufragi* (1919), oggetto di importanti modifiche che interessano anche il titolo stesso della raccolta, diventato semplicemente *L'Allegria*, come spiega lo stesso Ungaretti: «Il primitivo titolo, strano, dicono, era *Allegria di naufragi*. Strano se tutto non fosse un naufragio, se tutto non fosse travolto, soffocato, consumato dal tempo. Esultanza che l'attimo, avvenendo, dà perché fuggitivo, attimo che soltanto amore può strappare al tempo, l'amore più forte che non possa essere la morte. È il punto dal quale scatta quell'esultanza di un attimo, quell'allegria che, quale fonte, non avrà mai se non il sentimento della presenza della morte da scongiurare.

La struttura *L'Allegria* si compone di **cinque sezioni disposte in ordine cronologico**: *Ultime* (componimenti giovanili scritti a Milano tra il 1914 e il 1915 e non inseriti in *Il porto sepolto*), *Il porto sepolto*, *Naufragi*, *Girovago* e *Prime* (testi scritti subito dopo la fine della guerra. Le liriche delle **tre sezioni "belliche"** (*Il porto sepolto*, *Naufragi*, *Girovago*) recano l'indicazione della data e del luogo di composizione, come una sorta di **diario autobiografico**.

I contenuti e i temi Il «naufragio» a cui si riferisce il titolo della terza sezione è quello della **civiltà europea**, travolta dalla guerra, ma anche il fallimento a cui sembra destinata ogni **esistenza umana**: come la coeva letteratura 'della crisi', Ungaretti propone un'**immagine dolorosa e antieroica della vita**. A fronte di questa visione pessimistica l'«allegria» è l'esaltazione di un **attimo di felicità sottratto allo scorrere inesorabile del tempo**, la manifestazione di un istinto vitale e irrazionale che spinge il poeta a «riprendere il viaggio» anche dopo il «naufragio». Come dice lo stesso Ungaretti, il tema dominante è la **realtà tragica della guerra** vista dall'anonima condizione della vita di trincea; da qui lo **sradicamento**, la perdita di identità e di riferimenti, in quanto al fronte non si è che un soldato tra i tanti che sono morti, muoiono o potrebbero morire.

Così la poesia rappresenta l'unico rifugio, un canto esistenziale che, anche in mezzo alla sofferenza, può essere l'occasione in cui si rivela l'identità di uomo tra gli uomini. La **natura**, spesso spoglia e desolata, diventa il luogo in cui cercare un'**armonia universale** che unisca gli uomini in una fratellanza del dolore e del riscatto, ed è vissuta come una sorta di anima collettiva in cui riconoscersi e ritrovarsi. Le immagini delle liriche evocano i **luoghi dei combattimenti**: le rocce del Carso, le trincee e i boschi che offrono riparo; ma riaffiorano anche ricordi lontani, legati all'infanzia e alla giovinezza parigina.

Lo stile I testi sono composti da **versi liberi**, brevi o brevissimi, in cui spiccano l'**assenza della punteggiatura** e un **linguaggio essenziale**, dimesso e tragico allo stesso tempo. Ungaretti sottopone il verso a un'opera di «**frantumazione**»: scompaiono i metri tradizionali, le eleganze retoriche dannunziane, le cantilene crepuscolari; la **parola**, densa di significati intellettuali e affettivi, viene isolata dagli **spazi bianchi** ed esaltata anche nei suoi valori di sonorità e di ritmo. La forte tensione etica e le innovazioni stilistiche non escludono diverse reminiscenze letterarie: si avverte, per esempio, la lezione della **poesia simbolista francese**, e di **Mallarmé** in particolare, nel gusto per l'**analogia** ardita, per le metafore inconsuete, per i versi netti e lapidari. Un altro punto di riferimento è la poesia di **Apollinaire**, che Ungaretti sente affine per lo sforzo di elaborare un linguaggio che esprima in modo nuovo e originale la dimensione interiore rispettando la lezione dei classici. Allo stesso modo, nell'*Allegria* la lettura consecutiva dei singoli versi frantumati ricompone il ritmo più generale dei settenari, dei novenari e degli endecasillabi della tradizione lirica italiana.

Questa frantumazione sottolinea il **valore simbolico della parola in quanto espressione di una verità definitiva**: come nella poetica di Rimbaud, il poeta è un «veggente» capace di percepire ciò che gli altri non vedono e di esprimerlo con un nuovo linguaggio.

La parola alla critica

Pier Vincenzo Mengaldo, *La disgregazione del verso tradizionale*

Il critico Pier Vincenzo Mengaldo (1936) individua un elemento fondamentale di novità della 'rivoluzione metrica' attuata da Ungaretti nell'*Allegria*. La scelta di frantumare il verso in unità minime va messa in relazione con la sua poetica della parola e con il costante ricorso all'analogia.

Strumento fondamentale di questa rivoluzione è la metrica dell'*Allegria*: che disgrega il verso tradizionale in versicoli, frantumando il discorso in una serie di monadi[1] verbali sillabate quasi come attonite interiezioni liriche (con Contini: «in Ungaretti il discorso nasce successivamente alla parola»). Ne viene dilatata la forza evocativa e impressiva del singolo vocabolo – che può essere quindi attinto di norma a un lessico del tutto «normale», anti-letterario – semantizzando[2] anche parole vuote (*di, una, come, e* possono addirittura costituire da sole un verso) e coinvolgendo nella significazione, ben più profondamente che nella poesia tradizionale, pause di silenzio e spazi bianchi, marcati e resi ancora più polivalenti dall'apollinairiana[3] assenza di punteggiatura. Parola e silenzio stanno l'una all'altro come rivelazione ad attesa di rivelazione. [...]. Di fatto l'elaborazione dei testi dell'*Allegria* consiste soprattutto in arte del levare, in successivi processi, quando non di amputazione, di concentrazione dell'enunciato [...] con relativa eliminazione di connettivi logici e divagazioni discorsive.

P.V. Mengaldo, *Poeti italiani del Novecento*, Milano, Mondadori, 1978

1. monadi: *unità autosufficienti e autonome.*
2. semantizzando: *dando significato.*
3. apollinairiana: derivata dalla lezione di Apollinaire.

In memoria

L'Allegria

È la poesia che apre la sezione Il porto sepolto *e che segna il passaggio da una fase ancora giovanile a quella più matura e drammatica delle poesie di guerra. Il poeta fa riferimento a un episodio accaduto durante il periodo trascorso a Parigi: il suicidio di un giovane* amico di origine nordafricana – con cui intratteneva un legame fraterno, nutrito da «interminabili discussioni» su Baudelaire e Nietzsche – dovuto all'incapacità di affrontare lo sradicamento e le difficoltà del vivere in una cultura diversa.

Metrica Otto strofe di versi liberi, molto brevi, isolati spesso tra spazi bianchi per dare maggior rilievo alla singola parola.

[annotazione manoscritta: USA VERSO LIBERO, NO PUNTEGGIATURA]

Locvizza il 30 settembre 1916

Si chiamava
Moammed Sceab

Discendente
di emiri[1] di nomadi
5   suicida   *[annotazione manoscritta: PAROLA ISOLATA DA MAGGIOR IMPATTO]*
perché non aveva più
Patria

> La parola isolata dà ancora più rilievo alla tragedia dell'amico.

Amò la Francia
e mutò nome

10   Fu Marcel[2]
ma non era Francese
e non sapeva più
vivere
nella tenda dei suoi
15   dove si ascolta la cantilena
del Corano[3]   *[annotazione manoscritta: CONTINUA A PROFESSARE LA SUA RELIGIONE, RIFERIMENTO]*
gustando un caffè

> Nonostante i suoi tentativi, come la scelta di un nome 'occidentale', Moammed/Marcel non riesce a integrarsi in Francia e nel contempo perde le sue radici arabe.

E non sapeva
sciogliere
il canto
20   del suo abbandono[4]

> Questi versi istituiscono un paragone implicito tra Moammed, incapace di affrontare il senso di sradicamento, e l'io lirico, che invece ci riesce grazie alla poesia.

---

1. **emiri:** nel senso generico di «capi».
2. **Fu Marcel:** *prese il nome di Marcel.*
3. **cantilena... Corano:** i versetti del Corano vengono cantati come preghiere («cantilena»).
4. **sciogliere... abbandono:** *esprimere la* propria condizione di abbandono, di sradicamento, nel canto, nella poesia.

> L'ho accompagnato[5]
> insieme alla padrona dell'albergo
> dove abitavamo
25   a Parigi
> dal numero 5 della rue[6] des Carmes
> appassito[7] vicolo in discesa
>
> Riposa
> nel camposanto d'Ivry[8]
30   sobborgo che pare
> sempre
> in una giornata
> di una
> decomposta[9] fiera
>
35   E forse io solo
> so ancora
> che visse

> In una sorta di rovesciamento del valore eternatore della poesia cantato da Foscolo, qui Ungaretti non ricorda eventi gloriosi ma una triste vicenda di solitudine e disperazione, affidando la memoria dell'amico ai suoi versi.

[nota manoscritta:] S'INTENDE CHE FORSE L'UNICO A RICORDARSI DEL SUO AMICO È LUI E CHE IL MIGLIOR MODO PER RICORDARLO È ATTRAVERSO I SUOI VERSI

5. L'ho accompagnato: al cimitero, seguendo il feretro.
6. rue: *via*, in francese.
7. appassito: *squallido, povero.*
8. Ivry: popoloso centro a sud di Parigi.
9. decomposta: *ormai smantellata, finita.*

[note manoscritte:] TEMA SRADICAMENTO CULTURALE, MOAMMED NON SI ADATTA. TEMA DOPPIO: MOAMMED È UN DOPPIO DI UNGARETTI, ANCHE LUI SI SENTE OPPRESSO E SENZA APPARTENENZA, MA ALMENO HA LA POESIA CHE IN PARTE RIESCE A SALVARLO

◉ Analisi guidata

La struttura del testo

Il significato del testo è evidenziato dalla successione delle strofe e dall'**alternanza dei tempi verbali** (non a caso tutte le strofe, a eccezione dell'ultima, sono aperte da forme verbali):

• le **strofe 1-2** danno il ritratto dell'amico morto e le notizie sulla sua vita (prevalgono gli imperfetti);
• le **strofe 3-5** descrivono il dramma di Moammed: lo sradicamento dalla sua cultura (**presente**, tempo dell'immanenza) e l'incapacità di adattarsi a un'altra (**passato remoto**, tempo dell'impossibilità);
• le **strofe 6-7**, descrivendo le circostanze del funerale, introducono la figura del poeta (**passato prossimo**);
• infine alla **strofa 8**, che chiude la lirica come un'epigrafe, è affidato il messaggio della poesia.

◉ Competenze di comprensione e analisi

• Quali informazioni fornisce il poeta sul suo amico morto?

• Quale valore ha l'alternanza di tempi verbali che caratterizza le strofe 3 e 4?

• Chi, oltre a Ungaretti, partecipa al funerale? Perché il poeta ci dà questa informazione?

• Come è descritto il luogo in cui viveva Moammed a Parigi nelle strofe 6-7? Quali ulteriori dettagli aggiunge a ciò che già sappiamo della sua vita infelice?

Lo sradicamento e il doppio

Questa lirica affronta il tema dello **sradicamento** e della **crisi di identità culturale**. Simbolo ne è un musulmano, erede di una ricca e millenaria cultura, che ha cercato una nuova vita in Francia, ma non è riuscito a integrarsi e si è ucciso perché incapace di sopportare la lacerazione del vivere diviso tra due mondi. Il tema contingente del suicidio dell'amico si veste però di un **significato universale**: Moammed è un **doppio del poeta**, anch'egli oppresso da una sensazione di sradicamento esistenziale. Ma, a differenza dell'amico, Ungaretti ha la **poesia**, che nasce dal desiderio di **ricordare**, di mantenere un'identità e di lasciare una testimonianza di sé.

○ Competenze di comprensione e analisi

- Da quali immagini cogliamo che Ungaretti ha un atteggiamento di rispetto, quasi di nostalgia, per il mondo dal quale Moammed proviene?

- Che cosa fa Moammed quando si trasferisce in Francia? Perché nella poesia Ungaretti dà tanto risalto a questa informazione?

- Quali immagini della quarta e quinta strofa descrivono il dramma di Moammed?

- Da quale affermazione della lirica si coglie questa differenza tra il poeta e l'amico morto?

Versi brevi e linguaggio comune

Ci sono numerosi elementi tipici della prima raccolta ungarettiana. La sintassi è essenziale (con pochissime subordinate) e manca del tutto la punteggiatura; i **versi** sono **brevissimi**, per dare maggiore risalto alla parola. Sul piano lessicale, abbondano i termini del **linguaggio comune** (spesso legati ai campi semantici della morte e della negatività).

○ Competenze di comprensione e analisi

- Identifica le subordinate presenti nel testo.

- Quale valore assume sul piano dell'efficacia espressiva l'eliminazione della punteggiatura?

Pablo Picasso, *La morte di Casagemas*, 1901.

Il porto sepolto

→ METAFORA PER LA PROFONDITÁ UMANA

L'Allegria

È il testo che apre la raccolta omonima Il porto sepolto (1916), di cui lo stesso Ungaretti spiega il titolo: «*Verso i sedici, diciassette anni, forse più tardi, ho conosciuto due giovani ingegneri francesi [...]. Abitavano fuori d'Alessandria, in mezzo al deserto. Mi parlavano d'un porto, d'un porto sommerso, che doveva precedere l'epoca tolemaica, provando che Alessandria era già un porto prima d'Alessandro, che già prima d'Alessandro era una città. Non se ne sa nulla. Quella mia città si consuma e s'annienta d'attimo in attimo. Come faremo a sapere delle sue origini? Non se ne sa nulla, non ne rimane altro segno che quel porto custodito in fondo al mare».* L'opera del poeta è paragonata a una discesa nella profondità umana, da cui egli riporta alla luce solo dei frammenti misteriosi che sono, come scrive Ungaretti, «*ciò che di segreto rimane in noi indecifrabile*».

Metrica   Versi liberi.

> La poesia è assimilata a un vaticinio incomprensibile, come accadeva alle foglie disperse dal vento su cui la Sibilla scriveva i suoi responsi.

Mariano il 29 giugno 1916

Vi arriva il poeta
e poi torna alla luce con i suoi canti
e li disperde

Di questa poesia
5   mi resta
quel nulla
d'inesauribile segreto

➡ Analisi del testo

COMPRENSIONE

Così lo stesso Ungaretti commenta e spiega la lirica: «La ragione perché questo porto è diventato il simbolo della mia poesia è facile spiegarla. C'è in noi un segreto, il poeta ci si tuffa, arriva in porto scoprendo questo segreto, dunque arriva a dare quel poco che un uomo può dare di consolazione alla sua anima» (*Ungaretti commenta Ungaretti*, «La Fiera letteraria», Roma, 5 settembre 1963).

L'avverbio di luogo che apre il testo («Vi») si riferisce al titolo: è infatti al «porto sepolto» che arriva il poeta. Il **luogo da cui si origina la poesia**, la fonte segreta dell'ispirazione è, metaforicamente, l'**abisso dell'animo umano**, da cui il **poeta** riesce a portare a galla soltanto «quel nulla / d'inesauribile segreto». Egli comunica questo mistero agli uomini attraverso «i suoi canti», paragonati ai responsi degli oracoli antichi, assolvendo così la funzione di **unico intermediario tra il «porto sepolto» e la luce.**

ANALISI E INTERPRETAZIONE

Il canto e il pensiero   Le due strofe sono contrapposte: da una parte la **luminosità**, il canto, l'azione del poeta, dall'altra, separata dal silenzio dello spazio bianco, la **riflessione** su quella azione, su quella ricerca del mistero profondo della vita di cui il poeta è il depositario. Nella prima strofa i tre verbi indicano le **tre fasi del viaggio poetico**:

1. «arriva»: il poeta discende negli abissi dell'animo umano;

2. «torna alla luce»: risalita e rinascita;

3. «disperde»: la poesia è un messaggio disperso dal vento.

Nella seconda strofa viene definito il risultato della ricerca: un «**nulla**» sfuggente e **indefinibile** che, grazie all'aggettivo dimostrativo si rivela essere quell'abisso del cuore che a volte percepiamo senza riuscire a esprimerlo. È un qualcosa di «segreto» e nello stesso tempo «inesauribile», senza fine, perché sempre esisterà un cuore umano depositario di un mistero che solo il poeta riesce a tradurre con la magia della parola.

L'essenzialità dello stile Questa breve lirica riassume in sé tutti i **caratteri tipici della prima fase della poetica ungarettiana**. La poesia è breve e priva di punteggiatura. La sintassi è estremamente scarna: ci sono solo tre proposizioni, tutte con il verbo al presente indicativo, senza nessuna subordinata. Anche la metrica è ridotta all'essenziale: non ci sono rime e i versi sono liberi e molto brevi. Ungaretti realizza quindi una totale **frammentazione** del testo, sottolineata anche dai frequenti *enjambement*, in cui è proprio la **parola nuda** ad assumere il ruolo più importante.

Lavoriamo sul testo

COMPRENSIONE

1 A quale luogo si riferisce l'avverbio «Vi» che apre il testo?
2 In che senso il testo parla di un viaggio?
3 Che cosa significa l'espressione «quel nulla»?

LINGUA E LESSICO

4 Qual è il soggetto dell'espressione «mi resta»?
5 Individua la parte della poesia in cui i termini e le proposizioni sono uniti per polisindeto.

ANALISI E INTERPRETAZIONE

6 In che cosa consiste la missione del poeta secondo questa lirica?
7 Il «porto sepolto» ha due significati, uno storico-leggendario e l'altro metaforico: spiegali.
8 Spiega il significato dello spazio bianco che separa le due strofe.
9 Qual è il risultato della ricerca compiuta dal poeta nel «porto sepolto»?
10 Nella poesia non c'è punteggiatura e ci sono molti *enjambement*: quale effetto vuole ottenere il poeta attraverso questi accorgimenti stilistici?

SCRITTURA E APPROFONDIMENTI

11 Scrive Ungaretti: «La mia poesia vuole essere una lucidità cruda che per vertigine faccia salire l'espressione all'infinito distacco del sogno». In che modo queste parole possono riferirsi al «porto sepolto»?

Koloman Moser, *La luce*, 1914.

Veglia

L'Allegria

Fai l'analisi interattiva della poesia

Come spiega Ungaretti in una nota, la poesia nasce da una reale esperienza di guerra: «Ho passato quella notte coricato nel fango. [...] Ero in presenza della morte, in presenza della natura, di una natura che imparavo a conoscere in modo nuovo, in modo terribile».

Il poeta descrive una notte trascorsa in trincea accanto a un compagno ucciso: la prossimità della morte suscita in lui, per contrasto, un disperato amore per la vita («Non sono mai stato / tanto / attaccato alla vita»).

Metrica Versi liberi.

> L'intera poesia è basata sui participi, che scandiscono le azioni dell'io lirico e lo stato inanimato del suo compagno morto.

Cima Quattro il 23 dicembre 1915

Un'intera nottata
buttato vicino
a un compagno
massacrato
5   con la sua bocca
digrignata
volta al plenilunio
con la congestione
delle sue mani[1]
10   penetrata
nel mio silenzio
ho scritto
lettere piene d'amore

Non sono mai stato
15   tanto
attaccato alla vita

> **Apri il vocabolario**
>
> Il termine "congestione" fa parte del linguaggio medico (dal latino *congestio*) ed è usato per indicare un eccessivo afflusso di liquidi e sangue in un punto del corpo. Nell'italiano moderno mantiene lo stesso significato, ma assume anche quello di "blocco, ingorgo di veicoli".

1. con la congestione ... mani: *con la vista delle sue mani irrigidite* (dal freddo e dalla morte).

➜ Analisi del testo

COMPRENSIONE

All'origine di questo testo c'è una drammatica esperienza di vita, ma la lirica – nonostante la tendenza descrittiva della prima strofa – è molto lontana dall'essere una semplice annotazione diaristica. Al contrario, dalla descrizione dell'esperienza personale si passa alla **rivelazione di un messaggio universale**, valido per ogni uomo: è proprio quando si è più vicini alla morte che si percepisce maggiormente la bellezza della vita.

ANALISI E INTERPRETAZIONE

Espressionismo e drammaticità   La lirica è divisa, anche visivamente, in **due parti**: nella prima prevale il **tono espressionistico**, mentre nella seconda prevale un **tono melodrammatico**.

Questi due momenti sono sottolineati dalla struttura in **due strofe**:

• la prima è la più lunga ed è costituita da un'unica frase, piena di immagini intense e violente che evocano l'angoscia della morte;

- la seconda strofa è brevissima, ma esprime un fortissimo impulso vitale.

A separare le due strofe e i due momenti della lirica interviene un altro degli **spazi bianchi** tanto cari alla poesia di Ungaretti.

Un viaggio dalla morte alla vita Il testo è caratterizzato dalla **dialettica morte/vita**: alla morte, a cui alludono la maggior parte delle immagini dei vv. 1-11, si oppongono pochi, ma fortissimi, termini che si riferiscono a quanto di più importante c'è nella vita: alla parola «compagno» del v. 3 fanno seguito, in un crescendo di importanza, «amore» (v. 13) e «vita» (v. 16).

L'esperienza di quella notte, della guerra, e della poesia che le rievoca è dunque per il poeta un viaggio dalla morte alla vita, in cui l'iniziale disperazione lascia trapelare uno spiraglio di speranza.

La scelta dei participi In questa poesia ci sono ben **cinque participi passati** in soli sedici brevi versi. Essi servono a rappresentare ancora più chiaramente la dialettica vita/morte alla base della poesia perché sono una forma verbale a metà strada tra il dinamismo del verbo (dinamismo = vita) e la staticità dell'aggettivo (staticità = morte).

Inoltre, i participi servono a dare alla lirica un **ritmo cadenzato**, in quanto terminano tutti in «-to/-ta»: a essi Ungaretti aggiunge anche altri nomi, aggettivi e forme verbali dall'identica terminazione («nottaTA», «scritTO», «staTO», «tanTO», «attaccaTO», «viTA»). L'accumulo, naturalmente, non è casuale: queste allitterazioni, con la ripetizione della lettera *t* (ricorrente anche in «inTera», «congesTione», «leTTere»), che quasi evoca il ticchettio di un orologio, sembrano alludere all'angoscioso avanzare della morte.

Lavoriamo sul testo

COMPRENSIONE

1 La lirica prende spunto da un'esperienza autobiografica: quale?

2 Come è rappresentata la guerra in questa poesia?

3 Come si spiega il fatto che il poeta si sia messo a scrivere «lettere piene d'amore» in una situazione così drammatica?

4 Il messaggio finale della lirica è di disperazione o di speranza? Perché?

LINGUA E LESSICO

5 Abbiamo visto che il termine «congestione» (v. 8) può assumere più significati. Sono presenti nella lirica altre parole di questo tipo, cosiddette «polisemantiche»?

6 Analizza la sintassi del testo: quale posizione occupano i numerosi participi passati presenti nella prima strofa?

7 Ti pare che la poesia abbia una struttura sintattica di tipo paratattico o ipotattico? Quali sono le ragioni della scelta di Ungaretti?

ANALISI E INTERPRETAZIONE

8 La parola che dà il titolo alla poesia deriva dal verbo «vegliare», che ha due significati:

«rimanere sveglio per tutta la notte» e «assistere amorevolmente qualcuno durante la notte» (un morto o un malato). Quale significato ha il titolo in relazione al contenuto della poesia?

9 La descrizione del soldato morto spicca per i toni violenti ed espressionistici. Quali parole determinano questa atmosfera?

10 Le figure di suono di questa poesia sono basate in genere su suoni dolci e piacevoli o su suoni secchi e martellanti? Perché il poeta compie una scelta di questo genere?

11 Quale effetto produce la sintassi frammentata di questo testo?

SCRITTURA E APPROFONDIMENTI

12 Rileggi il testo *La parola all'autore – Una poesia nata dalla guerra* che trovi nelle prime pagine di questa sezione dedicata a Ungaretti. In un testo di massimo 15 righe illustra come il testo si riferisca alla poesia ed eventualmente ad altre liriche di Ungaretti da te lette, soffermandoti in particolare sulla frase «Viviamo nella contraddizione».

13 Metti a confronto questa lirica con *Viatico* di Clemente Rebora; quali analogie presentano i due testi a livello contenutistico e formale?

Fratelli

L'Allegria

Redatta per la prima volta nel 1916 con il titolo Solda-
ti, la poesia è stata più volte rimaneggiata da Ungaretti
nel corso degli anni, assumendo la sua veste definitiva
solo nell'edizione dell'Allegria del 1942.

Attraverso un immaginario dialogo tra due soldati al
fronte, il poeta esprime la fraterna solidarietà che le-
ga tutti gli uomini nella condizione di precarietà im-
posta dalla guerra.

Metrica Cinque strofe di versi liberi.

> *Mariano il 15 luglio 1916*
>
> Di che reggimento siete
> fratelli?
>
> Parola tremante
> nella notte
>
> 5 Foglia appena nata
>
> Nell'aria spasimante[1]
> involontaria rivolta
> dell'uomo presente alla sua
> fragilità
>
> 10 Fratelli

> È l'unico verbo della lirica: tutti gli altri versi sono apposizioni della parola «fratelli».

---

1. spasimante: in preda agli spasimi dell'angoscia.

 Analisi guidata

Una struttura circolare

La divisione in cinque strofe visualizza il procedere **dalla situazione contingente a una riflessione universale**, secondo una **struttura circolare**:
- la prima strofa è occupata da una domanda, che dà l'avvio alla **meditazione sulla caducità della vita umana**;
- la seconda e la terza strofa visualizzano la precarietà dei legami che intercorrono tra gli uomini;
- nella quarta strofa la coscienza della fragilità umana spinge l'uomo, per ribellione, a rafforzare proprio i legami umani.

- A quale situazione concreta rinvia la domanda?
- Quale parola della domanda trascende la situazione concreta e allude invece al tema sviluppato nel resto della lirica?
- Quale immagine della seconda strofa esprime il senso di precarietà?
- Perché lo scoprirsi fratelli è, secondo il poeta, una «rivolta involontaria»?

Tre temi

I temi della lirica sono tre. Il v. 1 introduce la **guerra**, un'esperienza che induce gli uomini a riscoprire il sentimento della **fratellanza** (tema centrale della lirica). Tuttavia, la riflessione del poeta si estende alla condizione umana: la **precarietà** (terzo tema) e il comune destino di morte, ancor più della situazione transitoria della guerra, sono ciò che davvero accomuna gli uomini. In questo senso va letto il cambiamento del titolo originario (*Soldati* = situazione contingente) con *Fratelli* (= situazione universale).

- Quale significato assume l'isolamento della parola che dà il titolo alla poesia alla fine del componimento?
- Di quali immagini si serve il poeta per esprimere la fragilità della vita umana?

La parola alla critica

Francesco Flora, *Contro la poesia 'frammentata'*

Allievo di Benedetto Croce, a partire dalla contrapposizione tra 'poesia' e 'non poesia' Francesco Flora (1891-1962) sostiene che l'estrema sintesi lirica dei versi ungarettiani si riduce a una sorta di vuoto esercizio formale, privo di autentica ispirazione. È proprio a Flora, avverso alla 'poetica' del frammento, del lacerto, dei versicoli, che si deve tra l'altro la celebre definizione di Ermetismo (La poesia ermetica, 1936), da lui impiegata per i lirici del primo Novecento come Ungaretti e Quasimodo, accusati di eccessiva oscurità.

Disegni leggeri d'alberelli di rami, a lapis, dicono, su carta bianca. Lirismo essenziale, dicono; ma è una sintesi così schematica che l'arte se n'è ita e lo sforzo di riduzione non è che una minuta analisi camuffata da sintesi. L'emozione umana sembra allontanarsi e disperdersi. La sua poesia somiglia sì, a quei fiori minuti campestri che in blocco sembrano insignificanti e isolati e guardati da vicino sono belli. Così tutti i frammenti divenuti artificialmente un mondo a sé, sembrano belli. Isolate alcuni versi del Pascoli e avrete i principi melodici dell'Ungaretti. Si direbbe una poesia di poche note che sempre più si riducono, per una interna contrazione, nel silenzio. Ma, dio mio, dov'è mai l'umanità in questa poesia? Se stacco da un libro, sia pure di Matilde Serao, alcune battute, e le fermo in una pagina bianca, otterrò lo stesso effetto. Stampate, prendendola a caso dal vocabolario, una parola sola in una pagina, e la vostra anima si lancerà a riempirla d'una indefinitezza musicale. Stampate solo un verbo all'infinito: 'Dormire'. E voi riempirete questo schema di una lunga visione. Ma ciò non è arte.

F. Flora, *Dal romanticismo al futurismo*, Piacenza, Porta, 1921

Il verso libero

Contro la tradizione Il dilemma tra forma chiusa e forma aperta della poesia è secolare: risalgono infatti già al Cinquecento le prime dispute tra sostenitori della rima e degli schemi della tradizione lirica italiana (sonetto, canzone, ballata ecc.) e poeti favorevoli a sperimentare nuove soluzioni meno rigide. Un innovatore particolarmente creativo fu Gabriello Chiabrera, che nel Seicento inventa nuovi schemi metrici o li svincola dai contenuti loro assegnati dalla tradizione.

Dalla «metrica barbara» alla canzone leopardiana La strada inaugurata da Chiabrera viene percorsa da altri poeti, che tentano di rendere in italiano il ritmo dei vari metri della poesia greco-romana dando vita alla cosiddetta «metrica barbara»; tale ricerca proseguirà nell'Ottocento con poeti come Carducci e Pascoli, profondi conoscitori della lirica antica. Per quanto articolati e numerosi, questi esperimenti rimangono comunque forme chiuse, in cui è riconoscibile uno schema fisso. Con Leopardi, invece, si afferma una nuova tendenza, che consiste nell'adottare una forma metrica libera, cioè priva di schema, ma intessuta di frequenti richiami fonici che ne costituiscono l'elemento unificante: così, la canzone leopardiana alterna endecasillabi e settenari variando in ogni strofa il numero e la disposizione dei versi e delle rime, ma si caratterizza per un'onda musicale costituita da suoni che si richiamano per tutto il componimento.

Le teorie del Novecento Per arrivare a sovvertire i criteri di costituzione del verso occorre però attendere il primo decennio del Novecento, quando si teorizza la necessità di rompere l'ultimo legame con il passato, cioè quello del numero delle sillabe e della regolarità degli accenti nel verso. Il verso libero, collaudato anche da D'Annunzio nelle *Laudi*, viene sostenuto da Marinetti e poi dai futuristi, che vogliono demolire ogni vincolo compositivo: rime, strofe, schemi metrici, versi tradizionali («paroliberismo»). Si deve proprio a un personaggio vicino a Marinetti la prima articolata teorizzazione sul verso libero; nel 1908 Gian Pietro Lucini (1867-1914) pubblica infatti il saggio *Ragion poetica e programma del verso libero*, in cui fa di questa forma metrica il simbolo del rinnovamento artistico e culturale, paragonando il suo impatto nella poesia a quello di tecniche narrative come il monologo interiore e il flusso di coscienza, che permettono di riprodurre sulla pagina il libero e spontaneo fluire dei pensieri.

La sperimentazione di Ungaretti È a questo punto che si inserisce la sperimentazione metrico-ritmica di Ungaretti, tutta giocata su un lavoro di scomposizione e ricomposizione del verso e della strofa. I versi di Ungaretti, infatti, sono 'liberi', in quanto il numero delle sillabe e la collocazione degli accenti sono variabili, così come sono 'libere' le strofe e 'libero' è il gioco dei suoni che – con rime, assonanze ecc. – percorre la poesia. Tuttavia anche nelle composizioni dell'*Allegria* si può rintracciare una nascosta geometria che anticipa il recupero delle forme tradizionali, attuato dal poeta nelle opere successive.

Marc Chagall, *Il poeta*, 1912.

Sono una creatura

L'Allegria

Come Veglia *anche questa lirica è dedicata al «grande isolamento» vissuto in trincea ed è scandita da un ritmo cadenzato e sentenzioso.*
Il poeta interpreta la sua personale esperienza della guerra *dandole il valore di una testimonianza assoluta; gli orrori vissuti gli appaiono come una sofferenza cosmica, che accomuna tutti gli esseri viventi.*

Metrica   Tre strofe di versi liberi.

Valloncello di Cima Quattro il 5 agosto 1916

> Il primo verso inizia una lunga similitudine, priva di verbi finiti, che si conclude solo al v. 11.

Come questa pietra
del S. Michele[1]
così fredda
così dura
5   così prosciugata[2]
così refrattaria[3]
così totalmente
disanimata[4]

come questa pietra
10   è il mio pianto
che non si vede

La morte
si sconta
vivendo

Apri il vocabolario

L'aggettivo "refrattario" (dal latino *refractarius*, "ostinato, litigioso", derivato dal verbo *refragari* che significa "opporsi, contrastare") indica chi resiste con forza a determinati comportamenti o scelte. Nel linguaggio tecnico-scientifico, invece, un materiale è definito "refrattario" quando è in grado di resistere a elevate temperature senza subire alterazioni chimiche.

---

1. S. Michele: un monte vicino Gorizia, nella zona del Carso, teatro di violenti combattimenti durante la prima guerra mondiale.
2. prosciugata: *arida, priva di corsi d'acqua.*
3. refrattaria: *insensibile ai mutamenti.*
4. disanimata: *svuotata dell'anima* (cioè priva di vita). L'aggettivo indica lo svuotamento dei sentimenti e il degradarsi dell'umanità a una condizione simile a quella delle pietre.

Analisi del testo

COMPRENSIONE

La lirica realizza un **paragone tra il paesaggio desolato e arido del Carso**, teatro delle operazioni belliche, **e l'animo del poeta**. Il suo pianto «non si vede» perché ormai interiorizzato, così come l'acqua che scorre in profondità nelle rocce del Carso. I tre versi finali, posti in risalto dalla forte scansione ritmica, assumono il valore di una fulminea apparizione della verità, che può essere interpretata in due modi: il fatto di scampare alla morte si sconta con il dolore, per cui alla fine la morte è un bene; oppure è il dolore stesso che impone a chi vive una convivenza con la morte che ne anticipa la tragicità.

ANALISI E INTERPRETAZIONE

Una struttura tripartita Il testo è diviso in **tre** strofe:

- la **prima** è una lunga similitudine senza verbi di modo finito, così che la strofa resta come sospesa e si conclude solo nella seconda;
- la **seconda** riprende in anafora la similitudine con cui si apre il testo, mentre solo alla fine compare il secondo termine di paragone, il pianto del poeta;
- la **strofa finale** è scandita in maniera molto netta e l'uso del gerundio nell'ultimo verso fortemen-

te cadenzato vuole dare l'idea di una **sentenza**, valida in qualsiasi tempo e luogo.

L'impotenza e il grido Anche in questa lirica i temi dominanti sono la guerra, la comunione nel dolore, il riconoscimento della propria umanità nella sofferenza comune. Ma, a differenza di quanto accade in altre liriche, qui il dramma della guerra non fa nascere nel poeta un istintivo impulso alla vita, perché il dolore protratto nel tempo ha inaridito la sua anima, rendendolo **incapace di reagire**. Il degrado umano causato dalla guerra che «pietrifica» ogni sentimento fa risaltare ancora di più il titolo di questa lirica, *Sono una creatura*, che suona quindi come un **grido di protesta**.

Figure retoriche e punteggiatura Il testo è breve ma ricco di figure retoriche. La **struttura sintattica** è **frammentata**, quasi a voler rendere visivamente lo stato d'animo del poeta, e manca del tutto la punteggiatura. I termini che compaiono nella prima strofa sono fortemente espressivi e, evidenziati dall'anfora («così… così…»), sottolineano l'aridità del paesaggio e per analogia lo stato d'animo impietrito del poeta.

Lavoriamo sul testo

COMPRENSIONE

1 Qual è il tema centrale della poesia?
2 Tra quali elementi il poeta stabilisce un paragone diretto?
3 A quale improvvisa conclusione giunge il poeta nei versi finali?
4 Perché il pianto del poeta «non si vede»?

LINGUA E LESSICO

5 Quale aggettivo può essere usato come contrario di «refrattaria» (v. 6)?
6 A quale tipologia di avverbio può essere ricondotto «totalmente» (v. 7)?

ANALISI E INTERPRETAZIONE

7 Quale sensazione crea la sospensione della prima strofa?
8 Quale significato hanno gli aggettivi «prosciugata» e «disanimata»?
9 In che senso il titolo della lirica suona come una protesta? Che cosa vuole ribadire il poeta? In contrasto con che cosa?

10 Rintraccia nel testo i seguenti temi:
 a) la dialettica morte/vita;
 b) l'esperienza individuale che assume valore universale;
 c) il tema della fratellanza nel dolore;
 d) il tema dello sradicamento e della ricerca di identità.
 È possibile individuare nella prima strofa un climax ascendente: mettilo in evidenza e spiegalo. Qual è il culmine di questo *climax*, isolato in un solo verso?
 Qual è l'effetto che il poeta cerca di ricreare attraverso la struttura sintattica?

SCRITTURA E APPROFONDIMENTI

11 Il messaggio di questa poesia sembra essere molto più pessimistico di quello che Ungaretti affida ad altri testi dello stesso periodo. In un testo di massimo 15 righe illustra questa differenza partendo dalla lirica appena letta e confrontandola con altri componimenti dell'*Allegria* che conosci.

L'Allegria

Ascolta
la poesia
e fai l'analisi
interattiva

Come afferma lo stesso Ungaretti nel 1963, *I fiumi co*-
stituisce un ritratto a tutto tondo della sua vita, dalla
nascita fino al periodo della guerra: «Finalmente mi
avviene in guerra di avere una carta d'identità: i segni
che mi serviranno a riconoscermi (e proprio nel mo-
mento in cui, dopo lunghe peripezie vane, il mio reg-
gimento può balzare in avanti), i segni che mi aiute-
ranno a riconoscermi da quel momento e di cui in quel
momento prendo conoscenza come i "miei segni": so-
no fiumi, sono i fiumi che mi hanno formato. Questa è
una poesia che tutti conoscono ormai, è la più celebre
delle mie poesie: è la poesia dove so finalmente in un
modo preciso che sono un lucchese, e che sono anche
un uomo sorto ai limiti del deserto e lungo il Nilo. E so
anche che se non ci fosse stata Parigi, non avrei avu-
to parola; e so anche che se non ci fosse stato l'Isonzo
non avrei avuto parola originale».

In un momento di tregua dai combattimenti il poeta ha
fatto il bagno nel fiume Isonzo. La sera ripensando a
quella circostanza, ricorda tre fiumi, il Serchio, il Nilo
e la Senna, legati ad altrettante esperienze di vita e de-
terminanti nello sviluppo del suo percorso esistenziale.

Metrica   Quindici strofe irregolari di versi liberi.

Cotici il 16 agosto 1916

Mi tengo a quest'albero mutilato[1]
abbandonato[2] in questa dolina[3]
che ha il languore
di un circo[4]
5 prima o dopo lo spettacolo
e guardo
il passaggio quieto
delle nuvole sulla luna

> **Apri il vocabolario**
>
> Derivato dal latino *languere* ('languire'),
> il sostantivo "languore" può indicare
> una sensazione di vuoto allo stomaco,
> ma anche uno stato di abbattimento fi-
> sico e psichico. In questo caso, il poe-
> ta lo usa per esprimere la sensazione di
> vuoto che si prova in uno spazio deser-
> to e silenzioso.

> In mezzo agli orrori
> della guerra il poe-
> ta riesce a ritrovare
> un senso di armo-
> nia universale gra-
> zie al bagno purifi-
> catore nelle acque
> dell'Isonzo.

Stamani mi sono disteso
10 in un'urna[5] d'acqua
e come una reliquia
ho riposato

L'Isonzo scorrendo
mi levigava
15 come un suo sasso

Ho tirato su
le mie quattr'ossa
e me ne sono andato
come un acrobata[6]
20 sull'acqua

---

1. mutilato: è un albero privato dei rami o di
una parte del tronco a causa delle bombe.
2. abbandonato: si riferisce al poeta e ne sottolinea il senso di solitudine.
3. dolina: *avvallamento naturale*, frequente

nei terreni carsici. La forma concava suggerisce il ricordo del grembo materno.
4. circo: l'analogia tra la dolina e il circo è
suggerita dalla forma circolare.
5. urna: l'acqua è trasparente come una teca

di cristallo («urna») e il poeta si sente come
una «reliquia» (le reliquie sono i resti dei santi
che vengono solitamente venerati).
6. acrobata: l'immagine si riferisce al fatto che
il poeta ha camminato in equilibrio sui sassi.

Mi sono accoccolato[7]
vicino ai miei panni
sudici di guerra
e come un beduino[8]
25 mi sono chinato a ricevere
il sole[9]

Questo è l'Isonzo
e qui meglio
mi sono riconosciuto
30 una docile fibra
dell'universo

Il mio supplizio
è quando
non mi credo
35 in armonia

Ma quelle occulte
mani[10]
che m'intridono[11]
mi regalano
40 la rara
felicità

Il momento di improvvisa felicità dà il via alla rievocazione memoriale.

Ho ripassato
le epoche
della mia vita

45 Questi sono
i miei fiumi

Il Serchio è il fiume delle origini contadine e ancestrali («duemil'anni forse») della famiglia del poeta.

Questo è il Serchio
al quale hanno attinto[12]
duemil'anni forse
50 di gente mia campagnola
e mio padre e mia madre

---

7. accoccolato: *accovacciato*; ma il termine rimanda a un gesto tipico dell'infanzia.

8. come un beduino: i beduini sono gli abitanti nomadi dell'Africa settentrionale. Scrive per spiegare questo verso lo stesso Ungaretti: «La preghiera islamica è accompagnata da molti inchini come se l'orante accogliesse un ospite».

9. a ricevere / il sole: il verbo, che rimanda al gesto tipico degli arabi di genuflettersi a salutare il sole, ha un senso di passività che accomuna il poeta a un elemento del paesaggio naturale.

10. occulte mani: *mani nascoste.* Sono le acque del fiume Isonzo, qui personificate dal poeta.

11. m'intridono: mi bagnano.

12. hanno attinto: *hanno preso l'acqua per irrigare i campi*; ma usando questo verbo l'autore vuol dire che la sua famiglia ha preso dal paesaggio della Lucchesia la sua natura semplice e contadina.

Questo è il Nilo
che mi ha visto
nascere e crescere
55   e ardere d'inconsapevolezza[13]
nelle estese pianure

Il Nilo è il fiume dell'infanzia e dell'adolescenza trascorse in Egitto.

La Senna, infine, allude a Parigi e al periodo della formazione artistica e intellettuale.

Questa è la Senna[14]
e in quel suo torbido[15]
mi sono rimescolato
60   e mi sono conosciuto

Questi sono i miei fiumi
contati nell'Isonzo

Questa è la mia nostalgia
che in ognuno
65   mi traspare[16]
ora ch'è notte
che la mia vita mi pare
una corolla
di tenebre[17]

Le tappe della vita del poeta confluiscono nel suo presente e nella presa di coscienza della sua nuova consapevolezza di se stesso.

---

13. ardere d'inconsapevolezza: *provare le forti emozioni di un adolescente ancora insicuro di sé.* Fino a ventitré anni Ungaretti è vissuto ad Alessandria d'Egitto, nei pressi del deserto.
14. **Senna:** a Parigi Ungaretti ha studiato,

prendendo finalmente coscienza di sé.
15. **torbido:** ha un significato letterale (non trasparente), ma allude anche alla vita parigina, ricca per Ungaretti di esperienze biografiche e culturali.
16. **che in ognuno mi traspare:** *che mi si rivela*

attraverso ciascuno di questi fiumi.
17. **una corolla di tenebre:** l'immagine della «corolla», cioè di qualcosa che sta per schiudersi, è in parte positiva, ma nello stesso tempo è qualcosa di fragile a cui le «tenebre» aggiungono un senso di inquietudine.

Edward Hopper, *Ponte sulla Senna*, 1909.

→ Analisi del testo

Dal presente al passato al presente La poesia ha una **struttura circolare**, richiamata anche dalle due immagini, in apertura e chiusura, che rimandano alla forma del cerchio: il «circo» (v. 4) e la «corolla» (v. 68). Parte da una situazione presente (la sera di un giorno di guerra) e subito si collega a un episodio della mattina appena trascorsa (passato prossimo), quando il poeta ha fatto il bagno nell'Isonzo. Questo ricordo, così vicino e presente, porta Ungaretti a **ripercorrere le varie fasi della sua vita passata** per poi tornare al momento contingente, la sera: «è la presa di coscienza di sé, è la scoperta che prima adagio avviene, poi culmina d'improvviso in un canto scritto il 16 agosto 1916, in piena guerra, in trincea, e che s'intitola *I fiumi*. Vi sono enumerate le quattro fonti che in me mescolavano le loro acque, i quattro fiumi il cui moto dettò i canti che allora scrissi».

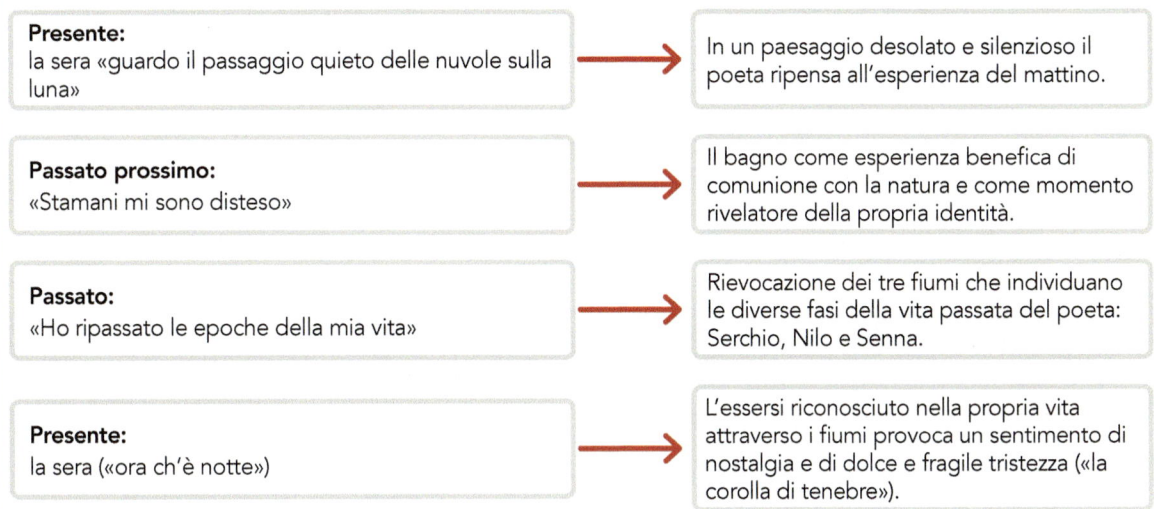

Presente:
la sera «guardo il passaggio quieto delle nuvole sulla luna»

→ In un paesaggio desolato e silenzioso il poeta ripensa all'esperienza del mattino.

Passato prossimo:
«Stamani mi sono disteso»

→ Il bagno come esperienza benefica di comunione con la natura e come momento rivelatore della propria identità.

Passato:
«Ho ripassato le epoche della mia vita»

→ Rievocazione dei tre fiumi che individuano le diverse fasi della vita passata del poeta: Serchio, Nilo e Senna.

Presente:
la sera («ora ch'è notte»)

→ L'essersi riconosciuto nella propria vita attraverso i fiumi provoca un sentimento di nostalgia e di dolce e fragile tristezza («la corolla di tenebre»).

Il bagno: purificazione e rivelazione Per l'io lirico, che si trova in guerra ed è costretto ad affrontare tutti i giorni la vita di trincea a **contatto con la morte** e la distruzione, il bagno costituisce un **momento vivificatore**. A partire dalla seconda strofa il poeta racconta dettagliatamente i vari gesti che ha compiuto: si è immerso nell'acqua (seconda e terza strofa), ha camminato nel fiume (quarta strofa), poi è uscito a prendere il sole (quinta strofa). La narrazione è però **risolta in immagini**, come rivela l'insistente presenza di **similitudini** («come una reliquia», v. 11; «come un suo sasso», v. 15; «come un acrobata», v. 19; «come un beduino», v. 24). Espressioni come «urna» e «reliquia», inoltre, indicano il carattere quasi religioso dell'esperienza vissuta dal poeta: l'immersione nell'acqua del fiume assume infatti il valore di un **rito di purificazione e di rinascita**. Il poeta si spoglia degli abiti da soldato e si distende sul letto del fiume come in una bara (nelle urne riposano infatti i resti mortali dei santi, le reliquie). Lo scorrere dell'acqua sul suo corpo lo leviga e lo pulisce, rendendolo parte integrante dell'universo naturale («un sasso»).

A questo punto il poeta è in grado **di camminare con leggerezza**, come rinato (la figura dell'acrobata), e celebra il sole, simbolo di vita (l'immagine del beduino che s'inchina è associata dallo stesso Ungaretti a una cerimonia religiosa). La sesta strofa dà inizio a una sezione di carattere riflessivo, in cui il poeta affronta il nucleo tematico della poesia. Il bagno nell'Isonzo rappresenta infatti un momento di **perfetta armonia con la natura**, un momento di felicità e di pienezza che spinge il poeta a rievocare il proprio passato, alla ricerca di altri momenti simili, legati al contatto con altri fiumi («Ho ripassato / le epoche / della mia vita // Questi sono / i miei fiumi»).

Le innovazioni stilistiche Nonostante la sua lunghezza, che contrasta con la maggior parte delle liriche dell'*Allegria*, anche *I fiumi* presenta molte delle **innovazioni tipiche della poesia di Ungaretti**: la scelta del **verso libero** al posto di strutture strofiche chiuse, l'**assenza di punteggiatura**, versi spesso ridotti a una o due parole (per esempio i vv. 26, 37, 40-41) e un **uso insi-**

stito dell'*enjambement*, che produce un ritmo frammentario ma nello stesso tempo scorrevole, proprio come l'acqua di un torrente che si fa strada in mezzo ai sassi. La particolarità di questa poesia fu riconosciuta anche da Ungaretti: «*I Fiumi* è una poesia dell'*Allegria* lunga; di solito,

a quei tempi, ero breve, spesso brevissimo, laconico: alcuni vocaboli deposti nel silenzio come un lampo nella notte, un gruppo fulmineo di immagini, mi bastavano ad evocare il paesaggio sorgente d'improvviso ad incontrarne tanti altri nella memoria».

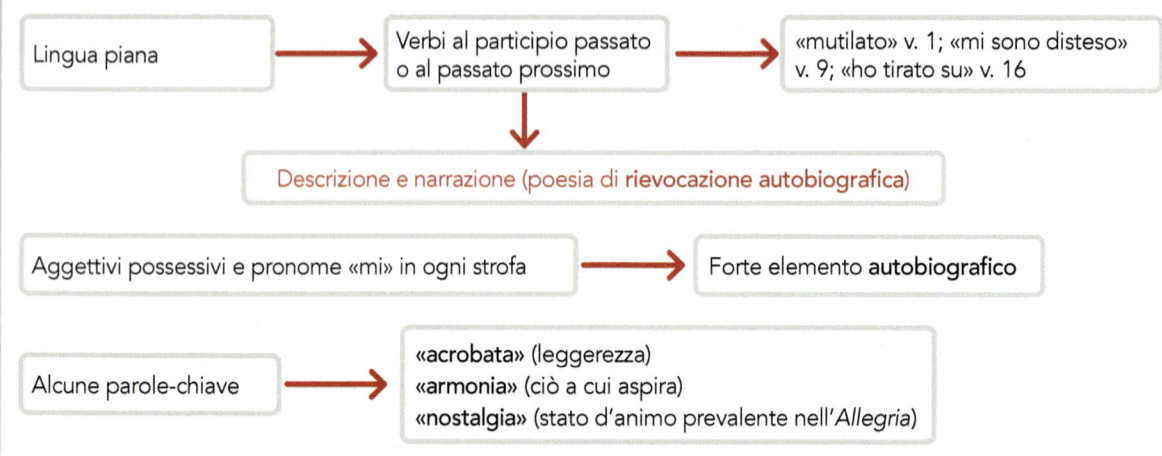

Lavoriamo sul testo

COMPRENSIONE

1 In quale occasione è stata scritta questa poesia? Da quali elementi del testo si coglie il momento storico che ne è ispirazione?

2 Qual è l'argomento principale della lirica?

3 Quali sensazioni (sul piano fisico e su quello psicologico) genera nel poeta il bagno nell'Isonzo?

4 Che cosa rappresentano i quattro fiumi?

LINGUA E LESSICO

5 Quali tra i seguenti termini non può sostituire «occulte» al v. 36?
  a. nascoste
  b. magiche
  c. misteriose
  d. invisibili

6 Il «che» del v. 64 è un nesso relativo; qual è invece il valore del «che» dei vv. 66 e 67?

ANALISI E INTERPRETAZIONE

7 Quali tempi verbali prevalgono nella lirica? Perché?

8 Qual è la massima aspirazione del poeta? Dove lo dice? Perché tramite il bagno è riuscito a raggiungere ciò che desidera?

9 Attraverso quali immagini viene rievocata l'infanzia? Che cosa ci comunicano?

10 Come vengono descritti gli anni parigini? Quale importante cambiamento generano nell'io lirico?

11 Perché il poeta insiste sugli aggettivi possessivi e sul pronome «mi»? Spiegalo facendo riferimento ad almeno tre passi della poesia.

SCRITTURA E APPROFONDIMENTI

12 Il riconoscersi «docile fibra dell'universo» (vv. 30-31) può ricordare il motivo della comunione con la natura che in D'Annunzio, nella poesia di *Alcyone*, era stato espresso come identificazione e metamorfosi dell'uomo. Confronta, in un testo di massimo 15 righe, il rapporto che i due poeti instaurano con la natura evidenziandone analogie e differenze con riferimenti puntuali ai testi.

T7 San Martino del Carso

L'Allegria

Composta durante la guerra, la poesia prende spunto dalla vista di un paese situato in una zona devastata dai combattimenti; la distruzione che vede intorno a sé induce il poeta a riflettere sulla fine delle persone a lui care, morte in guerra.

Metrica Quattro strofe di versi liberi.

Valloncello dell'Albero Isolato il 27 agosto 1916

Di queste case
non è rimasto
che qualche
brandello di muro

> Il verbo sembra rinviare al tema foscoliano della «corrispondenza d'amorosi sensi», ossia del legame che unisce i defunti ai loro cari che ne custodiscono il ricordo.

5   Di tanti
che mi corrispondevano[1]
non è rimasto
neppure tanto[2]

> La croce è l'emblema del dolore e della morte, ma anche del ricordo di chi non c'è più.

10   Ma nel cuore
nessuna croce manca

È il mio cuore
il paese più straziato

---

1. che mi corrispondevano: *con i quali esisteva un'affinità di sentimenti* (cioè i commilitoni "che avevano sentimenti corrispondenti ai miei").

2. neppure tanto: *neppure così poco* (cioè, "quasi nulla", "quasi nessuno").

Paul Nash, *Costruiamo un nuovo mondo,* 1918.

→ Analisi del testo

COMPRENSIONE

San Martino del Carso è una lirica strettamente legata ai luoghi e al contesto della guerra e caratterizzata da **immagini crude** e forti antitesi: i «brandelli» dei muri sono opposti ai «resti» dei compagni massacrati (di cui «non è rimasto neppure tanto»); gli amici sono «tanti» eppure non ne rimane «neppure tanto» (cioè niente); e infine la desolazione del paesaggio reale è opposta al desolato "paesaggio" affettivo, il cuore fitto di croci.

ANALISI E INTERPRETAZIONE

Una struttura simmetrica   L'andamento della lirica è **simmetrico**: quattro strofe, di cui le prime due evocano immagini di **devastazioni causate dalla guerra**, che ha annientato sia case sia uomini; mentre le ultime rappresentano lo **spazio mentale dell'io lirico**, che è invece fitto di ricordi e pieno di dolore. La seconda strofa collega queste due dimensioni, in quanto si riferisce ancora al paesaggio oggettivo, ma introduce la figura del poeta (si veda il pronome «mi» al v. 6).

I temi   La poesia è costruita attorno all'**analogia** cuore-paese e riprende il tema, sempre presente nell'*Allegria*, della **corrispondenza tra paesaggio esteriore e paesaggio interiore**, già tipico della tradizione simbolista. Pur all'interno di una realtà caratterizzata dalla **negatività** e dall'**assenza** (si vedano i termini e le espressioni «non è rimasto», che compare due volte, «nessuna», «neppure», «manca»), non si può dire che *San Martino del Carso* sia la poesia dell'annientamento delle cose, degli uomini e dell'animo. Alla distruzione concreta il poeta oppone la realtà del suo cuore: esso è sì un cimitero (e dunque un luogo di dolore), ma è anche un luogo in cui «nessuna croce manca» e dove, dunque, si conserva memoria perenne del nome e del volto degli amici morti.

Lo stile   Nel testo spiccano una serie di **corrispondenze sintattiche** e di **anafore** che collegano tra loro le prime due strofe e le ultime due, con una evidente cesura, messa in risalto dal «ma» avversativo del verso 9, che segna anche un **cambiamento di ritmo**. Il linguaggio è scarno ed essenziale, ma particolarmente suggestivo.

○ Lavoriamo sul testo

COMPRENSIONE

1 Qual è il tema della poesia? Rispondi dopo aver spiegato brevemente il contenuto di ciascuna strofa.

2 Quali sono i luoghi descritti nella poesia? Quali di essi è reale e quale invece è interiore?

3 Il significato finale della poesia è un messaggio di pessimismo o di ottimismo?

> **LINGUA E LESSICO**
>
> **4** Che complemento identifichi nell'espressione «Di tanti» (v. 5)?
>
> **5** Che tipo di proposizione è quella contenuta nella terza strofa?

ANALISI E INTERPRETAZIONE

6 Che rapporto di corrispondenza c'è tra le prime due strofe? E tra le ultime due?

7 Qual è il punto che segna lo slittamento metaforico dal paesaggio all'interiorità?

8 Partendo dall'analogia cuore-paese, evidenzia le corrispondenze simboliche tra l'io e il paesaggio.

9 Il poeta ribadisce il primato della propria interiorità: perché? A quale scopo?

10 Che cos'è un'anafora? Quali anafore puoi individuare nella poesia?

11 Evidenzia le corrispondenze di lessico e sintassi su cui si basa la poesia.

SCRITTURA E APPROFONDIMENTI

12 Prova a rintracciare questa corrispondenza tra paesaggio e interiorità anche in altri testi di Ungaretti e a porre l'attenzione sul ruolo che vi gioca l'interiorità del poeta ed esponi le tue conclusioni in un testo scritto di una pagina.

Il libro del mese
Oltre Babilonia

AUTORE Igiaba Scego

ANNO DI PUBBLICAZIONE 2008

CASA EDITRICE Donzelli

TRE BUONI MOTIVI PER LEGGERLO

1 Affronta lo "scomodo" tema della dominazione fascista in Somalia.

2 È un romanzo di formazione sulla difficile condizione di chi sente di appartenere a due culture differenti.

3 Racconta da una prospettiva straniante la grande tragedia della dittatura argentina degli anni Settanta.

L'AUTORE E L'OPERA   Igiaba Scego è nata a Roma nel 1974 da genitori somali, giunti in Italia dopo il colpo di Stato di Siad Barre (1969). Ha esordito con un libro per ragazzi in cui rievoca la storia della madre (*La nomade che amava Alfred Hitchcock*, 2003), seguito dal romanzo *Rhoda* (2004). *Oltre Babilonia* (2008) è un'opera in cui romanzo di formazione e romanzo storico si fondono nelle vicende di due ragazze figlie inconsapevoli dello stesso padre, l'italo-somala Zuhra e l'argentina Mar. Le storie di queste donne danno vita alla "Babilonia" di linguaggi e culture evocata dal titolo del romanzo che è, in primo luogo, ricerca faticosa della propria identità da parte di chi vive sulla propria pelle l'appartenenza a mondi e culture diversi.

L'INCIPIT   Ho sempre provato compassione per la Spagna. Bel paese la Spagna, ma a me mette tanta tristezza, *wallalli billalli*[1], lo giuro. E se dico *wallalli billalli* mi dovete credere. Alice dice che sono tutta matta, e che non si è mai sentita una roba del genere. La Spagna è vita, dice, e poi fa l'elenco di tutte le cose meravigliose della Spagna.

1. wallalli billalli: *lo giuro* (espressione somala).

LA TRAMA   Zuhra è una ragazza somala che vive a Roma e ha un rapporto complesso sia con le sue origini africane sia con il suo corpo e la sua sessualità, a causa delle ripetute violenze subite da bambina. Per approfondire il rapporto con la sua cultura materna si iscrive a un corso di arabo a Tunisi, dove conosce Miranda, un'affascinante donna argentina giunta lì con la figlia Mar. In una continua alternanza di punti di vista e piani cronologici (i drammatici eventi che hanno portato al matrimonio dei nonni paterni di Zuhra, nella Somalia degli anni Trenta occupata dalle truppe italiane, i misteriosi legami di Miranda con la dittatura argentina), Zuhra e Mar riusciranno a scoprire cose a loro ignote sulle famiglie di origine e ad acquisire una nuova consapevolezza della loro identità femminile.

TRE PISTE DI LETTURA

1 *Oltre Babilonia* permette di riflettere sulla condizione comune a molti figli di immigrati, legati sia alla cultura italiana che a quella del Paese d'origine. Quali pensi che siano le maggiori difficoltà che queste persone incontrano nella loro vita? Motiva le tue idee anche sulla base di eventuali esperienze personali.

2 Rintraccia nel testo gli elementi tipici del romanzo di formazione e spiega se, a tuo avviso, *Oltre Babilonia* può essere ascritto a questo genere e per quali motivi.

3 Questo romanzo fa parte della cosiddetta "letteratura post-coloniale". Documentati su questo particolare filone narrativo e illustrane le principali caratteristiche in un testo scritto.

T8 Mattina

L'Allegria

Questa poesia, inserita nella terza sezione della raccolta (Naufragi), è uno dei testi più celebri di Ungaretti per l'eccezionale brevità, che la rende esemplare del frammentismo lirico della prima raccolta.

In soli due versi di quattro e tre sillabe il poeta tenta di rendere la sensazione dello splendore del sole sorto da poco. Il titolo completa la poesia, rendendone più chiaro e accessibile il significato.

Metrica Coppia di versi liberi.

> Santa Maria La Longa il 26 gennaio 1917
>
> M'illumino
> d'immenso

→ Analisi del testo

COMPRENSIONE

Al cospetto del sorgere del sole al mattino il poeta dichiara l'improvvisa illuminazione, il momento di intuizione quasi mistica che lo mette in contatto con l'assoluto.

Ciò lo porta a scrivere una lirica che **elimina ogni riferimento** storico e autobiografico per limitarsi a cogliere l'essenza dell'avvenimento stesso. Il carattere di frammento della poesia non è quindi da intendere come segno di incompletezza o di scarsa elaborazione (come se si trattasse di un semplice appunto diaristico): al contrario, il poeta raggiunge questa **essenzialità** attraverso un lavoro di analisi e di **riduzione all'osso** della propria esperienza. Il testo è dunque uno dei più rappresentativi della fase ungarettiana della «parola pura».

ANALISI E INTERPRETAZIONE

Poesia in cinque parole La lirica non ha una struttura metrica ed è priva di rime e punteggiatura. Le cinque parole (compreso il titolo, parte integrante del significato) scandiscono i momenti dell'esperienza vissuta dal poeta:
– *Mattina* (indicazione temporale);
– «m'illumino» (indicazione sensoriale);
– «d'immenso» (indicazione spaziale).

Dal concreto all'astratto Il testo si regge su un **rapporto dialettico tra concreto e astratto**. Alla concretezza rimanda la **datazione** della poesia, che informa sulle circostanze in cui è stata scritta, fornendo un «qui e ora» che fa da contraltare all'astrattezza del significato. Ma già il **titolo**, *Mattina*, sebbene rimandi a un preciso momento del giorno, rappresenta in realtà un procedere verso l'astratto: indicativo è il fatto che la prima versione della lirica, pubblicata nel 1918 su una rivista, recava invece il titolo *Cielo e mare*. Nella sostituzione degli elementi concreti di cielo e mare con un termine più generico si coglie l'intenzione del poeta di fare della sua poesia un 'viaggio' verso l'astrazione.

Non sono solo il verbo «m'illumino» e il sostantivo «immenso» a comunicarci l'idea dell'astratto, ma è soprattutto il pronome «mi» a sottolineare che l'esperienza della visione del mattino, nonostante sia concreta, non può essere spiegata in termini razionali. La sensazione che si prova è del tutto individuale (da qui l'enfasi su «mi») e non può essere comunicata oggettivamente, ma solo mediante immagini e **sensazioni di tipo impressionistico**.

La sinestesia assoluta Al di là delle scelte lessicali, occorre rilevare che la breve lirica si regge tutta su una **sinestesia** (la commistione di ambiti sensoriali diversi): la dimensione **visiva** («m'illumino» = luce) si confonde con quella **spaziale** e temporale («d'immenso» = spazio senza confini).

Ungaretti ha ben presente la lezione dell'*Infinito* di **Leopardi**, in cui – come qui – si procede dalle sensazioni visive e uditive alla percezione dell'infinito, di fatto inesprimibile in termini concreti: infatti, di fronte alla «immensità» (si noti la consonanza con l'ungarettiano «immenso»), Leopardi usa la metafora del «dolce naufragare» in un «mare» (che naturalmente non è un mare reale).

Lavoriamo sul testo

COMPRENSIONE

1 Da quale circostanza spazio-temporale prende avvio la poesia?

2 A quale intuizione o esperienza giunge il poeta alla fine della lirica?

3 Qual era il titolo originario della poesia e quale significato ha la sua sostituzione con il titolo definitivo?

LINGUA E LESSICO

4 Qual è la funzione sintattica del sintagma «d'immenso»?

5 Senza consultare il dizionario, prova a elencare almeno quattro sinonimi e quattro contrari della parola "immenso".

ANALISI E INTERPRETAZIONE

6 In che cosa consiste la dialettica messa in atto dalla lirica?

7 Come si spiega il cambiamento del titolo nell'ambito di questa dialettica?

8 Ci sono riferimenti concreti a situazioni oggettive in questo testo?

9 Quale valore assume il pronome «mi» collocato a inizio di verso?

10 Quali sensazioni prevalgono nella lirica?

11 Per quali diversi motivi si può dire che Ungaretti ha presente Leopardi in questo testo?

SCRITTURA E APPROFONDIMENTI

12 *Mattina* è una delle liriche più famose di Ungaretti ed è programmaticamente collocata in apertura della sezione *Naufragi* dell'*Allegria*. Considerando il contesto della poetica della «parola pura», in un testo di massimo 15 righe illustra come *Mattina* sia emblematica di questa fase della poesia ungarettiana.

Edvard Munch, *Il sole*, 1916.

T9 Soldati

L'Allegria

Soldati *chiude la quarta sezione dell'Allegria, intitolata* Girovago, *ed è stata scritta da Ungaretti sul fronte francese.*

La poesia si basa sull'analogia tra la precarietà dei soldati, indicati dal titolo, e le foglie che in autunno sono destinate a cadere dall'albero.

Metrica Versi liberi.

Bosco di Courton luglio 1918

> L'impersonalità del verbo è il simbolo di una condizione universale.

Si sta come
d'autunno
sugli alberi
le foglie

→ Analisi del testo

COMPRENSIONE

Il testo si basa su un semplice paragone tra i soldati e le foglie. Si tratta di una **similitudine classica**, usata per indicare la precarietà dell'esistenza fin dalla Bibbia e da Omero; ma probabilmente Ungaretti ha presenti i più famosi passi di Virgilio e di Dante, che ricorrono a questa immagine per indicare le anime dei morti in attesa di entrare all'inferno. La **condizione di attesa** espressa dal testo può quindi essere letta in vari modi: come riferimento alla condizione dei soldati in trincea, in attesa dell'attacco o della morte; come condizione degli uomini in attesa della fine ormai imminente della guerra; come condizione generale dell'umanità, in riferimento alla brevità della vita.

ANALISI E INTERPRETAZIONE

La struttura I quattro versi della lirica accumulano, con un **ritmo martellante**, una serie di **notazioni sulla condizione dei soldati e umana in generale**:
– v. 1: «Si sta come» = notazione di una condizione psico-fisica di attesa (il verbo può riferirsi allo «stare in piedi» dei soldati sul punto di combattere o all'«essere in uno stato» che è estendibile a tutta l'umanità), che introduce il paragone;
– v. 2 «d'autunno» = notazione temporale (ma metaforica: l'autunno è una stagione di passaggio e dunque precaria);
– v. 3 «sugli alberi» = notazione spaziale;
– v. 4 «le foglie» = secondo termine di paragone.

Il senso dell'essere Il tema principale è quello della **precarietà dell'esistenza**. Dalla situazione contingente dei soldati (evocata dal titolo e dall'epigrafe) si passa subito al piano universale, sottolineato dall'uso, nel primo verso, di un verbo impersonale. La lirica esprime dunque in modo evidente la poetica del primo Ungaretti, che parte dall'esperienza della guerra per esplorare il senso di solitudine, incertezza e fragilità tipico dell'uomo moderno.

L'eloquenza del bianco Ritornano in questa lirica gli elementi stilistici caratteristici della «**poetica della parola**»: i brevi versi, privati di qualunque accessorio stilistico e lessicale (**non ci sono** neppure **aggettivi**), risaltano sul bianco della pagina, quasi a ribadire l'importanza del messaggio universale della lirica. L'unico verbo è molto significativo e, come si è rilevato, introduce un'ambiguità interpretativa del significato del messaggio.
Ungaretti raggiunge l'essenzialità espressiva anche tramite la **frantumazione** della metrica tradizionale. Come è stato notato, i quattro versi costituiscono in realtà **due settenari**: la decisione di spezzare, anche graficamente, questo schema metrico ha un valore programmatico importante, perché afferma che la poesia di Ungaretti è una poesia nuova, lontana dagli schemi della tradizione.

Lavoriamo sul testo

COMPRENSIONE

1 Perché questa poesia parla al contempo della guerra e di una condizione universale?

2 Quali sono le possibili fonti della similitudine delle foglie?

LINGUA E LESSICO

3 A tuo avviso nel testo è presente una frase nominale? Motiva la tua risposta.

4 Quali sono i due termini della similitudine su cui è costruita la lirica?

ANALISI E INTERPRETAZIONE

5 La similitudine su cui si basa la poesia si presta a diverse interpretazioni. Spiega brevemente perché, facendo riferimento alle osservazioni presenti nell'Analisi del testo.

6 L'ordine delle parole e il verbo impersonale segnano uno scarto molto forte dall'ordine proprio della lingua parlata: quale effetto ottiene il poeta con questa particolare distribuzione delle parole?

7 Perché il verbo si presta a più di un'interpretazione? Come influisce questo fatto sulla comprensione generale della lirica?

8 Quale significato può assumere nel contesto di questa lirica la notazione temporale (l'autunno) data dal poeta?

9 Che cosa si può rilevare a proposito della struttura metrica di questa lirica?

SCRITTURA E APPROFONDIMENTI

10 In un testo di massimo 20 righe illustra come l'esperienza della guerra sia parte integrante e prima ispirazione della poesia di Ungaretti in questo periodo. Soffermati in particolare sui testi da te letti in cui emergano le stesse tematiche della fragilità umana e del comune destino di sofferenza che lega gli uomini.

11 La similitudine tra la vita umana e le foglie che cadono in autunno è presente anche in un famoso passo dell'*Iliade*: «Come stirpi di foglie, così le stirpi degli uomini; / le foglie, alcune ne getta il vento a terra, altre la selva / fiorente le nutre al tempo di primavera; / così le stirpi degli uomini: nasce una, l'altra dilegua» (l. VI, vv. 146-149). Quali sono, a tuo avviso, le principali analogie e differenze tra il testo di Omero e la lirica di Ungaretti? Rispondi in un testo scritto di massimo una pagina.

Percy Wyndham Lewis, *Una batteria bombardata*, 1919.

L'Allegria

La lirica, inserita nell'omonima sezione dell'Allegria e inizialmente intitolata Il viaggio, fu composta durante l'ultimo anno di guerra e rappresenta un parziale bilancio di una vita segnata da frequenti spostamenti geografici (dall'Egitto a Parigi all'Italia) e da una costante irrequietezza.
Così Ungaretti stesso ne commenta il testo in Vita d'un uomo: «Questa poesia composta in Francia dov'ero stato trasferito con il mio reggimento, insiste sull'emozione che provo quando ho coscienza di non appartenere a un particolare luogo o tempo. Indica anche un altro dei miei temi, quello dell'innocenza, della quale l'uomo invano cerca traccia in sé o negli altri sulla terra.»

Metrica Sei strofe di versi liberi.

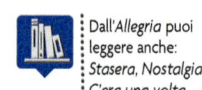

Dall'*Allegria* puoi leggere anche: *Stasera, Nostalgia, C'era una volta*

Campo di Mailly 1918

> Viene dichiarata in apertura l'impossibilità del poeta di mettere radici e fermarsi in un luogo.

In nessuna
parte di terra
mi posso
accasare[1]

5   A ogni
nuovo
clima
che incontro
mi trovo
10 languente[2]
che
una volta
già gli ero stato
assuefatto[3]

15 E me ne stacco sempre
straniero

Nascendo
tornato da epoche troppo
vissute[4]

> Il concetto di innocenza viene collegato dall'io lirico a una dimensione sia individuale (il periodo dell'infanzia) sia collettiva (un paese non contaminato dalla violenza della guerra).

20 Godere un solo
minuto di vita
iniziale[5]

Cerco un paese
innocente

---

1. accasare: *fermare, mettere radici.*

2. languente: *spossato, privo di forze e di vitalità.*

3. già ... assuefatto: *mi ci ero già abituato*

4. E me ne stacco ... vissute: le due strofe vanno intese come un unico periodo sintattico: *e me ne allontano sentendomi sempre* estraneo, come se rinascessi dopo essere tornato da esperienze troppo intensamente vissute.

5. iniziale: *originaria, intatta.*

COMPRENSIONE

1 Elenca gli eventi biografici che hanno contribuito a determinare in Ungaretti l'acuta coscienza del proprio 'nomadismo'.

2 Quali termini ed espressioni sottolineano la difficoltà del poeta nel trovare un luogo sentito come proprio?

⊙ Oltre il testo   Confrontare e analizzare

- In quali altre liriche dell'*Allegria* viene affrontato il tema dello sradicamento? Qual è il giudizio del poeta sull'argomento?

3 Quale diverso significato assume il riferimento alla «vita» presente ai vv. 19 e 21? A che cosa allude l'espressione «un solo / minuto di vita / iniziale»?

4 Quale valore grammaticale e sintattico ha il «che» del v. 11?

5 Quale funzione grammaticale svolge l'infinito «Godere» (v. 20)?

ANALISI E INTERPRETAZIONE

6 Quale rapporto si stabilisce nel componimento tra la vicenda biografica del poeta e una dimensione più universale e collettiva, che riguarda tutta l'umanità?

⊙ Oltre il testo   Confrontare e analizzare

- Lo slittamento di un evento individuale a un piano universale è caratteristico della poesia dell'*Allegria*; proponi qualche altro esempio sulla base dei testi che conosci e scrivi sull'argomento un testo di massimo una pagina.

7 Quali elementi del testo chiariscono che la meta del viaggio (di Ungaretti e di ogni uomo) si svolge non solo nello spazio ma anche a ritroso nel tempo?

8 Individua i punti in cui la sintassi presenta costrutti insoliti o poco lineari e spiega la funzione di questa scelta espressiva.

9 Individua i termini che, isolati metricamente a costituire un solo verso, si riferiscono a concetti-chiave espressi nella lirica.

10 Individua gli *enjambement* presenti nel testo. Quale sensazione intendono trasmettere?

⊙ Oltre il testo   Confrontare e analizzare

- Qual è il ruolo che Ungaretti assegna agli *enjambement* nelle sue liriche? Rispondi in un testo scritto facendo riferimento ad altri testi dell'*Allegria* da te letti.

SCRITTURA E APPROFONDIMENTI

11 Nella lirica *I fiumi* Ungaretti scrive: «Il mio supplizio / è quando / non mi credo / in armonia». Quale legame si può stabilire tra quei versi e la ricerca di un «paese innocente»? Rispondi in un testo scritto che non superi le due pagine.

12 Metti a confronto questa lirica con *Ulisse* di Umberto Saba (p. 124); in quali modi viene declinato dai due autori il tema del viaggio?

Sentimento del tempo

La seconda raccolta di Ungaretti viene pubblicata nel **1933** e ampliata e corretta nel 1936 e nel 1943: comprende tutti i testi del quindicennio precedente e risente fortemente dell'**esperienza religiosa** e della conversione al cattolicesimo. Oltre alla **riflessione sul tempo e sulla storia**, sulla fragilità dell'uomo, sulla brevità della vita in confronto all'eterno, nei componimenti della nuova fase assume un rilievo particolare la ricerca di un **senso dell'esistenza**, in una **tensione verso il divino** che contrasta con la sofferenza dell'uomo.

Sentimento del tempo si caratterizza in primo luogo per il **recupero della metrica tradizionale**: il poeta utilizza in prevalenza **endecasillabi** e **settenari**, rinunciando all'estrema frammentazione dell'*Allegria* e cercando una cantabilità più distesa. Tale ricerca è confermata dal recupero di **strutture sintattiche più ampie e complesse**, nonché di una **punteggiatura** regolare. C'è dunque una svolta classicista, evidente nel richiamo ad autori come **Leopardi** e i grandi poeti del **Barocco europeo** (Shakespeare e Góngora), da cui Ungaretti riprende la grandiosità e il gusto per il preziosismo. La raccolta spicca anche per la presenza di numerosi testi giocati sulla tecnica dell'**analogia**, che porta alle estreme conseguenze la poetica delle «corrispondenze» propria dei simbolisti e rende le liriche non sempre di facile interpretazione. Forse questo stile difficile può essere messo in relazione con la conversione religiosa: l'accostamento al mistero del divino non può che essere ottenuto attraverso una sintassi ampia e complessa, così come la contraddizione tra il male del mondo e la presenza di Dio costituisce un paradosso cui «l'uomo di pena» Ungaretti può solo tentare di avvicinarsi senza arrivare a spiegarlo. La **poetica barocca**, involuta e difficile, basata sull'analogia e il concettismo, è l'unico modo per rendere il **mistero della fede**.

T11 La madre

Sentimento del tempo

Dal *Sentimento del tempo* puoi leggere anche *Sentimento del tempo* e *Di luglio*

Ungaretti scrive questa lirica, considerata tra le più rappresentative della sua seconda fase poetica, in occasione della morte della madre, nel 1930.
In un dialogo tutto proiettato verso l'aldilà, il poeta immagina che dopo aver varcato il misterioso «muro d'ombra» che separa la vita e la morte, sarà la madre stessa a condurlo al giudizio divino e solo dopo l'assoluzione tornerà a guardare il figlio ormai redento.

Metrica Cinque strofe di endecasillabi e settenari sciolti, liberamente alternati.

> La lirica è impostata come un immaginario dialogo tra il poeta e la madre, nell'aldilà.

E il cuore quando[1] d'un ultimo battito
avrà fatto cadere il muro d'ombra[2],
per condurmi, Madre, sino al Signore,
come una volta mi darai la mano.

5 In ginocchio, decisa,
sarai una statua davanti all'Eterno[3],
come già ti vedeva[4]
quando eri ancora in vita.

---

1. E il cuore quando: costruisci il periodo così: «e quando il cuore».

2. il muro d'ombra: *la barriera invisibile che separa il mondo dei vivi da quello dei defunti.*

3. all'Eterno: *a Dio.*

4. ti vedeva: *ti vedevo.* È la desinenza arcaica della prima persona singolare dell'indicativo imperfetto.

            Alzerai tremante le vecchie braccia
10   come quando spirasti
            dicendo: Mio Dio, eccomi.

            E solo quando m'avrà perdonato,
            ti verrà desiderio di guardarmi.

            Ricorderai d'avermi atteso tanto,
15   E avrai negli occhi un rapido sospiro.

● Analisi guidata

Affetti umani e religiosità

La morte della madre induce il poeta a riflettere su ciò che avverrà **dopo la propria morte**, quando si troverà di fronte a Dio per essere giudicato. In questa situazione, la madre svolgerà un ruolo fondamentale: lo accompagnerà al cospetto di Dio e invocherà per lui la salvezza, ponendosi come **intermediaria tra il figlio e la grazia divina**. Nell'ottica religiosa che caratterizza il testo, anche gli affetti terreni più saldi – come il legame tra madre e figlio – sono subordinati a una prospettiva morale più ampia di **redenzione ultraterrena**. La figura della madre appare quindi in un atteggiamento severo, che non toglie tuttavia valore alla **sfera emotiva**, testimoniata dalle immagini intense del prendersi per mano del v. 4 e del «rapido sospiro» che chiude la lirica, esprimendo tutto il sollievo per il figlio ritrovato.

○ Competenze di comprensione e analisi

- Quale stato d'animo nasce nel poeta al pensiero della sua morte? Essa si configura come un evento angoscioso o in una luce di speranza?

- Da quali elementi del testo emerge con chiarezza la fede religiosa del poeta?

- Che cosa induce infine la madre a guardare il poeta? Perché questo gesto non viene compiuto prima?

- Individua nel testo i momenti in cui la madre appare come mediatrice tra il poeta e Dio e quelli in cui è invece rappresentata come figura umana, depositaria degli affetti del poeta.

- Ricorda Ungaretti in una nota autobiografica: «Ho perso mio padre quando ero bambino, a due anni. Dunque, ho passato l'infanzia in una casa dove la memoria di mio padre manteneva un lutto costante. Non era un'infanzia allegra… Mia madre… era dalla mattina alla sera presa dai suoi affari e dalle faccende di casa. Non trascurava, anzi aveva somma cura dei suoi figliuoli… Donna d'estrema energia. Mia madre era volontaria all'eccesso, fortissimamente volontaria, e naturalmente non s'abbandonava che molto di rado alla tenerezza… Tutte le settimane, tutte, mia madre mi conduceva al camposanto… Mia madre, pregava, oppure mi rimproverava, a un monellino non mancando mai mosse da reprimere. Giungevamo al campostanto, dove passavamo ore di preghiera, che dovevo seguire, che dovevo accompagnare. Tutte le settimane, durante la mia prima infanzia». Spiega in che modo questo ricordo di Ungaretti può essere messo in relazione alla poesia *La madre*.

Tra passato e futuro

La lirica è tutta **protesa verso l'aldilà**, in cui avverrà il ricongiungimento con la madre e al tempo stesso, tramite il perdono divino, il recupero di una condizione di originaria innocenza. Il **futuro** immaginato dal poeta è però caratterizzato dal continuo **confronto** con immagini, gesti e pensieri del **passato**: la madre prenderà per mano il figlio «come una volta» (v. 4); si inginocchierà davanti a Dio come quando era ancora in vita (vv. 7-8) e lo invocherà come nel momento del trapasso (vv. 10-11). La **compresenza di passato e futuro** fa risaltare la **ritualità** della figura materna, che appare come «una statua» (v. 6), tesa a implorare da Dio la salvezza per il figlio.

 Competenze di comprensione e analisi

- Analizza i tempi verbali presenti nel testo, distinguendo quelli futuri e quelli passati. Quale dialettica osservi? Quali prevalgono?

- Tra il comportamento della madre di fronte a Dio e i suoi atteggiamenti quando era ancora in vita c'è differenza o continuità?

- Ogni strofa è marcata dall'anafora del «come» (vv. 4, 7, 10), che introduce un confronto tra i due diversi piani temporali della lirica: quali?

- Analizza gli aggettivi riferiti alla madre: a quali ambiti semantici afferiscono e quale impressione complessiva comunicano al lettore?

Lo stile

La lirica mostra in modo evidente la grande differenza che intercorre tra *L'Allegria* e *Sentimento del tempo*. Nella prima raccolta i testi sono brevi, privi di metrica e di punteggiatura, allo scopo di far risaltare la nudità della parola; qui, invece, la scelta dei **metri più classici della tradizione** (l'endecasillabo e il settenario) si accompagna al recupero di schemi strofici regolari.

La **solennità della lirica** si riflette nel tono elevato dello stile, che non rinuncia all'uso dell'**analogia** («il muro d'ombra» del v. 2) ma si piega a una **sintassi più piana**, cadenzata da un ritmo lento e cantilenante, simile a una preghiera. Anche le scelte lessicali sono sobrie, pur con qualche forma letteraria (come «vedeva», in luogo del più comune «vedevo», al v. 7).

La corrispondenza formale tra i versi iniziali e quelli finali (sottolineata anche dall'*incipit* dei vv. 1 e 12) conferisce al testo una **struttura circolare**.

Competenze di comprensione e analisi

- Perché in *Sentimento del tempo* Ungaretti muta così radicalmente la metrica delle sue poesie? Che cosa ispira questo cambiamento?

- Spiega attraverso quali artifici metrici Ungaretti riesce a ottenere l'effetto di preghiera del testo.

- La prima e l'ultima strofa si richiamano anche sul piano del contenuto. Quale diverso valore assume infatti l'avverbio «quando» al v. 1 e al v. 12?

Il dolore

Il titolo della raccolta pubblicata nel **1947** rimanda da un lato alla **seconda guerra mondiale** e dall'altro alle **tragedie private** del poeta (la morte del fratello nel 1937 e quella del figlio Antonietto, di soli nove anni, nel 1939), come afferma lo stesso Ungaretti: «So che cosa significhi la morte, lo sapevo anche prima; ma allora, quando mi è stata strappata la parte migliore di me [con la morte del figlio], la esperimento in me, da quel momento, la morte. *Il dolore* è il libro che di più amo, il libro che ho scritto negli anni orribili, stretto alla gola. Se ne parlassi mi parrebbe d'essere impudico. Quel dolore non finirà più di straziarmi».

Nel *Dolore* (e nelle raccolte seguenti, che si collocano sulla stessa linea senza grandi elementi di novità) Ungaretti sviluppa la sua idea di **poesia civile**: egli **rifiuta la retorica del poeta-vate** di stampo ottocentesco, ma rivendica la **funzione pubblica della poesia**, la sua capacità di cogliere l'essenza dei grandi avvenimenti storici e di interpretarne il significato umano più profondo. Si tratta di una posizione simile a quella che, negli stessi anni della seconda guerra mondiale, veniva elaborata anche da molti altri poeti italiani, come Eugenio Montale e Salvatore Quasimodo.

T12 Non gridate più

Il dolore

Dalla raccolta *Il dolore* puoi leggere anche la poesia *Giorno per giorno*

La lirica, scritta nel 1945, prende spunto dal bombardamento, da parte delle forze alleate, del cimitero romano del Verano, avvenuto il 19 luglio 1943. Il fatto di cronaca diventa metafora della disumanità della guerra che, nella sua opera di distruzione, non si arresta neppure di fronte ai morti. Il poeta invita allora al silenzio («Non gridate più, non gridate»), che si presenta come l'unica forma di dignità umana.

Metrica   Due quartine di novenari sciolti, con un endecasillabo (v. 5) e due settenari (vv. 6-7).

> L'esortazione a rispettare i morti diventa il simbolo stesso della pietà umana violata dalla guerra.

Cessate d'uccidere i morti,
non gridate più, non gridate
se li volete ancora udire,
se sperate di non perire.

5   Hanno l'impercettibile sussurro,
non fanno più rumore
del crescere dell'erba,
lieta dove non passa l'uomo.

COMPRENSIONE

Di fronte agli orrori della guerra il poeta invita i superstiti a quello che sembra un paradosso, a **non uccidere i morti**, ossia a rispettarli attraverso il silenzio, unica risposta al dolore e alla ferocia dell'uomo. Ascoltare i morti per «non perire» significa stabilire un **legame tra presente e passato**, tra dimensione storica ed eternità. Non si tratta solo di rispetto verso i defunti, ma di rispetto verso le tradizioni di civiltà compromesse dalla violenza della guerra.

ANALISI E INTERPRETAZIONE

La struttura La poesia è scandita in due parti, corrispondenti alle **due strofe**:
- l'**esortazione** a sospendere la violenza e a cercare di non morire invece di uccidere;
- il **parallelo tra il sussurro dei morti e quello dell'erba** che cresce. La guerra diventa così la manifestazione di una disarmonia totale: una rottura nei confronti del passato, ma soprattutto un turbamento della vita naturale.

I temi Il tema principale della poesia è il **rispetto per i morti** – presente in vari testi dell'*Allegria* insieme alla dialettica vita/morte – che tramite il legame con il passato rimanda al **tema del ricordo**, unico strumento per mantenere intatta la propria identità. Dimenticare l'esempio del passato, rappresentato dalle vittime della guerra, e continuare a «gridare», ossia a comportarsi in modo violento, rischia di distruggere la nostra umanità. Il **silenzio**, altro motivo della poesia, è l'unico strumento della poesia contro la barbarie.

La lingua e lo stile Mentre la prima strofa si apre con tre **imperativi** che svolgono la funzione di monito tipica della poesia civile, la seconda strofa ha una dimensione più intima. È diverso anche il ritmo sintattico delle due strofe: spezzato e quasi cantilenante nella prima; più piano nella seconda. Le numerose **rime interne** («Cessate / gridate»; «gridate / sperate»; «Hanno / fanno») creano una fitta rete di corrispondenze, sottolineate dalle **ripetizioni** («non gridate», «non perire», «non fanno», «non passa»; «se… se»).

● Lavoriamo sul testo

COMPRENSIONE

1 A quali avvenimenti storici fa riferimento Ungaretti in questi versi?

2 Qual è il messaggio che il poeta vuole comunicare al lettore? Perché afferma che non si devono uccidere i morti?

> **LINGUA E LESSICO**
>
> **3** Quali tipi di proposizioni sono presenti ai vv. 3 e 4?
>
> **4** Nell'aggettivo «lieta» (v. 8) è presente un dittongo o uno iato?

ANALISI E INTERPRETAZIONE

5 Metti in evidenza le parole-chiave della prima e della seconda strofa, basate sulla dialettica vita/morte e rumore/silenzio, cercando di desumere da esse il tono e i sentimenti del poeta in ognuna delle due parti.

6 Confronta le due strofe della poesia: sono simmetriche o asimmetriche? Motiva la tua risposta.

7 Perché Ungaretti afferma che l'erba è «lieta dove non passa l'uomo»?

8 Il poeta ricorre molte volte a costruzioni sintattiche basate sul parallelismo e sottolinea ulteriormente questa scelta facendo coincidere spesso verso e frase. Perché adotta questa soluzione?

9 Ti sembra che si possa parlare, per questa poesia, di tono esortativo? Motiva la tua risposta con riferimenti al testo.

SCRITTURA E APPROFONDIMENTI

10 Dopo aver riletto nel profilo le pagine *La poetica*, in un testo di massimo 20 righe spiega quali analogie e quali differenze ci sono tra questo testo e le liriche dell'*Allegria*.

Testo laboratorio
T13 Natale

L'Allegria

Ascolta la poesia

- Lettura
- Comprensione
- Analisi
- Interpretazione
- Produzione scritta

Natale *fu composta durante una licenza dal fronte, mentre Ungaretti si trovava a Napoli presso alcuni amici, e inserita nel 1919 nella raccolta* Allegria *di naufragi, da dove poi confluì nell'Allegria.*
Le feste natalizie sono per il poeta un momento per ri- temprare *la mente e il fisico, ma nel suo animo non c'è voglia di festeggiare e desiderio di vedere gente: tutto quello che egli desidera è un momento di tranquillità davanti al fumo del camino.*

Metrica Cinque strofe di versi liberi.

Napoli il 26 dicembre 1916

Non ho voglia
di tuffarmi
in un gomitolo
di strade

5 Ho tanta
stanchezza
sulle spalle

Lasciatemi così
come una
10 cosa
posata
in un
angolo
e dimenticata

15 Qui
non si sente
altro
che il caldo buono

Sto
20 con le quattro
capriole
di fumo
del focolare

LABORATORIO DELLE COMPETENZE

COMPRENSIONE

1 Che rapporto c'è tra il titolo e lo svolgimento della lirica?

Oltre il testo Confrontare e analizzare

- Anche in altre poesie dell'*Allegria* il titolo è parte integrante del testo poetico; fai almeno un esempio di quanto affermato e spiegane i motivi.

2 Per quale motivo il poeta rifiuta l'invito degli amici a uscire nelle strade piene di gente?

3 Qual è l'unico desiderio che l'io lirico manifesta?

ANALISI E INTERPRETAZIONE

4 Trova almeno due sinonimi per il sostantivo «gomitolo» (v. 4).

5 Che tipo di complemento è espresso dal sintagma «sulle spalle» (v. 8)?

6 Analizza lo stato d'animo del poeta che emerge dalla lirica. Da che cosa deriva la «stanchezza» (v. 6) di Ungaretti? Quali termini sottolineano l'idea di passività e staticità dell'io lirico?

Oltre il testo Confrontare e analizzare

- Metti a confronto *Natale* con *Girovago* (p. 58); quali sono a tuo avviso i principali punti di contatto tra le due liriche e quali, invece, le differenze più significative?

7 Nel testo si configura una contrapposizione spaziale tra l'interno e l'esterno. Come sono connotati i due ambienti? Quale significato metaforico assumono «il caldo buono» (v. 18) e il fumo del «focolare» (vv. 20-23)?

8 Da quali particolari si può indirettamente desumere che nel testo è descritto un Natale di guerra? A quale luogo rinvia il «Qui» (v. 15) dell'interno domestico, con il suo «caldo buono»?

9 Nel componimento è molto insistita la soggettività del poeta. In quali strofe il riferimento autobiografico è più marcato?

Oltre il testo Confrontare e analizzare

- Sulla base dei testi dell'*Allegria* da te letti spiega quale rapporto c'è tra esperienza autobiografica e creazione poetica in questa fase della produzione ungarettiana.

10 Analizza il testo, spiegando quale effetto suscitano, in relazione al contenuto, la frantumazione dei versi e l'assenza di musicalità e di rime.

SCRITTURA E APPROFONDIMENTI

11 La ricorrenza del Natale assume in questa lirica un valore originale e intenso, lontano da ogni facile retorica. Di che cosa è simbolo la Natività e quale profondo bisogno esistenziale del poeta essa incarna? Rispondi in un testo scritto di massimo due pagine.

12 Metti a confronto questa lirica con altri testi dell'*Allegria* evidenziando le caratteristiche stilistiche, metriche e retoriche tipiche della raccolta.

Guida alla verifica orale

Verifica le tue conoscenze

DOMANDA N. 1 In che cosa consiste la poetica della parola e perché può essere accostata al Simbolismo?

LA RISPOSTA IN SINTESI

La parola poetica si presenta come rivelazione di una verità conosciuta solo dal poeta (in mondo analogo alla linea simbolista inaugurata da Baudelaire con *I fiori del male*), il quale si fa portatore della rivelazione e mediatore tra una dimensione individuale e una universale. Per valorizzare la parola poetica Ungaretti ricorre a uno stile e a una metrica fortemente innovativi: i versi sono brevi o brevissimi, a volte costituiti da una sola parola che, isolata, acquista forza e incisività. La frantumazione del verso tradizionale diventa quasi un modo per esprimere la frantumazione del soggetto di fronte alla follia della violenza umana.

LA RISPOSTA NEI TESTI

T1 – **T7** La parola è testimonianza, mezzo per mantenere la propria identità, per ricordare i morti.

T2 La parola è il risultato della ricerca del poeta, il tesoro portato alla luce dagli abissi del porto sepolto, che sono gli abissi dell'animo umano.

T3 Le parole più significative sono isolate, il ritmo è spezzato: 'espressionismo' di Ungaretti.

T4 – **T10** L'esperienza di guerra individuale si fa universale e la poesia ne rende testimonianza.

T8 La poesia più breve di Ungaretti, in cui la parola si fa intuizione di un paesaggio.

DOMANDA N. 2 Qual è il ruolo della natura nell'*Allegria*?

LA RISPOSTA IN SINTESI

La natura devastata dalla brutalità della guerra è simbolo della condizione del poeta e di tutta l'umanità. Ma per l'io lirico essa è anche un mezzo per ritornare ai valori più puri della vita e per rievocare i momenti felici del proprio passato.

LA RISPOSTA NEI TESTI

T6 Attraverso il bagno in un fiume reale (l'Isonzo) il poeta rievoca gli altri fiumi della sua vita, ritrovando l'armonia con il cosmo e le sue radici.

T7 Nella desolazione di San Martino del Carso il poeta sente il proprio cuore devastato dalla distruzione proprio come il paesaggio che vede.

DOMANDA N. 3 In che cosa consiste il ritorno alla tradizione delle raccolte *Sentimento del tempo* e *Il dolore*?

LA RISPOSTA IN SINTESI

Dopo la sperimentazione espressiva della prima fase, Ungaretti ritrova il «canto» attraverso lo studio dei classici e il ritorno alle forme metriche della tradizione. Questo cambiamento è legato anche all'esperienza personale della conversione, che si riflette nella scelta di temi ardui e astratti. In questa seconda fase la dimensione biografica viene in parte superata: l'«uomo di pena» Ungaretti diventa qui emblema dell'Uomo che, alla ricerca di certezze, tenta di superare i limiti della propria condizione. Ma il cammino verso Dio e verso la fede è sempre tormentato da ansie e dubbi che derivano dalla constatazione del dolore e del male nella storia del singolo e della collettività.

LA RISPOSTA NEI TESTI

T11 In una poesia che alterna endecasillabi e settenari il poeta si proietta in una dimensione ultraterrena in cui l'incontro con la madre morta è tramite verso Dio.

T12 La brutalità del bombardamento è metafora della mancanza di umanità degli uomini, che non sanno fermarsi neppure di fronte alla sacralità dei morti.

Verifica delle conoscenze

Quesiti a risposta chiusa

1. In quale città nacque Ungaretti?
- ☐ Roma
- ☐ Alessandria d'Egitto
- ☐ Milano
- ☐ Genova

2. Di quale poeta francese divenne amico Ungaretti?
- ☐ Paul Valéry
- ☐ Guillaume Apollinaire
- ☐ Pierre Reverdy
- ☐ Blaise Cendrars

3. La poetica di Ungaretti è fortemente influenzata:
- ☐ dalla poesia di Pascoli
- ☐ dalla poesia di D'Annunzio
- ☐ dal Simbolismo francese
- ☐ dai poeti crepuscolari

4. La poesia di Ungaretti nasce:
- ☐ dalla frequentazione dei classici della lirica italiana
- ☐ da una suggestione immediata
- ☐ da una riflessione filosofica
- ☐ dall'esperienza autobiografica

5. La poetica della parola è caratterizzata:
- ☐ dall'uso di versi lunghi
- ☐ dall'uso di una metrica tradizionale
- ☐ da versi liberi brevissimi e privi di punteggiatura
- ☐ da una sintassi estremamente articolata e complessa

6. Da quale fondamentale esperienza biografica nascono le liriche dell'*Allegria*?
- ☐ dalla frequentazione, a Parigi, dei poeti simbolisti
- ☐ dalla partecipazione alla Prima guerra mondiale come soldato semplice
- ☐ dalla morte del figlio Antonietto
- ☐ dalla traduzione di Góngora e Shakespeare

7. Il ritorno alla tradizione si basa:
- ☐ sull'uso di versi brevi ed essenziali
- ☐ sul recupero di forme metriche tipiche della tradizione italiana
- ☐ su una poesia di facile e immediata comprensione
- ☐ su traduzioni di testi stranieri

Quesiti a risposta aperta
(massimo 8 righe per ogni risposta)

1 Spiega in che modo la poetica della parola è influenzata dal Simbolismo francese.

2 Individua le analogie e le differenze tra la poetica di Ungaretti e l'Espressionismo.

3 Individua le analogie e le differenze tra Ungaretti e il Futurismo.

4 Spiega il cambiamento di titolo avvenuto tra *Allegria di naufragi* e *L'Allegria*.

5 Illustra i punti principali del ritorno alla tradizione di *Sentimento del tempo* e del ricorso alla tecnica dell'analogia.

6 «Non sono mai stato / tanto / attaccato alla vita». Commenta questi versi di Ungaretti alla luce del concetto di «allegria» e della poetica ad esso connessa.

Trattazione sintetica di argomenti
(massimo 20 righe per ciascuno)

1 Illustra, con opportuni riferimenti ai testi, le novità espressive della poetica della parola, riconducendole anche alle dichiarazioni di poetica presenti in alcuni componimenti.

2 Sempre facendo ricorso ai testi, metti in evidenza i temi principali dell'*Allegria*, riconducendoli al particolare momento storico vissuto da Ungaretti.

3 Metti in evidenza il possibile rapporto tra la conversione religiosa e il ritorno alla tradizione, riflettendo in particolare sull'uso dell'analogia e di tecniche che rendono più difficile la comprensione dei testi.

Analisi del testo

Commiato

L'Allegria

Il componimento – il cui titolo originario era Poesia – chiudeva Il porto sepolto (1916), collocandosi in posizione simmetrica alla lirica di apertura. Il testo contiene un'esplicita dichiarazione di poetica ed è indirizzato a Ettore Serra, il tenente conosciuto sul fronte del Carso a cui si deve la prima edizione, in sole ottanta copie, della raccolta.

Locvizza il 2 ottobre 1916

Gentile
Ettore Serra
poesia
è il mondo l'umanità
5   la propria vita[1]
fioriti[2] dalla parola
la limpida meraviglia
di un delirante fermento[3]

Quando trovo
10   in questo mio silenzio
una parola
scavata è nella mia vita
come un abisso

---

1. **la propria vita:** *la vita di ogni uomo.*
2. **fioriti:** *abbelliti.*
3. **delirante fermento:** *disordinata vitalità.*

COMPRENSIONE

1 Stendi una breve parafrasi della lirica, spiegando quale concezione della poesia emerge dalla lirica e chi è il destinatario dei versi.

ANALISI E INTERPRETAZIONE

2 L'attacco della lirica ricorda l'esordio di una lettera. Qual è a tuo parere il motivo di questa scelta formale?

3 Ai vv. 3-5 il verbo è concordato al singolare, mentre i tre elementi che costituiscono la «poesia» sono collegati per asindeto. Quale concetto vuole sottolineare l'autore?

4 Che significato assume nel testo il passaggio dall'espressione «propria vita» (v. 5) a «mia vita» (v. 12)?

5 Il testo è percorso da una tensione interna tra immagini di ordine e di armonia e termini che alludono invece al disordine e al caos. Individuali e spiega il senso di questa contrapposizione.

6 Perché Ungaretti afferma che la parola è «scavata» nella sua vita «come un abisso»?

7 Osserva i termini che concludono ciascuna strofa. Ti sembrano particolarmente rilevanti? Per quale motivo?

ANALISI E APPROFONDIMENTI

8 Confronta la visione della poesia che emerge da questa lirica con quella espressa ne *Il porto sepolto* (p. 37). Quali analogie e differenze riscontri fra i due testi?

9 Il critico Luciano Anceschi afferma che la poesia di Ungaretti si presenta come il frutto di una «illuminazione favolosa». Commenta questa affermazione, mettendo in luce analogie e differenze tra la poetica di Ungaretti e quella dei poeti decadenti di fine Ottocento e inizio Novecento.

Saggio breve

ARGOMENTO L'uomo e la guerra

1

1. Noi vogliamo cantare l'amor del pericolo, l'abitudine all'energia e alla temerità.

2. Il coraggio, l'audacia, la ribellione, saranno elementi essenziali della nostra poesia. […]

7. Non vi è più bellezza se non nella lotta. Nessuna opera che non abbia un carattere aggressivo può essere un capolavoro. […]

9. Noi vogliamo glorificare la guerra – sola igiene del mondo – il militarismo, il patriottismo, il gesto distruttore […].

da *Manifesto del Futurismo*,
«Le Figaro», 20 febbraio 1909

2 G. Ungaretti, *Veglia*, p. 39

3 G. Ungaretti, *Girovago*, p. 58

4 La verità era la vita in comune, le operazioni della caserma, l'attesa del tenente e del maggiore, le grida e i comandi durante l'istruzione. Si usciva in fretta, non si era aspettato che il segnale dell'uscita, ma era come evadere in un mondo fittizio. L'umanità viveva e si agitava davanti a loro per due o tre ore al giorno; dopo di che si allontanava come un ricordo. Infine, la stessa vita della caserma, le operazioni che vi si compivano, avevano perduto ogni significato preciso; il movente generale di tutto questo si era smarrito giorno per giorno nei dettagli; alla fine, la cosa più importante era imparare a comandare e a ubbidire. Proprio questo fatto, di occuparsi interamente dei dettagli, di non essere altro che strumenti docili a una voce, era la disciplina. […] Di quanto accadeva fuori i meno informati erano [i soldati]; non ne avevano, anzi, nessuna curiosità; l'idea d'un mondo che si muovesse dietro a una sua volontà non la concepivano più; aspettavano.

C. Alvaro, *Vent'anni*, Milano, Bompiani, 1953

5 È ipocrita stupirsi di sentire e vedere, nel video incriminato, soldati italiani che sparano, bestemmiano, si eccitano nel fuoco della battaglia, si compiacciono di mirare giusto; è così che accade in guerra, nella tensione dello scontro e col sentimento della possibilità di morire. È falso e retorico criticare tutto questo standosene comodamente a casa, senza provare e senza aver mai provato quel momento. È anche ipocrita parlare di «Missione di pace»: si può ritenere che l'intervento bellico in Iraq sia giusto e serva a impedire possibili future violenze peggiori, ma si tratta pur sempre di un intervento bellico; se si trattasse di intervenire solo con mezzi pacifici, si manderebbero le Orsoline e non i carabinieri e i bersaglieri. Allo stesso modo i militari italiani morti vanno onorati come soldati caduti in una guerra e non come scolaretti periti in un attentato. Non ci si può neppure indignare che il nemico spari loro addosso, perché si è intervenuti proprio per imporre un certo ordine con la forza e non ci si può meravigliare se questo nemico […] non si comporta come un agnellino.

C. Magris, *Gli ipocriti della guerra*,
in «Corriere della Sera», 12 dicembre 2005

6 I sostenitori della scuola realista delle relazioni internazionali amano sottolineare che ben difficilmente le comunità umane sarebbero in grado di mantenere la coesione – ed essere disponibili a sacrificare i propri interessi e le proprie passioni per il bene comune – senza lo stimolo di una minaccia esterna. […]. Vuol dire quindi che una comunità internazionale organizzata istituzionalmente su basi multiple, meno conflittuali e più dialogiche, imploderebbe per mancanza dell'elemento unificante, del «nemico»? Pensiamo che questo sia evitabile […]. Le sfide e i nemici non mancano, e vanno dagli squilibri sociali alla droga, dal deterioramento dell'ambiente […] alle grandi pandemie. Si tratta di nemici comuni che se, a livello politico, qualcuno avesse la capacità di articolare un nuovo paradigma di coesione e lotta, potrebbero facilmente fornire un equivalente funzionale alla tradizionale coesione «esogena» fornita da nemici più o meno reali. E lo farebbero suscitando forza e non violenza, coesione e non divisione, se non quella di un pacifico dibattito sui dati scientifici e le preferenze politiche.

R. Toscano, *La violenza, le regole*, Torino, Einaudi, 2006

Quasimodo e l'Ermetismo

Quasimodo e l'Ermetismo

Salvatore Quasimodo.

L'Ermetismo
La poesia reticente

La poesia ermetica

Una categoria controversa Il termine «Ermetismo» viene usato per la prima volta in **senso spregiativo** dal critico Francesco Flora che, nel suo saggio *La poesia ermetica* (1936) rimproverava agli autori contemporanei (tra cui Ungaretti, Montale e il giovane Quasimodo) di coltivare una **poesia volutamente oscura e intellettualistica**, tale da risultare quasi incomprensibile alla maggior parte dei lettori. L'aggettivo «ermetico» significa infatti «chiuso, difficile», ma contiene anche un riferimento agli "scritti ermetici", testi filosofico-religiosi di natura esoterica composti in età ellenistica e attribuiti al leggendario Ermete Trismegisto. L'espressione verrà in seguito ripresa con un'**accezione positiva** dai protagonisti di questa nuova corrente ed è oggi utilizzata per indicare la corrente che ha rappresentato la tendenza predominate nella produzione poetica italiana del periodo tra le due guerre.

Modelli e protagonisti La critica identifica il movimento ermetico con una precisa "**scuola**" fiorita **negli anni Trenta a Firenze**, intorno al Caffè *Le Giubbe Rosse* (luogo di ritrovo di molti poeti e intellettuali), alla casa editrice Vallecchi e alle **riviste «Il Frontespizio», «Campo di Marte» e «Solaria»**. Oltre a Salvatore **Quasimodo** e Alfonso **Gatto**, ai quali si devono le prime raccolte di gusto ermetico (*Oboe sommerso* e *L'isola*, entrambe edite nel 1932), del gruppo fanno parte i fiorentini Carlo **Betocchi**, Alessandro **Parronchi**, Piero **Bigongiari**, Mario **Luzi** e il lucano Leonardo **Sinisgalli**. Pur nella loro diversa fisionomia, questi poeti si ispirano ai **simbolisti francesi** (in particolare Mallarmé e Valéry) e, in ambito italiano, alla produzione del **secondo Ungaretti** raccolta in *Sentimento del tempo* (1933).

La poesia come ricerca di verità Alla vuota retorica fascista i poeti ermetici oppongono una sorta di resistenza passiva, rifiutando ogni concezione celebrativa dell'arte ed esprimendo in forma indiretta il loro dissenso rispetto all'ideologia del regime. Essi considerano la **poesia** un'**esperienza interiore e privata**, con cui scandagliare le più profonde **verità spirituali**, nel tentativo di **cogliere il senso ultimo dell'esistenza**. L'idea della poesia come forma di conoscenza superiore, collegata alla sfera religiosa più che a quella intellettuale, si accompagna quindi al **rifiuto dell'impegno** politico e a una sostanziale **indifferenza per le vicende storiche contemporanee**.
L'atmosfera caratteristica delle liriche ermetiche è quella dell'**attesa**, uno stato d'animo sospeso in cui il **soggetto lirico** è teso a cogliere una **rivelazione di natura trascendente**, che spesso ha inizio da una rievocazione memoriale o dalla percezione di un'assenza e si manifesta sullo sfondo di **paesaggi indeterminati** e onirici.

La "parola pura" La poesia ermetica tende a esprimersi in **forme sintetiche e allusive**, che rinunciano a ogni volontà di comunicazione esplicita per rivolgersi a un **pubblico ristretto ed elitario**, esprimendo le proprie tematiche rarefatte e trascendenti mediante ardite **analogie, sinestesie e metafore**. Sfruttando al massimo le **potenzialità evocative del linguaggio**, gli ermetici mirano alla **ricerca dell'essenzialità** e della purezza, nel tentativo estremo di tradurre in parole verità inesprimibili. Riprendendo in parte la **poetica della "parola pura"** di Ungaretti, essi si si concentrano sul singolo termine, che viene isolato attraverso l'uso sapiente degli spazi grafici, l'abolizione degli articoli, la **disarticolazione della sintassi** e l'elisione dei nessi logici e temporali.

Carlo Bo: «Letteratura come vita»

Il saggio *Letteratura come vita* (1938) di Carlo Bo, esponente della cultura cattolica e principale teorico dell'Ermetismo, può essere considerato il manifesto di questa corrente. In polemica con l'estetismo dannunziano della "vita inimitabile", Bo sostiene la coincidenza tra letteratura e vita, entrambe impegnate a interrogarsi sull'enigma dell'esistere e a sondare una dimensione individuale e al tempo stesso metafisica.

Rifiutiamo una letteratura come illustrazione di consuetudine e di costumi comuni, aggiogati al tempo[1], quando[2] sappiamo che è una strada, e forse la strada più completa, per la conoscenza di noi stessi, per la vita della nostra coscienza. A questo punto è chiaro come non possa esistere – se non su una carta ormai abbandonata di calcoli e di storie letterarie[3] – un'opposizione fra letteratura e vita. Per noi sono tutt'e due, e in ugual misura, strumenti di ricerca e quindi di verità; mezzi per raggiungere l'assoluta necessità di sapere qualcosa di noi, o meglio di continuare ad attendere con dignità, con coscienza una notizia che ci superi e ci soddisfi. [...]
Quindi non opposizione ma collaborazione; e letteratura come vita non cade in noi se non come memoria del nostro spirito, come indicazione di una cosa indispensabile: la coscienza di noi stessi ripresa a ogni momento.

C. Bo, *Letteratura come vita*, a cura di F. De Nicola e P.A. Zannoni, Roma, Marsilio, 2003

1. aggiogati al tempo: *soggetti al variare delle epoche.*
2. quando: poiché.

3. se non... letterarie: se non in una dimensione pedantesca e puramente teorica.

Sul piano metrico, **i versi sono liberi ma spesso anche endecasillabi**; lo schema delle rime non è vincolante, mentre assume un particolare rilievo, anche simbolico, il gioco dei **richiami sonori** (come allitterazioni e assonanze).

Baccio Bacci, *Pomeriggio a Fiesole*, 1929.

Salvatore Quasimodo

La fase ermetica   Nato a **Modica** (Ragusa) nel **1901**, Salvatore Quasimodo trascorre l'infanzia in **Sicilia**, spostandosi in diverse città al seguito del padre ferroviere. Dopo l'istituto tecnico si iscrive alla **facoltà di ingegneria** a Roma, ma le difficoltà economiche lo costringono a **interrompere gli studi**. Ottenuto un impiego al Genio Civile in Calabria, studia da autodidatta il greco e il latino e scrive le sue prime poesie. Nel **1930** viene invitato dal cognato Elio Vittorini a **Firenze**, dove entra in contatto con i poeti della rivista «**Solaria**», presso le cui edizioni pubblica la sua prima raccolta *Acque e terre*. Nel 1934, stabilitosi a **Milano**, entra nella redazione del settimanale «Tempo» e nel 1941 ottiene la cattedra di letteratura italiana presso il conservatorio. In questi anni la creazione poetica è accompagnata da un'intensa attività di **traduttore**, soprattutto dai lirici greci e dai poeti latini.

La **prima fase della produzione** di Quasimodo si svolge nell'ambito dell'**Ermetismo** ed è raccolta nel volume ***Ed è subito sera*** (1942), in cui confluiscono *Acque e terre* (1930), *Oboe sommerso* (1932) – che già dal titolo, ispirato al *Porto sepolto* di Ungaretti, allude alla musicalità della parola – *Erato e Apòllion* (1936), in cui l'autore reinterpreta in chiave simbolica il legame mitologico tra Erato (l'amore) e Apòllion (la razionalità apollinea), da cui ha origine la poesia. Fin dal suo esordio, Quasimodo si differenzia da-

Quasimodo: la poesia come impegno

Nel *Discorso sulla poesia* (1953) Quasimodo ridefinisce, sulla base del suo nuovo impegno civile, la funzione del poeta nella società.

Io non credo alla poesia come «consolazione», ma come moto a operare in una certa direzione in seno alla vita, cioè «dentro» l'uomo. Il poeta non può consolare nessuno, non può «abituare» l'uomo all'idea della morte, non può diminuire la sua sofferenza fisica, non può promettere un eden, né un inferno più mite... Oggi poi, dopo due guerre nelle quali l'«eroe» è diventato un numero sterminato di morti, l'impegno del poeta è ancora più grave, perché deve «rifare» l'uomo, quest'uomo disperso sulla terra, del quale conosce i più oscuri pensieri, quest'uomo che giustifica il male come una necessità, un bisogno al quale non ci si può sottrarre [...]. La posizione del poeta non può essere passiva nella società, egli modifica il mondo. Le sue immagini forti, quelle create battono sul cuore dell'uomo più che la filosofia e la storia. La poesia si trasforma in etica, proprio per la sua resa di bellezza: la sua responsabilità è in diretto rapporto con la sua perfezione. [...] Ma un poeta è tale quando non rinuncia alla sua presenza in una data terra; in un tempo esatto, definito politicamente. [...] Per quelli che credono alla poesia come a un gioco letterario, che considerano ancora il poeta un estraneo alla vita, uno che sale di notte le scalette della sua torre per speculare il cosmo, diciamo che il tempo delle speculazioni è finito. Rifare l'uomo, questo è l'impegno.

S. Quasimodo, *Il poeta e il politico e altri saggi*, Milano, Mondadori, 1967

gli altri poeti ermetici per la centralità assegnata al **ricordo** della terra natale, una **Sicilia mitizzata** dagli echi delle letture classiche e idealizzata come il **mondo incontaminato dell'infanzia**, una sorta di grembo materno perduto e sempre rimpianto. Alla riflessione sul passato si lega la concezione del **poeta «esule»**, segnato da una condizione di **estraneità e solitudine** di oscura «deriva» esistenziale.

Sul piano formale, la ricerca di uno **stile prezioso e aulico** è ottenuta attraverso la ripresa dei classici greci e latini, la cui lezione emerge soprattutto nella scelta delle **immagini**, realistiche ma come **sospese fuori dal tempo**. Quasimodo sviluppa un **linguaggio originale**, che si fonda sulla ricerca della «parola pura», polisemica e ricca di una musicalità suggestiva e raffinata. A questo scopo, rinuncia alla metrica tradizionale, utilizzando regolarmente il **verso libero**, e ricorre con frequenza all'analogia, secondo l'esempio dei poeti simbolisti e di Ungaretti.

La stagione dell'impegno L'esperienza della **guerra** provoca nel poeta un profondo cambiamento: Quasimodo prende le distanze dai toni preziosi e rarefatti della sua produzione ermetica e si orienta su **posizioni impegnate**, in campo politico (è iscritto per qualche tempo al Partito comunista) e letterario, con una **poesia civile** dal deciso mutamento di

Renato Guttuso, *Tetti di via Leonina con rampicante*, 1962.

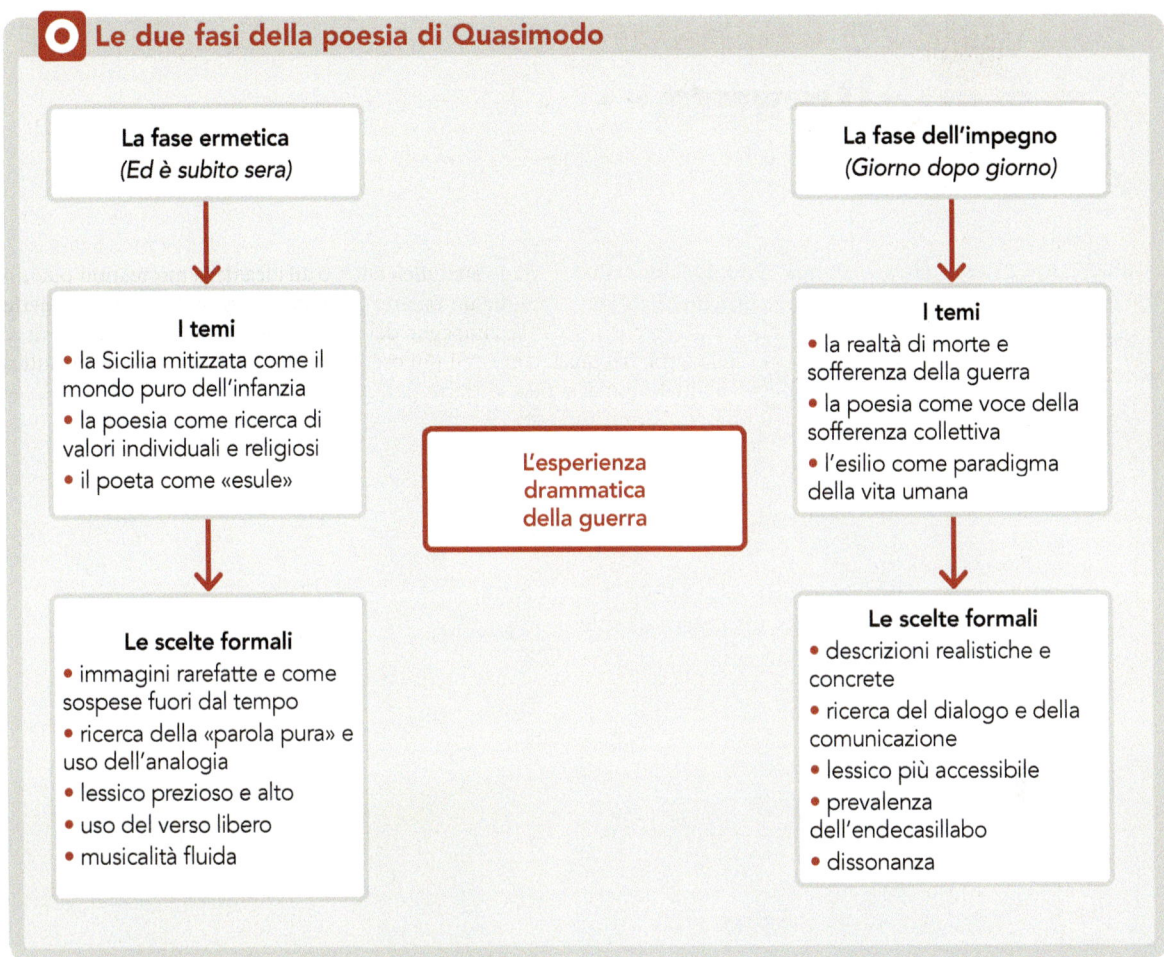

Le due fasi della poesia di Quasimodo

La fase ermetica
(*Ed è subito sera*)

La fase dell'impegno
(*Giorno dopo giorno*)

I temi
- la Sicilia mitizzata come il mondo puro dell'infanzia
- la poesia come ricerca di valori individuali e religiosi
- il poeta come «esule»

L'esperienza drammatica della guerra

I temi
- la realtà di morte e sofferenza della guerra
- la poesia come voce della sofferenza collettiva
- l'esilio come paradigma della vita umana

Le scelte formali
- immagini rarefatte e come sospese fuori dal tempo
- ricerca della «parola pura» e uso dell'analogia
- lessico prezioso e alto
- uso del verso libero
- musicalità fluida

Le scelte formali
- descrizioni realistiche e concrete
- ricerca del dialogo e della comunicazione
- lessico più accessibile
- prevalenza dell'endecasillabo
- dissonanza

forme e temi. Negli anni Cinquanta collabora come critico d'arte ad alcune riviste e prosegue l'attività di traduttore e poeta, ottenendo un po' a sorpresa il **premio Nobel per la letteratura** (1959). Muore a Napoli nel **1968**.

Nelle raccolte del dopoguerra – *Giorno dopo giorno* (1947), *La vita non è sogno* (1949), *Il falso e vero verde* (1956), *La terra impareggiabile* (1958), *Dare e avere* (1966) – la contemplazione del dolore si estende alla società e la condizione di esiliato diventa emblema della condizione umana. Nella descrizione degli eventi bellici di *Giorno dopo giorno* e nella struttura narrativa delle raccolte seguenti si coglie lo sforzo del poeta di **abbandonare l'aristocratico isolamento della «lirica pura»**: l'urgenza del momento e la drammaticità degli argomenti trattati lo inducono infatti a una **riflessione sulla poesia**, a cui è ora affidato il compito di dare **voce alla sofferenza collettiva** e di «rifare l'uomo».

Dal punto di vista stilistico prevale una **volontà comunicativa**, che si traduce nella ripresa di forme espressive più tradizionali: al monologo si sostituisce il **dialogo drammatico**, non senza punte espressionistiche, accompagnato da **descrizioni realistiche** e dalla ricerca di una musicalità a tratti volutamente dissonante. Le scelte formali rimangono comunque assai sorvegliate sia nel lessico sia nei ritmi, con un uso frequente dell'endecasillabo.

Sosta di verifica

1 Chi sono i protagonisti dell'Ermetismo?
2 Quali sono le tematiche della poesia ermetica?
3 Che cos'è la "parola pura" e quali sono le caratteristiche di questo linguaggio poetico?
4 Quali sono le più importanti raccolte di Quasimodo?
5 In che modo Quasimodo si differenzia dagli altri poeti ermetici?
6 Che cosa caratterizza la seconda fase della produzione di Quasimodo?

Salvatore Quasimodo
Ed è subito sera

Acque e terre

In Acque e terre (1930) questi versi concludevano una lirica più ampia, intitolata Solitudini. Isolati e inseriti come testo di apertura della raccolta Ed è subito sera (1942), essi sono forse il testo più noto dell'Ermetismo.

In forma di frammento lirico il poeta sintetizza, attraverso immagini metaforiche e analogiche particolarmente pregnanti, il destino di solitudine e incompiutezza che caratterizza la breve esistenza terrena di ogni uomo.

Metrica versi liberi.

> Ognuno sta solo sul cuor della terra
> trafitto da un raggio di sole:
> ed è subito sera.

Analisi del testo

COMPRENSIONE

La lirica condensa in tre brevi versi il **senso della vicenda esistenziale dell'uomo**. Ogni individuo, chiuso nel suo destino di solitudine, si illude di essere al centro del mondo («sul cuor della terra»). La breve parabola della vita, sospesa nell'attesa di una rivelazione folgorante («un raggio di sole») che ne illumini il senso, si consuma in un attimo in cui gioia e dolore si fondono, per lasciare subito il posto al buio senza fine della morte.

ANALISI E INTERPRETAZIONE

Una breve vita di dolore Il testo si basa sulla ricorrente **metafora** che assimila la vita alla luce del giorno e la morte al sopraggiungere del buio della notte. Da questa equivalenza derivano una serie di **immagini analogiche** strettamente collegate tra loro, che contribuiscono a connotare in chiave pessimistica la parabola dell'esistenza umana. Il primo verso insiste sull'**isolamento** cui ogni uomo è condannato («Ognuno», «solo»), ma anche sull'**illusione** di essere il centro dell'universo e il fine ultimo del creato. Nel secondo verso, l'immagine del «sole» evoca la vita e il suo calore, ma è accostata in modo inatteso a una **sensazione di dolore** («trafitto» significa "trapassato", quasi "inchiodato"): il «raggio di sole», simbolo della vita stessa, si rivela quindi portatore di sofferenza. Il verso conclusivo, attraverso l'uso della congiunzione copulativa («ed») sottolinea il carattere illusorio della breve luce della vita, che trapassa rapidamente nell'**inesorabile «sera» della morte**.

La ricerca dell'essenzialità Quasimodo porta qui all'estremo la ricerca di **essenzialità espressiva** tipica dell'Ermetismo e ripresa dalla poetica del primo Ungaretti. Nella lirica, ogni singola parola risalta nella sua polisemia e nella sua ricchezza di valenze simboliche, in una struttura sapientemente calibrata. Sul piano formale, il testo è strutturato secondo un **climax discendente**, evidente sia nella misura dei versi (un doppio senario, un novenario e un settenario) sia, sul piano contenutistico, nel passaggio dall'illusione iniziale alla brusca chiusa. I versi sono inoltre collegati da una **fitta rete di richiami fonici**: una consonanza collega il primo e il terzo verso («terra / sera»), mentre «solo» crea assonanza con «sole». Il testo è inoltre percorso da un'allitterazione della s e della r.

Lavoriamo sul testo

COMPRENSIONE

1 Chiarisci il messaggio centrale della lirica.

2 Su quale metafora si basa il componimento?

3 Quale visione della vita emerge dal componimento?

LINGUA E LESSICO

4 Quale sinonimo è possibile trovare, nel contesto della poesia, per il sostantivo «cuor» del v. 1?

5 A quale soggetto fa riferimento l'aggettivo «trafitto» (v. 2)?

ANALISI E INTERPRETAZIONE

6 Per quale motivo, secondo te, Quasimodo sceglie come soggetto il pronome indefinito «ognuno» invece che, per esempio, «ogni uomo»?

7 Individua nella lirica i termini connotati positivamente e quelli negativi. Quali ti sembrano prevalenti? Sono presenti termini ambigui?

8 Spiega i possibili significati dell'espressione «trafitto da un raggio di sole».

9 È stato osservato che le parole trisillabe presenti nel testo (una in ogni verso) sono particolarmente rilevanti sul piano del significato: per quale motivo?

10 Quale figura retorica di suono è contenuta nell'espressione «subito sera»? Che cosa intende sottolineare?

SCRITTURA E APPROFONDIMENTI

11 Confronta questa lirica con *Mattina* (p. 54) di Giuseppe Ungaretti e individua quali comuni procedimenti stanno alla base di questi frammenti lirici. Come valuti questa ricerca di estrema concisione espressiva?

La parola alla critica

Giuseppe Zagarrio, *La poesia-manifesto di Quasimodo*

Lo studioso Giuseppe Zagarrio, autore di una monografia dedicata a Quasimodo (1969), individua nella lirica *Ed è subito sera* la sintesi dell'«ideologia» del poeta siciliano.

Ancora più assoluto (che in *Vento a Tindari*) appare poi l'esito di *Ed è subito sera*, il componimento che dopotutto riassume, come in modo più essenziale non si sarebbe più avuto, l'ideologia quasimodiana: e per ideologia qui si intende la visione della vita, la filosofia che è implicita in ogni ricerca del rapporto tra l'io e il cosmo, tra la nostra coscienza di essere e il suo rapporto con l'essere del mondo (macro e microcosmo).

Si tratta di un rapido, sgomentato guardare, che concentra, in una sillabazione lungamente trepidante, un'immagine di pena eccezionale.

L'umanità come una abnorme comunità di uomini «soli»: uomini-titani, uomini-eroi, uomini-semidei; uomini capaci di sollevarsi dal «cuore» della terra, così brulicante di cellule vitali, fino alla visione della solarità, ma condannati dalla luce medesima a tormentarsi ripetutamente tra l'anelito e la difficoltà, tra tutto ciò che li trascina verso il buio del non-essere, condannati a succedersi in un divenire troppo rapido e violento perché sia possibile una qualche stabilità positiva.

La soluzione reale diventa a questo punto la mutazione dell'atto di vita nel suo contrario: il nulla esistenziale che colora malinconicamente e disperatamente di nero il nostro perpetuo cessare senza arrenderci. La ideologia si fa allora operazione ironica verso ogni forma di vitalismo umano; ma si intenda per «ironia», se ce ne fosse ancora bisogno, la leopardiana coscienza delle illusioni, una ideologia cioè dell'angoscia vitale, che tende a fissare in una misura di estrema riduzione il rapporto tra l'io e l'assoluto cosmico fino alla nullificazione del rapporto stesso. [...] Il termine «sera» si giustifica dall'intenerimento ideologico; e a sua volta giustifica il tono generale dell'anima e della «parola» quasimodiana, dove rimpianto lungo e profondo da una parte, e trepidazione mobilissima dall'altra si danno la mano per creare quella che mi pare l'elegia moderna più tipica ed essenziale della nostra letteratura.

G. Zagarrio, *Quasimodo*, Firenze, La Nuova Italia, 1969

Salvatore Quasimodo
Vento a Tìndari

Acque e terre

Pubblicata nella raccolta Acque e terre *(1930) e riproposta, con alcune varianti, in* Ed è subito sera *(1942), la lirica è tra le più celebri della fase ermetica di Quasimodo. In occasione di una gita sul promontorio di Tindari (nei pressi di Messina) il poeta contempla la bellezza*

serena del paesaggio ma, allontanatosi dagli amici, è assalito dal rimpianto della sua infanzia trascorsa in Sicilia. Turbato confronta il proprio passato con l'angoscioso presente, vissuto come esilio dalla terra natale e da un'«armonia» per sempre perduta.

Metrica Cinque strofe di diversa ampiezza, formate da versi liberi di varia misura, con prevalenza di endecasillabi, quinari e settenari.

> Tìndari, mite ti so[1]
> fra larghi colli pensile sull'acque[2]
> dell'isole dolci del dio[3],
> oggi m'assali
> 5 e ti chini in cuore[4].
>
> Salgo vertici aerei precipizi[5],
> assorto al vento dei pini[6],
> e la brigata che lieve m'accompagna
> s'allontana nell'aria[7],
> 10 onda di suoni e amore[8],
> e tu mi prendi
> da cui male mi trassi[9]
> e paure d'ombre e di silenzi,
> rifugi di dolcezze un tempo assidue
> 15 e morte d'anima[10].
>
> A te ignota è la terra
> ove ogni giorno affondo
> e segrete sillabe nutro[11]:
> altra luce ti sfoglia sopra i vetri
> 20 nella veste notturna[12],
> e gioia non mia riposa
> sul tuo grembo[13].

> *Il verso iniziale, allitterante e musicale, imposta la lirica nella forma di un'allocuzione diretta alla terra natale.*

Apri il vocabolario

Il termine "grembo" (derivato dal latino *gremium*) indica, nella sua accezione originaria, tanto una concavità quanto il ventre femminile, ma nel lessico poetico ha spesso il significato figurato di "terra natale".

---

1. mite ti so: *conosco la tua dolcezza.*
2. pensile sull'acque: *come sospesa sul mare.* Tindari è posta su un'altura a picco sul mare.
3. dell'isole ... dio: *le isole Eolie, sacre a Eolo, dio dei venti.*
4. m'assali ... in cuore: *torni prepotentemente alla mia memoria e ti insinui nel mio cuore.*
5. Salgo ... precipizi: *salgo cime tanto alte da perdersi nel cielo, in cui si aprono profonde scarpate.* L'aggettivo «aerei» può es-

sere riferito sia a «vertici» sia a «precipizi».
6. assorto ... dei pini: *intento ad ascoltare il fruscìo del vento fra gli alberi.*
7. la brigata ... nell'aria: *il gruppo di amici che accompagnano il poeta nell'escursione resta indietro, e le loro voci sembrano svanire nell'aria.*
8. onda ... d'amore: *lasciando dietro di sé un'eco di voci affettuose.*
9. e tu ... trassi: *e tu, Tindari, da cui sbagliando («male») mi allontanai, mi catturi.*
10. e paure ... d'anima: *e mi colgono timori*

oscuri, mescolati al ricordo delle dolcezze che un tempo erano costanti e a un senso di vuoto esistenziale.
11. A te ... nutro: *tu non conosci il luogo (Milano, dove ora il poeta vive) in cui giorno dopo giorno affondo, come in una palude, e dove coltivo in segreto la mia poesia.*
12. altra luce ... notturna: *una luce diversa da quella in cui ora mi trovo illumina di notte i vetri delle tue case.*
13. e gioia ... grembo: *e altri, non io, riposano sereni nel tuo abbraccio.*

<table>
<tr><td>

La lontananza dalla Sicilia è un amaro esilio, che annulla l'armonia della vita.

</td><td>

25

</td><td>

Aspro è l'esilio,
e la ricerca che chiudevo in te
d'armonia oggi si muta
in ansia precoce di morire[14];
e ogni amore è schermo[15] alla tristezza,
tacito passo nel buio
dove mi hai posto

</td></tr>
<tr><td></td><td>30</td><td>amaro pane a rompere[16].</td></tr>
<tr><td>

È il vento dei ricordi, che dà il titolo alla lirica.

</td><td>

35

</td><td>

Tìndari serena torna[17];
soave amico mi desta
che mi sporga nel cielo da una rupe[18]
e io fingo timore a chi non sa
che vento profondo m'ha cercato[19].

</td></tr>
</table>

14. la ricerca ... morire: *la ricerca di armonia che nutrivo quando ero in te, oggi si trasforma in un desiderio prematuro di morte.*
15. schermo: *riparo, difesa.*
16. dove ... rompere: *dove mi hai costretto a spezzare un pane amaro, per guadagnarmi da vivere.* L'espressione riecheggia i versi in cui Dante commenta la propria condizione di esule: «sì come sa di sale / lo pane altrui» (*Paradiso* XVII, vv. 58-59).
17. Tìndari ... torna: *il paesaggio di Tìndari ritorna sereno.*
18. soave ... rupe: *un amico affettuoso mi riscuote, temendo che («che») mi sporga troppo nel vuoto dalla rupe.*
19. e io fingo ... cercato: *e io fingo di spaventarmi di fronte a chi non può sapere che profondo turbamento («vento profondo») mi ha afferrato.*

● Analisi guidata

Una struttura circolare

Il testo ha una **struttura "ad anello"**, in cui i versi finali si collegano a quelli iniziali.
Il riferimento concreto alla **gita a Tìndari** e la contemplazione della serena bellezza del paesaggio siciliano aprono e chiudono il componimento, mentre nelle strofe centrali prevale la riflessione del poeta sul contrasto tra **la gioia del passato e il disagio del presente**, tra una **Sicilia mitizzata e materna**, a cui si contrappone un presente di «esilio» in un luogo ostile e oscuro, dove l'unico conforto alla tristezza è dato dalla poesia (v. 18). La rievocazione del passato porta con sé il dolore della lontananza e il **tema autobiografico dell'esilio**, nutrito di tristezza e desiderio di morte.
L'ultima strofa segna circolarmente il **ritorno alla serenità della terra natia**, anche se il «timore» finto di fronte all'amico insinua anche in questa solare chiusura un senso di tristezza e turbamento.

○ Competenze di comprensione e analisi

- Qual è la situazione reale che offre lo spunto per la composizione del testo?

- A chi si rivolge il poeta nel corso della lirica?

- Sintetizza il contenuto di ciascuna strofa, mettendo in luce in modo particolare il carattere narrativo della poesia.

- In che senso si può dire che la lirica ha una struttura circolare?

La Sicilia mitica e materna

Nella lirica Tindari si trasfigura da luogo reale in **simbolo della terra-madre**, alla quale il poeta guarda con profonda nostalgia. Trasfigurata in una dimensione quasi mitica – anche attraverso il riferimento a Eolo (v. 3) – la Sicilia diviene **emblema dell'infanzia** per sempre perduta, di una idilliaca **comunione dell'io con la natura** e di una costante «ricerca... d'armonia» (vv. 24-25). Numerosi sono i termini che connotano la terra natale in senso materno («rifugi di dolcezze», v. 14; «grembo», v. 22).

Al sogno perduto di una dimensione ormai irrecuperabile si contrappone la **dura realtà dell'«esilio» in una terra ostile**, in cui dominano le note dell'asprezza e del dolore. Il rimpianto della terra natale è sottolineato anche dalla presenza di echi letterari, che rinviano a Dante (vv. 29-30) e al sonetto di Foscolo *A Zacinto*, evidenti nell'immagine dell'isola «pensile sull'acque» (v. 2) e nel riferimento all'«ansia precoce di morire» (v. 26).

○ Competenze di comprensione e analisi

- Quali caratteristiche presenta il paesaggio siciliano contemplato da Quasimodo?

- A che cosa allude il poeta con il verso «Aspro è l'esilio» (v. 23)?

- La nostalgia della terra natale ricorre in molte liriche di Quasimodo. Leggi la poesia *Lamento per il Sud* (p. 98), scritta nella seconda fase della sua produzione. Quali significati prende il riferimento al passato e alla vita in Sicilia nelle due composizioni?

Le scelte stilistiche

Sul piano formale, la lirica è un esempio tipico del **rarefatto preziosismo ermetico**. Lo stile è innalzato dall'uso di un **lessico letterario**, da una sintassi segnata da **anastrofi e iperbati** e dal risalto dato ai singoli vocaboli attraverso l'**abolizione dell'articolo**, che rende indefinito il termine e lo isola dalla realtà concreta. Frequente è l'uso dell'**analogia** («onda di suoni e amore», v. 10) e la **funzione simbolica attribuita ad alcuni elementi del paesaggio**, come il «vento» che dà il titolo alla poesia e che allude ai remoti e profondi ricordi della giovinezza.

I versi sono caratterizzati da una **musicalità** intensa ma come nascosta, basata più sulle assonanze e le allitterazioni che non sulle rime.

○ Competenze di comprensione e analisi

- Di che cosa è simbolo il «vento» presente nel titolo?

- Per quali elementi il testo letto si caratterizza come tipicamente ermetico? Rispondi prendendo in considerazione soprattutto:
  – la presenza di analogie;
  – la riduzione dei nessi logici e sintattici.

- Quasimodo ricorre spesso alle inversioni; individua nel testo alcuni esempi e spiega le ragioni di questa scelta.

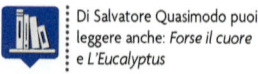 Di Salvatore Quasimodo puoi leggere anche: *Forse il cuore* e *L'Eucalyptus*

Salvatore Quasimodo
Uomo del mio tempo

Ascolta
la poesia

Giorno dopo giorno

Scritta nel dicembre del 1945, pochi mesi dopo la fine del secondo conflitto mondiale, la lirica fu inserita come testo di chiusura della raccolta Giorno dopo giorno (1947). Uomo del mio tempo è considerato il manifesto della nuova poesia civile di Quasimodo. Prendendo spunto dai drammatici eventi della guerra appena conclusa, il poeta riflette sul legame indissolubile tra la violenza e il genere umano che, nonostante i progressi scientifici e tecnologici, utilizza le sue conoscenze per uccidere i propri simili.

Metrica Versi liberi

> Il poeta si rivolge a un "tu" indeterminato, in cui ogni uomo può identificarsi.

> La guerra dimostra che l'evoluzione della scienza e della tecnica non è servita a portare il progresso, ma solo a escogitare nuovi modi per uccidere.

> Il riferimento biblico accomuna tutta l'umanità in un destino di morte che si è manifestato fin alle sue origini.

> La lirica si chiude su un'immagine di morte, ma rivolgendosi ai figli il poeta sembra prefigurare un futuro di speranza.

Sei ancora quello della pietra e della fionda,
uomo del mio tempo. Eri nella carlinga[1],
con le ali maligne[2], le meridiane di morte,
– t'ho visto – dentro il carro di fuoco[3], alle forche[4],
5 alle ruote di tortura. T'ho visto: eri tu,
con la tua scienza esatta persuasa allo sterminio,
senza amore, senza Cristo. Hai ucciso ancora,
come sempre, come uccisero i padri, come uccisero
gli animali che ti videro per la prima volta.
10 E questo sangue[5] odora come nel giorno
quando il fratello disse all'altro fratello:
«Andiamo ai campi»[6]. E quell'eco[7] fredda, tenace,
è giunta fino a te, dentro la tua giornata.
Dimenticate, o figli, le nuvole di sangue
15 salite dalla terra, dimenticate i padri:
le loro tombe affondano nella cenere,
gli uccelli neri, il vento, coprono il loro cuore.

Apri il vocabolario

Le "meridiane" sono orologi solari che misurano il tempo attraverso la lunghezza dell'ombra che un'asta verticale proietta su un piano orizzontale; qui il termine allude metaforicamente all'ombra dell'aereo che, sganciando le bombe, segna un momento di morte.

---

1. carlinga: la parte anteriore dell'aeroplano, usata per alloggiare l'equipaggio e il carico; qui per sineddoche indica tutto l'aeroplano.
2. maligne: le ali sono «maligne» perché portano morte e dolore.

3. carro di fuoco: carro armato.
4. forche: i patiboli in cui vengono giustiziati i prigionieri.
5. questo sangue: il sangue delle vittime della Seconda guerra mondiale.
6. «Andiamo ai campi»: il poeta si riferisce

all'episodio biblico in cui Caino, dopo aver attirato il fratello Abele in campagna, lo uccise (*Genesi* 4, 8).
7. quell'eco: l'eco delle parole di Caino, portatrici di morte.

→ Analisi del testo

COMPRENSIONE

La lirica si rivolge a tutto il genere umano (identificato dal generico «uomo del mio tempo») invitandolo a riflettere sul **destino di morte e violenza che contraddistingue la storia dell'umanità**. I massacri della Seconda guerra mondiale sono il frutto di nuovi ritrovati tecnici, ma l'odio che muove gli uomini di oggi è lo stesso che animava i loro padri e perfino uno dei mitici progenitori della razza umana, Caino, che uccise il fratello Abele. Questa scia di sangue è giunta fino ai giorni nostri, ma adesso, afferma il poeta, è arrivato il momento di voltare pagina: ma per garantire all'umanità un futuro di pace **è necessario che i figli dimentichino l'eredità di odio e violenza** che i loro padri si sono trascinati dietro da sempre.

ANALISI E INTERPRETAZIONE

Un messaggio di impegno civile Alla fine della Seconda guerra mondiale, con l'Italia e il mondo intero sconvolti da anni di stragi e devastazioni, anche Quasimodo, come molti altri poeti della sua generazione, avverte l'esigenza di **abbandonare i toni intimisti e oscuri della lirica ermetica**, per esprimere la sua netta condanna del passato e provare, con i suoi versi, a «rifare l'uomo».

Uomo del mio tempo è uno dei testi in cui si avverte più chiaramente questa **nuova dimensione civile**: il poeta **si rivolge direttamente ai suoi ascoltatori** (prima con un *tu* che allude agli odi che muovono i singoli individui e poi con il collettivo *voi* riferito alla generazione dei «figli»), invitando l'umanità a prendere coscienza della sua storia di violenza e sopraffazione per lasciarsi finalmente alle spalle questa tragica eredità.

La struttura e i temi La lirica ha una **struttura circolare**, scandita dalle due **allocuzioni agli** ascoltatori (v. 1 e 4). Fin dall'inizio viene proposto il tema centrale, ovvero il **destino di violenza che accomuna gli uomini del passato e quelli della generazione presente**; mentre i vv. 2-7 sono dedicati a rievocare gli orrori della Seconda guerra mondiale, i vv. 8-12 trasferiscono la morte e la violenza in una **dimensione storica** e quasi mitica, come testimoniano il riferimento alla Bibbia e quello a un'epoca imprecisata in cui gli uomini apparvero sulla terra.

Bestialità e religione Nel componimento si contrappongono **due diverse concezioni dell'uomo**: quella **bestiale e ferina** delle epoche «della pietra e della fionda», e quella in cui gli uomini hanno ricevuto il conforto della **religione cristiana**, che dovrebbe guidare i loro passi verso l'amore e la fratellanza. Eppure, l'umanità sembra aver dimenticato il messaggio di pace portato da Cristo, sostituendo alla legge cristiana la **legge di Caino**, che si trasmette di generazione in generazione come un maligno codice genetico. Solo dimenticando questo insegnamento distorto e ritornando al messaggio evangelico le nuove generazioni potranno liberare il mondo dall'incubo di una nuova catastrofe.

Lo stile Nonostante il **tono enfatico** e a tratti **quasi declamatorio**, la lirica presenta molte delle caratteristiche dello **stile allusivo e immaginifico** del primo Quasimodo. Se la lunga enumerazione dei vv. 2-5, le ripetizioni e le frequenti apostrofi al lettore sono **elementi tipici della poesia civile**, il poeta non rinuncia a un **linguaggio metaforico e a tratti visionario**, che si sublima nella potente immagine finale delle tombe dei padri sovrastate da «nuvole di sangue» e «uccelli neri».

● Lavoriamo sul testo

COMPRENSIONE

1 Perché il poeta dice che l'uomo è «ancora quello della pietra e della fionda»?
2 Che cosa sono le «meridiane di morte»?
3 Quale dovrà essere il compito delle nuove generazioni, secondo Quasimodo?

ANALISI E INTERPRETAZIONE

4 Con quale sinonimo puoi sostituire «persuasa» (v. 6) nel contesto della lirica?
5 Ti sembra che il messaggio che emerge dalla lirica sia positivo o negativo? Rispondi con riferimenti al testo.
6 Perché il poeta utilizza prima il "tu" e alla fine il "voi"; a cosa è dovuto, a tuo parere, questo cambio di persona?
7 Identifica il chiasmo presente ai vv. 2-5.

SCRITTURA E APPROFONDIMENTI

8 Confronta *Uomo del mio tempo* e *Non gridate più* (p. 63) di Ungaretti, evidenziando le principali analogie e differenze tra i due testi.

Altri poeti ermetici

Un panorama variegato   Tra i principali esponenti dell'**Ermetismo fiorentino** figurano poeti come Alessandro Parronchi (1914-2007) e Piero Bigongiari (1914-1997), attivi anche come critici letterari e legati alla rivista «Solaria» e all'ambiente della cultura cattolica. La componente religiosa è presente anche nell'opera di Carlo Betocchi (1899-1986), nato a Torino ma vissuto a Firenze negli anni Trenta. Al pari di Quasimodo, autori come Alfonso **Gatto**, Mario **Luzi** e Leonardo **Sinisgalli** restano legati alla poetica ermetica solo nella fase giovanile, per poi elaborare una poetica differente.

Alfonso Gatto   Alfonso Gatto nasce a **Salerno** nel **1909**. Iscritto alla facoltà di lettere dell'università di Napoli, abbandona gli studi per motivi economici e, mosso da un'indole irrequieta, svolge diversi lavori fino ad approdare al giornalismo. Nel 1932 – lo stesso anno di *Oboe sommerso* di Quasimodo – esce la sua prima raccolta, **L'isola**, accolta con favore dalla critica. Temi dominanti dell'opera sono la **fragilità giovanile** e la **nostalgia di un'infanzia mitizzata**, vista come eden perduto appartenente alla memoria ed evocabile solo attraverso la magia del linguaggio. Sul piano formale la poesia di Gatto si caratterizza per le **atmosfere evocative** e oniriche, per la **musicalità** rarefatta e per il ricorso a un linguaggio ricco di **analogie e ardite sinestesie**, con le quali sembra trasporre in versi le contemporanee atmosfere della pittura surrealista. Negli anni Trenta Gatto è, insieme a Vasco Pratolini, uno dei promotori della rivista «Campo di Marte» e diviene un esponente di spicco dell'**Ermetismo fiorentino**, distinguendosi per il tono incantato e ingenuamente visionario delle liriche di *Morto ai paesi* (1937). Incarcerato a Milano nel 1936 per antifascismo, durante la guerra **partecipa alla Resistenza** e si lega al Partito comunista, da cui in seguito si distacca. Come per Quasimodo, il dopoguerra vede il passaggio a una **poesia più impegnata** sul piano sociale e politico, testimoniata da raccolte come *La forza degli occhi* (1954), *Osteria flegrea* (1962), in cui domina il **pensiero della morte**, e, soprattutto, *La storia delle vittime* (1966). Muore nel **1976** a Orbetello, in seguito a un incidente automobilistico.

Mario Luzi e l'Ermetismo   All'Ermetismo si legano gli esordi poetici e la **prima fase della produzione** di Mario Luzi. Nato nel **1914** a **Firenze**,

Mario Luzi fotografato da Luciano Bonuccelli.

Luzi si laurea in letteratura francese e collabora alle riviste «Il Frontespizio» e «Campo di Marte», diventando ben presto uno degli esponenti più significativi dell'**Ermetismo fiorentino**. La sua prima raccolta, **La barca** (1935), testimonia la sua profonda conoscenza della cultura francese, sia nei modelli formali (Mallarmé e i simbolisti) sia in quelli etici (esistenzialisti come Sartre, Camus e scrittori cattolici come Mauriac).

I versi giovanili di Luzi si caratterizzano per la ricerca di una **forma elevata e letteraria**, con frequenti latinismi e un particolare gusto per **analogie** e **simboli**, che lo avvicinano al Montale delle *Occasioni*. Sul piano tematico, la **tensione religiosa** si esprime in una costante **tensione verso l'assoluto** e in una riflessione tormentata sul rapporto tra tempo ed eternità.

Ancora su una linea ermetica si collocano i volumi *Avvento notturno* (1940), *Un brindisi* (1946) e *Quaderno gotico* (1947), costruito come un canzoniere amoroso di ascendenza stilnovistica.

Un itinerario complesso   Con *Primizie del deserto* (1952) e *Onore del vero* (1957) Luzi procede al **recupero della realtà e della storia**, orientandosi verso uno **stile più discorsivo** e quasi prosastico. *Nel magma* (1963) e *Su fondamenti invisibili* (1971) immergono la parola poetica nel vivo del dibattito intellettuale degli anni Sessanta, impostando un **dialogo inquieto con il presente e con la storia**, riletta in chiave apertamente religiosa. Ancora differente risulta *Per il battesimo dei nostri frammenti* (1985), dove la dissoluzione del tessuto sintattico si traduce in una **forma frantumata e corrosa** che si accompagna a una costante **tensione etica e spirituale**: la poesia di Luzi, infatti, resta in primo luogo una testimonianza, in cui la parola ha il compito di mettere in comunicazione la sfera divina e quella umana. Circondato da una fama crescente e più volte candidato al premio Nobel per la letteratura, nel **2005** Luzi è nominato senatore a vita e pochi mesi dopo muore a Firenze.

Leonardo Sinisgalli   Nato nel **1908** a **Montemurro** (Potenza), Leonardo Sinisgalli si trasferisce presto a Roma, dove si laurea in **ingegneria**, e in seguito a Milano. Gli studi matematici e le **competenze tecnologiche** lo portano a interessarsi di architettura e di design e si riflettono nella fondazione della rivista della Finmeccanica «**Civiltà delle macchine**», influenzando anche la sua produzione in prosa (*Furor mathematicus*, 1944; *Horror vacui*, 1945). Alla cultura scientifica Sinisgalli accosta però un vivo interesse per la poesia, che si manifesta fin dagli anni Trenta con le raccolte *18 poesie* (1936), *Poesie* (1938), *Campi Elisi* (1939) e *Vidi le Muse* (1943), che sancisce il suo successo letterario.

Legato da una viva amicizia a Ungaretti, che ne apprezza lo stile sintetico e nitido, Sinisgalli si mantiene lontano dagli eccessi intellettualistici che caratterizzano altri poeti ermetici; al centro delle sue liriche vi sono il **recupero dell'infanzia** e il **ricordo della Lucania**, terra natale mitizzata in una dimensione idealizzata e atemporale.

Nel dopoguerra il gusto per le analogie lascia spazio a uno **stile più pacato**, che si esprime in raccolte come *I nuovi Campi Elisi* (1947), *La vigna vecchia* (1952), *Mosche in bottiglia* (1975) e *Dimenticatoio* (1978). Muore a Roma nel 1981.

⭕ Sosta di verifica

1 Quali sono i principali esponenti dell'Ermetismo fiorentino?

2 Come si caratterizza, sul piano formale, la poesia di Alfonso Gatto?

3 Quali sono le radici culturali e filosofiche della poesia di Mario Luzi?

4 Come evolve il linguaggio poetico di Luzi nelle raccolte del dopoguerra?

5 Quali sono i temi centrali della produzione di Leonardo Sinisgalli?

Ottone Rosai, *Uomo sulla panchina*, 1930.

Alfonso Gatto
Erba e latte

L'isola

Lo spunto della lirica, una delle più famose di Gatto nasce da un'immagine quotidiana vissuta in giovinezza: il latte appena munto che evapora nella bottiglia verde. Da qui lo sguardo si dilata sulla campagna tranquilla, sul cielo attraversato da nuvole leggere e dal lontano scampanio di un gregge.

Metrica Quartine di versi liberi, a rima alternata con schema ABAB.

> Mansueta di campani[1], la sera remota
> alle finestre pallide di cielo[2]
> odora umido[3], e tace in gradini[4] la casa vuota.
> Svanisce, continuo tepore di gelo,
>
> 5   nella bottiglia verde, il latte[5]: nuvole chiare
> lontanano[6] nel fioco armonioso tacere
> della campagna. Sembra compiuto nel limitare
> della mia casa il sonno delle riviere[7].
>
> Beato vólto al sereno[8], quasi la notte m'apra
> 10   continuamente a sgorgare in fragranza[9].
> Tepida e lieve, cauta, mi lambisce[10] una capra:
> odora d'erbe e di muschio la stanza.

Il contrasto cromatico tra il verde e il bianco, che dà il titolo al testo, percorre tutta la lirica.

L'incontro suggella la fusione del soggetto con la quiete del paesaggio naturale.

1. Mansueta di campani: *resa più dolce dallo scampanellare di un gregge.*
2. la sera ... di cielo: *la sera che si intravede in lontananza dalle finestre che si affacciano sul cielo, "pallide" per la poca luce del tramonto.*
3. odora umido: *emana un odore di umidità.*
4. tace in gradini: *non si sente alcun rumore di passi sui gradini.*
5. Svanisce ... il latte: *il latte caldo al contatto con il freddo della bottiglia, evapora.*
6. lontanano: *si allontanano.*
7. sembra ... riviere: *sulla soglia della mia casa vuota sembra ricrearsi la pace dei corsi d'acqua immobili.*
8. Beato vólto al sereno: *con il viso tranquillo esposto alla notte stellata.*
9. quasi ... fragranza: *come se la notte potesse farmi sbocciare e riversare all'esterno la mia anima trasformata in profumo.*
10. mi lambisce: *mi lecca.*

● Analisi guidata

La serenità della natura

Attraverso una serie di dati sensoriali minuti, il poeta evoca una **sensazione di assoluta serenità**, che nasce dalla quiete di una **natura armoniosa e pacificata**. Le immagini, analogiche e rarefatte, creano una sorta di **fusione tra l'ambiente interno** (la cucina della casa) **e il paesaggio naturale**, che culmina nell'incontro tra il poeta e la «capra» che si avvicina alla soglia, negli ultimi due versi. La perfetta **fusione tra l'io e la natura** è resa possibile dalla dimensione del ricordo e si compie nella voluta lontananza spaziale e temporale dell'**infanzia**.

- Con l'aiuto delle note, stendi la parafrasi del testo.

- Individua nella lirica i termini e le espressioni positive che evocano un'idea di calma.

- Il componimento alterna immagini del paesaggio esterno e dell'interno della casa; cerca di cogliere questa alternanza nella lirica e spiega qual è la sua funzione.

- Quale significato ha l'immagine finale della capra che «lambisce» il poeta?

Un gioco di colori e sensazioni

In un gioco di **alternanze cromatiche**, il **bianco** e il **verde** presenti già nel titolo si susseguono per tutta la lirica, contrapponendo, con sensibilità quasi pittorica, termini che evocano candore al «verde» della campagna circostante. Il paesaggio campestre è suggerito anche da altri fattori sensoriali. Attraverso **originali sinestesie**, le sensazioni si confondono l'una nell'altra e vengono meno i confini tra gli oggetti e gli ambienti, accostati per **suggestione analogica** con una serie di immagini evocative. Per esempio l'ossimoro «tepore di gelo» (v. 4) indica il velo di vapore biancastro provocato dal latte tiepido versato nella bottiglia, che a poco a poco «svanisce» come le nuvole chiare che si dissolvono nel cielo.

⬤ **Competenze di comprensione e analisi**

- Ricerca nel testo i termini che evocano il colore bianco e quelli che invece richiamano il verde campestre. Quale funzione svolge questo gioco cromatico?

- Individua le sinestesie e spiega quali diversi ambiti sensoriali coinvolgono.

- Quale sensazione evocano i versi 5-6: «fioco armonioso tacere / della campagna»?

La musicalità

Fondamentale, nella lirica, è la ricerca di una **musicalità fluida ed evocativa**, non solo attraverso le **rime**, che seguono uno schema fisso, ma anche con un fitto gioco di **assonanze e allitterazioni**, soprattutto a fine verso («sera remota / alle ... pallide», vv. 1-2). I **versi**, tra cui alcuni endecasillabi, sono **lunghi e lenti**, come per evocare la calma che domina la scena. Alla creazione di un'atmosfera sospesa contribuisce anche il ricorso a una **sintassi insolita**, con reggenze verbali inconsuete («tace in gradini la casa», v. 3 e **nessi analogici arditi** («Mansueta di campani», v. 1.

⬤ **Competenze di comprensione e analisi**

- Nel testo sono frequenti le assonanze sulle consonanti liquide (la *e* e la *r*). Individuale e cerca di spiegare quale effetto fonosimbolico producono.

- Nella lirica vi sono *enjambement*? Con quale funzione?

- Quali verbi insoliti o costruiti in modo anomalo sono presenti nel componimento?

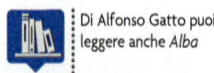 Di Alfonso Gatto puoi leggere anche *Alba*

Mario Luzi
Vita fedele alla vita

Su fondamenti invisibili

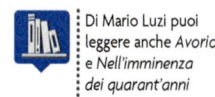

Di Mario Luzi puoi leggere anche *Avorio* e *Nell'imminenza dei quarant'anni*

Il testo, pubblicato in rivista nel 1964, venne poi inserito nella raccolta Su fondamenti invisibili (1971), in cui la poesia di Luzi, ormai lontana dai modi ermetici, si confronta con il presente.

Immerso nello squallore cittadino di una serata domenicale, a contatto con un'umanità dolente e degradata, il poeta si interroga sul senso e sul valore della vita nella società moderna.

Metrica Versi liberi, con alcuni endecasillabi (vv. 7-9, 12 ecc.).

Il rumore della radio è il primo elemento negativo dello scenario urbano.	La città di domenica sul tardi quando c'è pace ma una radio geme 5 tra le sue moli cieche dalle sue viscere interite[1]

Apri il vocabolario

Il termine (derivato del sostantivo "crepa") indica una spaccatura che si crea sia nella roccia sia nei ghiacciai.	e a chi va nel crepaccio di una via tagliata netta tra le banche arriva dolce fino allo spasimo l'umano 10 appiattato nelle sue chiaviche e nei suoi ammezzati[2],

In un incidente stradale, qualcuno muore nell'indifferenza generale.	tregua, sì[3], eppure uno, la fronte sull'asfalto, muore tra poca gente stranita[4] che indugia e si fa attorno all'infortunio,

15 e noi si è qui o per destino o casualmente insieme
tu ed io, mia compagna di poche ore[5],
in questa sfera impazzita[6]
sotto la spada a doppio filo
del giudizio o della remissione[7],

Il poeta si interroga sul senso della vita e sulla condizione dell'uomo moderno.	20 vita fedele alla vita tutto questo che le è cresciuto in seno[8] dove va, mi chiedo, discende o sale a sbalzi verso il suo principio[9]... sebbene non importi, sebbene sia la nostra vita e basta.

---

1. tra ... interite: *tra gli edifici chiusi («ciechi», senza finestre), nei bassifondi morti («interite»; è un latinismo).*

2. e a chi va ... ammezzati: *e a chi cammina per una strada, tagliata come un crepaccio tra gli edifici delle banche, giunge, dolce fino alla sofferenza, la presenza degli uomini («l'umano»), rincantucciati nelle loro fogne («chiaviche») e nei loro appartamenti al primo piano.*

3. tregua, sì: la domenica dovrebbe rappresentare una «tregua» dalle fatiche della settimana lavorativa.

4. stranita: *stordita, disorientata.*

5. mia ... ore: il poeta si rivolge a una donna, compagna occasionale.

6. in questa ... impazzita: è la sfera terrestre, cioè il mondo.

7. sotto ... remissione: *sottoposti al severo giudizio divino («la spada a doppio filo»), a cui spetta la condanna o l'assoluzione del nostro comportamento.*

8. tutto ... in seno: *tutto quello che da essa ha avuto origine,* come l'umanità descritta e lo stesso io lirico.

9. discende ... suo principio: *(mi chiedo se la vita degli uomini) si degrada e si allontana da Dio («il suo principio»), oppure vi si avvicina, sia pure in modo discontinuo («a sbalzi»).*

Analisi guidata

Uno scenario degradato

Il testo, molto lontano dalle atmosfere rarefatte della poesia ermetica, immerge il lettore in uno **scenario di vita cittadina**. Dietro l'apparente tranquillità della sera domenicale, il poeta coglie un **profondo senso di angoscia**, aridità e **solitudine**. La **critica alla società moderna** si fa esplicita nelle frequenti metafore (le «viscere interite», v. 5; il «crepaccio di una via», v. 7) che connotano negativamente il paesaggio urbano, in cui il poeta, insieme a una «compagna di poche ore» (v. 16), si aggira in mezzo a «poca gente stranita» (v. 13).

 Competenze di comprensione e analisi

- Indica quali espressioni, metafore e situazioni connotano in senso negativo l'atmosfera cittadina.

- Quali termini ed espressioni di uso quotidiano contribuiscono a trasmettere anche attraverso lo stile l'idea di una vita bassa e degradata?

- Ai vv. 15-16, il poeta rappresenta anche se stesso all'interno del quadro urbano. Che cosa vuole sottolineare?

Il senso dell'esistenza

Nell'apparente insensatezza della condizione umana, tuttavia, Luzi avverte la **presenza di un principio superiore**, legato alla sua **fede religiosa**. Di fronte alla «spada a doppio filo» (v. 18) del giudizio divino, il poeta si chiede se l'esistenza degli uomini del suo tempo si stia avvicinando o allontanando al suo senso ultimo e a Dio (vv. 22-23). In assenza di una risposta certa e definitiva, egli si limita a ribadire non senza orgoglio la propria **personale coerenza morale**, che si risolve nella fedeltà al senso più profondo e cristiano della vita.

 Competenze di comprensione e analisi

- Quali versi nella lirica fanno riferimento in modo indiretto alla presenza di un giudizio divino?

- Spiega perché il poeta definisce il mondo come una «sfera impazzita» (v. 17).

- Qual è a tuo parere il significato dell'espressione «vita fedele alla vita» (v. 20), e perché Luzi sceglie questo verso come titolo della lirica?

Uno stile dissonante

Lo scenario degradato della realtà metropolitana è evocato con uno **stile basso e prosastico**, marcato da frequenti *enjambement* e da un **lessico quotidiano** che pure non esclude qualche preziosismo, come il latinismo «interite» al v. 6.
Anche la metrica sembra abbandonare ogni forma tradizionale e ogni ricerca di fluidità, affidandosi a **versi liberi** e a **tonalità aspre e dissonanti**.

 Competenze di comprensione e analisi

- Individua nel testo i numerosi *enjambement*. Quale effetto complessivo intendono produrre?

- Quali termini letterari sono presenti nel testo? Con quale funzione vengono utilizzati?

- A livello fonico, quali consonanze creano una musicalità particolarmente aspra?

Leonardo Sinisgalli
Epigrafe

I nuovi Campi Elisi

Scritta nel 1944, dopo che Sinisgalli aveva da poco appreso la notizia della morte della madre, la lirica fu poi inserita nella raccolta I nuovi Campi Elisi *(1947). La poesia è dedicata a una sorellina del poeta morta in giovane età, ma è al contempo un'occasione per ricordare l'infanzia trascorsa in Basilicata. Con tono elegiaco, il poeta rievoca il dolore della madre e i suoi vani tentativi di lenire il dolore per la scomparsa della bambina.*

Metrica Cinque strofe di versi liberi.

> Come nella tradizione classica, a cui la lirica fa ampiamente riferimento, la morte viene presentata come un viaggio verso una terra sconosciuta.

Quando partisti, come è nostra usanza,
inzepparono[1] la cassa dei tuoi piccoli oggetti cari.
Ti misero l'ombrellino da sole
perché andavi in un torrido[2] regno
5   e ti vestirono di bianco.
Eri ancora una bambina,
una bambina difficile a crescere.
Pure fosti accolta con rassegnata dolcezza,
custodita e portata alla luce
10 come matura la spiga in un campo esausto[3].
Io ricordo, sorella, il tuo pigolìo
quando ti chiudevi a piangere sulla loggia
perché volevi andare sul tetto a stare.
Eri felice soltanto se potevi sollevarti un poco da terra.

> Gli antichi mettevano in bocca ai defunti una moneta d'oro per pagare il traghettatore che conduce le anime nell'Ade. Questa credenza sopravviveva ancora in molte zone rurali dell'Italia meridionale.

15 Ti misero nella cassa gli oggetti più cari,
perfino una monetina d'oro nella mano
da dare al barcaiolo che ti avrebbe accompagnata
all'altra riva. Noi restammo di qua
nella grande casa che tu sapevi rivoltare come un sacco.
20 Per un po' di giorni nessuno ebbe voglia di riassettarla[4].
Ci raccogliemmo intorno al camino
pensando al tuo grande viaggio,
alla tristezza di mandarti sola in un paese sconosciuto.
La nonna stava ad aspettarci da anni.

> L'aldilà viene connotato con due termini che alludono alla vastità dello spazio («plaga», "regione, landa') e del tempo («quarantena»).

25 Da anni nessuno di noi era stato chiamato.
Nell'immensa plaga, in quella lunga quarantena
come avete fatto a riconoscervi?

Ti avevamo messo dentro la cassa gli oggetti più cari,
il tuo ombrellino, il tuo pettine, un piccolo mazzo di fiori.
30 Mia madre ti seguiva ad ogni tappa, dalla casa
alla chiesa, dalla chiesa al cimitero.
Dava ricetto[5] nella sua stanza ad ogni farfalla,

---

1. **inzepparono:** *riempirono.*
2. **torrido:** *estremamente caldo.*
3. **esausto:** *stremato, impoverito.*
4. **riassettarla:** *rimetterla in ordine.*
5. **ricetto:** *ospitalità, ricovero.*

e tenne per lungo tempo la casa aperta
nella speranza che tu potessi tornare.

35 Un giorno una donna venne a bussare alla porta,
a dirci che ti aveva sognata.
La donna aveva una bimba malata, una tua compagna,
e tu l'avevi visitata.
Parlasti in sogno a quella donna, chiedesti qualcosa
40 che ella non sapeva: perché non sentiva in sogno
e tu parlavi e pareva che chiedessi una cosa
che nella confusione del distacco era stata dimenticata.
Mia madre rovistò tra le tue carte,
stette a lungo a cercare i tuoi quaderni a uno a uno.

45 Guardammo per l'ultima volta
la tua scrittura tenera, il tuo esile nome
scritto dalla tua piccola mano.
Furono legati con un nastro bianco i tuoi quaderni
che avevamo dimenticati. La bambina te li avrebbe portati.
50 Aggiustammo i tuoi quaderni nella cassa
della compagna che tu avevi prediletta.
Anch'essa venne vestita di bianco
nel torrido regno da cui nessuno è mai tornato.

> Ai vani tentativi di comunicazione con l'aldilà, il poeta oppone, nel finale, una sentenza epigrafica che sancisce il distacco tra mondo dei vivi e mondo dei morti.

Analisi guidata

Il tema della morte

In una sorta di "racconto lirico" il poeta rievoca la **morte della sorellina**, scomparsa in giovane età quando anche lui era poco più di un bambino. Nonostante la drammaticità dell'argomento, Sinisgalli tratta questo tema con una **delicatezza elegiaca**, concentrandosi soprattutto sulla **sepoltura** (richiamata, nelle prime tre strofe, dal ripetersi della formula «Ti misero», con la variante «Ti avevano messo») e sul **dolore della madre**. Secondo un'usanza tipica del mondo classico, la bara della bambina viene riempita con tutti i suoi «oggetti più cari», nella speranza che possano servirle nell'aldilà. Questo non riesce però a placare lo **smarrimento dei familiari**, che per qualche giorno vagano come automi nella casa vuota, in cui non risuonano più le grida gioiose della piccola.

Competenze di comprensione e analisi

- Quali ricordi ha il poeta della sorellina?
- Che cosa fa la famiglia dopo la morte della bambina?
- Perché nessuno ha voglia di riordinare la casa?
- Quali oggetti vengono messi nella bara della piccola?

Mondo dei vivi e mondo dei morti

La **morte** è rappresentata come un **viaggio verso un paese sconosciuto**. La bambina viene preparata come per una festa e la tristezza di immaginarla sola in un luogo lontano è mitigata dalla speranza che possa finalmente ricongiungersi con la nonna, scomparsa da alcuni anni. Questa continua **oscillazione tra mondo dei vivi e mondo dei morti** percorre tutto il componimento. All'inizio è la madre che, incapace di rassegnarsi alla perdita, lascia le porte aperte nella speranza di veder tornare la figlia; poi è una vicina che racconta di aver visto in sogno la bambina e di averla sentita chiedere qualcosa. Alla fine, però, non è la bambina a tornare indietro, ma una sua compagna a raggiungerla tra i defunti, portandole i quaderni a lei cari. Viene così riaffermata l'**impossibile comunicazione tra le due dimensioni**, che chiude la lirica con l'amara constatazione che nessuno può tornare dal «torrido regno».

 ### Competenze di comprensione e analisi

- Con quali connotazioni spazio-temporali viene immaginato l'aldilà?

- Perché, a tuo avviso, il mondo dei morti viene definito «torrido»?

- Spesso i poeti raccontano nei loro versi la morte di una persona cara; scegli una delle numerose liriche che trattano questo argomento (solo per fare qualche esempio si possono citare *Pianto antico* di Carducci, *La tessitrice* di Pascoli, *La madre* di Ungaretti) e mettila a confronto con *Epigrafe*, spiegando quali sono le principali differenze nella rappresentazione dell'aldilà.

Lo stile

La lirica è molto distante dalla produzione ermetica di Sinsigalli. Ai versi brevi e alle atmosfere rarefatte si sostituiscono **versi estremamente lunghi**, che conferiscono al componimento un **andamento quasi prosastico**. Anche la sintassi e le scelte lessicali rientrano nell'ambito di questa nuova **dimensione narrativa**, in cui la poesia diventa quasi il pretesto per una commossa rievocazione dell'infanzia e dei luoghi natali, in cui non c'è più spazio per l'oscurità e l'allusività. Spesso, anzi, si ha l'impressione che Sinisgalli dica anche più del necessario, fornendo particolari e dettagli che fanno somigliare il componimento a un **monologo interiore**, in cui ricordi e sensazioni fluiscono liberamente senza la mediazione dell'io lirico.

 ### Competenze di comprensione e analisi

- La sintassi della lirica è prevalentemente paratattica o ipotattica? Rispondi con esempi tratti dal testo.

- Per quale motivo, pur utilizzando versi lunghi e al di fuori di ogni consuetudine metrica, la poesia si apre con un endecasillabo? Ti sembra una scelta causale o pensi che sia dovuta a un motivo particolare?

- Nel componimento sono presenti vari termini colloquiali e tipici del linguaggio parlato; individuali e spiega quale effetto producono.

 Di Sinisgalli puoi leggere anche *Vidi le Muse*

Al di là dell'Ermetismo: Penna e Cardarelli

Altre tendenze della poesia tra le due guerre

Nella poesia italiana del periodo tra le due guerre mondiali, accanto al **filone della «poesia pura»** praticata dagli ermetici si manifestano esperienze che tendono a direzioni diverse e talora opposte. L'opera di Umberto **Saba**, che resta del tutto estranea alla tradizione del Simbolismo in nome di una **ricerca di quotidianità e chiarezza**, apre la strada al filone della **poesia "antinovecentista"** a cui è ascrivibile anche Sandro **Penna**, significativa eccezione nel panorama dell'epoca sia per la scelta di **forme colloquiali e comunicative**, sia per il ricorrere del **tema dell'amore omosessuale**.

Un'altra linea di ricerca è rappresentata dal **classicismo** di poeti come Vincenzo **Cardarelli**, che condividono con gli ermetici la volontà di un «ritorno all'ordine», ma, evitano l'oscurità programmatica, guardando piuttosto al **modello della grande tradizione italiana**, in polemica con lo sperimentalismo delle Avanguardie.

All'Antinovecentismo si ricollega in parte anche la poesia di Cesare **Pavese**, che nel 1936, in pieno clima ermetico, esordisce con la raccolta *Lavorare stanca*, che raccoglie **poesie-racconto di tono prosastico**, attente alla realtà sociale ed economica.

Un poeta "singolare": Sandro Penna

Nato a Perugia nel **1906**, Sandro Penna si trasferisce presto a **Roma**, dove lavora come ragioniere, traduttore, commesso di libreria e collabora occasionalmente con alcune riviste letterarie. Insofferente verso le regole della società borghese, **vive in modo anticonformista**, senza temere la solitudine e la miseria. Grazie all'**amicizia con Umberto Saba** si indirizza alla poesia e nel **1939** pubblica la sua prima raccolta, *Poesie*, caratterizzata dalla chiarezza espressiva e da un'evidente **lontananza dai modelli ermetici**. Negli anni Cinquanta escono *Appunti* (1950), *Una strana gioia di vivere* (1956) e *Croce e delizia* (1958), mentre *Tutte le poesie* (1970) riunisce tutta la sua produzione precedente. Nel 1976 esce l'ultimo volume di versi, *Stranezze*, e poche settimane dopo, nel gennaio **1977**, Penna muore a Roma.

Un nuovo «canzoniere»

Le liriche di Penna formano una sorta di **canzoniere** in continuo accrescimento, in cui non prevale una struttura narrativa, ma **situazioni e motivi costanti**. Il tema di fondo è quello dell'**amore omosessuale**, presenta-

to in genere attraverso **immagini sublimate** e idealizzate. La condizione "irregolare" del poeta è affermata in maniera serena e leggera e la sua poesia assume l'aspetto di un **canto di gioia**. Ricorrente è l'immagine-simbolo del «**fanciullo**», una figura fuggevole di adolescente che riassume in sé la pienezza vitale e appare come un'improvvisa folgorazione, per scomparire altrettanto rapidamente, lasciando dietro di sé un velo di malinconia. Il poeta evita comunque ogni riferimento esplicito alla sensualità delle situazioni e degli incontri, ricorrendo a una **forma elegante e allusiva** che tende a un'assoluta **compostezza e perfezione**, quasi a compensare attraverso il nitore delle immagini una sessualità vista come scandalosa dal moralismo dell'epoca. Dietro l'armonia espressiva, infatti, emerge un'**eco di angoscia** e oltre la **gioia di vivere** si avverte l'inesorabile dissoluzione delle cose, che conduce il poeta a sentirsi un «mostro da niente», condannato a una costante esclusione.

I componimenti sono caratterizzati dalla **concisione** e dall'uso di **versi spesso brevissimi**, che ricordano la forma classica dell'**epigramma**; le immagini, i rapporti, gli incontri della vita vengono così trasferiti in una dimensione atemporale, che conferisce

Pablo Picasso, *Adolescenti*, 1906.

Simona Costa, *Penna secondo Penna*

La studiosa di letteratura italiana Simona Costa (1948) riporta alcuni stralci di un'intervista in cui Penna riflette sulla nascita delle sue poesie, confermando la sostanziale spontaneità del proprio dettato, quella stessa immediatezza che lo ha posto quale «caso unico» nel contesto dell'allora dominante poesia ermetica.

Alieno da interessi teorici, Penna ha amato presentare la sua poesia come dettata da un bisogno primario, da un'ispirazione irrinunciabile, così raccontando in un'intervista la nascita della sua prima lirica: «La scoprii un giorno, nell'angolo di un giornale, su tutt'intorno anzi, e mi ricordai poi che l'avevo scritta in quel modo, svegliandomi di notte al mare, dove non si poteva accendere la luce per le zanzare. Quasi nel dormiveglia vidi la mia calligrafia e non capivo che cosa avessi scritto; poi mi resi conto che era una poesia». L'aver trovato questa via di comunicazione diventa quindi per lui una forma di liberazione da quanto gli urgeva dentro: «Io sentii proprio come uno che ha le orecchie piene d'acqua e poi finalmente, quando non se l'aspetta, comincia a risentire bene, si sente libero, come un'altra persona, quasi avesse fatto una convalescenza felice; o tutte e due le cose insieme». Tale spontaneità e immediatezza della sua forma poetica, senza filtri intellettualistici, è il segno distintivo che Penna pone al suo esser poeta: «Ciò che mi distingue da tutti, forse, è che io ho avuto sempre l'atteggiamento di non volere scrivere una poesia. Solamente, io spero che quelle venute, siano venute appunto con prepotenza, e quindi sono un po' belle per questo». Infatti, la poesia di Penna si muove in senso del tutto antiorario rispetto alle correnti e agli indirizzi poetici del secondo '900 ed è difficile indicarne dei modelli precisi, a parte il punto di riferimento per lui certo costituito da Saba, con possibilità, tuttavia, di reciproche influenze.

La poesia italiana del Novecento, a cura S. Costa, Milano, Mondadori, 2000

---

loro una valenza universale. Nello stile, la tendenza alla concentrazione espressiva ricorda in parte la lezione ermetica, ma l'**intento distesamente colloquiale** avvicina Penna alla poesia di Saba e al filone del cosiddetto **Antinovecentismo**.

Vincenzo Cardarelli

Nazareno Caldarelli (noto con lo pseudonimo di Vincenzo Cardarelli) nasce nel **1887** a Corneto, nella **Maremma toscana**. Figlio illegittimo e abbandonato dalla madre quando era appena un bambino, vive un'**adolescenza solitaria e introversa** e nel 1906 si trasferisce a **Roma**, dove a partire dal 1911 collabora alla rivista «La Voce». Già nella sua prima raccolta, *Prologhi* (1916), Cardarelli incentra la sua poetica sulla **difesa della tradizione letteraria italiana** e sul rifiuto del Simbolismo e delle sperimentazioni avanguardistiche. Nel **1919**, insieme a Emilio Cecchi, Riccardo Bacchelli e pittori come Alberto Savinio e Giorgio de Chirico, **fonda la rivista letteraria «La Ronda»**, che si propone la «custodia delle mura» della tradizione, facendosi interprete dell'esigenza di «ritorno all'ordine» che interessa la letteratura del primo dopoguerra. Gli scrittori che animano «La Ronda» – per lo più antifascisti, come dimostra la chiusura della rivista nel 1922 – sostengono una posizione di aristocratico distacco e la **rinuncia all'impegno politico e sociale**, che si accompagna all'idea della piena **autonomia della letteratura**, intesa soprattutto come esercizio formale e come ricerca espressiva di limpida chiarezza.

Nell'opera di Cardarelli è evidente la **ripresa dei modelli della tradizione poetica italiana** (Leopardi soprattutto) e la tendenza alla **mescolanza tra versi e prose liriche**, come dimostrano le raccolte *Viaggi nel tempo* (1920), *Favole e memorie* (1925) e *Il sole a picco* (1929). Di sole liriche è formato il volume *Poesie* (1936, poi accresciuto nel 1942), in cui uno stile misurato e il **verso libero** sono usati per descrizioni paesaggistiche e **meditazioni sul trascorrere del tempo**. Nel secondo dopoguerra Cardarelli si chiude in un isolamento pressoché assoluto, interrotto solo dalle prose autobiografiche di *Villa Tarantola* (1948), fino alla morte, avvenuta a Roma nel **1959**.

⭕ Sosta di verifica

1 Che cosa si intende con la definizione di poesia "antinovecentista'?

2 Quali sono le tematiche caratteristiche della poesia di Penna?

3 Perché la poesia di Penna può essere definita «epigrammatica»?

4 Quale ideale letterario è alla base della poesia di Cardarelli?

Sandro Penna
La vita... è ricordarsi un risveglio

Poesie

Scritta nel 1928, la poesia fu pubblicata per la prima volta nel 1932 sulla rivista «Italia letteraria» e poi scelta come testo di apertura di Poesie (1939), per sottolinearne il valore programmatico nei temi e nelle forme.

Il componimento si fonda sull'antitesi tra due diversi stati d'animo, filtrati attraverso il ricordo dell'io lirico. Nella prima strofa il poeta rievoca una situazione malinconica (un risveglio in treno, all'alba di una giornata che si preannuncia triste), mentre nella seconda irrompe un'atmosfera vivace, in cui il tedio e la monotonia scompaiono, spazzati via dall'emozione intensa e liberatoria trasmessa dall'apparizione del «marinaio giovane».

Metrica Due strofe di endecasillabi; l'assenza di rime è compensata da assonanze e consonanze (vv. 2-3 e 9-10).

> La vita... è ricordarsi di un risveglio
> triste in un treno all'alba: aver veduto
> fuori la luce incerta: aver sentito
> nel corpo rotto[1] la malinconia
> 5   vergine[2] e aspra dell'aria pungente.
>
> Ma ricordarsi la liberazione[3]
> improvvisa è più dolce: a me vicino
> un marinaio giovane: l'azzurro
> e il bianco della sua divisa, e fuori
> 10   un mare tutto fresco di colore.

Il desiderio di respirare l'aria fresca del mattino è un sentimento allo stesso tempo puro e malinconico e prepara il passaggio al nuovo sentimento della seconda strofa.

---

1. rotto: *indolenzito.*

2. vergine: *pura.*

3. la liberazione: dalla malinconia.

Analisi guidata

Una struttura simmetrica

Le due strofe della lirica sono basate su una **struttura perfettamente simmetrica**. Entrambe sono composte da **cinque versi** che, a partire dal medesimo verbo («ricordarsi», vv. 1 e 6), **si sviluppano in un unico periodo**, interrotto due volte dai due punti (vv. 2 e 3 e vv. 7 e 8). Inoltre tra il primo e il secondo verso di ciascuna strofa si trova un **forte** *enjambement* tra aggettivo e sostantivo («risveglio / triste»; «liberazione / improvvisa»).

La simmetria strutturale pone in risalto l'**antitesi concettuale**: nella prima strofa prevalgono parole di significato **negativo** («risveglio / triste», «luce incerta», «corpo rotto», ecc.), mentre nella seconda i termini esprimono **gioia e vitalità** («liberazione / improvvisa», «dolce», «giovane» ecc.).

Competenze di comprensione e analisi

- Quali sono gli elementi formali che contribuiscono a dare al testo una struttura simmetrica?

- Quale ruolo svolgono nel testo il ricordo e la memoria?

- Individua i termini negativi presenti nella prima strofa e quelli di segno positivo che ricorrono nella seconda e spiega il senso di questa antitesi.

- È possibile affermare che nella lirica c'è coincidenza tra forma e contenuto?

La vita tra malinconia e gioia

Sul piano tematico, il testo si muove tra due poli: da un lato l'esperienza della **malinconia** e della **solitudine** (prima strofa), legata alla consapevolezza dell'esclusione dovuta alla propria omosessualità, dall'altro il **richiamo dell'amore e della gioia vitale** (seconda strofa).

Nell'oscillazione tra i **due opposti sentimenti** il poeta sintetizza la dinamica segreta della vita, sempre sospesa tra **gioia e dolore**, entrambi evocati attraverso immagini di straordinaria **limpidezza e quotidianità**: un triste risveglio in treno e l'immagine del giovane marinaio, quasi una promessa d'amore sullo sfondo di «un mare tutto fresco di colore».

○ Competenze di comprensione e analisi

- Che cosa suggerisce l'immagine del «marinaio giovane» (v. 8) cui è associata l'esplosione di gioia della seconda strofa?

- Come può essere interpretata la solitudine espressa dal poeta nella prima strofa?

- Una delle raccolte poetiche dell'amico e poeta Umberto Saba si intitola *La serena disperazione* (1913-1915). Per quali aspetti un'espressione di questo tipo può trovare un riferimento anche nella poesia di Sandro Penna?

L'armonia dello stile

Lo stile di Penna tende a un **nitore espressivo di gusto classicheggiante**, in cui termini quotidiani si mescolano a voci letterarie e auliche. La presenza di evidenti simmetrie e l'uso di endecasillabi regolari conferiscono alla poesia un carattere tradizionale che, attraverso la struttura rigorosa e controllata, sembra voler esorcizzare le inquietudini esistenziali del testo. Le immagini sono espresse attraverso una sintassi lineare e piana, il lessico è semplice, la musicalità garantita dal ricorso agli *enjambement*. Le scelte stilistiche esprimono a livello formale l'essenza più pura della poesia di Penna: la tendenza a **ricomporre** in una superiore armonia **l'angoscia** dovuta alla propria condizione di infelicità e di esclusione.

○ Competenze di comprensione e analisi

- Individua nel testo i vocaboli di livello colloquiale e i termini più elevati e aulici. Quale registro prevale nel testo?

- Quale significato hanno i puntini di sospensione al v. 1?

- Nella seconda strofa sono frequenti le notazioni cromatiche: rintracciale e spiegane la funzione complessiva.

- Come possono essere interpretate la semplicità e la compostezza delle scelte stilistiche adottate dal poeta?

- Spiega perché «un mare tutto fresco di colore» è una sinestesia.

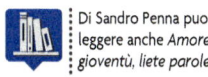 Di Sandro Penna puoi leggere anche *Amore, gioventù, liete parole*

Vincenzo Cardarelli
Autunno

Poesie

Composta nel 1934 e inserita nella raccolta Poesie *(1936), questa lirica è una delle molte che Cardarelli dedica all'autunno, simbolo del trascorrere del tempo e della malinconia che si accompagna al succedersi delle stagioni.*

Nel volgere di pochi versi e con stile misurato e lontano da ogni sperimentalismo, il poeta sviluppa il tema topico dell'analogia tra l'autunno e la vecchiaia dell'uomo.

Metrica Versi liberi.

> Le piogge autunnali sono paragonate a lacrime che il cielo versa per la fine dell'estate.

Autunno. Già lo sentimmo venire
nel vento d'agosto,
nelle pioggie di settembre
torrenziali e piangenti
5 e un brivido percorse la terra
che ora, nuda e triste,
accoglie un sole smarrito[1].
Ora passa e declina[2],
in quest'autunno che incede[3]
10 con lentezza indicibile,
il miglior tempo della nostra vita[4]
e lungamente ci dice addio.

> L'analogia tra l'autunno e la vecchiaia, a cui alludono i versi iniziali, viene resa esplicita nel finale.

---

1. **smarrito:** *incerto, pallido.*
2. **declina:** *volge al termine.*
3. **incede:** *avanza.*
4. **il miglior... vita:** *la giovinezza.*

Analisi guidata

Paesaggio e sentimento

La lirica può essere divisa in **due momenti**, separati anche sintatticamente dal punto fermo del v. 7. Nella prima parte (vv. 1-7), dopo la ripresa della parola-chiave «Autunno», il poeta elenca i **segni che rivelano il prossimo sopraggiungere dell'autunno**: il vento d'agosto, le piogge settembrine, il «brivido» di freddo della terra e il pallore del sole si succedono in **climax crescente**.

Nella seconda parte (vv. 8-12), situata nel presente («Ora», v. 8), la constatazione della venuta dell'autunno è resa ancor più malinconica dall'**identificazione tra la stagione autunnale e la vecchiaia**, fase finale della vita dell'uomo, chiamato a prendere congedo dal «miglior tempo» della maturità ormai irrevocabilmente trascorsa.

Competenze di comprensione e analisi

- Quale funzione svolge la ripetizione del titolo («Autunno») all'inizio del componimento?

- Per quale motivo il poeta ricorre inizialmente al plurale («Già lo sentimmo venire», v. 1)?

- La bipartizione del testo è confermata dal variare dei tempi verbali: quale tempo prevale nella prima parte e quale nella seconda?

- Su quale analogia si fonda il componimento? In quale punto viene resa esplicita?

La rivisitazione di un *topos*

Il **parallelismo fra le stagioni dell'anno e le epoche della vita umana** è un *topos*, un tema ricorrente della lirica, che Cardarelli rivisita in modo personale.

Già nella prima parte, apparentemente descrittiva, l'abile uso dell'aggettivazione tende a **personificare gli elementi del paesaggio naturale**, preparando il passaggio metaforico. Il poeta ricorre a coppie di aggettivi in cui a una prima determinazione oggettiva segue una notazione psicologica: le piogge di settembre sono «torrenziali» ma anche «piangenti» (v. 4); la terra, percorsa da un «brivido», è «nuda», ossia «spoglia» di vegetazione, ma anche «triste». L'analogia si chiarisce poi nei versi finali, attraverso il riferimento al tramontare del «miglior tempo della nostra vita», che con malinconica lentezza si allontana per sempre.

> ### ⬤ Competenze di comprensione e analisi
>
> - Individua nel testo tutti gli aggettivi e le espressioni che favoriscono l'antropomorfizzazione della natura e spiegane la valenza polisemica.
>
> - Il «brivido» che percorre la terra (v. 5) può essere inteso in senso referenziale o metaforico: spiega perché.
>
> - A che cosa allude l'espressione «il miglior tempo della nostra vita» (v. 11)? Ti sembra che possa essere accostato al leopardiano «e di me si spendea la miglior parte» (in *A Silvia*)? Per quale motivo?

Classicità e malinconia

La ricerca di equilibrio formale induce il poeta a privilegiare **espressioni piane e di estrema limpidezza formale**, che non escludono il rinvio alla tradizione. La sintassi è per lo più paratattica, mentre sul piano metrico la scelta del **verso libero** comporta la rinuncia alle forme chiuse della tradizione ma non esclude la presenza sporadica di versi canonici come l'endecasillabo (vv. 1 e 12, che incorniciano il testo) e il settenario.

L'impostazione classica del componimento, fondato su un **ritmo volutamente rallentato** e sulla **ricerca di simmetrie e riprese**, rinforza l'atteggiamento psicologico del poeta, che osserva il trascorrere del tempo con sottile malinconia ma anche con rassegnato distacco.

> ### ⬤ Competenze di comprensione e analisi
>
> - Qual è il rapporto che si stabilisce tra unità metrica e struttura sintattica? Sono presenti *enjambement*? Che effetto producono?
>
> - Nei versi finali è presente una marcata allitterazione sulla *m* e sulla *n*. Qual è la sua funzione in rapporto al contenuto?
>
> - Il lessico della lirica è piano e colloquiale o elevato e letterario? Rispondi con esempi tratti dal testo.
>
> - Individua nella lirica tutte le espressioni che evidenziano lo stato d'animo di malinconia in cui si trova il poeta.

Testo laboratorio

T9 Salvatore Quasimodo

Lamento per il Sud

La vita non è sogno

Composta il 13 febbraio 1947, Lamento per il Sud fu scelta da Quasimodo come testo di apertura della raccolta La vita non è sogno (1949).
Da Milano, dove si è ormai trasferito da molti anni, il poeta ricorda in maniera commossa la Sicilia, ma alla nostalgia per la sua terra d'origine si contrappone l'amara presa di coscienza dei problemi che da secoli ostacolano lo sviluppo del Meridione italiano.

> La luna rossa, il vento, il tuo colore
> di donna del Nord, la distesa di neve...
> Il mio cuore è ormai su queste praterie[1],
> in queste acque annuvolate[2] dalle nebbie.
> 5 Ho dimenticato il mare, la grave
> conchiglia soffiata dai pastori siciliani[3],
> le cantilene dei carri lungo le strade
> dove il carrubo[4] trema nel fumo delle stoppie[5],
> ho dimenticato il passo degli aironi e delle gru
> 10 nell'aria dei verdi altipiani
> per le terre e i fiumi della Lombardia.
> Ma l'uomo grida dovunque la sorte d'una patria.
> Più nessuno mi porterà nel Sud.
>
> Oh, il Sud è stanco di trascinare morti
> 15 in riva alle paludi di malaria,
> è stanco di solitudine, stanco di catene,
> è stanco nella sua bocca
> delle bestemmie di tutte le razze[6]
> che hanno urlato morte con l'eco dei suoi pozzi,
> 20 che hanno bevuto il sangue del suo cuore.
> Per questo i suoi fanciulli tornano sui monti,
> costringono i cavalli sotto coltri di stelle[7],
> mangiano fiori d'acacia lungo le piste
> nuovamente rosse, ancora rosse, ancora rosse.
> 25 Più nessuno mi porterà nel Sud.
>
> E questa sera carica d'inverno
> è ancora nostra, e qui ripeto a te
> il mio assurdo contrappunto[8]
> di dolcezze e di furori,
> 30 un lamento d'amore senza amore.

---

1. **su queste praterie:** le pianure del Nord Italia.
2. **annuvolate:** *rese grigie*.
3. **soffiata ... siciliani:** in cui i pastori siciliani soffiano per ottenere una melodia.
4. **carrubo:** albero sempreverde tipico delle regioni mediterranee, dai frutti commestibili simili a grossi baccelli.
5. **nel fumo delle stoppie:** le stoppie sono i residui del grano che vengono bruciati dopo la mietitura.
6. **tutte le razze:** i vari popoli che nei secoli hanno abitato la Sicilia.
7. **sotto coltri di stelle:** *sotto un letto di stelle*, cioè all'aria aperta.
8. **il mio assurdo contrappunto:** *la mia inspiegabile alternanza di stati d'animo contrastanti*; in musica il «contrappunto» è la combinazione contemporanea di più melodie.

COMPRENSIONE

1 A chi si rivolge il poeta nel corso della lirica?

2 Quali immagini caratterizzano il Sud come un luogo mitico in cui sopravvivono usanze ormai scomparse al Nord?

3 Quali sono i sentimenti che il poeta prova per il Sud?

Oltre il testo Confrontare e analizzare

- Insieme alla rievocazione personale, la lirica affronta anche temi civili, come è tipico della produzione di Quasimodo successiva alla seconda guerra mondiale. Confronta *Lamento per il Sud* con *Uomo del mio tempo* (p. 81) evidenziando le caratteristiche formali di questa nuova fase poetica.

ANALISI E INTERPRETAZIONE

4 Perché l'animo del poeta è dominato da sentimenti contrastanti? Con quale metafora viene espresso questo stato d'animo?

5 Che tipo di complemento è «di malaria» (v. 15)?

6 Come definiresti il lessico della lirica? Ti sembra che prevalgano termini letterari e ricercati o tipici di un linguaggio medio?

Oltre il testo Confrontare e analizzare

- La ricerca sul potere evocativo e allusivo della parola è tipica dell'Ermetismo; sulla base dei componimenti che hai letto spiega quali sono le principali differenze tra questa lirica e i testi ermetici di Quasimodo.

7 Che cosa significa «Ma l'uomo grida dovunque la sorte d'una patria» (v. 12)?

8 Individua nel testo le immagini che identificano il Nord e il Sud; che tipo di sensazioni (uditive, visive, cromatiche…) prevalgono?

Oltre il testo Confrontare e analizzare

- In quale tra i poeti di questa unità sono particolarmente importanti le notazioni coloristiche? Ti sembra che l'uso che ne fa Quasimodo sia analogo o riscontri delle differenze? Rispondi in un testo scritto con riferimenti alle liriche da te citate.

9 Quale verso è ripetuto uguale per due volte? Che cosa sta a significare questa scelta da parte del poeta?

10 Rintraccia gli *enjambement* presenti nel testo; quale funzione svolgono?

SCRITTURA E APPROFONDIMENTI

11 Scrivi un testo espositivo in cui analizzi l'evoluzione della poetica di Quasimodo dagli esordi ermetici alla fase dell'impegno civile, con citazioni puntuali dai testi che hai studiato.

Guida alla verifica orale

 Verifica le tue conoscenze

DOMANDA N. 1 Quali sono i caratteri peculiari dell'Ermetismo?

LA RISPOSTA IN SINTESI

L'Ermetismo propone una poesia difficile, raffinata e fortemente allusiva. La poetica degli ermetici si basa sulla ricerca della parola pura, valorizzata attraverso procedimenti retorici come metafore, analogie e sinestesie. I temi della poesia ermetica sono legati alla ricerca del senso dell'esistenza, alla memoria e all'attesa e, slegati da ogni rapporto con la storia e con l'impegno, evocano uno stato d'animo sospeso e rarefatto.

LA RISPOSTA NEI TESTI

T1 La riflessione di Quasimodo tende talora alla forma del frammento lirico, in cui una singola immagine sintetizza il senso della condizione umana.

T2 Uno dei temi tipici della poesia ermetica di Quasimodo è il ricordo della Sicilia, mitizzata nella memoria come terra-madre e perduto paradiso dell'infanzia.

T4 In *Erba e latte* di Alfonso Gatto evoca in forma analogica la comunione tra l'uomo e il paesaggio naturale.

DOMANDA N. 2 Spiega la differenza tra le due fasi della produzione poetica di Salvatore Quasimodo.

LA RISPOSTA IN SINTESI

Le prime raccolte poetiche di Quasimodo (confluite nel 1942 in *Ed è subito sera*) sono legate all'Ermetismo e vi prevale la tendenza all'astrazione e all'idealizzazione della Sicilia, terra mitica e favolosa, simbolo della purezza dell'infanzia. L'esperienza traumatica della guerra induce in seguito il poeta a confrontarsi con la storia contemporanea e a trasferire in una poesia più colloquiale una volontà di impegno civile evidente già nella raccolta *Giorno dopo giorno*.

LA RISPOSTA NEI TESTI

T1 – **T2** Le prime liriche di Quasimodo si incentrano su grandi tematiche esistenziali o sul ricordo della Sicilia, in una forma chiusa e raffinata, ricca di immagini analogiche.

T3 Di fronte all'orrore della guerra, Quasimodo invita le nuove generazione a dimenticare la violenza dei padri, che è la stessa che il genere umano porta dentro di sé fin dalle sue origini.

DOMANDA N. 3 Perché Sandro Penna si può definire un poeta isolato?

LA RISPOSTA IN SINTESI

In un contesto dominato dall'Ermetismo, la poesia di Penna emerge in tutta la sua diversità grazie all'adozione di un linguaggio colloquiale, dimesso ed estremamente comunicativo. Le sue liriche affrontano il tema dell'amore omosessuale e dell'elogio della giovinezza, spesso in forme brevi come epigrammi.

LA RISPOSTA NEI TESTI

T7 Nella lirica *La vita… è ricordarsi un risveglio*, la vista di un giovane marinaio risveglia nel poeta un sentimento di gioioso amore per la vita.

Umberto Saba

Umberto Saba

Vittorio Bolaffio, *Ritratto di Umberto Saba*, 1923.

La vita e le opere

Gli anni della giovinezza Umberto Saba nasce a **Trieste**, con il vero nome di **Umberto Poli**, il 9 marzo **1883**. La madre, ebrea, gestisce un piccolo negozio di mobili; il padre, al momento della nascita del poeta, ha circa quarant'anni ed è vedovo con una figlia. Così ricorda Saba in una lettera: «un sensale di matrimoni [...] gli propose mia madre, che non era molto più giovane di lui. Fu accettato. Per 4000 fiorini lo sciagurato si fece circoncidere [per convertirsi alla religione ebraica], cambiò il suo nome in Abramo, e [...] sposò mia madre». Ma la loro unione dura pochissimo e **il padre lascia la famiglia** prima della sua nascita (Saba lo conoscerà solo nel 1905). Il poeta vive prima presso una balia, poi a Padova presso parenti, infine a Trieste con la madre.

L'assenza del padre, la separazione dall'amata balia e la severità della madre contribuiscono al precoce manifestarsi di una crisi interiore, raccontata nel romanzo autobiografico *Ernesto*, scritto negli anni della vecchiaia e apparso solo postumo. Dopo gli studi ginnasiali, Saba frequenta per alcuni mesi l'Accademia di commercio e trova lavoro in una **ditta commerciale**. Comincia intanto a scrivere versi con diversi pseudonimi e nel 1903 si sposta a Pisa, dove frequenta l'università e pubblica a proprie spese la prima raccolta (*Il mio primo libro di poesia*). In questo periodo si manifesta la **sindrome depressiva** che lo affliggerà tutta la vita e che lo porterà, nel 1929, a intraprendere una terapia psicanalitica con il dottor Edoardo Weiss, un allievo di Freud.

Il rapporto con l'ambiente letterario All'inizio del **1905** Saba si trasferisce a **Firenze**, dove cerca contatti con l'ambiente culturale e conosce Gabriele D'Annunzio. Dopo il servizio militare di due anni (prima a Monte Oliveto, in Toscana, poi a Sa-

lerno), durante il quale scrive i *Versi militari*, torna nella sua città e **nel 1909 sposa Carolina Wölfler**, la «**Lina**» del *Canzoniere*. Nel 1910 nasce la figlia Linuccia ed esce la raccolta *Poesie*, in cui si firma per la prima volta con lo **pseudonimo** Umberto Saba, forse in omaggio alla nutrice slovena "Peppa" Sabaz o in riferimento alla parola ebraica *saba* ("pane").

In questi anni si intensificano i suoi rapporti con letterati e poeti fiorentini (Palazzeschi, Papini, Soffici, Prezzolini) e nel 1912 esce per le edizioni della «Voce» la raccolta ***Coi miei occhi***, che diverrà poi *Trieste e una donna*. Nel 1913 si trasferisce con la famiglia a Bologna e l'anno seguente a **Milano**, dove è prima segretario e poi direttore di «una specie di Caffè concerto». Allo scoppio della guerra si dichiara **interventista** ed è richiamato alle armi, svolgendo compiti amministrativi nelle retroguardie. Nel 1919 acquista a **Trieste** una **libreria antiquaria** e sotto il marchio della Libreria Antica e Moderna pubblica l'anno seguente *Cose leggere e vaganti*. Nel **1921** esce la **prima edizione del *Canzoniere***, che già concepisce come il libro della sua vita, seguita da *Preludio e canzonette* (1922), *Autobiografia* e *I prigioni* (1923).

La «riscoperta» della sua opera Nel **1928** Saba pubblica per «**Solaria**» *Preludio e fughe* e la rivista dedica un intero numero al poeta, che intrattiene rapporti molto intensi con i maggiori esponenti della cultura del tempo, come testimonia la corrispondenza con Eugenio Montale, Sergio Solmi, Giovanni Comisso e Giacomo Debenedetti, uno dei maggiori critici letterari del Novecento.

Nel 1932 esce, con il marchio della sua libreria, un'edizione dei versi giovanili dal titolo *Ammonizione ed altre poesie*. Segue, nel **1934**, la raccolta *Parole*, una delle più importanti degli anni Trenta. Dopo l'8 settembre 1943 Saba è costretto dalle **persecuzioni razziali** a lasciare Trieste e rifugiarsi a **Firenze**. Nel

Saba libraio: la passione di una vita

Dal 1919 fino alla morte Saba si dedicò alla sua libreria antiquaria, situata nel centro di Trieste, in via San Nicolò 30 (dov'è ancora oggi). Al negozio il poeta dedicò la lirica *Libreria antiquaria*, inserita nella raccolta *Quasi un racconto* (1951).

Morti chiedono a un morto libri morti.

Illusione non ho che mi conforti
in questo caro al buon Carletto[1] nero
antro sofferto[2]. Un tempo al mio pensiero
parve un rifugio, e agli orrori del tempo.
Ma quel tempo è passato oggi, e la vita
con lui, che amavo. E di sentirmi inerme
escluso piango come tu piangevi
quando eri ancora un bambino e perdevi
tra la folla la madre tua al mercato.

1. **Carletto:** *Carlo Cerne, fedele collaboratore di Saba.*
2. **nero antro sofferto:** *la libreria è un luogo buio ma amato.*

Giuseppe Wulz, *Veduta di Trieste*, 1909.

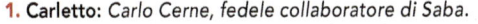

1944 esce a Lugano, con prefazione di Gianfranco Contini, la raccolta *Ultime cose*. L'anno seguente si trasferisce a Roma e successivamente a Milano, dove frequenta Vittorio Sereni e Alberto Mondadori. Nel **1945** Saba pubblica con Einaudi la **seconda edizione del** *Canzoniere* e nel 1946 con Mondadori le prose *Scorciatoie e raccontini*, in cui compaiono aneddoti autobiografici, osservazioni sulla storia e sulla società del tempo, e provocatorie "riletture" di scrittori e poeti, da Carducci («Sei nella terra fredda – Sei nella terra negra... due settenari carducciani, o due palate di terra sul morto, perché non risorga? / Ahimè! Il caso mi sembra di un'evidenza grossolana») a Svevo («Svevo poteva scrivere *bene* in tedesco; preferì scrivere *male* in italiano»), ai poeti ermetici («Ermetismo. Parole incrociate. Più – in Montale – la poesia di Montale. Il successo era dovuto (almeno agli inizi) alle parole incrociate»).
Dopo *Mediterranee* (1947) torna a Trieste e nel **1948** pubblica la **terza edizione del** *Canzoniere*, seguita nel 1951 dall'ultimo volume di versi, *Uccelli. Quasi un racconto*. Le sue condizioni di salute peggiorano e viene ricoverato varie volte in ospedale. Nel 1956 muore la moglie e meno di un anno dopo, il 25 agosto **1957**, anche il poeta si spegne in una clinica di Gorizia.

Il *Canzoniere*, l'opera di una vita

Tutta le poesie di Saba confluiscono nel *Canzoniere*, a cui il poeta continua a lavorare fino al 1954, in una costante opera di revisione e aggiunta di testi. La raccolta è concepita come un'**autobiografia in versi**: le varie sezioni si susseguono senza interruzioni, quasi a formare un lungo poema, e illustrano momenti significativi della biografia umana e letteraria dell'autore. L'opera che fa da imprescindibile complemento al *Canzoniere* è il **commento poetico-autobiografico** *Storia e cronistoria del Canzoniere*, iniziato nel 1940 e premesso alla terza edizione della raccolta (1948). Lo scritto è organizzato come un **saggio critico** – in cui Saba parla di se stesso in terza persona, spiegando gli eventi che hanno ispirato le liriche e fornendo preziosi ragguagli critici sulla sua poetica. In queste pagine Saba rivendica un peculiare **individualismo** rispetto alle manifestazioni culturali a lui contemporanee e difende la sua scelta di «**conservatorismo**», fedele alla tradizione poetica italiana e alle sue forme metriche, come lui stesso precisa: «La rivolta contro l'endecasillabo classico che, dopo il naufragio del Futurismo (ricordate *parole in libertà*?), si espresse con ben altri risultati nella "tecnica" di Ungaretti e di Montale (specialmente del primo Montale) rimase sempre estranea a Saba».

◐ Sosta di verifica

1 Quali eventi segnano la fanciullezza del poeta?

2 Quale origine potrebbe avere il suo pseudonimo?

3 Perché il *Canzoniere* può essere definito l'opera di tutta una vita?

4 Che cosa sono le *Scorciatoie e raccontini*?

5 Che tipo di opera è *Storia e cronistoria del Canzoniere*? Qual è la sua particolarità?

La vita e le opere

Trieste, la città della vita →
- isolamento nel panorama letterario italiano
- apertura alla letteratura mitteleuropea

1883-1893
L'infanzia →
- l'abbandono del padre
- il rapporto stretto con la balia amatissima
- la severità della madre

→
- temperamento malinconico e depressivo
- problemi con la figura femminile

1910-1940
Prime pubblicazioni e riconoscimenti →

1909 Sposa Carolina Wölfer (Lina)
1913 Si trasferisce a Bologna e poi a Milano
1919 Compra Libreria antiquaria
1928 La rivista «Solaria» gli dedica un numero
1929 Inizia terapia psicanalitica

→
1921 Prima edizione del *Canzoniere*
1934 Esce la raccolta *Parole*

1943-1945
La persecuzione razziale e il soggiorno fiorentino →
- esperienza della guerra
- amicizia con Montale

→
1945 Seconda edizione del *Canzoniere*
1946 *Scorciatoie e raccontini*

1945-1957
Gli ultimi anni →
- oppresso dall'angoscia e in cattive condizioni di salute viene spesso ricoverato in clinica

→
1948 Terza edizione del *Canzoniere* e *Storia e cronistoria del Canzoniere*
1953 Scrive il romanzo *Ernesto*, pubblicato postumo nel 1975

Carlo Carrà,
Verso casa, 1939.

La poetica

Un poeta "isolato"   Saba si mantiene fedele a una propria idea di poesia, lontana sia dalle innovazioni introdotte dai simbolisti sia dalle tendenze sperimentali del primo Novecento. Egli è profondamente **legato alla tradizione italiana sette-otto-centesca**, da Parini a Foscolo a Leopardi, ma anche alla **cultura mitteleuropea** tipica di Trieste, attenta alle espressioni filosofico-letterarie di lingua tedesca (Nietzsche, Freud, Heine). Rispetto ai contemporanei fermenti italiani del dannunzianesimo e delle avanguardie, la poesia di Saba si presenta come del tutto **inattuale** e comincia a essere apprezzata, insieme a quella di Svevo, solo alla fine degli anni Venti, quando «Solaria» sollecita una rinnovata attenzione alla cultura europea.

Saba e la psicanalisi   Al pari di Svevo, altro grande autore triestino, Saba ha un rapporto speciale con la scienza psicanalitica, che culmina nei **tre anni di analisi** condotti con il **dottor Weiss**, dal 1929 al 1931. Per Saba, tuttavia, la **psicanalisi** è qualcosa in più di una disciplina curativa, è anzi «un **incentivo poetico**; nelle sue mani si trasforma in uno strumento per avvicinarsi meglio alla sua idea della poesia, intesa come amore, memoria, incanto, verità esatta» (Guido Piovene). Alle stesse conclusioni sembrano giungere sia Freud, che parlando del «caso Saba» in una lettera a Weiss, evidenzia l'**indissolubile legame tra poesia e malattia** («Non credo che il suo paziente potrà mai guarire del tutto. Al più uscirà dalla cura molto più illuminato su se stesso e sugli altri. Ma, se è un vero poeta, la poesia rappresenta un compenso troppo forte alla nevrosi, perché possa interamente rinunciare ai benefici della sua malattia»), sia lo stesso Saba, che in una lettera a Vittorio Sereni, riassume i «**benefici**» della propria esperienza psicanalitica: «In realtà, più che guarire, personalmente, ho capito molte cose dell'anima umana, che prima mi erano non solo oscure, ma addirittura insospettate. La cosa peggiore della mia infanzia fu l'assenza di un padre (buono o cattivo) e il dott. Weiss supplì, fino a un certo punto, a questa mancanza».

La «poesia onesta»   Secondo la stessa definizione di Saba, l'idea sottesa a tutta la sua produzione è quella di una «**poesia onesta**», una poesia che **esprime il sentimento della vita** radicandosi nelle cose, nella realtà e nell'esperienza, e rappresenta **situazioni concrete e umili**.

Come già i crepuscolari, anche Saba **celebra il quotidiano**, fin nei suoi aspetti più dimessi e usuali, ma rispetto al distacco ironico di Gozzano, mostra una sentita **partecipazione umana** a ciò che lo circonda: gli oggetti più semplici, come il vino e il pane; i luoghi in cui si anima la vita di tutti i giorni, come le case, le strade, i caffè, i vicoli della

---

La parola all'autore

La «poesia onesta»

In uno scritto teorico del 1911 (inedito fino al 1959), *Quello che resta da fare ai poeti*, Saba definisce la «poesia onesta» riflettendo sulla tradizione letteraria italiana alla luce di due categorie critiche contrapposte: l'onestà intellettuale da una parte e la mera ambizione dall'altra.

Ai poeti resta da fare la poesia onesta. [...] Chi non fa versi per aiutare col ritmo l'espressione della sua passione, ma ha intenzioni bottegaie o ambiziose, e pubblicare un libro è per lui come urgere[1] una decorazione o aprire un negozio, non può nemmeno immaginare quale tenace sforzo dell'intelletto, e quale disinteressata grandezza d'animo occorra per resistere a ogni lenocinio[2], e mantenersi puri ed onesti di fronte a se stessi [...]. Se l'ispirazione è sincera, e subisce quindi l'influenza del particolar momento in cui nasce, c'è sempre qualcosa che la contraddistingue; una inaspettata freschezza o una più grande stanchezza, uno scorcio di spettatore o paesaggio, una diversa stagione od ora del giorno; qualcosa che dà al verso il suo colore unico [...]. Né questa onestà è possibile che in chi ha la religione dell'arte, e l'ama per se stessa e non per la speranza della gloria, ma il paradiso del successo o il purgatorio dell'insuccesso, se non lo lasciano del tutto indifferente, non menomano[3] il suo amore e non lo fanno, per avidità del battimano, volgere a destra e a sinistra.

U. Saba, *Quello che resta da fare ai poeti*, in *Prose scelte*, Milano, Mondadori, 1976

1. urgere: *sollecitare.*
2. lenocinio: *lusinga (volta a mercificare l'arte).*
3. menomano: *diminuiscono.*

vecchia Trieste; gli animali domestici più trascurati dalla letteratura, come la gallina, la capra, il canarino; e, soprattutto, le persone che popolano il mondo dei suoi affetti, la moglie Lina, il compagno d'armi Zaccaria, ma anche l'ubriaco, il vecchietto, la prostituta…

Per dar voce a questo repertorio di cose e sentimenti, Saba utilizza un **linguaggio tradizionale**, allo scopo di riscoprire il valore autentico di parole fin troppo abusate, come dichiara orgogliosamente nei famosi versi di *Amai*: «Amai trite parole che non uno / osava. M'incantò la rima fiore / amore, / la più antica, difficile del mondo. // Amai la verità che giace al fondo, / quasi un sogno obliato, che il dolore / riscopre amica».

«Antinovecentismo» e altre tendenze

Accanto a formule liriche tradizionali, nella poesia di Saba compaiono anche **moduli narrativi o drammatici**, che sembrano voler **sostituire la prosa alla poesia** ed esprimono una visione delle cose realistica, spesso dimessa e prosaica. In virtù della sua sostanziale estraneità alle tendenze dominanti della poesia italiana dell'epoca, Saba è stato spesso considerato il caposcuola dell'«**Antinovecentismo**», espressione coniata da Pasolini e usata in antitesi a «**Novecentismo**» (la corrente maggioritaria della lirica novecentesca). I tratti peculiari di questa poesia, lontana dalla parola "pura" degli ermetici e dal lirismo "novecentista", saranno il **punto di partenza** di una linea che comprende altri grandi autori

Giorgio Morandi, *Natura morta*, s.d.

del secolo, più giovani di Saba e tra loro molto diversi, come Sandro Penna, Giorgio Caproni, Attilio Bertolucci.

Una maggiore attenzione alle tendenze della poesia contemporanea, con qualche concessione all'**Ermetismo**, si riscontra invece nelle raccolte degli anni Trenta, come *Parole* e *Ultime cose*. È lo stesso Saba a cogliere questa differenza in *Storia e cronistoria del Canzoniere*: «La novità di *Parole* è data, prima di ogni altra cosa, dall'assenza quasi completa di ogni elemento narrativo e discorsivo; egli non è mai stato così "lirico" come in questo periodo. […] L'altra, e più profonda, novità è – come abbiamo detto – di carattere, prima che formale, psicologico […]. Il poeta di *Parole* e di *Ultime cose* ha separato nell'anima sua l'odio dall'amore, ha vinta cioè l'ambivalenza affettiva, che lo aveva tanto fatto soffrire». Tuttavia, nonostante in queste raccolte il poeta rinunci ai toni autobiografici e alla narrazione, prediligendo poesie brevi e frammentate, la **ricerca di chiarezza e di comunicazione** continua a contraddistinguere nettamente la sua produzione.

🔴 La poetica

- Tradizione sette-ottocentesca
- Cultura mitteleuropea

⬇

poesia inattuale = «poesia onesta»

⬇

- Attenzione al quotidiano
- Adesione sentimentale alle cose
- Linguaggio tradizionale

⬇

- Antinovecentismo
- Poesia che si fa prosa

🔴 Sosta di verifica

1 Perché la poesia di Saba risulta "inattuale"?

2 Che cosa si intende con l'espressione «poesia onesta»?

3 Quale linguaggio sceglie il poeta per trasmettere la sua adesione alla realtà?

Il Canzoniere

La storia editoriale e il titolo   Umberto Saba lavora al *Canzoniere* per oltre cinquant'anni, riunendo in esso **437 testi elaborati tra il 1900 e il 1954**. Il motivo di questa continua rielaborazione risiede nell'intenzione di costruire una vera e propria **autobiografia in versi**, come è detto in *Storia e cronistoria del Canzoniere*.

L'idea del *Canzoniere* come opera che accolga tutta la produzione poetica pubblicata singolarmente matura in Saba già nel 1913: il risultato è la prima edizione del 1921, a cui seguono la seconda (1945), in cui si delinea la definitiva struttura in tre volumi, la terza (1948), la quarta (1957) e infine la quinta, uscita postuma nel 1961.

Significativa è la scelta del titolo, che da un lato **rimanda al *Canzoniere* di Petrarca**, e dunque alla tradizione poetica italiana, dall'altro sottolinea il carattere unitario della raccolta vista come **«libro» di una vita**.

La divisione in tre volumi   La versione definitiva dell'opera consta di **tre volumi** e **ventisei sezioni**:
– **Volume I**: abbraccia il **periodo 1900-1920** e coincide in buona parte con la prima edizione dell'opera (1921), priva però delle poesie giovanili. Nell'edizione definitiva il volume si apre con le *Poesie dell'adolescenza e giovanili* e comprende **nove sezioni**, tra cui *Casa e campagna*, *Trieste e una donna*, *La serena disperazione*.
– **Volume II**: vi confluiscono i versi scritti **dal 1921 al 1932**, per un totale di **otto sezioni**, che includo-

no *Preludio e canzonette*, *Autobiografia*, *Cuor morituro*, *Preludio e fughe*, *Il piccolo Berto*. È caratterizzato soprattutto dalla presenza del **tema psicanalitico** e dalla tendenza all'**introspezione**, che spinge il poeta a scrivere vere e proprie autobiografie in versi.
– **Volume III** (nell'edizione postuma): comprende i versi scritti **dal 1933 al 1954**, suddivisi in **nove sezioni**, tra cui *Parole*, *Ultime cose*, *Mediterranee*, *Quasi un racconto*.

Questa struttura, basata su puntuali strategie numeriche con una predilezione per i **multipli di tre**, vuole evidenziare il **carattere narrativo dei testi**, che formano un **romanzo in versi** ricco di richiami e rimandi interni che legano i vari componimenti. Come viene detto in *Storia e cronistoria del Canzoniere*: «Saba riconosce una certa interdipendenza fra le singole parti della sua opera; una continuità che non può essere spezzata senza danno dell'insieme; che tutto insomma nel *Canzoniere*, il bene e il male, si tiene, e che spesse volte quel bene è condizionato – magari illuminato – da quel male... Il Canzoniere è la storia (non avremmo nulla in contrario a dire il "romanzo", e ad aggiungere, se si vuole, "psicologico") di una vita, povera (relativamente) di avvenimenti esterni; ricca, a volte, fino allo spasimo, di moti e di risonanze interne...».

I temi   Pur nella molteplicità di motivi, riferimenti storici e suggestioni poetiche, il *Canzoniere* presenta una notevole **coerenza tematica**. Caposaldo della poetica di Saba è la sua volontà di scrivere una **poesia ispirata dalla realtà**, che si traduce nell'attenzione al **quotidiano**, descritto soprattutto nei sem-

---

L'«autobiografismo» di Saba

In *Storia e cronistoria del Canzoniere* (1948) Saba ricostruisce il percorso compositivo della sua opera principale, soffermandosi sulle singole sezioni e premettendo al commento vero e proprio una riflessione sulle qualità e i difetti della propria poesia.

Altro ostacolo al quale urtò[1], specialmente nei primi tempi, la fortuna del Nostro, fu il troppo insistere sui casi della sua vita. È il cosiddetto "autobiografismo" di Saba. Ogni poeta è, in un certo senso, autobiografico; ma l'autobiografia di Saba presentava una difficoltà: quella di essere troppo particolare. Questo poeta, che ebbe una visione così vasta e così nuova degli avvenimenti del mondo fu, d'altra parte, un grande egocentrico. Se nei poeti (potremmo benissimo dire negli uomini) è questo un male comune, bisogna confessare che l'egocentrismo di Saba fu, a volte, eccessivo. [...] E se l'autobiografia di Saba è così umana che ognuno può ritrovarvi parte di sé, è ugualmente vero che il lettore deve, per identificarsi a lui, compiere talvolta un piccolo sforzo, come quello che occorre per vivere in compagnia di una persona che abbia origini alquanto diverse dalle nostre.

U. Saba, *Storia e cronistoria del Canzoniere*, in *Tutte le prose*, Milano, Mondadori, 2001

1. **al quale urtò:** *contro il quale si scontrò.*

plici momenti della **vita familiare**, agli animali e agli esponenti delle **classi popolari**, colti nelle loro abitudini, nei passatempi collettivi (come il gioco del calcio), nei momenti di dolore e difficoltà.

L'adesione alla realtà non significa tuttavia che le liriche del *Canzoniere* siano semplici descrizioni di eventi reali. Ognuna di esse, infatti, è percorsa da tensioni che si rifanno all'**inconscio** e alla **profondità dell'io**, temi ai quali Saba si avvicina nel momento in cui intraprende la cura psicanalitica. Il poeta si descrive come un **uomo scisso**, incline alla solitudine e alla malinconia: più uno **spettatore esterno della vita** che un suo protagonista. Il fulcro del **malessere** di Saba è stato individuato nei difficili anni dell'**infanzia**, in cui al primo momento felice accanto alla balia slovena seguì un tormentato rapporto con la madre, donna rigida e segnata dall'abbandono del marito. Questo trauma influenza profondamente lasua poesia: numerose sono le liriche consacrate all'infanzia – tra le quali spiccano quelle della sezione *Cose leggere e vaganti* dedicate alla figlia Linuccia – vista come una condizione felice ma fragile, destinata a lasciare il posto ad anni dolorosi.

Il rapporto conflittuale con la madre segna anche la percezione della **figura femminile**. Insieme alla celebrazione della moglie **Lina**, donna-madre fonte di vita e amore, ricorrono altre letture della femminilità (la donna-amante, la donna oggetto di eros ecc.). Per Saba, infatti l'**amore** è un **sentimento ambivalente**, che può essere sereno, ma anche segnato dalla tensione, un amore che «soffre di gelosia».

Cantata in numerose liriche, la città di **Trieste** riassume in sé molti dei temi del *Canzoniere*. In quanto luogo natio e degli anni infantili, è un rifugio familiare e amato (il «cantuccio» di *Trieste*), un **simbolo delle contraddizioni del poeta**, attirato dalla vita ma incline alla solitudine, un luogo in cui contemplare il più autentico sentimento della vita in mezzo agli «umili». Al tempo stesso, con la sua brulicante vitalità, la città e le sue strade esprimono il desiderio del poeta di essere parte attiva di una comunità e del suo popolo. Chiara è infine l'**identificazione di Trieste con la figura femminile** (la balia, la moglie), implicita anche nel titolo della sezione *Trieste e una donna*.

La parola alla critica

Mario Lavagetto, *Come leggere* il *Canzoniere*?

Il critico Mario Lavagetto (1939), celebre per i suoi studi sul rapporto tra letteratura e psicanalisi, propone un metodo di lettura del *Canzoniere* basato su alcune dichiarazioni fatte da Saba nella *Storia e cronistoria del Canzoniere*.

a) Il *Canzoniere* «facile e difficile». Si può essere d'accordo con Saba, precisando che se mai (o quasi mai) la sua poesia presenta difficoltà immediate di decifrazione, è anche vero che quel testo è poi inserito in una catena, e portatore di una serie di responsabilità "sintattiche": se queste sfuggono, sono tali da compromettere il significato che risulta sempre, nel *Canzoniere*, da una addizione e integrazione di significati distribuiti lungo l'intero arco del testo. Bisognerà insomma leggere secondo la storia e rispettando i suggerimenti di una ricapitolazione per temi, inscritta nelle intenzioni e nella fenomenologia stessa dell'atto poetico;

b) «Tutto si tiene». Conferma delle precedenti indicazioni (Il *Canzoniere* come struttura interrelata e diacronica[1]), ma soprattutto enunciazione, con grande fermezza, di una poetica dell'impurità in totale contrasto con le scuole del Novecento. «Quanta zavorra nella mia navicella!» esclamava, tra sconfortato e aggressivo, Saba nel 1916. Ma più tardi quella zavorra, quei pesi, le parti opache o «arrangiate» della sua opera appariranno a Saba decisive, irrinunciabili pezzi di un congegno che si presentava in totalità. È la poetica degli alti e bassi, delle riuscite illuminate dalle cadute e sorrette da esse sul piano della necessità espressiva; […]

c) Il *Canzoniere* come romanzo, come storia: formula (nel panorama della lirica del Novecento e con le barricate così scrupolosamente tese tra genere e genere) quasi provocatoria nella sua – appena nascosta – euforia. Un romanzo con personaggi, figure, una trama, una cronologia; un obbligo di seguirlo, passo passo, alla lettera: di conferire ai temi ricorrenti il valore di anafore narrative; di cercare, di volta in volta, gli emittenti[2]; di fare i conti con il più inquietante e il più evasivo, il più misterioso e il più presente di tutti i personaggi di Saba: la poesia.

Nell'insieme si tratta di regole, di prescrizioni a cui converrà attenersi al momento di intraprendere la "traversata". Stregone ed esorcista, Saba; celebratore dei poteri magici della poesia: bisognerà (prima di adottare contromisure) subire, almeno preliminarmente, i suoi divieti e le sue imposizioni, se non si vorrà rischiare, come gli sciocchi della favola, di trovarsi sempre al punto di partenza.

M. Lavagetto, *Per conoscere Saba*, Milano, Mondadori, 1981

1. interrelata e diacronica: fatta di parti legate tra loro e inserite all'interno di un preciso itinerario cronologico.
2. gli emittenti: gli "autori" delle poesie, ovvero i diversi "io-lirico" che sottendono alle varie fasi della vita di Saba.

Canzoniere

Questa lirica fa parte della sezione Casa e campagna, *con la quale originariamente si concludeva* Poesie, *la prima raccolta di versi pubblicata da Saba nel 1910. Si tratta di un particolare elogio della moglie, condotto attraverso una serie di similitudini con insoliti animali. In* Storia e cronistoria del Canzoniere *Saba spiega così la genesi della lirica: «Un pomeriggio d'estate mia moglie era uscita per recarsi in città. Rimasto solo, se-* *detti, per attenderne il ritorno, sui gradini del solaio. Non avevo voglia di leggere, a tutto pensavo fuori che a scrivere una poesia. Ma una cagna, la lunga cagna della terza strofa, mi si fece vicino, e mi pose il muso sulle ginocchia, guardandomi con occhi nei quali si leggeva tanta dolcezza e tanta ferocia. Quando, poche ore dopo, mia moglie ritornò a casa, la poesia era fatta: completa, prima ancora di essere scritta, nella mia memoria».*

Metrica Sei strofe in prevalenza di settenari, con alcuni endecasillabi e versi di altra misura; numerose le rime.

> Ogni strofa si apre con la similitudine tra la moglie e un animale, introdotta dall'anafora «Tu sei come...».

Tu sei come una giovane,
una bianca pollastra.
Le si arruffano al vento
le piume, il collo china
5 per bere, e in terra raspa[1];
ma, nell'andare, ha il lento
tuo passo di regina,
ed incede sull'erba
pettoruta e superba.
10 È migliore del maschio.
È come sono tutte
le femmine di tutti
i sereni animali
che avvicinano[2] a Dio.
15 Così se l'occhio, se il giudizio mio[3]
non m'inganna, fra queste hai le tue uguali,
e in nessun'altra donna.
Quando la sera assonna[4]
le gallinelle,
20 mettono voci[5] che ricordan quelle,
dolcissime, onde[6] a volte dei tuoi mali
ti quereli[7], e non sai
che la tua voce ha la soave e triste
musica dei pollai.

> È il primo dei numerosi riferimenti alla maternità e alla fecondità della moglie.

25 Tu sei come una gravida
giovenca[8];
libera ancora e senza

---

1. **raspa:** *gratta.*
2. **avvicinano:** *intransitivo: sono vicini.*
3. **se il giudizio mio:** *se la mia ragione.*
4. **assonna:** *fa addormentare.*
5. **mettono voci:** *emettono versi.*
6. **onde:** *con le quali.*
7. **ti quereli:** *ti lamenti.*
8. **giovenca:** *mucca.*

gravezza[9], anzi festosa;
che, se la lisci, il collo
30   volge, ove tinge un rosa
tenero la sua carne[10].
Se l'incontri e muggire
l'odi, tanto è quel suono
lamentoso, che l'erba
35   strappi, per farle un dono.
È così che il mio dono
t'offro quando sei triste.

Tu sei come una lunga
cagna, che sempre tanta
40   dolcezza ha negli occhi,
e ferocia nel cuore.
Ai tuoi piedi una santa
sembra, che d'un fervore
indomabile arda,
45   e così ti riguarda[11]
come il suo Dio e Signore.
Quando in casa o per via
segue, a chi solo tenti
avvicinarsi, i denti
50   candidissimi scopre.
Ed il suo amore soffre
di gelosia.

Tu sei come la pavida[12]
coniglia. Entro l'angusta
55   gabbia ritta al vederti
s'alza,
e verso te gli orecchi
alti protende e fermi;
che la crusca e i radicchi
60   tu le porti, di cui
priva[13] in sé si rannicchia,
cerca gli angoli bui.
Chi potrebbe quel cibo
ritoglierle[14]?chi il pelo
65   che si strappa di dosso[15],
per aggiungerlo al nido
dove poi partorire?
Chi mai farti soffrire?

Traspare da questo verso una sorta di indefinito senso di colpa nei confronti di Lina; ricordiamo che pochi mesi prima il poeta e la moglie avevano attraversato un periodo di crisi, durante il quale la donna era tornata ad abitare dalla madre.

---

9. **libera ... gravezza:** *che non patisce ancora il peso della gravidanza.*
10. **il collo ... carne:** *si volge a chi la accarezza, mostrando un collo che è di un tenue colorito roseo.*

11. **ti riguarda:** *ti osserva.*
12. **pavida:** *paurosa.*
13. **di cui priva:** *quando ne è priva, quando è senza cibo.*

14. **ritoglierle:** *portarle via.*
15. **chi ... dosso:** *chi potrebbe toglierle il pelo che lei stessa si strappa di dosso (per creare il nido dove partorisce).*

> Tu sei come la rondine
> 70 che torna in primavera.
> Ma in autunno riparte;
> e tu non hai quest'arte[16].
> Tu questo hai della rondine:
> le movenze leggere;
> 75 questo che a me, che mi sentiva ed era
> vecchio, annunciavi un'altra primavera[17].
>
> Tu sei come la provvida[18]
> formica. Di lei, quando
> escono alla campagna,
> 80 parla al bimbo la nonna
> che l'accompagna.
> E così nella pecchia[19]
> ti ritrovo, ed in tutte
> le femmine di tutti
> 85 i sereni animali
> che avvicinano a Dio;
> e in nessun'altra donna.

> In chiusura, il poeta ribadisce l'unicità della moglie, elevata a modello della femminilità.

16. **quest'arte:** *l'abitudine (ma anche l'istinto e la capacità) di andarsene che ha la rondine.*
17. **questo ... primavera:** *questo (hai della rondine), cioè che annunciavi un'altra primavera a me che mi sentivo ed ero vecchio («era»: forma antiquata della prima persona singolare).*
18. **provvida:** *previdente.*
19. **pecchia:** *ape (voce arcaica e letteraria).*

Analisi del testo

COMPRENSIONE

La lirica è un **elogio della moglie** del poeta, attuato attraverso **similitudini** con le quali la donna è **paragonata ad animali** apparentemente inadatti alla lode dell'amata: Saba stesso scrive che la poesia suscitò al suo apparire «allegre risate» e che la moglie rimase quasi offesa dal testo: «La poesia provocò, appena conosciuta, allegre risate. Pareva strano che un uomo scrivesse una poesia per paragonare sua moglie a tutti gli animali della creazione. È la sola del Nostro che abbia suscitato un po' di scandalo; è forse a questo che si deve la sua notorietà: una notorietà di "contenuto". Ma nessuna intenzione di scandalizzare, e nemmeno di sorprendere, c'era, quando la compose, in Saba». Questo aspetto originale della lirica ha dunque un profondo significato: gli animali portati a paragone non hanno i difetti che la tradizione ha sempre attribuito loro (stupidità, infedeltà, codardia ecc.), ma sono portatori di **alte qualità morali** e, proprio per il loro essere umili e mansueti, hanno un rapporto privilegiato con Dio. Gli animali e la donna che a loro somiglia sono cantati da Saba come creature che fanno da tramite **tra il quotidiano e il divino**.

ANALISI E INTERPRETAZIONE
La struttura di una preghiera Ogni strofa è introdotta dall'**anafora** della frase che introduce il paragone con gli animali («Tu sei come»). Questa ripetizione, che contribuisce all'andamento piano della lirica, ricorda anche il **ritmo delle preghiere**, come riconosciuto anche da Saba, che definisce *A mia moglie* «una poesia religiosa [...] scritta come altri reciterebbe una preghiera». La dimensione religiosa è confermata anche dalla duplice ripetizione di un legame tra le creature femminili e Dio («le femmine di tutti / i sereni animali / che avvicinano a Dio», vv. 12-14 e 84-86).

Semplicità religiosa Questa lirica è un chiaro esempio della «**poetica del quotidiano**» tipica di Saba. Sia gli animali e le loro attività, sia le immagini relative alla moglie, sono tutte rappresentative di una **vita semplice**, segnata da **valori e istinti basilari:**

la gioia di vivere (la giovenca), la fedeltà (la cagna), l'amore della prole e la paura di perderla (la coniglia), la parsimonia (la formica e l'ape).

La lirica presenta poi un **contrasto** tra la figura dell'uomo (il poeta stesso che si rappresenta «vecchio» nonostante avesse all'epoca appena ventisei anni) e la **figura della donna**, esaltata come **portatrice di vitalità** attraverso i paragoni con la giovenca gravida e la coniglia. In quanto fonte di vita (al momento della composizione della poesia la moglie di Saba era incinta), la donna ha la funzione di avvicinare l'uomo a Dio: essa trascende così la dimensione quotidiana per rivestirsi di un **ruolo universale**, importante per l'intera umanità.

Lessico medio e abilità metrica Saba usa un **lessico vicino al parlato**, con pochi termini appena più ricercati, letterari o arcaizzanti («incede», «assonna», «ti quereli», «angusta», «provvida», «pecchia») e qualche raro ricorso a un lessico più umile (come «pollastra»). Questo tessuto linguistico medio viene però nobilitato dalle frequenti **inversioni sintattiche**, che costituiscono una delle caratteristiche fondamentali delle prime sezioni del *Canzoniere*: «il collo china / per bere» (vv. 4-5), «se il giudizio mio / non m'inganna» (vv.15-16), «il collo / volge, ove tinge un rosa / tenero la sua carne» (vv. 29-31).

L'abilità metrica del poeta emerge soprattutto nell'uso degli *enjambement*, che prolungano il settenario sottolineando ulteriormente l'alternanza tra misure brevi e lunghe, e ricreando in alcuni casi il ritmo dell'endecasillabo («Tu sei come una gravida / giovenca; Tu sei come la pavida / coniglia; Tu sei come la provvida / formica»). Alla stessa **ricerca di musicalità** rispondono le rime, che sono disposte irregolarmente ma legano tra loro quasi tutti i versi della poesia.

Lavoriamo sul testo

COMPRENSIONE

1 A quali animali è paragonata la moglie di Saba?

2 Perché al suo apparire la lirica ha suscitato ilarità? Perché questa reazione non tiene conto del vero messaggio della poesia?

3 Come si presenta il poeta? Per quali aspetti appare una figura contrapposta a quella della moglie?

LINGUA E LESSICO

4 Che tipo di periodo ipotetico è quello contenuto tra i vv. 15 e 17?

5 Quale sinonimo è possibile trovare per il termine «dono» (v. 36)?

ANALISI E INTERPRETAZIONE

6 Elenca le caratteristiche di ogni animale al quale viene paragonata la moglie del poeta?

7 Qual è il messaggio della lirica relativo alla funzione degli animali e della donna nel mondo? Illustra la risposta facendo alcuni riferimenti al testo.

8 Perché la poesia ha un carattere religioso? Quali elementi di contenuto e di stile suggeriscono questa interpretazione?

9 Qual è la funzione stilistica delle inversioni sintattiche? Illustra la tua risposta facendo riferimento ad alcune inversioni che trovi dopo il v. 31.

10 Individua le parole-rima e spiega il loro valore all'interno del testo.

SCRITTURA E APPROFONDIMENTI

11 La poetica di Saba si caratterizza per la sua apparente semplicità tematica e stilistica che, a un'analisi più attenta, si rivela invece frutto di grande elaborazione formale. In questo errore di valutazione cadde anche Benedetto Croce, come lo stesso Saba ricorda in *Storia e cronistoria del Canzoniere*: «Il grande filosofo Benedetto Croce, al quale, consigliato (male) da un filosofo minore, Saba mandò un giorno la poesia, assieme ad alcuni sonetti militari, gli rispose con una cartolina postale che ricordiamo ancora. Diceva: "Le sue poesie hanno qua e là dei movimenti vivaci, ma mancano ancora di qualunque elaborazione formale"».

Partendo da questa citazione, in un testo di una pagina al massimo illustra come la semplicità della lirica di Saba sia in realtà soltanto superficiale, con puntuali riferimenti agli elementi stilistici e tematici di *A mia moglie*.

12 Scrive Saba a proposito di questa poesia: «Noi pensiamo che sia una poesia infantile. Se un bambino potesse sposare e scrivere una poesia per sua moglie, scriverebbe questa». Commenta l'affermazione in un testo argomentativo, spiegando se sei o meno d'accordo con precisi riferimenti al testo.

Trieste

Canzoniere

Ascolta
la poesia
e fai l'analisi
interattiva

Trieste è la lirica di apertura della raccolta Coi miei occhi *(1912), che diventerà, con alcune sostanziali modifiche e con il nuovo titolo* Trieste e una donna, *una delle sezioni più famose del Canzoniere.*

Tornato a Trieste dopo gli anni trascorsi a Pisa e Firenze e il servizio militare a Salerno, l'autore contempla la sua città da un punto isolato in collina, da un suo cantuccio appartato, di solitudine «pensosa e schiva».

Metrica   Tre strofe, con versi di varia misura, dal trisillabo all'endecasillabo, liberamente rimati.

> La città diventa specchio dei sentimenti del poeta, che prima cerca il contatto con altra gente e poi si isola in una zona appartata.

Ho attraversata tutta la città.
Poi ho salita un'erta[1],
popolosa in principio, in là deserta,
chiusa da un muricciolo:
5 un cantuccio in cui solo
siedo; e mi pare che dove esso termina
termini la città.

Trieste ha una scontrosa
grazia. Se piace,
10 è come un ragazzaccio aspro e vorace[2],
con gli occhi azzurri e mani troppo grandi
per regalare un fiore;
come un amore
con gelosia.
15 Da quest'erta ogni chiesa, ogni sua via
scopro, se mena[3] all'ingombrata[4] spiaggia,
o alla collina cui, sulla sassosa
cima, una casa, l'ultima, s'aggrappa.
Intorno
20 circola ad ogni cosa
un'aria strana, un'aria tormentosa[5],
l'aria natia.

> Come il poeta, anche la città è percorsa da un sentimento vitale che coinvolge tutti gli aspetti dell'esistenza, anche i più minuti.

La mia città che in ogni parte è viva,
ha il cantuccio a me fatto[6], alla mia vita
25 pensosa e schiva.

Apri il vocabolario

Derivato del verbo "schivare" (da cui anche "schifo" nel senso di "disgusto"), l'aggettivo "schivo" è usato per indicare chi è "restio, riluttante" a qualcosa o, in senso assoluto, chi evita la compagnia, per indole e abitudine: dunque come sinonimo di "ritroso, timido, riservato".

---

1. erta: *strada ripida.*
2. aspro e vorace: *scontroso e avido di esperienze nuove.*
3. mena: *conduce.*
4. ingombrata: *affollata.*
5. tormentosa: *che genera inquietudine.*
6. a me fatto: *fatto per me, adatto a me.*

→ Analisi del testo

La struttura La poesia è suddivisa in **tre strofe** che si aprono con un'**immagine della città**. Nella prima (vv. 1-7) prevalgono gli **elementi narrativi**, concentrati sulle azioni del poeta; la seconda (vv. 8-22) abbonda di **descrizioni della città**; la terza (vv. 23-25), infine, è più breve e conclude il componimento con una **sentenza epigrammatica**.

I temi: il poeta e la sua città La lirica è dedicata non solo alla descrizione e all'elogio di Trieste, ma anche alla narrazione dello **speciale rapporto spirituale e fisico** che intercorre **tra il poeta e la** sua città, come precisa la *Storia e cronistoria del Canzoniere*: «*Trieste* è la prima poesia di Saba che testimoni della sua volontà precisa di cantare Trieste proprio in quanto Trieste, e non solo in quanto città natale [...] per quello che ha di proprio e di inconfondibile [...]: una grazia "scontrosa"».

Solo la strofa centrale descrive realmente le caratteristiche di Trieste; la prima e l'ultima si concentrano invece soprattutto sulla **figura del poeta** e sulla **contrapposizione tra il suo stato d'animo pensoso e solitario e la vitalità** che si sprigiona dalle strade della città.

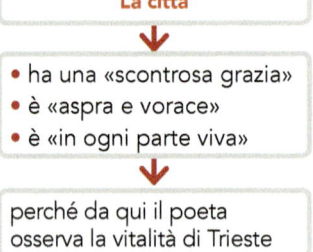

Le contraddizioni di Trieste: la ricchezza di ossimori Per Saba la città ha un **carattere contraddittorio** (è vitale, ma anche ricca di luoghi solitari), racchiuso nella «scontrosa grazia» dei vv. 8-9 (si noti l'*enjambement*, che dà il massimo risalto ai due termini). Si tratta di un'espressione ossimorica, in cui cioè si uniscono **due elementi contrastanti**, confermata dal successivo paragone con il ragazzo, che è da un lato «aspro» e incapace di gentilezza, ma dall'altro esprime attraverso gli occhi azzurri una bellezza pura e innocente. Il rapporto tra Saba e Trieste è quindi complesso, un **rapporto di amore e di insofferenza** nello stesso tempo. Saba infatti attraversa la città, ma ne coglie l'essenza solo quando ne è lontano, quando può contemplarla dall'alto, dal suo «cantuccio» solitario.

○ Lavoriamo sul testo

COMPRENSIONE

1 Sintetizza brevemente il contenuto delle tre strofe della poesia: come cambia la prospettiva sulla città da parte del poeta?

2 Che cos'è il «cantuccio» del poeta? Dove si trova? Perché è congeniale alla sua natura solitaria?

3 Perché il poeta dichiara di sentirsi in sintonia con la propria città?

LINGUA E LESSICO

4 Individua tutti i diminutivi e i vezzeggiativi presenti nella lirica.

5 Quale tipo di lessico è predominante in questo testo? In che modo il poeta lo "nobilita"?

ANALISI E INTERPRETAZIONE

6 Le tre strofe si aprono con l'immagine della città. Spiega la ragione di questa scelta da parte del poeta.

7 Trieste è vista dal poeta come una città piena di contraddizioni. Fai alcuni esempi di contraddizioni presenti nella lirica, soffermandoti sia sulla descrizione "fisica" di Trieste, sia sul suo carattere.

8 Secondo te, il rapporto tra il poeta e la sua città è positivo o è segnato da tensioni? Illustra la tua risposta con puntuali riferimenti al testo.

9 Ci sono molti *enjambement* nel testo? Individuali e spiegane la funzione.

SCRITTURA E APPROFONDIMENTI

10 La molteplicità dei livelli di lettura è ottenuta anche attraverso l'uso di frequenti figure retoriche (metafore, similitudini, ossimori, antitesi ecc.). Fai alcuni esempi di ognuna di queste figure retoriche, spiegando la loro funzione e in relazione al messaggio comunicato dalla poesia.

Canzoniere

In questo testo – che fa parte del ciclo Cinque poesie per il gioco del calcio *(1933-1934), incluso nella sezione* Parole *– l'attenzione al popolare sport si spiega con il desiderio di Saba di avvicinarsi alle passioni della gente comune.*

Il tema della lirica è la scena che segue il momento cruciale del goal. Il poeta descrive i sentimenti semplici ma genuini degli atleti e della folla e sottolinea la solidarietà e la fratellanza che uniscono i giocatori e il pubblico nel momento più bello della partita.

Metrica   Tre sestine di endecasillabi con rime fra il terzo e il quarto verso di ogni strofa e fra l'ultimo verso di una strofa e il primo della strofa seguente.

> Frequenti, nella prima strofa, sono i termini relativi alla sconfitta e al dolore.

Il portiere caduto alla difesa
ultima vana, contro terra cela
la faccia, a non veder l'amara luce[1].
Il compagno in ginocchio che l'induce,
5 con parole e con mano, a rilevarsi[2],
scopre pieni di lacrime i suoi occhi.

La folla – unita ebbrezza[3] – par trabocchi[4]
nel campo. Intorno al vincitore stanno,
al suo collo si gettano i fratelli.

> Da una situazione di quotidiano realismo si passa a una riflessione di carattere universale.

10 Pochi momenti come questo belli,
a quanti l'odio consuma e l'amore[5],
è dato, sotto il cielo, di vedere.

Presso la rete inviolata il portiere
– l'altro – è rimasto. Ma non la sua anima,
15 con la persona vi è rimasto sola[6].
La sua gioia si fa una capriola,
si fa baci che manda di lontano.
Della festa – egli dice – anch'io son parte.

---

1. a non veder ... luce: *per non vedere la luce del sole, divenuta amara a causa della delusione per la rete subita.*
2. a rilevarsi: *a rialzarsi.*
3. unita ebbrezza: *l'espressione allude*

all'esultanza di tutti i tifosi della squadra che ha segnato il goal.
4. par trabocchi: *sembra che si riversi.*
5. a quanti ... amore: *agli uomini, che sono come «consumati» dalle passioni dell'odio*

e dell'amore.
6. Ma non ... sola: *ma la sua anima partecipa alla gioia dei compagni, che festeggiano vicino alla porta avversaria.*

Analisi guidata

Saba e il calcio

L'amore di Saba per il gioco del calcio non nasce dal desiderio di esaltare le imprese e le gesta di un singolo campione, ma come **celebrazione** di un momento di intensa **emozione collettiva**, che offre al poeta un'occasione per sentirsi parte di una più ampia comunità. In *Storia e cronistoria del Canzoniere*, egli rievoca il suo incontro casuale con il gioco del calcio, avvenuto in occasione di una partita per la quale un amico gli aveva regalato dei biglietti. Pur non avendo, fino ad allora, «nessuna simpatia per i tifosi», egli rimase coinvolto dall'entusiasmo della folla e, con il consueto acume, concluse che «la gente (e lui stesso) non si eccita tanto per il gioco in sé, quanto per tutto quello che, attraverso i simboli espressi dal gioco, parla all'anima individuale e collettiva».

 ### Competenze di comprensione e analisi

- Quali aspetti del calcio sono messi in evidenza dal poeta?
- Perché, secondo Saba, il calcio è un modo per sentirsi parte di una comunità?

Il senso del gioco

Il momento più emozionante di una partita di calcio, quello successivo a un goal, è osservato da **tre diversi punti di vista**, che corrispondono ciascuno a una strofa.
Tra i riflessi del goal, il testo sottolinea soprattutto il senso di **fratellanza** che unisce coloro che portano i colori della stessa squadra. Saba vede in ciò la rappresentazione di momenti cruciali dell'esistenza umana, segnati appunto dalla **gioia** o dal **dolore**. Ma vede nel gioco anche un'occasione per stemperare il dolore attraverso la **solidarietà** di chi è consapevole di partecipare a un momento di festa collettiva.

 ### Competenze di comprensione e analisi

- Quali sono i diversi punti di vista da cui il poeta osserva il momento successivo al goal e come vengono descritti?
- Per quale motivo l'autore ritiene che il gioco sia un momento «bello come pochi»?
- A tuo avviso, la visione che Saba ha del gioco del calcio è ancora valida ai nostri giorni? Illustra la tua risposta in un testo scritto facendo riferimenti al testo letto.

Un lessico comune

Anche in questa poesia Saba descrive un episodio di vita quotidiana servendosi di un **lessico comune**. Eppure, egli riesce anche a trasporre la descrizione di una partita di calcio su un piano decisamente poetico, attraverso l'uso di **espressioni auliche** («amara luce», «rilevarsi» ecc.), **inversioni sintattiche** («contro terra cela» ecc.) ed *enjambement* («cela / la faccia» ecc.). Sono anche particolarmente frequenti le **allitterazioni**.

Competenze di comprensione e analisi

- Elabora un'analisi stilistica della seconda strofa, rintracciando i termini aulici, le inversioni sintattiche e gli *enjambement* in essa contenuti.
- Osserva quante rime compaiono nel testo e in quali punti: qual è la loro funzione? Quali termini mettono in evidenza?

Teatro degli Artigianelli

Canzoniere

Questa poesia fa parte di 1944, una delle sezioni più brevi del Canzoniere (solo cinque testi), che rievoca gli anni della Seconda guerra mondiale che Saba trascorse a Firenze, nascosto in casa di amici per sfuggire alla deportazione.

A Firenze, il poeta si trova ad assistere a una povera rappresentazione teatrale in una sala decorata dalla bandiera del Partito comunista e coglie i sentimenti di tristezza e insieme di speranza che animano gli abitanti delle zone liberate dal nazifascismo.

Metrica Endecasillabi sciolti (con un settenario), suddivisi in tre strofe di diversa lunghezza.

> *La poesia si apre con un'ambientazione realistica.*

Falce martello e la stella d'Italia[1]
ornano nuovi[2] la sala. Ma quanto
dolore per quel segno su quel muro!

Entra, sorretto dalle grucce[3], il Prologo[4].
5   Saluta al pugno[5]; dice sue parole
perché le donne ridano e i fanciulli
che affollano la povera platea.
Dice, timido ancora, dell'idea
che gli animi affratella[6]; chiude[7]: «E adesso

> *Il sentimento di fratellanza popolare è cementato dal vino, che aiuta a dimenticare gli orrori della guerra.*

10 faccio come i tedeschi: mi ritiro».
Tra un atto e l'altro, alla Cantina[8], in giro
rosseggia parco ai bicchieri l'amico
dell'uomo[9], cui rimargina ferite,
gli chiude solchi dolorosi; alcuno[10]
15 venuto qui da spaventosi esigli[11],
si scalda a lui[12] come chi ha freddo al sole.

> *Il poeta diventa un testimone oculare dei mesi successivi alla Liberazione, quando ancora sono in corso gli ultimi combattimenti contro i fascisti superstiti.*

Questo è il Teatro degli Artigianelli,
quale lo vide il poeta nel mille
novecentoquarantaquattro, un giorno
20 di Settembre, che a tratti
rombava ancora il cannone, e Firenze
taceva, assorta nelle sue rovine.

---

1. Falce ... Italia: *simboli del Partito comunista italiano. Saba ritiene erroneamente che già in quegli anni la stella nella bandiera del PCI fosse il simbolo dell'Italia repubblicana, significato che assunse solo dopo, poiché in origine era il simbolo dei Soviet russi.*
2. nuovi: *i simboli comunisti erano proibiti durante il fascismo ed era da poco divenuto legale mostrarli.*
3. grucce: *stampelle (l'attore che interpreta*

il Prologo è un ferito di guerra).
4. Prologo: *il personaggio che, nelle opere teatrali classiche, introduceva la rappresentazione spiegandone brevemente l'argomento.*
5. al pugno: *alzando il pugno chiuso (come un militante comunista).*
6. dell'idea ... affratella: *degli ideali che l'uomo condivide con il pubblico.*
7. chiude: *conclude. L'espressione allude al riti-*

ro delle truppe tedesche dopo la Liberazione.
8. alla Cantina: *al bar.*
9. rosseggia ... uomo: *rosseggia scarso nei bicchieri il vino (detto «amico dell'uomo» perché, come spiegato subito dopo, lo aiuta a dimenticare e a stare allegro).*
10. alcuno: *qualcuno.*
11. spaventosi esigli: *cioè le terribili esperienze della guerra.*
12. a lui: *al vino.*

● Analisi guidata

Realismo di una rappresentazione

La lirica prende spunto da un **avvenimento reale**, di cui il poeta è stato testimone, come dimostrano i **riferimenti al momento storico** presenti in ognuna delle tre strofe:
– la prima descrive il luogo in cui si svolge la scena;
– la seconda, più lunga, si sofferma sulla recita, sui suoi attori e sul pubblico: è una scena intrisa di allusioni alla guerra civile in cui versa l'Italia;
– infine nella terza strofa il poeta, in uno stile diverso, dà al lettore tutte le informazioni per collocare la scena in un preciso momento della storia nazionale.

 Competenze di comprensione e analisi

- Quando è stata scritta questa poesia? Dove si trovava Saba? A quale situazione storica fa riferimento il poeta?

- Quali sono gli elementi realistici, di ambientazione storica, della prima strofa?

- Quali elementi della seconda strofa identificano la lirica come una poesia di guerra?

- Come sono caratterizzati, da un punto di vista sociale, i personaggi descritti nella seconda strofa?

Una poetica anticelebrativa

La poesia si apre con un'immagine colorata e vittoriosa, ma subito il poeta interviene con un commento ad attenuarne il valore positivo e il testo si conclude con la parola-chiave «rovine». In **contrasto con i toni celebrativi** della letteratura di quest'epoca, Saba pone l'accento soprattutto sulla **tristezza** e l'inevitabile dolore di chi è sopravvissuto all'**esperienza della guerra**. È, questo, un implicito giudizio sul ruolo della **poesia civile**: di fronte alle tragedie collettive il poeta deve porre **al centro dell'attenzione l'elemento umano**, la concretezza della vita quotidiana, la realtà dei sentimenti e delle emozioni più semplici, non le celebrazioni ufficiali o gli entusiasmi passeggeri.

 Competenze di comprensione e analisi

- La lirica esprime i contraddittori sentimenti di tristezza e speranza per il futuro che attraversavano l'Italia in quel delicato momento storico: individua le espressioni del testo relative alla tristezza e quelle relative alla speranza.

- Individua in ogni strofa le parole e le frasi da cui emerge il carattere anticelebrativo della poesia.

Una poesia che si fa prosa

Saba adotta uno **stile apparentemente molto vicino alla prosa**, concentrando come sempre l'attenzione sugli aspetti della vita popolare. Tale tono è ottenuto attraverso **versi privi di rime** e ricchi di *enjambement* e con l'esclusione dei termini raffinati e letterari tipici della lirica del *Canzoniere*, mentre compaiono **espressioni di registro colloquiale**, come quelle che introducono l'ultima strofa.

● **Competenze di comprensione e analisi**

- Quali espressioni appartengono al registro colloquiale della realtà quotidiana?

- Quali sono invece gli accorgimenti retorici che conferiscono valore di poesia al testo?

Il passato
è una terra straniera

AUTORE	Gianrico Carofiglio
ANNO DI PUBBLICAZIONE	2004
CASA EDITRICE	Rizzoli

TRE BUONI MOTIVI PER LEGGERLO

1 Racconta un processo di "traviamento" giovanile simile a quello che capita, in modo più o meno a consapevole, a molti ragazzi.

2 Intreccia una storia di formazione con una vicenda dalle tinte *noir*.

3 Spinge a riflettere sul senso di onnipotenza che spesso caratterizza i giovani, facendo loro dimenticare i rischi che derivano da certe azioni.

L'AUTORE E L'OPERA

Gianrico Carofiglio (Bari 1961) è uno dei maggiori autori italiani di romanzi gialli. Creatore del personaggio dell'avvocato Guerrieri, protagonista di *legal-thriller* come *Testimone inconsapevole* (2002) e *Le perfezioni provvisorie* (2010), ha scritto numerosi altri romanzi a sfondo poliziesco, tra i quali *Il silenzio dell'onda* (2011) e il recente *Una mutevole verità* (2014). *Il passato è una terra straniera* è un *noir* incentrato sulla graduale educazione "criminale" del giovane protagonista Giorgio, che sembra voler sfuggire consapevolmente al destino di avvocato che la famiglia ha in mente per lui.

L'INCIPIT

È appoggiata al banco, è sola e beve una spremuta. Per terra, vicino alle gambe, ha una borsa di pelle nera e non so per quale motivo vengo attirato proprio da questo particolare. Mi fissa con un'insistenza imbarazzante. Quando i nostri sguardi si incrociano però si gira. Passano pochi secondi e mi guarda di nuovo. Questa sequenza si ripete diverse volte. Non la conosco, e all'inizio mi chiedo se stia guardando proprio me. Ho anche l'impulso di controllare se ci sia qualcuno alle mie spalle, ma mi trattengo. Dietro il mio tavolino c'è soltanto il muro e io lo so bene perché mi siedo lì quasi tutti i giorni.

LA TRAMA

Giorgio è un brillante studente di giurisprudenza dalla vita apparentemente "perfetta", ma dopo l'incontro con Francesco tutto cambia rapidamente per lui. Giorgio comincia infatti a giocare in modo assiduo a poker e ad altri giochi di carte e si fa convincere dall'amico, esperto di trucchi, a diventare suo complice in una serie di truffe. Le prime vincite e l'euforia per questa vita rischiosa sembrano fargli dimenticare tutto il resto, e il giovane entra così in una spirale di azioni sempre più estreme, che scatenano in lui un violento senso di colpa nei confronti dei genitori. Nel frattempo la storia di Giorgio si incrocia con quella del tenente Chiti, che sta indagando su una serie di crimini a sfondo sessuale che terrorizza la città di Bari.

TRE PISTE DI LETTURA

1 Secondo Carofiglio «il libro parla del confine tra presente e passato, del confine tenue e terribile tra giovinezza e età adulta, e tra cosiddetto bene e cosiddetto male». Condividi questo giudizio? Rispondi in un testo scritto motivando le tue opinioni.

2 Il titolo del romanzo è la traduzione italiana dell'inizio del racconto *L'età incerta* (1953), dello scrittore inglese L.P. Hartley (1895-1972): «Il passato è un paese straniero. Lì, tutto si svolge in modo diverso». Qual è, secondo te, il significato profondo di questo titolo nel contesto del romanzo?

3 Il libro mescola elementi tipici del *noir* con altri del romanzo di formazione e dell'avventura picaresca; quale tra questi generi ti sembra predominante e per quale motivo?

La lirica, che costituisce una sorta di ideale dittico con Trieste, era in origine il terzo testo della raccolta Coi miei occhi *(1912), poi confluita nel* Canzoniere *col titolo* Trieste e una donna.

Attraversando i vicoli della «città vecchia» (il nucleo più antico di Trieste, in cui si trovava anche il ghetto ebraico), il poeta si confronta con un'umanità semplice e dolente, raffigurata con affettuosa partecipazione. Saba descrive i luoghi, nomina le diverse figure che incontra, fa emergere dai suoi versi una realtà fitta di cose ed esseri umani in cui si manifestano le pulsioni e le sofferenze più profonde ed elementari che accomunano tutte le creature. Da questo contatto egli esce come purificato, più vicino a quel nodo quasi religioso di vitalità e dolore in cui consiste il senso ultimo (e religioso) della vita.

Metrica   Tre strofe irregolari di endecasillabi, settenari e quinari, con rime liberamente disposte.

Spesso, per ritornare alla mia casa

prendo un'oscura via di città vecchia.
Giallo in qualche pozzanghera si specchia
qualche fanale, e affollata è la strada.

> L'anafora «Qui» indica la volontà del poeta di aderire alla vita degli abitanti della «città vecchia».

5 Qui[1] tra la gente che viene che va
dall'osteria alla casa o al lupanare[2],
dove son merci ed uomini il detrito[3]
di un gran porto di mare,
io ritrovo, passando, l'infinito

> È il messaggio centrale della lirica: i sentimenti più autentici si manifestano soprattutto nelle persone più semplici e umili.

10 nell'umiltà.
Qui prostituta e marinaio, il vecchio
che bestemmia, la femmina che bega[4],
il dragone[5] che siede alla bottega
del friggitore,
15 la tumultuante[6] giovane impazzita
d'amore,
sono tutte creature della vita
e del dolore;
s'agita in esse, come in me, il Signore.

> Nell'intima unità di tutte le creature il poeta ritrova una forma di religiosità laica con cui si identifica il senso più profondo dell'esistenza.

20 Qui degli umili sento in compagnia
il mio pensiero farsi
più puro dove più turpe[7] è la via.

---

1. Qui: *ossia tra le vie della «città vecchia».*
2. lupanare: *bordello.*
3. detrito: *relitto, rifiuto.*
4. bega: *litiga.*
5. dragone: *soldato.*
6. tumultuante: *agitata, sconvolta.*
7. turpe: *vergognosa, immorale.*

COMPRENSIONE

1 A che cosa allude il titolo della lirica?

2 Quali personaggi incontra il poeta nel suo cammino? Quali caratteristiche hanno in comune?

3 Qual è il tema di fondo del testo? Dove viene espresso esplicitamente e in quali versi è anticipato?

ANALISI E INTERPRETAZIONE

4 Con quali sinonimi puoi sostituire il sostantivo «fanale» al v. 4?

5 Che tipo di valore sintattico ha «passando» (v. 9)?

6 Come viene caratterizzato il paesaggio urbano? Quali elementi rinviano a un'impressione di miseria e squallore materiale?

Oltre il testo **Confrontare e analizzare**

- Confronta la descrizione della città di questa lirica con quella di *Trieste* (p. 113), evidenziando in un testo scritto le principali analogie e differenze.

7 Quale significato assume nel contesto l'affermazione dei vv. 7-8: «dove son merci e uomini il detrito / di un gran porto di mare»?

8 Per quale motivo a tuo parere le figure evocate nella strofa centrale sono accompagnate dall'articolo determinativo («il vecchio», «la femmina» ecc.) o talora da nessuna determinazione («prostituta e marinaio»)? Quale valore intende attribuire loro il poeta?

Oltre il testo **Confrontare e riflettere**

- La poesia di Saba si sofferma spesso su situazioni quotidiane e su luoghi e personaggi umili e dimessi; spiega in un testo scritto qual è il significato di queste scelte all'interno della poetica del *Canzoniere*.

9 Quale particolare sentimento religioso sta alla base dell'evocazione del «Signore» (v. 19)? Saba si riferisce al Cristo dell'ortodossia cattolica?

Oltre il testo **Confrontare e analizzare**

- Il legame tra le creature terrene e Dio è presente anche nella lirica *A mia moglie* (p. 109); sulla base di queste poesie prova a spiegare in che cosa consiste la religiosità di Saba e come si esprime nei suoi versi.

10 La lirica presenta molte espressioni ossimoriche, che rinviano al tema centrale del testo: individuale e commentale.

11 Individua i numerosi *enjambement* presenti nel testo e chiariscine la funzione espressiva.

SCRITTURA E APPROFONDIMENTI

12 Di questo testo Saba scrisse che era «una delle poesie più intense e rivelatrici» della sua opera, affermando che «rende tutto un lato della sua anima e della sua poesia: quel bisogno, innato in lui, di fondere la sua vita a quella delle creature più umili e oscure». Commenta questa dichiarazione alla luce della lirica in esame e degli altri testi di Saba che hai letto.

13 Nell'*Infinito* di Leopardi la via per raggiungere una dimensione più elevata era ben diversa da quella indicata qui da Saba. Poni a confronto i due testi, chiarendone le differenze concettuali e stilistiche.

Amai

 Ascolta la poesia

Canzoniere

Il testo appartiene a una delle ultime raccolte di Saba, Mediterranee, pubblicata nel 1947.
Si tratta di una esplicita dichiarazione di poetica, in cui ==*l'autore ribadisce i caratteri della propria poesia, che usa un lessico quotidiano e apparentemente banale per cogliere la verità profonda che giace nel cuore dell'uomo.*==

Metrica Due quartine e un distico di endecasillabi, fatta eccezione per il v. 3, che è un ternario. Le rime baciate sono variamente presenti: in particolare, legano l'ultimo verso di ogni strofa al primo di quella successiva.

> **L'anafora del verbo in apertura di ogni strofa ribadisce la continuità nella poetica di Saba e istituisce uno stretto legame tra il poeta e il suo pubblico.**

Amai trite parole[1] che non uno
osava[2]. M'incantò la rima fiore
amore,
la più antica, difficile del mondo.

5 Amai la verità che giace al fondo[3],
quasi un sogno obliato[4], che il dolore
riscopre[5] amica. Con paura il cuore
le si accosta, che più non l'abbandona[6].

Amo te[6] che mi ascolti e la mia buona
10 carta[7] lasciata al fine del mio gioco.

---

1. trite parole: *parole consumate dall'uso.*
2. che non uno osava: *che nessuno osava usare.*
3. al fondo: *delle cose e dell'animo umano.*
4. obliato: *dimenticato.*
5. riscopre: *fa riscoprire.*

6. che più non l'abbandona: *perché essa non l'abbandona più. Si tratta di un calco dantesco (Inf. V, vv. 103-105 «Amor, ch'a nullo amato amar perdona, / mi prese del costui piacer sì forte, / che, come vedi, ancor non m'abbandona»), reso an-*cora più evidente dal fatto che la poesia è tutta costruita sulla ripresa del verbo "amare", proprio come l'episodio di Paolo e Francesca.*
7. te: *il lettore.*
8. la mia buona carta: *la mia poesia.*

➡ Analisi del testo

Una poesia fedele a se stessa La poesia di Saba è rimasta sempre ancorata ai propri ideali nel corso degli anni, rappresentando un punto fermo nella vita del poeta e una sorta di ponte tra il passato e il presente. Questa **continuità temporale** è messa in luce dalla struttura della poesia, ancora una volta attraverso l'**anafora del verbo "amare"**.

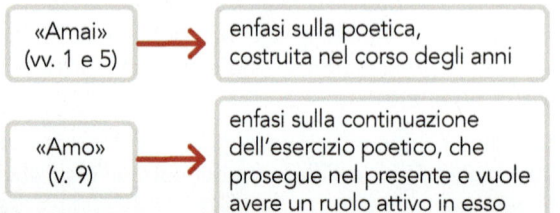

Una struttura tripartita Ognuna delle tre strofe di questa **dichiarazione di poetica** affronta un diverso aspetto del rapporto poeta-poesia e poeta-pubblico, diversità che è sottolineata anche dalle scelte stilistiche compiute in ogni strofa. L'intima **coerenza tra dettato poetico e affermazione dei propri presupposti teorici** è ottenuta tramite la ripetizione, all'inizio di ciascuna strofa, del verbo "amare". L'apostrofe al lettore nell'ultima strofa evidenzia come il poeta si senta legato al destinatario della sua poesia da un sentimento di comprensione: così la poesia diventa un'eredità utile, una «buona carta» lasciata sul tavolo su cui si è giocata la partita della vita.

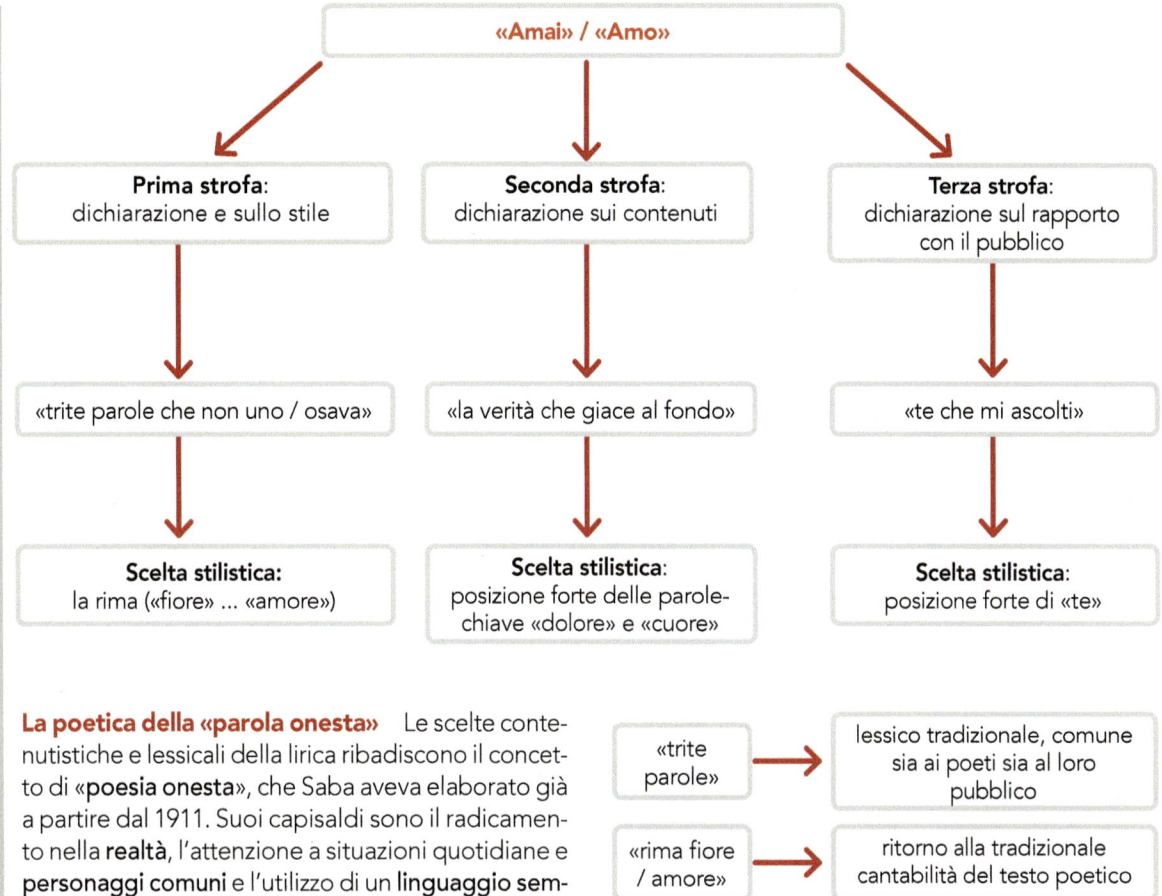

La poetica della «parola onesta» Le scelte contenutistiche e lessicali della lirica ribadiscono il concetto di «poesia onesta», che Saba aveva elaborato già a partire dal 1911. Suoi capisaldi sono il radicamento nella **realtà**, l'attenzione a situazioni quotidiane e **personaggi comuni** e l'utilizzo di un **linguaggio semplice**, che si avvale di parole comuni e per questo universali, comprensibili da parte di tutti.

Lavoriamo sul testo

COMPRENSIONE

1 Riassumi il contenuto delle tre strofe soffermandoti sul messaggio fondamentale presente in esse.

2 Perché Saba dice che la sua poesia è fatta di «trite parole» e di rime facili? Come si riconduce questa affermazione alla sua idea di poesia onesta?

3 Quale rapporto tra poeta e pubblico si delinea nella terza strofa?

4 Individua un sinonimo e un contrario per l'aggettivo «trite» (v. 1).

5 Che tipo di proposizione è «che più non l'abbandona» (v. 8)?

ANALISI E INTERPRETAZIONE

6 Quale valore ha l'anafora del verbo «amare» all'inizio di ogni strofa?

7 Perché nell'ultima strofa il verbo è usato al presente?

8 Perché le parole «dolore» e «cuore» sono coerenti con la dichiarazione relativa ai contenuti della poesia di Saba fatta nella seconda strofa?

9 Quali metafore sono presenti nel testo? Spiegane il significato.

10 Individua le rime presenti nella poesia: qual è la loro funzione?

SCRITTURA E APPROFONDIMENTI

11 Questo testo può essere considerato una dichiarazione di poetica e un vero e proprio testamento. Partendo da quanto Saba afferma in questa lirica, in un testo di massimo 20 righe illustra in che modo i capisaldi della sua poetica, qui evidenziati, sono rappresentati anche in altri testi del *Canzoniere*.

Canzoniere

La poesia fu composta tra il 1945 e il 1946 e inserita come testo di chiusura della raccolta Mediterranee (1947). Trovando un riferimento nel mito del grande personaggio omerico, il poeta ripensa alla sua giovinezza, al suo navigare «lungo le coste dalmate». Ora che è anziano si vede ormai in una «terra di nessuno», ma il suo «non domato spirito», analogo a quello dell'Ulisse dantesco, lo invita ad altri viaggi, e cioè ad affrontare ancora la vita, per la quale continua a provare amore, pur sapendo quanto rischio e quanta sofferenza essa comporti.

Metrica Endecasillabi sciolti

Nella mia giovanezza ho navigato
lungo le coste dalmate[1]. Isolotti
a fior d'onda emergevano, ove raro
un uccello sostava intento a prede[2],
5 coperti d'alghe, scivolosi, al sole
belli come smeraldi. Quando l'alta
marea e la notte li annullava[3], vele
sottovento sbandavano più al largo[4],
per fuggirne l'insidia[5]. Oggi il mio regno
10 è quella terra di nessuno[6]. Il porto
accende ad altri[7] i suoi lumi; me al largo
sospinge ancora il non domato spirito,
e della vita il doloroso amore.

> Si tratte delle due caratteristiche fondamentali della vita e della poesia di Saba: il desiderio di nuove esperienze e l'amore, lieto e nello stesso tempo «doloroso», per ogni aspetto dell'esistenza.

1. **dalmate:** della Dalmazia, una regione costiera della Croazia.
2. **a prede:** a catturare prede.
3. **li annullava:** li sommergeva, rendendoli invisibili.
4. **vele sottovento ... largo:** le navi venivano spinte verso il largo dal vento che arrivava da terra.
5. **l'insidia:** degli isolotti sommersi e non visibili.
6. **terra di nessuno:** un luogo in cui nessuno osa avventurarsi, perché è pieno di pericoli.
7. **ad altri:** per altri.

Pablo Picasso,
Ulisse e le sirene, 1946.

Analisi del testo

COMPRENSIONE

Il poeta ormai vecchio ripensa all'epoca in cui, adolescente, aveva lavorato come mozzo su un mercantile. Ma l'**elemento autobiografico** è subito **trasfigurato in chiave simbolica** e il testo si allarga a considerazioni più generali: l'asprezza, la solitudine, la pericolosità di quegli isolotti delle coste dalmate sono metafora di una vita difficile che appartiene al passato, mentre il tempo in cui il poeta scrive è quello di una «terra di nessuno», ovvero un'età ormai avanzata.

ANALISI E INTERPRETAZIONE

La struttura   Il componimento si articola in **due parti**, riconoscibili dall'uso dei tempi verbali, il passato nella prima, il presente nella seconda.

I primi due versi proiettano il lettore alla **giovinezza del poeta**, avviando il **parallelismo con Ulisse**, l'eroe mitologico che dà il titolo al testo, anche se non è mai apertamente nominato.

Al v. 9 l'avverbio «oggi» indica il passaggio alla seconda parte: **il poeta ormai vecchio** non si accontenta della quiete del suo porto, ma **vorrebbe ancora spingersi al largo**, anche solo con la fantasia, curioso della vita proprio come l'Ulisse dantesco.

Verso l'ignoto   Il tema che emerge fin dal primo verso è quello del **viaggio come metafora della vita**:
la bellezza degli isolotti e i pericoli della navigazione notturna sono a loro volta metafora delle gioie da una parte e delle ansie e dei dolori della vita dall'altra. Allo stesso modo il «largo», unica parola-rima della poesia (con il v. 8), rappresenta l'ignoto, il **desiderio di conoscenza**. Il porto, tradizionale metafora della quiete e in particolare della morte, non è il luogo adatto all'ansia di vita del poeta: lo spingono al largo «il non domato spirito» (che sembra richiamare lo «spirto guerrier ch'entro mi rugge» del sonetto foscoliano *Alla sera*) e il «doloroso amore» (in cui vi è forse un'eco dell'inizio del *Primo amore* di Leopardi: «se quest'è amor, com'ei travaglia!»).

Lo stile   In questa fase della sua poesia, Saba si avvale di una sapiente compattezza, scandita dal verso più classico, l'**endecasillabo**, segnato da *enjambement* più o meno forti («l'alta / marea», vv. 6-7; «le vele / sottovento», vv. 7-8; «il porto / accende», vv. 10-11). Il **lessico** è comunque quello **quotidiano** tipico del *Canzoniere*; è presente solo qualche arcaismo, come «giovanezza», che proprio nella dizione antica sembra sottolineare la sua distanza dal presente. La **quasi totale assenza di rime** è controbilanciata dalla presenza di rime interne, assonanze, allitterazioni, consonanze.

Lavoriamo sul testo

COMPRENSIONE

1 Perché la poesia si intitola *Ulisse*? Quali tratti del personaggio mitologico sono fatti propri dal poeta?

2 A quali diversi momenti sono dedicate le due parti della poesia? Perché?

3 Quali elementi caratterizzano il paesaggio? Si tratta di elementi ostili o favorevoli al poeta-navigatore?

LINGUA E LESSICO

4 Che complemento è «Nella mia giovanezza» (v. 1)?

5 Indica un sinonimo e un contrario dell'aggettivo «domato» (v. 12).

ANALISI E INTERPRETAZIONE

6 In che senso la navigazione è una metafora della vita? Quali sono gli aggettivi che la caratterizzano?

7 Qual è l'unica parola-rima di tutta la poesia? Quale significato assume?

8 Quale valore hanno le contrapposizioni presenti nel testo?

9 Individua le figure di suono che impreziosiscono il testo.

SCRITTURA E APPROFONDIMENTI

10 La figura di Ulisse ha avuto sempre una grande importanza nella letteratura italiana. In un breve testo (massimo 15 righe), illustra in che cosa consiste il mito di Ulisse e il motivo per cui, a tuo avviso, questo eroe ha suscitato l'interesse di tanti poeti. Prendi spunto dalla lirica di Saba e utilizza, se opportuno, anche altri testi da te eventualmente letti. Ti suggeriamo, tra gli altri, il canto XXVI dell'*Inferno* dantesco, il poemetto *L'ultimo viaggio* di Pascoli e *Laus vitae* in *Maia* di D'Annunzio.

Testo laboratorio

T8 La capra

Canzoniere

Fai l'analisi interattiva della poesia

- Lettura
- Comprensione
- Analisi
- Interpretazione
- Produzione scritta

Inserita nella raccolta Coi miei occhi *(1912), la lirica fa parte della sezione* Casa e campagna *(già presente nella prima edizione del* Canzoniere*), in cui sono frequenti le immagini tratte dal mondo animale.*

Il componimento rievoca il "dialogo" ideale tra il poeta e una capra. Nel belato dell'animale Saba ritrova un «dolore» identico al proprio ed anzi un emblema della condizione di sofferenza che accomuna tutte le creature.

Metrica Strofe irregolari di endecasillabi e settenari (l'ultimo verso è un quinario), con rime sparse.

Ho parlato a una capra.
Era sola sul prato, era legata.
Sazia d'erba, bagnata
dalla pioggia, belava.

5 Quell'uguale[1] belato era fraterno
al mio dolore. Ed io risposi, prima
per celia[2], poi perché il dolore è eterno,
ha una voce e non varia.
Questa voce sentiva[3]
10 gemere in una capra solitaria.

In una capra dal viso semita[4]
sentiva querelarsi ogni altro male,
ogni altra vita.

---

1. uguale: *monotono, sempre uguale a se stesso.*
2. per celia: *per scherzo.*

3. sentiva: *forma arcaica della prima persona singolare dell'imperfetto, come al v. 12.*

4. semita: *simile a quello di un ebreo, a causa della barbetta.*

COMPRENSIONE

1 Per quale motivo il poeta "risponde" al belato della capra? Come si modifica poi il suo atteggiamento?

2 La lirica si svolge in tre momenti distinti, che segnano il passaggio dal piano descrittivo alla riflessione personale e al piano universale. Individua e spiega il senso dei tre passaggi.

3 Quale significato assume nel testo l'aggettivo «fraterno» (v. 5)?

Oltre il testo Confrontare e analizzare

- Il motivo del lamento e il verbo «querelarsi» ricorrono anche nella lirica *A mia moglie* (p. 109). Quali analogie e quali differenze ritrovi tra i due testi?

ANALISI E INTERPRETAZIONE

4 Che tipo di complemento è «per celia» (v. 7)?

5 Spiega il significato del verbo «querelarsi» e scrivi almeno due frasi in cui lo utilizzi nell'accezione usata da Saba.

6 Individua nel testo i particolari descrittivi. Ti sembra che essi abbiano un semplice valore referenziale?

7 Rintraccia nel testo i termini legati alla sfera semantica del dolore e del lamento. Che funzione ha l'insistenza su questo concetto?

○> Oltre il testo   **Confrontare e analizzare**

- Basandoti sulle altre liriche di Saba che hai letto, spiega in un testo scritto quale valore ha il dolore nella sua concezione della vita.

8 Quali analogie è possibile stabilire a livello simbolico tra la condizione della capra e quella del poeta?

9 Nel testo numerosi termini sono ripetuti: individuali e spiega il significato di questa scelta stilistica in rapporto al contenuto.

10 Oltre che dalla rima «legata / bagnata» (vv. 2-3), i primi versi sono legati anche da assonanze e allitterazioni onomatopeiche: quali?

11 Individua nel testo i termini di registro aulico e letterario, spiegando perché a tuo parere il poeta li inserisce in un contesto lessicale di per sé piano e colloquiale.

○> Oltre il testo   **Confrontare e analizzare**

- Metti a confronto il lessico della lirica con quello di un'altra poesia del *Canzoniere* a tua scelta, individuando gli aspetti peculiari della lingua utilizzata da Saba.

12 Nella lirica sono particolarmente numerosi gli *enjambement*. Individuali e spiegane la funzione complessiva.

SCRITTURA E APPROFONDIMENTI

13 A proposito del particolare della «capra dal viso semita», Saba escluse apertamente ogni riferimento alle proprie origini ebraiche, affermando che si trattava di «un verso prevalentemente visivo», che non conteneva «nessun pensiero cosciente né pro né contro gli ebrei». Come interpreti questa dichiarazione? Giudichi comunque lecita un'interpretazione dell'immagine in chiave simbolica? Rispondi in un testo scritto che non superi le due pagine.

14 Sulla base dei componimenti che hai studiato in questa unità, scrivi un testo di massimo due pagine sulle principali caratteristiche tematiche e stilistiche della poesia di Saba.

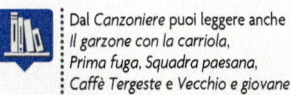 Dal *Canzoniere* puoi leggere anche
Il garzone con la carriola,
Prima fuga, Squadra paesana,
Caffè Tergeste e Vecchio e giovane

Guida alla verifica orale

 Verifica le tue conoscenze

DOMANDA N. 1 Perché la poesia di Saba venne apprezzata solo a partire dal 1928, quando la rivista «Solaria» gli dedicò un numero monografico?

LA RISPOSTA IN SINTESI

La "sfortuna" di Saba è dovuta essenzialmente a due fattori. In primo luogo, la formazione atipica di uno scrittore che si rifà alla tradizione italiana sette-ottocentesca e alla cultura mitteleuropea della città di Trieste. In secondo luogo, l'eccessivo autobiografismo dei suoi testi che attingono alla sua infanzia tormentata, al suo malessere esistenziale e al suo amore per la moglie Lina.

LA RISPOSTA NEI TESTI

T1 Spesso i protagonisti delle poesie di Saba sono i suoi familiari, anche se tale autobiografismo ha significati più profondi: la moglie incinta, per esempio, diviene simbolo universale di vita.

T6 La sintassi lineare, il lessico quotidiano e dimesso, l'apparente facilità di una poesia che ama la verità sono antitetici alla poetica ermetica di quel periodo.

DOMANDA N. 2 Perché Saba definisce la sua una «poesia onesta»?

LA RISPOSTA IN SINTESI

Secondo Saba ci sono due modi di fare poesia: uno mira a raggiungere la gloria ed è basato sull'ambizione e il successo; l'altro, quello che egli sente proprio, si fonda su un'ispirazione sincera profondamente radicata nelle cose, nella realtà, nell'esperienza. La sua poesia dà voce poetica a situazioni e personaggi umili, di solito esclusi dalla letteratura.

LA RISPOSTA NEI TESTI

T2 – **T5** La rappresentazione di Trieste sottolinea gli aspetti, i luoghi e le persone umili e appartenenti alla quotidianità, in cui però il poeta ritrova il senso più autentico dell'esistenza.

T3 Anche un evento normale come un goal è osservato con una profondità di sguardo che ne fa una riflessione sull'istinto di solidarietà che lega gli uomini tra loro.

T4 Una povera rappresentazione teatrale nel settembre 1944 è il pretesto per descrivere la tristezza che grava sull'animo degli italiani e la loro speranza in un futuro migliore.

DOMANDA N. 3 Quali elementi caratterizzano lo stile di Saba?

LA RISPOSTA IN SINTESI

Per rendere la sua idea di «poesia onesta» e descrivere situazioni umili e quotidiane, Saba ricorre a un lessico dai toni medi, che descrive la realtà nella maniera più oggettiva possibile. Solo l'uso di qualche raro termine aulico, di inversioni sintattiche, *enjambement*, figure di suono e versi appartenenti alla tradizione poetica impreziosisce il dettato poetico e trasforma l'andamento prosastico in poesia.

LA RISPOSTA NEI TESTI

T1 Il lessico usato per l'elogio della moglie è umile e quotidiano, ma è impreziosito da anafore e da termini aulici che lo avvicinano a una sorta di preghiera laica.

T6 Nel suo "manifesto" poetico Saba dichiara di amare le parole consumate dall'uso quotidiano, le rime apparentemente più facili, che gli consentono di raggiungere la verità e toccare il cuore del lettore.

Verifica delle conoscenze

Quesiti a risposta chiusa

1 L'infanzia e l'adolescenza del poeta
- ☐ sono spensierate e serene
- ☐ sono tormentate dall'assenza del padre e dalla severità della madre
- ☐ non incidono in alcun modo sulla formazione dell'autore
- ☐ non sono particolarmente rilevanti dal punto di vista letterario

2 Inizialmente la poesia di Saba
- ☐ incontra un grande successo di pubblico e di critica
- ☐ si inserisce nel contemporaneo filone della poesia italiana
- ☐ è considerata una poesia inattuale
- ☐ si avvicina decisamente alla poetica dell'Ermetismo

3 Saba definisce la sua poesia «onesta» perché
- ☐ non ha niente da nascondere
- ☐ è una poesia sincera, radicata nella realtà quotidiana
- ☐ è una poesia molto ambiziosa
- ☐ è una poesia di scarse pretese intellettuali

4 Il lessico usato da Saba
- ☐ è un lessico quotidiano talvolta impreziosito da termini aulici
- ☐ è un lessico arcaico e di difficile comprensione
- ☐ è un lessico poco curato
- ☐ non presenta caratteristiche di particolare rilevanza

5 Perché Saba intitola la sua opera *Canzoniere*?
- ☐ perché si tratta di una raccolta di canzoni, forma poetica molto usata da Leopardi
- ☐ perché vuole rifarsi all'opera di Petrarca e vuole essere l'opera di tutta una vita
- ☐ perché il titolo poteva suscitare una certa curiosità nei lettori
- ☐ per scelta del suo primo editore

6 Perché Saba divide il *Canzoniere* in volumi e sezioni?
- ☐ per scandire meglio le fasi di composizione dei testi
- ☐ perché ogni sezione ha un carattere a sé che la differenzia dalle altre
- ☐ è una divisione successiva alla morte dell'autore
- ☐ perché questa struttura vuole evidenziare il carattere narrativo dei testi e il valore dell'opera come romanzo in versi

Quesiti a risposta aperta
(massimo 8 righe per ciascuno)

1 Evidenzia gli aspetti dell'infanzia e dell'adolescenza di Saba che possono aver influito sulla sua opera.

2 Indica gli ambienti letterari con i quali Saba entrò in contatto, mettendo in evidenza quali influenze possono aver avuto sulla sua formazione.

3 Illustra i motivi per cui la poesia di Saba negli anni Venti-Trenta del Novecento era una poesia inattuale.

4 Spiega perché Saba definisce la sua poesia una «poesia onesta».

5 Illustra i motivi per cui il *Canzoniere* può essere considerato l'opera di tutta una vita.

6 Spiega in che cosa consiste la componente religiosa della poesia *A mia moglie*.

7 Spiega l'accostamento tra il personaggio di Ulisse e il poeta su cui è costruita la lirica *Ulisse*.

Trattazione sintetica di argomenti
(massimo 20 righe per ogni risposta)

1 Illustra, con opportuni riferimenti ai testi, la poetica di Saba così come è espressa in *Amai*.

2 Analizza e definisci, con opportuni riferimenti ai testi, analogie e differenze tra la poesia «espressionista» di Ungaretti e la poesia «onesta» di Saba.

3 Individua all'interno dei testi proposti quelle espressioni epigrammatiche attraverso le quali è possibile ricostruire la visione che Saba ha della vita umana.

Analisi del testo

T9 Mio padre è stato per me l'"assassino"

Canzoniere

Il componimento fa parte della sezione Autobiografia, un insieme di quindici sonetti in cui Saba illustra alcuni momenti decisivi della sua vita, e in Storia e cronistoria del Canzoniere è definito «una delle grandi cose del Saba».

Ugo Edoardo Poli abbandonò la famiglia prima della nascita di Umberto, che lo conobbe soltanto in età adulta. In questa lirica Saba mostra verso il padre, «gaio e leggero» e così diverso dalla rigida severità della madre, un atteggiamento di benevola indulgenza. Proprio all'essere il frutto dell'unione di due individui tanto antitetici – in cui si rispecchiano «due razze in antica tenzone» – Saba riconduce l'origine della propria indole contraddittoria.

> Mio padre è stato per me "l'assassino";
> fino ai vent'anni che l'ho conosciuto[1].
> Allora ho visto ch'egli era un bambino,
> e che il dono[2] ch'io ho da lui l'ho avuto.
>
> 5 Aveva in volto il mio sguardo azzurrino,
> un sorriso, in miseria[3], dolce e astuto.
> Andò sempre pel mondo pellegrino[4];
> più d'una donna l'ha amato e pasciuto[5].
>
> Egli era gaio e leggero; mia madre
> 10 tutti sentiva della vita i pesi.
> Di mano ei[6] gli sfuggì come un pallone.
>
> "Non somigliare – ammoniva – a tuo padre":
> ed io più tardi in me stesso lo intesi[7]:
> eran due razze in antica tenzone[8].

---

1. Mio padre... conosciuto: *negli anni dell'infanzia, il poeta aveva avuto notizia del padre solo attraverso i discorsi della madre che, risentita per l'abbandono, ne parlava come di un poco di buono. Solo all'età di vent'anni Saba lo conobbe di persona.*

2. il dono: *ossia la leggerezza e la gioia di vivere che affiorano spesso dalle liriche del poeta.*

3. in miseria: *sebbene fosse ridotto in miseria.*

4. pellegrino: *vagabondo.*

5. pasciuto: *nutrito, accudito.*

6. ei: *egli.*

7. intesi: *compresi.*

8. due razze in antica tenzone: *due culture, due mondi (ebreo e cattolico) in atavico contrasto.*

COMPRENSIONE

1 Dopo una prima lettura, riassumi il contenuto informativo del testo in non più di dieci righe.

ANALISI E INTERPRETAZIONE

2 Illustra la struttura metrica e il ritmo del componimento.

3 Per quale motivo il padre viene visto da Saba per tutta l'infanzia come l'«assassino»?

4 In che cosa consiste il «dono» che il poeta afferma di aver ricevuto in eredità dal padre (v. 4)?

5 I vv. 9-10 sono costruiti in netta antitesi. Attraverso quali espedienti retorici Saba enfatizza la fatica di vivere della madre?

6 A quale realtà culturale e storica si riferisce Saba con l'espressione «eran due razze in antica tenzone» (v. 14)?

7 Osserva le parole legate dalla rima. Quali tra esse ti sembrano particolarmente significative sul piano semantico?

SCRITTURA E APPROFONDIMENTI

8 In *Storia e cronistoria del Canzoniere*, Saba critica la propria scelta di paragonare il padre a un «pallone» (v. 11), affermando che «il termine suggerisce qualcosa di enorme, di contrario alla leggerezza», e che il termine adatto (ma impossibile per ragioni metriche) sarebbe stato piuttosto «palloncino». In che rapporto si pone questa scelta formale con l'esigenza di Saba di «onestà» poetica?

9 Difendendo la sua scelta del sonetto, Saba sostiene di essere stato «un arretrato e un precursore» rispetto ai poeti contemporanei. Come valuti questa affermazione? Rispondi in un testo lungo al massimo una pagina.

10 Osserva i dipinti proposti in questa pagina: quale ti sembra il più adatto a illustrare la poesia che abbiamo appena analizzato? Spiega in un breve testo i motivi che hanno guidato la tua scelta.

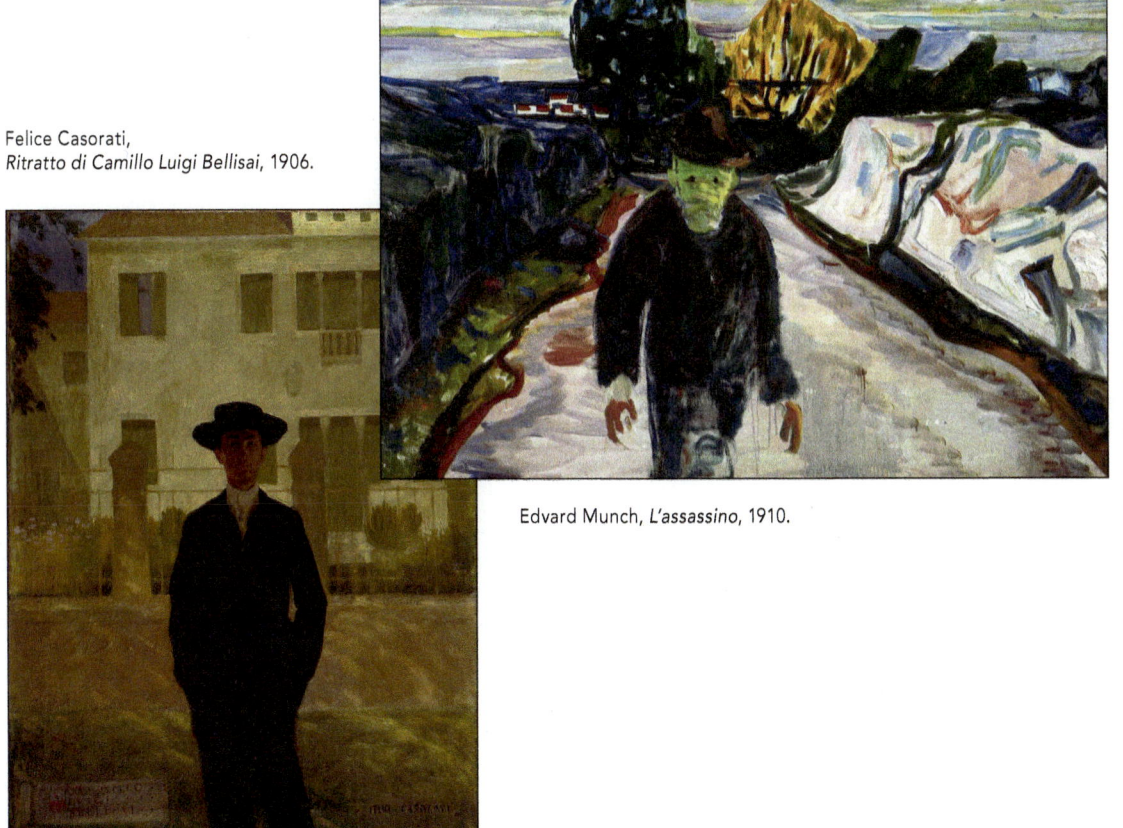

Felice Casorati,
Ritratto di Camillo Luigi Bellisai, 1906.

Edvard Munch, *L'assassino*, 1910.

Saggio breve

ARGOMENTO Saba e la psicoanalisi

DOCUMENTI

1 Saba è nato a Trieste nel 1883. Sua madre era ebrea; suo padre, che sparì subito dal cerchio della famiglia (prima ancora che il poeta nascesse) e che questi conobbe appena intorno ai vent'anni [...] 'ariano'. In questi scarsi dati di stato civile vi sono già – come si vede – molti elementi isolanti. Nascita in una famiglia disunita, in una città di traffici e non di vecchia cultura, varia di razze e di costumi, abbiamo qui molto di quello che si potrebbe chiamare 'il colore locale' di Saba.

U. Saba, *Storia e cronistoria del Canzoniere*

2 Non credo che il suo paziente potrà mai guarire del tutto. Al più uscirà dalla cura molto più illuminato su se stesso e sugli altri. Ma, se è un vero poeta, la poesia rappresenta un compenso troppo forte alla nevrosi, perché possa interamente rinunciare ai benefici della sua malattia.

Lettera di Freud al dottor Weiss, lo psicanalista di Saba

3 Devi sapere che alla radice della mia malattia stava la mancanza del padre: ma come, in qualsenso e con quali conseguenze è cosa incredibile e vera.

U. Saba, *La spada d'amore*

4
Quando nacqui mia madre ne piangeva,
sola, la notte, nel deserto letto.
Per me, per lei che il dolore struggeva,
trafficavano i suoi cari nel ghetto.

Da sé il più vecchio le spese faceva,
per risparmio, e più forse per diletto.
Con due fiorini un cappone metteva
nel suo grande turchino fazzoletto.

Come bella doveva essere allora
la mia città: tutta un mercato aperto!
Di molto verde, uscendo con mia madre

io, come in sogno, mi ricordo ancora.
Ma di malinconia fui tosto esperto;
unico figlio che ha lontano il padre.

U. Saba, *Autobiografia*, 1924

5 Vi siete mai chiesti perché l'Italia non ha avuto, in tutta la sua storia - da Roma ad oggi - una sola vera rivoluzione? La risposta - chiave che apre molte porte - è forse la storia d'Italia in poche righe. Gli italiani non sono parricidi; sono fratricidi. Romolo e Remo, Ferruccio e Maramaldo, Mussolini e i socialisti, Badoglio e Graziani... "Combatteremo - fece stampare quest'ultimo in un suo manifesto - fratelli contro fratelli". (Favorito, non determinato, dalle circostanze, fu un grido del cuore, il grido di uno che - diventato chiaro a se stesso - finalmente si sfoghi). Gli italiani sono l'unico popolo (credo) che abbiano, alla base della loro storia (o della loro leggenda), un fratricidio. Ed è solo col parricidio (uccisione del vecchio) che si inizia una rivoluzione. Gli italiani vogliono darsi al padre, ed avere da lui, in cambio, il permesso di uccidere gli altri fratelli.

U. Saba, *Scorciatoie e raccontini*

6 Laura è certamente esistita. È esistita, ed era, alla luce di tutti i giorni, una bionda signora; nelle profondità inaccesse (infantili) dell'anima del poeta, era sua madre, era la donna che non si può avere. [...] I poeti (intendo particolarmente i poeti lirici) o sono fanciulli che cantano le loro madri (Petrarca), o madri che cantano i loro fanciulli (ne avete letto un esempio alla scorciatoia 96 [dove si parla di Sandro Penna]) o (quest'ultimo caso è meno frequente: Shakespeare nei suoi sonetti?) una cosa e l'altra. Si direbbe che la lirica (con molte apparenze contrarie) non possa uscire da questo cerchio incantato; e che noi teniamo qui, finalmente, il nocciolo dell'ispirazione poetica. [...] Non è invece pensabile che il Petrarca avrebbe scritto il suo Canzoniere, se gli fosse potuto arrivare alla coscienza che Laura (o chi per lei) era sua madre, e che la sua malinconia nasceva da una rimozione non interamente riuscita dei sentimenti incestuosi della sua infanzia.

U. Saba, *Scorciatoie e raccontini*

Eugenio Montale

Eugenio Montale

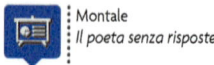

Montale
Il poeta senza risposte

Guido Peyron, *Ritratto del poeta Montale*, 1932.

La vita e le opere

La formazione e le prime poesie Eugenio Montale nasce a Genova il 12 ottobre **1896** da una famiglia di agiati commercianti. Dopo aver iniziato l'istituto tecnico è costretto a interrompere la scuola per problemi di salute; studia da **autodidatta** con l'aiuto della sorella Marianna e si diploma privatamente solo nel 1915. Nei lunghi periodi trascorsi in casa Montale si dedica con passione alla **musica** e al canto operistico e si forma una solida cultura grazie a letture approfondite ed eterogenee (dai romantici inglesi a Leopardi, da Baudelaire ai poeti liguri contemporanei), iniziando a comporre i primi versi (al 1916 risale *Meriggiare pallido e assorto*, la prima poesia in ordine cronologico degli *Ossi di seppia*).

Nel 1917 Montale frequenta il **corso per allievi ufficiali** a Parma: qui conosce il poeta e saggista Sergio Solmi con il quale stringerà una lunga amicizia. Divenuto sottotenente, combatte come **volontario** in Vallarsa, nel Trentino. Congedato nel luglio del 1919, torna a Genova e trascorre le stagioni estive nella villa di famiglia a Monterosso, un paese delle **Cinque Terre**, dove conosce Anna degli Uberti, cantata in alcune liriche con il nome di Annetta-Arletta.

Gli *Ossi di seppia* Nei primi anni Venti Montale frequenta poeti e scrittori liguri e nel 1922 pubblica alcuni componimenti sulla rivista «Primo tempo» di Piero Gobetti, giovane intellettuale liberale e antifascista. Nel **1925**, sempre per le edizioni di Gobetti, esce la prima raccolta di Montale, *Ossi di seppia*, che comprende testi scritti fra il 1916 e il 1924 (del **1928** è una seconda edizione, con sei nuove poesie e articolata in sei sezioni). Protagonista dell'opera è il **paesaggio ligure**, che nella sua scabra essenzialità si fa emblema del «**male di vivere**» dell'uomo, con accenti che ricordano il pessimismo leopardiano ma anche la

filosofia esistenzialista. In mezzo alla **sofferenza che domina la realtà** appaiono rari momenti in cui il balenare di un'immagine naturale o di un ricordo lasciano trapelare per un attimo la possibilità di una vita diversa. A livello stilistico le espressioni auliche e ricercate convivono con una **volontà di comunicazione antiletteraria** ispirata da molteplici modelli: la natura panica e assoluta dell'*Alcyone* di D'Annunzio, le piccole cose pascoliane ma anche la caustica ironia di Gozzano e gli ambienti borghesi dei crepuscolari.

Sempre nel **1925** Montale **firma il *Manifesto degli intellettuali antifascisti*** di Benedetto Croce, testimoniando la sua consapevole ostilità al regime (*La parola all'autore*). Pochi mesi dopo pubblica il saggio *Omaggio a Italo Svevo*, che sarà fondamentale per la fortuna dello scrittore triestino.

Il periodo fiorentino Nel **1927** Montale si trasferisce **a Firenze**, dove lavora come redattore per la casa editrice Bemporad. Nel 1929 è nominato direttore di un'importante istituzione culturale fiorentina, il **Gabinetto letterario Vieusseux**, incarico che perderà nel 1938 per aver rifiutato di iscriversi al Partito fascista. A Firenze Montale si avvicina ai **poeti ermetici** e all'ambiente della rivista «Solaria» e frequenta scrittori e critici come Elio Vittorini, Carlo Emilio Gadda e Gianfranco Contini, che lo spinge ad approfondire lo studio della **poesia dantesca**. A partire dal 1933 si lega sentimentalmente alla giovane ebrea americana **Irma Brandeis** (cantata nelle *Occasioni* con il nome di Clizia), ma nel 1938 la donna è costretta a lasciare l'Italia a causa delle leggi razziali.

A lei il poeta dedica la sua seconda raccolta, ***Le occasioni***, pubblicata nel **1939** e comprendente testi scritti fra il 1928 e il 1938. *Le occasioni* costituiscono l'ideale prosecuzione degli *Ossi di seppia*, ma segnano anche un'evoluzione nei temi e nella poetica. Al centro dell'opera si pone la **vita interiore**

Montale di fronte al fascismo

Le prime raccolte di Montale affrontano i grandi interrogativi esistenziali, tralasciando la storia e la politica contemporanee. Per questo motivo il poeta sarà più volte costretto a chiarire il senso della sua scelta, di fronte alle accuse di disimpegno mosse nel dopoguerra da molti intellettuali.

Non sono stato indifferente a quanto è accaduto negli ultimi trent'anni; ma non posso dire che se i fatti fossero stati diversi anche la mia poesia avrebbe avuto un volto totalmente diverso. [...] Io non sono stato fascista e non ho cantato il fascismo; ma neppure ho scritto poesie in cui quella pseudo rivoluzione apparisse osteggiata[1]. Certo, sarebbe stato impossibile pubblicare poesie ostili al regime d'allora; ma il fatto è che non mi sarei provato neppure se il rischio fosse stato minimo o nullo. [...] Coloro per i quali l'arte è un prodotto delle condizioni ambientali e sociali dell'artista potranno obiettare: il male è che vi siete estraniato dal vostro tempo; dovevate optare[2] per l'una o per l'altra delle parti in conflitto. [...] Rispondo che io ho optato come uomo; ma come poeta ho sentito subito che il combattimento avveniva su un altro fronte, nel quale poco contavano i grossi avvenimenti che si stavano svolgendo.

E. Montale, *Sulla poesia*, a cura di G. Zampa, Milano, Mondadori, 1976

1. osteggiata: *contrastata*. **2. optare:** *scegliere*.

---

del poeta, a cui si prospettano nuove «occasioni» salvifiche, in grado forse di illuminare il vero senso dell'esistenza. Il «**varco**» viene ora cercato nel ricordo e nel **recupero memoriale** del passato, evocato ma subito negato, oppure nell'incontro con evanescenti figure femminili. Centrale è l'immagine di **Clizia**, la donna che **incarna i valori della cultura** e che, come una moderna Beatrice, sembra indicare il cammino verso una salvezza che si rivela però labile. Caratterizzata da una forma espressiva ardua e a tratti oscura, la raccolta risente dell'influsso della coeva poesia ermetica, dalla quale tuttavia si differenzia grazie alla scelta di esprimere sensazioni e stati d'animo non in forma evocativa ma, secondo la tecnica del **correlativo oggettivo**, ovvero attraverso **oggetti emblematici** che si caricano di una valenza allegorica universale.

La guerra e il periodo milanese

Nel 1939 Montale va a vivere con **Drusilla Tanzi** (soprannominata Mosca), che tuttavia sposerà solo nel 1962. Tra il 1940 e il 1942 scrive le liriche di *Finisterre*, pubblicate nel 1943 a Lugano da Gianfranco Contini e destinate poi a entrare nella raccolta *La bufera e altro*. Durante gli anni della guerra Montale ospita nella sua casa fiorentina Carlo Levi e Umberto Saba, perseguitati perché ebrei, e alla fine del conflitto entra a far parte del **CLN** (Comitato di Liberazione Nazionale) e del Partito d'Azione, da cui però si distacca molto presto. Nel 1948 si trasferisce a **Milano**, dove diventa **redattore del «Corriere della Sera»**, con cui collaborava

già da due anni. Traduce intanto le opere di poeti inglesi antichi e moderni (Shakespeare, William Butler Yeats, Thomas Stearns Eliot, che conosce personalmente durante un viaggio a Londra), documentando tale attività nel *Quaderno di traduzioni* (1948), e scrive numerosi articoli culturali, poi raccolti nel volume di prose *La farfalla di Dinard* (1956).

Nel **1956** esce il suo terzo libro di versi, *La bufera e altro*. Sollecitato dagli eventi della Seconda guerra mondiale e del dopoguerra, Montale apre la sua poesia al **confronto con la storia e l'attualità**, sia pure in forma indiretta. La «bufera» del titolo allude infatti alla **tragedia della guerra**, intesa non solo nella sua concretezza contingente, ma anche come contrasto interiore e ontologico, come «una guerra cosmica e terrestre, senza scopo e senza ragione», come scrisse Montale stesso. Di fronte alla violenza della storia, la figura di **Clizia** assume **caratteristiche più marcatamente religiose**, fino a svanire in una sorta di supremo sacrificio che non porta, però, la sperata «salvezza per tutti». A Clizia subentra **Volpe**, una nuova **figura femminile dai tratti più sensuali**, portatrice di un residuo spiraglio di salvezza individuale. A questi temi si affiancano le **riflessioni sulla morte**, in particolare nei testi dedicati alla madre e al padre, e la riflessione sul valore etico e civile della poesia.

Il silenzio poetico e l'ultimo Montale

La fama di Montale cresce rapidamente e si susseguono i **riconoscimenti pubblici**, come le lauree *ad ho-*

norem da parte delle università di Roma, Milano e Cambridge e il premio Feltrinelli dell'Accademia dei Lincei. Ma alla sempre maggiore dimensione pubblica si accompagna un **lungo periodo di silenzio poetico**. Negli anni del *boom* economico Montale è infatti scettico sull'utilità della poesia in una società dominata dal potere del denaro e dei *media*. La lunga pausa creativa si interrompe alla fine degli anni Sessanta, quando cominciano ad apparire le poesie di ***Xenia***, composte in ricordo della moglie Drusilla Tanzi, morta nel 1963. Nel frattempo, appaiono due volumi di prose giornalistiche, frutto della collaborazione con vari quotidiani nazionali: *Auto da fè* (1966) e *Fuori di casa* (1969), che riunisce i *reportage* dall'estero.

Nel **1967** Montale viene nominato **senatore a vita** e nel **1971** – a oltre quindici anni di distanza da *La bufera* – pubblica ***Satura***, raccolta che comprende oltre cento testi scritti fra il 1962 e il 1970, e segna uno **stacco netto** rispetto alla produzione precedente, tanto nei temi quanto nelle scelte stilistiche. In linea con il titolo, che rinvia sia alla varietà dei temi sia all'intento di critica sociale, Montale abbandona la dimensione metafisica per volgere lo sguardo alla **vita quotidiana del suo tempo**, segnata dalla massificazione e dall'omologazione culturale. Questa nuova, desolante realtà viene osservata con sguardo acutamente sarcastico e riprodotta attraverso un **linguaggio basso e quasi prosastico**, intriso di **ironia**

e di parodia, in un gioco di **citazioni** che rinvia alle forme del Postmoderno. Il **carattere diaristico** della nuova poesia, più prosastico e colloquiale, abbrevia i tempi di composizione e in un breve arco di tempo appaiono tre nuove raccolte: *Diario del '71 e del '72* (1973), *Quaderno di quattro anni* (1977) e *Altri versi* (1981). Intanto, nel **1975**, la fama di Montale raggiunge il suo apice grazie al conferimento del **premio Nobel** (*La parola all'autore*), a cui segue il volume *Sulla poesia* (1976), raccolta di importanti contributi di critica letteraria. Muore a Milano il 12 settembre **1981**.

◯ Sosta di verifica

1 Qual è la posizione di Montale rispetto al fascismo?
2 Come si chiama la prima raccolta poetica di Montale e in quale anno viene pubblicata?
3 Quale attività svolge il poeta a Firenze?
4 Quali sono le tematiche principali de *Le occasioni*?
5 A che cosa allude il titolo della raccolta *La bufera e altro*?
6 Quando e per quale motivo Montale attraversa una fase di silenzio poetico?
7 Quali elementi innovativi presentano le liriche di *Satura*?
8 Quali sono gli importanti riconoscimenti ottenuti da Montale negli anni Sessanta e Settanta?

La parola all'autore

È ancora possibile la poesia?

Nel discorso tenuto all'Accademia di Svezia il 12 dicembre 1975, in occasione del conferimento del premio Nobel, Montale tenta di rispondere alla domanda che dà il titolo a questo suo intervento.

Nella attuale civiltà consumistica che vede affacciarsi alla storia nuove nazioni e nuovi linguaggi, nella civiltà dell'uomo robot, quale può essere la sorte della poesia? Le risposte potrebbero essere molte. La poesia è l'arte tecnicamente alla portata di tutti: basta un foglio di carta e una matita e il gioco è fatto. Solo in un secondo momento sorgono i problemi della stampa e della diffusione. L'incendio della Biblioteca di Alessandria[1] ha distrutto tre quarti della letteratura greca. Oggi nemmeno un incendio universale potrebbe far sparire la torrenziale produzione poetica dei nostri giorni. Ma si tratta appunto di produzione, cioè di manufatti soggetti alle leggi del gusto e della moda. Che l'orto delle Muse[2] possa essere devastato da grandi tempeste è, più che probabile, certo. Ma mi pare altrettanto certo che molta carta stampata e molti libri di poesia debbano resistere al tempo. [...] Inutile chiedersi quale sarà il destino delle arti. È come chiedersi se l'uomo di domani, di un domani magari lontanissimo, potrà risolvere le tragiche contraddizioni in cui si dibatte fin dal primo giorno della Creazione.

E. Montale, *È ancora possibile la poesia?*, in *Per conoscere Montale*, a cura di M. Forti, Milano, Mondadori, 1976

1. Biblioteca di Alessandria: la biblioteca di Alessandria d'Egitto, la più ricca del mondo antico, varie volte distrutta tra I e VI secolo d.C.
2. l'orto delle Muse: nella mitologia greca e romana le Muse erano le divinità protettrici delle arti. Metaforicamente «l'orto delle Muse» indica l'arte in generale.

Il pensiero e la poetica

Un "classico" del Novecento   Montale è considerato dalla critica uno dei poeti più rappresentativi del XX secolo, non solo per il valore intrinseco della sua opera, ma anche per il carattere esemplare della sua evoluzione poetica. La produzione montaliana copre infatti un **ampio arco cronologico** – dal 1920 al 1980 circa – e attraversa **tutte le principali correnti poetiche del Novecento**, da cui riprende spunti e suggestioni pur senza identificarsi in modo esclusivo con nessuna di esse. Le sue raccolte testimoniano da un lato l'attenzione alle suggestioni contemporanee e, dall'altro, la sostanziale **unitarietà della sua poetica**. In particolare, risulta evidente lo stretto legame che unisce le prime tre raccolte – *Ossi di seppia*, *Le occasioni* e *La bufera e altro* – rispetto alla svolta segnata, dopo il periodo di silenzio poetico, dalla pubblicazione di *Satura*.

Il «male di vivere»   La visione del mondo di Montale è caratterizzata da un lucido disincanto, che si traduce in forme di **radicale pessimismo**. Interprete di una sensibilità tipicamente novecentesca, segnata dal tramonto degli ideali collettivi e delle certezze tradizionali, il poeta guarda al **mondo** come a un **insieme di eventi casuali e insensati**, non sorretti da alcun principio unificante e dominati dal dolore e dalla sofferenza. Di fronte a questa realtà, l'uomo avverte una profonda inadeguatezza e una sensazione di **disarmonia**, un angoscioso **«male di vivere»** che nasce dalla consapevolezza di un'**esistenza priva di senso** e finalità, non lenita neppure dalla fede religiosa. Dichiara lo stesso Montale nel saggio *Sulla poesia*: «L'argomento della mia poesia (e credo di ogni possibile poesia) è la condizione umana in sé considerata; non questo o quello avvenimento storico. Ciò non significa estraniarsi da quanto avviene nel mondo; significa solo coscienza, e volontà, di non scambiare l'essenziale col transitorio. [...] Avendo sentito fin dalla nascita una totale disarmonia con la realtà che mi circondava, la materia della mia ispirazione non poteva essere che quella disarmonia. Non nego che il fascismo dapprima, la guerra più tardi, e la guerra civile più tardi ancora mi abbiano reso infelice; tuttavia esistevano in me ragioni di infelicità che andavano molto al di là e al di fuori di questi fenomeni. Ritengo si tratti di un inadattamento, di un *maladjustement* [*inadattabilità*] psicologico e morale che è proprio di tutte le nature a sfondo introspettivo, cioè a tutte le nature poetiche».

La funzione della poesia e la possibilità del «varco»   A questa visione negativa, che presenta molti punti di contatto con la filosofia esistenzialista, si accompagna una **nuova concezione del compito della poesia**. Il poeta non è più in grado di offrire soluzioni positive o dissimulare il disagio individuale e collettivo; egli ha invece il compito di **registrare il «male di vivere»** e di farsi **testimone della dignità umana** nel suo sforzo di sopravvivere al caos dell'universo. Fin da *Ossi di seppia*, Montale rifiuta in modo netto la concezione del poeta-vate, guida della collettività e portatore di certezze espresse in forma magniloquente. La sua, al contrario, è una **poesia «scabra ed essenziale»**, che trasferisce il dolore esistenziale in **oggetti e situazioni concrete**, attraverso immagini asciutte e antiretoriche.

Nonostante questa visione pessimistica, tuttavia, Montale non approda mai a un vero e proprio nichilismo. Pur nell'apparente insensatezza dell'esistenza, resiste in lui una **fiducia residua** nella possibilità di **cogliere il senso della realtà** e di attingere l'autenticità della vita. La poesia di Montale si nutre quindi della speranza di individuare, attraverso un evento quasi miracoloso e in modi casuali, il **«varco»**, **«l'anello che non tiene»**, la **«maglia rotta nella rete / che ci stringe»**, l'evento che permette di andare oltre l'apparenza fenomenica per **cogliere una verità definitiva**. Ma questa **tensione** è destinata a restare **frustrata**, poiché il significato ultimo della realtà sfugge sempre, rendendo più cocente la sconfitta e più amaro il pessimismo. Eppure, anche nella consapevolezza dell'inevitabile delusione, **la fiducia rinasce ogni volta**.

La ricerca di senso   Alla luce di questo apparente paradosso l'evoluzione della poesia di Montale può essere interpretata come **costante ricerca di un senso destinato a restare inattingibile** a cui il poeta sembra poter accedere grazie al «varco». Negli *Ossi di seppia* il senso ultimo della vita è rivelato da elementi del paesaggio (i «limoni» della lirica omonima, oppure il mare come fonte di vitalità), mentre nelle *Occasioni* l'accento si sposta sull'attesa degli **«stati di grazia»** offerti dal ricordo o dalla **presenza salvifica di una figura femminile**. Nella *Bufera* l'indagine si amplia dalla dimensione metafisica a quella storica, legata agli orrori della guerra, oltre i quali la cultura o, forse, la religione, potrebbe permettere il raggiungimento di una **salvezza collettiva**. Infine, nell'ultima fase della sua produzione, un Montale sempre più disincantato e amaramente autoironico affida la sua tensione conoscitiva alle forme più dimesse della realtà quotidiana.

La poetica degli "oggetti"   Montale esprime la sua visione dell'esistenza attraverso una poetica fondata su **elementi concreti e quotidiani** che si fanno **emblemi della condizione esistenziale** dell'uomo contemporaneo. A differenza della poesia ermetica, che ricorre a simboli allusivi, Montale intende rappresentare il «male di vivere» attraverso **oggetti** che rinviano a precisi stati d'animo, individuali e universali al tempo stesso. Già negli *Ossi di seppia*, il dolore della vita si incarna nello scabro paesaggio ligure, nel «muro» impossibile da valicare, nella «foglia riarsa» dal sole o negli stessi «ossi di seppia», espressione di una vitalità disseccata e isterilita.

Questa poetica si precisa poi, a partire dalle *Occasioni*, come rielaborazione della teoria del "**correlativo oggettivo**", ripresa dal poeta anglo-americano **Thomas Stearns Eliot**. In modo analogo a Eliot, Montale si propone di **rappresentare oggetti o situazioni concrete** non con uno scopo descrittivo o realistico, ma **come equivalenti** ("correlativi", appunto) **di precisi stati d'animo** e sentimenti, che assumono una valenza universale. Questa tecnica – diversa dal simbolismo ermetico e vicina piuttosto all'allegoria di derivazione dantesca – conferisce ai versi di Montale una concretezza che tuttavia non esclude l'**oscurità**. Il poeta, infatti, non rende esplicito il legame tra l'oggetto e la sensazione che vi si collega ma lascia al lettore il compito di decifrarne il significato.

L'evoluzione dello stile Parallelamente all'evoluzione della sua poetica, Montale delinea anche un originalissimo percorso stilistico. In aperta opposizione all'estetica del poeta-vate, Montale sceglie un **linguaggio volutamente dissonante**, che si colloca nel solco della tradizione dantesca (in particolare del Dante petroso e delle rime

«aspre e chiocce» degli ultimi canti dell'*Inferno*). Il registro è quello di una **quotidianità ricercata ed essenziale**, che sa accogliere anche termini aulici o specialistici.

Nelle *Occasioni* il **linguaggio** tende a farsi **più rarefatto e più raffinato**. Le scelte lessicali si impreziosiscono, mentre la ricerca di musicalità si arricchisce di sfumature più complesse. Questo nuovo orientamento continua ne *La bufera e altro*, in cui il poeta recupera un **lessico colto e letterario**, evitando i termini umili e colloquiali, e costruisce **organismi sintattici complessi**, ricchissimi di subordinate, che rendono spesso i testi di difficile decifrazione.

Satura, invece, segna un'inversione di tendenza, con il passaggio a uno **stile prosastico e aderente al parlato**, in cui prevale un tono ironico e disincantato, che caratterizza anche le ultime raccolte.

◉ Sosta di verifica

1 Che cosa significa per Montale l'espressione «male di vivere»?
2 Secondo Montale, qual è il compito della poesia?
3 La visione del poeta è totalmente pessimistica o lascia aperta qualche speranza?
4 Che cos'è la tecnica del "correlativo oggettivo"?
5 Quali sono le caratteristiche stilistiche della poesia di Montale?

La parola alla critica

Pier Vincenzo Mengaldo, *La lingua di Montale*

Nel presentare le caratteristiche dello stile di Montale, il critico Pier Vincenzo Mengaldo (1936) sottolinea la stretta relazione tra una poetica basata sugli "oggetti" e la precisione terminologica e la varietà linguistica tipiche delle prime tre raccolte.

Anche per la lingua e lo stile occorre distinguere fra il Montale fino alla *Bufera* e il successivo, senza dimenticare d'altra parte i tratti di sviluppo tra la prima e la terza opera [...]; tutti fenomeni evolutivi che indicano la conquista di una maggiore concisione, essenzialità, modernità stilistica. [...]

Comunque, il Montale fra *Ossi* e *Bufera* è certamente il poeta italiano di questo secolo dotato della lingua più ricca, articolata, risentita, segnata da forti escursioni e da un marchio di fabbrica inconfondibile. Il che è anzitutto in rapporto con due aspetti salienti della sua poetica: la ricerca di una lirica che sia anche prosa e ancor più la poetica dell'"oggetto". Questo comporta che la parola che esprime l'"oggetto" (e non direttamente la situazione esistenziale di cui esso è "correlativo" o emblema) non può essere sfocata e generica, ma ha da essere esatta, al limite tecnica; e d'altra parte che, se gli oggetti devono essere fissati e quasi raggelati nella loro unicità, il linguaggio a ciò addetto non può ripetersi in via via più stanche sigle, ma deve continuamente rinnovarsi. E ancora, capitale: se la poesia è piena di oggetti, ogni poesia non può essere che un oggetto unico e inconfondibile, non intercambiabile con altri [...].

P.V. Mengaldo, *Montale, L'opera in versi*, in *Letteratura italiana*, diretta da A. Asor Rosa, *Le opere*, IV, *Il Novecento*, I, *L'età della crisi*, Torino, Einaudi, 1995

L'evoluzione della poetica montaliana

Nel 1946 appare sulla «Rassegna italiana» un'*Intervista immaginaria* tra Montale e un inesistente interlocutore di nome Marforio, in cui il poeta ripercorre la sua opera dagli *Ossi di seppia* fino alle liriche di *Finisterre*. Riportiamo di seguito un estratto dell'intervista; i puntini di sospensione rappresentano le "domande" a cui Montale finge di rispondere.

– Se ho ben compreso la sua domanda, Marforio, lei vorrebbe sapere da qual momento, e in seguito a quale causa accidentale, di fronte a quale quadro di cavalletto ho potuto esclamare il fatidico: "Anch'io son pittore!" Com'è che mi sono deciso e riconosciuto nell'arte mia, che non è stata la pittura. È molto difficile dirglielo. Non ci fu mai in me una infatuazione poetica, né alcun desiderio di "specializzarmi" in quel senso. In quegli anni nessuno si occupava di poesia. L'ultimo successo di cui abbia ricordo in quei tempi fu Gozzano, ma gli spiriti forti dicevano male di lui, e anch'io (a torto) ero di quel parere. I letterati migliori, che presto si riunirono intorno alla «Ronda»[1], pensavano che la poesia dovesse scriversi, da allora in poi, in prosa. Ricordo che pubblicati i primi versi, nel «Primo Tempo» di Debenedetti, fui accolto con ironia dai miei pochi amici (che erano già immersi nella politica, antifascisti dal più al meno, verso il '22-23). Lo stesso Gobetti che stampò il mio primo libro nel '25, non fu troppo soddisfatto quando gli mandai un articolo politico per la sua «Rivoluzione liberale». Credeva anche lui… che un poeta non può e non deve intendersi di politica. Aveva torto; senza contare che io non ero ben sicuro di essere un poeta.

– …

– Se ne sono sicuro oggi? Non saprei. La poesia del resto è una delle tante possibili positività della vita. Non credo che un poeta stia più in alto di un altro uomo che veramente esista, che sia qualcuno. Mi procurai anch'io, a suo tempo, un'infarinatura di psicanalisi, ma pur senza ricorrere a quei lumi pensai presto, e ancora penso, che l'arte sia la forma di vita di chi veramente non vive: un compenso o un surrogato. Ciò peraltro non giustifica alcuna deliberata *turris eburnea*[2]: un poeta non deve rinunziare alla vita. È la vita che s'incarica di sfuggirgli. […]

– …

– Quando cominciai a scrivere le prime poesie degli *Ossi di seppia* avevo certo un'idea della musica nuova e della nuova pittura. […] Sapevo anche allora distinguere tra descrizione e poesia, ma ero consapevole che la poesia non può macinare a vuoto e che non può aversi concentrazione se non dopo diffusione. Non ho detto dopo spreco. Un poeta non deve sciuparsi la voce solfeggiando troppo, non deve perdere quelle qualità di timbro che dopo non ritroverebbe più. Non bisogna scrivere una serie di poesie là dove una sola esaurisce una situazione psicologica determinata, un'occasione. In questo senso è prodigioso l'insegnamento del Foscolo, un poeta che non si è ripetuto mai.

– …

– Non mi fraintenda, ma non nego che un poeta possa o debba esercitarsi nel suo mestiere, in quanto tale. Ma i migliori esercizi sono quelli interni, fatti di meditazione e di lettura. Letture di ogni genere, non letture di poesie: non occorre che il poeta passi il tempo a leggere versi altrui, ma neppure si concepirebbe una sua ignoranza di quanto s'è fatto dal punto di vista tecnico, nell'arte sua. […] Da molti anni la poesia va diventando più un mezzo di conoscenza che di rappresentazione. Spesso la si richiama a un diverso destino e si vorrebbe rivederla in piazza. Ma coloro che abboccano e scendono nell'agorà[3] sono spesso fischiati.

– …

– No, non penso a una poesia filosofica che diffonda idee. Chi ci pensa più? Il bisogno di un poeta è la ricerca di una verità puntuale, non di una verità generale. Una verità del poeta-soggetto che non rinneghi quella dell'uomo-soggetto empirico che canti ciò che unisce l'uomo agli altri uomini ma non neghi ciò che lo disunisce e lo rende unico e irripetibile. […]

– …

– No, scrivendo il mio primo libro (un libro che si scrisse da sé) non mi affidai a idee del genere. Le intenzioni che oggi le espongo sono tutte a posteriori. Ubbidii a un bisogno di espressione musicale. Volevo che la mia parola fosse più aderente di quella degli altri poeti che avevo conosciuto. Più aderente a che? Mi pareva di vivere sotto a una campana di vetro, eppure sentivo di essere vicino a qualcosa di essenziale. Un velo sottile, un filo appena mi sepa-

---

1. Ronda: rivista pubblicata a Roma tra il 1919 e il 1923, che sosteneva il recupero del classicismo e la "prosa d'arte".

2. *turris eburnea*: *torre d'avorio*; si tratta di una metafora per indicare l'isolamento dalla società.

3. nell'agorà: *nel luogo della discussione pubblica*, cioè quei poeti che si occupano di vicende politiche contemporanee.

rava dal *quid*[4] definitivo. L'espressione assoluta sarebbe stata la rottura di quel velo, di quel filo: un'esplosione, la fine dell'inganno del mondo come rappresentazione[5]. Ma questo era un limite irraggiungibile. E la mia volontà di aderenza restava musicale, istintiva, non programmatica. All'eloquenza della nostra vecchia lingua aulica volevo torcere il collo, magari a rischio di una controeloquenza.

– ...

– Dei simbolisti francesi sapevo quanto si può capirne dall'antologia del Van Beber e del Léautaud; più tardi lessi molto di più. Quelle esperienze erano già in aria, tuttavia; note anche a chi non conoscesse gli originali. I nostri futuristi, e gli scrittori della «Voce»[6], le avevano apprese e spesso fraintese.

– ...

– No, il libro[7] non parve oscuro quando uscì. Alcuni lo trovarono arretrato, altri troppo documentario, altri ancora troppo retorico ed eloquente. In realtà era un libro difficile a situarsi. Conteneva poesie che uscivano fuori dalle intenzioni che ho descritto, e liriche (come *Riviere*) che costituivano una sintesi e una guarigione troppo prematura ed erano seguite da una ricaduta successiva o da una disintegrazione (*Mediterraneo*). Il trapasso alle *Occasioni* è segnato dalle pagine che aggiunsi nel '28. [...]

– ...

– Mutato ambiente e vita, fatti alcuni viaggi all'estero, non osai mai rileggermi seriamente e sentii il bisogno di andare più a fondo. Fino a trent'anni non avevo conosciuto quasi nessuno, ora vedevo anche troppa gente, ma la

Mario Sironi, *Senza titolo*, 1954.

mia solitudine non era minore di quella del tempo degli *Ossi di seppia*. Cercai di vivere a Firenze col distacco di uno straniero; ma non avevo fatto i conti coi lanzi della podesteria feudale[8] da cui dipendevo. Del resto, la campana di vetro persisteva intorno a me, ed ora sapevo ch'essa non si sarebbe mai infranta; e temevo che nelle mie vecchie prove quel dualismo fra lirica e commento, fra poesia e preparazione o spinta alla poesia (contrasto che, con sicumera[9] giovanile, un tempo avevo avvertito anche in un Leopardi) persistesse gravemente in me. Non pensai a una lirica pura nel senso ch'essa poi ebbe anche da noi, a un giuoco di suggestioni sonore; ma piuttosto a un frutto che dovesse contenere i suoi motivi senza rivelarli, o meglio senza spiattellarli. Ammesso che in arte esista una bilancia tra il di fuori e il di dentro, tra l'occasione e l'opera-oggetto bisognava esprimere l'oggetto e tacere l'occasione-spinta. [...] Tutto è interno e tutto è esterno per l'uomo d'oggi; senza che il cosiddetto mondo sia necessariamente la nostra rappresentazione. Si vive con un senso mutato del tempo e dello spazio. Negli *Ossi di seppia* tutto era attratto e assorbito dal mare fermentante, più tardi vidi che il mare era dovunque, per me, e che persino le classiche architetture dei colli toscani erano anch'esse movimento e fuga. E anche nel nuovo libro ho continuato la mia lotta per scavare un'altra dimensione nel nostro pesante linguaggio polisillabico, che mi pareva rifiutarsi a un'esperienza come la mia. Ripeto che la lotta non fu programmatica. Forse mi ha assistito la mia forzata e sgradita attività di traduttore. Ho maledetto spesso la nostra lingua, ma in essa e per essa sono giunto a riconoscermi inguaribilmente italiano: e senza rimpianto. [...]

Intenzioni (Intervista immaginaria), «La Rassegna d'Italia», I 1, gennaio 1946; ora in E. Montale, *Sulla poesia*, a cura di G. Zampa, Milano, Mondadori, 1976

Ossi di seppia

Ossi di seppia appare nel **1925**, negli anni in cui il **fascismo** si afferma come regime totalitario. Fin dal suo esordio, Montale prende però le distanze da ogni facile retorica, come pure dalla concezione del poeta-vate di modello dannunziano, per affermare una **poetica di tono dimesso** e quotidiano, incentrata sulla **registrazione del malessere esistenziale dell'uomo contemporaneo**. Il **titolo** della raccolta rinvia allo scheletro calcareo dei molluschi, a ciò che resta di queste creature dopo la loro decomposizione e che spesso il mare deposita sulle spiagge. L'immagine allude da un lato all'attenzione per gli **oggetti minuti**, segnati dall'esaurimento della pienezza vitale e, dall'altro, alla volontà di una **poesia scabra**, **ridotta all'essenziale** e quasi scarnificata, in grado di trasmettere il «**male di vivere**» che domina la realtà. Protagonista della maggior parte dei testi è il **paesaggio ligure**. Tutta l'opera è percorsa dalla contrapposizione tra il **mare**, luogo di una **perduta armonia con la natura**, e la **terra** riarsa dal sole, emblema di una condizione esistenziale segnata dal **dolore** e dalla **sofferenza**. Montale, dunque, rovescia con sottile ironia il messaggio superomistico del panismo dannunziano. Se nel poeta decadente il contatto con la natura era occasione per attingere una superiore pienezza vitale, negli *Ossi di seppia* la fusione con la natura non è più possibile. Emerge, al contrario, un senso di profonda **disarmonia rispetto alla natura**, che riflette l'aridità interiore dell'uomo. Come dichiara in *Non chiederci la parola*, Montale non crede che la poesia possa più trasmettere valori e certezze e, contrapponendosi volutamente ai «poeti laureati», affida ai suoi versi il compito di registrare e dichiarare una **universale condizione di disarmonia**, derivante dalla lucida consapevolezza dell'assenza di senso della realtà e della vita. Tuttavia, il poeta ammette la possibilità di individuare, come per miracolo, un «anello che non tiene», un «**varco**» che, interrompendo la catena meccanicistica di cause ed effetti che sembra dominare la realtà, permetta di **cogliere il mistero della vita**. La ricerca di senso, sempre sfiorata ma mai raggiunta se non in forme paradossali, appare quindi come una rivelazione del «vuoto» che domina l'esistenza. Il senso di angoscia è poi accentuato dalla consapevolezza che neppure il **ricordo** può costituire un argine allo svanire inesorabile della vita**.**

Per esprimere questa visione del mondo Montale si affida a **immagini concrete**, a oggetti e situazioni apparentemente realistici che diventano **emblemi del «male di vivere»**: il «sole che abbaglia», metafora di un'esistenza dolorosa; la «muraglia» invalicabile, simbolo dell'impossibilità di attingere il fine ultimo della vita; il miraggio del «mare», fonte di inattingibile vitalità. Anche sul piano fonico, l'aridità dell'esistenza è resa attraverso una **musicalità secca ed essenziale**, fatta di allitterazioni aspre e di suoni stridenti.

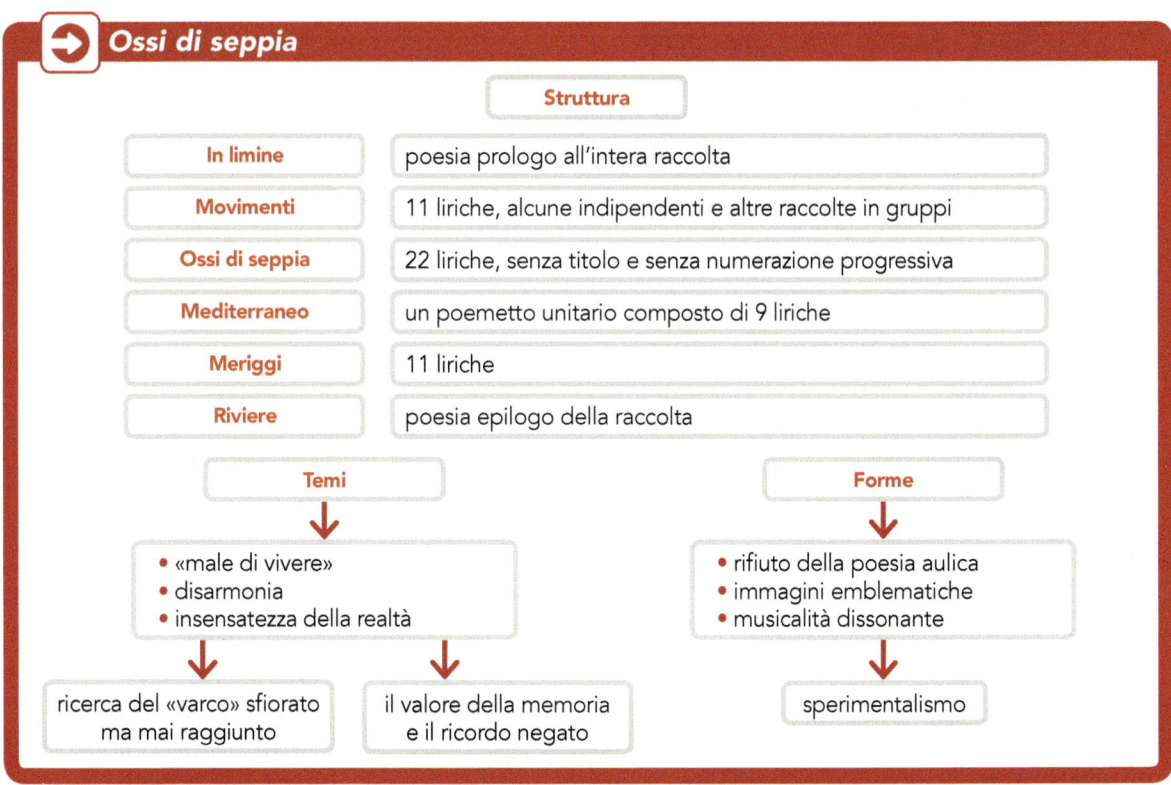

Ossi di seppia

Struttura	
In limine	poesia prologo all'intera raccolta
Movimenti	11 liriche, alcune indipendenti e altre raccolte in gruppi
Ossi di seppia	22 liriche, senza titolo e senza numerazione progressiva
Mediterraneo	un poemetto unitario composto di 9 liriche
Meriggi	11 liriche
Riviere	poesia epilogo della raccolta

Temi
- «male di vivere»
- disarmonia
- insensatezza della realtà

→ ricerca del «varco» sfiorato ma mai raggiunto
→ il valore della memoria e il ricordo negato

Forme
- rifiuto della poesia aulica
- immagini emblematiche
- musicalità dissonante

→ sperimentalismo

Ossi di seppia

La lirica, composta nel biennio 1921-1922, apre la prima sezione della raccolta, Movimenti, *preceduta soltanto dal testo che funge da prologo,* In limine. *Il componimento costituisce una vera e propria dichiarazione di poetica. Attraverso l'immagine-simbolo degli «alberi dei limoni» Montale esprime sia la sua predilezione per una poesia quotidiana e priva di retorica sia, sul piano dei contenuti, la ricerca costante di un istante privilegiato che permetta di cogliere il senso della realtà e della vita.*

Metrica Quattro strofe di versi liberi, con prevalenza di endecasillabi e settenari.

> *Il poeta si rivolge in tono confidenziale a un ipotetico lettore. L'invito all'attenzione sottintende un ironico rimando a formule analoghe («Taci». «Ascolta») contenute ne* La pioggia nel pineto *di D'Annunzio.*

Ascoltami, i poeti laureati[1]
si muovono soltanto fra le piante
dai nomi poco usati: bossi ligustri o acanti[2].
Io, per me[3], amo le strade che riescono agli[4] erbosi
5 fossi dove in pozzanghere
mezzo seccate agguantano i ragazzi
qualche sparuta[5] anguilla:
le viuzze che seguono i ciglioni[6],
discendono tra i ciuffi delle canne

> *La prima strofa si chiude con l'immagine-chiave della lirica.*

10 e mettono[7] negli orti, tra gli alberi dei limoni.

Meglio se le gazzarre[8] degli uccelli
si spengono inghiottite dall'azzurro[9]:
più chiaro si ascolta il susurro
dei rami amici[10] nell'aria che quasi non si muove,
15 e i sensi di quest'odore[11]
che non sa staccarsi da terra

> *L'ossimoro evoca la sensazione di trepida attesa suscitata dalla visione dei limoni.*

e piove in petto[12] una dolcezza inquieta.
Qui delle divertite passioni
per miracolo tace la guerra[13],
20 qui tocca anche a noi poveri[14] la nostra parte di ricchezza
ed è l'odore dei limoni.

Vedi, in questi silenzi in cui le cose
s'abbandonano[15] e sembrano vicine
a tradire il loro ultimo segreto[16],

---

1. i poeti laureati: *i poeti incoronati d'alloro*, cioè riconosciuti e celebrati. Il riferimento allude a letterati come Carducci e D'Annunzio, simboli della concezione del poeta-vate.
2. bossi … acanti: i bossi e i ligustri sono arbusti sempreverdi; gli acanti sono piante erbacee a foglie larghe, usate come motivo ornamentale nei capitelli corinzi. Sono tutti nomi di piante ricercate e di gusto letterario.
3. Io, per me: *io, per quanto mi riguarda* (espressione colloquiale).
4. riescono agli: *sboccano negli.*
5. sparuta: *piccola.*

6. ciglioni: *bordi dei fossati.*
7. mettono: *immettono.*
8. gazzarre: *i versi festosi.*
9. si spengono … dall'azzurro: *svaniscono, come assorbite dal cielo.*
10. più chiaro … amici: *si percepisce più distintamente il fruscio* («susurro» è grafia latineggiante per "sussurro") *dei rami degli alberi dei limoni* («amici»).
11. e i sensi di quest'odore: *e le sensazioni di questo profumo.* La notazione olfattiva, retta dal verbo «si ascolta», crea una sinestesia.

12. piove in petto: *fa scendere* (il verbo «piove» è usato transitivamente) *nell'anima.*
13. Qui … la guerra: *qui miracolosamente si placa* (metaforicamente «tace») *lo scontro violento* («la guerra») *delle passioni sviate;* «divertite» è un latinismo che significa "sviate, rivolte in direzioni diverse".
14. poveri: *cioè, con ironia, a noi poeti non "laureati".*
15. s'abbandonano: *si lasciano andare.*
16. tradire il loro ultimo segreto: *svelare il loro segreto più nascosto.*

Le immagini metaforiche indicano il «varco», la possibilità di cogliere, dietro l'apparenza, uno spiraglio che riveli il segreto delle cose.

25 talora ci si aspetta
di scoprire uno sbaglio di Natura,
il punto morto del mondo, l'anello che non tiene,
il filo da disbrogliare[17] che finalmente ci metta
nel mezzo di una verità.

Per un attimo, il miracolo sembra realizzarsi e il poeta si sente in comunione quasi mistica con la natura.

30 Lo sguardo fruga d'intorno,
la mente indaga accorda disunisce[18]
nel profumo che dilaga[19]
quando il giorno più languisce[20].
Sono i silenzi in cui si vede
35 in ogni ombra umana che si allontana
qualche disturbata Divinità[21].

La possibilità di cogliere il mistero della vita sfugge inesorabilmente.

Ma l'illusione manca[22] e ci riporta il tempo[23]
nelle città rumorose dove l'azzurro si mostra
soltanto a pezzi, in alto, tra le cimase[24].
40 La pioggia stanca[25] la terra, di poi; s'affolta[26]
il tedio[27] dell'inverno sulle case,
la luce si fa avara – amara l'anima[28].
Quando[29] un giorno da un malchiuso portone
tra gli alberi di una corte[30]
45 ci si mostrano i gialli dei limoni;

Anche nei momenti più cupi l'apparire inatteso dei limoni può riproporre la sua solare promessa di verità.

e il gelo del cuore si sfa[31],
e in petto ci scrosciano
le loro canzoni
le trombe d'oro della solarità[32].

---

17. disbrogliare: *sciogliere, districare*; i fenomeni della natura e il senso stesso dell'esistenza sono paragonati a un filo ingarbugliato, difficile da dipanare, cioè da comprendere.

18. la mente ... disunisce: *la mente ricerca, crea legami tra i fenomeni e stabilisce distinzioni.* Il succedersi incalzante dei tre verbi, coordinati per asindeto, sottolinea l'ansioso desiderio di penetrare il mistero della realtà.

19. dilaga: *si espande.*

20. languisce: *si spegne.*

21. Sono ... Divinità: *in questi momenti di silenzio assorto sembra di scorgere nella* forma dei passanti un'essenza quasi divina.

22. l'illusione manca: *l'illusione di cogliere la verità, il senso delle cose, viene meno.*

23. ci riporta il tempo: anastrofe: *il trascorrere del tempo (con la fine della bella stagione) ci riporta.*

24. l'azzurro ... cimase: *il cielo azzurro si scorge solo a tratti, tra i cornicioni delle case.*

25. stanca: *appesantisce, sfinisce.*

26. s'affolta: *si addensa, diventa più opprimente* (termine letterario).

27. tedio: *noia.*

28. la luce ... l'anima: *la luce diventa più breve* (d'inverno la luce del giorno dura meno a lungo) *e l'anima si fa più triste.* Il chiasmo e la paronomasia «avara – amara» sottolineano il parallelismo tra la stagione invernale e il gelo interiore.

29. Quando: *quand'ecco che.*

30. corte: *cortile.*

31. il gelo ... si sfa: *la tristezza si dissolve, si scioglie.*

32. in petto ... solarità: *la vista dei limoni ci riempie nuovamente l'anima di gioia.* Il colore giallo squillante dei limoni evoca l'immagine metaforica delle «trombe d'oro della solarità», capaci di trasmettere («scrosciare», usato transitivamente) canti gioiosi di pienezza vitale.

→ Analisi del testo

COMPRENSIONE

Il testo si apre con la contrapposizione tra lo stile magniloquente dei poeti ufficiali e la scelta di una **poesia volutamente più dimessa**, che si ispira alla semplicità quotidiana del paesaggio ligure.

Nell'intimo contatto con la natura, in una condizione di silenzio e di attesa, si ha l'impressione che stia per rivelarsi il **senso più segreto dell'esistenza**, che sia possibile individuare nella Natura un "varco" – rappresentato dall'immagine dei limoni – che permetta di cogliere, dietro l'apparente insensatezza della realtà, il mistero della vita. Ma «l'illusione manca» (v. 37): **la speranza svanisce** e il trascorrere delle stagioni riporta l'inverno e, con esso, il tedio dell'esistenza. Eppure, anche nel grigiore cittadino, «i gialli dei limoni» (v. 45) possono di nuovo apparire e, come per miracolo, riportare la gioia di **una nuova speranza**.

ANALISI E INTERPRETAZIONE

L'emblema dei limoni La lirica è costruita intorno all'immagine emblematica dei «limoni», **simbolo della poesia montaliana**. Sul piano formale, la scelta di questa pianta si contrappone volutamente alla preziosa vegetazione («bossi, ligustri o acanti», v. 3) tipica della poesia elevata, esprimendo il desiderio di uno **stile quotidiano e dimesso**. Nelle strofe seguenti i limoni, con il loro profumo pungente e il loro giallo intenso, diventano poi **emblema del "varco"**, dell'elemento dissonante che potrebbe infrangere il velo dell'apparenza per rivelare, al di là di essa, la vera essenza del mondo.

Per esprimere la sua poetica Montale sceglie quindi un'immagine quotidiana, un **oggetto concreto e al tempo stesso simbolico**. Il risultato è una lirica unitaria, in cui le parti argomentative (strofe prima e terza) si alternano a momenti descrittivi (strofe seconda e quarta) e in cui all'enunciazione della poetica si accompagna la sua concreta applicazione.

Il miracolo sfiorato A partire dalla seconda strofa, il testo è pervaso da una crescente suspense: nella quiete della natura e nel silenzio pervaso dal profumo dei limoni, il lettore viene coinvolto nella **trepida attesa di un evento eccezionale** che però non avviene. Proprio nel momento in cui le cose «sembrano vicine / a tradire il loro ultimo segreto» (vv. 23-24), quando sembra di poter recuperare il contatto profondo con la dimensione divina della natura, interviene un'**amara delusione**.

Lo svanire dell'illusione scandisce il passaggio dall'atmosfera solare dell'estate ligure allo squallore invernale di un paesaggio cittadino, fiaccato da una pioggia opprimente. Ma il finale lascia aperto uno **spiraglio di speranza**: i limoni intravisti dietro un «malchiuso portone» (v. 43) rinnovano un miraggio di verità, invitando il lettore a non abbandonare mai la ricerca del senso della vita.

Uno stile complesso La lirica ha un **andamento narrativo e quasi prosastico**, evidente sia negli appelli diretti al lettore («Ascoltami», v. 1; «Vedi» v. 22) sia nell'adozione di forme sintattiche semplici e vicine al parlato («Io, per me», v. 4) e di un lessico antiletterario («fossi», «pozzanghere», v. 5; «viuzze», v. 8).

La scelta di un tono dimesso e colloquiale non esclude tuttavia il ricorso a **termini più letterari**, come la variante colta «susurro» (v. 13), l'uso transitivo di «piove» (v. 17) o il latinismo semantico «divertite» (v. 18). Il testo è inoltre arricchito da **figure retoriche** come l'anastrofe («agguantano i ragazzi», v. 6; «ci riporta il tempo», v. 37) e l'*enjambement* («erbosi / fossi», vv. 4-5; «pozzanghere / mezzo seccate», vv. 5-6; «le cose / s'abbandonano», vv. 22-23), che innalzano lo stile.

Anche sul piano ritmico la lirica presenta un'originale commistione di **libertà e rispetto delle regole tradizionali**. Le rime, sia pure disposte irregolarmente, sono molto numerose, come pure le rime interne (vv. 1-3: «laureati / usati») e i richiami fonici («avara / amara», v. 42).

◯ Lavoriamo sul testo

COMPRENSIONE

1 Chi sono i «poeti laureati»? Che cosa caratterizza la loro poesia?

2 Quali sono invece, secondo questo testo, le caratteristiche della poesia di Montale?

3 Che cosa rappresentano gli alberi dei limoni?

4 Quale rivelazione sembra prospettarsi al poeta ai vv. 22-29?

5 Nel complesso, il messaggio della lirica ti sembra ottimistico o negativo?

6 Rintraccia nel testo tutti i termini appartenenti a un linguaggio "basso" e colloquiale.

7 Che tipo di periodo ipotetico è quello dei vv. 11-12?

8 Scrivi il significato delle seguenti parole, utilizzate da Montale nella poesia:

cimase ....

disbrogliare ....

acanti ....

languisce ....

ciglioni ....

divertite ....

gazzarre ....

ANALISI E INTERPRETAZIONE

9 Individua tutti i punti del testo in cui compare l'immagine dei «limoni», evidenziando le notazioni acustiche, olfattive e visive che vi si accompagnano.

10 Quali espressioni sottolineano la contrapposizione tra il paesaggio estivo, solare e campestre, e il paesaggio invernale, cupo e cittadino? Qual è il significato di questo contrasto?

11 Analizza e spiega il significato delle metafore presenti nei vv. 22-29.

12 Individua nel testo, da un lato, i termini e gli usi sintattici più vicini al parlato e, dall'altro, le espressioni letterarie e rare. Quale registro ti sembra prevalente?

13 Rintraccia gli *enjambement* e soffermati sulle parole che vengono così messe in particolare rilievo. Quale effetto stilistico viene ottenuto?

SCRITTURA E APPROFONDIMENTI

14 Il rapporto del poeta con il paesaggio naturale e la fiducia nella possibilità di cogliere, nella comunicazione profonda con la natura, il senso ultimo della realtà, sono presenti anche nei poeti decadenti. Facendo riferimento a liriche come *L'assiuolo* di Pascoli e *La sera fiesolana* di D'Annunzio analizza in un breve testo analogie e differenze tra la posizione dei due poeti e quella di Montale.

15 Quale delle opere presentate qui sotto ti sembra la più adatta per illustrare la poesia *I limoni*? Spiega brevemente il motivo della tua scelta.

Salvador Dalì, *Natura morta con due limoni*, 1926.

Renato Guttuso, *Case di Palermo*, 1976.

Non chiederci la parola

Ossi di seppia

Fai l'analisi interattiva della poesia

Composta nel 1923 e collocata all'inizio della sezione Ossi di seppia che dà il titolo al libro, questa lirica contiene una fondamentale dichiarazione di poetica. In tono pacato ma risoluto Montale afferma che la poesia non è più in grado di trasmettere certezze precise e rassicuranti. La poesia del Novecento, espressione di un'epoca di crisi, può soltanto farsi portatrice di un messaggio "in negativo", non privo però di una profonda tensione etica: «codesto solo oggi possiamo dirti, ciò che non siamo, ciò che non vogliamo».

Metrica Tre quartine di versi liberi, con numerosi endecasillabi e doppi settenari, la prima e la seconda a rime incrociate (ABBA CDDC), la terza a rime alternate (EFEF).

> *La similitudine evoca la ricerca di una certezza che brilli luminosa nel grigiore compatto dell'esistenza.*

Non chiederci la parola che squadri da ogni lato[1]
l'animo nostro informe[2], e a lettere di fuoco
lo dichiari[3] e risplenda come un croco[4]
perduto in mezzo a un polveroso prato.

> *L'uomo qualunque, sereno grazie alle sue false certezze, non si preoccupa della parte oscura che minaccia la sua identità.*

5   Ah l'uomo che se ne va sicuro[5],
agli altri ed a se stesso amico,
e l'ombra sua non cura che la canicola
stampa sopra uno scalcinato muro[6]!

> *Il messaggio etico, espresso "in negativo", consiste nel rifiuto dei falsi valori.*

Non domandarci la formula che mondi possa aprirti[7],
10   sì qualche storta sillaba e secca[8] come un ramo.
Codesto solo oggi possiamo dirti,
ciò che *non* siamo, ciò che *non* vogliamo.

---

1. squadri da ogni lato: *definisca in modo nitido e sicuro.*
2. informe: *confuso, privo di certezze.*
3. a lettere ... dichiari: *lo chiarisca con parole definitive e illuminanti («a lettere di fuoco»).*

4. croco: *fiore dello zafferano, di un intenso giallo-arancio.*
5. sicuro: *non toccato dall'inquietudine del poeta.*
6. l'ombra sua non cura ... muro: *non bada alla sua ombra, che il sole caldo dell'esta-te proietta su un muro scrostato.*
7. formula ... aprirti: *la parola poetica che, come una formula magica, possa aprirti nuovi mondi di conoscenza.*
8. sì qualche ... secca: *ma piuttosto qualche incerta e scarna parola.*

➡ Analisi del testo

COMPRENSIONE

Rivolgendosi a un **«tu» generico** che si identifica con il lettore stesso, Montale parla a nome di tutti i poeti contemporanei dichiarando la **crisi di certezze** che caratterizza la cultura del Novecento e che impedisce alla poesia di comunicare verità assolute. L'inquietudine e la condizione di disarmonia vissute dal poeta sono lontane dalla superficialità e dalle false certezze degli uomini che non vedono il risvolto oscuro della propria coscienza e ignorano la desolazione dell'esistenza. A chi invece percepisce acutamente il «male di vivere» del proprio tempo resta solo una poesia scabra ed essenziale, che si limita a segnalare con fermezza un **messaggio in negativo**: «ciò che *non* siamo, ciò che *non* vogliamo» (v. 12).

ANALISI E INTERPRETAZIONE
Una struttura circolare La poesia presenta una struttura ad anello, in cui **la prima e l'ultima strofa**

si richiamano. L'impossibilità per la poesia di offrire certezze positive viene espressa attraverso due imperativi negativi (v. 1 e v. 9), ripresi dall'anafora di *non* (in corsivo enfatico) nel v. 12. La strofa centrale, che funge da raccordo, presenta il comportamento qualunquistico dell'uomo vanamente sicuro di sé, ignaro del carattere fittizio di ogni certezza.

La prima e l'ultima strofa sono speculari **anche sul piano metrico**, in quanto formate da due versi lunghi cui seguono due endecasillabi, contrapposti ai versi più brevi e irregolari della strofa centrale, in cui è presente una rima ipermetra («amico / canicola», vv. 6-7). Anche sul piano formale, l'inserimento di **elementi irregolari** all'interno di strutture simmetriche sembra evocare l'**assenza di punti di riferimento** tipica del Novecento.

Un'etica "in negativo"   La poetica negativa sostenuta da Montale si contrappone con decisione alle certezze del poeta-vate di fine Ottocento, che rappresentava una guida per la collettività. La condizione di **dubbio esistenziale**, legata anche al particolare momento storico attraversato dall'Italia negli anni Venti, rende invece il poeta moderno **totalmente privo di certezze**. Lucidamente, Montale si contrappone alle false sicurezze ideologiche del fascismo e del qualunquismo borghese, incarnate dall'«**uomo che se ne va sicuro**» (v. 5), forte di un'inconsapevolezza da cui il poeta prende con decisione le distanze. A un'esistenza serena ma miope Montale contrappone la lucida consapevolezza dei limiti della conoscenza, convinto che l'unica forma di impegno etico concesso nel presente consista nel **rifiuto dei modelli mistificatori**, sia sul piano esistenziale («ciò che *non* siamo») sia in ambito morale («ciò che *non* vogliamo»).

«Qualche storta sillaba e secca»   Al rifiuto di una poesia portatrice di valori consolatori, si accompagna sul piano formale il rifiuto delle forme consuete della tradizione letteraria. Come Montale chiarisce nell'ultima strofa, una poesia che sceglie di testimoniare l'assenza di certezze potrà esprimersi soltanto attraverso «qualche storta sillaba e secca come un ramo» (v. 10), ossia in **forme dissonanti e disarmoniche**, espressione di un animo «informe» (v. 2). La lirica è infatti percorsa da una **sonorità aspra e stridente**, ottenuta attraverso assonanze, allitterazioni e una fitta trama di rime interne («prato / scalcinato»; «ramo / possiamo / siamo / vogliamo»).

La sintassi mantiene un **andamento prosastico**, in cui risalta la doppia negazione che apre la prima e la terza strofa (ripresa dal verso finale). Non mancano **immagini evocative**, come il «croco / perduto in mezzo a un polveroso prato» (vv. 3-4), simbolo luminoso di una poesia salvifica ormai irrealizzabile.

Lavoriamo sul testo

COMPRENSIONE

1 Perché il poeta parla alla prima persona plurale? A chi si rivolge?

2 Il «croco» (v. 3) e il «ramo» secco (v. 10) possono essere considerati due emblemi di valore simbolico. In questo caso, quali diverse concezioni della poesia indicano?

3 Nella strofa centrale, il poeta contrappone se stesso e le proprie incertezze all'uomo «che se ne va sicuro» (v. 5). Su che cosa si basa tale contrapposizione?

LINGUA E LESSICO

4 Nell'espressione «che squadri da ogni lato» (v. 1) che valore ha il pronome «che»?

5 Quale sinonimo è possibile trovare per il sostantivo «formula» del v. 9?

ANALISI E INTERPRETAZIONE

6 Che cosa rappresenta l'ombra proiettata sul muro? Che cosa rappresenta invece la luminosità della canicola?

7 Ricerca gli elementi di simmetria e quelli di irregolarità presenti nel testo.

8 Individua le negazioni presenti nel testo e spiega quale valore hanno per la definizione del messaggio finale.

SCRITTURA E APPROFONDIMENTI

9 L'assenza di certezze espressa in questo testo è riconducibile al contesto storico e culturale del primo Novecento: sviluppa questo argomento alla luce della presa di distanza di Montale dai poeti ufficiali di fine Ottocento, facendo riferimento anche a *I limoni*.

10 La poesia descrive un paesaggio interiore attraverso particolari realistici: a quale opera d'arte dei primi del Novecento potresti affiancare il testo? Fai una ricerca scegliendo e descrivendo le opere che meglio ti sembrano illustrare lo scenario evocato da Montale.

Meriggiare pallido e assorto

Ascolta
la poesia
e fai l'analisi
interattiva

Ossi di seppia

Scritta nel 1916, è una delle prime poesie composte da Montale; inserita in Ossi di seppia, si trova subito dopo Non chiederci la parola, all'interno della sezione che dà il titolo all'opera.

Il paesaggio ligure, colto nell'accecante solarità del mezzogiorno, diventa correlativo oggettivo del «male di vivere», una condizione di disarmonia e impossibile desiderio di comunione con la natura.

Metrica   Quattro strofe di versi novenari, decasillabi ed endecasillabi liberamente alternati; lo schema delle rime è AABB CDCD EEFF GHIGH.

> L'uso ripetuto di un modo impersonale come l'infinito sottolinea che la situazione descritta riguarda non solo il poeta ma tutte le creature.

Meriggiare[1] pallido e assorto[2]
presso un rovente[3] muro d'orto,
ascoltare tra i pruni e gli sterpi[4]
schiocchi[5] di merli, frusci[6] di serpi.

5 Nelle crepe del suolo o su la veccia[7]
spiar le file di rosse formiche
ch'ora si rompono ed ora s'intrecciano[8]
a sommo di minuscole biche[9].

> Il mare è l'unico simbolo di vitalità e di un possibile "varco", che resta però irraggiungibile.

Osservare tra frondi[10] il palpitare
10 lontano di scaglie di mare
mentre si levano tremuli scricchi[11]
di cicale dai calvi picchi[12].

> Il muro invalicabile indica la distanza dall'armonia con la natura e l'impossibilità di cogliere il senso della vita.

E andando nel sole che abbaglia
sentire con triste meraviglia
15 com'è tutta la vita e il suo travaglio[13]
in questo seguitare[14] una muraglia
che ha in cima cocci aguzzi di bottiglia[15].

---

1. Meriggiare: *trascorrere il mezzogiorno, il momento di massima solarità della giornata. Il verbo è ripreso da D'Annunzio.*
2. pallido e assorto: *pallido e pensoso.* Sono due attributi che caratterizzano il poeta, ma che possono riferirsi anche all'atmosfera dell'ora (il biancore e l'immobilità del paesaggio nella luce della canicola).
3. rovente: *arroventato per il calore del sole.*
4. pruni ... sterpi: *in mezzo ai rovi e ai rami secchi.*
5. schiocchi: *versi secchi.*
6. frusci: *rumori fruscianti.*
7. veccia: *erba rustica molto comune.*
8. ch'ora ... s'intrecciano: *che ora si spezzano e ora si incrociano.*
9. biche: *monticelli di terra o di steli* che si trovano vicino ai formicai.
10. tra frondi: *tra le fronde degli alberi.*
11. scricchi: letteralmente *scricchiolìi*; il frinire della cicala è dissonante.
12. calvi picchi: *le cime delle colline, prive di vegetazione.*
13. travaglio: *fatica.*
14. seguitare: *seguire, camminare lungo.*
15. che ... bottiglia: la sommità del muro è cosparsa di cocci di vetro taglienti per impedire che qualcuno lo scavalchi.

Analisi del testo

Nelle ore più calde di un assolato pomeriggio estivo il poeta, immerso nella **brulla marina ligure**, osserva gli elementi più minuti del paesaggio circostante, registrandone suoni e immagini. In un assorto torpore, egli percepisce i segnali dissonanti di una **vitalità intensa ma dolorosa**: il fruscio delle serpi, il canto stridulo dei merli e delle cicale e l'affaccendarsi delle formiche sul suolo riarso. **L'aridità desolata del paesaggio**, che si fa emblema tangibile della **dolente insensatezza della vita**, porta il poeta a concludere con amarezza e stupore che l'esistenza di ogni creatura si consuma nella gabbia opprimente di una realtà di sofferenza, animata dalla vana ricerca di un significato ultimo che resta irraggiungibile.

ANALISI E INTERPRETAZIONE

Dalla descrizione alla riflessione   Le **prime tre strofe** – formate ciascuna da quattro versi – hanno **carattere descrittivo**: il poeta apre la lirica presentando la situazione (è mezzogiorno, egli si trova vicino a un muro che lo separa da un orto); poi si sofferma su una serie di particolari del paesaggio circostante, colti dapprima attraverso l'udito («ascoltare», v. 3), poi con la vista («spiar», v. 6; «Osservare», v. 9).

Nella **strofa finale**, che si differenzia dalle precedenti anche sul piano metrico, si attua in modo più scoperto il **passaggio dalla descrizione alla riflessione**: viene infatti chiarito il tema della poesia, cioè la **condizione di oppressione che caratterizza la vita umana**, destinata a rimanere esclusa dalla comunione con la natura e dalla pienezza dell'esistenza.

Tra oggettività e simbolo   La lirica è costruita sul succedersi di **immagini concrete** che, al di là della loro apparente funzione descrittiva, assumono un chiaro **valore simbolico** e contribuiscono nel loro insieme a trasmettere l'idea centrale del testo: l'aridità desolata della vita, la sua mancanza di significato e l'impossibilità di un rapporto armonioso con la realtà. Il sole, in genere simbolo di vitalità, è qui portatore di una calura oppri-

mente che sembra disseccare ogni forma di vita; l'orto, che di per sé evoca un'idea di fecondità, risulta irraggiungibile, mentre l'affaccendarsi delle formiche e il canto stridulo delle cicale evocano forse l'inutile affannarsi degli uomini e la vanità della poesia stessa. Anche il mare, unico possibile ristoro, è «lontano» (v. 10) e come mineralizzato («scaglie»).

Il valore simbolico del paesaggio   Tutto il **paesaggio** diviene un unico **emblema del «male di vivere»** che culmina nell'immagine-simbolo della strofa finale: vivere equivale a un dolente vagare, prigionieri di uno spazio chiuso e soffocante, separati dal senso vero dell'esistere da una «muraglia» (v. 16) invalicabile.

Montale si serve quindi di immagini concrete per trasmettere un **messaggio di portata universale**. La generalizzazione del concetto è affidata all'uso di **verbi all'infinito**, che escludono ogni riferimento specifico all'io del poeta per coinvolgere tutta l'umanità.

Una sonorità disarmonica   Anche le scelte linguistiche e foniche mirano a evocare una condizione di aridità e fatica esistenziale. Le **parole-rima** sono particolarmente **dure e difficili**, ricche di nessi consonantici aspri («sterpi / serpi», vv. 3-4; «scricchi / picchi», vv. 11-12). La rima tra «veccia» e «intrecciano» (vv. 5-7) è ipermetra (in quanto la sillaba finale del v. 7 va computata come parte del verso seguente), mentre nell'ultima strofa i versi sono legati da consonanze («-aglia», «-iglia», «-aglio»).

La **musicalità volutamente sgradevole** che percorre il testo è accentuata dall'insistenza sulle consonanti gutturali («scricchi / di cicale dai calvi picchi», vv. 11-12) o sibilanti («ascoltare tra i pruni e gli sterpi», v. 3) che, in funzione fonosimbolica ed espressionistica, rendono immediatamente percepibile la disarmonia che domina la realtà. Come affermato in *Non chiederci la parola*, Montale offre al lettore «qualche storta sillaba e secca come un ramo», in una poesia che sembra fornire un'ideale "colonna sonora" all'esistenza dolente di ogni creatura.

Lavoriamo sul testo

COMPRENSIONE

1 Quali strofe sono dedicate alla descrizione del paesaggio? In quali, invece, prevale la riflessione?

2 Evidenzia nel testo gli elementi che concorrono a dare l'idea di un paesaggio arido e inospitale.

3 Che cosa significa l'immagine finale della «muraglia / che ha in cima cocci aguzzi di bottiglia»?

LINGUA E LESSICO

4 Individua la subordinata di primo grado nella seconda strofa della poesia.

5 Che tipo di proposizione è «il palpitare lontano di scaglie di mare» (vv. 9-10)?

6 Scrivi un sinonimo e un contrario delle seguenti parole tratte dalla poesia di Montale.

pallido ....
....

rovente ....
....

tremuli ....
....

travaglio ....
....

aguzzi ....
....

ANALISI E INTERPRETAZIONE

7 Individua gli elementi naturali e le presenze animali che emergono dalla descrizione e chiarisci quale significato simbolico assume ciascuno di essi nella lirica.

8 Qual è il valore degli infiniti che scandiscono l'articolazione del testo?

9 Le tecniche descrittive di Montale si basano soprattutto sulla vista e sull'udito. Verifica questa osservazione completando lo schema seguente.
elementi visivi: ....
elementi sonori: ....

10 Evidenzia nel testo le espressioni che concorrono a creare una sonorità aspra e sgradevole. Quale rapporto esiste tra queste scelte stilistiche e il tema della lirica?

11 Il «muro d'orto» del v. 2 ha lo stesso significato della «muraglia» del v. 16?

SCRITTURA E APPROFONDIMENTO

11 La descrizione di un paesaggio per esprimere concetti e stati d'animo è già evidente, per esempio, negli «idilli» di Leopardi. Quali analogie e quali differenze riscontri nella descrizione simbolica del paesaggio naturale da parte dei due autori?

Carlo Carrà, *Capanni al mare*, 1927.

Spesso il male di vivere ho incontrato

Ascolta
la poesia
e fai l'analisi
interattiva

Ossi di seppia

In questa poesia, inclusa nella sezione Ossi di seppia, compare per la prima volta l'espressione «male di vivere», diventata poi proverbiale per esprimere il disagio dell'uomo novecentesco.
Montale rappresenta la sofferenza che sempre si accompagna alla vita attraverso tre immagini, emblemi *di un'esistenza stentata e dolente: il «rivo» che non può scorrere, la «foglia» inaridita, il «cavallo stramazzato». A esse si contrappongono altrettante visioni in cui si incarna l'unica forma di bene possibile, che consiste nel distacco dal dolore e in una sospensione momentanea del travaglio dell'esistenza.*

Metrica Due quartine di endecasillabi, con l'eccezione dell'ultimo verso che è un doppio settenario; lo schema delle rime è ABBA CDDA.

> È la sofferenza insita nella vita, che riguarda tutte le creature.

Spesso il male di vivere ho incontrato:
era[1] il rivo strozzato[2] che gorgoglia,
era l'incartocciarsi[3] della foglia
riarsa[4], era il cavallo stramazzato.

> Il distacco dalla vita è l'unica forma di "bene" possibile, concessa forse solo agli dei.

5 Bene non seppi, fuori del prodigio
che schiude la divina Indifferenza[5]:
era la statua nella sonnolenza
del meriggio[6], e la nuvola, e il falco alto levato[7].

> **Apri il vocabolario**
>
> Il sostantivo "prodigio" deriva dal latino *prodigium*, termine che indicava un evento che, stravolgendo l'ordine naturale dei fatti, lasciava presagire l'ira degli dei e annunciava future disgrazie. Questo significato si è in parte mantenuto anche nella nostra lingua, dove però il termine allude soprattutto a un qualcosa di meraviglioso in generale o, per estensione, a una persona che possiede doti eccezionali.

Giorgio De Chirico,
Piazza con Arianna,
particolare, 1913.

1. era: (il «male di vivere») *si manifestava in, coincideva con.*
2. strozzato: *impedito nel suo scorrere da qualche ostacolo* («che gorgoglia», come in un lamento).
3. incartocciarsi: *accartocciarsi.*
4. riarsa: *bruciata dal sole, rinsecchita*; il tema dell'aridità è ricorrente negli *Ossi di seppia*.
5. Bene ... Indifferenza: *non conobbi altro bene che non fosse la condizione eccezionale e* miracolosa che un atteggiamento di superiore distacco («divina Indifferenza») *rende possibile.*
6. nella sonnolenza del meriggio: *nel mezzogiorno pieno di torpore.*
7. alto levato: *sollevato in alto nel cielo.*

Il «male di vivere» e la «divina Indifferenza» La poesia è strutturata in **due strofe simmetriche**, in cui all'enunciazione del tema (rispettivamente il «male di vivere» e i rari momenti di assenza di dolore) segue l'indicazione concreta di **tre immagini** che rappresentano altrettanti **correlativi oggettivi** del concetto espresso. I tre emblemi **si richiamano a coppie** e sono disposti in *climax* crescente: dalla natura inanimata al mondo vegetale a quello animale. Il passaggio suc-cessivo, che riguarda l'uomo, resta come sottinteso. Inoltre, mentre il «male di vivere» permea di sé ogni aspetto dell'esistenza («Spesso… ho incontrato», v. 1), il «bene» si configura solo come frutto di momenti di miracolosa **sospensione della sofferenza**, ottenuta attraverso un atteggiamento di distacco (la «divina Indifferenza» del v. 6) dal dolore terreno e oggettivata in immagini che esprimono distanza e impassibilità rispetto alle vicende del mondo

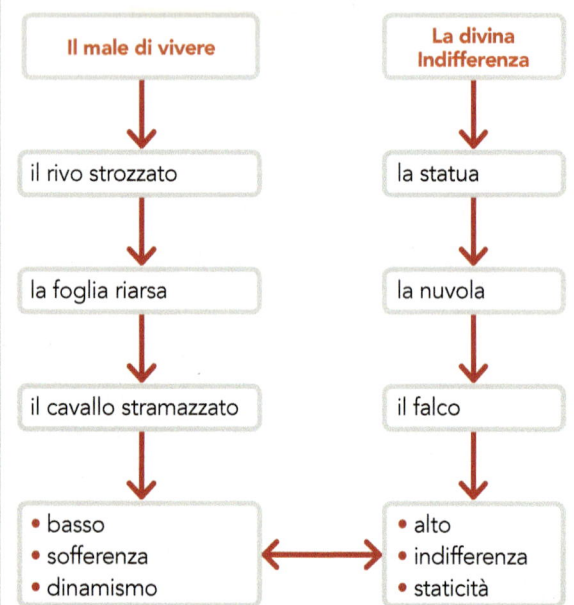

Simmetrie e irregolarità A un'analisi più approfondita la perfetta simmetria del testo rivela alcune significative irregolarità. Nella **prima strofa** le immagini occupano tre versi e sono introdotte dall'anafora del verbo «era»; nella **seconda** i versi sono due e le immagini sono legate dal polisindeto. Le due strofe sono irregolari anche dal punto di vista metrico e ritmico: la prima è formata da quattro endecasillabi a rima incrociata, mentre nella seconda l'ultimo verso è un doppio settenario, che rima con l'ultimo verso della strofa precedente («stramazzato / alto levato»).
La compresenza di simmetrie e irregolarità intende sottolineare la **complessità del reale**, che non si lascia ridurre a schemi precostituiti e fissi, e al tempo stesso evidenzia il **"classicismo moderno"** di Montale, in cui il recupero delle strutture tradizionali viene sottilmente messo in crisi dalla presenza di varianti ed elementi strutturali inattesi.

Lavoriamo sul testo

COMPRENSIONE

1 Attraverso quali immagini Montale rappresenta il «male di vivere»? A quale ambito semantico rimandano?

2 Che cosa si intende con l'espressione «prodigio / che schiude la divina Indifferenza» (vv. 5-6)? Di chi o di che cosa è propria questa «Indifferenza» e perché è definita «divina»?

3 Quali sono le immagini che esemplificano il «bene»? In che senso queste immagini racchiudono in sé l'idea dell'altezza, della distanza da terra?

LINGUA E LESSICO

4 Quale complemento è espresso dall'avverbio «Spesso» (v. 1)?

5 Quale proposizione esprime il verbo «incartocciarsi» al v. 3?

ANALISI E INTERPRETAZIONE

6 La critica ha osservato che le immagini della prima strofa sono caratterizzate da una dolorosa dinamicità e dal legame con la terra, mentre quelle della seconda strofa si collegano a un'idea di staticità e verticalità. Spiega il significato di questa opposizione.

7 Le due strofe hanno una struttura simile, ma l'apparente simmetria è resa imperfetta da una serie di piccole irregolarità. Rintraccia gli elementi di simmetria e quelli di irregolarità presenti nel testo.

8 Nel testo predomina la coordinazione o la subordinazione? Per quale motivo?

SCRITTURA E APPROFONDIMENTI

9 Che cosa si intende per correlativo oggettivo? È possibile sostenere che le immagini di questa poesia sono correlativi oggettivi dei concetti espressi all'inizio di ciascuna strofa? Motiva la tua risposta.

Il libro del mese

La solitudine dei numeri primi

AUTORE Paolo Giordano

ANNO DI PUBBLICAZIONE 2008

CASA EDITRICE Mondadori

TRE BUONI MOTIVI PER LEGGERLO

1 È uno dei casi editoriali più eclatanti degli ultimi anni.

2 Descrive in maniera lucida e profonda i turbamenti che accompagnano l'adolescenza.

3 Riflette sulla condizione di solitudine e infelicità che sempre di più caratterizza i rapporti interpersonali.

L'AUTORE E L'OPERA Paolo Giordano è nato a Torino nel 1982. Ricercatore presso la facoltà di Fisica dell'Università di Torino, nel 2008 pubblica il romanzo *La solitudine dei numeri primi*, divenuto in pochi mesi un best seller internazionale e premiato con il Premio Strega. Tra 2012 e 2014 ha scritto anche i romanzi *Il corpo umano* e *Il nero e l'argento*. *La solitudine dei numeri primi* ha come protagonisti due adolescenti, Mattia e Alice, segnati da un senso di inadeguatezza e da profondi sensi di colpa che hanno avuto origine in vicende dolorose della loro infanzia. I due potrebbero stabilire un rapporto più profondo e duraturo, ma alla fine restano come «numeri primi», simbolo della loro condizione di solitudine e incomunicabilità.

L'INCIPIT Alice Della Rocca odiava la scuola di sci. Odiava la sveglia alle sette e mezzo del mattino anche nelle vacanze di Natale e suo padre che a colazione la fissava e sotto il tavolo faceva ballare la gamba nervosamente, come a dire su, sbrigati. Odiava la calzamaglia di lana che la pungeva sulle cosce, le moffole che non le lasciavano muovere le dita, il casco che le schiacciava le guance e puntava con il ferro sulla mandibola e poi quegli scarponi, sempre troppo stretti, che la facevano camminare come un gorilla.

LA TRAMA Alice ha sette anni e il padre la costringe a frequentare un corso di sci. Un giorno la bambina si allontana dal resto del gruppo e ha un grave incidente che la lascia "zoppa". Mattia è un ragazzino della stessa età, che ha trascorso buona parte della sua infanzia in casa accanto alla sorellina Michela, affetta da una grave forma di autismo. Un giorno Mattia decide di andare alla festa di compleanno di un compagno di scuola e non volendo portare con lui Michela la lascia in un parco giochi vicino a casa; quando però torna per riprenderla scopre con orrore che la bambina è scomparsa e, nonostante le numerose ricerche, non viene più ritrovata. Questi due drammatici avvenimenti segnano profondamente l'adolescenza di Alice e Mattia, ragazzi emarginati e solitari che diventano amici dopo essersi incontrati per caso a scuola e, in mezzo a paure e insicurezze, cercano di rompere quella barriera di isolamento che li ha sempre esclusi dai rapporti con i loro coetanei.

TRE PISTE DI LETTURA

1 Pensi che per questo romanzo si possa parlare di un romanzo di formazione? Individua gli elementi peculiari di questo genere spiega se questa classificazione ti sembra corretta o meno.

2 Uno dei temi del romanzo è il "male di vivere" che spesso attanaglia gli adolescenti; la rappresentazione dello scrittore ti sembra realistica o invece l'hai trovata eccessivamente letteraria.

3 Dal romanzo è stato tratto nel 2010 un film, diretto da Saverio Costanzo e interpretato da Alba Rohrwacher e Luca Marinelli. Dopo averlo visto scrivi quali sono le principali differenze con il romanzo.

Forse un mattino andando in un'aria di vetro

Ossi di seppia

Il testo fu composto nel luglio del 1923 e fa parte della sezione che dà il titolo alla raccolta.
La rivelazione miracolosa tante volte sfiorata dal poeta si compie qui con fulminea rapidità. All'im- *provviso, nel nitore del mattino, egli penetra la vera essenza della realtà, ma ciò che gli appare è il nulla, la rivelazione lucida dell'assenza di senso della vita.*

Metrica Due quartine formate in prevalenza da versi lunghi o doppi, con rime alternate ABAB CDCD. La rima al v. 2 è ipermetra.

> L'evento eccezionale evocato in tante liriche finalmente avviene, ma rivela solo l'insensatezza dell'esistere.

Forse un mattino andando in un'aria di vetro[1],
arida, rivolgendomi[2], vedrò compirsi il miracolo:
il nulla alle mie spalle, il vuoto dietro
di me, con un terrore di ubriaco[3].

> Il poeta sceglie di non rivelare la verità agli uomini che, indifferenti, preferiscono vivere di illusorie ma rassicuranti certezze.

5 Poi come s'uno schermo, s'accamperanno di gitto[4]
alberi case colli per l'inganno consueto[5].
Ma sarà troppo tardi[6]; ed io me n'andrò zitto
tra gli uomini che non si voltano[7], col mio segreto.

Giorgo De Chirico,
Piazza d'Italia,
particolare, 1951.

---

1. andando ... di vetro: *camminando in un'aria limpida, che consente una visione perfettamente nitida.*
2. rivolgendomi: *voltandomi indietro.*
3. un terrore di ubriaco: la rivelazione atterrisce il poeta, suscitando in lui un senso di vertigine e straniamento.

4. s'accamperanno di gitto: *si ripresenteranno, si proietteranno di colpo.*
5. l'inganno consueto: *l'illusione quotidiana,* che consiste nel credere reale un mondo illusorio e privo di senso.
6. Ma sarà troppo tardi: perché ormai il poeta, consapevole della verità, non può più

credere alle apparenze.
7. tra gli uomini che non si voltano: *tra le persone qualunque, che non si interrogano sul vero senso della vita.* L'immagine si contrappone a «rivolgendomi» (v. 2) e ricorda «l'uomo che se ne va sicuro» di *Non chiederci la parola.*

Analisi guidata

Una rivelazione paradossale

La lirica sviluppa, in forma ipotetica («Forse», v. 1) e proiettandolo in un indefinito futuro, un **evento scandito in due tempi**, corrispondenti alle **due strofe** del testo.

– I vv. 1-4 registrano l'improvviso compiersi del «miracolo» tanto atteso dal poeta. La rivelazione del vero senso della realtà coincide però con la scoperta del «nulla» e del «vuoto» (v. 3), della totale inconsistenza del mondo e della vita.

– La folgorante intuizione è subito seguita dal riaffiorare degli **elementi illusori della realtà quotidiana**. Ma «l'inganno consueto» (v. 6) non può più illudere il poeta, ormai consapevole del «segreto» dell'esistenza.

Competenze di comprensione e analisi

- Quale significato ha a tuo parere il «Forse» con cui il poeta apre la lirica?
- La rivelazione avviene in un mattino terso e limpido: quale tipo di atmosfera crea l'accenno all'«aria di vetro, / arida» (vv. 1-2)?
- Quale figura retorica viene utilizzata nell'espressione «alberi case colli» (v. 6) e quale impressione intende trasmettere al lettore?

Privilegio e condanna

L'idea dell'**inconsistenza oggettiva della realtà**, ricorrente nella riflessione filosofica e letteraria del Novecento (si pensi per esempio a Pirandello), offre qui lo spunto per una straniante e paradossale **rivelazione negativa**, che suscita nel poeta un senso di **vertigine e disorientamento**.

La consapevolezza dell'assenza di senso della vita verrà però **custodita gelosamente**, come segno del privilegio concesso a chi osserva lucidamente la realtà, ma anche come dolorosa condanna, che obbliga il poeta al silenzio.

Competenze di comprensione e analisi

- Spiega il significato dell'espressione «con un terrore di ubriaco» (v. 4): quali sensazioni prova il poeta?
- Quale diverso atteggiamento esistenziale caratterizza il poeta rispetto agli «uomini che non si voltano» (v. 8)?
- Per quale motivo il poeta decide di non rivelare agli altri uomini il proprio «segreto»?

Realtà o finzione

Nel commentare questo testo Italo Calvino osserva che il riapparire della realtà quotidiana «come s'uno schermo» (v. 5) è **metafora che richiama il cinema** – in gran voga negli anni Venti – in cui le immagini in movimento si succedono rapide ma illusorie. «Il nostro secolo sostituisce al mondo come teatro il mondo come cinematografo, vorticare d'immagini su una tela bianca», emblema di una modernissima **confusione tra realtà e apparenza**.

Competenze di comprensione e analisi

- Ai nostri giorni, dominati dall'uso dei media visivi e della realtà virtuale, la confusione tra realtà e apparenza, esistenza oggettiva e illusione sembra essersi approfondita. Sviluppa questo spunto in un breve testo argomentativo.

Cigola la carrucola del pozzo

Ossi di seppia

Composta nel 1924, la poesia è collocata alla fine della sezione che dà il titolo alla raccolta.

Montale presenta una situazione concreta, che si carica però di una valenza simbolica: nei pressi di un pozzo, egli crede di veder riflesso nell'acqua di un secchio che risale l'immagine di un volto amato; ma si tratta di un'illusione che subito svanisce, mentre il secchio cade giù di nuovo verso il fondo. La rapidissima scena diviene così un emblema dell'impossibilità del ricordo.

Metrica Nove endecasillabi, di cui uno spezzato in due emistichi, con alcune rime e assonanze liberamente collocate.

> Il poeta, sfiorando con un bacio l'immagine riflessa nell'acqua, cerca di riafferrare il proprio passato. Ma il suo gesto turba l'acqua e fa svanire il ricordo.

Cigola la carrucola del pozzo,
l'acqua sale alla luce e vi si fonde[1].
Trema[2] un ricordo nel ricolmo secchio,
nel puro cerchio[3] un'immagine ride.
5 Accosto il volto a evanescenti[4] labbri:
si deforma il passato, si fa vecchio,
appartiene ad un altro…
Ah che già stride
la ruota[5], ti ridona all'atro[6] fondo,
10 visione, una distanza[7] ci divide.

> L'allitterazione rimarca l'incolmabile distanza tra il presente e il passato.

1. vi si fonde: l'acqua sembra fondersi con la luce, perché man mano che sale verso l'alto riflette la luce e le immagini.

2. Trema: per le oscillazioni che fanno muovere l'acqua, che alludono metaforicamente all'incertezza della memoria.

3. nel puro cerchio: nello spazio circolare delimitato dal secchio, detto «puro» perché l'acqua è limpida, ma anche perché tale si presenta al ricordo del poeta l'immagine che vi ride dentro.

4. evanescenti: *poco definiti, sfuggenti* (anche in questo caso, l'aggettivo ha nello stesso tempo valore descrittivo e metaforico).

5. stride la ruota: *la ruota della carrucola stride*, con evidente richiamo al «cigola» iniziale, perché il poeta ha abbandonato il secchio, che precipita.

6. atro: *nero, cupo.*

7. una distanza: metaforicamente, quella del tempo passato.

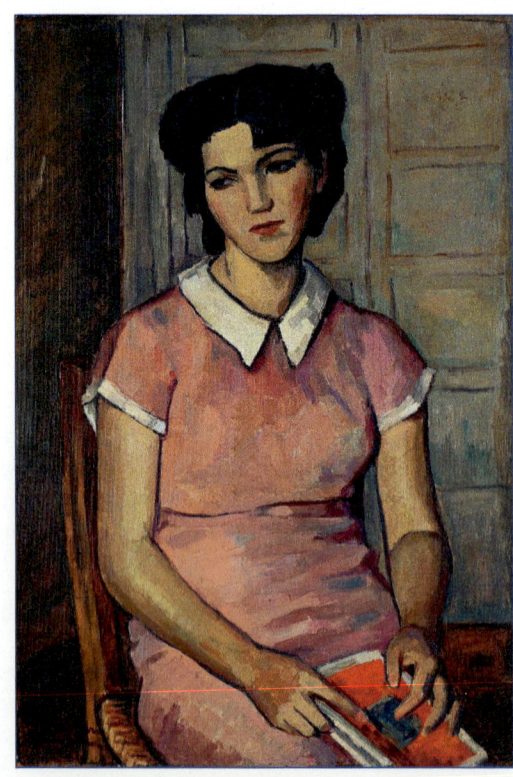

Giana Bressan,
Autoritratto, 1938.

Analisi guidata

Una struttura bipartita

Il testo è diviso in **due parti simmetriche**:
– i vv. 1-4 evocano il faticoso risalire del secchio d'acqua, simbolo del **ricordo che riemerge** con difficoltà dall'inconscio alla luce della coscienza;
– il v. 5, che funge da raccordo tra le due parti, segna il momento in cui **il poeta si illude** di potersi riappropriare appieno del suo passato;
– i vv. 6-10 segnano la fine dell'illusione, cui si accompagna il cupo ricadere del secchio nel pozzo e, metaforicamente, lo **svanire di un passato irrecuperabile**.

Competenze di comprensione e analisi

- Il testo si compone di quattro periodi sintattici: evidenzia l'immagine centrale di ciascuno di essi.

- La struttura simmetrica del componimento evidenzia la contrapposizione tra un movimento ascensionale (vv. 1-4) e un movimento discendente (vv. 6-10). Quale significato metaforico hanno questi due movimenti antitetici?

Il ricordo impossibile

Il testo è incentrato sul motivo del **ricordo negato**, sull'impossibilità di recuperare la memoria di cose e persone amate. Il trascorrere del tempo, infatti, deforma il nostro passato, che resta immobile mentre la vita continua, tanto che esso ci appare quasi estraneo («appartiene ad un altro», v. 7) perché il nostro io si modifica rendendoci diversi da quello che eravamo un tempo.
Secondo un procedimento tipico della sua poetica, Montale affida l'espressione di questo concetto a **immagini realistiche e simboliche** al tempo stesso: il «pozzo» rappresenta l'inconscio, la «ruota che stride» il trascorrere inesorabile del tempo, la «visione» appena intravista la labilità del ricordo.

Competenze di comprensione e analisi

- Il tentativo di recuperare il passato attraverso il ricordo rappresenta un'altra via di possibile salvezza dal «male di vivere», un possibile "varco" che resta però impraticabile. Quali notazioni positive si accompagnano all'idea del ricordo nella prima parte del testo?

- Individua e spiega tutti i termini che si prestano a essere interpretati in senso realistico ma anche simbolico, come «Trema» (v. 3), «ride» (v. 4) ecc.

Una musicalità stridente

Montale presta grande attenzione agli **effetti fonici**. L'attacco su due parole sdrucciole («Cigola la carrucola», v. 1) sembra voler riprodurre per onomatopea un suono stridulo, che evoca la **fatica del recupero memoriale**. Anche la metrica concorre a trasmettere il messaggio centrale (il ricordo negato), specie attraverso la frattura dei vv. 7-8, che scompone graficamente il verso in due emistichi. La netta separazione, sottolineata dall'interiezione («Ah», v. 8), evidenzia il **crollo della speranza** di poter far rivivere il passato.

Competenze di comprensione e analisi

- L'immagine del v. 1 è riproposta ai vv. 8-9 («stride / la ruota»): il senso è uguale o diverso?

- I vv. 3-4 sono percorsi da un'allitterazione sulla "r": quale effetto fonosimbolico ne deriva?

- Le rime sono disposte liberamente nel testo. Analizza le parole-rima: ti sembra che si tratti di termini particolarmente significativi? Perché?

Ossi di seppia

La lirica, la terza della sezione Movimenti, risale al febbraio 1924 ed è dedicata a Esterina Rossi, una ragazza frequentata da Montale negli anni giovanili. Il poeta immagina di osservarla mentre, protesa sulle onde, si prepara a tuffarsi in mare. Lo spensierato vitalismo della donna, pronta a fondersi con il mare che la accoglie, diviene l'emblema stesso della gioia di vivere e dell'abbandono fiducioso al domani, della rara condizione esistenziale di chi vive in armonia con la natura. Alla donna si contrappone l'io del poeta che, incapace di liberarsi dal male di vivere, appartiene alla «razza / di chi rimane a terra».

Metrica Tre strofe e un distico finale di versi liberi.

> Rivolgendosi direttamente a Esterina, il poeta esprime i suoi timori per l'oscura minaccia che incombe sulla sua giovinezza.

Esterina, i vent'anni ti minacciano,
grigiorosea nube
che a poco a poco in sé ti chiude[1].
Ciò intendi e non paventi[2].
5   Sommersa ti vedremo
nella fumea[3] che il vento
lacera o addensa, violento.
Poi dal fiotto di cenere uscirai
adusta più che mai[4],
10 proteso a un'avventura più lontana
l'intento viso che assembra
l'arciera Diana[5].
Salgono i venti autunni[6],
t'avviluppano andate primavere[7];
15 ecco per te rintocca
un presagio nell'elisie sfere[8].

> Il poeta spera che il futuro di Esterina non sia sgradevole come il rumore della brocca crettata, ma roseo come il suono magico delle sonagliere.

Un suono non ti renda
qual d'incrinata brocca
percossa!; io prego sia
20 per te concerto ineffabile
di sonagliere[9].

La dubbia dimane non t'impaura[10].
Leggiadra ti distendi
sullo scoglio lucente di sale

---

1. grigiorosea … chiude: la giovinezza («i tuoi vent'anni») rappresenta per Esterina una minaccia in cui si mescolano speranza e pericoli («grigiorosea nube») e che assume i colori del mare in cui sta per tuffarsi.
2. Ciò … paventi: *tu capisci questa minaccia e non provi timore* («non paventi»).
3. fumea: *nebbia formata dal vapore acqueo.*
4. Poi … mai: *poi riemergerai dall'onda di cenere* (la nuvola creata dagli spruzzi d'ac-

qua) *ancor più bruciata* («adusta», latinismo) dalla salsedine del mare e dal sole.
5. proteso … Diana: *con il volto attento, teso verso più audaci avventure, che assomiglia a quello di Diana cacciatrice.*
6. i venti autunni: l'espressione polisemica può intendersi come *i tuoi vent'anni* o come *i venti autunnali*, che si levano come a preannunciare la fine della giovinezza.
7. t'avviluppano … primavere: *primavere ormai per sempre trascorse ti avvolgono.*

8. ecco … sfere: sulla donna si stende il velo di un «presagio» incerto, che proviene dalle sfere celesti («elisie», con riferimento ai Campi Elisi, sede della beatitudine ultraterrena nella mitologia pagana).
9. Un suono … sonagliere: il poeta si augura che il suono del «presagio» non sia uno sgradevole rumore («qual d'incrinata brocca»), ma un gradevole concerto.
10. La dubbia … t'impaura: *l'incerto futuro non ti spaventa.*

25 e al sole bruci le membra.
Ricordi la lucertola
ferma sul masso brullo[11];
te insidia giovinezza,
quella il lacciòlo d'erba del fanciullo[12].
30 L'acqua è la forza che ti tempra[13],
nell'acqua ti ritrovi e ti rinnovi:
noi ti pensiamo come un'alga, un ciottolo,
come un'equorea creatura[14]
che la salsedine non intacca
35 ma torna al lito più pura.

Hai ben ragione tu! Non turbare
di ubbie[15] il sorridente presente.
La tua gaiezza impegna già il futuro

ed un crollar di spalle
40 dirocca i fortilizi[16]
del tuo domani oscuro.
T'alzi e t'avanzi sul ponticello
esiguo[17], sopra il gorgo che stride[18]:
il tuo profilo s'incide
45 contro uno sfondo di perla[19].
Esiti a sommo del tremulo asse,
poi ridi, e come spiccata da un vento
t'abbatti fra le braccia
del tuo divino amico[20] che t'afferra.

50 Ti guardiamo noi, della razza
di chi rimane a terra.

---

11. brullo: *arido, privo di vegetazione.*
12. te insidia ... fanciullo: la giovinezza «insidia» Esterina così come la lucertola è insidiata dal cappio che il bambino prepara per catturare la lucertola.
13. ti tempra: *ti rafforza.*

14. equorea creatura: *creatura marina, acquatica*, della stessa sostanza del mare.
15. ubbie: *vani timori.*
16. dirocca i fortilizi: *abbatte, sgretola le fortezze.*
17. T'alzi ... esiguo: Esterina avanza sulla bre-

ve passerella da cui compirà il tuffo in mare.
18. sopra ... stride: *sulle onde che risuonano minacciose.*
19. sfondo di perla: il colore del mare e della nube d'acqua che si leva dalle onde.
20. tuo divino amico: il mare.

COMPRENSIONE

1 Individua in quali punti del testo il poeta esprime i suoi timori per la sorte di Esterina. Qual è la reazione della ragazza?

2 Il «presagio» del v. 16 è connotato in senso positivo o negativo? Motiva la tua risposta con riferimenti al testo.

3 Quali significati evoca la similitudine tra Esterina e la «lucertola» distesa al sole (vv. 23-29)?

4 In quale punto della lirica viene descritto il tuffo della donna?

5 Spiega il significato referenziale e metaforico delle seguenti espressioni: «grigiorosea nube», «fumea», «fiotto di cenere».

6 Rintraccia nel testo i termini e le espressioni di registro particolarmente elevato e aulico. Nella lirica sono presenti anche termini bassi e colloquiali (per esempio «incrinata brocca» al v. 18). Qual è il senso di questa variazione di registro?

> **→ Oltre il testo**   *Confrontare e analizzare*
>
> • Metti a confronto il lessico usato in questa lirica con quello degli altri componimenti di *Ossi di seppia* che hai studiato; quali sono le principali differenze?

7 Individua nel componimento le espressioni che più sottolineano il vitalismo e l'assenza di timori di Esterina.

> **→ Oltre il testo**   *Confrontare e analizzare*
>
> • In quali punti del testo viene evocata una fusione panica tra Esterina e l'ambiente marino che ricorda l'*Alcyone* dannunziano?

8 La lirica si fonda sulla contrapposizione tra Esterina e il poeta. In che cosa consiste il loro diverso atteggiamento esistenziale?

> **→ Oltre il testo**   *Confrontare e analizzare*
>
> • Confronta il «male di vivere» di alcune famose liriche di *Ossi di seppia* (in particolare *Meriggiare pallido e assorto* e *Spesso il male di vivere ho incontrato* con la condizione esistenziale che emerge da *Falsetto*: quali sono, a tuo avviso, le principali differenze? Rispondi in un testo scritto di massimo due pagine, con precisi riferimenti ai componimenti citati.

9 Per quale motivo Esterina è paragonata a «un'alga, un ciottolo» (v. 32)? Quale rapporto si stabilisce tra la ragazza e l'ambiente marino?

> **→ Oltre il testo**   *Confrontare e analizzare*
>
> • Quali differenze riscontri fra il paesaggio marino evocato in questa lirica e quello scabro e riarso descritto nella maggior parte delle liriche di *Ossi di seppia*?

10 Spiega il significato del v. 38: «La tua gaiezza impegna già il futuro».

11 Per quale motivo a tuo parere il poeta usa nel finale la prima persona plurale («noi»)? Si tratta di un semplice plurale *maiestatis* o allude a una condizione comune alla maggior parte degli individui?

SCRITTURA E APPROFONDIMENTI

12 Il critico Romano Luperini spiega i due versi finali come «l'esplicitazione della distanza che separa il poeta da Esterina», una distanza che non significa solo esclusione ma anche consapevolezza di una diversa scelta etica, poiché «aderire al mare, come Esterina, indica una partecipazione felice ma aproblematica al ritmo della vita e della natura». Sei d'accordo con questa interpretazione? Motiva la tua posizione con riferimenti diretti al testo.

Le occasioni

La seconda raccolta poetica di Montale, pubblicata nel **1939** (e poi, accresciuta, nel 1940), comprende **54 liriche composte tra il 1928 e il 1939**, un'epoca segnata dal **pieno affermarsi del fascismo** e dalla minaccia della Seconda guerra mondiale. A confronto con la crescente barbarie della storia, Montale sembra rifugiarsi nella **difesa dei valori della cultura**, attraverso una poesia che si fa più elevata e rarefatta, in parte influenzata dall'Ermetismo che fiorisce negli stessi anni a Firenze. Pur in una linea di continuità, i temi e i toni delle *Occasioni* segnano quindi un'evoluzione rispetto a *Ossi di seppia*.

Il titolo allude alle **possibili «occasioni» di salvezza**, personale e collettiva, che si offrono al poeta: eventi apparentemente irrilevanti che traggono spunto dal vissuto personale per assumere un significato più ampio, offrendosi come nuovo possibile «varco». Un ruolo fondamentale è attribuito alla **memoria**, intesa come possibilità di recuperare frammenti del passato a cui attribuire un senso che illumini il presente. Tuttavia, come già negli *Ossi*, **il ricordo è in genere negato** e l'impossibilità di ristabilire un legame con le figure del passato, evidente in *La casa dei doganieri* e in *Non recidere forbice quel volto*, disorienta il soggetto, incapace di porre un argine al fluire del tempo.

Centrale è la presenza di **figure femminili**, che appaiono come presenze **potenzialmente salvifiche**. Nella sezione *Mottetti* si succedono brevi liriche che costruiscono una sorta di ideale "canzoniere d'amore" in cui il poeta si rivolge a un "tu" femminile che assume le fattezze stilnovistiche della "**donna-angelo**". Cantata con il nome di **Clizia**, la donna diviene

Paul Delvaux, *Il saluto*, 1938.

emblema dei valori laici della cultura e dello spirito, gli unici in grado di opporsi alla violenza della storia. Tuttavia Clizia e le altre figure femminili – da Arletta a Liuba a Dora Markus – risultano fragili e incerte, per lo più caratterizzate dall'assenza. Le loro fugaci apparizioni portano una speranza effimera, che solo a tratti riscatta l'esistenza di chi sa coglierne il valore.

Parallelamente all'evoluzione dei temi, anche **lo stile si innalza**, recuperando forme più tradizionali nella sintassi e nel metro, rivisitate però alla luce di un "**classicismo moderno**". Sebbene le liriche delle *Occasioni* siano caratterizzate da uno **stile elevato e a tratti arduo**, esse si differenziano dall'Ermetismo per il rifiuto dell'analogia e il ricorso al "**correlativo oggettivo**", ossia a immagini e oggetti emblematici che, secondo un procedimento allegorico, rinviano a precisi stati d'animo e sensazioni (*Approfondimento*, p. 170).

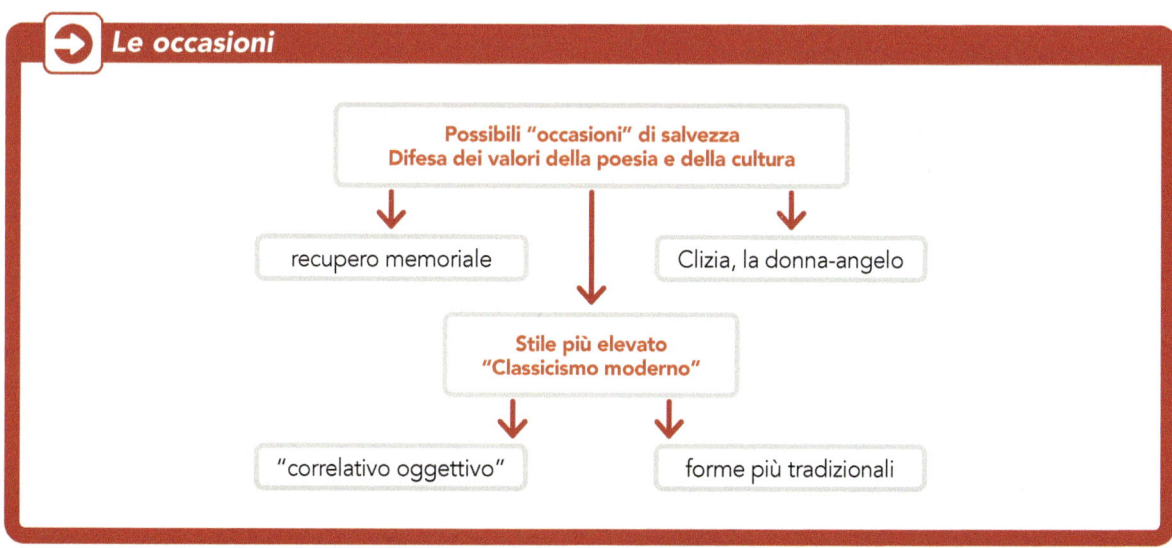

Dora Markus

Le occasioni

Le lirica, strutturata in due parti, composte a tredici anni di distanza l'una dall'altra, fa parte della sezione I.

Protagonista è un'ebrea austriaca che il poeta non conobbe mai, ma di cui gli scrisse l'amico e poeta Bobi Bazlen in una lettera del 1926, avvertendolo di aver conosciuto una donna «con delle gambe bellissime» ed esortandolo: «Falle una poesia. Si chiama Dora Markus». Sulla base di questo spunto – e di una fotografia delle gambe della donna inviata da Bazlen – Montale scrisse la prima parte del testo. La seconda parte fu aggiunta nel 1939, nel drammatico contesto delle persecuzioni razziali. Dora, che nella prima stesura è presentata come una creatura irrequieta e tormentata, che anela alla sua «patria vera», diviene adesso un simbolo del lungo vagare del popolo ebraico, destinato a divenire presto vittima della «fede feroce» del nazismo.

Metrica Strofe di versi liberi, per lo più endecasillabi e settenari nella prima parte e ottonari e novenari nella seconda.

> L'indefinitezza del passato remoto colloca il ricordo del primo incontro in una dimensione atemporale e indefinita.

I

Fu dove il ponte di legno
mette a Porto Corsini[1] sul mare alto
e rari uomini, quasi immoti, affondano
o salpano le reti[2]. Con un segno
5 della mano additavi all'altra sponda
invisibile la tua patria vera[3].
Poi seguimmo il canale fino alla darsena
della città, lucida di fuliggine[4],
nella bassura dove s'affondava
10 una primavera inerte, senza memoria[5].

> La tensione irrequieta accomuna la città di Ravenna, che sembra rimpiangere la propria grandezza di capitale bizantina, e Dora, protesa verso la terra d'origine dei suoi progenitori ebrei.

E qui dove un'antica vita
si screzia in una dolce
ansietà d'Oriente[6],
le tue parole iridavano[7] come le scaglie
15 della triglia moribonda.

La tua irrequietudine mi fa pensare
agli uccelli di passo[8] che urtano ai fari
nelle sere tempestose:
è una tempesta anche la tua dolcezza,

---

1. Fu ... alto: *(il nostro primo incontro) avvenne là dove il pontile di legno immette nel porto, sul mare aperto.* Porto Corsini è il porto di Ravenna.

2. rari uomini ... reti: *i pescatori, con gesti tanto lenti da sembrare immobili («immoti»), calano e recuperano («affondano o salpano») le reti da pesca.*

3. additavi ... patria vera: la terra d'origine di Dora è la Carinzia austriaca, sulla sponda opposta dell'Adriatico, al confine con la Slovenia.

4. lucida di fuliggine: la città è «lucida» per la pioggia ma intrisa della polvere scura («fuliggine») che proviene dalla darsena vicina.

5. nella bassura ... memoria: *nel profilo piatto della costa («bassura») sembrava inghiottita una primavera priva di vita e di storia.*

6. E qui ... d'Oriente: *e qui, a Ravenna, dove il ricordo di una grande civiltà passata si colora di una tensione inquieta verso l'Oriente.* Ravenna, antica capitale dell'impero bizantino, mantiene memoria dei suoi fasti lontani. Il verbo «si screzia» allude indirettamente ai colori cangianti degli antichi mosaici che ornano la città.

7. iridavano: *emettevano riflessi luminosi e cangianti.*

8. uccelli di passo: *uccelli migratori.*

Continuare a vivere oltre l'«indifferenza» e l'irrequietudine sembra possibile solo grazie a un portafortuna, un piccolo oggetto quotidiano conservato nella borsetta.

20 turbina e non appare[9].
E i suoi riposi sono anche più rari.
Non so come stremata[10] tu resisti
in quel lago
d'indifferenza[11] ch'è il tuo cuore; forse
25 ti salva un amuleto[12] che tu tieni
vicino alla matita delle labbra[13],
al piumino[14], alla lima: un topo bianco
d'avorio; e così esisti!

L'avverbio di tempo e la determinazione di luogo segnalano lo stacco tra le due fasi compositive della lirica.

II
Ormai nella tua Carinzia
30 di mirti fioriti e di stagni,
china sul bordo[15] sorvegli
la carpa che timida abbocca
o segui sui tigli, tra gl'irti
pinnacoli le accensioni
35 del vespro e nell'acque un avvampo
di tende da scali e pensioni[16].

La sera che si protende
sull'umida conca[17] non porta
col palpito dei motor
40 che gemiti d'oche[18] e un interno
di nivee maioliche[19] dice
allo specchio annerito che ti vide
diversa una storia di errori
imperturbati[20] e la incide
45 dove la spugna non giunge[21].

Il poeta stabilisce un parallelismo tra la storia personale di Dora e quella del popolo ebraico.

La tua leggenda, Dora![22]
Ma è scritta già in quegli sguardi
di uomini[23] che hanno fedine
altere e deboli[24] in grandi

---

9. turbina e non appare: *si agita interiormente ma non si manifesta all'esterno.*
10. stremata: *sfiancata, sfinita dalla tua irrequietezza e dai tuoi conflitti interni.*
11. in quel lago d'indifferenza: *nella calma e nell'indifferenza apparenti.*
12. amuleto: *portafortuna.*
13. matita delle labbra: *rossetto.*
14. piumino: *della cipria.*
15. china sul bordo: *di uno stagno.*
16. o segui … pensioni: *oppure segui con lo sguardo, tra le torrette e le guglie («irti pinnacoli»), l'infiammarsi del cielo al tramonto e vedi rispecchiato nell'acqua dello stagno il rifles-*

so splendente («avvampo») delle tende che coprono gli imbarcaderi («scali») e gli alberghi.
17. si protende … conca: *si allunga sulla vallata umida.*
18. non porta … d'oche: *insieme al rumore delle imbarcazioni («motori») porta soltanto lo starnazzare delle oche sullo stagno.*
19. un interno di nivee maioliche: *una stanza decorata con piastrelle bianche di maiolica. La scena si sposta all'interno della casa di Dora.*
20. dice … imperturbati: *(la stanza) racconta allo specchio ormai in parte rovinato, che ti aveva visto quando eri ragazza, la tua vicenda di errori compiuti senza turbamento.*

21. e la incide … giunge: *e (questa vicenda) si imprime nella memoria, laddove la spugna del tempo non la può cancellare.* Dora ricorda la sua vita passata, fissata per sempre nella memoria.
22. La tua leggenda, Dora!: la storia di Dora assume i tratti leggendari e favolosi di quella della razza ebraica.
23. Ma è scritta … uomini: la vicenda individuale di Dora si rispecchia nei ritratti dei suoi antenati ebrei, appesi in casa.
24. fedine altere e deboli: *basette portate con orgoglio («altere») ma in realtà incapaci di difendere la loro origine.*

50 | ritratti d'oro e ritorna
ad ogni accordo che esprime
l'armonica guasta nell'ora
che abbuia, sempre più tardi[25].

È scritta là[26]. Il sempreverde
55 | alloro per la cucina
resiste, la voce non muta,
Ravenna è lontana[27], distilla
veleno una fede feroce[28].
Che vuole da te? Non si cede
60 | voce, leggenda o destino[29]…
Ma è tardi, sempre più tardi.

> L'alloro, qui degradato a semplice spezia per i cibi, è in realtà anche simbolo della poesia, che tramanda il ricordo di Dora e del suo popolo e «resiste» alla violenza della storia.

25. e ritorna … tardi: e *(la tua storia) ritorna a vivere a ogni accordo musicale prodotto da una vecchia armonica rotta, nel momento in cui il sole tramonta e si fa buio, mentre diventa sempre più tardi.* L'«ora che abbuia» anticipa metaforicamente la notte portata dal «veleno» del nazismo (v. 58).

26. È scritta là: la storia di Dora e di tutti gli ebrei è fissata per sempre nella sua casa, in quei ritratti.
27. Ravenna è lontana: l'incontro avuto con il poeta a Ravenna (vv. 1-10) è ormai lontano nel tempo.
28. distilla … feroce: il nazismo, un'ideolo-

gia fanatica e spietata («fede feroce»), *sparge morte e violenza* («distilla veleno»).
29. Che vuole … destino: il poeta si chiede che cosa pretenda il nazismo da Dora, dal momento che non è possibile modificare o abbandonare il proprio destino e la propria identità.

Henri Matisse,
*Donna davanti
a una boccia
dei pesci*, 1922.

Analisi del testo

COMPRENSIONE

La sezione più antica della poesia (vv. 1-28) risulta dall'**unione di due frammenti**. Nel primo (vv. 1-15) il poeta immagina di ricordare l'**incontro con Dora**, in realtà mai avvenuto. Sullo sfondo del porto di Ravenna e dell'atmosfera grigia di una «primavera inerte» (v. 10), la donna indica al di là del mare la sua «patria vera» (la Carinzia austriaca, di cui è originaria), ma le sue parole e i suoi gesti esprimono una profonda irrequietezza, che sembra riflettere la «dolce / ansietà» della città bizantina. Nella terza strofa il poeta delinea invece una sorta di **ritratto interiore di Dora** che, instabile e «stremata» (v. 22) sembra sopravvivere nella sua «indifferenza» soltanto grazie alla salvezza offerta da un «amuleto».

La seconda parte della lirica presenta **Dora a distanza di tempo** («Ormai», v. 29), restituita alla sua Carinzia, nel contesto pacato e tranquillo di ampi boschi e poi (vv. 37-45) all'interno della sua casa, dove uno «specchio annerito» rimanda la sua immagine, segnata da «una storia di errori» e di continui, irrequieti spostamenti. Nelle due strofe finali **la vicenda di Dora tende a fondersi** con quella dei suoi antenati, evocati dai ritratti conservati nella casa, e **con la storia stessa del popolo ebraico**, segnato da un passato doloroso e avviato verso un futuro ancora più minaccioso.

ANALISI E INTERPRETAZIONE

I volti di Dora   Nella **prima sezione**, Dora è un'**immagine ambivalente e indefinita**: segnata da una dolorosa «irrequietudine» (v. 16) e da una tempestosa dolcezza (v. 19), manifesta un'affascinante instabilità, che pare nascondere una vitalità inespressa e come trattenuta. A questi elementi se ne mescolano altri di segno opposto: la stanchezza esistenziale, la nostalgia della patria lontana e un senso di «indifferenza» verso l'esistere che sembra rendere difficile la sua stessa sopravvivenza. Al di là della cornice ravennate, la figura di Dora si proietta in una **dimensione astratta e atemporale**, quasi metafisica, che ricorda in parte le atmosfere della coeva poesia ermetica. Nella seconda, invece, il testo si arricchisce di **maggiori riferimenti al contesto storico concreto**. La donna assomma ora in sé – per ammissione dello stesso Montale – le caratteristiche di altre amiche ebree del poeta, come l'austriaca Gerti e Irma Brandeis-Clizia. Alla luce di questa nuova e più specifica identità etnica e culturale, anche i suoi tratti psicologici assumono un diverso significato: i suoi «errori» (v. 43, assumendo il senso di "con-

tinui viaggi") possono rimandare alle persecuzioni del popolo ebraico; la sua nostalgia della «patria vera» diviene rimpianto della terra promessa e mai raggiunta e la sua stessa «leggenda» si fonde con la millenaria vicenda del suo popolo. Sottratta all'atmosfera rarefatta delle prime strofe, la donna diviene quindi nel finale un esplicito **emblema degli Ebrei**, minacciati dal «veleno» del nazismo. Sia pure in modi allusivi, la denuncia di Montale nei confronti di questa «fede feroce» (v. 58) è netta e decisa, così come l'amara constatazione che, di fronte al suo dilagare, «è tardi, sempre più tardi» per sperare nella salvezza.

I luoghi e gli oggetti   Come accade spesso nelle liriche di Montale, la definizione della figura femminile è affidata in gran parte ad elementi concreti, quali i luoghi che fanno da sfondo alla sua presenza. All'inizio il poeta ambienta l'immaginario incontro con Dora nella città di **Ravenna**, antica capitale dell'Impero d'Oriente. Nella prima strofa, il **paesaggio** del porto, nonostante le indicazioni dirette («il ponte di legno», «Porto Corsini») risulta **indefinito e sfumato**, pervaso dalla stessa sottile malinconia che si riverbera sulla donna e che viene evocata dall'immobilità dei pescatori («quasi immoti», v. 3), dal profilo pianeggiante della costa e dal clima («nella bassura dove s'affondava / una primavera inerte, senza memoria», vv. 9-10). Subito dopo il ricordo dei passati splendori bizantini (la «dolce / ansietà d'Oriente», vv. 12-13) trova un corrispettivo nella sinestesia che evoca le parole di Dora, inquiete e vitali, "iridescenti" come un antico mosaico.

Nella seconda parte lo sfondo della **Carinzia austriaca** – che Montale non aveva mai visitato – evoca invece un **paesaggio alpino ridente e sereno** («mirti fioriti», «stagni», «irti / pinnacoli», vv. 29-36), a cui fa riscontro un interno caratterizzato da particolari (lo «specchio annerito» del v. 42), che simboleggiano il **persistere dell'inquietudine della donna**.

Centrale è anche la funzione svolta da alcuni **oggetti**, che si caricano di una **valenza emblematica**: il «topo bianco, / d'avorio» (vv. 27-28) che Dora tiene nella borsetta diviene un talismano, un «amuleto» che promette protezione dalla violenza della storia e le permette miracolosamente di esistere. Ai vv. 54-56 l'accenno apparentemente dimesso all'«alloro per la cucina» rinvia, ironicamente, al potere della poesia, che «resiste» al disastro e tramanda il ricordo della donna.

Uno stile complesso ed evocativo Sul piano formale la lirica è caratterizzata, specie nella prima sezione, da uno stile complesso ed evocativo, che risente in parte dell'oscurità ermetica. Ma in questo caso la difficoltà deriva non dall'affollarsi delle analogie e dalla ricercatezza del linguaggio, quanto piuttosto dal **significato ambiguo dei correlativi oggettivi** (il «topo / bianco») e dal ricorso a similitudini insolite e di per sé dimesse, come quella che lega le parole di Dora alle «scaglie / della triglia moribonda» (vv. 14-15) o la sua irrequietezza agli uccelli «che urtano ai fari / nelle sere tempestose» (vv. 17-18). Nel completare la lirica a distanza di anni, Montale ha poi voluto creare – per sua stessa ammissione – una serie di richiami sotterranei, nel segno della continuità: la «carpa che timida abbocca» (v. 32) riprende l'immagine della «triglia», così come nell'«avvampo / di tende» (vv. 35-36) «sembra durare lo splendore cangiante dei mosaici bizantini» (Isella).

In tutto il componimento sono presenti sintagmi particolarmente evocativi, che acquistano significato dall'**accostamento insolito, e spesso ossimorico, tra termini antitetici** («una primavera inerte»; «una dolce / ansietà»; «errori / imperturbati»; «fede feroce»), spesso sottolineati dal frequente ricorso all'*enjambement*. Non mancano citazioni e riprese letterarie: nell'espressione «in questo lago / d'indifferenza» è evidente il richiamo al dantesco al primo canto dell'*Inferno* («Allora fu la paura un poco queta / che nel lago del cor m'era durata», vv. 19-20).

Sul piano metrico la distanza tra le due parti della lirica è sottolineata dall'**uso di versi differenti**: i più tradizionali endecasillabi alternati a settenari nella prima sezione, ottonari e novenari nella seconda. Frequenti ma irregolari le rime e la ripresa di termini a breve distanza («affondano», «s'affondava», vv. 3-9; «tempestose», «tempesta», vv. 18-19 ecc.).

Lavoriamo sul testo

COMPRENSIONE

1 Dove è ambientata la prima parte del testo?

2 Qual è il significato del «topo bianco» (v. 27) che Dora porta con sé?

3 In quale contesto spazio-temporale si colloca la seconda parte del componimento?

4 A che cosa allude storicamente l'espressione «fede feroce» (v. 58)?

LINGUA E LESSICO

5 Rintraccia nel testo tutti i termini e le espressioni ricercate e letterarie.

6 Qual è il soggetto della proposizione «turbina e non appare» (v. 20)?

7 Scrivi una frase di senso compiuto con ognuno dei seguenti termini:
darsena – fuliggine – screzia – pinnacoli – maioliche

ANALISI E INTERPRETAZIONE

8 Individua le caratteristiche della psicologia di Dora, basandoti in particolare sul contenuto della terza strofa. In che senso la sua personalità è ambigua e sfuggente?

9 Quale rapporto di analogia si crea nella prima parte del testo fra la città di Ravenna e la figura di Dora?

10 Quali richiami formali collegano le due sezioni della lirica?

11 Di che cosa diviene emblema Dora nella penultima strofa? Da quali elementi del testo è possibile dedurlo?

12 Commenta in un testo di massimo una pagina il verso finale della lirica, tenendo presente il contesto storico in cui fu redatto il componimento.

13 Individua qualcuno degli *enjambement* presenti nel testo e spiegane la funzione.

SCRITTURA E APPROFONDIMENTI

14 Ti proponiamo di seguito *A Liuba che parte*, una breve lirica, contenuta nelle *Occasioni*, dedicata da Montale all'amica Liuba Blumenthal, ebrea triestina costretta nel 1938 ad abbandonare l'Italia a causa delle leggi razziali. Confronta l'immagine di Dora con quella di Liuba, evidenziando analogie e differenze tra i due testi.

Non il grillo ma il gatto
del focolare
or ti consiglia, splendido
lare [divinità protettrice] della dispersa tua famiglia.

La casa che tu rechi
con te ravvolta, gabbia o cappelliera?,
sovrasta i ciechi tempi come il flutto
arca leggera – e basta al tuo riscatto.

La casa dei doganieri

Le occasioni

Datata 1930, la lirica è uno dei primi testi scritti dopo Ossi di seppia. Il «tu» a cui il poeta si rivolge si identifica, secondo quanto afferma Montale stesso, con «una villeggiante morta molto giovane», da identificare con Anna degli Uberti, cantata con il nome di Annetta o Arletta. In una lettera del 1971 Montale scriveva: ««La casa dei doganieri fu distrutta quando avevo sei anni. La fanciulla in questione non poté mai vederla; andò [...] verso la morte, ma io lo seppi molti anni dopo». In realtà, da successive ricerche è emerso che la donna morì solo nel 1959, anche se i rapporti tra lei e Montale cessarono nel 1924.

Il poeta si rivolge alla donna per rievocare il loro incontro, avvenuto una sera di molti anni prima nella «casa dei doganieri», ora disabitata. Ma diversamente da lui la donna, lontana o forse morta, non ricorda l'evento: l'inesorabile scorrere del tempo rende impossibile trovare un punto di contatto.

Metrica   Quattro strofe, le dispari di cinque versi, le pari di sei, di versi liberamente rimati, quasi tutti endecasillabi oppure versi doppi, formati da un quinario e un settenario.

> È un luogo-simbolo, che segna il confine tra il passato e il presente, la vita e la morte.

Tu non ricordi la casa dei doganieri[1]
sul rialzo[2] a strapiombo sulla scogliera;
desolata[3] t'attende dalla sera
in cui v'entrò lo sciame dei tuoi pensieri
5 e vi sostò irrequieto[4].

> L'immagine ricorda il filo di Arianna, che guidò Teseo fuori dal labirinto; ma qui il filo della memoria si riavvolge, impedendo il ricordo.

Libeccio[5] sferza[6] da anni le vecchie mura
e il suono del tuo riso non è più lieto[7]:
la bussola va impazzita all'avventura
e il calcolo dei dadi più non torna[8].
10 Tu non ricordi; altro tempo frastorna
la tua memoria[9]; un filo s'addipana[10].

Apri il vocabolario

Il verbo "frastorna" (che ha origine dallo spagnolo *trastornar*, "mettere sottosopra", derivato da *torno*, "giro") indicava in origine l'azione di impedire a un fatto di giungere a termine; oggi prevale invece il significato di disturbare una persona allontanandola dall'attività a cui si sta dedicando.

Ne tengo ancora un capo[11]; ma s'allontana
la casa e in cima al tetto la banderuola
affumicata gira senza pietà[12].
15 Ne tengo un capo; ma tu resti sola
né qui respiri nell'oscurità[13].

---

1. La casa dei doganieri: sulla collina che sovrasta Monterosso sorgeva realmente un posto di vedetta della Guardia di Finanza per sorvegliare il traffico marittimo.

2. sul rialzo: su un rilievo.

3. desolata: abbandonata, triste.

4. lo sciame ... irrequieto: *la folla dei tuoi pensieri, che in quel luogo si fermarono pieni di vivace irrequietezza.* La metafora accosta la mobile vivacità dei pensieri della donna alla dinamicità di uno «sciame» di insetti.

5. Libeccio: forte vento che soffia da sud-est portando spesso tempeste sulla costa ligure.

6. sferza: *colpisce.*

7. il suono ... lieto: *nel ricordo, ormai anche il tuo riso è cambiato, ha perduto la sua gaiezza di allora.*

8. la bussola ... torna: *la bussola si muove senza senso e la somma dei dadi non è più corretta.* Le immagini indicano il disorientamento e la perdita di ogni certezza causati dall'irrecuperabilità del ricordo.

9. altro tempo ... memoria: *altre situazioni, un tempo diverso confondono e distolgono la tua memoria da quel momento, da quell'incontro.*

10. s'addipana: *si riavvolge.* Il filo della memoria, che lega il presente al passato e il poeta alla donna, si riavvolge su se stesso, diventando simbolo dell'oblio.

11. Ne tengo ... capo: il poeta mantiene vivo il ricordo della donna, ma essa non ricorda più.

12. la banderuola ... pietà: *la piccola bandiera annerita dal fumo del comignolo gira vorticosamente.* Il continuo volteggiare della «banderuola» metallica, che dovrebbe segnare la direzione del vento, allude al rapido trascorrere del tempo e alla perdita di punti di riferimento spaziali.

13. ma ... oscurità: *ma tu sei distante, non sei più qui, e in questo luogo che è ora preda del buio non si sente più il suono del tuo respiro.*

Il movimento incessante delle onde allude alla fissità del reale, che non offre alcuna possibilità di sfuggire allo scorrere del tempo.	Oh l'orizzonte in fuga[14], dove s'accende rara[15] la luce della petroliera! Il varco[16] è qui? (Ripullula il frangente ancora sulla balza che scoscende[17]…). Tu non ricordi la casa di questa mia sera[18]. Ed io non so chi va e chi resta.	Nel suo disorientamento, il poeta non distingue più chi è rimasto fedele al ricordo e chi se ne è allontanato e neppure chi è vivo e chi è morto.

(al margine: il numero 20 accanto al verso)

---

14. Oh … fuga: lo sguardo del poeta si rivolge al mare, dove *l'orizzonte sembra allontanarsi* e suggerire una possibile liberazione.

15. rara: *a lunghi intervalli.*
16. varco: *passaggio, possibilità di salvezza.*
17. Ripullula … scoscende: *l'onda torna di continuo a formarsi* («ripullula»), *sul pendio*

scosceso («balza») *della scogliera.*
18. mia sera: poiché la donna non condivide il ricordo, la «sera» dell'incontro resta viva solo nella memoria del poeta.

Analisi del testo

COMPRENSIONE

Rivolgendosi a una giovane donna – probabilmente Arletta – Montale ricorda il loro **incontro**, avvenuto in un imprecisato passato nella «casa dei doganieri», sulla costa di Monterosso. Molto tempo è trascorso e, sebbene il poeta si sforzi di mantenere vivo il ricordo, la separazione intervenuta fra i due o, forse, la morte prematura della donna, impedisce che quest'ultima ricordi quell'episodio. L'impossibilità di condividere il ricordo e di ristabilire un legame con la donna e con il proprio passato suscita nel poeta **un ansioso disorientamento**, che si oggettiva in immagini di totale spaesamento («la bussola… impazzita», v. 8; il «calcolo dei dadi» che «non torna», v. 9). Nell'ultima strofa si affaccia per un istante un'improvvisa apertura verso un «**varco**»: le luci lontane di una petroliera sembrano indicare la possibilità di superare le difficoltà e ristabilire un contatto, ridando senso al passato. Ma si tratta di una speranza illusoria, che non fa che accrescere lo stato di confusione del poeta, che non sa distinguere il passato dal presente, la vita dalla morte.

ANALISI E INTERPRETAZIONE
Il tema della memoria Il tema centrale della lirica è l'**impossibilità del ricordo** ed è svolto attraverso la contrapposizione tra lo scorrere rapido del tempo e la fissità della memoria, che vorrebbe cristallizzare un istante passato e attribuirgli un senso.
Simbolo di questa aspirazione è «la casa dei doganieri», un luogo mentale che il poeta custodisce gelosamente ma che appare corroso dal tempo, «desolato» in quanto non ospita più la donna, travolta dal fluire di un «altro tempo». La lirica registra appunto lo iato tra la distanza della donna – marcata dalla triplice anafora della formula «Tu non ricordi» – e l'ostinato

tentativo del poeta di mantenere un contatto impossibile con il ricordo di lei, simboleggiato dal «**filo della memoria**» che **sfugge** inesorabilmente. Ormai privo di quella sorta di "filo di Arianna", che nel mito indicava a Teseo la via d'uscita, l'uomo moderno resta vittima del labirinto di una realtà mutevole e insensata.

Un totale spaesamento Lo svanire del ricordo, che impedisce di attribuire un senso al passato, minaccia anche il presente e giunge a mettere in crisi ogni certezza soggettiva. L'io del poeta, travolto dalla fuga indomabile del tempo, si ritrova privo di punti di riferimento oggettivi, circondato da **immagini perturbanti** che alludono al venir meno di ogni ordine. Per esprimere questo totale disorientamento, Montale si serve della tecnica del **correlativo oggettivo**, utilizzando emblemi allegorici: l'ago della bussola che ruota come impazzito, il lancio dei dadi che «non torna» e la bandiera segnavento che «gira senza pietà» evocano con precisione un'atmosfera allucinata, che deriva dalla perdita delle coordinate spazio-temporali e di ogni nesso di causa-effetto. Anche l'apparire del «varco» (v. 19) si affaccia solo per un istante, lasciando il poeta ancora più disorientato e confuso.

Una poesia "oscura" Il componimento non è di facile comprensione, sia per la labilità dei riferimenti autobiografici sia per l'affollarsi di **immagini allegoriche** non semplici da decifrare.
Come accade anche in altre liriche delle *Occasioni*, Montale sembra avvicinarsi alla poesia ermetica, che si sviluppa negli stessi anni a Firenze. Dall'Ermetismo lo differenzia tuttavia la volontà comunicativa e il **costante riferimento a emblemi concreti**, a correlativi oggettivi che incarnano in sé una folla di sensazioni e di stati d'animo.

Gianfranco Contini, *Lettura della* Casa dei doganieri

Attraverso un'attenta lettura della *Casa dei doganieri*, il critico Gianfranco Contini rintraccia nel tentativo di recuperare il passato e nel tema del ricordo il filo portante delle *Occasioni*.

Quale memoria, allora, conduce all'immagine tipica del secondo Montale? Un'aria d'inaugurazione ha nella sua opera *La casa dei doganieri* per quello sforzo di rintracciare un passato perduto, del tutto per la donna a cui si dice «tu», solo a metà per il poeta protagonista: e restano, di tal situazione, addirittura tracce documentarie («Tu non ricordi; altro tempo frastorna / la tua memoria: un filo s'addipana. // Ne tengo ancora un capo; ma s'allontana / la casa…»). Se però l'inizio si impiantava su una nozione convenzionale di memoria, l'emozione, diciamo l'interiezione fondamentale a cui si può ridurre la lirica, è lo stupore e l'incertezza che colgono il poeta innanzi all'orizzonte, possibile ma solo possibile indizio del «passato» («Oh il segno dell'occaso dove s'accende / rara la luce della petroliera! / Il varco è qui?»). […] «Ricordo la farfalla…» era la formula d'apertura dei *Vecchi versi*, «Tu non ricordi…» è quella della *Casa*: la negazione sancisce l'impossibilità. Infatti, a uno sguardo normale, se la casa pare essere inizialmente un luogo di presenza, insomma la casa da cui si parla, essa risulta poi un luogo d'assenza, «la casa di questa / mia sera /», la sede ideale di *questa mia sera* (e il poeta tiene solo un filo di ricordo, e la casa s'allontana) […] Sta al centro la quartina a b a x (*mura, lieto, avventura, torna*), che per la sua asimmetria è una sorta di tentativo fallito di metter mano sull'ignoto, di scandaglio andato a male […] La chiusa, che vuol essere, per definizione, stringente (*questa, resta*), non riesce però a fermare del tutto la caotica frana di rima-assonanza (*s'accende, petroliera, frangente, scoscende*). Già, tutta l'aria di «libretto d'opera», di «parole per romanza», che esce dagli attacchi ritmici di Montale (empiricamente: quella loro facoltà d'impressionare la memoria), ha un aspetto di saggio tentacolare della tenebra, e insieme, per la sua purchessia armatura, di difesa contro l'amorfo ignoto.

G. Contini, *Una lunga fedeltà. Scritti su Eugenio Montale*, Torino, Einaudi, 1974

Lavoriamo sul testo

COMPRENSIONE

1 La «casa dei doganieri» che dà titolo al testo è un luogo realistico e al tempo stesso simbolico: chiariscine il significato in rapporto al contenuto della lirica.

2 La seconda e la terza strofa sono ricche di immagini che suggeriscono l'idea dell'aggressione del tempo e del disorientamento dell'individuo: individuale e spiega il loro significato simbolico.

3 Da quale espressione ripetuta si comprende che il poeta tenta di resistere alla distanza che l'oblio rischia di frapporre tra lui e il ricordo della donna?

4 Quale valore simbolico assume «la luce della petroliera» (v. 18)?

LINGUA E LESSICO

5 Quale sinonimi è possibile trovare per la locuzione «a strapiombo» (v. 2) e per il sostantivo «sciame» (v. 4)?

6 Che tipo di proposizione è espressa dalla frase «Ed io non so chi va e chi resta» (v. 22)?

ANALISI E INTERPRETAZIONE

7 Individua all'interno del testo le espressioni riconducibili all'opposizione tra memoria e oblio.

8 Rintraccia nella lirica le immagini che rinviano all'opposizione interno/esterno. Quale dei due ambienti è connotato positivamente e per quale motivo?

9 Quali elementi formali permettono di affermare che il testo ha una struttura circolare, in cui cioè la conclusione riprende l'inizio?

10 Prova a chiarire il significato che assume nel contesto l'ultimo verso.

11 Il verso 19 («Il varco è qui?») ha un significato profondo nella poetica di Montale: quale?

SCRITTURA E APPROFONDIMENTI

12 Il tema della memoria e del ricordo negato è ricorrente nella produzione poetica di Montale. Ponendo a confronto questo testo con *Cigola la carrucola del pozzo* (p. 156) e con *Non recidere, forbice, quel volto* (p. 174) individua quale posizione assume il poeta nei confronti di questa tematica.

Il "correlativo oggettivo" in Eliot e in Montale

Una poetica di oggetti Fin da *Ossi di seppia*, la poesia di Montale si caratterizza per la tendenza a esprimere sensazioni e stati d'animo attraverso oggetti emblematici che, mantenendo intatta la loro concretezza, si caricano di una valenza simbolica universale. I «limoni» della lirica omonima, per esempio, sono emblema della possibile salvezza offerta all'uomo, mentre in *Meriggiare pallido e assorto* i singoli elementi dello scabro paesaggio ligure rinviano al «male di vivere». Solo a partire dalle *Occasioni*, tuttavia, Montale rende esplicita questa scelta espressiva, che presenta molti punti di contatto con la tecnica del "correlativo oggettivo" (*objective correlative*) teorizzata da Thomas Stearns Eliot. Eliot applica questa tecnica espressiva sia nel poema *La terra desolata* (1922) sia nelle sue *Poesie* (1925).

Wyndham Lewis, *Ritratto di T.S. Eliot*, 1938.

Montale, *Eliot* e *Le occasioni* Montale affermò però sempre di essere giunto per via autonoma alla sua personale poetica. In relazione alle *Occasioni*, mosso anche dal desiderio di prendere le distanze dalla poesia ermetica, nell'*Intervista immaginaria* del 1946 egli afferma: «Non pensai a una lirica pura nel senso ch'essa poi ebbe anche da noi, a un giuoco di suggestioni sonore; ma piuttosto a un frutto che dovesse contenere i suoi motivi senza rivelarli, o meglio senza spiattellarli. Ammesso che in arte esista una bilancia tra il di fuori e il di dentro, tra l'occasione e l'opera-oggetto bisognava esprimere l'oggetto e tacere l'occasione-spinta. Un modo nuovo [...] di immergere il lettore *in medias res*, un totale assorbimento delle intenzioni nei risultati oggettivi. Anche qui, fui mosso dall'istinto non da una teoria (quella eliotiana del "correlativo obiettivo" non credo esistesse ancora, nel '28, quando il mio *Arsenio* fu pubblicato nel "Criterion"». In realtà, come osserva Mario Martelli, «le cose stanno in maniera assai diversa. La teoria eliotiana risale addirittura al 1919, quando il grande poeta inglese [...] scriveva: "L'unico modo per esprimere un'emozione in forma d'arte consiste nel trovare un correlativo oggettivo; in altre parole, una serie d'oggetti, una catena di eventi che costituiranno la formula di quella particolare emozione, cosicché, quando siano dati i fatti esterni, che devono concludersi in un'esperienza sensibile, l'emozione ne risulti immediatamente evocata". Questo principio di poetica, al quale Eliot si attiene da quel momento in modo costante, è di grande importanza in sé, determinante addirittura per quel che riguarda Montale [...]; egli conobbe assai presto questa teoria. Nel giugno del 1929, recensendo sulla rivista "Pegaso" un volume di versi di Corrado Pavolini (*Odor di ter-*

ra), egli scriveva: "Questa libertà di effusione, che non è mancanza di freno, dà a molti versi di *Odor di terra* un respiro giovanile... una possibilità di trapassi e una continuità d'espressione che ci compensano di ciò che ogni poesia sembra perderne in rilievo puntuale ed in quella precisa definizione che tende a far di ogni lirica moderna un "oggetto" di poesia (il "correlativo obiettivo" del dato interno, secondo la nota teoria di T.S. Eliot)". Siamo nel 1929. È, infatti, logico che Montale conoscesse il pensiero di Eliot fin dall'anno precedente, quando, attraverso la mediazione dell'anglista Mario Praz, la sua poesia *Arsenio* (tradotta in inglese dallo stesso Praz) era stata pubblicata su "Criterion", la rivista diretta da Eliot. In quell'occasione aveva letto per la prima volta alcune delle poesie del poeta inglese e ne aveva ricevuto così forte impressione da provarsi nella loro traduzione. La conoscenza di questa teoria eliotiana contribuisce a spiegare il passaggio dagli *Ossi di seppia* alle *Occasioni*. Nel primo libro il dato emozionale e quello riflessivo (sentimenti e pensieri, cioè) venivano ampiamente accolti nelle liriche e costituivano la gran parte del volume, nelle *Occasioni* invece il poeta tende, sempre più consapevolmente, ad escludere riflessioni e sentimenti, lasciando parlare gli oggetti». Secondo Montale, infatti, il poeta non deve soffermarsi sull'occasione biografica che ha dato vita a un particolare stato d'animo, ma trovare un oggetto che ne costituisca l'equivalente (il «correlativo», appunto) concreto in termini artistici. In questo modo l'oggetto corrisponderà a uno stato d'animo non individuale e soggettivo, ma universale.

Ti libero la fronte dai ghiaccioli

Le occasioni

 Fai l'analisi interattiva della poesia

La lirica, composta nel 1940, è tratta dalla seconda sezione della raccolta (Mottetti), che comprende venti brevi componimenti in cui si sviluppa la storia d'amore tra il poeta e Clizia, pseudonimo di Irma Brandeis.

Clizia, qui raffigurata come creatura angelica, ha compiuto un lungo e difficile viaggio attraverso gli spazi siderali e, scesa dal cielo, ha raggiunto il poeta per portargli il suo messaggio di salvezza.

Metrica Due quartine di endecasillabi con alcune assonanze, consonanze, rime interne e rime al mezzo.

> Il poeta accoglie la donna con un gesto di affettuosa protezione.

Ti libero la fronte dai ghiaccioli[1]
che raccogliesti traversando l'alte
nebulose[2]; hai le penne lacerate
dai cicloni[3], ti desti a soprassalti[4].

> La finestra mette in comunicazione lo spazio interno protetto con la minaccia dell'esterno.

5 Mezzodì: allunga nel riquadro il nespolo
l'ombra nera[5], s'ostina in cielo un sole
freddoloso[6]; e l'altre ombre che scantonano[7]
nel vicolo non sanno che sei qui[8].

Apri il vocabolario

Il termine "desti" (dal latino *deexcitare*, "svegliarsi") ha in italiano il significato di "svegliare, scuotere dal sonno", ma anche, in un'accezione più estesa, quello di "eccitare, far nascere, suscitare interesse".

---

1. ghiaccioli: *cristalli di ghiaccio.*
2. alte nebulose: *alte nuvole,* ma il termine astronomico «nebulose» allude a spazi siderali da cui sembra arrivare la donna-angelo.
3. cicloni: *venti di tempesta.*
4. ti desti a soprassalti: *ti risvegli facendo*

movimenti bruschi.
5. allunga ... nera: *il nespolo allunga la sua ombra nera nel riquadro della finestra.*
6. s'ostina ... freddoloso: (nonostante la stagione invernale) *insiste a splendere nel cielo un sole privo di calore.* L'ossimoro «sole

freddoloso» è sottolineata dall'*enjambement*.
7. l'altre ... scantonano: *le ombre degli altri uomini, che girano in fretta dietro l'angolo.*
8. non sanno che sei qui: *non conoscono, non possono capire il senso della tua presenza.*

→ Analisi del testo

COMPRENSIONE

Il poeta immagina che la donna-angelo Clizia – pseudonimo dell'amata Irma Brandeis – sia scesa a visitarlo dalla remota lontananza del cielo, affrontando venti tempestosi e pericoli che hanno lacerato le sue fragili ali. Egli la saluta con un **gesto d'amore**, liberandole la fronte dai cristalli di ghiaccio che ha raccolto nel suo viaggio. In un gelido mezzogiorno invernale, mentre si infittiscono presagi minacciosi, la donna riposa, ignorata dagli uomini comuni, indifferenti alla sua presenza salvifica e incapaci di coglierne il significato.

ANALISI E INTERPRETAZIONE
Un angelo fragile Protagonista della lirica è Clizia, qui raffigurata con le fattezze stilnovisti-

che di «**angelo visitatore**» portatore di un misterioso **messaggio di salvezza**. Nonostante la sua natura angelica, Clizia appare provata dal lungo viaggio, che l'ha costretta ad affrontare «cicloni» e tempeste che alludono al disastro storico che incombe sul mondo alla **vigilia della Seconda guerra mondiale**. Il fuoco del suo amore ha però avuto la meglio sul gelo della distanza e il poeta la accoglie con affettuosa premura, quasi a risarcirla delle sofferenze affrontate, consapevole del privilegio della sua visita. La presenza stessa della donna, emblema di gelo e di luce-fuoco (Brandeis è nome composto da *brand*, «marchio a fuoco» ed *eis/ice*, «ghiaccio»), è simbolo del **permanere di una speranza** che si contrappone all'«ombra nera» che si allunga sulla storia.

Il poeta e gli altri uomini La lirica è suddivisa in **due parti distinte**, che corrispondono alle due strofe del componimento. La prima quartina è dedicata alla **descrizione della donna**, creatura superiore traumatizzata dal volo attraverso uno spazio ostile e sconvolto. Nella seconda domina invece un'atmosfera di **quiete rassegnata**. In un paesaggio invernale triste e oscuro, la donna-angelo porta al poeta un istante di pienezza vitale, una **felicità dalla quale gli altri uomini sono esclusi**. La salvezza di cui Clizia è portatrice riguarda quindi soltanto chi, come il poeta, è in grado di comprenderne il valore e il significato. Gli altri, le «ombre che scantonano» (v. 7) indifferenti, restano ciechi di fronte al compiersi del miracolo, chiusi nell'opprimente grigiore di una realtà subìta nella sua insensatezza.

Il "classicismo moderno" dello stile La poesia si basa su una **struttura apparentemente tradi**zionale: i versi utilizzati sono tutti endecasillabi – il metro più tipico della nostra letteratura – riuniti in due quartine dalla struttura perfettamente simmetrica. Ogni strofa coincide con un periodo sintattico.

Tuttavia, la lirica è percorsa da una **musicalità originale e moderna**. Le rime sono scarse e non si trovano mai in fine di verso, ma sempre al mezzo: «Ti / raccogliesti» (vv. 1-2); «raccogliesti / desti» (vv. 2-4); «Mezzodì / qui» (vv. 5-8). La trama fonica è inoltre segnata più dalle assonanze e dalle rime imperfette o quasi-rime che dalle rime perfette: «ghiaccioli / sole» (vv. 1-6); «alte / soprassalti / lacerate» (vv. 2-4).

Numerosissimi sono gli *enjambement* («l'alte / nebulose», vv. 2-3; «lacerate / dai cicloni», vv. 3-4 ecc.) che, uniti alla **sintassi paratattica e spezzata** da continui segni di interpunzione, evocano con grande efficacia l'inquietudine di Clizia e i suoi trasalimenti, eco del suo difficile viaggio.

● Lavoriamo sul testo

COMPRENSIONE

1 Da dove giunge la donna presentata nella prima strofa? Perché ha «le penne lacerate» (v. 3)?

2 Qual è l'atteggiamento del poeta nei confronti della donna?

3 Da quali elementi è caratterizzato il paesaggio descritto nella seconda strofa?

4 Qual è il comportamento degli altri uomini nei confronti di Clizia?

LINGUA E LESSICO

5 Che modo è quello del verbo «traversando» (v. 2)?

6 Trova almeno due sinonimi e due contrari per il verbo «s'ostina» (v. 6).

ANALISI E INTERPRETAZIONE

7 Evidenzia tutte le immagini della prima strofa che suggeriscono una condizione di disagio e di difficoltà. A quale realtà storica alludono?

8 La lirica è dominata da immagini legate al freddo: individuale e spiegane il significato allegorico.

9 Rintraccia i correlativi oggettivi presenti nella lirica e chiariscine il significato.

10 Quali caratteristiche presenta la sintassi del testo? Qual è il rapporto tra la struttura metrica e la sintassi?

11 Ricerca all'interno del testo assonanze, consonanze, rime interne, rime al mezzo e analizza i termini che vengono così collocati in posizione di rilievo.

SCRITTURA E APPROFONDIMENTI

12 Quali analogie e quali differenze riscontri tra le «ombre» umane della seconda strofa e «l'uomo che se ne va sicuro, / agli altri ed a se stesso amico» di *Non chiederci la parola*? Rispetto agli altri uomini il poeta si ritiene più sfortunato o privilegiato? Motiva la tua risposta.

13 Aiutandoti anche con l'*Approfondimento* alla pagina seguente, scrivi un breve testo sulla donna-angelo in Montale, facendo opportuni riferimenti ai testi presenti in antologia e ad altri che puoi reperire online.

Le figure femminili in Montale

Le origini della donna-angelo Gli stilnovisti avevano cantato le donne amate con un *senhal*, uno pseudonimo che ne metteva in evidenza le caratteristiche. Così Dante nella *Vita nuova* racconta il suo amore idealizzato per Beatrice, rappresentata in veste di donna-angelo che, come indica il suo nome, «dona beatitudine» e avvicina a Dio. In seguito, divenuta allegoria della teologia e della grazia, nel *Paradiso* Beatrice accompagnerà Dante al cospetto di Dio, facendosi mediatrice tra l'uomo peccatore e la salvezza divina.

Clizia Nella *Occasioni* Montale riprende il modello della donna-angelo in una prospettiva laica. Egli canta con lo pseudonimo di Clizia una giovane americana di origine ebraica conosciuta a Firenze nel 1933, Irma Brandeis, poi costretta a rimpatriare nel 1938 a causa delle leggi razziali. Montale desume lo pseudonimo da un sonetto in cui Dante dichiara di amare una donna «dispietata e disdegnosa» paragonata a Clizia, una ninfa che, innamorata del dio del sole Apollo e respinta da lui, continuò ad amarlo così intensamente da trasformarsi in girasole. Nelle *Occasioni* Clizia diviene emblema non solo di un amore fedele, ma soprattutto della ferma fiducia nei valori salvifici della cultura e della poesia (di cui Apollo è il dio), gli unici in grado di riscattare l'umanità dalla incombente barbarie del fascismo e della guerra. La donna assume così il ruolo di *visiting angel*, «angelo visitatore», come in *Ti libero la fronte dai ghiaccioli*. Osserva in proposito Mario Martelli: «le *Occasioni* si presentano così come un romanzo d'amore fornito di due sensi, l'uno letterale e l'altro allegorico: la donna amata da Montale è in verità la poesia, attraverso la quale si manifesta la divinità. L'incontro con lei – raro, imprevisto, eccezionale – costituisce l'esperienza che del divino è permessa agli uomini, il suo abbandono ci fa sprofondare nuovamente in quel "perenne inferno" che è la terra. In altre parole: il momento della poesia dura soltanto un attimo – e in quel momento tutto è più intenso, tutto ci colpisce come un "tiro aggiustato" –, dopodiché succede il grigiore doloroso della vita solita e quotidiana». Clizia si manifesta con bagliori e lampi degli occhi, i suoi gesti sono misurati ed eleganti, possiede gioielli carichi di significato come amuleti. Nella raccolta successiva, *La bufera e altro*, Clizia appare talvolta inerme di fronte all'orrore della storia e della guerra, ma nella *Primavera hitleriana* la sua figura assume una valenza strettamente religiosa, divenendo immagine di Cristo stesso e indicando, con il suo sacrificio, la via di una possibile salvezza collettiva: «… Guarda ancora / in alto, Clizia, è la tua sorte, tu / che il non mutato amor mutata serbi, / fino a che il cieco sole che in te porti / si abbàcini nell'Altro e si distrugga / in Lui, per tutti…».

René Magritte, *Il bouquet pronto*, 1957.

La volpe Nella seconda parte de *La bufera e altro*, a Clizia si oppone invece Volpe, l'anti-Beatrice, una donna concreta e sensuale dietro cui si cela la poetessa Maria Luisa Spaziani, amata dal poeta dal 1945 al 1950: «Se t'hanno assomigliato / alla volpe sarà per la falcata / prodigiosa, pel volo del tuo passo / che unisce e che divide, che sconvolge / e rinfranca il selciato… o forse solo / per l'onda luminosa che diffondi / dalle mandorle tenere degli occhi…». La forza vitale e travolgente di questa nuova musa anima come una scarica elettrica le poesie in cui appare e si manifesta. Confessa lo stesso Montale: «era una giovane donna e ne è venuto un personaggio diverso da Clizia, un personaggio molto terrestre […] Vicino a lei mi sono sentito un uomo astratto vicino a una donna concreta: lei viveva con tutti i pori della pelle. Ma anch'io ne ricevevo un senso di freschezza, il senso soprattutto d'essere ancora vivo».

La mosca Protagonista della sezione *Xenia* di *Satura* è infine Drusilla Tanzi, la moglie del poeta cantata con lo pseudonimo di Mosca («Caro piccolo insetto / che chiamavano mosca, non so perché»). Al bagliore soprannaturale e celeste di Clizia si sostituisce il prosaico luccichio degli occhiali di questa donna-angelo più domestica e familiare: «non avevi occhiali, / non potevi vedermi / né potevo io senza quel luccichio / riconoscere te nella foschia». A lei, ormai morta, Montale dedica componimenti pervasi da un sincero rimpianto, sostituendo la donna-angelo delle raccolte precedenti con una compagna di vita concreta, una donna pratica e istintiva che guida il poeta con la sua saggezza. Mosca è la nuova Clizia, «una Clizia ormai morta, viva soltanto, come ricordo, nella memoria del poeta» (Mario Martelli).

Non recidere, forbice, quel volto

Le occasioni

Il componimento, risalente al 1937, fa parte della sezione Mottetti.

L'inesorabile svanire del ricordo della donna amata (Clizia) è evocato dall'immagine di un taglio secco di cesoie con cui, in novembre, viene potato una pianta di acacia, da cui cade il guscio vuoto di una cicala. La personale vicenda sentimentale si fa dunque simbolo di una condizione universale di precarietà.

Metrica   Due strofe di endecasillabi e settenari.

> Il poeta prega che il ricordo della donna non svanisca nella nebbia dell'oblio.

Non recidere[1], forbice, quel volto[2],
solo nella memoria che si sfolla[3],
non far del grande suo viso in ascolto
la mia nebbia di sempre.

> Il guscio di cicala è un correlativo oggettivo del volto della donna, cancellato dalla memoria del poeta.

5   Un freddo cala[4]… Duro il colpo svetta[5].
E l'acacia ferita da sé scrolla[6]
il guscio di cicala[7]
nella prima belletta[8] di Novembre.

---

1. recidere: *tagliare.*
2. quel volto: il volto della donna amata.
3. solo … si sfolla: *rimasto solo nella memoria che si svuota* (della folla indistinta delle persone care).
4. Un freddo cala: *scende improvviso un senso di gelo,* ma «un freddo» allude anche al freddo della lama della forbice.
5. Duro il colpo svetta: *il colpo dell'accetta taglia di netto la cima dell'albero.* Si tratta di un accenno al contesto da cui Montale ha tratto la sua simbologia, quello della potatura autunnale.
6. scrolla: *lascia cadere.*
7. il guscio di cicala: *le spoglie della cicala,* lasciate dall'insetto dopo la sua muta.
8. belletta: *fango*; si tratta di un termine letterario usato da Dante e ripreso da D'Annunzio nel titolo di uno dei suoi componimenti di *Alcyone* (*Nella belletta*).

● Analisi guidata

Sensazioni e oggetti

Le due strofe sembrano in apparenza slegate. Nella prima il poeta si rivolge con un'apostrofe a un oggetto, la **forbice, simbolo della precarietà della memoria** e della fredda azione del tempo, nel vano tentativo di opporsi allo svanire del ricordo della donna amata. La seconda evoca un'**immagine concreta**: la forbice si trasforma in una cesoia usata per potare un'acacia in autunno e da un ramo della pianta un guscio di cicala cade nel fango dell'inverno incipiente.

Con estrema sintesi espressiva, Montale crea un **parallelismo tra uno stato d'animo interiore e un evento naturale**, che assume valore simbolico. La tecnica del correlativo oggettivo permette al poeta di passare dal piano personale (la dissolvenza del ricordo) a quello universale (il tempo che cancella tutto).

La dissolvenza del ricordo

Sebbene assente, la donna amata appare come una presenza costante e attenta («grande suo viso in ascolto», v. 3) e **il ricordo è l'unica difesa che l'uomo può opporre al trascorrere del tempo**, che tende a vanificare le nostre esistenze nell'oblio («la mia nebbia di sempre», v. 4). Ma neppure la consapevolezza di questa vitale funzione della memoria consente all'uomo di sottrarsi al «freddo» che «cala», espressione incompleta e volutamente ambigua con cui il poeta allude alla **sconfitta esistenziale** più grande, che in ultima analisi coincide con la morte.

Una musicalità sotterranea

La struttura metrica del testo è attentamente calibrata e i versi sono percorsi da una **fitta rete di richiami fonici**. I versi pari della prima strofa rimano infatti con i versi pari della seconda («sfolla / scrolla», vv. 2-6; «sempre / Novembre», vv. 4-8, con una quasi-rima), mentre il v. 1 («volto») rima con il v. 3 («ascolto»). I versi dispari della seconda quartina creano invece delle **rime al mezzo** («svetta / belletta» e «cala / cicala»).

La bufera e altro

La terza raccolta poetica di Montale viene pubblicata nel **1956** e contiene **liriche composte tra il 1940 e il 1954**. La prima sezione, *Finisterre*, era già uscita nel **1943** a Lugano, come volume a sé stante e ideale continuazione delle *Occasioni*.

La «bufera» del titolo allude in primo luogo ai drammatici eventi della **Seconda guerra mondiale** e ai suoi orrori, mentre l'«altro» si riferisce al **dopoguerra**, ma anche alla **varietà delle forme e dei temi** presenti nell'opera, che spaziano dal pubblico (la guerra e la Resistenza, le speranze di ricostruzione e la delusione del dopoguerra) al privato (la morte della madre, l'amore per Maria Luisa Spaziani, la malattia della moglie).

Nei testi più antichi domina il **confronto con il dramma della storia e con gli eventi collettivi**, non affrontati in maniera diretta ma evocati allusivamente e fatti emblema di una più ampia condizione esistenziale. Come scrive Montale stesso a proposito della lirica che dà il titolo alla raccolta, «la Bufera […] è la guerra, in ispecie *quella* guerra dopo *quella* dittatura […]; ma è anche guerra cosmica, di sempre e di tutti». Il poeta abbandona quindi il clima rarefatto delle *Occasioni* per **misurarsi con la realtà**, e in un primo tempo ricerca ancora una possibilità di salvezza collettiva nella figura di **Clizia**, la donna-angelo che da simbolo della cultura e della poesia diviene ora **emblema religioso**, quasi controfigura di Cristo che, con il suo sacrificio, può garantire una «salvezza per tutti».

Con il procedere della raccolta e con la delusione del dopoguerra, tuttavia, la figura celeste di Clizia gradualmente scompare, sostituita da immagini di segno diverso: l'«anguilla» e il «gallo cedrone» delle liriche omonime si propongono come alternativa più praticabile, legata a una **vitalità bassa e istintuale**. A Clizia si sostituisce **Volpe** (pseudonimo della poetessa Maria Luisa Spaziani), una sorta di anti-Beatrice che incarna la forza dell'eros, portatrice di una residua salvezza privata, che sembra riguardare ormai solo il poeta («il dono che sognavo / non per me ma per tutti / appartiene a me solo», in *Anniversario*).

Sul piano stilistico, nelle liriche **si alternano un registro elevato**, caratterizzato da una sintassi complessa e ardua e da un lessico letterario e raffinato, **e uno più basso e quotidiano**, che anticipa la svolta dell'ultimo Montale. Al plurilinguismo stilistico si accompagna una grande varietà metrica.

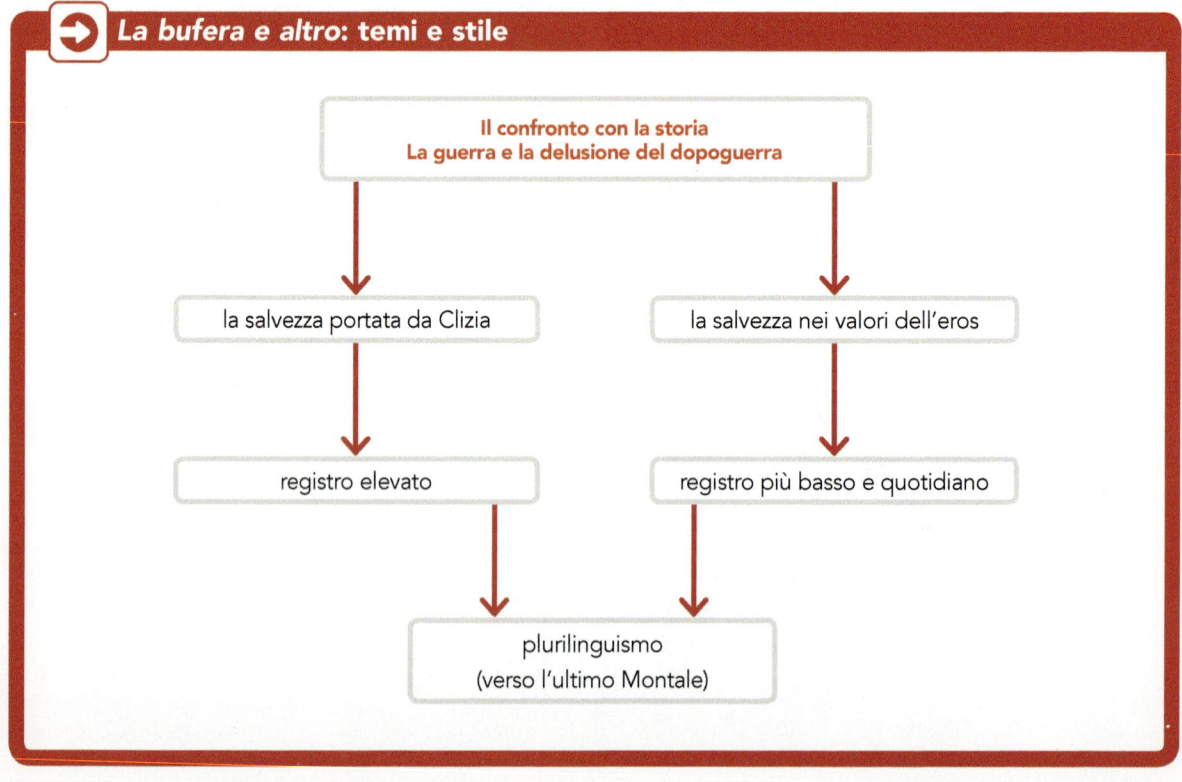

La bufera e altro: temi e stile

Il confronto con la storia
La guerra e la delusione del dopoguerra

la salvezza portata da Clizia — la salvezza nei valori dell'eros

registro elevato — registro più basso e quotidiano

plurilinguismo
(verso l'ultimo Montale)

La primavera hitleriana

La bufera e altro

La lirica fu composta in due tempi: la prima stesura risale al 1939, mentre la redazione definitiva è del 1946, dopo la fine della Seconda guerra mondiale. L'occasione nasce da un evento concreto: la visita di Hitler a Firenze nel maggio del 1938, che rinsaldò l'alleanza tra nazismo e fascismo, tragico preludio al conflitto. Montale ricorda: «Hitler e Mussolini a Firenze. Serata di gala al teatro comunale. Sull'Arno, una nevicata di farfalle bianche».

La descrizione dell'arrivo di Hitler, accompagnato da presagi funesti, si unisce alla ferma condanna non solo del «messo infernale» e dei suoi «scherani», ma anche di tutti coloro che, con la propria silenziosa connivenza, si rendono complici dei suoi misfatti. Di fronte all'imminente tragedia, il poeta è colto dallo sconforto e, rivolgendosi a Clizia, la donna-angelo simbolo dei valori della cultura, si chiede se ormai anche l'amore e la poesia siano privi di significato. Ma nel finale si apre uno spiraglio di speranza: proprio il sacrificio di Clizia, pronta a lasciare la terra assumendo su di sé tutta la sofferenza dell'umanità, annuncia in una prospettiva quasi religiosa il trionfo definitivo sul male.

Metrica   Quattro strofe di varia misura di versi lunghi, legati da assonanze e consonanze.

> *Né quella ch'a veder lo sol si gira…*
> DANTE (?) a Giovanni Quirini[1]

> La nevicata di falene morenti è il primo correlativo oggettivo dello stravolgimento apportato dalla presenza del male nella storia.

Folta la nuvola bianca delle falene impazzite[2]
turbina intorno agli scialbi fanali e sulle spallette[3],
stende a terra una coltre[4] su cui scricchia
come su zucchero il piede[5]; l'estate imminente sprigiona
5 ora il gelo notturno che capiva
nelle cave segrete della stagione morta[6],
negli orti che da Maiano scavalcano a questi renai[7].

> Hitler e i soldati fascisti sono presentati come figure demoniache.

Da poco sul corso è passato a volo[8] un messo infernale[9]
tra un alalà di scherani[10], un golfo mistico acceso
10 e pavesato di croci a uncino l'ha preso e inghiottito[11],
si sono chiuse le vetrine[12], povere
e inoffensive benché armate anch'esse
di cannoni e giocattoli di guerra,
ha sprangato il beccaio che infiorava

> **Apri il vocabolario**
>
> L'aggettivo "pavesato" (e anche participio passato del verbo *pavesare*, "addobbare") ha origine dal pavese, il festone decorativo di molte navi, e significa "abbellito, parato a festa".

---

1. Né quella … Quirini: l'epigrafe si riferisce al mito di Clizia, ninfa abbandonata da Apollo, dio del sole e della poesia, e trasformata in girasole. Il verso è tratto da un sonetto falsamente attribuito a Dante e indirizzato al poeta veneziano Giovanni Quirini.

2. Folta … impazzite: *il fitto sciame bianco di farfalle notturne («falene») che volano disordinatamente.* L'immagine dell'inquietante "nevicata" primaverile indica il turbinare dei volantini propagandistici lanciati da un aereo.

3. spallette: *argini, parapetti* (dell'Arno).

4. coltre: *strato* (letteralmente, "coperta"), formato dalle falene morte.

5. su cui … il piede: *su cui il piede scricchiola come sullo zucchero.*

6. l'estate … morta: *l'estate che sta per giungere emana ora tutto il freddo intenso che ancora era racchiuso* («capiva» è un latinismo) *nei nascondigli segreti dell'inverno* («la stagione morta», perifrasi).

7. negli orti … renai: *negli orti che da Maiano* (cittadina nei pressi di Firenze) *si stendono fino a questi depositi di sabbia* («renai»).

8. a volo: *in fretta.*

9. un messo infernale: *un inviato dell'Inferno:* Hitler.

10. tra un … scherani: *in mezzo alle grida di saluto dei suoi sicari.* «Eia eia alalà» era un saluto fascista ispirato a un grido di guerra dell'antica Grecia.

11. un golfo … inghiottito: *il teatro pieno di luci e addobbato con croci uncinate* (simbolo del nazismo) *lo ha accolto e inghiottito.* Il «golfo mistico» è propriamente la buca che ospita l'orchestra.

12. si sono … vetrine: *si sono chiusi i negozi* (per celebrare la giornata di festa).

15 di bacche il muso dei capretti uccisi[13],
la sagra dei miti carnefici[14] che ancora ignorano il sangue
s'è tramutata in un sozzo trescone d'ali schiantate,
di larve sulle golene[15], e l'acqua séguita a rodere
le sponde[16] e più nessuno è incolpevole.

20 Tutto per nulla, dunque? – e le candele
romane, a San Giovanni[17], che sbiancavano[18] lente
l'orizzonte, ed i pegni ed i lunghi addii
forti come un battesimo nella lugubre attesa
dell'orda[19] (ma una gemma rigò l'aria stillando
25 sui ghiacci e le riviere dei tuoi lidi
gli angeli di Tobia, i sette, la semina
dell'avvenire[20]) e gli eliotropi[21] nati
dalle tue mani – tutto arso e succhiato
da un polline che stride come il fuoco
30 e ha punte di sinibbio[22]

Oh la piagata
primavera è pur festa se raggela
in morte questa morte![23] Guarda ancora
in alto, Clizia, è la tua sorte, tu
35 che il non mutato amor mutata serbi[24],
fino a che il cieco sole che in te porti
si abbàcini nell'Altro e si distrugga

in Lui, per tutti[25]. Forse le sirene, i rintocchi
che salutano i mostri nella sera

13. ha sprangato ... uccisi: *ha chiuso bottega anche il macellaio («beccaio»), che ornava di bacche il muso dei capretti uccisi.*

14. la sagra ... carnefici: *la festa dei negozianti,* definiti «miti carnefici» (ossimoro) perché, pur non avendo compiuto azioni violente, con la loro passività diventano corresponsabili di quanto sta accadendo.

15. s'è tramutata ... golene: *si è trasformata nella danza immonda delle ali delle farfalle cadute a terra, di larve d'insetto sugli argini («golene»)* L'immagine iniziale della nuvola di falene si trasforma in una grottesca danza («trescone»), presagio dello scatenarsi della guerra.

16. séguita ... sponde: *l'acqua continua a consumare gli argini* (dell'Arno). L'immagine allude allo scorrere del tempo e all'incombere della catastrofe.

17. le candele ... Giovanni: *i fuochi d'artificio, nel giorno della festa di San Giovanni* (patrono di Firenze, il 24 giugno). Il lungo inciso rievoca con accorata nostalgia gli ultimi momenti vissuti da Montale insieme a Clizia-Irma prima della sua partenza.

18. sbiancavano: *illuminavano.*

19. ed i pegni ... l'orda: *e le promesse e gli addii,* saldi come un rituale di rinascita, compiuto nell'attesa luttuosa dell'arrivo della massa dei fascisti («l'orda», spregiativo).

20. ma una gemma ... dell'avvenire: *ma una stella cadente attraversò l'aria, lasciando cadere sulle regioni ghiacciate e sulle coste del tuo paese natale* (Clizia viene dal nord) *i sette angeli di Tobia,* promessa di un bene futuro («semina dell'avvenire»). Nel momento della partenza di Clizia un segnale di speranza illumina il cielo. Nel libro di Tobia, nell'Antico Testamento, il protagonista è aiutato da Raffaele, "uno dei sette angeli che sono sempre pronti ad entrare alla presenza della maestà del Signore": il riferimento biblico fa presagire un aiuto divino.

21. eliotropi: *girasoli.*

22. tutto ... sinibbio: *tutto questo è stato* bruciato e come risucchiato dalla nevicata delle falene, simile a un polline mortale che stride come fuoco ed è ghiacciato come un vento invernale («sinibbio»). Il poeta si chiede di nuovo se l'arrivo del male nella storia può vanificare la salvezza portata da Clizia.

23. Oh ... morte!: *oh la primavera ferita è comunque davvero una festa se può porre fine* («raggela in morte») *a questa orribile violenza* (portata dal nazismo)!

24. tu ... serbi: *tu che, seppure trasformata, mantieni intatto il tuo amore.* Si allude al mito di Clizia che, mutata in girasole, conserva l'amore per Apollo, simbolo del sole e della cultura. Il verso 35 è tratto dallo stesso sonetto da cui proviene anche l'epigrafe iniziale.

25. fino a che ... per tutti: *finché la luce segreta* («il cieco sole») *che porti nel tuo animo si annulli* («si abbàcini», letteralmente "si abbagli") *in Dio e si perda sacrificandosi e fondendosi in Lui, per la salvezza comune.*

40 | della loro tregenda[26], si confondono già
col suono che slegato[27] dal cielo, scende, vince –
col respiro di un'alba che domani per tutti
si riaffacci, bianca ma senz'ali
di raccapriccio[28], ai greti arsi del sud[29]…

---

26. Forse ... tregenda: *forse il suono delle sirene e i rintocchi delle campane a festa che salutano Hitler e i nazisti* («i mostri») *nella sera del loro apparente infernale trionfo* (la «tregenda» è una danza di diavoli e streghe).

27. slegato: *liberato, inviato.*
28. senz'ali di raccapriccio: *di un candore ben diverso da quello terribile delle falene morte.*
29. ai greti ... del sud: *sulle terre bruciate*

del sud. Il «sud» indica qui la dimensione terrena, segnata dall'aridità ma rivitalizzata dal messaggio salvifico di Clizia, che proviene dai puri ghiacci nordici.

Analisi del testo

COMPRENSIONE

Il testo, preceduto da un'epigrafe che si riferisce a Clizia, è diviso in due parti.

La **prima parte** comprende le prime due strofe, in cui viene descritto l'**arrivo di Hitler a Firenze**. È maggio, ma nonostante la stagione primaverile l'aria è percorsa da un brivido gelido, mentre i volantini di propaganda lanciati da un aereo si trasfigurano in un'inquietante «nuvola bianca» di «falene impazzite» (v. 1). Mentre Hitler – il «messo infernale» (v. 8) – viene condotto al teatro comunale, lungo le strade si mostrano le vetrine parate a festa dei negozi, emblema di una connivenza con il nazifascismo che rende colpevole anche la gente comune.

La **seconda parte** si apre con una domanda: «Tutto per nulla, dunque?». Mentre rievoca sconsolato i momenti felici trascorsi con Clizia (vv. 20-28), il poeta sembra propenso a credere che nemmeno la donna e i valori di cui è simbolo (l'amore, la poesia, la cultura) siano in grado di contrastare l'inevitabile tragedia. Ma a partire dal v. 31 la situazione si rovescia e si affaccia l'ipotesi che **a trionfare non sia il male bensì Clizia stessa** che, trasformata in **simbolo religioso** – quasi un nuovo Cristo – è pronta ad annullarsi in Dio e a lasciare la terra, riscattando l'umanità dal male della storia.

ANALISI E INTERPRETAZIONE

La condanna del nazismo   Nella prima parte del testo emerge con lucida chiarezza la **ferma condanna del nazifascismo** da parte di Montale. Sebbene la sua poesia tenda a rifuggire dal confronto con le vicende contemporanee, in questo caso il

riferimento a un evento concreto si accompagna a **presagi funesti**. La "nevicata" di falene morte che invade la città, il «gelo» che accompagna l'avanzare del «messo infernale» si unisce all'immagine perturbante dei «capretti uccisi» ornati di bacche (v. 15) che fanno mostra di sé dalle vetrine dei negozi. In questo modo il poeta, evocando l'imminente olocausto del popolo ebraico – di cui anche Clizia fa parte – ricorda al lettore che «più nessuno è incolpevole» (v. 19): chi non si oppone al male ne diviene complice.

Clizia e la «salvezza per tutti»   Di fronte a questo desolante scenario, in cui ogni valore positivo sembra perduto, **riemerge la speranza**, che si incarna nella **figura salvifica di Clizia**, la donna-angelo già cantata nelle *Occasioni* come emblema dei valori laici della cultura e della poesia. Il suo **forzato allontanamento** – dovuto nella realtà storica al ritorno di Irma Brandeis in America a causa delle leggi razziali – non viene però interpretato come una sconfitta ma, paradossalmente, diviene **simbolo di una metafisica vittoria del bene** sul male rappresentato dal nazismo. Clizia, divenuta «cristòfora», cioè **immagine di Cristo**, assume una valenza religiosa: come Cristo, con il suo sacrificio la donna «si distrugga / in Lui, per tutti» (vv. 37-38), assumendo su di sé il male del mondo e neutralizzandolo. Si comprende allora che i segnali negativi della prima strofa non annunciavano forse il trionfo del male, ma il trionfo *sul* male, preannunciando «un'alba che domani per tutti / si riaffacci» (vv. 42-43).

Tra storia e simbolo Il componimento si gioca interamente in un non facile equilibrio tra riferimenti alla **concretezza storica** e trasfigurazione degli eventi reali in **simboli metafisici e universali**. Come in tutta la raccolta, Montale vede nella guerra non solo un evento storico drammatico, ma anche l'emblema della follia e della violenza degli uomini, dimenti-chi dei loro più profondi valori e della loro essenza. Anche sul piano stilistico, la complessità della poesia deriva non solo dalla sintassi elaborata e dai riferimenti colti, ma dall'impiego costante della tecnica del **correlativo oggettivo**, che insiste su **immagini grottesche e stranianti**, come lo sciame di «falene impazzite».

Lavoriamo sul testo

COMPRENSIONE

1 A chi è dedicata la lirica e quale significato ha l'epigrafe che la precede?
2 Quale concreta situazione storica ha ispirato a Montale la stesura del testo?
3 Chi è il «messo infernale» del v. 8?
4 A che cosa si riferiscono le immagini contenute nell'ampio inciso dei vv. 20-28?
5 Quale soluzione positiva si prospetta nell'ultima strofa del testo?

LINGUA E LESSICO

6 Individua all'interno della lirica tutti i termini e le espressioni appartenenti al lessico militare.
7 Quale rapporto esiste tra le due proposizioni che compongono la frase «e l'acqua séguita a rodere / le sponde e più nessuno è incolpevole» (vv. 18-19): di subordinazione o coordinazione?

ANALISI E INTERPRETAZIONE

8 La lirica si apre sull'immagine della «nuvola bianca di falene impazzite» (v. 1). Qual è il riferimento concreto che dà origine all'immagine?
9 In che modo Montale lascia trapelare il suo giudizio di condanna nei confronti del nazifascismo?
10 Chi sono i «miti carnefici» del v. 16 e per quale motivo vengono così definiti?
11 Spiega a chi è rivolta la domanda del v. 20 («Tutto per nulla, dunque?») e qual è il suo significato.
12 Chi è «l'Altro» del v. 37? Di che cosa diventa simbolo Clizia nel finale della lirica?

SCRITTURA E APPROFONDIMENTI

13 La figura di Clizia ricorre frequentemente sia nelle *Occasioni* sia nella *Bufera*. Facendo riferimento alle liriche che hai letto, spiega chi era questa donna nella realtà storica e come si evolve nell'opera di Montale.

Salvador Dalì,
L'enigma di Hitler, 1939.

T13 L'anguilla

La bufera e altro

*Scritta nel 1948, la lirica chiude la quinta sezione del-
la raccolta, intitolata Silvae.*
*Descrivendo il lungo viaggio che l'anguilla compie dai
mari del Nord fino ai fiumi del Mediterraneo, il poeta*
*individua nell'animale il simbolo della forza vitale e delle
pulsioni dell'eros. Nella terrestre fisicità dell'anguilla si incarna un nuovo emblema di salvezza, ma anche la capacità della poesia di resistere al fango della vita quotidiana.*

Metrica Un'unica strofa di trenta versi, prevalentemente endecasillabi e settenari con rime libere.

> L'anguilla, creatura intermedia tra il pesce e la serpe, è assimilata alla sirena, metà pesce e metà donna; l'allusione al canto ne fa anche il simbolo della poesia.

L'anguilla, la sirena
dei mari freddi che lascia il Baltico[1]
per giungere ai nostri mari,
ai nostri estuarî[2], ai fiumi
5 che risale in profondo, sotto la piena avversa[3],
di ramo in ramo e poi
di capello in capello[4], assottigliati,
sempre più addentro, sempre più nel cuore
del macigno[5], filtrando
10 tra gorielli di melma[6] finché un giorno
una luce scoccata dai castagni
ne accende il guizzo in pozze d'acquamorta[7],
nei fossi che declinano
dai balzi[8] d'Appennino alla Romagna;

> L'improvvisa apparizione della luce in mezzo agli alberi ha il carattere di una rivelazione che dà improvvisamente nuova vita all'anguilla, proprio come la freccia di Eros che colpisce il cuore dell'amante.

> Le metafore evocano la luminosità, la rapidità di movimento e il legame con l'eros.

15 l'anguilla, torcia, frusta,
freccia d'Amore in terra
che solo i nostri botri[9] o i disseccati
ruscelli pirenaici[10] riconducono
a paradisi di fecondazione[11];
20 l'anima verde[12] che cerca
vita là dove solo
morde l'arsura e la desolazione[13],
la scintilla che dice
tutto comincia quando tutto pare
25 incarbonirsi[14], bronco[15] seppellito;

1. Baltico: il mare nordico tra penisola scandinava, Russia, Lituania, Estonia e Lettonia.
2. ai nostri estuarî: alle nostre foci.
3. risale ... avversa: percorre fino alle sorgenti, (nuotando) in profondità sotto la corrente contraria.
4. di ramo ... in capello: di affluente in affluente e poi fino ai ruscelli più minuscoli, sottili come capelli (metafora).
5. nel cuore del macigno: all'interno dei massicci montuosi da cui hanno origine i fiumi.
6. filtrando ... melma: infiltrandosi tra rigagnoli («gorielli») di fango.
7. acquamorta: acqua stagnante.
8. nei fossi ... dai balzi: nei fossati che scendono dalle pendici.
9. botri: fossi, torrenti.
10. pirenaici: dei Pirenei.
11. paradisi di fecondazione: luoghi in cui l'anguilla giunge per riprodursi.
12. l'anima verde: è sempre l'anguilla; il verde è il colore della speranza.
13. là dove ... desolazione: là dove l'aridità e l'abbandono fanno sentire la loro minaccia («morde», concordato a senso al singolare).
14. tutto ... incarbonirsi: tutto ha inizio quando tutto pare trasformarsi in carbone. Si allude al processo di fossilizzazione delle piante.
15. bronco: tronco, ramo secco. È apposizione di anguilla.

> l'iride breve[16], gemella
> di quella che incastonano i tuoi cigli[17]
> e fai brillare intatta in mezzo ai figli
> dell'uomo, immersi nel tuo fango, puoi tu
> 30 non crederla sorella?

Lo sguardo acuto e penetrante, emblema di lucidità, accomuna l'anguilla a Clizia, anch'essa simbolo della poesia.

---

16. iride breve: *la piccola iride.* L'anguilla, con il suo colore verde cangiante, viene paragonata all'*iride*, ossia agli occhi di Clizia. **17. che incastonano i tuoi i cigli:** *che sta in mezzo ai tuoi occhi* («i tuoi cigli»; soggetto della proposizione)

● Analisi guidata

Un percorso tortuoso

La poesia si basa su un **unico lungo periodo**, che culmina nella domanda retorica finale, rivolta a Clizia: «*L'anguilla,* […] *puoi tu non crederla sorella?*».
La **struttura sintattica** ha una chiara **funzione simbolica**: il poeta imita con il suo periodare sia il profilo dell'anguilla sia il suo procedere sinuoso e zigzagante dai mari nordici alla terra disseccata, fino all'identificazione finale tra l'animale e la figura salvifica di Clizia, accomunate dall' «iride […] gemella» del v. 26.
La **struttura circolare** del componimento è sottolineata dal gioco fonico che lega il primo verso all'ultimo («anguilla» - «sorella»), che rimarca il messaggio centrale del testo: i valori elevati della poesia e dell'amore di cui Clizia è simbolo possono sopravvivere nel «fango» della società contemporanea solo nella forma terrestre e "bassa" rappresentata dall'anguilla.

○ Competenze di comprensione e analisi

- La lirica può essere suddivisa in due parti: la prima (vv. 1-14) descrive ...., mentre la seconda (vv. ....) sottolinea i valori di cui l'anguilla è simbolo.

- Quali sono le tappe del faticoso viaggio dell'anguilla? Quali caratteristiche hanno i paesaggi che l'animale attraversa?

- Il collegamento fonico tra l'inizio e la fine della lirica è agevolato dalla presenza nel testo di molti termini in cui ricorre la doppia liquida («capello», v. 7; «gorielli», v. 10): individuali nel testo.

- Analizza gli *enjambement* presenti nel testo: quali termini vengono posti in particolare rilievo?

Un simbolo vitalistico

L'immagine dell'anguilla è accompagnata da una serie di apposizioni – «sirena» (v. 1), «torcia, frusta, / freccia d'Amore in terra» (vv. 15-16), «anima verde» (v. 20), «scintilla» (v. 23), «iride» (v. 26) – che ne precisano il **significato allegorico**. I termini rinviano all'idea della speranza, della luce e della vitalità che proviene dall'eros e fanno sì che l'anguilla diventi **emblema della forza vitale, dell'amore e della poesia stessa**, che trova ora la sua ispirazione nell'adesione alle forze elementari dell'esistenza. Tuttavia gli ideali umanistici rappresentati dalla figura di Clizia non vengono rinnegati: l'anguilla è infatti «sorella» di Clizia e rappresenta una nuova e **più terrestre incarnazione del potere salvifico della poesia**, che rivive nel confronto doloroso con la realtà quotidiana.

- Individua e spiega tutte le apposizioni riferite all'anguilla.

- Quali immagini sottolineano in particolare il legame tra l'anguilla e la vitalità terrestre, connessa alla sfera dell'eros sensuale?

- Per quale motivo, a tuo parere, Montale sceglie come simbolo dell'ispirazione poetica una creatura apparentemente impoetica come l'anguilla?

- Quale caratteristica fisica collega l'anguilla a Clizia? Di che cosa è simbolo?

- Alcune rime presenti nella lirica sono particolarmente significative. Spiega il legame concettuale che sussiste tra «fecondazione» e «desolazione» (vv. 19-22) e tra «gemella» e «sorella» (vv. 26-30).

Tra aulico e prosastico

Le scelte stilistiche contribuiscono a rafforzare il messaggio centrale della lirica. Le **immagini di vita e solarità** legate all'anguilla («una luce scoccata dai castagni», v. 11; «l'anima verde che cerca / vita», vv. 20-21) sono infatti **contrapposte a termini legati alla morte e all'aridità** («gorielli di melma», v. 10; «l'arsura e la desolazione», v. 22).

Il testo è inoltre segnato dalla **compresenza di termini elevati** e letterari («sirena», v. 1; «incarbonirsi», v. 25; «iride», v. 26) **e di parole comuni o dialettali** («pozze», v. 12; «gorielli», v. 10, «botri», v. 17). La coesistenza di alto e basso suggerisce anche nella forma la possibilità di una fusione tra eros sensuale e amore sublimato, tra i valori istintuali dell'anguilla e la spiritualità di Clizia.

Competenze di comprensione e analisi

- La lirica è percorsa dalla contrapposizione tra immagini che rinviano all'acqua e al mare e termini che si riferiscono all'aridità e al disseccamento. Individua i termini che si collegano ai due ambiti semantici e spiega il significato di questa opposizione.

- Rintraccia nel testo i termini elevati e letterari e quelli bassi e prosastici. Quale dei due registri prevale e per quale motivo?

- Rispetto alle scelte stilistiche della precedente produzione poetica di Montale, nel complesso lo stile ti sembra più letterario o più piano e quotidiano?

 Dalla raccolta la *Bufera e altro* puoi leggere anche la poesia *La bufera*

Satura e l'ultimo Montale

L'avvento del *boom* economico coincide in Montale con il venir meno di ogni residua speranza nella possibilità di sopravvivenza della poesia. In un mondo massificato e capitalistico, teso alla mercificazione e dominato dai *mass-media*, ogni possibile salvezza pare negata. Ne consegue un lungo **periodo di silenzio poetico** (1956-1963), dal quale il poeta riemerge nel 1964, spinto dall'esigenza di elaborare il dolore per la morte della moglie, avvenuta l'anno precedente.

Ma la nuova poesia di Montale segna uno **stacco netto** rispetto alle opere precedenti. Il titolo della raccolta edita nel **1971**, *Satura*, rimanda al genere della "satira" latina, caratterizzato dalla **varietà di temi e forme** e da un intento di critica della società contemporanea.

Il libro si suddivide in quattro sezioni, di cui le prime due (*Xenia I* e *Xenia II*, composte di 14 testi ciascuna) contengono brevi liriche dedicate alla moglie morta. Il termine *xenia*, di origine greca, indica i doni offerti agli ospiti e i testi sono appunto **offerte votive alla memoria di Drusilla Tanzi**, cantata con lo pseudonimo di «Mosca», una figura femminile pratica e concreta mol-

to diversa dalla donna-angelo delle raccolte precedenti. Le altre due sezioni, *Satura I* e *Satura II*, contengono testi più apertamente satirici, caratterizzati da un'**ironia epigrammatica** che distrugge gli oggetti simbolici che avevano segnato le altre opere e colpisce allo stesso modo la realtà contemporanea, la storia e la letteratura. Di fronte al venir meno di ogni valore elevato, Montale sceglie la via del **distacco ironico**, del pessimismo disincantato nutrito di **parodia e auto-parodia**.

Sul piano formale domina un **linguaggio basso e prosastico**, volutamente dimesso e vicino alle forme del parlato, che rinuncia a ogni preziosismo nella volontà di riprodurre anche nello stile l'**impoeticità** della società moderna.

Alle poesie di *Satura* fanno seguito altre tre raccolte poetiche, *Diario del '71 e del '72* (1973), *Quaderno di quattro anni* (1977) e *Altri versi* (1977), mentre dopo la morte del poeta esce *Diario postumo* (di cui, tuttavia, molti critici mettono in dubbio l'autenticità). Ormai Montale scrive poesie ogni giorno, ma si tratta di una produzione che va sempre più verso la forma del diario e della prosa e si concentra sugli argomenti minimi e disparati, usati per una critica feroce della società contemporanea e dei suoi nuovi miti.

Suzanne Valadon, *Donna distesa su un sofa*, 1918.

Ho sceso, dandoti il braccio

Satura

Ascolta
la poesia

La breve poesia, inserita in Xenia II, fu scritta nel novembre del 1967, quattro anni dopo la morte della moglie Drusilla Tanzi.
Rivolgendosi alla donna ormai scomparsa, il poeta ri- *corda con affettuosa nostalgia gli anni trascorsi al suo fianco, quando lei, semplice e fedele compagna di vita, lo guidava quotidianamente con la sua capacità di vedere oltre le apparenze.*

Metrica Due strofe di versi liberi, con alcune rime e assonanze.

> La metafora, semplice e dimessa, evoca con la sua iperbole il lungo tempo trascorso insieme.

Ho sceso, dandoti il braccio, almeno un milione di scale
e ora che non ci sei è il vuoto ad ogni gradino.
Anche così[1] è stato breve il nostro lungo viaggio.
Il mio dura tuttora, né più mi occorrono[2]
5   le coincidenze, le prenotazioni[3],

> Il vero senso della realtà si cela oltre le apparenze.

le trappole, gli scorni[4] di chi crede
che la realtà sia quella che si vede.

> La conclusione è inattesa: solo gli occhi miopi di Mosca riuscivano a "vedere" davvero e non quelli del poeta.

Ho sceso milioni di scale dandoti il braccio
non già perché con quattr'occhi forse si vede di più.
10 Con te le ho scese perché sapevo che di noi due
le sole vere pupille, sebbene tanto offuscate[5],
erano le tue.

Da *Satura* puoi leggere anche *Il tu*

1. Anche così: cioè nonostante il tanto tempo trascorso insieme.
2. mi occorrono: *mi servono, mi sono necessari*, ma anche *mi incalzano*.
3. le coincidenze, le prenotazioni: dei treni, per i molti viaggi fatti dal poeta con la moglie scomparsa.
4. le trappole, gli scorni: *gli inganni e le* *delusioni.*
5. tanto offuscate: la moglie del poeta era molto miope.

➡ Analisi del testo

COMPRENSIONE

Il testo si presenta come un **affettuoso colloquio con la moglie morta**. A lei Montale si rivolge ricordando il «lungo viaggio» percorso insieme. L'assenza dolorosa e irrevocabile dell'amata Mosca (questo è il soprannome della donna) provoca un senso di «vuoto» e di smarrimento nel poeta, che a lei affidava tutte le incombenze pratiche della vita di ogni giorno. Ora che la donna non è più al suo fianco, Montale si rende conto che, nonostante l'apparente fragilità, Mosca aveva una conoscenza profonda della realtà, poiché era in grado di comprendere che la verità va ben oltre le apparenze superficiali. Da qui la **conclusione inaspettata**: sebbene gli occhi della donna fossero offuscati dalla miopia, sapevano vedere molto più chiaramente di quelli del poeta e, demistificando l'illusorietà delle apparenze, erano capaci di orientarsi nel labirinto dell'esistenza.

ANALISI E INTERPRETAZIONE
Un viaggio verso il basso La situazione descritta nel componimento è stata più volte affrontata da Montale nelle precedenti raccolte: il poeta, sebbene lontano dalla **donna amata**, si affida a lei **come a una guida**, capace forse, con la sua chiaroveggenza, di indicare la via della salvezza.
Rispetto ai testi precedenti, tuttavia, questa lirica si caratterizza per il suo tono **dimesso e autoironi-**

co. A Clizia, la donna-angelo dallo «sguardo d'acciaio», si sostituisce Mosca, con i suoi occhi velati dalle spesse lenti da miope e le sue ali d'insetto, ben poco angeliche. Ai viaggi celesti di Clizia corrisponde un più modesto «scendere le scale», in cui l'**ambientazione quotidiana** e la **direzione discendente** danno al viaggio una connotazione anti-eroica. Montale trasferisce quindi una situazione del suo repertorio dall'astrattezza metafisica del simbolo alla **concretezza della realtà**, in un più realistico omaggio alla compagna della propria vita, l'unica dotata di «vere pupille» in grado di illuminare la strada della vita.

Uno stile semplice e colloquiale

La lirica è caratterizzata da un **linguaggio colloquiale** e da un **lessico quotidiano** che evita arcaismi e tecnicismi, con esiti molto lontani dalla ricercata raffinatezza della *Bufera*. La sintassi, organizzata sulla successione di **frasi brevi** e sulla rinuncia a forme più complesse di subordinazione, mantiene una cadenza prosastica, senza significative anastrofi o inversioni.

I **pochi artifici retorici** presenti sono la metafora del «viaggio» (che si traduce nell'immagine iperbolica del «milione di scale», v. 1) e l'anafora dell'espressione «Ho sceso», che apre le due strofe simmetriche conferendo al testo un andamento scorrevole e colloquiale, accentuato dalla variazione «Con te le ho scese» (v. 10).

Il commento di Martelli: Mosca, la nuova Clizia

«Mosca, dunque, è per ora la nuova Clizia. Ed è una Clizia ormai morta, viva soltanto, come ricordo, nella memoria del poeta. In altre parole: la poesia che riaffiora ad un tratto nel cuore di Montale, è soltanto l'ombra di se stessa. Nell'epoca in cui l'arte non deve più esistere, il suo ricordo non può divenire se non privato, fatto di particolari intimi e apparentemente marginali. Il «bagliore» di Clizia, ad esempio, il lampeggiare dei suoi occhi persiste ancora nel primo «xenion», ma esso è ora non più che il luccichio degli occhiali. Il tono di questi versi – quasi mormorati tra sé e sé dal poeta, senza pause o cesure che mettano in rilievo questo o quel particolare – non potrebbe essere più spento.

La presenza della moglie è più una cosa dell'anima che della realtà […]. Eppure, in questa umiltà di tono e di ambientazione, il senso di questi versi continua ad essere, come accadeva in quelli di un tempo, più profondo di quanto non sembri ad una prima lettura».

Lavoriamo sul testo

COMPRENSIONE

1 Sintetizza il contenuto della poesia, rispondendo alle seguenti domande:
– A chi si rivolge Montale?
– Che cosa rappresenta metaforicamente il «viaggio»?
– Perché definisce «offuscate» le pupille della donna?

2 In quale punto del testo appare evidente il disorientamento del poeta?

3 Per quale motivo il poeta afferma che la moglie vede più chiaramente di lui?

LINGUA E LESSICO

4 Quale sinonimo è possibile sostituire al sostantivo «trappole» (v. 6)?

5 Che valore ha la particella «né» al v. 4?

ANALISI E INTERPRETAZIONE

6 Spiega il significato del v. 3 («Anche così è stato breve il nostro lungo viaggio»): in che senso il percorso compiuto dal poeta insieme alla moglie è definito, con un ossimoro, al tempo stesso «breve» e «lungo»?

7 Montale attribuisce alla moglie la capacità di vedere oltre le apparenze, contrapponendosi a «chi crede / che la realtà sia quella che si vede» (vv. 6-7). Che cosa vedono le «vere pupille» di Mosca?

8 Per quale motivo il poeta sceglie, per indicare la vita trascorsa insieme a Mosca, l'immagine quotidiana dello "scendere le scale"? E perché afferma di aver «sceso» e non «salito» le scale in sua compagnia?

9 Nel testo sono presenti solo due rime, molto significative sul piano del contenuto: individuale e commentale.

SCRITTURA E APPROFONDIMENTI

10 Mosca, la moglie del poeta, presenta caratteristiche molto particolari rispetto ad Arletta, Clizia, Volpe e alle altre donne cantate da Montale. Facendo riferimento alle liriche che hai letto, componi un breve testo sull'importanza e le caratteristiche delle figure femminili della poesia di Montale.

Varianti a confronto: un esempio da *Satura*

Per entrare nel «laboratorio» poetico di Montale, osserviamo in che modo il poeta giunge alla versione definitiva di una famosa poesia di *Satura*, attraverso tre diverse varianti presenti nei manoscritti dell'autore.

Versiliana

Scoprimmo che al porcospino
piacevano gli spaghetti.
Veniva a notte alta, lasciavamo
il piatto a terra in cucina.
Secondo Armando, il guardia,
sempre alticcio
i figli li teneva infruscati
presso il garage tra i rampicanti.
Diceva ch'erano tanti
i ricciolini
ma di questo non era sicuro.
Più tardi il riccio apparve
nell'orto dei carabinieri.
Non c'eravamo accorti
che c'era un buco nel muro.

Il ghiottone

Scoprimmo che al porcospino
piacevano gli spaghetti.
Veniva nottetempo, si lasciava
il piatto a terra in cucina.
Ce n'erano altri infruscati
vicino al muro del garage.
Forse altri due o tre molto piccini.
Chissà s'erano tanti
il guardia, sempre alticcio, non n'era sicuro.
Più tardi il riccio fu visto
nell'orto dei carabinieri.
Ci eravamo accorti
di un buco tra i rampicanti.

A pianterreno

Scoprimmo che al porcospino
piaceva la pasta al ragù.
Veniva a notte alta, lasciavamo
il piatto a terra in cucina.
Teneva i figli infruscati
vicino al muro del garage.
Erano molto piccoli, gomitoli.

Che fossero poi tanti
il guardia, sempre alticcio, non n'era sicuro.
Più tardi il riccio fu visto
nell'orto dei carabinieri.
Non c'eravamo accorti
di un buco tra i rampicanti.

Renato Guttuso, *Spaghetti e vino*, 1956.

Il lavoro del poeta Pur con qualche esitazione, Montale segue tre linee di ricerca abbastanza chiare. Innanzitutto, come in buona parte dei testi di *Satura*, tende ad attenuare i «segnali di poeticità» più tradizionali (come la rima) e a proporre testi di tono apparentemente più dimesso e prosastico. La prima versione presenta due rime molto evidenti, l'ultima una sola, e fra versi più lontani; restano però le rime interne, come «alticcio / riccio», e le quasi rime, come «porcospino / cucina»; la rima «sicuro / muro» si sposta in posizione meno evidente, all'interno del verso, ma non scompare, a testimonianza del lavoro nascosto del poeta. In secondo luogo, Montale cerca termini ed espressioni della massima concretezza e precisione possibili: non i semplici *spaghetti*, ma la *pasta al ragù*; il generico *nottetempo* della seconda stesura viene eliminato a favore del più preciso *a notte alta*, prima scartato. È una tendenza che si riscontra già nella prima raccolta di Montale (in cui l'impersonale vento delle poesie più giovanili si precisa in maestrale, scirocco, tramontana, libeccio a seconda dei casi). Montale, infine, lavora sul ritmo complessivo del testo, modificandone metrica e sintassi: a partire dalla seconda versione, il componimento appare perfettamente simmetrico (tre periodi di due versi ciascuno, un verso centrale isolato, altri tre periodi di due versi ciascuno), laddove la versione iniziale era chiaramente squilibrata e non rispondeva a un disegno preciso.

T15 Sulla spiaggia

Diario del '71 e del '72

Composta il 30 agosto del 1972, la poesia fu inserita nella raccolta Diario del '71 e del '72.
Su una spiaggia della Versilia, il poeta si gode la tranquillità delle prime luci del mattino: nella pa- *ce dell'alba l'unica figura umana assume una valenza quasi metafisica, ma è un'illusione destinata a svanire con l'arrivo della moltitudine caotica dei bagnanti.*

Metrica Un'unica strofa di versi liberi.

> L'incipit sembra preludere alla rivelazione di un «varco».

Ora il chiarore si fa più diffuso.
Ancora chiusi gli ultimi ombrelloni.
Poi appare qualcuno che trascina
il suo gommone.

> La venditrice d'erbe è allo stesso tempo una figura reale e simbolica, che rivela al poeta l'esistenza di un inaspettato «varco».

5 La venditrice d'erbe viene e affonda
sulla rena[1] la sua mole, un groviglio
di vene varicose. È un monolito
diroccato dai picchi di Lunigiana[2].
Quando mi parla resto senza fiato,
10 le sue parole sono la Verità.
Ma tra poco sarà qui il cafarnao[3]
delle carni, dei gesti e delle barbe.
Tutti i lemuri umani avranno al collo
croci e catene. Quanta religione.
15 E c'è chi s'era illuso di ripetere
l'exploit di Crusoe[4]!

> **Apri il vocabolario**
>
> Montale usa la parola "lemuri" nel senso proprio di "spiriti, fantasmi"; in latino i *lemures* sono infatti gli spiriti dei morti che vagano la notte e questo nome è stato dato alla nota varietà di scimmie a causa dei loro grandi occhi che sembrano in un certo modo "spiritati".

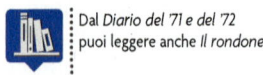
Dal *Diario del '71 e del '72* puoi leggere anche *Il rondone*

---

1. rena: *sabbia*.
2. Lunigiana: regione della Toscana compresa tra la Versilia e le Alpi Apuane.
3. cafarnao: *grande confusione*. Il termine deriva dalla città ebraica di Kĕfar Naḥūm, centro della predicazione di Gesù in cui avvennero i primi scontri tra giudei e sostenitori della nuova dottrina.
4. l'exploit di Crusoe: *l'impresa di Robinson Crusoe*, il protagonista dell'omonimo romanzo di Daniel Defoe che naufraga su un'isola deserta.

Dalla rivelazione al quotidiano

L'atmosfera iniziale della lirica sembra preludere a un'improvvisa epifania, come accade in molte liriche degli *Ossi di seppia* e delle *Occasioni*, anche se la poetica di Montale è ormai decisamente rivolta al quotidiano. In pochi versi la situazione spazio-temporale indefinita si popola di ombrelloni e gommoni, preludio all'imminente giornata di mare, ma l'attenzione del soggetto è catturata da una **figura femminile** (ben diversa da quella delle raccolte precedenti): la donna occupa interamente la scena non solo in senso fisico (la sua persona è caratterizzata dalla «mole», che la fa assomigliare a una delle montagne visibili dal mare della Versilia), ma anche metafisico, poiché le sue parole, paragonate alla «Verità», riscuotono il poeta dalla sua tranquillità e lo lasciano senza fiato. **Sembra che il «varco» si presenti in modo inaspettato agli occhi del poeta**: ma si tratta solo di un momento, perché l'arrivo della folla lo riporta bruscamente alla realtà e gli fa pronunciare un'ironica considerazione sull'affollamento delle spiagge.

 ### Competenze di comprensione e analisi

- Dove è ambientata la lirica? Quali particolari spaziali lo rivelano?

- Che cosa accade quando la donna si avvicina al poeta?

- Come si conclude il componimento?

Il disprezzo per la società contemporanea

Nei versi finali emerge con chiarezza l'atteggiamento di superiorità e **disprezzo per i nuovi miti della contemporaneità**. L'invasione dei bagnanti, indicati spregiativamente come «carni», «gesti» e «barbe», allude alla spersonalizzazione dell'individuo nella società massificata. Addirittura i gitanti sono paragonati a creature ultraterrene («lemuri») che vagano nel mondo per tormentare i vivi, compreso, ovviamente, il poeta, che si era illuso di trovare un angolo tranquillo in cui attendere l'arrivo del giorno.

 ### Competenze di comprensione e analisi

- Come interpreti la frase nominale del v. 14 («Quanta religione»)?

- A che scopo viene citato il personaggio di Robinson Crusoe?

- Per quale motivo, a tuo avviso, la descrizione dei bagnanti insiste su particolari generici e non sul loro aspetto di persone?

Uno stile "prosaico"

La lirica testimonia in modo evidente la svolta stilistica dell'ultimo Montale. Il tono generale del componimento è colloquiale e ricco di **termini ed espressioni tratte dal linguaggio quotidiano**, ma inaspettatamente i versi sono impreziositi da un raro termine («cafarnao»), che acuisce ancora di più la distanza tra la folla che occuperà la spiaggia e il desiderio di pace e solitudine dell'io lirico.

 ### Competenze di comprensione e analisi

- Rintraccia nella lirica le espressioni che ricordano lo stile del primo Montale e quelle che, invece, appartengono a un registro quotidiano e colloquiale.

- Nel componimento sono presenti *enjambement*? Qual è la loro funzione a livello stilistico?

Testo laboratorio
T16 ## Gloria del disteso mezzogiorno

Ossi di seppia

Scritto nel 1923 e pubblicato l'anno seguente su rivista con il titolo Meriggio, il componimento fu poi inserito in Ossi di seppia, nella sezione che dà il titolo alla raccolta.

Ritorna qui il consueto paesaggio ligure scabro e riarso, oltre il quale si apre forse la speranza in una pioggia ristoratrice.

> Gloria del disteso mezzogiorno[1]
> quand'ombra non rendono gli alberi,
> e più e più si mostrano d'attorno
> per troppa luce, le parvenze, falbe[2].
>
> Il sole, in alto, - e un secco greto[3].
> Il mio giorno non è dunque passat o:
> l'ora più bella è di là dal muretto
> che rinchiude in un occaso scialbato[4].
>
> L'arsura, in giro; un martin pescatore
> volteggia s'una reliquia di vita[5].
> La buona pioggia è di là dallo squallore,
> ma in attendere è gioia più compita[6].

---

1. Gloria ... mezzogiorno: *trionfo del mezzogiorno che si dispiega ampio.*
2. e più... falbe: *e sempre più, per l'eccessiva luminosità («per troppa luce»), le cose appaiono come avvolte da una luce ful-* va («falbe»).
3. un secco greto: *il letto asciutto di un fiume.*
4. che rinchiude ... scialbato: *che la chiude e la avvolge nel tramonto («occaso», latini-* smo) *pallido.*
5. reliquia di vita: un insetto, o forse un animale morto.
6. compita: *completa.*

COMPRENSIONE

1 Quali caratteristiche presenta il paesaggio descritto nella lirica? Ti pare che i suoi elementi lo connotino in senso positivo o negativo?

➲ **Oltre il testo** **Confrontare e analizzare**

- Confronta il paesaggio con quello di *Meriggiare pallido e assorto* (T3) evidenziando in un testo scritto le principali analogie tra i due testi.

2 Quale momento della giornata viene evocato?

3 Qual è invece, secondo il poeta, «l'ora più bella» (v. 7) e per quale motivo?

LINGUA E LESSICO

4 Rintraccia tutti i termini e le espressioni riferibili al campo semantico della luce e del calore.

➲ **Oltre il testo** **Confrontare e analizzare**

- Qual è la funzione simbolica della luce e del calore nelle liriche di *Ossi di seppia*?

5 Qual è il soggetto della prima quartina?

ANALISI E INTERPRETAZIONE

6 Quale funzione svolge il «muretto» del v. 7? Da che cosa separa l'io lirico?

➲ **Oltre il testo** **Confrontare e analizzare**

- Ti sembra che il «muretto» abbia lo stesso ruolo della «muraglia / che ha in cima cocci aguzzi di bottiglia» su cui si chiude *Meriggiare pallido e assorto*?

7 Quale valore assume invece la «buona pioggia» (v. 11)? Può essere interpretata come un'allegoria della speranza? Motiva la tua risposta con riferimenti al testo.

8 Nella lirica si alternano vocaboli quotidiani e altri più letterari e aulici (con alcuni latinismi). Individua i due registri presenti nel testo e spiega la funzione di questa mescolanza.

➲ **Oltre il testo** **Confrontare e analizzare**

- Sulla base degli altri componimenti di *Ossi di seppia* che hai studiato scrivi un breve testo sulle caratteristiche del linguaggio della raccolta.

9 Analizza lo schema metrico e il sistema delle rime. Quali irregolarità vi inserisce il poeta e con quale scopo?

SCRITTURA E APPROFONDIMENTI

10 Esponi in un testo di massimo due pagine, con precisi riferimento alle liriche analizzate, le tematiche che caratterizzano *Ossi di seppia*.

11 Nella sua versione originaria il componimento aveva il titolo *Meriggio*, lo stesso di una celebre lirica dannunziana di . Dopo aver letto il testo dannunziano spiega quali differenze osservi tra le situazioni cantate dai due poeti.

Guida alla verifica orale

DOMANDA N. 1 Qual è la funzione del paesaggio ligure nella prima raccolta di Montale, *Ossi di seppia*?

LA RISPOSTA IN SINTESI

Il paesaggio ligure, con la sua arida solarità, è il correlativo oggettivo di quella impossibilità di comunione con la natura che si concretizza nella disarmonia con la realtà. Il mare rappresenta una pienezza vitale da cui il poeta si sente escluso in quanto ancorato a una dimensione terrena dell'esistenza caratterizzata da un senso di oppressione e di prigionia.

LA RISPOSTA NEI TESTI

T1 Gli aspetti umili e quotidiani del paesaggio, come gli alberi dei limoni, rappresentano l'essenza di una poesia lontana dalla retorica del poeta-vate.

T3 Il tema della disarmonia con la realtà si concretizza in un muro che ha in cima «cocci aguzzi di bottiglia», e il vano desiderio di comunione con la natura è rappresentato dal «palpitare lontano di scaglie di mare».

DOMANDA N. 2 Qual è il ruolo della donna-angelo nelle *Occasioni* e nella *Bufera e altro*?

LA RISPOSTA IN SINTESI

La donna-angelo, Clizia, è colei che porta al poeta un messaggio di salvezza nel dilagare del male della storia e si fa intermediaria tra l'uomo e Dio, dove però quest'ultimo è inteso in senso laico come simbolo di quei valori legati alla civiltà e alla cultura di cui la poesia è ultima custode.

LA RISPOSTA NEI TESTI

T10 Clizia assume in questo testo le sembianze di un angelo visitatore che porta al poeta il suo messaggio attraverso spazi siderali, sfidando l'ostilità di una natura sconvolta.

T12 Di fronte all'orrore del nazifascismo, il sacrificio di Clizia, che si allontana dal mondo, assume un significato religioso e sembra alludere a una possibilità di salvezza collettiva.

DOMANDA N. 3 Quale ruolo svolge il tema della memoria nella poesia di Montale?

LA RISPOSTA IN SINTESI

Il tema della memoria percorre tutte le raccolte di Montale: il ricordo è infatti il filo rosso che ci permette di orientarci nel labirinto della realtà, l'unica difesa che l'uomo può opporre al trascorrere del tempo, che tende a vanificare le nostre esistenze nella nebbia di sempre e a porre una distanza incolmabile tra noi e il nostro passato.

LA RISPOSTA NEI TESTI

T6 Dalle profondità dell'inconscio, concretizzate nell'immagine del pozzo, sembra riemergere un volto a cui il poeta tenta di accostarsi invano, perché la distanza che separa il soggetto dal suo passato è ormai incolmabile.

T9 Il tema della memoria si lega qui a una figura femminile che si manifesta come una presenza ormai lontana; la casa del titolo è il correlativo oggettivo di tutto ciò che è distrutto dal tempo e che sembra esistere solo nel ricordo.

T11 Il volto della donna, ancora presente alla memoria del poeta, sta per svanire come avviene a molti dei nostri ricordi che il passare del tempo inghiotte in una nebbia indistinta.

Verifica delle conoscenze

Quesiti a risposta chiusa

1 Qual è lo stato d'animo con cui Montale reagisce agli avvenimenti storici di cui è testimone?
- [ ] una totale indifferenza
- [ ] un interesse legato alla sua attività giornalistica
- [ ] un senso di malessere e un cupo pessimismo
- [ ] un attivo coinvolgimento nell'attività politica

2 Dai l'esatta definizione della tecnica del "correlativo oggettivo".
- [ ] un frammento di ricordo che riemerge dal passato
- [ ] un'immagine simbolica con cui il poeta evoca uno stato d'animo
- [ ] una corrispondenza tra paesaggio e stato d'animo del poeta
- [ ] una stretta relazione tra pensiero e azione

3 Che cosa intende Montale con l'immagine dell'«anello che non tiene» presente fin dalla prima raccolta?
- [ ] uno spiraglio capace di rivelare il segreto della realtà
- [ ] l'incapacità del poeta di mantenere un contatto con la realtà
- [ ] il punto debole della vita di ogni uomo
- [ ] l'impossibilità di comprendere la complessità dell'esistenza

4 A che cosa allude il titolo *Le occasioni*?
- [ ] alle possibilità della poesia di comunicare una verità assoluta
- [ ] al carattere occasionale della poesia di Montale
- [ ] a situazioni, oggetti o persone portatrici di salvezza
- [ ] agli incontri con le donne amate dal poeta

5 Qual è la funzione di Clizia, la donna-angelo, nella poesia di Montale?
- [ ] avvicinare il poeta alla fede in Dio
- [ ] testimoniare l'esistenza di una vita ultraterrena
- [ ] farsi emblema dei valori laici della cultura
- [ ] incarnare l'ideale della perfezione femminile

6 Ne *La bufera e altro* Montale riafferma il ruolo civile della poesia, ossia:
- [ ] cerca di educare gli uomini al culto della poesia
- [ ] vede nella poesia un argine contro la violenza della storia
- [ ] manifesta apertamente il proprio impegno politico
- [ ] si presenta come guida morale per la nazione

7 Sul piano stilistico la poesia dell'ultimo Montale è caratterizzata da:
- [ ] un linguaggio sempre più raffinato ed elitario
- [ ] uno stile sperimentale, ricco di ardite metafore
- [ ] un tono prosastico e basso, colloquiale
- [ ] la ripresa di forme metriche più tradizionali

Quesiti a risposta aperta
(massimo 8 righe per ciascuno)

1 Indica le tematiche principali della prima raccolta di Montale.

2 Spiega in che cosa consiste il «male di vivere» secondo Montale.

3 Chiarisci quali sono i compiti che Montale attribuisce alla poesia e quale concezione del poeta invece rifiuta con decisione.

4 Indica le novità tematiche e stilistiche che caratterizzano *Le occasioni* rispetto a *Ossi di seppia*.

5 Spiega per quali aspetti la poesia delle *Occasioni* si avvicina all'Ermetismo e per quali aspetti se ne differenzia.

6 Spiega in che cosa consiste per Montale il «varco» e attraverso quali mezzi è possibile raggiungerlo.

7 Chiarisci chi era Clizia nella realtà biografica del poeta e di che cosa essa diviene simbolo nelle sue liriche.

8 Illustra il rapporto tra il titolo della raccolta *Satura* e il suo contenuto.

Trattazione sintetica di argomenti
(massimo 20 righe per ogni risposta)

1 Illustra l'evoluzione stilistica della poesia di Montale.

2 Chiarisci i punti essenziali della poetica di Montale, con particolare riferimento alla tecnica del "correlativo oggettivo".

3 Analizza la funzione e il significato delle figure femminili presenti nell'opera di Montale, ponendo a confronto soprattutto Clizia e Mosca.

4 Analizza in che modo evolve l'atteggiamento del poeta nei confronti degli eventi storici contemporanei, soprattutto nel passaggio dalle *Occasioni* alla *Bufera*.

5 Analizza le caratteristiche innovative, nei temi e nella forma, della poesia dell'ultimo Montale.

Analisi del testo

T17 ## Piccolo testamento

La bufera e altro

La lirica, composta nel maggio 1953, apparve sulla rivista «La Fiera letteraria» e fu poi inserita nell'ultima sezione de La bufera e altro, dal titolo Conclusioni provvisorie.
In toni apparentemente dimessi, il poeta traccia un bi- *lancio del suo cammino di vita e di poesia e ne conse-* *gna la sintesi a una figura femminile (e indirettamente ai suoi lettori), a testimonianza di uno strenuo impe-* *gno etico e di una costante tensione nella difesa dei va-* *lori più profondi della vita e della cultura.*

Questo che a notte balugina
nella calotta del mio pensiero[1],
traccia madreperlacea di lumaca
o smeriglio[2] di vetro calpestato,
5 non è lume di chiesa o d'officina
che alimenti
chierico rosso, o nero[3].
Solo quest'iride[4] posso
lasciarti a testimonianza
10 d'una fede che fu combattuta,
d'una speranza che bruciò più lenta
di un duro ceppo nel focolare.
Conservane la cipria nello specchietto
quando spenta ogni lampada[5]
15 la sardana[6] si farà infernale
e un ombroso Lucifero[7] scenderà su una prora
del Tamigi, dell'Hudson, della Senna
scuotendo l'ali di bitume semi-
mozze dalla fatica[8], a dirti: è l'ora.
20 Non è[9] un'eredità, un portafortuna
che può reggere all'urto dei monsoni[10]
sul fil di ragno della memoria,
ma una storia non dura che nella cenere
e persistenza è solo l'estinzione[11].

---

1. Questo … pensiero: *questo (lume) che nelle tenebre lampeggia nella mia mente.*
2. smeriglio: *polvere minuta.*
3. non è lume … nero: *cioè non è al servizio della religione cattolica né delle ideologie comuniste (chierico rosso o nero).*
4. iride: *traccia luminosa e multicolore.*
5. spenta ogni lampada: *cioè, una volta che* le tenebre saranno calate sulla terra.
6. sardana: danza catalana, metafora del caos storico che sta per travolgere il mondo.
7. ombroso Lucifero: *tenebroso demonio,* destinato a scendere su un'imbarcazione (prora) sull'Europa.
8. scuotendo l'ali … fatica: *scuotendo le ali nere quasi spezzate dalla fatica.*
9. Non è: il soggetto è il *lume, il piccolo testamento.*
10. monsoni: impetuosi venti stagionali.
11. persistenza … estinzione: nel senso che l'unico modo per resistere al tempo e alla storia è offrirsi agli altri, sacrificando se stessi.

25 Giusto era il segno[12]: chi l'ha ravvisato
non può fallire nel ritrovarti.
Ognuno riconosce i suoi: l'orgoglio
non era fuga, l'umiltà non era
vile, il tenue bagliore strofinato
30 laggiù non era quello di un fiammifero.

---

12. il segno: *il messaggio, l'obiettivo della ricerca.*

COMPRENSIONE COMPLESSIVA

1 Riassumi in sintesi il contenuto della lirica.

ANALISI

2 Montale indica il proprio messaggio attraverso una serie di immagini concrete, secondo la tecnica del «correlativo oggettivo». Individua nel testo queste immagini e chiariscine il significato allegorico.

3 Nell'indicare le caratteristiche del proprio «testamento», il poeta insiste nel definirlo in negativo, chiarendo che cosa 'non è' («non è lume di chiesa o d'officina», v. 5; «Non è un'eredità, un portafortuna», v. 20). Chiarisci il senso di queste affermazioni.

4 La lirica prefigura una sorta di imminente apocalisse, che prende il volto di un «ombroso Lucifero» (v. 16). Storicamente, a quali eventi si riferisce, a tuo parere l'autore? Che significato ha nel testo l'opposizione tra le immagini luminose e quelle nere e tenebrose?

5 Spiega in che cosa consiste il messaggio che, attraverso il testo, il poeta consegna al lettore. A tuo parere, il messaggio complessivo del testo è negativo e pessimistico o lascia aperto un margine alla speranza?

6 Analizza la lirica sul piano formale. La sintassi è paratattica o ipotattica? Il lessico utilizzato è semplice o ricercato? Quali figure retoriche sono presenti?

APPROFONDIMENTO

7 Sulla base di questo testo e di altre liriche di Montale (in particolare *Non chiederci la parola* e *La primavera hitleriana*), chiarisci quale funzione il poeta attribuisce alla poesia e alla cultura come strumenti per combattere la barbarie e gli orrori della storia.

Saggio breve

ARGOMENTO Il ruolo del poeta nell'età moderna

DOCUMENTI

1 «Ehi! ma come! voi qui, carissimo? Voi in un posto malfamato? Voi, il degustatore di quintessenze! Voi, il divoratore di ambrosia[1]! Sul serio, c'è di che stupirmi!»

«Mio caro, voi conoscete il terrore che ho dei cavalli e delle carrozze. Poco fa, mentre attraversavo di gran premura il boulevard, e saltellavo nella melma, in mezzo a questo caos frenetico dove la morte accorre al galoppo da tutte le parti in un sol tempo, la mia aureola, a un movimento brusco, mi è scivolata di testa nella fanghiglia del macadam[2]. Non ho avuto il coraggio di raccoglierla. Ho giudicato meno orribile perdere le mie insegne che farmi spezzare le ossa. E poi, mi sono detto, non tutto il male viene per nuocere. Ora posso andarmene in giro in incognito, compiere le azioni più vili, asservirmi alla crapula[3], come i semplici mortali. E come vedete, eccomi qua, in tutto eguale a voi».

«Dovreste almeno mettere un annuncio, per questa aureola, farla cercare dal commissario...»

«Parola mia, no! Qui sto bene. Voi, voi solo mi avete riconosciuto. E poi la dignità mi annoia! E immagino con gioia che qualche poeta spregevole la raccatterà, e impudente se ne acconcerà la testa. Farlo felice, che gioia! E soprattutto un felice che mi farà ridere! Pensate a X..., o a Z...! Ah! come sarà comico!»

C. Baudelaire, *Perdita d'aureola*, in *Lo Spleen di Parigi*, 1869

....

1. ambrosia: è il cibo degli dei, di cui il poeta idealmente si nutre.
2. macadam: pavimentazione di pietrisco.
3. asservirmi alla crapula: abbandonarmi agli eccessi nel mangiare e nel bere.

2 [...] i tempi sono cambiati,
gli uomini non domandano più nulla
dai poeti:
e lasciatemi divertire!

A. Palazzeschi, *E lasciatemi divertire!*, in *L'incendiario*, 1910

3 [...] Io mi vergogno,
sì, mi vergogno d'essere un poeta!

G. Gozzano, *La signorina Felicita*, in *I colloqui*, 1911

4 Alle soglie del nostro secolo, quando la società italiana si avvia a diventare una moderna società industriale e urbana e quindi ad assumere i caratteri che, fondamentalmente, presenta ancora oggi, il poeta vive una forte crisi di ruolo e di funzione; la sua voce s'indebolisce, sovrastata dal frastuono di una società in pieno movimento, affascinata soprattutto da un progresso tecnico verso il quale la sua sensibilità prova sgomento o angoscia. I modelli delle generazioni immediatamente precedenti (l'esteta «superuomo» di Gabriele D'Annunzio e il «fanciullino» di Giovanni Pascoli e più ancora il tribunizio «grande artiere» di Giosue Carducci) sono immagini dell'artista ormai consunte e inadeguate e il poeta del nuovo secolo avverte un senso di disagio e di estraneità nei loro confronti. Lo spazio che rimane al nuovo poeta nel primo decennio del secolo è il colloquio, spesso scherzoso e amaro, con se stesso (Aldo Palazzeschi, *Chi sono?*) e la constatazione della propria dolorosa estraneità rispetto alla comune visione del mondo.

V. Viola, *Poesia italiana del Novecento*, Torino, Einaudi, 1994

5 E. Montale, *I limoni*, p. 142.

6 E. Montale, *Non chiederci la parola*, p. 146.

7 Le arti, tutte le arti visuali, stanno democraticizzandosi nel senso peggiore della parola. L'arte è produzione di oggetti di consumo, da usarsi e buttarsi via in attesa di un nuovo mondo nel quale l'uomo sia riuscito a liberarsi di tutto, anche della propria coscienza. [...] Il tempo si fa più veloce, opere di pochi anni fa sembrano "datate" e il bisogno che l'artista ha di farsi ascoltare prima o poi diventa bisogno spasmodico dell'attuale, dell'immediato. Di qui l'arte nuova del nostro tempo che è lo spettacolo, un'esibizione non necessariamente teatrale a cui concorrono i rudimenti di ogni arte e che opera una sorta di massaggio psichico sullo spettatore o ascoltatore che sia [...]. In tale paesaggio di esibizionismo isterico quale può essere il posto della più discreta delle arti, la poesia?

E. Montale, *Sulla poesia*, a cura di G. Zampa, Milano, Mondadori, 1976

Facciamo la parafrasi

Ancora una volta ribadiamo le tre operazioni fondamentali richieste dalla parafrasi di una poesia:

a. Metti in ordine la frase
b. Apri il vocabolario
c. Sciogli il linguaggio figurato

Come abbiamo ricordato nei precedenti volumi, nel parafrasare una poesia dovrai pertanto **lavorare su tre aspetti del testo**:

- **sintassi** (ricostruendo l'ordine standard);
- **lessico** (sostituendo le parole poco comuni e difficilmente comprensibili);
- **figure retoriche** (riconoscendo e interpretando quegli strumenti tipici del linguaggio poetico, relativamente ad aspetti fonici, ritmici, di significato).

Una volta fatta la parafrasi avrai di fronte un testo più simile al linguaggio quotidiano, che ti consentirà di cogliere appieno i significati della poesia, per poter poi affrontare più consapevolmente l'analisi e il commento del testo, dal punto di vista stilistico e contenutistico.

ADESSO PROVA TU

Ti proponiamo di parafrasare una poesia di Attilio Bertolucci.
Prima, però, leggi qualche notizia sul poeta:

Attilio Bertolucci nacque nella provincia di Parma nel 1911. Iniziò molto giovane a pubblicare le prime raccolte di poesia, tra cui *Sirio* (1929), *Fuochi in novembre* (1934), *La capanna indiana* (1951 e 1955). Collaborò inoltre a quotidiani e riviste, nonché a trasmissioni radiofoniche. La sua poesia risulta spesso legata all'ambiente contadino nel quale il poeta crebbe, nonché agli affetti familiari: anche per questo uno dei suoi temi fondamentali è la memoria. Dal punto di vista stilistico Bertolucci fu in grado di creare una poesia sia fatta di frammenti, sia di versi dall'andamento narrativo e prosastico, tanto che il suo linguaggio fu spesso considerato un'alternativa all'Ermetismo. Padre dei registi Bernardo e Giuseppe Bertolucci, è morto a Roma nel 2000.

Adesso leggi e fai la parafrasi della poesia seguente.

Al fratello

Un giorno amaro l'infinita cerchia
dei colli
veste di luce declinante,
e già trabocca sulla pianura
un autunno di foglie.

Più freddi ora dispiega i suoi vessilli
d'ombra il tramonto,
un chiaro lume nasce
dove tu dolce manchi
all'antica abitudine serale.

(da A. Bertolucci, *La capanna indiana*, 1955)

a. Metti in ordine la frase: Noterai che l'ordine consueto della frase (Soggetto/Verbo/Complemento oggetto) è alterato in più punti: dovrai ora ricostruire quello consueto .
L'infinita cerchia dei colli (soggetto) *veste* (verbo) *un giorno amaro* (complemento oggetto)…
(continua tu la parafrasi) ....
....
....
....
....
....
....
....

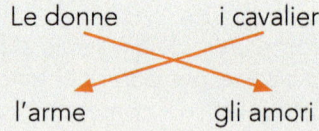
b. Apri il vocabolario

Osserva in particolare le seguenti espressioni del testo, cercando di rendere il loro significato nella parafrasi:

cerchia dei colli (vv. 1-2) ....

luce declinante (v. 3) ....

vessilli (v. 6) ....

c. Sciogli il linguaggio figurato

Nella tua parafrasi cerca di interpretare il linguaggio figurato dei seguenti versi del testo, individuando eventuali figure retoriche:

e già trabocca sulla pianura / un autunno di foglie (vv. 4-5)

....

Più freddi ora dispiega i suoi vessilli / d'ombra il tramonto (vv. 6-7)

....

antica abitudine serale (v. 10)

....

Completa:

L'osservazione di .... (vv. 1-7) offre al poeta l'occasione di ricordare, come suggerisce anche il .... della poesia, ... (v. 9), di cui sente la mancanza soprattutto nei momenti che erano soliti condividere, come la .... (v. 10)
Il tema predominante della poesia è pertanto ....

Facciamo il riassunto

Dopo aver lavorato sulla progettazione e stesura del riassunto (nei precedenti volumi), concentriamoci sulla **revisione del riassunto**. È infatti fondamentale in ogni operazione di scrittura dedicare il tempo necessario a rivedere il testo che abbiamo prodotto, per controllare se sono state rispettate le caratteristiche fondamentali di un buon riassunto. Per rivedere il testo possiamo utilizzare le seguenti domande.

Contenuti

- Il riassunto contiene solo e tutte le informazioni essenziali del testo di partenza? Sono stati individuati tutti gli elementi essenziali?
- La qualità del contenuto è adeguata al destinatario e allo scopo?
- Le informazioni selezionate nel testo di partenza sono riportate in modo fedele, senza travisamenti?
- La lunghezza del riassunto è adeguata alla consegna?
- Ci sono contenuti che possono essere eliminati?

Livello testuale

- Il riassunto è coerente e coeso?

Lingua

- Il tipo di lingua utilizzato è appropriato al destinatario?

- Il testo è originale e diverso da quello di partenza o contiene delle frasi identiche?
- La lingua è ortograficamente e sintatticamente corretta?
- Gli eventuali discorsi diretti del testo di partenza sono stati riportati in forma indiretta?

Il riassunto deve:

1. essere ragionevolmente più breve del testo di partenza (di norma non più di un terzo di esso);
2. contenere le informazioni essenziali perché il destinatario possa comprendere appieno il messaggio, anche senza conoscere il testo di partenza;
3. essere coeso e coerente.

Il riassunto non deve:

1. contenere discorsi diretti;
2. contenere opinioni, riflessioni, commenti personali del suo autore;
3. essere scritto in prima persona.

Nella selezione delle informazioni e nel riassumere occorre tener presenti:

1. Scopo;
2. Destinatario;
3. Lunghezza massima che si ha a disposizione.

ADESSO PROVA TU

Ti proponiamo adesso un'attività da svolgere a coppie su esempi di scrittura saggistica: tu leggerai e riassumerai il testo a), mentre il tuo compagno farà lo stesso con il testo b). Entrambi dovrete riassumere il testo con lo scopo di preparavi a un'interrogazione in cui vi sarà richiesto di illustrare il messaggio dei testi selezionati: tu dovrai però preparare il riassunto su cui dovrà esporre il tuo compagno e viceversa. Sarà pertanto fondamentale il momento della revisione, che potrete svolgere insieme: colui che non ha letto il testo di partenza dovrà essere in grado, grazie al riassunto, di comprendere pienamente il messaggio e le caratteristiche del testo.

T.W. Adorno, *Il dono: un'arte dimenticata*
Gli uomini disapprendono l'arte del dono. C'è qualcosa di assurdo e incredibile nella violazione del principio di scambio; spesso anche i bambini squadrano diffidenti il donatore, come se il regalo non fosse che un trucco per vendere loro spazzole o sapone (...) La vera felicità del dono è tutta nell'immaginazione della felicità del destinatario: e ciò significa scegliere, impiegare tempo, uscire dai propri binari, pensare l'altro come un soggetto: il contrario della smemoratezza. Di tutto ciò quasi nessuno è più capace. Nel migliore dei casi uno regala quel che desidererebbe per sé, ma di qualità leggermente inferiore. La decadenza del dono si esprime nella penosa invenzione degli articoli da regalo, che presuppongono già che non si sappia cosa regalare, perché, in realtà, non si ha nessuna voglia di farlo. Queste merci sono irrelate come i loro acquirenti: fondi di magazzino e dal primo giorno. Lo stesso vale per la riserva della sostituzione, che praticamente significa: ecco qui il tuo regalo, fanne quello che vuoi; se non ti va, per me è lo stesso; prenditi qualcosa in cambio. Rispetto all'imbarazzo dei soliti regali, questa pura fungibilità è ancora relativamente più umana, in quanto almeno consente all'altro di regalarsi quello che vuole: dove però siamo agli antipodi del dono. Di fronte alla maggior dovizia di beni accessibili anche al povero, la decadenza del dono potrebbe lasciarci indifferenti. Ma anche se, nell'abbondanza, il dono fosse

diventato superfluo – e questo non è vero, sul piano privato come sul piano sociale, perché non c'è nessuno oggi, per cui la fantasia non potrebbe scoprire proprio quell'oggetto che è destinato a fare la sua felicità –, continuerebbero a soffrire della mancanza di dono quelli che non donano più. Deperiscono in loro quelle facoltà insostituibili che non possono fiorire nella cella isolata della pura interiorità, ma solo a contatto del calore delle cose. Un gelo afferra tutto ciò che essi fanno, la parola gentile che resta non detta, l'attenzione che non viene praticata. Questo gelo si ripercuote, da ultimo, su coloro da cui emana.
(T.W. Adorno, *Minima moralia. Meditazioni sulla vita offesa*)

E. Bianchi, *Dono senza reciprocità*

Esiste ancora il dono, oggi? In una società segnata da un accentuato individualismo, con i tratti di narcisismo, egoismo, egolatria che la caratterizzano, c'è ancora posto per l'arte del donare? Ecco una domanda a mio avviso decisiva: nell'educazione, nella trasmissione alle nuove generazioni della sapienza accumulata, c'è attenzione al dono e all'azione del donare come atto autentico di umanizzazione? C'è la coscienza che il dono è la possibilità di innescare i rapporti reciproci tra umani, qualunque poi sia l'esito?

Da una lettura sommaria e superficiale si può concludere che oggi non c'è più posto per il dono ma solo per il mercato, lo scambio utilitaristico, addirittura possiamo dire che il dono è solo un modo per simulare gratuità e disinteresse là dove regna invece la legge del tornaconto. In un'epoca di abbondanza e di opulenza si può addirittura praticare l'atto del dono per comprare l'altro, per neutralizzarlo e toglierli la sua piena libertà.

Si può perfino usare il dono – pensate agli «aiuti umanitari» – per nascondere il male operante in una realtà che è la guerra. Questa ambiguità che pesa sul donare e può pervertirne il significato non è nuova: già nell'antichità si diceva «Timeo Danaos et dona ferentes», «Temo i Greci anche quando portano doni»... Ma c'è pure una forte banalizzazione del dono che viene depotenziato e stravolto anche se lo si chiama «carità»: oggi si «dona» con un sms una briciola a quelli che i mass media ci indicano come soggetti – lontani! – per i quali vale la pena provare emozioni...
Dei rischi e delle possibili perversioni del dono noi siamo avvertiti: il dono può essere rifiutato con atteggiamenti di violenza o nell'indifferenza distratta; il dono può essere ricevuto senza destare gratitudine; il dono può essere sperperato: donare, infatti, è azione che richiede di assumere un rischio. Ma il dono può anche essere pervertito, può diventare uno strumento di pressione che incide sul destinatario, può trasformarsi in strumento di controllo, può incatenare la libertà dell'altro invece di suscitarla. [...]. Situazione dunque disperata, la nostra oggi? No! Donare è un'arte che è sempre stata difficile: l'essere umano ne è capace perché è capace di rapporto con l'altro, ma resta vero che questo «donare se stessi» – perché di questo si tratta, non solo di dare ciò che si ha, ciò che si possiede, ma di dare ciò che si è – richiede una convinzion profonda nei confronti dell'altro.

Donare significa per definizione consegnare un bene nelle mani di un altro senza ricevere in cambio alcunché. Bastano queste poche parole per distinguere il «donare» dal «dare», perché nel dare c'è la vendita, lo scambio, il prestito. Nel donare c'è un soggetto, il donatore, che nella libertà, non costretto, e per generosità, per amore, fa un dono all'altro, indipendentemente dalla risposta di questo. Potrà darsi che il destinatario risponda al donatore e si inneschi un rapporto reciproco, ma può anche darsi che il dono non sia accolto o non susciti alcuna reazione di gratitudine.

Donare appare dunque un movimento asimmetrico che nasce da spontaneità e libertà. Perché? Possono essere molti i tentativi di risposta, ma io credo che il donare sia possibile perché l'uomo ha dentro di sé la capacità di compiere questa azione senza calcoli: è capax boni, è capax amoris, sa eccedere nel dare più di quanto sia tenuto a dare. È questa la grandezza della dignità della persona umana: sa dare se stesso e lo sa fare nella libertà! È l'homo donator. Certo, c'è un rischio da assumere nell'atto del donare, ma questo rischio è assolutamente necessario per negare l'uomo autosufficiente, l'uomo autarchico. E se il dono non riceve ritorno, in ogni caso il donatore ha posto un gesto eversivo: attraverso il donare ha acceso una relazione non generata dallo scambio, dal contratto, dall'utilitarismo. [...]

(da E. Bianchi, *Dono. Senza reciprocità*, Festival filosofia – Carpi, 16 settembre 2012, estratto da tracce maturità 2014 e da www.lastampa.it

Per una riflessione in più....

Per riflettere ancora sul significato del dono, come hanno proposto di fare i testi che hai appena letto, puoi anche ascoltare le parole del cantante Jovanotti su questo tema, che puoi consultare sul sito http://letteratura.rai.it/articoli/jovanotti-il-significato-del-dono/19301/default.aspx

ADESSO PROVA TU
- Per esercitarti ulteriormente sul riassunto, seleziona alcuni testi narrativi che hai letto in questo volume (in particolare da autori come italiani Buzzati, Calvino, Bassani ecc.) e riassumili.
- Dopo aver revisionato il riassunto riducilo ancora della metà.

La narrativa italiana tra le due guerre

La narrativa italiana tra le due guerre

Renato Guttuso, *Ritratto di Alberto Moravia*, 1940.

Dal frammento al romanzo: il "caso" Tozzi

L'Italia nel contesto europeo Agli inizi del XX secolo, grazie a opere come *La metamorfosi* (1915) di **Kafka**, *Ulisse* (1922) di **Joyce** e *Alla ricerca del tempo perduto* (1913-1927) di **Proust**, si affermano in Europa **forme di romanzo profondamente innovative** rispetto alla tradizione. Al di là di Luigi **Pirandello** e Italo **Svevo**, l'Italia resta nel complesso estranea a questo rinnovamento, poiché la politica culturale del **fascismo** promuove un atteggiamento di **chiusura verso le letterature straniere**. La narrativa italiana del periodo tra le due guerre presenta comunque una certa **varietà di esperienze**, in cui la ripresa della tradizione lascia spazio a nuove forme di realismo.

La prosa d'arte Negli anni Venti, il clima di tensione sociale e politica che porta alla nascita del **fascismo** favorisce anche in Italia un desiderio di "**ritorno all'ordine**" e a una prosa che, privilegiando la cura dello stile, eviti il difficile confronto con la storia contemporanea. Lo stesso **silenzioso dissenso** nei confronti del regime, che in poesia troverà espressione nell'Ermetismo, è all'origine della cosiddetta «**prosa d'arte**», teorizzata dai letterati della rivista romana «**La Ronda**», diretta da Vincenzo Cardarelli e pubblicata tra il 1919 e il 1923.

I prosatori d'arte – tra i quali Emilio Cecchi, Antonio Baldini e lo stesso Cardarelli – evitano il romanzo di ampie dimensioni e privilegiano **opere brevi**, spesso nella forma del **frammento**, del racconto o dell'**elzeviro**, l'articolo culturale ospitato nella terza pagina dei quotidiani e incentrato su riflessioni e divagazioni di tematica varia. I testi dei rondisti si caratterizzano soprattutto per la **raffinatissima ri-**cerca stilistica – ottenuta attraverso la ripresa dei modelli del passato, da Manzoni al Leopardi delle *Operette morali* – che si risolve spesso in puro formalismo, ma testimonia anche l'**opposizione alla degenerazione dell'arte** nella società massificata: al romanzo, considerato un genere commerciale, lo scrittore preferisce nuove forme con cui rivolgersi a un **pubblico elitario**.

Federigo Tozzi Negli stessi anni della prosa rondista Federigo **Tozzi** si orienta verso il recupero di una **narrativa influenzata dal verismo ottocentesco**, ma vicina, nei temi e nelle forme, al nuovo romanzo di Kafka, Pirandello e Svevo.

Nato a **Siena** nel 1883, Tozzi vive un'adolescenza segnata dalla **violenza del padre**, un piccolo proprietario terriero rozzo e autoritario, e dalla prematura scomparsa della madre. Gli insuccessi scolastici e un'indole ribelle lo inducono a una **vita disordinata**; dopo la morte del padre (1908) Tozzi ne eredita le terre, rivelandosi però incapace di farle fruttare, tanto che le difficoltà economiche lo costringono a venderne una parte e a trasferirsi a **Roma**. Nella capitale, Tozzi lavora come giornalista al «Messaggero della Domenica» e pubblica con un certo successo le sue opere, che hanno al centro le tormentate **vicende biografiche**: il ricordo della vita contadina nelle prose di *Bestie* (1917), il rapporto conflittuale con il padre nel romanzo *Con gli occhi chiusi* (1919); l'incapacità di amministrare i suoi terreni ne *Il podere* (1921, postumo). Il suo ultimo romanzo, *Tre croci*, esce nel **1920**; pochi mesi dopo Tozzi muore a causa di una polmonite.

Tra realismo ed espressionismo Anche se risente dell'influenza naturalista e verista, la **realtà** descritta nei romanzi di Tozzi non è **mai ogget-**

Emilio Cecchi, *Pesci rossi*

In questo brano tratto dalla raccolta di prose *Pesci rossi* (1920), Emilio Cecchi (1884-1966) descrive i pesci di un acquario, cogliendone gli aspetti inquietanti e mostruosi e associandoli in modo inaspettato a mitologici draghi orientali. Sia lo stile, ricercato e letterario, sia l'andamento dello scritto, a metà tra descrizione e saggio, sono tipiche della «prosa d'arte» degli anni Venti.

I pesci rossi nella palla di vetro nuotavano con uno slancio, un gusto di inflessioni del loro corpo sodo, una varietà d'accostamenti a pinne tese; come se venissero liberi per un grande spazio. Erano prigionieri. Ma s'erano portati dietro in prigione l'infinito. [...] Quando davano un colpo di coda, un guizzo e si mettevano di fronte, la cosa cambiava. La loro faccia dalla grande bocca arcuata diventava sotto la fronte montuosa una maschera rossa di malinconia impersonale e disumana. Posata ai lati sulle branchie, come su un motivo di decorazione, pareva resa anche più astratta dalla fissità dei grandi occhi neri cerchiati d'oro. Di profilo erano piccole triglie e sardelle purpuree. Di faccia erano vecchi mostri arcigni dell'epoca dei Han; draghi millenari imbronciati. [...] E così le parti del mondo principiarono anche per me ad essere qualcosa più d'una distinzione geografica, a contenere una metafisica, una teologia. Cominciai a orientarmi in quell'enigma che è l'Oriente. [...] Da allora, in fatto d'Oriente, d'arte orientale, di coltura orientale, ho saputo dove metter le mani. Tutte le volte che sopra un mobile di lacca vedevo un pingue ed elegante cavallo di bronzo, con la criniera a treccine e la coda come un grappolo d'api, sapevo che bastava mi spostassi di pochi palmi e questo cavallo si trasformava in una truce chimera[1]. Tutte le volte che una poesia dell'antica Cina o del nuovo Giappone mi trasportava nell'atmosfera del più insospettabile idillio, sapevo che bastava guardassi un po' meglio e fra l'erba del prato idillico avrei visto luccicare la coda d'un drago, e fra i rami dell'arbusto il viso argenteo di uno spettro.

E. Cecchi, *Pesci rossi*, Firenze, Vallecchi, 1962

1. **chimera:** *mostro mitologico formato da parti di tre animali diversi.*

---

tiva, ma **filtrata dalla prospettiva soggettiva del protagonista**, che la deforma fino a esasperarla. Il narratore, infatti, non intende rappresentare l'ambiente sociale, ma dare voce alle proprie **inquietudini interiori**, secondo una sensibilità tipicamente novecentesca. I personaggi sono in larga parte **autobiografici** e spesso ripropongono quel **tormentato rapporto con la figura paterna** che ha indotto i critici a paragonare Tozzi a Franz Kafka. L'autore descrive per lo più figure di **inetti**, uomini deboli e **destinati al fallimento**, che rivelano una sensibilità esasperata e inquieta simile a quella dei personaggi di Svevo e di Pirandello, ma priva dell'ironia che mitiga le azioni di Zeno Cosini o Mattia Pascal.

Dal punto di vista stilistico, questa visione deformata e a tratti grottesca dell'esistenza si traduce in un **linguaggio espressionista** e sperimentale, spesso volutamente **dissonante**, in cui si intrecciano espressioni dialettali e forme elevate e letterarie.

Con gli occhi chiusi

Tali caratteristiche sono evidenti nel romanzo *Con gli occhi chiusi*, scritto nel 1913 e pubblicato nel 1919. Si tratta di una sorta di **romanzo di formazione alla rovescia**, in cui si raccontano le **vicende fallimentari del protagonista Pietro** e il suo tormentato rapporto con il padre Domenico, grossolano e violento, di cui egli tradisce tutte le aspettative, dimostrandosi inetto e inconcludente. Quando si innamora di Ghìsola, Pietro crede di poter finalmente cominciare a "vivere", ma nell'amaro finale la scopre in un bordello e incinta di un altro uomo.

Nel romanzo, strutturato in brevi paragrafi di ampiezza diseguale, il **realismo descrittivo** si combina con l'**analisi psicologica** dei personaggi, tutti di ispirazione autobiografica. L'amore per Ghìsola trasfigura una passione giovanile di Tozzi, l'ambiente contadino è quello della campagna senese e **Pietro** è una **proiezione dell'autore**: introverso e solitario, soffre ma non reagisce, scegliendo di **subire la vita** «con gli occhi chiusi», con un atteggiamento di ripiegamento regressivo rispetto alla realtà.

◯ Sosta di verifica

1 Che cos'è la «prosa d'arte» e quando si afferma?

2 Quale rapporto conflittuale è al centro della biografia di Tozzi?

3 In che modo il linguaggio di Tozzi si caratterizza in senso espressionista?

4 Che cosa significa il titolo *Con gli occhi chiusi*?

Federigo Tozzi, Un padre violento

Con gli occhi chiusi

Nel romanzo Con gli occhi chiusi *(1919) Tozzi narra le vicissitudini di Pietro, un giovane inetto e debole, frustrato nelle sue aspirazioni artistiche e sentimentali, nella cui vicenda si ritrovano molti elementi autobiografici, tra i quali il rapporto conflittuale con il padre.*

Dopo gli insuccessi scolastici, Pietro vorrebbe imparare a disegnare, ma il suo proposito incontra l'ostilità del padre Domenico, uomo gretto e interessato solo al denaro, e la derisione dei «grassi» e «bitorzoluti» avventori della trattoria, che accolgono il suo progetto con «una enorme risata».

Apri il vocabolario

Il termine "rettore" deriva dal sostantivo latino *rector*, letteralmente, "colui che guida". Nella nostra lingua ha sia il significato di "signore, governatore", sia quello, limitato all'ambito accademico e scolastico, di "direttore di un istituto".

L'unica preoccupazione di Domenico, uomo gretto e violento, riguarda il denaro.

Pietro era doventato[1] così negligente, che verso il mese di maggio il rettore non lo volle più alla scuola.

Domenico lo percosse con lo scheggiale[2] dei calzoni, fino a far piangere anche Anna[3]. Ma, il giorno dopo, nessuno gli disse più niente.

Anna spiegò a Rebecca[4]:

«Sono le imprecazioni[5] di quelli che ci vogliono male».

Fece tutti i giorni alcune preghiere ad un santo; ma non trovò mai modo di parlarne sul serio al marito, che le rispondeva sempre:

«Oggi non posso».

Se lo tratteneva per la giubba[6], egli la lasciava con queste parole:

«Pensaci tu a lui. Anche tu ora…»

Ella non osava di più, temendo che se la rifacesse[7] con Pietro; stordendolo a forza di pugni, con il pretesto di essersi arrabbiato anche troppo.

Né meno la notte era possibile, perché a pena gliene discorreva, stringeva i pugni e gridava:

«Lasciami dormire. Ho sonno; è da stamani che lavoro. Riposati anche tu…»

Oppure rispondeva:

«Hai contato bene i denari incassati oggi? Prima di venire a letto, dovevi contarli. È necessario».

Se ella, per rendergli il cambio, stava zitta, le alzava il capo dal guanciale:

«Rispondi!»

Aspettava un poco, tentando di questionare[8]; ma poi si addormentava.

Durante una loro contesa[9] in bottega, Pietro saltò fuori a dire:

«Imparerò il disegno».

Lo scritturale[10] di un notaio, che aveva finito allora di mangiare, fece una enorme risata.

Pietro lo guardò a lungo, sbigottito[11] dei suoi occhi dolci e contenti che lo compativano.

Era un uomo grasso; dal volto lucido e purpureo[12], sparso di bitorzoli[13]. Aveva

---

1. **doventato:** *forma arcaica per diventato.*
2. **scheggiale:** *cinghia.*
3. **Anna:** *la madre di Pietro.*
4. **Rebecca:** *balia di Pietro, ora al servizio del padre di questi.*
5. **imprecazioni:** *maledizioni.*
6. **giubba:** *giacca da uomo.*
7. **se la rifacesse:** *se la prendesse.*
8. **questionare:** *discutere.*
9. **contesa:** *discussione.*
10. **scritturale:** *scrivano, copista.*
11. **sbigottito:** *turbato.*
12. **purpureo:** *rosso vivo.*
13. **bitorzoli:** *sporgenze della pelle.*

un vestito chiaro e una catena d'oro; i capelli biondicci, la fronte bassa. Disse a Domenico, con convinzione tranquilla:

«Non gli date retta. Fategli imparare il vostro mestiere. Voi trattori[14] guadagnate quanto volete».

35 Tutti risero, perché alludeva al conto che doveva pagare.

Pietro, mentre una specie di formicolìo lieve attraversava il suo volto, dal mento alla fronte, esclamò:

«Che importa a lei?»

Costui trasse da un astuccio di cuoio un bocchino d'ambra cerchiata d'oro, e v'infilò mezzo sigaro. Poi disse:

40 «Vai a comprarmi una scatola di fiammiferi».

E gli dette un soldo su la tavola.

La breve sequenza paratattica concentra l'attenzione sul senso di bruciante umiliazione di Pietro.

Pietro guardò anche suo padre: tutti lo fissavano; i volti e gli occhi bruciavano la sua anima. Il cuore gli batteva.

45 Domenico disse:

«Vai, dunque!»

Egli afferrò la moneta, e corse dal tabaccaio.

Allora lo scritturale rise tanto che fece il viso congestionato[15]; e, tra gli scoppi di tosse, aggiunse:

50 «Fatelo ubbidire più che potete».

Anna soffriva di queste domestichezze[16]; ma, per paura di perdere gli avventori, non ci si metteva a tu per tu. Invece Domenico se n'esaltava; e gli pareva sempre più di aver ragione. E diceva a Pietro:

Il padre di Pietro appare del tutto ostile alla cultura, che considera inutile in quanto incapace di produrre denaro e guadagni.

55 «Stai attento a quello che ti dico io. Non hai più bisogno di studiare. Basta che tu sappia fare la moltiplicazione. Dovrebbero esser abolite le scuole, e mandati tutti gli insegnanti a vangare. La terra è la migliore cosa che Dio ci ha data».

Anna, scontenta, rispondeva:

«Codeste sono idee tue».

Domenico chiedeva, con scherno:

60 «Quanto tempo ci sei andata a scuola tu?»

Non ci mancava che contrastare[17] con la moglie! Ella scuoteva la testa.

«Noi, senza saper né meno la nostra firma, abbiamo fatto fortuna».

Gli avventori rimanevano pensosi; poi esclamavano, tanto per non scontentare di più Anna:

65 «È ancora giovine. Non c'è da capire quel che ci potrete ricavare».

«Ma anche quando io avrò sessant'anni, ed egli più di venti, sarò sempre capace di rompergli la testa».

«Oh, grosso e forte come voi non verrà di certo!»

---

14. **trattori**: *gestori di trattorie; questo è il lavoro del padre di Pietro.*

15. **congestionato**: *rosso.*

16. **domestichezze**: *familiarità, confidenze.*

17. **contrastare**: *litigare.*

Un romanzo per frammenti

Il brano esemplifica la tecnica narrativa di Tozzi, basata sull'**accostamento di brevi paragrafi** per lo più dialogati, come in un testo teatrale, semplicemente giustapposti l'uno all'altro. Qui il primo frammento descrive il rapporto tra Domenico e la moglie Anna, mentre il secondo illustra il comportamento di Pietro con i clienti del padre.

L'autore non dà una descrizione psicologica del protagonista, ma permette al lettore di dedurne il carattere da pochi essenziali indizi. Dopo il suo fallimento scolastico, Pietro vorrebbe dedicarsi al disegno, rivelando una sensibilità artistica che, in un **mondo dominato dalla logica del denaro**, fa di lui un inetto: il giovane è solo di fronte alle obiezioni degli avventori («Voi trattori guadagnate quanto volete») e di fronte ai ragionamenti utilitaristici del padre («Basta che tu sappia fare la moltiplicazione»). Questa solitudine caratterizza anche il personaggio di **Anna**.

● Competenze di comprensione e analisi

- Il brano può essere diviso in tre parti: su quali personaggi si sofferma l'autore in ciascun paragrafo?

- Perché possiamo dire che il brano ha uno stile quasi teatrale?

- Quali sono i tratti di Pietro che emergono dal brano letto? Quali elementi lo caratterizzano come "inetto"?

- Individua tutti i passaggi del testo in cui il mondo appare dominato dall'interesse economico.

- Descrivi il carattere del padre di Pietro.

- Quale tratti accomunano Pietro e Anna? In che cosa, invece, i due personaggi risultano diversi?

Una realtà deformata

La **realtà** che circonda Pietro è **filtrata attraverso il suo punto di vista**: dello scritturale che prende in giro i progetti del giovane vengono messe in luce caratteristiche fisiche deformate e quasi mostruose (il «volto lucido e purpureo, sparso di bitorzoli»; «il viso congestionato»). La **rappresentazione del mondo esterno** non è quindi oggettiva, ma è **deformata in senso espressionistico**, per esprimere l'isolamento psicologico del protagonista.

Tutto il brano presenta una sintassi molto semplice, basata su **frasi brevissime** che creano un **ritmo frammentato e irregolare**. Questa scelta espressiva serve a creare un **clima di tensione** e a rendere l'**isolamento psicologico dei personaggi**, incapaci di comunicare tra loro.

● Competenze di comprensione e analisi

- Da quali espressioni del testo puoi dedurre che la realtà è osservata con gli occhi del protagonista?

- Evidenzia le espressioni che rivelano una particolare violenza espressiva.

- Prova a spiegare perché si parla di espressionismo dello stile di Tozzi.

- Perché il brano presenta un andamento franto e irregolare?

- Da quali passi emerge che i personaggi non riescono a comunicare tra loro?

Alberto Moravia e la rinascita del romanzo

L'influsso di «Solaria» Nonostante la chiusura culturale imposta dal fascismo, il periodo compreso tra la seconda metà degli anni Venti e la fine degli anni Trenta è caratterizzato dalla volontà di **rilanciare il romanzo come genere distesamente narrativo**, che superi la poetica del "frammento" sostenuta da rondisti e vociani. La "rinascita" del romanzo assume forme assai diverse, che vanno dal "**realismo magico**" alle prime prove di autori come Carlo Emilio **Gadda** e Alberto **Moravia**. Un importante impulso alla **sprovincializzazione** della letteratura italiana è dato dalla **rivista fiorentina «Solaria»**, attiva tra il 1926 e il 1936, che dedica grande attenzione alla narrativa straniera e alle opere di Tozzi e Svevo, prima di essere chiusa dalla censura fascista. Intorno a «Solaria» si radunano numerosi letterati, tra cui il giovane Elio **Vittorini**, che nel 1933 vi pubblica a puntate il romanzo *Il garofano rosso*. I romanzieri solariani – tra cui Alessandro Bonsanti, Arturo Loria e Gianna Manzini – si dedicano a una **narrativa intimistica e autobiografica**, legata ai temi del ricordo e dell'infanzia, alla ricerca di una **prosa raffinata** e lirica.

Verso un nuovo realismo A partire dagli anni Trenta – ma già dall'esemplare caso di *Rubè* (1921), romanzo d'esordio di Giuseppe Antonio **Borgese** – si afferma anche una **tendenza narrativa più marcatamente realistica**, che recupera in parte i **modelli veristi** ottocenteschi per confrontarsi con la **realtà sociale contemporanea**, in forme che preannunciano la fioritura, nel periodo postbellico, del Neorealismo. Nel **1929** il giovane **Moravia** pubblica *Gli indifferenti*, "scandaloso" romanzo di critica alla società borghese, in cui è implicita la volontà di denuncia del perbenismo morale propagandato dal regime fascista. Una precisa volontà di denuncia sociale sorregge anche *Tre operai* di Carlo **Bernari**, pubblicato non senza difficoltà nel 1934. All'interno di questo rinnovato realismo particolare interesse riveste la **narrativa meridionalistica** che, ricollegandosi a Verga, si concentra sull'analisi delle **difficili condizioni di vita del Sud Italia**. A questo ambito si collegano autori molto diversi tra loro come il calabrese Corrado **Alvaro** (1895-1956) con la raccolta di racconti *Gente in Aspromonte* (1930), Ignazio **Silone**, autore di *Fontamara* (1933) e, più tardi, Vitaliano **Brancati** con *Don Giovanni in Sicilia* (1941).

Alberto Moravia Alberto Moravia (pseudonimo di Alberto Pincherle) nasce a **Roma** nel 1907 da una **ricca famiglia borghese**. La sua adolescenza è segnata da una grave malattia, la **tubercolosi** ossea, che lo costringe a lunghi soggiorni in sanatorio. Dopo la licenza ginnasiale intraprende da autodidatta la carriera di narratore, pubblicando a proprie spese, a soli ventidue anni, *Gli indifferenti* (1929), roman-

---

Il 'primo' ritorno al romanzo: *Rubè* di Borgese

Pubblicato nel 1921 dal critico letterario Giuseppe Antonio Borgese (1882-1952), *Rubè* è un precoce esempio del ritorno al romanzo di impianto narrativo tradizionale, in cui confluiscono le nuove tematiche dell'inettitudine e della crisi della coscienza. *Rubè*, di cui riportiamo la pagina d'inizio, è infatti la storia di una fallimentare esperienza d'integrazione nell'Italia del primo dopoguerra: il giovane Filippo Rubè, sempre più disorientato e incapace di vivere, troverà infine la morte in uno scontro politico di piazza.

La vita di Filippo Rubè prima dei trent'anni non era stata apparentemente diversa da quella di tanti giovani provinciali che calano a Roma con una laurea in legge, un baule di legno e alcune lettere di presentazione a deputati e uomini d'affari. Veramente egli aveva portato qualcos'altro del suo, segnatamente una logica da spaccare il capello in quattro, un fuoco oratorio che consumava l'argomentazione avversaria fino all'osso e una certa fiducia d'essere capace di grandi cose, portatagli in cuore dal padre; il quale era segretario comunale a Calinni, e, conoscendo bene l'*Eneide* in latino e la vita di Napoleone in francese, giudicava che tutti, a cominciare da se medesimo, fossero intrusi in questo mondo fuorché i geni e gli eroi. Ma l'essersi messo nello studio dell'onorevole Taramanna gli aveva più nuociuto che giovato, tanta era l'oppressione di quell'uomo massiccio tutto scuro che lo soverchiava[1] dalla spalla e gli toglieva il sole. [...] Talvolta, la sera, Filippo gli esponeva accalorandosi la sua idea per vincere una lite o per decidere una lotta politica; ma Taramanna, che aveva fretta di giocare a *poker*, lo ascoltava restandosene in piedi e, lasciatolo arrivare al più bello, gli piantava la mano sulla spalla e con una risata di negro che non sapeva essere bonaria lo inchiodava concludendo: «Magnifico! Ma la vita non è fatta così».

G. A. Borgese, *Rubè*, Milano, Mondadori, 1974

1. soverchiava: *sovrastava, opprimeva.*

zo destinato a divenire uno dei maggiori successi di pubblico e di critica della narrativa italiana del Novecento. Nel corso degli anni Trenta, Moravia scrive varie **raccolte di racconti** (che confluiranno nel volume *Racconti 1927-1951*, pubblicato nel 1952) e il romanzo *Le ambizioni sbagliate* (1935). Nel 1936 incontra **Elsa Morante**, che sposa nel 1941 e che si imporrà a sua volta come una delle maggiori scrittrici del dopoguerra. Nel 1944 esce *Agostino*, romanzo breve sulle traumatiche esperienze attraverso cui un adolescente borghese scopre la realtà della vita. Gli anni della guerra sono particolarmente difficili poiché Moravia, figlio di madre ebrea, **rischia di essere deportato** e deve trascorrere parecchi mesi nascosto in attesa della Liberazione. Agli ultimi anni del fascismo e alle vicende belliche fanno riferimento i romanzi *La romana* (1947) e *La ciociara* (concepito fin dal 1946, ma pubblicato solamente nel 1957), opere dal **grande successo** dalle quali vengono tratti anche due celebri film con Gina Lollobrigida e Sofia Loren. Gli anni Cinquanta sono anni di frenetica attività: insieme ad altri intellettuali (Carlo Emilio Gadda, Pier Paolo Pasolini, Elsa Morante) Moravia fonda e dirige la **rivista «Nuovi argomenti»** e scrive romanzi, racconti e novelle di diverso tipo, tra cui ricordiamo almeno i *Racconti romani* (1954). Dopo il romanzo *La noia* (1960) Moravia si orienta verso una scrittura prevalentemente saggistica (*L'uomo come fine*, 1963), pubblicando anche vari libri di viaggio. Al 1962 risale la rottura con Elsa Morante, a cui segue la relazione con **Dacia Maraini**, giovane scrittrice che si imporrà alla fine degli anni Sessanta con opere di ispirazione femminista. Negli ultimi decenni Moravia continua a scrivere romanzi e racconti, anche se la sua produzione viene giudicata poco convincente dalla critica. Muore a Roma nel **1990**.

La borghesia decaduta di Moravia

Il tema dominante delle opere di Moravia è la **decadenza dei valori della società borghese**. Lo scrittore individua e rappresenta con grande spregiudicatezza le motivazioni profonde che generano, sotto un'apparenza di decoro e perbenismo, il comportamento dei membri della classe a cui egli stesso appartiene, e che possono essere ricondotte fondamentalmente al **sesso** e al **denaro**. A questo scopo egli adotta, fin dalla sua prima opera, uno **stile freddo e aderente alle cose**, lontanissimo dalle raffinatezze "rondiste" e "solariane". Dal punto di vista ideologico Moravia prosegue la strada tracciata da Pirandello, Tozzi e Svevo. Come nelle opere di questi autori, il **protagonista** indiscusso dei romanzi moraviani è un **eroe negativo**, contraddistinto essenzialmente dall'**inettitudine** e da una cronica incapacità di vivere, oltre che da un sentimento di **estraneità rispetto alla società che lo circonda**.

Gli indifferenti

Al centro del primo romanzo di Moravia, pubblicato nel 1929, c'è una figura di **intellettuale inetto** che sembra portare alle estreme conseguenze l'incapacità di vivere tipica dei personaggi di Svevo e Tozzi. Il debole e velleitario Michele Ardengo si rivela patologicamente incapace di prendere qualsiasi iniziativa e persino di reagire ai torti subiti. La sua **abulica negatività**, la sua **indifferente rassegnazione** non sono però altro che il riflesso del contesto sociale in cui vive. Come ha osservato Sergio Antonielli, *Gli indifferenti* ebbe il grande merito di rompere «un'atmosfera di conformismo letterario denunciando in termini assai espliciti il disfacimento morale di una categoria sociale e psicologica che nelle eleganze esteriori trovava anche il suo alibi».

Il romanzo racconta le vicende di Michele e della sua famiglia. Dopo la morte del padre, Michele, la sorella Carla e la madre Mariagrazia sono vittime dei raggiri sentimentali ed economici dello spregiudicato Leo Merumeci, un cinico uomo d'affari che, dopo aver sedotto la madre, corteggia e alla fine sposa la figlia. Dopo aver scoperto la relazione fra Leo e Carla, Michele si convince di dover intervenire: si ingegna di provocare Leo e tenta addirittura di ucciderlo, ma alla fine l'inettitudine e l'indifferenza avranno nuovamente il sopravvento. Michele accetta il matrimonio tra sua sorella e Leo e diventa socio d'affari del cognato.

La critica si è soffermata sul **carattere teatrale** del romanzo. Ciascuno dei sedici capitoli è strutturato come una scena (si apre con l'entrata dei personaggi e si chiude con la loro uscita) e, inoltre, la prima metà del libro si svolge interamente all'interno della villa degli Ardengo. L'**atmosfera claustrofobica** culmina nel capitolo VIII, quando Carla decide di cedere a Leo per cambiare vita e dà (teatralmente) l'addio alla casa materna. L'autore si serve di una **prosa scarna** ed essenziale, in alcuni passi addirittura rozza, ma che, proprio per questo, risultò immediatamente **comprensibile al grande pubblico**, che decretò il successo del romanzo nonostante gli interventi della censura fascista.

◯ Sosta di verifica

1. Quali caratteristiche hanno i romanzi dei "solariani"?
2. Quali testi negli anni Trenta presentano un intento realistico e di denuncia sociale?
3. Come si chiamano i due romanzi di Moravia dedicati agli ultimi anni del fascismo e alle vicende belliche?
4. Quali sono le caratteristiche tematiche e stilistiche de *Gli indifferenti*? Per quale motivo si tratta di un'opera innovativa?

Alberto Moravia, Carla e Leo

Gli indifferenti

Nel romanzo Gli indifferenti (1929) i personaggi e le relazioni che li legano sono delineati con chiarezza fin dalle prime pagine: Leo è amante di Mariagrazia, una matura vedova dell'alta borghesia romana, ma appare annoiato dalla relazione e invaghito della figlia della donna, Carla, che dal canto suo vive il corteggiamento dell'uomo con indifferenza, come se il suo futuro fosse già stabilito e nulla potesse cambiarlo.

L'inizio del romanzo rivela immediatamente la distanza che separa i cosiddetti «prosatori d'arte» degli anni Venti dalla scrittura di Moravia, il quale si preoccupa di delineare personaggi e ambienti, lasciando in secondo piano le preoccupazioni stilistiche e linguistiche.

Entrò Carla; aveva indossato un vestitino di lanetta marrone con la gonna così corta, che bastò quel movimento di chiudere l'uscio per fargliela salire di un buon palmo sopra le pieghe lente che le facevano le calze intorno alle gambe; ma ella non se ne accorse e si avanzò con precauzione guardando misteriosamente davanti a
5 sé, dinoccolata[1] e malsicura; una sola lampada era accesa e illuminava le ginocchia di Leo seduto sul divano; un'oscurità grigia avvolgeva il resto del salotto.

«Mamma sta vestendosi», ella disse avvicinandosi «e verrà giù tra poco.»

«L'aspetteremo insieme», disse l'uomo curvandosi in avanti; «vieni qui Carla, mettiti qui.» Ma Carla non accettò questa offerta; in piedi presso il tavolino del-
10 la lampada, cogli occhi rivolti verso quel cerchio di luce del paralume nel quale i gingilli[2] e gli altri oggetti, a differenza dei loro compagni morti e inconsistenti sparsi nell'ombra del salotto, rivelavano tutti i loro colori e la loro solidità, ella provava col dito la testa mobile di una porcellana cinese: un asino molto carico sul quale tra due cesti sedeva una specie di Budda campagnolo[3], un contadino
15 grasso dal ventre avvolto in un kimono a fiorami; la testa andava in su e in giù, e Carla, dagli occhi bassi, dalle guance illuminate, dalle labbra strette, pareva tutta assorta in questa occupazione.

«Resti a cena con noi?» ella domandò alfine senza alzare la testa.

«Sicuro», rispose Leo accendendo una sigaretta: «forse non mi vuoi?». Curvo, se-
20 duto sul divano, egli osservava la fanciulla con una attenzione avida; gambe dai polpacci storti, ventre piatto, una piccola valle di ombra fra i grossi seni, braccia e spalle fragili, e quella testa rotonda così pesante sul collo sottile.

«Eh che bella bambina»; egli si ripeté «che bella bambina.» La libidine[4] sopita per quel pomeriggio si ridestava, il sangue gli saliva alle guance, dal desiderio
25 avrebbe voluto gridare.

Ella diede ancora un colpo alla testa dell'asino: «Ti sei accorto quanto fosse nervosa mamma oggi al tè? Tutti ci guardavano».

«Affari suoi» disse Leo; si protese e senza parer di nulla, sollevò un lembo di quella gonna:
30 «Sai che hai delle belle gambe, Carla?» disse volgendole una faccia stupida ed ec-

---

La sobria precisione descrittiva dà l'impressione di trovarsi di fronte a una scena teatrale.

La descrizione accurata degli oggetti ricrea l'ambiente di un tipico interno borghese, in cui anche i soprammobili di cattivo gusto ostentano il benessere economico dei proprietari.

La descrizione fisica di Carla è svolta dal punto di vista di Leo, che nota soprattutto l'acerbo richiamo sessuale che emana dalla ragazza.

---

1. dinoccolata: *poco armoniosa, un po' slegata.*
2. gingilli: *soprammobili.*

3. Budda campagnolo: contadino che per l'aspetto e la posizione ricorda un'immagine di Buddha.

4. libidine: *desiderio, eccitazione sessuale.*

citata sulla quale non riusciva ad aprirsi un falso sorriso di giovialità; ma Carla non arrossì né rispose e con un colpo secco abbatté la veste:

«Mamma è gelosa di te» disse guardandolo; «per questo ci fa[5] a tutti la vita impossibile.» Leo fece un gesto che significava: «E che ci posso fare io?»; poi si rovesciò daccapo sul divano e accavalciò le gambe.

35 «Fai come me» disse freddamente; «appena vedo che il temporale sta per scoppiare, non parlo più... Poi passa e tutto è finito.»

«Per te, finito» ella disse a voce bassa e fu come se quelle parole dell'uomo avessero ridestato in lei una rabbia antica e cieca; «per te... ma per noi... per me» 40 proruppe con labbra tremanti e occhi dilatati dall'ira, puntandosi un dito sul petto; «per me che ci vivo insieme non è finito nulla...» Un istante di silenzio.

«Se tu sapessi» ella continuò con quella voce bassa a cui il risentimento marcava le parole e prestava un singolare accento come straniero, «quanto tutto questo sia opprimente e miserabile e gretto[6], e quale vita sia assistere tutti i giorni, 45 tutti i giorni...» Da quell'ombra, laggiù, che riempiva l'altra metà del salotto, l'onda morta del rancore[7] si mosse, scivolò contro il petto di Carla, disparve, nera e senza schiuma; ella restò cogli occhi spalancati, senza respiro, resa muta da questo passaggio di odio.

Si guardarono: «Diavolo» pensava Leo un po' stupito da tanta violenza, «la cosa 50 è seria». Si curvò, tese l'astuccio: «Una sigaretta» propose con simpatia; Carla accettò, accese e tra una nuvola di fumo gli si avvicinò ancora di un passo.

«E così» egli domandò guardandola dal basso in alto «proprio non ne puoi più?» La vide annuire un poco impacciata dal tono confidenziale che assumeva il dialogo. «E allora», soggiunse «sai cosa si fa quando non se ne può più? Si cambia».

55 «È quello che finirò per fare» ella disse con una certa teatrale decisione; ma le pareva di recitare una parte falsa e ridicola; così, era quello l'uomo a cui questo pendìo di esasperazione[8] l'andava insensibilmente portando? Lo guardò: né meglio né peggio degli altri, anzi meglio senza alcun dubbio, ma con in più una certa sua fatalità che aveva aspettato dieci anni che ella si sviluppasse e maturasse 60 per insidiarla ora, in quella sera, in quel salotto oscuro.

«Cambia», gli ripeté; «vieni a stare con me».

Ella scosse la testa: «Sei pazzo...».

«Ma sì!» Leo si protese, l'afferrò per la gonna: «Daremo il benservito a tua madre, la manderemo al diavolo, e tu avrai tutto quel che vorrai, Carla...»: tirava la 65 gonna, l'occhio eccitato gli andava da quella faccia spaventata ed esitante a quel po' di gamba nuda che s'intravedeva là, sopra la calza. «Portarmela a casa»; pensava «possederla...» Il respiro gli mancava: «Tutto quel che vorrai... vestiti, molti vestiti, viaggi...; viaggeremo insieme...; è un vero peccato che una bella bambina come te sia così sacrificata...: vieni a stare con me Carla...».

70 «Ma tutto questo è impossibile», ella disse tentando inutilmente di liberare la veste da quelle mani; «c'è mamma... è impossibile».

«Le daremo il benservito...» ripeté Leo afferrandola questa volta per la vita; «la manderemo a quel paese, è ora che la finisca...; e tu verrai a stare con me, è vero? Verrai a stare con me che sono il tuo solo vero amico, il solo che ti capisca e 75 sappia quel che vuoi». La strinse più davvicino nonostante i suoi gesti spaven-

5. **ci fa:** *ci rende.*

6. **gretto:** *meschino, poco nobile.*

7. **l'onda morta del rancore:** *il rancore, come un'onda che reca in sé un qualcosa di mortifero, che spegne la vitalità.*

8. **questo pendìo di esasperazione:** *l'esasperazione, l'insofferenza acuta, come una discesa che porta irresistibilmente verso il basso.*

tati; «Essere a casa mia» pensava, e queste rapide idee erano come lucidi lampi nella tempesta della sua libidine: «Le farei vedere allora che cosa vuole». Alzò gli occhi verso quella faccia smarrita e provò un desiderio, per rassicurarla, di dirle una tenerezza qualsiasi: «Carla, amor mio...».

80 Ella fece di nuovo il vano gesto di respingerlo, ma ancor più fiaccamente di prima, ché ora la vinceva una specie di volontà rassegnata[9]; perché rifiutare Leo? Questa virtù[10] l'avrebbe rigettata in braccio alla noia e al meschino disgusto delle abitudini[11]; e le pareva inoltre, per un gusto fatalistico di simmetrie morali[12], che questa avventura quasi familiare fosse il solo epilogo[13] che la sua vita meritasse; dopo, tutto sarebbe stato nuovo; la vita e lei stessa; guardava quella faccia

85 dell'uomo, là, tesa verso la sua: «Finirla», pensava «rovinare tutto...» e le girava la testa come a chi si prepara a gettarsi a capofitto nel vuoto.

Ma invece supplicò: «Lasciami», e tentò di nuovo di svincolarsi; pensava vagamente prima di respingere Leo e poi di cedergli, non sapeva perché, forse per avere il

90 tempo di considerare tutto il rischio che affrontava, forse per un resto di civetteria; si dibatté invano; la sua voce sommessa, ansiosa e sfiduciata ripeteva in fretta la preghiera inutile: «Restiamo buoni amici Leo, vuoi? Buoni amici come prima» ma la veste tirata le discopriva le gambe, e c'era in tutto il suo atteggiamento renitente e in quei gesti che faceva per coprirsi e per difendersi, e in quelle voci che

95 le strappavano le strette libertine dell'uomo, una vergogna, un rossore, un disonore che nessuna liberazione avrebbe potuto più abolire.

«Amicissimi» ripeteva Leo quasi con gioia, e torceva in pugno quella vesticciola di lana; «amicissimi Carla...» Stringeva i denti, tutti i suoi sensi si esaltavano alla vicinanza di quel corpo desiderato: «Ti ho alfine» pensava torcendosi tutto

100 sul divano per fare un posto alla fanciulla, e già stava per piegare quella testa, là, sopra la lampada, quando dal fondo oscuro del salotto un tintinnìo della porta a vetri l'avvertì che qualcheduno entrava.

Era la madre; la trasformazione che questa presenza portò nell'atteggiamento di Leo fu sorprendente: subito, egli si rovesciò sullo schienale del divano, accaval-

105 ciò le gambe e guardò la fanciulla con indifferenza; anzi spinse la finzione fino al punto di dire col tono importante di chi conclude un discorso incominciato: «Credimi, Carla, non c'è altro da fare».

La madre si avvicinò; non aveva cambiato il vestito ma si era pettinata e abbon-

110 dantemente incipriata e dipinta[14]; si avanzò, là, dalla porta, con quel suo passo malsicuro; e nell'ombra la faccia immobile dai tratti indecisi e dai colori vivaci pareva una maschera stupida e patetica.

«Vi ho fatto molto aspettare?» domandò. «Di che cosa stavate parlando?»

Leo additò con un largo gesto Carla diritta in piedi nel mezzo del salotto: «Sta-

115 vo appunto dicendo a sua figlia[15] che questa sera non c'è altro da fare che restare in casa».

«Proprio nient'altro»; approvò la madre con sussiego[16] e autorità sedendosi in una poltrona, in faccia all'amante; «al cinema siamo già state oggi e nei teatri dànno tutte cose che abbiamo già sentite... Non mi sarebbe dispiaciuto di andare a

---

9. volontà rassegnata: *rassegnazione della volontà, o volontà di rassegnarsi, di rinunciare a lottare.*

10. Questa virtù: *il resistere alle proposte di Leo.*

11. meschino disgusto delle abitudini: *le meschine abitudini che le ispiravano disgusto.*

12. per un gusto ... morali: *Carla pensa che il suo destino sia ormai segnato e rappresenti una sorta di conseguenza inevitabile dell'immoralità della madre.*

13. epilogo: *conclusione.*

14. dipinta: *truccata.*

15. sua figlia: *Leo e Mariagrazia in pubblico si danno del lei, per salvare almeno le apparenze.*

16. con sussiego: *con aria d'importanza.*

120 vedere "Sei personaggi" della compagnia Pirandello...: ma francamente come si fa?... è una serata popolare[17]».

«E poi le assicuro che non perde nulla» osservò Leo.

«Ah, questo poi no» protestò mollemente[18] la madre: «Pirandello ha delle belle cose...: come si chiamava quella sua commedia che abbiamo sentito poco tempo fa?... Aspetti... ah sì, "La maschera e il volto": mi ci sono tanto divertita».

125 «Mah, sarà...» disse Leo rovesciandosi sopra il divano; «però io mi ci sono sempre annoiato a morte.» Mise i pollici nel taschino del panciotto[19] e guardò prima la madre e poi Carla.

Dritta dietro la poltrona della madre, la fanciulla ricevette quell'occhiata inespressiva e pesante come un urto che fece crollare in pezzi il suo stupore di vetro; al-

130 lora, per la prima volta, si accorse quanto vecchia, abituale e angosciosa fosse la scena che aveva davanti agli occhi: la madre e l'amante seduti in atteggiamento di conversazione l'uno in faccia all'altra; quell'ombra, quella lampada, quelle facce immobili e stupide, e lei stessa affabilmente[20] appoggiata al dorso della poltrona per ascoltare e per parlare. «La vita non cambia», pensò, «non vuol cambiare».

135 Avrebbe voluto gridare; abbassò le due mani e se le torse, là, contro il ventre, così forte che i polsi le si indolenzirono.

«Possiamo restare in casa», continuava la madre «tanto più che abbiamo tutti i giorni della settimana impegnati...: domani ci sarebbe quel tè danzante pro infanzia abbandonata...; dopodomani il ballo mascherato al Grand Hôtel...; negli altri gior-

140 ni siamo invitate un po' qua un po' là... E, Carla... ho veduto oggi la signora Ricci...: è invecchiata a un tal punto...; l'ho osservata con attenzione...: ha due rughe profonde che le partono dagli occhi e le arrivano alla bocca..., e i capelli non si sa più di che colore siano...: un orrore!...» Ella storse la bocca e agitò le mani in aria.

«Non è poi questo orrore» disse Carla facendosi avanti e sedendosi presso l'uo-

145 mo; una leggera dolorosa impazienza la pungeva; prevedeva che per vie indirette e tortuose la madre sarebbe alfine arrivata a fare, come sempre, la sua piccola scena di gelosia all'amante; non sapeva quando e in che modo ma ne era certa come del sole che avrebbe brillato all'indomani e della notte che l'avrebbe seguito; e questa chiaroveggenza[21] le dava un senso di paura; non c'era rimedio, tutto

150 era inamovibile e dominato da una meschina fatalità.

---

17. popolare: *destinata a un pubblico popolare.*
18. mollemente: *languidamente, senza energia.*
19. panciotto: *gilet.*
20. affabilmente: *in atteggiamento familiare, amichevole, poco formale.*
21. chiaroveggenza: *capacità di prevedere il futuro.*

 Di Alberto Moravia puoi leggere anche i brani *Prima del ballo* (*Gli indifferenti*) e *Prove di iniziazione* (*Agostino*) e il racconto *La bella serata* (*Racconti romani*)

Analisi guidata

L'ambientazione borghese e la tematica sessuale

La vicenda si svolge in un **ambiente borghese**, caratterizzato attraverso **pochi elementi**, ma con **grande precisione**. Moravia si preoccupa innanzitutto di descrivere la scena in cui si muovono i personaggi, concentrando l'attenzione sugli oggetti che rivelano il benessere economico della famiglia. Un secondo livello di caratterizzazione è legato alla **descrizione dei personaggi**, ai loro vestiti e ai loro atteggiamenti: Carla indossa un vestitino di lanetta con la gonna corta (è quindi una ragazza che segue la moda del suo tempo), la madre si presenta ben truccata. Infine, dai discorsi dei personaggi emergono i **riferimenti a un'intensa vita mondana**: il tè, il cinema, il teatro.

Centrale, nel brano, è la **tematica sessuale**, che emerge con un'evidenza del tutto inconsueta nella letteratura italiana. Tradizionalmente, infatti, il sesso viene rappresentato in letteratura o in chiave burlesca e comica (come in certe novelle di Boccaccio) o in chiave sublime, di raffinata esperienza dei sensi (come in certe pagine di D'Annunzio); Moravia, invece, ne offre una **rappresentazione realistica** che è espressione di una corruzione morale profonda.

 ### Competenze di comprensione e analisi

- Suddividi il brano in sequenze e sintetizza il contenuto di ciascuna di esse.

- Dove è ambientata la scena? Perché è importante questo tipo di ambientazione?

- Quali sono gli oggetti più tipici del benessere economico descritti nel brano?

- Un particolare rilievo assume l'oscurità dell'ambiente, su cui Moravia insiste più volte («una sola lampada era accesa e illuminava le ginocchia di Leo»; «un'oscurità grigia avvolgeva il resto del salotto»; «da quell'ombra, laggiù, che riempiva l'altra metà del salotto...» ecc.). Si tratta di un elemento chiaramente simbolico: che significato assume, a tuo parere?

- L'eros, da manifestazione di vitalità, diventa in queste pagine un simbolo di negatività. L'attività sessuale, del resto, si accompagna spesso, in Moravia, ad atmosfere spiacevoli, di corruzione, di decadenza, di debolezza morale. Quali sono gli elementi che caratterizzano la sessualità di Leo e Carla e perché essa può definirsi «degradata»?

L'indifferenza di Carla

Il personaggio di Carla si caratterizza fin dalle prime pagine per la sua **indifferenza**. L'autore ne descrive brevemente l'aspetto fisico attraverso il punto di vista di Leo, ma si concentra soprattutto sulla sua **psicologia**. La ragazza appare insicura e distratta; la sua rabbia contro la madre, contro Leo e contro la propria condizione si manifesta per un attimo con grande intensità, ma subito dopo **Carla sembra sdoppiarsi e le sue parole non sono più del tutto sincere** («le pareva di recitare una parte falsa e ridicola»). La rassegnazione al proprio destino diventa così un tratto essenziale della sua indifferenza: la ragazza dichiara il proprio desiderio di cambiare, di sottrarsi a quello che le sembra un destino segnato, ma in realtà non crede neppure lei a questa possibilità.

 ### Competenze di comprensione e analisi

- Sottolinea nel testo le espressioni che indicano la rassegnazione di Carla e la convinzione che tutto, nella sua vita, è ormai prestabilito.

- Il «vedersi vivere» di Carla è tipico delle figure di inetti del primo Novecento, dei personaggi di Svevo in particolare. La conseguenza di questa consapevolezza di sé è, in Moravia come in Svevo, l'incapacità di agire: «fece di nuovo il vano gesto di respingerlo, ma ancor più fiaccamente di prima, ché ora la vinceva una specie di volontà rassegnata». Rileggi i brani antologizzati nel capitolo dedicato a Svevo e confronta gli «inetti» dello scrittore triestino con il personaggio di Carla, evidenziando analogie e differenze in un breve testo scritto.

Il fantastico italiano

Tra reale e surreale Il genere fantastico, sviluppatosi in Europa durante l'età romantica, conosce una nuova fioritura nel Novecento, epoca in cui appare sempre più difficile dominare la realtà con la sola ragione. Negli anni tra le due guerre, anche in Italia diversi autori si cimentano in narrazioni in cui **elementi surreali** irrompono in una **situazione apparentemente realistica** e "normale" sorprendendo e turbando il lettore con un **effetto straniante**. I motivi di questa scelta vanno ricercati soprattutto nella volontà di alcuni autori – spesso collegati a **riviste d'avanguardia** come «Solaria» e «900» – di liberare la letteratura italiana dalla chiusura imposta dal fascismo, aprendosi a influenze europee come l'opera di **Kafka**, il **Surrealismo francese** e le teorie di **Freud** sull'inconscio e il sogno. Al tempo stesso, il gusto per la raffigurazione grottesca del reale permette spesso di svolgere in modi ironici una sottile **polemica sociale** nei confronti della società moderna.

Bontempelli e Savinio Fondatore della **rivista «900»**, attiva negli anni Venti e aperta alle nuove prospettive europee, lo scrittore comasco Massimo **Bontempelli** (1878-1960) teorizza la poetica del cosiddetto **"realismo magico"**, in cui la dimensione fantastica non esclude il **confronto con la realtà contemporanea**. In opere come il romanzo breve *La scacchiera davanti allo specchio* (1922) e la *pièce* teatrale *Minnie, la candida* (1927) l'elemento fantastico che infrange la normalità quotidiana viene accettato dai personaggi quasi senza stupore, creando l'atmosfera di un **mondo in cui realtà e magia possono tranquillamente convivere**.

Vicino alle sperimentazioni del surrealismo e alle avanguardie francesi è **Alberto Savinio** (1891-1952), fratello del pittore metafisico Giorgio De Chirico. Nella sua opera l'elemento fantastico e visionario è unito a un'**ironia pungente** contro gli aspetti più meschini dei costumi contemporanei. Convinto che **non esistono verità assolute e definitive**, Savinio sembra divertirsi a mescolare tratti umani e animali, apparizioni aliene e presenze mostruose, per generare sconcerto nei suoi lettori e spingerli a guardare la realtà da punti di vista inusuali. Per lo stesso motivo ama inventare **giochi ed equivoci linguistici**, emblema di una realtà dai confini incerti, in cui niente è ciò che sembra.

Tommaso Landolfi Tra la fine degli anni Trenta e il decennio successivo si colloca l'opera eccentrica e sofisticata di Tommaso **Landolfi**. Nato nel 1908 in provincia di Frosinone, esordisce come narratore con le raccolte di **racconti fantastici** *Dialogo dei massimi sistemi* (1937) e *Il mar delle blatte* (1939).

Raffinato traduttore dal russo, Landolfi riprende i modelli di Gogol' e di Edgar Allan Poe, privilegiando tematiche legate all'orrore e alla paura di fronte al **mistero del mondo**, non disgiunti tuttavia da una **vena grottesca e ironica**. La presenza di **elementi onirici e orrorifici**, legati spesso alla dimensione animalesca, ritorna nel suo primo romanzo, *La pietra lunare* (1939), incentrato sull'inquietante vicenda d'amore del protagonista per una donna-capra dotata di poteri sovrannaturali. La riflessione sul mistero che si cela oltre il reale viene indagata anche nelle opere successive, in cui la componente metafisica prende il sopravvento. Al 1953 risale *La bière du pecheur* (titolo volutamente ambiguo, che può significare sia "La birra del pescatore" sia "La bara del peccatore"), mentre al tema del gioco d'azzardo si collegano *Rien va* (1963) e *Des mois* (1967), che hanno come protagonista un giocatore ossessionato dalla notte. In queste opere, Landolfi procede sul piano formale a una voluta **destrutturazione delle forme tradizionali del romanzo**, approdando a una scrittura di impianto diaristico e frammentario. Muore a Roma nel **1979**.

Dino Buzzati Tra gli autori legati al genere fantastico, quello che ha goduto di maggior successo di

Alberto Savinio, Annunciazione, 1932.

pubblico è senza dubbio Dino Buzzati, le cui pagine ricche di **suggestione magica** sottendono una **tensione angosciosa**, legata a una visione del **mondo come prigione o come incubo**.

Nato nel **1906** a San Pellegrino, in provincia di Belluno, Buzzati trascorre a **Milano** la maggior parte dell'infanzia. Nel 1928 entra come cronista al «**Corriere della Sera**», dove lavorerà fino all'ultimo periodo della sua vita. Le prime opere sono i romanzi *Bàrnabo delle montagne* (1933) e *Il segreto del Bosco Vecchio* (1935), a cui segue quello che è considerato il suo capolavoro, ***Il deserto dei Tartari*** (1940). I temi dell'**attesa** e dell'**assurdità del vivere** sono alla base anche della raccolta di **racconti**, *I sette messaggeri* (1942), che dà inizio a un'ampia produzione di testi brevi (*Sessanta racconti*, 1958; *La boutique del mistero*, 1968). Muore a Milano nel **1971**.

Le opere di Buzzati presentano un **linguaggio semplice** e fruibile e si basano sull'emergere di **elementi perturbanti e misteriosi** che, con la loro carica destabilizzante, si insinuano in **situazioni quotidiane** e consuete, secondo una tecnica narrativa che lo avvicina in certa misura a Kafka. L'elemento surreale si propone nelle sue prose sia come emblema della condizione sospesa dell'uomo, sia anche come ambigua via di fuga dall'opprimente grigiore della realtà borghese.

Il deserto dei Tartari L'atmosfera surreale tipica della narrativa di Buzzati si ritrova nel suo romanzo più noto, ***Il deserto dei Tartari***, incentrato sulle tematiche dell'**attesa delusa**, della inesorabile inutilità dello scorrere del tempo e dello **scacco esistenziale**, sullo sfondo di uno **spazio e un tempo sospesi e imprecisati**. Il giovane tenente **Giovanni Drogo** si reca in missione nella **Fortezza Bastiani**, un avamposto di confine oltre il quale si stende l'infinito e minaccioso deserto da cui si teme possano giungere i Tartari invasori. Nella Fortezza Giovanni vive trent'anni, in **continua attesa di un nemico che non giunge mai**: la sua vita scorre monotona, scandita dai doveri della vita militare, dai comandi che giungono dai superiori e da un senso crescente di delusione e di inutilità. Quando è ormai vecchio e morente, il protagonista viene allontanato dalla Fortezza, proprio nel momento in cui l'attacco dei Tartari sembra finalmente imminente. *Il deserto dei Tartari* ha un **significato** apertamente **allegorico**: il destino di Giovanni Drogo, che vive l'attesa snervante di un assalto nemico che non arriverà mai, rappresenta la **condizione esistenziale dell'uomo**, la cui vita si consuma nell'attesa vana di un evento che possa attribuirle un senso. Il protagonista, presentato all'inizio del romanzo come un giovane brillante e pieno di iniziativa, ben presto si lascia cogliere da un **senso di inerzia e di impotenza** che lo rende abulico e rassegnato, sempre più chiuso in una disperata solitudine.

⭕ Sosta di verifica

1 Che cosa si intende con l'espressione "realismo magico"?

2 Quali sono le caratteristiche della narrativa di Bontempelli e di Savinio?

3 Che tipo di personaggi ricorrono con frequenza nelle opere di Landolfi?

4 Quali sono i temi ricorrenti nelle opere di Buzzati?

5 Qual è il significato allegorico de *Il deserto dei Tartari*?

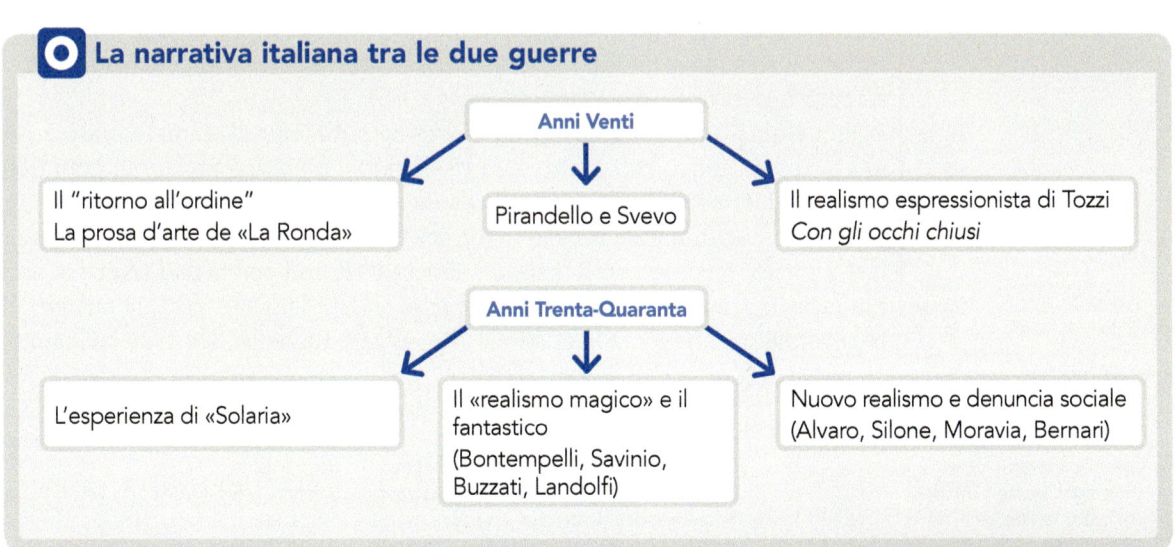

⭕ La narrativa italiana tra le due guerre

Anni Venti

- Il "ritorno all'ordine" La prosa d'arte de «La Ronda»
- Pirandello e Svevo
- Il realismo espressionista di Tozzi *Con gli occhi chiusi*

Anni Trenta-Quaranta

- L'esperienza di «Solaria»
- Il «realismo magico» e il fantastico (Bontempelli, Savinio, Buzzati, Landolfi)
- Nuovo realismo e denuncia sociale (Alvaro, Silone, Moravia, Bernari)

Tommaso Landolfi
Il racconto del lupo mannaro

Il mar delle blatte

Il testo è tratto dalla seconda raccolta di racconti di Landolfi, Il mar delle blatte (1939) e presenta le caratteristiche tipiche della sua narrativa: l'interesse per l'elemento onirico, il tono ironico ma al tempo stesso riflessivo, uno stile elaborato e letterario.

Immergendo subito il lettore in una dimensione fantastica, l'autore fa parlare in prima persona un licantropo, che racconta come lui e un amico cerchino di sottrarsi all'influenza della luna, che ogni mese li costringe a trasformarsi in lupi feroci e a ululare di notte.

> Fin dall'inizio del racconto compaiono elementi fantastici e tipici della letteratura horror.

L'amico ed io non possiamo patire[1] la luna: al suo lume escono i morti sfigurati dalle tombe, particolarmente donne avvolte in bianchi sudari[2], l'aria si colma d'ombre verdognole e talvolta s'affumica d'un giallo sinistro, tutto c'è da temere, ogni erbetta ogni fronda ogni animale, una notte di luna. E quel che è peggio, essa ci costringe
5 a rotolarci mugolando e latrando nei posti umidi, nei braghi[3] dietro ai pagliai; guai allora se un nostro simile ci si parasse davanti! Con cieca furia lo sbraneremmo, ammenoché egli non ci pungesse, più ratto[4] di noi, con uno spillo[5]. E, anche in questo caso, rimaniamo tutta la notte, e poi tutto il giorno, storditi e torpidi, come uscissimo da un incubo infamante. Insomma l'amico ed io non possiamo patire la luna.
10 Ora avvenne che una notte di luna io sedessi in cucina, ch'è la stanza più riparata della casa, presso il focolare; porte e finestre avevo chiuso, battenti e sportelli, perché non penetrasse filo dei raggi che, fuori, empivano e facevano sospesa[6] l'aria. E tuttavia sinistri movimenti si producevano entro di me, quando l'amico entrò all'improvviso recando in mano un grosso oggetto rotondo simile a una vescica di strutto[7],
15 ma un po' più brillante. Osservandola si vedeva che pulsava alquanto, come fanno certe lampade elettriche, e appariva percorsa da deboli correnti sottopelle, le quali suscitavano lievi riflessi madreperlacei simili a quelli di cui svariano[8] le meduse. «Che è questo?» gridai, attratto mio malgrado da alcunché di magnetico e, dirò, nel comportamento della vescica.

> In mezzo alla situazione già straniante del narratore-licantropo si inserisce un nuovo elemento surreale.

20 «Non vedi? Sono riuscito ad acchiapparla…» rispose l'amico guardandomi con un sorriso incerto.
«La luna!» esclamai allora. L'amico annuì tacendo. Lo schifo ci soverchiava: la luna fra l'altro sudava un liquido ialino[9] che gocciava di tra le dita dell'amico. Questi però non si decideva a deporla.
25 «Oh mettila in quell'angolo» urlai, «troveremo il modo di ammazzarla!»
«No,» disse l'amico con improvvisa risoluzione, e prese a parlare in gran fretta, «ascoltami, io so che, abbandonata a se stessa, questa cosa schifosa farà di tutto per tornarsene in mezzo al cielo (a tormento nostro e di tanti altri); essa non può fare a meno, è come i palloncini dei fanciulli. E non cercherà davvero le uscite
30 più facili, no, su sempre dritta, ciecamente e stupidamente: essa, la maligna che ci governa, c'è una forza irresistibile che regge[10] anche lei. Dunque hai capito la

---

1. **patire:** *sopportare.*
2. **sudari:** i teli bianchi in cui si usava avvolgere i cadaveri.
3. **braghi:** *pozze di fango.*
4. **ratto:** *rapido, veloce.*
5. **con uno spillo:** secondo la leggenda, il

lupo mannaro punto da uno spillo diventa inoffensivo.
6. **empivano e facevano sospesa:** *riempivano l'aria e le davano un'atmosfera stregata.*
7. **una vescica di strutto:** la vescica essiccata di un maiale o di un bue, riempita di

grasso di maiale.
8. **di cui svariano:** *di cui sono variamente ricoperte.*
9. **ialino:** *trasparente come vetro.*
10. **regge:** *controlla.* Nota l'anacoluto, ossia il cambiamento di soggetto nel periodo.

mia idea: lasciamola andare qui sotto la cappa, e, se non ci libereremo di lei, ci libereremo del suo funesto splendore, giacché la fuliggine la farà nera quanto uno spazzacamino. In qualunque altro modo è inutile, non riusciremo ad ammazzarla, sarebbe come voler schiacciare una lacrima d'argento vivo[11]».

Così lasciammo andare la luna sotto la cappa; ed essa subito s'elevò colla rapidità d'un razzo e sparì nella gola del camino.

«Oh», disse l'amico, «che sollievo! Quanto faticavo a tenerla giù, così viscida e grassa com'è! E ora speriamo bene»; e si guardava con disgusto le mani impiastricciate.

Udimmo per un momento lassù un rovellio[12], dei flati sordi al pari di trulli[13], come quando si punge una vescia[14], persino dei sospiri: forse la luna, giunta alla strozzatura della gola, non poteva passare che a fatica, e si sarebbe detto che sbuffasse. Forse comprimeva e sformava, per passare, il suo corpo molliccio; gocce di liquido sozzo cadevano friggendo nel fuoco, la cucina s'empiva di fumo, giacché la luna ostruiva il passaggio. Poi più nulla e la cappa prese a risucchiare il fumo. Ci precipitammo fuori. Un gelido vento spazzava il cielo terso, tutte le stelle brillavano vivamente; e della luna non si scorgeva traccia. Evviva urràh, gridammo come invasati[15], è fatta! E ci abbracciavamo. Io poi fui preso da un dubbio: non poteva darsi che la luna fosse rimasta appiattata[16] nella gola del mio camino? Ma l'amico mi rassicurò, non poteva essere, assolutamente no, e del resto m'accorsi che né lui né io avremmo avuto il coraggio d'andare a vedere; così ci abbandonammo, fuori, alla nostra gioia. Io, quando rimasi solo, bruciai sul fuoco, con grande circospezione, sostanze velenose, e quei suffumigi[17] mi tranquillizzarono del tutto. Quella notte medesima, per gioia, andammo a rotolarci un po' in un posto umido nel mio giardino, ma così, innocentemente e quasi per sfregio[18], non perché vi fossimo costretti. Per parecchi mesi la luna non ricomparve in cielo e noi eravamo liberi e leggeri. Liberi no, contenti e liberi dalle triste rabbie, ma non liberi. Giacché non è che non ci fosse nel cielo, lo sentivamo bene invece che c'era e ci guardava; solo era buia, nera, troppo fuligginosa[19] per potersi vedere e poterci tormentare. Era come il sole nero e notturno che nei tempi antichi attraversava il cielo a ritroso, fra il tramonto e l'alba. Infatti, anche quella nostra misera gioia cessò presto; una notte la luna ricomparve. Era slabbrata[20] e fumosa, cupa da non si dire, e si vedeva appena, forse solo l'amico ed io potevamo vederla, perché sapevamo che c'era; e ci guardava rabbuiata[21] di lassù con aria di vendetta. Vedemmo allora quanto l'avesse danneggiata il suo passaggio forzato per la gola del camino; ma il vento degli spazi e la sua corsa stessa l'andavano gradatamente mondando[22] della fuliggine, e il suo continuo volteggiare ne riplasmava il molle corpo. Per molto tempo apparve come quando esce da un eclisse, pure ogni giorno un po' più chiara; finché ridivenne così, come ognuno può vederla, e noi abbiamo ripreso a rotolarci nei braghi.

Ma non s'è vendicata, come sembrava volesse, in fondo è più buona di quanto non si crede, meno maligna più stupida, che so! Io per me propendo a credere che non ci abbia colpa in definitiva, che non sia colpa sua, che lei ci è obbligata[23] tale e quale come noi, davvero propendo a crederlo. L'amico no, secondo lui non ci sono scuse che tengano. Ed ecco ad ogni modo perché io vi dico: contro la luna non c'è niente da fare.

---

11. d'argento vivo: *di mercurio.*

12. rovellio: *rumore prodotto da movimenti faticosi.*

13. flati ... trulli: *rumori soffocati come di aria emessa dall'intestino.*

14. vescia: *fungo di forma sferica, poroso* e gonfio d'aria.

15. invasati: *esaltati, fuori di sé.*

16. appiattata: *nascosta.*

17. suffumigi: *vapori.*

18. per sfregio: *come per deridere e insultare la luna sconfitta.*

19. fuligginosa: *annerita, sporca di cenere.*

20. slabbrata: *dai contorni incerti.*

21. rabbuiata: *corrucciata, cupa.*

22. mondando: *ripulendo.*

23. ci è obbligata: *a splendere nel cielo.*

Analisi guidata

Una prospettiva rovesciata

Il racconto è incentrato su una figura ricorrente nella narrativa fantastica: il **licantropo**, un uomo che nelle notti di luna piena si trasforma in lupo. Nuova e del tutto originale è però la prospettiva adottata da Landolfi, che fa parlare il licantropo in prima persona e lo presenta non come una creatura terrificante ma come una **vittima degli effetti della luna**, da cui cerca in ogni modo di liberarsi. Il protagonista e un amico (anch'egli licantropo) catturano la luna – raffigurata in modo insolito come un oggetto gelatinoso, repellente e maligno – e decidono di liberarla nella cappa del camino, affinché, offuscata dalla fuliggine, non possa tornare a risplendere in cielo. Per qualche tempo l'astuto stratagemma sembra riuscire, ma nel finale i due protagonisti sono amaramente costretti a concludere che «contro la luna non c'è niente da fare».

Competenze di comprensione e analisi

- Da quali elementi il lettore intuisce l'identità del narratore, che pure non palesa mai in modo esplicito la propria natura?
- Suddividi il testo in sequenze e assegna a ciascuna un titolo di tua invenzione.
- In che modo la luna ha la meglio sui protagonisti, nel finale del racconto?

Ironia e pessimismo

Attraverso l'adozione dell'insolito punto di vista del licantropo, **l'autore capovolge i luoghi comuni del genere fantastico** (che vedono il lupo mannaro come una creatura terrificante e mostruosa) e porta il lettore a provare simpatia per il protagonista, raffigurando la luna in modi insoliti e chiaramente ironici. Tuttavia, al di là della forma a tratti umoristica della narrazione, il **tema di fondo è** profondo e **pessimistico**. Il licantropo, che tenta invano di sottrarsi al proprio destino di infelicità e di contrastare il potere della luna, può essere interpretato come un **simbolo della condizione esistenziale dell'uomo**, incapace di liberarsi dei propri peggiori incubi e costretto a sottostare a un **destino immodificabile**. Nel finale, si affaccia l'ipotesi che persino la luna non sia mossa da un intento malvagio, ma eserciti i suoi funesti effetti in quanto «obbligata» da una sorta di misteriosa volontà superiore, che sembra avere la meglio su ogni creatura.

Landolfi utilizza uno stile estremamente raffinato e letterario. Le **scelte lessicali** sono **ricercate e talvolta arcaicizzanti** («patire», r. 1; «ratto», r. 6, ecc.) e anche la sintassi ricorre a **costrutti lontani dall'uso** quotidiano. Anche l'insistenza su **particolari grotteschi e disgustosi**, tipica della narrativa fantastica, è filtrata da una lingua aulica, che ne attenua però solo in parte il carattere ripugnante.

Competenze di comprensione e analisi

- Quali passi del racconto rivelano il potere funesto che la luna ha sui due amici, anche quando essi credono di averla sconfitta?
- Al di là del contesto fantastico, quale tema esistenziale si pone al centro del racconto?
- In quali punti del testo emergono chiaramente i toni ironici e grotteschi della vicenda?

Il fasciocomunista

AUTORE Antonio Pennacchi

ANNO DI PUBBLICAZIONE 2003

CASA EDITRICE Mondadori

TRE BUONI MOTIVI PER LEGGERLO

1. È un'avvincente romanzo di formazione che fa capire il rapporto tra i giovani e la politica tipico degli anni Sessanta.
2. Racconta dall'interno il periodo della contestazione giovanile.
3. Ha come protagonista un adolescente inquieto alla ricerca della sua strada nel mondo.

L'AUTORE E L'OPERA

Antonio Pennacchi è nato a Latina nel 1950. Impegnato fin da giovane in politica, lavora come operaio nel settore metallurgico e, sfruttando un periodo di cassa integrazione, si laurea in lettere alla fine degli anni Ottanta. I suoi romanzi hanno spesso come sfondo le vicende legate a Latina e alla bonifica dell'Agro Pontino (*Palude*, 1995; *Canale Mussolini*, 2010) e quelle della vita in fabbrica (*Mammut* 1994). *Il fasciocomunista* (2003) racconta la vita «scriteriata» di Accio Benassi, un ragazzo dal carattere ribelle, perennemente in conflitto con i genitori e il fratello maggiore Manrico, che durante le contestazioni del Sessantotto e dei primi anni Settanta milita prima in gruppi di estrema destra per poi passare nelle file dell'estrema sinistra.

L'INCIPIT

A un certo punto mi sono stufato di stare in collegio. Sono andato da padre Cavalli e gliel'ho detto: «Io non mi voglio più fare prete, voglio tornare nel mondo».

«Il mondo?»

«Voglio andare a vedere come è fatto».

Lui non voleva crederci. Ha insistito in ogni modo: «Ma la tua m'era sembrata una vocazione profonda. Ripensiamoci, magari è una crisi che ti passa. Chiediamo consiglio al Signore, aspettiamo». Io niente. M'ero stufato e basta.

LA TRAMA

Accio Benassi è un ragazzino che i genitori hanno inviato in seminario perché studi da prete, ma un giorno decide che la vita religiosa non fa per lui e torna dalla famiglia a Latina. In casa deve fare i conti con il fratello maggior Manrico, il preferito della madre. Nonostante voglia fare il liceo classico, la famiglia iscrive Accio a un Istituto tecnico. A scuola tutto procede senza particolari sussulti fino a quando nel novembre 1965 in città inizia a circolare l'idea di uno sciopero contro la cessione alla Jugoslavia della zona B di Trieste. Inaspettatamente Accio, che si è da poco iscritto alla sezione giovanile del Msi, è tra i leader della protesta e da quel momento la militanza politica lo coinvolge in modo sempre più forte, dandogli una maggiore consapevolezza ideologica e trascinandolo in un vortice di nuove esperienze.

TRE PISTE DI LETTURA

1. *Il fasciocomunista* racconta un periodo turbolento della storia italiana, in cui molti giovani che si erano avvicinati alla politica finirono poi per militare in gruppi terroristici armati. Documentati su questo fenomeno e in un testo espositivo confronta le informazioni raccolte e quelle ricavate dal libro.
2. Nel 2007 il regista Daniele Luchetti ha tratto dal romanzo il film *Mio fratello è figlio unico*; dopo averlo visto, indica quali sono le principali differenza tra il film e il libro.
3. Confronta Accio Benassi con il protagonista de *Il giovane Holden* (p. 483); tra i due personaggi prevalgono le analogie o le differenze? Motiva la tua riposta in un breve testo scritto.

Dino Buzzati
La strada dei Tartari

Il deserto dei Tartari

Nella vicenda del tenente Drogo, condannato a consumare l'esistenza in attesa di un evento che non si verificherà mai, si può scorgere anche, in chiave autobiografica, l'insofferenza per il lavoro di redattore al «Corriere della Sera», come rivela questa intervista di Buzzati: «Dal 1933 al 1939, ci ho lavorato tutte le notti, ed era un lavoro piuttosto pesante e monotono, e i mesi passavano, passavano gli anni e io mi chiedevo se fosse andata avanti sempre così, se le speranze, i sogni inevitabili quando si è giovani, si sarebbero atrofizzati a poco a poco, se la grande occasione sarebbe venuta o no».

Il brano è tratto da uno dei capitoli finali del romanzo. Alcuni movimenti avvistati in lontananza sembrano indicare che i misteriosi nemici stanno costruendo una strada con cui sferrare un attacco alla Fortezza, ma la speranza di Giovanni è destinata a restare delusa: i movimenti proseguiranno per ben quindici anni senza che nulla accada.

> La dimensione allegorica della vicenda del tenente Drogo è testimoniata dalle riflessioni di carattere esistenziale.

> Derivato dal latino *iners* (da *inars*, cioè privo di *ars*, di "capacità") l'aggettivo "inerte" indica chi mantiene un atteggiamento ozioso, inattivo, o immobile.

Il tempo intanto correva, il suo battito silenzioso scandisce sempre più precipitoso la vita, non ci si può fermare neanche un attimo, neppure per un'occhiata indietro. «Ferma, ferma!» si vorrebbe gridare, ma si capisce ch'è inutile. Tutto quanto fugge via, gli uomini, le stagioni, le nubi; e non serve aggrapparsi alle pietre, 5 resistere in cima a qualche scoglio, le dita stanche si aprono, le braccia si afflosciano inerti, si è trascinati ancora nel fiume, che pare lento ma non si ferma mai. Di giorno in giorno Drogo sentiva aumentare questa misteriosa rovina, e invano cercava di trattenerla. Nella vita uniforme della Fortezza gli mancavano punti di riferimento e le ore gli sfuggivano di sotto prima che lui riuscisse a contarle. 10 C'era poi la speranza segreta[1] per cui Drogo sperperava[2] la migliore parte della vita. Per alimentarla sacrificava leggermente[3] mesi su mesi, e mai bastava. L'inverno, il lunghissimo inverno della Fortezza, non fu che una specie di acconto[4]. Terminato l'inverno, Drogo ancora aspettava.

Venuta la buona stagione – lui pensava – gli stranieri avrebbero ripreso i lavori della strada. Ma non c'era più disponibile il cannocchiale di Simeoni[5], che permetteva 15 di vederli. Tuttavia, col procedere dei lavori – ma chissà quanto ancora ci sarebbe voluto – gli stranieri si sarebbero avvicinati e un bel giorno sarebbero giunti a portata dei vecchi cannocchiali rimasti in dotazione a qualche corpo di guardia.

Non più alla primavera Drogo aveva perciò stabilito la scadenza della sua attesa, ma qualche mese più in là, sempre nell'ipotesi che la strada si facesse davvero. E 20 doveva covare tutti questi suoi pensieri in segreto, perché Simeoni, pauroso di fastidi[6], non voleva più saperne, gli altri compagni lo avrebbero preso in giro e i superiori disapprovavano fantasie di quel genere.

> In una sorta di consapevole inganno, Drogo posticipa sempre il momento in cui qualcosa "accadrà".

Al principio di maggio, per quanto scrutasse la pianura col migliore dei cannocchiali d'ordinanza[7], Giovanni non riusciva ancora a scorgere alcun segno di atti- 25 vità umana; neanche il lume di notte, e sì che i fuochi si vedono facilmente anche a smisurate distanze.

---

1. la speranza segreta: la speranza che i nemici ricominciassero i lavori della strada interrotta a nord della Fortezza, usandola poi per attaccare.
2. sperperava: *sprecava.*
3. leggermente: *con leggerezza.*

4. acconto: *anticipazione.*
5. Simeoni: il tenente Simeoni, nel XXII capitolo, ha annunciato a Giovanni Drogo di aver avvistato con il suo cannocchiale quello che sembra un cantiere nemico. Ma Simeoni è costretto a consegnare il suo can-

nocchiale al comando, che cerca di impedire l'insorgere di speranze illusorie fra le truppe.
6. pauroso di fastidi: *per paura di avere noie.*
7. d'ordinanza: *in dotazione.*

A poco a poco la fiducia si affievoliva. Difficile è credere in una cosa quando si è soli, e non se ne può parlare con alcuno. Proprio in quel tempo Drogo si accorse come gli uomini, per quanto possano volersi bene, rimangano sempre lontani;
30 che se uno soffre il dolore è completamente suo, nessun altro può prenderne su di sé una minima parte; che se uno soffre, gli altri per questo non sentono male, anche se l'amore è grande, e questo provoca la solitudine della vita.

La fiducia cominciava a stancarsi e l'impazienza cresceva, sentendo Drogo come i
35 colpi dell'orologio si facessero sempre più fitti[8]. Già gli capitava di lasciar passare intere giornate senza neppure un'occhiata al nord (benché talora amasse ingannare se stesso e persuadersi ch'era una dimenticanza, mentre in verità lo faceva apposta, per avere un'ombra di probabilità in più la volta ventura[9]).

Finalmente una sera – ma quanto tempo c'era voluto – un lumicino tremolante
40 apparve entro la lente del cannocchiale, fioco lume che sembrava palpitare moribondo e invece doveva essere, calcolata la distanza, una rispettabile illuminazione. Era la notte del 7 luglio. Drogo per anni si ricordò la gioia meravigliosa che gli inondò l'animo e la voglia di correre a gridare, perché tutti quanti lo sapessero, e la orgogliosa fatica di non dir niente a nessuno, per la superstiziosa paura che la luce morisse.
45

Ogni sera, sul ciglione delle mura Drogo si metteva ad aspettare, ogni sera il lumino pareva avvicinarsi un poco e farsi più grande. Molte volte doveva essere soltanto un'illusione, nata dal desiderio, certe altre però era un effettivo progresso, tanto che finalmente una sentinella lo avvistò ad occhio nudo.

Si cominciò poi a scorgere anche di giorno, sul biancastro fondo del deserto, un mo-
50 vimento di piccoli punti neri[10], così come l'anno prima, solo che adesso il cannocchiale era meno potente e perciò gli stranieri dovevano essersi fatti molto più vicini. In settembre il lume del presunto cantiere veniva scorto distintamente, nelle notti serene, anche da gente di vista normale[11]. A poco a poco, fra i militari si riprese a parlare della pianura del nord, degli stranieri, di quegli strani movimenti e luci nottur-
55 ne. Molti dicevano ch'era proprio una strada, pur non riuscendo a spiegarne lo scopo; l'ipotesi di un lavoro militare sembrava assurda. Del resto le opere sembravano procedere con straordinaria lentezza rispetto alla distanza grandissima che rimaneva. Pure una sera si udì qualcuno parlare in termini vaghi di guerra, e strane speranze[12] ricominciarono a turbinare fra le mura della Fortezza.

---

8. sentendo Drogo ... fitti: *mentre Drogo sentiva sempre di più l'incalzare del tempo.*
9. la volta ventura: *la volta successiva.*

10. piccoli punti neri: presumibilmente operai impegnati nella costruzione della strada.
11. di vista normale: non con la vista alle-

nata, e perciò più acuta, delle sentinelle.
12. strane speranze: speranze che una guerra scoppiasse davvero, liberando i soldati dall'ansia dell'attesa.

● Analisi guidata

«Il tempo intanto correva»

Il tema centrale del brano (e dell'intero romanzo) è quello dell'**attesa**. Al **fluire inesorabile del tempo**, che trascina via ogni cosa in una «misteriosa rovina» si contrappone il **forzato immobilismo del protagonista**, la cui vita trascorre nella «speranza segreta» di un evento risolutore destinato a non realizzarsi. L'esistenza di Drogo, stagione dopo stagione, si svolge in un estenuante **clima di ansiosa sospensione**, sostenuto solo da «un'illusione, nata dal desiderio», che renderà più amara la sconfitta.

○ **Competenze di comprensione e analisi**

- Evidenzia nel brano tutte le espressioni con cui l'autore vuole rendere lo scorrere inesorabile del tempo.

- Individua il momento in cui sembra interrompersi la monotonia dell'attesa. Come ne risente dal punto di vista stilistico la narrazione?

- Da quali elementi del brano si evince questo clima sospeso?

Una situazione simbolica

La vicenda di Drogo, ambientata in un deserto di cui non si precisa la collocazione e in un'epoca imprecisata, assume chiaramente un **significato universale**: l'ufficiale ansioso di incontrare il nemico è simbolo dell'uomo che, mentre conduce una vita grigia e monotona, proietta vanamente nel futuro le proprie speranze e il desiderio di mettersi alla prova.

Nell'alternanza di illusione e delusione, inoltre, Drogo è, al pari di ogni uomo, condannato a una **totale solitudine**: come l'autore fa notare, «gli uomini, per quanto possano volersi bene, rimangono sempre lontani».

○ **Competenze di comprensione e analisi**

- Rintraccia i passi da cui emerge il carattere del protagonista e prova poi a delinearne un breve ritratto psicologico in un testo scritto.

- Analizza la dimensione spaziale e quella temporale: quali elementi suggeriscono un senso di indefinitezza e di sospensione?

- In quali punti del testo emerge la solitudine del protagonista?

Il realismo fantastico

Il carattere "fantastico" della narrazione non deriva dalla presenza di elementi apertamente visionari o irrazionali, ma – come nell'opera di Kafka – dall'evocazione di una **situazione paradossale** attraverso uno **stile pacato e analitico**, apparentemente realistico. Sebbene le coordinate spazio-temporali della vicenda siano indeterminate, il narratore scandisce l'attesa di Drogo con **indicazioni cronologiche precise** («Venuta la buona stagione»; «Al principio di maggio»; «Era la notte del 7 luglio» ecc.), tanto più strainanti in quanto non si accompagnano a nessun evento di rilievo. La scelta di una forma espressiva razionale e quasi fredda si lega alla riflessione esistenziale sottesa alla trama, che emerge in alcune **considerazioni morali** in cui si sintetizza il senso della vicenda.

○ **Competenze di comprensione e analisi**

- Analizza lo stile del brano, prestando attenzione al lessico e alla sintassi: quali elementi stilistici conferiscono allo stile di Buzzati una tonalità fredda e razionale?

- Individua nel testo tutte le determinazioni cronologiche. Quale data sembra segnare un evento risolutore?

- Evidenzia i due passi del brano in cui l'autore esprime considerazioni universali sulla vita umana. Ti trovi d'accordo con questa visione pessimistica?

Testo laboratorio
T5 Alberto Moravia
Una pistola scarica
Gli indifferenti

- Lettura
- Comprensione
- Analisi
- Interpretazione
- Produzione scritta

Grazie a Lisa, un'ex amante di Leo ora invaghitasi di lui, Michele è venuto a conoscenza della relazione tra Leo e la sorella Carla e decide di vendicarsi una volta per tutte. Pur essendo poco convinto dei suoi propositi, si avvia così verso la casa di Leo con una pistola in tasca. Durante il tragitto Michele tenta in tutti i modi di caricarsi emotivamente, così da compiere senza più esitazioni quell'atto esemplare, che sembra l'unico in grado di strapparlo dalla sua apatia. Ma il tentativo fallisce in modo ridicolo, perché al momento di sparare Michele scopre che la pistola è scarica. L'ennesima dimostrazione della propria inettitudine rappresenta un punto di non ritorno: Michele non riuscirà più a reagire e sarà preda di una totale indifferenza per il destino suo e dei propri familiari.

Un freddo, mortale disagio gli gelò il sangue; «Ecco, ci siamo» pensò. La strada era veramente quella che cercava; case nuove, candide, giardini ancor vuoti, qua e là costruzioni cariche d'impalcature, marciapiedi senza selciato; la campagna non doveva esser lontana; poca gente passava; nessuno si voltava per guardarlo, nes-
5 suno l'osservava. «Eppure vado ad uccidere un uomo» pensò; frase inverosimile; mise la mano in tasca, toccò la rivoltella; ucciderLeo significava ucciderlo veramente, toglierlo dal numero dei vivi, farne scorrere il sangue: «Bisogna ucciderlo» pensò febbrilmente, «ucciderlo… così… senza troppo rumore… così… ecco: mirare al petto… egli cade… cade in terra… mi chino, senza far rumore, con
10 lentezza, lo finisco». La scena che doveva essere fulminea, gli appariva lunghissima, disgregata nei suoi gesti, silenziosa; un mortale malessere lo vinceva: «Bisognerebbe ucciderlo senza accorgersene» pensò; «allora sì, tutto andrebbe bene». Il cielo era grigio; poca gente passava; una automobile; ville; giardini; la rivoltella in fondo alla tasca; il grilletto; il calcio. Si fermò un istante a guardare il numero
15 del portone: in quel momento la propria tranquillità lo spaventò: «Se continuo con questa calma» pensò atterrito «non se ne fa nulla…: bisogna essere sdegnati, furiosi…». Riprese il cammino; il numero ottantatré era più lontano.
«Bisogna montarsi[1]» pensò febbrilmente, «vediamo… vediamo le ragioni che ho di odiare Leo… mia madre… mia sorella… era pura pochi giorni fa… ora in
20 quello stesso letto… nuda… perduta… Leo l'ha presa… posseduta… mia sorella… posseduta… mia sorella… posseduta… mia sorella… mia sorella… trattata come una donnaccia… distesa in quel sudicio letto… orribile, orribile… nuda tra quelle braccia… la mia anima freme al solo pensiero… piegata al vizio di quell'uomo… mia sorella… orribile». Si passò una mano sul collo, si sentiva la
25 gola secca. «Al diavolo mia sorella» pensò disperato ritrovandosi nella stessa calma di prima; tutte quelle fantasie non l'avevano scosso; guardò un portone; era già il numero sessantacinque; un'atroce paura l'invase di non sapere agire, mise

---

1. **montarsi:** *caricarsi emotivamente (per poter commettere l'omicidio).*

la mano in tasca, strinse nervosamente la rivoltella: «Al diavolo tutti… cosa importano le ragioni… ho deciso di ucciderlo e lo ucciderò». Affrettò il passo, le
30 case sfilavano, una dopo l'altra, più presto, più presto… bisognava ucciderlo e
l'avrebbe ucciso… ecco tutto; il numero settantacinque, settantasei, una strada,
settantasette, settantotto; improvvisamente si mise a correre, la rivoltella gli sbatteva contro la coscia; osservò sul marciapiede una bambina di forse dieci anni che
tenendo per mano un bimbo più piccolo gli veniva incontro; pensò d'incrociar-
35 li; ma raggiunse prima di loro il portone di Leo, ed entrò col rimpianto di non
averli almeno sfiorati. «E ora» pensò arrampicandosi su per la scala «il più bello sarebbe non trovarlo in casa». Fece di corsa due rampe, al secondo pianerottolo, a destra, trovò la porta del suo nemico; una targa di ottone portava la scritta: Cav. Leo Merumeci.
40 Non suonò; voleva entrare col respiro tranquillo ed era ansante; aspettò dritto,
immobile, davanti quella porta chiusa, che l'ansito e i battiti del cuore si fossero
calmati; ma non si calmavano; il cuore pulsava, saltava con fracasso nel suo petto, i polmoni gli si sollevavano contro volontà in un respiro doloroso. «O cuore, o respiro» pensò con un dispetto triste e nervoso, «anche voi vi mettete con-
45 tro di me?» Premette con una mano il fianco, tentò di dominarsi; quanto tempo
sarebbe stato necessario perché il corpo fosse stato pronto come la sua anima?
Contò da uno a sessanta, ridicolmente, immobile contro quella porta silenziosa;
ricominciò… finalmente, stanco, s'interruppe e suonò.
Udì il campanello echeggiare nell'appartamento vuoto; silenzio; immobilità: «non
è in casa» pensò con una gioia e un sollievo profondi. «Suonerò ancora una vol-
50 ta per scrupolo… e poi me ne andrò» e già, apprestandosi a premere di nuovo il
bottone, già immaginava di ridiscendere nella strada, andarsene per la città, libero, distrarsi; già dimenticava i suoi propositi di vendetta, quando dei passi pesanti risuonarono sul pavimento, di là dalla porta; poi questa si aprì e Leo apparve.
Indossava una veste da camera, aveva la testa arruffata e il petto nudo; squadrò
55 dall'alto in basso il ragazzo.
«Tu qui» esclamò con faccia e voce assonnate, senza invitarlo ad entrare; «e cosa vuoi?»
Si guardarono: «Cosa voglio?» avrebbe voluto gridare Michele. «Lo sai bene, spu-
dorato, cosa voglio».
60 Ma si trattenne:
«Nulla» disse in un soffio, ché ora il respiro di nuovo gli mancava; «soltanto parlarti».
Leo alzò gli occhi; un'espressione impudente[2] e stupida gli passò sul volto: «Oh
bella, parlare? a me? a quest'ora?» disse con stupore esagerato; si teneva sempre
65 nel mezzo della soglia: «E cosa vuoi dirmi?… Senti, senti caro» soggiunse cominciando a chiudere la porta, «non sarebbe meglio un altro giorno? Stavo dormendo, non ho la testa abbastanza chiara… per esempio domani».
La porta si chiudeva. «Non è vero che stavi dormendo» pensò Michele, e ad un
tratto gli scaturì quest'idea: «Carla è di là… in camera sua», e gli parve di veder-
70 la nuda, seduta sul bordo del letto, in atto di ascoltare ansiosamente questo dialogo tra l'amante e lo sconosciuto visitatore; diede una spinta alla porta ed entrò:

---

2. **impudente:** *sfacciata.*

«No» disse con voce ferma e turbata, «no, oggi stesso ho da parlarti… ora».
Un'esitazione: «E sia» profferì l'altro come chi è al termine della sua pazienza; Michele entrò: «Carla è di là» pensava e un turbamento straordinario lo possedeva.

75 «Di' la verità» profferì alfine con sforzo mentre quello chiudeva la porta, posandogli una mano sulla spalla; «di' la verità, che ho turbato qualche dolce colloquio… c'è qualcheduno di là non è vero?… eh, eh!… qualche bella ragazza…».
Vide l'uomo voltarsi e schermirsi con un sorriso odioso di malcelata vanità: «Assolutamente nessuno… dormivo». Capì di aver colto nel segno.

80 Mise la mano in tasca e strinse la rivoltella; «Dormivo proprio» ripeté Leo senza voltarsi, precedendolo nell'anticamera; «dormivo profondamente e facevo dei sogni bellissimi».
«Ah! sì?»
«Sì… e tu sei venuto a destarmi.»

85 «No, colpirlo alle spalle no» pensò Michele; trasse di tasca la rivoltella e tenendo la mano contro il fianco la puntò nella direzione di Leo… appena questi si sarebbe voltato, avrebbe sparato.
Leo entrò per primo nel salotto, andò alla tavola, accese una sigaretta; avvolto nella veste da camera, come un lottatore, a gambe larghe, con la testa arruffata e tozza

90 china verso l'invisibile fiammifero, egli dava l'impressione di un uomo sicuro di sé e della sua vita; poi si voltò; allora, non senza odio, Michele alzò la mano e sparò. Non ci fu né fumo né fracasso; alla vista della rivoltella Leo spaventatissimo si era gettato con una specie di muggito dietro una sedia; poi il rumore secco del grilletto. «S'è inceppata» pensò il ragazzo; vide Leo urlare «Sei matto!» e alzare una

95 sedia in aria mostrando tutto il corpo: si protese in avanti e sparò daccapo; nuovo rumore del grilletto. «È scarica» comprese alfine atterrito, «e le palle le ho in tasca io». Fece un salto da parte, per evitare la seggiola di Leo, corse all'angolo opposto; la testa gli girava, aveva la gola secca, il cuore in tumulto: «Una palla» pensò disperatamente, «soltanto una palla». Frugò, arraffò con le dita febbrili alcuni pro-

100 iettili, alzò la testa, tentando, curvo colle mani impazzate[3], di aprire il tamburo e cacciarvi la carica; ma Leo scorse il suo gesto ed egli ricevette di sbieco un colpo di seggiola sulle mani e sulle ginocchia, così forte che la rivoltella cadde in terra; dal dolore chiuse gli occhi, poi una rabbia indicibile lo invase; si gettò su Leo tentando di stringerlo al collo; ma fu preso, scagliato prima a destra poi a sinistra,

105 e alfine respinto con tanta violenza che dopo aver ciecamente urtato e rovesciato una sedia, cadde sul divano… L'altro gli fu subito sopra e lo prese per i polsi. Silenzio; si guardarono; rosso, ansante, costretto in malo modo dentro il divano, Michele fece uno sforzo per liberarsi; Leo gli rispose torcendogli i polsi: altro sforzo; altra torsione; alfine il dolore e la rabbia vinsero il ragazzo; gli parve

110 oscuramente che la vita non fosse mai stata così aspra come in questo momento nel quale, così brutalmente oppresso, gli tornava un lamentoso desiderio di certe lontanissime carezze materne; gli occhi gli si empirono di lacrime; allentò i muscoli doloranti, si abbandonò. Per un istante l'uomo lo guardò: la veste da camera era aperta, il petto nudo e peloso gli si sollevava in un respiro che ogni tan-

115 to si sfogava per le narici frementi in una specie di soffio ferino: guardava, guardava e tutta la sua persona esprimeva un minaccioso furore a stento trattenuto.
«Sei matto!» profferì alfine con forza scrollando la testa; e lo liberò.

3. impazzate: *impazzite*.

120 Michele si alzò fregandosi i polsi indolenziti: vedeva Leo dritto, immobile nel mezzo della stanza, la sedia rovesciata e là, nell'angolo, quella cosa nera, la rivoltella… veramente tutto era finito… tutto era stato fatto… ma non gli riusciva di capire… non sapeva se doveva mostrarsi ancora indignato o invece timoroso… guardava Leo e macchinalmente continuava a fregarsi i polsi.

«E ora» disse alfine l'uomo voltandosi verso la porta, «ora fammi il santissimo piacere di andartene». Avrebbe voluto profferire qualche violenza ma si trattenne. «E di questa tua sciocchezza» soggiunse «parlerò con tua madre».

125

COMPRENSIONE

1 Suddividi il brano in sequenze e attribuisci a ciascuna di esse un titolo che ne indichi il contenuto.

2 Per quale motivo i propositi di vendetta di Michele si risolvono in un nulla di fatto?

3 Perché Michele dimentica di caricare la pistola? Da quali elementi, nella prima parte del brano, si capisce che egli in realtà non ha alcuna intenzione di uccidere Leo?

ANALISI E INTERPRETAZIONE

4 Rintraccia l'etimologia del verbo "proferire" e dell'aggettivo "ferino" e scrivi, per ciascuno dei due vocaboli, due frasi in cui li utilizzi in modo appropriato.

5 Analizza lo stile del brano. Prevale la subordinazione o la coordinazione? Il lessico è elevato o colloquiale?

Oltre il testo   Confrontare e analizzare

- Quali differenze sussistono tra lo stile di Moravia e la ricercata «prosa d'arte» degli autori legati alla rivista «La Ronda»? Rispondi in un testo scritto di massimo una pagina.

6 Quali pensieri agitano Michele durante il tragitto verso la casa di Leo? Quali aspetti della sua indole rivelano?

Oltre il testo   Confrontare e analizzare

- Metti a confronto il brano letto con l'incontro tra Carla e Leo. In che cosa consiste l'«indifferenza» che caratterizza i due fratelli protagonisti del romanzo? Quali analogie presentano i due personaggi rispetto alla figura dell'«inetto» della narrativa primo-novecentesca?

7 Per quale motivo Michele, posto di fronte all'eventualità di non trovare in casa Leo, viene colto da «una gioia e un sollievo profondi»? Quale legame sussiste tra questo sentimento e il fatto che egli dimentichi di caricare la pistola?

Oltre il testo   Confrontare e analizzare

- In termini freudiani, l'episodio della pistola scarica potrebbe essere definito come un «atto mancato». Quali effetti hanno le scoperte di Freud sulla narrativa italiana del primo Novecento? Quale autore ne risulta in particolare influenzato?

8 Come viene caratterizzato il personaggio di Leo? Illustra in particolare il senso delle espressioni «come un lottatore» e «una specie di soffio ferino» (rr. 89 e 115), chiarendo in che termini si pone il rapporto fra Leo e Michele.

9 In quali punti del testo emerge il particolare realismo tipico dell'opera di Moravia?

→ Oltre il testo   Confrontare e analizzare

- Quali altri autori degli anni Trenta sono caratterizzati dalla tendenza al recupero di una dimensione realistica? Quali prosatori prediligono invece tematiche oniriche e fantastiche? Per quali motivi?

SCRITTURA E APPROFONDIMENTI

10 Confronta in un breve testo la figura di Michele con quella di Pietro, protagonista del romanzo di Tozzi *Con gli occhi chiusi*. Poni inoltre a confronto le due opere dal punto di vista delle tecniche narrative e delle scelte formali.

11 Commentando il proprio romanzo a distanza di molti anni, Moravia ammise che «la punteggiatura del libro lascia molto a desiderare. Ciò dipende dal fatto che mentre lo scrivevo non usavo alcuna punteggiatura, limitandomi a separare l'un periodo dall'altro con una lineetta o uno spazio bianco. E questo perché sebbene scrivessi in prosa, ogni frase mi veniva fuori con la proprietà ritmica e solitaria di un verso». Si tratta di una dichiarazione importante, che rivela come la mancanza di stile del romanzo sia solo apparente. Da quali elementi di questo brano percepisci l'emergere di una ricercatezza non solo contenutistica ma anche formale e stilistica?

12 Osserva i dipinti proposti: quale dei due sceglieresti per illustrare la copertina del romanzo di Moravia? Illustra in un breve testo i motivi della tua scelta.

Amedeo Modigliani, *Ritratto di uomo con cappello*, 1915.

Giorgio de Chirico, *Melancolia*, 1916.

Guida alla verifica orale

Verifica
le tue
conoscenze

DOMANDA N. 1 Come si caratterizza l'opera di Tozzi e qual è la sua importanza stilistica?

LA RISPOSTA IN SINTESI

I romanzi di Tozzi risentono dell'influenza del Naturalismo e del Verismo, ma l'intento del narratore non è più la rappresentazione dell'ambiente sociale, bensì la raffigurazione delle inquietudini interiori di personaggi «inetti», secondo una sensibilità tipicamente novecentesca. A livello stilistico, questa visione deformata e grottesca si traduce in un linguaggio espressionista, in cui si intrecciano espressioni dialettali e forme elevate e letterarie.

LA RISPOSTA NEI TESTI

T1 Nel romanzo *Con gli occhi chiusi* Tozzi narra con stile espressionista le vicissitudini di Pietro, un giovane inetto e debole, frustrato nelle sue aspirazioni artistiche e deluso dall'amore.

DOMANDA N. 2 Perché *Gli indifferenti* di Moravia è una delle opere più significative del panorama letterario del Novecento?

LA RISPOSTA IN SINTESI

Al centro del primo romanzo di Moravia, pubblicato nel 1929, troviamo una figura di intellettuale inetto circondato da ulteriori personaggi «indifferenti» alla vita, che sembrano portare alle estreme conseguenze quell'incapacità di vivere tipica dei protagonisti delle opere di Svevo e Tozzi. *Gli indifferenti* ha avuto il grande merito di rompere «un'atmosfera di conformismo letterario denunciando in termini assai espliciti il disfacimento morale di una categoria sociale e psicologica che nelle eleganze esteriori trovava anche il suo alibi» (S. Antonielli).

LA RISPOSTA NEI TESTI

T2 Carla vive il brutale corteggiamento dell'amante della madre, Leo, con estrema indifferenza, come se il suo futuro fosse già stabilito e nulla potesse cambiare il suo destino.

DOMANDA N. 3 Come si connota il genere fantastico nella narrativa italiana tra le due guerre?

LA RISPOSTA IN SINTESI

Il genere fantastico conosce una nuova fioritura nel Novecento. Negli anni tra le due guerre, anche in Italia diversi autori, da Bontempelli a Savinio, da Buzzati a Landolfi, si cimentano in questo tipo di narrazione, in cui in una situazione apparentemente realistica e "normale" irrompono elementi surreali e contrari alle leggi naturali che, con effetto straniante, sorprendono e turbano il lettore.

LA RISPOSTA NEI TESTI

T3 Il protagonista del racconto di Landolfi è un licantropo, ma la vicenda assume tratti surreali che rovesciano la tradizionale rappresentazione di questa figura.

T4 *Il deserto dei Tartari* di Buzzati si svolge in uno spazio e in un tempo sospesi, in una realtà incomprensibile e assurda. Il giovane tenente Giovanni Drogo, pieno di sogni e di ambizioni, attenderà invano per trent'anni, presso un avamposto di confine che spazia su un infinito e minaccioso deserto, la supposta invasione dei Tartari.

La narrativa straniera tra le due guerre

La narrativa straniera tra le due guerre

Il romanzo e la «tradizione» novecentesca

Il trionfo del romanzo Tra gli anni Venti e gli anni Cinquanta del Novecento, in conseguenza dell'ampliamento del pubblico e dell'affermarsi della società di massa, **il romanzo diviene il genere di maggior successo**, sia in Europa sia negli Stati Uniti. Lo sviluppo dell'industria editoriale determina però una **frattura tra il romanzo di consumo**, spesso legato a generi "paraletterari" come il "giallo", il "rosa" o l'avventura e rivolto al grande pubblico, **e quello di livello più elevato**, che si rivolge a un pubblico più ristretto. Questa distinzione tende comunque a divenire più sfumata nel secondo dopoguerra, quando il romanzo diventa il genere dominante nella produzione letteraria internazionale.

Forme e innovazioni Sul piano delle tecniche narrative, dopo la grande stagione del primo Novecento (con le opere di Proust, Joyce, Kafka e Svevo), nel corso degli anni Trenta si assiste a una generale **tendenza alla "normalizzazione"**. L'esaurirsi della spinta propulsiva delle avanguardie storiche favorisce l'abbandono delle soluzioni più rivoluzionarie, mentre vengono recuperati aspetti tipici del romanzo ottocentesco, come la **centralità della trama** e degli eventi, il gusto della **narrazione in terza persona** e un **impianto sostanzialmente realistico**.
Le sperimentazioni primo-novecentesche lasciano tuttavia una traccia visibile e contribuiscono al formarsi della "tradizione" novecentesca, caratterizzata appunto dal vario combinarsi di **elementi tradizionali e di innovazioni** tematiche e formali.

Varietà di direzioni e intenti Negli anni tra le due guerre mondiali il romanzo si presta più di altri generi a esprimere un atteggiamento problematico di fronte alla **drammaticità degli eventi storici** contemporanei e a **indagare le contraddizioni** dell'epoca moderna. In tempi segnati dalla crisi economica e dall'affermarsi dei totalitarismi, la narrativa riflette sia le grandi questioni irrisolte della società, sia le **inquietudini più profonde dell'uomo moderno**, preda del disorientamento causato dal venir meno dei valori tradizionali.
In particolare, mentre in Francia si sviluppa il **romanzo di matrice esistenzialista**, con le opere di Sartre e Camus, la letteratura inglese, con Orwell e Huxley, si svolge all'insegna della **critica dei totalitarismi**. Particolarmente fiorente è il panorama della **narrativa statunitense**, che con la produzione di Steinbeck, Faulkner, Hemingway si volge a moduli narrativi realistici, destinati a influenzare anche il Neorealismo italiano.

Albert Camus negli anni Cinquanta.

Il romanzo in Francia

Le correnti e gli autori La narrativa francese degli anni tra le due guerre è ricca di tendenze tra loro diverse, come pure di singoli autori quali Céline, che per la loro originalità restano sostanzialmente isolati nel panorama letterario dell'epoca.

Negli anni del primo dopoguerra è viva in Francia la lezione del **Surrealismo**, che trova la sua formulazione teorica nel 1924 con il *Primo manifesto del Surrealismo* di André Breton. Alla corrente surrealista, che sottolinea l'**importanza della fantasia e dell'inconscio** e teorizza una letteratura intesa come libero **gioco linguistico**, si ricollegano i romanzi di Georges Bataille e le prime opere di Raymond Queneau, che in seguito aderirà al gruppo sperimentale dell'*Oulipo*. Altri autori, come Jean-Paul Sartre e Albert Camus, traggono spunto dall'**Esistenzialismo**, una corrente filosofica che pone al centro della sua riflessione il problema dell'assenza di significato dell'esistenza individuale, che si redime solo parzialmente attraverso l'impegno etico e civile.

Sartre: dalla «nausea» all'impegno Il parigino **Jean-Paul Sartre** (1905-1980), fondatore dell'Esistenzialismo filosofico, è autore di romanzi in cui traspone in forma letteraria la propria visione dell'uomo e della realtà. Il carattere stesso dell'Esistenzialismo che, in antitesi rispetto ai grandi sistemi di matrice idealistica, concentra la sua attenzione sulla **concretezza dell'esistenza** e sui problemi del singolo individuo, spiega la scelta di esprimere questi concetti in testi narrativi di **forte impronta soggettiva**, in cui il protagonista e narratore registra le proprie esperienze e il risultato delle proprie riflessioni in modo personale, dall'interno di un **cammino di maturazione progressivo e graduale**. Il romanzo più noto di Sartre, *La nausea* (1938), è appunto strutturato nella forma di un diario, che si immagina tenuto dal protagonista e io-narrante Antoine Roquentin, uno studioso di storia che si è ritirato in campagna per portare a termine un suo saggio. Giorno dopo giorno, la sua vita è però turbata da un crescente senso di nausea e di angoscia, che deriva dalla **percezione acuta dell'esistenza** degli oggetti e degli individui e della loro **insensatezza**. Solo attraverso la scrittura egli riuscirà a oggettivare la propria esperienza, approdando infine all'idea che soltanto un **impegno attivo nella realtà** può dare un significato all'esistenza.

A questa conclusione giunge del resto lo stesso Sartre che, dopo la Seconda guerra mondiale, si dedica alla stesura di saggi, *pamphlet* e romanzi e fonda la rivista «Les temps modernes», dalle cui pagine teorizza la necessità del **coinvolgimento attivo dell'intellettuale** nella realtà del proprio tempo. Egli stesso si impegna in politica, prendendo posizione sui grandi temi della guerra d'Algeria, della fine dello stalinismo e della crisi della sinistra, sempre affiancato dalla compagna e scrittrice **Simone de Beauvoir**. Insignito del premio Nobel nel 1964, Sartre si rifiuta di ritirarlo, destando una forte polemica tra gli intellettuali francesi.

Camus L'itinerario filosofico e letterario di Sartre presenta molte analogie con l'evoluzione del pensiero e dell'opera di **Albert Camus** (1913-1960), anch'egli **filosofo esistenzialista** e romanziere di spicco, insignito nel 1957 del premio Nobel per la letteratura. Nato a Mondovi, in Algeria, Camus si trasferisce nel 1940 a Parigi dove due anni dopo pubblica il suo primo romanzo, *Lo straniero*, che esprime i temi fondamentali dell'Esistenzialismo. Il protagonista, «straniero» alla vita e a se stesso, uccide senza apparente motivo un uomo e, processato, si lascia condannare a morte senza opporre alcuna resistenza, intimamente persuaso dell'**intrinseca assurdità dell'esistenza**, a cui nulla può dare un senso e in cui anche le scelte etiche appaiono ininfluenti. Dopo aver partecipato alla Seconda guerra mondiale combattendo contro i nazifascisti, Camus matura però un diverso atteggiamento, che lo induce a rivalutare l'**importanza dell'impegno e della solidarietà**. Questa nuova visione trova espressione nel romanzo *La peste* (1947), che narra le diverse reazioni degli abitanti di Orano, una cittadina dell'Algeria, di fronte allo scatenarsi di una grave epidemia di peste. Mentre alcuni si danno alla fuga e altri si affidano alla fede, il dottor Rieux, protagonista del romanzo, si impegna con tutte le sue forze per arginare il male, aiutato da altri compagni tra cui il giovane Rambert. La pestilenza viene infine sconfitta ma nel finale Rieux, che ha perso la moglie, ammonisce che la felicità umana è sempre minacciata dal riemergere del «bacillo della peste», che «non muore né scompare mai» e contro cui occorre stare in guardia. Il romanzo ha un chiaro **valore allegorico**: il morbo che affligge Orano è simbolo della barbarie del **totalitarismo nazifascista** e, in senso più profondo, del Male e degli istinti distruttivi che sempre minacciano la società. Contro l'egoismo dei singoli e il dolore della vita, mai del tutto sconfitti, l'impegno attivo e l'amore per il prossimo costituiscono però un valido baluardo.

Céline, uno scrittore isolato e scomodo Tra i grandi scrittori francesi spicca la figura di **Louis-Ferdinand Céline** (1894-1961), che nei suoi romanzi di matrice autobiografica esprime una **visione cupa e pessimistica** della società moderna. Un du-

Il «programma» di Jean-Paul Sartre

Presentando il programma di «*Les temps modernes*» (ottobre 1945), Sartre fa appello ai principi ispiratori di tutta la sua esperienza umana e intellettuale: la rivista si pone così come una sintesi della sua concezione dell'«impegno».

La nostra rivista si consacrerà appunto a difendere l'autonomia e i diritti della persona umana. Noi la consideriamo anzitutto uno strumento di ricerche: le idee che abbiamo esposto ci serviranno come tema conduttore nello studio dei problemi concreti d'attualità. Iniziamo tutti insieme lo studio di questi problemi con un'impostazione comune; ma non abbiamo un programma politico o sociale; ogni articolo impegnerà solo il suo autore. Ci auguriamo soltanto di delineare, alla lunga, uno schema generale. Nello stesso tempo faremo ricorso a tutti i generi letterari per familiarizzare il lettore con le nostre concezioni: una poesia, un romanzo di fantasia, ove se ne ispirino, potranno, più di uno scritto teorico, creare il clima favorevole al loro sviluppo. Ma questo contenuto ideologico e queste intenzioni nuove rischiano di reagire sulla forma stessa e sui procedimenti della produzione narrativa: i nostri saggi critici tenderanno a definire a grandi linee le tecniche narrative – nuove o antiche – che meglio si adattano ai nostri disegni. […]

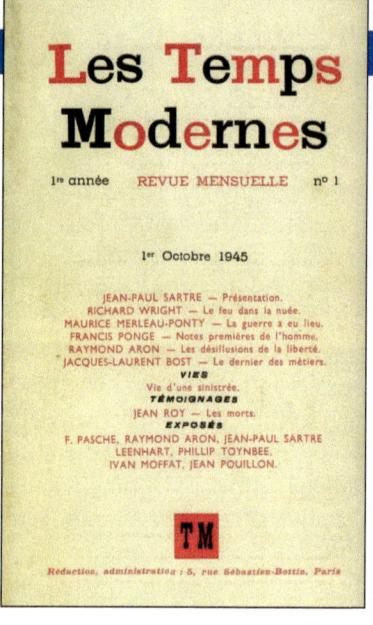

Il primo numero della Rivista «Les Temps Modernes», 1945.

Infine daremo grande spazio, nelle nostre cronache, agli studi psichiatrici che siano scritti secondo le prospettive che ci interessano. I nostri progetti, come si vede, sono ambiziosi: non li condurremo in porto da soli. Siamo, in partenza, un gruppetto; se entro un anno questo gruppo non si sarà di molto allargato, avremo mancato al nostro scopo. Facciamo appello a tutte le buone volontà; tutti i manoscritti saranno accettati, da qualsiasi parte provengano, purché si ispirino ad argomenti legati a quelli che ci stanno a cuore e presentino, inoltre, un valore letterario. Ricordo, infatti, che nella «letteratura impegnata» l'*impegno* non deve, in alcun caso, far dimenticare la letteratura, e che il nostro intento, dev'essere tanto di servire la letteratura infondendole un sangue nuovo, quanto di servire la collettività cercando di darle la letteratura che le si addice.

J.-P. Sartre, *Presentazione di «Les temps modernes»*, in *Che cos'è la letteratura?*, Milano, Il Saggiatore, 1960

ro **atto d'accusa** verso gli orrori del colonialismo ma anche verso l'opulenta società occidentale è espresso, con amaro sarcasmo, nel suo romanzo più famoso, ***Viaggio al termine della notte*** (1932), in cui la ferita del protagonista assurge a simbolo della **ferita di un'intera generazione**, ormai disillusa e stremata dalle conseguenze della Prima guerra mondiale.
Morte a credito (1936) racconta in chiave autobiografica l'infanzia trascorsa a Parigi e segna l'approdo a un feroce **nichilismo**. Il piccolo protagonista è costretto a fare i conti con la dura realtà della vita, in un mondo popolato da miseria e sopraffazione, in cui la morte è l'unico "credito" che siamo sicuri di riscuotere. A livello stilistico, Céline passa con grande disinvoltura da registri tragici a momenti comici e dissacranti, utilizzando una lingua personalissima, detta *argot* e paragonabile a un vero e proprio *slang*. Nella sua vita Céline fece **scelte controcorrente**, come fare il medico in Africa e nelle periferie parigine (come il protagonista del suo romanzo più famoso),

ma ciò che ne segnò in modo irrimediabile la carriera letteraria fu la sua **adesione al nazismo**. Sostenitore del regime di Vichy e autore di *pamphlet* antiebraici, dopo la liberazione della Francia fuggì attraverso la Germania (questo viaggio avventuroso è raccontato nella cosiddetta "Trilogia del Nord", tre romanzi apparsi tra il 1957 e il 1961) rifugiandosi in Danimarca. Poté tornare in patria solo nel 1951, in seguito a un'amnistia, ma visse isolato e circondato dal disprezzo della cultura francese.

◯ Sosta di verifica

1. Quali romanzieri francesi sono legati alla filosofia esistenzialista?
2. Qual è l'argomento de *La nausea* di Sartre?
3. Di che cosa è simbolo la peste dell'omonimo romanzo di Camus?
4. Quale avvenimento biografico segnò la carriera letteraria di Céline?

Jean-Paul Sartre
La scoperta dell'assurdo

La nausea

Il brano, uno dei più significativi del romanzo, si colloca al culmine della crisi del protagonista Antoine Roquentin che, ritiratosi in una cittadina di provincia per dedicarsi ai suoi studi, è preda di un crescente e inspiegabile disagio esistenziale, che egli registra giorno dopo giorno nelle pagine del suo diario.

Roquentin si trova al giardino pubblico e improvvisamente «vede», come non aveva mai visto prima, una radice di castagno: per la prima volta si accorge che quella radice, tutti gli altri oggetti che lo circondano, e perfino lui stesso, sono «esistenti» ma anche del tutto privi di senso.

Le sei di sera.

Non posso dire di sentirmi sollevato né contento, è una cosa che m'accascia. Soltanto, il mio scopo è raggiunto: so quello che volevo sapere, tutto quello che m'è accaduto dal mese di gennaio l'ho capito ora. La Nausea non m'ha lasciato e non

5 credo che mi lascerà tanto presto; ma non la subisco più, non è più una malattia né un accesso passeggero: sono io stesso.

Dunque, poco fa ero al giardino pubblico. La radice del castagno s'affondava nella terra; proprio sotto la mia panchina. Non mi ricordavo più che era una radice. Le parole erano scomparse, e con esse, il significato delle cose, i modi del lo-

10 ro uso, i tenui segni di riconoscimento che gli uomini hanno tracciato sulla loro superficie. Ero seduto, un po' chino, a testa bassa, solo, di fronte a quella massa nera e nodosa, del tutto bruta, che mi faceva paura. E poi ho avuto questo lampo d'illuminazione.

Ne ho avuto il fiato mozzo. Mai, prima di questi ultimi giorni, avevo presentito

15 ciò che vuol dire «esistere». Ero come gli altri, come quelli che passeggiano in riva al mare nei loro abiti primaverili. Dicevo come loro «il mare è verde; quel punto bianco, lassù, è un gabbiano» ma non sentivo che ciò esisteva, che il gabbiano era un «gabbiano esistente»; di solito l'esistenza si nasconde. È lì, attorno a noi, è *noi*, non si può dire due parole senza parlare di essa e, infine, non la si tocca.

20 Quando credevo di pensare ad essa, evidentemente non pensavo nulla, avevo la testa vuota, o soltanto una parola, in testa, la parola «essere». Oppure pensavo... come dire? Pensavo all'*appartenenza*, mi dicevo che il mare apparteneva alla classe degli oggetti verdi o che il verde faceva parte delle qualità del mare. Anche quando guardavo le cose, ero a cento miglia dal pensare che esistevano: m'apparivano

25 come un ornamento. Le prendevo in mano, mi servivano come utensili, prevedevo la loro resistenza ma tutto ciò accadeva alla superficie. Se mi avessero domandato che cosa era l'esistenza, avrei risposto in buona fede che non era niente, semplicemente una forma vuota che veniva ad aggiungersi alle cose dal di fuori, senza nulla cambiare alla loro natura. E poi, ecco: d'un tratto, era lì, chiaro come

30 il giorno: l'esistenza s'era improvvisamente svelata. Aveva perduto il suo aspetto inoffensivo di categoria astratta, era la materia stessa delle cose, quella radice era impastata nell'esistenza. O piuttosto, la radice, le cancellate del giardino, la panchina, la rada erbetta del prato, tutto era scomparso; la diversità delle cose e la loro individualità non erano che apparenza, una vernice. Questa vernice s'era

35 dissolta, restavano delle masse mostruose e molli in disordine – nude, d'una spaventosa e oscena nudità. [...]

Eravamo un mucchio di esistenti impacciati, imbarazzati da noi stessi, non ave-

È il momento centrale dell'epifania, l'illuminazione che rivela al protagonista il segreto dell'esistenza e la sua assurdità.

Nella vita quotidiana, l'uomo non si interroga sull'esistenza degli elementi della realtà, ma si limita a utilizzarli per i propri scopi materiali.

vamo la minima ragione d'esser lì, né gli uni né gli altri, ciascun esistente, confuso, vagamente inquieto, si sentiva di troppo in rapporto agli altri. *Di troppo*: era il
40 solo rapporto ch'io potessi stabilire tra quegli alberi, quelle cancellate, quei ciottoli. Invano cercavo di *contare* i castagni, di *situarli* in rapporto alla Velleda[1], di
confrontare la loro altezza con quella dei platani: ciascuno di essi sfuggiva dalle relazioni nelle quali io cercavo di rinchiuderli, s'isolava, traboccava. Di queste
relazioni (che m'ostinavo a mantenere per ritardare il crollo del mondo umano,
45 il mondo delle misure, delle quantità, delle direzioni) sentivo l'arbitrarietà; non
avevano più mordente sulle cose. *Di troppo,* il castagno, lì davanti a me, un po' a
sinistra. *Di troppo* la Velleda…

Ed io – fiacco, illanguidito, osceno, digerente, pieno di cupi pensieri – *anch'io ero
di troppo.* […]
50 La parola Assurdità nasce ora sotto la mia penna; poco fa, al giardino, non l'avevo trovata, ma nemmeno la cercavo, non ne avevo bisogno: pensavo senza parole, sulle cose, con le cose. L'assurdità non era un'idea nella mia testa, né un soffio
di voce, ma quel lungo serpente morto che avevo ai piedi, quel serpente di legno.
Serpente o radice o artiglio d'avvoltoio, poco importa. E senza nulla formulare
55 nettamente capivo che avevo trovato la chiave dell'Esistenza, la chiave delle mie
Nausee, della mia vita stessa. Difatti, tutto ciò che ho potuto afferrare in seguito
si riporta a questa assurdità fondamentale. Assurdità: ancora una parola; mi di-

batto contro le parole; laggiù nel giardino, la toccavo, la cosa. Ma qui vorrei fissare il carattere assoluto di quest'assurdità. Un gesto, un avvenimento nel picco-
60 lo mondo colorito degli uomini non è mai assurdo che relativamente: in rapporto alle circostanze che l'accompagnano. I discorsi d'un pazzo, per esempio, sono assurdi in rapporto alla situazione in cui si trova, ma non in rapporto al suo
delirio. Ma io, poco fa, ho fatto l'esperienza dell'assoluto: l'assoluto o l'assurdo.
Quella radice: non v'era nulla in rapporto a cui essa non fosse assurda. Oh! Come
65 potrò spiegare questo con parole? Assurda: in rapporto ai sassi, ai cespugli d'erba
gialla, al fango secco, all'albero, al cielo, alle panche verdi. Assurda, irriducibile;
niente – nemmeno un delirio profondo e segreto della natura – poteva spiegarla. Naturalmente, io non sapevo tutto, non avevo visto il germe svilupparsi e l'albero crescere. Ma davanti a quella grossa zampa rugosa, né l'ignoranza né il sa-
70 pere avevano importanza: il mondo delle spiegazioni e delle ragioni non è quello dell'esistenza. Un cerchio non è assurdo, si spiega benissimo con la rotazione
d'un segmento attorno ad una delle sue estremità. Ma pure il cerchio non esiste.
Quella radice, al contrario, esisteva, e in modo che io non potevo spiegarla. Nodosa, inerte, senza nome, essa mi affascinava, mi riempiva gli occhi, mi riporta-
75 va continuamente alla sua propria esistenza. Avevo un bel ripetermi: «È una radice» – non attaccava più. Capivo bene che non si poteva passare dalla sua funzione di radice, di pompa aspirante, a questo, a questa pelle dura e compatta di
foca, a quell'aspetto oleoso, calloso, caparbio. La funzione non spiegava niente:
permetteva di comprendere all'ingrosso che cosa era una radice, ma per nulla af-
80 fatto la radice stessa. Questa radice qui, col suo colore, la sua forma, il suo movimento congelato, era… al di sotto di qualsiasi spiegazione.

J.-P. Sartre, *La nausea*, traduzione di B. Fonzi, Torino, Einaudi, 1947

---

1. Velleda: la statua di Velleda, sacerdotessa germanica, che si trova nei giardini del Lussemburgo a Parigi.

Analisi guidata

L'epifania dell'esistere

Nella prima parte del brano, di fronte a un'innocua radice di castagno, il protagonista del romanzo sperimenta una «epifania», ossia una sorta di apparizione in cui l'intima essenza della pianta gli si svela inaspettatamente nella sua esistenza, in una «spaventosa e oscena nudità». L'«illuminazione» che coglie Roquentin è però di segno negativo, in quanto si accompagna alla percezione quasi fisica (la «Nausea», appunto) dell'assurdità di ogni oggetto e realtà, che si rivelano superflui, isolati e privi di senso. Questa scoperta segna il culmine della crisi del personaggio, ma anche l'inizio di una superiore e paradossale consapevolezza («La Nausea non m'ha lasciato [...] ma non la subisco più»). Solo nel finale del romanzo Roquentin individuerà nella scelta dell'impegno l'unica via per dare un senso alla propria vita.

Competenze di comprensione e analisi

- In quale punto del testo avviene la scoperta dell'assurdo dell'esistenza e da che cosa è causata?

- L'epifania, ossia l'improvvisa scoperta del senso profondo della realtà, è presente anche in molti romanzi del primo Novecento, per esempio di Joyce o di Proust. Quale profonda differenza esiste però tra i due tipi di esperienza?

- Quali sensazioni fisiche provoca nel protagonista la vista della radice di castagno e per quale motivo?

L'insufficienza delle categorie umane

La scoperta dell'esistenza e della sua assenza di significato si accompagna alla constatazione della totale inadeguatezza degli strumenti consueti di interpretazione della realtà.

La percezione della pura materialità dell'esistere cancella la possibilità di inquadrare gli oggetti entro schemi culturali o razionali precostituiti e di definirli in rapporto alla loro funzione o al linguaggio. Per quanto il protagonista si sforzi di ricondurre la sua esperienza a un ordine razionale, cercando di «contare» i castagni e di porli in relazione tra loro, deve constatare «il crollo del mondo umano» e delle sue categorie interpretative, che cedono di fronte all'assurdo della realtà. Sartre si fa quindi lucido interprete della vertigine e del senso di vuoto tipici dell'uomo novecentesco, ormai privo di punti di riferimento saldi.

Competenze di comprensione e analisi

- «Le parole erano scomparse, e con esse, il significato delle cose» (r. 9): spiega quale significato assume questa affermazione nel contesto del brano.

- Quali tentativi mette in atto Roquentin per evitare di essere sopraffatto dalla «nausea» e per ricondurre la sua esperienza alle consuete categorie di interpretazione della realtà? Riesce nel suo intento?

- Che cosa intende Sartre affermando che tutte le cose appaiono al protagonista superflue, «di troppo»?

Le scelte stilistiche

Il brano costituisce un esempio della particolare struttura narrativa del romanzo, in cui le **riflessioni del protagonista**, registrate in forma diaristica, prendono decisamente il sopravvento sullo sviluppo narrativo e sulla trama degli eventi. In una sorta di lungo **monologo interiore** il protagonista, a partire dalla descrizione minuta degli oggetti e delle proprie sensazioni, passa alla riflessione, soffermandosi ad **analizzare la propria esperienza in modo quasi ossessivo** e traendone una serie di considerazioni sull'insensatezza e l'assurdità dell'esistere. Nello stile, relativamente semplice e colloquiale, prevale un **tono raziocinante ma sempre soggettivo**, sospeso tra l'autoanalisi e la riflessione filosofica.

◯ Competenze di comprensione e analisi

- Analizza le sequenze descrittive presenti nel brano. In che senso si può dire che il protagonista osserva la realtà in modo del tutto nuovo?

- Quali sensazioni trasmette al lettore la descrizione accurata della radice di castagno?

- In quali parti del testo prevale un andamento argomentativo e analitico?

- Nel complesso, questo brano ti sembra più vicino alle forme del romanzo o a quelle del saggio filosofico? Motiva la tua risposta in un testo argomentativo di massimo una pagina.

Approfondimento

Sartre visto da Simone de Beauvoir

Simone de Beauvoir (1908-1986) è stata a lungo compagna di Sartre. Nel romanzo *Memorie di una ragazza perbene* (1958), primo capitolo della sua autobiografia, Simone ha vent'anni e studia alla Sorbona di Parigi, quando comincia a frequentare assiduamente il giovane e brillante Sartre.

«Da questo momento, vi prendo in mano io», mi disse Sartre quando mi ebbe annunciato ch'ero stata ammessa agli orali. Aveva il gusto delle amicizie femminili. La prima volta che l'avevo visto, alla Sorbona, portava il cappello e stava parlando animatamente con una stanga di normalista che m'era parsa molto brutta; se ne era disgustato ben presto, e si era legato con un'altra, più carina, ma che combinava pasticci, e con la quale aveva ben presto litigato. Quando Herbaud gli aveva parlato di me, aveva subito voluto fare la mia conoscenza, e adesso era ben lieto di potermi accaparrare; quanto a me, adesso mi pareva che tutto il tempo che non passavo con lui era tempo perduto. Nei quindici giorni che durarono gli orali non ci lasciammo che per dormire. Andavamo alla Sorbona a dare gli esami e ad assistere a quelli dei nostri compagni. Andavamo in giro coi Nizan. Andavamo a bere al Balzar con Aron, che stava facendo il servizio militare nel Corpo Meteorologisti, o con Politzer, che adesso era iscritto al partito comunista. Ma più spesso ce ne andavamo in giro da soli. Sui *quais* della Senna, Sartre mi comprava dei «Pardaillan» e dei «Fantomas», ch'egli preferiva di gran lunga alla *Corrispondenza* di Rivière e Fournier; la sera mi portava a vedere dei film di cow-boys, per i quali m'era nata una passione di neofita, poiché ero versata soprattutto nel cinema astratto o in quello d'arte. Parlavamo per ore, nelle terrazze dei caffè, o bevendo cocktails al Falstaff. [...] Parlavamo di una quantità di cose, ma in particolare d'un argomento che m'interessava sopra tutti: me stessa. Gli altri, pretendevano di spiegarmi, mi annettevano al loro mondo, e m'irritavano; Sartre, al contrario, cercava di situarmi nel mio proprio sistema, mi comprendeva alla luce dei miei valori, dei miei progetti. Mi ascoltò senza entusiasmo quando gli raccontai la mia storia con Jacques[1]; per una donna allevata com'ero stata allevata io, forse era difficile evitare il matrimonio: ma lui non ne pensava gran che di buono. In ogni caso, io dovevo salvaguardare ciò che v'era di più stimabile in me: il mio amore della libertà, della vita, la mia curiosità, la mia volontà di scrivere. Non soltanto m'incoraggiava in quest'impresa ma si proponeva di aiutarmi. Di due anni più grande di me – due anni che aveva saputo mettere a profitto – partito meglio e molto più presto di me, la sapeva più lunga su tutto; ma la vera superiorità che si riconosceva, e che mi saltava agli occhi, era la passione tranquilla e forsennata che lo gettava verso i suoi futuri libri. In passato, avevo disprezzato i bambini che mettevano meno ardore di me nel giocare al croquet o nello studio: ecco che avevo incontrato qualcuno al quale le mie frenesie sembravano timide. E in verità, se mi paragonavo a lui, com'erano tiepide le mie febbri! Mi ero creduta eccezionale perché non concepivo di vivere senza scrivere: lui non viveva che per scrivere.

Certo non si proponeva di condurre un'esistenza d'uomo di studio; detestava le routines e le gerarchie, le carriere, i focolari, i diritti e i doveri, tutto il serio della vita. Non si adattava all'idea di fare un mestiere, di avere dei colleghi, dei superiori, delle regole da osservare e da imporre; non sarebbe mai divenuto un padre di famiglia, e nemmeno un uomo sposato. Col romanticismo dell'epoca e dei suoi ventitré anni, sognava di fare grandi viaggi: a Costantinopoli avrebbe fraternizzato coi facchini del porto; si sarebbe ubriacato nei bassifondi coi magnaccia; avrebbe fatto il giro del mondo; i paria dell'India, i *popi*[2] del Monte Athos, i pescatori di Terranova, nessuno avrebbe avuto segreti per lui. Non avrebbe messo radici in nessun posto, non si sarebbe gravato di alcun possesso: non per conservarsi oziosamente disponibile ma per sperimentare tutto. Tutte le sue esperienze sarebbero andate a profitto della sua opera, e avrebbe scartato categoricamente tutte quelle che avrebbero potuto diminuirla. A questo proposito discutemmo molto. Io ammiravo, almeno in teoria, le grandi sregolatezze, le vite pericolose, gli uomini perduti, gli eccessi dell'alcool, della droga, della passione. Sartre sosteneva che, quando si ha qualcosa da dire, ogni spreco è criminale. L'opera d'arte, l'opera letteraria, era per lui un fine assoluto; essa portava in sé la sua ragion d'essere, quella del suo creatore, e forse anche – questo non lo diceva, ma sospettavo lo pensasse fermamente – quella dell'intero universo. […] Parlandone con lui, intravvidi la ricchezza di quella ch'egli chiamava la sua «teoria della contingenza», e in cui si trovavano già in germe le sue idee sull'essere, sull'esistenza, sulla necessità, sulla libertà. Mi fu evidente che un giorno egli avrebbe scritto un'opera filosofica d'importanza. Certo, non si facilitava l'impresa, ché non aveva alcuna intenzione di comporre un trattato teorico secondo le regole tradizionali. Gli piacevano allo stesso modo Stendhal e Spinoza, e si rifiutava di separare la filosofia dalla letteratura. Per lui la Contingenza non era una nozione astratta ma una dimensione reale del mondo: bisognava utilizzare tutte le risorse dell'arte per rendere sensibile al cuore questa segreta «debolezza» ch'egli scorgeva nell'uomo e nelle cose. Il tentativo a quell'epoca era assai insolito; impossibile ispirarsi ad alcuna moda, ad alcun modello. […] Nessun successo sarebbe stato sufficiente a giustificare la sua sconfinata fiducia nell'avvenire. Sapeva ciò che intendeva fare, e aveva la vita davanti a sé: avrebbe pur finito per riuscirvi. Mai ne dubitai, neanche per un momento: la sua salute, il suo buonumore, avrebbero superato ogni ostacolo. Manifestamente, la sua certezza copriva una risoluzione così radicale che un giorno o l'altro, in un modo o in un altro, avrebbe portato i suoi frutti.
Era la prima volta nella mia vita che mi sentivo dominata da qualcuno.

S. de Beauvoir, Memorie di una ragazza perbene, traduzione di B. Fonzi, Torino, Einaudi, 1994

1. la mia storia con Jacques: è un cugino che è stato il primo amore di Simone.
2. popi: monaci eremiti.

Simone de Beauvoir fotografata da Gisèle Freund nel 1952.

Albert Camus
La scelta dell'impegno

La peste

Dopo che nella città di Orano è scoppiata la peste, il medico Bernard Rieux, con l'aiuto di Jean Tarrou, si adopera instancabilmente per lottare contro il male, a rischio della propria vita. Il giornalista Raymond Rambert, invece, pensa soltanto a come tornare in Francia per riunirsi alla moglie. Ma gli eventi fanno maturare in lui una diversa posizione.

Il brano proposto descrive la «conversione» di Rambert. Il giovane, che in precedenza aveva polemizzato con il dottor Rieux sostenendo che è dovere dell'uomo perseguire in ogni modo la propria felicità, decide ora di rinunciare a fuggire dalla città, per unirsi al medico e agli altri volontari nella lotta contro la malattia.

Il giorno dopo, sotto un cielo greve, il caldo era umido e soffocante. Le notizie della peste erano cattive. La vecchia spagnola conservava tuttavia la sua serenità. «Il peccato è nel mondo», diceva, «e allora, per forza!»

Come Marcel e Louis[1], Rambert era a torso nudo: il sudore gli colava tra le spalle e sul petto. Nella semipenombra della casa con le persiane chiuse, i loro corpi erano bruni e lucenti. Rambert si aggirava senza parlare. All'improvviso, alle quattro del pomeriggio, si vestì e annunciò che usciva.

«Attento», disse Marcel, «è per mezzanotte. Tutto è a posto».

Rambert si recò dal dottore. La madre di Rieux disse a Rambert che lo avrebbe trovato all'ospedale della città alta. Davanti al posto di guardia, la stessa folla girava sempre su se stessa. «Circolare!» diceva un sergente dagli occhi globulosi[2]. Gli altri circolavano, ma in tondo. «Non c'è niente da aspettare», diceva il sergente, mentre il sudore gli macchiava la giubba. Gli altri erano della stessa idea, ma restavano lo stesso, nonostante il caldo mortale. Rambert mostrò il suo lasciapassare al sergente, che gli indicò l'ufficio di Tarrou.

In una sudicia stanzetta bianca, che sapeva di farmacia e di lenzuola umide, Tarrou, seduto dietro una scrivania nera, di legno, con le maniche della camicia rimboccate, si tamponava con un fazzoletto il sudore che gli colava nel cavo del braccio. «Ancora qui?» disse.

«Sì, vorrei parlare a Rieux».

«È in sala[3]. Ma se ci si può intendere senza di lui, è meglio».

«Perché?»

«È molto affaticato; gli evito tutto quello che posso».

Rambert guardava Tarrou. Questi era dimagrito. La stanchezza gli annebbiava gli occhi e i lineamenti; le forti spalle erano come raccolte, arrotondate. Bussarono alla porta ed entrò un infermiere con una maschera bianca. Depose sulla scrivania di Tarrou un pacchetto di schede, e con voce soffocata dalla garza disse soltanto: «Sei», poi uscì. Tarrou guardò il giornalista e gli mostrò le schede, aprendole a ventaglio.

«Che belle schede, vero? Ebbene, no, sono dei morti: i morti della notte». La fronte gli si era scavata; ripiegò il pacchetto di schede.

«La sola cosa che ci resta è la contabilità».

Nel clima di desolazione e sconforto portato dalla peste sembra che la morte sia l'unica cosa che attende gli abitanti della città.

---

1. Marcel e Louis: i due amici con i quali Rambert ha progettato di fuggire dalla città appestata.
2. globulosi: *rotondi e sporgenti.*
3. in sala: *in sala operatoria.*

Tarrou si alzò appoggiandosi al tavolo.

«Partirà presto?»

35 «Stasera, a mezzanotte».

Tarrou disse che ne aveva piacere e che Rambert doveva stare attento.

«Lei lo dice sinceramente?»

Tarrou alzò le spalle:

«Alla mia età, si è sinceri per forza. Si fa fatica a mentire».

40 «Tarrou», disse il giornalista, «vorrei vedere il dottore: mi scusi».

«Lo so. Lui è più umano di me: andiamo».

«Non è questo», disse Rambert con difficoltà, e si fermò.

Tarrou lo guardò e all'improvviso gli sorrise.

Seguirono un piccolo corridoio, le cui pareti erano dipinte di verde chiaro e do-

45 ve ondeggiava una luce d'acquario.

Prima di arrivare a una doppia portiera a vetri, dietro la quale si vedeva un curioso movimento di ombre, Tarrou fece entrare Rambert in una stanza piccolissima, tutta piena d'armadi. Ne aprì uno, trasse da uno sterilizzatore due maschere di garza idrofila, ne porse una a Rambert invitandolo a coprirsene. Il giornalista domandò

50 se servisse a qualcosa[4], e Tarrou rispose di no, ma che dava sicurezza agli altri.

Spinsero la portiera a vetri. Era una sala immensa, con le finestre ermeticamente chiuse nonostante la stagione. Alle pareti, in alto, ronzavano apparecchi per rinnovare l'aria, e le eliche ricurve falciavano l'aria densa e surriscaldata, al disopra di due file di letti grigi. Da tutte le parti salivano gemiti sordi e acuti, che si fondeva-

55 no in un monotono lamento. Uomini vestiti di bianco si muovevano con lentezza, nella cruda luce versata dalle alte finestre munite di sbarre. Rambert si sentì a disagio nel caldo terribile della sala, e faticò a riconoscere Rieux, curvo sopra una forma gemebonda[5]. Il dottore incideva gli inguini[6] del malato, che due infermiere, da una parte e dall'altra del letto, tenevano nella posizione adatta.

60 Alzandosi, lasciò cadere gli strumenti sul vassoio che gli porgeva un assistente e restò un momento immobile a guardare l'uomo a cui applicavano la fasciatura.

«Che c'è di nuovo?» disse a Tarrou che si avvicinava.

«Paneloux accetta di sostituire Rambert nella casa di quarantena[7]. Ormai ha fatto molto. Resterà da radunare la terza squadra d'ispezione senza Rambert».

65 Rieux approvò con la testa.

«Castel ha finito i suoi primi preparati[8]. Propone una prova».

«È bene, questo», disse Rieux.

«E poi c'è qui Rambert».

Rieux si voltò. Al disopra della maschera i suoi occhi si strinsero scorgendo il

70 giornalista.

«Lei cosa fa qui?» disse. «Lei dovrebbe essere altrove».

Tarrou disse ch'era per la sera a mezzanotte, e Rambert aggiunse: «Di regola».

Ogni volta che qualcuno di loro parlava, la maschera di garza si gonfiava, inumidendosi al posto della bocca. Ne risultava una conversazione un po' irreale, co-

75 me un dialogo di statue.

«Vorrei parlarle», disse Rambert.

«Usciremo insieme, se vuole. Mi aspetti nell'ufficio di Tarrou».

Questo particolare evidenzia il valore allegorico della peste, un male che contagia tutta la società e dal quale è impossibile difendersi.

---

4. se servisse a qualcosa: cioè a proteggere dal contagio della peste.
5. una forma gemebonda: *un malato che si lamentava.*

6. gli inguini: una delle zone dove più spesso si formano i bubboni della peste.
7. casa di quarantena: il ricovero in cui venivano tenuti i sospetti ammalati, per evi-

tare che diffondessero il contagio.
8. preparati: *farmaci.*

Un momento dopo, Rambert e Rieux sedettero dietro, nell'automobile del dottore; Tarrou guidava.

80 «Sta per mancare la benzina», disse questi avviando, «da domani si va a piedi».

«Dottore», disse Rambert, «io non parto e voglio restare con voi».

Tarrou non si mosse, continuava a guidare. Rieux sembrava incapace di emergere dalla sua stanchezza.

«E sua moglie?» disse con voce sorda.

85 Rambert disse che aveva ancora riflettuto, che continuava a credere in quello che credeva, ma che se fosse partito n'avrebbe avuto vergogna; e questo avrebbe guastato il suo amore per colei che aveva lasciato. Ma Rieux, raddrizzandosi, disse con voce ferma che la cosa era stupida e che non c'era vergogna nel preferire la felicità.

«Sì», disse Rambert, «ma ci può essere vergogna nell'esser felici da soli».

90 Tarrou, che sino ad allora aveva taciuto, senza voltar la testa verso loro fece notare che se Rambert voleva condividere le sventure degli uomini non avrebbe mai più avuto tempo per la felicità. Bisognava scegliere.

«Non è questo», disse Rambert. «Ho sempre pensato di esser estraneo a questa città e di non aver nulla a che fare con voi. Ma adesso che ho veduto quello che

95 ho veduto, so che io sono qui, che io lo voglia o no. Questa storia riguarda tutti».

Nessuno rispose, e Rambert sembrò spazientito.

«D'altronde, voi lo sapete bene. Se no, che ci fareste nell'ospedale? Avete scelto, voi, è rinunciato alla felicità?»

Né Tarrou né Rieux ancora risposero. Il silenzio durò a lungo, sino a che furono

100 nei pressi della casa del dottore. E Rambert, di nuovo, pose la sua ultima domanda, con più forza ancora. E il solo Rieux si voltò verso di lui, sollevandosi a fatica:

«Mi scusi, Rambert», disse, «ma io non lo so. Resti con noi, se lo desidera».

Uno scarto dell'automobile lo fece tacere. Poi riprese guardando davanti a sé:

«Nulla al mondo vale che ci distolga da quello che si ama. E tuttavia me ne di-

105 stolgo anch'io, senza poterne sapere la causa».

A. Camus, *La peste*, traduzione di B. Dal Fabbro, Milano, Bompiani, 1958

Nel margine sinistro, due note:

Emerge qui l'ideale di impegno solidale che anima il romanzo: la felicità è tale solo se coinvolge tutta la collettività e non solo pochi privilegiati.

Di fronte alla possibilità di scegliere il proprio destino, Rambert afferma con decisione la necessità di rispondere al male del mondo sacrificando la propria personale felicità.

Paul Klee, *Veduta del porto di Hammamet*, 1914.

L'istinto della solidarietà

Il brano sviluppa uno dei temi di fondo del romanzo, la **riflessione sulla felicità**. Di fronte alla sofferenza e al male, simboleggiati dalla peste, il dottor Rieux afferma che «non c'è vergogna nel preferire la felicità» alla sofferenza. Ma Rambert, proprio osservando l'esempio di Rieux e di Tarrou, comprende che in realtà «ci può essere vergogna nell'esser felici da soli» e, rinunciando alla fuga già organizzata, decide di dare il proprio contributo alla causa comune.

La sua **scelta di solidarietà e impegno** non è peraltro giustificata sul piano razionale e non nasce da una precisa riflessione, ma si manifesta come **slancio istintivo**, come adesione emotiva al destino comune. Camus supera così il pessimismo delle opere precedenti e, come Sartre, risolve l'Esistenzialismo in **concreto impegno etico e civile**.

 Competenze di comprensione e analisi

- Quali motivi spingono Rambert a modificare il suo atteggiamento e a volgersi all'impegno?

- Rambert afferma di aver compreso infine di non essere estraneo alla peste e che «questa storia riguarda tutti» (r. 95). Quale valore ha scoperto?

- Nel finale, interrogato da Rambert sui motivi della sua scelta di impegno, il dottor Rieux non dà una risposta precisa. A tuo parere questa assenza di motivazioni teoriche impoverisce la sua scelta?

Uno stile essenziale

L'episodio, come tutto il romanzo, è caratterizzato da uno **stile semplice e oggettivo**, che rifiuta ogni forma di retorica e di facile sentimentalismo. L'eroismo quotidiano dei personaggi si riflette nella sobrietà dei loro **dialoghi**, **essenziali** eppure ricchi di tensione emotiva. Anche nelle parti descrittive, il narratore non indugia nella ricerca di facili effetti patetici, ma si limita a ritrarre con pacatezza la sofferenza che domina la scena, attraverso una **sintassi lineare e paratattica** e un **lessico quotidiano**.

Competenze di comprensione e analisi

- Nel brano viene lasciato ampio spazio alle battute dialogiche tra i personaggi. Per quale motivo?

- In che senso la sobrietà dello stile costituisce il riflesso dell'atteggiamento dei personaggi e dell'autore stesso verso il male?

Il romanzo in Inghilterra

Tra impegno sociale e fantascienza Dopo la grande stagione del romanzo del primo Novecento che vede protagonisti James Joyce e Virginia Woolf, la narrativa inglese degli anni Trenta è caratterizzata da un **rinnovato impegno sociale**. La crisi economica successiva al crollo delle borse statunitensi e la conseguente instabilità sociale suscitano in molti scrittori un atteggiamento di **denuncia nei confronti della modernità**, che si esprimerà, a partire dagli anni Cinquanta, nel movimento dei cosiddetti *angry young men* («i giovani arrabbiati») e nella loro polemica verso l'alienazione causata dalla società di massa. Nel primo dopoguerra, l'**incubo del totalitarismo** ispira opere in cui la denuncia sociale e politica si esprime nelle forme del **romanzo di fantascienza**, creando scenari inquietanti che, sebbene proiettati nel futuro, alludono in realtà a problematiche contemporanee. In questo filone rientrano *Il mondo nuovo* di Aldous Huxley, *1984* di George Orwell e, in parte, il più tardo *Il signore delle mosche* (1954) di William Golding.

Aldous Huxley Appassionato di letteratura ma anche di filosofia, meditazione ed esperienze trascendenti, Aldous Huxley (1894-1963) fu segnato da una grave **malattia agli occhi** che, all'età di sedici anni lo rese praticamente cieco. Desideroso di proseguire gli studi, imparò a leggere con il metodo Braille e nel 1915 riuscì a laurearsi in lettere. Negli anni Venti viaggiò in Europa e in America e con il romanzo **Il mondo nuovo** (1932) ottenne un'improvvisa notorietà internazionale. Nel 1937 riuscì a riacquistare la vista grazie ai progressi in campo medico e si trasferì in California per proseguire le terapie riabilitative. Nel dopoguerra approfondì i suoi studi di misticismo ed esoterismo, sperimentando stati di alterazione della coscienza ottenuti con sostanze allucinogene come la mescalina e l'Lsd, diventando uno dei guru della nuova generazione *hippy*.

Il mondo nuovo *Il mondo nuovo* appartiene alla cosiddetta **letteratura distopica**, un genere che dietro il travestimento fantascientifico prefigura possibili e inquietanti scenari futuri. Scritto da Huxley dopo un viaggio in America (dove era venuto a contatto con la nuova produzione di massa e con quella che all'epoca era la forma più avanzata di società dei consumi), il romanzo è ambientato in un **futuro immaginario** in cui l'**umanità è divisa in caste** e le nascite avvengono solo grazie alla **clonazione**, con cui si creano individui condizionati fin dalla fase embrionale a determinati comportamenti. Poiché le nascite non avvengono in modo naturale, esiste una completa promiscuità sessuale, secondo la regola che «**nessuno appartiene a nessuno**». Inoltre, le emozioni e i sentimenti degli individui sono controllati dal governo attraverso una droga sintetica e periodiche iniezioni di un "Surrogato di Passione Violenta", necessaria per dare all'organismo le dosi di adrenalina normalmente prodotte dalle emozioni. Ma un giorno all'interno di questo **sistema totalitario** perfettamente organizzato – che venera Ford come un Dio e si fonda sul motto "Comunità, Identità, Stabilità" – giungerà in modo inaspettato un "selvaggio", ovvero uno degli ultimi veri abitanti della terra, proveniente da una riserva turistica visitabile dai cittadini del Nuovo Mondo.

George Orwell L'impegno politico e sociale è al centro dell'opera e della vita stessa di George Orwell (pseudonimo di Eric Arthur Blair). Nato in India nel 1903 da una famiglia di origini scozzesi, sperimenta in prima persona gli **aspetti negativi del colonialismo** inglese, descritti nel romanzo *Giorni in Birmania* (1934). Tornato in Europa nel 1927, si dedica alla scrittura, svolgendo lavori umili a Parigi e New York, a contatto con una **realtà sociale degradata** che ritrae nelle sue prime opere. Dopo aver partecipato alla guerra civile spagnola combattendo contro i franchisti, tornato in patria assume un atteggiamento critico nei confronti del Partito comunista spagnolo e dell'Unione Sovietica. Le degenerazioni della rivoluzione bolscevica diventano oggetto di una intelligentissima satira nel romanzo *La fattoria degli animali* (1945) in cui, attraverso una sorta di apologo che ha come protagonisti gli animali, Orwell **denuncia la dittatura di Stalin**. Dopo la Seconda guerra mondiale Orwell scrive il romanzo *1984,* pubblicato nel 1949, un anno prima della sua morte.

L'utopia negativa di *1984* Anche *1984* rientra nel genere della **letteratura distopica**, che proietta nel futuro una realtà fantastica di segno totalmente negativo, nella quale si rispecchiano però timori reali e tipici della situazione storica dell'autore. L'incubo della **dittatura staliniana**, unito all'inquietudine causata dall'avvento della società di massa e dall'**omologazione delle coscienze operata dai** *mass-media*, induce Orwell a immaginare una realtà che assume i connotati di un vero e proprio incubo. In un mondo diviso fra tre grandi superpotenze sempre in guerra tra loro, il potere assoluto è detenuto dal **Grande Fratello** – allusione scoperta a Stalin e al suo appellativo «Piccolo Padre» – che controlla ogni gesto, parola e pensiero dei suoi sudditi, attraverso una serie di improbabili Ministeri e un'efficiente e violenta Psicopolizia. Il partito unico del *Socing* (Socialismo Inglese) esercita la sua influenza anche sul linguaggio e sulla storia, men-

tre **teleschermi onnipresenti** registrano i gesti della vita quotidiana. In questo contesto si colloca la vicenda del protagonista Winston Smith che, impiegato al Ministero della Verità, matura una progressiva **ribellione verso il sistema**, che lo porta a vivere una proibita storia d'amore con la collega Julia e a unirsi a un gruppo di ribelli. Scoperto e arrestato, Winston viene brutalmente "rieducato" e, ridotto a un relitto umano, si adegua perfettamente alle direttive del regime, reinserendosi nella società che aveva combattuto. L'opera, scritta con sobrietà ma anche con grande varietà di registri narrativi, si pone come un **monito sempre attuale contro la sopraffazione della libertà individuale** e le violenze del potere.

○ Sosta di verifica

1 A quale filone appartengono i romanzi *Il mondo nuovo* e *1984*?
2 Che tipo di società viene descritto da Orwell in *1984*?
3 Quali sono le caratteristiche del "Nuovo Mondo" descritto da Huxley?

Approfondimento

Utopia e distopia

Utopia e letteratura Il termine «utopia» (dal greco *ou-topos*, letteralmente «non-luogo») indica un progetto ideale (in genere di tipo sociale) che tuttavia, proprio in virtù della sua perfezione, appare irrealizzabile nella realtà. Nella letteratura occidentale il primo testo utopico può essere considerato la *Repubblica* di Platone (IV secolo a.C.), in cui il filosofo greco delinea una società ideale in cui regnano la giustizia e l'equità. Opere analoghe vengono composte soprattutto nel periodo rinascimentale, nel tentativo di indicare modelli sociali positivi, contrapposti a una realtà di conflitti e contrasti sociali. Il termine stesso «utopia» si impone nell'uso dopo la pubblicazione nel 1516 dell'*Utopia* di Thomas More, in cui si descrive il viaggio immaginario in un'isola in cui regnano pace, giustizia e felicità assolute. Analogo argomento hanno anche *La città del sole* di Tommaso Campanella (1623) e l'incompiuto racconto *La nuova Atlantide* di Francesco Bacone (1627).

La distopia Nel corso del Novecento si sviluppa un nuovo tipo di romanzo, collegato al genere fantascientifico, che sviluppa invece il motivo della «distopia» o «utopia negativa», immaginando una società del tutto negativa – in genere collocata in un futuro non troppo lontano – in cui le problematiche politiche e sociali contemporanee sono portate all'estremo. La fioritura di tali testi, che solitamente mettono in guardia contro gli eccessi dell'autoritarismo, è favorita dai timori suscitati dal diffondersi dei regimi totalitari, dalla presenza crescente della tecnologia e dal timore che essa porti a una situazione di totale omologazione delle coscienze.
I romanzi distopici presentano infatti alcune caratteristiche comuni, quali la presenza di un potere politico autoritario e violento che fa capo a un *leader* carismatico negativo, la presenza di gerarchie sociali rigide, il conformismo nei comportamenti e negli stili di vita, l'annullamento della soggettività e della libertà di pensiero e l'ossessiva presenza di strumenti tecnologici (video, computer o altro) che controllano la vita quotidiana.

Tra narrativa e cinema Il primo esempio di romanzo distopico appare già nel 1908 con *Il tallone di ferro* di Jack London, testo fantapolitico in cui l'autore immagina l'instaurarsi negli Stati Uniti di un'oligarchia dittatoriale. Esempi più noti sono però *Il mondo nuovo* (1932) di Aldous Huxley, che descrive una società futura fondata sulla produzione in serie non solo di manufatti ma anche di esseri umani, attraverso le tecniche dell'eugenetica e della clonazione. Oltre a *La fattoria degli animali* (1945) di Orwell, in cui si narra della dittatura instaurata tra gli animali da un gruppo di maiali – evidente allusione al regime staliniano – un altro testo classico è *Fahrenheit 451* (1953) di Ray Bradbury, proiettato in un mondo in cui leggere è considerato un reato e i vigili del fuoco – tra cui il protagonista, Montag – sono incaricati non di spegnere ma di appiccare roghi di libri eventualmente superstiti.
Anche in ambito cinematografico, numerosi film di fantascienza si presentano nella forma di inquietanti utopie negative. L'incubo della modernità prende forma già nel 1927 nel classico *Metropolis* di Fritz Lang, che immagina una New York dominata da un imprenditore-dittatore e divisa tra ricchi manager che abitano in sfavillanti grattacieli e gli operai, relegati nel sottosuolo in una sorta di ghetto. Una società dominata da un'esasperata violenza giovanile ma anche da un rigido controllo del pensiero sta alla base di *Arancia meccanica*, capolavoro del 1971 diretto da Stanley Kubrick, mentre a un mondo ipertecnologico popolato da uomini e androidi rimanda *Blade Runner*, girato nel 1982 da Ridley Scott. Le paure innescate dal diffondersi della cibernetica e dalla confusione tra realtà concreta e realtà virtuale ispirano infine numerose pellicole recenti, da *Nirvana* (1997) di Gabriele Salvatores a *Matrix* (1999), primo film di una fortunata trilogia dei fratelli Wachowski.

Aldous Huxley
Il processo Bokanovski

Il mondo nuovo

Il mondo nuovo si svolge in un futuro in cui l'umanità è sottoposta a un rigido controllo, grazie a un sistema di pianificazione delle nascite che seleziona gli individui fin dalla fase embrionale, predisponendoli e condizionandoli per la loro vita futura.

Il passo che segue è tratto dall'inizio del romanzo e descrive il Centro di incubazione di Londra: durante una visita il direttore mostra agli studenti il sistema di controllo degli embrioni e spiega loro il funzionamento del "processo Bokanovski".

> Il controllo delle nascite viene realizzato grazie a una tecnica di clonazione (il "processo Bokanovski") con cui si suddivide un ovulo in coppie di ovuli (fino a ottenere un massimo di 96 ovuli), per ottenere gruppi di gemelli perfettamente identici.

Un uovo, un embrione, un adulto: normalità. Ma un uovo bokanovskificato germoglia, prolifica, si scinde. Da otto a novantasei germogli, e ogni germoglio diventerà un embrione perfetto, e ogni embrione un adulto completo. Far crescere novantasei esseri umani dove prima ne cresceva uno solo. Ecco il progresso.

5 «Nella sua essenza» conclude il Direttore «il processo di bokanovskificazione consiste in una serie di arresti dello sviluppo. Noi arrestiamo lo sviluppo normale e, benché possa sembrare un paradosso, l'uovo reagisce germogliando».

"Reagisce germogliando". Le matite si diedero da fare[1].

Alzò la mano. Su di un nastro in lento movimento una specie di rastrelliera carica di provette stava entrando in una grande cassa metallica, mentre un'altra ne

10 usciva. Si sentiva un leggero ronzio di macchine. Le provette impiegavano otto minuti per attraversare la cassa, egli spiegò. Otto minuti di Raggi X[2] non attenuati costituiscono infatti quasi il limite estremo di resistenza per un uovo. Un piccolo numero ne moriva; altre uova, le meno sensibili, si scindevano in due; la maggior parte emetteva quattro germogli; qualcuno otto; tutte poi tornavano agli in-

15 cubatori, dove i germogli cominciavano a svilupparsi; indi, dopo due giorni, venivano sottoposte al freddo; al freddo e all'arresto dello sviluppo. A loro volta i germogli producevano due, quattro, otto germogli; e dopo aver così germogliato venivano trattati con una dose di alcool quasi sufficiente ad ucciderli: in conseguenza essi germogliavano ancora, e avendo prodotto questi ultimi germogli – i

20 germogli dei germogli dei germogli – essendo ogni ulteriore arresto generalmente fatale, li si lasciava sviluppare in pace. In quel momento l'uovo primitivo era sulla buona strada per trasformarsi in numero variabile di embrioni compresi tra otto e novantasei: «un prodigioso miglioramento rispetto alla natura, ammetterete.

> Le parole del direttore dichiarano con orgoglio la superiorità del nuovo metodo di nascite rispetto a quello naturale.

Dei gemelli identici, ma non in miseri gruppi di due o tre per volta come ne-

25 gli antichi tempi vivipari[3], quando talvolta un uovo poteva accidentalmente scindersi; ma proprio a dozzine, a ventine per volta...

«A ventine» ripeté il Direttore: e allargò le braccia come se stesse distribuendone con abbondanza. «A ventine».

30 Ma uno degli studenti fu abbastanza sciocco da chiedergli in che cosa consisteva il vantaggio.

«Ma caro il mio ragazzo!» Il Direttore si voltò rapidamente verso di lui. «Non vedete? Non vedete?» Alzò la mano: la sua espressione era solenne. «Il Processo Bokanovsky è uno dei maggiori strumenti della stabilità sociale!»

35 "Maggiori strumenti della stabilità sociale".

---

1. Le matite ... da fare: gli studenti che visitano il centro prendono appunti sul funzionamento del "processo Bokanovski".

2. Raggi X: raggi elettromagnetici normalmente usati per le radiografie.

3. vivipari: il termine indica la nascita "na-

turale", che avviene attraverso la gestazione nell'utero.

Il processo Bokano-vski serve per pro-durre individui asso-lutamente identici.

Uomini e donne tipificati; a infornate uniformi. Tutto il personale di un piccolo stabilimento costituito dal prodotto di un unico uovo bokanovskificato.

«Novantasei gemelli identici che lavorano a novantasei macchine identiche!» La voce era quasi vibrante d'entusiasmo. «Adesso si sa veramente dove si va. Per la prima volta nella storia». Citò il motto planetario: «Comunità, Identità, Stabili-

40 tà». Grandi parole. «Se potessimo bokanovskificare all'infinito, l'intero proble-ma sarebbe risolto».

Risolto per mezzo di individui Gamma tipificati, di Delta invariabili, di Epsilon uniformi[4]. Milioni di gemelli identici. Il principio della produzione in massa ap-plicato finalmente alla biologia.

45 «Ma, ahimè,» il Direttore scosse il capo «noi non possiamo bokanovskificare all'infinito».

Novantasei sembrava essere il limite; settantacinque una buona media. Fabbri-care il maggior numero possibile di gemelli identici con la medesima ovaia e coi gameti[5] dello stesso maschio, questo era quanto di meglio (e purtroppo un me-

50 glio di gran lunga inferiore all'ottimo) si potesse fare.

Del resto era già difficile riuscire a questo.

«Infatti in natura ci vogliono trent'anni perché duecento ovuli giungano a matu-razione. Ma il nostro scopo è di stabilizzare la popolazione adesso, in questo pre-ciso momento. Produrre dei gemelli col contagocce durante un quarto di secolo,

55 a che servirebbe?» […]

«Perché, come è facile capire», disse Foster[6] «nella grande maggioranza dei casi, la fecondità è semplicemente una noia, un impaccio. Un'ovaia feconda ogni do-dicimila sarebbe ampiamente sufficiente per i nostri bisogni. Ma noi desideriamo avere una buona possibilità di scelta.

60 Bisogna, naturalmente, lasciare sempre un enorme margine di sicurezza. Ragio-ne per cui permettiamo che perfino il trenta per cento degli embrioni femminili si sviluppi normalmente. Gli altri ricevono una dose di ormone sessuale maschi-le ogni ventiquattro metri durante il resto del percorso. Risultato: quando esco-no dalle bottiglie sono neutri, assolutamente normali per struttura (eccetto che

65 – dovette ammettere – hanno veramente una leggera tendenza alla crescita del-la barba) ma sterili. Garantiti sterili. Il che ci porta finalmente» continuò Foster «fuori del campo della più servile imitazione della natura per entrare in quello molto più interessante dell'invenzione umana».

Si stropicciò le mani. Perché, si capisce, non si accontentavano di covare sempli-

70 cemente degli embrioni: qualsiasi vacca è in grado di farlo.

«Noi, inoltre, li predestiniamo e li condizioniamo. Travasiamo i nostri bambi-ni sotto forma d'esseri viventi socializzati, come tipi Alfa o Epsilon, come futu-ri vuotatori di fogne o futuri...» Stava per dire: futuri Governatori Mondiali, ma correggendosi disse invece: «futuri Direttori di Incubatori».

La produzione dei gemelli avviene co-me in una catena di montaggio delle grandi fabbriche au-tomobilistiche.

75 Il Direttore mostrò di apprezzare il complimento e rispose con un sorriso.

Erano al 320esimo metro della Rastrelliera. Un giovane meccanico Beta-Minus la-vorava con un cacciavite e una chiave inglese alla pompa del surrogato sanguigno d'un flacone che stava passando. Il ronzio del motore elettrico abbassava gradual-mente di tono a mano a mano che egli girava i bulloni. Giù, giù... Un ultimo gi-

---

4. Epsilon: le cinque caste in cui è divisa la società vanno dalla più elevata (Alfa) alla più bassa (Epsilon), a cui spettano i lavori più umili e faticosi. Gli individui delle varie ca-ste (divise in gruppi plus e minus) si diffe-renziano per il ruolo sociale e per l'aspetto fisico: alti e prestanti gli Alfa, piccoli e de-formi gli Epsilon.

5. gameti: cellule riproduttive maschili.
6. Foster: un responsabile del centro che si è unito alla visita.

80 ro di chiave, uno sguardo al contagiri, ed ebbe finito. Avanzò di due passi lungo la fila e incominciò la stessa operazione sulla pompa seguente.

«Sta riducendo il numero di giri al minuto» spiegò Foster. «Il surrogato circola più lentamente; passa perciò attraverso i polmoni a intervalli più lunghi; porta di conseguenza meno ossigeno all'embrione. Non c'è come la penuria di ossigeno per mantenere un embrione al di sotto della normalità». Si fregò ancora le mani.

85 «Ma perché si mantiene l'embrione al disotto della normalità?» chiese uno studente ingenuo.

«Asino!» disse il Direttore, rompendo il suo lungo mutismo. «Non vi siete ancora reso conto che un embrione Epsilon deve avere un ambiente Epsilon, oltre che un'origine Epsilon?»

90 Evidentemente quegli non se n'era reso conto. Rimase lì pieno di confusione.

«Più bassa è la casta e meno ossigeno si dà» disse Foster. «Il primo organo a risentirne è il cervello. Poi lo scheletro. Col settanta per cento dell'ossigeno normale si hanno dei nani. A meno del settanta, si ottengono dei mostri privi di occhi».

«Che sono completamente inutili» concluse Foster.

95 «Mentre invece», la sua voce divenne ardente e confidenziale «se si arrivasse a scoprire una tecnica per ridurre il periodo della maturazione, che trionfo, che beneficio per la Società!

Considerate il cavallo, per esempio».

Essi lo considerarono.

100 Maturo a sei anni; l'elefante a dieci. Mentre a tredici anni un uomo non è ancora sessualmente maturo; ed è adulto solo a vent'anni. Da ciò deriva, naturalmente, il frutto dello sviluppo ritardato: l'umana intelligenza.

«Ma nel tipo Epsilon» disse molto giustamente Foster «non c'è nessun bisogno di umana intelligenza».

105 Non ve n'è bisogno e non se n'ottiene. Ma benché la mente Epsilon sia matura a dieci anni, il corpo Epsilon non è atto al lavoro fino ai diciotto. Lunghi anni di superflua e sprecata immaturità. Se si potesse affrettare lo sviluppo fisico fino a renderlo rapido come quello di una vacca, per esempio, che enorme risparmio per la Comunità!»

A. Huxley, *Il mondo nuovo*, trad. L. Gigli, Mondadori, Milano 1991

> Gli individui vengono predisposti fin dalla fase embrionale affinché diventino perfetti membri della casta loro assegnata.

● Analisi guidata

Un futuro spaventoso

Il brano mostra uno dei cardini della società del "Mondo Nuovo", ovvero il **controllo totale degli individui** fin dalla loro fase embrionale. Dal momento che lo scopo dei governanti è quello di creare individui destinati a una **precisa funzione sociale**, a seconda della loro classe di appartenenza, diventa fondamentale il condizionamento degli embrioni: in base alla quantità di ossigeno irrorata al cervello e ad altri accorgimenti descritti in seguito è infatti possibile determinarne lo sviluppo fisico.

Questi incredibili risultati (che ricordano le moderne tecniche di clonazione) sono ottenuti grazie al **processo Bokanovsky**, «il principio della produzione in massa applicato finalmente alla biologia», con cui, grazie alla scissione progressiva di un singolo ovulo fecondato, è possibile ottenere gemelli in tutto e per tutto identici («Uomini e donne tipificati; a infornate uniformi», r. 36).

- Qual è il motto del "Mondo Nuovo"? Come si lega al processo di controllo delle nascite descritto nel brano?

- Quali sono i limiti del processo Bokanovski? In che cosa potrebbe essere migliorato?

- Che caratteristiche hanno gli individui del gruppo Epsilon di cui si parla nel brano?

- Il tema della clonazione descritto da Huxley è oggi di grande attualità; fai una ricerca sull'argomento e in un testo scritto, o in una presentazione multimediale, spiega quali sono le opinioni della comunità scientifica sull'argomento.

Nuovo e vecchio mondo

Mentre magnifica i successi del processo Bokanovski, il direttore contrappone il "Mondo Nuovo" alla vecchia era "vivipara", illustrando la **superiorità della tecnologia umana sulla natura**. Nella società descritta da Huxley la natura non deve essere più ammirata e imitata dall'uomo: solo la tecnica e la scienza possono portarlo «fuori del campo della più servile imitazione della natura» e condurlo «in quello molto più interessante dell'invenzione umana» (rr. 67-68). Eppure, anche se il progresso si è spinto oltre limiti inimmaginabili, gli scienziati guardano ancora con una certa invidia alla natura, in grado di far maturare gli animali in modo molto più veloce degli esseri umani.

⬤ **Competenze di comprensione e analisi**

- Quale scoperta è auspicata come un grande «beneficio per la Società»?

- Rintraccia nel brano i punti in cui viene esposta una visione negativa della natura e spiega perché questa concezione è funzionale all'economia del romanzo.

Futuro e presente

Per creare la società fantascientifica del romanzo, **Huxley si ispira a situazioni e tematiche della sua epoca** (gli anni Trenta), che i lettori riconoscevano facilmente. Uno dei più evidenti legami è quello tra il metodo di riproduzione degli embrioni e la **catena di montaggio** introdotta agli inizi del Novecento in America nelle fabbriche Ford (che, non a caso, è il Dio adorato dagli abitanti del "Nuovo Mondo"). L'ossessione di una **società rigidamente controllata** è invece un elemento caratteristico dei **regimi totalitari** che in quel periodo storico governavano Italia, Germania e Unione Sovietica.

⬤ **Competenze di comprensione e analisi**

- Ti sembra che il mondo immaginato da Huxley sia simile a una società reale o di un futuro a noi vicino? Scrivi sull'argomento un testo di massimo due pagine, suffragando la tua opinione anche con le tue conoscenze personali (film, altri romanzi che hai letto, articoli di giornale ecc.).

George Orwell
Il Grande Fratello vi guarda

1984, capitolo I

Riportiamo qui le pagine iniziali di 1984, in cui Orwell immerge il lettore nell'atmosfera opprimente in cui si svolgerà l'intera vicenda.
Il brano descrive il ritorno a casa del protagonista, Winston Smith, al termine della sua giornata di lavoro al Ministero della Verità, dove è incaricato di censurare i te-

sti delle opere non in linea con le direttive del Partito. Attraverso la descrizione delle sue abitudini quotidiane e dell'ambiente circostante, Orwell delinea il quadro di una società repressiva e dispotica, in cui ogni singolo individuo è controllato, nei suoi gesti più minuti e persino nei suoi pensieri, dall'ossessiva presenza del «Grande Fratello».

Era una fresca limpida giornata d'aprile e gli orologi segnavano l'una. Winston Smith, col mento sprofondato nel bavero del cappotto per non esporlo al rigore del vento, scivolò lento fra i battenti di vetro dell'ingresso agli Appartamenti della Vittoria, ma non tanto lesto da impedire che una folata di polvere e sabbia entrasse con lui.

5 L'ingresso rimandava odore di cavoli bolliti e di vecchi tappeti sfilacciati. Nel fondo, un cartellone a colori, troppo grande per essere affisso all'interno, era stato inchiodato al muro. Rappresentava una faccia enorme, più larga d'un metro: la faccia d'un uomo di circa quarantacinque anni, con grossi baffi neri e lineamenti rudi ma non sgradevoli. Winston s'avviò per le scale. Era inutile tentare l'ascen-

10 sore. Anche nei giorni buoni funzionava di rado, e nelle ore diurne la corrente elettrica era interrotta. Faceva parte del progetto economico in preparazione della Settimana dell'Odio. L'appartamento era al settimo piano, e Winston, che aveva i suoi trentanove anni e un'ulcera varicosa[1] sulla caviglia destra, saliva lentamente, fermandosi ogni tanto per riposare. A ciascun pianerottolo, proprio di fronte allo

15 sportello dell'ascensore il cartellone con la faccia enorme riguardava dalla parete. Era una di quelle fotografie prese in modo che gli occhi vi seguono mentre vi muovete. IL GRANDE FRATELLO VI GUARDA, diceva la scritta appostavi sotto. Dentro all'appartamento una voce dolciastra leggeva un elenco di cifre che aveva qualche cosa a che fare con la produzione della ghisa. La voce veniva da una

20 placca di metallo oblunga, simile a uno specchio opaco, che faceva parte della superficie della parete di destra. Winston girò un interruttore e la voce si abbassò un poco, ma le parole si potevano distinguere, tuttavia, sempre assai chiaramente. Quell'apparecchio (che veniva chiamato teleschermo) si poteva bensì abbassare ma non mai annullare del tutto. Si diresse alla finestra, piccola fragile figu-

25 retta, la cui magrezza era accentuata dalla tuta azzurra in cui consisteva l'uniforme del Partito. I capelli erano biondi, molto chiari, il colorito della faccia lievemente sanguigno, la pelle raschiata da ruvide saponette e da lamette che avevano perso il filo da tempo, e dal freddo dell'inverno che proprio allora era finito. [...] La faccia dai baffi neri riguardava da ogni angolo. Ce n'era una proprio nella ca-

30 sa di fronte. IL GRANDE FRATELLO VI GUARDA, diceva la scritta, mentre gli occhi neri fissavano con penetrazione quelli di Winston. Più sotto, a livello della strada, un altro cartellone, stracciato a un angolo, sbatteva col vento, scoprendo e nascondendo, alternativamente, la parola *socing*[2]. Lontano, un elicottero volava

> Periodicamente il Partito organizza manifestazioni per mantenere viva l'ostilità dei cittadini contro i nemici esterni.

> La presenza del Grande Fratello è oppressiva e controlla i cittadini con immagini presenti in ogni punto della città e tramite la polizia, che sorveglia ogni attività.

---

1. ulcera varicosa: piaga dovuta a un'insufficienza venosa.

2. socing: sigla di Socialismo Inglese: è il Partito unico.

35　fra un tetto e l'altro, se ne restava librato[3] per qualche istante come un moscone, e poi saettava[4] con una curva in altra direzione. Era la squadra di polizia, che curiosava nelle finestre della gente. Le squadre non erano gran che importanti tuttavia. Quella che soprattutto contava era la polizia del pensiero, la cosiddetta Psicopolizia[5].

Alle spalle di Winston, la voce dal teleschermo barbugliava[6] ancora qualcosa sulla produzione della ghisa e il completamento del Nono Piano Triennale. Il teleschermo riceveva e trasmetteva simultaneamente. Qualsiasi suono che Winston avesse prodotto, al disopra d'un sommesso bisbiglio, sarebbe stato colto; per tutto il tempo, inoltre, in cui egli fosse rimasto nel campo visivo comandato dalla placca di metallo, avrebbe potuto essere, oltre che udito, anche veduto. Naturalmente non vi era nessun modo per sapere esattamente in quale determinato momento vi si stava guardando. Quanto spesso e con quali principi la Psicopolizia veniva a interferire sui cavi che vi riguardavano, era pura materia per congetture[7]. E sarebbe stato anche possibile che guardasse tutti, e ininterrottamente. Ad ogni modo avrebbe potuto cogliervi sul vostro cavo in qualsiasi momento avesse voluto. Si doveva vivere (o meglio si viveva, per un'abitudine che era diventata, infine, istinto) tenendo presente che qualsiasi suono prodotto sarebbe stato udito, e che, a meno di essere al buio ogni movimento sarebbe stato visto.

Winston teneva le spalle voltate al teleschermo. Era più sicuro sebbene, come anche lui sapeva benissimo, perfino un paio di spalle può essere rivelatore. Un chilometro lontano, il Ministero della Verità, da cui dipendeva il suo impiego, si levava alto e bianco sul tetro paesaggio. Questa, pensò con una sorta di vaga nausea, questa era Londra, la città principale di Pista Prima, che era la terza delle più popolose province di Oceania. Cercava di spremere dal cervello quelle memorie dell'infanzia che gli dicessero se Londra era sempre stata proprio così.

C'erano sempre stati quei panorami di case novecento[8] in rovina, coi fianchi tenuti su a mala pena da travi di legno, con le finestre sigillate da carta incatramata e con i tetti di ferro ondulato, e quelle staccionate intorno ai giardini che pendevano sghembe da tutte le parti? E i luoghi bombardati dove la polvere di calcestruzzo mulinava nell'aria, e le erbacce crescevano sparse sui mucchi di sassi? E quegli altri luoghi in cui le bombe avevano aperto dei buchi più larghi e dov'erano germogliate miserabili colonie di capanne di legno simili a pollai? Ma era inutile, non riusciva a ricordare: non restava nulla della sua infanzia, se non una serie di quadri senza sfondo e per la maggior parte incomprensibili.

Il Ministero della Verità, Miniver in neolingua[9], era molto diverso da ogni altra costruzione che si potesse vedere all'intorno. Consisteva, infatti, in una enorme piramide di lucido, candido cemento, che saliva, a gradini, per cento metri. Dal luogo dove si trovava Winston si potevano leggere, stampati in eleganti caratteri sulla sua bianca facciata, i tre slogan del Partito:

LA GUERRA È PACE
LA LIBERTÀ È SCHIAVITÙ
L'IGNORANZA È FORZA

> **Come nell'Unione Sovietica di Stalin, nel mondo descritto da Orwell l'economia è soggetta a una rigida pianificazione statale.**

> **Le disposizioni del regime si condensano nei tre slogan elementari che campeggiano sui muri di Londra e inneggiano alla guerra e alla società totalitaria.**

---

3. librato: *sollevato fermo nell'aria.*
4. saettava: *sfrecciava via.*
5. Psicopolizia: è la polizia che controlla attraverso i teleschermi il comportamento dei cittadini, prevedendo anche i loro progetti di ribellione e penetrando nei loro pensieri.
6. barbugliava: *borbottava.*
7. congetture: *ipotesi.*
8. case novecento: *abitazioni costruite nello stile del primo Novecento.*
9. neolingua: è la lingua imposta dal Partito, semplificata e univoca, in cui possono essere espressi solo concetti elementari e privi di ambiguità.

80 Si diceva che il Ministero della Verità contasse tremila locali sul livello del terreno e altrettanti in ramificazioni sotterranee. Sparsi nel centro di Londra, c'erano altri tre edifici d'aspetto e di mole simili. Essi facevano parere così microscopiche tutte le altre case, che dal tetto degli Appartamenti della Vittoria avreste potuto abbracciarli tutt'e quattro con la stessa occhiata. Erano le sedi dei quattro Ministeri nei quali era divisa tutta l'organizzazione governativa. Il Ministero della Verità che si occupava della stampa, dei divertimenti, delle scuole e delle arti.

85 Il Ministero della Pace, che si occupava della guerra. Il Ministero dell'Amore che manteneva l'ordine e faceva rispettare la legge. E il Ministero dell'Abbondanza che era responsabile dei problemi economici. Ecco i loro nomi in neolingua: Miniver, Minipax, Minamor, Minabbon.

[…] Winston si volse di scatto. Fece assumere alla sua fisionomia l'espressione di
90 tranquillo ottimismo che era opportuno mantenere allorché ci si rivolgeva verso il teleschermo. Attraversò la stanza diretto alla minuscola cucina.

G. Orwell, *1984*, traduzione di G. Baldini, Milano, Mondadori, 1950

● Analisi guidata

La società del controllo

La vicenda si svolge nel futuro, in una **Londra degradata** e squallida, dominata da una dittatura che esercita sui cittadini un controllo totale. Gli **enormi manifesti** con l'immagine del Grande Fratello, i **teleschermi** che spiano i singoli persino nelle loro case, l'ossessiva **propaganda** di partito e la presenza della **Psicopolizia** creano un'atmosfera da incubo, che allude al clima del **totalitarismo sovietico** ma anche, in senso più generale, a ogni realtà socio-politica che determina l'**annientamento della coscienza e della libertà** dei singoli. Nel mondo descritto da Orwell anche la tecnologia diviene uno strumento di controllo della vita privata, mentre la lingua viene destituita della sua espressività attraverso l'imposizione di una «neolingua» uniforme e standardizzata. Persino la **memoria** del passato è **cancellata** («non riusciva a ricordare») e ogni aspetto dell'esistenza è gestito da Ministeri fondati sulla menzogna.

● Competenze di comprensione e analisi

- Quale funzione svolgono i manifesti disseminati ovunque con l'immagine del dittatore e la scritta «IL GRANDE FRATELLO VI GUARDA»?

- Individua nel testo tutti gli elementi che alludono al controllo esercitato dal Partito sulla popolazione.

- Quali elementi della società descritta da Orwell rinviano alla realtà politica del totalitarismo stalinista?

- Quale uso della tecnologia viene fatto nella società del Grande Fratello?

- Prova a spiegare quale significato hanno i paradossali slogan di partito scolpiti sulla facciata del Ministero della Verità.

Un eroe debole

Winston Smith, protagonista del romanzo, è un **uomo qualunque**, come attesta il suo stesso cognome, estremamente comune in Gran Bretagna. Gracile e malaticcio, egli indossa «l'uniforme del Partito»: impiegato al Ministero della Verità, è **in apparenza perfettamente inserito nel sistema**.

Ma alcuni gesti – per esempio abbassare il volume del teleschermo – lasciano intuire la sua **latente insofferenza** nei confronti delle forme di controllo messe in atto dal Partito e anticipano la sua **ribellione**. Il suo generoso tentativo di riaffermare la propria libertà si risolverà però in un amaro fallimento: la sua «piccola fragile figuretta» verrà infine brutalmente ricondotta al rispetto delle regole imposte dal Grande Fratello.

⬤ Competenze di comprensione e analisi

- Sulla base degli elementi che puoi desumere dal testo, traccia un ritratto fisico e psicologico del protagonista.

- Individua quali atteggiamenti di Winston sembrano alludere a una sua imminente ribellione.

- Per quale motivo, secondo te, Winston non riesce a ricordare l'aspetto che aveva Londra in passato?

- Quali aspetti della fisionomia del protagonista sembrano alludere alla sua fragilità, quasi a preannunciare il fallimento della sua ribellione?

Uno stile limpido

Fin dall'esordio, l'autore adotta programmaticamente uno **stile limpido e chiaro**, che rinuncia a ogni ornamento retorico per descrivere in **tono apparentemente oggettivo** una realtà degradata e alienante. La narrazione, condotta in terza persona, è costantemente filtrata dal **punto di vista di Winston**, ormai abituato a considerare "normale" l'ossessivo controllo del Partito. L'autore non rinuncia tuttavia a sottolineare implicitamente l'**esito negativo del trionfo del totalitarismo**: al di là degli slogan della propaganda e dei nomi altisonanti dei Ministeri, la società è preda della miseria e della devastazione.

⬤ Competenze di comprensione e analisi

- In quali punti del testo emerge con chiarezza che il narratore usa una focalizzazione interna che coincide con il punto di vista di Winston?

- Quali particolari descrittivi sottolineano lo squallore e la degradazione materiale della società?

- Alle rr. 86-87, il narratore afferma che «il Ministero dell'abbondanza... era responsabile dei problemi economici». La frase è ambigua e sottilmente ironica: in che senso?

La narrativa negli Stati Uniti

Tra epica e realismo sociale Il periodo tra le due guerre registra una straordinaria fioritura del romanzo americano, destinato a influenzare in profondità anche gli scrittori italiani del Neorealismo. Dopo il successo de *Il grande Gatsby* (1925), capolavoro di **Francis Scott Fitzgerald** (1896-1940) che riflette i sogni e le speranze degli «anni ruggenti» del primo dopoguerra, la maggior parte delle opere degli scrittori statunitensi si concentra sui **drammatici effetti della Grande Depressione del 1929**, che causa miseria e disoccupazione. Nelle pagine di Faulkner, Steinbeck e Dos Passos l'intento di **denuncia sociale** prende corpo in opere in cui il potente realismo rappresentativo si unisce a una ispirazione epica, nutrita di spirito pionieristico e di un vitalismo ormai sconosciuto alla "vecchia" Europa.

Tra i romanzieri di questo periodo, il più innovativo è **William Faulkner** (1897-1962), che in *L'urlo e il furore* (1929) racconta la decadenza dei Compson, una famiglia del Sud degli Stati Uniti, ricorrendo a una **tecnica narrativa** del tutto **originale**. Il romanzo è infatti costruito attraverso l'accostamento di episodi narrati da personaggi diversi, ognuno dei quali osserva la realtà dal proprio punto di vista e la esprime in una sorta di monologo che assume a tratti la forma del flusso di coscienza. Ne deriva una narrazione complessa e frammentaria, in cui la continua **confusione dei piani temporali** e l'incrociarsi delle prospettive soggettive traducono una percezione della realtà allucinata e cruda, che sembra sfuggire a ogni spiegazione razionale.

Lo sperimentalismo formale caratterizza anche l'opera di **John Dos Passos** (1896-1970), che in opere come *Manhattan Transfer* (1925) e *Quarantaduesimo parallelo* (1930) si sofferma sulla miseria e sulla **violenza metropolitana**, riprodotta nella sua caoticità attraverso l'intrecciarsi delle vicende di personaggi diversi, ciascuno dei quali colto nella sua fisionomia sociale e psicologica e nelle specificità del suo linguaggio.

John Steinbeck Più tradizionale è invece la struttura di *Furore* (in inglese *The Grapes of Wrath,* ossia «I frutti dell'odio»), romanzo di **John Steinbeck** (1902-1968) pubblicato nel **1939** e dedicato alla rappresentazione dei **devastanti effetti della grande crisi**. L'opera narra l'epopea della famiglia Joad che emigra dall'Oklahoma in California in cerca di fortuna. Al termine di un viaggio in camion in compagnia di altri emigranti disoccupati, i Joad troveranno una realtà di sfruttamento e miseria ma, sebbene colpiti da lutti e disgrazie, non perderanno il loro desiderio di riscatto, rilanciando nel finale un messaggio positivo di solidarietà. In uno **stile sobrio e colloquiale**, Steinbeck – premio Nobel per la letteratura nel 1962 – ricostruisce con **vigore realistico** la sofferenza del popolo americano in un difficile periodo della sua storia, esaltandone lo spirito d'intraprendenza e la fiducia nel futuro.

Ernest Hemingway Nato nel 1898 in Illinois, Ernest Hemingway, giornalista e romanziere dall'indole inquieta e tormentata, partecipa come volontario alla Prima guerra mondiale sul fronte italiano, dove viene gravemente ferito. Dopo aver viaggiato a lungo in Europa, inizia a pubblicare le sue prime opere di successo, tra cui *Fiesta* (1926) e *Addio alle armi* (1929). Allo scoppio della guerra civile spagnola raggiunge la penisola iberica e segue da vicino il conflitto come corrispondente di guerra. Questa nuova esperienza bellica ispira la raccolta *I 49 racconti* e il romanzo *Per chi suona la campana* (1940), in cui si narra la vicenda autobiografica di Robert Jordan, un giovane intellettuale statunitense che, unitosi ai repubblicani spagnoli, constata in prima persona la violenza che sempre si accompagna a ogni guerra. Insignito nel 1945 del premio Nobel, Hemingway trascorre i suoi ultimi anni a Cuba, dove compone l'ultimo grande romanzo, *Il vecchio e il mare* (1952), storia della sfida epica tra un vecchio marinaio e un enorme pesce. Ritornato in patria, cade vittima di una serie di ricorrenti crisi depressive e, ricoverato in clinica, nel 1961 si suicida con un colpo di pistola.

L'opera di Hemingway, dominata dal gusto per l'avventura e da un **prorompente vitalismo**, trova i suoi accenti più tipici da un lato nella rappresentazione della **guerra** e delle sue drammatiche conseguenze materiali e psicologiche e, dall'altro, nei romanzi in cui il tema della **lotta del singolo** assume la forma di un'antitesi titanica **contro le forze della natura**. Dal punto di vista formale, il **realismo** è ottenuto attraverso uno **stile estremamente sobrio** e asciutto, che mira a un'oggettività rappresentativa che non esclude però la profondità dell'analisi psicologica.

○ Sosta di verifica

1 Quali sono le tematiche principali della narrativa statunitense tra le due guerre?

2 Qual è l'argomento di *Furore* di Steinbeck?

3 Quali sono i principali romanzi di Hemingway?

Hemingway: la scrittura come mestiere

In un'intervista rilasciata nel 1958 a George Plimpton, giornalista di «Paris Review», Hemingway illustra il suo metodo di scrittura, basato su un'accurata gestione delle ore della giornata, ed enumera gli artisti che hanno avuto una qualche influenza sulla sua opera letteraria.

Quando lavora, rispetta un orario preciso?
Quando lavoro a un libro o ad una novella mi metto a scrivere ogni mattina al sorger del sole. Non c'è nessuno che mi disturbi e fa fresco oppure freddo e ci si mette al lavoro e ci si riscalda scrivendo. Si legge quel che s'è già scritto e siccome ci si è sempre fermati sapendo quel che succederà dopo, si riprende di lì. Si scrive fin quando non si arriva a un punto dove si ha ancora del «succo» e dove si sa quel che succederà dopo. Allora ci si ferma, e si cerca di reggere fino all'indomani, quando si riprenderà.

Quali sono le sue ascendenze letterarie, gli uomini da cui ha imparato di più?
Mark Twain, Flaubert, Stendhal, Bach, Turgeniev, Tolstoj, Dostoevskij, Čechov, John Donne, Maupassant, il buon Kipling, Thoreau, Shakespeare, Mozart, Quevedo, Dante, Virgilio, Tintoretto, Bosch, Bruegel, Goya, Giotto, Cézanne, Van Gogh, Gauguin – ci vorrebbe una giornata intera per rammentarli tutti. E così avrei l'aria di sfoggiare un'erudizione che non possiedo e non di cercare di ricordare tutti quelli che hanno esercitato un influsso sulla mia vita e sulla mia opera. Ho citato dei pittori perché i pittori mi hanno insegnato sulla maniera di scrivere tanto quanto gli scrittori. Lei si chiede come mai. Ci vorrebbe un'altra giornata per spiegarglielo.

Hemingway, a cura di J. Brown e L. Livi, Milano, Feltrinelli, 1964

Edward Hopper, *Il ponte di Manhattan*, 1928.

John Steinbeck
Sfruttatori e sfruttati

Furore

Per comprendere le difficoltà dei lavoratori americani all'indomani della crisi economica del 1929, Steinbeck si unì a un gruppo di braccianti disoccupati che emigravano verso occidente. Da questa esperienza nacque l'epopea di Furore.
Al termine di un viaggio lungo e disagiato in compagnia

di altri emigranti la famiglia Joad, originaria dell'Oklahoma, giunge in California, ma la realtà è molto diversa da quanto immaginato. Il lavoro si svolge infatti in condizioni di totale sfruttamento, con la complicità delle autorità locali e della polizia, che appoggiano ogni richiesta dei proprietari terrieri.

Sulla strada apparve una berlina Chevrolet, nuova. Rallentò, svoltò giù dalla discesa che immetteva nel campeggio, la percorse adagio e si fermò al centro dell'accampamento.

Tom[1] disse: «Chi saranno? Non gente come noi».

5 Knowles[2] replicò: «Non so. Poliziotti, forse».

La porta della berlina s'aprì e ne uscì un uomo, ben vestito, che restò indeciso a guardarsi attorno. L'altro che lo accompagnava non scese dalla vettura. Tutti gli uomini accoccolati in gruppetti voltarono le teste verso i nuovi venuti e ogni conversazione cessò. E le donne affaccendate ai fuochi lanciarono occhiate furtive verso la vettura brillante di vernice. I bambini si avvicinarono, ma esitanti, e

10 facendo larghi giri. Knowles posò la chiave[3]. Tom s'alzò in piedi. Al[4] s'asciugò le mani sui pantaloni. E i tre si avviarono a passi lenti verso la Chevrolet.

Il signore che era sceso dalla vettura portava, nella tasca della camicia, un plico di carte che sporgevano dietro ad un piccolo fascio di stilografiche e di matite gial-

15 le, e da una delle tasche dei pantaloni kaki[5] sporgeva un grosso taccuino rilegato, con gli angoli di metallo. Egli si accostò ad un crocchio di uomini accoccolati, che senza muovere le teste alzarono solo gli occhi su di lui. Disse: «Cercate lavoro?»

Gli uomini continuavano a guardarlo senza muoversi, sospettosi. Da tutti i punti del campo altri uomini si avvicinarono lentamente. Finalmente uno di quelli ac-

20 coccolati disse: «Certo che cerchiamo lavoro. Dov'è?»

«Nella contea Tulare. Comincia il raccolto della frutta. Hanno bisogno di molta gente».

Parlò Knowles: «Siete incaricato voi di reclutarla?»

«Sì, per conto del padrone».

25 Ora gli uomini formavano un gruppo compatto. Uno di essi si tolse il berretto e si ravviò i capelli domandando: «Quanto pagate?»

«Be', con esattezza non si può dire, ma... sui trenta cents».

«Perché non potete dire con esattezza? Non li fate voi i contratti?»

«Va bene, ma bisogna vedere... Può essere qualcosa di più o qualcosa di meno...»

30 Knowles fece un passo avanti: «Io sono pronto a venire. Se siete voi l'incaricato, dovete avere la licenza. Fatela vedere, passateci l'ordinativo, stabilite le paghe e le condizioni, e io sono pronto a firmare il contratto».

L'altro si rannuvolò[6]. «Pretendete insegnarmi il mio mestiere?»

> Nonostante la mancanza di lavoro, gli uomini pretendono condizioni dignitose e la sicurezza della paga, suscitando il disappunto del reclutatore.

---

1. Tom: è il figlio maggiore della famiglia Joad, protagonista del romanzo.

2. Knowles: è un disoccupato come Tom,

che vive nel campeggio.

3. la chiave: Knowles ha in mano una chiave inglese, con cui sta riparando la sua auto.

4. Al: è il fratello di Tom.

5. kaki: *di colore beige.*

6. si rannuvolò: *si incupì.*

Knowles non batté ciglio. «Se s'ha da[7] lavorare per voi, la cosa riguarda anche

35 noi, mi pare»

«I vostri pareri tenoteveli per voi. Io ho bisogno di uomini, non di pareri».

«Ma non avete detto quanti ve ne occorrono, e neanche avete detto quanto li volete pagare».

«V'ho detto che con esattezza non si può sapere ancora».

40 «Se non lo sapete, non avete diritto di ingaggiare dei lavoranti».

«Ho il diritto di fare il mio mestiere come voglio io. Se preferite accoccolarvi sulle natiche[8], peggio per voi. Ma vi offro lavoro nella contea Tulare. S'ha bisogno
di un discreto numero di lavoranti».

Knowles si rivolse alla folla di uomini, che immobili avevano seguito con gli oc-

45 chi ora l'uno ora l'altro dei due, e disse: «Ci sono cascato già due volte. Avranno
bisogno d'un migliaio di uomini sul posto, e mandano in giro a reclutarne cinquemila. Quando questi cinquemila, tutti affamati come noi, arrivano là, il padrone offre quindici cents. E non gli ci vuol molto a trovare mille disperati che
accettano. Ma è mica questo il sistema. Se hanno bisogno di uomini, facciano il

50 contratto prima. E vogliamo vedere la licenza».

L'impresario si voltò nella direzione della Chevrolet e chiamò: «Joe!» Quello che
era rimasto in vettura aprì lo sportello e uscì. Era un poliziotto, in pantaloni da
cavallerizzo e stivaloni, con la pistola alla cintola. Sul petto era ben visibile la
stella di vicesceriffo. S'avvicinò con passo pesante, sorridendo appena. «M'ave-

55 te chiamato?»

«Sentite, Joe, non avete mai visto questo tizio?»

«Quale?»

«Questo qui», rispose l'altro indicando Knowles.

«Cos'ha fatto?»

60 «È un agitatore, un piantagrane».

«Hm, hm». L'agente esaminò Knowles da vicino, di faccia e di profilo.

«Visto?» disse Knowles ai compagni, «se questo signore fosse in regola, si porterebbe un poliziotto con sé?»

L'impresario insisté: «Non l'avete mai visto prima, Joe?»

65 «Hm, mi sembra proprio di sì. La settimana scorsa, all'assalto contro quella rimessa, mi sembra proprio d'avercelo visto attorno. Anzi, son certo, è la stessa faccia».

E assumendo un'espressione severa, ordinò a Knowles, con un gesto dell'indice:
«Salite in quella vettura», e con la sinistra sganciò l'apertura della fondina.

Tom fece un passo avanti e disse: «Mica ha fatto niente, per arrestarlo!»

70 Il poliziotto si voltò di scatto e fece fronte a Tom. «E se voi volete tenergli compagnia, non avete che da riaprire il becco. Erano in due, la settimana scorsa, quelli
che ho notato attorno alla rimessa». Tom alzò le spalle. «Io non ero nemmeno in
questo stato la settimana scorsa».

«Segno che probabilmente siete ricercato altrove. Chiudete il becco».

75 L'impresario si rivolse di nuovo agli uomini. «Voi non date retta a questi danna-
ti rossi[9]. Sovversivi, che finiranno per mettervi nei guai. Se accettate vi posso ingaggiare in massa per Tulare».

Nessuno rispose.

---

7. Se s'ha da: *se si deve.*

8. accoccolarvi sulle natiche: *starvene se-*duti a far niente.

9. rossi: i comunisti, considerati sovversivi e nemici del paese, erano di per sé perse-guibili dalla polizia.

Per convincere gli uomini ad accettare il lavoro il poliziotto ricorre a minacce neppure troppo velate.

L'agente cercò di persuaderli. «Fareste bene a considerare l'offerta». Sorrideva. «L'Ufficio d'Igiene ha intenzione di far sgombrare questo accampamento. Se ora si scopre che ospitate dei sovversivi, può scoppiare un putiferio. Fareste proprio bene ad andarvene a Tulare. Qui, del resto, non c'è lavoro. Questo è un consiglio d'amico che vi do. Prevedo tra poco una calata della polizia in questo campeggio».
L'impresario incalzò: «Vi ripeto che ho bisogno di lavoranti. Se poi non avete voglia di lavorare... bene, affari vostri».

Il poliziotto sorrise: «Se non han voglia di lavorare non ce li vogliamo qui. Non ci vuol molto a farli filare[10]».

«Non ho altro da aggiungere», disse l'impresario. «Siete avvertiti che a Tulare c'è bisogno di gente: un sacco di lavoro».

Tom levò lentamente lo sguardo alle mani di Knowles e vide i nervi e i muscoli giocare[11] sotto la pelle; si portò le mani alla cintola, infilandovi i pollici. L'impresario s'avviò verso l'automobile, e il poliziotto, alzando la voce, diede agli astanti[12] l'ultimo chiaro avvertimento: «Dunque avete sentito. Lavoro ce n'è, e domani non voglio trovare più nessuno qui. Quanto a voi», rivolto a Knowles, «venite con noi in vettura». Allungò una mano per afferrare Knowles per il braccio sinistro, e fu in quell'attimo che Knowles, voltandosi di scatto, gli menò un fulmineo destro in piena faccia, e al tempo stesso prese la fuga tra le tende.

L'agente, che sotto il colpo aveva solo vacillato, fece per rincorrerlo, ma Tom avanzò un piede e gli diede lo sgambetto, facendolo cadere pesantemente a terra. Prima ancora di rialzarsi, l'agente, estratta la pistola, la puntò nella direzione di Knowles che fuggiva e sparò un colpo.

Una donna che stava tranquillamente davanti alla sua tenda lanciò un acutissimo strillo, e restò stralunata a guardarsi una mano insanguinata che non aveva più nocche: le dita pendevano dietro la mano, attaccate solo a brandelli di pelle. Knowles fuggendo riapparve un attimo tra due tende, e il poliziotto, ancora a terra, fece per sparare un secondo colpo, e fu in quel momento che il reverendo Casy[13], fattosi avanti alle spalle dell'agente, gli tirò un tremendo calcio nella nuca. Il poliziotto cadde bocconi, svenuto.

La Chevrolet diede un ruggito e partì a tutta velocità. Dinanzi alla sua tenda, la donna continuava a guardarsi la mano spappolata. Goccioline di sangue presero a stillare dalla ferita, e un risolino isterico andò formandosi nella gola della donna, una risata piagnucolosa sempre più alta e forte. L'agente giaceva su un fianco, con la bocca aperta nella polvere.

Tom raccattò la pistola, ne tolse il caricatore e lo gettò via nei cespugli, e tolse anche la cartuccia che era già nella canna, poi lasciò cadere la rivoltella al fianco del poliziotto. «Gente come questa non ha diritto a una pistola» disse.

Casy lo avvicinò. «Tom, da' retta a me, tu taglia la corda. Vattene in riva al fiume tra i pioppi, e aspetta lì. Non m'ha visto assestargli il calcio, ma ha visto te dargli lo sgambetto. Ricordati che sei in libertà vigilata[14], hanno le tue impronte digitali. Dai retta a me. Vattene subito; prima che rinvenga». Tom ubbidì e non tardò a scomparire nel boschetto.

Si udì in lontananza la sirena della polizia, e nel campo la folla si diradò come per incanto, ognuno ritirandosi sotto la sua tenda. Soltanto Al rimase con Casy vici-

---

10. farli filare: *farli sloggiare, allontanarli.*
11. giocare: *guizzare.*
12. astanti: *presenti.*

13. il reverendo Casy: un predicatore, amico della famiglia Joad.
14. in libertà vigilata: per aver ucciso un uomo in una rissa. Tom quindi non avrebbe potuto lasciare lo stato dell'Oklahoma per venire in California.

no all'agente ancora svenuto, e Casy lo persuase a ritirarsi anche lui. «Resto io», disse, «lascia che m'arrestino, io non ho famiglia; mentre se arrestano te, ci può andar di mezzo Tom, e lo rimandano a McAlester. Va' subito a nasconderti, lascia che sbrighi io la faccenda». La sirena si fece sentire a poche centinaia di passi. Al si lasciò persuadere e raggiunse i suoi sotto la tenda.

125

J. Steinbeck, *Furore*, traduzione di C. Coardi, Milano, Bompiani, 1984

● Analisi guidata

La denuncia dell'ingiustizia sociale

L'episodio mostra in modo eloquente i **soprusi** a cui i braccianti immigrati nell'Ovest vengono sottoposti da parte dei proprietari terrieri e della polizia. Sebbene la **contrapposizione tra "buoni" e "cattivi"** (sfruttati gli uni e sfruttatori gli altri) sia piuttosto **schematica** e l'esaltazione del senso di giustizia dei protagonisti inclini al populismo, l'autore coglie comunque con efficacia alcuni aspetti dei difficili **anni della Grande Depressione**.
Attraverso una scrittura sobria ma di forte impatto emotivo, il lettore viene chiamato a identificarsi con i membri della famiglia Joad e a solidarizzare con il loro tentativo di ribellione, condividendone la **sorte di oppressi** che, tuttavia, non rinunciano alla difesa dei propri diritti e a un **tentativo di riscatto** umano e sociale.

◗ Competenze di comprensione e analisi

- ● Qual è l'atteggiamento del reclutatore nei confronti di Tom Joad e dei suoi compagni? Da quali aspetti si intuisce la volontà di sfruttare il loro lavoro?

- ● In quale parte del brano è evidente che le autorità locali si schierano dalla parte dei proprietari terrieri, anche a costo di arrestare degli innocenti?

- ● Che significato ha nel contesto storico-politico dell'epoca l'accusa rivolta ai lavoratori di essere dei «rossi», ossia dei comunisti?

- ● Di quali positivi valori morali si fanno portatori Tom e i suoi compagni?

Una rappresentazione realistica

Furore costituisce un esempio di **narrativa impegnata in senso sociale**, che trae gran parte della sua forza dalla rappresentazione realistica delle condizioni di vita dei contadini disoccupati, protagonisti corali della vicenda. Alla capacità descrittiva si accompagna il ricorso a un **registro linguistico** volutamente **basso e informale**, soprattutto nel riportare le parole dei personaggi («è mica questo il sistema»; «Chiudete il becco»; «da' retta a me, tu taglia la corda»).
Questo stile, molto lontano dalla musicalità iperletteraria della prosa italiana degli anni Trenta, è alla base anche della **fortuna del romanzo tra gli scrittori neorealisti**, che si ispireranno al realismo narrativo e stilistico degli autori statunitensi, animati da analoghi sentimenti di denuncia sociale.

◗ Competenze di comprensione e analisi

- ● Analizza le parti descrittive del brano. Attraverso quali particolari il narratore ci informa sulle condizioni di vita dei protagonisti?

- ● Nella seconda parte del brano, l'atteggiamento del vicesceriffo e del reclutatore, pur rimanendo formalmente corretto, risulta chiaramente minaccioso: da che cosa lo si deduce?

- ● La scena dello sparo è rapida e caratterizzata da una vistosa ellissi narrativa. Chi viene colpito dallo sparo e perché l'informazione non viene data esplicitamente dal narratore?

Il film del mese
Terra e libertà

 Scopri altri materiali sul film

REGIA Ken Loach

ANNO 1995

DURATA 109 min.

CAST Ian Hart (David), Rosana Pastor (Blanca), Frederic Pierrot (Bernard), Tom Gilroy (Lawrence), Icíar Bollaín (Maite)

TRE BUONI MOTIVI PER VEDERLO

1 Affronta uno degli eventi storici più controversi del Novecento senza scadere nella fredda ricostruzione ideologica.

2 Mette in scena i drammatici contrasti politici all'interno del fronte repubblicano.

3 Mostra l'entusiasmo e la partecipazione di tanti giovani che accorsero da tutto il mondo per combattere il fascismo in Spagna.

L'AUTORE E L'OPERA Il regista britannico Ken Loach (1936) ha spesso ritratto nei suoi film le dure condizioni di vita del sottoproletariato inglese degli anni Ottanta, quando la politica liberista di Margaret Thatcher portò nel giro di pochi anni alla chiusura di fabbriche e stabilimenti minerari. I suoi personaggi sono idealisti che non si rassegnano al fallimento e tentano in ogni modo di dare un senso alla loro esistenza mettendosi al servizio del prossimo, come Bob, disoccupato disposto a tutto pur di riuscire a comprare alla figlia il vestito per la prima comunione (*Piovono pietre*, 1993) o Joe, alcolista che allena una squadra di calcio per tenere lontano dai guai i ragazzi di un quartiere difficile (*My name is Joe*, 1998). *Terra e libertà* è ispirato al reportage *Omaggio alla Catalogna* (1938) di George Orwell, che aveva combattuto nella guerra civile spagnola nelle fila repubblicane. Orwell militava nel Poum (Partito operaio di unificazione marxista) e aveva sperimentato in prima persona i contrasti che opponevano i comunisti alle altre correnti repubblicane, culminati nella messa al bando del Poum. Loach muove da questo contesto storico per costruire una storia di formazione, in cui il giovane protagonista assiste sgomento all'autodistruzione della sinistra spagnola.

LA TRAMA Alla morte del nonno, un operaio inglese di Liverpool, la nipote scopre tra le sue carte una serie di oggetti che risalgono alla sua partecipazione alla guerra di Spagna, tra cui un fazzoletto rosso con un po' di terra. La scena si sposta quindi al 1936, quando il giovane David Carr si reca in Spagna e si arruola nelle fila del Poum. David entra a far parte della compagnia di Lawrence, dove conosce Blanca e altri antifascisti; con loro partecipa ai combattimenti e ha modo di vedere la contrapposizione tra marxisti, anarchici e comunisti, che sfocia in un vero e proprio odio tra chi dovrebbe essere unito contro un nemico comune. Dopo aver sperimentato la durezza della vita militare e le atrocità commesse durante la guerra, David viene ferito. Ricoverato a Barcellona, viene raggiunto da Blanca con la quale litiga furiosamente per la decisione di David di abbandonare il Poum ed entrare nelle Brigate Internazionali. Mentre la situazione si fa sempre più difficile, con le truppe di Franco che avanzano verso il nord della Spagna, il governo dà l'ordine di sciogliere tutti i gruppi autonomi e di inquadrare i combattenti in un esercito regolare comandato dai comunisti. Ma ovviamente non tutti sono d'accordo e David sperimenterà in prima persona lo svanire di un sogno di libertà.

Ernest Hemingway
Una missione difficile

Per chi suona la campana

Il brano è tratto dall'inizio del romanzo Per chi suona la campana, *ambientato durante la guerra civile spagnola, e introduce la situazione che mette in moto l'azione narrativa. Il protagonista, Robert Jordan, ha il compito di far sal-*

tare un ponte controllato dai franchisti. La sua guida, lo spagnolo Anselmo, lo ha lasciato da solo ed è andato ad avvertire i compagni nascosti nelle montagne, per evitare che questi sparino allo sconosciuto.

Il giovanotto, che si chiamava Robert Jordan, aveva fame ed era molto preoccupato. Affamato era spesso, ma si preoccupava raramente perché non dava importanza a quanto gli accadeva; sapeva per esperienza come fosse facile circolare in tutta quella regione dietro il fronte nemico; quello che importava era l'avere una buona guida, poi ci si poteva spostare dietro le linee e anche attraversarle. Ciò che rende difficili le cose è dar importanza a quello che può accadere se si è catturati; e il dover decidere di chi conviene fidarsi. Delle persone con cui si lavora bisogna fidarsi completamente o non fidarsi affatto; e bisogna decidere se fidarsene o no. Ma nulla di tutto questo preoccupava il giovanotto; c'era dell'altro.

10 Anselmo era una brava guida e conosceva benissimo le montagne.

Robert Jordan era da parte sua un buon camminatore e poiché seguiva dall'alba il vecchio, sapeva benissimo che questi aveva anche più resistenza di lui. Per ora si fidava in tutto di Anselmo, tranne per il modo di giudicare le cose. Non aveva avuto ancora l'occasione di mettere alla prova il cervello del vecchio e, del resto,

15 la responsabilità di giudicare era sua. No, Anselmo non lo preoccupava e il problema del ponte non era più spinoso di tanti altri problemi. Jordan sapeva come si fanno saltare i ponti di ogni genere; ne aveva fatti saltare un'infinità, di ogni tipo e grandezza. I due pacchi contenevano abbastanza dinamite e tutto il materiale necessario per far saltare a regola d'arte quel ponte, anche se fosse stato più

20 grande il doppio di come lo descriveva Anselmo o di come Jordan stesso lo ricordava, quando nel 1933 lo aveva attraversato andando a piedi a La Granja, o anche di come gliene aveva letto la descrizione Golz due sere prima, in quella stanza all'ultimo piano della casa accanto all'Escurial[1].

«Far saltare il ponte è una cosa da niente» aveva detto Golz, il cranio rasato pie-

25 no di cicatrici nel cerchio del lume, indicando con la matita sulla grande carta. «Capite?»

«Sì, capisco».

«È proprio niente. Far semplicemente saltare in aria il ponte sarebbe un insuccesso».

30 «Sì, compagno generale».

«Quello che occorrerebbe è di far saltare il ponte in un certo momento, che dipenderà dall'ora fissata per l'attacco. Voi naturalmente lo capite. Questo si avrebbe il diritto di attendersi e così andrebbe fatto».

Golz esaminò la matita, poi se la batté sui denti.

35 Robert Jordan non aveva fiatato.

«Voi lo capite. Questo si avrebbe il diritto di attendersi e così andrebbe fatto» se-

---

Il lettore è subito immerso nella situazione di guerra, con tutti i relativi pericoli.

5

---

1. Golz ... Escurial: mentre si trova a Madrid, Robert è stato incaricato dal generale re- pubblicano Golz di far saltare un ponte sulle montagne intorno alla capitale.

guitò Goiz guardando Jordan e scuotendo il capo. Adesso batteva la matita sulla carta. «È così che farei. Ma questo non possiamo ottenerlo».

«Perché, compagno generale?»

40 «Perché?» chiese Golz arrabbiandosi. «Chissà quanti attacchi avete visto, e mi chiedete perché. Chi mi garantisce che i miei ordini non siano alterati? Chi mi garantisce che non si rinunci all'attacco? Chi mi garantisce che l'attacco non venga ritardato? Chi mi garantisce che non sia sferrato sei ore dopo l'ora stabilita? Un attacco è forse mai andato come doveva?»

45 «Se è il *vostro* attacco, comincerà all'ora giusta» disse Robert Jordan.

«Gli attacchi non sono mai *miei*» disse Golz. «Io li faccio, ma non sono miei. L'artiglieria non è mia, devo chiederla, e anche quando ne hanno non mi danno mai quella che chiedo. Ma questo è il meno. C'è dell'altro. Voi sapete com'è quella gente, no? È inutile rivangare. Capita sempre qualche cosa, c'è sempre qualcuno 50 che si mette di mezzo. State attento perciò a capirmi bene».

«Insomma, quando dev'essere fatto saltare questo ponte?» domandò Robert Jordan.

«Dopo che è cominciato l'attacco. Appena cominciato l'attacco e non prima. In modo che non arrivino rinforzi per questa strada» e indicò con la matita un punto sulla carta. «Devo essere assolutamente certo che per questa strada non arriverà niente».

55 «E quando sarà sferrato l'attacco?»

«Questo ve lo dirò. Ma l'ora e il giorno saranno solo dati probabili; significheranno che dovrete tenervi pronto per quel momento. Il ponte lo farete saltare dopo che sarà cominciato l'attacco. Guardate qui» e indicò con la matita sulla carta.

«Questa è l'unica strada per la quale il nemico può portare rinforzi, l'unica strada 60 per la quale può mandare carri armati o cannoni o avviare anche un solo autocarro verso il valico che attaccherò. Io devo avere la certezza che il ponte sia già tolto di mezzo. Non troppo presto; altrimenti, se l'attacco fosse rimandato, potrebbero ripararlo. No, il ponte deve saltare appena comincerà l'attacco e io devo essere certo che non c'è più. Al ponte ci sono due sentinelle. L'uomo che vi accompagnerà è 65 appena tornato da laggiù. Dicono che sia molto fidato. Questo lo vedrete. Ha degli uomini su nei monti. Prendete tutti gli uomini che vi occorreranno. Usatene il minor numero che potrete, ma usatene abbastanza. Tutto questo è inutile che ve lo dica».

«E come saprò che l'attacco è cominciato?»

«Impiegheremo un'intera divisione. Lo prepareremo con un bombardamento ae-70 reo. Non siete mica sordo, per caso?»

«Allora, appena gli aeroplani butteranno bombe dovrò dedurne che l'attacco è cominciato?»

«Non sempre si può concludere così» disse Golz scuotendo la testa. «Ma in questo caso lo potete. Quest'attacco lo faccio io».

75 «Capisco» disse Robert Jordan. «Non posso dire che la faccenda mi entusiasmi».

«Non piace molto nemmeno a me. Se non volete accettare ditelo subito. Se pensate di non poterlo fare, ditelo ora».

«Lo farò», aveva detto Robert Jordan «lo farò senz'altro». [...]

«Ci credo» disse Golz. «Non vi farò il discorsetto di prammatica[2]. Beviamo invece 80 un bicchierino. Quando parlo molto mi viene una gran sete, compagno Jordan. Il vostro nome, compagno Jordan, suona comico e spagnolo».

«E Golz in spagnolo come suona, compagno generale?»

«Hotze» disse Golz ridendo, con una voce profonda di gola come se gracchiasse per raucedine. «Compagno generale Hotze. Se avessi saputo come si pronuncia

---

2. di prammatica: *di rito, consueto.*

Nel campo dei repubblicani militavano volontari provenienti da tutta Europa, che combattevano per liberare la Spagna dalla minaccia del regime franchista.

85 in spagnolo prima di venir qui a far la guerra, mi sarei scelto un nome migliore. Ma guarda: vengo qui a comandare una divisione, posso scegliermi il nome che più mi garba e scelgo Hotze! Generale Hotze. È troppo tardi, ora, per cambiare. Vi piace, ditemi, stare coi *partizan*?»

Era quella l'espressione russa per la guerriglia dietro le linee.

90 «Molto» disse Jordan sorridendo. «Mi piace molto. L'aria aperta fa bene alla salute».

«Quand'ero giovane come voi,» disse Golz «piaceva moltissimo anche a me. Mi dicono che fate saltare molto bene i ponti. Scientificamente. Lo dicono. Io non vi ho mai visto al lavoro. Magari poi in realtà non succede niente. Li fate saltare in aria veramente?» Adesso Golz aveva voglia di scherzare. «Bevete».

95 Tese a Robert Jordan il bicchiere di cognac spagnolo. «Ditemi, li fate saltare veramente?»

«Qualche volta».

«Ma con questo ponte niente qualche volta, scusatemi! No, non parliamo più del ponte. Ora vi ho messo al corrente. Siamo persone serie, possiamo permetterci qualche scherzo un po' forte. Ditemi, donne ce ne sono, dietro l'altro fronte?»

100 «No, non abbiamo tempo per le donne».

«Non sono del vostro parere. Più irregolare è il servizio, più irregolare è la vita. Voi fate un servizio molto irregolare. Avete anche bisogno di farvi tagliare i capelli».

«Me li faccio tagliare quando è necessario» disse Jordan. "Farmi rapare la testa come questo Golz? Fossi scemo!" «Grattacapi ne ho abbastanza anche senza don-

105 ne» concluse seccato.

«Che specie di uniforme dovrei portare?» domandò poi Robert Jordan.

«Nessuna» disse Golz. «I capelli vanno bene; volevo solo scherzare.

Siete molto diverso da me» disse Golz e riempì di nuovo il bicchiere. «Voi non pensate mai soltanto alle donne. Io non penso addirittura mai. Perché dovrei pensare?

110 Sono un *général soviétique*[3]. Non penso mai. Non vi azzardate a farmi pensare».

Un ufficiale del suo Stato Maggiore, seduto davanti a un tavolo da disegno e chino su una carta, gli brontolò qualche cosa in una lingua che Robert Jordan non capiva.

«Zitto» Golz disse in inglese. «Scherzo quando mi pare, io. Proprio perché sono così serio posso scherzare. Ora bevete e filate. Capito, eh?»

115 «Sì» aveva detto Robert Jordan. «Capisco».

Si erano stretti la mano, Jordan aveva salutato ed era uscito salendo sulla macchina militare dove il vecchio lo aspettava addormentato e questa macchina li aveva portati attraverso Guadarrama – il vecchio sempre addormentato – e poi per la strada di Navacerrada fino al rifugio del Club Alpino dove lui, Robert Jordan,

120 aveva dormito tre ore prima che s'incamminassero.

Così aveva lasciato Golz, Golz con la sua strana faccia bianca che non si abbronzava mai, con gli occhi di falco, il gran naso, le labbra sottili e il cranio lucido coperto di rughe e cicatrici. La sera dopo sarebbero stati sulla strada buia, davanti all'Escurial; le lunghe file di camion avrebbero caricato la fanteria nell'oscurità; gli uomini, pesante-

125 mente carichi, si sarebbero arrampicati sui camion, i mitraglieri avrebbero ammucchiato sui camion le mitragliatrici; i carri armati sarebbero stati spinti su per gli assi nei loro lunghi camion da trasporto: tutta la divisione in movimento, nella notte, per sferrare all'alba l'attacco contro il valico. Ma Jordan non voleva pensarci. La cosa non lo riguardava; riguardava Golz. Lui aveva un compito solo e doveva pensare solo a quel-

Jordan è concentrato sul proprio compito in maniera "scientifica" e cerca di non pensare a tutto quello che accadrà durante l'attacco.

130 lo, cercare di vederlo chiaramente e prendere tutto il resto come veniva, senza preoccuparsi. Preoccuparsi è dannoso come aver paura; serve solo a far le cose più difficili.

E. Hemingway, *Per chi suona la campana*,
traduzione di M. Napolitano Martone, Milano, Mondadori, 1996.

3. **général soviétique:** generale sovietico.

Analisi guidata

I personaggi in un clima di guerra

Robert Jordan è un giovane **volontario** che si è arruolato per **combattere contro i franchisti**. Anche se il suo personaggio è un **alter-ego dello stesso Hemingway** – che militò realmente nel fronte repubblicano durante la guerra civile – Robert non ha nulla del carattere sanguigno e istintivo dello scrittore. Egli appare come una persona fredda ed estremamente metodica, concentrata sul suo compito e poco incline a ridere e scherzare con il generale Golz. Quest'ultimo, invece, rivendica la libertà di poter dimenticare almeno per un momento i doveri militari. Nonostante l'episodio sia incentrato su un'**azione bellica**, in queste pagine la guerra è solo evocata, prima nelle riflessioni del protagonista e poi nel flashback in cui egli ricorda la conversazione con il generale Golz. Emerge invece in modo molto chiaro il **carattere internazionale del conflitto**, che vide volontari di tutta Europa combattere in aiuto dei repubblicani. Siamo in una fase iniziale della guerra (che durò dal 1936 al 1939) e nelle parole dei personaggi si avverte ancora l'illusione di poter vincere.

 ## Competenze di comprensione e analisi

- Da che cosa è preoccupato il protagonista?

- Chi è Anselmo? Qual è il suo compito?

- Quali elementi geografici presenti nel testo permettono di collocare la vicenda nel contesto della guerra civile spagnola?

Oggettività e analisi psicologica

Come in tutte le sue opere, Hemingway adotta una **narrazione oggettiva**, in cui il narratore si limita a osservare la situazione, senza intervenire quasi mai con commenti o giudizi espliciti. Il racconto, condotto **in prima persona** ma con **focalizzazione esterna**, è composto in prevalenza da dialoghi e riflessioni del protagonista. Proprio l'estrema essenzialità della narrazione favorisce la **profondità dell'analisi psicologica**. Il carattere oggettivo della rappresentazione è confermato dalle scelte formali, improntate a un'**estrema sobrietà**, che rende le pagine di Hemingway inconfondibili. I dialoghi brevi ed essenziali sono intessuti di **ripetizioni** («Appena cominciato l'attacco», «l'attacco è cominciato»), che creano una sorta di **musicalità ossessiva** e aiutano a delineare lo stato d'animo dei personaggi.

Competenze di comprensione e analisi

- Sulla base delle informazioni che puoi ricavare dal brano, traccia un ritratto psicologico di Robert Jordan e del generale Golz.

- In che modo è costruito l'episodio? Tempo del racconto e tempo della storia coincidono o meno? Motiva la tua risposta.

- Lettura
- Comprensione
- Analisi
- Interpretazione
- Produzione scritta

Testo laboratorio
T7 # Louis-Ferdinand Céline
Courtial des Pereires

Morte a credito

Morte a credito (1936) di Louis-Ferdinand Céline racconta l'infanzia del protagonista (alter-ego dello stesso autore) vissuta nella miseria di un quartiere popolare di Parigi. Dopo aver conseguito la licenza elementare il piccolo Ferdinand ha cercato in ogni modo di trovare un impiego, ma in seguito a varie disavventure è stato cacciato da tutti i lavori, tanto che il padre ha deciso di infischiarsene di lui e il bambino è stato costretto a rifugiarsi dallo zio. Il brano è tratto dall'inizio della seconda parte del romanzo, quando Ferdinand si reca a lavorare da Courtial des Pereires, un bizzarro inventore che dirige un periodico scientifico ed effettua escursioni in pallone aerostatico.

Uomini come Roger-Marin Courtial des Pereires non se n'incontrano a mazzi… ero ancora, lo confesso, troppo giovane a quei tempi per apprezzarlo a dovere. Fu al «Génitron», il periodico favorito (venticinque pagine) dai piccoli inventori artigianali della Région Parisienne[1] che mio zio Édouard ebbe la buona
5   ventura di fare un giorno la sua conoscenza. […] Courtial des Pereires, bisogna notarlo subito, si distingueva nel modo più assoluto dal resto dei piccoli inventori… Dominava, e da molto in alto, tutto il sottobosco confuso degli abbonati al Periodico… Un magma brulicante di falliti… Ah no! Lui, Courtial Roger-Marin, non aveva nulla da spartire con loro! Era un vero maestro!... A consul-
10   tarlo non venivan soltanto i vicini di casa… Venivano da ogni parte: da Seine, Seine-et-Oise[2], abbonati della Provincia, delle Colonie, dell'Estero, perfino!... Ma, fatto notevole, Courtial, nell'intimità, provava soltanto disprezzo, disgusto appena dissimulato… per tutti quegli almanacchini microscopici, quei mille ingombri della Scienza, tutti quei commessi sviati, quei mille sarti onirici,
15   traffichini a domicilio di macchinicchi… Tutti quei fattorini toccati, tormentati, cachettici, infatuati del «Perpetuo», della quadratura dei mondi… del «rubinetto magnetico»… Tutto l'infimo pullulio degli arruffoni invasati… degli scopritori del Cavolo!...
N'aveva subito abbastanza, di loro, soltanto a guardarli, ad ascoltarli soprattut-
20   to… Era però costretto a fare buona cera[3] nell'interesse del gazzettone… Eran la sua vita di tutti i giorni, la sua risorsa… Ma era una cosa meschina e pietosa… Pazienza se avesse potuto restarsene zitto!... Doveva invece incoraggiarli! lusingarli! Respingerli garbatamente… secondo il caso e la mania… e soprattutto prender loro un obolo[4]!... Facevano a gara, tutti quei forsennati, quei terribi-
25   li disgraziati, a chi riusciva per primo… cinque minuti almeno… a scappar dal suo buco… dalla botteguccia… dall'omnibus, dal sottoscala… il tempo d'una pisciatella… per precipitarsi al più presto possibile al «Génitron»… stramazzar lì davanti all'ufficio di Des Pereires, come evasi dalla galera… Trafelati… stralunati… raggricciati di sgomento, a scrollar lo scettro della loro pazzia… a por-

---

1. Région Parisienne: Regione Parigina, ovvero la cintura di paesi e piccoli centri che circonda la capitale francese.

2. Seine, Seine-et-Oise: dipartimenti dell'area parigina.

3. buona cera: *buon viso.*

4. un obolo: una piccola offerta in denaro.

30 re a Courtial un fottio di domande traditore… sempre e comunque a proposito dei «mulini solari»… della congiunzione dei «piccoli effluvi»… dello slittamento indietro della Cordigliera… della traslazione delle comete… finché un peto di fiato restava in fondo alla loro gargana fantasiosa… fino all'ultimo sussulto della lor carcassaccia schifa… Courtial des Pereires, direttore, antesigna-

35 no[5], proprietario, animatore del «Génitron», aveva sempre la risposta pronta a tutto, mai imbarazzato, mai indeciso o sconfitto!… La sua disinvoltura, la sua competenza assoluta, il suo irresistibile ottimismo lo rendevano invulnerabile di fronte ai più biechi assalti delle più mancine castronerie…[…]

A poco a poco, a furia di vivere in stretta dimestichezza con Courtial, finii per

40 afferrar molto del suo carattere… Sotto sotto, non brillava davvero. Anzi era carognetta anzichenò, meschino, invidioso e sornione… Ma bisogna anche ammettere, per giustizia, ch'era un gran brutto affaraccio lo sgobbo[6] che si sgrugnava! cercar di cavar le gambe, come un'anima persa, per anni interi, è la verità, dalla masnada[7] di maniaci al quadrato formata dagli abbonati al «Génitron». Passa-

45 va ore terribili, da far perder la testa… fra un diluvio di castronerie… Eppure doveva tener duro, difendersi, rintuzzare i colpi, eliminare ogni resistenza, lasciare una buona impressione, far sì che quelli se n'andassero beati e contenti con una gran voglia di ritornare…

Lì per lì, arricciò un po' il naso, Courtial, prima di assumermi al suo servizio…

50 La cosa non lo interessava molto… Mi trovava un po' troppo grandicello, un po' troppo grosso, un po' costolone per il suo bottégo[8]. Già era difficile rigirarcisi, tant'era grande il guazzabuglio… E tuttavia, mica costavo troppo. Venivo offerto «alla pari», giusto il vitto e l'alloggio… I miei genitori su questo eran d'accordo. Mica avevo bisogno di denaro, andavan ripetendo allo zio… Ne avrei fatto, cer-

55 tamente, cattivo uso… L'essenziale, eccome, era ch'io non mi facessi più vivo in casa loro… Era il parere unanime di tutti in famiglia, e anche del vicinato e dei conoscenti… Mi si desse una cosa qualsiasi da fare! Mi si occupasse a qualsiasi costo! dovunque e comunque! Ma non mi si lasciasse bighelloni! e ch'io me ne stessi quanto più possibile alla larga. Da un giorno all'altro, dati i miei esor-

60 di, avrei potuto appiccare il fuoco al «Passage[9]»! Era convinzione generale…

L.-F. Céline, *Morte a credito*, traduzione G. Caproni, Tea, Milano, 1997

---

5. antesignano: *precursore.*
6. lo sgobbo: *il lavoro.*
7. masnada: *folla minacciosa, torma.*
8. bottégo: bottega, negozio.

9. Passage: una galleria coperta in cui vivono molte famiglie povere, compresa quella del protagonista.

1 Quale attività svolge Courtial des Pereires?

2 Che cos'è il «Génitron»?

3 Qual è l'atteggiamento dei genitori di Ferdinand nei confronti del figlio? Da quali punti del brano lo si può ricavare?

ANALISI E INTERPRETAZIONE

4 Trova almeno un sinonimo per ognuno dei seguenti vocaboli:

sviati – traffichini – arruffoni – raggricciati – castronerie – guazzabuglio

5 Descrivi in un breve testo le caratteristiche della lingua di Céline e spiega qual è il tuo giudizio sulle scelte operate dal traduttore (ti ricordiamo che la traduzione, opera del poeta Giorgio Caproni, è datata 1964 e che all'epoca subì pesanti tagli da parte della censura).

Oltre il testo | Confrontare e analizzare

• Data la natura molto particolare della lingua di Céline è difficile confrontarla con quella di altri autori; a tuo giudizio, in questa o in altre unità che hai studiato, vi sono autori che presentano uno stile simile? Se sì, quali sono e di che tipo sono le analogie?

---

6 Qual è il giudizio del narratore sui piccoli inventori che affollano l'ufficio di Courtial des Pereires?

7 Nella prosa di Céline è fondamentale lo sguardo ironico, che spesso sconfina in un cinismo disincantato: rintraccia nel brano alcuni esempi di questa visione dell'esistenza.

Oltre il testo | Confrontare e analizzare

• Céline scrive negli stessi anni in cui in Francia operano Sartre e Camus, eppure l'ideologia che è alla base dei suoi romanzi è opposta a quella dell'Esistenzialismo; in un breve testo scritto metti a confronto la visione del mondo che emerge da *Morte a credito* e quella descritta ne *La peste* (p. 237), individuando eventuali punti di contatto.

---

8 La prosa di Céline si caratterizza anche per un uso molto personale di tecniche narrative come il monologo interiore e il discorso indiretto libero; individuane nel brano alcuni esempi e spiega quale effetto producono sulla narrazione.

Oltre il testo | Confrontare e analizzare

• Per certi versi il ritmo della narrazione di Céline può essere paragonato a quello di Sartre: confronta il brano letto con quello tratto da *La nausea* (p. 233) mettendo in evidenza i punti di contatto relativi a questo aspetto.

SCRITTURA E APPROFONDIMENTI

9 Fai un riassunto del brano in un massimo di 8 righe.

10 Scrivi un testo espositivo in cui descrivi le caratteristiche tematiche e stilistiche di uno dei filoni narrativi presentati in questa unità.

Guida alla verifica orale

Verifica
le tue
conoscenze

DOMANDA N. 1 Quali sono le tematiche del romanzo esistenzialista sviluppatosi in Francia tra le due guerre?

LA RISPOSTA IN SINTESI

I romanzi di Jean-Paul Sartre e Albert Camus traducono in forme narrative alcune riflessioni filosofiche legate all'assurdità e all'insensatezza dell'esistenza, a cui soltanto l'impegno nei confronti dei propri simili può dare un senso.

LA RISPOSTA NEI TESTI

T1 Sartre si sofferma a descrivere la sensazione di profondo disagio (la «nausea») che attanaglia il protagonista, il quale prende gradualmente coscienza dell'insensatezza dell'esistenza.

T2 Nel romanzo *La peste* Camus sottolinea che soltanto attraverso l'impegno attivo e la solidarietà umana è possibile dare un senso alla vita.

DOMANDA N. 2 Che cos'è il romanzo "distopico"?

LA RISPOSTA IN SINTESI

Il romanzo "distopico" si incentra su un'utopia negativa, descrivendo una società, in genere proiettata nel futuro, in cui le ingiustizie sociali e le problematiche del presente sono esasperate. Il genere nasce nel Novecento in seguito all'esperienza dei totalitarismi e ai timori legati alla diffusione della tecnologia.

LA RISPOSTA NEI TESTI

T3 Huxley immagina una società in cui gli individui sono controllati fin dalla nascita, grazie al condizionamento degli embrioni che prepara i membri delle caste in cui è divisa la società.

T4 In *1984* Orwell descrive una società opprimente, in cui il potere del Grande Fratello esercita un'azione di censura e repressione sul linguaggio, sulla storia e sul comportamento e i pensieri dei singoli cittadini, privati di ogni libertà.

DOMANDA N. 3 Quali sono le caratteristiche della narrativa statunitense tra le due guerre?

LA RISPOSTA IN SINTESI

I romanzieri nordamericani, accomunati da forme espressive tendenti al realismo, si dedicano soprattutto all'analisi della difficile realtà sociale successiva alla crisi del 1929, ma raccontano anche la guerra e lo spirito vitalistico della loro nazione.

LA RISPOSTA NEI TESTI

T5 *Furore* di Steinbeck narra le disavventure di una famiglia emigrata in California in cerca di lavoro, soffermandosi sul desiderio di riscatto dei suoi membri.

T6 Nel romanzo *Per chi suona la campana* Hemingway coglie in forma oggettiva e quasi "fotografica" la disumanità della guerra e le sue conseguenze sulla psicologia dei personaggi.

Neorealismo e dintorni

Neorealismo e dintorni

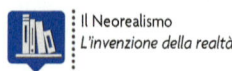

Ottone Rosai, *Muratori*, 1933.

Il Neorealismo

La stagione dell'impegno   Negli anni che seguono alla caduta del regime fascista e alla fine della Seconda guerra mondiale la riconquista delle libertà politiche e civili spinge gli intellettuali italiani a un ritrovato **impegno civile e sociale**, che si traduce in una **cultura nuova**, in grado di confrontarsi con la **ricostruzione morale e materiale della nazione**. Alla luce di recenti esperienze collettive come la guerra e la Resistenza molti scrittori prendono le distanze dalla letteratura degli anni Trenta, accusata di non essersi opposta al fascismo, e teorizzano una **nuova figura di intellettuale**, attento ai problemi concreti della società e impegnato nella loro risoluzione.

I modelli di riferimento sono il francese Jean-Paul **Sartre**, che sulla rivista «Les temps modernes» teorizza il necessario «impegno» dell'intellettuale moderno, e le *Lettere dal carcere* (1948-1951) di Antonio **Gramsci**, che sostiene l'importanza di un **più stretto contatto tra cultura e "popolo"** e la nascita di un «**intellettuale organico**», cioè funzionale ai bisogni dei ceti popolari. Tale orientamento, legato agli ambienti politici di sinistra, viene sostenuto in primo luogo dalla rivista **«Il Politecnico»**, fondata nel 1945 da Elio **Vittorini** e animata dalla volontà di un nuovo legame tra i letterati e le esigenze concrete della popolazione.

Nasce il Neorealismo   In questo clima di rinnovato impegno civile e culturale **tra il 1943 e il 1955** circa si sviluppa, in ambito cinematografico e in letteratura, il **Neorealismo**. Non si tratta di un movimento organico riconosciuto a livello teorico dai suoi esponenti (come, per esempio, era stata la "prosa d'arte" degli anni Venti), ma piuttosto dell'espressione di uno **stato d'animo diffuso**, di un'esigenza di rinnovamento che si propone di **ritrarre criticamente la realtà** per contribuire a modificarla. Ciò che infatti differenzia il "neorealismo" dal realismo

degli anni Trenta è l'**intento costruttivo**, il desiderio di denunciare i problemi del paese per contribuire alla loro risoluzione.

In polemica con la narrativa del periodo fascista, gli scrittori neorealisti **guardano al realismo di Verga** e a modelli più recenti come i **romanzi** degli **americani** John **Dos Passos**, William **Faulkner**, Ernest **Hemingway** e le prime opere di Elio **Vittorini** e Cesare **Pavese**. Proprio Vittorini è il modello di intellettuale "nuovo", capace di prendere le distanze dalla letteratura disimpegnata degli anni Trenta già nel romanzo *Conversazione in Sicilia* (1938-1939), in cui manifesta in modo esemplare la volontà di riscattare gli umili del Meridione, facendosi portavoce di una **nuova cultura, impegnata in senso politico e sociale**.

Le tematiche e le scelte formali   Gli scrittori neorealisti privilegiano il **romanzo** e sul piano dei contenuti scelgono alcuni ambiti specifici, legati da un lato alla recente **esperienza della guerra e della Resistenza**, dall'altro alle **problematiche sociali** delle diverse realtà regionali dell'Italia. Schematizzando, è possibile individuare **tre aree tematiche**, articolate al loro interno e fra loro collegate:

– il dramma della **guerra**, l'orrore dei **campi di sterminio** nazisti e la stagione della **Resistenza**. A questo filone appartengono numerosi testi di memorialistica, fra cui spicca *Se questo è un uomo* di Primo Levi, drammatica testimonianza dell'Olocausto. La Resistenza è invece rievocata nei romanzi *Il sentiero dei nidi di ragno* di Italo Calvino, *La casa in collina* di Cesare Pavese e *Il partigiano Johnny* di Beppe Fenoglio;

– la rappresentazione della **varietà regionale dell'Italia**, con particolare attenzione al **Meridione**. Il testo più significativo di quest'area tematica è *Cristo si è fermato a Eboli* di Carlo Levi, insieme a *Le terre del*

I modelli del Neorealismo secondo Italo Calvino

Nella prefazione al romanzo *Il sentiero dei nidi di ragno*, scritta nel 1964, Italo Calvino riflette *a posteriori* sulle caratteristiche del Neorealismo e sui suoi modelli. Dopo aver ribadito la natura varia e composita del Neorealismo, legato alle diverse realtà regionali, individua nell'opera di Verga, Vittorini e Pavese i punti di riferimento ideali della sua generazione.

Il "neorealismo" non fu una scuola (cerchiamo di dire le cose con esattezza). Fu un insieme di voci, in gran parte periferiche, una molteplice scoperta delle diverse Italie, anche – o specialmente – delle Italie fino allora più inedite per la letteratura. Senza la varietà di Italie sconosciute l'una all'altra – o che si supponevano sconosciute – senza la varietà dei dialetti e dei gerghi da far lievitare e impastare nella lingua letteraria, non ci sarebbe stato "neorealismo". Ma non fu paesano nel senso del verismo regionale ottocentesco. La caratterizzazione locale voleva dare sapore di verità a una rappresentazione in cui doveva riconoscersi tutto il vasto mondo: come la provincia americana in quegli scrittori degli anni Trenta di cui tanti critici ci rimproveravano d'essere gli allievi diretti o indiretti. Perciò il linguaggio, lo stile, il ritmo avevano tanta importanza per noi, per questo nostro realismo che doveva essere il più possibile distante dal naturalismo. Ci eravamo fatta una linea, ossia una specie di triangolo: *I Malavoglia*, *Conversazione in Sicilia*, *Paesi tuoi*, da cui partire, ognuno sulla base del proprio lessico locale e del proprio paesaggio.

I. Calvino, *Il sentiero dei nidi di ragno*, Einaudi, Torino, 1949

Sacramento di Francesco Jovine e ai romanzi di ambientazione fiorentina di Vasco Pratolini;
– l'analisi della **vita del popolo**, nella sua genuinità ma anche nella sua miseria materiale. Accanto alle opere neorealiste di Alberto Moravia (come *La romana* o *La ciociara*), è esemplare di questa tendenza *Metello* di Pratolini.

Alla novità dei contenuti non si accompagna una particolare innovazione nel campo delle tecniche narrative. I neorealisti recuperano **strutture di stampo ottocentesco**, caratterizzate dalla **linearità dell'intreccio** e dall'utilizzo di un **narratore onnisciente** oppure testimone dei fatti narrati. La ripresa di forme più distesamente narrative si accompagna all'adozione di un **linguaggio volutamente semplice** e antiletterario, piano e colloquiale, tale da risultare comprensibile a un vasto **pubblico popolare**, in linea con l'intento comunicativo degli autori. Anche sul piano formale, tuttavia, le soluzioni sono molto diverse tra i vari scrittori e non manca chi, come Fenoglio, adotta soluzioni espressive segnate da un marcato sperimentalismo.

Evoluzione e limiti Anche se non è semplice tracciare i confini e le linee evolutive del movimento neorealista, la critica è oggi concorde nell'individuare al suo interno **due fasi** distinte.
Nella **prima, tra il 1943 e il 1948**, il Neorealismo si sviluppa in maniera spontanea e priva di una precisa riflessione teorica, come «corrente involontaria» legata al **desiderio collettivo di raccontare** le drammatiche esperienze belliche. Rientrano in questa fase le opere di Vittorini e Pavese, la narrativa neorealista di Calvino e i romanzi di Carlo Levi e Primo Levi.
Il **secondo momento** è invece contrassegnato da un vivace dibattito sul problema dei **rapporti fra letteratura e politica**. Mentre, infatti, autori come Vittorini rivendicano l'autonomia della letteratura, al-

Vittorio de Sica, *La ciociara*, 1960.

tri intellettuali, legati al Partito comunista italiano e influenzati dal pensiero di Gramsci, affermano che gli scrittori politicamente impegnati devono **educare le masse** e preparare con le loro opere l'**avvento della rivoluzione socialista**. Il dibattito raggiunge il suo culmine con la pubblicazione di *Metello* (1955) di Pratolini, elogiato da alcuni come il prototipo del romanzo impegnato in senso socialista e accusato da altri di eccessivo schematismo.

Il 1955 è anche l'anno in cui si chiude la fase più feconda del movimento: gradualmente emergono infatti i **limiti intrinseci** della narrativa neorealista, legati soprattutto al rischio del **populismo**, ossia un'idealizzazione acritica del popolo non accompagnata da un progetto organico di rinnovamento sociale.

● Sosta di verifica

1 Da quali eventi storici nasce negli intellettuali del dopoguerra l'esigenza di un rinnovato impegno sociale e civile?

2 In quale periodo si sviluppa il Neorealismo?

3 A quali modelli si ispirano gli scrittori neorealisti?

4 Quali sono le principali tematiche dei romanzi neorealisti?

5 Quali sono le caratteristiche formali e stilistiche delle opere neorealiste?

Emilio Notte, *La strage di Melissa*, 1953.

● Il Neorealismo

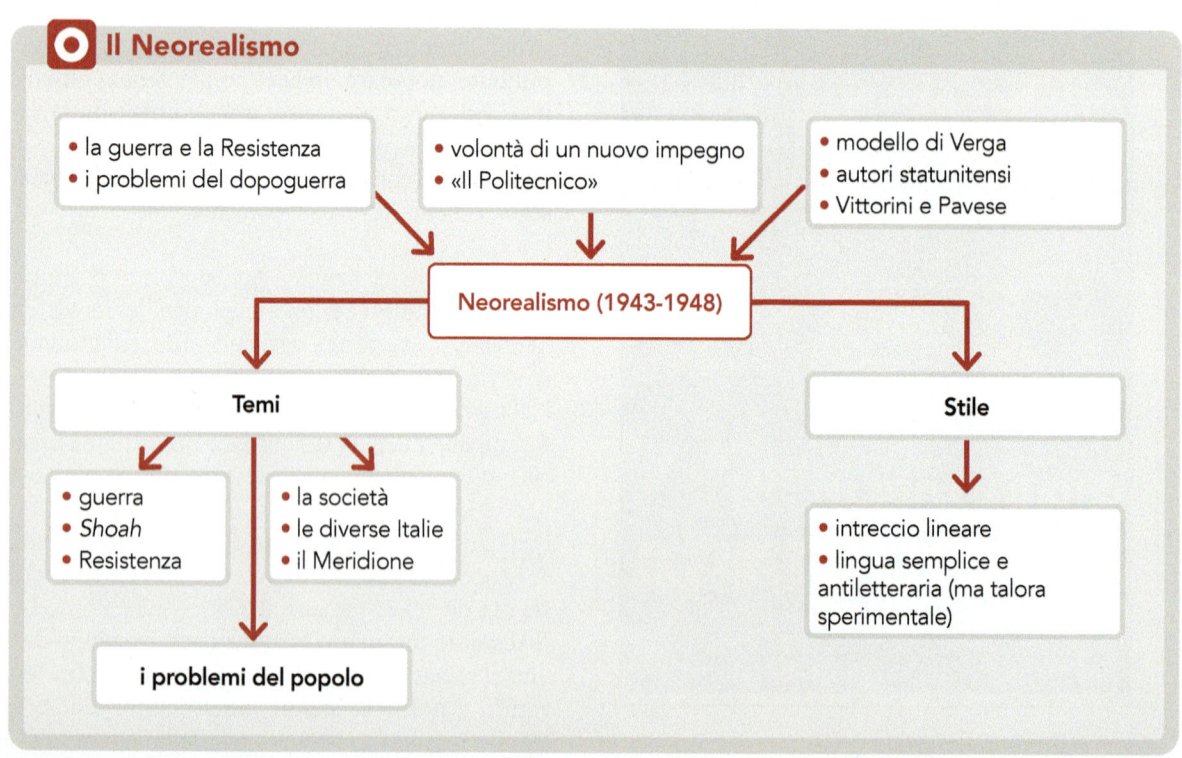

- la guerra e la Resistenza
- i problemi del dopoguerra

- volontà di un nuovo impegno
- «Il Politecnico»

- modello di Verga
- autori statunitensi
- Vittorini e Pavese

Neorealismo (1943-1948)

Temi

- guerra
- *Shoah*
- Resistenza

- la società
- le diverse Italie
- il Meridione

i problemi del popolo

Stile

- intreccio lineare
- lingua semplice e antiletteraria (ma talora sperimentale)

Elio Vittorini

Un intellettuale impegnato   Nato a **Siracusa** nel **1908**, figlio di un ferroviere, Elio Vittorini interrompe gli studi a soli sedici anni e abbandona la Sicilia. Dopo aver lavorato per qualche anno come operaio, si stabilisce a **Firenze**, dove si avvicina al gruppo della **rivista «Solaria»**, sulla quale pubblica alcune traduzioni e il romanzo a puntate *Il garofano rosso*, bloccato però dalla censura. Nel 1936, in seguito all'intervento italiano a sostegno di Franco nella guerra civile spagnola, Vittorini si schiera pubblicamente con i repubblicani e viene **espulso dal Partito fascista**. Nello stesso anno inizia la stesura di *Conversazione in Sicilia*, che esce a puntate in rivista a partire dal 1938 ma viene ugualmente fermato dalla censura. Nel 1939 si trasferisce a **Milano**, dove si dedica all'attività di **traduttore** (di Poe, Faulkner e Steinbeck) e cura per l'editore Bompiani l'antologia *Americana*, una raccolta di scrittori statunitensi censurata dal regime. Incarcerato nel 1943 per la sua attività clandestina nel Partito comunista, appena uscito di prigione **partecipa alla Resistenza** e scrive su «l'Unità», che nel 1945 dirige anche per alcuni mesi. Nello stesso anno esce il romanzo *Uomini e no*, che racconta le fasi finali della lotta partigiana a Milano. Dal novembre 1945 Vittorini dirige per Einaudi la **rivista «Il Politecnico»**, con cui sostiene la necessità di una cultura impegnata e militante. La linea culturale del «Politecnico» è causa di una **polemica con Palmiro Togliatti**, segretario del Pci, sul rapporto tra cultura e politica e il venir meno del finanziamento del partito costringe la rivista a chiudere nel 1947. All'inizio dello stesso anno esce anche il romanzo *Il Sempione strizza l'occhio al Frejus*, storia di una famiglia operaia milanese e delle sue difficoltà nel dopoguerra. Nel 1951 Vittorini lascia il Pci e negli anni seguenti cura, sempre per Einaudi, la **collana di narrativa «I Gettoni»**, su cui pubblicano giovani scrittori come Fenoglio, Cassola e Calvino, mentre nel 1959 fonda assieme a Calvino la **rivista «Il menabò»**. Tra il 1951 e il 1954 lavora al romanzo *Le città del mondo*, che resta però incompiuto. Dedito anche negli anni Sessanta all'attività editoriale, Vittorini muore nel 1966.

La parola ai protagonisti

La nuova cultura secondo Elio Vittorini

Nel primo editoriale della rivista «Il Politecnico», pubblicato il 29 settembre del 1945, Vittorini teorizza una cultura concretamente impegnata nel trasformare il mondo: «Non più una cultura che consoli nelle sofferenze ma una cultura che protegga dalle sofferenze, che le combatta e le elimini».

Per un pezzo sarà difficile dire se qualcuno o qualcosa abbia vinto in questa guerra[1]. Ma certo vi è tanto che ha perduto e che si vede come abbia perduto. I morti, se li contiamo, sono più di bambini che di soldati; le macerie sono di città che avevano venticinque secoli di vita; di case e di biblioteche, di monumenti, di cattedrali, di tutte le forme per le quali è passato il progresso civile dell'uomo; i campi su cui si è sparso più sangue si chiamano Mauthausen, Maidanek, Buchenwald, Dakau[2].

Di chi è la sconfitta più grave in tutto questo che è accaduto? Vi era bene[3] qualcosa che, attraverso i secoli, ci aveva insegnato a considerare sacra l'esistenza dei bambini. [...] Questa "cosa" voglio subito dirlo non è altro che la cultura [...].

Essa ha predicato, ha insegnato, ha elaborato principi e valori, ha scoperto continenti e costruito macchine, ma non si è identificata con la società, non ha governato con la società, non ha condotto eserciti per la società. Da che cosa la cultura trae motivo per elaborare i suoi principi e i suoi valori? Dallo spettacolo di ciò che l'uomo soffre nella società. L'uomo ha sofferto nella società, l'uomo soffre. E che cosa fa la cultura per l'uomo che soffre? Cerca di consolarlo. Per questo suo modo di consolatrice in cui si è manifestata sino ad oggi, la cultura non ha potuto impedire gli orrori del fascismo. [...]. Potremo mai avere una cultura che sappia proteggere l'uomo dalle sofferenze invece di limitarsi a consolarlo? Una cultura che le impedisca, che le scongiuri, che aiuti a eliminare lo sfruttamento e la schiavitù, e a vincere il bisogno, questa è la cultura in cui occorre che si trasformi tutta la vecchia cultura.

da *Il Politecnico: antologia*, a cura di M. Forti e S. Pautasso, Milano, Rizzoli, 1975

1. **in questa guerra:** la Seconda guerra mondiale.
2. **Mauthausen ... Dakau:** nomi di campi di sterminio nazisti.
3. **Vi era bene:** *eppure c'era.*

Conversazione in Sicilia La commistione di **impegno civile e lirismo** tipica dell'opera di Vittorini trova piena espressione nel suo **romanzo più noto**, *Conversazione in Sicilia*. Pubblicato a puntate sulla rivista «Letteratura» **tra il 1938 e il 1939** e poi bloccato dalla censura fascista, fu edito in volume nel **1941**, prima da Parenti con il titolo *Nome e lagrime* e infine da Bompiani con il titolo definitivo.

Il testo è suddiviso in **cinque parti più un epilogo** ed è ambientato tra il 1936 e il 1937. Protagonista e io narrante è **Silvestro**, un tipografo siciliano che da tempo vive e lavora al Nord. Una lettera del padre, che ha abbandonato la moglie per un'altra donna, lo distoglie dalla sua inquieta inerzia e lo induce a tornare nell'isola per far visita alla madre. Durante il lungo viaggio in treno, Silvestro conosce una serie di **personaggi reali e al tempo stesso simbolici**, fra cui il Gran Lombardo, un siciliano forte e vigoroso che gli ricorda la necessità di impegnarsi in «altri doveri» per il bene dell'umanità. All'incontro con la madre Concezione segue l'assalto dei **ricordi** e la rievocazione degli affetti familiari. Nella terza parte del romanzo Silvestro, accompagnando la madre infermiera nelle sue visite ai malati, incontra personaggi che incarnano un'**umanità sofferente**, un «mondo offeso» dalla miseria e dall'ingiustizia, per cui sembra impossibile ogni forma di riscatto. Nel finale, quando Silvestro è pronto a ripartire per Milano, ormai **consapevole dei suoi «nuovi doveri» e deciso a impegnarsi** contro le ingiustizie della storia, trova la madre intenta a lavare i piedi a un uomo che è in realtà suo padre, ma parte fingendo di non riconoscerlo.

Conversazione in Sicilia si svolge su un **piano reale** (come testimoniano i riferimenti alla realtà storica contemporanea del fascismo e della guerra civile spagnola) **e** allo stesso tempo **simbolico**. Questa situazione suscita nel protagonista, figura in larga parte autobiografica, il desiderio di reagire a una condizione di inerzia e di crisi ideologica per maturare una **coscienza critica** dei propri doveri. Il viaggio di Silvestro è quindi un **itinerario alla ricerca di sé**, delle proprie radici e del proprio passato. Ma è anche, attraverso gli incontri (le «conversazioni») con gli altri, un progressivo avvicinamento a un'umanità «offesa», simbolo degli oppressi di ogni tempo e di ogni luogo. La dimensione simbolica del testo è sottolineata dall'adozione di uno **stile lirico**, basato sulla **cura del ritmo** e sul **ricorrere di frasi brevi** che assumono valore di sentenze.

Uomini e no Il lirismo dello stile e la tendenza a trasfigurare gli eventi storici in chiave simbolica sono centrali anche in *Uomini e no* (1945), romanzo che racconta la **lotta partigiana a Milano** e che i contemporanei considerarono come **opera prima del Neorealismo**.

In certa misura *Uomini e no* è l'ideale continuazione di *Conversazione in Sicilia*: alla scoperta dei propri doveri nei confronti dell'umanità oppressa segue ora l'azione, la **lotta contro gli oppressori**, nella forma storica della **Resistenza**. Anche in questo caso, tuttavia, le vicende legate alle azioni di guerriglia antifascista del protagonista Enne 2 e del suo gruppo, pur narrate a tratti con intenso realismo, si affiancano a considerazioni più ampie e alla scoperta che, come indica il titolo dell'opera, «non ogni uomo è un uomo»: le scelte individuali contrappongono nella storia i veri uomini, oppressi ma impegnati nella lotta per il riscatto, ai non-uomini – in questo caso i nazifascisti – intenti solo alla sopraffazione violenta dei deboli. La **compresenza di intento documentario e volontà riflessiva** si riflette anche nella struttura dell'opera, che alterna parti distinte anche graficamente: la narrazione dei fatti, registrata secondo una prospettiva esterna, e, in corsivo, le riflessioni dell'autore, più libere e di valore universale.

Renato Guttuso, *Cactus sul golfo di Palermo*, 1984.

⭘ Sosta di verifica

1 Che cos'è «Il Politecnico»?

2 Qual è l'argomento di *Conversazione in Sicilia*?

3 Quali caratteristiche presenta sul piano stilistico la prosa di Vittorini?

4 Per quale motivo *Uomini e no* è considerata la prima opera del Neorealismo?

Elio Vittorini, Gli astratti furori

Conversazione in Sicilia I, 1

La pagina iniziale del romanzo, pubblicata nel 1938 sulla rivista «Letteratura», esprime con eccezionale intensità il profondo malessere di un'intera generazione, oppressa dal regime fascista. Nel 1950 il critico Geno Pampaloni scrive: «Come suonò in Italia, questa pagina! È difficile rileggerla anche oggi senza commozione e senza gratitudine».

Alla vigilia del viaggio che lo riporterà in Sicilia, il narratore-protagonista Silvestro manifesta il proprio disagio esistenziale, che nasce dall'incapacità di sottrarsi all'inerzia e alla passività e trasformare in azione concreta il proprio desiderio di ribellione. Solo al termine del suo cammino, egli troverà la forza di trasformare i suoi «astratti furori» in impegno costruttivo.

> L'espressione, ripetuta più volte con minime varianti, sottolinea in forma simbolica la totale passività di Silvestro, la sua incapacità di ribellarsi.

Io ero, quell'inverno, in preda ad astratti furori[1]. Non dirò quali, non di questo mi son messo a raccontare. Ma bisogna dica ch'erano astratti, non eroici[2], non vivi; furori, in qualche modo, per il genere umano perduto. Da molto tempo questo, ed ero col capo chino. Vedevo manifesti di giornali squillanti[3] e china-
5   vo il capo; vedevo amici, per un'ora, due ore, e stavo con loro senza dire una parola, chinavo il capo; e avevo una ragazza o moglie che mi aspettava ma neanche con lei dicevo una parola, anche con lei chinavo il capo. Pioveva intanto e passavano i giorni, i mesi, e io avevo le scarpe rotte, l'acqua che mi entrava nelle scarpe, e non vi era più altro che questo: pioggia, massacri sui manifesti
10   dei giornali, e acqua nelle mie scarpe rotte, muti amici, la vita in me come un sordo sogno, e non speranza, quiete. Questo era il terribile: la quiete nella non speranza. Credere il genere umano perduto e non aver febbre[4] di fare qualcosa in contrario, voglia di perdermi, ad esempio, con lui. Ero agitato da astratti furori, non nel sangue, ed ero quieto, non avevo voglia di nulla. Non mi impor-
15   tava che la mia ragazza mi aspettasse; raggiungerla o no, o sfogliare un dizionario era per me lo stesso; e uscire a vedere gli amici, gli altri, o restare in casa era per me lo stesso. Ero quieto; ero come se non avessi mai avuto un giorno di vita, né mai saputo cosa significa esser felici, come se non avessi nulla da dire, da affermare, negare, nulla di mio da mettere in gioco, e nulla da ascolta-

> Il periodo finale riprende le immagini iniziali: la circolarità del testo sottolinea l'immobilità di Silvestro, chiuso in un'inerzia in apparenza senza sbocco.

20   re, da dare e nessuna disposizione a ricevere, e come se mai in tutti i miei anni di esistenza avessi mangiato pane, bevuto vino, o bevuto caffè, mai stato a letto con una ragazza, mai avuto dei figli, mai preso a pugni qualcuno, o non credessi tutto questo possibile, come se mai avessi avuto un'infanzia in Sicilia tra i fichidindia e lo zolfo, nelle montagne; ma mi agitavo entro di me per astratti
25   furori, e pensavo il genere umano perduto, chinavo il capo, e pioveva, non dicevo una parola agli amici, e l'acqua mi entrava nelle scarpe.

E. Vittorini, *Conversazione in Sicilia*, Milano, Rizzoli, 1998

---

1. astratti furori: *impeti di ribellione teorici,* incapaci di concretizzarsi in azione.
2. non eroici: allusione ai dialoghi *De gli*

Eroici furori del filosofo Giordano Bruno (1548-1600).
3. manifesti … squillanti: allusione alla guer-

ra civile spagnola del 1936-1939 e alla propaganda fascista nei titoli dei giornali.
4. febbre: *voglia.*

→ Analisi del testo

COMPRENSIONE

Il brano che apre il romanzo, riflessivo più che propriamente narrativo, precede l'inizio della vicenda vera e propria. L'io narrante, Silvestro, si presenta in prima persona («Io ero») e comunica al lettore il proprio stato d'animo precedente all'inizio del viaggio. La cornice spazio-temporale è indefinita («quell'inverno»), ma gli accenni indiretti ai «massacri sui manifesti dei giornali» permettono di collocare gli eventi nel **1936**, all'**inizio della guerra civile spagnola**. La situazione del protagonista è di totale immobilismo: animato da un vago desiderio di ribellione («astratti furori... non eroici, non vivi», rr. 1-3), egli non riesce a far altro che subire passivamente una realtà che pure gli appare ingiusta. Simbolo di questa **inerte rassegnazione** è il gesto ripetuto di «chinare il capo», come pure la pioggia incessante e il freddo dell'inverno.

ANALISI E INTERPRETAZIONE

Un «io» universale Fin dall'esordio risulta chiaro che la vicenda del protagonista assume un **valore simbolico** più ampio, ponendosi come simbolo sia della **condizione degli intellettuali sotto il fascismo** sia, più in generale, dell'incapacità umana di ribellarsi alle ingiustizie della storia. L'**«Io»** che apre il testo non coincide immediatamente con un personaggio specifico, ma **allude all'uomo in generale**, a un soggetto collettivo che scopre la propria passività di fronte alla storia, genericamente intesa come il luogo dell'oppressione dell'uomo sull'uomo. Il protagonista è incapace di agire nel presente e **ha come dimenticato il proprio passato** («ero come se non avessi mai avuto un giorno di vita [...] come se mai avessi avuto un'infanzia in Sicilia», rr. 17-24). La sua esistenza si risolve in qualche incontro con «una ragazza o moglie» (r. 6) indeterminata e con «muti amici» (r. 10), mentre a dominare è il trascorrere di un tempo inutile, contrassegnato dal grigiore e da una dolorosa inerzia.

Le scelte stilistiche L'incapacità di agire di Silvestro si manifesta anche a livello stilistico: l'**uso dell'imperfetto** segnala azioni ripetitive e cicliche, quasi a sottolineare una condizione senza via di scampo; le immagini sono ricorrenti e quasi formulari, con **frequenti ripetizioni** che ribadiscono la chiusura del personaggio nel proprio «io»; il lessico insiste sull'**ambito semantico dell'inazione** e della staticità e frequentissime sono le negazioni. L'ultimo lungo periodo, costruito attraverso una serie di **coordinate per asindeto**, chiude circolarmente il testo riprendendo l'inizio, come per affermare la mancanza di una soluzione al proprio dramma interiore. Queste particolari scelte stilistiche testimoniano anche la tendenza della prosa di Vittorini a modularsi secondo **cadenze liriche e quasi poetiche**, con un'attenzione al ritmo della frase di gusto quasi ermetico. Lo stile, molto lontano da un vero e proprio realismo, è teso a trasfigurare la realtà in una dimensione assoluta, in un **alone quasi mitico** che conferisce alle vicende un valore universale.

● Lavoriamo sul testo

COMPRENSIONE

1 Che cosa significa l'espressione «astratti furori»?

2 In quale epoca si svolgono gli eventi? Quali indizi spazio-temporali sono presenti nel brano?

3 Da quali elementi del testo si comprende che il protagonista subisce passivamente la realtà esterna?

LINGUA E LESSICO

4 Quale valore ha la scelta prevalente dell'imperfetto nell'uso dei verbi?

5 Quale proposizione è contenuta nella frase «come se non avessi nulla da dire» (rr. 18-19)?

ANALISI E INTERPRETAZIONE

6 Quale valore simbolico ha il gesto ripetuto di «chinare il capo»?

7 Quale stato d'animo domina il protagonista e a che cosa è dovuto?

8 Per quale motivo, a tuo parere, l'autore sceglie di iniziare molti periodi con la congiunzione "e"?

9 Individua le immagini e i termini ripetuti nel testo e chiarisci la funzione di queste ossessive iterazioni.

SCRITTURA E APPROFONDIMENTO

10 Spiega in un breve testo quali caratteristiche psicologiche della generazione vissuta negli anni del fascismo si rispecchiano nello stato d'animo di Silvestro.

Elio Vittorini, I morti di largo Augusto

Uomini e no, capp. LXIII-LXIV

Il brano riportato, fra i più celebri del romanzo, si riferisce alla fucilazione di alcuni civili innocenti (tra cui donne, vecchi e bambini), eseguita dai fascisti come rappresaglia per un'azione compiuta dal gruppo partigiano di Enne 2, il protagonista, e alla successiva esposizione dei cadaveri in una via centrale di Milano.

Dopo che Berta, la compagna di Enne 2, vede a terra i corpi dei civili uccisi, il narratore prende la parola non solo per descrivere la scena in modo estremamente realistico, ma anche per interrogare se stesso e il lettore sul motivo di tanta violenza, che non esita a colpire in modo brutale anche e soprattutto i più indifesi.

I morti al largo Augusto non erano cinque soltanto[1]; altri ve n'erano sul marciapiede dirimpetto; e quattro erano sul corso di Porta Vittoria; sette erano nella piazza delle Cinque Giornate, ai piedi del monumento.

Cartelli dicevano dietro ogni fila di morti: Passati per le armi. Non dicevano altro,

5 anche i giornali non dicevano altro, e tra i morti erano due ragazzi di quindici anni. C'era anche una bambina, c'erano due donne e un vecchio dalla barba bianca. La gente andava per il largo Augusto e il corso di Porta Vittoria fino a piazza delle Cinque Giornate, vedeva i morti al sole su un marciapiede, i morti all'ombra su un altro marciapiede, poi i morti sul corso, i morti sotto il monumento, e

10 non aveva bisogno di saper altro. Guardava le facce morte, i piedi ignudi, i piedi nelle scarpe, guardava le parole dei cartelli, guardava i teschi con le tibie incrociate sui berretti degli uomini di guardia[2], e sembrava che comprendesse ogni cosa. Come? Anche quei due ragazzi di quindici anni? Anche la bambina? Ogni cosa? Per questo, appunto, sembrava anzi che comprendesse ogni cosa. Nessuno si stu-

15 piva di niente. Nessuno domandava spiegazioni. E nessuno si sbagliava.

C'era, tra la gente, il Gracco. C'erano Orazio e Metastasio; Scipione; Mambrino. Ognuno era per suo conto, come ogni uomo ch'era nella folla. C'era Barca Tartaro. Passò, un momento, anche El Paso. C'era Figlio-di-Dio. E c'era Enne 2[3]. Essi, naturalmente, comprendevano ogni cosa; anche il perché delle donne, della

20 bambina, del vecchio, dei due ragazzi; ma ogni uomo ch'era nella folla sembrava comprendere come ognuno di loro: ogni cosa.

Perché? il Gracco diceva.

Una delle due donne era avvolta nel tappeto di un tavolo. L'altra, sotto il monumento, sembrava che fosse cresciuta, dopo morta, dentro il suo vestito a pallini:

25 se lo era aperto lungo il ventre e le cosce, dal seno alle ginocchia; e ora lasciava vedere il reggicalze rosa, sporco di vecchio sudore, con una delle giarrettiere che pendeva attraverso la coscia dove avrebbe dovuto avere le mutandine. Perché quella donna nel tappeto? Perché quell'altra?

E perché la bambina? Il vecchio? I due ragazzi?

30 Il vecchio era ignudo, senz'altro che la lunga barba bianca a coprire qualcosa di lui, il colmo del petto; stava al centro dei sette allineati ai piedi del monumento, non segnato da proiettili; ma livido nel corpo ignudo, e le grandi dita dei piedi nere, le nocche alle mani nere, le ginocchia nere, come se lo avessero colpito, così nudo, con armi avvelenate di freddo.

35 I due ragazzi, sul marciapiede all'ombra di largo Augusto, erano invece sotto una

---

La sopraffazione dei violenti sulle vittime innocenti si ripete senza sosta nella storia, tanto che anche i passanti sembrano comprendere il senso della scena cui assistono.

Apri il vocabolario

L'aggettivo "livido" (derivato dal latino *lividus*) indica generalmente un colore violaceo (come quello di chi ha molto freddo o si arrabbia in modo violento), ma anche un eccessivo pallore. Il sostantivo si riferisce invece a ecchimosi cutanee provocate dalla rottura dei vasi sanguigni.

---

1. I morti ... soltanto: la rappresaglia si è scatenata in seguito a un'azione partigiana in cui sono stati uccisi cinque fascisti. Largo Augusto si trova nel centro di Milano, come i luoghi nominati poco dopo.
2. i teschi ... guardia: sono i simboli delle milizie fasciste.
3. il Gracco ... Enne 2: sono partigiani, ciascuno con il suo nome in codice.

coperta. Una in due, e stavano insieme, nudi i piedi fuori della coperta, e in faccia serii, non come morti bambini, con paura, con tristezza, ma serii da grandi, come i morti grandi vicino ai quali si trovavano.

E perché, loro?

40 Il Gracco vide, dove lui era, Orazio e Metastasio. Con chi aveva parlato, nella vigilia dell'automobile[4], di loro due?

Con l'uno o l'altro, egli aveva parlato tutta la sera, sempre conversava con chi si incontrava, e ora lo stesso parlava, conversava, come tra un uomo e un uomo si fa, o come un uomo fa da solo, di cose che sappiamo e a cui pur cerchiamo una

45 risposta nuova, una risposta strana, una svolta di parole che cambi il corso, in un modo o in un altro, della nostra consapevolezza.

Li guardò, dal lato suo dell'angolo che passava attraverso i morti, e una piccola ruga venne, rivolta a loro insieme allo sguardo, in mezzo alle labbra di quella sua faccia dalle tempie bianche.

50 Orazio e Metastasio gli risposero quasi nello stesso modo. Come se lui avesse chiesto: E perché loro? Mossero nello stesso modo la faccia, e gli rimandarono la domanda: E perché loro?

Ma c'era anche la bambina.

Più giù, tra i quattro del corso, dagli undici o dodici anni che aveva mostrava anche

55 lei la faccia adulta, non di morta bambina, come se nel breve tempo che l'avevano presa e messa al muro avesse di colpo fatta la strada che la separava dall'essere adulta. La sua testa era piegata verso l'uomo morto al suo fianco, quasi recisa nel collo dalla scarica dei mitragliatori e i suoi capelli stavano nel sangue raggrumati, la sua faccia guardava seria la seria faccia dell'uomo che pendeva un poco dalla parte di lei.

60 Perché lei anche?

Gracco vide passare un altro degli uomini che aveva conosciuto la sera prima, il piccolo Figlio-di-Dio, e fu un minuto con lui nella sua conversazione eterna[5]. Rivolse a lui il movimento della sua faccia, quella ruga improvvisa in mezzo alle labbra, quel suo sguardo d'uomo dalle tempie bianche; e Figlio-di-Dio fece per avvicinarglisi.

65 Ma poi restò dov'era. Perché lei? il Gracco chiedeva. E Figlio-di-Dio rispose nello stesso modo, guardandolo. Gli rimandò lui pure la domanda: Perché lei?

Perché? la bambina esclamò. Come perché? Perché sì! Tu lo sai e tutti lo sapete. Tutti lo sappiamo. E tu lo domandi?

Essa parlò con l'uomo morto che gli era accanto.

70 Lo domandano, gli disse. Non lo sanno?

Sì, sì, l'uomo rispose. Io lo so. Noi lo sappiamo.

Ed essi no? la bambina disse. Essi pure lo sanno.

Vero, disse il Gracco. Egli lo sapeva, e i morti glielo dicevano. Chi aveva colpito non poteva colpire di più nel segno. In una bambina e in un vecchio, in due ra-

75 gazzi di quindici anni, in una donna, in un'altra donna: questo era il modo migliore di colpir l'uomo. Colpirlo dove l'uomo era più debole, dove aveva l'infanzia, dove aveva la vecchiaia, dove aveva la sua costola staccata e il cuore scoperto[6]: dov'era più uomo. Chi aveva colpito voleva essere il lupo, far paura all'uomo. Non voleva fargli paura? E questo modo di colpire era il migliore che credesse di

80 avere il lupo per fargli paura.

Però nessuno, nella folla, sembrava aver paura.

E. Vittorini, Uomini e no, Milano, Mondadori, 1965

Come in *Conversazione in Sicilia*, anche qui solo il dialogo e l'incontro con gli altri uomini permettono di trovare una risposta ai propri dubbi e di trarne la forza per un'azione concreta.

L'immagine è al tempo stesso crudamente realistica e intensamente poetica, quasi un'allusione a un fiore prematuramente reciso.

Il dialogo, surreale ma intenso, sottolinea la comunione di affetti che lega le vittime ai sopravvissuti che resistono anche per dare un senso alla loro morte.

La logica della barbarie e della violenza non sembra avere la meglio su chi sa di combattere in nome di ideali di umanità e giustizia.

---

4. **nella vigilia dell'automobile:** il giorno prima, mentre aspettavano in auto di dare l'assalto al tribunale fascista.

5. **nella sua ... eterna:** *nel suo incessante interrogarsi sul senso della realtà.*

6. **dove aveva ... scoperto:** cioè nel punto più debole.

Analisi guidata

Dalla cronaca alla riflessione

Nel brano la **descrizione realistica** e oggettiva **dei morti**, sui quali il narratore si sofferma con pietosa attenzione, si alterna alla **meditazione sul senso dell'eccidio**, che assume la forma di incalzanti **interrogativi** tesi a coinvolgere emotivamente il lettore. All'autore interessa infatti non solo testimoniare la cronaca di quegli eventi drammatici, ma soprattutto **stimolare una riflessione razionale** che vada al di là della reazione puramente emotiva.

La componente lirico-meditativa si accentua nella seconda parte del testo, in cui il Gracco stabilisce un **dialogo con la bambina morta**, che senza parole gli chiarisce il motivo di tanta violenza, nata dalla precisa volontà di colpire i più deboli e i più indifesi per fiaccare la resistenza dei combattenti.

Competenze di comprensione e analisi

- Su quali tra le vittime il narratore si sofferma e su quali particolari indugia?

- Qual è l'atteggiamento dei partigiani che osservano la scena? Chi fra loro diventa portavoce dei sentimenti comuni?

Uomini e no

Secondo una tendenza tipica della narrativa di Vittorini, il dato storico concreto si trasforma in **simbolo di una condizione esistenziale assoluta**. La contrapposizione tra i fascisti vivi – che portano simboli di morte – e le vittime innocenti ripropone la lotta che sempre nella storia oppone la **bestialità degli oppressori** («il lupo») all'**innocenza degli oppressi**, che sono il simbolo dell'essere umano offeso nella sua dignità e nel suo diritto alla vita. Ma la barbarie fascista è sconfitta dalla determinazione di **opporsi alla violenza** disumana che ha causato quelle morti e il messaggio finale testimonia una coraggiosa presa di coscienza: «Però nessuno, nella folla, sembrava aver paura».

Ciò che contraddistingue Vittorini dagli altri autori neorealisti è l'adozione di uno stile che, pur non rinunciando a una descrizione oggettiva e a tratti cruda, ricerca soprattutto un **tono intimistico**, ottenuto attraverso il **ricorrere quasi ossessivo degli stessi termini** e in particolare della domanda «perché» si accompagna a un **ritmo cadenzato** e come **rallentato**.

Competenze di comprensione e analisi

- Quale rapporto si può stabilire fra questo brano e il titolo del romanzo, *Uomini e no*?

- Vittorini stesso chiarisce che l'opposizione tra «uomini» e «non-uomini» va intesa in modo dialettico: essa «mira cioè a ricordare che vi sono nell'uomo molte possibilità inumane. Ma non divide l'umanità in due parti: una delle quali sia tutta umana e l'altra inumana». Spiega il significato di questa affermazione.

- Alle rr. 1-10 ricorre con particolare insistenza la parola «morte»: quale effetto intende ottenere l'autore?

- Un'altra immagine ricorrente è quella della «piccola ruga» che solca il volto del Gracco: quale significato assume l'insistenza su questo particolare?

Tu, mio

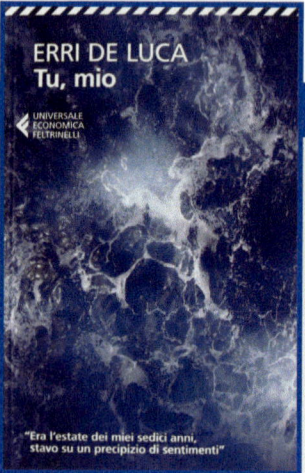

AUTORE	Erri de Luca
ANNO DI PUBBLICAZIONE	1998
CASA EDITRICE	Feltrinelli

TRE BUONI MOTIVI PER LEGGERLO

1 È una storia di formazione che affronta i dubbi e le paure legate all'ingresso nell'età adulta.

2 Descrive il periodo successivo alla Seconda guerra mondiale, quando la società italiana era divisa tra l'esigenza di ricordare gli eventi della Resistenza e la volontà di lasciarsi tutto alle spalle.

3 Evidenzia l'importanza di informarsi sulle vicende che hanno contribuito a costruire la nostra società.

L'AUTORE E L'OPERA Erri de Luca (Napoli 1950) ha svolto svariati mestieri prima di dedicarsi unicamente alla scrittura. Autore di opere di narrativa, poesie e traduzioni dalla Bibbia, tra le sue opere più famose ricordiamo i romanzi *Non ora, non qui* (1989), *Tre cavalli* (2003), *La doppia vita dei numeri* (2012) e le raccolte di racconti *In alto a sinistra* (1994) e *L'isola è una conchiglia* (2008).
Come ha scritto il critico Enzo Siciliano *Tu, mio* (1998) è un racconto «centrato sul passaggio dai privilegi dell'adolescenza alla ruvidezza della maturità». Protagonista della vicenda, ambientata in una piccola isola durante un'estate dei primi anni Cinquanta, è un ragazzo la cui adolescenza viene stravolta dall'incontro con Caia, una ragazza più grande dalla quale egli si sente subito attratto.

L'INCIPIT Il pesce è pesce quando sta nella barca. È sbagliato gridare che l'hai preso quando ha solo abboccato e senti il suo peso ballare nella mano che regge la lenza. Il pesce è pesce solo quando è a bordo. Devi tirarlo all'aria dal fondo con presa dolce e regolare, svelta e senza strappi. Altrimenti lo perdi. Non ti agitare quando lo senti sfuriare là sotto, che sembra chissà quanto grosso dalla forza che mette a sviscerarsi l'amo e l'esca dal corpo.

LA TRAMA All'inizio degli anni Cinquanta il protagonista, un ragazzo di sedici anni, trascorre le vacanze estive su un'isoletta del Mar Tirreno. Qui conosce Nicola, un pescatore che si occupa della barca di suo zio, che gli insegna a pescare e gli racconta vicende a lui sconosciute sulla guerra e sulla Resistenza. Nel frattempo sull'isola giunge Caia, una ragazza straniera affascinante e misteriosa, che il protagonista inizia a frequentare. La maturazione del ragazzo si intreccia con i racconti di guerra di Nicola e con il doloroso segreto di Caia, legato alle origini ebraiche della sua famiglia. Il desiderio di cambiare la società che anima il giovane si scontrerà però con la consapevolezza che il passato non può essere in alcun modo cancellato.

TRE PISTE DI LETTURA

1 Il romanzo evidenzia l'importanza del racconto orale come strumento di conservazione della memoria. Trovi che nella società contemporanea questa funzione dell'oralità sia ancora importante?

2 «Ero la sola persona cui interessavano quelle storie. Dopo la guerra i vivi avevano indurito il silenzio. [...] I tedeschi erano solo quel popolo che veniva a passare le ferie sull'isola». Commenta questa frase del protagonista, mettendola in relazione al contesto dell'Italia postbellica e allo sviluppo del Neorealismo.

3 Il tema dell'adolescenza inquieta è tipico del romanzo di formazione; scrivi sull'argomento un testo scritto o un elaborato multimediale in cui ne ripercorri lo sviluppo dai romanzi del primo Ottocento (Stendhal, Flaubert) alla narrativa italiana contemporanea.

Cesare Pavese

Il «mestiere di vivere» Intellettuale impegnato in senso civile e politico, scrittore poliedrico di poesie, saggi e romanzi di orientamento neorealista, a lungo impiegato nella casa editrice Einaudi prima come redattore e poi come direttore editoriale, Cesare Pavese è forse la figura più significativa della letteratura del dopoguerra. La sua esistenza, come la sua opera, è però segnata da un **profondo disagio esistenziale**, da una costante sensazione di **esclusione dai rapporti umani** e da un senso di inadeguatezza lucidamente testimoniato nel diario *Il mestiere di vivere*, uscito postumo nel 1952.

Pavese nasce il 9 settembre **1908** a **Santo Stefano Belbo** (Cuneo), nella dolcezza di quel paesaggio delle **Langhe** che ricorre nei suoi romanzi come immagine-simbolo dell'infanzia perduta. Rimasto orfano di padre a sei anni, studia a **Torino**, dove entra in contatto con gli ambienti intellettuali e antifascisti e nel 1932 si laurea con una tesi sul poeta americano Walt Whitman. Nel 1935 viene **arrestato per attività antifasciste** e condannato a tre anni di **confino a Brancaleone Calabro**. Dopo circa un anno viene graziato e può tornare a Torino; qui trova lavoro presso l'editore **Einaudi** e pubblica il suo primo volume di poesie, *Lavorare stanca* (1936). L'esordio nella narrativa avviene nel 1941, con il romanzo breve *Paesi tuoi*, che diverrà uno dei punti di riferimento della narrativa neorealista, sia per la rappresentazione di un mondo contadino violento e primitivo, sia soprattutto per lo **stile programmaticamente antiletterario**, che nei modi gergali e dialettali ricorda la lezione degli autori americani.

Pavese **non partecipa attivamente alla Resistenza** e dopo l'8 settembre 1943, non senza profondi sensi di colpa, si rifugia nel Monferrato, a casa della sorella. Dopo la Liberazione **si iscrive al Partito comunista**, collabora al quotidiano «l'Unità» e con il romanzo *Il compagno* (1946) si propone come intellettuale politicamente impegnato. In questi anni approfondisce l'interesse per il mito e l'antropologia, da cui nascono i *Dialoghi con Leucò* (1947), in cui Pavese reinterpreta situazioni e personaggi della mitologia classica. Gli ultimi anni sono i più fecondi sul piano artistico: nel 1949 escono, sotto il titolo *Prima che il gallo canti*, i romanzi brevi *Il carcere* e *La casa in collina*; l'anno successivo pubblica *La bella estate*, con cui vince il premio Strega, e nel 1950 compone il romanzo *La luna e i falò*, in cui si ritrovano tutti i motivi tipici della sua produzione, in particolare quello del ritorno alla terra natale. Ma il successo letterario e intellettuale non compensa il senso di disperata solitudine che lo opprime e, anche in seguito all'amore non ricambiato per l'attrice Constance Dowling, **il 27 agosto 1950 Pavese si uccide** in una stanza d'albergo di Torino con una dose massiccia di sonniferi. Pochi mesi dopo la sua morte appare la raccolta di poesie *Verrà la morte e avrà i tuoi occhi*, incentrata proprio sulla sfortunata storia d'amore con la Dowling.

Il mito, la campagna e la città La **produzione** letteraria di Pavese è fortemente **unitaria** e legata, sul piano tematico, dal ricorrere di **situazioni e personaggi** fra loro **simili**. Al centro della maggior parte dei romanzi vi sono personaggi segnati dalla **solitudine**, incapaci di stabilire rapporti affettivi autentici e impegnarsi in modo costruttivo. A questo senso di dolorosa **estraneità e inadeguatezza** – in gran parte autobiografico – si accompagna spesso il desiderio di sfuggire alle responsabilità della vita adulta attraverso il recupero della dimensione infantile, ancora libera dal peso della scelta.

Gran parte dell'opera di Pavese ruota intorno alla **contrapposizione tra infanzia e maturità**, cui corrisponde il contrasto **tra campagna e città**. Il luogo mitico dell'infanzia perduta e della comunione con la natura è infatti identificato con il paesaggio delle Langhe, mentre la maturità e la necessi-

Cesare Pavese negli anni Quaranta.

«Non scriverò più»

Nel diario *Il mestiere di vivere*, pubblicato postumo nel 1952, Pavese annota, dal 6 ottobre 1935 al 18 agosto 1950, pensieri, emozioni e riflessioni legate alla sua attività di scrittore. Riportiamo qui le ultime annotazioni, che precedono di pochi giorni la tragica scelta del suicidio, vista come l'unica via di scampo da una profonda sofferenza interiore.

17 agosto 1950
[…] È la prima volta che faccio il consuntivo di un anno non ancora finito.
Nel mio mestiere dunque sono un re.
In dieci anni ho fatto tutto. Se penso alle esitazioni di allora.
Nella mia vita sono più disperato e perduto di allora. Che cosa ho messo insieme? Niente. Ho ignorato per qualche anno le mie tare, ho vissuto come se non esistessero. Sono stato stoico. Era eroismo? No, non ho fatto fatica. E poi, al primo assalto dell'«inquieta angosciosa», sono ricaduto nella sabbia mobile. Da marzo mi ci dibatto. […]
Resta che ora so qual è il mio più alto trionfo – e a questo trionfo manca la carne, manca il sangue, manca la vita. Non ho più nulla da desiderare su questa terra, tranne qualcosa che quindici anni di fallimenti ormai escludono. Questo il consuntivo dell'anno non finito, che non finirò. […]

18 agosto 1950
La cosa più segretamente temuta accade sempre.
Scrivo: o Tu, abbi pietà. E poi?

Basta un po' di coraggio.

Più il dolore è determinato e preciso, più l'istinto della vita si dibatte, e cade l'idea del suicidio.

Sembrava facile, a pensarci. Eppure donnette l'hanno fatto. Ci vuole umiltà, non orgoglio.

Tutto questo fa schifo.
Non parole. Un gesto. Non scriverò più.

C. Pavese, *Il mestiere di vivere (1935-1950)*, Torino, Einaudi, 2000

---

tà dell'impegno corrispondono alla città, connotata come luogo della storia e della civiltà. Ognuno dei due poli – infanzia e maturità, campagna e città, natura e storia – ha però in sé valenze positive e negative al tempo stesso: la **campagna** è senza dubbio il luogo dell'innocenza infantile, ma è anche, come in *Paesi tuoi*, il **mondo degli istinti primitivi e selvaggi**, del sangue, del sesso e della violenza. Analogamente, la **città** dovrebbe configurarsi come luogo della maturazione del soggetto e del suo inserimento nella società, ma in genere appare una **terra di solitudine e isolamento**, in cui l'individuo prende coscienza della propria incapacità. L'unica, illusoria salvezza è allora la **speranza in un ritorno al «paese» mitico dell'infanzia**, ritorno che si rivela però – si pensi a *La luna e i falò* – impossibile o deludente.

Trasfigurazioni del reale

La tendenza a **trasfigurare in chiave mitica l'esperienza autobiografica** e a collegare storia personale e vicende collettive chiarisce la particolare natura del realismo di Pavese. Sebbene le vicende narrate siano inserite in un contesto geografico e storico-sociale ben determinato, esse tendono ad assumere una **valenza universale**, grazie a una **scrittura dalla forte carica e allusiva**. Per esempio ne *La luna e i falò* le colline delle Langhe vengono spesso paragonate per la loro forma a «mammelle», con allusione al mito della terra-madre, mentre la luna si fa simbolo del ciclico ripetersi dei ritmi naturali.

Anche sul piano stilistico, il linguaggio di Pavese si caratterizza per l'originale accostamento di un **registro realistico**, vicino al parlato e al dialetto, e di un **registro lirico**, ricco di termini poetici e metaforici. Da un lato, soprattutto nei dialoghi, egli ricorre a forme colloquiali, con termini gergali e una sintassi franta; dall'altro utilizza formule ritmiche e ripetizioni tipiche della produzione in versi. Ne deriva uno **stile originale e antiletterario**, che nella sua compostezza si differenzia sia dal preziosismo ermetico sia dai modi più tipici della narrativa neorealista.

La casa in collina Pubblicato nel **1949** insieme a *Il carcere* nel volume *Prima che il gallo canti* (titolo che, dietro l'allusione al tradimento di Pietro nei confronti di Gesù, si riferisce autobiograficamente al 'tradimento' di Pavese, che non aveva preso parte attiva alla Resistenza), questo romanzo breve narra la **vicenda**, in larga parte **autobiografica**, di un insegnante torinese, **Corrado**, costretto dai bombardamenti a rifugiarsi sulle Langhe. Lì incontra la donna un tempo amata, **Cate** – che ha un figlio adolescente, Dino, il cui padre è forse lo stesso Corrado – e un gruppo di sfollati che, dopo l'8 settembre, organizzano la **lotta partigiana** ma vengono arrestati dai tedeschi. Corrado, chiuso nel suo isolamento di **intellettuale solitario** e incapace di un impegno concreto, trova riparo prima in un collegio di religiosi e poi nella casa paterna. La fuga da ogni responsabilità (di uomo e di padre) non riesce però a impedire che, nel finale, egli comprenda chiaramente la **necessità di una piena partecipazione alle vicende storiche collettive**.

Mario Mafai, *Doppio ritratto*, 1934.

Il romanzo costituisce dunque una sorta di lucido **esame di coscienza** di Pavese, che guarda non senza sensi di colpa alla sua personale incapacità di partecipare attivamente alla Resistenza, una guerra civile che, con i suoi tanti caduti, chiama in causa ogni singolo individuo.

La luna e i falò Composto nel **1950**, *La luna e i falò* è considerato il capolavoro di Pavese e l'opera che **riassume i temi più tipici della sua produzione**. **Anguilla**, un trovatello cresciuto nelle Langhe, ritorna nella sua terra d'origine dopo aver fatto fortuna in America e, guidato dall'amico **Nuto**, ripercorre i **luoghi della sua infanzia**. Ma ormai tutto è cambiato e i ricordi non corrispondono alla realtà, segnata dalla povertà e dalla violenza della guerra e dalla Resistenza. Anguilla fa amicizia con Cinto, un povero ragazzo sciancato il cui padre, Valino, reso folle dalla miseria e dalla disperazione, si impicca dopo aver dato fuoco alla casa. Attraverso il racconto di Nuto il protagonista viene a conoscenza anche della sorte delle tre figlie del sor Matteo, un possidente della zona: passate dal mondo contadino a quello borghese, sono andate tutte incontro a una fine tragica, soprattutto l'ultima, Santina, uccisa e bruciata dai partigiani come spia. Constatato il crollo irreparabile del suo mondo, Anguilla non può far altro che ripartire per sempre.

Il tema centrale del romanzo è il **ritorno alla terra natale**, visto dal protagonista – uno sradicato e un solitario – come via per la possibile **ricostruzione di una propria identità**. Il viaggio di Anguilla, che dovrebbe riportarlo indietro nello spazio e nel tempo, si risolve però in un totale **fallimento**. Il mondo mitico dell'infanzia, segnato dal ripetersi ciclico e rassicurante dei ritmi naturali, è stato infatti violato dall'**irruzione della storia individuale e collettiva**, che ne ha spezzato l'incanto. Nella trama simbolica del romanzo, ai «falò» propiziatori accesi dai contadini per favorire la fertilità della terra si contrappongono i ben diversi roghi in cui trovano la morte Valino e, soprattutto, Santina, simbolo del divampare della guerra civile.

⭕ Sosta di verifica

1 Quale significato assume nei romanzi di Pavese la contrapposizione tra città e campagna?

2 Qual è l'argomento della *Casa in collina*?

3 In che senso la *Luna e i falò* riassume i temi centrali dell'opera di Pavese?

Cesare Pavese
«E dei caduti che facciamo?»

La casa in collina, cap. XXIII

Il brano è tratto dal capitolo conclusivo del romanzo La casa in collina, *in cui il protagonista, Corrado, dopo essersi brevemente ricongiunto con il figliastro Dino, sceglie di tornare al paese natale nelle Langhe, mentre il giovane si arruola con i partigiani.*

Di fronte alla visione della casa paterna, che sembra rimasta immutata nel corso del tempo, Corrado riflette sulla propria esperienza. L'attività agricola continua regolarmente a scandire la vita quotidiana, ma anche in questi luoghi sono visibili gli effetti della guerra.

> *L'incipit del capitolo, in apparenza paradossale dopo capitoli ricchi di eventi, intende sottolineare il fatto che le vicende della guerra non hanno modificato la passività del protagonista.*

Niente è accaduto. Sono a casa da sei mesi, e la guerra continua. Anzi, adesso che il tempo si guasta, sui grossi fronti gli eserciti sono tornati a trincerarsi[1], e passerà un altro inverno, rivedremo la neve, faremo cerchio intorno al fuoco ascoltando la radio. Qui sulle strade e nelle vigne la fanghiglia di novembre comincia a bloccare le bande[2]; quest'inverno, lo dicono tutti, nessuno avrà voglia di combattere, sarà già duro essere al mondo e aspettarsi di morire in primavera. Se poi, come dicono, verrà molta neve, verrà anche quella dell'anno passato e tapperà porte e finestre, ci sarà da sperare che non disgeli mai più.

Abbiamo avuto dei morti anche qui. Tolto questo e gli allarmi e le scomode fughe nelle forre[3] dietro i beni (mia sorella o mia madre che piomba a svegliarmi, calzoni e scarpe afferrati a casaccio, corsa aggobbita[4] attraverso la vigna, e l'attesa, l'attesa avvilente), tolto il fastidio e la vergogna, niente accade. Sui colli, sul ponte di ferro, durante settembre non è passato giorno senza spari – spari isolati, come un tempo in stagione di caccia, oppure rosari di raffiche. Ora si vanno diradando. Quest'è davvero la vita dei boschi come si sogna da ragazzi. E a volte penso che soltanto l'incoscienza dei ragazzi, un'autentica, non mentita[5] incoscienza, può consentire di vedere quel che succede e non picchiarsi il petto. Del resto gli eroi di queste valli sono tutti ragazzi, hanno lo sguardo diritto e cocciuto dei ragazzi. E se non fosse che la guerra ce la siamo covata nel cuore noialtri – noi non più giovani, noi che abbiamo detto "Venga dunque se deve venire" – anche la guerra, questa guerra, sembrerebbe una cosa pulita. Del resto, chi sa. Questa guerra ci brucia le case. Ci semina di morti fucilati piazze e strade. Ci

> *Si fa strada nella coscienza di Corrado la consapevolezza che, prima o poi, anch'egli dovrà assumere una posizione nei confronti della storia.*

caccia come lepri di rifugio in rifugio. Finirà per costringerci a combattere anche noi, per strapparci un consenso attivo. E verrà il giorno che nessuno sarà fuori della guerra – né i vigliacchi, né i tristi, né i soli. Da quando vivo qui coi miei, ci penso spesso. Tutti avremo accettato di far la guerra. E allora forse avremo pace. Malgrado i tempi, qui nelle cascine si è spannocchiato[6] e vendemmiato. Non c'è stata – si capisce – l'allegria di tanti anni fa: troppa gente manca, qualcuno per sempre. Dei compaesani soltanto i vecchi e i maturi mi conoscono, ma per me la collina resta tuttora un paese d'infanzia, di falò e di scappate, di giochi. Se avessi Dino[7] qui con me potrei passargli le consegne; ma lui se n'è andato, e per fare sul serio[8]. Alla sua età non è difficile. Più difficile è stato per gli altri, che pure l'han fatto e ancora lo fanno. […]

---

1. **trincerarsi:** *chiudersi nelle trincee.*
2. **le bande:** *i gruppi di partigiani.*
3. **forre:** *gole dei monti.*
4. **aggobbita:** *accucciata, accovacciata.*
5. **non mentita:** *sincera, genuina.*
6. **si è spannocchiato:** *si sono raccolte le pannocchie di granoturco.*
7. **Dino:** *è il figlio di Cate e, forse, di Corrado stesso.*
8. **per fare sul serio:** *cioè per combattere con i partigiani.*

Nella sua spietata autoanalisi, Corrado guarda al proprio passato come a qualcosa di estraneo, mai realmente vissuto con piena consapevolezza.

35 Non è che non provi una stretta se penso a chi è scomparso, se penso agli incubi che corrono le strade come cagne – mi dico perfino che non basta ancora, che per farla finita l'orrore dovrebbe addentarci, addentare noi sopravvissuti, anche più a sangue – ma accade che l'io, quell'io che mi vede rovistare con cautela i visi e le smanie di questi ultimi tempi, si sente un altro, si sente staccato, come se tutto ciò che ha fatto, detto e subito, gli fosse soltanto accaduto davanti – faccenda altrui, storia trascorsa. Questo insomma

40 m'illude: ritrovo qui in casa una vecchia realtà, una vita di là dai miei anni, dall'Elvira, da Cate[9], di là da Dino e dalla scuola, da ciò che ho voluto e sperato come uomo, e mi chiedo se sarò mai capace di uscirne. M'accorgo adesso che in tutto quest'anno, e anche prima, anche ai tempi delle magre

45 follie, dell'Anna Maria, di Gallo[10], di Cate, quand'eravamo ancora giovani e la guerra una nube lontana, mi accorgo che ho vissuto un solo lungo isolamento, una futile[11] vacanza, come un ragazzo che giocando a nascondersi entra dentro un cespuglio e ci sta bene, guarda il cielo da sotto le foglie, e si dimentica di uscire mai più.

50 È qui che la guerra mi ha preso, e mi prende ogni giorno. Se passeggio nei boschi, se a ogni sospetto di rastrellatori[12] mi rifugio nelle forre, se a volte discuto coi partigiani di passaggio (anche Giorgi[13] c'è stato, coi suoi: drizzava il capo e mi diceva: "Avremo tempo le sere di neve a riparlarne"), non è che non veda come la guerra non è un gioco, questa guerra che è giunta fin qui, che prende

55 alla gola anche il nostro passato. Non so se Cate, Fonso, Dino, e tutti gli altri[14], torneranno. Certe volte lo spero, e mi fa paura. Ma ho visto i morti sconosciuti, i morti repubblichini[15]. Sono questi che mi hanno svegliato. Se un ignoto, un nemico, diventa morendo una cosa simile, se ci si arresta e si ha paura a scavalcarlo, vuol dire che anche vinto il nemico è qualcuno, che dopo averne sparso

60 il sangue bisogna placarlo, dare una voce a questo sangue, giustificare chi l'ha sparso. Guardare certi morti è umiliante. Non sono più faccenda altrui; non ci si sente capitati sul posto per caso. Si ha l'impressione che lo stesso destino che ha messo a terra quei corpi, tenga noialtri inchiodati a vederli, a riempircene gli occhi. Non è paura, non è la solita viltà. Ci si sente umiliati perché si

65 capisce – si tocca con gli occhi – che al posto del morto potremmo essere noi: non ci sarebbe differenza, e se viviamo lo dobbiamo al cadavere imbrattato[16]. Per questo ogni guerra è una guerra civile: ogni caduto somiglia a chi resta, e gliene chiede ragione[17].

La vista dei nemici morti, uomini anch'essi, rende dolorosamente evidente l'assurdità di ogni guerra e la necessità di assumere una posizione precisa nella storia.

Ci sono giorni in questa nuda campagna che camminando ho un soprassalto: un

70 tronco secco, un nodo d'erba, una schiena di roccia, mi paiono corpi distesi. Può sempre succedere. Rimpiango che Belbo[18] sia rimasto a Torino. Parte del giorno la passo in cucina, nell'enorme cucina dal battuto[19] di terra, dove mia madre, mia sorella, le donne di casa, preparano conserve. Mio padre va e viene in cantina,

---

9. dall'Elvira, da Cate: Elvira è la donna presso cui Corrado abitava prima della fuga; Cate è una donna amata in gioventù e ritrovata fra i partigiani.

10. dell'Anna ... Gallo: sono una fidanzata di gioventù di Corrado e un suo amico, morto in guerra.

11. futile: *superficiale*.

12. rastrellatori: soldati che pattugliano i campi per compiere arresti.

13. Giorgi: un partigiano amico di Corrado.

14. Cate ... altri: i membri del gruppo partigiano conosciuti da Corrado in collina e poi arrestati.

15. repubblichini: fascisti, così chiamati così per la loro adesione alla Repubblica di Sa-

lò (Repubblica Sociale Italiana), fondata da Mussolini il 23 settembre 1943.

16. imbrattato: *coperto di sangue*.

17. gliene ... ragione: *gli chiede conto del proprio sacrificio*.

18. Belbo: è il cane di Corrado, che lo accompagnava spesso nelle sue passeggiate.

19. battuto: *pavimento*.

75 col passo del vecchio Gregorio[20]. A volte penso se una <mark>rappresaglia</mark>, un capriccio, un destino folgorasse la casa e ne facesse quattro muri diroccati e anneriti. A molta gente è già toccato. Che farebbe mio padre, che cosa direbbero le donne? Il loro tono è "La smettessero un po'", e per loro la guerriglia, tutta quanta questa guerra, sono risse di ragazzi, di quelle che seguivano un tempo alle feste del santo patrono. Se i partigiani requisiscono farina o bestiame, mio padre dice: «Non
80 è giusto. Non hanno il diritto. La chiedano piuttosto in regalo». «Chi ha il diritto?» gli faccio. «Lascia che tutto sia finito e si vedrà», dice lui.

Io non credo che possa finire. Ora che ho visto cos'è guerra, cos'è guerra civile, so che tutti, se un giorno finisse, dovrebbero chiedersi: «E dei caduti che facciamo? perché sono morti?» Io non saprei cosa rispondere. Non adesso, almeno. Né mi
85 pare che gli altri lo sappiano. Forse lo sanno unicamente i morti, e soltanto per loro la guerra è finita davvero.

C. Pavese, *La casa in collina*, Torino, Einaudi, 2008

---

20. Gregorio: è l'oste delle Tre Fontane, la fattoria dove si trovavano Cate e i partigiani.

 Dal romanzo puoi leggere anche il brano *La collina*

 Analisi guidata

I conti con se stesso

In un lungo **monologo interiore** il protagonista Corrado, tornato nella casa dei genitori mentre ancora infuria la guerra civile tra partigiani e fascisti, riflette sul significato della propria esperienza. Sulle colline della sua infanzia la vita continua, assecondando il ritmo ciclico della natura e dei lavori agricoli («Malgrado i tempi, qui nelle cascine si è spannocchiato e vendemmiato»), ma anche in questo luogo protetto la guerra ha fatto sentire i suoi drammatici effetti («Questa guerra ci brucia le case. Ci semina di morti fucilati piazze e strade»). Di fronte a questo **spettacolo quotidiano di morte e distruzione**, Corrado è indotto a tracciare un **severo bilancio della propria esistenza**, vissuta finora nella «lunga illusione» di poter evitare l'impegno diretto. Solo nel finale del romanzo egli esce in parte dal suo isolamento e si interroga dolorosamente sul senso della violenza della storia.

⬤ Competenze di comprensione e analisi

- Suddividi il brano in sequenze e fai un riassunto di ciascuna di esse.

- Perché, nonostante l'immediata e tragica realtà della guerra, l'io narrante può affermare che «Niente è accaduto»? A che cosa intende alludere con questa espressione?

- Qual è stata la scelta operata da Dino, il figliastro del protagonista? Che cosa intende affermare Corrado quando dice che Dino «se n'è andato, e per fare sul serio»?

- Che cosa significa la considerazione che i morti non sono più una «faccenda altrui»?

«Ogni guerra è una guerra civile»

Il capitolo conclusivo mette a fuoco il tema centrale del romanzo, che percorre del resto tutta la produzione di Pavese: lo scontro fra il **desiderio di isolamento e regressione** all'infanzia e la **necessità di un impegno attivo** e consapevole. Alla luce dell'esperienza della guerra – alla quale ha tentato di restare estraneo – Corrado si rende conto non senza un profondo senso di colpa di aver condotto la sua vita passata come «un lungo isolamento», incapace di stabilire rapporti autentici con gli altri e di impegnarsi in una causa collettiva. Anche il suo desiderio di rifugiarsi nella «casa in collina», nella terra protettiva della sua infanzia, è fallito poiché **la violenza della guerra ha invaso anche quel mondo mitico**, distruggendone l'incanto e l'innocenza.

Nella seconda parte del brano la vista dei «morti repubblichini» pone al protagonista una serie di interrogativi, legati alla necessità di giustificare sul piano morale la violenza della guerra. Corrado si rende conto del **legame che unisce tutti i caduti**, in nome della comune umanità e indipendentemente dalle loro posizioni ideologiche. Ogni guerra, anche la più giusta, spinge l'uomo a infierire sui propri simili, spinto da una violenza antica che è difficile giustificare: «Per questo ogni guerra è una guerra civile: ogni caduto somiglia a chi resta, e gliene chiede ragione».

Nel brano si registra la consueta compresenza, tipica dello stile di Pavese, di **elementi realistici e trasfigurazione simbolica**. Più dei fatti, tuttavia, risalta l'**interrogarsi lucido del protagonista**, che si esprime attraverso un **linguaggio semplice e misurato**.

⬤ Competenze di comprensione e analisi

- L'irruzione violenta della storia e dei suoi orrori costringe Corrado – alter ego di Pavese – a una riluttante maturazione e a prendere coscienza che presto «nessuno sarà fuori della guerra». A quale ultima speranza ci si dovrà dunque aggrappare per dare un senso alla vita? Assumendo quale atteggiamento propositivo si può intraprendere un percorso di rinascita?

- Di fronte agli interrogativi sulla guerra e sulla morte, Corrado-Pavese non offre una risposta certa, ma chiama i posteri a giudicare la legittimità degli ideali che hanno causato tanta sofferenza. A un livello ancor più profondo, nel finale la voce narrante sembra suggerire che in realtà «la guerra» non è solo un evento storicamente determinato ma una metafora della brutale conflittualità che domina la vita di ciascuno, anche in tempo di pace. Alla luce di tali considerazioni, rifletti sulla natura e le conseguenze della guerra in un breve testo scritto.

Pablo Picasso, *La guerra*, 1952.

Cesare Pavese, Che cosa resta?

La luna e i falò, cap. XXVI

Siamo nella seconda parte del romanzo. Anguilla si è ormai reso conto che il paese in cui è tornato è molto diverso da quello che ricordava, che la guerra non lo ha lasciato indenne, che il trascorrere del tempo ha portato con sé separazioni, dolori, distruzioni. Ma nonostante tutto continua a ricercare nel paesaggio i suoi ricordi d'un tempo.

Attraverso il dialogo con l'amico Nuto, che lo guida alla riscoperta della sua terra, Anguilla comprende gradualmente il senso del suo distacco dal paese e l'inutilità del ritorno: troppe cose sono cambiate e, come sottolinea l'episodio dell'incendio di Valino, ai ritmi ciclici della natura si è sostituita una realtà di morte e distruzione che pare travolgere anche le memorie dell'infanzia.

> Anguilla vorrebbe ritrovare il paese che ha lasciato perché sa che recuperare le proprie origini è l'unico modo per ricostruirsi una identità. Ma la guerra ha portato troppi cambiamenti e della sua vita di un tempo resta ben poco.

> Il protagonista è consapevole che il suo distacco dalla terra natale è stato soprattutto una fuga dalla miseria e dalle responsabilità.

Di tutto quanto, della Mora[1], di quella vita di noialtri, che cosa resta? Per tanti anni mi era bastata una ventata di tiglio la sera, e mi sentivo un altro, mi sentivo davvero io, non sapevo nemmeno bene perché. Una cosa che penso sempre è quanta gente deve viverci in questa valle e nel mondo che le succede proprio adesso

5 quello che a noi toccava allora, e non lo sanno, non ci pensano. Magari c'è una casa, delle ragazze, dei vecchi, una bambina – e un Nuto, un Canelli[2], una stazione, c'è uno come me che vuole andarsene via e far fortuna – e nell'estate battono il grano, vendemmiano, nell'inverno vanno a caccia, c'è un terrazzo – tutto succede come a noi. Dev'essere per forza così. I ragazzi, le donne, il mondo, non

10 sono mica cambiati. Non portano più il parasole, la domenica vanno al cinema invece che in festa, dànno il grano all'ammasso[3], le ragazze fumano – eppure la vita è la stessa, e non sanno che un giorno si guarderanno in giro e anche per loro sarà tutto passato. La prima cosa che dissi, sbarcando a Genova in mezzo alle case rotte dalla guerra, fu che ogni casa, ogni cortile, ogni terrazzo, è stato qual-

15 cosa per qualcuno e, più ancora che al danno materiale e ai morti, dispiace pensare a tanti anni vissuti, tante memorie, spariti così in una notte senza lasciare un segno. O no? Magari è meglio così, meglio che tutto se ne vada in un falò d'erbe secche e che la gente ricominci. In America si faceva così – quando eri stufo di una cosa, di un lavoro, di un posto, cambiavi. Laggiù perfino dei paesi inte-

20 ri con l'osteria, il municipio e i negozi adesso sono vuoti, come un camposanto. Nuto non parla volentieri della Mora, ma mi chiese diverse volte se non avevo più visto nessuno. Lui pensava a quei ragazzi di là intorno, ai soci delle bocce, del pallone, dell'osteria, alle ragazze che facevamo ballare. Di tutti sapeva dov'erano, che cosa avevano fatto; adesso, quando eravamo alla casa del Salto[4] e ne passa-

25 va qualcuno sullo stradone, lui gli diceva con l'occhio del gatto[5]: «E questo qui lo conosci ancora?». Poi si godeva la faccia e la meraviglia dell'altro e ci versava da bere a tutti e due. Discorrevamo. Qualcuno mi dava del voi. «Sono Anguilla», interrompevo, «che storie. Tuo fratello, tuo padre, tua nonna, che fine hanno fatto? È poi morta la cagna?»

---

1. Mora: la cascina del possidente sor Matteo, dove Anguilla ha cominciato a lavorare e a scoprire il mondo.
2. Canelli: cittadina ai bordi delle Langhe.

3. dànno il grano all'ammasso: *mettono il raccolto in comune,* cioè hanno fondato delle cooperative agricole.
4. alla casa del Salto: alla casa di Nuto.

5. con l'occhio del gatto: *con sguardo sornione e ammiccante.*

30 Non erano cambiati gran che; io, ero cambiato. Si ricordavano di cose che avevo fatto e avevo detto, di scherzi, di botte, di storie che avevo dimenticato. «E Bianchetta?» mi disse uno, «te la ricordi Bianchetta?» Sì che la ricordavo. «Si è sposata ai Robini», mi dissero, «sta bene».

Quasi ogni sera Nuto veniva a prendermi all'Angelo[6], mi cavava dal crocchio[7] di 35 dottore, segretario, maresciallo e geometri, e mi faceva parlare. Andavamo come due frati sotto la lea[8] del paese, si sentivano i grilli, l'arietta di Belbo[9] – ai nostri tempi in quell'ora in paese non c'eravamo mai venuti, facevamo un'altra vita. Sotto la luna e le colline nere Nuto una sera mi domandò com'era stato imbarcarmi per andare in America, se ripresentandosi l'occasione e i vent'anni l'avrei 40 fatto ancora. Gli dissi che non tanto era stata l'America quanto la rabbia di non essere nessuno, la smania, più che di andare, di tornare un bel giorno dopo che tutti mi avessero dato per morto di fame. In paese non sarei stato mai altro che un servitore, che un vecchio Cirino (anche lui era morto da un pezzo, s'era rotta la schiena cadendo da un fienile e aveva ancora stentato più di un anno) e allo-45 ra tanto valeva provare, levarmi la voglia, dopo che avevo passata la Bormida[10], di passare anche il mare.

«Ma non è facile imbarcarsi,» disse Nuto. «Hai avuto del coraggio.» Non era stato coraggio, gli dissi, ero scappato. Tanto valeva raccontargliela.

«Ti ricordi i discorsi che facevamo con tuo padre nella bottega? Lui diceva già al-50 lora che gli ignoranti saranno sempre ignoranti, perché la forza è nelle mani di chi ha interesse che la gente non capisca, nelle mani del governo, dei neri[11], dei capitalisti… Qui alla Mora era niente, ma quand'ho fatto il soldato e girato i carrugi[12] e i cantieri a Genova ho capito cosa sono i padroni, i capitalisti, i militari… Allora c'erano i fascisti e queste cose non si potevano dire… Ma c'erano an-55 che gli altri…»

Non gliel'avevo mai raccontata per non tirarlo su quel discorso che tanto era inutile e adesso dopo vent'anni e tante cose successe non sapevo nemmeno più io che cosa credere, ma a Genova quell'inverno ci avevo creduto e quante notti avevamo passato nella serra della villa a discutere con Guido, con Remo, con Cer-60 reti[13] e tutti gli altri. Poi Teresa[14] s'era spaventata, non aveva più voluto lasciarci entrare e allora le avevo detto che lei continuasse pure a far la serva, la sfruttata, se lo meritava, noi volevamo tener duro e resistere. Così avevamo continuato a lavorare in caserma, nelle bettole e, una volta congedati, nei cantieri dove trovavamo lavoro e nelle scuole tecniche serali. Teresa adesso mi ascoltava pazien-65 te e mi diceva che facevo bene a studiare, a volermi portare avanti, e mi dava da mangiare in cucina. Su quel discorso non tornava più. Ma una notte venne Cerreti a avvertirmi che Guido e Remo erano stati arrestati, e cercavano gli altri. Allora Teresa, senza farmi un rimprovero, parlò lei con qualcuno – cognato, passato padrone, non so – e in due giorni mi aveva trovato un posto di fatica su un 70 bastimento che andava in America. Così era stato, dissi a Nuto.

«Vedi com'è», disse lui. «Alle volte basta una parola sentita quando si è ragazzi, anche da un vecchio, da un povero meschino come mio padre, per aprirti gli oc-

---

6. all'Angelo: l'albergo dove alloggia Anguilla.
7. mi cavava dal crocchio: *mi portava via dal gruppetto di persone in cui mi trovavo.*
8. lea: *viale* (termine dialettale).

9. Belbo: il fiume locale che percorre la valle omonima, nella zona delle Langhe.
10. passata la Bormida: la Bormida è il fiume che nel suo primo tratto segna il confine tra il Piemonte e la Liguria.
11. dei neri: *dei fascisti.*

12. carrugi: *vicoli* (termine ligure).
13. Guido, Remo … Cerreti: amici di Anguilla, poi arrestati per la loro attività antifascista.
14. Teresa: la giovane lavorava come domestica a Genova.

chi… Sono contento che non pensavi soltanto a far soldi… E quei compagni, di che morte sono morti?»

75 Andavamo così, sullo stradone fuori del paese, e parlavamo del nostro destino. Io tendevo l'orecchio alla luna e sentivo scricchiolare lontano la martinicca[15] di un carro – un rumore che sulle strade d'America non si sente più da un pezzo. E pensavo a Genova, agli uffici, a che cosa sarebbe stata la mia vita se quel mattino nel cantiere di Remo avessero trovato anche me. Tra pochi giorni tornavo in via-
80 le Corsica[16]. Per quest'estate era finita.

Qualcuno correva sullo stradone nella polvere, sembrava un cane. Vidi ch'era un ragazzo: zoppicava e ci correva incontro. Mentre capivo ch'era Cinto, fu tra noi, mi si buttò tra le gambe e mugolava come un cane.

«Cosa c'è?»

85 Lì per lì non gli credemmo. Diceva che suo padre aveva bruciato la casa. «Proprio lui, figurarsi», disse Nuto.

«Ha bruciato la casa», ripeteva Cinto. «Voleva ammazzarmi… Si è impiccato… ha bruciato la casa…»

«Avranno rovesciato la lampada», dissi.

90 «No no», gridò Cinto, «ha ammazzato Rosina[17] e la nonna. Voleva ammazzarmi ma non l'ho lasciato… Poi ha dato fuoco alla paglia e mi cercava ancora, ma io avevo il coltello e allora si è impiccato nella vigna…»

Cinto ansava[18], mugolava, era tutto nero[19] e graffiato. S'era seduto nella polvere sui miei piedi, mi stringeva una gamba e ripeteva: «Il papà si è impiccato nella
95 vigna, ha bruciato la casa… anche il manzo. I conigli sono scappati, ma io avevo il coltello… È bruciato tutto, anche il Piola[20] ha visto…»

C. Pavese, *La luna e i falò*, Torino Einaudi, 1974

Dal romanzo puoi leggere anche i brani La morte di Santa e Perché sono tornato qui

---

15. martinicca: è il congegno che veniva usato per frenare carri e carrozze.
16. in viale Corsica: in ufficio a lavorare.
17. Rosina: la compagna di Valino.
18. ansava: *ansimava*.
19. nero: *sporco*.
20. il Piola: un amico di Cinto.

➲ Analisi del testo

COMPRENSIONE

Il brano si può dividere in **tre sequenze narrative** distinte:
– nella prima parte (rr. 1-20) **Anguilla contrappone i ricordi del passato**, cristallizzati per sempre nella memoria, **e la realtà del presente**, che è inesorabilmente cambiata;
– nella sequenza centrale (rr. 21-79), durante il dialogo con l'amico Nuto il protagonista rievoca la propria breve esperienza di lotta politica e i **motivi della sua partenza per l'America**, causata da un desiderio di riscatto sociale e interpretata *a posteriori* come una «fuga»;
– la parte finale (rr. 81-96) è incentrata sul **dramma di Valino**, un contadino povero che, dopo una vita di stenti e di miseria, perde la testa e brucia casa e

famiglia prima di togliersi la vita. Il falò appiccato da Valino sembra così diventare parte del destino di distruzione che ha coinvolto i luoghi dell'infanzia di Anguilla.

ANALISI E INTERPRETAZIONE

La nostalgia del passato La parte iniziale del brano è occupata da un **monologo interiore**, in cui Anguilla si interroga sul **rapporto tra passato e presente**, tra la realtà immobile dei ricordi e lo scorrere inesorabile del tempo e i cambiamenti che esso provoca. Questa **contrapposizione** rimanda a quella di fondo, diffusa in tutto il romanzo, **tra la vita della natura**, simboleggiata dalla luna e dai falò contadini, dominata da ripetitività e ritualità, **e il corso della storia**, con la guerra e la Resistenza, sommerso da violenza e dolore. Di fronte a questo tema Anguilla mantiene un **atteggiamento ambiguo**: da un lato è consapevole dei cambiamenti che si sono verificati («Di tutto quanto… che cosa resta?»), dall'altro tenta di sminuire l'importanza di questi cambiamenti («eppure la vita è la stessa»). L'ambiguità è legata al fatto che la sua esperienza individuale è stata **dominata dal cambiamento**: insoddisfatto della propria condizione, egli ha cercato fortuna in America, ma col tempo il disagio lo ha spinto a tornare per **ritrovare le proprie radici**. Il suo tentativo è però destinato al fallimento.

Simboli e metafore del tragico Come risulta evidente dal dialogo tra i due personaggi, in tutto il romanzo **Anguilla si contrappone a Nuto**: il primo è infatti «fuggito» all'estero, mentre il secondo è rimasto nel paese natale per tutta la vita. Sebbene Anguilla possa sembrare più intraprendente e volitivo («Hai avuto del coraggio», afferma Nuto), la sua scelta non è stata dettata da un desiderio costruttivo, quanto dal bisogno disperato di **sfuggire al proprio destino di infelicità** e di miseria. Mentre Nuto rappresenta l'impegno di chi resta e affronta la storia, Anguilla è uno sradicato in fuga da se stesso.

Il brano si chiude infine con il sopraggiungere di Cinto che, stravolto, riferisce la strage compiuta da suo padre Valino. Con questo episodio il romanzo acquista anche una dimensione di **denuncia sociale**, volta a rappresentare realisticamente la situazione di arretratezza e povertà delle Langhe. A questo intento documentario – che collega Pavese all'ambito neorealista – si affianca però un significato più profondo, poiché **l'incendio di Valino capovolge il significato simbolico dei falò** che danno il titolo all'opera. Essi non sono più i fuochi accesi dai contadini, simbolo vitalistico di ciclicità della natura, ma un **emblema di morte** e distruzione, che anticipa il tragico falò con cui si chiude il romanzo, in cui i partigiani bruceranno il corpo di Santina, divenuta spia dei fascisti.

Lo stile tra realismo ed elegia Accanto a un **registro realistico**, vicino al parlato e al dialetto, compare un **registro elegiaco e lirico**, ricco di espressioni poetiche. Soprattutto nei dialoghi, Pavese ricorre a una **lingua ricca di elementi regionali**, caratterizzata da una sintassi colloquiale e dalla presenza di termini legati alle attività agricole e alla mentalità contadina dei personaggi («mi cavava dal crocchio»; «Andavamo come due frati sotto la lea del paese»). Ma il romanzo presenta anche una serie di elementi lirici ed elegiaci, evidenti soprattutto nel ritmo cadenzato del monologo interiore che apre il brano. Il risultato è uno **stile antiletterario**, che si distingue da quello di molta narrativa neorealista perché non si limita a riprodurre la lingua quotidiana parlata dalle classi meno colte, ma elabora un **gergo personalissimo e fortemente espressivo**.

Lavoriamo sul testo

COMPRENSIONE

1 Perché Anguilla decide di tornare al suo paese d'origine?

2 Perché il paese non corrisponde più ai ricordi del protagonista? Che cosa è cambiato?

LINGUA E LESSICO

3 Che tipo di proposizione è presente nella frase «eppure la vita è la stessa» (rr. 11-12)?

4 Individua nel brano proposto gli elementi colloquiali lessicali e sintattici e quelli più propriamente dialettali.

ANALISI E INTERPRETAZIONE

5 Per quale motivo Anguilla è stato costretto a fuggire in America? Perché questa fuga, anziché renderlo più simile a Nuto, lo contrappone nettamente all'amico?

6 Qual è il valore simbolico che Anguilla attribuisce ai falò e alla luna da cui il romanzo prende il titolo? Quale significato assume, alla luce di questa osservazione, l'incendio della fattoria di Valino?

7 In che cosa consiste il lirismo dello stile di Pavese? Evidenzia nel brano eventuali elementi riconducibili a uno stile poetico.

SCRITTURA E APPROFONDIMENTI

8 Tenendo presente il contesto del romanzo e la poetica di Pavese e aiutandoti con il profilo introduttivo dell'autore, individua i temi presenti nel brano e sintetizza le tue osservazioni in un breve testo scritto.

La guerra e la Resistenza

La «smania di raccontare» Gli anni immediatamente successivi alla fine della guerra vedono fiorire un gran numero di **cronache, diari e testi di memorialistica** legati alle recenti esperienze belliche. Come scrive Calvino nella prefazione al *Sentiero dei nidi di ragno*, «la rinata libertà di parlare fu per la gente al principio smania di raccontare», di ripercorrere le proprie vicissitudini in una forma immediata e semplice. Autori che sono stati **testimoni diretti della guerra e della Resistenza** danno vita a una produzione vasta e varia, al cui interno si può ricordare *16 ottobre 1943* di **Giacomo Debenedetti**, drammatica cronaca del rastrellamento di oltre milleduecento ebrei del ghetto di Roma; *Il sergente nella neve* (1953) di **Mario Rigoni Stern**, che rievoca la disastrosa ritirata dalla Russia nell'inverno 1942-1943, registrando non solo l'incubo del gelo e delle marce forzate ma anche l'affiorare, in queste condizioni estreme, di gesti di grande solidarietà umana; *Diario partigiano* (1956) di Ada Gobetti e *La guerra dei poveri* di Nuto Revelli (1962), che raccontano vicende della Resistenza. Nell'ambito della memorialistica partigiana è poi fondamentale la testimonianza delle *Lettere di condannati a morte della Resistenza italiana* (1952), raccolta che attesta il genuino eroismo di tanti giovani caduti nella lotta al nazifascismo.

La narrativa sulla Resistenza Ben presto, alle cronache e alla memorialistica si affiancano racconti e romanzi in cui il desiderio di testimoniare gli eventi si unisce a intenti più propriamente letterari. Molte di queste opere – come *L'Agnese va a morire* (1949) della bolognese **Renata Viganò** – intendono offrire un'immagine positiva e talora idealizzata della guerra partigiana, ma gli esiti artisticamente più significativi sono raggiunti da autori che rendono la **dimensione "individuale" della Resistenza**, in un'**ottica anticelebrativa e priva di retorica**. Questo atteggiamento accomuna testi fra loro anche molto diversi per tono e stile, fra cui spiccano *Il sentiero dei nidi di ragno* di Italo Calvino, *La casa in collina* (1949) di Pavese e le opere di Beppe Fenoglio.

L'eroismo senza retorica: Fenoglio L'autore in cui la tematica resistenziale trova la sua rappresentazione più alta, epica e nello stesso tempo

---

La parola ai protagonisti

L'umanità nella guerra: una memoria di Mario Rigoni Stern

Nell'inverno tra il 1942 e il 1943 la brigata cui appartiene il tenente Rigoni Stern è impegnata nella difficile ritirata attraverso la steppa russa. L'autore, affamato, bussa alla porta di un'isba, la tipica abitazione dei contadini russi, dove viene accolto con un gesto di inaspettata solidarietà.

Attraverso lo steccato e una pallottola mi sibila vicino. I russi ci tengono d'occhio. Corro e busso alla porta di un'isba[1]. Entro. Vi sono dei soldati russi, là. Dei prigionieri? No. Sono armati. Con la stella rossa sul berretto! Io ho in mano il fucile. Li guardo impietrito. Essi stanno mangiando attorno alla tavola. Prendono il cibo con il cucchiaio da una zuppiera comune. E mi guardano con i cucchiai sospesi a mezz'aria. «Mnié khocetsia iestj[2]», dico. Vi sono anche delle donne. Una prende un piatto, lo riempie di latte e miglio, con un mestolo, dalla zuppiera di tutti, e me lo porge. Io faccio un passo avanti, mi metto il fucile in spalla e mangio. Il tempo non esiste più. I soldati russi mi guardano. Le donne mi guardano. I bambini mi guardano. C'è solo il rumore del mio cucchiaio nel piatto. E d'ogni mia boccata. Nessuno fiata. «Spaziba[3]», dico quando ho finito. E la donna prende dalle mie mani il piatto vuoto. «Pasausta[4]», mi risponde con semplicità. I soldati russi mi guardano uscire senza che si siano mossi. Nel vano dell'ingresso vi sono delle arnie. La donna che mi ha dato la minestra, è venuta con me come per aprirmi la porta e io le chiedo a gesti di darmi un favo di miele per i miei compagni. La donna mi dà il favo e io esco.

Così è successo questo fatto. Ora non lo trovo affatto strano, a pensarvi, ma naturale di quella naturalezza che una volta dev'esserci stata tra gli uomini. Dopo la prima sorpresa tutti i miei gesti furono naturali, non sentivo nessun timore, né alcun desiderio di difendermi o di offendere. Era una cosa molto semplice. Anche i russi erano con me, lo sentivo. In quell'isba si era creata tra me e i soldati russi, e le donne e i bambini un'armonia che non era un armistizio. Era qualcosa di molto più del rispetto che gli animali della foresta hanno l'uno per l'altro. Una volta tanto le circostanze avevano portato degli uomini a saper restare uomini.

M. Rigoni Stern, *Il sergente nella neve*, Torino, Einaudi, 2001

1. isba: la tipica abitazione dei contadini russi, costruita con tronchi d'albero e costituita da una sola stanza con al centro una grande stufa.
2. Mnié ... iestj: *Datemi da mangiare*, in russo.
3. Spaziba: *Grazie*.
4. Pasausta: *Prego*.

antieroica, è **Beppe Fenoglio**. Nato ad **Alba** nel **1922**, Fenoglio resterà sempre legato al mondo contadino delle Langhe: qui, dopo gli studi letterari, sperimenta la lotta partigiana e, dopo la Liberazione, trova lavoro in una ditta vinicola, dedicandosi alla stesura di romanzi e a numerose **traduzioni di autori inglesi**, fino alla morte prematura nel **1963**.

All'ambientazione langarola si collegano i due filoni principali della sua narrativa: l'analisi e la **rappresentazione del mondo contadino**, evidente soprattutto nel romanzo *La malora* (1954), e la **lotta partigiana**, narrata in alcuni racconti de *I ventitré giorni della città di Alba* (1959) e nel romanzo *Primavera di bellezza* (1959), ma soprattutto nei due romanzi incompiuti e pubblicati postumi: *Una questione privata* (1963) e *Il partigiano Johnny* (1968).

Nelle pagine di Fenoglio la Resistenza è rievocata – spesso in chiave autobiografica – evitando ogni celebrazione retorica e interpretando invece la lotta al nazifascismo come espressione di una **prova individuale**, coincidente con la ricerca del senso della vita e della morte. Più che la componente politica o ideologica, l'autore coglie nella guerra partigiana soprattutto l'**avventura del singolo alla ricerca del pro-**

Renato Guttuso, *La fucilazione*, 1944.

prio destino, in un mondo ostile, dominato da una violenza a tratti brutale. Nonostante questa **chiave di lettura antieroica**, Fenoglio riesce a conferire alle sue pagine una **dimensione epica** e a rappresentare l'eroismo che spinse tanti giovani a sacrificare la vita, spinti da un intreccio di motivazioni al tempo stesso individuali e collettive.

Il partigiano Johnny

Il romanzo più famoso di Fenoglio, *Il partigiano Johnny*, rimase incompiuto e apparve **postumo nel 1968**, in una edizione che mescolava parti provenienti da due diverse redazioni del testo. Nel 1992, dopo un lungo lavoro filologico, Dante Isella ha curato una nuova versione del romanzo, che non ha però trovato l'accordo unanime degli studiosi.

Il protagonista della vicenda, **Johnny**, è uno studente di letteratura inglese di estrazione borghese che, spinto da un generico desiderio di libertà, decide di impegnarsi nella **lotta partigiana** che si combatte sulle colline di Alba. Arruolatosi in una formazione di «rossi» (i partigiani comunisti) scopre però una **realtà ben diversa da quella eroica che sognava**, fatta di snervanti attese, di fame e di solitudine. Quando il suo presidio viene distrutto, Johnny passa agli «azzurri» (i partigiani moderati e badogliani) e partecipa all'**occupazione di Alba**, un'esperienza che lo lascia frustrato e deluso. Incapace di identificarsi appieno con i compagni, egli insiste comunque nel suo impegno partecipando alla **battaglia di Valdivilla** (24 febbraio 1945), in cui trova la morte alla vigilia della Liberazione.

Il romanzo, espressione del particolare realismo di Fenoglio, colpisce soprattutto dal punto di vista linguistico, per l'originalissimo **impasto di italiano e inglese** e per la ricchezza di **arditi neologismi**. Questa lingua fortemente trasgressiva, una «lingua mentale» (Calvino) che nasce dall'interesse per i narratori inglesi, permette all'autore di evidenziare il **valore emblematico di una vicenda estrema**, in cui la lotta del singolo contro una violenza allucinata e insensata diventa emblema della condizione umana nel suo complesso.

Una questione privata

L'intreccio fra dimensione collettiva e ricerca esistenziale è centrale anche nell'**ultimo romanzo** di Fenoglio, *Una questione privata*, giunto a noi in tre diverse redazioni e forse incompiuto. Pubblicato postumo nel **1963** e salutato entusiasticamente da Calvino come il capolavoro della letteratura resistenziale («Il libro che la nostra generazione voleva fare, adesso c'è»), racconta

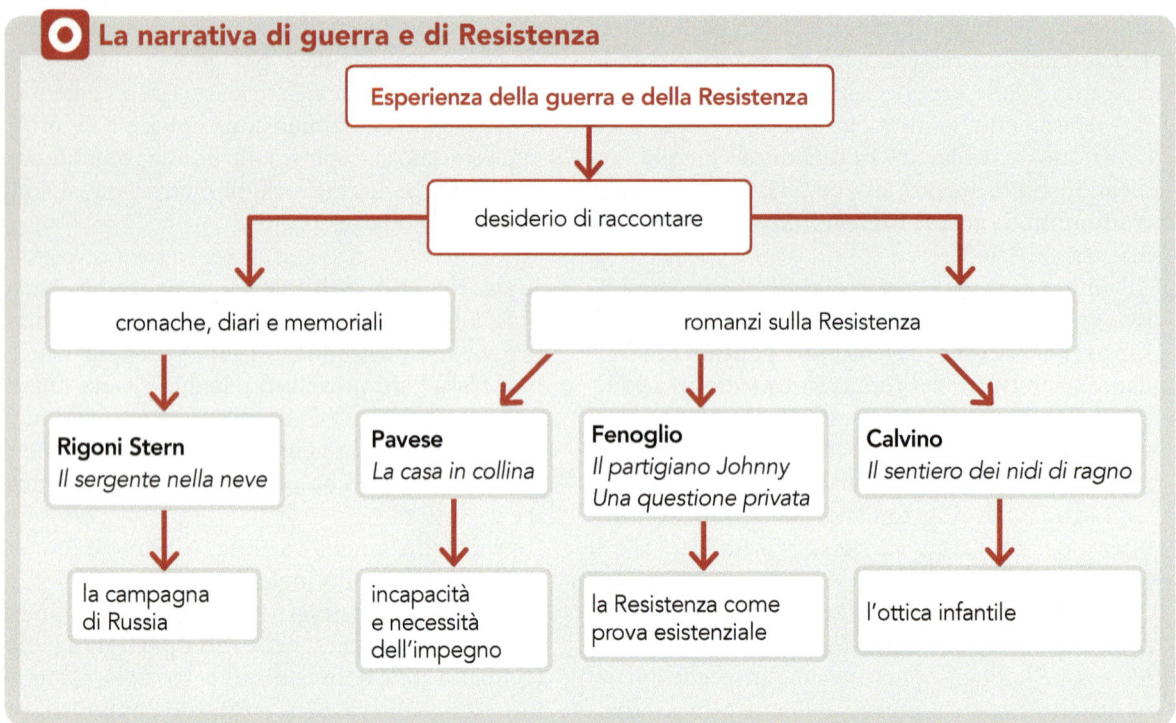

La narrativa di guerra e di Resistenza

Esperienza della guerra e della Resistenza

↓

desiderio di raccontare

↓ ↓

cronache, diari e memoriali | **romanzi sulla Resistenza**

Rigoni Stern
Il sergente nella neve
↓
la campagna di Russia

Pavese
La casa in collina
↓
incapacità e necessità dell'impegno

Fenoglio
Il partigiano Johnny
Una questione privata
↓
la Resistenza come prova esistenziale

Calvino
Il sentiero dei nidi di ragno
↓
l'ottica infantile

un'azione che si svolge nell'arco di **quattro giorni**, nel **novembre 1944**. Il ventiduenne **Milton**, partigiano sulle colline di Alba, viene a sapere da una custode della villa che aveva ospitato Fulvia, la ragazza di cui è innamorato, che questa ha avuto una storia d'amore con il suo amico Giorgio. Da questo momento la «questione privata» diventa prioritaria rispetto alla lotta partigiana e le avventure di Milton si configurano come una **ricerca della verità**, da cui dipende il senso stesso della sua vita, in un mondo ostile in cui tutto sembra congiurare contro di lui, a partire dagli elementi naturali (il romanzo si svolge infatti sotto una pioggia battente, che trasforma le colline in un mare di fango). La dimensione realistica, legata alla realtà storica della guerra, acquista così un **valore simbolico** e il fallimento finale del protagonista ripropone il motivo dell'impotenza dell'uomo di fronte all'assurdità della violenza e della vita stessa.

Sosta di verifica

1 Quali sono i più importanti testi di memorialistica sulla Seconda guerra mondiale?
2 Come viene rappresentata la Resistenza nell'opera di Fenoglio?
3 Qual è il significato del titolo *Una questione privata*?
4 In che cosa consiste l'originalità dello stile di Fenoglio?

Beppe Fenoglio fotografato da Aldo Agnelli negli anni Cinquanta.

Beppe Fenoglio, L'ultima battaglia

Il partigiano Johnny, cap. 39

Il brano è tratto dal capitolo conclusivo del romanzo, intitolato La fine. Dopo l'inverno del 1944, i partigiani superstiti si ritrovano agli ordini del capitano Nord e Johnny viene incaricato di recarsi come interprete presso gli inglesi paracadutati sulle Langhe in aiuto ai partigiani. Prima di accettare, il protagonista insiste per partecipare con i compagni a un'imboscata contro i fascisti presso il paese di Valdivilla. Lo scontro, realmente avvenuto, avrà esito negativo, ma sarà, come scrive Fenoglio in una lettera del 12 settembre 1958, «l'ultima sconfitta partigiana, l'ultima vittoria fascista» prima della Liberazione.

Il romanzo si conclude con il racconto dell'ultima impresa di Johnny che, a lungo separato dai suoi compagni, vede nella possibilità di partecipare a questa azione di guerriglia la sua estrema occasione per sentirsi parte attiva della Resistenza. Eroe solitario e individuale, egli trova in un coerente sacrificio l'esito ultimo della sua avventura di guerra e di vita: la sua morte, ambiguamente evocata («Johnny si alzò col fucile di Tarzan e il semiautomatico…»), diviene parte del sacrificio collettivo di una generazione che fu capace di respingere il nazifascismo.

> La riflessione di Johnny anticipa l'esito negativo dell'azione ma ribadisce anche la sua lucida determinazione a contribuire alla lotta comune.

Si mischiò alla colonna e Franco lo guardò interrogativamente. Stava annodandosi alla fronte il suo fazzoletto azzurro[1]. «Molto probabilmente finirà in un pasticcio», disse Johnny, «ma ha da esser fatto[2]. La ruota dev'esser rimessa in moto, anche se i suoi primi denti macineranno proprio me».

5   Pierre disse a Johnny: «Passa in testa e tira ai 10 all'ora[3]».

Johnny eseguì e in un minuto le gambe già gli pistonavano freneticamente[4], con la travolgente sensazione del terreno che gli sfuggiva sotto i piedi come una guida di velluto. Condusse così per un paio di chilometri e già era in vista il paese di Valdivilla. Si voltò giusto un attimo e vide dietro di sé Tarzan e Settimo[5]

10 che lo seguivano bene, Pierre che sgambava a mezza corsa e dietro la colonna già tutta sgranata. Penetrarono nel paese e pochi e tremuli individui li avvisarono che i fascisti si erano fermati un po' per sosta e riposo, in uno slargo fangoso si vedevano bene le impronte delle piastre dei mortai[6] riposate. Un uomo più calmo degli altri scosse la testa al loro piano e profetò[7] che a parer suo non

15 li avrebbero mai raggiunti, a quest'ora gli ultimi fascisti avevano già valicato la cresta di San Maurizio e stavano comodamente scendendosene su S. Stefano.

Ma Pierre gridò di marciare avanti e Johnny riprese quel passo omicida, ogni tanto voltandosi a guardar dietro, la colonna sempre più frazionata, qualcuno fermo ai mucchi di ghiaia, piegato, scoppiato. Pierre galleggiava ancora su

20 quei marosi di frattura e sfinimento[8]. Johnny braced[9] e marciò più forte ancora. Dopo un'ultima curva apparve la sommità della collina, idilliaca[10] anche sotto quel cielo severo e nella sua grigia brullità[11]. A sinistra stava un crocchio di vecchie case intemperiate[12], appoggiate l'una all'altra come per mutuo soccorso contro gli elementi della natura e la stregata solitudine dell'alta collina, a destra

25 sulla strada, all'altezza delle case stava un povero camion a gasogeno[13], con ba-

---

1. fazzoletto azzurro: è il segno distintivo dei badogliani.

2. ha da esser fatto: *deve esser fatto*.

3. tira … all'ora: *marcia in fretta*.

4. gli pistonavano freneticamente: *si muovevano rapide come pistoni*.

5. Tarzan e Settimo: sono compagni partigiani.

6. le impronte … mortai: *i segni lasciati per il contraccolpo dalle strutture d'appoggio dei mortai*.

7. profetò: *profetizzò*.

8. galleggiava … sfinimento: *cercava di tenersi in piedi tra le difficoltà e la stanchezza*. L'immagine dei «marosi» è metaforica e allude alla fatica della marcia forzata.

9. braced: *si fece coraggio* (inglese).

10. idilliaca: *bella*.

11. brullità: *aridità*.

12. intemperiate: *rovinate dalle intemperie, dal maltempo*.

13. a gasogeno: *alimentato con un impianto che trasforma i combustibili in gas*.

rili da vino sul cassone. Johnny rallentò e sospirò, tutto parendogli sigillare la speranza e l'inseguimento[14], il segnale per il ritorno a mani vuote. Si voltò e vide serrar sotto mozziconi della colonna[15], tutti sfisionomati ed apneizzati[16] dalla marcia. Quando una grande, complessa scarica[17] dalle case fulminò la strada e Johnny si tuffò nel fosso a sinistra, nel durare di quella interminabile salva.

La caduta nel fango assume un valore simbolico e, nel contatto con la terra, sembra alludere a una prima esperienza di morte.

Atterrò nel fango, illeso, e piantò la faccia nella mota viscosa[18]. Si era appiattito al massimo, era il più vicino a loro, a non più di 50 passi, dalle case vomitanti fuoco. Gli arrivò un primo martellare di fucile semiautomatico ed egli urlò facendo bolle nel fango, poi tutt'un'altra serie ranging[19] ed egli scodava come un serpente, moribondo. Poi il semiautomatico ranged[20] altrove ed egli sollevò la faccia e si sdrumò[21] il fango dagli angoli. Set[22] giaceva stecchito sulla strada. Poi fuoco ed urla esplosero alle sue spalle, certo i compagni si erano disposti sulla groppa della collina alla sua sinistra, il bren frullava[23] contro le finestre delle case e l'intonaco saltava come lavoro d'artificio[24]. **Tutto quel fuoco e quell'urlìo lo ubriacò, mentre stranitamente si apprestava all'azione ad occhi aperti. Si**

Johnny partecipa al combattimento costantemente sospeso tra lucidità e straniamento, come immerso in una sorta di lucido incubo.

sterrò[25] dal fango e tese le braccia alla proda erta e motosa[26], per inserirsi nella battaglia, nel mainstream del fuoco[27]. Fece qualche progresso, grazie a cespi d'erba che resistevano al peso e alla trazione, ma l'automatico rivenne su di lui, gli parve di vedere l'ultimo suo colpo insinuarsi nell'erba vischiosa come un serpe grigio, così lasciò la presa e ripiombò nel fosso. E allora vide il fascista segregato e furtivo[28], sorpreso all'attacco in un prato oltre la strada, con una mano teneva il fucile e con l'altra si reggeva i calzoni, e spiava il momento buono per ripararsi coi suoi nelle case. L'uomo spiava, poi si rannicchiò, si raddrizzò scuotendo la testa alla situazione. Johnny afferrò lo sten ma appariva malfermo[29] e inconsistente, una banderuola segnavento anziché una foggiata massa di acciaio. Poi l'uomo balzò oltre il fossato e Johnny sparò tutto il caricatore e l'uomo cadde di schianto sulla ghiaia e dietro Johnny altri partigiani gli spararono crocifiggendolo.

Johnny sospirò di stanchezza e pace. La raffica era stata così rapinosa[30] che Johnny aveva sentito quasi l'arma involarsi[31] dalle sue mani.

L'urlio più del fuoco massimo assordava, i fascisti asserragliati urlavano: «Porci inglesi!» con voci acutissime, ma quasi esauste e lacrimose, da fuori i partigiani urlavano: «Porci tedeschi! Arrendetevi!».

Poi Johnny riafferrò l'erba fredda, affilata. L'automatico tornò su di lui, ma con un colpo solo, quasi soltanto per interdizione[32], e Johnny stavolta non ricadde nel fosso, prese altre due pigliate d'erba[33] e si appoggiò col ventre al bordo della ripa. Lì stavano i suoi compagni, a gruppi e in scacchiera, stesi o seduti, Pierre nel centro, che miscelava economiche raffiche del suo Mas[34] nel fuoco genera-

---

14. **tutto ... l'inseguimento:** *poiché gli sembrava che tutto indicasse la fine della speranza e dell'inseguimento.*
15. **vide ... colonna:** *vide che alcuni gruppi sparsi («mozziconi») della colonna in marcia si ricongiungevano.*
16. **sfisionomati ed apneizzati:** *stravolti e senza fiato (neologismi).*
17. **scarica:** *di colpi d'arma da fuoco.*
18. **mota viscosa:** *fango appiccicoso.*
19. **serie ranging:** *serie di tiri.*
20. **il semiautomatico ranged:** *il mitra semi-*

automatico puntò.
21. **si sdrumò:** *si grattò via.*
22. **Set:** *Settimo, un compagno di Johnny.*
23. **il bren frullava:** *il fucile mitragliatore sventagliava.*
24. **come ... d'artificio:** *come se fosse un fuoco d'artificio.*
25. **Si sterrò:** *si ripulì.*
26. **proda erta e motosa:** *pendio ripido e fangoso.*
27. **nel mainstream del fuoco:** *nel vivo della battaglia.*

28. **segregato e furtivo:** *appartato e nascosto.*
29. **ma ... malfermo:** *ma il fucile («lo sten») sembrava malfermo.*
30. **rapinosa:** *rapida e violenta.*
31. **involarsi:** *volar via.*
32. **per interdizione:** *per ostacolarlo.*
33. **prese ... d'erba:** *afferrò altri due ciuffi d'erba (per avanzare).*
34. **miscelava ... Mas:** *economizzava i colpi del suo fucile Mas,* un mitragliatore automatico.

le. Johnny sorrise, a Pierre e a tutti, gli stavano a venti passi ma sentiva che non li avrebbe raggiunti mai, come fossero chilometri o un puro miraggio. Il fuoco del bren lo sorvolava di mezzo metro, il semiautomatico stava di nuovo ranging[35] su di lui. Chiuse gli occhi e stette come un grumo, una piega del terreno, balzò a sedere alto nell'aria acciaiata[36] brandendo la pistola verso la strada. Ma erano due partigiani che correvano a ripararsi dietro il camion per di là prender d'infilata certe finestre ignivome[37] e correndo urlavano ai fascisti di arrendersi. Il fuoco dei suoi compagni gli scottava la nuca e gli lacerava i timpani, come in un sogno individuò la voce di Pierre, urlante e vicina all'afonia[38]. Scoccò un'occhiata alle case ma non vide che una finestra al pianterreno, ed un fascista ripiegato sul davanzale, con le braccia già rigide tese come a raccattar qualcosa sull'aia. La voce di Pierre gli tempestava nelle orecchie, incomprensibile. Braced and called up himself[39]: questa era l'ultima, unica possibilità di inserirsi nella battaglia, di sfuggire a quell'incubo personale e inserirsi nella generale realtà. Sgusciando nel fango fece rotta su Pierre, mentre un mitragliatore dalle finestre apriva sulla loro linea e Franco ci incespicò netto[40], e cadde, con un maroso di sangue erompente dal suo fazzoletto azzurro, e giacque sulla strada di Johnny. Johnny scansò il cadavere, lentamente, faticosamente come una formica che debba scansare un macigno e arrivò stremato da Pierre. «Debbono arrendersi» gridò Pierre con la bava alla bocca «ora si arrendono». E urlò alle case di arrendersi, con disperazione. Johnny urlò a Pierre che era senza munizioni e Pierre se ne inorridì e gli gridò di scappare, di scivolar lontano e via. Ma dov'era il fucile di Franco? Girò sul fianco e strisciò a cercarlo.

Ora i fascisti non sparavano più sulla collina, ma rispondevano quasi tutti al fuoco repentino[41] e maligno che i due partigiani avevano aperto da dietro il camion. I fusti vennero crivellati e il vino spillò[42] come sangue sulla strada. Poi dalla casa l'ufficiale fascista barcollando si fece sulla porta, comprimendosi il petto con ambo le mani, ed ora le spostava vertiginosamente[43] ovunque riceveva una nuova pallottola, gridando barcollò fino al termine dell'aia, in faccia ai partigiani, mentre da dentro gli uomini lo chiamavano angosciati. Poi cadde come un palo.

Ora la montagnola ridava e riceveva il fuoco generale[44]. Johnny smise di cercare il fucile di Franco e tornò carponi verso Pierre. Gridava ai fascisti di arrendersi e a Johnny di ritirarsi, mentre inseriva nel Mas l'ultimo caricatore. Ma Johnny non si ritirò, stava tutto stranito, inginocchiato nel fango, rivolto alle case, lo sten spallato[45], le mani guantate di fango con erba infissa[46]. «Arrendetevi!» urlò Pierre con voce di pianto. «Non li avremo, Johnny, non li avremo». Anche il bren diede l'ultimo frullo, soltanto il semiautomatico pareva inesauribile, it ranged[47] preciso, meticoloso, letale. Pierre si buttò a faccia nel fango e Tarzan lo ricevette in pieno petto, stette fermo per sempre. Johnny si calò tutto giù e sgusciò al suo fucile. Ma in quella[48] scoppiò un fuoco di mortai, lontano e tentativo[49], solo inteso ad avvertire i fascisti del relief[50] e i partigiani della disfatta. Dalle case i fasci-

---

35. ranging: *puntando* (inglese).
36. acciaiata: *attraversata dall'acciaio delle pallottole.*
37. ignivome: *che vomitavano fuoco* (latinismo).
38. vicina all'afonia: *ormai fioca, appena percepibile.*
39. Braced ... himself: *si fece coraggio e si rianimò* (inglese).

40. ci incespicò netto: *fu colpito* (letteralmente *ci inciampò*) *in pieno.*
41. repentino: *improvviso.*
42. i fusti ... spillò: *i barili vennero sforacchiati dai proiettili e il vino si versò fuori.*
43. vertiginosamente: *rapidissimo.*
44. ridava ... generale: *rispondeva ai colpi di arma da fuoco e ne riceveva a sua volta.*
45. spallato: *a tracolla.*

46. le mani ... infissa: *con le mani ricoperte di fango e con ciuffi d'erba che vi erano rimasti attaccati.*
47. it ranged: *mirò* (inglese).
48. in quella: *in quel momento.*
49. tentativo: *di prova* (neologismo).
50. solo ... relief: *fatto solo per avvisare i fascisti dell'arrivo dei rinforzi.*

sti urlarono di trionfo e vendetta, alla curva ultima del vertice apparve un primo camion, zeppo di fascisti urlanti e gesticolanti.

Pierre bestemmiò per la prima e ultima volta in vita sua. Si alzò intero e diede il segno della ritirata. Altri camion apparivano in serie dalla curva, ancora qualche colpo sparso di mortaio, i partigiani evacuavano la montagnola lenti e come intontiti, sordi agli urli di Pierre. Dalle case non sparavano più, tanto erano contenti e soddisfatti della liberazione.

Johnny si alzò col fucile di Tarzan e il semiautomatico...

Due mesi dopo la guerra era finita.

B. Fenoglio, *Il partigiano Johnny*, Torino Einaudi, 1974

> I puntini di sospensione lasciano aperto il finale, alludendo probabilmente alla morte del protagonista.

110

Analisi del testo

COMPRENSIONE

Il protagonista, deciso a partecipare insieme ai compagni a un'**imboscata contro i fascisti**, giunge nel paese di Valdivilla e, guidato da Pierre, insegue i nemici sulle colline. Proprio mentre tutto sembra far pensare a un «ritorno a mani vuote», una scarica di colpi di fucile dà inizio allo scontro. Caduto nel fango vicino a un compagno ucciso, Johnny si rialza e colpisce a morte un fascista. Nella concitazione del **conflitto a fuoco**, egli cerca di riunirsi ai compagni e di combattere al loro fianco, ma ben presto la **superiorità dei nemici** risulta evidente. Mentre i suoi compagni cadono uno dopo l'altro Johnny, che ha il fucile scarico, disobbedisce all'ordine di ritirarsi. Pur di fronte alla sconfitta imminente il protagonista, imbracciato il fucile di un compagno, si solleva per sparare, ma viene probabilmente **colpito a morte**. «Due mesi dopo la guerra era finita».

ANALISI E INTERPRETAZIONE

Estraneità e partecipazione Il brano, con il suo ritmo incalzante, è un esempio tipico dell'efficace **realismo** della prosa di Fenoglio, capace di riprodurre il succedersi vorticoso della sparatoria tra fascisti e partigiani. In un'**atmosfera allucinata e stravolta** («stranitamente»; «stava tutto stranito») si incrociano i colpi delle armi da fuoco, quasi personificate («L'automatico tornò su di lui»; «il bren... ranged preciso, meticoloso, letale»), portando la morte su entrambi i fronti. L'episodio conclusivo ripropone uno dei temi portanti del romanzo: il costante **senso di estraneità di Johnny** rispetto ai compagni partigiani, unito a un vivo **desiderio di partecipare** in prima persona alla lotta. Intellettuale di estrazione

borghese, Johnny avverte spesso un senso di distanza dagli obiettivi politici della Resistenza, di cui pure comprende la necessità e la giustizia. La guerra si configura però per lui come una **estrema prova esistenziale**, come la **lotta contro un Male eterno e assoluto**. Anche in quest'ultimo scontro, egli non cessa di cercare di unirsi ai compagni, oscuramente consapevole che questa è «l'ultima, unica possibilità di inserirsi nella battaglia, di sfuggire a quell'incubo personale e inserirsi nella generale realtà».

Un destino eroico Il finale del romanzo ha suscitato molte discussioni fra i critici: alcuni ritengono che esso sia in realtà una **conclusione provvisoria**, sulla quale l'autore sarebbe tornato revisionando l'opera rimasta incompiuta, mentre secondo altri Fenoglio vorrebbe qui suggerire, sia pure senza dichiararla apertamente, la **morte di Johnny** in combattimento. A favore della seconda ipotesi stanno non solo una serie di questioni di natura filologica, ma anche e soprattutto la coerenza del finale rispetto all'evoluzione del personaggio di Johnny. Il ragazzo, determinato a combattere fino in fondo la sua battaglia (reale e interiore, politica ed esistenziale), **porta infatti a compimento il suo destino** con una morte che contribuisce, sia pure indirettamente, alla vittoria partigiana («Due mesi dopo la guerra era finita»). Secondo la visione antieroica e antiretorica che domina il romanzo, **la sconfitta individuale può coincidere con la vittoria collettiva**, resa possibile proprio dal coraggio e dalla coerenza dei singoli. In questo modo Fenoglio costruisce effettivamente, con il suo personaggio, **un eroe resistenziale positivo**, immune dal rischio della facile retorica celebrativa.

Lo sperimentalismo linguistico La narrazione asciutta di Fenoglio si serve di un linguaggio del tutto particolare, la cui caratteristica più evidente è data dalla presenza di **termini inglesi** («braced»; «mainstream»; «Braced and called up himself») o di **espressioni ricalcate sull'inglese** («lavoro d'artificio», calco dell'inglese *firework*; o l'aggettivo «intemperiate», che ricorda l'inglese *weathered*), residuo della prima stesura del romanzo, svolta interamente in questa lingua.

La **tensione espressionistica** si esprime anche in numerosi **neologismi** («pistonavano»; «sfisionomati ed apneizzati»; «stranitamente»), cui si mescolano sia **voci basse e dialettali** («tira ai 10 all'ora»; «scoppiato») sia **termini aulici e letterari** («idilliaca»; «maroso»; fino al latinismo «ignivome»). Questa sistematica forzatura linguistica crea uno stile unico, finalizzato sia all'immediatezza della rappresentazione sia, soprattutto, a sottolineare la tensione interiore che anima il protagonista e il suo **rapporto straniato con una realtà stravolta**, che appare incomprensibile nella sua assurda violenza. Anche sul piano sintattico, le frasi si succedono rapide e incalzanti, legate dalla coordinazione e scandite dalla semplice successione temporale («Poi»), come a comporre quadri separati di un'azione fulminea e apparentemente priva di senso. Fenoglio si spinge quindi ben oltre il semplice realismo, rappresentando in forma oggettiva e lucida il senso di **profondo smarrimento** che anima il protagonista di fronte alla sua prova estrema.

Lavoriamo sul testo

COMPRENSIONE

1 Dove si dirige Johnny insieme a Pierre e agli altri partigiani?
2 In quale luogo si svolge lo scontro a fuoco con i nemici e come ha inizio?
3 Quali partigiani muoiono nella battaglia?
4 In quale punto della narrazione diventa chiaro che i partigiani non potranno avere la meglio?

> **LINGUA E LESSICO**
>
> 5 Ricerca l'etimologia delle seguenti parole e per ognuna di esse scrivi una frase: *slargo, banderuola, davanzale, aia, mortaio*.
> 6 Analizza il linguaggio usato dall'autore nel testo, riportando in una tabella i termini inglesi, i neologismi, i termini gergali e quelli letterari, cercando di spiegarne la funzione nel contesto.

ANALISI E INTERPRETAZIONE

7 Individua nel testo i punti in cui emerge con maggiore chiarezza il desiderio di Johnny di partecipare all'azione dei compagni.
8 Nel brano ricorrono i nomi delle armi dei combattenti, che diventano quasi protagoniste del combattimento.
9 Per quale motivo, a tuo parere, Johnny rifiuta di arrendersi? Spiega il significato della frase che conclude il romanzo in relazione alla scelta del protagonista.
10 Da quale punto di vista è condotta la narrazione? Quale focalizzazione prevale e da che cosa lo deduci?

SCRITTURA E APPROFONDIMENTI

11 Riscrivi la parte iniziale del brano (rr. 17-39) utilizzando il linguaggio corrente ed evitando le scelte ardite dell'autore.

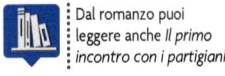 Dal romanzo puoi leggere anche *Il primo incontro con i partigiani*

Raccontare l'Olocausto: Primo Levi

Scrivere per non dimenticare Alla Seconda guerra mondiale è legato lo sterminio di oltre sei milioni di ebrei nei Lager nazisti, un evento che, per la sua entità e per il sistematico rigore con cui venne perseguito, rappresenta uno dei momenti più tragici della storia del Novecento. Fra i sopravvissuti al genocidio – la *Shoah* (in ebraico "annientamento") o **Olocausto** (in greco "rogo totale") – molti hanno scelto di testimoniare la propria esperienza in **diari e memoriali**, che si impongono al lettore come un monito a non dimenticare e a prevenire il ripetersi di un simile orrore. Accanto a opere universalmente note come il *Diario di Anna Frank* o *L'istruttoria* del drammaturgo Peter Weiss, si colloca *Se questo è un uomo* di Primo Levi, in cui la lucidità della testimonianza e il rigore morale dell'analisi della vita nel Lager si combinano con un notevole valore letterario.

Una vita emblematica Primo Levi nasce a **Torino** nel **1919** in una famiglia ebrea. Nonostante le leggi razziali riesce a laurearsi in **chimica** nel 1941 e inizia a lavorare in una fabbrica svizzera di medicinali. Dopo l'8 settembre 1943 organizza con alcuni compagni una formazione partigiana di Giustizia e Libertà in Valle d'Aosta. Catturato dai fascisti nel dicembre 1943, viene deportato prima a Fòssoli (Modena) e di lì nel **Lager di Buna-Monowitz**, appartenente al sistema dei campi di Auschwitz, in Polonia. Dopo la liberazione del campo, nel gennaio 1945, Levi riesce a rientrare a Torino al termine di un lungo **viaggio a piedi attraverso l'Europa**. Appena tornato in Italia scrive *Se questo è un uomo*, che viene rifiutato da Einaudi e pubblicato in sole 2500 copie nel 1947. Levi trova lavoro come chimico in una fabbrica di vernici e raggiunge la fama letteraria solo alla fine degli anni Cinquanta, con una nuova edizione di *Se questo è un uomo*. Nel 1963 esce *La tregua*, che narra l'odissea del ritorno da Auschwitz. Dopo i due libri di memorie, pubblica la raccolta di racconti *Il sistema periodico* (1975) e il romanzo *La chiave a stella* (1978), in cui affronta il tema del lavoro attraverso le vicende di un operaio specializzato. Al tema delle sofferenze degli ebrei Levi ritorna con il romanzo *Se non ora, quando?* (1982), che descrive il viaggio dalla Bielorussia all'Italia di un gruppo di ebrei russi diretti in Palestina, e con il saggio *I sommersi e i salvati* (1986). Ossessionato dal ricordo della sua terribile esperienza, l'anno seguente Levi muore **suicida** a Torino.

La parola all'autore

Primo Levi e la «vergogna» dei sopravvissuti

Nel terzo capitolo del saggio *I sommersi e i salvati* (1986), intitolato *La vergogna*, Levi si sofferma sul profondo senso di colpa che molti sopravvissuti provano per il fatto stesso di essere restati vivi, mentre tanti loro compagni sono morti nel Lager. Al di là delle responsabilità dei singoli, delle vittime e soprattutto dei carnefici, l'autore sottolinea con vigore lo scandalo del Male, la «vergogna del mondo» che la *Shoah* ha rappresentato per l'intera civiltà occidentale.

E c'è un'altra vergogna più vasta, la vergogna del mondo. È stato detto memorabilmente da John Donne, e citato innumerevoli volte, a proposito e non, che «nessun uomo è un'isola», e che ogni campana di morte suona per ognuno. Eppure c'è chi davanti alla colpa altrui, o alla propria, volge le spalle, così da non vederla e non sentirsi toccato: così hanno fatto la maggior parte dei tedeschi nei dodici anni hitleriani, nell'illusione che il non vedere fosse un non sapere, e che il non sapere li alleviasse dalla loro quota di complicità o connivenza. Ma a noi lo schermo dell'ignoranza voluta […] è stato negato: non abbiamo potuto non vedere. Il mare di dolore, passato e presente, ci circondava, ed il suo livello è salito di anno in anno fino quasi a sommergerci. Era inutile chiudere gli occhi o volgergli le spalle, perché era tutto intorno, in ogni direzione fino all'orizzonte. Non ci era possibile, e non abbiamo voluto essere isole; i giusti fra noi, non più né meno numerosi che in qualsiasi altro gruppo umano, hanno provato rimorso, vergogna, dolore insomma, per la colpa che altri e non loro avevano commessa, ed in cui si sono sentiti coinvolti, perché sentivano che questo era avvenuto intorno a loro, ed in loro presenza, e in loro, era irrevocabile. Non avrebbe potuto essere lavato mai più; avrebbe dimostrato che l'uomo, il genere umano, noi insomma, eravamo potenzialmente capaci di costruire una mole infinita di dolore; e che il dolore è la sola forza che si crei dal nulla, senza spesa e senza fatica. Basta non vedere, non ascoltare, non fare.

P. Levi, *I sommersi e i salvati*, Torino, Einaudi, 1986

Testimoniare e comprendere   Le opere di Levi più direttamente legate all'esperienza della deportazione – *Se questo è un uomo*, *La tregua* e il saggio *I sommersi e i salvati* – sono accomunate da un **atteggiamento analitico**, che fa appello alla ragione per comprendere le cause delle atrocità vissute in prima persona. Mosso da un'attitudine mentale scientifica, legata alla sua formazione da chimico, Levi scrive non solo per la necessità di liberarsi dall'ossessione del ricordo, ma anche per analizzare lucidamente i **moventi e i meccanismi della sopraffazione** dell'uomo sull'uomo. A questo sforzo di razionalizzazione si accompagna il **dovere di testimoniare**, di «sopravvivere allo scopo preciso di raccontare le cose a cui avevamo assistito e che avevamo sopportate», nella convinzione che la conoscenza e la comprensione siano gli unici antidoti al ripetersi del dramma dell'Olocausto. A questo duplice scopo – comprendere e testimoniare per prevenire – corrisponde appieno la forma espressiva scelta da Levi, che rinuncia a ogni effetto retorico per seguire uno **stile asciutto ed essenziale**, scarno nelle descrizioni e attento alla registrazione della realtà, netto e preciso nella riflessione e nell'analisi psicologica.

Se questo è un uomo   Levi scrive il suo romanzo più noto di getto, **tra il 1945 e il 1946**, all'indomani del rientro in Italia, per rispondere a un **bisogno «immediato e violento»** di liberazione interiore e di testimonianza. In un primo momento *Se questo è un uomo* viene rifiutato da Einaudi e la sua uscita passa praticamente sotto silenzio. Solo nel **1956**, in un mutato clima storico-politico, **Einaudi acconsente a ripubblicare il testo**, che riscuote un **enorme successo** internazionale.

In 17 brevi capitoli, Levi rievoca in prima persona la sua **detenzione nel Lager di Buna-Monowitz**, nel complesso di **Auschwitz**. La vita nel campo comporta un totale abbrutimento dei deportati, su cui i nazisti infieriscono con atrocità fisiche e morali, distruggendone la dignità con turni di lavoro massacranti, percosse e ogni forma di violenza psicologica. Levi, che grazie alle sue conoscenze in chimica ha ottenuto un incarico nel laboratorio della fabbrica, nel gennaio **1945** si ammala di scarlattina, ma proprio questa circostanza gli salva la vita: i tedeschi, in fuga dalle truppe russe, abbandonano infatti i malati nel campo deserto. Le ultime pagine registrano in forma di diario i dieci giorni in cui Levi e i compagni restano preda della fame e del freddo, finché il **27 gennaio i soldati dell'Armata Rossa liberano il Lager**.

Levi descrive e analizza la vita nel Lager nel tentativo di individuare i **meccanismi psicologici del comportamento umano**, osservando come nel microcosmo del campo si riproducano strutture e dinamiche analoghe a quelle che regolano la società: il privilegio e il sopruso svolgono un ruolo determinante, creando una netta **distinzione tra oppressi e oppressori** e riducendo la vita a uno spietato processo di **selezione naturale**. Non mancano però **esempi di generosità e altruismo** e incontri significativi, come quello con gli amici Alberto e Lorenzo, capaci di dimostrare «che ancora esisteva un mondo giusto al di fuori del nostro, qualcosa e qualcuno di ancora puro e intero… una remota possibilità di bene, per cui tuttavia metteva conto di conservarsi».

○ Sosta di verifica

1 Dove fu fatto prigioniero Primo Levi?

2 Quale atteggiamento assume l'autore verso i suoi aguzzini in *Se questo è un uomo*?

3 In quale opera Levi racconta il ritorno da Auschwitz?

○ Primo Levi di fronte all'Olocausto

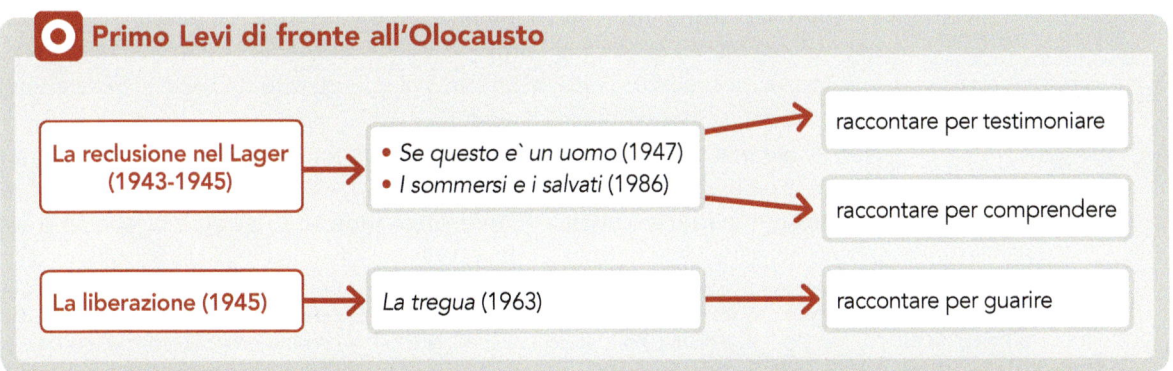

La reclusione nel Lager (1943-1945)	→	• *Se questo è un uomo* (1947) • *I sommersi e i salvati* (1986)	→	raccontare per testimoniare
			→	raccontare per comprendere
La liberazione (1945)	→	*La tregua* (1963)	→	raccontare per guarire

Primo Levi, L'arrivo nel Lager
Se questo è un uomo, cap. 2

Il brano riportato è tratto dal secondo capitolo, intitolato Sul fondo, in cui l'autore descrive l'arrivo degli ebrei italiani nel Lager. Dopo un terribile viaggio di cinque giorni su un vagone merci e dopo una prima sommaria selezione degli uomini validi (95 su 650) fatta in piena notte su una banchina della stazione ferroviaria di Auschwitz, Levi viene trasferito con una trentina di compagni al campo di lavoro di Buna-Monowitz.

Levi rievoca l'ingresso nel Lager e le violenze fisiche e psicologiche a cui i prigionieri vengono sottoposti per fiaccarne la dignità. Nel suo resoconto asciutto e razionale, l'autore individua nell'annientamento della dimensione umana il carattere peculiare della violenza del Lager, mossa da una volontà di sopraffazione spietata e rigorosa. Fin dal loro ingresso nel campo, Levi e i suoi compagni comprendono di essere entrati in un mondo assurdo e insensato.

> Secondo la propaganda nazista, i campi di concentramento si proponevano la "rieducazione" degli ebrei attraverso il lavoro, ma la realtà era ben diversa. La scritta è ancora oggi appesa sul cancello di ingresso di Auschwitz.

Il viaggio non durò che una ventina di minuti[1]. Poi l'autocarro si è fermato, e si è vista una grande porta, e sopra una scritta vivamente illuminata (il suo ricordo ancora mi percuote nei sogni): ARBEIT MACHT FREI, il lavoro rende liberi.
5 Siamo scesi, ci hanno fatti entrare in una camera vasta e nuda, debolmente riscaldata. Che sete abbiamo! Il debole fruscio dell'acqua nei radiatori ci rende feroci: sono quattro giorni che non beviamo. Eppure c'è un rubinetto: sopra un cartello, che dice che è proibito bere perché l'acqua è inquinata. Sciocchezze, a me pare ovvio che il cartello è una beffa, «essi»[2] sanno che noi moriamo di sete, e ci mettono in una camera, e c'è un rubinetto, e Wassertrinken verboten[3]. Io
10 bevo, e incito i compagni a farlo; ma devo sputare, l'acqua è tiepida e dolciastra, ha odore di palude.

> Nel brano, e in tutto il libro, ricorre l'immagine del Lager come un luogo infernale, in cui il Male tocca il suo punto estremo.

Questo è l'inferno. Oggi, ai nostri giorni, l'inferno deve essere così, una camera grande e vuota, e noi stanchi stare in piedi, e c'è un rubinetto che gocciola e l'acqua non si può bere, e noi aspettiamo qualcosa di certamente terribile e non
15 succede niente e continua a non succedere niente. Come pensare? Non si può più pensare, è come essere già morti. Qualcuno si siede per terra. Il tempo passa goccia a goccia.
Non siamo morti; la porta si è aperta ed è entrata una SS[4], sta fumando. Ci guarda senza fretta, chiede: «Wer kann Deutsch?[5]». Si fa avanti uno fra noi che non ho mai visto, si chiama Flesch; sarà lui il nostro interprete. La SS fa un lungo di-
20 scorso pacato: l'interprete traduce. Bisogna mettersi in fila per cinque, a intervalli di due metri fra uomo e uomo; poi bisogna spogliarsi e fare un fagotto degli abiti in un certo modo, gli indumenti di lana da una parte e tutto il resto dall'altra, togliersi le scarpe ma far molta attenzione di non farcele rubare.

> Le SS non stabiliscono alcuna comunicazione con i prigionieri: avviare un dialogo significherebbe instaurare un rapporto paritario tra chi si ritiene appartenente a una razza superiore e chi non è considerato neppure un essere umano.

Rubare da chi? perché ci dovrebbero rubare le scarpe? e i nostri documenti, il
25 poco che abbiamo in tasca, gli orologi? Tutti guardiamo l'interprete, e l'interprete interrogò il tedesco, e il tedesco fumava e lo guardò da parte a parte come se fosse stato trasparente, come se nessuno avesse parlato.
Non avevo mai visto uomini anziani nudi. Il signor Bergmann portava il cinto erniario[6], e chiese all'interprete se doveva posarlo, e l'interprete esitò. Ma il tedesco
30 comprese, e parlò seriamente all'interprete indicando qualcuno; abbiamo visto

---

1. **Il viaggio ... minuti:** si tratta del breve tragitto da Auschwitz al campo di Monowitz.
2. **«essi»:** i guardiani del campo.
3. **Wassertrinken verboten:** *Proibito bere acqua*, in tedesco.
4. **una SS:** *un soldato delle SS* (sigla per Schutzstaffeln, un corpo paramilitare del partito nazista).
5. **Wer kann Deutsch?:** *Chi sa il tedesco?*
6. **cinto erniario:** una sorta di cintura di cuoio per contenere l'ernia.

l'interprete trangugiare[7], e poi ha detto: «Il maresciallo dice di deporre il cinto, e che le sarà dato quello del signor Coen». Si vedevano le parole uscire amare dalla bocca di Flesch, quello era il modo di ridere del tedesco.

35 Poi viene un altro tedesco, e dice di mettere le scarpe in un certo angolo, e noi le mettiamo, perché ormai è finito e ci sentiamo fuori del mondo e l'unica cosa è obbedire. Viene uno con la scopa e scopa via tutte le scarpe, via fuori dalla porta in un mucchio. È matto, le mescola tutte, novantasei paia, poi saranno spaiate. La porta dà all'esterno, entra un vento gelido e noi siamo nudi e ci copriamo il 40 ventre con le braccia. Il vento sbatte e richiude la porta; il tedesco la riapre, e sta a vedere con aria assorta come ci contorciamo per ripararci dal vento uno dietro l'altro; poi se ne va e la richiude.

Adesso è il secondo atto. Entrano con violenza quattro con rasoi, pennelli e tosatrici, hanno pantaloni e giacche a righe, un numero cucito sul petto; forse sono 45 della specie di quegli altri[8] di stasera (stasera o ieri sera?); ma questi sono robusti e floridi. Noi facciamo molte domande, loro invece ci agguantano e in un momento ci troviamo rasi e tosati. Che facce goffe abbiamo senza capelli! I quattro parlano una lingua che non sembra di questo mondo, certo non è tedesco, io un poco il tedesco lo capisco.

55 Finalmente si apre un'altra porta: eccoci tutti chiusi, nudi tosati e in piedi, coi piedi nell'acqua, è una sala di docce. Siamo soli, a poco a poco lo stupore si scioglie e parliamo, e tutti domandano e nessuno risponde. Se siamo nudi in una sala di docce, vuol dire che faremo la doccia. Se faremo la doccia, è perché non ci ammazzano ancora. E allora perché ci fanno stare in piedi, e non ci dànno da be- 60 re, e nessuno ci spiega niente, e non abbiamo né scarpe né vestiti ma siamo tutti nudi coi piedi nell'acqua, e fa freddo ed è cinque giorni che viaggiamo e non possiamo neppure sederci.

E le nostre donne?

L'ingegner Levi mi chiede se penso che anche le nostre donne siano così come noi in questo momento, e dove sono, e se le potremo rivedere. Io rispondo che 65 sì, perché lui è sposato e ha una bambina; certo le rivedremo. Ma ormai la mia idea è che tutto questo è una grande macchina per ridere di noi e vilipenderci[9], e poi è chiaro che ci uccidono, chi crede di vivere è pazzo, vuol dire che ci è cascato, io no, io ho capito che presto sarà finita, forse in questa stessa camera, quando si saranno annoiati di vederci nudi, ballare da un piede all'altro e prova- 70 re ogni tanto a sederci sul pavimento, ma ci sono tre dita d'acqua fredda e non ci possiamo sedere.

Andiamo in su e in giù senza costrutto[10], e parliamo, ciascuno parla con tutti gli altri, questo fa molto chiasso. Si apre la porta, entra un tedesco, è il maresciallo di prima; parla breve, l'interprete traduce. «Il maresciallo dice che dovete fa- 75 re silenzio, perché questa non è una scuola rabbinica[11]». Si vedono le parole non sue, le parole cattive, torcergli la bocca uscendo, come se sputasse un boccone disgustoso. Lo preghiamo di chiedergli che cosa aspettiamo, quanto tempo ancora staremo qui, delle nostre donne, tutto: ma lui dice di no, che non vuol chiedere. Questo Flesch, che si adatta molto a malincuore a tradurre in italiano frasi 80 tedesche piene di gelo, e rifiuta di volgere in tedesco le nostre domande perché

---

7. trangugiare: *deglutire.*
8. quegli altri: nel capitolo precedente, Levi ha descritto il suo stupore alla vista dei primi prigionieri del Lager.

9. vilipenderci: *offenderci.*
10. senza costrutto: *inutilmente, senza alcun risultato.*
11. scuola rabbinica: scuola tenuta dai rabbini, i capi spirituali delle comunità ebraiche. La frase è volutamente offensiva.

sa che è inutile, è un ebreo tedesco sulla cinquantina, che porta in viso la grossa cicatrice di una ferita riportata combattendo contro gli italiani sul Piave[12]. È un uomo chiuso e taciturno, per il quale provo un istintivo rispetto perché sento che ha cominciato a soffrire prima di noi.

Il tedesco se ne va, e noi adesso stiamo zitti, quantunque ci vergogniamo un poco di stare zitti. Era ancora notte, ci chiedevamo se mai sarebbe venuto il giorno. Di nuovo si aprì la porta, ed entrò uno vestito a righe. Era diverso dagli altri, più anziano, cogli occhiali, un viso più civile, ed era molto meno robusto. Ci parla, e parla italiano.

Oramai siamo stanchi di stupirci. Ci pare di assistere a qualche dramma pazzo, di quei drammi in cui vengono sulla scena le streghe, lo Spirito Santo e il demonio. Parla italiano malamente, con un forte accento straniero. Ha fatto un lungo discorso, è molto cortese, cerca di rispondere a tutte le nostre domande.

Noi siamo a Monowitz, vicino ad Auschwitz, in Alta Slesia: una regione abitata promiscuamente[13] da tedeschi e polacchi. Questo campo è un campo di lavoro, in tedesco si dice ArbeitsLager; tutti i prigionieri (sono circa diecimila) lavorano ad una fabbrica di gomma che si chiama la Buna, perciò il campo stesso si chiama Buna.

Riceveremo scarpe e vestiti, no, non i nostri: altre scarpe, altri vestiti, come i suoi. Ora siamo nudi perché aspettiamo la doccia e la disinfezione, le quali avranno luogo subito dopo la sveglia, perché in campo non si entra se non si fa la disinfezione. Certo, ci sarà da lavorare, tutti qui devono lavorare. Ma c'è lavoro e lavoro: lui, per esempio, fa il medico, è un medico ungherese che ha studiato in Italia; è il dentista del Lager. È in Lager da quattro anni (non in questo: la Buna esiste da un anno e mezzo soltanto), eppure, possiamo vederlo, sta bene, non è molto magro. Perché è in Lager? È ebreo come noi? «No», dice lui con semplicità, «io sono un criminale[14]».

Noi gli facciamo molte domande, lui qualche volta ride, risponde ad alcune e non ad altre, si vede bene che evita certi argomenti. Delle donne non parla: dice che stanno bene, che presto le rivedremo, ma non dice né come né dove. Invece ci racconta altro, cose strane e folli, forse anche lui si fa gioco di noi. Forse è matto: in Lager si diventa matti. Dice che tutte le domeniche ci sono concerti e partite di calcio. Dice che chi tira bene di boxe può diventare cuoco. Dice che chi lavora bene riceve buoni-premio con cui ci si può comprare tabacco e sapone. Dice che veramente l'acqua non è potabile, e che invece ogni giorno si distribuisce un surrogato di caffè, ma generalmente nessuno lo beve, perché la zuppa stessa è acquosa quanto basta per soddisfare la sete. Noi lo preghiamo di procurarci qualcosa da bere, ma lui dice che non può, che è venuto a vederci di nascosto, contro il divieto delle SS, perché noi siamo ancora da disinfettare, e deve andarsene subito; è venuto perché gli sono simpatici gli italiani, e perché, dice, «ha un po' di cuore». Noi gli chiediamo ancora se ci sono altri italiani in campo, e lui dice che ce n'è qualcuno, pochi, non sa quanti, e subito cambia discorso. In quel mentre ha suonato una campana, e lui è subito fuggito, e ci ha lasciati attoniti e sconcertati. Qualcuno si sente rinfrancato, io no, io continuo a pensare che anche questo dentista, questo individuo incomprensibile, ha voluto divertirsi a nostre spese, e non voglio credere una parola di quanto ha detto.

Persiste la sensazione di assurdità, unita all'idea di essere preda di un meccanismo perverso e folle.

---

12. sul Piave: durante la Prima guerra mondiale.

13. promiscuamente: *in modo misto.*

14. un criminale: nei Lager venivano internati, oltre agli ebrei, anche i prigionieri politici, gli zingari, gli omosessuali e i delinquenti comuni; ma per i detenuti "ariani" non era prevista la "soluzione finale" riservata agli ebrei, cioè lo sterminio nelle camere a gas.

Alla campana, si è sentito il campo buio ridestarsi. Improvvisamente l'acqua è scaturita bollente dalle docce, cinque minuti di beatitudine; ma subito dopo irrompono quattro (forse sono i barbieri) che, bagnati e fumanti, ci cacciano con urla e spintoni nella camera attigua[15], che è gelida; qui altra gente urlante ci butta addosso non so che stracci, e ci schiaccia in mano un paio di scarpacce a suola di legno, non abbiamo tempo di comprendere e già ci troviamo all'aperto, sulla neve azzurra e gelida dell'alba, e, scalzi e nudi, con tutto il corredo in mano, dobbiamo correre fino ad un'altra baracca, a un centinaio di metri. Qui ci è concesso di vestirci.

Quando abbiamo finito, ciascuno è rimasto nel suo angolo, e non abbiamo osato levare gli occhi l'uno sull'altro. Non c'è ove specchiarsi, ma il nostro aspetto ci sta dinanzi, riflesso in cento visi lividi, in cento pupazzi miserabili e <mark>sordidi</mark>. Eccoci trasformati nei fantasmi intravisti ieri sera.

Allora per la prima volta ci siamo accorti che la nostra lingua manca di parole per esprimere questa offesa, la demolizione di un uomo. In un attimo, con intuizione quasi profetica, la realtà ci si è rivelata: siamo arrivati al fondo. Più giù di così non si può andare: condizione umana più misera non c'è, e non è pensabile.

P. Levi, Se questo è un uomo, Torino, Einaudi, 2005

Apri il vocabolario

L'aggettivo "sordido", derivato dal latino *sordes*, "sporcizia", si riferisce sia a un aspetto fisico sporco, sia a una condotta morale riprovevole e ignobile, e per estensione indica chi si comporta in modo gretto e meschino.

Dal romanzo puoi leggere anche il brano *Il lavoro*

15. attigua: *vicina.*

➡ Analisi del testo

COMPRENSIONE

Il brano descrive con asciutta sobrietà l'ingresso di Levi e dei suoi compagni nel Lager di Buna-Monowitz e il primo contatto con la sua assurda crudeltà. I prigionieri sono fatti entrare in una stanza disadorna e costretti a spogliarsi completamente. Nudi e privati di ogni loro avere, Levi e gli altri – alle cui ansiose domande nessuno risponde – sono poi trasferiti in una sala docce. Mentre attendono, viene a visitarli di nascosto un prigioniero anziano, medico e internato come criminale, che tenta assurdamente di confortarli. Dopo un'attesa estenuante, al suono della campana che annuncia l'inizio di una nuova giornata e dopo una rapida doccia comune, i nuovi arrivati vengono portati all'esterno e rivestiti con la divisa del campo. Guardandosi smarriti, si rendono conto di essere giunti «sul fondo», nel cuore stesso di un Male insensato e incomprensibile.

ANALISI E INTERPRETAZIONE

Una discesa agli inferi Nel racconto di Levi, i diversi momenti che scandiscono l'arrivo nel Lager si succedono come altrettante tappe di una progressiva discesa agli inferi («Questo è l'inferno»), al termine della quale i nuovi arrivati si ritrovano «a giacere sul fondo» di un abisso di malvagità terribilmente reale. Trattati come oggetti, essi sono sottoposti a un graduale ma inesorabile **processo di disumanizzazione** che ha come scopo l'**annientamento della loro dignità**. La tortura della sete, lo spogliarsi completamente, la tosatura, la doccia collettiva («perché noi siamo ancora da disinfettare»), la divisa: tutto contribuisce a trasformare i prigionieri in «pupazzi miserabili e sordidi», sottoposti a una **tortura sia fisica sia morale**.

A rendere ancor più acuta la sofferenza contribuisce la totale **assenza di comunicazione** diretta fra vittime e aguzzini: le SS parlano ma non ascoltano; le domande dei detenuti restano senza risposta e anche il medico, l'unico che pare disposto a dialogare con i nuovi venuti, in realtà li inganna con una beffa crudele. Il **linguaggio** stesso si trasforma in uno **strumento di violenza e distorsione della verità**, evidente sia nell'assurdo motto che campeggia all'ingresso di Auschwitz (*Arbeit macht frei*, "Il lavoro rende liberi"), sia nei secchi ordini in tedesco che l'interprete traduce «come se sputasse un boccone disgustoso».

Un dramma assurdo e grottesco Di fronte a questa fredda barbarie, il sentimento che domina nel protagonista è di **lucida rassegnazione** («e poi è chiaro che ci uccidono»), ma soprattutto di **stupore e disorientamento**, come di fronte a uno spettacolo assurdo e incomprensibile. I prigionieri si ritrovano a essere protagonisti di una sorta di **grottesca messinscena** («Adesso è il secondo atto»). I diversi '**atti**' di questo dramma infernale sono **scanditi dall'aprirsi della porta** di fondo («la porta si è aperta»; «Finalmente si apre un'altra porta»; «Si apre la porta» ecc.) da cui entrano sempre nuove comparse, il cui comportamento risulta però del tutto incomprensibile. I loro ordini appaiono privi di senso ed essi «parlano una lingua che non sembra di questo mondo». Levi sottolinea più volte l'impressione che i suoi carcerieri siano folli («Forse è matto: in Lager si diventa matti») e che lui e i suoi compagni siano parte di un «dramma pazzo», di «una grande macchina per ridere di noi». Il **perfetto e malefico meccanismo del Lager** rivela così tutta la sua assurda gratuità, la sua lucida follia finalizzata esclusivamente alla «demolizione dell'uomo».

La sobrietà e la chiarezza dello stile Il brano offre un esempio della struttura tipica della prosa di Levi, basata sulla **compresenza di narrazione e riflessione**. Nella prima parte, esso si sviluppa come racconto del narratore-protagonista, mentre nella parte finale emerge la riflessione che spiega il titolo del capitolo («Sul fondo»), unita all'**appello diretto al lettore**. La drammaticità degli eventi narrati risulta con particolare efficacia grazie alla scelta di uno **stile sobrio e pacato**, che non esprime giudizi diretti ma lascia che siano i fatti stessi, rievocati con lucida chiarezza, a parlare al cuore del lettore. La volontà di far comprendere appieno l'accaduto induce l'autore all'uso di una **forma essenziale**, in cui i periodi, brevi e incisivi, si succedono per coordinazione e talora per polisindeto. Sono frequenti anche le **ripetizioni di singoli termini** e immagini («sete», «acqua», «beviamo», «acqua», «sete», «bevo», «acqua»), quasi a rendere l'atmosfera allucinata della situazione e a testimoniarne la verità. Del tutto particolare è anche l'**alternanza nell'uso delle persone e dei tempi verbali**: al prevalere del «noi» collettivo si sostituisce talvolta la prima persona, che concentra l'attenzione sulle reazioni individuali dell'io narrante, mentre sul piano temporale al passato remoto e all'imperfetto della rievocazione memoriale si alterna l'uso del presente, sia nei momenti di maggiore tensione («Entrano con violenza quattro con rasoi…») sia nella riflessione finale.

Lavoriamo sul testo

COMPRENSIONE

1 Sintetizza in forma schematica le tappe che scandiscono l'arrivo di Levi e degli altri prigionieri nel Lager.

2 In che modo i prigionieri comunicano con le SS?

3 Che cosa rivela il medico prigioniero ai nuovi arrivati? Le sue parole sono veritiere?

LINGUA E LESSICO

4 Trova almeno due sinonimi e due contrari per l'aggettivo «feroci» (rr. 5-6).

5 Che tipo di proposizione è presente nella frase «E allora perché ci fanno stare in piedi» (r. 59)?

ANALISI E INTERPRETAZIONE

6 In che modo i prigionieri vengono progressivamente privati della loro dignità? Che cosa a tuo parere li fa più soffrire sul piano psicologico?

7 Individua nel testo i punti in cui l'autore riflette sull'assenza di comunicazione tra i prigionieri e gli aguzzini.

8 In quali passi del brano Levi sottolinea l'assurdità della situazione? Quale messaggio intende trasmettere al lettore?

9 Individua nel testo il variare dei tempi verbali e spiegane la funzione in rapporto alle diverse sequenze.

10 Secondo te, da quali intenti è mosso il medico che si reca a far visita ai nuovi prigionieri?

11 Spiega, alla luce delle riflessioni conclusive dell'autore, il significato del titolo del capitolo (Sul fondo) da cui il brano è tratto.

SCRITTURA E APPROFONDIMENTI

12 Una delle caratteristiche specifiche del genocidio del popolo ebraico consiste nella sua rigorosa pianificazione e nella fredda efficienza con cui venne perseguito. Alla luce del brano letto e delle tue conoscenze storiche, rifletti su questo aspetto della Shoah in un breve testo argomentativo.

13 Dopo aver visto alcuni film sul tema dell'Olocausto, rifletti in un breve testo scritto su come viene rappresentata l'entrata nel Lager nella filmografia e nel romanzo di Levi.

Il filone meridionalista e il "mito del popolo"

I problemi sociali del dopoguerra

L'impegno civile alla base del Neorealismo e il desiderio di rappresentare le questioni sociali del periodo post-bellico spinge molti scrittori ad analizzare le **condizioni di vita dei ceti popolari**, descrivendo la **vita dei contadini e degli operai** delle diverse regioni italiane, con una particolare attenzione per le zone più arretrate del Meridione. Nelle opere di questo filone, la volontà di dar vita a una nuova letteratura, attenta ai problemi concreti della società e mossa da un **intento di denuncia**, si unisce all'interesse verso mondi e culture arcaici, spesso mitizzati come depositari di profondi valori morali. L'interesse per la vita del popolo attraversa, in forme diverse, tutta la narrativa neorealista, dal primo dopoguerra alla sua fase più tarda, fino ai romanzi di Pier Paolo Pasolini ambientati nel mondo delle borgate romane.

L'interesse per il Meridione

La cosiddetta "questione meridionale", ossia l'insieme di problematiche sociali connesse con l'arretratezza economica e sociale del Sud Italia, era emersa con urgenza già all'indomani dell'Unità, attraverso le inchieste parlamentari di Franchetti e Sonnino e, in ambito letterario, con l'opera di Verga e dei veristi. Ben lungi dal risolversi, il problema si ripresenta con nuova urgenza nel secondo dopoguerra, con frequenti occupazioni di terre da parte dei contadini e una massiccia emigrazione verso il Nord industrializzato, cui i governi centristi cercano di rispondere con l'istituzione della Cassa del Mezzogiorno. Parallelamente, negli anni Cinquanta si assiste a un nuovo **interesse per le tradizioni e la cultura meridionali**, grazie soprattutto agli studi dell'etnologo **Ernesto De Martino** (*Il mondo magico*, 1948; *Sud e magia*, 1953).

Sul versante letterario, già negli anni Trenta opere come *Gente in Aspromonte* (1930) di **Corrado Alvaro** e *Fontamara* (1933) di **Ignazio Silone** avevano avuto come protagonista il Sud Italia, ma è soprattutto con il Neorealismo che si assiste a un fiorire di opere incentrate sul Meridione, sospese fra **denuncia sociale e studio antropologico**. Oltre ai racconti di **Domenico Rea** in *Spaccanapoli* (1947) e di Giuseppe Marotta in *L'oro di Napoli* (1947), si possono ricordare l'opera del lucano Rocco Scotellaro e soprattutto *Le terre del Sacramento* (1950) di **Francesco Jovine**, romanzo ambientato negli anni Venti e incentrato sulle lotte contadine del Molise. Diverso accento hanno le opere del siciliano **Vitaliano Brancati** – tra cui i romanzi *Don Giovanni in Sicilia* (1942) e *Il bell'Antonio* (1949) – che ritraggono con vivace autoironia la vita sonnolenta e inerte della **provincia siciliana**, dominata da una borghesia frivola e in cerca di facili emozioni erotiche.

Carlo Levi

Il testo più noto della letteratura meridionalista del secondo dopoguerra è però opera di un autore settentrionale, che conosce la realtà del Sud in seguito a vicende legate al suo impegno politico. Nato a **Torino** nel **1902**, dopo la laurea in medicina Carlo Levi si avvicina alle riviste dirette da Gobetti e nel 1929 è tra i fondatori del movimento antifascista "**Giustizia e Libertà**". Imprigionato più volte per attività sovversiva, nel 1935 viene inviato al **confino nell'entroterra lucano**, dove rimane due anni. Proprio da questa esperienza nasce *Cristo si è fermato a Eboli*, scritto durante la guerra e pubblicato nel **1945**. Levi partecipa attivamente alla Resistenza e nel dopoguerra si dedica alla letteratura e alla **pittura**. Nel 1950 pubblica *L'orologio*, romanzo incen-

Carlo Levi, *Lucania '61*, dettaglio, 1961.

trato sul fallimento ideologico del fascismo, e *reportage* giornalistici come *Le parole sono pietre* (1955), sulle condizioni della lotta politica in Sicilia, e *Tutto il miele è finito* (1964), in cui si confronta con il mondo arcaico della Sardegna. Impegnato politicamente, negli anni Sessanta viene eletto per due volte **senatore** come indipendente nelle liste del Pci. Muore a Roma nel **1975**.

Cristo si è fermato a Eboli

L'opera principale di Levi, che riscosse grande successo in Italia e all'estero, nasce dalla rievocazione dell'esperienza di confinato politico in un **paese della Lucania** – Aliano, che nel romanzo diventa Gagliano – che sembra essere rimasto estraneo alla civiltà. Come spiega l'autore, il titolo è legato a un modo di dire locale: «Noi non siamo cristiani – essi dicono – Cristo si è fermato a Eboli», cioè all'ultima stazione della ferrovia per chi viene dalla Campania. Grazie alla sua professione di medico, Levi riesce a entrare in contatto con questo mondo dimenticato dalla storia e dagli uomini e a comprendere la mentalità e le usanze di questo universo chiuso, guadagnandosi la fiducia degli abitanti. L'opera si colloca all'**incrocio di generi diversi**, sospesa fra narrazione, memoria, confessione lirica e saggio socio-antropologico. L'intento dell'autore è duplice: **documentare la condizione di miseria dei contadini del Meridione** – con uno scopo di denuncia sociale che lo collega al filone neorealista – ma anche evocare il **fascino di una cultura primitiva e arcaica**, legata ai cicli naturali e a rituali e superstizioni magiche che la civiltà ha ormai cancellato. Nell'equilibrio fra realismo e suggestione consiste, anche a livello formale, il pregio maggiore dell'opera.

L'epica popolare

L'interesse del Neorealismo per le masse popolari, sia contadine sia operaie, è presente già nelle opere dei precursori del movimento, come Vittorini e Pavese. L'attenzione per la loro graduale **acquisizione di una coscienza di classe** si accentua alla fine degli anni Quaranta, in seguito alla pubblicazione (1948-1951) dei **Quaderni del carcere** di Antonio **Gramsci** e alle discussioni intorno al cosiddetto **«realismo socialista»**. Se infatti Gramsci auspicava la nascita di un «intellettuale organico» che si facesse interprete dei bisogni dei ceti popolari, il russo Andrej Zdanov sosteneva – incontrando il plauso di molti intellettuali comunisti italiani – che fosse compito degli scrittori preparare l'avvento della rivoluzione socialista con opere realistiche capaci di educare politicamente le masse. Sulla scia di questo dibattito, nei primi anni Cinquanta si rinnova quindi l'interesse per il **popolo, spesso rappresentato in termini idealizzati** come ceto moralmente incorrotto e portatore di una vitalità oppressa dalla miseria. Nascono in questo contesto opere che tendono a rappresentare **personaggi popolari come modelli positivi** e quasi eroici, come in *L'Agnese va a morire* (1949) di Renata **Viganò**, che narra la vicenda di una popolana che, dopo l'uccisione del marito, diventa partigiana. Un'analoga mitizzazione del popolo si coglie anche nella fase neorealista della narrativa di **Moravia**, con romanzi come *La romana* (1947) e *La ciociara* (1957), suggestivi ritratti di popolane forti e

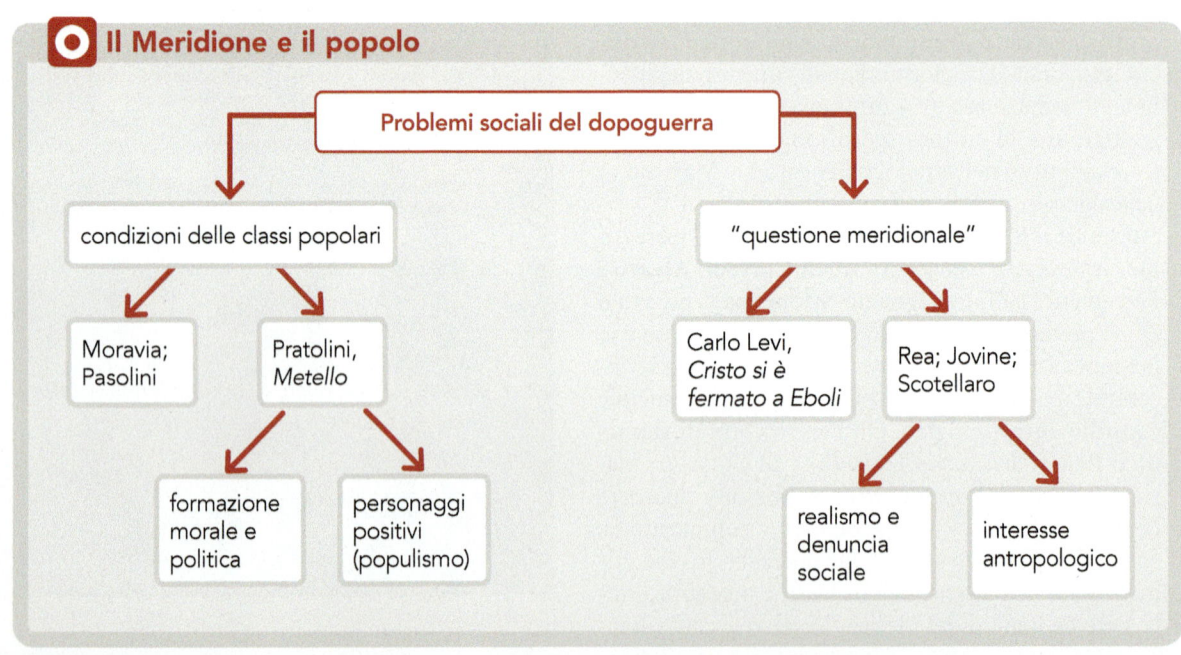

Il Meridione e il popolo

- Problemi sociali del dopoguerra
  - condizioni delle classi popolari
    - Moravia; Pasolini
    - Pratolini, *Metello*
      - formazione morale e politica
      - personaggi positivi (populismo)
  - "questione meridionale"
    - Carlo Levi, *Cristo si è fermato a Eboli*
    - Rea; Jovine; Scotellaro
      - realismo e denuncia sociale
      - interesse antropologico

Ottone Rosai, *Via Toscanella*, 1930.

coraggiose, come pure, al di fuori della temperie neorealista, negli esordi narrativi di Pier Paolo **Pasolini**, per esempio nei romanzi *Ragazzi di vita* (1955) e *Una vita violenta* (1959).

Vasco Pratolini   La rappresentazione della vita del popolo, ritratta ora con tratti lirico-idillici ora con più evidente realismo, è un tema ricorrente nell'opera di Vasco Pratolini. Nato a **Firenze** nel **1913**, l'autore si accosta alla letteratura da autodidatta, avvicinandosi dapprima all'Ermetismo. Durante la Seconda guerra mondiale, trasferitosi a Roma, partecipa attivamente alla **Resistenza** e scrive il suo primo romanzo, *Il quartiere* (1944), ambientato nel quartiere popolare fiorentino di Santa Croce in cui aveva trascorso gran parte della sua adolescenza. La **vena lirica e intimistica** è ancora alla base di *Cronaca familiare* (1947), scritto durante gli anni di insegnamento a Napoli. Allo stesso anno risale anche *Cronache di poveri amanti*, uno dei testi più significativi del Neorealismo, sia per il marcato **realismo** sia per il **soggetto corale**, rappresentato ancora una volta dalla Firenze popolare. Dopo alcuni anni di silenzio Pratolini – attivo anche come sceneggiatore a fianco di registi come Roberto Rossellini e Luchino Visconti – avvia l'ambizioso progetto di un ciclo di tre romanzi intitolato *Una storia*

italiana, un ampio affresco della società italiana dalla fine dell'Ottocento al secondo dopoguerra. Al primo e più noto, *Metello* (1955), segue *Lo scialo* (1960), che illustra il degrado morale della borghesia fiorentina nei primi decenni del Novecento, mentre *Allegoria e derisione* (1966) rievoca la Firenze operaia tra la prima e la Seconda guerra mondiale. Pratolini prosegue l'attività di scrittore e giornalista fino alla morte, avvenuta a Roma nel **1991**.

Metello e la fine del Neorealismo

Pubblicato nel 1955, *Metello* narra la storia di un orfano che, allevato da una famiglia di contadini del Mugello, a quindici anni torna a Firenze e trova lavoro come muratore. Qui, venuto a contatto prima con gli anarchici e poi con i socialisti, **Metello** acquisisce gradualmente **consapevolezza dei propri diritti di classe** e partecipa alle **lotte sindacali** del 1897, finendo in carcere. Attraverso diverse esperienze pubbliche e private, il protagonista compie un suo **itinerario di formazione**, sia politico – partecipando al grande sciopero del 1902 – sia privato e sentimentale, sposando **Ersilia**, una donna del popolo a cui resterà legato nonostante una breve avventura extraconiugale.

In quest'opera Pratolini abbandona la dimensione puramente cronachistica per misurarsi con il genere più ampio del **romanzo storico**, collocando gli eventi narrati a cavallo tra Otto e Novecento, nel periodo delle prime lotte operaie. Evidente è l'intento di costruire un **personaggio** positivo ed **esemplare**, in grado di rappresentare, al di là dei suoi errori, la forza vitale del ceto popolare. Proprio questo dichiarato intento ideologico costituisce però anche il limite dell'opera, che a tratti sfiora lo schematismo e un certo **ingenuo populismo** (ossia l'esaltazione acritica del popolo), che suscitò un acceso dibattito in ambito critico. Nei suoi pregi e nei suoi limiti, *Metello* segna anche cronologicamente la fine del Neorealismo inteso come vera e propria corrente letteraria e anticipa, nella struttura tradizionale e nel linguaggio medio, gli sviluppi del romanzo degli anni Sessanta.

⊙ Sosta di verifica

1   Perché i narratori neorealisti si interessano in particolare al Meridione?

2   Che cosa si intende con il termine "populismo"?

3   Che cosa significa il titolo *Cristo si è fermato a Eboli*?

4   Quali polemiche suscita *Metello* di Pratolini? Perché si può dire che questo romanzo segna la fine del Neorealismo?

Il cinema neorealista

Il ritorno alla realtà Parallelamente allo sviluppo della narrativa neorealista, anche il cinema esprime la volontà di rappresentare in modo realistico le vicende della guerra e della Resistenza e documentare le difficili condizioni di vita delle classi popolari. A partire dalla metà degli anni Quaranta, come reazione alle pellicole di pura evasione del periodo fascista, incentrate su vicende sentimentali e su personaggi di ceto elevato (il cosiddetto «cinema dei telefoni bianchi»), registi come Luchino Visconti, Roberto Rossellini e Vittorio De Sica danno vita a un cinema rinnovato, che avrà grande successo anche all'estero. I temi e le vicende del cinema neorealista sono strettamente legati alla contemporaneità e agli ambienti proletari e conta-

Locandina del film *Ossessione* di Luchino Visconti.

dini. Sul piano tecnico, anche per l'inagibilità degli studi di Cinecittà, si afferma la tendenza a girare in esterni, spesso nei quartieri popolari devastati dalla guerra, avvalendosi di attori non professionisti e presi dalla strada, nell'intento di potenziare l'effetto di realismo, a cui contribuisce anche il frequente utilizzo del dialetto.

I capolavori Il film che per primo si contrappone ai modelli tradizionali, aprendo la strada al Neorealismo, è *Ossessione* (1943) di Luchino Visconti. Ispirato al romanzo dello statunitense James Cain, *Il postino suona sempre due volte*, e girato in esterni nella "bassa" padana, il film fa scandalo per la tematica affrontata, una torbida storia d'amore tra un vagabondo e una donna sposata, che si fa complice dell'assassinio del marito. Osteggiata dal regime fascista e subito ritirata dagli schermi, la pellicola dà inizio alla breve stagione del Neorealismo, i cui capolavori vengono realizzati tra la fine della guerra e l'inizio degli anni Cinquanta.

In *Roma città aperta* (1945) di Roberto Rossellini l'occupazione nazista della capitale viene rievocata attraverso la storia di diversi personaggi, tra cui un partigiano, un prete e una donna del popolo, magistralmente interpretata da Anna Magnani. Girato nelle strade di Roma devastate dai bombardamenti, il film apre una trilogia di cui fanno parte anche *Paisà* (1946) – pellicola in sei episodi che amplia lo sguardo all'intera Italia del dopoguerra – e *Germania anno zero* (1947).

Dal sodalizio tra il regista Vittorio De Sica e lo sceneggiatore Cesare Zavattini nascono negli stessi anni *Sciuscià* (1946), storia di due giovani lustrascarpe che, per un piccolo furto, finiscono in riformatorio, e il famosissimo *Ladri di biciclette* (1948). Utilizzando attori non professionisti De Sica narra la vicenda di un padre disoccupato che, dopo aver trovato un impiego come attacchino, il primo giorno di lavoro viene derubato della bicicletta e, nel vano tentativo di ritrovarla, percorre tutta la città, rischiando di finire a sua volta arrestato. Al filone neorealista si collegano anche altre opere di Luchino Visconti come *La terra trema* (1948) – una reinterpretazione dei *Malavoglia* di Verga in chiave di lotta sociale – e *Bellissima* (1951), storia di una madre che fa di tutto per far accettare la figlia a un concorso di bellezza, nella speranza di garantirle un futuro migliore.

La dissoluzione del Neorealismo I film neorealisti, acclamati dalla critica e premiati anche con diversi Oscar, suscitano accese discussioni e, soprattutto, vengono solo in parte apprezzati dal pubblico, che preferisce i film d'evasione con i grandi divi di Hollywood. Per questi motivi e per il mutato clima storico e sociale, la stagione del Neorealismo cinematografico si esaurisce già alla metà degli anni Cinquanta, lasciando spazio alla commedia all'italiana. Le opere neorealiste ispireranno però una nuova generazione di registi (tra cui Federico Fellini e Pier Paolo Pasolini), che negli anni Sessanta daranno vita a un'altra grande stagione del cinema italiano.

Carlo Levi, I contadini della Lucania

Cristo si è fermato a Eboli

Nel brano, tratto dalla parte centrale del romanzo, Levi ricorda un momento particolare della sua vita al confino nel paesino lucano di Gagliano (nome di fantasia per Aliano, in provincia di Matera), abitato da contadini indifferenti alla storia e alla politica, chiusi nel loro mondo di credenze mitiche e di rassegnato fatalismo. Alla vigilia della guerra in Etiopia del 1935 gli abitanti di Gagliano, radunati dal podestà don Luigino per ascoltare alla radio i discorsi di Mussolini, restano totalmente indifferenti di fronte alla retorica fasci- *sta. L'autore spiega il loro comportamento sottolineando la profonda distanza che separa i contadini lucani non solo dal fascismo, ma in generale da ogni forma di impegno politico e civile: per loro «lo Stato è più lontano del cielo, e più maligno», in quanto li opprime con tasse e provvedimenti incomprensibili. Alla violenza della storia come a quella della natura, essi oppongono una passiva rassegnazione che è parte della loro cultura primitiva, legata ai misteriosi e arcaici riti della natura.*

> La struttura stessa del territorio contribuisce a fare di Gagliano un mondo chiuso, separato dalla civiltà.

Riconducibile al sostantivo latino *potestas*, "potere", il termine "podestà" veniva usato in epoca medievale per indicare prima il magistrato che, nei comuni, esercitava la funzione giudiziaria al posto dei consoli, e successivamente il capo stesso di un comune. La figura del podestà venne ripristinata nel periodo fascista per sostituire i sindaci.

> I contadini sono totalmente indifferenti verso tutto ciò che riguarda lo Stato e la politica, che vedono come un mondo lontano e ostile.

Questa strana e scoscesa configurazione del terreno fa di Gagliano una specie di fortezza naturale, da cui non si esce che per vie obbligate. Di questo approfittava il podestà, in quei giorni di cosiddetta passione nazionale[1], per avere maggior folla alle adunate che gli piaceva di indire per sostenere, come egli diceva, il morale della popolazione, o per fare ascoltare, alla radio, i discorsi dei nostri governanti che preparavano la guerra d'Africa. Quando don Luigino[2] aveva deciso di fare un'adunata, mandava, la sera, per le vie del paese, il vecchio banditore e becchino con il tamburo e la tromba; e si sentiva quella voce antica gridare cento volte, davanti a tutte le case, su una sola nota alta e astratta[3]. «Domattina alle dieci, tutti nella piazza, davanti al municipio, per sentire la radio. Nessuno deve mancare». «Domattina dovremo alzarci due ore prima dell'alba», dicevano i contadini, che non volevano perdere una giornata di lavoro, e che sapevano che don Luigino avrebbe messo, alle prime luci del giorno, i suoi avanguardisti[4] e i carabinieri sulle strade, agli sbocchi del paese, con l'ordine di non lasciar uscire nessuno. La maggior parte riusciva a partire per i campi, nel buio, prima che arrivassero i sorveglianti; ma i ritardatari dovevano rassegnarsi ad andare, con le donne e i ragazzi della scuola, sulla piazza sotto il balcone da cui scendeva l'eloquenza entusiastica ed uterina[5] di Magalone[6]. Stavano là, col cappello in capo, neri e diffidenti, e i discorsi passavano su di loro senza lasciar traccia.

I signori erano tutti iscritti al Partito[7], anche quei pochi, come il dottor Milillo[8], che la pensavano diversamente, soltanto perché il Partito era il Governo, era lo Stato, era il Potere, ed essi si sentivano naturalmente partecipi di questo potere. Nessuno dei contadini, per la ragione opposta, era iscritto, come del resto non sarebbero stati iscritti a nessun altro partito politico che potesse, per avventura, esistere. Non erano fascisti, come non sarebbero stati liberali o socialisti o che so io, perché queste faccende non li riguardavano, appartenevano a un altro mondo, e non avevano senso. Che cosa avevano essi a che fare con il Governo, con il Potere, con lo Stato? Lo Stato, qualunque sia, sono "quelli di Roma", e quelli di Roma, si sa, non vogliono che noi si viva da cristiani[9]. C'è la grandine, le frane,

---

1. in quei ... nazionale: l'episodio si colloca nel 1935, alla vigilia dello scoppio della guerra d'Etiopia, fortemente voluta dal regime fascista.
2. don Luigino: è il podestà di Gagliano.

3. astratta: *impersonale.*
4. avanguardisti: ragazzi che formavano le organizzazioni paramilitari fasciste.
5. uterina: *emotiva, non razionale.*
6. Magalone: è il cognome di don Luigino.

7. Partito: quello fascista, che dal 1929 era l'unico partito legalmente autorizzato in Italia.
8. il dottor Milillo: è il medico di Gagliano.
9. da cristiani: *in modo dignitoso, in pace.*

30 la siccità, la malaria, e c'è lo Stato. Sono dei mali inevitabili, ci sono sempre stati e ci saranno sempre. Ci fanno ammazzare le capre, ci portano via i mobili di casa[10], e adesso ci manderanno a fare la guerra. Pazienza!

Per i contadini, lo Stato è più lontano del cielo, e più maligno, perché sta sempre dall'altra parte. Non importa quali siano le sue formule politiche, la sua struttura, 35 i suoi programmi. I contadini non li capiscono, perché è un altro linguaggio dal loro, e non c'è davvero nessuna ragione perché li vogliano capire. La sola possibile difesa, contro lo Stato e contro la propaganda, è la rassegnazione, la stessa cupa rassegnazione, senza speranza di paradiso[11], che curva le loro schiene sotto i mali della natura.

40 Perciò essi, com'è giusto, non si rendono affatto conto di cosa sia la lotta politica: è una questione personale di quelli di Roma. Non importa ad essi di sapere quali siano le opinioni dei confinati, e perché siano venuti quaggiù: ma li guardano benigni, e li considerano come propri fratelli, perché sono anch'essi, per motivi misteriosi, vittime del loro stesso destino. Quando, nei primi giorni, mi capita- 45 va d'incontrare sul sentiero, fuori del paese, qualche vecchio contadino che non mi conosceva ancora, egli si fermava, sul suo asino, per salutarmi, e mi chiede-va: «Chi sei? *Addò vades?* (Chi sei? Dove vai?)» «Passeggio», rispondevo, «sono un confinato». «Un esiliato?» (I contadini di qui non dicono confinato, ma esilia-to[12]). «Un esiliato? Peccato! Qualcuno a Roma ti ha voluto male». E non aggiun- 50 geva altro, ma rimetteva in moto la sua cavalcatura, guardandomi con un sorriso di compassione fraterna.

Questa fraternità passiva, questo patire insieme, questa rassegnata, solidale, seco-lare pazienza è il profondo sentimento comune dei contadini, legame non religio-so, ma naturale. Essi non hanno, né possono avere, quella che si usa chiamare co- 55 scienza politica, perché sono, in tutti i sensi del termine, pagani[13], non cittadini: gli dèi dello Stato e della città non possono aver culto[14] fra queste argille[15], dove regna il lupo e l'antico, nero cinghiale, né alcun muro separa il mondo degli uo-mini da quello degli animali e degli spiriti, né le fronde degli alberi visibili dalle oscure radici sotterranee. Non possono avere neppure una vera coscienza indivi- 60 duale, dove tutto è legato da influenze reciproche, dove ogni cosa è un potere che agisce insensibilmente, dove non esistono limiti che non siano rotti da un influs-so magico. Essi vivono immersi in un mondo che si continua senza determina-zioni[16], dove l'uomo non si distingue dal suo sole, dalla sua bestia, dalla sua ma-laria: dove non possono esistere la felicità, vagheggiata dai letterati paganeggian- 65 ti[17], né la speranza, che sono pur sempre dei sentimenti individuali, ma la cupa passività di una natura dolorosa. Ma in essi è vivo il senso umano di un comu-ne destino, e di una comune accettazione. È un senso[18], non un atto di coscien-za: non si esprime in discorsi o in parole, ma si porta con sé in tutti i momenti, in tutti i gesti della vita, in tutti i giorni uguali che si stendono su questi deserti. 70 «Peccato! Qualcuno ti ha voluto male». Anche tu dunque sei soggetto al desti-no. Anche tu sei qui per il potere di una mala volontà, per un influsso malvagio,

---

La solidarietà umana verso l'autore non è dettata da moti-vazioni politiche, ma dalla consape-volezza di essere si-mili, oppressi da un destino incompren-sibile e ostile.

Nella cultura con-tadina, in cui gli elementi naturali e quelli umani so-no legati da corri-spondenze "magi-che", sembra scom-parire anche il sen-so dell'individualità, che è tipico della ci-viltà moderna.

---

10. Ci fanno … casa: si allude ai provvedi-menti governativi che prevedevano, oltre al pignoramento dei beni per i debitori insol-venti, l'uccisione delle capre, ritenute dan-nose per l'agricoltura ma fondamentali per la pastorizia lucana.
11. di paradiso: *di salvezza o di riscatto.*
12. confinato … esiliato: il confino è all'in-terno del territorio nazionale, l'esilio al di fuori di esso.
13. pagani: in origine i "pagani" erano chia-mati così in quanto abitanti dei *pagi*, ossia dei villaggi contadini, in cui le credenze non cristiane resistettero più a lungo.
14. aver culto: *essere onorati.*
15. argille: *terreni brulli.*
16. si continua senza determinazioni: *in cui tutto è legato e non vi sono differenze tra il mondo naturale e quello umano.*
17. vagheggiata … paganeggianti: *desi-derata dagli intellettuali che vedono nella campagna un luogo di beato riposo.*
18. un senso: *un sentimento istintivo,* non frutto di ragionamento.

75 portato qua e là per opera ostile di magia. Anche tu dunque sei un uomo, anche tu sei dei nostri. Non importano i motivi che ti hanno spinto, né la politica, né le leggi, né le illusioni della ragione. Non c'è ragione né cause ed effetti, ma soltanto un cattivo Destino, una Volontà che vuole il male, che è il potere magico delle cose. Lo Stato è una delle forme di questo destino, come il vento che brucia i raccolti e la febbre che ci rode il sangue. La vita non può essere, verso la sorte, che pazienza e silenzio. A che cosa valgono le parole? E che cosa si può fare? Niente.

L'atteggiamento dei contadini è di totale e passiva rassegnazione.

C. Levi, *Cristo si è fermato a Eboli*, Torino, Einaudi, 2010

Analisi guidata

I contadini e lo Stato

Alternando narrazione e riflessione, l'autore pone in evidenza l'abissale **distanza che separa i contadini lucani dallo Stato**, visto come «un altro mondo», governato da regole per loro prive di senso. Di fronte allo Stato e alle sue vessazioni i contadini assumono un atteggiamento che non è di ribellione, ma di **cupa e fatalistica rassegnazione**, accettandone la violenza con la stessa dolorosa indifferenza che assumono nei confronti degli eventi naturali: «C'è la grandine, le frane, la siccità, la malaria, e c'è lo Stato. Sono dei mali inevitabili, ci sono sempre stati e ci saranno sempre. […] Pazienza!». Privi di una concreta coscienza politica, essi mantengono quindi verso ogni forza negativa, naturale o civile, la stessa «cupa passività» fatta di pazienza e di silenzio.

Competenze di comprensione e analisi

- Per quale motivo, secondo l'autore, nessuno dei contadini di Gagliano è iscritto al Partito fascista?

- Individua nel brano i punti in cui emerge con maggiore chiarezza l'indifferenza degli abitanti di Gagliano per la politica.

- Quale comportamento hanno invece i contadini nei confronti di Levi e da quali sentimenti sono mossi?

- Nei contadini domina «la cupa passività di una natura dolorosa»: spiega questo concetto alla luce del brano letto, chiarendo i motivi del rassegnato fatalismo dei protagonisti.

La mitizzazione del mondo contadino

Nella seconda parte del brano emerge l'interesse dell'autore nei confronti della **cultura contadina**. Levi mette in luce come agli occhi dei contadini lucani la realtà naturale sia animata da **forze naturali oscure e misteriose**, legate alla **magia** e al sopravvivere di antiche credenze e **superstizioni pagane**. A questo mondo primitivo, che sembra vivere fuori dalla Storia e dalla civiltà, l'autore guarda con curiosità, affascinato dalle sue usanze e dai suoi miti. L'**interesse antropologico**, ricorrente in *Cristo si è fermato a Eboli*, porta con sé anche una evidente **mitizzazione** della Lucania contadina, identificata con un mondo magico che, al di là della sua miseria materiale, resta portatore di **profondi valori** morali.

Competenze di comprensione e analisi

- Levi afferma che i contadini lucani «sono, in tutti i sensi del termine, pagani». Spiega il senso di questa affermazione, tenendo conto anche del suggestivo titolo dell'opera.

- Quale atteggiamento mostrano i contadini nei confronti del destino, identificato con «una Volontà che vuole il male»?

- La visione mitizzata che Levi ha del mondo contadino della Lucania ti sembra simile o differente da quella mostrata da Pavese verso la realtà delle Langhe? Rispondi in un breve testo scritto.

Vasco Pratolini, Metello ed Ersilia
Metello, cap. 25

Il brano è tratto dal penultimo capitolo del romanzo. Il protagonista, Metello Salani, ha partecipato a uno sciopero che si è concluso con la morte di un operaio, ucciso negli scontri con la polizia, ma i manifestanti hanno comunque ottenuto ciò che chiedevano. Si è ormai conclusa anche l'avventura sentimentale tra Metello e Idina, una vicina di casa piccolo-borghese che, all'inizio del capitolo, parte con il marito e non tornerà più.

Lo sguardo del narratore si insinua fra le pareti domestiche, dove Metello e la moglie Ersilia commentano insieme gli ultimi avvenimenti, politici e personali, e ne traggono un proprio bilancio, tutto sommato positivo. Nonostante le difficoltà, al termine della vicenda il protagonista vede compiersi il proprio percorso di maturazione interiore, sia politica sia individuale.

Due ore dopo, egli era stato alla Camera del Lavoro e a visitare quei morti[1], era tornato e aveva posato sul tavolo le tredici lire che gli erano toccate di sua parte. Il tavolo era apparecchiato a nuovo, c'era il lume a petrolio acceso, e ci volava attorno una farfalla, Libero[2] dormiva nel suo angolo di letto, dalla strada proveniva la musica e la voce del concertino, Ersilia disse: «E loro?». Le donne dei morti, intendeva dire. «Le hai viste, ci hai parlato?»

«C'è la vecchia[3] del Lippi, fa compassione. Se lo carezza e lo chiama Gigino come un figliolo. Non piange nemmeno. Lo chiama e gli ravvia la testa. La mamma del Renzoni, lei urla, non ci si resiste… Renzoni, il nonno, è fermo su una sedia, sembra calato di peso dall'Impruneta[4] su quella sedia, è mezzo paralizzato, non parla, farfuglia, dice: "Tutti i sabati mi portava le spuntature[5]. Appena riscosso il salario, era la prima cosa a cui pensava…". Noi si sapeva che Renzoni piccolo era fidanzato, ma con chi? La conoscevamo di vista. Qualcuno è andato su e giù per il Lungarno, non l'ha incontrata… Ma quello che fa più pena è il Tedesco[6], solo come un cane. Tutti i fiori che c'erano, si sono messi vicini a lui. La moglie, saputa la notizia, forse gliel'hanno detta senza cautela, è cascata in terra, e poco dopo, siccome era incinta, ha abortito. Ora è alla Maternità, domani tu e Annita ci dovreste andare. La bambina l'hanno presa dei vicini, parla più tedesco che italiano, suo padre glielo faranno vedere prima di chiuderlo nella bara. Lei e la mamma sono rimaste sole, non hanno parenti, non hanno nessuno».

Così dicendo mangiava, voracemente, senza accorgersene pareva, era un uomo umiliato e carico di dolore, di ira, che cercava di fare ordine nei propri pensieri. Presto, ebbe finito e si affacciò alla finestra. Ersilia abbassò la fiammella del lume, e lo raggiunse, gli porse il mezzo toscano e la scatola di zolfini[7]. Rimasero in silenzio, nell'ombra, a guardare la vita che si rappresentava sulla strada: il marito della Celeste giocava a carte col bacalaro[8], c'erano donne sulle porte delle case a illudersi di godere un po' di refrigerio, e il concertino fuori l'osteria, i ragazzi che giocavano a rincorrersi, arrivò l'ultima diligenza dal contado. […]

> La morte dei compagni ha sconvolto Metello, che si sente impotente e scoraggiato.

---

1. quei morti: si tratta dei due operai morti cadendo da un'impalcatura (il Lippi e il giovane Renzoni) e del Tedesco, ucciso dai soldati durante lo sciopero che ne è seguito.
2. Libero: è il figlio di Metello.
3. la vecchia: *l'anziana vedova.*

4. Impruneta: località vicino a Firenze.
5. spuntature: trinciato di tabacco da pipa fatto con le estremità dei sigari tagliati alla fine della lavorazione.
6. il Tedesco: il soprannome è dovuto al fatto che l'uomo aveva lavorato per molti anni

come operaio in Germania.
7. zolfini: *fiammiferi.*
8. bacalaro: era chi badava ai cavalli nelle stazioni delle carrozze di piazza.

E fu ancora lei, Ersilia, a venirgli incontro, col proprio equilibrio, la propria amorosa presenza.

30

«Sta' a vedere che ora ne saprò più io di Del Buono[9]!» esclamò. Poi disse: «E tu, saresti il peggiore nemico di te stesso se proprio in un momento simile incominciassi a dubitare».

«Non si tratta di dubitare, ma di caricarsi di una responsabilità o di farne a meno. Io non mi sono mai ficcato di mia iniziativa in prima linea[10]. Ma quando mi

35

ci sono trovato, o mi ci hanno spinto le circostanze, come potevo tirarmi indietro? Avrebbero avuto ragione a sputarmi in faccia, non ti pare?»

«Epperciò» ella disse. «Non ti tormentare. Basterà che tu, e tutti, vi ricordiate più spesso di avere qualcuno a casa, e di non farvi pigliare dalla disperazione».

40

Egli la strinse a sé per le spalle.

«A momenti, se uno non si sentisse l'animo tranquillo, verrebbe da piangere, cosa credi? Non è come poté succedere quattro anni fa. Allora, non c'era lavoro, mancava il pane… Ora lavoro c'è, il pane ci si guadagna, perché ce lo debbono lo stesso far mancare? Il Tedesco è morto per questo: ci aveva la moglie gravi-

45

da, e quella bambina, fino dal primo giorno ci aveva espresso il suo pensiero. E Lippi e Renzoni, perché son morti? Il palo, sì, era allentato, ma li poteva reggere se si agguantavano, s'andrebbe giù tutti i giorni altrimenti, tra pericoli di questo genere ci si sguazza. Dovevano essere stanchi, come tutti, al vecchio gli è preso di sicuro un capogiro, e si è trascinato dietro il ragazzo. Loro e il Tedesco, più o

50

meno, sono morti per la medesima ragione. Ci vanno sempre di mezzo gli innocenti» continuò. «Lippi, lui cos'era questa vita lo sapeva, coi figli grandi e sposati come aveva, non aveva più doveri. Ma il Tedesco, che lascia al mondo due creature, la bambina affidata alla mamma che si sa esprimere anche meno di lei… e Renzoni piccolo! Tu l'hai conosciuto, ti rammenti che occhi aveva? Celesti, nuo-

55

vi, chi se li potrà scordare?»

E d'improvviso: erano gli occhi di Betto[11], si disse, uguali. Ma non confidò ad Ersilia questa sua impressione, che gli aveva aperto come una voragine dentro il cuore. Piano piano gli sembrò che associando la memoria di Betto a quella del piccolo Renzoni, ancora tepido nella sua bara di legno comune, una forza inspiegabile

60

tornasse a possederlo. Aveva avuto paura, e ora ne scampava[12].

«Non ti so spiegare» disse.

Era a se medesimo che si rivolgeva, parlando a Ersilia.

E a notte alta, supino nel letto, con la moglie al suo fianco e Libero sull'altro lato che si succhiava le dita nel sonno:

65

«Davvero, come tutto ci deve venire a costar caro. Ho trent'anni e ne ho passate! eppure, ci credi? mi sembra di essere entrato soltanto ora nell'età della ragione».

«Meno male» ella disse.

«Perché, ti pare che abbia sbagliato?»

«No no» ella disse. «Sono i casi della vita».

70

L'accolse sul suo petto e l'abbracciava.

Egli disse: «Si sarebbe così felici se intorno a noi tutto non sembrasse fatto apposta per farci disperare».

---

9. Del Buono: Sebastiano Del Buono, segretario della Camera del Lavoro e socialista, è il punto di riferimento degli operai nella loro lotta.

10. in prima linea: Metello era stato nominato dal sindacato responsabile del suo cantiere.

11. Betto: è il vecchio anarchico che ha accolto Metello da ragazzo e gli ha insegnato a leggere e a scrivere.

12. ne scampava: *se ne liberava, si rinfrancava.*

«Non bisogna lasciarsi pigliare[13]» ella ripeté. «Non si rimedia nulla con la disperazione».

75 Era una notte afosa, e malgrado le finestre spalancate, i loro corpi nudi si scambiavano un velo di sudore, egli le carezzò il mento.

«Lo so» egli disse. «Ma anche noi di persona, si pèncola[14] proprio quando non si dovrebbe».

Le rovesciò dolcemente il viso e la baciò sulla bocca. Ella sentiva sciogliersi dentro di sé una pena che improvvisamente le aveva fatto groppo alla gola. Egli si accorse che le lacrime le bagnavano il volto, rispettò il suo pianto, e piuttosto che del rimorso, provò un sentimento di amorosa protezione. Le chiese:

«È stata contenta del tuo lavoro, la Roini[15]?»

«Uhm uhm» ella fece e infantilmente stropicciò il naso sul suo petto.

85 Si congiunsero in silenzio, com'erano abituati, dominando a denti stretti il loro spasimo per non destare il bambino, e nondimeno con un trasporto, una gioja a lungo protratta e che da qualche tempo non conoscevano. Quindi, con la stessa naturalezza, sospinto dallo stato di perfezione e d'abbandono che succede all'amore, e complice l'oscurità, la luce della luna che si arrestava sul davanzale, come 90 concludendo un discorso che non avevano mai nemmeno sfiorato, egli disse:

«L'iniziativa è stata mia, lei[16] non ci ha nessuna colpa. Però me ne sono subito pentito».

Ersilia gli si strinse nuovamente al fianco, ora con la coscia come incollata, per via del sudore, sulla sua: «Ne sei proprio sicuro?» gli chiese.

95 «Se tu vuoi si può anche venire a un chiarimento».

«A quest'ora è di già al mare».

«Quando torna…»

«Quando torna, sembra andrà ad abitare in un'altra casa. No, non l'ha detto a me. L'ha detto alla Celeste, da finestra a finestra».

100 «Ah» egli esclamò. «Questo non me lo so spiegare».

«Te lo spiegherò io» ella disse. «Ma domani, ora dormi… Sono due notti e due giorni che non riposi».

«Non ho voluto farti un torto. È capitato com'è capitato».

«Me lo immagino».

105 «Non te lo puoi immaginare… Soltanto, non ha impegnato il cuore».

«Lo spero» ella disse.

«È la verità, devi esserne sicura».

«Mi ci vorrà un po' di tempo».

«Non è poi la fine del mondo».

110 «Oh, no, questo no. Ma potrebbe essere il principio».

«Nemmeno».

«Lo spero» ella ripeté. «Altrimenti non starei qui a parlarne».

«Ma come hai fatto a capirlo tanto alla svelta?» egli sillabò. Si era già addormentato. Ella rimase desta, immobile, tra il marito e il bambino che entrambi, girandosi, nel sonno, le avevano voltato le spalle. Presto fu l'alba, sentì il bacalaro che apri-

115 va lo stallaggio[17], e partire la prima diligenza, e arrivare il lattajo. Si alzò, mise il bricco e i soldi nel paniere, come ogni mattina; ritirava la fune[18], quando i poli-

13. **pigliare:** *abbattere, prendere dallo sconforto.*
14. **si pèncola:** *ci si mostra incerti.*
15. **la Roini:** è la vedova per la quale Ersilia confeziona fiori di stoffa per guadagnare qualche soldo e sostentare la famiglia durante lo sciopero.
16. **lei:** Idina, la donna con cui Metello ha tradito la moglie.
17. **stallaggio:** *la stalla dei cavalli.*
18. **ritirava la fune:** Ersilia ha calato giù dalla finestra il paniere con il bricco per il latte e i soldi.

ziotti sbucarono da via Michelangelo: erano tre e vennero a fermarsi davanti alla porta di strada. Ersilia li vide e si sentì gelare il cuore.

120

Nella medesima ora, come avevano arrestato Metello, avevano arrestato Giannotto, e Corsiero, e l'anarchico Friani, tutti i componenti i gruppi dei ventuno[19]. Mancavano il decano e Renzoni piccolo, già in pace con Dio e con la questura. Li imputavano di "attentato e ribellione alla forza pubblica, istigazione alla sommossa e associazione a delinquere".

125

Un'assurdità, e infatti li avrebbero assolti in istruttoria, ma dopo sei mesi di carcere. Centosettantacinque giorni, uno di seguito all'altro passati alle Murate[20].

V. Pratolini, Metello, Milano, Rizzoli, 2011

> Il narratore sottolinea che Metello e i suoi compagni verranno infine liberati, ma soltanto dopo un periodo trascorso in carcere.

---

19. i gruppi dei ventuno: il gruppo che si era opposto ai crumiri nell'ultima giornata di sciopero.

20. Murate: le carceri di Firenze.

 ## Analisi del testo

COMPRENSIONE

Il brano può essere suddiviso in **tre sequenze**. Nella prima parte, Metello confida alla moglie la **pena per gli operai morti**: il vecchio Lippi e il giovane Renzoni caduti da un'impalcatura e il Tedesco, ucciso dai soldati durante lo sciopero. Di fronte al dolore delle loro famiglie, Metello prova sentimenti di compassione e sconforto, ma viene sostenuto da Ersilia, che lo conforta «col proprio equilibrio, la propria amorosa presenza». Il **dialogo fra Metello ed Ersilia** prosegue nella seconda sequenza, più intima, che vede i due sposi ritrovarsi nella quiete notturna, nel letto nuziale. Nelle loro parole la riflessione sugli eventi politici si mescola al pentimento di Metello per il tradimento coniugale, che Ersilia accetta non senza sofferenza. Nella breve sequenza finale il narratore riferisce l'**arresto di Metello** e di altri suoi compagni, che verranno liberati solo dopo sei mesi di carcere.

ANALISI E INTERPRETAZIONE
Due personaggi positivi
L'episodio mostra un **intreccio fra vicende collettive** (lo sciopero e la lotta di classe) **e vicende private e sentimentali** (il tradimento di Metello), come accade lungo tutto il romanzo. I protagonisti, Metello ed Ersilia, sono due eroi positivi che incarnano i **valori popolari** che Pratolini intende proporre come modello. Sul piano politico, Metello si fa carico in prima persona della lotta e paga il suo impegno con il carcere; sul piano sentimentale, egli si assume la responsabilità del tradimento e lo confessa alla moglie. Ersilia collabora alla lotta sociale di Metello e gli offre il sostegno della propria equilibrata serenità; anche di fronte al tradimento del marito si mostra determinata ma pacata e disposta a perdonare. I due sono quindi l'esempio di una **coppia unita** da legami di affetto e solidarietà, **che si consolidano attraverso varie prove**. La morale che essi traggono dalle proprie vicissitudini viene sintetizzata nella constatazione, più volte ribadita, che nella lotta per l'esistenza «si debba sempre pagar tutto così caro», in tutti gli ambiti. Ma questa affermazione va intesa in senso positivo, poiché comporta da parte dei due personaggi l'impegno a **lottare per migliorare il proprio stato** e affermare la propria dignità.

Un linguaggio semplice e diretto
In linea con gli intenti del Neorealismo, Pratolini si rivolge a un pubblico medio adottando uno stile semplice e accessibile. La narrazione procede con **toni piani e pacati** e il linguaggio si caratterizza per il **tono voluto medio**, lontano sia da eccessi di letterarietà sia da un registro basso proprio del parlato. In tutto il brano viene adottato il medesimo registro linguistico, finalizzato a una piena comprensione del messaggio ideologico del testo da parte di ogni genere di lettori.

Lavoriamo sul testo

COMPRENSIONE

1 Per la morte di quali operai Metello prova pena nella prima parte del brano?

2 Per quale motivo Metello cerca il perdono di Ersilia?

3 Che cosa accade al sorgere del sole? Come si concluderà la vicenda?

LINGUA E LESSICO

4 Nel brano prevale l'ipotassi o la paratassi? Rispondi con esempi tratti dal testo.

5 Qual è il contrario del termine «refrigerio» (r. 27)?

ANALISI E INTERPRETAZIONE

6 In quali punti emerge più chiaramente la partecipazione emotiva del narratore verso gli operai?

7 Quali sono gli aspetti più evidenti del carattere di Ersilia? Da quali parole e comportamenti emergono?

8 Il finale del brano offre un messaggio positivo o negativo al lettore? Motiva la tua risposta.

SCRITTURA E APPROFONDIMENTO

9 La scelta di Pratolini di legare strettamente la maturazione politica di Metello alla sua formazione individuale e sentimentale fu criticata da molti intellettuali. In particolare Carlo Muscetta vide in Metello un personaggio mediocre e poco impegnato, che si realizzava «più in camera da letto che nella Camera del Lavoro». Alla luce del brano letto, ritieni queste critiche giustificate? Scrivi un breve testo argomentativo in merito.

Umberto Boccioni, *Officine a Porta Romana*, 1908.

Testo laboratorio
T9 # Beppe Fenoglio
La corsa di Milton

Una questione privata, cap. XIII

- Lettura
- Comprensione
- Analisi
- Interpretazione
- Produzione scritta

Il brano costituisce l'ultimo capitolo del romanzo e la sua conclusione improvvisa è stata oggetto di dibattito tra i critici: mentre secondo alcuni è un chiaro segnale dell'incompiutezza dell'opera (apparsa postuma alcuni mesi dopo la morte di Fenoglio), per altri era proprio questo il finale scelto dall'autore. Il giovane partigiano Milton sta cercando in tutti i modi di rintracciare Giorgio, catturato dai fascisti, per sapere se egli abbia avuto o meno una storia d'amore con Fulvia, la ragazza di cui egli è innamorato. Mentre vaga per i boschi Milton viene sorpreso da una pattuglia di fascisti e scappa disperatamente nel bosco, ma la pioggia, il fango e la vegetazione rallentano la sua corsa.

A quell'ora Milton era in marcia verso la villa di Fulvia sull'ultima collina prima di Alba. Aveva già fatto il più della strada, si era già lasciato di molto alle spalle il cocuzzolo[1] dal quale aveva avuto la prima vista della casa. Gli era apparsa fantomatica, velata com'era dalle cortine della pioggia. Pioveva come non mai, a piombo, 5 selvaggiamente. La strada era una pozzanghera senza fine nella quale egli guadava come in un torrente per lungo, i campi e la vegetazione stavano sfatti e proni[2], come violentati dalla pioggia. La pioggia assordava. Dal cocuzzolo si era buttato giù nella valletta, senza frenarsi, anzi sollecitando le scivolate. Scivolò sul dorso un paio di volte, ognuna per dieci-dodici metri sul pendio gonfio e ondoso, te-10 nendo con le due mani la pistola come un timone. Poi prese a risalire il poggetto in cima al quale gli si sarebbe riofferta la visione della casa di lei. Sgambando con tutta la forza, procedeva con un passetto da bambino. E intanto tossiva e gemeva. «Ma che ci vado a fare? Stanotte ero pazzo, certo deliravo per la febbre. Non c'è nulla da chiarire, da approfondire, da salvare. Non ci sono dubbi. Le parole 15 della donna[3], una per una, e il loro senso, il loro unico senso…» Arrivò in cima e prima di allungare lo sguardo si scartò dalla fronte i capelli che la pioggia alternativamente incollava e scuoteva. Ecco la villa, alta sulla sua collina, a un duecento metri in linea d'aria. Certo le fitte cortine di pioggia concorrevano a sfigurarla, ma egli la vide decisamente brutta, gravemente deteriorata e corrotta, quasi fosse 20 decaduta di un secolo in quattro giorni. I muri erano grigiastri, i tetti ammuffiti, la vegetazione all'intorno marcia e sconquassata.

«Ci vado, ci vado ugualmente. Non saprei proprio che altro fare e non posso stare senza far niente. Manderò in città il ragazzo del contadino, per sapere di lui. Gli darò… gli darò le dieci lire che dovrebbero restarmi in tasca».

25 Si avventò giù per il pendio, perdendo immediatamente la vista della villa, e ar-

---

1. il cocuzzolo: *la collinetta.*
2. proni: *schiacciati.*

3. Le parole della donna: Milton aveva appreso della presunta storia d'amore tra Giorgio e Fulvia dall'anziana custode della villa.

rivò in scivolata sulla riva del torrente, a valle del ponte. L'acqua sommergeva di un palmo i massi collocati per il guado. Passò da un pietrone all'altro con l'acqua gelida e grassa alle caviglie. Poi imboccò la stradina percorsa al ritorno davanti a Ivan, quattro giorni prima. Al piano, camminò con furore, rispondendo al furo-
30 re della pioggia. «In che stato sono. Sono fatto di fango, dentro e fuori. Mia ma-
dre non mi riconoscerebbe. Fulvia, non dovevi farmi questo. Specie pensando a ciò che mi stava davanti. Ma tu non potevi sapere che cosa stava davanti a me, ed anche a lui e a tutti i ragazzi. Tu non devi saper niente, solo che io ti amo. Io in-vece debbo sapere, solo se io ho la tua anima. Ti sto pensando, anche ora, anche
35 in queste condizioni sto pensando a te. Lo sai che se cesso di pensarti, tu muori, istantaneamente? Ma non temere, io non cesserò mai di pensarti».
Saliva al penultimo ciglione[4], a occhi serrati e piegato in due. […]
Lui arrivò al culmine e subito lanciò gli occhi in alto alla villa, senza fermarsi; quasi inciampando nella prima discesa. Nel riequilibrarsi livellò gli occhi e si vi-
40 de dinnanzi i soldati. Si arrestò netto[5] in mezzo alla stradina, con le due mani premute sul ventre.
Erano una cinquantina, sparsi per i campi, in tutte le direzioni, uno solo sulla strada, non tutti con l'arma pronta, tutti in mimetico[6] ammollato, la pioggia si polverizzava sui loro elmetti splendenti. Il meno lontano era quello sulla strada, a
45 trenta metri da lui, teneva il moschetto fra spalla e braccio, come se lo ninnasse[7]. Nessuno si era ancora accorto di lui, parevano tutti, lui compreso, in trance.
Con una zecca del pollice sbottonò la fondina, ma non estrasse la pistola. Nell'istan-te in cui il soldato più vicino dirigeva su di lui gli occhi frastornati dall'acqua, Milton ruotò seccamente all'indietro. Non gli arrivò l'urlo dell'allarme, solo un
50 rantolo di stupore.
Camminava verso il culmine con passi lunghi e indifferenti, mentre il cuore gli batteva in tanti posti e tutti assurdi e sentiva la schiena allargarglisi, fino a de-bordare dalla strada. «Sono morto. Mi prendesse alla nuca. Ma quando arriva?»
«Arrenditi!»
55 Gli si ghiacciò il ventre e gli mancò netto il ginocchio sinistro, ma si raccolse e scattò verso il ciglio. Già sparavano, di moschetto e di mitra, a Milton pareva non di correre sulla terra, ma di pedalare sul vento delle pallottole. «Nella testa, nella testa!» urlava dentro di sé e in tuffo sorvolò il ciglione e atterrò sul pendio, men-tre un'infinità di pallottole spazzavano il culmine e tranciavano la sua aria. Fece
60 una lunghissima scivolata, fendendo il fango con la testa protesa, gli occhi sbarrati e ciechi, sfiorando massi emergenti e cespi di spine. Ma non aveva sensazione di ferite e di sangue spicciante[8], oppure il fango richiudeva, plastificava tutto. Si ri-alzò e corse, ma troppo lento e pesante, senza il coraggio di sbirciare all'indietro, per non vederli ormai sul ciglione, allineati come al banco di un tirasegno. Cor-
65 reva goffamente tra un argine e il torrente, e a un certo punto pensò di fermarsi, visto che tanto non gli riusciva di prender velocità. Sempre aspettando la scari-ca. «Non nelle gambe, non nella spina[9]!» Continuò a correre verso il tratto più alberato del torrente. Quando li intravvide sull'arginello, probabilmente un'altra

----

4. ciglione: *rialzo del terreno.*
5. netto: *brusco, deciso.*
6. in mimetico: *in divisa mimetica.*
7. ninnasse: *cullasse.*
8. spicciante: *che sgorga.*
9. spina: la spina dorsale.

pattuglia, seminascosti dietro le gaggie[10] sgrondanti, a un cinquanta passi da lui.
70 Non l'avevano ancora individuato, lui era come uno spettro fangoso, ma ecco che
ora urlavano e spianavano le armi.

«Arrenditi!»

Aveva già frenato e rinculato[11]. Puntò dritto al ponte e dopo tre passi si avvitò su se stesso
e rotolò via. Sparavano da due lati, dal ciglione e dall'arginello, urlando a lui e a se stessi,
75 eccitandosi, indirizzandosi, rimproverandosi, incoraggiandosi. Milton era di nuovo in
piedi, rotolando aveva urtato contro una gobba del terreno. Dietro, davanti e intorno a
lui la terra si squarciava e ribolliva, lanci di fango svincolati dalle pallottole gli si avvin-
ghiavano alle caviglie, di fronte a lui gli arbusti della riva saltavano con crepiti secchi.
Ripuntò al ponticello minato. Era una morte identica a quell'altra, ma agli ulti-
80 mi passi il suo corpo pianse e si rifiutò di saltare in aria a brandelli. Senza l'intervento del cervello, frenò seccamente e saltò nel torrente volando oltre i cespugli
tranciati dalla fucileria.
Cadde in piedi e l'acqua gli grippò[12] le ginocchia, mentre ramaglia potata dal
fuoco gli crollava sulle spalle. Non indugiò più di un secondo, ma seppe che era
85 bastato, se solo osava girar gli occhi avrebbe certo visto i primi soldati già sulla
sponda, che gli miravano il cranio con sette, otto, dieci armi. La mano gli volò
alla fondina, ma la trovò vuota, sotto le dita non schizzò via che un po' di fango.
Perduta, certo gli era sfuggita in quell'enorme scivolata a capofitto giù dal ciglione. Per la disperazione voltò intera la testa e guardò tra i cespugli. Un solo sol-
90 dato gli era vicino, a un venti passi, col moschetto che gli ballava tra mano e gli
occhi fissi all'arcata del ponte. Con uno sciacquio assordante si tuffò avanti di
ventre e con un solo guizzo si aggrappò all'altra sponda. Riscoppiò dietro l'urlio
e la sparatoria. Scavalcò la riva sul ventre e si buttò per lo sconfinato nudo prato. Ma le ginocchia gli cedettero nell'intollerabile sforzo di acquistar subito velo-
95 cità. Stramazzò. Urlarono a squarciagola. Una voce terribile malediceva i soldati.
Due pallottole si conficcarono in terra vicino a lui, morbide, amichevoli. Si rial-
zò e corse, senza forzare, rassegnatamente, senza nemmeno zigzagare. Le pallottole arrivavano innumerevoli, a branchi, a sfilze. Arrivavano anche in diagonale, alcuni si erano precipitati a sinistra per coglierlo d'infilata, e gli sparavano an-
100 che d'anticipo come a un uccello. Queste diagonali lo atterrivano infinitamente
di più, le dirette avevano tutte le probabilità di farlo secco. «Nella testa, nella te-
staaaa!» Non aveva più la pistola per spararsi, non vedeva un tronco contro cui
fracassarsi la testa, correndo alla cieca si alzò le due mani al collo per strozzarsi.
Correva, sempre più veloce, più sciolto, col cuore che bussava, ma dall'esterno
105 verso l'interno, come se smaniasse di riconquistare la sua sede. Correva come non
aveva mai corso, come nessuno aveva mai corso, e le creste delle colline dirimpetto, annerite e sbavate dal diluvio, balenavano come vivo acciaio ai suoi occhi
sgranati e semiciechi. Correva, e gli spari e gli urli scemavano, annegavano in un
immenso, invalicabile stagno fra lui e i nemici.
110 Correva ancora, ma senza contatto con la terra, corpo, movimenti, respiro, fatica vanificati. Poi, mentre ancora correva, in posti nuovi o irriconoscibili dalla sua
vista svanita, la mente riprese a funzionargli. Ma i pensieri venivano dal di fuori,
lo colpivano in fronte come ciottoli scagliati da una fionda. «Sono vivo. Fulvia.
Sono solo. Fulvia, a momenti mi ammazzi!»

---

10. gaggie: arbusti dai fiori gialli.   **11. rinculato:** *indietreggiato*.   **12. grippò:** *bloccò*.

115 Non finiva di correre. La terra saliva sensibilmente ma a lui sembrava di correre in piano, un piano asciutto, elastico, invitante. Poi d'improvviso gli si parò dinnanzi una borgata[13]. Mugolando Milton la scartò, l'aggirò sempre correndo a più non posso. Ma come l'ebbe sorpassata, improvvisamente tagliò a sinistra e l'aggirò di ritorno. Aveva bisogno di veder gente e d'esser visto, per convincersi che era vivo,
120 non uno spirito che aliava[14] nell'aria in attesa di incappare nelle reti degli angeli. Sempre a quel ritmo di corsa riguadagnò l'imbocco del borgo e l'attraversò nel bel mezzo. C'erano ragazzini che uscivano dalla scuola e al rimbombo di quel galoppo sul selciato si fermarono sugli scalini, fissi alla svolta. Irruppe Milton, come un cavallo, gli occhi tutti bianchi, la bocca spalancata e schiumosa, a ogni batter di piede
125 saettava fango dai fianchi. Scoppiò un grido adulto, forse della maestra alla finestra, ma lui era già lontano, presso l'ultima casa, al margine della campagna che andava. Correva, con gli occhi sgranati, vedendo pochissimo della terra e nulla del cielo. Era perfettamente conscio della solitudine, del silenzio, della pace, ma ancora correva, facilmente, irresistibilmente. Poi gli si parò davanti un bosco e Milton
130 vi puntò dritto. Come entrò sotto gli alberi, questi parvero serrare e far muro e a un metro da quel muro crollò.

B. Fenoglio, *Una questione privata*, Torino, Einaudi, 2006

---

13. una borgata: *un agglomerato di case.*　　　**14.** aliava: *svolazzava.*

COMPRENSIONE

1 Quali sono i pensieri di Milton riguardo a Fulvia?

2 In che modo il protagonista riesce a sfuggire alla prima pattuglia di soldati?

3 Che cosa decide di fare Milton quando si accorge di aver perso la pistola?

4 Spiega il significato dei seguenti termini: «fantomatico» rr. 3-4, «guadava» rr. 5-6, «debordare» rr. 52-53, «smaniasse» rr. 105.

5 Rintraccia nel testo tutti i neologismi e i termini usati in modo "improprio" dall'autore.

Oltre il testo 　Confrontare e analizzare

• Metti a confronto questo brano con quello tratto da *Il partigiano Johnny* (p. 293) e in un breve testo scritto descrivi le caratteristiche del particolare linguaggio usato da Fenoglio.

ANALISI E INTERPRETAZIONE

6 Da semplice sfondo lo spazio del bosco diventa quasi un protagonista del brano; descrivine le caratteristiche ed evidenzia il legame che si viene a creare tra la boscaglia e lo stato d'animo di Milton.

Oltre il testo 　Confrontare e analizzare

• Ti sembra che la funzione dello spazio sia paragonabile a quella che emerge dal brano tratto da *La luna e i falò* (p. 286) di Pavese? Rispondi in un breve testo scritto evidenziando le principali analogie e differenze tra i due testi.

7 Come valuti il comportamento di Milton? Ti sembra coerente con i suoi propositi (rintracciare Giorgio e capire se questi ha veramente avuto una relazione con Fulvia)?

→ **Oltre il testo** **Confrontare e analizzare**

- I romanzi di Fenoglio mostrano una visione antieroica della Resistenza, vista come prodotto delle azioni dei singoli più che come un movimento ideologicamente condiviso da tutti i suoi esponenti: come giudichi il personaggio di Milton sulla base di questa considerazione?

8 Che tipo di narratore è quello presente in questo brano? Quali particolari tecniche narrative vengono utilizzate da Fenoglio per riportare i pensieri e le emozioni di Milton?

→ **Oltre il testo** **Confrontare e analizzare**

- Quale tipo di narratore predomina nei romanzi neorealisti? Rispondi con esempi tratti dai testi che hai studiato.

SCRITTURA E APPROFONDIMENTO

9 La critica si è a lungo interrogata sul finale del romanzo; secondo alcuni si tratterebbe di un'opera rimasta incompiuta per la morte dell'autore, mentre altri sostengono che fosse proprio questa la conclusione decisa da Fenoglio. Prova a immaginare un finale alternativo e, dopo averlo scritto, confrontalo con quello dei tuoi compagni di classe.

10 Sulla base dei brani che hai studiato in questa unità scrivi un testo espositivo sulle caratteristiche tematiche e formali del Neorealismo, concentrandoti su Fenoglio e su un altro autore a tua scelta.

Guida alla verifica orale

 Verifica
le tue
conoscenze

DOMANDA N. 1 Quali sono i modelli ispiratori del Neorealismo?

LA RISPOSTA IN SINTESI

Gli scrittori neorealisti si ispirano a Verga, agli autori statunitensi degli anni Trenta e alle prime opere di Vittorini e Pavese, in cui ritrovano un rinnovato impegno sociale e civile e uno stile in parte realistico e innovativo.

LA RISPOSTA NEI TESTI

T1 Con *Conversazione in Sicilia* Vittorini offre un ideale ritratto psicologico di un'intera generazione di intellettuali ostili al fascismo e desiderosi di impegnarsi in modo più attivo per la società e per le esigenze dei ceti popolari.

DOMANDA N. 2 Quali sono le tematiche prevalenti nella narrativa neorealista?

LA RISPOSTA IN SINTESI

I temi più ricorrenti sono legati da un lato alla rappresentazione della guerra e della Resistenza e, dall'altro, alle problematiche della ricostruzione postbellica, con particolare attenzione ai ceti popolari e alle aree geografiche più arretrate, come il Meridione.

LA RISPOSTA NEI TESTI

T5 L'opera di Fenoglio (come i romanzi di Pavese e Calvino) dà una rappresentazione epica ma non retorica della Resistenza, vista come estrema prova del singolo di fronte alla violenza della storia.

T7 Carlo Levi osserva con intenti di denuncia sociale, ma anche con viva curiosità antropologica, il mondo contadino del Sud Italia, ponendone in rilievo le problematiche e il valore morale.

T8 *Metello* di Pratolini intende porre al centro della narrazione due eroi popolari esemplari, per i quali la maturazione umana si accompagna all'acquisizione di una piena coscienza di classe.

DOMANDA N. 3 Quali caratteristiche formali sono tipiche della prosa neorealista?

LA RISPOSTA IN SINTESI

Nell'intento di raggiungere un pubblico vasto, i neorealisti tendono a utilizzare un linguaggio semplice e piano, in cui predomina un tono colloquiale lontano da eccessi retorici; Fenoglio, invece, utilizza forme linguistiche innovative, risultato di un'originale fusione tra italiano e inglese.

LA RISPOSTA NEI TESTI

T3 – **T4** Pavese usa uno stile pacato e non particolarmente elaborato, che tuttavia unisce all'intento realistico una precisa volontà di trasfigurazione simbolica, attraverso un ritmo cadenzato e immagini metaforiche.

T5 Lo stile di Fenoglio, modellato sull'inglese, ricco di neologismi e di termini appartenenti a registri linguistici differenti, è particolarmente originale e innovativo.

T6 Primo Levi, spinto dalla volontà di testimoniare il dramma della *Shoah*, ricorre a una forma nitida e chiara, lucidamente analitica, in cui alla testimonianza si affianca la riflessione.

Guerra e tecnica: la morte programmata

Competenze attive
- Leggo le immagini
- Confronto
- Rifletto
- Ricerco

La trincea

Tra il 28 luglio 1914 e l'11 novembre 1918 tutto cambia. La Prima guerra mondiale segna la fine di un'epoca in cui si era creduto che la scienza e il progresso avrebbero tracciato magnifiche sorti per l'umanità. La vita dura e logorante dei soldati nelle trincee è testimoniata da poeti e scrittori, una vita fatta di lunghe attese estenuanti e di uscite suicide, una vita di fango, noia e morte. In *Un anno sull'Altipiano* (1936), lo scrittore Emilio Lussu ripercorre la propria esperienza di tenente di fanteria nella Brigata Sassari durante la prima guerra mondiale.

> *Addossati al cespuglio, il caporale ed io rimanemmo in agguato tutta la notte, senza riuscire a distinguere segni di vita nella trincea nemica. Ma l'alba ci compensò dell'attesa. Prima, fu un muoversi confuso di qualche ombra nei camminamenti, indi, in trincea, apparvero dei soldati con delle marmitte. Era certo la corvée del caffè. I soldati passavano, per uno o per due, senza curvarsi, sicuri com'erano di non esser visti, ché le trincee e i traversoni laterali li proteggevano dall'osservazione e dai tiri d'infilata della nostra linea. Mai avevo visto uno spettacolo eguale [...] Quelle trincee, che pure noi avevamo attaccato tante volte inutilmente, così viva ne era stata la resistenza, avevano poi finito con l'apparirci inanimate, come cose lugubri, inabitate da viventi, rifugio di fantasmi misteriosi e terribili. Ora si mostravano a noi, nella loro vera vita. Il nemico, il nemico, gli austriaci, gli austriaci!... Ecco il nemico ed ecco gli austriaci. Uomini e soldati come noi, fatti come noi, in uniforme come noi, che ora si muovevano, parlavano e prendevano il caffè, proprio come stavano facendo, dietro di noi, in quell'ora stessa, i nostri stessi compagni.*

Paul Nash, *Oppy Wood, 1917. Sera*, 1918.

Il dipinto di Paul Nash, arruolato nell'Artists Rifles dell'esercito britannico, fotografa una situazione ben precisa: alla fine del 1914 il conflitto si è trasformato in una guerra di posizione lungo una linea di trincee e reticolati sul fronte occidentale.

In queste buche scavate nel fango i soldati vivono in condizioni drammatiche, sotto la minaccia costante delle artiglierie nemiche o costretti a lanciarsi in sanguinosi attacchi frontali.

- Fai una ricerca sulle poesie e i romanzi che rievocano quest'esperienza.

La scena raffigura due soldati in trincea durante un pattugliamento. Tutto intorno le campagne desertiche, con gli alberi decapitati, ridotti a scheletri.

I nuovi armamenti

La Prima guerra mondiale ha proporzioni e effetti tali da porsi come uno spartiacque tra due epoche: è la prima volta nella storia dell'umanità che scendono in campo eserciti così imponenti con un potenziale distruttivo senza precedenti, notevolmente accresciuto da un massiccio uso bellico degli apparati industriali e delle tecnologie che si erano sviluppate nei decenni precedenti. Artiglierie pesanti, fucili a ripetizione e mitragliatrici giocano un ruolo decisivo nei combattimenti.

Anna Airy, *Singer Manufacturing Company, Clydebank, Glasgow*, 1918.

La scena raffigura l'interno di una fabbrica di munizioni per l'esercito alleato. L'azienda Singer, specializzata nella produzione di macchine da cucire, fu convertita in industria bellica in tempo di guerra.

Un aspetto distintivo della Grande Guerra è il carattere totale della mobilitazione dei paesi belligeranti: le sorti del conflitto si giocano sugli sforzi umani, sociali ed economici di tutta la popolazione.

Christopher Richard Wynne Nevinson, *Mitragliatrice*, 1915.

I soldati sono gli ingranaggi di un gigantesco meccanismo impersonale e brutale.

La protagonista della scena è una mitragliatrice portatile.

Lo stile risente dell'influenza dei futuristi, con i quali Nevinson condivide l'ardore nazionalista e la foga guerriera: il pittore inglese si arruola nel 1915.

● Esegui una ricerca sulle opere dei futuristi italiani che ritraggono scene di guerra: quali analogie riscontri con il dipinto di Nevinson?

La morte di massa

La peculiarità del conflitto è data dalla sua dimensione di massa: vi prendono parte 65 milioni di uomini e sono stati stimati 8,5 milioni di morti e 6,5 milioni di mutilati. Per la prima volta vengono impiegati sofisticati strumenti in grado di sterminare molte persone alla volta. Un inedito strumento di morte viene inaugurato nell'aprile del 1915, quando per la prima volta i tedeschi lanciano contro le trincee nemiche un micidiale gas asfissiante.

Il cielo tenebroso ricopre la scena come un lugubre manto

L'aeroplano con motore a benzina si sviluppa con notevole rapidità durante la guerra. L'aereo cominciò a essere usato per la ricognizione, per controllare e dirigere il fuoco delle artiglierie, oltre che per la caccia contro obbiettivi nemici.

Sullo sfondo figure stilizzate di soldati che portano via i feriti.

Paul Nash, *Il nulla*, 1918.

Una tragica immagine di distruzione su vasta scala resa con tonalità fredde, asettiche: un campo di battaglia devastato dai bombardamenti. Il paesaggio, che sovrasta e fagogita le figurine di soldati sullo sfondo, è composto da proiettili, cannoni, camionette, trincee distrutte e innaturali brandelli di alberi.

Il pittore statunitense John Singer Sargent, educato in Europa e autore di raffinati quadri dedicati a ritrarre personaggi di spicco dell'alta borghesia, rimane impressionato dalla violenza del conflitto e dagli strumenti di sterminio di massa. In particolare colpisce l'artista l'uso del gas, noto come iprite dalla cittadina di Ypres, in Francia, dove i tedeschi lo sperimentarono per la prima volta nel luglio del 1917. Agli effetti del gas sui soldati Sargent dedica una tela rimasta celebre: *Gasati* (*Gassed*).

La scena raffigura un gruppo di soldati catturati dopo essere rimasti feriti durante un attacco con le armi chimiche. I commilitoni si muovono tra i corpi di uomini feriti e deceduti.

John Singer Sargent, *Gasati*, 1919.

Ricerca, rifletti, organizza e realizza

- In Italia sono presenti numerosi musei di guerra che offrono numerose e diversificate attività: laboratori didattici per le scuole, escursioni tra le trincee, conferenze, proiezioni di film e molto altro ancora. Svolgi una ricerca in internet per scoprire quali sono i più importanti musei dedicati alla Grande guerra. Poi realizza un depliant corredato di immagini e didascalie. Per cominciare può esserti di aiuto la scaletta che ti proponiamo:
  - Museo Storico Italiano della Guerra a Rovereto
  - Museo della Guerra Bianca Adamellina
  - Museo della Grande Guerra in Valle del Chiese
  - Museo della Grande Guerra di Vermiglio

- La tomba del Milite ignoto contiene i resti di un militare sconosciuto morto durante la guerra. È una tomba simbolica poiché rappresenta tutti i soldati deceduti che non sono mai stati identificati. La loro costruzione si diffuse in Europa soprattutto dopo la Prima guerra mondiale. Svolgi una ricerca in internet e realizza una presentazione con power point corredata di immagini e didascalie. Per cominciare può esserti di aiuto la scaletta che ti proponiamo:
  - In Italia si trova all'interno del complesso monumentale del Vittoriano a Roma
  - In Francia si trova sotto l'Arco di Trionfo a Parigi

- I sacrari militari della Prima guerra mondiale sono dei complessi architettonici che accolgono le spoglie dei soldati deceduti durante il conflitto. In Italia sono diffusi in Veneto, in Friuli-Venezia Giulia e in Trentino Alto Adige. Svolgi una ricerca in internet per conoscere in che periodo storico furono costruiti e con quale finalità. Poi realizza una presentazione con power point corredata di immagini e didascalie. Per cominciare può esserti di aiuto la scaletta che ti proponiamo:
  - Sacrario militare del monte Grappa
  - Sacrario militare di Redipuglia

Fotografare l'Italia

Il mito del popolo e l'arretratezza del Sud

Gli scrittori e i registi neorealisti del dopoguerra sono animati da un profondo impegno civile, che li porta a rappresentare le problematiche sociali dell'epoca, andando a sondare la realtà quotidiana dei ceti meno abbienti: popolani, operai e contadini delle aree più arretrate del Paese. Carlo Levi, nel romanzo *Cristo si è fermato ad Eboli* (1945) nato dalla sua esperienza al confino in un paesino della Lucania, descrive con sentita partecipazione il mondo arcaico e immobile dell'Italia:

> *Essi vivono immersi in un mondo che si continua senza determinazioni, dove l'uomo non si distingue dal suo sole, dalla sua bestia, dalla sua malaria: dove non possono esistere la felicità, vagheggiata dai letterati paganeggianti, né la speranza, che sono pur sempre dei sentimenti individuali, ma la cupa passività di una natura dolorosa. Ma in essi è vivo il senso umano di un comune destino, e di una comune accettazione. È un senso, non un atto di coscienza: non si esprime in discorsi o in parole, ma si porta con sé in tutti i momenti, in tutti i gesti della vita, in tutti i giorni uguali che si stendono su questi deserti.*

Federico Patellani, *Barbagia*, 1962.

Patellani, fotoreporter per la rivista «Tempo», racconta in un reportage realizzato tra il 1950 e il 1966, la realtà italiana, la vita quotidiana, i riti, e gli ambienti più remoti del nostro Paese, come la Barbagia, in Sardegna. Nella fotografie di Patellani ritroviamo le stesse atmosfere descritte da Carlo Levi.

Lo stile fotografico di Patellani è realistico, immediato e privo di retorica ma al tempo stesso la scena è pervasa da un forte senso lirico. La fotografia d'arte e la fotografia giornalistica si incontrano.

La Sardegna che scopriamo nelle fotografia di Patellani è un luogo del mito, dell'antico, del primitivo, del naturale. Così ci appare questa donna seduta in treno, mentre osserva assorta il paesaggio che scorre fuori dal finestrino.

Tino Petrelli, *Africo*, 1948.

Nell'aula mancano le finestre, il riscaldamento è prodotto da qualche tizzone riposto in un vecchio catino di rame.

Le bambine, sedute su panche di legno, seguono la lettura di un brano. Sono tutte scalze, vestite con abiti sporchi e lisi; una di loro per ripararsi dal freddo ha avvolto la testa in un sacco si tela.

Petrelli, fotoreporter della rivista «L'Europeo», scatta questa fotografia in una scuola di Africo (Reggio Calabria), un paese di pastori raggiungibile solo a dorso di mulo dove non erano ancora arrivati l'acqua potabile, i servizi igienici e la corrente.

Milano, la città che sale

Nel secondo dopoguerra e negli anni del *boom* economico, Milano diventa la città simbolo della modernità italiana. Il fotografo Uliano Lucas ne documenta ogni aspetto: l'arrivo degli immigra- ti dal sud, la vita di fabbrica, i cortei operai, le lotte studentesche, gli scontri di piazza, ma anche i cantieri in espansione e le periferie urbane in costruzione.

Uliano Lucas, *Milano, quartiere Gratosoglio*, 1973.

La fotografia ritrae un gruppo di giovani lavoratori davanti alla fermata del tram che li porterà a lavoro.

Lo stile è realista, vivificato da un sapiente dosaggio del chiaro-scuro e dei contrasti. La sua prospettiva non è mai scindibile dall'impegno sociale che anima il suo fotogiornalismo d'inchiesta.

La scena è ambientata nella periferia della città, nel quartiere Gratosoglio, costruito nei primi anni Sessanta sotto la forte richiesta di alloggi popolari per i lavoratori e gli immigrati che giungevano in massa nel capoluogo lombardo.

Nella foto vediamo una lambretta e il muso di un'automobile, simboli del *boom* economico italiano degli anni Cinquanta, che collocano con precisione questa scena nel tempo.

L'immagine mostra una donna di spalle, che cammina per piazza Duomo a Milano attirando l'attenzione di una torma di passanti.

L'organizzazione spaziale è netta: in primo piano vi è la donna di spalle che si allontana dall'obbiettivo; sullo sfondo, ad attenderla, una cortina di uomini immobili che guardano verso l'osservatore.

Mario De Biasi, *Gli italiani si voltano*, 1954.

Il tempo libero

Nel dopoguerra uno straordinario processo di trasformazione tocca ogni aspetto della vita quotidiana: la cultura, la famiglia, i divertimenti, i consumi. Con la contrazione della settimana lavorativa aumenta il tempo libero per tutti. Questo scatto, erede di una lunga tradizione iconografica, immortala un istante di vita domenicale.

Gianni Berengo Gardin, *Domenica di settembre*, 1958.

La scena è ambientata sulla spiaggia del Lido di Venezia. Una giovane coppia balla al suono di un vecchio grammofono, intorno al quale è raccolto un gruppo di amici.

La fotografia restituisce un senso di spensieratezza e diviene da subito il simbolo della libertà riconquistata dopo anni di dittatura e di guerra.

La fotografia trae ispirazione dai modelli pittorici francesi: la *Colazione sull'erba* del pittore impressionista Claude Manet (1863). Ma è soprattutto l'influenza di Henri Cartier-Bresson, che aveva immortalato le scampagnate delle famiglie operaie sulle rive della Senna, a orientare la scelta del soggetto. Entrambi i fotografi celebrano rituali che in passato sono stati riservati alle classi sociali più elevate e che ora possono essere estesi a tutti i ceti.

- Conosci altre opere che ritraggono gruppi di persone nel tempo libero? Se sì, quali? In che epoca sono state realizzate? Si tratta di quadri, fotografie, manifesti o altro?

Ricerca, rifletti, organizza e realizza

- Esegui una ricerca sulla Storia della fotografia e realizza una presentazione con power point corredata di immagini e didascalie dettagliate. Per cominciare può esserti di aiuto la scaletta che ti proponiamo:
  - L'invenzione della fotografia: il dagherrotipo
  - La fotografia come arte: Nadar e Alfred Stieglitz
  - La fotografia documentaria: la Straight photography
  - Le nuove frontiere della fotografia: il digitale

- Esegui una ricerca sulle Fondazioni, gli archivi e i musei di fotografia presenti in Italia. Poi realizza un depliant corredato di immagini e didascalie. Per cominciare può esserti di aiuto la scaletta che ti proponiamo:
  - Fornire informazioni storiche sul Museo nazionale Alinari della fotografia
  - Elencare le attività del Museo
  - Fornire informazioni sulle raccolte e gli autori esposti

L'età contemporanea

L'attacco terroristico alle Torri Gemelle di New York l'11 settembre 2001.

Un soldato vietnamita in una strada coperta di cadaveri durante la guerra in Vietnam nel 1965.

L'Europa dopo la caduta dell'Urss

NORVEGIA
IRLANDA
GRAN BRETAGNA
DANIMARCA
Mare del Nord
PAESI BASSI
GERMANIA
BELGIO
LUSSEMBURGO
Oceano Atlantico
FRANCIA
SVIZZERA
PORTOGALLO
ITALIA
SPAGNA
MAROCCO

- Stati dell'ex URSS
- Stati dell'ex Jugoslavia
- Stati dell'ex Cecoslovacchia
- Altri Stati ex comunisti
- Germania riunificata
- Nuova Federazione Russa

Guerra fredda

Dalla fine della Seconda guerra mondiale al 1989 gli Stati Uniti e i Paesi del mondo occidentale si contrappongono ideologicamente all'Urss e alle nazioni del blocco comunista. Con la divisione dell'Europa e del resto del mondo in due sfere d'influenza, Usa e Urss intervengono militarmente in conflitti locali (come, per esempio, la guerra di Corea) e incrementano i loro arsenali nucleari in vista di un conflitto planetario: nonostante alcuni momenti di tensione (come la crisi di Cuba), i timori di una guerra nucleare fanno sì che questi decenni siano caratterizzati da una sorta di pace armata, definita appunto "guerra fredda".

Il '68

Nel 1968 in molti Paesi del mondo occidentale e anche in alcune zone del blocco sovietico (la Cecoslovacchia, con la famosa "primavera di Praga") ha inizio una contestazione giovanile alla società capitalistica. Dall'università californiana di Berkeley la protesta si estende in Europa, prima con il "maggio" parigino e poi con le manifestazioni in Italia. Gli studenti protestano contro l'imperialismo di Usa e Urss, contro un'istruzione classista che privilegia i ricchi e contro la rigidità delle regole borghesi, che impongono determinati comportamenti e modi di vestire. In questa grande ondata di contestazione giocano un ruolo determinante anche la musica, con i primi raduni giovanili, e il movimento hippy dei cosiddetti "figli dei fiori".

Consulta la linea del tempo interattiva

Dal 1956 a oggi
Cronaca o storia?

La contestazione
studentesca a Parigi
nel maggio 1968.

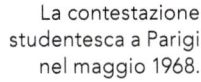

I festeggiamenti
per la caduta del muro
di Berlino
il 9 novembre 1989.

1957 Nascono la Comunità Economica Europea e il Mercato Europeo Comune.

1961 Costruzione del Muro di Berlino.

1962 Crisi di Cuba: il mondo è sull'orlo di un conflitto nucleare.

1968 In tutto il mondo scoppia la contestazione studentesca.

1969 Gli astronauti americani sbarcano sulla Luna.

1973 Crisi petrolifera: fase di recessione economica.

1975 Finisce la guerra del Vietnam iniziata nel 1963.

1989 Crollano i regimi comunisti dell'Europa orientale.

1991 L'Urss cessa formalmente di esistere: nasce la Comunità di Stati Indipendenti.

1992 Il trattato di Maastricht sancisce l'unificazione europea e dà vita all'euro.

1997 Protocollo di Kyoto per la riduzione dei gas serra.

2001 Attentato dell'11 settembre alle Torri Gemelle.

2008 Inizia una lunga crisi economica internazionale.

Globalizzazione

A partire dalla celebre definizione del sociologo Marshall MacLuhan, che nel 1968 parla di un mondo sempre più piccolo e simile a un "villaggio globale", si definisce "globalizzazione" la diffusione, su scala internazionale, di modelli sociali, economici e culturali comuni alle varie zone del mondo. Oggi, grazie alla diffusione dei computer e di Internet, la globalizzazione ha raggiunto anche le zone più remote del pianeta, ma mentre i sostenitori di questo fenomeno rivendicano le maggiori possibilità offerte alle aree più disagiate, i critici affermano che la globalizzazione ha prodotto un'omologazione che rischia di cancellare le specificità delle singole culture e ha acuito il divario tra il Nord e il Sud del mondo.

Postmoderno

Il termine "postmoderno" indica un insieme di tendenze culturali, filosofiche e artistiche affermatesi negli Stati Uniti e in Europa negli ultimi decenni del Novecento e caratterizzate dalla relatività di ogni forma di conoscenza e dalla rinuncia a interpretare in modo univoco la realtà. La cultura postmoderna muove dal concetto di "fine della storia" e dalla consapevolezza che l'umanità ha già sperimentato ogni cosa, e gli autori appartenenti a questa tendenza sostengono che non è più possibile inventare nulla di originale, ma soltanto riprendere e ricombinare elementi del passato, per sottolinearne ironicamente le specificità e riflettere sui meccanismi stessi della creazione artistica.

Dal *boom* economico al mondo globale

L'astronauta Buzz Aldrin saluta la bandiera statunitense sulla Luna il 20 luglio 1969.

Dalla "guerra fredda" ai rischi del mondo globalizzato

La "guerra fredda" Il clima di "guerra fredda" instauratosi tra Stati Uniti e Unione Sovietica alla fine della Seconda guerra mondiale causa uno stato di **grave tensione internazionale**, che sfocia nella corsa agli armamenti nucleari e in alcuni conflitti periferici come la **guerra di Corea** (1950-1953).

Nel 1956, in occasione del XX Congresso del Partito comunista, il segretario sovietico Nikita **Chruščëv** denuncia i crimini di Stalin e apre alla **"distensione" verso gli Usa**.

Nonostante l'avvio del dialogo e l'elezione a presidente americano di John F. **Kennedy** (assassinato nel 1963), le due superpotenze giungono più volte sull'orlo della guerra, prima in occasione della **costruzione del muro di Berlino** (1961) e poi con la **crisi di Cuba** (1962), quando l'Urss fa installare missili nucleari nell'isola come risposta al tentativo americano di rovesciare il governo di Fidel Castro. Il superamento della crisi apre la strada a una **"coesistenza pacifica"**, destinata a proseguire fino agli anni Ottanta, pur tra le tensioni suscitate dalla **guerra del Vietnam** (1963-1975) e dall'**invasione sovietica dell'Afghanistan** (1979).

Il confronto tra le due superpotenze coinvolge anche le competizioni sportive (con i rispettivi boicottaggi di Usa e Urss alle Olimpiadi di Mosca 1980 e Los Angeles 1984) e la "corsa allo spazio", che dopo il primo volo orbitale del russo Yuri Gagarin (1961) si risolve a favore degli Stati Uniti con lo **sbarco sulla Luna** (1969).

L'Unione Europea Mentre l'Europa è divisa da una "cortina di ferro" che separa i Paesi orientali del blocco sovietico da quelli occidentali filoamericani, questi ultimi avviano un **processo di integrazione economica e politica** destinato a sfociare nell'odierna Unione Europea. Nel **1957** i Sei stati fondatori (Italia, Francia, Germania, Belgio, Paesi Bassi, Lussemburgo) danno vita alla **Comunità Economica Europea** (CEE) e al Mercato Comune Europeo (**MEC**), che ha come obiettivo la **libera circolazione delle merci nell'area comunitaria**.

Nell'ottica di un superamento del bipolarismo Usa-Urss, i Paesi europei acquisiscono gradualmente un maggior peso economico, grazie alla formazione nel 1979 del Sistema Monetario Europeo (**SME**), e politico, con la creazione del **Parlamento Europeo**, un organismo con valore consultivo che stabilisce indirizzi comuni ai vari Stati dell'Unione.

Il processo di integrazione culmina **nel trattato di Maastricht** (1992). Il trattato stabilisce, tra le altre cose, una cittadinanza europea, rafforza i poteri del Parlamento europeo e vara l'unione economica e monetaria, istituendo la moneta unica, l'**euro**, entrata in vigore nella maggior parte dei Paesi membri a partire dal **1° gennaio 2002**.

Negli ultimi anni l'Unione Europea si è allargata a **28 membri**, includendo anche molti Paesi dell'Europa orientale, e grazie all'azione di governo della Commissione Europea prosegue nella sua politica volta al raggiungimento di una sempre maggiore unità e coesione tra gli Stati.

Il *Manifesto di Ventotene*

All'origine dell'attuale idea di Unione Europa vi è un documento redatto tra il giugno 1941 e l'inizio del 1943 dai politici italiani Altiero Spinelli (1908-1986) e Ernesto Rossi (1897-1967), che all'epoca si trovavano al confino nell'isola laziale di Ventotene. Il *Manifesto di Ventotene* pone le basi teoriche del federalismo, invitando gli Stati europei a unirsi per non ripetere i drammatici errori che portarono all'avvento dei totalitarismi e alla Seconda guerra mondiale.

La sconfitta della Germania non porterebbe automaticamente al riordinamento dell'Europa secondo il nostro ideale di civiltà. Nel breve intenso periodo di crisi generale, in cui gli stati nazionali giaceranno fracassati al suolo, in cui le masse popolari attenderanno ansiose la parola nuova e saranno materia fusa, ardente, suscettibile di essere colata in forme nuove, capace di accogliere la guida di uomini seriamente internazionalisti, i ceti che più erano privilegiati nei vecchi sistemi nazionali cercheranno subdolamente o con la violenza di smorzare l'ondata dei sentimenti e delle passioni internazionalistiche, e si daranno ostinatamente a ricostruire i vecchi organismi statali. Ed è probabile che i dirigenti inglesi, magari d'accordo con quelli americani, tentino di spingere le cose in questo senso, per riprendere la politica dell'equilibrio delle potenze nell'apparente immediato interesse del loro impero. [...] Il punto sul quale essi cercheranno di far leva sarà la restaurazione dello stato nazionale. Potranno così far presa sul sentimento popolare più diffuso, più offeso dai recenti movimenti, più facilmente adoperabile a scopi reazionari: il sentimento patriottico. In tal modo possono anche sperare di più facilmente confondere le idee degli avversari, dato che per le masse popolari l'unica esperienza politica finora acquisita è quella svolgentesi entro l'ambito nazionale, ed è perciò abbastanza facile convogliare, sia esse che i loro capi più miopi, sul terreno della ricostruzione degli stati abbattuti dalla bufera. Se raggiungessero questo scopo avrebbero vinto. Fossero pure questi stati in apparenza largamente democratici o socialisti, il ritorno del potere nelle mani dei reazionari sarebbe solo questione di tempo. Risorgerebbero le gelosie nazionali e ciascuno stato di nuovo riporrebbe la soddisfazione delle proprie esigenze solo nella forza delle armi. Loro compito precipuo tornerebbe ad essere, a più o meno breve scadenza, quello di convertire i loro popoli in eserciti. [...] Il problema che in primo luogo va risolto, e fallendo il quale qualsiasi altro progresso non è che apparenza, è la definitiva abolizione della divisione dell'Europa in stati nazionali sovrani. Il crollo della maggior parte degli stati del continente sotto il rullo compressore tedesco ha già accomunato la sorte dei popoli europei, che o tutti insieme soggiaceranno al dominio hitleriano, o tutti insieme entreranno, con la caduta di questo in una crisi rivoluzionaria in cui non si troveranno irrigiditi e distinti in solide strutture statali.

Con la propaganda e con l'azione, cercando di stabilire in tutti i modi accordi e legami tra i movimenti simili che nei vari Paesi si vanno certamente formando, occorre fin d'ora gettare le fondamenta di un movimento che sappia mobilitare tutte le forze per far sorgere il nuovo organismo, che sarà la creazione più grandiosa e più innovatrice sorta da secoli in Europa; per costituire un largo stato federale, il quale disponga di una forza armata europea al posto degli eserciti nazionali, spazzi decisamente le autarchie economiche, spina dorsale dei regimi totalitari, abbia gli organi e i mezzi sufficienti per fare eseguire nei singoli stati federali le sue deliberazioni, dirette a mantenere un ordine comune, pur lasciando agli Stati stessi l'autonomia che consente una plastica articolazione e lo sviluppo della vita politica secondo le peculiari caratteristiche dei vari popoli.

Se ci sarà nei principali Paesi europei un numero sufficiente di uomini che comprenderanno ciò, la vittoria sarà in breve nelle loro mani, perché la situazione e gli animi saranno favorevoli alla loro opera e di fronte avranno partiti e tendenze già tutti squalificati dalla disastrosa esperienza dell'ultimo ventennio. Poiché sarà l'ora di opere nuove, sarà anche l'ora di uomini nuovi, del movimento per l'Europa libera e unita!

Altiero Spinelli e Ernesto Rossi,
Il Manifesto di Ventotene,
Mondadori, Milano 2006

Alighero Boetti, *Mappa*, 1990.

Il crollo dell'Urss   Sul finire degli anni Ottanta l'assetto politico mondiale viene stravolto dal crollo del comunismo sovietico. Dopo un nuovo periodo di chiusura coincidente con il governo di Leonid Brežnev (1964-1982), nel **1985** l'avvento al potere di **Mikhail Gorbaciov** segna un **tentativo di modernizzazione** e di rinnovato dialogo nei confronti dell'Occidente. Ma la politica di riforme (denominata *perestrojka*) avviata da Gorbaciov fallisce a causa delle resistenze interne, della gravissima crisi economica in cui versa l'Unione Sovietica e del riemergere dei nazionalismi nelle diverse aree sovietiche, aprendo la strada alla **dissoluzione dell'Unione sovietica**. Nel **1989**, dopo le proteste guidate dal sindacato Solidarność, in Polonia si costituisce un governo non comunista e lo stesso avviene in Ungheria. L'**abbattimento del muro di Berlino** (9 novembre 1989), emblema della guerra fredda e della divisione dell'Europa, sancisce simbolicamente **la caduta dei regimi comunisti dell'Europa dell'Est**.

Nel giro di pochi mesi si assiste allo sfaldamento dell'Urss: i Paesi che formavano l'Unione divengono autonomi e si coalizzano in una **Comunità di Stati Indipendenti** (CSI). Nel **1991** Gorbaciov si dimette e l'Urss cessa formalmente di esistere; **nasce la Russia** che, sotto la guida di Boris Eltsin (1931-2007) e poi di Vladimir Putin, si avvia nel difficile cammino verso la democrazia, pur dovendo fare i conti con autoritarismo, corruzione e infiltrazioni mafiose.

L'Italia dopo la caduta del Muro di Berlino

Dato il suo ruolo strategico nel Mediterraneo e la sua posizione al confine tra i Paesi filoamericani coalizzati nella Nato e gli Stati del blocco sovietico, nel dopoguerra gli Stati Uniti si assicurano che in Italia si formi una maggioranza centrista, che tenga il Partito comunista all'opposizione. Il Paese è così governato fino alla fine degli anni Settanta dalla **Democrazia Cristiana** e in seguito dal "**pentapartito**", un'alleanza tra i partiti di centro in cui cresce l'influenza del Partito socialista, guidato da Bettino **Craxi**, capo del governo tra il 1983 e il 1987. Dopo il crollo del comunismo sovietico e il venir meno dell'ideologia anticomunista che era alla base della Democrazia Cristiana, il sistema politico italiano, che nei decenni precedenti aveva registrato la **diffusione capillare di corruzione, clientelismo e pratiche illecite**, viene travolto da "Tangentopoli", uno scandalo giudiziario che porta nel **1992** al **crollo della cosiddetta "prima repubblica"**. In seguito a una riforma della legge elettorale, si instaura un **sistema partitico bipolare**, che dal 1994 a oggi vede contrapposta un'area di centro-destra guidata da Silvio Berlusconi, e un'alleanza di partiti di centro-sinistra, che ha mutato più volte nome e leader e che è oggi al governo con Matteo Renzi.

Nuovi scenari di guerra   Dopo la fine del bipolarismo Usa-Urss che manteneva una sorta di "pace armata" a livello globale, si è verificata una ripresa di **conflitti internazionali** che, sebbene confinati in aree calde del pianeta, assumono sempre più una **dimensione globale**. Alle guerre legate al crollo dell'Urss e alla caduta dei regimi comunisti – primo tra tutti il **sanguinoso conflitto** che ha coinvolto serbi, croati e bosniaci nell'area della **ex Jugoslavia** (1991-1995) – si sono aggiunte gravi **tensioni nell'area medio-orientale**, che hanno portato alla prima **guerra del Golfo** (1990-1991), con il successivo intervento di una forza multinazionale guidata dagli Stati Uniti.

Il nuovo millennio si è aperto drammaticamente con l'**attentato dell'11 settembre 2001 alle torri gemelle di New York**, organizzato dai fondamentalisti islamici di Al Qaeda ("la base"), facenti capo a Osama **Bin Laden**. Gli Stati Uniti hanno reagito attaccando l'**Afghanistan**, che aveva offerto protezione ad Al Qaeda, con l'appoggio della Gran Bretagna e il consenso di Russia e Cina. Nel 2003 il presidente George W. Bush ha promosso una guerra contro l'**Iraq** del dittatore Saddam Hussein, accusato di detenere illegalmente armi di distruzione di massa. Saddam è stato catturato dalle truppe statunitensi e giustiziato da un tribunale iracheno nel 2006, ma la **seconda guerra del Golfo** si è protratta fra le polemiche dell'opinione pubblica fino al 2010. Ancora oggi molti Paesi del Medioriente vivono una situazione di forte instabilità, con il lungo **conflitto israelo-palestinese** che non accenna a concludersi e con le rivolte della cosiddetta "**primavera araba**".

Truppe militari statunitensi abbattono la statua di Saddam Hussein a Baghdad il 9 aprile 2003.

Dal "miracolo economico" alle nuove sfide del mondo globale

Il *boom* economico Gli anni Cinquanta e Sessanta vedono, a livello internazionale, un rapido **sviluppo economico** che interessa soprattutto il **settore industriale** e il **terziario**. L'incremento demografico, l'aumento della domanda di beni, la crescita del commercio internazionale e il progresso tecnologico concorrono ad accrescere la produzione, migliorando il tenore di vita e creando le premesse del cosiddetto "**miracolo**" o "*boom*" economico. In tutta l'Europa occidentale si afferma il **neocapitalismo**, fondato su un'**economia di tipo liberistico** guidata in parte dai governi centrali, che provvedono ad assicurare a tutti i cittadini i servizi primari (assistenza sanitaria, istruzione, alloggi ecc.), secondo il modello del *Welfare State* (Stato sociale). In questi decenni prende il via una vera e propria **rivoluzione tecnologica**, che determina importanti progressi soprattutto nel settore **elettronico**. La cosiddetta "**terza rivoluzione industriale**", avviatasi nel dopoguerra, fa sì che automobili, frigoriferi, televisori e nuovi elettrodomestici entrino nelle case del ceto medio, modificandone le abitudini e contribuendo a generare un diffuso e crescente benessere. Questa fase di sviluppo subisce una brusca battuta d'arresto all'inizio degli anni Settanta quando, in conseguenza della guerra del Kippur, i Paesi arabi produttori di petrolio aumentano il prezzo del greggio come ritorsione verso gli Stati occidentali, accusati di avallare la politica espansionistica di Israele. La **crisi petrolifera (1973)** ha gravi ripercussioni sull'Europa che, priva di risorse energetiche autonome, entra in una fase di **stagnazione economica** a cui si accompagna un forte **aumento dell'inflazione**.

La "modernizzazione imperfetta" dell'Italia Lo sviluppo economico e industriale degli anni Cinquanta e Sessanta interessa anche l'Italia, sia pure con alcune specificità. La fisionomia prevalentemente agricola del Paese permette agli imprenditori di disporre di **manodopera a basso costo** e favorisce quindi indirettamente gli investimenti nel settore industriale, che si sviluppa soprattutto nel Nord-Ovest (nel "triangolo" Milano-Torino-Genova). Proprio a causa dell'ampia disponibilità di forza-lavoro, tuttavia, i livelli salariali restano decisamente inferiori a quelli dell'Europa industrializzata, determinando un crescente **squilibrio nella distribuzione della ricchezza**. Il governo appoggia in parte le rivendicazioni sindacali e, parallelamente, estende l'intervento statale sull'economia, anche se con dinamiche prevalentemente clientelari. A questo quadro di "modernizzazione imperfetta" si aggiunge il persistente **divario tra Nord e Sud del Paese**, accentuato dall'**immigrazione interna** che spinge i lavoratori verso le grandi città del Nord. Risultati negativi sortisce anche la politica di industrializzazione del Sud, basata su interventi promossi dalla Cassa per il Mezzogiorno e sulla creazione di una rete di infrastrutture mai completata.

La società dei consumi Il *boom* economico comporta importanti conseguenze anche nell'assetto sociale. Mentre il mondo contadino tende gradualmente a scomparire, si accresce il ruolo della **classe operaia legata all'industria**, che si concentra soprattutto nelle città. Grazie all'aumento dei salari e alla diminuzione dei prezzi, si diffonde la **tendenza al consumo di beni** non solo primari, ma **anche voluttuari** (arredamento, turismo, tempo libero, cura della persona…). La domanda di tali prodotti è incrementata dai mezzi di comunicazione di massa e in particolare dalla **televisione** che – oltre a influenzare la mentalità e le abitudini del pubblico – contribuisce con abili **campagne pubblicitarie** a stimolare bisogni non sempre reali, spingendo all'acquisto di oggetti che assumono il valore di *status-symbol*. Il raggiungimento del benessere economico coincide quindi con l'**affermarsi del consumismo**, che interessa prevalentemente il ceto medio.

Il Sessantotto Intorno alla metà degli anni Sessanta si diffonde, a partire dagli Usa, un movimento di radicale **contestazione della società dei consumi**, unito al rifiuto dell'ordine costituito e alla polemica verso ogni forma di autoritarismo. La società capitalistica viene accusata di esercitare sui singoli una forma di subdolo controllo e di diffondere un **benessere finalizzato all'omologazione delle masse** e al loro asservimento agli interessi dei ceti dominanti. Questa critica viene portata avanti soprattutto dai **giovani universitari**, che assumono atteggiamenti di protesta contro la società borghese. Tra il 1968 e il 1969 le rivendicazioni del movimento studentesco si diffondono **dagli Stati Uniti all'Europa** (in particolare in Francia, con il "maggio" parigino) e si associano alle rivendicazioni delle frange più politicizzate della **classe operaia**, sfociando in cortei e manifestazioni di piazza che culminano spesso in violenti scontri con le forze di polizia. All'onda della contestazione studentesca si collega anche l'affermarsi del **movimento femminista**, nato anch'esso negli Stati Uniti e poi estesosi all'Europa. Superata la rivendicazione dei diritti formali delle donne, il terreno di scontro si sposta ora sulle pari opportunità tra i due sessi e sulla valorizzazione della costruttiva differenza tra i generi.

L'Italia degli "anni di piombo"

In Italia, l'esaurirsi del *boom* e le contestazioni del Sessantotto determinano gravi **conflitti sociali**, culminate nel **1969** nel cosiddetto "**autunno caldo**", segnato da violente agitazioni sindacali che portano all'approvazione dello **Statuto dei lavoratori**. La crisi economica dei primi anni Settanta coincide però con una grave crisi politica. Forze eversive di destra, appoggiate da settori deviati dei servizi segreti, danno vita a una **strategia della tensione** che si esprime in azioni terroristiche come la strage di Piazza Fontana a Milano (1969), quella del treno *Italicus* (1974) e l'**attentato alla stazione di Bologna**, che il 2 agosto **1980** provoca 83 morti e duecento feriti. In risposta a questi tentativi eversivi, vaste aree della sinistra extraparlamentare si danno alla lotta armata e si organizzano nel movimento terroristico delle **Brigate rosse**, responsabile di sequestri e attentati che culminano nel maggio **1978** nel rapimento e nell'**uccisione del presidente della Democrazia cristiana**, **Aldo Moro**. Nonostante la difficile situazione politica ed economica, il sistema democratico regge all'urto del terrorismo con **governi di solidarietà nazionale**, ma le responsabilità giudiziarie di quegli avvenimenti sono ancora lontane dall'essere accertate, coperte da depistaggi e segreti di Stato.

Dalla crisi alla ripresa economica

La recessione degli anni Settanta determina profonde modifiche nella struttura dell'economia europea, favorite anche dalla **crescita del settore informatico e telematico**. Lo sviluppo dell'elettronica e la diffusione dei computer aprono infatti la strada all'**automazione della produzione**, gestita e controllata dai nuovi sistemi tecnologici. Su queste basi, a partire dagli **anni Ottanta** si registra una **ripresa dell'economia**, orientata verso **forme neoliberiste**.

La soluzione della crisi si accompagna a radicali mutamenti nella concezione del lavoro e nella struttura sociale, aprendo la strada all'età postindustriale. I nuovi metodi di produzione, dominati dalla tecnologia, comportano una **riduzione del numero di lavoratori**. Di conseguenza, il ceto operaio si contrae, mentre aumenta la richiesta di lavoratori specializzati e **si espande il settore terziario**, legato alla fornitura di servizi alle aziende. Il **mercato del lavoro** si fa più **dinamico e flessibile** e, se da un lato l'inflazione decresce e la produttività aumenta, dall'altro cresce la **disoccupazione**, con conseguenze talora drammatiche. Anche la politica economica degli Stati si modifica: il primo ministro inglese Margaret **Thatcher** e il presidente americano Ronald **Reagan** favoriscono la libera concorrenza dell'imprenditoria privata e, spinti dal desiderio di diminuire la spesa pubblica, **riducono le misure di ammortizzazione sociale** previste dal *Welfare State*,

I primi momenti dopo la strage alla stazione di Bologna il 2 agosto 1980.

che garantivano i diritti fondamentali delle fasce meno abbienti. È in questo contesto economico neoliberista che si sviluppa il fenomeno della globalizzazione, che caratterizzerà la fase finale del XX secolo.

La situazione economica

Nel periodo a cavallo tra XX e XXI secolo, l'economia mondiale assiste alla **globalizzazione dei mercati** e allo sviluppo di nuovi settori di investimento, ma è anche interessata da **crisi ricorrenti**. Nel **2008** la bolla del mercato immobiliare statunitense, unita alla crisi dei mutui *subprime* (concessi su tempi lunghi a soggetti non in grado di assolverli) ha innescato una nuova **spirale negativa**, che ha rapidamente coinvolto gli istituti di credito e le Borse mondiali. A tutt'oggi, **la crisi ha assunto dimensioni globali** e non sembra indirizzarsi verso una rapida soluzione. In conseguenza della difficoltà a rispettare i parametri stabiliti dal trattato di Maastricht, anche alcuni Paesi europei, tra i quali l'Italia, sono tuttora a rischio di bancarotta.

Sviluppo scientifico e tecnologico

A partire dalla seconda metà del XX secolo le scoperte scientifiche si succedono con grande rapidità e trovano proficue applicazioni in ambito tecnologico. Tra i settori all'avanguardia vi sono la **medicina** e la **biologia molecolare**, in cui le ricerche degli ultimi decenni hanno portato alla scoperta e alla mappatura della **struttura del DNA**, aprendo la strada alle **biotecnologie** e a nuove possibilità di intervento dell'uomo sulla natura e sulla vita (clonazione, esperimenti con cellule staminali ecc.), ma ponendo allo stesso tempo complesse questioni di natura morale. Da queste basi è nata negli anni Settanta la **bioetica** (etica della vita), una disciplina che si occupa di applicare le categorie dell'etica ai risultati delle scienze biologiche. Il dibattito tra gli studiosi ruota intorno a temi come la **manipolazione degli embrioni**, l'**inseminazione artificiale**, l'**aborto** e l'**eutanasia**, che inducono sia gli specialisti sia l'opinione pubblica a chiedersi se debbano essere posti dei **limiti al progresso** scientifico e alle sue applicazioni. In ambito elettronico, lo sviluppo delle **tecnologie di miniaturizzazione** ha prodotto, nell'ultimo decennio, una **rivoluzione dell'informatica e della telematica**; la diffusione capillare del computer e di Internet ha cambiato radicalmente i modi della comunicazione, ma anche le tecniche di produzione e le dinamiche economiche mondiali, permettendo a miliardi di persone di affacciarsi nel mercato globale utilizzando un semplice computer e una connessione alla rete.

Ecologia e sviluppo sostenibile

Lo sviluppo del mondo occidentale ha influenzato in modo massiccio l'ambiente naturale, causando **gravi danni all'ecosistema** planetario. L'inquinamento del suolo e delle acque, la desertificazione, l'effetto serra e il problema della gestione dei rifiuti sono fenomeni globali, che risentono di uno **squilibrio tra le risorse del pianeta e il loro sfruttamento** da parte dell'uomo. L'acuirsi di queste problematiche ha portato, a partire dagli anni Sessanta, al sorgere di una **nuova coscienza ecologica**, che si esprime sia in organizzazioni politiche che pongono le questioni ambientali al centro dei loro programmi, sia nella riflessione di molti intellettuali che sottolineano la responsabilità morale e politica degli uomini verso l'ambiente naturale e verso le generazioni future destinate ad abitarlo.

Si è così affermato il concetto di "**sviluppo sostenibile**", ossia di un'evoluzione dell'umanità che tenga conto della **capacità del pianeta di assorbire i mutamenti ambientali** senza esserne danneggiato in modo irreversibile. Per cooperare in questa direzione, 169 nazioni – ma non gli Stati Uniti – hanno sottoscritto nel febbraio 1997 il **Protocollo di Kyoto**, con cui si impegnano a ridurre l'emissione di gas serra nocivi per l'atmosfera, a diminuire l'uso di combustibili fossili e a promuovere la ricerca di fonti energetiche rinnovabili.

Globalizzazione o dominio dell'Occidente?

In toni molto critici, l'economista francese Serge Latouche sostiene una visione negativa della globalizzazione, intesa come trionfo di un Occidente neocolonialista che, attraverso il monopolio dell'informazione, uniforma culture e stili di vita imponendo i propri modelli a tutto il pianeta.

Con la decolonizzazione, i missionari in stivaloni dell'Occidente hanno abbandonato la scena ma «il bianco è rimasto dietro le quinte e tira i fili». Questa apoteosi dell'Occidente non è più quella di una presenza reale, di un potere umiliante per via della sua brutalità e arroganza. Essa si basa su forze simboliche il cui dominio astratto è più insidioso, ma anche meno contestabile. Questi nuovi agenti di dominazione sono la scienza, la tecnica, l'economia e l'immaginario sul quale si basano: i valori del progresso. [...] Flussi «culturali» a senso unico partono dai Paesi del Centro e inondano il pianeta: immagini, parole, valori morali, norme giuridiche, codici politici, criteri di competenza si riversano dalle unità creatrici sul Terzo mondo tramite i mezzi di comunicazione di massa (giornali, radio, televisione, cinema, libri, dischi, videocassette). L'essenziale della produzione mondiale di «segni» è concentrata nel Nord oppure viene fabbricato in officine da esso controllato, secondo le sue norme e modalità. Il mercato dell'informazione è il quasi monopolio di quattro agenzie: Associated Press e United Press (Stati Uniti), Reuter (Gran Bretagna) e France-Presse. Tutte le radio, tutte le catene di televisione, tutti i giornali del mondo sono abbonati a queste agenzie. Il 65 per cento delle «informazioni» mondiali partono dagli Stati Uniti. Dal 30 al 70 per cento delle trasmissioni televisive è importato dal Centro. Tuttavia, il Terzo mondo consuma cinque volte meno cinema, otto volte meno radio, quindici volte meno televisione, sedici volte meno carta di giornale del Centro. [...] Il tempo del mondo finito è cominciato, ed è cominciato come fine della pluralità dei mondi. Un solo mondo tende a essere un mondo uniforme. Questa indifferenziazione degli esseri umani su scala planetaria è proprio la realizzazione del vecchio sogno occidentale. Conformandosi all'*American way of life*[1], gli esseri umani realizzano il sogno di Theodore Roosevelt[2], ma anche quello di tutti gli imperialisti. [...] Ci si rende ben conto che al termine di questa espansione dominatrice non c'è esattamente una fraternità universale. Non si tratta di un trionfo dell'umanità, ma di un trionfo sull'umanità e, come i colonizzati di un tempo, i fratelli sono anche e per prima cosa dei sudditi.

S. Latouche, L'occidentalizzazione del mondo. Saggio sul significato, la portata e i limiti dell'uniformazione planetaria,
Torino, Bollati Boringhieri, 1992

1. *American way of life*: il vivere "all'americana".
2. **Theodore Roosevelt**: Presidente degli Stati Uniti dal 1901 al 1909.

Il «villaggio globale» L'affermarsi, a partire dagli anni Ottanta, di profonde modifiche delle strutture economiche, sociali e culturali è all'origine della **globalizzazione**. All'interno di quello che già nel 1968 il sociologo canadese Marshall **MacLuhan** (1911-1980) chiamava «villaggio globale», la creazione di un mercato unico si accompagna alla diffusione su scala planetaria di **modelli culturali e comportamentali omologati**, prima grazie alla televisione e poi con lo sviluppo dell'informatica. Le **nuove tecnologie telematiche**, dalla telefonia cellulare a Internet, hanno determinato un vero e proprio **mutamento antropologico** che modifica la percezione collettiva dello spazio e del tempo, immergendo i soggetti in una sorta di eterno presente e permettendo loro di raggiungere virtualmente i luoghi più remoti del pianeta. L'intensificarsi degli spostamenti e degli scambi, reali e virtuali, unito alla mescolanza tra popolazioni di diverse etnie e culture, ha dato vita a una **società plurale e poliprospettica**, in cui i punti di riferimento tradizionali vengono meno e il concetto stesso di identità è messo in discussione. L'atteggiamento dell'opinione pubblica e degli intellettuali verso la globalizzazione è controverso. Da un lato si colloca il variegato **movimento «no-global»** che, in forme più o meno pacifiche, ne mette in luce gli aspetti negativi, sottolineando l'accrescersi del divario tra Nord e Sud del mondo, lo sfruttamento delle economie più forti sui soggetti più deboli e le conseguenze negative dell'omologazione culturale e del consumismo. D'altro canto, non mancano pensatori che sottolineano come la società globale e lo sviluppo dei *media* informatici favoriscano in realtà una **maggiore libertà** e un pluralismo di opinioni e stili di vita.

⬤ Sosta di verifica

1 Che cosa si intende con l'espressione "guerra fredda"?

2 In che periodo si assiste al crollo dell'Urss?

3 Quali fattori sono alla base del *boom* economico degli anni Sessanta? Quali ne sono le conseguenze economiche e sociali?

4 In che cosa consiste il movimento del Sessantotto?

5 Che cosa è la "strategia della tensione" che si verifica in Italia negli anni Settanta?

6 Che cosa si intende con il termine "globalizzazione"?

⬤ Un quadro dell'ultimo cinquantennio

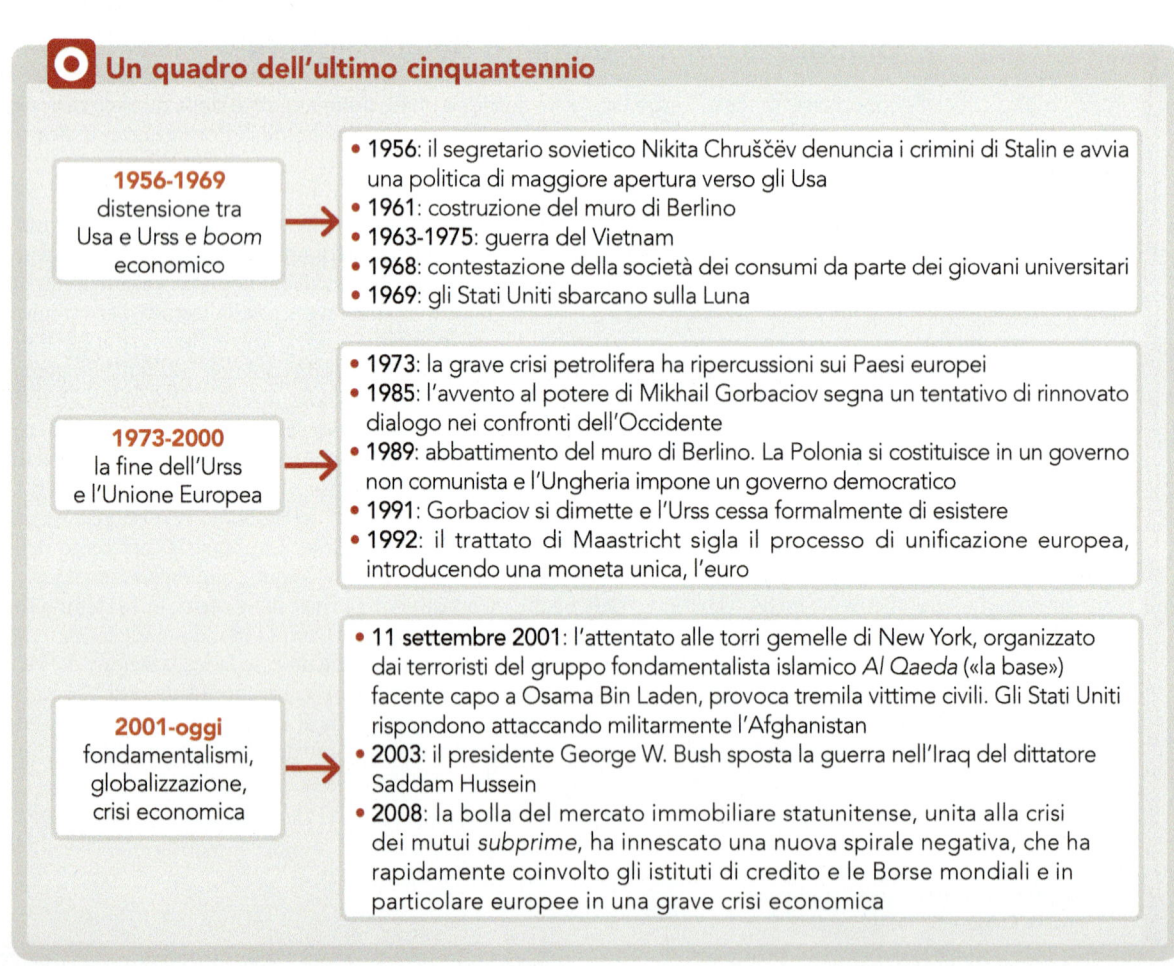

1956-1969
distensione tra Usa e Urss e *boom* economico

- **1956**: il segretario sovietico Nikita Chruščëv denuncia i crimini di Stalin e avvia una politica di maggiore apertura verso gli Usa
- **1961**: costruzione del muro di Berlino
- **1963-1975**: guerra del Vietnam
- **1968**: contestazione della società dei consumi da parte dei giovani universitari
- **1969**: gli Stati Uniti sbarcano sulla Luna

1973-2000
la fine dell'Urss e l'Unione Europea

- **1973**: la grave crisi petrolifera ha ripercussioni sui Paesi europei
- **1985**: l'avvento al potere di Mikhail Gorbaciov segna un tentativo di rinnovato dialogo nei confronti dell'Occidente
- **1989**: abbattimento del muro di Berlino. La Polonia si costituisce in un governo non comunista e l'Ungheria impone un governo democratico
- **1991**: Gorbaciov si dimette e l'Urss cessa formalmente di esistere
- **1992**: il trattato di Maastricht sigla il processo di unificazione europea, introducendo una moneta unica, l'euro

2001-oggi
fondamentalismi, globalizzazione, crisi economica

- **11 settembre 2001**: l'attentato alle torri gemelle di New York, organizzato dai terroristi del gruppo fondamentalista islamico *Al Qaeda* («la base») facente capo a Osama Bin Laden, provoca tremila vittime civili. Gli Stati Uniti rispondono attaccando militarmente l'Afghanistan
- **2003**: il presidente George W. Bush sposta la guerra nell'Iraq del dittatore Saddam Hussein
- **2008**: la bolla del mercato immobiliare statunitense, unita alla crisi dei mutui *subprime*, ha innescato una nuova spirale negativa, che ha rapidamente coinvolto gli istituti di credito e le Borse mondiali e in particolare europee in una grave crisi economica

Il film del mese
Matrix

Scopri altri materiali sul film

REGIA	Larry e Andy Wachowsky
ANNO	1999
DURATA	136 min.
CAST	Keanu Reeves (Neo), Laurence Fishburne (Morpheus), Carrie-Anne Moss (Trinity), Hugo Weaving (agente Smith), Joe Pantoliano (Cypher), Marcus Chong (Tank)

TRE BUONI MOTIVI PER VEDERLO

1 Rivisita uno dei temi più cari alla fantascienza classica: la lotta dell'uomo contro le macchine.

2 Mescola il genere fantascientifico con elementi del fantasy, del mito e perfino della religione.

3 È uno dei film simbolo dell'inizio del XXI secolo, da cui ha avuto origine la rivoluzione del cinema digitale.

L'AUTORE E L'OPERA La fama dei fratelli Wachowsky (Larry, 1965, e Andy, 1967) è legata alla trilogia *Matrix*, che comprende, oltre al primo episodio, *Matrix Reloaded* e *Matrix Revolution* (entrambi del 2003). Amanti della fantascienza, del fantasy e dei fumetti, i Wachowsky hanno creato un nuovo modo di fare cinema d'azione, basato su combattimenti con incredibili effetti visivi e su un ritmo vertiginoso che non lascia un attimo di tregua allo spettatore.
In parte ispirato al romanzo *Ubik* (1969) di Philip K. Dick (1928-1972), uno dei maestri del genere fantascientifico, la vicenda di *Matrix* ha origine dalla surreale ipotesi che il mondo in cui viviamo sia una "realtà simulata". All'origine del successo di *Matrix* non ci sono solo l'incredibile storia e la potenza visiva delle immagini, ma anche la capacità di fondere temi e motivi appartenenti a generi e culture diversissimi, come la fantascienza classica (la lotta tra l'uomo e le macchine), la mitologia (l'eletto, l'oracolo che il protagonista deve consultare), il *fantasy* (la lotta del bene contro il male), la fiaba (il bacio che risveglia da una morte apparente), il romanzo d'avventura ottocentesco e perfino la religione ebraica (Zion, la città in cui vivono gli ultimi uomini, è la trasposizione dell'ebraico Sion, ovvero "Gerusalemme").

LA TRAMA Thomas Anderson è un programmatore di computer, ma anche un famoso hacker noto come "Neo". Un giorno sul suo computer iniziano ad apparire strani messaggi di cui ignora la provenienza e il significato, fino a quando, braccato dalla polizia, riceve una misteriosa telefonata che gli spiega come mettersi in salvo. Finalmente riesce a incontrare l'autore dei messaggi, un misterioso uomo di nome Morpheus, che gli rivela una sconvolgente verità: il mondo che lui crede di conoscere non esiste, ma è solo una realtà virtuale programmata da un sistema informatico di nome Matrix per tenere sotto controllo il genere umano. Morpheus offre a Neo due possibilità: una pillola blu, che lo farà tornare alla sua vita normale dimenticando ogni cosa, o una pillola rossa, che gli permetterà di vedere Matrix e la vera "realtà". Ingerita la pillola rossa, per Neo nulla sarà più come prima...

L'universo postmoderno

Mimmo Paladino, *San Francesco*, 1993.

La riflessione filosofica

Verso una relativizzazione della conoscenza

Nel corso della seconda metà del Novecento la riflessione filosofica assume caratteristiche nuove, collegandosi ad altre discipline (sociologia, psicanalisi, storia, scienza ecc.) e proponendosi soprattutto come **analisi critica dei metodi e dei limiti della conoscenza**. La filosofia contemporanea rinuncia a raggiungere verità certe e univoche e cessa quindi di elaborare grandi sintesi interpretative della realtà, consapevole della **relatività di ogni forma di conoscenza**. Nell'ambito di una generale tendenza alla specializzazione settoriale, il terreno privilegiato d'indagine si sposta **dalla realtà al linguaggio**, considerato il fondamento e lo strumento di ogni forma di conoscenza e analizzato nelle sue strutture logiche. Il ridimensionamento dell'orizzonte speculativo della filosofia, che tende ad abbandonare le grandi questioni metafisiche per concentrarsi sui meccanismi di ricerca di una verità sempre parziale e relativa, non va comunque interpretato in senso negativo. Se infatti da un lato questo atteggiamento genera **disorientamento** nelle coscienze, dall'altro esso apre la via a una **consapevolezza critica** dei limiti della ragione umana e a un pluralismo della conoscenza.

Lo Strutturalismo

La corrente filosofica che domina gli anni Sessanta e influenza maggiormente il mondo dell'arte e della cultura è lo **Strutturalismo**, nato in Francia nell'ambito degli studi linguistici e poi diffusosi negli Stati Uniti e in Europa. Precursore del movimento è il ginevrino **Ferdinand de Saussure** (1857-1913) che nel suo *Corso di linguistica generale* (1916) aveva proposto un metodo innovativo per lo **studio della lingua**, considerata non più nella sua evoluzione diacronica (che si sviluppa cioè nel tempo), ma come sistema di elementi connessi tra loro secondo un preciso modello. Lo Strutturalismo nasce quindi come **metodo di indagine** che interpreta ogni aspetto **della realtà umana in prospettiva sincronica** (cioè indipendentemente dal suo evolvere nel tempo), come una struttura organica in cui **determinati elementi si combinano tra loro secondo regole precise** in un sistema di rapporti funzionali.

Tale prospettiva viene applicata in vari ambiti delle scienze umane: nell'**antropologia** e nello studio delle società primitive con **Claude Lévi-Strauss** (1908-2009), nella storia delle strutture **sociali e politiche** con **Michel Foucault** (1926-1984), nella **psicanalisi** con **Jacques Lacan** (1901-1981), nella **critica letteraria** con **Roman Jakobson** (1896-1982) e **Gérard Genette** (1930), nella **semiotica**, disciplina che interpreta la realtà come un insieme di "segni" finalizzati alla comunicazione. Questa impostazione viene ripresa anche in letteratura dal gruppo **Oulipo** (*Ouvroir de littérature potentielle*, «laboratorio di letteratura potenziale»), fondato nel 1960 a Parigi da Raimond Queneau (1903-1976) e François Le Lionnais (1901-1984) e basato su un'idea della **letteratura come combinazione** di elementi tratti da ambiti e generi diversi, che influenza autori come Georges Perec (1936-1982) e Italo Calvino.

Nelle sue diverse tendenze lo Strutturalismo si pone quindi in un'**ottica antistoricistica** e in parte **antiumanistica**, in quanto parte dal presupposto che l'uomo non sia libero nelle sue scelte e nelle sue azioni, che sono il risultato di 'strutture' che agiscono su di lui in modo inconscio.

L'Ermeneutica La riflessione sul linguaggio è invece al centro dell'**Ermeneutica** (teoria dell'interpretazione), una corrente di pensiero che si sviluppa negli **anni Ottanta** riprendendo il pensiero di **Hans Georg Gadamer** (1900-2002). Secondo il filosofo tedesco **ogni nostra esperienza del mondo è mediata dal linguaggio**, che ci collega sia alla tradizione passata sia agli altri soggetti. A differenza degli strutturalisti, che indagano i sistemi di comunicazione, l'Ermeneutica mette in primo piano il soggetto e considera la **conoscenza come interpretazione della realtà e dialogo con l'altro**. Poiché la conoscenza avviene sempre a partire da ipotesi preesistenti, il dialogo non porterà mai a una verità certa e definitiva, ma si perfezionerà gradualmente attraverso uno scambio reciproco di esperienze, che tiene conto di analogie e diversità tra i soggetti coinvolti nella comunicazione. Il cammino verso la verità si configura quindi come un'**apertura all'alterità** e corrisponde pienamente alle esigenze di una società multiculturale come quella del nostro secolo.

Roy Lichtenstein, *La pace attraverso la chimica*, dettaglio, 1970.

La riflessione sulla scienza In conseguenza dello sviluppo scientifico, in ambito filosofico assume nuova importanza l'**epistemologia** (scienza della conoscenza), quella branca che si occupa della riflessione sui metodi e i risultati della scienza. Venuta meno la fiducia nel progresso tipica del Positivismo, già nella prima metà del Novecento si diffonde un atteggiamento critico e attento ai **limiti della ricerca scientifica**. Il filosofo austriaco **Karl Popper** (1902-1994) sostiene che **la scienza si basa su congetture e ipotesi** e che **i suoi risultati sono quindi sempre provvisori**. Ciò che contraddistingue una teoria scientifica è dunque la sua "**falsificabilità**", ossia il fatto che possa essere smentita da nuovi esperimenti. A questa visione si contrappone il pensiero di **Thomas Kuhn** (1922-1996), che contesta la linearità e la gradualità del progresso scientifico. A suo parere, esso si realizza attraverso vere e proprie **rivoluzioni** (come quella avvenuta nel Seicento), che introducono elementi di discontinuità e determinano un significativo **mutamento nei paradigmi** di riferimento, (cioè nell'insieme delle teorie correnti), modificandone in profondità i principi e i metodi.

Ancor più radicale è la posizione di **Paul K**. **Feyerabend** (1924-1994), che alla metà degli anni Settanta critica la teoria della falsificazione di Popper e sostiene che in realtà **non esiste un metodo scientifico univoco**, in quanto il progresso avviene in modi diversi a seconda dei momenti storici e anche grazie a intuizioni ed eventi casuali. Si giunge così all'"**anarchismo metodologico**" e alla teorizzazione della **relatività assoluta di ogni forma di conoscenza scientifica**.

Il Decostruzionismo La percezione della complessità del mondo contemporaneo accentua, negli anni a cavallo tra XX e XXI secolo, la tendenza al **relativismo conoscitivo** e la rinuncia alla costruzione di grandi sistemi interpretativi. In questo senso è particolarmente significativa la corrente del **Decostruzionismo**, nata dal pensiero del filosofo francese **Jacques Derrida** (1930-2004). Egli mette a punto un **metodo di interpretazione dei testi** fondato sull'idea che **essi non contengono alcuna verità** riconoscibile come tale. Il processo di analisi dei testi si riduce quindi a una "decostruzione", a un'opera di smantellamento delle loro contraddizioni e ambiguità, al termine della quale si afferma la «**deriva del senso**» e l'impossibilità di comprendere il mondo. Si tratta quindi di una teoria che, partendo dai presupposti dell'Ermeneutica, ne rovescia i risultati, approdando a un'ottica quasi nichilista.

Cultura di massa e rifiuto dei modelli tradizionali

La denuncia della massificazione   Negli anni Cinquanta e Sessanta l'affermarsi del neocapitalismo incontra la decisa opposizione di alcuni intellettuali formatisi nell'ambito della **Scuola di Francoforte** che, rifacendosi alle teorie di Marx ed Engels, **criticano** a fondo l'**alienazione** e la **massificazione delle coscienze**. Herbert Marcuse (1898-1979), autore del saggio *L'uomo a una dimensione* (1964), polemizza contro la società dei consumi che limita il senso critico e la libertà dei singoli, mentre **Jurgen Habermas** (1929) individua nel **linguaggio stereotipato dei *mass-media*** lo strumento usato dal potere economico e sociale per ridurre i singoli individui a una massa omogenea e accondiscendente.

I movimenti di contestazione   Tali posizioni vengono sviluppate in ambito socio-culturale da **movimenti di contestazione** che criticano la società borghese e le sue regole. Fondamentale è in tal senso l'esperienza della *Beat Generation* (cioè "generazione battuta", ma anche "beata" in quanto liberata dalle convenzioni), fiorita alla **fine degli anni Cinquanta** a San Francisco e New York. I suoi principali esponenti, tra cui **Jack Kerouac** (1922-1969) – autore del romanzo *On the road* (1951), manifesto del gruppo – e il poeta **Allen Ginsberg** (1926-1997), si oppongono ai modelli culturali dominanti e si riallacciano alla cultura pop e alle religioni orientali, ostentando l'uso di droghe e atteggiamenti anticonformistici. Muovendo da analoghe posizioni di rifiuto della cultura borghese e neocapitalistica, negli anni Sessanta numerosi intellettuali **criticano** l'**omologazione indotta dalla società dei consumi** e si richiamano all'esperienza delle Avanguardie storiche del primo Novecento (Futurismo, Dadaismo, Surrealismo ecc.) per produrre opere in grado di scuotere polemicamente il mondo della cultura. Le tendenze sperimentali e neoavanguardistiche sono presenti soprattutto in **Francia**, dove già negli anni Cinquanta si sviluppa, intorno allo scrittore e regista **Alain Robbe-Grillet** (1922-2008) la cosiddetta *école du regard* (scuola dello sguardo), che mira a rifondare il romanzo descrivendo la realtà così come appare, senza alcuna implicazione sentimentale o psicologica.
In **Italia** sono gli esponenti della **Neoavanguardia** e del **Gruppo 63** a polemizzare contro il sistema culturale, accusato di immobilismo e di scarsa consapevolezza delle potenzialità dei nuovi mezzi di comunicazione (cinema, televisione, pubblicità). La ricerca di questi autori si traduce in un esasperato **speri-**

mentalismo formale, poiché essi si impegnano nella messa a punto di una **lingua nuova** che sia in grado di riprodurre il disordine della modernità.

Il Postmoderno   Il termine "postmoderno" viene utilizzato per la prima volta con un preciso orientamento teorico nel saggio *La condizione postmoderna* (1979) del filosofo francese Jean-François Lyotard, che contribuisce alla sua diffusione negli ambiti artistici e intellettuali più diversi. Esso indica l'**insieme di tendenze culturali, filosofiche e artistiche** affermatesi negli Stati Uniti e in Europa negli ultimi decenni del Novecento e strettamente collegate alle conseguenze della globalizzazione e della rivoluzione telematica. Il pensiero postmoderno è dominato dal senso dell'instabilità e della **relatività di ogni forma di conoscenza** e dalla rinuncia all'elaborazione di grandi narrazioni, cioè di teorie in grado di descrivere e interpretare in modo univoco la realtà. Tipico del Postmoderno è anche il concetto di "**fine della storia**", ossia il venir meno dell'idea di un progresso lineare che conduca verso nuove scoperte e conquiste. Come precisa lo studioso Gaetano Chiurazzi, il concetto di "postmoderno" letteralmente «contiene il senso di una *posteriorità* rispetto al moderno, ma più propriamente il suo significato non riguarda una determinazione temporale: postmoderna non è l'epoca che viene dopo il moderno, secondo una periodizzazione cronologica; "postmoderno" indica piuttosto un diverso modo di rapportarsi al moderno che non è né quello dell'opposizione (nel senso dell'"antimoderno") né quello del superamento (nel senso dell'"ultramoderno")». L'uomo postmoderno sente di vivere "dopo" che l'umanità ha sperimentato ogni cosa, in un'epoca in cui tutto è già stato detto e fatto. Non è quindi più possibile inventare nulla di originale, ma soltanto **riprendere e ricombinare il già visto** e le esperienze del passato. Questa visione della realtà non viene comunque percepita in modo negativo. Al contrario, il Postmoderno è caratterizzato dal declino dell'affettività, dall'assenza di forti passioni e da una sorta di apatia di fondo, a cui contrappone il **libero gioco intellettuale**, la **riflessione sui processi creativi dell'arte**, il gioco combinatorio e la **contaminazione** di elementi e registri tra loro diversi e dissonanti.
Nell'ambito del Postmoderno si sviluppa anche una riflessione sugli **effetti dei *mass-media* e dell'informatica** sull'immaginario collettivo. Secondo **Jean Baudrillard** (1929-2007) la presenza pervasiva dei *media* informatici tende ad annullare la percezione della differenza tra la realtà e le sue rappresentazioni, assottigliando la distanza tra il mondo vero e quello dell'immagine mediatica. La società risulta così dominata da semplici «**simulacri**», immagini prive di consistenza e significato che si sostituiscono al contatto diretto con la realtà.

Il Gruppo 63 tra avanguardia e contestazione

Nell'ottobre 1963 un gruppo di intellettuali appartenenti a diversi ambiti (critici, poeti, semiologi, giornalisti, operatori culturali) si incontra a Palermo per un convegno dal quale nascerà il Gruppo 63. Gli esponenti del gruppo rivendicano la loro opposizione ai modelli culturali allora dominanti in Italia e la ricerca di nuove forme espressive, considerate non come un semplice esercizio stilistico, ma come una radicale contestazione della società borghese e dei suoi fondamenti.

Nei due brani che seguono, tratti dagli interventi tenuti durante il convegno, Angelo Guglielmi (1929) e Edoardo Sanguineti (1930-2010) spiegano la loro idea di sperimentalismo linguistico e mettono in relazione la loro esperienza con quella delle avanguardie storiche.

Il Gruppo 63

È indubbio che lo sperimentalismo è lo stile della cultura attuale. È la sua forma più propria e sincera.

Tuttavia lo sperimentalismo di cui stiamo parlando si oppone all'avanguardia storica per una evidente diversità di fini. [...] L'avanguardismo marinettiano nasce su pretesti polemici, al di fuori di una chiara base ideologica e di serie intenzioni espressive. Le rivoluzioni linguistiche dei futuristi sono chiassose e superficiali. Esse operano sulla impalcatura esterna dell'istituto linguistico tradizionale con lo scopo di portarlo a un punto irreversibile di crisi, di denunciarne la sostanziale improduttività. [...]

Il nuovo sperimentalismo è di tutt'altro tipo. Entrato definitivamente in crisi l'istituto linguistico si pone il problema di tentarne il recupero. [...] Questa dei nuovi sperimentali si configura come una operazione non polemica, che chiede la fatica della consapevolezza piuttosto che la prepotenza del fervore. È un intervento di pazienza, volto alla ricerca di nuove strutture espressive, alla scoperta di nuovi impasti linguistici, in cui rifluiscono i «materiali» più imprevisti, e aperti alle contaminazioni lessicali più ardite. È un intervento da effettuarsi in laboratorio con decisione e insieme cautela. Il suo successo è legato al grado di «organizzazione» del laboratorio stesso. Questo dovrà contare sulla massima disponibilità dei materiali intellettuali, facendoli affluire con estrema libertà, dalle tradizioni culturali più lontane e diverse.

A. Guglielmi, Avanguardia e sperimentalismo, in Gruppo 63, Milano, Feltrinelli, 1964

Io non credo che ciò che caratterizza l'avanguardia sia questa assunzione privilegiata del linguaggio contro l'ideologia, ma la ferma consapevolezza che non si dà operazione ideologica che non sia, contemporaneamente e immediatamente verificabile nel linguaggio. Ed è anche troppo evidente che per il linguaggio non si ha da intendere, con una sorta di riduzione materica, la mera superficie stilistica dell'opera, ma la sua struttura espressiva, in generale. [...] L'avanguardia esprime quindi, in generale, la coscienza del rapporto fra l'intellettuale e la società borghese, portata al suo grado ultimo, ed esprime contemporaneamente, in generale, la coscienza del rapporto tra ideologia e linguaggio, e cioè la consapevolezza del fatto che ciò che è proprio dell'operazione letteraria in quanto tale è l'espressione di un'ideologia nella forma del linguaggio. È insomma chiaro che, nelle strutture fondamentali dell'ideologia borghese, si è costituita una normalità, anche a livello linguistico, che l'avanguardia si rifiuta di accettare, a prezzo di apparire di fronte alla normalità borghese costituita, immediatamente come pura patologia. [...] Per essere autenticamente critica, e autenticamente realistica, l'arte deve energicamente uscire dai limiti della normalità borghese, cioè dalle sue norme ideologiche e linguistiche.

Gruppo 63. Critica e teoria, a cura di R. Barilli, A. Guglielmi, Milano, Feltrinelli, 1976

Intellettuali e pubblico nella società contemporanea

Intellettuali e industria culturale: dalla protesta al disimpegno A partire dagli anni Sessanta lo sviluppo della televisione e dei *mass-media* e lo straordinario incremento dell'industria editoriale modificano in profondità la fisionomia e il ruolo dell'intellettuale. Nelle società neocapitalistiche, in cui anche **la cultura tende a ridursi a merce**, aumenta il numero degli **intellettuali** ma parallelamente si assiste a una loro relativa **emarginazione**. Tranne poche eccezioni, scrittori e poeti non riescono più a vivere soltanto della loro attività creativa e si impiegano come insegnanti, giornalisti o operatori culturali di vario tipo, perdendo progressivamente il proprio prestigio. Viene così a cadere, soprattutto negli anni Ottanta, l'idea dell'intellettuale come guida della coscienza collettiva e come punto di riferimento ideologico, mentre cresce il peso di divulgatori di cultura e intrattenitori, affiancati da specialisti impiegati a vario titolo nell'informazione e nel mondo dello spettacolo. A questo crescente declassamento scrittori e intellettuali reagiscono nel corso degli anni Sessanta con un **rinnovato impegno sociale**, proponendosi come **voce critica della società** e denunciando in vario modo i rischi di omologazione culturale. Nel periodo successivo, tuttavia, l'ostilità nei confronti del potere politico ed economico tende ad attenuarsi, mentre prevalgono posizioni più disimpegnate, che si traducono nel rifugio nel privato o in un'idea dell'**arte come libero gioco intellettualistico**. Inoltre, la rivoluzione informatica offre agli intellettuali nuove possibilità di impiego come giornalisti televisivi, opinionisti e pubblicitari, spesso all'interno di quelle stesse strutture che essi avevano duramente criticato.

L'ampliarsi del pubblico La scolarizzazione e il diffondersi capillare della televisione, dei giornali e dei nuovi *media* hanno contribuito a un **miglioramento del livello culturale medio**, facendo crescere in modo significativo il numero dei lettori. Le scelte delle case editoriali e degli stessi scrittori devono quindi necessariamente tener conto dei **gusti del pubblico**. Mentre fino agli anni Settanta resisteva la divisione tra una produzione "alta", rivolta a un pubblico colto e specialistico, e una letteratura "di consumo", gradualmente il **livello medio** del prodotto culturale tende a uniformarsi verso il basso, per venire incontro a un **pubblico sempre più omogeneo**, che ricerca nella letteratura sia lo svago sia un'occasione di crescita culturale.

Alighero Boetti, *Faccine*, 1979.

Industria editoriale e crisi del libro Oggi un numero sempre più ristretto di **grandi gruppi editoriali** controlla sia la stampa periodica sia la produzione libraria, seguendo strategie commerciali spesso basate su martellanti campagne pubblicitarie. Riscuotono grande successo le **collane di libri in formato tascabile ed economico**, che facilitano l'accesso del grande pubblico ai classici della letteratura, e i numerosi inserti e volumi allegati ai quotidiani. Negli ultimi anni molte voci hanno temuto la **morte del libro**, ossia la possibile estinzione, in un futuro non troppo remoto, del volume cartaceo, **sostituito dagli strumenti informatici e da Internet**, in una rivoluzione epocale della lettura e della produzione letteraria, simile a quanto avvenuto con la stampa a caratteri mobili. Sebbene sia impossibile avanzare previsioni, **il libro tradizionale gode ancora di buona salute** anche se ormai affiancato capillarmente da **audiolibri** ed **e-book**, fruibili in versione digitale su computer, tablet e smartphone.

Sosta di verifica

1. Quali sono le caratteristiche tipiche del pensiero filosofico del secondo Novecento?
2. Quali movimenti di contestazione si oppongono alla cultura neocapitalista e all'omologazione?
3. Che cos'è lo Strutturalismo e in che periodo si sviluppa?
4. In che cosa consiste l'Ermeneutica e a quale filosofo si collega?
5. Che cosa si intende con Postmoderno?

L'italiano standard e i più recenti cambiamenti

L'italiano standard   Nel corso del secondo Novecento l'unificazione linguistica nazionale può dirsi totalmente compiuta. Grazie alle migrazioni interne, alla progressiva urbanizzazione e scolarizzazione, alla sempre più massiccia influenza dei *mass media*, la popolazione ha abbandonato il dialetto (relegato ad ambiti strettamente familiari e molto informali, soprattutto nel Meridione e nel Nord Est) per adottare un italiano "medio" o standard, tendenzialmente omogeneo. La lingua si è uniformata, perdendo però alcune peculiarità e ricchezze. Nello scritto si è imposta una sintassi semplice, con prevalenza della coordinazione, periodi brevi e stile nominale, modellata sul linguaggio televisivo e giornalistico. Nella lingua parlata si è evidenziata una differenziazione su base regionale, che agisce soprattutto nella pronuncia e nel lessico (interessanti i cosiddetti *geo-sinonimi*, differenze regionali nell'uso e significato di alcuni termini), per effetto dell'influenza dei dialetti. C'è stata inoltre una progressiva introduzione nel lessico di termini propri di linguaggi settoriali (politica, burocrazia, scienze) e di numerosi anglicismi, oggi del tutto entrati nell'uso italiano.

L'inglese e la lingua del *web*   Se pensiamo alla situazione più recente, nella società odierna globalizzata l'*inglese* si è ormai imposto come lingua sovranazionale, soprattutto nell'ambito economico, informatico e nel panorama delle nuove tecnologie digitali. L'avvento di Internet ha infatti segnato un notevole incremento dei termini inglesi utilizzati comunemente nella lingua italiana.
Inoltre le nuove tecnologie impongono l'uso di una lingua caratterizzata da estrema sintesi (basti pensare agli sms o ai *tweet*), tendenzialmente più informale e incentrata sulla brevità espressiva, causando però contemporaneamente una banalizzazione morfosintattica (un esempio tra tutti il progressivo abbandono del congiuntivo) e una trascuratezza ortografica.

Lingua d'uso e lingua letteraria   Negli ultimi decenni stiamo inoltre assistendo a una riduzione della distanza tra la lingua d'uso e l'italiano letterario, che per secoli sono stati due ambiti nettamente distinti.
Molti scrittori, infatti, desiderosi di raggiungere un pubblico più ampio e di superare la distinzione tra letteratura "alta" e testi "di consumo", hanno scelto di utilizzare un linguaggio medio e standardizzato, che mantiene però un lessico più ricco rispetto alla lingua d'uso. Nell'ambito della poesia delle Neoavanguardie abbiamo assistito anche ad arditi esperimenti nell'uso della lingua, con frequenti neologismi e contaminazioni tra registri differenti. Alla progressiva scomparsa del dialetto parlato fa riscontro invece un suo uso, da parte di alcuni scrittori e poeti, nelle opere letterarie: il dialetto è qui usato perché sentito come un idioma più variegato e personale, ricco di risonanze emotive.

Le parole nuove   Le parole introdotte nell'italiano nel secondo Novecento rispecchiano i grandi mutamenti economici e sociali di questo periodo e sempre più evidente, soprattutto nell'ambito tecnologico, è stata l'influenza della lingua inglese. Vediamo solo alcuni esempi:
- parole coniate in seguito alle nuove dinamiche economiche e sociali, come l'espressione *villaggio globale* o *globalizzazione*;
- numerosi anglicismi ormai entrati nell'uso comune, come *week-end*, *baby sitter*, *computer* (è stato dimenticato l'italiano *calcolatore*), *film*, *quiz*;
- moltissimi termini stranieri (inglesi soprattutto) o italiani legati alle nuove tecnologie: *web*, *internet*, *scanner*, *e-mail*, i recentissimi *happy hour*, *selfie*, *tweet*, o i verbi derivati e "italianizzati", come *scannerizzare*, *scaricare*, *chattare*, *twittare*, *taggare* ecc.

Ricordiamo anche i numerosi neologismi coniati dal linguaggio giornalistico e televisivo, nonché dai gerghi giovanili (per esempio *cinepanettone*, *milleproroghe*, *scrauso*, *scialla* ecc.). Ricchissimo sarebbe l'elenco di questi neologismi, che testimoniano la ricchezza e la vitalità della nostra lingua.

Le tendenze artistiche dell'età contemporanea

L'«arte informale»   Nel secondo Novecento l'arte vive profonde trasformazioni, legate alla sua subordinazione alle leggi del mercato e dell'industria culturale e alla ricerca di nuovi linguaggi. Nell'ambito dell'**Espressionismo astratto** si sviluppa, dapprima negli **Stati Uniti** e poi anche in Europa, la cosiddetta "arte informale" (dal francese *informel*, ossia "senza forma"), che rinuncia a ogni intento figurativo per porre l'accento sull'azione, sul **gesto creativo dell'artista** come espressione libera del suo impulso vitale. Ciò è particolarmente evidente nelle tele del pittore «espressionista» astratto **Mark Rothko** (1903-1970) e nell'*action painting* ("pittura d'azione") di **Jackson Pollock** (1912-1956), definita anche *dripping painting* (dall'inglese *to drip*, "far sgocciolare"), in quanto l'artista pone le sue enormi tele per terra e, con movimenti liberi del corpo, lascia cadere in modo più o meno casuale il colore, con l'aiuto di un bastone o direttamente con le mani, creando dipinti dinamici ed espressionistici, come *Autumn Rythm: Number 30* (1950). All'arte informale si collega, in Italia, l'opera di **Lucio Fontana** (1899-1968), famoso per le sue **tele tagliate** orizzontalmente o in diagonale, a sottolineare sia la negazione di ogni possibilità di fare arte nel mondo contemporaneo, sia la polemica verso i linguaggi tradizionali, come in *Concetto spaziale. Attesa* (1961).

Neoavanguardie e Pop Art   A partire dagli **anni Sessanta**, come la letteratura anche la pittura è caratterizzata dal succedersi di movimenti definiti Neoavanguardie che, richiamandosi alle avanguardie storiche del primo Novecento, reagiscono al diffondersi del consumismo attingendo in modo ironico alle **tecniche del fumetto, della pubblicità** e dei giornali, per stupire e provocare il pubblico. La corrente **New Dada** negli Stati Uniti e il **Nouveau Réalisme** in Europa riutilizzano artisticamente **oggetti di uso comune o scarti del mondo cittadino** come manifesti, rifiuti e segnali stradali, ricombinandoli in modi innovativi a simboleggiare il degrado della realtà contemporanea. Un esito estremo di queste tendenze dissacratorie è rappresentato dalla *Merda d'artista* (1961) di **Piero Manzoni** (1933-1963), prodotta e inscatolata in 90 barattoli d'acciaio come una qualsiasi merce e venduta a un prezzo che, per ribadire ironicamente la superiorità dell'artista, viene equiparato a quello dell'oro.

La corrente più significativa della pittura degli anni Sessanta è però la **Pop Art** americana (abbreviazione di *popular art*, "arte popolare"), che **si ispira ai prodotti e alle immagini della società consumistica**, rese celebri dai *mass-media* e dalla televisione, con l'intento dichiarato di rivolgersi al **grande pubblico**. Roy Lichtenstein

Jackson Pollock, *Autumn Rythm: Number 30*, 1950.

Andy Warhol, *Marilyn*, 1964.

Joseph Kosuth, *Una e tre sedie*, 1965.

(1923-1997) riprende la tecnica grafica dei *cartoon*, mentre nelle opere di Andy **Warhol** (1928-1987) le bottiglie della *Coca-Cola*, le scatole della zuppa di fagioli *Campbell* o l'immagine di **personaggi popolari** come Marilyn Monroe vengono riprodotte in serie con la tecnica della serigrafia e variamente deformate, assumendo dignità di soggetto artistico nell'intento di rispecchiare la società dell'effimero.

Arte concettuale, Body Art, Transavanguardia

Una corrente destinata a influenzare gli anni Settanta è la cosiddetta **arte concettuale**, che considera l'operazione artistica come pura produzione mentale fino al punto di negare l'oggetto stesso della rappresentazione, sostituendolo con una **riflessione sul processo creativo**. Il manifesto di questa tendenza è costituito dalla composizione *Una e tre sedie* (1965) dell'americano **Joseph Kosuth** (1945), che accosta una vera sedia, una sua fotografia e un pannello con la definizione del termine "sedia" tratta dal dizionario. In questo modo l'artista si limita a riprodurre ciò che vede, ma riflette sui modelli di rappresentazione della realtà e sul loro valore relativo, sottolineando lo scarto che separa l'oggetto dalle sue descrizioni.

La negazione dell'oggetto artistico è al centro anche della **Body Art** (arte del corpo), in cui gli artisti – tra cui ricordiamo **Marina Abramovič** (1946) – si ser-

vono del proprio **corpo**, talora modificato da protesi o *piercing*, come di un **oggetto d'arte**, dando vita a vere e proprie ***performance***, ossia sequenze di gesti e danze accompagnate dalla musica. Si sviluppa così la pratica dell'***happening***, un'azione di tipo teatrale, in gran parte improvvisata, che si svolge di fronte al pubblico in modi sempre diversi.

A partire dagli anni Ottanta, le sperimentazioni neoavanguardistiche lasciano il posto a **nuove tendenze riconducibili al Postmoderno**. Il venir meno della fiducia nella possibilità dell'arte di esprimere una visione organica della realtà induce gli artisti a recuperare **forme più tradizionali**, che vengono però decontestualizzate e **contaminate liberamente**, in un **ironico gioco di citazioni**. Tale orientamento dà vita a esiti diversi a seconda dei vari Paesi, tra cui si possono ricordare il **Neoespressionismo** tedesco e, in **Italia**, la **Transavanguardia**, che fa capo al critico Achille Bonito Oliva (1939) e all'opera di **Sandro Chia** (1946) e **Mimmo Paladino** (1948).

L'architettura: evoluzione del Modernismo

Anche in ambito architettonico la seconda metà del Novecento è segnata da un profondo **rinnovamento di modi e forme** che, a partire dalla crisi del Razionalismo modernista giunge al Postmoderno. La tendenza modernista caratterizza l'architettura degli anni Trenta e, negli Usa, si evolve nell'**International Style**, basato sui **principi di funzionalità e standardizzazione**, usati per costruire grandi complessi abitativi e grattacieli, come il famoso *Seagram Building* (1958) di Ludwig **Mies van der Rohe** (1886-1969). A partire dagli anni Cinquanta, tuttavia, alcuni gran-

Ludwig Mies van der Rohe, *Seagram Building*, 1958.

Jørn Utzon, *Opera House di Sydney*, 1959-1975.

di maestri del Razionalismo, come Frank Lloyd Wright e Le Corbusier, modificano in parte la propria poetica elaborando edifici in cui prevalgono **linee morbide e curve** e l'attenzione è rivolta non solo alla funzionalità, ma all'**integrazione** della struttura architettonica **nell'ambiente naturale**, secondo i principi dell'**architettura "organica"**. Un esempio di questa nuova tendenza è rappresentato dall'Opera House di Sydney, realizzata tra il 1959 e il 1975 da **Jørn Utzon** (1918-2008).

L'_high-tech_   Negli anni Settanta il passaggio dal moderno al postmoderno si esprime nell'architettura _high-tech_ (abbreviazione di _high-technology_) degli inglesi **Richard Rogers** (1933) e **Norman Foster** (1935) e dell'italiano **Renzo Piano** (1937). La corrente è caratterizzata dal ricorso a **materiali e tecniche ingegneristiche avanzati**, sfruttati nel loro potenziale estetico. Gli edifici sono concepiti come **contenitori flessibili**, che si prestano a svariati utilizzi e in cui lo spazio è suddiviso in modo modulare, attraverso l'adozione dell'_open space_. La struttura esterna è in genere rivestita da materiali trasparenti (di solito vetro), in modo da lasciare in vista le strutture portanti in acciaio, con effetti di grande impatto. Un esempio di questa tendenza è il **Centre Georges Pompidou** a Parigi, progettato a partire dal 1971 da Rogers e Piano, un'enorme struttura multicolore ricoperta da tubi di metallo e scale mobili esterne.

Architetture postmoderne   La reazione al modernismo porta negli **anni Ottanta** all'elaborazione di un nuovo stile architettonico: il **Postmoderno**. Accentuando le tendenze del decennio precedente, l'architettura postmoderna riscopre il **valore artistico ed estetico** degli edifici, recuperando e combinando **forme e stili dal passato** e dando vita a costruzioni suggestive, plastiche e ricche di **elementi ornamentali eterogenei**, in netta contrapposizione con la rigida standardizzazione del Razionalismo. L'obiettivo, del resto, non è più la costruzione di complessi abitativi ma di quelli che l'antropologo Marc Augé chiama i «**non-luoghi**» tipici della società contemporanea: centri di servizi, hotel, centri commerciali e aeroporti, ossia luoghi di passaggio polivalenti e multifunzionali. Una delle opere postmoderne più caratteristiche è la **Piazza d'Italia** (1976-1979) dell'architetto statunitense **Charles Moore** (1925-1993), uno spazio comunitario realizzato per la comunità italiana di New Orleans che riprende in forme ibride e volutamente _kitsch_ i tratti tipici della tradizione italiana: il colonnato curvilineo, la piazza circolare e una fontana al cui interno si colloca una scalinata che richiama la forma a "stivale" della Penisola.

Richard Rogers e Renzo Piano, _Centre Georges Pompidou a Parigi_, 1971-1977.

Charles Moore, *Piazza d'Italia a New Orleans*, 1976-1979.

Philip Johnson, *Sony Building a New York*, 1984.

Alla fine degli anni Ottanta lo statunitense **Philip Johnson** (1906-2005) ha promosso una nuova corrente architettonica, che per certi aspetti supera il Postmoderno, pur costituendone in realtà una radicalizzazione. Il cosiddetto **Decostruttivismo** – che si ispira a livello teorico al pensiero di Derrida – si spinge fino alla negazione dello spazio inteso come combinazione di forme geometriche tradizionali, impegnandosi a de-costruire i volumi euclidei per dar vita a una sorta di "non-architettura", in cui l'unico elemento ordinatore è apparentemente dato dal **caos** e dal caso. La predilezione per le **asimmetrie** e la **deformazione degli spazi** è evidente, per esempio, nel Guggenheim Museum di Bilbao, progettato nel 1997 dall'architetto canadese **Frank O. Gehry** (1929), in cui il rapporto con l'acqua che circonda il museo crea mutevoli effetti di luce sulle superfici ondulate ricoperte di titanio.

⬤ Sosta di verifica

1 Che cosa si intende per "arte informale" e quali sono i suoi principali esponenti?

2 Quali correnti pittoriche sono riconducibili all'ambito delle Neoavanguardie?

3 Che cos'è l'architettura high-tech?

4 Quali caratteristiche presenta l'architettura postmoderna e quali sono i suoi principali esponenti?

Guida alla verifica orale

Verifica
le tue
conoscenze

DOMANDA N. 1 Quali sono le principali tendenze del pensiero filosofico del secondo Novecento?

LA RISPOSTA IN SINTESI

Gli anni Sessanta sono caratterizzati dalla critica della società neocapitalista e dallo Strutturalismo, che analizza i fenomeni sociali e culturali in prospettiva sincronica, alla ricerca delle "strutture" comuni. Negli anni Ottanta si sviluppa l'Ermeneutica, che pone l'accento sulla ricezione dei messaggi e sulla difficoltà di attribuire loro un valore di verità univoca. Gli ultimi decenni sono caratterizzati dall'affermarsi del Postmoderno e del Decostruzionismo.

DOMANDA N. 2 Qual è la visione del mondo e dell'arte tipica del Postmoderno?

LA RISPOSTA IN SINTESI

La condizione postmoderna è caratterizzata da un senso di instabilità e relativismo conoscitivo, legato all'affermarsi della globalizzazione e di una società pluralistica e complessa. All'idea della "fine della storia" si unisce la tendenza alla ripresa di elementi e stili del passato, ricombinati tra loro in modo ironico attraverso la libera combinazione, la contaminazione di generi e stili e la riflessione sui meccanismi creativi dell'arte.

DOMANDA N. 3 Quali correnti caratterizzano l'arte del secondo Novecento?

LA RISPOSTA IN SINTESI

L'"arte informale", che si afferma soprattutto negli Stati Uniti, rinuncia a ogni intento figurativo per porre l'accento sul gesto creativo dell'artista come espressione libera del suo impulso vitale, fino agli estremi dell'*action painting* di Jackson Pollock. La Pop Art, anch'essa affermatasi in America con Andy Warhol e Roy Lichtenstein, si ispira ai prodotti e alle immagini della società consumistica, riproducendoli con la tecnica della fotografia o della serigrafia. Negli anni Settanta si sviluppa l'arte concettuale, che riflette sul linguaggio e sulla componente astratta del processo creativo. Ancora l'astrazione è protagonista della Body Art, in cui gli artisti utilizzano il proprio corpo come un oggetto d'arte. In Italia si afferma, a partire dagli anni Ottanta, la Transavanguardia, che recupera modi e forme tradizionali decontestualizzandoli e contaminandoli liberamente tra loro.

DOMANDA N. 4 Come si modificano la produzione e la ricezione della cultura nel secondo Novecento?

LA RISPOSTA IN SINTESI

In seguito all'ampliarsi del pubblico, alla diffusione dei *mass-media* e di Internet e all'incremento dell'industria culturale, la letteratura tende a ridursi a merce e l'intellettuale perde il suo ruolo di riferimento, riducendosi a specialista o intrattenitore. Accanto al libro, si sviluppano nuove modalità di trasmissione del sapere, quali Internet e gli *e-book*, che modificano le caratteristiche della produzione libraria e della lettura.

Saggio breve

ARGOMENTO La caduta del muro di Berlino

DOCUMENTI

1 Berlinesi distruggono il muro a picconate.

2 Quando, il 27 novembre 1958, Kruscev emise un ultimatum in cui dichiarava con decisione che, se gli alleati occidentali non avessero lasciato Berlino ovest e accettato la sua condizione di «città libera», l'Unione Sovietica avrebbe ceduto alla DDR i propri diritti su Berlino, si scatenò un panico di massa, nel timore che l'ultima porta verso l'Occidente si chiudesse. Il panico raggiunse il culmine tra gennaio e l'agosto del 1961: in questo periodo fuggì un numero sbalorditivo di persone, 181.007, delle quali il 48% aveva meno di venticinque anni.
Nell'agosto 1961 la DDR sigillò i propri confini verso Ovest erigendo un muro che attraversava Berlino e costruendo imponenti recinzioni lungo il confine tra le due Germanie.

(J. K. A. Thomaneck – B. Niven, *La Germania dalla divisione all'unificazione*, Bologna, il Mulino, 2005)

3 Di fatto, il Muro non era un semplice muro, ma una fortificazione che si era evoluta nel corso dei decenni. Tra il 1961 e il 1980, gli oltre centocinquantacinque chilometri del Muro passarono attraverso quattro fasi successive di trasformazione. Il risultato finale non era semplicemente un muro che impediva il passaggio tra Berlino Est e Berlino Ovest, ma una frontiera psicologica: due barriere di calcestruzzo che racchiudevano ottanta chilometri quadrati di spazio aperto facilmente controllabili dai cecchini sulle torrette di guardia – la cosiddetta «striscia della morte». Nel Muro c'erano otto aperture, veri e propri passaggi di frontiera, ma la loro esistenza non faceva che enfatizzare l'ingombrante presenza del Muro.

(C. Pleshakov, *Berlino 1989: la caduta del Muro. La guerra civile che ha portato alla fine del comunismo*, Milano, Corbaccio, 2009)

4 Sebbene il muro rappresenti la più ovvia e lampante dimostrazione degli insuccessi del sistema comunista dinanzi agli occhi del mondo intero, non ne possiamo trarre soddisfazione. Esso rappresenta infatti, come ha detto il vostro sindaco, un'offesa non solo alla storia, ma un'offesa all'umanità, perché divide le famiglie, divide i mariti dalle mogli e i fratelli dalle sorelle, e divide gli uni dagli altri i cittadini che vorrebbero vivere insieme. Ciò che vale per questa città, vale per la Germania. Una pace veramente durevole in Europa non potrà essere assicurata fino a quando a un tedesco su quattro si negherà il diritto elementare dell'uomo libero, e cioè quello della libera scelta. In diciotto anni di pace e di buona fede, questa generazione tedesca si è guadagnata il diritto di essere libera e con esso il diritto di unire le famiglie e la nazione in pace durevole e in buona volontà verso tutti i popoli. Voi vivete in un'isola fortificata della libertà; ma la vostra vita è parte della vita del mondo libero. Vorrei quindi chiedervi, concludendo, di levare il vostro sguardo al di là dei pericoli di oggi e verso la speranza di domani, al di là della semplice libertà di questa città di Berlino o della vostra patria tedesca e verso il progresso della libertà dovunque, al di là del muro e verso il giorno della pace con giustizia, al di là di voi stessi e di noi, verso l'umanità tutta. La libertà è indivisibile, e quando un uomo è in schiavitù, nessun altro è libero.

(J. F. Kennedy, estratto dal discorso pronunciato a Berlino il 26 giugno 1963)

5 L'Europa centro-orientale e i Paesi che facevano parte dell'Unione Sovietica sono stati al centro dei grandi cambiamenti politici che hanno investito l'umanità nell'ultimo decennio del secolo scorso […].

Cambiamenti, peraltro, non previsti e spesso neppure immaginati non solo dall'«uomo comune», ma nemmeno dai tanti politologi ed esperti di cose sovietiche sparsi nelle Università europee o degli Stati Uniti. Sino all'arrivo di Gorbaciov, giova ricordarlo, l'Europa centro-orientale non figurava in alcuna discussione sulle prospettive di democratizzazione. […]

Eppure oggi la situazione è profondamente mutata: dei ventotto Paesi che attualmente fanno parte dell'area, ben ventuno hanno migliorato il proprio rendimento politico tra il 1989 e il 2006, offrendo ai propri cittadini una più efficace e completa protezione dei principali diritti politici e civili. Alcuni poi hanno instaurato regimi che si possono ben dire pienamente democratici e, dopo oltre un decennio di esperienze politiche, ormai consolidati.

(D. Grassi, *Le nuove democrazie. I processo di democratizzazione dopo la caduta del Muro di Berlino*, Bologna, Il Mulino, 2008)

6 Il muro di Berlino oggi.

Il villaggio globale: orientarsi nel labirinto grazie a Google

In questa pagina, lo scrittore Alessandro Baricco racconta come è nato uno degli strumenti che più hanno rivoluzionato il nostro modo di usare Internet e di trovare informazioni: Google, il più usato motore di ricerca del mondo.

Google è un motore di ricerca. Il più famoso, amato, e usato motore di ricerca del mondo. Un motore di ricerca è uno strumento inventato per orientarvi nel mare dei siti web. Voi scrivete qualcosa che vi interessa («lasagne») e lui vi dà la lista di tutti, dico tutti i siti in cui si parla di lasagne (3 milioni 360000, per la cronaca). Oggi, sul pianeta terra, se un umano accende un
5 computer, nel 95 per cento dei casi lo fa per effettuare una di queste operazioni: scambiare mail e consultare un motore di ricerca […]. Va detto che non è sempre stato così. Per quella singolare forma di miopia che contraddistingue lo sguardo di tutti i profeti che ci azzeccano, i primi padroni del web intuirono che ci saremmo fatti di mail, ma esclusero che saremmo andati a usare quella roba senza un motore di ricerca. Credo che avessero in mente il famoso ago nel
10 pagliaio: non aveva senso cercare le cose in quel modo. Quello a cui credevano erano i portali: una delle idee che ha fatto perdere più soldi negli ultimi dieci anni. Credevano cioè che tutti ci saremmo cercati un nostro fornitore di fiducia e a lui avremmo chiesto tutto: previsioni meteo, […] news, musica, film e naturalmente anche la ricetta delle lasagne. Saremmo cioè entrati nell'immenso oceano del web scegliendo una porta particolare, a noi congeniale, che poi ci
15 avrebbe indirizzato. Il portale, appunto. Oggi, pare, quasi nessuno si sogna di fare così. Non ci siamo cascati! (Spiegatemi perché dovrei farmi dire che tempo fa domani da Virgilio quando posso andare direttamente in un sito Meteo, senza dovermi sorbire tutta quell'altra paccottiglia: così abbiamo più o meno pensato.) Insomma, non ci credevano: e mentre spendevano cifre da capogiro per i portali, i motori di ricerca languivano, facendo acqua da tutte le parti, e aspettando il momento di sparire.
20 Quel che successe, poi, fu che un paio di studenti dell'Università di Stanford, stufi di usare AltaVista perdendo il proprio tempo, pensarono che era giunta l'ora di inventare un motore di ricerca come dio comanda. Andarono dal loro professore e gli dissero che quella sarebbe stata la loro ricerca di dottorato. Molto interessante, disse lui, poi dovette aggiungere una cosa del tipo E adesso, a parte gli scherzi, ditemi cosa avete in mente di fare.
25 Non gli sfuggiva che per programmare un motore di ricerca bisognava, innanzitutto, scaricare l'intero web su un computer. Se non hai un mazzo di carte in mano, un mazzo con tutte le carte, non puoi inventare un gioco di bravura con cui trovarne una. Nel caso specifico si trattava di scaricare qualcosa come 300 milioni di pagine web. Ma in effetti non si sapeva nemmeno con esattezza fino a dove si spingesse il grande oceano, e tutti sapevano che ogni giorno disegnava
30 spiagge nuove. Al prof. dovette apparire chiaro che quei due gli stavano proponendo di circumnavigare il globo su una vasca da bagno. La vasca da bagno era il computer assemblato che tenevano in garage.
Io me lo vedo che si lascia andare contro lo schienale e allungando le gambe chiede con un sorrisetto da barone: Intendete per caso scaricare l'intero web?
35 Lo stiamo già facendo, risposero loro.
Applausi.

(A. Baricco, *I barbari. Saggio sulla mutazione*, Roma, Fandango Libri, Roma 2006)

1 Tra le seguenti affermazioni quale riassume meglio il messaggio del primo paragrafo del testo?

a i motori di ricerca, e non i portali come all'inizio si pensava, sono gli strumenti usati per navigare nel web

b Google è il portale più famoso del web

c l'invenzione dei portali ha rivoluzionato il nostro modo di navigare

d orientarsi nell'oceano del web è possibile grazie a Google

2 La frase «lui vi dà la lista di tutti, dico tutti i siti in cui si parla di lasagne» (riga 3-4) appartiene:

a alla lingua colta

b al linguaggio tecnico-specialistico

c alla lingua quotidiana

d al linguaggio burocratico

3 Riordina le sequenze che compongono il testo che hai letto, numerandole da 1 a 4:

gli studenti procedono a scaricare l'intero web sul loro computer	
due studenti universitari propongono di creare un motore di ricerca per la loro tesi	
i motori di ricerca hanno preso il posto dei portali per navigare nel web	
il professore accoglie la proposta degli studenti, incredulo però di fronte alla realizzazione	

4 Spiega le diverse funzioni che hanno i due punti nelle seguenti porzioni di testo:

Oggi, sul pianeta terra, se un umano accende un computer, nel 95 per cento dei casi lo fa per effettuare una di queste operazioni: scambiare mail e consultare un motore di ricerca	....
Credo che avessero in mente il famoso ago nel pagliaio: non aveva senso cercare le cose in quel modo	....
Quello a cui credevano erano i portali: una delle idee che ha fatto perdere più soldi negli ultimi dieci anni	....
Credevano cioè che tutti ci saremmo cercati un nostro fornitore di fiducia e a lui avremmo chiesto tutto: previsioni meteo, [...] news, musica, film e naturalmente anche la ricetta delle lasagne	....

5 Nella frase «Insomma, non ci credevano» (riga 17) la parola *insomma* potrebbe essere sostituita con:

a in conclusione

b bene o male

c quindi

d invece

6 La frase del testo «poi dovette aggiungere una cosa del tipo E adesso, a parte gli scherzi, ditemi cosa avete in mente di fare» (riga 24) è un esempio di:

a discorso diretto

b anacoluto

c stile nominale

d discorso indiretto libero

7 L'espressione «il grande oceano» (riga 29) indica:

a il vasto insieme di portali e motori di ricerca

b i problemi a cui vanno incontro i due studenti

c il web

d le difficoltà di chi naviga sul web

8 Spiega l'espressione figurata «circumnavigare il globo su una vasca da bagno» (riga 31):

....

9 Quale delle seguenti affermazioni è vera?

a la prosa è articolata e complessa e la lingua appartiene all'ambito colto

b i periodi sono lunghi e molto articolati, il lessico ricercato e difficile

c la prosa è molto semplice, talvolta errata, il linguaggio è volutamente basso

d la prosa è elegante ma semplice, i periodi brevi, il lessico semplice e quotidiano

10 Spiega il significato della parola conclusiva del testo: *applausi*:

....

11 Scegli un titolo appropriato per il testo:

....

12 Il testo letto è:

a espositivo

b argomentativo

c narrativo

c regolativo

Ripassiamo insieme – Morfologia/Sintassi

Organizzare il testo: bisogna essere coerenti e coesi!

Un testo, dal latino *textus*, è un insieme organizzato di frasi e parti tra loro collegate da precisi rapporti: esso deve comunicare un messaggio che, indipendentemente dalla sua ampiezza o complessità, esprima un tema unitario, completo, ben comprensibile. Perché questo sia possibile è necessario che il testo sia dotato di due caratteristiche:

COERENZA LOGICA e COESIONE SINTATTICA

Di che cosa si tratta?

COERENZA → **successione logica delle parti** che compongono il testo, cioè gli enunciati (le frasi o proposizioni) e paragrafi che devono essere tra loro collegati, senza "salti" logici.

Come fare?

Dobbiamo curare i collegamenti tra le frasi e le varie parti del testo, servendoci degli strumenti di sintassi e delle tecniche argomentative (per le quali si rimanda alla Scuola di grammatica, p. 574)

Per scrivere un testo coerente può essere utile:
- utilizzare le tecniche per l'**elaborazione delle idee** (per esempio il *brainstorming*);
- organizzare le idee in **una scaletta**, secondo un ordine logico, attraverso un elenco di punti da trattare evidenziando i collegamenti tra essi.

Per controllare se il testo è coerente occorre verificare se, nella stesura, abbiamo rispettato l'ordine delle informazioni. Può essere utile suddividerlo in sequenze, dando a ciascuna un titolo, nonché scegliere un titolo che possa riassumere il significato globale del testo.

COESIONE → **elementi grammaticali e semantici** che permettono di creare dei legami tra le parti del testo: un testo ben coeso potrà perciò essere coerente.

Come fare?

Per costruire un testo ben coeso sarà indispensabile:
- **l'uso dei connettivi**, cioè di parole o gruppi di parole che segnalano i passaggi da un argomento all'altro ed evidenziano la logica del ragionamento e i rapporti tra le diverse parti del testo. (Per un ripasso completo dei connettivi si rimanda alla Scuola di grammatica, p. 471)
- **la ripresa dell'argomento**: si possono collegare le parti del testo ribadendo l'argomento attraverso l'uso di una parola chiave, oppure di pronomi e sinonimi per non ripetere sempre la stessa parola; nel testo che hai appena letto l'autore preferisce ribadire l'argomento ripetendo più volte la stessa parola (*motore di ricerca*), creando un effetto che imita la lingua quotidiana:
→ «Google è un *motore di ricerca*. Il più famoso, amato, e usato *motore di ricerca* del mondo. Un *motore di ricerca* è uno strumento inventato per orientarvi nel mare dei siti web»

Talvolta però sarà necessario evitare la ripetizione della stessa parola, per non creare un effetto noioso e ridondante. Ecco come possiamo **intervenire sulle parole ripetute**:
– eliminarle quando non sono necessarie;
– sostituirle con pronomi o sinonimi.

La narrativa fra tradizione e sperimentalismo

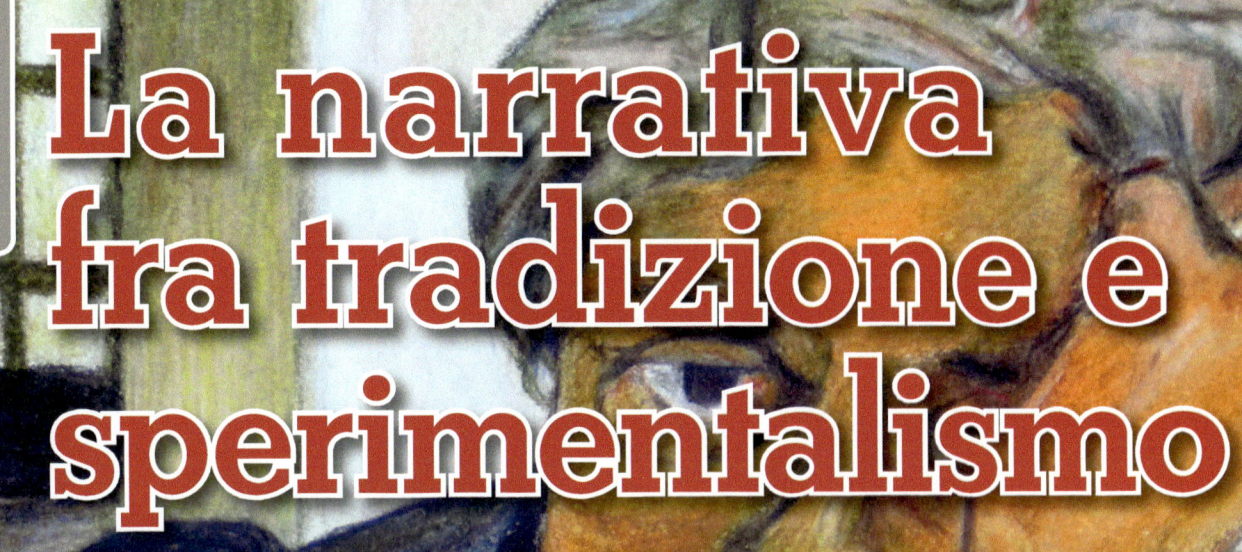

La narrativa fra tradizione e sperimentalismo

Oltre il Neorealismo

La crisi del Neorealismo   Intorno alla **metà degli anni Cinquanta** il Neorealismo mostra evidenti segni di esaurimento sul piano teorico e nel valore degli esiti artistici. Le cause della crisi non sono soltanto di natura letteraria, ma si collegano alle **profonde trasformazioni storiche** del secondo dopoguerra: la Resistenza e i suoi valori appaiono ormai lontani, come pure la speranza di un reale rinnovamento socio-politico e culturale e la fede nei valori del comunismo, incrinata dall'invasione sovietica dell'Ungheria (1956). Ai mutamenti politico-sociali si accompagna un significativo **ampliamento del pubblico** dei lettori, sempre più spesso alla ricerca di romanzi d'intrattenimento o comunque basati su problematiche individuali, più che sulla denuncia sociale.

Tradizione e soggettività   Il progressivo venir meno dell'«impegno» tipico del Neorealismo si accompagna al recupero di **forme narrative in apparenza più tradizionali** e meno legate all'attualità, come il **romanzo storico**. L'esempio più significativo di questa tendenza è *Il Gattopardo* di Giuseppe **Tomasi di Lampedusa**, che racconta la decadenza di una nobile famiglia siciliana negli anni successivi all'Unità d'Italia. Il romanzo, inizialmente rifiutato da Elio Vittorini (all'epoca direttore della collana «I Gettoni» dell'editore Einaudi) per il suo "disimpegno" ideologico, viene pubblicato postumo nel 1958 e diventa presto un caso editoriale, riscuotendo grande succes-

so anche all'estero. Polemiche non dissimili accompagnano anche l'uscita de *La Storia* (1974) di Elsa **Morante**, ambientato a Roma durante gli anni della guerra e dell'occupazione nazista. La scelta di contrapporre la "grande Storia" alla "storia" degli umili che per primi ne subiscono le conseguenze – annunciata fin dal sottotitolo del romanzo *Uno scandalo che dura da diecimila anni* – si contrappone infatti alla rievocazione eroica che il Neorealismo aveva dato degli stessi avvenimenti

In queste opere, e ancor più in autori come Carlo **Cassola** e Giorgio **Bassani**, l'interesse si concentra non più sulla collettività sociale ma piuttosto sul singolo individuo, con la sua interiorità e le sue complessità esistenziali. La **riscoperta della soggettività**, unita al motivo del ricordo spesso autobiografico, porta all'affermarsi di una **narrativa realistica** ma anche **lirica**

Massimo Campigli, *Garden Party*, 1953-1958.

ed elegiaca, incentrata sulla quotidianità dei sentimenti e gli avvenimenti minori. In questa direzione si collocano i primi grandi *best-seller* degli anni Sessanta, come *La ragazza di Bube* (1960) di Cassola e *Il giardino dei Finzi-Contini* (1962) di Bassani.

L'espressionismo linguistico di Gadda

Particolare è la figura dell'ingegnere brianzolo Carlo Emilio **Gadda**, autore che attraversa tutta l'epoca del Neorealismo con scelte totalmente opposte a quelle del movimento. Mentre gli autori neorealisti ricercano una lingua piana, colloquiale e accessibile al grande pubblico, Gadda utilizza in modo consapevole il **dialetto**, non più per imitare la realtà ma in **funzione espressionistica**. Egli dà vita a un originalissimo *pastiche* linguistico, usato nei romanzi *La cognizione del dolore* (1941) e *Quer pasticciaccio brutto de via Merulana* (1957) per esprimere il caos dell'esistenza e al tempo stesso polemizzare in modi aspri e violenti contro la corruzione politica del fascismo e l'ipocrita mediocrità del ceto borghese.

La linea sperimentale In Italia sono presenti anche tendenze di natura più elitaria e sperimentale. La **rivista «Officina»**, attiva a Bologna tra il 1955 e il 1959, dà voce a intellettuali e scrittori che polemizzano contro la narrativa neorealista in nome di un nuovo **sperimentalismo formale**, inteso come **strumento di denuncia della moderna società industriale**, alienante e priva di autenticità. A questo filone, che guarda con interesse anche alla ricerca linguistica di Gadda, può essere ricondotta la produzione narrativa di Pier Paolo **Pasolini**, uno dei fondatori della rivista, che ricorre al dialetto romanesco nei suoi romanzi ambientati nelle borgate popolari della capitale (*Ragazzi di vita*, 1955; *Una vita violenta*, 1959).

Un altro autore in cui l'uso del dialetto si fonde a un costante **impegno etico e sociale** è il siciliano Leonardo **Sciascia**, acuto indagatore della **realtà siciliana** e autore di libri che denunciano l'esistenza del fenomeno mafioso (*Il giorno della civetta*, 1961) e indagano le cause dell'arretratezza della Sicilia.

⬤ Sosta di verifica

1 Quali motivi determinano la fine del Neorealismo?

2 Quali sono le principali caratteristiche della narrativa di Cassola e Bassani?

3 Che cosa caratterizza la narrativa di Gadda?

4 Quali autori tra gli anni Cinquanta e Sessanta si distinguono per il loro sperimentalismo linguistico?

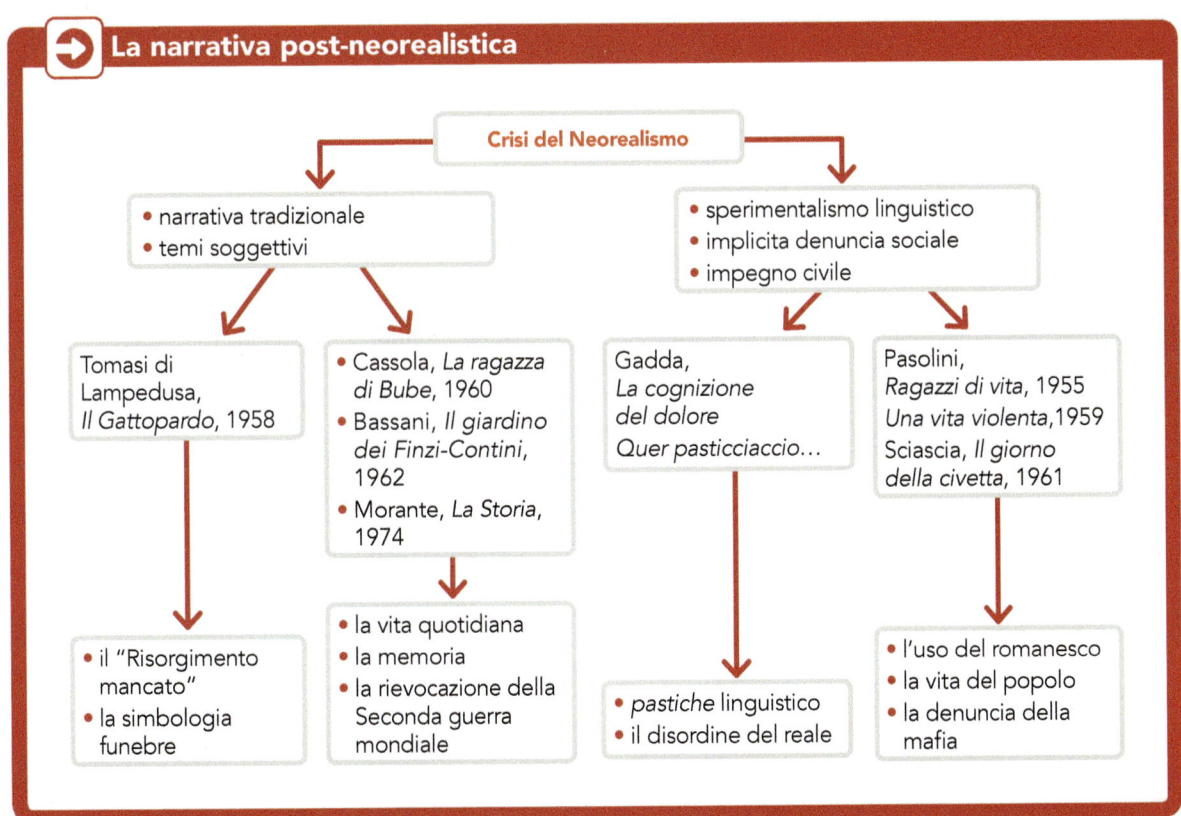

➡ La narrativa post-neorealistica

Crisi del Neorealismo

- narrativa tradizionale
- temi soggettivi

- sperimentalismo linguistico
- implicita denuncia sociale
- impegno civile

Tomasi di Lampedusa, *Il Gattopardo*, 1958

- Cassola, *La ragazza di Bube*, 1960
- Bassani, *Il giardino dei Finzi-Contini*, 1962
- Morante, *La Storia*, 1974

Gadda, *La cognizione del dolore* *Quer pasticciaccio…*

Pasolini, *Ragazzi di vita*, 1955 *Una vita violenta*,1959 Sciascia, *Il giorno della civetta*, 1961

- il "Risorgimento mancato"
- la simbologia funebre

- la vita quotidiana
- la memoria
- la rievocazione della Seconda guerra mondiale

- *pastiche* linguistico
- il disordine del reale

- l'uso del romanesco
- la vita del popolo
- la denuncia della mafia

I "casi letterari" del secondo dopoguerra

Il *Gattopardo*, un romanzo storico anomalo

Unico romanzo del nobile siciliano **Giuseppe Tomasi di Lampedusa** (1896-1957), *Il Gattopardo* viene pubblicato postumo nel 1958, pochi mesi dopo la morte del suo autore. Protagonista della vicenda, ambientata in **Sicilia fra il 1860 e il 1910**, è don Fabrizio Corbera, **principe di Salina** (nel cui stemma nobiliare campeggia un gattopardo), un uomo colto e ironico che guarda con malinconico distacco la decadenza della propria classe sociale e della propria famiglia. Mentre l'ambizioso nipote Tancredi si unisce ai garibaldini pur di mantenere il potere nelle mani dell'aristocrazia (come egli afferma, «perché tutto rimanga com'è bisogna che tutto cambi») e sposa Angelica Sedàra, figlia di un ricco borghese, don Fabrizio rifiuta di diventare senatore del Regno e assiste inerte alla fine del proprio ceto. La narrazione abbandona quindi l'attualità per volgersi indietro nel tempo e, rifacendosi al modello dei *Viceré* (1894) di Federico De Roberto, **riprende la tradizione ottocentesca del romanzo storico**, innovandone però la struttura attraverso l'accostamento di otto capitoli fra loro quasi autonomi, che si concentrano sui momenti più significativi della vicenda, con ampie ellissi temporali. In questo modo **lo scorrere lineare del tempo storico viene frammentato** e gli eventi sono interamente filtrati dal **punto di vista soggettivo del protagonista**. Attraverso lo sguardo disincantato di don Fabrizio, il lettore viene invitato a reinterpretare l'avvento dell'Unità nel segno di un'ambigua alleanza tra vecchia aristocrazia e nuovo ceto borghese, che lascia di fatto inalterato l'equilibrio dei poteri nel Meridione. Ne deriva una **visione storica fatalista e totalmente pessimistica**, di segno opposto rispetto alla fiducia che aveva animato i narratori neorealisti.

La decadenza e la morte

Il Gattopardo segna un'inversione di tendenza rispetto al Neorealismo anche sul piano tematico e formale. Più che la ricostruzione realistica degli eventi storici, all'autore sta a cuore soprattutto la loro **valenza simbolica**, grazie alla quale il clima e il paesaggio siciliani diventano emblemi di una condizione esistenziale dominata da una viva sensualità, ma soprattutto dal **senso incombente della morte** e del disfacimento.

La parola alla critica

Margherita Ganeri, *Come fu accolto* Il Gattopardo?

Quella del *Gattopardo* (1958) è una tormentata vicenda editoriale: il romanzo esce infatti presso l'editore Feltrinelli dopo aver ricevuto numerosi rifiuti. Alla sua comparsa, tuttavia, fa seguito un vivace dibattito critico, che Margherita Ganeri ricostruisce qui in sintesi.

Quando il romanzo uscì, suscitò subito un caso: le recensioni furono numerosissime e i recensori si divisero in due schieramenti contrapposti, per i quali furono coniati gli epiteti di «gattopardisti» e «antigattopardisti». [...] Tra il '58 e i primi anni Sessanta erano ancora troppo scottanti le discussioni sullo sperimentalismo, e il romanzo di Tomasi vi entrava pienamente, ponendosene quasi al culmine. Il caposcuola dei detrattori più accaniti fu senza dubbio Elio Vittorini, che ne aveva rifiutato la pubblicazione presso Einaudi e che dopo l'uscita confermò la sua drastica disapprovazione. Fra i difensori, era predominante l'apprezzamento della sicilianità, in una prospettiva che ne marcava l'appartenenza a un contesto provinciale. Indipendentemente dal modo in cui veniva giudicata, la portata restaurativa del *Gattopardo* era in genere largamente condivisa. La stessa connessione con il filone del romanzo storico, per i tradizionali pregiudizi, veniva spesso intesa come una regressione, sintomatica, nel bene e nel male, di conservatorismo culturale e letterario. Sulla definizione del genere, le controversie furono ovviamente numerose. Carlo Bo scrisse che obbediva alle regole classiche del romanzo storico, Luigi Russo lo definì invece «romanzo politico». Negarono l'incidenza del modello[1], fra i molti altri, Carlo Salinari, Geno Pampaloni, e Enrico Falqui, per i quali si trattava piuttosto di un «romanzo autobiografico-psicologico» nelle vesti di un finto romanzo storico. Luigi Blasucci propose la tesi dell'incrocio tra i due generi. [...] Eugenio Montale lasciò invece aperta la questione, ponendo una serie di dubbiose riflessioni non aliene da qualche pregiudizio.

M. Ganeri, *Il romanzo storico in Italia. Il dibattito critico dalle origini al postmoderno*, Manni, Lecce, 1999

1. modello: *quello del romanzo storico.*

Nel romanzo i simboli funebri si succedono fitti e si concentrano intorno alla figura in parte autobiografica del protagonista, in cui le pulsioni vitalistiche ed erotiche sono soprattutto un mezzo per contrastare l'inevitabile incombere della vecchiaia e della morte. La **decadenza della nobiltà siciliana**, preda di una passiva inerzia che nasce in fondo da una presunzione di superiorità, fa tutt'uno con il progressivo spegnersi dell'energia vitale di don Fabrizio. La storia sociale e politica di una parte dell'Italia si rispecchia anche nel sistema dei personaggi: a don Fabrizio subentrerà l'irruenza un po' cinica del nipote Tancredi, le cui nozze con la bella Angelica rappresentano simbolicamente l'**alleanza tra vecchi e nuovi poteri**.

Lo stile del romanzo è apparentemente molto classico e tradizionale, ricco di figure retoriche e di termini ricercati e classicheggianti, che sono però utilizzati dall'autore con una fine **ironia**, usata anche come strumento di **demistificazione storica**, per smitizzare, per esempio, l'impresa garibaldina o il plebiscito che decreta l'annessione al Regno d'Italia, così come i vizi e i vezzi della nobiltà siciliana.

La vocazione di Elsa Morante

Elsa Morante nasce a **Roma** nel **1912**. Dopo le prime prove narrative, nel 1943 incomincia la stesura di un vasto romanzo familiare, che pubblicherà nel 1948 con il titolo di *Menzogna e sortilegio*, rivelando al pubblico italiano la sua grande vocazione di **narratrice** «tradizionale», confermata dal romanzo di formazione *L'isola di Arturo* (1957), che ha per protagonista un ragazzino adolescente che vive sull'isola di Procida. Una nuova fase creativa è caratterizzata dall'abbandono dei temi privati e dall'interesse per la politica e per i fenomeni sociali. Frutto primario di tale interesse è *La Storia* (1974), una grandiosa **epopea popolare** in cui la scrittrice approfondisce l'analisi dei meccanismi di oppressione che dominano il corso della storia umana. Da tale amarezza, accentuata dagli sviluppi della situazione politica e dalla crisi personale dell'autrice, ossessionata dalla vecchiaia, è segnato l'ultimo romanzo, *Araceli* (1982). La scrittrice muore nel **1985**.

La Storia

Pubblicato nel 1974, dopo un'elaborazione durata tre anni, *La Storia* è **uno dei casi letterari più clamorosi degli anni Settanta**. Al successo di pubblico si accompagna un intenso **dibattito critico**, che attribuisce al romanzo un valore emblematico ma anche controverso. Con esso si segna infatti un **ritorno alla narrazione "tradizionale"** dopo gli sperimentalismi e le innovazioni degli anni Sessanta, ma è anche vero che *La Storia* si presenta come un'**opera "populista"**, che mira a raggiungere una facile partecipazione emotiva per le sofferenze della protagonista.

La vicenda, narrata in terza persona, si svolge a **Roma tra il 1941 e il 1947**, gli anni della guerra, dell'occupazione nazista e della deportazione degli ebrei. Ida Ramundo, una maestra elementare per metà ebrea e vedova con un figlio adolescente, Nino, viene violentata da un soldato tedesco di passaggio e concepisce un secondo figlio, al quale dà nome Giuseppe (Useppe). Quando la loro casa è distrutta in un bombardamento, la famiglia si trova improvvisamente coinvolta nel dramma della guerra; Ida e Giuseppe vivono per alcuni mesi in un centro per sfollati, mentre Nino si unisce ai partigiani. La fine del conflitto non porta alcun sollievo alla povera Ida: il figlio maggiore rifiuta di inserirsi nel mondo normalizzato del dopoguerra e muore durante una fuga dalla polizia, e Useppe si rivela affetto da una grave forma di epilessia, che nel giro di pochi mesi lo porta alla morte. Ida, già lungamente provata, impazzisce e trascorre i suoi ultimi anni in un ospedale psichiatrico.

Carlo Cassola

Il progressivo abbandono dei moduli impegnati della narrativa neorealista a vantaggio di opere più intimistiche è evidente nell'opera di Carlo Cassola (1917-1987). Nato a Roma, vive per lo più nella Maremma Toscana, dove nei primi anni Quaranta partecipa alla Resistenza e dove ambienta la maggior parte dei suoi romanzi. Dopo aver esordito con racconti lunghi incentrati sulla guerra partigiana (tra cui *Fausto e Anna*, 1952) conosce un grande successo di pubblico con *Il taglio del bosco* (1954), *Un cuore arido* (1961) e soprattutto *La ragazza di Bube* (1960), che diventa un vero e proprio *best-seller*.

Fin dagli anni giovanili, Cassola elabora una particolare poetica da lui stesso definita «**subliminale**» (dal latino *sub limine*, "sotto la soglia"), secondo la quale compito specifico dell'arte e della letteratura è indagare i **sentimenti profondi che si nascondono negli aspetti più dimessi della vita quotidiana**, spingendosi oltre la soglia della coscienza per analizzare emozioni e stati d'animo. «Subliminale», ha spiegato ancora lo stesso Cassola, «significa infatti sotto la soglia, cioè sotto la soglia della coscienza pratica. Così appunto stanno le cose: l'emozione poetica non appartiene alla sfera della coscienza pratica, ma alla coscienza che sta sotto, alla coscienza subliminale. Il sublimine è l'oggetto spogliato di ogni suo attributo ideologico, etico, psicologico».

La ragazza di Bube Tutta l'opera di Cassola si svolge infatti in una **direzione intimistica e soggettiva**, come è evidente ne *La ragazza di Bube* (1960). Il romanzo, ambientato in Toscana, narra la storia dell'amore tra Mara e Bube, un giovane comunista che, dopo aver ucciso un maresciallo per vendicare un amico, viene incarcerato. Sebbene l'opera sia ambientata nell'immediato dopoguerra, Cassola trascura volutamente gli aspetti politico-sociali, insistendo invece sulle **vicende private della coppia di protagonisti** e in particolare sulla formazione psicologica di Mara. Tale scelta, antitetica rispetto all'impegno neorealista, suscitò le reazioni della critica ma incontrò il favore del pubblico. Come ha notato il critico Carlo Annoni, «*La ragazza di Bube* è il romanzo esemplare per l'Italia degli anni '60, la scatola cellofanata per la società del *boom*: la resistenza è addirittura presentata attraverso un *topos* retorico antichissimo e quanto mai scontato: la separazione degli amanti. All'insegna della rimozione dei problemi difficili e soprattutto sgradevoli, la vicenda si consegna alla sottile grazia del paesaggio toscano ed alla mozione degli affetti, allontanando ogni possibile spunto ideologico, di polemica storica, entro il contesto della fatalità invincibile e del rassegnato dolore».

Giorgio Bassani In una direzione analoga si colloca la produzione di Giorgio Bassani (1916-2000), nato a Bologna ma ferrarese d'adozione. Di famiglia ebraica e colpito dalle **persecuzioni razziali**, viene incarcerato nel 1943 per attività antifascista e, liberato, si stabilisce a Roma dove si dedica alla poesia e alla narrativa. Nei racconti del volume *Cinque storie ferraresi* (1956) appare già l'interesse per la rievocazione della **vita della comunità ebraica di Ferrara**, ritratta con uno stile raffinato e un'evidente nostalgia. Tuttavia, mentre in questa prima prova è ancora evidente un forte impegno etico e civile, in cui la dimensione privata si lega strettamente alla riflessione storica e politica, nelle opere successive Bassani accentua il **carattere intimistico ed elegiaco**, filtrando le vicende della Resistenza e delle persecuzioni antisemite attraverso il **ricordo personale degli anni giovanili**. Tema dominante della sua narrativa diventa quindi l'inevitabile **caduta delle illusioni giovanili**, rievocate con accorato rimpianto. Queste tematiche sono al centro dei suoi romanzi maggiori, da lui stesso riuniti nel 1974 in sei volumi intitolati complessivamente *Il romanzo di Ferrara* e tra

cui si segnala, oltre a *Gli occhiali d'oro* (1958), *Il giardino dei Finzi-Contini* (1962), uno dei maggiori successi della narrativa italiana del secondo dopoguerra.

Il giardino dei Finzi-Contini Ideato fin dagli anni Quaranta, ma pubblicato nel **1962**, il romanzo rievoca, attraverso i ricordi del protagonista e io narrante Guido, una vicenda in parte autobiografica, ambientata a **Ferrara** a partire dal 1935. Ne è protagonista l'aristocratica **famiglia ebrea dei Finzi-Contini**, che vive appartata in una grande villa al centro di un immenso parco, misterioso e inaccessibile. Con l'avvento delle leggi razziali, i giovani Alberto e Micòl Finzi-Contini aprono il loro giardino agli amici, fra cui Guido, che si innamora della ragazza ma viene rifiutato. Infine, Alberto morirà di malattia, mentre tutti gli altri membri della famiglia saranno sterminati nei *lager* nazisti.

Bassani sceglie un soggetto drammaticamente vicino nel tempo e ricco di implicazioni storico-politiche, ma l'opera è dominata dal **tema intimistico dei sogni giovanili** e del loro svanire di fronte alla realtà. Pur ricostruendo storicamente la vita della comunità ebraica ferrarese negli anni che precedono la guerra, il romanzo, vive soprattutto nella **dimensione della memoria**, nella quale il protagonista trasfigura gli eventi, rileggendoli alla luce del loro tragico epilogo. Micòl e i suoi familiari sembrano chiudersi nella dimensione rarefatta del misterioso giardino – quasi un simbolo della loro "diversità" – come per sfuggire al **destino di morte** che incombe su di loro. Il fascino dell'opera dipende soprattutto dal tono pudico con cui l'autore rievoca, in uno stile elegante e raffinato, un mondo provinciale che fa tutt'uno con le speranze adolescenziali perdute. Il successo del *Giardino dei Finzi-Contini* segna l'ormai definitivo abbandono dell'impegno di matrice neorealista, a vantaggio di opere caratterizzate dalla ripresa di moduli più tradizionali.

⃝ Sosta di verifica

1 Quale visione del Risorgimento emerge dal *Gattopardo*?

2 In che cosa consiste la «poetica del subliminale» di Cassola?

3 Quali sono le caratteristiche tematiche e stilistiche dell'opera di Bassani?

4 Perché il romanzo *La Storia* fu accolto dalla critica in modo polemico?

Giuseppe Tomasi di Lampedusa
Un dialogo chiarificatore

Il Gattopardo, parte prima

Il brano, tratto dalla parte iniziale del romanzo, è ambientato nel maggio 1860. Lo sbarco in Sicilia di Garibaldi ha creato scompiglio nell'isola e l'eco degli scontri raggiunge anche palazzo Salina, residenza palermitana del principe Fabrizio e della sua famiglia.
Il giovane Tancredi, deciso a partire per appoggiare i garibaldini, comunica la sua decisione allo zio don Fabrizio, incontrando inizialmente la sua disapprovazione. Ma le parole del ragazzo, tra il serio e il faceto, fanno comprendere al principe che Tancredi non è in realtà animato da intenti rivoluzionari, ma al contrario intende proteggere gli interessi e il prestigio del ceto nobiliare cui appartiene.*

La mattina dopo il sole illuminò il Principe rinfrancato. Aveva preso il caffè ed in veste da camera rossa fiorata di nero si faceva la barba dinanzi allo specchietto. Bendicò[1] posava il testone pesante sulla sua pantofola. Mentre si radeva la guancia destra vide nello specchio, dietro la sua, la faccia di un giovanotto, un volto magro, distinto con un'espressione di timorosa beffa. Non si voltò e con-
5   tinuò a radersi. «Tancredi, cosa hai combinato la notte scorsa?» «Buon giorno, zio. Cosa ho combinato? Niente di niente: sono stato con gli amici. Una notte santa[2]. Non come certe conoscenze mie che sono state a divertirsi a Palermo.» Don Fabrizio si applicò a radere bene quel tratto di pelle difficoltoso fra labbro e mento. La voce leggermente nasale del ragazzo portava una tale carica di brio
10   giovanile che era impossibile arrabbiarsi; sorprendersi, però, poteva forse esser lecito. Si voltò e con l'asciugamano sotto il mento guardò il nipote. Questi era in tenuta da caccia, giubba attillata e gambaletti alti. «E chi erano queste conoscenze, si può sapere?» «Tu, zione, tu. Ti ho visto con questi occhi, al posto di blocco di Villa Airoldi mentre parlavi col sergente. Belle cose, alla tua età! e
15   in compagnia di un Reverendissimo[3]! I ruderi libertini![4]» Era davvero troppo insolente, credeva di poter permettersi tutto. Attraverso le strette fessure delle palpebre gli occhi azzurro-torbido, gli occhi di sua madre, i suoi stessi occhi lo fissavano ridenti. Il Principe si sentì offeso: questo qui veramente non sapeva a che punto fermarsi, ma non aveva l'animo[5] di rimproverarlo; del resto aveva
20   ragione lui. «Ma perché sei vestito così? Cosa c'è? Un ballo in maschera di mattina?» Il ragazzo divenne serio: il suo volto triangolare assunse una inaspettata espressione virile. «Parto, zione, parto fra mezz'ora. Sono venuto a salutarti.» Il povero Salina si sentì stringere il cuore. «Un duello?» «Un grande duello, zio. Contro Franceschiello Dio Guardi[6]. Vado nelle montagne, a Corleone; non lo dire
25   a nessuno, soprattutto non a Paolo[7]. Si preparano grandi cose, zione, ed io non voglio restarmene a casa, dove, del resto, mi acchiapperebbero subito, se vi restassi[8]».

Con tono sfrontato, Tancredi scherza sulle avventure galanti di don Fabrizio: la notte prima lo ha visto mentre andava a Palermo in una casa di piacere.

---

1. Bendicò: è il cane del Principe, un enorme alano.
2. santa: *assolutamente casta* (ironico).
3. in compagnia ... Reverendissimo: don Fabrizio è stato accompagnato in città dal gesuita don Pirrone che, durante l'incontro del Principe con la sua amante, si è appartato in un convento.
4. I ruderi libertini!: *i vecchi dongiovanni!*
5. l'animo: *il coraggio.*
6. Franceschiello Dio Guardi: il giovane Francesco II di Borbone, ultimo re delle Due Sicilie, veniva soprannominato sarcasticamente «Dio Guardi» (ossia *Dio ce ne liberi*).
7. Paolo: è il primogenito di don Fabrizio e cugino di Tancredi.
8. dove ... restassi: Tancredi si è già segnalato per le sue attività antiborboniche e rischia il carcere.

Il Principe ebbe una delle sue visioni improvvise: una crudele scena di guerriglia, schioppettate nei boschi, ed il suo Tancredi per terra, sbudellato come quel disgraziato soldato[9]. «Sei pazzo, figlio mio! Andare a mettersi con quella gente! Sono tutti mafiosi e imbroglioni. Un Falconeri dev'essere con noi, per il Re». Gli occhi ripresero a sorridere. «Per il Re, certo, ma per quale Re[10]?» Il ragazzo ebbe una delle sue crisi di serietà che lo rendevano impenetrabile e caro. «Se non ci siamo anche noi, quelli ti combinano la repubblica. Se vogliamo che tutto rimanga come è, bisogna che tutto cambi. Mi sono spiegato?» Abbracciò lo zio un po' commosso. «Arrivederci a presto. Ritornerò col tricolore». La retorica degli amici aveva stinto[11] un po' anche su suo nipote; eppure no. Nella voce nasale vi era un accento che smentiva l'enfasi. Che ragazzo! Le sciocchezze e nello stesso tempo il diniego[12] delle sciocchezze. E quel suo Paolo che in questo momento stava certo a sorvegliare la digestione di «Guiscardo[13]!» Questo era il figlio suo vero. Don Fabrizio si alzò in fretta, si strappò l'asciugamani dal collo, frugò in un cassetto. «Tancredi, Tancredi, aspetta,» corse dietro al nipote, gli mise in tasca un rotolino di "onze" d'oro[14], gli premette la spalla. Quello rideva: «Sussidi la rivoluzione[15], adesso! Ma grazie, zione, a presto; e tanti abbracci alla zia». E si precipitò giù per le scale.

Venne richiamato Bendicò che inseguiva l'amico riempiendo la villa di urla gioiose, la rasatura fu completata, il viso lavato. Il cameriere venne a vestire e calzare il Principe. «Il tricolore! Bravo, il tricolore! Si riempiono la bocca con questa parola, i briconi. E che cosa significa questo segnacolo[16] geometrico, questa scimmiottatura dei francesi, così brutta in confronto alla nostra bandiera candida con l'oro gigliato dello stemma? E che cosa può far loro sperare quest'accozzaglia di colori stridenti?» Era il momento di avvolgere attorno al collo il monumentale cravattone di raso nero. Operazione difficile durante la quale i pensieri politici era bene venissero sospesi. Un giro, due giri, tre giri. Le grosse dita delicate componevano le pieghe, spianavano gli sbuffi, appuntavano sulla seta la testina di Medusa con gli occhi di rubino[17]. «Un *gilet* pulito. Non vedi che questo è macchiato?» Il cameriere si sollevò sulla punta dei piedi per infilargli la *redingote*[18] di panno marrone; gli porse il fazzoletto con le tre gocce di bergamotto[19]. Le chiavi, l'orologio con catena, il portamonete se li mise in tasca da sé. Si guardò allo specchio: non c'era da dire era ancora un bell'uomo. "Rudere libertino! Scherza pesante quella canaglia! Vorrei vederlo alla mia età, quattro ossa incatenate[20] come è lui".

Il passo vigoroso faceva tinnire i vetri dei saloni che attraversava. La casa era serena, luminosa e ornata; soprattutto era sua. Scendendo le scale, capì. «Se vogliamo che tutto rimanga com'è…» Tancredi era un grand'uomo: lo aveva sempre pensato.

G. Tomasi di Lampedusa, *Il Gattopardo*,
Milano, Feltrinelli, 1958

---

9. **come ... soldato:** all'inizio del romanzo, nel giardino di palazzo Salina è stato ritrovato il cadavere di un soldato borbonico.
10. **Per il Re ... Re?:** ossia non necessariamente per il re dei Borboni, ma anche per casa Savoia.
11. **aveva stinto:** *aveva avuto influenza* (con la sua enfasi).

12. **il diniego:** *la negazione.*
13. **Guiscardo:** *il cavallo preferito di Paolo.*
14. **"onze" d'oro:** *monete d'oro dell'epoca, di grande valore.*
15. **Sussidi la rivoluzione:** *appoggi con il tuo denaro i rivoluzionari garibaldini* (ironico).
16. **segnacolo:** *simbolo.*
17. **la testina ... rubino:** *la preziosa spilla*

a forma di testa di Medusa che tiene ferma la cravatta.
18. **redingote:** *giacca elegante, lunga fino al ginocchio.*
19. **bergamotto:** *profumo aromatizzato al bergamotto* (un agrume).
20. **quattro ossa incatenate:** *quattro ossa in croce.*

→ Analisi del testo

COMPRENSIONE

Un mattino don Fabrizio riceve una visita del prediletto nipote **Tancredi** che, dopo qualche battuta scherzosa, lo informa della sua intenzione di partire per **unirsi alle truppe garibaldine** da poco sbarcate in Sicilia. Il principe di Salina reagisce con sconcerto, preoccupato per la vita di Tancredi e stupito che un aristocratico si schieri dalla parte degli insorti, invece che in difesa dei Borboni. Ma Tancredi lo rassicura, lasciando intendere che la sua scelta è motivata dal desiderio che, anche dopo l'unificazione, **il potere resti nelle mani dei nobili**. Il cambiamento politico e sociale sarà, quindi, solo apparente. Don Fabrizio, che comprende il senso delle sue parole solo dopo che Tancredi si è allontanato, riconosce fra sé che l'apparente cinismo del nipote è in realtà una mossa vincente.

ANALISI E INTERPRETAZIONE

Trasformazione e immobilismo   Le **posizioni** politiche di don Fabrizio e di Tancredi sono **in apparenza antitetiche**: lo zio, esponente dell'aristocrazia siciliana, si mostra fedele ai Borboni («alla nostra bandiera candida con l'oro gigliato dello stemma») e ostile ai garibaldini («Sono tutti mafiosi e imbroglioni»); Tancredi al contrario è pronto a battersi al loro fianco («Ritornerò col tricolore»). In realtà zio e nipote sono più vicini di quanto possa sembrare. L'ironia con cui Tancredi si accinge alla sua patriottica impresa si accompagna infatti alla lucida consapevolezza che, per impedire una vera rivoluzione democratica, **è necessario partecipare agli eventi** e indirizzarli in modo che al cambiamento istituzionale non consegua alcun reale mutamento di poteri. Come egli afferma chiaramente, «se vogliamo che tutto rimanga come è, bisogna che tutto cambi»: con questa frase, divenuta proverbiale, l'autore esprime il suo amaro giudizio sulla **«rivoluzione mancata» del Risorgimento** italiano, che in realtà, soprattutto nel Meridione, sembra aver mantenuto inalterati i rapporti di potere di sempre.

Zio e nipote a confronto   Il dialogo tra don Fabrizio e il nipote si svolge non a caso davanti a uno specchio. In effetti, essi rappresentano **due diverse generazioni a confronto**, simili eppure differenti. Il Principe di Salina, non più giovane, non oppone alcuna reale resistenza agli eventi destinati a portare al declino il suo ceto e la sua famiglia; al contrario, il giovane e smaliziato Tancredi è ben deciso a scendere in campo per difendere, non senza cinismo, i propri interessi di casta. Oltre che di politica essi dialogano anche di argomenti più intimi, come appare dalle battute scherzose di Tancredi sull'avventura notturna dello «zione». Tra i due si stabilisce un **rapporto di sottile antagonismo**, stemperato comunque dall'affetto reciproco. Ben più che al proprio figlio naturale, inetto e ozioso, don Fabrizio è legato a Tancredi, in cui **riconosce se stesso** e il proprio ardore giovanile («Questo era il figlio suo vero») e al quale perdona anche le impertinenze («era impossibile arrabbiarsi»).

Una scena vivace   Il dialogo fra Tancredi e lo zio è segnato da un **ritmo rapido e incalzante**, con brevi battute di discorso diretto intercalate da poche note descrittive. Dopo l'uscita di scena di Tancredi, il ritmo narrativo si fa più pacato, quasi a rispecchiare la meticolosa vanità non priva di autoironia con cui don Fabrizio si dedica alla complessa cerimonia della vestizione. In uno stile limpido e lineare, la nota dominante è l'**ironia**, che traspare esplicitamente dalle parole di Tancredi («I ruderi libertini!»; «Un duello con Franceschiello Dio Guardi»; «Sussidi la rivoluzione, adesso!») ma che si applica anche, in modo più sottile, alla figura di don Fabrizio, che durante la «operazione difficile» del nodo al «cravattone di raso» sospende le proprie riflessioni. Il narratore, esterno e onnisciente, assume spesso il punto di vista del Principe protagonista, come risulta evidente anche dall'uso del **discorso indiretto libero** («Era davvero troppo insolente, credeva di potere permettersi tutto»).

Lavoriamo sul testo

COMPRENSIONE

1 Su che cosa vertono le battute scherzose che Tancredi rivolge al Principe all'inizio del loro dialogo?

2 Tancredi sta per partire: dove intende recarsi? Qual è la reazione di don Fabrizio?

3 Trova almeno due sinonimi e due contrari per i seguenti termini: *rinfrancato – beffa – attillata – libertini – mafiosi*.

4 Rintraccia nel testo almeno tre esempi di frasi nominali.

ANALISI E INTERPRETAZIONE

5 In quali punti del testo risulta più evidente il profondo affetto che lega don Fabrizio al nipote?

6 Spiega il significato dell'affermazione di Tancredi: «Se vogliamo che tutto rimanga come è, bisogna che tutto cambi».

7 Rintraccia tutte le informazioni dirette e indirette che il narratore fornisce su Tancredi e stendi un breve ritratto fisico e psicologico del personaggio.

8 Il narratore ricostruisce con attenzione l'ambiente in cui si svolge il dialogo: quali sono le caratteristiche di questo ambiente?

9 Analizza la sintassi e il lessico. Lo stile nel complesso ti sembra elevato o medio, elaborato o di facile comprensione?

SCRITTURA E APPROFONDIMENTI

10 Alla luce delle tue conoscenze storiche, commenta la posizione e la tesi di Tancredi. Ti sembra che il Risorgimento sia stato per il Sud un'occasione mancata per modificare i rapporti di potere sociale e politico? Rispondi con un breve testo argomentativo.

Giovanni Fattori, *Garibaldi a Palermo*, 1860.

 Dal romanzo puoi leggere anche i brani *Don Fabrizio Salina*, *Il plebiscito*, *Angelica e Tancredi*

Il libro del mese
Il birraio di Preston

AUTORE Andrea Camilleri

ANNO DI PUBBLICAZIONE 1995

CASA EDITRICE Sellerio

TRE BUONI MOTIVI PER LEGGERLO

1 È un romanzo storico che prende spunto da fatti realmente accaduti in Sicilia dopo l'Unità.

2 Offre un perfetto esempio della contaminazione linguistica tipica della narrativa di Camilleri.

3 È un romanzo "corale", ricco di colpi di scena che inchiodano il lettore fino alle ultime pagine.

L'AUTORE E L'OPERA Il siciliano Andrea Camilleri (Porto Empedocle, 1925) è probabilmente il più noto autore italiano di gialli, grazie al personaggio del commissario Montalbano da lui creato, protagonista di decine di romanzi e racconti, tra i quali ricordiamo almeno *Il cane di terracotta* (1994), *La forma dell'acqua* (1996), *Il ladro di merendine* (1997), *La pista di sabbia* (2007), *Il sorriso di Angelica* (2010). Accanto a questa produzione di genere, Camilleri è autore anche di romanzi storici ambientati nella Sicilia postunitaria, come *La concessione del telefono* (1998) e *La mossa del cavallo*, 1999). *Il birraio di Preston* (1995) prende spunto dai disordini scoppiati nel 1864 a Caltanissetta (nel romanzo Vigata) in seguito alla decisione del prefetto fiorentino Fortuzzi di inaugurare la stagione lirica del locale teatro con l'opera *Il birraio di Preston* appunto, sgradita alla maggior parte della popolazione.

L'INCIPIT Era una notte che faceva spavento, veramente scantusa. Il non ancora decino Gerd Hoffer, ad una truniata più scatasciante delle altre, che fece trimoliare i vetri della finestre, si arrisbigliò con un salto, accorgendosi, nello stesso momento, che irresistibilmente gli scappava. Era storia vecchia, questa della scappatina di pipì: i medici avevano diagnosticato che il picciliddro era lento d'incascio, cioè di reni, fin dalla nascita, e che quindi era naturale che si liberasse a letto.

LA TRAMA Una notte il piccolo Gerd Hoffer si sveglia e dalle finestre vede in lontananza un insolito chiarore. Va quindi a chiamare il padre, l'ingegnere minerario Fridolin Hoffer, il quale si rende subito conto che si tratta di un incendio nella vicina Vigata e, avendo da poco inventato una macchina a vapore per spegnere il fuoco, parte a tutta velocità per collaudarla. Giunto in paese vede che le fiamme hanno avuto origine dal teatro e quando domanda come sia nato l'incendio gli viene risposto: «Ah. Pare che la soprano a un certo punto stonò». A partire da questa frase sibillina ha inizio la ricostruzione degli avvenimenti, in un crescendo di situazioni comiche e paradossali che mettono a nudo le meschinità e le debolezze di tutti i personaggi coinvolti nella vicenda.

TRE PISTE DI LETTURA

1 Metti a confronto il libro con altri famosi romanzi storici italiani degli ultimi decenni (per esempio *Il Gattopardo* di Tomasi di Lampedusa o *La Storia* di Elsa Morante) e spiega quali sono le principali differenze nell'approccio al genere storico.

2 La lingua del romanzo mescola una base di italiano colto con espressioni del dialetto siciliano e dei dialetti dei vari personaggi coinvolti. Quali autori del Novecento italiano operano in modo analogo sulla lingua? Ti sembra che vi siano differenze significative nell'uso del dialetto?

3 Nel 2000 alcuni insegnanti di un liceo siciliano hanno deciso di adottare *Il birraio di Preston* al posto dei *Promessi sposi*, sostenendo che il romanzo manzoniano determini «una ripulsa successiva verso la letteratura». Pensi che questo libro possa invece avvicinare i ragazzi alla letteratura?

Elsa Morante
La deportazione degli ebrei romani

La Storia

Nel suo romanzo La Storia *(1974), Elsa Morante rievoca il dramma delle devastazioni causate dalla Seconda guerra mondiale tra i ceti più umili di Roma. Protagonisti della vicenda sono Ida Ramundo e suo figlio, il piccolo Useppe (Giuseppe), personaggi semplici che guardano agli eventi della Storia contemporanea senza comprenderli appieno, ma soffrendone passivamente gli orrori.*

In questo brano rivive il dramma della deportazione degli ebrei del ghetto di Roma. La scena, realistica e concreta, assume al tempo stesso un significato universale, facendosi emblema di quel Male inspiegabile che travolge vittime incolpevoli al di là di ogni motivazione. Nel finale, lo «sguardo indescrivibile di orrore» del piccolo Useppe risuona come una denuncia silenziosa ma esplicita di una storia insensata.

Erano forse una ventina di vagoni bestiame, alcuni spalancati e vuoti, altri sprangati con lunghe barre di ferro ai portelli esterni. Secondo il modello comune di quei trasporti, i carri non avevano nessuna finestra, se non una minuscola apertura a grata posta in alto. A qualcuna di quelle grate, si scorgevano due mani aggrappate o un paio d'occhi fissi. In quel momento, non c'era nessuno di guardia al treno. La signora Di Segni era là, che correva avanti e indietro sulla piattaforma scoperta, con le sue gambucce senza calze, corte e magre, di una bianchezza malaticcia, e il suo spolverino di mezza stagione sventolante dietro al corpo sformato. Correva sguaiatamente urlando lungo tutta la fila dei vagoni con una voce quasi oscena: «Settimio! Settimio!… Graziella!… Manuele!… Settimio!… Settimio! Esterina!… Manuele!… Angelino!…»

Dall'interno del convoglio, qualche voce ignota la raggiunse per gridarle d'andar via: se no *quelli*[1], tornando fra poco, avrebbero preso lei pure: «Nooo! No, che nun me ne vado!» essa in risposta inveì minacciosa e inferocita, picchiando i pugni contro i carri, «qua c'è la mia famiglia! Chiamàteli! Di Segni! Famiglia Di Segni!»… «Settimioo!!» eruppe d'un tratto, accorrendo protesa verso uno dei vagoni e attaccandosi alla spranga del portello, nel tentativo impossibile di sforzarlo. Dietro la graticciòla in alto, era comparsa una piccola testa di vecchio. Si vedevano i suoi occhiali tralucere[2] fra il buio retrostante, sul suo naso macilento, e le sue mani minute aggrappate ai ferri.

«Settimio!! e gli altri?! sono qua con te?»

«Vattene, Celeste», le disse il marito, «ti dico: vattene subito, che *quelli* stanno per tornare…» Ida riconobbe la sua voce lenta e sentenziosa. Era la stessa che, altre volte, nel suo bugigattolo[3] pieno di roba vecchia, le aveva detto, per esempio, con savio e ponderato[4] criterio: «Questo, Signora, non vale nemmeno il prezzo della riparazione…» oppure: «Di tutto questo, in blocco, posso darle sei lire…» ma oggi suonava atona[5], estranea, come da un atroce paradiso di là da ogni recapito. L'interno dei carri, scottati dal sole ancora estivo, rintronava sempre di quel vocio incessante. Nel suo disordine, s'accalcavano dei vagiti, degli alterchi[6], delle salmo-

---

Apri il vocabolario

Dal latino *macilentus* (derivato dal sostantivo *macies*, "magrezza"), l'aggettivo "macilento" si riferisce all'aspetto di chi appare estremamente dimagrito, per esempio a causa di una malattia.

---

1. **quelli:** gli ufficiali nazisti.
2. **tralucere:** *brillare.*
3. **bugigattolo:** *stanzino.* Settimio Di Segni gestiva nel Ghetto una compravendita di roba usata dove Ida, la protagonista, aveva venduto alcuni oggetti di casa.
4. **ponderato:** *misurato, ragionato.*
5. **atona:** *spenta, inespressiva.*
6. **alterchi:** *litigi.*

30 die[7] da processione, dei parlottii senza senso, delle voci senili che chiamavano la madre; delle altre che conversavano appartate, quasi cerimoniose, e delle altre che perfino ridacchiavano. E a tratti su tutto questo si levavano dei gridi sterili agghiaccianti; oppure altri, di una fisicità bestiale, esclamanti parole elementari come «bere!» «aria!» Da uno dei vagoni estremi, sorpassando tutte le altre voci, una donna giovane rompeva a tratti[8] in certe urla convulse e laceranti, tipiche delle doglie del parto.

35 E Ida riconosceva questo coro confuso. Non meno che le strida quasi indecenti della signora, e che gli accenti sentenziosi del vecchio Di Segni, tutto questo misero vocio dei carri la adescava[9] con una dolcezza struggente […]. Era un punto di riposo che la tirava in basso, nella tana promiscua[10] di un'unica famiglia sterminata.

40 «È tutta la mattina che sto a girà…»

La signora Di Segni, protesa verso quel viso occhialuto alla graticciòla, s'era messa a chiacchierare frettolosamente, in una specie di pettegolezzo febbrile, ma pure nella maniera familiare, e quasi corrente, di una sposa che rende conto del proprio tempo allo sposo. Raccontava come stamattina verso le dieci, secondo il previsto, era tornata da Fara Sabina con due fiaschi d'olio d'oliva che ci aveva rimediato. E

45 arrivando aveva trovato il quartiere deserto, le porte sbarrate, nessuno nelle case, nessuno nella via. Nessuno. E s'era informata, aveva chiesto qua, là, al caffettiere ariano, al giornalaio ariano[11]. E domanda qua, e domanda là. Pure il Tempio[12] deserto. «… e corri de qua, e corri de là, e da uno e da un artro… Stanno ar Colleg-

50 gio Militare… a Termini… alla Tibburtina…»

«Vattene, Celeste».

«No che non me ne vado!! Io pure so' giudia[13]! Vojo montà pur'io su questo treno!!»

«Resciúd[14], Celeste, in nome di Dio, vattene, prima che *quelli* tornino».

«Noooo! No! Settimio! E dove stanno gli altri? Manuele? Graziella? er pupetto?…

55 Perché nun se fanno véde?»

D'un tratto, come una pazza, ruppe di nuovo a urlare: «Angelinoo! Esterinaa! Manuele!! Graziella!!» […]

Della presenza di Ida, rimasta un poco indietro al limite della rampa, non s'interessava ancora nessuno; e lei pure s'era quasi smemorata[15] di se stessa. Si sentiva inva-

60 sa da una debolezza estrema; e per quanto, lì all'aperto sulla piattaforma, il calore non fosse eccessivo, s'era coperta di sudore come avesse la febbre a quaranta gradi. Però, si lasciava a questa debolezza del suo corpo come all'ultima dolcezza possibile, che la faceva smarrire in quella folla, mescolata con gli altri sudori.

Sentì suonare delle campane; e le passò nella testa l'avviso che bisognava correre

65 a concludere il giro della spesa giornaliera, forse le botteghe già chiudevano. Poi sentì dei colpi fondi e ritmati, che rimbombavano da qualche parte vicino a lei; e li credette, lì per lì, i soffi della macchina in movimento, immaginando che forse il treno si preparasse alla partenza. Però subitamente si rese conto che quei colpi l'avevano accompagnata per tutto il tempo ch'era stata qua sulla piattaforma, an-

70 che se lei non ci aveva badato prima; e che essi risuonavano vicinissimi a lei, proprio accosto al suo corpo. Difatti, era il cuore di Useppe che batteva a quel modo. Il bambino stava tranquillo, rannicchiato sul suo braccio, col fianco sinistro con-

---

7. salmodie: *canti di preghiera.*
8. rompeva a tratti: *esplodeva di tanto in tanto.*
9. adescava: *attirava.*
10. promiscua: *indistinta, in cui si mescola-*

no persone diverse.
11. ariano: *non ebreo.* Così erano definiti secondo la dottrina nazista gli individui appartenenti a una ipotetica «razza pura».

12. il Tempio: *luogo del culto ebraico.*
13. giudia: *giudea, cioè ebrea.*
14. Resciùd: *Scappa* (ebraico romanesco).
15. smemorata: *dimenticata.*

tro il suo petto; ma teneva la testa girata a guardare il treno. In realtà, non s'era più
mosso da quella posizione fino dal primo istante. E nello sporgersi a scrutarlo, lei
75 lo vide che seguitava a fissare il treno con la faccina immobile, la bocca semiaper-
ta, e gli occhi spalancati in uno sguardo indescrivibile di orrore.
«Useppe…», lo chiamò a bassa voce.
Useppe si rigirò al suo richiamo, però gli rimaneva negli occhi lo stesso sguardo fisso, che, pure all'incontrarsi col suo, non la interrogava. C'era, nell'orrore stermina-
80 to del suo sguardo, anche una paura, o piuttosto uno stupore attonito; ma era uno
stupore che non domandava nessuna spiegazione.
«Andiamo via, Useppe! Andiamo via!»

E. Morante, La storia, Torino, Einaudi, 1974.

● Analisi guidata

Il crudo realismo della deportazione

Il brano può essere suddiviso in **tre parti**: una **prima** sequenza, molto estesa (rr. 1-57), riguarda il **drammatico addio** che la signora Di Segni, madre ebrea, è costretta a dare ai figli e al marito già caricati sul treno per la deportazione. La **seconda** parte (rr. 58-71) riporta invece l'attenzione del lettore sulla **protagonista del romanzo**, Ida, che è rimasta a guardare la scena in un atteggiamento di sospensione interiore, quasi «smemorata» di se stessa. La **terza** e ultima (rr. 72-82) parte è dedicata alla **reazione del piccolo Useppe** che, in braccio a Ida, resta fisso a guardare il treno con uno sguardo di terrore negli occhi.

Tutto il brano è caratterizzato dall'adozione di uno **stile crudamente realistico**, specialmente nella descrizione dei vagoni bestiame su cui venivano caricati gli ebrei e in quella dell'aspetto fisico della signora Di Segni, madre disperata, «di una bianchezza malaticcia», e quasi deformata (col «corpo sformato») nell'incubo della definitiva separazione dai figli e dal marito. Un aspetto che contribuisce a rinsaldare il realismo della scrittura è senza dubbio la **scelta del dialetto romanesco** per rendere più credibili e drammatici, quasi come in un monologo teatrale, gli angosciati ma inutili appelli della signora Di Segni affinché i membri della sua famiglia scendano dal treno.

● Competenze di comprensione e analisi

- Quali particolari contribuiscono a creare un'impressione di immediatezza e quotidianità? Per quale motivo l'autrice sceglie di far parlare la signora Di Segni in dialetto romanesco?

- Di fronte allo spettacolo dei vagoni carichi di ebrei, Ida ha reazioni contrastanti. Che significato ha il senso di debolezza e «dolcezza» che la coglie e la sensazione di far parte di «un'unica famiglia sterminata»?

- Quale significato simbolico assume l'episodio nel suo complesso? Che ruolo ha in particolare lo sguardo del piccolo Useppe, pieno di «uno stupore che non domandava nessuna spiegazione»?

- In che modo vengono descritti i personaggi che compaiono nel brano? Sottolinea i dettagli che contribuiscono a delinearne il ritratto e spiega che tipo di presentazione sceglie l'autrice e perché.

La storia dei potenti e quella delle vittime

Il tema di fondo de *La Storia* è la **contrapposizione tra la storia e la vita**. Tale contrapposizione è evidente nella struttura del libro: ogni capitolo è dedicato a un anno solare ed è preceduto da una breve e schematica esposizione dei fatti storici e politici verificatisi in quell'anno. L'intento dell'autrice è evidentemente di **espungere la storia ufficiale dalla narrazione romanzesca**, che si occupa invece della vita. Così l'attenzione della scrittrice si sofferma esclusivamente sulle vittime della storia, su coloro che la devono subire. Il **narratore** del romanzo è **molto diverso dal narratore onnisciente classico**, quale si trova ad esempio nei *Promessi sposi*. Da un lato, infatti, la voce che dice «io» dichiara di aver conosciuto personalmente alcuni dei personaggi e di ricostruire la loro vicenda ricorrendo ad alcuni documenti (foto, testimonianze ecc.); dall'altro, però, è in grado di raccontarci tutto, compresi i pensieri più riposti dei personaggi e gli avvenimenti che si sono svolti senza testimoni, facendo ricorso a una sorta di memoria onirica e collettiva.

● Competenze di comprensione e analisi

- In che cosa consiste la contrapposizione tra la storia e la vita che è alla base del romanzo?

- In che senso il narratore è una figura diversa dal narratore onnisciente classico?

- Il brano che hai appena letto esprime il punto di vista di quanti furono testimoni, più o meno inconsapevoli, del dramma della deportazione degli ebrei nei lager nazisti. Ponilo a confronto con l'opera di Primo Levi e con altri testi analizzati che rispecchiano invece il punto di vista diretto delle vittime della Shoah.

- Molti dei particolari presenti nel brano rimandano, in modo violento, a suoni e odori. Dopo averli individuati spiega se e perché questa scelta ha un senso.

Mario Mafai,
Tramonto dal lungotevere,
1929.

Giorgio Bassani
L'incontro con Micòl

Il giardino dei Finzi-Contini, cap. I

Il brano, tratto dalla prima parte del romanzo, è ambientato a Ferrara nel giugno 1929, quando i protagonisti sono ancora adolescenti. Guido, la voce narrante, frequenta l'ultimo anno del ginnasio e ha appena scoperto di essere stato rimandato a ottobre in matematica. In preda alla rabbia e alla vergogna vaga per la città senza decidersi a tornare a casa e mentre si trova fuori dalla grande villa dei Finzi-Contini si sente chiamare da una voce femminile. Con sua grande sorpresa scopre che si tratta di Micòl, una dei due figli della famiglia Finzi-Contini, che lo invita a scavalcare il muro di cinta e a raggiungerla nel giardino.

Una volta, tuttavia, nel giugno del '29, il medesimo giorno in cui nell'atrio del Guarini[1] erano state esposte le votazioni degli esami di licenza ginnasiale, era accaduto qualcosa di molto più diretto e particolare.

Agli orali non ero andato granché bene. Nonostante che il professor Meldolesi
5 si fosse adoperato parecchio in mio favore, ottenendo addirittura, contro ogni regola, di essere lui stesso ad interrogarmi, quasi mai ero apparso all'altezza dei numerosi sette e otto che ornavano la mia pagella nelle materie letterarie. Interrogato, in latino, sulla *consecutio temporum*, avevo fatto una quantità di pasticci. Molto stentatamente avevo risposto anche in greco, specie quando
10 mi era stata messa sotto il naso una pagina dell'edizione Teubner dell'*Anabasi*[2] perché ne traducessi qualche riga a prima vista. Più tardi avevo un po' rimediato. In italiano, per esempio, oltre ad essere riuscito a esporre con discreta disinvoltura il contenuto sia dei *Promessi sposi* sia delle *Ricordanze*, avevo detto a memoria le prime tre ottave dell'*Orlando furioso* senza inciampare una sola
15 volta: e Meldolesi, pronto, a premiarmi alla fine con un «bravo!» così squillante da far sorridere l'intera commissione, e perfino me. Nel complesso, però, ripeto, nemmeno nel gruppo lettere il mio rendimento era risultato pari alla reputazione di cui godevo. Ma il vero fiasco l'avevo combinato in matematica. Fin dall'anno prima l'algebra non era voluta entrarmi in testa. Di più. Calcolando
20 sull'appoggio immancabile che agli scrutini finali avrei avuto dal professor Meldolesi, con la professoressa Fabiani avevo sempre agito abbastanza vilmente: studiavo il minimo necessario per strappare il sei, e molto spesso neppure quel minimo. Quale importanza poteva avere la matematica per uno che all'università si sarebbe iscritto a lettere?, continuavo a dirmi anche quella mattina, mentre risalivo corso Giovecca diretto al Guarini. Tanto in algebra quanto in geometria non avevo quasi aperto bocca, purtroppo. Ma con questo? La povera Fabiani, che durante gli ultimi due anni non aveva mai osato darmi meno di sei, in sede di consiglio dei professori non si sarebbe certo azzardata a…: ed evitavo perfino di pronunciarla mentalmente, la parola «bocciarmi», tanto l'idea della bocciatura, col conseguente strascico di tediose e avvilenti
30 lezioni private a cui mi sarei dovuto sottoporre a Riccione per tutto il corso dell'estate, mi sembrava assurda se riferita a me. Io, proprio io, che non avevo subìto l'umiliazione del rinvio a ottobre neanche una volta, e anzi, in prima, seconda e terza ginna-

> Nonostante i suoi modesti risultati in matematica, la bocciatura a ottobre appare al protagonista come una vera e propria onta, tanto che rifiuta persino di prendere in considerazione questa possibilità.

---

1. Guarini: il liceo classico frequentato dal protagonista.

2. edizione … Anabasi: opera dello storico greco Senofonte (V-IV sec. a.C.). La Teubner è una casa editrice tedesca specializzata in testi classici.

sio, ero stato insignito «per profitto e buona condotta» dell'ambìto titolo di «Guardia d'onore ai Monumenti dei caduti e ai Parchi della rimembranza», io bocciato, ridotto
35   alla mediocrità, costretto a rientrare nella massa più anonima! E il papà? Se per ipotesi la Fabiani mi avesse rimandato a ottobre (insegnava matematica anche al liceo, la Fabiani; per tale motivo mi aveva interrogato lei, era nel suo diritto!), dove l'avrei trovato, io, di lì a qualche ora, il coraggio di tornare a casa, sedermi a tavola davanti al papà e mettermi a mangiare? Forse lui mi avrebbe picchiato: e sarebbe stato meglio,
40   dopo tutto. Qualsiasi punizione sarebbe stata preferibile al rimprovero che mi fosse venuto dai suoi muti, terribili occhi celesti…

Entrai nell'atrio del Guarini. Un gruppo di ragazzi, tra i quali notai subito vari compagni, sostava tranquillo dinanzi alla tabella delle medie. Appoggiata la bicicletta al muro, di fianco al portone d'ingresso, mi avvicinai tremante.
45   Nessuno aveva mostrato di essersi accorto del mio arrivo.

Guardai da dietro una siepe di spalle ostinatamente voltate. La vista mi si annebbiò. Guardai di nuovo: e il cinque rosso, unico numero in inchiostro rosso di una lunga filza di numeri in inchiostro nero, mi si impresse nell'anima con una violenza e col bruciore di un marchio infuocato.
50   «Beh, cos'hai?» mi chiese Sergio Pavani, dandomi un colpetto gentile sulla schiena. «Non farai mica una tragedia per un cinque in matematica! Guarda me» e rise: «latino e greco».

«Coraggio» aggiunse Otello Forti. «Ho una materia anche io: inglese». Lo fissai inebetito. Eravamo stati compagni di classe e di banco dalla prima elemen-
55   tare, abituati fin d'allora a studiare assieme, un giorno a casa dell'uno e un giorno a casa dell'altro, e convinti entrambi della mia superiorità. Non passava anno che io non fossi promosso a giugno, mentre lui, Otello, doveva sempre riparare qualche materia.

E adesso, di colpo, sentirmi paragonare a un Otello Forti, e proprio da lui,
60   per giunta! Trovarmi sbalzato d'un tratto al suo livello! Quello che feci e pensai nelle quattro o cinque ore seguenti, cominciando dall'effetto che ebbe su di me, appena fuori dal Guarini, l'incontro col professor Meldolesi (sorrideva, il brav'uomo, senza cappello e cravatta, con il colletto della camicia a righe rovesciato indietro sul bavero della giacca, e svelto a darmi conferma del-
65   la «impuntatura» della Fabiani nei miei confronti, del suo rifiuto categorico a «chiudere un occhio una sola volta di più»), per continuare con la descrizione del lungo, disperato vagabondaggio senza meta a cui mi abbandonai subito dopo aver ricevuto dallo stesso professor Meldolesi un buffetto sulla guancia a titolo di commiato e di incoraggiamento, non vale la pena di raccontarlo per esteso. Basti dire che verso le due del pomeriggio vagavo tuttora in bi-
70   cicletta lungo la Mura degli Angeli, dalle parti di corso Ercole I d'Este. A casa non avevo nemmeno telefonato. Col volto rigato di lacrime, col cuore traboccante di una immensa pietà per me stesso, pedalavo senza quasi sapere dove mi trovassi e meditando confusi progetti suicidi.
75   Mi fermai sotto un albero: uno di quegli antichi alberi, tigli, olmi, platani, castagni, che di lì a una dozzina d'anni, nel gelido inverno di Stalingrado[3], sarebbero stati sacrificati per farne legna da stufe, ma che nel '29 levavano ancora ben alti al di sopra dei bastioni cittadini i loro grandi ombrelli di foglie.

Come spesso accade agli adolescenti, l'essere stato rimandato diventa per il protagonista un evento drammatico, che lo spinge addirittura a meditare «confusi progetti suicidi».

---

3. **nel gelido … Stalingrado:** l'inverno del 1942, così chiamato per l'assedio delle truppe tedesche a Stalingrado, in Unione Sovietica.

In giro, deserto assoluto. Il viottolo di terra battuta che, come un sonnambu-
80 lo, avevo percorso fin lì da Porta San Giovanni, proseguiva serpeggiando fra i
tronchi secolari verso Porta San Benedetto e la stazione ferroviaria. Mi sdraiai
bocconi nell'erba accanto alla bicicletta, col viso che mi scottava nascosto fra
le braccia. Aria calda e ventilata attorno al corpo disteso, desiderio esclusivo
di rimanere il più a lungo possibile così, ad occhi chiusi. Nel coro narcotizzan-
85 te delle cicale qualche suono non lontano spiccava isolato: un grido di gallo,
uno sbattere di panni prodotto verosimilmente da una lavandaia attardatasi a
fare il bucato nell'acqua verdastra del canale Panfilio, e infine, vicinissimo, a
pochi centimetri dall'orecchio, il ticchettio via via più lento della ruota poste-
riore della bicicletta ancora in cerca del punto di immobilità.

90 A casa, ormai – pensavo – avevano di certo già saputo: da Otello Forti, magari. Si erano seduti a tavola? Poteva darsi, anche se poi, molto presto, avevano
dovuto smettere di mangiare. Forse stavano cercandomi. Forse avevano subito sguinzagliato lo stesso Otello, l'amico buono, l'amico inseparabile, dandogli l'incarico di perlustrare in bicicletta l'intera città, Montagnone e mura
95 compresi, sicché non era per niente improbabile che di punto in bianco me lo
trovassi davanti con una faccia rattristata di circostanza, però tutto felice, lui,
me ne sarei accorto al primo sguardo, di non essere stato rimandato altro che
in inglese. Ma no: forse, sopraffatti dall'angoscia, a un dato momento i miei
genitori avevano deciso di rivolgersi direttamente alla Questura.

100 C'era andato il papà a parlare col questore in Castello. Mi pareva di vederlo:
balbettante, invecchiato in modo pauroso, ridotto l'ombra di se stesso. Piangeva. Eh, ma se verso l'una, a Pontelagoscuro, avesse potuto osservarmi mentre fissavo la corrente del Po dall'alto del ponte di ferro (c'ero rimasto per un
bel pezzo a guardare in giù. Quanto? Almeno almeno venti minuti!), allora
105 sì che si sarebbe spaventato... allora sì che avrebbe capito... allora sì che...
«Pss».
Mi svegliai di soprassalto.
«Pss!»
Alzai lentamente il capo, girandolo a sinistra, dalla parte del sole. Sbattei le
110 palpebre. Chi mi chiamava? Otello non poteva essere. E allora? Mi trovavo
circa a metà di quel tratto delle mura urbane, lungo su per giù tre chilometri, che comincia dal punto dove corso Ercole I d'Este ha termine per finire a
Porta San Benedetto, di fronte alla stazione. Il luogo è sempre stato partico-

Tutta la vicenda del romanzo è rievoca-ta dal protagonista e narratore a distan-za di anni, nel 1957.

larmente solitario. Lo era trent'anni fa, e lo è ancor oggi, nonostante che a de-
115 stra, soprattutto, cioè dal lato della Zona industriale, siano spuntate dal '45
in poi decine e decine di variopinte casette operaie, a paragone delle quali, e
delle ciminiere e dei capannoni che fanno loro da sfondo, il bruno, cespuglio-
so, selvaggio sperone semidiroccato del baluardo[4] quattrocentesco appare di
giorno in giorno più assurdo.
120 Guardavo, cercavo, socchiudendo gli occhi al riverbero[5]. Ai miei piedi (soltanto adesso me ne rendevo conto), le chiome dei nobili alberi gonfie di luce meridiana come quelle di una foresta tropicale, si stendeva il Barchetto del
Duca[6]: immenso, davvero sterminato, con al centro, mezzo nascosti nel ver-

---

4. **baluardo:** *fortificazione.*
5. **riverbero:** *il riflesso della luce.*
6. **Barchetto del Duca:** è la solenne denominazione data al giardino dei Finzi-Contini dai precedenti proprietari.

de, le torricelle e i pinnacoli della *magna domus*[7], e delimitato lungo l'intero
125 perimetro da un muro di cinta interrotto un quarto di chilometro più in là,
per lasciar defluire il canale Panfilio.

«Ehi, ma sei proprio anche cieco!» fece una voce allegra di ragazza.

Per via dei capelli biondi, di quel biondo particolare striato di ciocche nordi-
che, da *fille aux cheveux de lin*[8], che non apparteneva che a lei, riconobbi su-
130 bito Micòl Finzi Contini. Si affacciava dal muro di cinta come da un davanzale, sporgendone con tutte le spalle e appoggiandovisi a braccia conserte. Sarà
stata a non più di venticinque metri di distanza (sufficientemente vicina, dunque, perché riuscissi a vederle gli occhi, che erano chiari, grandi, forse troppo
grandi, allora, nel piccolo viso magro di bimba[9]), e mi osservava di sotto in su.

135 «Cos'è che fai, là sopra? Sono dieci minuti che sto a guardarti. Se dormivi e ti
ho svegliato, scusami. E... condoglianze!»

«Condoglianze? Come, perché?» borbottai, sentendo che il viso mi si copriva di rossore.

Mi ero tirato su.

140 «Che ora è?» chiesi, alzando la voce.

«Io faccio le tre» disse, con una graziosa smorfia delle labbra. E poi: «Immagino che avrai fame».

Rimasi di stucco. Dunque sapevano anche loro! Per un attimo giunsi a credere che la notizia della mia sparizione l'avessero avuta da mio padre o da mia
145 madre: per telefono, come, certo, infinita altra gente. Ma fu Micòl stessa a ri-
mettermi prontamente in carreggiata.

«Stamattina sono andata al Guarini insieme con Alberto[10]. Volevamo vedere i
quadri. Ci sei rimasto male, eh?»

«E tu, sei stata promossa?»

150 «Ancora non si sa. Forse aspettano, a mettere fuori i voti, che abbiano finito
anche tutti gli altri privatisti. Ma perché non scendi giù? Vieni più vicino, dài,
così faccio a meno di sgolarmi».

Era la prima volta che mi rivolgeva la parola, la prima, anzi, che la sentivo parlare. E immediatamente notai quanto la sua pronuncia assomigliasse a quella
155 di Alberto. Parlavano entrambi nello stesso modo: spiccando le sillabe di certi vocaboli di cui essi soli sembravano conoscere il vero senso, il vero peso, e
invece scivolando bizzarramente su quelle di altri, che uno avrebbe detto di
importanza molto maggiore.

Mettevano una sorta di puntiglio nell'esprimersi così. Questa particolare, ini-
160 mitabile, tutta privata deformazione dell'italiano era la loro vera lingua. Le davano perfino un nome: il finzi-continico.

Lasciandomi scivolare giù per il declivio erboso, mi accostai alla base del muro di cinta. Benché ci fosse ombra – un'ombra che sapeva acutamente di orti-
che e di sterco – là sotto faceva più caldo. E adesso lei mi guardava dall'alto,
165 la testa bionda al sole, tranquilla come se il nostro non fosse stato un incontro casuale, assolutamente fortuito, ma come se, a partire magari dalla prima
infanzia, le volte che ci eravamo dati convegno[11] in quel posto non potessero
nemmeno più contarsi.

> Micòl non sembra particolarmente turbata dal dolore di Guido e anzi lo prende simpaticamente in giro per la sua bocciatura in matematica.

---

7. magna domus: "grande casa"; è il palazzo in cui vive la famiglia Finzi-Contini.

8. fille ... lin: "ragazza dai capelli di lino"; si tratta del titolo di una famosa compo-

sizione per pianoforte di Claude Debussy (1862-1918).

9. di bimba: Micòl è più piccola del protagonista e ha ancora tredici anni.

10. Alberto: il fratello maggiore di Micòl, coetaneo di Guido.

11. convegno: *appuntamento*.

«Esageri, però» disse. «Che cosa vuoi che conti avere una materia a ottobre?»

170 Ma mi prendeva in giro, era chiaro, e un poco anche mi disprezzava. Dopo tutto era abbastanza normale che un guaio del genere fosse capitato a un tipo come me, venuto al mondo da gente così comune, talmente «assimilata»: a un quasi-goi[12], insomma. Che diritto avevo di far tante storie?

«Credo che ti circolino per la testa delle strane idee» risposi.

175 «Ah sì?» sogghignò lei. «E allora spiega, prego, come mai oggi non sei andato a casa a mangiare».

«Chi ve l'ha detto?» mi sfuggì.

«Sappiamo, sappiamo. Abbiamo anche noi i nostri informatori».

Era stato Meldolesi – pensai – non poteva essere stato che lui (infatti non mi

180 sbagliavo). Ma che cosa importava? D'un tratto mi ero accorto che la questione della bocciatura era diventata secondaria, una faccenda bambinesca che si sarebbe sistemata da sé.

«Come fai» chiesi, «a stare lì sopra? Sembri alla finestra».

«Ho sotto i piedi la mia brava scala a pioli» rispose, scandendo le sillabe di

185 "mia brava" nel suo solito, orgoglioso modo.

Di là dal muro si levò a questo punto un latrato: greve e corto, un po' rauco. Micòl girò il capo, gettando dietro la spalla sinistra un'occhiata piena di noia e insieme d'affetto. Fece una boccaccia al cane, quindi tornò a guardare dalla mia parte.

190 «Uffa!» sbuffò calma. «È Jor».

«Di che razza è?»

«È un danese. Ha un anno soltanto, ma pesa quasi un quintale. Mi tiene sempre dietro. Io spesso cerco di confondere le mie traccie, ma lui, dopo un poco, sta' pur sicuro che mi ritrova. È terribile».

195 Sorrise.

«Vuoi che ti faccia venir dentro?» aggiunse, tornata già seria. «Se vuoi, ti insegno subito come devi fare».

G. Bassani, *Il giardino dei Finzi-Contini*, Torino, Einaudi, 1962.

---

12. **quasi-goi:** "goi" è la parola con cui gli ebrei indicano coloro che non fanno parte del loro popolo (i "gentili"); in questo caso il protagonista viene chiamato «quasi-goi» perché ha per metà origini ebraiche.

⬤ Analisi guidata

Un evento "drammatico"

L'episodio raccontato è lontano dal clima di morte e decadenza che aleggia nella seconda parte del romanzo. Siamo infatti nel **1929**, quando, nonostante il fascismo, gli ebrei vivono ancora tranquillamente in Italia e nulla lascia presagire quanto accadrà di lì a pochi anni con le leggi razziali del 1938. Il protagonista e io-narrante, **Guido**, ha scoperto di essere stato **rimandato in matematica** e il mondo sembra crollargli addosso. Con l'amplificazione tragica tipica degli adolescenti, la bocciatura getta Guido nello sconforto più profondo: pieno di vergogna, egli decide allora di non tornare a casa e inizia a girovagare per Ferrara, meditando addirittura «confusi progetti suicidi».

L'**atteggiamento** di Guido è quello supponente e un po' presuntuoso **di chi non ritiene possibile**

un fallimento e, soprattutto, non accetta di essere messo sullo stesso piano con compagni a cui si è sempre mostrato superiore in ambito scolastico («E adesso, di colpo, sentirmi paragonare a un Otello Forti, e proprio da lui, per giunta! Trovarmi sbalzato d'un tratto al suo livello!»). Nel suo animo adolescenziale nulla sembra poter lenire l'amarezza per questa inaspettata bocciatura, ma l'**incontro con Micòl** gli fa dimenticare in un attimo tutta la rabbia per i risultati scolastici. Davanti alla fresca spontaneità della ragazza e al suo aspetto affascinante, Guido smette di pensare a quanto gli è appena accaduto («D'un tratto mi ero accorto che la questione della bocciatura era diventata secondaria, una faccenda bambinesca che si sarebbe sistemata da sé») e si mostra molto più interessato a fare la conoscenza di Micòl, alla quale sembra legarlo una particolare complicità («come se il nostro non fosse stato un incontro casuale, assolutamente fortuito, ma... le volte che ci eravamo dati convegno in quel posto non potessero nemmeno più contarsi»).

○ Competenze di comprensione e analisi

- Perché Guido è convinto che, nonostante tutto, non verrà rimandato in matematica?

- Che cosa, nella bocciatura, dà particolarmente fastidio a Guido?

- Quale reazione avrà il padre alla notizia della sua bocciatura, secondo Guido?

- Sulla base delle informazioni che puoi ricavare dal testo stendi un breve ritratto psicologico del personaggio di Guido.

Una rievocazione "a posteriori"

Dal momento che il narratore racconta la storia dei Finzi-Contini a distanza di decenni, sapendo benissimo il tragico destino al quale sono andati incontro, questo episodio acquista una rilevanza del tutto particolare all'interno del romanzo. Pur non facendo ancora la sua comparsa, il **giardino** si presenta da subito come un **luogo appartato dalla storia e da quanto avviene nel mondo**, mentre **Micòl** che fa capolino dal muro di cinta per consolare Guido è il **simbolo dell'innocenza e della gioia di vivere** che verrà spazzata via dagli orrori della guerra e delle persecuzioni razziali; allo stesso tempo, il "dramma" del protagonista acquista tutto un altro valore se messo a confronto con le sofferenze che i giovani Finzi-Contini saranno costretti ad affrontare nel prosieguo della storia.

Nonostante il narratore conosca benissimo la sorte di Micòl, sceglie di rievocare questo incontro con una **vena elegiaca**, che non lascia trapelare nulla di quanto accadrà in seguito, e asseconda il fluire del **recupero memoriale**, alternando momenti descrittivi ad altri riflessivi. A questo scopo utilizza un periodare complesso, lontano dalla semplificazione sintattica di gran parte della narrativa neorealista.

○ Competenze di comprensione e analisi

- Individua nel brano i passaggi in cui si capisce che il narratore sta raccontando la vicenda a molti anni di distanza dalla sua conclusione.

- Perché, a tuo avviso, l'aspetto di Micòl viene presentato attraverso la citazione di una celebre composizione musicale?

- Analizza il brano dal punto di vista sintattico e stilistico. Prevale la coordinazione o la subordinazione? Sono presenti termini elevati o bassi?

Carlo Emilio Gadda: la lingua come strumento conoscitivo

Un ingegnere letterato Carlo Emilio Gadda, nato a **Milano** nel **1893** da famiglia borghese, sperimenta presto in prima persona l'ipocrisia e il perbenismo del proprio ambiente sociale. La volontà di mantenere un tenore di vita elevato spinge infatti il padre, un piccolo industriale della seta, a sostenere enormi spese per la costruzione di una villa in Brianza. Alla sua morte egli lascia la famiglia in una situazione economica precaria e i pesanti sacrifici imposti dalla madre segnano la giovinezza dell'autore e sono all'origine del suo tormentato rapporto con la figura materna. Nel 1915, interrotti gli studi di ingegneria, Gadda parte **volontario per il fronte**, ma resta profondamente deluso dall'incompetenza e dal cinismo della macchina bellica italiana. Fatto prigioniero e deportato in Germania nel 1917, Gadda ritorna a Milano due anni dopo e apprende della morte in guerra del fratello Enrico. Laureatosi nel 1920, **lavora come ingegnere** in Italia e in Argentina, dedicandosi alla letteratura da autodidatta. L'esordio come scrittore avviene sulle pagine della rivista «Solaria»: nel 1931 esce la raccolta di novelle *La madonna dei filosofi,* cui segue nel 1934 *Il castello di Udine.* Nel 1936, dopo la morte della madre, Gadda vende l'odiata villa di Longone e compone di getto *La cognizione del dolore,* «tragica autobiografia» in forma di romanzo, edita in parte sulla rivista «Letteratura» tra il 1938 e il 1941. Nel 1940, abbandonata la professione di ingegnere, Gadda si stabilisce a Firenze, dove pubblica i racconti milanesi de *L'Adalgisa* (1944). Durante la guerra inizia la stesura del romanzo *Quer pasticciaccio brutto de via Merulana* (di cui pubblica sei capitoli su rivista nel 1946), edito in volume solo nel 1957. Trasferitosi a Roma lavora ad alcuni programmi culturali per la RAI, ma il successo del romanzo spinge gli editori a ripubblicare le sue opere, tra cui *La cognizione del dolore* (1963) e il libello contro il fascismo *Eros e Priapo* (1967). Gadda muore a Roma nel 1973.

Il caos del reale e il *pastiche* linguistico La caratteristica più evidente dell'opera di Gadda è senza dubbio l'originalità dello stile. Nelle sue opere si mescolano infatti **linguaggi diversi, appartenenti a registri stilistici spesso fra loro antitetici**: espressioni dialettali (lombarde, romanesche, fiorentine e meridionali) e vocaboli stranieri, forme gergali e parole auliche e letterarie, arditi neologismi e termini appartenenti ai più disparati linguaggi specialistici.

Il frequente utilizzo di iperboli e metafore inconsuete si unisce alla tendenza all'accumulo di immagini, che danno vita a una **prosa "barocca"**, sovrabbondante e pirotecnica. La creazione di questo originalissimo *pastiche* linguistico non è tuttavia fine a se stessa, ma testimonia la volontà di **riprodurre il "caos" inestricabile della realtà**, in cui è impossibile rintracciare un ordine.

La **deformazione espressionistica del linguaggio** diviene quindi un modo per denunciare la **deformità di una realtà dominata dal disordine**, che l'autore può solo limitarsi a riprodurre e a colpire con l'arma pungente del sarcasmo e della parodia. Le pagine di Gadda non sono quindi un semplice esercizio di stile, ma una denuncia dell'ipocrisia e del **vuoto della società borghese** attuata non più, come nella narrativa neorealista, attraverso le tematiche, ma con l'arma indiretta del linguaggio. A una visione della realtà frammentata e caotica riporta anche la predilezione per le **strutture narrative incompiute**. La maggior parte dei romanzi di Gadda è infatti priva di conclusione: l'opera viene lasciata «aperta», a dimostrazione dell'impossibilità di ricostruire una serie ordinata di cause ed effetti e di decifrare il senso ultimo della realtà.

Quer pasticciaccio brutto de via Merulana

Queste caratteristiche si trovano come riassunte in *Quer pasticciaccio brutto de via Merulana*, che fin dal titolo sembra alludere all'inestricabile «nodo o groviglio o gnòmmero» ("gomitolo", secondo una definizione di Gadda stesso) della realtà. Il romanzo, pubblicato in parte a puntate sulla rivista «Letteratura» nel 1946 e poi in volume nel **1957**, ha la **struttura di un «giallo»**, ambientato a Roma negli anni del fascismo. Il commissario molisano Francesco («Ciccio») **Ingravallo** è chiamato a investigare su un furto di gioielli avvenuto in un condominio borghese di via Merulana, cui segue dopo pochi giorni il cruento assassinio di Liliana Balducci, trovata sgozzata nel suo appartamento. La narrazione, fitta di digressioni di vario genere, segue le **indagini del commissario**, che lo portano prima a sospettare di un cugino della donna e poi di diverse giovani domestiche che la Balducci aveva assunto e in parte «adottato» come figlie. L'inchiesta si sposta così dagli ambienti borghesi a quelli proletari ma, dopo un'ultima perquisizione in casa della cameriera Assunta, il romanzo termina senza che sia stato trovato un colpevole certo. La scelta di un **finale aperto** colpisce in modo particolare, in quanto contraddice le regole del genere poliziesco, che prevedono che il colpevole venga infine individuato e punito. Gadda delude invece le attese

Italo Calvino, *Il garbuglio di Gadda*

Con la consueta chiarezza Italo Calvino riflette, in una delle sue *Lezioni americane* dedicata al fenomeno della molteplicità, sul tema del «garbuglio» o «pasticcio» come elemento fondante di tutta la poetica gaddiana.

Carlo Emilio Gadda cercò per tutta la sua vita di rappresentare il mondo come un garbuglio, o groviglio, o gomitolo, di rappresentarlo senza attenuarne affatto l'inestricabile complessità, o per meglio dire la presenza simultanea degli elementi più eterogenei che concorrono a determinare ogni evento.

A questa visione Gadda era condotto dalla sua formazione intellettuale, dal suo temperamento di scrittore, e dalla sua nevrosi. Come formazione intellettuale Gadda era un ingegnere, nutrito di cultura scientifica, di competenze tecniche e di una vera passione filosofica. [...] Come scrittore, Gadda – considerato come una sorta d'equivalente italiano di Joyce – ha elaborato uno stile che corrisponde alla sua complessa epistemologia, in quanto sovrapposizione dei vari livelli linguistici alti e bassi e dei più vari lessici. Come nevrotico, Gadda getta tutto se stesso nella pagina che scrive, con tutte le sue angosce e ossessioni, cosicché spesso il disegno si perde, i dettagli crescono fino a coprire tutto il quadro. Quello che doveva essere un romanzo poliziesco resta senza soluzione; si può dire che tutti i suoi romanzi siano rimasti allo stato d'opere incompiute o di frammenti, come rovine d'ambiziosi progetti, che conservano i segni dello sfarzo e della cura meticolosa con cui furono concepite. [...] Nei testi brevi come in ogni episodio dei romanzi di Gadda, ogni minimo oggetto è visto come il centro d'una rete di relazioni che lo scrittore non sa trattenersi dal seguire, moltiplicando i dettagli in modo che le sue descrizioni e divagazioni diventano infinite. Da qualsiasi punto di partenza il discorso s'allarga a comprendere orizzonti sempre più vasti, e se potesse continuare a svilupparsi in ogni direzione arriverebbe ad abbracciare l'intero universo.

I. Calvino, *Lezioni americane. Sei proposte per il prossimo millennio*, Milano, Mondadori, 1988

del lettore, suggerendo implicitamente una visione pessimistica della realtà, dominata da gesti di violenza gretta e gratuita talora inspiegabili. L'inchiesta di Ingravallo – lucido anti-eroe chiaramente autobiografico – si pone quindi come **tentativo frustrato di districare la complessità del mondo** e di rintracciare un principio d'ordine che, se esiste, resta però inafferrabile. Sul piano formale, il **sovrapporsi dei punti di vista** e la **mescolanza dei registri linguistici** sottolinea questa visione della realtà. Non mancano nell'opera spunti di satira sociale e di polemica politica, rivolti in particolare contro Mussolini, sbeffeggiato con straordinaria *verve* sarcastica e definito ora «gallinaccio» ora «il Facciaferoce col pennacchio».

La cognizione del dolore

La **polemica sociale e politica** si unisce a un fondo di **dolente autobiografismo** nel più complesso romanzo di Gadda, *La cognizione del dolore,* parzialmente pubblicato a puntate già fra il 1938 e il 1941 sulla rivista «Letteratura» ma edito in volume soltanto nel 1963 e, in forma definitiva, nel **1970**. Ambientato in un **immaginario paese sudamericano**, il Maradagàl (da intendere come la Brianza), il romanzo è privo di una vera e propria vicenda. Il protagonista **don Gonzalo Pirobutirro** è una **proiezione autobiografica di Gadda** stes-

so: come l'autore, don Gonzalo è un ingegnere e un letterato che nutre un profondo odio verso il padre, colpevole di aver voluto edificare solo per motivi di prestigio sociale la villa di Lukònes (la località brianzola di Longone al Segrino), dove egli vive insieme all'anziana madre cui lo lega un tormentato rapporto edipico. I **continui scontri verbali tra madre e figlio** scandiscono le giornate del protagonista, misantropo in preda a infinite ossessioni e nevrosi, fino all'assassinio della donna ad opera di ignoti. Anche in questo caso il romanzo si chiude nell'incertezza, lasciando aperta anche l'ipotesi del matricidio.

Nel romanzo Gadda si confronta, in una sorta di autoanalisi, con le radici del proprio profondo «dolore» esistenziale, legato al difficile rapporto con la madre Adele e al **fastidio verso le convenzioni** borghesi, nel tentativo di giungere attraverso la scrittura a una piena **«cognizione» del proprio disagio**.

⭕ Sosta di verifica

1 Quali caratteristiche presenta lo stile di Gadda?

2 Spiega il significato del titolo *Quer pasticciaccio brutto de via Merulana*.

3 Qual è l'argomento del romanzo *La cognizione del dolore*?

Carlo Emilio Gadda
Il cadavere di Liliana

Quer pasticciaccio brutto de via Merulana, cap. 2

Il brano, tratto dal secondo capitolo del Pasticciaccio, *narra la traumatica scoperta del cadavere di Liliana Balducci da parte del commissario Ciccio Ingravallo. La donna, amica del commissario, abitava nello stesso palazzo di via Merulana in cui tre giorni prima è avvenuto un misterioso furto di gioielli.*

L'accuratissima e quasi «barocca» descrizione del corpo della povera vittima, condotta attraverso un continuo incrociarsi di punti di vista e con un linguaggio che varia dal romanesco ai termini aulici, è un tipico esempio dello stile sperimentale di Gadda.

> La precisione delle coordinate spazio-temporali è tipica del romanzo «giallo».

Ereno[1] le undici der diciassette marzo e il dottor Ingravallo, a via D'Azeglio, aveva già un piede sur predellino e teneva già con la man destra, a ghindarsi in tramme[2], il poggiamano di ottone. Quando il Porchettini[3] trafelato gli sopravvenne[4]: «Dottor Ingravallo! Dottor Ingravallo!»

5 «Che vòi? Che te sta succedendo?»

«Dottor Ingravallo, senta. Me manna er[5] commissario capo», abbassò ancora la voce: «a via Merulana… è successo un orrore… stamattina presto. Hanno telefonato ch'erano le dieci e mezza. Lei era appena uscito. Il dottor Fumi[6] lo cercava. Tra tanto m'ha mannato subbito a vede[7], co due agenti. Credevo quasi de
10 trovallo là… Poi ha mannato a casa sua a cercallo».

«Be', che è stato?»

«Lei ce lo sa già?»

«C'aggia sapé? mo me ne jevo a spasso[8]…»

«Hanno tajato la gola, ma scusi… so che lei è un po' parente».

> La sproporzione tra la banalità del gesto e la ricercata precisione lessicale con cui è descritto suscita un effetto umoristico.

15 «Parente 'e chi[9]?…» fece Ingravallo accigliandosi, come a voler respingere ogni propinquità con chi si fosse[10].

«Volevo dire, amico…»

«Amico, che amico! amico 'e chi?» Raccolte a tulipano le cinque dita della mano destra, altalenò quel fiore nella ipotiposi digito-interrogativa tanto in uso
20 presso gli Apuli[11].

«S'è trovato la signora… la signora Balducci…»

«La signora Balducci?» Ingravallo impallidì, afferrò Pompeo per il braccio. «Tu sei pazzo!» e glielo strinse forte, che a lo Sgranfia[12] parve glielo stritolasse una morsa, d'una qualche macchina.

25 «Sor dottó, l'ha trovata suo cugino, il dottor Vallarena… Valdassena[13]. Hanno

---

1. Ereno: *erano* (romanesco).

2. a ghindarsi in tramme: *per salire sul tram* (romanesco).

3. il Porchettini: Pompeo Porchettini, un agente della squadra mobile.

4. gli sopravvenne: *lo raggiunse.*

5. Me manna er: *mi manda il* (romanesco).

6. Il dottor Fumi: è il capo della squadra investigativa, il superiore di Ingravallo.

7. Tra tanto … a vede: *nel frattempo mi ha mandato subito a vedere.*

8. C'aggia … spasso: *che cosa devo sapere? Me ne stavo andando a spasso* (dialetto molisano, misto di napoletano).

9. 'e chi: *di chi* (dialetto meridionale).

10. propinquità … fosse: *ogni forma di vicinanza, di familiarità con chiunque.*

11. nella ipotiposi … Apuli: «ipotiposi» è un termine retorico che indica una rappresentazione particolarmente vivace di un oggetto. Gli «Apuli» sono propriamente un'antica popolazione dell'Italia preromana, ma qui il termine indica in generale i meridionali.

12. Sgranfia: soprannome dell'agente Pompeo.

13. Vallarena … Valdassena: l'agente vuol dire Valdarena, il cugino di Liliana, che sarà inizialmente sospettato dell'omicidio.

La prima sommaria descrizione dell'agente costituisce una prolessi, un'anticipazione di quanto Ingravallo constaterà fra poco di persona.

telefonato subbito in questura. Mo[14] è là pure lui, a via Merulana. Ho dato disposizioni. Mi hanno detto che lo conosce. Dice», alzò le spalle, «dice ch'era annato a trovalla. Pe salutalla, perché ha d'annà a Genova[15]. Salutalla, a quell'ora? dico io. Dice che l'ha trovata stesa a terra, in un lago de sangue, Madonna! dove l'avemo trovata pure noi, sul parquet, in camera da pranzo: stesa de traverso co le sottane tirate su, come chi dicesse in mutanne. Il capo girato un tantino... Co la gola tutta segata, tutta tajata da una parte. Ma vedesse che tajo, dottó!» Congiunse le mani come implorando, si passò la destra sulla fronte: «E che faccia! Ch'a momenti svengo! Già fra poco dovrà vedello. Un tajo! che manco er macellaro. Mbè, un orrore: du occhi! che guardaveno fisso fisso la credenza. Una faccia stirata, stirata, bianca da paré un panno risciacquato... che, era tisica[16]?... come si avesse fatto una gran fatica a morì...»

Ingravallo, pallido, emise un mugolo strano, un sospiro o un lamento da ferito. Come se sentisse male puro lui. Un cinghiale co una palla[17] in corpo.

«La signora Balducci, Liliana...» balbettò, guardando negli occhi lo Sgranfia. Si tolse il cappello. Sulla fronte, in margine al nero crespato di capelli, un allinearsi di goccioline: d'un sudore improvviso. Come un diadema di terrore, di dolore. Il volto, per solito olivastro-bianco, lo aveva infarinato[18] l'angoscia. «Andiamo, va'!» Era madido[19], pareva esausto.

Il succedersi di brevi frasi nominali sottolinea la tensione narrativa che accompagna l'avanzare del protagonista verso la scena del delitto.

Giunti a via Merulana, la folla. Davanti il portone il nero della folla, con la sua corona de rote de bicicletta. «Fate passare, polizia.» Ognuno si scostò. Er portone era chiuso. Piantonava un agente: con due pizzardoni[20] e due carabinieri. Le donne li interrogavano: loro diceveno a le donne: «Fate largo!» Le donne volevano sapé[21]. Tre o quattro, deggià, se sentì che parlaveno de numeri: erano d'accordo p'er diciassette, ma discutevano sur tredici[22].

I due salirono in casa Balducci, l'ospitale casa che Ingravallo conosceva, si può dire, col cuore. Su le scale un parlottare di ombre, il sussurro delle casigliane[23]. Un bimbo piangeva. In anticamera... nulla di particolarmente notevole (il solito odore di cera, l'ordine abituale) eccettoché due agenti, muti, attendevano disposizioni. Sopra una seggiola un giovane col capo tra le mani. Si alzò. Era il dottor Valdarena. Apparve poi la portiera, emerse, cupa e cicciona, dall'ombra del corridoio.

Il corpo di Liliana è tanto orribilmente ferito da sembrare ridotto a una «cosa», a un oggetto senza più identità.

Nulla di notevole si sarebbe detto: entrati appena in camera da pranzo, sul parquet, tra la tavola e la credenza piccola, a terra... quella cosa orribile.

Il corpo della povera signora giaceva in una posizione infame, supino[24], con la gonna di lana grigia e una sottogonna bianca buttate all'indietro, fin quasi al petto: come se qualcuno avesse voluto scoprire il candore affascinante di quel dessous[25], o indagarne lo stato di nettezza[26]. Aveva mutande bianche, di maglia a punto gentile, sottilissimo, che terminavano a metà coscia in una delicata orlatura. Tra l'orlatura e le calze, ch'erano in una lieve luce di seta, denudò se stessa la bianchezza estrema della carne, d'un pallore da clorosi[27]: quelle due

---

14. Mo: *adesso* (dialettale).

15. Pe ... Genova: *per salutarla, perché deve partire per Genova.*

16. tisica: *malata di tubercolosi.*

17. palla: *proiettile.*

18. infarinato: *imbiancato, fatto impallidire.*

19. madido: *intriso di sudore.*

20. pizzardoni: *vigili urbani* (romanesco).

21. sapé: *sapere.*

22. parlaveno de numeri ... tredici: le donne discutono quali numeri giocare al lotto dopo l'omicidio: sia il diciassette sia il tredici sono numeri funesti.

23. casigliane: *inquiline, abitanti della casa* (toscanismo).

24. supino: *disteso sulla schiena.*

25. dessous: *biancheria intima* (termine francese, letteralmente "sotto").

26. nettezza: *pulizia.*

27. clorosi: grave forma di anemia (termine medico).

cosce un po' aperte, che i due elastici[28] – in un tono di lilla – parevano distinguere in grado, avevano perduto il loro tepido senso, già si adeguavano al gelo: al gelo del sarcofago, e delle taciturne dimore. L'esatto officiare del punto a 70 maglia[29], per lo sguardo di quei frequentatori di domestiche[30], modellò inutilmente le stanche proposte d'una voluttà il cui ardore, il cui fremito, pareva essersi appena esalato dalla dolce mollezza del monte, da quella riga, il segno carnale del mistero[31]… quella che Michelangelo (don Ciccio ne rivide la fatica, a San Lorenzo) aveva creduto opportuno di dover omettere[32]. Pigno- 75 lerie! Lassa perde![33]

Le giarrettiere tese, ondulate appena agli orli, d'una ondulazione chiara di lattuga[34]: l'elastico di seta lilla, in quel tono che pareva dare un profumo[35], significava a momenti la frale[36] gentilezza della donna e del ceto, l'eleganza spenta degli indumenti, degli atti, il secreto modo della sommissione[37], tramutata ora 80 nell'immobilità di un oggetto, o come d'uno sfigurato manichino. Tese, le calze, in una eleganza bionda quasi una nuova pelle, dàtale (sopra il tepore creato[38]) dalla fiaba degli anni nuovi, delle magliatrici blasfeme[39]: le calze incorticavano[40] di quel velo di lor luce il modellato delle gambe, dei meravigliosi ginocchi: delle gambe un po' divaricate, come ad un invito orribile. Oh, gli occhi! 85 dove, chi guardavano? Il volto!… Oh, era sgraffiata, poverina! Fin sotto l'occhio, sur naso!… Oh, quel viso! Com'era stanco, stanco, povera Liliana, quel capo, nel nimbo[41], che l'avvolgeva, dei capelli, fili tuttavia[42] operosi della carità. Affilato nel pallore, il volto: sfinito, emaciato dalla suzione atroce della Morte[43]. Un profondo, un terribile taglio rosso le apriva la gola, ferocemente. Aveva pre- 90 so metà il collo, dal davanti verso destra, cioè verso sinistra, per lei, destra per loro che guardavano: sfrangiato ai due margini come da un reiterarsi[44] dei colpi, lama o punta: un orrore! da nun potesse vede[45]. Palesava come delle filacce rosse, all'interno, tra quella spumiccia nera der sangue, già raggrumato[46], a momenti; un pasticcio! con delle bollicine rimaste a mezzo. Curiose forme, agli 95 agenti: parevano buchi, al novizio[47], come dei maccheroncini color rosso, o rosa. «La trachea,» mormorò Ingravallo chinandosi, «la carotide! la iugulare… Dio!» Er sangue aveva impiastrato tutto er collo, er davanti de la camicetta, una manica: la mano: una spaventevole colatura d'un rosso nero, da Faiti o da Cen-

gio[48] (don Ciccio rammemorò[49] subito, con un lontano pianto nell'anima, po- 100 vera mamma!).

---

28. i due elastici: delle giarrettiere.

29. L'esatto … maglia: *la perfetta aderenza del tessuto.*

30. di quei … domestiche: degli agenti di polizia, che di solito frequentavano donne di bassa estrazione sociale.

31. modellò … mistero: il tessuto aderente della biancheria intima *mise in rilievo le forme del pube, che apparivano come languidi richiami erotici* («stanche proposte d'una voluttà»), *resi ormai inutili dalla morte.* «Monte» indica il "monte di Venere", ossia il pube femminile.

32. quella che … omettere: riferimento alla statua dell'Aurora che orna le tombe dei Medici (collocate nella chiesa di San Lorenzo a Firenze), in cui Michelangelo preferì non sottolineare i genitali.

33. Lassa perde!: *lascia perdere!*

34. d'una ondulazione … lattuga: l'incresparsi del tessuto leggero delle giarrettiere ricorda i bordi irregolari delle foglie di lattuga tenera.

35. dare un profumo: *emanare un profumo* (come fosse un fiore di lillà).

36. frale: *fragile.*

37. secreto … sommissione: *il segreto della sua sottomissione.* Si allude alla rassegnazione con cui Liliana accettava il suo destino di donna infelice e di madre mancata.

38. sopra il tepore creato: *sul corpo tiepido* (quando era ancora in vita).

39. dàtale … blasfeme: l'eleganza delle calze *era il frutto di un'invenzione moderna* (poeticamente «fiaba degli anni nuovi»), *opera di volgari macchine per la produzione industriale* («magliatrici»).

40. incorticavano: *ricoprivano le gambe come una corteccia.*

41. nimbo: *nuvola.*

42. tuttavia: *ancora.*

43. emaciato … Morte: *reso pallido dall'azione terribile della Morte.* «Suzione» indica l'atto del «succhiar via» il sangue: Liliana infatti è morta dissanguata.

44. reiterarsi: *ripetersi.*

45. da nun … vede: *da non potersi vedere* (romanesco).

46. raggrumato: *rappreso.*

47. al novizio: agli occhi degli agenti di polizia di scarsa esperienza.

48. da Faiti o da Cengio: Fàiti Hrib (sul Carso) e Cengio (nei pressi di Asiago) sono luoghi di sanguinose battaglie della Prima guerra mondiale: la ferita di Liliana ricorda a Ingravallo i feriti visti durante la guerra.

49. rammemorò: *ricordò.*

S'era accagliato[50] sul pavimento, sulla camicetta tra i sue seni: n'era tinto anche l'orlo della gonna, il lembo rovescio de quela vesta de lana buttata su, e l'altra spalla: pareva si dovesse raggrinzare da un momento all'altro: doveva de certo risultarne un coagulato tutto appicciicoso come un sanguinaccio[51].

105 Il naso e la faccia, così abbandonata, e un po' rigirata da una parte, come de chi nun ce la fa più a combatte, la faccia! rassegnata alla volontà della Morte, apparivano offesi da sgraffiature, da unghiate: come riavesse preso gusto, quer boja, a volerla sfregiare a quel modo. Assassino!

Gli occhi s'erano affissati orrendamente: a guardà che, poi? Guardaveno, guar-
110 daveno, in direzione nun se capiva de che, verso la credenza granne[52], in cima in cima, o ar soffitto. Le mutandine nun ereno insanguinate: lasciaveno scoperti li du tratti de le cosce, come du anelli de pelle: fino a le calze, d'un biondo lucido. La solcatura del sesso… pareva d'esse a Ostia, o a Forte der marmo[53] de Viareggio, quanno so' sdraiate su la rena a cocese[54], che te fanno vede tutto
115 quello che vonno[55]. Co quele maje tirate tirate[56] d'oggigiorno.

Ingravallo, a capo scoperto, pareva lo spettro di se stesso. Domandò: «L'avete mossa?» «No, dottore», gli risposero. «l'avete toccata?» «No». Del sangue era stato portato attorno dai tacchi, da le suole di qualcuno, sur parquet de legno, che poi si vedeva bene che ci aveveno messo drento[57] i piedi, in quer pantano
120 de spavento. Ingravallo si irritò. Chi era stato? «Sete na massa de burini!» minacciò. «Bruti caprari de la Sgurgola[58]!».

C.E. Gadda, *Quer pasticciaccio brutto de via Merulana*,
Milano, Garzanti, 1957.

50. **accagliato:** *coagulato, rappreso.*
51. **sanguinaccio:** è un insaccato fatto con il sangue di maiale.
52. **granne:** *grande.*
53. **Forte der marmo:** *Forte dei Marmi.*

54. **su la rena a cocese:** *sulla sabbia a prendere il sole* (letteralmente «a cuocersi»).
55. **vonno:** *vogliono.*
56. **maje tirate tirate:** *maglie attillatissime.*
57. **drento:** *dentro.*

58. **caprari de la Sgurgola:** l'epiteto, tipicamente romanesco, allude alla rozzezza dei pastori ciociari (il comune di Sgurgola si trova nei pressi di Frosinone).

Analisi del testo

COMPRENSIONE

Il commissario Ingravallo viene raggiunto da un agente della squadra mobile che, dopo molte esitazioni, gli rivela il ritrovamento, nello stabile di via Merulana, del **cadavere di Liliana Balducci**. Ingravallo, che con la donna ha forse avuto in passato una relazione sentimentale, resta sconvolto e si reca subito sul luogo del delitto. Segue una lunga e minuziosa descrizione del corpo di Liliana, in cui i particolari cruenti si mescolano alla pietà del protagonista per la sua bellezza violata e alla rabbia verso gli autori dell'orrendo delitto. L'episodio è quindi costituito da **due diverse sequenze**: una prima parte propriamente **narrativa** (rr. 1-59), che contiene il dialogo tra l'agente e il commissario e una prima sommaria descrizione dell'accaduto, e una seconda parte di natura **descrittiva** (rr. 60-121).

ANALISI E INTERPRETAZIONE
Un «giallo» incalzante Gadda ricorre alle tecni-
che tipiche del **genere poliziesco** per attrarre l'attenzione del lettore e creare una particolare **tensione narrativa**. In una serena giornata primaverile (descritta nella parte iniziale del capitolo, qui non riportata) il progetto del commissario di una gita fuori città viene bruscamente interrotto da una notizia inattesa. Le reticenze dell'agente Pompeo suscitano la **curiosità del lettore**, ancora ignaro dell'accaduto, mentre la notizia della morte di Liliana crea un inatteso "colpo di scena" che prelude all'arrivo di Ingravallo sul luogo del delitto. Lo *Spannung* viene raggiunto quando il commissario, entrato nello stabile senza vedere niente di insolito, si trova all'improvviso di fronte a «quella cosa orribile»: il cadavere dell'amica. Nella **descrizione del corpo** non mancano poi i **particolari cruenti**, sui quali anzi il narratore sembra a tratti indugiare con compiacimento, soprattutto nella parte finale («Er sangue aveva impiastrato tutto er collo…»).

→ Analisi del testo

Una descrizione realistica e simbolica Nella descrizione del cadavere di Liliana, ampia e accurata, i particolari brutalmente realistici si affiancano a un **sentimento di profonda pietà**, di cui sono spia le esclamazioni di dolore di Ingravallo («Oh, gli occhi!… Oh, quel viso! Com'era stanco, stanco, povera Liliana») e le **scelte lessicali** elevate, che sembrano velare i dettagli più intimi. Il narratore sembra indugiare davanti al corpo, descritto in modi ora sobri e compassionevoli ora invece crudi ed esasperati. L'insistenza nel finale sui particolari macabri della scena («filacce rosse», «spumiccia nera», «maccheroncini color rosso») dà risalto all'emergere di un orrore profondo, di un **esplodere della violenza e del disordine** del mondo che stravolge l'ideale di grazia e bellezza di cui Liliana è simbolo. Non a caso la scena del delitto viene definita con la parola-chiave di tutto il romanzo: «un pasticcio». L'assassinio diviene così l'emblema del manifestarsi di una **misteriosa violenza primordiale** che turba l'ordine della realtà e che il commissario-filosofo tenterà invano di comprendere e di arginare.

L'intreccio dei registri e dei punti di vista Il linguaggio adottato da Gadda è estremamente sperimentale e innovativo. Il narratore alterna infatti **termini** bassi e dialettali (romaneschi, ma anche napoletani e molisani) a vocaboli **tecnici e scientifici** («trachea», «carotide») a termini **letterari ed elevati** («emaciato», «gelide dimore», «frale gentilezza»), spesso inseriti in periodi sintatticamente ampi e complessi.

In tutto il brano – e in tutto il romanzo – registri linguistici differenti e spesso antitetici si alternano in modo imprevedibile, creando **volute dissonanze**. L'uso di questo originalissimo *pastiche* linguistico serve a sottolineare il contrasto fra la grazia di Liliana e la violenza di cui è stata vittima e, soprattutto, a suggerire la **compresenza di punti di vista differenti**, che tendono a sovrapporsi e incrociarsi. In particolare, nei momenti in cui il narratore adotta l'ottica partecipe di Ingravallo, il linguaggio si innalza («al gelo del sarcofago, e delle taciturne dimore»; «il volto… emaciato dalla suzione atroce della Morte», ecc.), mentre nel finale riemergono il dialetto romanesco e un linguaggio basso ed espressionistico, che sembra riflettere il punto di vista dei poliziotti.

Attraverso la voluta sovrapposizione di codici linguistici diversi, Gadda evidenzia quindi, a livello profondo, la **difficoltà** di districare il «pasticcio» della realtà e **di adottare un punto di vista unitario e chiarificatore** che permetta di risalire alle cause oggettive degli eventi.

● Lavoriamo sul testo

Carlo Emilio Gadda
Manichini ossibuchivori

La cognizione del dolore

Il brano riportato faceva in origine parte di uno dei «disegni milanesi» de L'Adalgisa, una raccolta di dieci racconti pubblicati nel 1944 e incentrati sulla rappresentazione grottesca e satirica della borghesia milanese. Il frammento viene poi inserito nel romanzo La cognizione del dolore, sotto forma di una fantasia del protagonista don Gonzalo.

Il narratore descrive una serata al ristorante in una stazione ferroviaria dell'immaginario paese sudamericano del Parapagàl. Oggetto della satira corrosiva di Gadda è in realtà la superficiale volgarità della borghesia lombarda, smascherata nel suo vuoto culto delle apparenze attraverso uno stile parodico e originalissimo.

Camerieri neri[1], nei «restaurants», avevano il frac, per quanto pieno di padelle[2]: e il piastrone d'amido[3], con cravatta posticcia[4]. Solo il piastrone s'intende: cioè senza che quella imponentissima fra tutte le finità pettorali arrivasse mai a radicarsi in una totalitaria armonia, nella fisiologia necessitante d'una camicia[5]. La quale man-
5 cava onninamente[6].

Pervase da un sottile brivido, le signore: non appena si sentissero onorare dell'appellativo di signora da simili ossequenti fracs[7]. «Un misto panna-cioccolato per la signora, sissignora!». […] Oh! spasimo dolce! Procuratoci dal reverente frac: «Un taglio limone-seltz per il signore, sissignore! Taglio limone-seltz al signore!». Il gri-
10 do meraviglioso, fastosissimo, pieno d'ossequio e d'una toccante premura, più inebriante che melode elisia di Bellini[8], rimbalzava di garzone in garzone, di piastrone in piastrone […]; finché, pervenuto alla dispensa, era «un taglio limone-selz per quel belinone d'un 128[9]!».

Sì, sì: erano consideratissimi, i fracs. Signori seri, nei «restaurants» delle stazioni, e
15 da prender sul serio, ordinavano loro con perfetta serietà «un ossobuco con risotto». Ed essi, con cenni premurosi, annuivano. E ciò nel pieno possesso delle rispettive facoltà mentali. Tutti erano presi sul serio: e si avevano in grande considerazione gli uni gli altri. Gli attavolati si sentivano sodali nella eletta situazione delle poppe, nella usucapzione d'un molleggio adeguato all'importanza del loro
20 deretano[10], nella dignità del comando. Gli uni si compiacevano della presenza degli altri, desiderata platea. E a nessuno veniva fatto di pensare, sogguardando il vicino, «quanto è fesso!». Dietro l'Hymalaia[11] dei formaggi, dei finocchi, il guardasala notifica le partenze: !Para Corrientes y Riconquista! !Sale a las diez el rápido de Paraná! !Tersero andén![12]».

> L'apparente ossequio mostrato dai camerieri nei confronti dei commensali cela in realtà un profondo disprezzo.

> Il narratore, con pacata ironia, sottolinea l'assurdità del comportamento dei borghesi e l'apparente serietà con cui essi recitano la loro ridicola commedia.

---

1. neri: vestiti di nero.
2. padelle: macchie.
3. il piastrone d'amido: è un indumento formato solo dalla parte anteriore della camicia.
4. posticcia: finta.
5. senza ... camicia: senza che il piastrone, che era la parte più importante dell'abbigliamento del petto, si accompagnasse armoniosamente a una camicia completa.

6. onninamente: assolutamente, del tutto (letterario).
7. fracs: camerieri in frac.
8. più inebriante ... Bellini: più armonioso di una melodia paradisiaca di Bellini (musicista del primo Ottocento).
9. per quel ... d'un 128!: per quell'imbecille («belin» è voce del dialetto ligure) del tavolo 128.
10. Gli attavolati ... deretano: i clienti seduti

a tavola si sentivano uniti («sodali») nella elevata posizione dei seni, nell'utilizzo («usucapzione», storpiatura del termine giuridico «usucapione») di una poltrona molleggiata adeguata all'importanza del loro sedere («deretano»).
11. l'Hymalaia: la montagna.
12. Para ... andén!: per Corrientes e Reconquista! Parte alle dieci il rapido di Paranà! Terzo binario!

25　Per lo più, il coltello delle frutta[13] non tagliava. Non riuscivano a sbucciar la mela. O la mela gli schizzava via dal piatto come sasso di fionda, a rotolare fra scarpe lontanissime. Allora, con voce e dignità risentita, era quando dicevano[14]: «Cameriere! ma questo coltello non taglia!». Tra i cigli, improvvisa, una nuvola imperatoria[15]. E il cameriere accorreva trafelato, con altri ossibuchi: ed esternando tutta
30　la sua costernazione, la sua piena partecipazione, umiliava sommessa istanza appiè il corruccio delle Loro Signorie[16]: (in un tono più che sedativo): «provi questo, signor Cavaliere!»: ed era già trasvolato[17]. Il quale «questo» tagliava ancora meno di quel di prima. Oh, rabbia! mentre tutti, invece, seguitavano a masticare, a bofonchiare addosso agli ossi scarnificati, a intingolarsi[18] la lingua, i baffi. Con un sorri-
35　so appena, oh, un'ombra una prurigine[19] d'ironia, la coppia estrema[20] ed elegantissima, lui, lei, lontan lontano, avevan l'aria di seguitar a percepire quella mela, finalmente immobile nel mezzo la corsìa: lustra, e verde, come l'avesse pitturata il De Chirico. […]

Tutti, tutti: e più che mai quei signori attavolati. Tutti erano consideratissimi! A
40　nessuno, mai, era venuto in mente di sospettare che potessero anche essere dei bischeri, putacaso[21], dei bambini di tre anni. Nemmeno essi stessi, che pure conoscevano a fondo tutto quanto li riguardava, le proprie unghie incarnite, e le verruche, i nèi, i calli, un per uno, le varici[22], i foruncoli, i baffi[23] solitari. Neppure essi, no, no, avrebbero fatto di se medesimi un simile giudizio.

45　E quella era la vita.

Fumavano. Subito dopo la mela. […]

Estraevano, con distratta noncuranza, di tasca, il portasigarette d'argento: poi, dal portasigarette, una sigaretta, piuttosto piena e massiccia, col bocchino di carta d'oro; quella te la picchiettavano leggermente sul portasigarette, rinchiuso nel frattem-
50　po dall'altra mano, con un tatràc; la mettevano ai labbri[24]; e allora, come infastiditi, mentre che una sottil ruga orizzontale si delineava sulla lor fronte, onnubilata di cure altissime[25], riponevano il trascurabile portasigarette. Passati alla cerimonia dei fiammiferi, ne rinvenivano[26] finalmente, dopo aver cercato in due o tre tasche, una bustina a matrice: ma, apertala, si constatava che n'erano già stati tutti spicca-
55　ti[27], per il che, con dispetto, la bustina veniva immantinenti estromessa dai confini dell'Io[28]. E derelitta, ecco, giaceva nel piatto, con bucce. Altra, infine, soccorreva, stanata ultimamente dal 123° taschino. Dissigillavano il francobollo-sigillo, ubiqua immagine del Fisco Uno e Trino[29], fino a denudare in quella pettinetta miracolosa la Urmutter di tutti gli spiritelli con capocchia[30]. Ne spiccavano una unità, strofi-
60　navano, accendevano; spianando a serenità nuova fronte, già così sopraccaricata di pensiero: (ma pensiero fessissimo, riguardante, per lo più, articoli di bigiutteria in

---

Il riferimento colto al pittore metafisico De Chirico, famoso per i manichini ritratti nelle sue tele, sembra anticipare l'immagine finale dei borghesi come vuoti «manichini ossibuchivori».

Apri il vocabolario

Derivato dall'avverbio latino *ubique* ("in ogni luogo"), l'aggettivo "ubiquo" si riferisce a qualsiasi entità che sia in grado di essere presente o di manifestarsi in luoghi fisici diversi in uno stesso momento.

---

13. delle frutta: *della frutta* (letterario).

14. allora … era quando dicevano: *era allora che dicevano:* la sintassi imita i modi del parlato.

15. una nuvola imperatoria: *un'espressione cupa di comando.*

16. umiliava … Signorie: *chiedeva umilmente scusa ai piedi dei Signori imbronciati.*

17. trasvolato: *volato via, scomparso rapidamente,* per servire ad altri tavoli.

18. intingolarsi: *sporcarsi di unto.*

19. una prurigine: *un pizzico.*

20. la coppia estrema: *la coppia seduta* all'estremità della sala, *che osserva divertita la scena.*

21. dei bischeri, putacaso: *degli imbecilli, per esempio.*

22. varici: *vene varicose.*

23. baffi: *peli.*

24. ai labbri: *alle labbra* (letterario).

25. onnubilata di cure altissime: *gravata dal peso di gravissime preoccupazioni* («cure» è un latinismo).

26. rinvenivano: *ritrovavano.*

27. spiccati: *staccati, usati.*

28. per il che … dell'Io: *e quindi, con fasti-*dio, la bustina di fiammiferi veniva subito gettata. L'espressione «estromessa dai confini dell'Io» sottolinea l'egocentrico narcisismo dei personaggi.

29. il francobollo-sigillo … Trino: *il bollino del Monopolio di Stato, immagine onnipresente* (ubiqua») *del Fisco venerabile* («Uno e Trino», come Dio).

30. denudare … capocchia: *fino a scoprire la matrice dei fiammiferi.* Ironicamente, i fiammiferi vengono definiti «spiritelli con capocchia» e la loro matrice «Urmutter», ossia «Madre primigenia», con termine filosofico tedesco.

celluloide[31]). Riponevano la non più necessaria cartina in una qualche altra tasca: quale? oh! se ne scordano all'atto stesso; per aver motivo di rinnovare (in occasione d'una contigua[32] sigaretta) la importantissima e fruttuosa ricerca.

65 Dopo di che, oggetto di stupefatta ammirazione da parte degli «altri tavoli», aspiravano la prima boccata di quel fumo d'eccezione, di Xanthia, o di Turmac[33]; in una voluttà da sibariti in trentaduesimo[34], che avrebbe fatto pena a un turco stitico[35]. E così rimanevano: il gomito appoggiato sul tavolino, la sigaretta fra medio e indice, emanando voluttuosi ghirigori[36]; mescolati di miasmi[37], questo si sa, dei bronchi e

70 dei polmoni felici, mentre che lo stomaco era tutto messo in giulebbe[38], e andava dietro come un disperato ameboide a mantrugiare e a peptonizzare l'ossobuco[39]. La peristalsi veniva via con un andazzo trionfale[40], da parer canto e trionfo, e presagio lontano di tamburo, la marcia trionfale dell'Aida o il toreador della Carmen[41]. Così rimanevano. A guardare. Chi? Che cosa? Le donne? Ma neanche. Forse a ri-

75 mirare se stessi nello specchio delle pupille altrui. In piena valorizzazione dei loro polsini, e dei loro gemelli da polso. E della loro faccia di manichini ossibuchivori[42].

C.E. Gadda, La cognizione del dolore, Torino, Einaudi, 1963.

31. articoli ... celluloide: *oggetti di bigiotteria di plastica.*
32. contigua: *prossima.*
33. Xanthia ... Turmac: marche di sigarette.
34. in una ... trentaduesimo: *con un piacere da viziosi di piccolo calibro.* I «sibariti» erano un popolo della Magna Grecia proverbiale per il loro lusso sfrenato, mentre l'espressione «in trentaduesimo» è un termine tecnico per indicare i libri di piccolo formato.

35. a un turco stitico: nell'immaginario comune i turchi erano fumatori incalliti; «un turco stitico» è quindi un turco che fuma moderatamente.
36. ghirigori: *volute di fumo.*
37. miasmi: *malsane esalazioni.*
38. in giulebbe: *in estasi* (espressione popolare).
39. e andava ... l'ossobuco: *e continuava come una specie di ameba disperata a digerire e a scomporre la cena.* «Peptonizzare»

è termine scientifico che indica la riduzione di un cibo in peptoni, ossia nei componenti delle proteine.
40. la peristalsi ... trionfale: *le contrazioni dello stomaco nella digestione proseguivano trionfalmente.*
41. Aida ... Carmen: si tratta di due opere molto note, rispettivamente di Verdi e Bizet.
42. ossibuchivori: *divoratori di ossibuchi* (neologismo).

 Dal romanzo puoi leggere anche il brano *Il colonnello Di Pasquale*

Analisi guidata

Polemica sociale e parodia

Il brano si fonda sul **contrasto tra** l'essere e l'apparire, tra l'**ostentazione di serietà** con cui i personaggi recitano la propria commedia sociale e **la volgarità del loro comportamento.** Nel loro superficiale narcisismo, i borghesi si compiacciono di essere riveriti dai camerieri, mentre il **narratore smaschera la loro goffa inettitudine**, che li rende incapaci persino di sbucciare una mela. Essi vengono anzi ridotti a «manichini ossibuchivori», attenti solo alla propria rispettabilità sociale. La cena stessa, che rappresenta una sorta di rituale, rivela la voracità quasi animalesca dei commensali, che si avventano sul cibo a «intingolarsi la lingua, i baffi», per poi affrontare una laboriosa digestione.

Competenze di comprensione e analisi

- Qual è il comportamento dei camerieri nei confronti dei commensali?
- A tuo parere, che cosa vuole intendere l'autore con il neologismo «manichini ossibuchivori»?
- Perché a tuo parere il narratore si sofferma a descrivere dettagliatamente la «cerimonia dei fiammiferi»?
- Quali comportamenti dei commensali risultano più indicativi della loro superficialità e volgarità?

Un borghese risentito

La critica alla borghesia viene condotta, nel romanzo, dal protagonista don Gonzalo, che nei confronti di questo ceto vuoto e privo di valori assume un **atteggiamento ambiguo**. Incapace di fare propria quella superficiale sicurezza, egli rovescia il proprio **acre risentimento** verso quel mondo, che considera inconsistente e assurdo, ma dal quale si sente anche **dolorosamente escluso**. Don Gonzalo dà quindi voce alla polemica di Gadda, un borghese che rivolge un'aspra **critica al proprio stesso ceto sociale**, nel quale non si riconosce ma al quale è incapace di offrire una valida alternativa.

 Competenze di comprensione e analisi

- Qual è l'atteggiamento del narratore nei confronti della borghesia? Da quali elementi lo desumi?
- Individua nel brano i punti in cui emerge un giudizio diretto del narratore nei confronti della realtà sociale rappresentata.
- Accanto ai commensali borghesi, compaiono i «camerieri neri» in frac. Ti sembra che essi siano portatori di valori sociali positivi?

Le tecniche stilistiche

Lo smascheramento del conformismo borghese viene attuato da Gadda soprattutto attraverso lo stile e il linguaggio. Colpisce anzitutto lo **scarto tra la materia bassa e volgare e** il ricorso a **uno stile spesso elevato** e aulico. La sproporzione tra il registro stilistico e l'oggetto della descrizione, unita all'**insistenza sui particolari minuti**, rende evidente sul piano formale l'antitesi fra l'apparente gravità dei personaggi e la loro effettiva inconsistenza. Il *pastiche* linguistico gaddiano si rivela quindi un efficace strumento per denunciare **le distorsioni della realtà sociale**.

Competenze di comprensione e analisi

- Rintraccia nel testo almeno tre casi in cui il narratore utilizza un linguaggio aulico e letterario per indicare una realtà quotidiana e frivola. Quale effetto intende ottenere Gadda con questo procedimento formale?
- Nel brano sono presenti termini elevati ma anche espressioni quotidiane e vocaboli tecnici. Individua qualche esempio di questa voluta mescolanza di registri linguistici diversi e dissonanti, spiegandone la funzione in rapporto al contenuto.

Pasolini e Sciascia: realismo, sperimentazione e impegno civile

Pier Paolo Pasolini La vita e l'opera di Pier Paolo **Pasolini** si svolgono all'insegna di una profonda coerenza e di un **costante impegno** letterario e civile, ma anche di una polemica **contrapposizione alla morale borghese**. Omosessuale dichiarato e autore di opere che scandalizzano il perbenismo della società per il loro realismo, Pasolini subì oltre **trenta processi per reati contro la morale** e morì assassinato in circostanze oscure sul litorale di Ostia. Intellettuale "scomodo" anche nei suoi rapporti con il Partito comunista – dal quale fu espulso per la sua omosessualità – portò avanti una **lucida critica alla civiltà dei consumi**, anche attraverso una serie di importanti **saggi critici**, che si affiancano a una vasta produzione lirica e narrativa e all'attività cinematografica.

Nato a Bologna nel **1922**, appena ventenne Pasolini si trasferisce con la famiglia a Casarsa, in **Friuli**, dove nel 1942 esordisce con un volume di poesie in dialetto friulano. Terminata la guerra, aderisce al Pci e inizia a lavorare come insegnante. Nel 1950 si trasferisce a **Roma** dove, entrato in contatto con gli ambienti letterari ma anche con la vita delle borgate, inizia a scrivere opere di narrativa e sceneggiature per il cinema, senza però abbandonare la poesia (nel 1954 pubblica il volume *La meglio gioventù*). Nel 1955 a Bologna **fonda la rivista «Officina»** ed esordisce come romanziere con *Ragazzi di vita*, cui segue *Una vita violenta* (1959): i romanzi suscitano scandalo per le tematiche «scabrose» ma ottengono un grande successo di pubblico. Nel 1957 pubblica il volume di versi *Le ceneri di Gramsci*, cui seguirà nel 1961 *La religione del mio tempo*. A partire dagli anni Sessanta si dedica a tempo pieno all'attività di **regista** (da *Accattone* del 1961 a *Salò* del 1975), mentre negli anni del *boom* economico assume un atteggiamento sempre più polemico nei confronti della civiltà consumistica e tecnologica, giudicata colpevole di alienare gli individui e omogeneizzare la cultura. Nel 1975 riunisce gli interventi apparsi sul «Corriere della Sera» nel volume di saggi *Scritti corsari* (1975) e pubblica anche l'ultimo volume di liriche, *La nuova gioventù*. Pasolini viene **assassinato** la notte tra l'1 e il 2 novembre **1975**.

La parola all'autore

Pasolini: la televisione «bombarda» le coscienze

Negli anni Settanta il processo che ha trasformato l'Italia in una società dei consumi è stato osservato con occhio critico da Pasolini in molti interventi giornalistici, come l'intervista di cui riportiamo uno stralcio, pubblicata su «Il Mondo» l'11 luglio 1974. Oggetto della polemica è il mezzo televisivo da cui ha origine il *diktat* dell'omologazione: attraverso immagini dell'uomo e della donna ideali (cioè perfettamente inseriti nel sistema consumistico), la televisione infonde negli spettatori una fascinazione inconscia, che li spinge a imitare in tutto quell'immagine ideale, rinunciando così alla propria individualità culturale.

Il bombardamento ideologico televisivo non è esplicito: esso è tutto nelle cose, tutto indiretto. Ma mai un «modello di vita» ha potuto essere propagandato con tanta efficacia che attraverso la televisione. Il tipo di uomo o di donna che conta, che è moderno, che è da imitare e realizzare, non è descritto o decantato: è rappresentato! Il linguaggio della televisione è per sua natura il linguaggio fisico-mimico, il linguaggio del comportamento. Che viene dunque mimato di sana pianta, senza mediazioni, nel linguaggio fisico-mimico e nel linguaggio del comportamento nella realtà. Gli eroi della propaganda televisiva – giovani su motociclette, ragazze accanto a dentifrici – proliferano in milioni di eroi analoghi nella realtà. [...]

Se al livello della volontà e della consapevolezza la televisione in tutti questi anni è stata al servizio della Democrazia cristiana e del Vaticano, al livello involontario e inconsapevole essa è stata invece al servizio di un nuovo potere, che non coincide più ideologicamente con la Democrazia cristiana e non sa più che farsene del Vaticano.

L'ansia del consumo è un'ansia di obbedienza a un ordine non pronunciato. Ognuno in Italia sente l'ansia, degradante, di essere uguale agli altri nel consumare, nell'essere felice, nell'essere libero: perché questo è l'ordine che egli ha inconsciamente ricevuto, e a cui «deve» obbedire, a patto di sentirsi diverso. Mai la diversità è stata una colpa così spaventosa come in questo periodo di tolleranza. L'uguaglianza non è stata infatti conquistata, ma è una «falsa» uguaglianza ricevuta in regalo.

P.P. Pasolini, *Scritti corsari*, Milano, Garzanti, 1975

Tra passione e ideologia Un elemento ricorrente dell'opera di Pasolini è l'interesse per il popolo, in particolare per il **sottoproletariato delle borgate di Roma**. Sia nelle raccolte poetiche sia nei romanzi, l'autore privilegia la rappresentazione del mondo popolare, di cui mette in luce sia il **degrado materiale** e le difficili condizioni di vita, sia il **profondo vitalismo**, nutrito di un'autenticità morale ormai sconosciuta al mondo borghese. Nei confronti di questa realtà Pasolini manifesta un'adesione immediata, una «passione» che lo spinge a identificarsi con le avventure dei ragazzi di borgata, espressione di una **classe sociale miserabile ma genuina**.

Nonostante la sua adesione al PCI, Pasolini non condivide il presupposto marxista della «lotta di classe», che vorrebbe fare del popolo il protagonista di un riscatto sociale consapevole e programmatico. Alla rappresentazione ottimistica del proletariato tipica del Neorealismo – si pensi a *Metello* di Vasco Pratolini – egli contrappone quindi una visione in apparenza più realistica, che non nasconde la **sofferenza** e le difficoltà oggettive della vita delle periferie dietro un facile ottimismo ideologico. Al tempo stesso, però, la fiducia nella vitalità istintuale di questa classe sociale induce talvolta Pasolini a sfiorare il **populismo**, ossia l'idealizzazione acritica del popolo, portatore di un fascino primitivo e un po' torbido.

La produzione romanzesca

Questa adesione alla realtà popolare trova piena espressione nei romanzi *Ragazzi di vita* (1955) e *Una vita violenta* (1959), entrambi ambientati nei quartieri degradati delle «borgate» di Roma.

Ragazzi di vita è strutturato in otto capitoli tra loro autonomi sul piano narrativo, in cui si raccontano le **avventure di adolescenti sfaccendati** sullo sfondo della desolata periferia romana. Anche se è difficile isolare un vero protagonista, domina la figura del **Riccetto**, di cui il narratore segue il vagabondare e le avventure fino al suo arresto per furto. Alduccio, amico del Riccetto, esasperato dal degrado familiare, cercherà invece di accoltellare la madre, mentre il giovane Genesio annega nell'Aniene durante una gita. L'atteggiamento di Pasolini nei confronti di queste vite degradate è ambiguo, poiché oscilla tra la **denuncia sociale** e l'esaltazione di un **vitalismo disordinato e dolente**.

Temi analoghi sono presenti anche in *Una vita violenta,* in cui però alla dimensione corale si sostituisce una vicenda unitaria, incentrata sul gesto eroico del protagonista, **Tommasino**, che salva una famiglia dall'inondazione del Tevere ma muore poi di polmo-

Pier Paolo Pasolini fotografato con la madre da Mario Dondero nel 1961.

nite. L'intento di delineare una sorta di **cammino di formazione del protagonista verso una coscienza politica** resta piuttosto freddo e la morte di Tommasino sembra evidenziarne il fallimento.

Per descrivere la realtà del sottoproletariato urbano, Pasolini si serve nei due romanzi di un **linguaggio fortemente sperimentale**, adottando nelle parti dialogiche il romanesco e ricorrendo nelle sequenze narrative a un linguaggio medio-basso. La scelta del dialetto, tuttavia, è dovuta non soltanto a un intento di **rappresentazione mimetica** (cioè alla volontà di riprodurre la lingua effettivamente parlata dai personaggi), ma anche al particolare **interesse linguistico** di Pasolini per l'espressività del romanesco, ricreato "a tavolino" attraverso un'accurata operazione filologica.

Leonardo Sciascia

L'autore in cui la ricerca di forme espressive legate al dialetto si fonde più compiutamente con un costante **impegno etico e sociale** è Leonardo **Sciascia**. Nato a **Racalmuto** (Agrigento) nel 1921, Sciascia esordisce come scrittore con una raccolta di brani saggistico-narrativi dal titolo *Le parrocchie di Regalpetra* (1956). Alla fine degli anni Cinquanta si trasferisce a Roma, dove lavora presso il Ministero della Pubblica Istruzione, e nel **1961** pubblica *Il giorno della civetta*, in cui affronta il **tema della mafia**, seguiti da *A ciascuno il suo* (1966) e *Il contesto* (1971). Ritornato a Palermo, intraprende la carriera politica, prima come consigliere comunale e deputato del Partito comunista, poi come esponente del Partito radicale, partecipando alla commissione parlamentare d'inchiesta sul sequestro Moro (1978), a cui dedica il volume *L'affaire Moro* (1978). La sua attività si intensifica negli ultimi anni con la pubblicazione di romanzi gialli e d'inchiesta (*Todo modo*, 1974; *La scomparsa di Majorana*, 1975; *Il cavaliere e la morte*, 1988), **racconti** (*Il mare colore del vino,* 1971) e numerosi **saggi**, che si succedono fino alla morte, avvenuta nel 1989.

Una lucida rappresentazione della Sicilia

Gran parte della produzione di Sciascia è legata alla rappresentazione della **realtà siciliana**, svolta non nei modi della rievocazione nostalgica o folcloristica, ma come analisi delle cause di una arretratezza le cui origini vengono ricercate sia nel passato storico sia nella realtà contemporanea. In particolare, all'autore va il merito di aver parlato per primo, in opere rivolte al grande pubblico, dell'esistenza del **fenomeno mafioso**, centrale soprattutto ne *Il giorno della civetta*. Il romanzo narra la complessa **inchiesta su un delitto di mafia** svolta dal **capitano Bellodi**, un giovane originario di Parma animato da una severa istanza morale e civile e dalla fiducia nella razionalità e nella giustizia.

Giunto a un passo dalla verità, egli si scontra però con un sistema di **connivenze tra mafia e politica** che lo costringono ad abbandonare l'indagine e a lasciare la Sicilia. Sciascia tratta in modo coraggioso un tema di grande rilievo sociale, calandolo in una **forma narrativa accattivante** (il genere del **poliziesco d'inchiesta**) e sensibilizzando il pubblico con testi di esemplare chiarezza espressiva. A questi intenti e modalità narrative l'autore resta fedele anche nelle sue opere più tarde, come *Il contesto,* segnate però da un **crescente pessimismo** sulle sorti non solo della Sicilia ma dell'intera **Italia**, vista come **luogo di corruzione** e connivenza di poteri omertosi, in cui i principi di ordine e legalità sono destinati a naufragare.

⬤ Sosta di verifica

1 Per quali aspetti la vita e l'opera di Pasolini furono giudicate «scandalose»?

2 Qual è l'atteggiamento dell'autore nei confronti del sottoproletariato?

3 Qual è la tematica principale dell'opera di Sciascia?

4 A quale importantissimo avvenimento della storia politica italiana Sciascia dedica un volume d'inchiesta?

La parola all'autore

Pier Paolo Pasolini, «Amo la vita così ferocemente...»

In questa pagina datata 1960, Pasolini, intervistato da Elio Filippo Accrocca, ricorda il sofferto rapporto col padre, l'arrivo a Roma e i primi difficili anni da intellettuale in cerca di occupazione: i traslochi, le amicizie, le collaborazioni...Il brano si chiude con un lucido autoritratto in cui Pasolini confessa, senza reticenze, le proprie passioni.

Mio padre aveva puntato tutto su di me, sulla mia carriera letteraria, fin da quando ero piccolo, dato che ho scritto le prime poesie a sette anni: aveva intuito, pover'uomo, ma non aveva previsto, con le soddisfazioni, le umiliazioni. Credeva di poter conciliare la vita di un figlio scrittore col suo conformismo. L'inconciliabilità lo ha fatto impazzire: nell'atto steso di capire non capiva più niente... Nei primi mesi del '50 ero a Roma, con mia madre: mio padre sarebbe venuto anche lui, quasi due anni dopo, e da Piazza Costaguti saremmo andati a abitare a Ponte Mammolo: già nel cinquanta avevo cominciato a scrivere le prime pagine di Ragazzi di vita. Ero disoccupato, ridotto in condizioni di vera disperazione: avrei potuto anche morirne... la vita nella mia casa era sempre la stessa, sempre uguale alla morte. Mio padre soffriva, ci faceva soffrire: odiava il mondo che aveva ridotto a due tre dati ossessivi e inconciliabili: era uno che batteva continuamente, disperatamente, la testa contro un muro...Una notte tornai a casa, appena in tempo per vederlo morire.

Io ora continuo la solita vita: lavoro la mattina a casa... e poi i lavori pratici, il cinema, la redazione di «Officina»... Il dopopranzo esco, e vado a spasso, quasi sempre almeno fino alle due di notte: passo dalle borgate e dalla periferia più affamata... la maggior parte della mia vita la trascorro al di là del confine della città, oltre i capolinea... Amo la vita così ferocemente, così disperatamente, che non me ne può venire bene: dico i dati fisici della vita, il sole, l'erba, la giovinezza: è un vizio molto più tremendo della cocaina, non mi costa nulla, e ce n'è un'abbondanza sconfinata, senza limiti: e io divoro, divoro... Come andrà a finire, non lo so...

E.F. Accrocca, *Ritratti su misura di scrittori italiani*, Venezia, Sodalizio del libro, 1960

Pier Paolo Pasolini
Il Ferrobedò

Ragazzi di vita, cap. 1

Ragazzi di vita non è strutturato come un romanzo unitario, ma si basa sulla giustapposizione di episodi in sé quasi autonomi sul piano narrativo. Il primo di questi episodi, Il Ferrobedò, pubblicato autonomamente sulla rivista «Paragone» nel giugno 1951, prende il nome dalla storpiatura dialettale romanesca di «Ferro-Beton», un'impresa di costruzioni che sorgeva nel quartiere popolare di Donna Olimpia, alla periferia di Roma. L'episodio ha come protagonista il Riccetto, un ragazzino di periferia le cui vicende sono al centro di gran parte del romanzo. Dopo essere stato cresimato dal vescovo, egli sfugge alla cerimonia e corre alla fabbrica della Ferro-Beton, da cui, insieme ad altri ragazzi, sottrae chiodi e altro materiale da rivendere al mercato nero.

Era una caldissima giornata di luglio. Il Riccetto che doveva farsi la prima comunione e la cresima, s'era alzato già alle cinque; ma mentre scendeva giù per via Donna Olimpia coi calzoni lunghi grigi e la camicetta bianca, piuttosto che un comunicando o un soldato di Gesù pareva un pischello[1] quando se ne va acchittato[2] pei lungoteveri a ri-
5 morchiare. Con una compagnia di maschi uguali a lui, tutti vestiti di bianco, scese giù alla chiesa della Divina Provvidenza, dove alle nove Don Pizzuto gli fece la comunione e alle undici il Vescovo lo cresimò. Il Riccetto però aveva una gran prescia di tagliare[3]: da Monteverde giù alla stazione di Trastevere non si sentiva che un solo continuo rumore di macchine. Si sentivano i clacson e i motori che sprangavano[4] su per
10 le salite e le curve, empiendo la periferia già bruciata dal sole della prima mattina con un rombo assordante. Appena finito il sermoncino del Vescovo, Don Pizzuto e due tre chierici giovani portarono i ragazzi nel cortile del ricreatorio[5] per fare le fotografie: il Vescovo camminava fra loro benedicendo i familiari dei ragazzi che s'inginocchiavano al suo passaggio. Il Riccetto si sentiva rodere[6], lì in mezzo, e si decise a piantare
15 tutti: uscì per la chiesa vuota, ma sulla porta incontrò il compare[7] che gli disse: «Aòh, addò vai?[8]». «A casa vado», fece il Riccetto, «tengo fame.» «Vie' a casa mia, no, a fijo de na mignotta», gli gridò dietro il compare, «che ce sta er pranzo.» Ma il Riccetto non lo filò per niente[9] e corse via sull'asfalto che bolliva al sole. Tutta Roma era un solo rombo: solo lì su in alto, c'era silenzio, ma era carico come una mina. Il Riccetto
20 s'andò a cambiare. Da Monteverde Vecchio ai Granatieri la strada è corta: basta passare il Prato, e tagliare tra le palazzine in costruzione intorno al viale dei Quattro Venti: valanghe d'immondezza, case non ancora finite e già in rovina, grandi sterri[10] fangosi, scarpate piene di zozzeria[11]. Via Abate Ugone era a due passi. La folla giù dalle stradine quiete e asfaltate di Monteverde Vecchio, scendeva tutta in direzione dei Gratta-
25 cieli: già si vedevano anche i camion, colonne senza fine, miste a camionette, motociclette, autoblinde. Il Riccetto s'imbarcò tra la folla che si buttava verso i magazzini. Il Ferrobedò[12] lì sotto era come un immenso cortile, una prateria recintata, infossata in una valletta, della grandezza di una piazza o d'un mercato di bestia-

> Il narratore utilizza spesso termini ed espressioni dialettali o tipiche della lingua parlata popolare.

---

1. un pischello: *un ragazzetto.*
2. acchittato: *ben vestito.*
3. una gran prescia di tagliare: *una gran fretta di andarsene.*
4. sprangavano: *ci davano sotto* (secondo il *Glossario* redatto da Pasolini).
5. ricreatorio: *oratorio.*
6. si sentiva rodere: *era insofferente.*
7. il compare: *il padrino della cresima.*
8. addò vai?: *dove vai?*
9. non lo filò per niente: *non gli badò neppure, non gli diede ascolto.*
10. sterri: *zone di terreno sterrato.*
11. zozzeria: *sporcizia.*
12. Ferrobedò: *la fabbrica abbandonata della Ferro-Beton.*

me: lungo il recinto rettangolare s'aprivano delle porte: da una parte erano collocate delle casette regolari di legno, dall'altra i magazzini. Il Riccetto col branco di gente attraversò il Ferrobedò quant'era lungo, in mezzo alla folla urlante, e giunse davanti a una delle casette. Ma lì c'erano quattro Tedeschi che non lasciavano passare. Accosto la porta c'era un tavolino rovesciato: il Riccetto se l'incollò[13] e corse verso l'uscita. Appena fuori incontrò un giovanotto che gli disse: «Che stai a fà?[14]». «Me lo porto a casa, me lo porto», rispose il Riccetto. «Vie' con me, a fesso, che s'annamo a prenne la robba più mejo[15]».

«Mo vengo», disse il Riccetto. Buttò il tavolino e un altro che passava di lì se lo prese. Col giovanotto rientrò nel Ferrobedò e si spinse nei magazzini: lì presero un sacco di canapetti[16]. Poi il giovane disse: «Vie' qqua a incollà li chiodi[17]». Così tra i canapetti, i chiodi e altre cose, il Riccetto si fece cinque viaggi di andata e ritorno a Donna Olimpia. Il sole spaccava i sassi, nel pieno del dopopranzo, ma il Ferrobedò continuava a esser pieno di gente che faceva a gara coi camion[18] lanciati giù per Trastevere, Porta Portese, il Mattatoio, San Paolo, a rintronare l'aria infuocata. Al ritorno dal quinto viaggio il Riccetto e il giovanotto videro presso al recinto, tra due casette, un cavallo col carro. S'accostarono per vedere se si poteva tentare il colpaccio. Nel frattempo il Riccetto aveva scoperto in una casetta un deposito di armi e s'era messo un mitra a tracolla e due pistole alla cintola. Così armato fino ai denti montò in groppa al cavallo.

Ma venne un Tedesco e li cacciò via.

Mentre che il Riccetto viaggiava coi sacchi di canapetti su e giù da Donna Olimpia ai magazzini, Marcello stava cogli altri maschi nel caseggiato al Buon Pastore. La vasca formicolava[19] di ragazzi che si facevano il bagno schiamazzando. Sui prati sporchi tutt'intorno altri giocavano con una palla.

Agnolo chiese: «Addò sta er Riccetto?»

«È ito a fasse 'a comunione[20], è ito», gridò Marcello.

«L'animaccia sua!» disse Agnolo.

«Mo starà a pranzo dar compare suo», aggiunse Marcello.

Lì su alla vasca del Buon Pastore non si sapeva ancora niente. Il sole batteva in silenzio sulla Madonna del Riposo, Casaletto e, dietro, Primavalle. Quando tornarono dal bagno passarono per il Prato, dove c'era un campo tedesco.

Essi si misero a osservare, ma passò di lì una motocicletta con la carrozzella, e il Tedesco sulla carrozzella urlò ai maschi: «Rausch[21], zona infetta». Lì presso ci stava l'Ospedale Militare. «E a noi che ce frega?» gridò Marcello: la motocicletta intanto aveva rallentato, il Tedesco saltò giù dalla carrozzella e diede a Marcello una pizza[22] che lo fece rivoltare dall'altra parte. Con la bocca tutta gonfia Marcello si voltò come una serpe e sbroccolando[23] con i compagni giù per la scarpata, gli fece una pernacchia: nel fugge[24] che fecero, ridendo e urlando, arrivarono diretti fino davanti al Casermone. Lì incontrarono degli altri compagni. «E che state a ffà?[25]» dissero questi, tutti sporchi e sciammannati[26].

«Perché?» chiese Agnolo, «che c'è da fà?» «Annate ar Ferrobedò, si volete vede[27] quarcosa». Quelli c'andarono di fretta e appena arrivati si diressero subito

---

13. se l'incollò: *se lo caricò in spalla.*

14. Che stai a fà?: *che cosa stai facendo?* (romanesco).

15. s'annamo ... mejo: *andiamo a prenderci la roba migliore* (romanesco).

16. canapetti: *fili metallici simili a canapa.*

17. Vie' ... chiodi: *vieni qua a prenderti i* chiodi (romanesco).

18. faceva ... camion: *i camion dei tedeschi, anch'essi intenti a saccheggiare la fabbrica.*

19. formicolava: *era piena.*

20. È ito ... comunione: *è andato a farsi la comunione.*

21. Rausch: *fuori* (tedesco).

22. una pizza: *un ceffone.*

23. sbroccolando: *scappando.*

24. nel fugge: *nel fuggire, nello scappare.*

25. E che ... a ffà?: *che cosa state facendo?* (romanesco).

26. sciammannati: *sciatti.*

27. vede: *vedere.*

in mezzo alla caciara[28] verso l'officina meccanica. «Smontamo er motore», gridò Agnolo. Marcello invece uscì dall'officina meccanica e si trovò solo in mezzo alla baraonda, davanti alla buca del catrame. Stava per caderci dentro, e affogarci come un indiano nelle sabbie mobili, quando fu fermato da uno strillo:
75 «A Marcè, bada[29], a Marcè!». Era quel fijo de na mignotta del Riccetto con degli altri amici. Così andò in giro con loro. Entrarono in un magazzino e fecero man bassa di barattoli di grasso, di cinghie di torni e di ferraccio. Marcello ne portò a casa mezzo quintale e gettò la merce in un cortiletto, dove la madre non
80 la potesse vedere subito. Era dal mattino che non rincasava: la madre lo menò. «Addò sei ito[30], disgraziato», gli gridava crocchiandolo[31]. «So' ito a famme er bagno, so' ito», diceva Marcello ch'era un po' storcinato[32], e magro come un grillo, cercando di parare i colpi. Poi venne il fratello più grosso e vide nel cortiletto il deposito. «Fregnone», gli gridò, «sta a rubbà sta mercanzia, sto fijo de
85 na mignotta». Così Marcello ridiscese al Ferrobedò col fratello, e questa volta portarono via da un vagone copertoni di automobile. Scendeva già la sera e il sole era più caldo che mai: già il Ferrobedò era più affollato d'una fiera, non ci si poteva più muovere. Ogni tanto qualcuno gridava: «Fuggi, fuggi, ce stanno li Tedeschi», per fare scappare gli altri e rubare tutto da solo.

P.P. Pasolini, Ragazzi di vita, Milano, Garzanti, 1955.

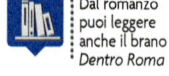

Anche nell'ambito dei rapporti familiari i ragazzi di borgata non sembrano trovare veri affetti, ma vedono riprodotte le stesse dinamiche della vita di quartiere.

Dal romanzo puoi leggere anche il brano *Dentro Roma*

---

28. **caciara:** *confusione.*
29. **bada:** *sta' attento.*

30. **Addò sei ito:** *dove sei andato* (romanesco).

31. **crocchiandolo:** *mentre lo picchiava.*
32. **storcinato:** *storto.*

→ Analisi del testo

COMPRENSIONE

Ragazzi di vita ha un **esordio brusco** e immediato. Dopo una semplice indicazione temporale («Era una caldissima giornata di luglio»), il lettore è subito trasportato **nel cuore dell'ambiente rappresentato** e posto di fronte al protagonista. Il Riccetto – di lui si saprà sempre soltanto il soprannome – ha appena ricevuto la prima comunione e la cresima ma, insofferente a ogni costrizione, si allontana appena possibile dalla chiesa per raggiungere il Ferrobedò, una fabbrica abbandonata. Eludendo la sorveglianza dei soldati tedeschi, il Riccetto e i suoi compagni rubano una gran quantità di chiodi e materiali metallici per rivenderli. Tra la fabbrica e i vagabondaggi nella periferia si consuma la giornata dei «ragazzi di vita».

ANALISI E INTERPRETAZIONE

Un ambiente degradato L'episodio si svolge nelle **borgate popolari di Roma** nell'**estate del 1944**, nel clima di confusione e anarchia di una città ancora occupata dai tedeschi, che sono però ormai sul punto di ritirarsi di fronte all'avanzata degli Alleati. La scelta di ambientare il primo episodio del romanzo in una fabbrica abbandonata, fra i resti della produzione industriale e le macerie della guerra, risponde a un'esigenza al tempo stesso realistica e simbolica. Lo scenario desolato e squallido della periferia immerge infatti il lettore nel difficile contesto sociale dei «ragazzi di vita», ma si fa anche emblema del **caos in cui versa l'Italia alla fine della guerra**. Come Pasolini stesso spiega in una lettera all'editore Garzanti del novembre 1954, «questa è la matrice, l'ambiente dove cova l'infanzia del Riccetto e degli altri: al tempo della liberazione è il simbolo della devastazione e dell'abbandono: distrutta dai tedeschi, saccheggiata dalla gente, lurida, cadente».

Fra miseria e vitalismo In questo ambiente degradato si svolgono le **avventure corali dei «pischelli» di borgata**, fra cui spicca fin dalle prime righe la figura del Riccetto. Insofferente e vivacissimo, il ragazzo si muove con agile disinvoltura tra «valanghe d'immondezza, case non ancora finite e già in rovina… scarpate piene di zozzeria», approfittando del disordine generale per compiere il suo piccolo saccheggio. Il narratore, ben lontano dall'esprimere un giudizio morale, si sofferma piuttosto sulla **straordinaria vitalità** del Riccetto e dei suoi compagni, mettendo implicitamente in risalto la loro genuina umanità, il desiderio di riscattarsi dalla miseria attraverso una voglia di vivere che sembra irridere le difficoltà e l'indifferenza ostile degli adulti. Nel descrivere con sguardo partecipe le imprese di questi giovanissimi **anti-eroi**, Pasolini compie un atto di **denuncia sociale**, evidenziando le difficoltà dei ceti popolari urbani nell'immediato dopoguerra, ma soprattutto indugia nella **descrizione compiaciuta di un mondo degradato**, ma immune dall'ipocrisia borghese.

Lingua e dialetto Per descrivere questa realtà, Pasolini ricorre a una **mescolanza di registri linguistici diversi**. Nei **dialoghi** viene riprodotto fedelmente il **dialetto romanesco**, ricostruito con grande attenzione linguistica nelle sue interiezioni («Aòh!»), nelle ripetizioni espressive («Me lo porto a casa, me lo porto»; «È ito a fasse 'a comunione, è ito») e nelle espressioni anche volgari di uso corrente («fijo de na mignotta»; «L'animaccia sua!»). La **voce narrante**, invece, ricorre a un linguaggio più composto, che oscilla fra un **registro medio-alto e talvolta letterario** («empiendo la periferia già bruciata dal sole della prima mattina con un rombo assordante») e l'adozione del punto di vista e del **linguaggio dei**

personaggi stessi, spesso riprodotto nella forma del **discorso indiretto libero** («Il Riccetto però aveva una gran prescia di tagliare»). Al di là del desiderio di conferire realismo alla narrazione, la continua oscillazione tra la lingua bassa dei personaggi e quella alta e colta dell'autore sottolinea quindi l'ambiguità dell'atteggiamento di Pasolini, diviso fra l'istintiva adesione al mondo popolare e il distacco che gli deriva dalla sua posizione di intellettuale colto.

Il metodo di lavoro Riflettendo sul proprio rapporto con il dialetto romanesco e sul suo utilizzo nei romanzi *Ragazzi di vita* e *Una vita violenta*, Pasolini, in un articolo apparso su «Città aperta» nella primavera del 1958, dichiara: «Spesse volte, se pedinato, sarei colto in qualche pizzeria di Torpignattara, della Borgata Alessandrina, di Torre Maura o di Pietralata, mentre su un foglio di carta annoto modi idiomatici, punte espressive o vivaci, lessici gergali presi di prima mano dalle bocche dei «parlanti» fatti parlare apposta […] Così si esaurisce il «colore» del mio metodo di lavoro. Tutto il resto accade nella solitudine della mia stanza».

Lavoriamo sul testo

COMPRENSIONE

1 Suddividi il brano in brevi sequenze narrative, assegnando a ciascuna un titolo riassuntivo del suo contenuto.

2 Perché il Riccetto si reca al Ferrobedò? Qual è il suo scopo?

3 Quali altri compagni sono coinvolti nell'avventura descritta dall'autore?

4 Che cosa accade quando il soldato tedesco tenta di allontanare il Riccetto e i suoi amici?

LINGUA E LESSICO

5 Analizza il brano dal punto di vista linguistico, individuando in particolare nelle parti non dialogate l'alternanza tra espressioni medio-alte e locuzioni e termini tipici del romanesco.

6 Individua tutte le parole in cui è presente un diminutivo o un vezzeggiativo; qual è a tuo parere il motivo di questa scelta stilistica da parte dell'autore?

ANALISI E INTERPRETAZIONE

7 Dopo aver individuato gli elementi descrittivi che permettono di ricostruire l'ambiente in cui si muovono i personaggi, spiega quali caratteristiche presenta.

8 Nel brano ricorrono molte notazioni acustiche. Di quale tipo di suoni si tratta? Per quale motivo, a tuo parere, il narratore insiste sulla loro registrazione?

9 In quali punti del brano si fa riferimento all'occupazione tedesca? Quale ruolo svolgono i soldati nella narrazione?

10 Analizza il comportamento dei personaggi nei confronti del vescovo, del soldato tedesco e dei familiari. Quale tipo di rapporto hanno i protagonisti con il mondo degli adulti?

SCRITTURA E APPROFONDIMENTI

11 Riscrivi il brano in lingua italiana, immaginando che il Riccetto racconti a un amico l'impresa compiuta. Dovrai quindi narrare in prima persona, adottando il punto di vista del personaggio.

12 I primi due film girati da Pasolini, *Accattone* (1961) e *Mamma Roma* (1962), costituiscono una ideale continuazione delle vicende dei "ragazzi di vita" affrontate nei romanzi, con un'analoga idealizzazione del vitalismo popolare che non esclude la rappresentazione del degrado. Dopo aver visto uno dei due film, confrontalo con la narrativa, evidenziandone analogie e differenze.

Leonardo Sciascia
L'interrogatorio di don Mariano

Il giorno della civetta

La storia raccontata nel romanzo Il giorno della civetta *(1961) trae spunto dalla fine di un sindacalista comunista, Accursio Miraglia, assassinato a Sciacca nel 1947 dalla mafia. Il titolo allude infatti ai meccanismi del sistema mafioso e, più in generale, alla realtà socio-politica della Sicilia, paradossali come il volo di una civetta in pieno giorno.*

Grazie a una confidenza di Calogero Dibella, il capitano Bellodi, incaricato delle indagini sull'assassinio di Salvatore Colasberna, è venuto a sapere che il mandante dell'omicidio potrebbe essere il capo mafia locale, don Mariano Arena. Le pagine riportate descrivono l'interrogatorio cui Bellodi sottopone don Mariano, che si è presentato nel suo ufficio estremamente tranquillo e sereno.

> Don Mariano fece un gesto di noncuranza.
> «Abbiamo anche copia della sua denuncia dei redditi e della cartella di esattoria[1]: lei ha denunciato un reddito…»
> «Uguale al mio», intervenne il brigadiere[2].
> 5 «… e paga di tasse…»
> «Un po' meno di me» disse ancora il brigadiere.
> «Vede?» disse il capitano. «Ci sono molte cose da chiarire, che lei deve spiegare…»
> Di nuovo don Mariano fece un gesto di noncuranza.
> "Questo è il punto – pensò il capitano – su cui bisognerebbe far leva. È inutile tentare di incastrare nel penale un uomo come costui: non ci saranno mai prove sufficienti, il silenzio degli onesti e dei disonesti lo proteggerà sempre. […]
> 10
> Bisognerebbe, di colpo, piombare sulle banche; mettere mani esperte nelle contabilità, generalmente a doppio fondo, delle grandi e delle piccole aziende; revisionare i catasti. […] Soltanto così a uomini come don Mariano comincerebbe a mancare il terreno sotto i piedi… In ogni altro paese del mondo, una evasione
> 15 fiscale come questa che sto constatando sarebbe duramente punita: qui don Mariano se ne ride, sa che non gli ci vorrà molto ad imbrogliare le carte".
> «Gli uffici fiscali, a quanto vedo, non sono la sua preoccupazione».
> «Non mi preoccupo mai di niente» disse don Mariano.
> 20 «E come mai?»
> «Sono un ignorante; ma due o tre cose che so, mi bastano: la prima è che sotto il naso abbiamo la bocca: per mangiare più che per parlare…»
> «Ho la bocca anch'io, sotto il naso» disse il capitano «ma le assicuro che mangio soltanto quello che voi siciliani chiamate il pane del governo[3]».
> 25 «Lo so: ma lei è un uomo».
> «E il brigadiere?» domandò ironicamente il capitano, indicando il brigadiere D'Antona.
> «Non lo so» disse don Mariano squadrando il brigadiere con molesta, per il brigadiere, attenzione.
> «Io» proseguì poi don Mariano «ho una certa pratica del mondo; e quella che diciamo
> 30 l'umanità, e ci riempiamo la bocca a dire umanità, bella parola piena di vento[4], la

---

Fin dalle prime battute del romanzo, il capitano Bellodi si rende conto del sistema di complicità che protegge don Mariano e dell'estrema difficoltà di riuscire ad accusarlo.

Apri il vocabolario

Ricalcato su una voce del latino medievale, il termine "evasione" ha significati diversi a seconda del contesto di riferimento. Può infatti assumere il senso di "fuga" da un luogo fisico o di uno stato mentale (e in questo caso è sinonimo di "distrazione, distacco"). In ambito fiscale il sostantivo fa riferimento al mancato pagamento delle tasse.

---

1. cartella di esattoria: ricevuta delle imposte versate al fisco.
2. brigadiere: sottufficiale che assiste all'interrogatorio.

3. pane del governo: lo stipendio di dipendente statale.
4. piena di vento: *vuota, priva di significato.*

divido in cinque categorie: gli uomini, i mezz'uomini, gli ominicchi[5], i (con rispetto parlando) pigliainculo e i quaquaraquà[6]… Pochissimi gli uomini; i mezz'uomini pochi, ché[7] mi contenterei l'umanità si fermasse ai mezz'uomini… E invece no, scende ancora più giù, agli ominicchi: che sono come i bambini che si credono grandi, scimmie che fanno le stesse mosse dei grandi… E ancora più in giù: i pigliainculo, che vanno diventando un esercito… E infine i quaquaraquà: che dovrebbero vivere con le anatre nelle pozzanghere, ché la loro vita non ha più senso e più espressione di quella delle anatre… Lei, anche se mi inchioderà su queste carte come un Cristo, lei è un uomo…»

«Anche lei» disse il capitano con una certa emozione. E nel disagio che subito sentì di quel saluto delle armi[8] scambiato con un capo mafia, a giustificazione pensò di avere stretto le mani, nel clamore di una festa della nazione, e come rappresentanti della nazione circonfusi[9] di trombe e bandiere, al ministro Mancuso e all'onorevole Livigni[10]: sui quali don Mariano aveva davvero il vantaggio di essere un uomo. Al di là della morale e della legge, al di là della pietà, era[11] una massa irredenta[12] di energia umana, una massa di solitudine, una cieca e tragica volontà: e come un cieco ricostruisce nella mente, oscuro ed informe, il mondo degli oggetti, così don Mariano ricostruiva il mondo dei sentimenti, delle leggi, dei rapporti umani. E quale altra nozione poteva avere del mondo, se intorno a lui la voce del diritto era stata sempre soffocata dalla forza e il vento degli avvenimenti aveva soltanto cangiato[13] il colore delle parole su una realtà immobile e putrida? «Perché sono un uomo: e non un mezz'uomo o addirittura un quaquaraquà?» domandò con esasperata durezza.

«Perché» disse don Mariano «da questo posto dove lei si trova è facile mettere il piede sulla faccia di un uomo: e lei invece ha rispetto… Da persone che stanno dove sta lei, dove sta il brigadiere, molti anni addietro io ho avuto offesa, peggiore della morte: un ufficiale come lei mi ha schiaffeggiato; e giù, nelle camere di sicurezza, un maresciallo mi appoggiava la brace del suo sigaro alla pianta dei piedi, e rideva… E io dico: si può più dormire quando si è stati offesi così?»

«Io dunque non la offendo?»

«No: lei è un uomo» affermò ancora don Mariano.

«E le pare cosa da uomo ammazzare o fare ammazzare un altro uomo?»

«Io non ho mai fatto niente di simile. Ma se lei mi domanda, a passatempo, per discorrere di cose della vita, se è giusto togliere la vita a un uomo, io dico: prima bisogna vedere se è un uomo…»

«Dibella[14] era un uomo?»

«Era un quaquaraquà» disse con disprezzo don Mariano: «si era lasciato andare, e le parole non sono come i cani cui si può fischiare a richiamarli».

«E lei aveva particolari motivi per classificarlo così?»

«Nessun motivo: lo conoscevo appena».

«Eppure il suo giudizio è esatto: e ci devono essere gli elementi di base… Forse lei sapeva che era una spia, un *confidente* dei carabinieri…»

---

5. ominicchi: *omiciattoli, uomini da poco.* Il termine è allo stesso tempo diminutivo e dispregiativo.
6. quaquaraquà: la parola, che riprende il verso delle anatre, indica chiacchieroni e spioni, vale a dire uomini che per il codice d'onore della mafia non valgono niente.

7. ché: *e.*
8. saluto delle armi: il saluto a un nemico che si rispetta.
9. circonfusi: *circondati.*
10. Mancuso… Livigni: due uomini politici legati alla mafia.

11. era: *c'era.*
12. irredenta: *non liberata.*
13. cangiato: *cambiato.*
14. Dibella: il confidente di polizia assassinato e sul quale si stanno svolgendo le indagini.

«Non me ne curavo».

«Ma lo sapeva...»

75 «Lo sapeva tutto il paese».

«Le nostre segrete fonti di informazioni...» disse con ironia il capitano, voltandosi a guardare il brigadiere. E a don Mariano: «E forse Dibella rendeva qualche servizio agli amici passando a noi determinate confidenze... Lei che ne dice?»

80 «Non lo so».

«Ma almeno per una volta, una diecina di giorni addietro, Dibella si è lasciato sfuggire una informazione giusta: in questo ufficio, seduto dove è seduto lei... Lei come ha fatto a saperlo?»

«Non l'ho saputo: e a saperlo non ne avrei avuto né caldo né freddo».

85 «Forse il Dibella è venuto da lei a confessare l'errore, agitato dal rimorso...»

«Era una persona da sentire paura, non da sentire rimorso: e non c'era ragione perché venisse da me».

«E lei, è uomo da sentire rimorso?»

«Né rimorso né paura; mai».

90 «Certi suoi amici dicono che lei è religiosissimo».

«Vado in chiesa, mando denaro agli orfanotrofi...»

«Crede che basti?»

«Certo che basta: la Chiesa è grande perché ognuno ci sta dentro a modo proprio».

«Non hai mai letto il Vangelo?»

95 «Lo sento leggere ogni domenica».

«Che gliene pare?»

«Belle parole: la Chiesa è tutta una bellezza».

«Per lei, vedo, la bellezza non ha niente a che fare con la verità».

Renato Guttuso, *Santa Panagia, Sicilia*, 1956.

100 «La verità è nel fondo di un pozzo: lei guarda in un pozzo e vede il sole o la luna; ma se si butta giù non c'è più né sole né luna, c'è la verità[15]».

Il brigadiere cominciava a stancarsi: si sentiva come un cane costretto a seguire il cammino del cacciatore attraverso una pietraia arsa, dove non stinge[16] la più tenue traccia di selvaggina. Un lungo contorto cammino: sfioravano appena i morti ammazzati e subito allargavano il giro; la Chiesa, l'umanità, la morte.

105 Una conversazione da circolo, Cristo di Dio: e con un delinquente…

«Lei ha aiutato molti uomini» disse il capitano «a trovare la verità in fondo a un pozzo».

Don Mariano gli aprì in faccia occhi freddi come monete di nichel. Non disse niente.

L. Sciascia, *Il giorno della civetta*, Torino, Einaudi, 1961.

---

15. **la verità:** la morte. 16. **stinge:** *non fiuta, non percepisce.*

Analisi del testo

COMPRENSIONE

L'interrogatorio ha inizio con una serie di domande di Bellodi sulla **fonte del denaro** di don Mariano il quale, pur non potendo chiarire l'origine della sua ricchezza, ostenta sicurezza e indifferenza. Nel seguito del dialogo, il mafioso ha modo di esporre la sua singolare visione del mondo e degli uomini e di manifestare la sua **ammirazione verso il capitano**, che non può fare a meno di contraccambiare l'attestazione di stima. A disagio, Bellodi riprende l'interrogatorio in modi più stringenti, ma la conversazione si sposta nuovamente su tematiche più vaste, lasciando il capitano perplesso e sfiancato dal lungo confronto.

ANALISI E INTERPRETAZIONE

Due degni avversari Durante le fasi dell'interrogatorio, emergono le caratteristiche principali del capitano Bellodi e di don Mariano, due personaggi che, pur essendo avversari, presentano alcuni tratti in comune. Bellodi esprime l'ideologia dell'Italia democratica e antifascista, basata sul **diritto** e sulla **legalità**. Il capomafia locale, invece, è portavoce di una ideologia arcaica, figlia di una visione del mondo in cui per comandare e imporre le proprie idee contano solo l'**egoismo** e la **violenza**. I principi morali di don Mariano si basano su un'idea distorta della dignità umana, del rispetto e anche della **religione**, considerata un insieme di «belle parole» che nulla hanno a che vedere con la verità della vita e della morte. Al di là delle differenze, tuttavia, entrambi i personaggi appaiono dotati di una **forte personalità** e sono animati dalla ferma convinzione di essere i depositari di una corretta visione del mondo.

La complessa visione dell'autore Mentre sta spiegando la sua personale concezione degli uomini, don Mariano riconosce in Bellodi i tratti dell'«uomo»; allo stesso modo anche il capitano mostra **rispetto** verso il capomafia, arrivando addirittura a definirlo migliore di tanti ministri con cui ha avuto a che fare. Questo «saluto delle armi» ha suscitato molte polemiche tra i lettori, che hanno talora accusato Sciascia di **ambiguità nella condanna del fenomeno mafioso**. In realtà dal brano non emerge alcun dubbio sulla condanna della mafia e lo stesso può dirsi circa la distinzione netta tra il ruolo positivo di Bellodi e quello negativo di don Mariano. È però innegabile che l'autore conceda a quest'ultimo maggiore spessore umano rispetto a quello riservato ai **politici corrotti** che, operando dall'interno dello Stato, ne sovvertono subdolamente le fondamenta. La polemica di Sciascia, fondata su una visione pessimistica della natura umana, coinvolge in senso ampio tutti i responsabili del sovvertimento dello spirito democratico, basato sulla legalità e sulla morale.

Un genere impegnato La scrittura di Sciascia è **scorrevole** e garantisce un approccio immediato e agevole alla lettura. Il ritmo narrativo è rapido, fondato su un **dialogo serrato**, mentre la **struttura del giallo** tiene avvinta l'attenzione del lettore, indotto a chiedersi quale sarà l'esito della vicenda. Il romanzo però non mira soltanto all'intrattenimento; **la denuncia e la riflessione** sui valori della legalità e della convivenza civile sono molto evidenti. L'autore, tuttavia, adotta consapevolmente alcune tecniche e modalità tipiche della narrativa di consumo, spinto dal desiderio di raggiungere il maggior numero possibile di lettori cui affidare un **messaggio civilmente impegnato**.

Lavoriamo sul testo

COMPRENSIONE

1 Dalla narrazione, e in particolare dai dialoghi, emerge il carattere dei personaggi. Descrivili e ricostruisci il loro modo di pensare e agire.

2 Perché don Mariano afferma che il capitano è un «uomo»? Come motiva questa convinzione?

3 Per quale motivo invece Dibella viene considerato una nullità?

4 Aiutandoti con un dizionario, cerca l'etimologia dei termini elencati, quindi scrivi una frase di senso compiuto per ciascuno di essi.

noncuranza

....

reddito

....

brigadiere

....

pozzanghere

....

5 Scrivi un sinonimo per ognuna delle seguenti parole tratte dal brano:

evasione

....

tasse

....

cangiante

....

confidente

....

6 Qual è la funzione grammaticale di "che" nella frase «la bellezza non ha niente a che fare con la verità» (r. 98)?

ANALISI E INTERPRETAZIONE

7 Il linguaggio utilizzato nel brano appare ricercato, colloquiale o gergale? Rispondi facendo opportuni riferimenti al testo.

8 «La verità è nel fondo di un pozzo: lei guarda in un pozzo e vede il sole o la luna; ma se si butta giù non c'è più né sole né luna, c'è la verità» (rr. 99-100). Chiarisci il senso della metafora usata da don Mariano per esprimere il suo concetto di verità.

9 Analizza le reazioni del capitano Bellodi di fronte ai giudizi sul suo conto da parte del capo mafia. Ti pare lusingato? Oppure ne prende le distanze?

SCRITTURA E APPROFONDIMENTI

10 Analizza in un breve testo argomentativo quale ritratto della mafia e quale giudizio sulle istituzioni emergono dal colloquio tra i due personaggi, chiarendo qual è, a tuo parere, la posizione di Sciascia in merito a queste tematiche.

Carlo Cassola

T8 L'arrivo di Bube

La ragazza di Bube, parte prima

Il brano è tratto dalle prime pagine del romanzo La ragazza di Bube *(1960), ambientato in Val d'Elsa tra il 1946 e il 1948. Siamo all'inizio della vicenda, quando il giovane partigiano Bube compare davanti alla casa della famiglia di Mara.*

La ragazza, che attende il ritorno dei genitori dal lavoro, accoglie con freddezza Bube, che le si presenta come un compagno del fratello Sante, rimasto ucciso durante la Resistenza. Poco dopo rincasa il padre di Mara, che intrattiene con Bube un breve dialogo.

Il pomeriggio del giorno dopo, Mara era di nuovo affacciata alla finestra di cucina. Guardava in fondo al vicolo, nel breve tratto di strada che era dato vedere, sperando che comparisse una macchina americana. Era stato così divertente i primi giorni dell'arrivo degli americani! Ce n'erano una quantità accampati sotto la canonica;

5 arrivavano con le macchine in mezzo agli olivi, e in un punto ci avevano spianato per giocarci col pallone. La sera erano entrati in giro per il paese, bussavano a tutte le porte chiedendo il vino: in cambio davano pacchetti di sigarette e roba in scatola. A lei avevano regalato tavolette di cioccolata, caramelle e biscotti. Le dicevano: «Signorina, bella signorina». Ma lei ne aveva paura e scappava. A un tratto, era-

10 no partiti; ne erano arrivati degli altri, ma c'erano rimasti due giorni soltanto; dopo di allora, passava ogni tanto qualche macchina, ed era tutto.

Si sentì il rumore di una macchina. Ansava su per la salita breve ma ripida che immetteva in paese. Mara guardò ancora più intensamente da quella parte, sperando che fosse un camion americano.

15 Non era americano. Era un camion civile, piccolo e sgangherato[1]; c'erano sopra la rete di un letto, un materasso, un comò, una catasta di sedie, altri mobili. C'era anche un giovanotto, che saltò giù prima ancora che il camion si fermasse. Aveva uno zaino in spalla, e un fazzoletto rosso al collo[2].

Benché un partigiano non fosse così interessante come un americano, Mara ri-

20 mase a guardarlo. Lo vide parlare col conducente. Poi il camion ripartì. Il giovanotto si guardò intorno, come se non sapesse dove andare. Chiese qualcosa a una bimbetta, e questa gli rispose indicando proprio in direzione della loro casa. Il giovane venne diritto da lei. Si fermò sotto la finestra:

«Sta qui Castellucci?»

25 «Sì» rispose Mara. «Ma ora non c'è».

Di nuovo il giovane parve indeciso. Mordicchiandosi un dito, Mara lo osservava. Era magrolino, bruno, coi capelli lisci e i baffetti.

«E dov'è?» fece a un tratto.

«A Colle[3]» rispose Mara.

30 «Ma torna?»

«E chi lo sa. Certe sere torna, e certe altre rimane a dormire a Colle».

---

1. sgangherato: *traballante.*
2. fazzoletto rosso al collo: simbolo di riconoscimento dei partigiani.
3. Colle: Colle di Val d'Elsa, comune nella provincia di Siena.

Lettura · Comprensione · Analisi · Interpretazione · Produzione scritta

«Allora era meglio se mi fermavo a Colle» disse il giovane, come parlando tra sé. «Lei chi è? La figlia?» Mara annuì. «Non c'è nessuno in casa?» Mara fece segno di no. «Io ero un compagno[4] del povero Sante» disse a un tratto il giovane.

35 Mara non rispose nulla. Le dava fastidio quando rammentavano il fratello.

«Be', ormai che ci sono, lo aspetto» si decise bruscamente il giovane. Mara si scostò dalla finestra, ma senza andargli incontro.

Il giovane entrò, salì i due scalini che immettevano in cucina, si sfilò lo zaino e lo appoggiò contro il muro. Poi si guardò intorno incerto; e, di nuovo, ebbe un'uscita brusca:

40 «Sua madre c'è?»

«No», rispose Mara. Continuava a osservarlo. Sembrava molto giovane, perché aveva la barba fatta solo sul mento. E nello stesso tempo aveva un aspetto serio, da uomo. Era tutto stracciato[5]: una tasca della giacca era scucita; uno strappo su un pantalone gli metteva a nudo il ginocchio. [...]

45 Tornò per primo il padre. «Mamma dov'è?» chiese con malgarbo.

«A spigolare[6]» rispose Mara. E, vedendo che il padre faceva l'atto di salire in camera: «Guarda, c'è questo...» si scostò e indicò il giovane.

Il padre si fermò, interdetto.

«Ero un compagno di Sante» disse il giovane.

50 «Ah» fece il padre. «Piacere, giovane. Sono contento...» Non trovava le parole. «E mamma?» ripeté voltandosi verso la figliola.

«Te l'ho detto, è a spigolare».

«Ah, sì.» Sembrò rammentarsi di qualcosa: «E Vinicio[7]? Ha sempre la febbre? Ma accendi, che non ci si vede un accidente».

55 «Non hanno ancora dato la luce» rispose Mara.

«Ah.» Tornò a rivolgersi al giovane: «Accomodati. Fai come se fossi in casa tua. Dunque, tu eri con Sante...».

«Anche quella volta a Montespertoli[8]» rispose il giovane.

«Ah». E il padre si passò una mano sulla faccia nera di barba. «E dimmi: sei di 60 queste parti?»

«Di Volterra» rispose il giovane. «Ora sono in viaggio per tornare a casa. Potevo magari arrivare in serata; ma ho pensato, giacché ero sulla strada, di fermarmi a casa di...»

«E hai fatto bene. Ti ho visto con tanto piacere. Questa è casa tua, figliolo. I compagni di Sante, per me sono come figlioli. Ora appena torna mamma si cena, e 65 poi te ne vai a dormire. Lo mettiamo in camera di Sante» aggiunse rivolto a Mara. «Te, magari, puoi andare dalla zia».

«Ma io non voglio arrecare disturbo» si affrettò a dire il giovane. «Io posso adattarmi anche qui in cucina. Sono abituato a dormire in terra» aggiunse con un leggero sorriso.

«Neanche per idea» fece il padre. «Te l'ho detto, qui devi far conto di essere a casa tua. 70 Puoi restare tutto il tempo che vuoi. E, scusa la mia curiosità, giovane... come ti chiami?»

«Cappellini Arturo. Però m'hanno sempre chiamato Bube».

«Ma da partigiano, come ti chiamavi?»

«Vendicatore» rispose il giovane.

«Ah, sì. L'avevo sentito fare il tuo nome, da Sante... Vendicatore, appunto» ripeté come per convincersi che quel nome gli era noto.

---

4. compagno: *compagno di lotta partigiana.*

5. stracciato: *lacero, trasandato.*

6. spigolare: *pratica che consiste nel raccogliere le spighe del grano in un campo già mietuto.*

7. Vinicio: *è il fratello minore di Mara.*

8. quella volta a Montespertoli: *cioè quando Sante è rimasto ucciso.*

COMPRENSIONE

1 A che cosa sta pensando Mara nel momento in cui vede arrivare il piccolo camion su cui viaggia Bube?

2 Come reagisce Mara a sentire il nome del fratello Sante?

3 Suddividi il brano in piccole sequenze e stendine un breve riassunto in un massimo di otto righe.

4 Quale funzione grammaticale ha "che" nella frase «sperando che fosse un camion americano» (rr. 13-14)?

5 Nel testo letto prevale la paratassi o l'ipotassi? Quale effetto produce la scelta dell'autore?

→ Oltre il testo   Confrontare e analizzare

- Lo stile di Cassola si differenzia o meno dal linguaggio utilizzato dagli autori neorealisti? Rispondi mettendo a confronto il brano letto con almeno altri due testi dell'unità sul Neorealismo.

ANALISI E INTERPRETAZIONE

6 La prima parte del brano si riferisce a un evento storico. Quale? In quali termini e da quale punto di vista è ricordato?

→ Oltre il testo   Confrontare e analizzare

- Metti a confronto questa breve rievocazione di uno scenario ancora profondamente segnato dalla guerra con quella che trovi nel *Ferrobedò* (p. 392) di Pasolini: quali ti sembrano le differenze più significative?

7 Quali situazioni e ambienti quotidiani vengono evocati nel brano?

→ Oltre il testo   Confrontare e analizzare

- Confronta il brano di Cassola con quello di Bassani tratto dal *Giardino dei Finzi-Contini* (p. 372); sei d'accordo nell'accomunare questi due autori come esponenti di una vena "elegiaca" che si contrappone al crudo realismo degli autori neorealisti? Rispondi in un testo scritto di massimo dieci righe.

8 Perché il padre di Mara risponde quasi sempre per monosillabi («Ah»; «Ah, sì»)? Quale aspetto della psicologia del personaggio vuole sottolineare l'autore insistendo su questa modalità interlocutiva?

9 Nel brano sono presenti termini bassi e colloquiali o, al contrario, termini elevati e letterari?

→ Oltre il testo   Confrontare e analizzare

- Confronta la lingua di Cassola con quella di Tomasi di Lampedusa e Gadda e spiega in un breve testo scritto quali sono le principali differenze tra questi tre autori.

SCRITTURA E APPROFONDIMENTI

10 Dopo aver riletto il profilo storico-letterario dedicato a Cassola spiega per quale motivo questo autore può essere considerato un "post-neorealista", mettendo a confronto la sua opera con quella di altri autori a lui contemporanei (per esempio Fenoglio o Elsa Morante).

Guida alla verifica orale

 Verifica le tue conoscenze

DOMANDA N. 1 Quali tendenze si affermano nella narrativa italiana negli anni Cinquanta e Sessanta?

LA RISPOSTA IN SINTESI

Dopo l'esaurimento del Neorealismo, autori come Tomasi di Lampedusa, Elsa Morante, Cassola e Bassani recuperano forme narrative più tradizionali, incentrate su temi soggettivi e intimistici. Parallelamente altri autori, come Gadda e Pasolini, esprimono una visione critica della realtà sociale attraverso un acceso sperimentalismo linguistico.

LA RISPOSTA NEI TESTI

T1 *Il Gattopardo* di Tomasi di Lampedusa riprende il genere del romanzo storico, narrando la decadenza di una nobile famiglia del Meridione e fornendo una visione pessimistica del Risorgimento come «rivoluzione mancata».

T2 *La Storia* di Elsa Morante rievoca gli anni della Seconda guerra mondiale ma non propone nessuna lettura ideologica di quel periodo, concentrandosi sulle sofferenze degli umili, vittime incolpevoli della Storia.

T3 Nel *Giardino dei Finzi-Contini* Bassani ripercorre sul filo della memoria la vita della comunità ebraica ferrarese negli anni che precedono la guerra, privilegiando le vicende quotidiane dei personaggi.

T4 Nel *Pasticciaccio* Gadda utilizza uno stile estremamente originale e innovativo, mescolando registri linguistici diversi e contrastanti per esprimere la propria visione problematica della realtà.

T6 Pasolini ricorre al dialetto romanesco per descrivere la vita dei ceti sottoproletari di Roma, rappresentandone il degrado ma anche il profondo vitalismo.

T7 In Sciascia l'uso del dialetto siciliano si fonde con una costante tensione etica e civile, che lo porta a denunciare al grande pubblico l'esistenza della mafia.

DOMANDA N. 2 Qual è lo scopo dello sperimentalismo formale che caratterizza l'opera di Gadda?

LA RISPOSTA IN SINTESI

Gadda ricorre a un originale *pastiche* linguistico per riprodurre, attraverso uno stile volutamente disarmonico, il disordine di una realtà caotica e inconoscibile.

LA RISPOSTA NEI TESTI

T4 Nel *Pasticciaccio* la compresenza di registri linguistici diversi e antitetici si accompagna al continuo variare dei punti di vista. Anche la scelta di scrivere un «giallo» insolitamente privo di soluzione sottolinea l'impossibilità di dipanare il «pasticcio» del reale.

T5 Nel brano tratto da *La cognizione del dolore* emerge la volontà di Gadda di utilizzare la lingua come strumento di denuncia sociale della borghesia del suo tempo, priva di principi morali e attenta solo alle apparenze.

DOMANDA N. 3 Qual è l'elemento ricorrente dell'opera di Pasolini?

LA RISPOSTA IN SINTESI

Al centro dell'opera pasoliniana si colloca l'interesse per il popolo, e in particolare per la vita del sottoproletariato delle borgate di Roma, di cui l'autore mette in luce sia il degrado materiale, sia il profondo vitalismo. Questa fiducia nella vitalità istintuale del popolo induce talvolta Pasolini a sfiorare il populismo, ossia l'idealizzazione acritica del popolo.

LA RISPOSTA NEI TESTI

T6 In *Ragazzi di vita* si raccontano i vagabondaggi del Riccetto e dei suoi compagni di strada nei luoghi più desolati della periferia romana, come nel sito abbandonato della fabbrica «Ferrobedò», dove i ragazzini rubano chiodi e materiali metallici per rivenderli.

Italo Calvino

Italo Calvino

Italo Calvino nel suo studio.

La vita e le opere

La formazione Italo Calvino nasce il 15 ottobre **1923** a Santiago de Las Vegas, nell'isola di **Cuba**, dove il padre, un famoso agronomo, dirige una stazione sperimentale di agricoltura. Dall'atteggiamento dei **genitori**, **entrambi scienziati**, laici e di sentimenti antifascisti, deriva allo scrittore il lucido razionalismo con cui guarderà sempre al mondo. Nel 1926 la famiglia **ritorna in Italia**, a Sanremo; qui Italo trascorre un'infanzia e un'adolescenza serene, diviso tra le letture, la passione per il cinema e la scrittura. Terminato il liceo si iscrive alla facoltà di agraria, dapprima a Torino, poi a Firenze, ma è costretto a interrompere gli studi a causa della guerra. In seguito all'armistizio dell'8 settembre rifiuta di aderire alla Repubblica di Salò e partecipa alla **Resistenza** nella brigata Garibaldi, vivendo esperienze che lasceranno in lui un segno indelebile.

Politica e letteratura Dopo la Liberazione Calvino risiede stabilmente a **Torino**, dove **si laurea in lettere** con una tesi su Joseph Conrad. Gli anni del secondo dopoguerra sono caratterizzati dall'**impegno politico**, con l'iscrizione al Partito comunista italiano, e dalla collaborazione con vari giornali – tra cui «l'Unità» e «Il Politecnico» – e con la **casa editrice Einaudi**, di cui diventerà redattore nel 1950. In questo ambiente ha l'opportunità di fare la conoscenza di Cesare Pavese, Elio Vittorini e altri intellettuali che giudicano con favore le sue prime prove letterarie.

Calvino esordisce infatti come scrittore alla fine degli anni Quaranta, nel pieno del Neorealismo. Il suo primo romanzo, ***Il sentiero dei nidi di ragno*** (1947), ambientato in Liguria negli anni della guerra, segue le vicende di Pin, un bambino che si unisce a un gruppo di partigiani e ne condivide le avventure. L'adozione di un'ottica infantile permette all'autore di **rievocare la Resistenza senza enfasi celebrativa**, in un'atmosfera sospesa tra il realismo e la dimensione fiabesca. Uno stile più oggettivo è invece quello dei racconti di ***Ultimo viene il corvo*** (1949), in cui alla **tematica resistenziale** si affiancano testi che riflettono il difficile ritorno alla normalità della società italiana nel secondo dopoguerra.

L'uscita dal PCI e l'impegno Gli anni Cinquanta sono anni fondamentali nella vita di Calvino, che nonostante il distacco dal Neorealismo mantiene vivo un forte impegno politico e civile, che si traduce in una **produzione di matrice realistica** orientata verso temi concreti del suo tempo. Il saggio *Il midollo del leone* (1955) e le raccolte di racconti *La formica argentina* (1952), ***La speculazione edilizia*** (1957) e ***La nuvola di smog*** (1958) affrontano le problematiche della società industriale (l'inquinamento, le costruzioni abusive ecc.) con spirito decisamente critico verso il "miracolo economico" di quegli anni.

Come accade a molti altri scrittori italiani dell'epoca, l'invasione sovietica dell'Ungheria (1956) fa maturare in lui il **distacco dal Partito comunista**, abbandonato nell'agosto del 1957. Calvino cerca di continuare un dialogo con il partito, ma d'ora in poi il suo impegno politico diretto avrà uno spazio più ridotto. La "fase dell'impegno" si chiude con ***La giornata di uno scrutatore*** (1963), romanzo breve che ha come protagonista un giovane intellettuale di sinistra, Amerigo Ormea. Chiamato dal suo partito a controllare il regolare svolgimento delle elezioni politiche in un seggio istituito al Cottolengo, un ospedale torinese per disabili gravi, a confronto con una realtà di sofferenza assoluta e priva di senso Amerigo vede vacillare le sue certezze politiche e morali e si interroga sull'essenza dell'uomo e sul rapporto tra natura e civiltà.

Fiabe e allegorie Parallelamente al versante realistico, nel corso degli anni Cinquanta Calvino si dedica anche a una **produzione "fiabesca"**, che si esprime sia nelle *Fiabe italiane* (1956), una raccolta di racconti del folclore popolare delle diverse regioni italiane, sia soprattutto nei tre romanzi che andranno a formare la **trilogia I nostri antenati** (1960): *Il visconte dimezzato* (1952), *Il barone rampante* (1957) e *Il cavaliere inesistente* (1959). Grazie alla limpidezza dello stile e alla semplicità dell'invenzione queste opere si prestano a una lettura superficiale e "ingenua" – che le rende anche un fortunato esempio di letteratura per ragazzi – ma, a livello più profondo, hanno un **significato allegorico** che induce a riflettere su alcuni aspetti della **condizione dell'uomo contemporaneo**: l'incompletezza e l'alienazione; il valore di una coerenza difficile; l'omologazione e l'anonimità.

Il visconte dimezzato è ambientato alla metà del Settecento e ha come protagonista il visconte **Medardo** di Terralba che, durante un combattimento, viene diviso da un colpo di cannone in due metà autonome, una onesta e virtuosa (il Buono), l'altra assolutamente malvagia (il Gramo), e solo grazie a un'operazione miracolosa riuscirà a ricostituire quell'unità indissolubile di bene e male in cui consiste l'equilibrio dell'uomo. La vicenda allude infatti alla **lacerazione dell'uomo moderno**, «dimidiato, mutilato, incompleto, nemico a se stesso» – secondo le parole di Calvino stesso – e alla sua difficile **ricerca di un'identità** e di una «nuova completezza».

Il barone rampante ha come protagonista **Cosimo** Piovasco di Rondò che, all'età di dodici anni, per protestare contro l'autoritarismo del padre, **sale su un albero per non scenderne mai più**, riuscendo comunque a partecipare attivamente ai principali avvenimenti della sua epoca (il Settecento illuminista). Vero e proprio *alter ego* dell'autore – che proprio in quegli anni stava abbandonando il PCI e la politica attiva – Cosimo rappresenta un **modello positivo di intellettuale** che, per meglio comprendere la realtà del suo tempo, la osserva «a distanza» e con ironia, evitando il coinvolgimento diretto.

Ambientato in un Medioevo di fantasia, all'epoca dei mitici paladini di Carlo Magno, *Il cavaliere inesistente* narra la storia di **Agilulfo**, un **cavaliere senza corpo**, metafora del **conformismo** e dell'**alienazione** dell'uomo moderno, per cui l'individuo si identifica esclusivamente nel suo ruolo sociale. Ad Agilulfo si contrappone il folle Gurdulù che, al contrario, ha mille personalità diverse e si identifica con tutto ciò che vede: si tratta di due personaggi complementari che possono esistere solo in coppia, poiché uno «c'è ma non sa d'esserci» e l'altro «sa d'esserci e invece non c'è».

In una posizione intermedia tra la produzione fiabesca e quella realistica si colloca *Marcovaldo ovvero le stagioni in città* (1963), venti «favole moderne» che hanno come protagonista Marcovaldo, un ex contadino che vive e lavora come manovale in un'anonima **metropoli industriale**, nella quale cerca invano di ritrovare un contatto con la natura. Al paesaggio della campagna si è però sostituito un ambiente del tutto artificiale e Marcovaldo deve affrontare la nuova realtà fatta di burocrazia, inquinamento, problemi di denaro e di lavoro. La narrazione, condotta in prima persona nei modi semplici e un po' goffi del protagonista, affronta in tono paradossale e ironico le problematiche concrete dell'**inurbamento**, fenomeno sociale tipico degli anni del *boom* economico.

La parola all'autore

Il significato della trilogia dei *Nostri antenati*

Scritta da Calvino nel 1960, la *Prefazione* alla trilogia *I nostri antenati* illustra il significato complessivo dei tre romanzi, nonché il loro significato allegorico.

Siete padroni di interpretare come volete queste tre storie e non dovete sentirvi vincolati dalla deposizione che ora ho reso della loro genesi. Ho voluto farne una trilogia di esperienze sul come realizzarsi come esseri umani: ne *Il Cavaliere inesistente* la conquista dell'essere, ne *Il Visconte dimezzato* l'aspirazione a una completezza al di là delle mutilazioni imposte dalla società, ne *Il Barone rampante* una via verso una completezza non individualistica da raggiungere attraverso la fedeltà ad un'autodeterminazione individuale: tre gradi d'approccio alla libertà. E nello stesso tempo ho voluto che fossero tre storie, come si dice, aperte, che innanzitutto stiano in piedi come storie, per la logica del succedersi delle loro immagini, ma che comincino la loro vera vita nell'imprevedibile gioco d'interrogazioni e risposte suscitate nel lettore. Vorrei che potessero essere guardate come un albero genealogico degli antenati dell'uomo contemporaneo, in cui ogni volto cela qualche tratto delle persone intorno, di voi, di me stesso.

I. Calvino, *I nostri antenati*, Torino, Einaudi, 1960

«Il Menabò» e la sfida al labirinto Dopo

l'uscita dal PCI, con *Il barone rampante* Calvino sembra giungere alla conclusione che l'intellettuale può osservare lucidamente le dinamiche sociali solo evitando un coinvolgimento diretto. Il suo **impegno civile** non viene comunque meno e si traduce nell'esperienza della **rivista «Il Menabò»**, fondata nel 1959 assieme a Elio Vittorini. Fin dai suoi esordi la rivista propone due argomenti di discussione che saranno al centro del dibattito culturale degli anni Sessanta: il **rapporto tra letteratura e industria**, affrontato prevalentemente da Vittorini, e il **ruolo dell'intellettuale** nella moderna società industriale, a cui Calvino dedica, nel 1962, un celebre saggio intitolato *La sfida al labirinto*. Preso atto della crisi del Neorealismo – ormai incapace di raccontare le trasformazioni socioeconomiche dell'Italia del *boom* economico – Calvino afferma che, nonostante la complessità del mondo contemporaneo, lo scrittore non deve «perdersi nel labirinto», ma deve mantenere una **coscienza critica** in grado di resistere all'omologazione culturale della società di massa, proponendo una via per combattere il caos e l'alienazione.

La poetica «cosmicomica» Dopo un periodo

di viaggi, nel 1964 Calvino sposa a Cuba l'argentina Ester Judith Singer, con la quale **nel 1967 si trasferisce a Parigi**. È in questo periodo che Calvino abbandona la narrativa realistica e fiabesca per ri-

volgere il suo interesse verso le **discipline scientifiche**. Tale svolta è testimoniata da due raccolte di racconti fantascientifici *Le Cosmicomiche* (1965) e *Ti con zero* (1967), poi riuniti nel volume unico *La memoria del mondo e altre storie Cosmicomiche* (1968). In queste opere Calvino sperimenta una forma di **narrativa fantastica del tutto originale** in cui affronta argomenti come l'origine dell'universo, la struttura del cosmo e l'evoluzione della vita in racconti ambientati in un passato lontanissimo. Il "**comico**" del titolo nasce dal contrasto volutamente straniante che si crea tra l'**astrattezza delle ipotesi scientifiche** enunciate all'inizio di ogni racconto e le **situazioni concrete e quotidiane** con cui esse vengono spiegate.

Gioco e scrittura Nell'ambiente culturale pa-

rigino lo scrittore si accosta allo **strutturalismo**, alla semiotica e al gruppo dell'**Oulipo** (*Ouvroir de littérature potentielle*), frequenta intellettuali come Raymond Queneau e Roland Barthes e matura un nuovo interesse per la **scrittura intesa come "gioco combinatorio"**, ossia come risultato di elementi posti in relazione tra loro secondo **precise regole compositive**. Nascono così *Il castello dei destini incrociati* (1969) e *Le città invisibili* (1972), due romanzi la cui complessa architettura si pone come tentativo di ridurre una realtà frammentaria e caotica entro schemi narrativi ordinati.

Maurits Cornelis Escher, *Giorno e notte*, 1938.

Quasi un bilancio

Dopo l'uscita della raccolta *Una pietra sopra* (1980), che comprende saggi scritti tra il 1955 e il 1978, Calvino ha modo di riflettere sul proprio itinerario umano e letterario, ripercorrendone le tappe in un articolo comparso sul quotidiano «la Repubblica», il 15 aprile 1980.

Per un certo numero d'anni c'è uno che crede di lavorare alla costruzione d'una società attraverso il lavoro di costruzione d'una letteratura. Col passare degli anni s'accorge che la società intorno a lui (la società italiana, ma sempre vista in relazione con le trasformazioni in atto nel mondo) è qualcosa che risponde sempre meno a progetti o previsioni, qualcosa che è sempre meno padroneggiabile, che rifiuta ogni schema e ogni forma. E la letteratura è anch'essa refrattaria a ogni progettazione, non si lascia contenere in nessun discorso. Per un po' il protagonista del libro cerca di tener dietro alla complessità crescente architettando formule sempre più dettagliate e spostando i fronti d'attacco; poi a poco a poco capisce che è il suo atteggiamento di fondo che non regge più. Comincia a vedere il mondo umano come qualcosa in cui ciò che conta si sviluppa attraverso processi millenari oppure consiste in avvenimenti minutissimi e quasi microscopici. E anche la letteratura va vista su questa doppia scala.

I. Calvino, *Sotto quella pietra*, «la Repubblica», 15 aprile 1980

Nel *Castello dei destini incrociati* alcuni viandanti, privati della parola a causa di un incantesimo, si ritrovano per caso in un castello: per narrare le loro storie utilizzano le **carte di un mazzo di tarocchi**, disponendole su un tavolo e lasciando ai compagni la descrizione e l'interpretazione delle strutture che ne nascono. L'opera, formata dall'intrecciarsi di storie fantastiche che alludono ai grandi temi del destino umano, diviene quindi una sorta di **emblema della creazione narrativa** che, partendo da tipi e situazioni ricorrenti, costruisce **una serie di vicende virtualmente infinita** e sempre mutevole.

Un analogo principio è alla base delle *Città invisibili*, 55 **descrizioni** di altrettante **città immaginarie**, che il viaggiatore **Marco Polo** riferisce all'imperatore Kublai Kan. I ritratti delle varie città, organizzati in serie secondo una precisa struttura e inseriti in una **cornice narrativa** costituita dal dialogo tra Marco e il Kan, non consentono tuttavia di raggiungere una reale conoscenza del mondo, che si rivela ambiguo e irto di contraddizioni.

La tecnica combinatoria viene portata all'estremo in quello che è forse il romanzo più famoso di Calvino, *Se una notte d'inverno un viaggiatore* (1979). Protagonista della vicenda è un «Lettore» che, dopo aver comprato il romanzo di Calvino, scopre che la copia è difettosa. Inizia allora un'affannosa ricerca del seguito del libro, nel quale il Lettore trova altri nove *incipit* di altrettanti romanzi, senza riuscire mai a portare a termine la lettura. L'opera costituisce quindi una sorta di «iper-romanzo» che, in un fitto gioco di **citazioni e parodie di gusto postmoderno**, aspira a riassumere in sé ogni possibile forma narrativa, ma

allude anche all'**incapacità della letteratura di spiegare la realtà**, se non in modo parziale.

Il ritorno a Roma e le ultime opere

La fama letteraria di Calvino raggiunge intanto dimensioni internazionali e lo scrittore, pur vivendo a Parigi, continua a guardare con interesse alle vicende italiane e scrive articoli su quotidiani come «Il Corriere della Sera» e «la Repubblica». Nel **1980** Calvino **rientra in Italia** e si stabilisce a **Roma**. La sua fiducia nella scrittura come mezzo di interpretazione privilegiata del reale sembra entrare in crisi, come testimoniano la raccolta di saggi *Una pietra sopra* (1980), che già nel titolo allude al prevalere di un atteggiamento di **sfiducia verso le potenzialità della letteratura**, e *Palomar* (1983), un testo formato da 27 racconti che hanno come tema le **esperienze di osservazione** e riflessione sul mondo del signor Palomar, un uomo taciturno e un po' miope che porta, non a caso, il nome di un famoso osservatorio astronomico californiano. Le singole prose traggono spunto dagli **aspetti più minuti della realtà** (il movimento di un'onda, la pancia di un geco, un negozio di formaggi ecc.), che sotto lo sguardo attento del protagonista dispiegano però una inattesa profondità di prospettive. Calvino sembra qui rinunciare a ogni ardita costruzione narrativa, tentando la via alternativa dell'**osservazione diretta**, di uno sguardo attento che si contenta di cogliere qualche frammento del reale e di trasferirlo sulla pagina scritta.

Al 1984 risale *Collezione di sabbia*, un insieme di articoli, memorie e riflessioni legati al periodo parigino, mentre nel 1985 Calvino lavora alle *Lezioni ameri-*

cane, **cinque conferenze** da tenersi all'Università di Harvard, nel Massachusetts, ognuna delle quali verte su un concetto fondante della letteratura occidentale (*Leggerezza, Rapidità, Esattezza, Visibilità* e *Molteplicità*). Purtroppo Calvino viene colpito da ictus cerebrale nella sua villa di Roccamare (Grosseto) e muore all'ospedale di Siena il 19 settembre **1985**. Le *Lezioni americane*, apparse postume nel 1988, diventano così un'estrema sintesi della sua poetica e una sorta di **testamento ideale** consegnato al «prossimo millennio».

⬤ Sosta di verifica

1 Qual è il primo romanzo di Calvino e da quale corrente letteraria è influenzato?

2 In quali anni è più vivo l'impegno politico di Calvino nel PCI?

3 Quali romanzi fanno parte della trilogia *I nostri antenati*?

4 Con chi entra a contatto Calvino durante gli anni vissuti a Parigi?

5 Che cosa si intende per "letteratura combinatoria" e in quali opere Calvino applica questo metodo di costruzione del testo narrativo?

6 Quali caratteristiche presenta il romanzo *Se una notte d'inverno un viaggiatore*?

7 Che cosa sono le *Lezioni americane*?

René Magritte, *Il castello dei Pirenei*, 1959.

⬤ La vita e le opere

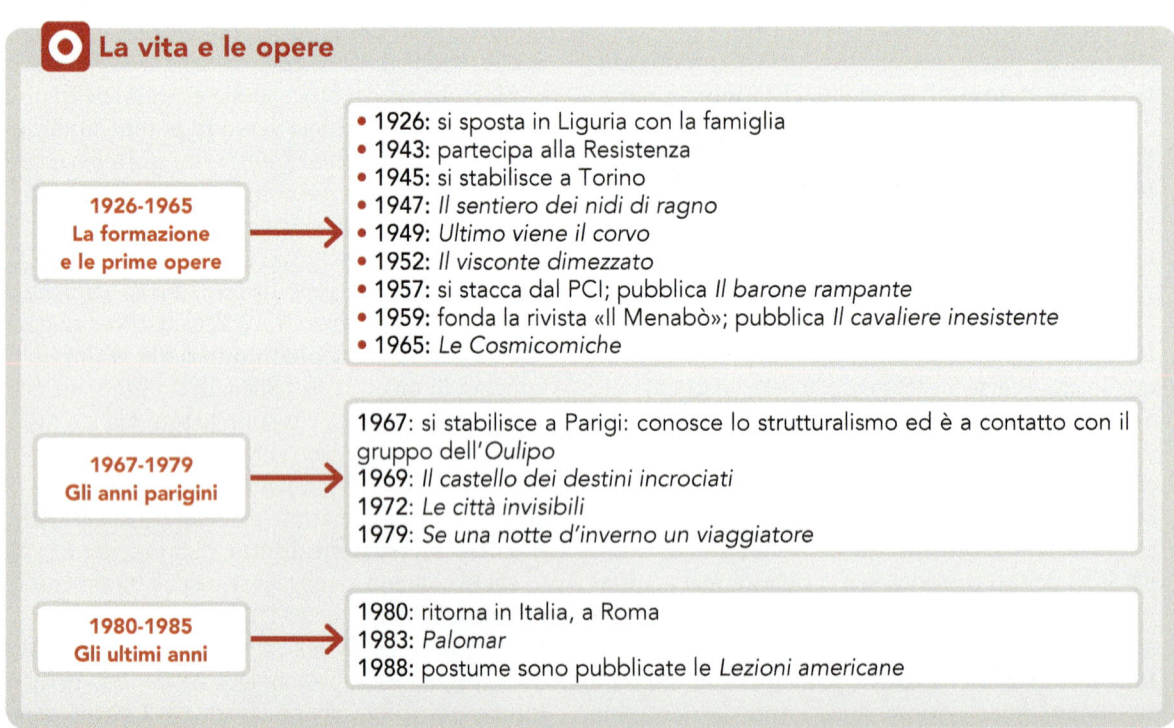

1926-1965 La formazione e le prime opere	• 1926: si sposta in Liguria con la famiglia • 1943: partecipa alla Resistenza • 1945: si stabilisce a Torino • 1947: *Il sentiero dei nidi di ragno* • 1949: *Ultimo viene il corvo* • 1952: *Il visconte dimezzato* • 1957: si stacca dal PCI; pubblica *Il barone rampante* • 1959: fonda la rivista «Il Menabò»; pubblica *Il cavaliere inesistente* • 1965: *Le Cosmicomiche*
1967-1979 Gli anni parigini	1967: si stabilisce a Parigi: conosce lo strutturalismo ed è a contatto con il gruppo dell'*Oulipo* 1969: *Il castello dei destini incrociati* 1972: *Le città invisibili* 1979: *Se una notte d'inverno un viaggiatore*
1980-1985 Gli ultimi anni	1980: ritorna in Italia, a Roma 1983: *Palomar* 1988: postume sono pubblicate le *Lezioni americane*

Il pensiero e la poetica

Le fasi della ricerca letteraria

Pur nella varietà delle scelte tematiche e delle soluzioni formali, nell'opera di Calvino si possono individuare **tre momenti fondamentali**, che consentono di orientarsi all'interno della sua vasta produzione.

- In una **prima fase**, tra il 1947 e il 1964 circa, egli sperimenta da un lato un **approccio realistico** alle problematiche politiche e sociali del suo tempo e, dall'altro, si interroga sui grandi temi della contemporaneità attraverso **narrazioni di tipo fiabesco** e allegorico.
- In un **secondo momento**, che ha inizio alla metà degli anni Sessanta, concentra la sua attenzione sul **rapporto tra la realtà e il linguaggio** e, influenzato dallo strutturalismo e dalla semiotica, trasferisce in opere di rigorosa architettura formale il tentativo di dare ordine alla varietà del mondo attraverso la scrittura.
- Nelle **opere degli anni Ottanta** Calvino approda infine a una **sostanziale sfiducia** nella possibilità di dare un'interpretazione unitaria della realtà ma, senza rinunciare alla propria ricerca, sembra individuare una possibilità di conoscenza almeno parziale nell'**osservazione degli aspetti più minuti** dell'esistenza.

Sperimentalismo e coerenza

L'itinerario creativo di Calvino è caratterizzato dal succedersi di **temi e forme narrative differenti**, che lo portano ad accostarsi nel tempo alle principali tendenze letterarie del Novecento (Neorealismo, Neoavanguardia, letteratura combinatoria, Postmoderno), pur senza aderire in modo esclusivo a nessuna di esse. Tutta la sua opera è animata da un incessante **sperimentalismo** e da un'**estrema varietà**, in cui coesistono intento realistico e gusto fiabesco, critica sociale e interesse per la scienza. A questa molteplicità di temi fa però riscontro una **sostanziale organicità**, un'unità di fondo determinata da alcune costanti stilistiche comuni a tutta la sua opera che, pur evolvendosi nel tempo, resta fedele a un'idea della **scrittura come strumento privilegiato di indagine della realtà** e di comprensione lucida e razionale della complessità del mondo.

Efficacia e limiti della ragione

Il principale elemento di continuità dell'opera di Calvino è dato dall'**attitudine razionalistica**, dal ruolo primario attribuito alla ragione come mezzo di analisi e di **ricerca del senso profondo di una realtà sempre più labirintica**, in cui lo scrittore non cessa di ricercare la presenza di un principio ordinatore. La fiducia «illuministica» nella ragione non è però mai disgiunta dalla consapevolezza dei suoi limiti

---

La parola all'autore

Una sfida da raccogliere

Nel saggio *La sfida al labirinto* (1962) Calvino indica l'atteggiamento costruttivo di impegno razionale che l'intellettuale moderno deve fare proprio e trasferire nella sua scrittura per contrastare la complessità di un mondo sempre più contraddittorio.

Questa letteratura del labirinto gnoseologico-culturale[1] [...] ha in sé una doppia possibilità. Da una parte c'è l'attitudine oggi necessaria per affrontare la complessità del reale, rifiutandosi alle visioni semplicistiche che non fanno che confermare le nostre abitudini di rappresentazione del mondo; quello che oggi ci serve è la mappa del labirinto la più particolareggiata possibile. Dall'altra parte c'è il fascino del labirinto, del rappresentare questa assenza di vie d'uscita come la vera condizione dell'uomo. Nello sceverare l'uno dall'altro i due atteggiamenti vogliamo porre la nostra attenzione critica, pur tenendo presente che non si possono sempre distinguere con un taglio netto (nella spinta a cercare la via d'uscita c'è sempre anche una parte d'amore per i labirinti in sé; e del gioco di perdersi nei labirinti fa parte anche un certo accanimento a trovare la via d'uscita).
Resta fuori chi crede di poter vincere i labirinti sfuggendo alla loro difficoltà; ed è dunque una richiesta poco pertinente quella che si fa alla letteratura, dato un labirinto, di fornirne essa stessa la chiave per uscirne. Quel che la letteratura può fare è definire l'atteggiamento migliore per trovare la via d'uscita, anche se questa via d'uscita non sarà altro che il passaggio da un labirinto all'altro. È la *sfida al labirinto* che vogliamo salvare, è una letteratura della *sfida al labirinto* che vogliamo enucleare e distinguere dalla letteratura della *resa al labirinto*.

I. Calvino, *La sfida al labirinto*, in *Saggi*, I, Milano, Mondadori, 1995

1. gnoseologico-culturale: relativo alla conoscenza e alla cultura.

e della sua **insufficienza a comprendere la varietà del reale**, che si presenta spesso in forme caotiche e irrazionali.

I romanzi di Calvino mostrano le varie fasi di questa ricerca, che dall'analisi della realtà politica e sociale tipica della fase neorealistica si trasforma, nei romanzi "combinatori", in una riflessione sul rapporto tra realtà e linguaggio, per giungere infine a una sostanziale **sfiducia nelle possibilità conoscitive della scrittura**. Questo percorso è testimoniato anche dalla **produzione saggistica**. Mentre ne *La sfida al labirinto* (1962) Calvino usa la metafora del labirinto come simbolo della complessità dell'esistenza, sottolineando l'importanza di assumere un ruolo attivo e critico di «sfida» per analizzarne le contraddizioni, in *Una pietra sopra* (1980) egli sembra rinunciare a ogni possibilità di interpretazione unitaria del reale.

Impegno e distacco ironico In linea con la tensione critico-conoscitiva che anima la sua scrittura, Calvino mostra nei confronti della realtà un **atteggiamento di tipo "esplorativo"**, che si riflette anche nella fisionomia dei protagonisti delle sue opere. In modi diversi, essi sono infatti accomunati dalla **curiosità** e, spinti dal desiderio di **confrontarsi con il mondo**, vanno incontro a una serie di esperienze che costituiscono altrettante tappe di un **ideale itinerario di formazione**. Anche in questo caso, però, l'atteggiamento di Calvino si modifica nel tempo. Mentre in una prima fase prevale un **impegno attivo**, che si esprime nella fase neorealista e nella militanza nel PCI, in seguito egli adotta un atteggiamento di **maggiore distacco analitico**, non privo di sottile ironia. Anche in questo caso, il mutamento di prospettiva è attestato dalla riflessione teorica: mentre nel saggio *Il midollo del leone* (1955), pur prendendo le distanze da una troppo stretta subordinazione della letteratura alle esigenze di partito, Calvino mostra di accettare ancora l'idea della scrittura come forma di impegno morale, ne *Il romanzo come spettacolo* (1970) incentra il suo interesse sulla **scrittura intesa come universo autonomo** che non rinvia alla realtà concreta. In ogni caso i personaggi di Calvino, al pari dell'autore stesso, non approdano mai a una piena comprensione del mondo, ma le loro ricerche si configurano come momenti di una «sfida al labirinto» del reale costantemente rinnovata.

La limpidezza dello stile L'opera di Calvino è mossa da un preciso **intento morale**, che nasce dalla coscienza della **responsabilità dell'intellettuale** nel proporre un tentativo di comprensione del mondo. La "sfida" all'apparente irrazionalità e al caos si riflette quindi anche nelle scelte stilistiche

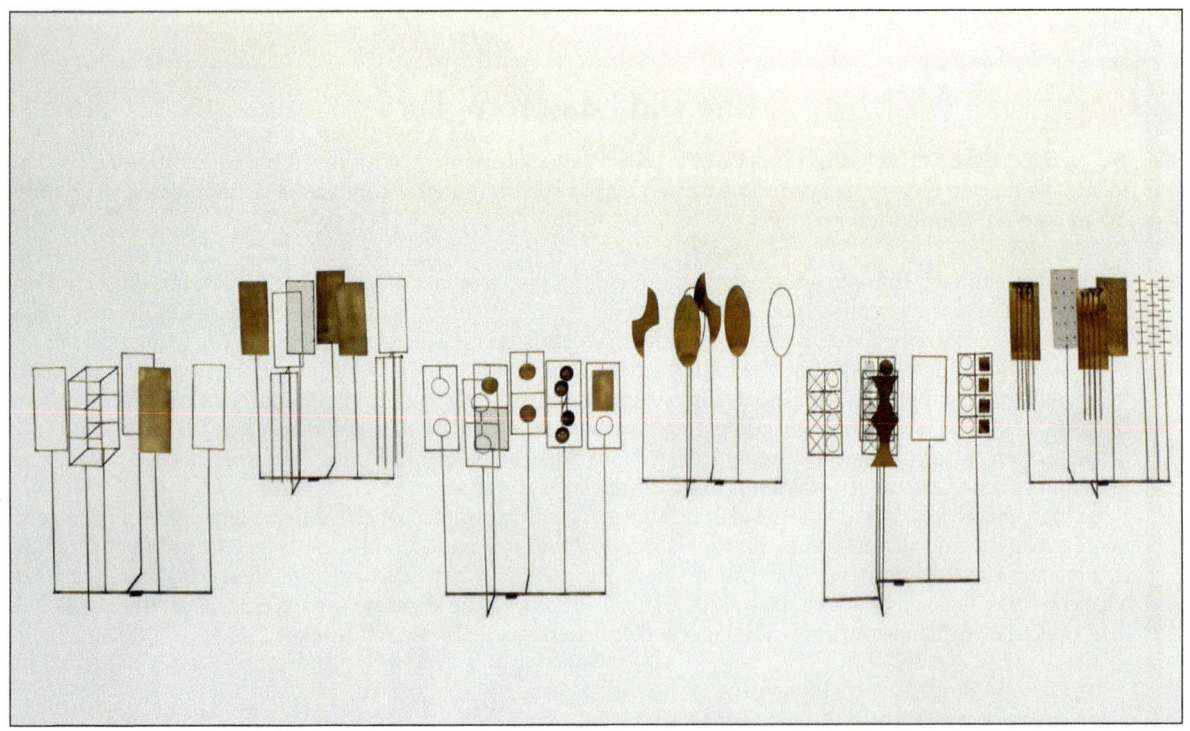

Fausto Melotti, *Tema e variazioni*, 1981 (particolare).

e formali, caratterizzate dall'adozione programmatica di **modalità espressive semplici e chiare**, finalizzate a una comunicazione efficace ed essenziale. Se nelle opere della prima fase il desiderio di **rivolgersi a un pubblico ampio** è più evidente, anche nella produzione della maturità non viene mai meno la tensione verso la **precisione quasi scientifica** dell'espressione, che anzi si accentua nell'affrontare tematiche più ardue, come il rapporto tra linguaggio e realtà. La scrittura di Calvino, in cui il realismo coesiste con il libero gioco della fantasia, tende quindi costantemente a una **"leggerezza"** che, non escludendo l'impegno, lascia ampio spazio al **gusto della narrazione**.

○ Sosta di verifica

1 Quali tendenze letterarie e culturali del Novecento si incrociano con l'esperienza di Calvino scrittore?

2 Quale funzione attribuisce Calvino alla razionalità e alla letteratura stessa?

3 Che cos'è la «sfida al labirinto»?

4 Quali caratteristiche presenta sul piano formale la produzione letteraria di Calvino?

Tra realismo e gusto fantastico

Le direzioni della ricerca La prima fase della produzione di Calvino è riconducibile a **due diversi orientamenti**. Da un lato, **romanzi di impianto realistico**, ispirati al contesto storico-politico del suo tempo e a un chiaro impegno ideologico e civile, come *Il sentiero dei nidi di ragno* e *La giornata di uno scrutatore*. Dall'altro, con la trilogia dei *Nostri antenati*, **vicende del tutto fantastiche** che si pongono come allegoria di problematiche universali. Il confine tra le due modalità di scrittura non è comunque così netto, poiché il realismo di Calvino presenta fin dall'esordio una componente lirica e fantastica e i romanzi della trilogia presuppongono uno sguardo critico sulla società contemporanea.

Il sentiero dei nidi di ragno Il primo romanzo di Calvino, *Il sentiero dei nidi di ragno* (1947), narra le avventure di **Pin**, un **bambino sfrontato e fragile**, cresciuto negli anni della guerra tra i vicoli e le osterie di un paesino ligure. Un giorno Pin ruba la pisto-

---

La parola alla critica

Cesare Pavese, Calvino *«scoiattolo della penna»*

Lo scrittore Cesare Pavese, amico e primo estimatore dell'opera di Calvino, recensendo nel 1947 *Il sentiero dei nidi di ragno* su «l'Unità» individua alcuni tratti caratteristici del romanzo, destinati a restare tipici dell'opera di Calvino, tra cui l'agilità e la leggerezza della scrittura, e il gusto per la dimensione fantastica, sempre unito alla precisione descrittiva.

A ventitré anni Italo Calvino sa già che per raccontare non è necessario «creare i personaggi», bensì trasformare dei fatti in parole. Lo sa in un modo quasi allegro, scanzonato, monellesco. A lui le parole non fanno paura ma nemmeno gli fanno girare la testa: fin che hanno un senso, fin che servono a qualcosa le dice, le snocciola, le butta magari, come si buttano i rami sul fuoco, ma lo scopo è la fiamma, il calore, la pentola. [...]

Diremo allora che l'astuzia di Calvino, scoiattolo della penna, è stata questa, di arrampicarsi sulle piante, più per gioco che per paura, e osservare la vita partigiana come una favola di bosco, clamorosa, variopinta, «diversa» [...]. C'è qui dentro un sapore ariostesco. Ma l'Ariosto dei nostri tempi [...] si traveste volentieri da ragazzo. Non importa se il fanciullo di Calvino dice «puttana» e sa cos'è, bercia canzoni da bordello e potrebbe magari ammazzare qualcuno. Non ha legge né madre, c'è la guerra, la gente si ammazza e non è colpa di Pin tutto questo. Calvino racconta dei fatti, e questi fatti hanno radici, consistenza, sono groppi di carne e di sangue. [...] Tutti hanno un ticchio, nel *Sentiero*. Tutti hanno una faccia precisa, come altrettanti soldatini di carta da fogli diversi. Non fanno un gesto che non sia veduto con nitore, con parola corposa e insieme minuta, come appunto nel mondo cavalleresco, dove il gesto è tutto ma insieme va sperduto fra i tanti. Leggendo il *Sentiero* par di guardare certi fianchi di collina a gran distanza, dopo un giorno di vento, che si scorgono precisi e innumerevoli i tronchi, gli alberelli, i cubi netti delle case. Trasformare i fatti in parole non vuol dire cedere alla retorica dei fatti, né cantare il bel canto. Vuol dire mettere nelle parole tutta la vita che si respira a questo mondo, comprimercela e martellarla.

C. Pavese, *Il sentiero dei nidi di ragno,* «l'Unità», 26 ottobre 1947

Copertina per una versione portoghese del romanzo *Il barone rampante*.

la a un marinaio tedesco cliente della sorella prostituta e la nasconde in un luogo segreto, che lui indica come il sentiero in cui i ragni fanno il loro nido. Arrestato dalla polizia riesce a fuggire e **si unisce ai partigiani** della compagnia del Dritto, uomini semplici e un po' rozzi, ma animati da un eroismo che lo affascina. Dopo molte avventure, Pin troverà in uno di loro, Cugino, un amico sincero e degno di condividere il suo segreto.

Ambientato nei mesi della Resistenza, il romanzo nasce nel **clima storico dell'immediato dopoguerra**, quando la ritrovata «libertà di parlare» si fonde con l'esigenza, tipica del Neorealismo, di testimoniare le recenti esperienze belliche. Calvino propone qui una **rievocazione della Resistenza priva di enfasi** celebrativa: l'originale scelta di filtrare la narrazione attraverso il **punto di vista di un bambino** permette infatti di descrivere anche gli aspetti meno eroici della guerra partigiana. L'adozione di un'ottica infantile rende ragione dello stile del romanzo che, evitando la registrazione cronachistica degli eventi, crea un'**atmosfera sospesa tra il realismo e il fiabesco**, evocando un'**avventura di formazione** al tempo stesso **individuale e collettiva**.

Il barone rampante

Protagonista de *Il barone rampante* (1957), secondo romanzo della trilogia *I nostri antenati*, è Cosimo Piovasco di Rondò, un ra-gazzo che a dodici anni decide di **salire su un albero per non scenderne mai più**, ma dall'alto riesce comunque a partecipare alla vita politica e culturale del suo tempo (il **Settecento illuminista**). In anni in cui Calvino si sta allontanando dalla politica attiva, Cosimo rappresenta un **modello positivo di intellettuale** che tenta di comprendere la realtà osservandola "a distanza" («chi vuol guardare bene la terra deve tenersi alla distanza necessaria»). Guardare il mondo dall'alto degli alberi – ossia, fuor di metafora, da una **posizione distaccata** che esclude il coinvolgimento diretto – consente infatti al protagonista di vedere la realtà con maggiore **chiarezza**, ma questa «strategia della distanza» comporta un costo esistenziale: il **fallimento affettivo**, l'incapacità di raggiungere quella pienezza compiuta di umanità propria dell'esperienza amorosa, come prova la fine dell'amore tra Cosimo e Viola.

La vita di Cosimo si presta quindi a una doppia lettura: in chiave politica presenta un **modello di impegno critico, né appartato né allineato**, alternativo alla figura dell'intellettuale militante dell'immediato dopoguerra, in chiave esistenziale affronta il tema della **difficoltà delle relazioni interpersonali** e della problematicità di una comunicazione chiara e profonda tra gli individui.

Il cavaliere inesistente

Ultimo dei romanzi della trilogia *I nostri antenati* (1960), *Il cavaliere inesistente* (1959) è ambientato nel **lontano Medioevo**, all'epoca dei paladini di Carlo Magno. Protagonista della vicenda – narrata da suor Teodora – è Agilulfo, un cavaliere senza corpo di cui vive solo l'immacolata armatura, animata dalla volontà e dalla fede, che parte alla ricerca di Sofronia, una fanciulla che salvò e nascose in un convento quindici anni prima. In questa indagine che ricorda i **poemi cavallereschi** lo accompagna lo scudiero **Gurdulù**, un uomo semplice e primitivo che è l'antitesi di Agilulfo, in quanto «c'è ma non sa d'esserci» e, privo di autocoscienza, si identifica con ogni cosa che vede. Dopo numerose avventure, inseguito dalla guerriera Bradamante che è innamorata di lui, Agilulfo ritrova Sofronia ma, credendo che essa abbia perso la sua verginità, decide di scomparire. La sua armatura verrà indossata da Rambaldo, suo compagno d'armi, che ne continuerà l'opera. Al centro del romanzo – scritto in uno stile semplice e avvincente – si pone il **tema dell'identità** e del **contrasto tra l'essere e l'apparire**, che trova la propria ambigua incarnazione nella figura di Agilulfo. Sia pure in modi ironici e stranianti, egli rappresenta l'**uomo «vuoto» e alienato della società del benessere**, che esiste solo grazie all'adesione incondizionata alle regole dell'apparenza. Al tempo stesso, Agilulfo è anche emblema dei **limiti della razionalità**. Ligio alle norme e alle convenzioni, dimostra, con il suo paradossale «suicidio», che la ragione, disgiunta dal calore degli affetti, non è uno strumento sufficiente per affrontare la complessità della vita.

La giornata di uno scrutatore La prima fase della produzione di Calvino si conclude con un ritorno alla **narrativa realistica**, in quello che egli stesso definì il suo racconto «più pensoso». In qualità di candidato del PCI alle elezioni del 1953, Calvino si era recato in visita al Cottolengo, un ospedale religioso di Torino che ospita gravi disabili fisici e mentali, e vi era poi tornato come scrutatore durante le amministrative del 1961. Questa esperienza autobiografica lo induce alla lenta e meditata stesura – protrattasi dal 1953 al 1963 – del romanzo breve *La giornata di uno scrutatore*, che racconta appunto la giornata trascorsa dal giovane **Amerigo Ormea** al seggio distaccato del Cottolengo, per controllare come incaricato del PCI il regolare svolgimento delle **elezioni politiche del 1953**.

Il protagonista, evidente *alter ego* dell'autore, è un **intellettuale laico**, comunista e razionalista che, posto di fronte a una realtà di assoluta sofferenza, **vede vacillare tutte le sue certezze** etiche e politiche. Mentre svolge il suo compito, cercando di evitare che ai malati incapaci di intendere vengano estorti voti a vantaggio del partito cattolico di maggioranza, egli comprende che in quel contesto il proprio modello di società civile non ha alcuna validità e non è in grado di porre un argine al dolore insensato imposto dalla natura ai più sfortunati. In un'accorata riflessione, si interroga quindi sull'essenza stessa dell'uomo, ponendo a se stesso e al lettore quesiti radicali sui **limiti della ragione e della civiltà**. Al termine del suo difficile compito di «scrutatore» della realtà, Amerigo conclude che forse soltanto l'**amore gratuito** e incondizionato può dare un senso alla vita, pur non risolvendone le dolorose contraddizioni.

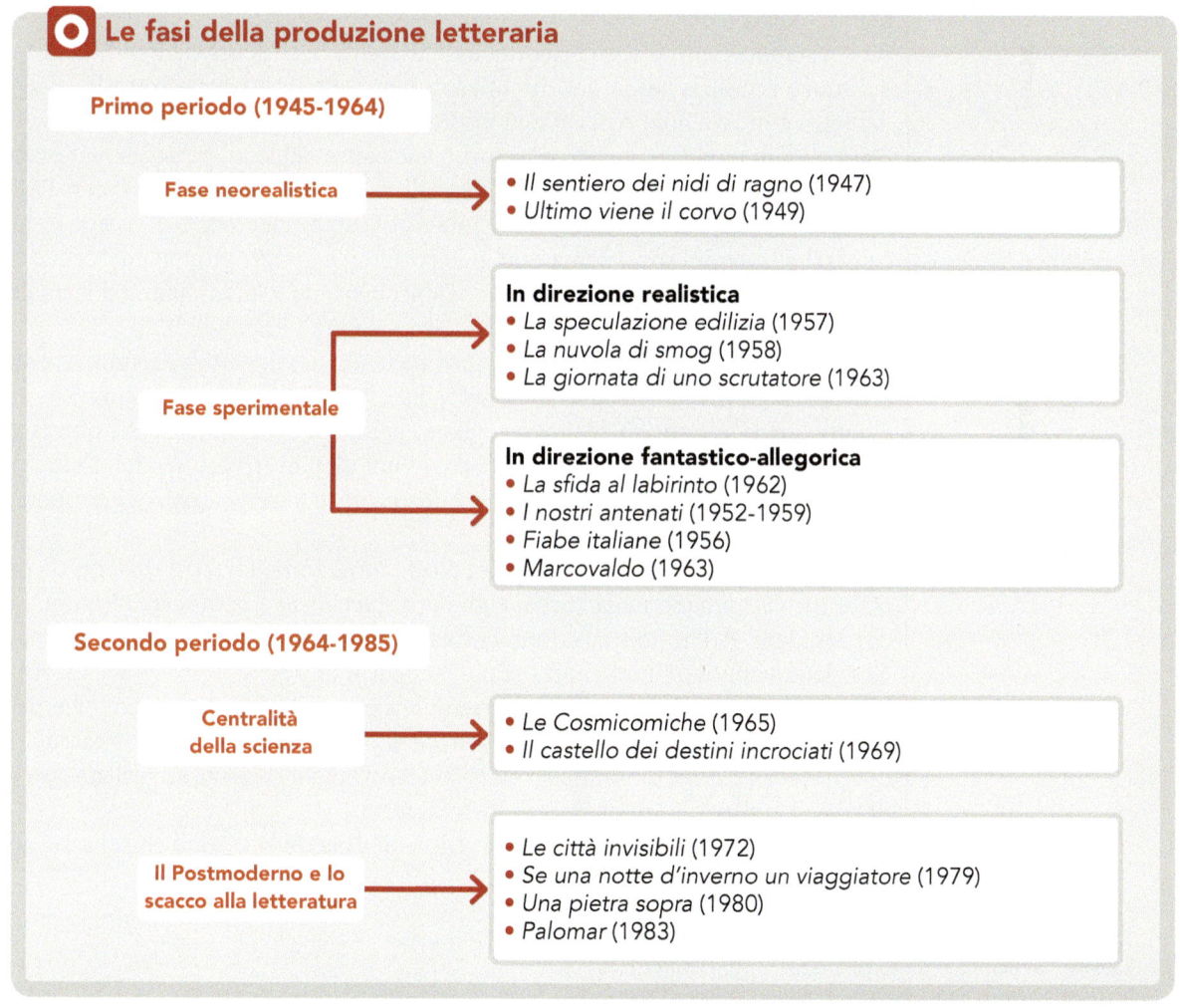

Le fasi della produzione letteraria

Primo periodo (1945-1964)

Fase neorealistica →
- *Il sentiero dei nidi di ragno* (1947)
- *Ultimo viene il corvo* (1949)

Fase sperimentale →

In direzione realistica
- *La speculazione edilizia* (1957)
- *La nuvola di smog* (1958)
- *La giornata di uno scrutatore* (1963)

In direzione fantastico-allegorica
- *La sfida al labirinto* (1962)
- *I nostri antenati* (1952-1959)
- *Fiabe italiane* (1956)
- *Marcovaldo* (1963)

Secondo periodo (1964-1985)

Centralità della scienza →
- *Le Cosmicomiche* (1965)
- *Il castello dei destini incrociati* (1969)

Il Postmoderno e lo scacco alla letteratura →
- *Le città invisibili* (1972)
- *Se una notte d'inverno un viaggiatore* (1979)
- *Una pietra sopra* (1980)
- *Palomar* (1983)

Pin e i partigiani del Dritto

Il sentiero dei nidi di ragno

Pin, il bambino protagonista del romanzo, ha rubato la pistola a un marinaio tedesco, cliente della sorella prostituta, e l'ha nascosta in un luogo segreto del bosco. Arrestato, riesce a evadere e si unisce a un gruppo di partigiani emarginati e sottoproletari, che lo accolgono fra loro.
Il brano descrive la vita di Pin tra i partigiani. Final-

mente accettato dal mondo degli adulti, Pin guarda i suoi compagni con ammirazione, sebbene essi non siano certo dei combattenti modello. Adottando il punto di vista infantile del protagonista, Calvino offre così una rappresentazione della Resistenza realistica e al tempo stesso fiabesca, evitando ogni forma di facile retorica.

> La descrizione del bosco, condotta con uno stile suggestivo ed elevato, ha un sapore fiabesco.

Per terra, sotto gli alberi del bosco, ci sono prati ispidi di ricci e stagni secchi pieni di foglie dure. A sera lame di nebbia si infiltrano tra i tronchi dei castagni e ne ammuffiscono i dorsi con le barbe rossicce dei muschi e i disegni celesti dei licheni. L'accampamento s'indovina prima d'arrivarci, per il fumo che

5 si leva sulle cime dei rami e il cantare d'un coro basso che cresce approfondendosi nel bosco. È un casolare di sassi, alto due piani, un piano di sotto per le bestie con per pavimento terra; e un piano di sopra fatto di rami perché ci dormano i pastori.

Ora ci stanno uomini sopra e sotto, su lettiere di felci fresche e fieno, e il fumo

10 del fuoco acceso a basso non ha finestre per uscire e s'ingolfa sotto le lavagne del tetto e brucia gole e occhi agli uomini che tossono.

Ogni sera gli uomini s'acculano[1] intorno alle pietre del focolare acceso al coperto perché non lo vedano i nemici, e s'accavallano gli uni sopra gli altri, con Pin in mezzo illuminato dai riverberi che canta a gola spiegata come nell'osteria del vi-

15 colo[2]. E gli uomini sono come quelli dell'osteria, a gomiti puntati ed occhi duri, solo non guardano rassegnati il viola dei bicchieri: nelle mani hanno il ferro delle armi e domani usciranno a sparare contro uomini: i nemici!

Questo è diverso da tutti gli altri uomini: avere dei nemici, un senso nuovo e sconosciuto per Pin. Nel vicolo c'erano urli e liti e offese di uomini e di donne giorno

20 e notte, ma non c'era quell'amara voglia di nemici, quel desiderio che non lascia dormire alla notte. Pin non sa ancora cosa vuol dire: avere dei nemici. In tutti gli esseri umani per Pin c'è qualcosa di schifoso come i vermi e qualcosa di buono e caldo che attira la compagnia.

Invece costoro non sanno pensare ad altro, come innamorati, e quando dicono

25 certe parole tremano nella barba, e gli occhi luccicano e le dita accarezzano l'alzo[3] dei fucili. A Pin non chiedono che canti loro canzoni d'amore, o canzonette da ridere: vogliono i loro canti pieni di sangue e di bufere, oppure le canzoni di galere e di delitti che sa solo lui, oppure anche canzoni molto oscene che bisogna gridare con odio per cantarle. Certo, essi riempiono Pin d'ammirazione più

30 di tutti gli altri uomini: sanno storie di autocarri pieni di gente sfracellata e storie di spie che muoiono nude dentro fosse di terra.

Sotto il casolare i boschi diradano in strisce di prato, e là dicono che ci sono spie

---

1. s'acculano: *si siedono.*
2. come ... vicolo: Pin ha trascorso la sua infanzia in un paesino della Liguria, a contatto con gli squallidi individui frequentati dalla sorella prostituta.
3. l'alzo: congegno del fucile che serve per prendere la mira.

Un altro elemento fantastico, che riflette le paure infantili del protagonista.

Apri il vocabolario
Derivato dall'italiano antico *briga* ("compagnia"), come primo significato il sostantivo "brigata" indica una riunione di persone, che si incontrano per passare il tempo in modo allegro; in ambito militare definisce invece sia un'unità composta da più di un battaglione, sia un gruppo organizzato, talvolta irregolare, di combattenti.

La descrizione del Dritto, condotta attraverso il discorso indiretto libero, lascia emergere un ritratto per nulla idealizzato.

Pin, ancora bambino, non riesce a comprendere appieno le misteriose pulsioni degli adulti, che tuttavia lo affascinano con il loro mistero.

seppellite e Pin ha un po' di paura di passarci la notte, per non sentirsi tirare i calcagni da mani cresciute in mezzo all'erba.

35 Pin è già uno della banda: è in confidenza con tutti e per ognuno ha trovato la frase per prenderlo in giro e per farsi rincorrere e fare il solletico e prendere a pugni. «Mondoboia, comandante,» fa al Dritto, «m'han detto che ti sei già fatto fare la divisa per quando vai in giù, con i gradi, gli speroni e la sciabola».
Coi comandanti Pin scherza ma sempre cercando di tenerseli buoni, perché gli
40 piace d'esser loro amico e anche per veder di scansare qualche turno di guardia o di corvé[4].
Il Dritto è un giovane magro, figlio di meridionali emigrati, con un sorriso malato e palpebre abbassate dalle lunghe ciglia. Di professione fa il cameriere; bel mestiere perché si vive vicino ai ricchi e una stagione si lavora e l'altra si ripo-
45 sa. Ma lui preferirebbe starsene sdraiato tutto l'anno al sole, con le sue braccia tutte nervi sotto la testa. Invece, suo malgrado, ha una furia che lo tiene sempre in moto e gli fa vibrare le narici come antenne, e gli mette addosso un sottile piacere a maneggiare le armi. Al comando di brigata hanno delle prevenzioni contro di lui perché sono arrivate informazioni poco buone sul suo conto dal
50 comitato, e perché nelle azioni vuole sempre fare di sua testa e gli piace troppo comandare e poco dare l'esempio. Però quando vuole è di fegato e comandanti ce ne sono pochi: così gli han dato quel distaccamento su cui non si può fare grande assegnamento, e serve più per tenere isolati degli uomini che potrebbero rovinare gli altri. [...]
55 Il Dritto accetta gli scherzi di Pin muovendo le narici e col suo sorriso malato, e dice che Pin è l'uomo più in gamba del distaccamento e che lui è malato e vuole ritirarsi e il comando lo possono dare a Pin, tanto le cose andranno sempre di traverso. Allora tutti attaccano[5] a mettere in mezzo Pin, a chiedergli quand'è che viene a fare un'azione e se sarebbe capace di mirare su un tedesco e di sparar-
60 gli. Pin s'arrabbia quando gli dicono queste cose, perché, in fondo, di trovarsi in mezzo agli spari avrebbe paura, e forse non si sentirebbe il coraggio di sparare addosso a un uomo. Ma quand'è in mezzo ai compagni vuol convincersi d'essere uno come loro, e allora comincia a raccontare cosa farà la volta che lo lasceranno andare in battaglia e si mette a fare il verso della mitragliatrice tenendo i pu-
65 gni avvicinati sotto gli occhi come se sparasse.
S'eccita allora: pensa ai fascisti, a quando lo frustavano[6], alle facce bluastre e imberbi nell'ufficio dell'interrogatorio, ta-tatatà, ecco che tutti sono morti, e mordono il tappeto sotto la scrivania dell'ufficiale tedesco con gengive di sangue. Ecco la voglia d'uccidere anche in lui aspra e ruvida, d'uccidere pure il piantone[7] nasco-
70 sto nel pollaio, anche se è tonto, proprio perché è tonto, d'uccidere anche la sentinella triste della prigione, proprio perché è triste e tagliuzzata in faccia dal rasoio. È una voglia remota in lui come la voglia di amore, un sapore sgradevole e eccitante come il fumo e il vino, una voglia che non si capisce bene perché tutti gli uomini l'abbiano, che deve racchiudere, a soddisfarla, piaceri segreti e misteriosi.
75 «Se io fossi un ragazzo come te,» gli dice Zena il Lungo detto Berretta-di-Legno[8], «non ci metterei tanto a scendere in città e a sparare a un ufficiale, poi scappare qui di nuovo. Tu sei un ragazzo e nessuno ti baderebbe e potresti andargli fin sotto il naso. E anche scappare ti sarebbe più facile».

---

4. di corvé: *di lavoro.*
5. attaccano: *incominciano.*
6. a quando lo frustavano: Pin ricorda quan-
do, catturato dai fascisti per aver rubato la pistola, era stato interrogato e malmenato.
7. il piantone: il soldato di guardia.
8. Zena ... Berretta-di-legno: è uno dei partigiani del distaccamento del Dritto.

Dal romanzo puoi leggere anche il brano *Pin e il carrugio* e *Le riflessioni del commissario Kim*

80
Pin si tortura dalla rabbia: sa che gli dicono queste cose per prenderlo in giro e poi non gli dànno armi e non lo lasciano allontanare dall'accampamento.

«Mandatemi,» dice, «e vedrete che ci vado».

«Dai, parti domani,» gli dicono.

«Quanto ci scommettiamo che un giorno vado giù e faccio fuori un ufficiale?» fa Pin.

«Alé,» dicono gli altri, «gliele dai le armi, Dritto?»

85
«Pin è aiuto cuciniere,» dice il Dritto, «le sue armi sono il coltello per le patate e il mestolo».

«Me ne strafotto di tutte le vostre armi! Mondoboia, ci ho una pistola marinaia[9] tedesca che nessuno di voi ne ha una uguale!»

«Perbacco,» fanno gli altri, «e dove la tieni: a casa? Una pistola marinaia: sarà di

90
quelle a acqua!»

Pin si morde le labbra: un giorno andrà a disseppellire la pistola, e farà cose meravigliose, cose da sbalordire tutti.

«Quanto ci scommettiamo che ci ho una pistola P38 nascosta in qualche posto che so solo io?»

95
«Ma che partigiano sei che tieni le armi nascoste? Spiegaci il posto che l'andiamo a prendere.»

«No. È un posto che so solo io e non lo posso dire a nessuno.»

«Perché?»

«Ci fanno il nido i ragni.»

100
«Ma va' là! Quando mai i ragni hanno fatto il nido. Mica son rondini.»

I. Calvino, *Il sentiero dei nidi di ragno*, Milano, Mondadori, 1993

---

9. marinaia: Pin la definisce tale perché l'ha rubata a un marinaio tedesco.

Analisi del testo

COMPRENSIONE

Il brano si apre con una suggestiva **descrizione del bosco** in cui si trova il casolare dei partigiani, che agli occhi di Pin appaiono come uomini coraggiosi e duri, fermi nella loro lotta contro imprecisati «nemici». L'attenzione del narratore si sofferma poi sul comandante del distaccamento, **il Dritto**, un giovane inquieto e non sempre affidabile, ma generoso e leale. Tra i partigiani Pin si sente finalmente **accettato dal mondo degli adulti**, nonostante alcuni di loro talvolta lo provochino sfidandolo a partecipare ai combattimenti. Per superare il senso d'impotenza, Pin confida allora il suo segreto, sostenendo di possedere una pistola nascosta in un luogo segreto. Ma, naturalmente, nessuno gli crede.

ANALISI E INTERPRETAZIONE
La Resistenza vista da un bambino Emerge con chiarezza la visione antiretorica adottata da Calvino per descrivere l'esperienza partigiana. **I partigiani** descritti nel romanzo in apparenza **non sono figure eroiche**: il Dritto è coraggioso ma un po' indolente e anche gli altri personaggi non paiono animati da profonde motivazioni ideologiche. La scelta di **filtrare la narrazione attraverso lo sguardo infantile di Pin** permette infatti di sottolineare gli **aspetti più quotidiani** della vita partigiana, ma anche di avvolgerli in un **alone fiabesco e quasi mitico**. Nella sua semplicità, Pin comprende a fondo l'eroismo quotidiano di questi uomini, fatto di rozzezza e modi spicci ma anche di fermezza nella lotta, a cui pensano costantemente, «come innamorati».

Un bambino in un mondo di adulti Protagonista del romanzo è Pin, un bambino che la guerra e la miseria hanno costretto a crescere troppo in fretta, a confrontarsi esclusivamente con un **mondo di adulti** che gli risulta per molti aspetti **incomprensibile**. Verso gli uomini della compagnia del Dritto, che ammira e a cui vorrebbe assomigliare, Pin ha un **atteggiamento ambivalente**: da un lato si sente accettato come «uno della banda», pieno di orgoglio per la confidenza che gli viene concessa; dall'altro, comprende che la sua età non gli permette di relazionarsi a loro su un piano di effettiva parità. Roso dalla rabbia per non poter partecipare alla lotta insieme ai suoi "eroi", trova una parziale consolazione nel **custodire**

gelosamente il suo segreto, ovvero la pistola nascosta nel nido dei ragni.

Tra realismo e fiaba   L'ottica infantile del narratore comporta precise conseguenze anche sul piano formale, creando una continua **alternanza tra toni realistici**, bassi e talora caricaturali e **sequenze di tono incantato e quasi fiabesco**, come quella che conduce il lettore nel cuore di una casa nel folto del bosco, condotta in tono evocativo e lirico, con uno stile a tratti elevato. Al contrario, nelle **sequenze dialogiche** prevale una **forma colloquiale** e talvolta triviale («Mondoboia», «me ne strafotto» ecc.) di forte impatto mimetico. A orientare le variazioni di registro è, ancora una volta, il punto di vista di Pin, che osserva il mondo e la storia ora con sguardo incantato ora invece con smaliziato scetticismo.

● Lavoriamo sul testo

COMPRENSIONE

1 Nel brano le parti descrittive si alternano a sequenze riflessive o dialogiche. Individua nel testo i diversi tipi di sequenza, assegnando a ciascuna un breve titolo che ne riassuma il contenuto.

2 Chi è il Dritto e per quale motivo il comando partigiano non ha piena fiducia in lui?

3 Che cosa provoca la rabbia di Pin nella parte finale del brano?

4 Trova un sinonimo per il verbo «scansare» (r. 40).

5 Individua nel testo tutte le espressioni colloquiali e tipiche del parlato.

ANALISI E INTERPRETAZIONE

6 Che tipo di narratore e di focalizzazione vengono adottati da Calvino? All'interno del brano, la focalizzazione è costante o si modifica?

7 Qual è il giudizio di Pin sui partigiani? Ti sembra che coincida con quello dell'autore?

8 Analizza la figura del Dritto, ricostruendone le caratteristiche psicologiche sulla base del brano.

9 In quali punti del brano è più evidente il tono fiabesco della narrazione? Dove prevale invece una rappresentazione di tipo realistico?

10 In quali parti del testo prevale uno stile più ricercato e per quale motivo?

SCRITTURA E APPROFONDIMENTO

11 «In tutti gli esseri umani per Pin c'è qualcosa di schifoso come i vermi e qualcosa di buono e caldo che attira la compagnia» (rr. 21-23). In un breve testo scritto, spiega il significato di questa affermazione del narratore, tenendo a mente i passi del brano in cui emerge un atteggiamento contraddittorio di Pin verso il mondo degli adulti.

John Singer Sargent,
Ragazzo su una roccia, 1909.

Il cavaliere perfetto

Il cavaliere inesistente, cap. I

Il brano costituisce l'inizio de Il cavaliere inesistente *(1959), terzo e ultimo romanzo della trilogia* I nostri antenati. *La vicenda, che si ispira nella trama e nella struttura ai poemi cavallereschi, è ambientata in un Medioevo di fantasia, all'epoca delle guerre di Carlo Magno e dei suoi paladini contro i Saraceni. Alla vigilia di una battaglia contro gli infedeli, Car-*

lo Magno passa in rassegna come di consueto i suoi guerrieri, ciascuno dei quali sfoggia i suoi titoli nobiliari e le sue valorose imprese. Tra gli altri, spicca un cavaliere con un'armatura candida e perfettamente lustra che, invitato a mostrare il suo volto, rivela che ciò è impossibile, perché egli in realtà... non esiste.

Sotto le rosse mura di Parigi era schierato l'esercito di Francia. Carlomagno doveva passare in rivista i paladini. Già da più di tre ore erano lì; faceva caldo; era un pomeriggio di prima estate, un po' coperto, nuvoloso; nelle armature si bolliva come in pentole tenute a fuoco lento. Non è detto che qualcuno in quell'immobile fila di
5 cavalieri già non avesse perso i sensi o non si fosse assopito[1], ma l'armatura li reggeva impettiti in sella tutti a un modo. D'un tratto, tre squilli di tromba [...]. Finalmente ecco, lo scorsero che avanzava laggiù in fondo, Carlomagno, su un cavallo che pareva più grande del naturale, con la barba sul petto, le mani sul pomo della sella. Regna e guerreggia, guerreggia e regna, dài e dài, pareva un po' invecchiato,
10 dall'ultima volta che l'avevano visto quei guerrieri.

Fermava il cavallo a ogni ufficiale e si voltava a guardarlo dal su in giù. «E chi siete voi, paladino di Francia?»

«Salomon di Bretagna, sire!» rispondeva quello a tutta voce, alzando la celata[2] e scoprendo il viso accalorato; e aggiungeva qualche notizia pratica, come sarebbe:
15 «Cinquemila cavalieri, tremilacinquecento fanti, milleottocento i servizi, cinque anni di campagna».

«Sotto coi brètoni, paladino!» diceva Carlo, e toc-toc, toc-toc, se ne arrivava a un altro capo di squadrone.

«Ecchisietevòi, paladino di Francia?» riattaccava.
20 «Ulivieri di Vienna, sire!» scandivano le labbra appena la griglia dell'elmo s'era sollevata. E lì: «Tremila cavalieri scelti, settemila la truppa, venti macchine da assedio. Vincitore del pagano Fierabraccia, per grazia di Dio e gloria di Carlo re dei Franchi!» «Ben fatto, bravo il viennese,» diceva Carlomagno, e agli ufficiali del seguito: «Magrolini quei cavalli, aumentategli la biada». E andava avanti: «Ecchisietevòi, paladino di Francia?» ripeteva, sempre con la stessa cadenza: "Tàtta-tatatài tàta-tàta-tatàta..."
25 «Bernardo di Mompolier, sire! Vincitore di Brunamonte e Galiferno.»

«Bella città Mompolier! Città delle belle donne!» e al seguito[3]: «Vedi se lo passiamo di grado[4]». Tutte cose che dette dal re fanno piacere, ma erano sempre le stesse battute, da tanti anni. [...]

«E voi?» Il re era giunto di fronte a un cavaliere dall'armatura tutta bianca; solo
30 una righina nera correva torno torno ai bordi; per il resto era candida, ben tenuta,

---

1. assopito: *addormentato.*

2. la celata: *la parte anteriore dell'elmo, che nasconde il viso e che può essere sollevata.*

3. al seguito: *rivolto agli uomini del suo seguito.*

4. Vedi ... grado: *Vediamo se è possi-*

bile concedergli un grado nobiliare più elevato.

senza un graffio, ben rifinita in ogni giunto, sormontata sull'elmo da un pennacchio di chissà che razza orientale di gallo, cangiante d'ogni colore dell'iride. Sullo scudo c'era disegnato uno stemma tra due lembi d'un ampio manto drappeggiato, e dentro lo stemma s'aprivano altri due lembi di manto con in mezzo uno stemma

35 più piccolo, che conteneva un altro stemma ammantato più piccolo ancora. Con disegno sempre più sottile era raffigurato un seguito di manti che si schiudevano uno dentro l'altro, e in mezzo ci doveva essere chissà che cosa, ma non si riusciva a scorgere, tanto il disegno diventava minuto. «E voi lì, messo su così in pulito[5]…» disse Carlomagno che, più la guerra durava, meno rispetto della pulizia nei pala-

40 dini gli capitava di vedere.

«Io sono», la voce giungeva metallica da dentro l'elmo chiuso, come fosse non una gola ma la stessa lamiera dell'armatura a vibrare, e con un lieve rimbombo d'eco, «Agilulfo Emo Bertrandino dei Guildiverni e degli Altri di Corbentraz e Sura, cavaliere di Selimpia Citeriore e Fez!»

45 «Aaah…» fece Carlomagno e dal labbro di sotto, sporto avanti, gli uscì anche un piccolo strombettio, come a dire: "Dovessi ricordarmi il nome di tutti, starei fresco!" Ma subito aggrottò le ciglia. «E perché non alzate la celata e non mostrate il vostro viso?»

Il cavaliere non fece nessun gesto; la sua destra inguantata d'una ferrea e ben con-

50 nessa manopola si serrò più forte all'arcione, mentre l'altro braccio, che reggeva lo scudo, parve scosso come da un brivido.

«Dico a voi, ehi, paladino!» insisté Carlomagno. «Com'è che non mostrate la faccia al vostro re?»

La voce uscì netta dal barbazzale[6]. «Perché io non esisto, sire.»

55 «O questa poi!» esclamò l'imperatore. «Adesso ci abbiamo in forza anche un cavaliere che non esiste! Fate un po' vedere.»

Agilulfo parve ancora esitare un momento, poi con mano ferma ma lenta sollevò la celata. L'elmo era vuoto. Nell'armatura bianca dall'iridescente[7] cimiero non c'era dentro nessuno.

60 «Mah, mah! Quante se ne vedono!» fece Carlomagno. «E com'è che fate a prestar servizio, se non ci siete?»

«Con la forza di volontà,» disse Agilulfo, «e la fede nella nostra santa causa!»

«E già, e già, ben detto, è così che si fa il proprio dovere. Be', per essere uno che non esiste, siete in gamba!»

65 Agilulfo era il serrafila[8]. L'imperatore ormai aveva passato la rivista a tutti; voltò il cavallo e s'allontanò verso le tende reali. Era vecchio, e tendeva ad allontanare dalla mente le questioni complicate.

La tromba suonò il segnale del "rompete le righe". Ci fu il solito sbandarsi di cavalli, e il gran bosco delle lance si piegò, si mosse a onde come un campo di gra-

70 no quando passa il vento. I cavalieri scendevano di sella, muovevano le gambe per sgranchirsi, gli scudieri portavano via i cavalli per la briglia. […]

Agilulfo fece qualche passo per mischiarsi a uno di questi capannelli, poi senz'alcun motivo passò a un altro, ma non si fece largo e nessuno badò a lui. Restò un po' indeciso dietro le spalle di questo o di quello, senza partecipare ai loro dialo-

75 ghi, poi si mise in disparte. […] Agilulfo, come se tutt'a un tratto si sentisse nudo, ebbe il gesto d'incrociare le braccia e stringersi le spalle.

---

5. **messo su … pulito:** *tutto lindo e rifinito.*
6. **barbazzale:** la parte bassa e fissa dell'el-mo, che protegge la gola.
7. **iridescente:** *variopinto.*
8. **serrafila:** il cavaliere incaricato di chiudere la schiera.

Poi si riscosse e, di gran passo, si diresse verso gli stallaggi[9]. Giunto là, trovò che il governo dei cavalli non veniva compiuto secondo le regole, sgridò gli staffieri, inflisse punizioni ai mozzi, ispezionò tutti i turni di corvé[10], ridistribuì le mansioni
80 spiegando minuziosamente a ciascuno come andavano eseguite e facendosi ripetere quel che aveva detto per vedere se avevano capito bene. E siccome ogni momento venivano a galla le negligenze nel servizio dei colleghi ufficiali paladini, li chiamava a uno a uno, sottraendoli alle dolci conversazioni oziose della sera, e contestava con discrezione ma con ferma esattezza le loro mancanze, e li obbligava uno ad
85 andare di picchetto, uno di scolta[11], l'altro giù di pattuglia, e così via. Aveva sempre ragione, e i paladini non potevano sottrarsi, ma non nascondevano il loro malcontento. Agilulfo Emo Bertrandino dei Guildiverni e degli Altri di Corbentraz e Sura, cavaliere di Selimpia Citeriore e Fez era certo un modello di soldato; ma a tutti loro era antipatico.

I. Calvino, *Il cavaliere inesistente*, Torino, Einaudi, 1958

---

9. gli stallaggi: *le stalle.*   **10. di corvé:** *di lavoro.*   **11. scolta:** *guardia.*

➡ Analisi del testo

COMPRENSIONE

Il brano che apre il romanzo ha la funzione di presentare l'**ambiente** in cui si svolge la narrazione e il suo insolito **protagonista**.
La prima sequenza mostra **Carlo Magno** mentre **passa in rassegna i paladini**, schierati sotto le mura di Parigi. Nella seconda, l'attenzione del re è attratta da un cavaliere dall'armatura candida e splendente, che inizialmente rifiuta di mostrare il suo volto. È **Agilulfo**, un cavaliere che ha un unico difetto: in realtà non esiste. Ossessionato dalla razionalità e dall'ordine, egli si dedica soltanto a far rispettare le regole tra le fila dell'esercito, provocando così il fastidio dei suoi compagni, che lo tengono a distanza.

ANALISI E INTERPRETAZIONE

Tra fantasia e ironia   Fin dall'esordio, *Il cavaliere inesistente* si presenta come un'**originale rivisitazione del genere del poema cavalleresco**. La rassegna dell'esercito in armi è infatti un momento topico dell'epica, in cui l'autore presenta i protagonisti delle imprese belliche. In questo caso, tuttavia, all'attacco di tono solenne subentra presto un **intento ironico**: Carlo Magno, «un po' invecchiato», rivolge ai paladini domande di *routine*, a cui corrispondono risposte pompose ma sempre uguali a se stesse. Sottoponendo la materia epica a questo **straniamento**, Calvino induce al sorriso il lettore colto, ma sembra anche alludere al vuoto

formalismo che regola la società moderna, in cui ciascuno segue le regole di un "gioco" dettato dal conformismo.

La figura di Agilulfo   Agilulfo, privo di una reale esistenza, si mantiene in vita grazie alla fede e alla «forza di volontà», che si manifesta nel suo amore per l'ordine e l'esattezza. Attraverso questo personaggio l'autore intende sottolineare i **pericoli del conformismo della società moderna**, capace di svuotare l'individuo della sua essenza più profonda e dei suoi sentimenti e ridurlo a una sorta di fantoccio, che può illudersi di esistere solo rispettando scrupolosamente le regole sociali. In senso più profondo, Agilulfo è anche un emblema dei **limiti della razionalità** che, privata del calore degli affetti, si sostenta a fatica e non è sufficiente a dare ordine al caos variegato del mondo.

Uno stile limpido   La narrazione è condotta in uno **stile chiaro ed essenziale**, con una sintassi per lo più paratattica ma mai banale, in cui il tono fiabesco non esclude un certo realismo. L'intento ironico contribuisce ad abbassare il registro stilistico, soprattutto nelle battute che riportano le parole di Carlo Magno. Per contrasto, risalta la limpida esattezza del linguaggio di Agilulfo, sintomo del suo ossessivo desiderio di definire con precisione la realtà che lo circonda.

Lavoriamo sul testo

COMPRENSIONE

1 Dove si svolge l'azione e in quale periodo storico? Da quali elementi deduci questi dati?

2 Il brano può essere suddiviso in due sequenze: individuale nel testo.

3 Che cosa è raffigurato nello stemma araldico di Agilulfo? Quale significato assume nel contesto la sua elaborata descrizione?

> **LINGUA E LESSICO**
>
> **4** Ricerca l'etimologia dei seguenti termini e scrivi una frase in cui compaia ciascuno di essi: ufficiale – fanti – cavaliere – pennacchio – armatura
>
> **5** Per ognuno dei seguenti aggettivi scrivi almeno due sinonimi e due contrari: naturale – accalorato – minuto – connessa – complicate

ANALISI E INTERPRETAZIONE

6 Quali elementi presenti nel brano rinviano a situazioni e ambienti tipici della *chanson de geste* e dei poemi epico-cavallereschi?

7 In quali punti del testo emerge l'atteggiamento ironico del narratore? A quali personaggi in particolare si riferisce? L'ironia coinvolge anche Agilulfo?

8 Fin dal suo primo apparire, Agilulfo appare «diverso» dagli altri paladini: quali aspetti sottolineano la sua singolarità?

9 Per quale motivo Agilulfo è ossessionato dall'ordine e dal rispetto delle regole?

SCRITTURA E APPROFONDIMENTO

10 Calvino ha affermato che con *Il cavaliere inesistente* ha voluto riferirsi alla società contemporanea, e in particolare portare una «critica all'*organization man* della società di massa». Motiva questa affermazione sulla base del brano, scrivendo sul tema un testo di massimo venti righe.

Marino Marini, *Cavalieri*, 1969.

Le riflessioni di Amerigo

La giornata di uno scrutatore, cap. XII

Il giovane intellettuale Amerigo Ormea, protagonista e voce narrante del romanzo, è incaricato per conto del Partito comunista di controllare la regolarità delle votazioni politiche del 1953 in un seggio allestito presso il Cottolengo, un ospedale torinese per minorati gravi. A contatto con la sofferenza quotidiana dei malati, le sue certezze vengono però messe a dura prova, suscitando nel suo animo inquietanti interrogativi. Le votazioni si svolgono in una realtà del tutto anomala, dominata dal dolore e popolata da creature menomate tanto gravemente da non parere nemmeno umane. Di fronte al cinismo con cui i membri del comitato elettorale cercano di raccogliere voti sfruttando l'evidente incapacità di intendere dei pazienti, Amerigo reagisce con sdegno. Ma più della politica lo angosciano riflessioni esistenziali, che sembrano trovare una parziale risposta nell'affetto pacato e gratuito con cui un padre assiste il figlio, ridotto quasi a un vegetale ma non per questo meno amato..

Un certo numero degli iscritti a votare del «Cottolengo»[1] erano malati che non potevano lasciare il letto e la corsia. La legge prevede in questi casi che tra i componenti del seggio se ne scelgano alcuni per costituire un «seggio distaccato» che vada a raccogliere i voti dei malati nel «luogo di cura» cioè là dove
5 si trovano. Si misero d'accordo per formare questo «seggio distaccato» con il presidente, il segretario, la scrutatrice in bianco[2] e Amerigo. Il «seggio distaccato» aveva in dotazione due scatole, una con le schede da votare e l'altra per raccogliere le schede votate, un fascicolo speciale come registro e l'elenco dei «votanti nel luogo di cura».
10 Presero le cose e andarono. Li guidava su per le scale un ricoverato di quelli «bravi»[3], un giovanotto piccolo e tozzo che, nonostante i brutti lineamenti, la zucca rapata e subito sotto i sopraccigli spessi e uniti, si dimostrava all'altezza del suo compito e premuroso, tanto che pareva finito lì per sbaglio, per via della faccia. «In questo reparto ce n'è quattro». Ed entrarono.
15 Era un camerone lungo e si andava tra due bianche file di letti. L'occhio, uscendo dall'ombra della scala, provava un senso d'abbagliamento, doloroso, che forse era soltanto una difesa, quasi un rifiuto di percepire in mezzo al bianco d'ogni monte di lenzuola e guanciali la forma di colore umano che ne affiorava; oppure una prima traduzione, dall'udito nella vista, dell'impressione d'un gri-
20 do acuto, animale, continuo: ghiii… ghiii… ghiii… che si levava da un qualche punto della corsia, a cui rispondeva a tratti da un altro punto un sussultare come di risata o latrato: gaa! gaa! gaa! gaa!
Il grido acuto proveniva da una minuscola faccia rossa, tutta occhi e bocca aperta in un fermo riso, d'un ragazzo a letto, in camicia bianca, seduto, ossia
25 che spuntava col busto dall'imboccatura del letto come una pianta viene su da un vaso, come un gambo di pianta che finiva (non c'era segno di braccia) in quella testa come un pesce, e questo ragazzo-pianta-pesce (fino a dove un essere umano può dirsi umano? si chiedeva Amerigo) si muoveva su e giù inclinando il busto a ogni «ghiii… ghiii…» E il «gaa! gaa!» che gli rispondeva era d'uno che nel letto prendeva meno forma ancora, eppure protendeva una testa boc-

---

Il riferimento all'«udito» e la successiva definizione di «grido animale» immergono il lettore nel clima del Cottolengo, popolato da malati mentali che spesso non riescono neppure a comunicare in forma umana.

Alle sensazioni uditive subentrano subito dopo quelle visive, con l'aspetto deforme del primo malato.

---

1. **«Cottolengo»:** è la «Piccola casa della Divina Provvidenza», un noto ospedale religioso fondato nel 1832 a Torino da Giuseppe Benedetto Cottolengo.

2. **in bianco:** vestita di bianco.

3. **«bravi»:** i malati tranquilli, non agitati.

cuta[4], avida, congestionata[5], e doveva avere braccia – o pinne – che si muovevano sotto le lenzuola in cui era come insaccato, (fino a che punto un essere può dirsi un essere, di qualsiasi specie?), e altri suoni di voci gli facevano eco, eccitate forse dall'apparire di persone nella corsia, e anche un ansare[6] e gemere, come d'un urlo che stesse per levarsi e subito si soffocasse, questo d'un adulto. Erano, in quell'infermeria, parte adulti – pareva – parte ragazzi e bambini, se si doveva giudicare dalle dimensioni e da segni, come i capelli o il colore della pelle, che contano tra le persone di fuori. Uno era un gigante con la smisurata testa da neonato tenuta ritta dai cuscini: stava immobile, le braccia nascoste dietro la schiena, il mento sul petto che s'alzava in un ventre obeso, gli occhi che non guardavano nulla, i capelli grigi sulla fronte enorme, (un essere anziano, sopravvissuto in quella lunga crescita di feto?), impietrito in una tristezza attonita.

Il prete, quello col basco[7], era già nella corsia, ad aspettarli, anche lui con in mano un suo elenco. Vedendo Amerigo si fece scuro in viso[8]. Ma Amerigo in quel momento non pensava più all'insensato motivo per cui si trovava lì; gli pareva che il confine di cui ora gli si chiedeva il controllo fosse un altro: non quello della «volontà popolare», ormai perduto di vista da un pezzo, ma quello dell'umano.

Il prete e il presidente s'erano avvicinati alla Madre[9] che dirigeva quel reparto, coi nomi dei quattro iscritti a votare, e la Madre li indicava. Altre suore venivano portando un paravento, un tavolino, tutte le cose necessarie per fare le elezioni lì.

Un letto alla fine della corsia era vuoto e rifatto; il suo occupante, forse già in convalescenza, era seduto su una seggiola da una parte del letto, vestito d'un pigiama di lana con sopra una giacca, e seduto dall'altra parte del letto era un vecchio col cappello, certamente suo padre, venuto quella domenica in visita. Il figlio era un giovanotto, deficiente, di statura normale ma in qualche modo – pareva – rattrappito nei movimenti. Il padre schiacciava al figlio delle mandorle, e gliele passava attraverso al letto, e il figlio le prendeva e lentamente portava alla bocca. E il padre lo guardava masticare.

I ragazzi-pesce scoppiavano nei loro gridi, e ogni tanto la Madre si staccava dal gruppo di quelli del seggio per andare a zittire uno troppo agitato, ma con scarso esito. Ogni cosa che accadeva nella corsia era separata dalle altre, come se ogni letto racchiudesse un mondo senza comunicazione col resto, salvo per i gridi che s'incitavano uno con l'altro, in crescendo, e comunicavano un'agitazione generale, in parte come un chiasso di passeri, in parte dolorosa, gemente. Solo l'uomo con la testa enorme stava immobile, come non sfiorato da nessun suono.

Amerigo continuava a guardare il padre e il figlio. Il figlio era lungo di membra e di faccia, peloso in viso e attonito, forse mezzo impedito da una paralisi. Il padre era un campagnolo vestito anche lui a festa, e in qualche modo, specie nella lunghezza del viso e delle mani, assomigliava al figlio. Non negli occhi: il figlio aveva l'occhio animale e disarmato, mentre quello del padre era socchiuso e sospettoso, come nei vecchi agricoltori. Erano voltati di sbieco, sulle loro seggiole ai due lati del letto, in modo da guardarsi fissi in viso, e non ba-

---

4. boccuta: *che sembrava occupata interamente dalla grande bocca;* si tratta di un neologismo coniato da Calvino.
5. congestionata: *arrossata.*

6. ansare: *ansimare.*
7. basco: è un tipo di cappello.
8. Vedendo ... in viso: perché teme che Amerigo, come ha già fatto altre volte, vo-

glia impedire ad alcuni pazienti di votare.
9. Madre: è la suora che dirige il reparto.

davano a niente che era intorno. Amerigo teneva lo sguardo su di loro, forse
per riposarsi (o schivarsi[10]) da altre viste, o forse ancor di più, in qualche modo affascinato.

Intanto gli altri facevano votare uno in un letto. In questo modo: gli mettevano intorno il paravento, col tavolino dietro, e per lui la suora, perché era paralitico, votava. Tolsero il paravento, Amerigo lo guardò: era una faccia viola, riversa[11], come un morto, a bocca spalancata, nude gengive, occhi sbarrati. Più che quella faccia, nel guanciale affossato, non si vedeva; era duro come un legno, tranne un ansito[12] che gli fischiava al fondo della gola.

Ma cosa hanno il coraggio di far votare? si domandò Amerigo, e solo allora si ricordò che toccava a lui impedirlo.

Già rizzavano il paravento a un altro letto. Amerigo li seguì. Un'altra faccia glabra, tumida[13], irrigidita a bocca aperta e storta, coi bulbi degli occhi fuori delle palpebre senza ciglia. Questo però era inquieto, smanioso.

«Ma c'è un errore!» disse Amerigo, «come può votare, questo qui?»

«Eppure, c'è il suo nome, Morin Giuseppe,» fece il presidente. E al prete: «È proprio lui?»

«Eh, qui c'è il certificato,» disse il prete: «impedimento motorio agli arti. Madre, è lei, vero, che l'aiuta?»

«Ma sì, ma sì, povero Giuseppe!» fece la Madre.

Quello sobbalzava come colto da scosse elettriche, gemendo. Amerigo, ora toccava a lui.

«Un momento,» disse, con una voce senz'espressione, sapendo di ripetere una formula, di parlare nel vuoto, « è in grado l'elettore di riconoscere la persona che vota per lui? È in grado di esprimere la sua volontà? Ehi, dico a lei, signor Morin: è in grado?»

«La solita storia,» disse il prete al presidente, «la Madre che sta qui con loro giorno e notte, gli chiedono se la conosce…» e scosse il capo, con una risatina. […]

«Basta con questa commedia,» disse Amerigo, secco. «Non può esprimere la sua volontà, cioè non può votare. È chiaro? Un po' più di rispetto. Non c'è bisogno di far altre parole.»

(Voleva dire "un po' più di rispetto" verso le elezioni oppure "un po' più di rispetto" verso la carne che soffre? Non lo specificò).

Si aspettava che le sue parole suscitassero una battaglia. Invece niente. Nessuno protestò. Con un sospiro, scuotendo il capo, guardavano l'uomo rattratto[14].

«Certo, è peggiorato,» convenne il prete, a bassa voce. «Ancora due anni fa, votava».

Il presidente mostrò il registro ad Amerigo: «Cosa si fa: lasciamo in bianco o facciamo un verbale a parte?»

«Lasciamo. Lasciamo perdere», fu tutto quello che seppe dire Amerigo; pensava a un'altra domanda: se era più umano aiutarli a vivere o a morire, e anche a quella non avrebbe saputo dare una risposta.

Così, aveva vinto la sua battaglia: il voto del paralitico non era stato estorto. Ma un voto, cosa contava un voto? Questo era il discorso che gli faceva il «Cottolengo» con i suoi gemiti e i suoi gridi, vedila la tua volontà popolare che scherzo diventa, qua nessuno ci crede, qua ci si vendica dei poteri del mondo, era

---

Amerigo tenta di bloccare il voto di una persona palesemente incapace di intendere e di volere, ma le sue proteste, mosse soprattutto dal rispetto per i malati, vengono scambiate per questioni dettate da puro interesse elettorale.

Nella coscienza di Amerigo si crea un contrasto tra i suoi doveri "politici" e la sua volontà "privata", mossa dalla sofferenza che vede intorno a lui.

---

10. **schivarsi:** *difendersi, ripararsi.*
11. **riversa:** *rovesciata.*
12. **ansito:** *respiro affannoso.*
13. **glabra, tumida:** *senza barba e gonfia.*
14. **rattratto:** *come rattrappito.*

120 meglio lasciarlo passare anche quel voto, era meglio che quella parte di potere guadagnata così restasse incancellabile, inscindibile dalla loro autorità, che se la portassero su di loro per sempre. [...]

La vecchia suora muoveva lì intorno gli occhi chiari e lieti, come si trovasse in un giardino pieno di salute, e rispondeva alle lodi con quelle frasi che si san-
125 no, improntate a modestia e ad amore del prossimo, ma naturali, perché tutto doveva essere molto naturale per lei, non ci dovevano essere dubbi, dacché[15] aveva scelto una volta per tutte di vivere per loro.

Anche Amerigo avrebbe voluto dirle delle parole di ammirazione e simpatia, ma quel che gli veniva da dire era un discorso sulla società come avrebbe do-
130 vuto essere secondo lui, una società in cui una donna come lei non sarebbe considerata più una santa perché le persone come lei si sarebbero moltiplica-te, anziché star relegate in margine, allontanate nel loro alone di santità, e vi-vere come lei, per uno scopo universale, sarebbe stato più naturale che vivere per qualsiasi scopo particolare, e sarebbe stato possibile a ognuno esprimere
135 se stesso, la propria carica[16] sepolta, segreta, individuale, nelle proprie funzio-ni sociali, nel proprio rapporto con il bene comune...

Ma più s'ostinava a pensare queste cose, più s'accorgeva che non era tanto que-sto che gli stava a cuore in quel momento, quanto qualcos'altro per cui non trovava parole. Insomma, alla presenza della vecchia suora si sentiva ancora
140 nell'ambito del suo mondo, confermato nella morale alla quale aveva sempre (sia pur per approssimazione e con sforzo) cercato di modellarsi, ma il pen-siero che lo rodeva lì nella corsia era un altro, era ancora la presenza di quel contadino e di suo figlio, che gli indicavano un territorio per lui sconosciuto.

La suora aveva scelto la corsia con un atto di libertà, aveva identificato – re-
145 spingendo il resto del mondo – tutta se stessa in quella missione o milizia[17], eppure – anzi: proprio per questo – restava distinta dall'oggetto della sua mis-sione, padrona di sé, felicemente libera. Invece il vecchio contadino non aveva scelto nulla, il legame che lo teneva stretto alla corsia non l'aveva voluto lui, la sua vita era altrove, sulle sue terre, ma faceva alla domenica il viaggio per ve-
150 der masticare suo figlio. Ora che il giovane idiota aveva terminato la sua lenta merenda, padre e figlio, seduti sempre ai lati del letto, tenevano tutti e due ap-poggiate sulle ginocchia le mani pesanti d'ossa e di vene, e le teste chinate per storto – sotto il cappello calato il padre, e il figlio a testa rapata come un co-scritto[18] – in modo di continuare a guardarsi con l'angolo dell'occhio.
155 Ecco, pensò Amerigo, quei due, così come sono, sono reciprocamente necessari.

E pensò: ecco, questo modo d'essere è l'amore.

E poi: l'umano arriva dove arriva l'amore; non ha confini se non quelli che gli diamo.

I. Calvino, *La giornata di uno scrutatore*, Milano, Mondadori, 1994

Dal romanzo puoi leggere anche il brano
L'onorevole, lo scrutatore e il nano

---

15. dacché: *poiché, dal momento che.*
16. carica: *energia spirituale.*

17. milizia: *impegno, militanza.*
18. coscritto: *soldato di leva arruolato da poco.*

Di fronte al dolore

L'ingresso al Cottolengo è per Amerigo come una **discesa agli inferi**, che lo pone di fronte a un mondo di sofferenza assoluta e insensata.

Di fronte a questa realtà, le **reazioni dei diversi personaggi** sono varie. Il **presidente del seggio**, cinicamente pronto ad approfittare dell'incapacità dei malati per raccogliere voti, rappresenta l'**ipocrisia di una società che strumentalizza i «diversi»** e si illude di ricondurli alle proprie regole. La figura della **suora** rinvia invece alla **libera scelta di carità cristiana** di chi ha deciso di dedicare la vita al servizio di un'umanità sofferente. Più problematica è la posizione di **Amerigo** che, **scosso nelle sue certezze** e quasi dimentico delle ragioni politiche della sua presenza («non pensava più all'insensato motivo per cui si trovava lì»), è preda del **dubbio**.

○ Competenze di comprensione e analisi

- La descrizione dei pazienti dell'ospedale è particolarmente cruda e realistica. Su quali aspetti insiste il narratore?

- Con quali argomenti il presidente vorrebbe far votare un malato chiaramente incapace di intendere? Che tipo di linguaggio usa?

- In quali punti del brano emerge la crisi di certezze che travolge Amerigo? Da che cosa è provocata?

- Quali aspetti della figura di Amerigo rendono evidente che il personaggio è una proiezione autobiografica dell'autore stesso?

I confini dell'umano

Il mondo del Cottolengo costituisce una **realtà diversa** da quella delle persone «normali»: tra l'interno e l'esterno dell'ospedale si erge un muro non solo materiale, che separa la società civile da quanti ne sono drammaticamente esclusi.

Alla vista dei malati, quasi informi e privati anche della parola, Amerigo comprende la relatività delle norme etiche e civili che regolano la società. La razionalità e l'impegno politico non sono sufficienti per comprendere l'essenza dell'uomo.

L'unica risposta possibile gli viene infine dalla vista del muto legame che stringe un padre al figlio menomato e dalla consapevolezza che forse **solo l'amore può dare un senso alla sofferenza** e alleviarne la pena.

○ Competenze di comprensione e analisi

- «Ogni cosa che accadeva nella corsia era separata dalle altre, come se ogni letto racchiudesse un mondo senza comunicazione col resto» (rr. 61-62). Nel brano Amerigo riesce a trovare una soluzione per la solitudine e l'emarginazione sociale dei «diversi»?

- Nella prima parte del brano, quale domanda si ripete quasi ossessivamente il protagonista?

- Quale significato assume la figura del padre che schiaccia le mandorle al figlio menomato? In che senso il suo amore è diverso da quello che anima la madre superiora?

Una riflessione lucida

La narrazione, piuttosto povera di eventi, è occupata soprattutto dalla **registrazione dei pensieri del protagonista**, in una sorta di ininterrotto esame di coscienza. Anche di fronte a una realtà dominata dal caos e dall'insensatezza del dolore, Calvino non rinuncia alla tensione conoscitiva e alla **ricerca di un significato**. Se la ragione constata la propria impotenza, un principio d'ordine è però riaffermato dall'uso di una **scrittura sempre piana e controllata**. Attraverso la frequenza delle **parentesi** e degli incisi il narratore testimonia i **dubbi** di Amerigo e registra i suoi **quesiti**, destinati a restare senza risposta ma non per questo meno significativi.

⦿ Competenze di comprensione e analisi

- Suddividi il brano in sequenze, distinguendo le parti narrative da quelle descrittive e riflessive.

- Nella realtà del tutto anomala del Cottolengo, il linguaggio consueto sembra perdere significato. In quali punti del brano questo aspetto emerge con particolare evidenza?

- Che cosa sta più a cuore ad Amerigo, che egli non riesce a esprimere a parole? Alla fine qual è la parola risolutiva che egli trova?

La parola alla critica

Pier Vincenzo Mengaldo, *Calvino, un maestro inascoltato*

Secondo Pier Vincenzo Mengaldo (1936) la prosa di Italo Calvino è una delle migliori del secondo Novecento; nonostante ciò, il suo esempio non è tenuto in considerazione dalla maggior parte degli scrittori italiani contemporanei, i quali prediligono forme stilistiche sperimentali, artefatte, dimostrando che l'Italia «continua a non essere un paese di prosatori».

Mi guardo bene dal voler cogliere in fallo la prosa di Calvino. Leggendolo o rileggendolo, può accadermi qua e là di avere dubbi sul suo rango assoluto di narratore, nell'insieme evidente e indiscutibile; ma mai e poi mai, a dispetto delle tentazioni o involuzioni manieristiche, sul suo rango assoluto di prosatore. [...] La prosa calviniana, trasparente e densa senza bolle, sgranata e compatta, nutriente con leggerezza, elegante con sostanza e misura, è riuscita nel complesso, non ho dubbi, la più bella e ricca che penna di narratore italiano abbia modulato nell'ultimo quarantennio. Ma diamo la parola allo scrittore se, come mi pare ovvio, ha anche definito se stesso indicando le qualità ottimali della buona prosa (intervista a Maria Corti, in «Autografo», II, 6, ottobre 1985, p. 49): «scatto e precisione nella scelta dei vocaboli, economia e pregnanza e inventiva nella loro distribuzione e strategia, slancio e mobilità e tensione nella frase, agilità e duttilità nello spostarsi da un registro all'altro, da un ritmo all'altro».
A Calvino non si addiceva, credo, il ruolo di padre o di direttore di coscienze in nessuna forma; e non è pensabile né desiderabile che un risultato così individuale nella sua perfezione produca figliolanze vere e proprie. Ma è altamente desiderabile che il modello suo fondamentale di prosa, e di rapporto fra questa e la lingua di tutti, agisca più attivamente di quanto pure si vede che avviene [...]. Tra nipotini di Gadda e figliastri di Pasolini, viscerali brodosi e contegnosi neoclassici, neosecentisti speciosi e, semplicemente, irresponsabili verso la lingua e prosatori senza stile, l'atmosfera è stata e insiste ad essere poco respirabile[1]. L'Italia, ricordiamolo, continua a *non* essere un paese di prosatori.

P.V. Mengaldo, *Aspetti della lingua di Calvino*, in Id., *La tradizione del Novecento. Terza serie*, Torino, Einaudi, 1991.

1. Tra nipotini ... respirabile: la critica è rivolta soprattutto agli scrittori postmoderni; il critico Emanuele Zinato, intrepretando Mengaldo, fa il nome di Baricco.

Cosimo sugli alberi

Il barone rampante, cap. XIII

Il protagonista del Barone rampante, *Cosimo Piovasco di Rondò, ha scelto di trascorrere la sua vita sugli alberi, dove è salito a soli dodici anni per protestare contro una decisione del padre. Nonostante questa inconsueta forma di ribellione il giovane non perde i contatti con la società. La frequentazione del brigante Gian de' Brughi*

suscita in lui la passione per la lettura e per lo studio, che il precettore, l'Abate Fauchelafleur, può soddisfare solo in parte. Grazie ai contatti epistolari con i maggiori illuministi del tempo e alla lettura dell'Encyclopédie, il protagonista matura una nuova consapevolezza dei suoi doveri verso il prossimo e verso la natura.

> La passione per la lettura trasforma Cosimo in una bizzarra figura di intellettuale, che concilia gli interessi filosofici e letterari con la scelta di vivere sugli alberi.

A frequentare il brigante, dunque, Cosimo aveva preso una smisurata passione per la lettura e per lo studio, che gli restò poi per la vita. L'atteggiamento abituale in cui lo s'incontrava adesso, era con un libro aperto in mano, seduto a cavalcioni d'un ramo comodo, oppure appoggiato a una forcella[1] come a un banco da scuola, un foglio posato su una tavoletta, il calamaio in un buco dell'albero, scrivendo con una lunga penna d'oca.

Adesso era lui che andava a cercare l'Abate Fauchelafleur[2] perché gli facesse lezione, perché gli spiegasse Tacito e Ovidio[3] e i corpi celesti e le leggi della chimica, ma il vecchio prete fuor che un po' di grammatica e un po' di teologia annegava in un mare di dubbi e di lacune, e alle domande dell'allievo allargava le braccia e alzava gli occhi al cielo.

«*Monsieur l'Abbé*, quante mogli si può avere in Persia? *Monsieur l'Abbé*, chi è il Vicario Savoiardo[4]? *Monsieur l'Abbé*, mi può spiegare il sistema di Linneo[5]?»

«*Alors… Voyons… Maintenant…*[6]» cominciava l'Abate, poi si smarriva, e non andava più avanti.

Ma Cosimo, che divorava libri d'ogni specie, e metà del suo tempo lo passava a leggere e metà a cacciare per pagare i conti del libraio Orbecche[7], aveva sempre qualche nuova storia lui da raccontare. Di Rousseau che passeggiava erborizzando[8] per le foreste della Svizzera, di Beniamino Franklin che acchiappava i fulmini cogli aquiloni, del Barone de la Hontan[9] che viveva felice tra gli Indiani dell'America.

Il vecchio Fauchelafleur porgeva orecchio a questi discorsi con meravigliata attenzione, non so se per vero interesse o soltanto per il sollievo di non dover essere lui a insegnare; e assentiva, e interloquiva con dei: «*Non! Dites-le mai!*[10]» quando Cosimo si rivolgeva a lui chiedendo: «E lo sapete com'è che…?» oppure con dei: «*Tiens! Mais c'est èpatant!*[11]» quando Cosimo gli dava la risposta, e talora con

> Il vecchio abate è da un lato affascinato dal pensiero illuminista ma dall'altro lo teme in quanto potenzialmente eretico.

dei: «*Mon Dieu!*» che potevano essere tanto d'esultanza per le nuove grandezze di Dio che in quel momento gli si rivelavano, quanto di rammarico per l'onnipotenza del Male che sotto tutte le sembianze dominava senza scampo il mondo.

---

1. forcella: *biforcazione di un ramo.*
2. l'Abate Fauchelafleur: è il precettore di Cosimo.
3. Tacito e Ovidio: autori latini: Tacito è uno storico vissuto nel I sec. d.C., Ovidio un poeta di età augustea.
4. Vicario Savoiardo: la curiosità deriva a Cosimo dalla lettura della *professione di fede del Vicario Savoiardo*, contenuta nell'*Emilio* di Rousseau, che contiene una dimostrazio-

ne dell'esistenza di Dio su base razionale.
5. sistema di Linneo: Carl Nilsson Linnaeus, botanico e naturalista del XVIII secolo, che con la pubblicazione del *Systema naturae* (1735) creò una classificazione delle specie in base alle caratteristiche morfologiche.
6. *Alors… Voyons… Maintenant…*: *Allora… Vediamo… Adesso…* (in francese).
7. Orbecche: il libraio del paese di Ombrosa.
8. erborizzando: *raccogliendo erbe.*

9. Barone de la Hontan: Louis-Armand de Lom d'Arce barone di la Hontan fu scrittore e viaggiatore e pubblicò a L'Aia nel 1703 i *Nouveaux voyages de M. le baron de La Hontan dans l'Amérique septentrionale*, relazione della sua vita in Canada.
10. *Non! Dites-le mai!*: *No! Che dite mai!* (in francese).
11. *Tiens! Mais c'est èpatant!*: *Toh! Ma è strabiliante!*

Io ero troppo ragazzo e Cosimo non aveva amici che nelle classi illetterate[12], perciò il suo bisogno di commentare le scoperte che andava facendo sui libri lo sfo-
30 gava seppellendo di domande e spiegazioni il vecchio precettore. L'Abate, si sa, aveva quella disposizione remissiva[13] e accomodante che gli veniva da una superiore coscienza della vanità del tutto; e Cosimo se ne approfittava. Così il rapporto di discepolanza tra i due si capovolse: Cosimo faceva da maestro e Fauchelafleur da allievo. E tanta autorità mio fratello aveva preso, che riusciva a trascinarsi die-
35 tro il vecchio tremante nelle sue peregrinazioni sugli alberi. [...]
Ma tra l'una e l'altra disposizione del suo animo, dedicava ormai le sue giornate a seguire gli studi intrapresi da Cosimo, e faceva la spola tra gli alberi dov'egli si trovava e la bottega di Orbecche, a ordinargli libri da commissionare ai librai di Amsterdam o Parigi[14], e a ritirare i nuovi arrivi. E così preparava la sua disgrazia.
40 Perché la voce che a Ombrosa c'era un prete che si teneva al corrente di tutte le pubblicazioni più scomunicate d'Europa, arrivò fino al Tribunale ecclesiastico. Un pomeriggio, gli sbirri si presentarono alla nostra villa per ispezionare la celletta dell'Abate. Tra i suoi breviari trovarono le opere del Bayle[15], ancora intonse[16], ma tanto bastò perché se lo prendessero in mezzo e lo portassero con loro.
45 Fu una scena ben triste, in quel pomeriggio nuvoloso, la ricordo come la vidi sbigottito dalla finestra della mia stanza, e smisi di studiare la coniugazione dell'aoristo[17], perché non ci sarebbe stata più lezione. Il vecchio Padre Fauchelafleur s'allontanava per il viale tra quegli sgherri armati, e alzava gli occhi verso gli alberi, e a un certo punto ebbe un guizzo come se volesse correre verso un olmo
50 e arrampicarsi, ma gli mancarono le gambe. Cosimo quel giorno era a caccia nel bosco e non ne sapeva nulla; così non si salutarono. [...]
Comunque, l'arresto dell'Abate non portò alcun pregiudizio[18] ai progressi dell'educazione di Cosimo. È da quell'epoca che data la sua corrispondenza epistolare coi maggiori filosofi e scienziati d'Europa, cui egli si rivolgeva perché gli risolvessero
55 quesiti e obiezioni, o anche solo per il piacere di discutere cogli spiriti migliori e in pari tempo esercitarsi nelle lingue straniere. Peccato che tutte le sue carte, che egli riponeva in cavità d'alberi a lui solo note, non si siano mai ritrovate, e certo saranno finite rose dagli scoiattoli o ammuffite; vi si troverebbero lettere scritte di pugno dai più famosi sapienti del secolo.
60 Per tenere i libri, Cosimo costruì a più riprese delle specie di biblioteche pensili, riparate alla meglio dalla pioggia e dai roditori, ma cambiava loro continuamente di posto, secondo gli studi e i gusti del momento, perché egli considerava i libri un po' come degli uccelli e non voleva vederli fermi o ingabbiati, se no diceva che intristivano. Sul più massiccio di questi scaffali aerei allineava i tomi dell'*Enciclo-
65 pedia* di Diderot e D'Alembert[19] man mano che gli arrivavano da un libraio di Livorno. E se negli ultimi tempi a forza di stare in mezzo ai libri era rimasto un po' con la testa nelle nuvole, sempre meno interessato del mondo intorno a lui, ora invece la lettura dell'Enciclopedia, certe bellissime voci come *Abeille, Arbre, Bois, Jardin*[20], gli facevano riscoprire tutte le cose intorno come nuove. Tra i libri che

> Cosimo ha una concezione libera della cultura, antitetica al rigido dogmatismo della tradizione.

---

12. non aveva … illetterate: *aveva amici solo tra le persone poco colte.*

13. disposizione remissiva: *atteggiamento docile e disponibile.*

14. di Amsterdam o Parigi: i libri ritenuti poco rispondenti all'ortodossia cattolica venivano pubblicati nei paesi di religione protestante, dove la censura non interveniva.

15. Bayle: Pierre Bayle (1647-1706), filosofo francese anticipatore del pensiero illuminista.

16. intonse: *intatte.*

17. aoristo: tempo verbale del greco antico.

18. non portò alcun pregiudizio: *non danneggiò affatto.*

19. Enciclopedia … D'Alembert: l'*Encyclopédie*, pubblicata tra il 1751 e il 1772 da Denis Diderot e Jean-Baptiste D'Alembert, è il testo fondamentale dell'Illuminismo francese.

20. Abeille … Jardin: *Ape, Albero, Bosco, Giardino* (in francese).

70 si faceva arrivare, cominciarono a figurare anche manuali d'arti e mestieri, per esempio d'arboricoltura, e non vedeva l'ora di sperimentare le nuove cognizioni. A Cosimo era sempre piaciuto stare a guardare la gente che lavora, ma finora la sua vita sugli alberi, i suoi spostamenti e le sue cacce avevano sempre risposto a estri isolati e ingiustificati, come fosse un uccelletto. Ora invece lo prese il bi-

75 sogno di far qualcosa di utile al suo prossimo. E anche questa, a ben vedere, era una cosa che aveva imparato nella sua frequentazione del brigante; il piacere di rendersi utile, di svolgere un servizio indispensabile per gli altri.

Imparò l'arte di potare gli alberi, e offriva la sua opera ai coltivatori di frutteti, l'inverno, quando gli alberi protendono irregolari labirinti di stecchi e pare non

80 desiderino che d'essere ridotti in forme più ordinate per coprirsi di fiori e foglie e frutti. Cosimo potava bene e chiedeva poco: così non c'era piccolo proprietario o fittavolo che non gli chiedesse di passare da lui, e lo si vedeva, nell'aria cristallina di quelle mattine, ritto a gambe larghe sui bassi alberi nudi, il collo avvoltolato in una sciarpa fino alle orecchie, alzare la cesoia e, zac! zac!, a colpi sicuri far vo-

85 lare via rametti secondari e punte. La stessa arte usava nei giardini, con le pian-te d'ombra e d'ornamento, armato d'una corta sega, e nei boschi, dove all'ascia dei taglialegna buona soltanto ad accozzare colpi al piede d'un tronco secolare per abbatterlo intero, cercò di sostituire la sua svelta accetta, che lavorava solo sui palchi e sulle cime.

90 Insomma, l'amore per questo suo elemento arboreo[21] seppe farlo diventare, com'è di tutti gli amori veri, anche spietato e doloroso, che ferisce e recide per far cre-scere e dar forma. Certo, egli badava sempre, potando e disboscando, a servire non solo l'interesse del proprietario della pianta, ma anche il suo, di viandante che ha bisogno di rendere meglio praticabili le sue strade; perciò faceva in modo

95 che i rami che gli servivano da ponte tra una pianta e l'altra fossero sempre sal-vati, e ricevessero forza dalla soppressione degli altri. Così, questa natura d'Om-brosa ch'egli aveva trovato già tanto benigna, con la sua arte contribuiva a far-la vieppiù a lui favorevole, amico a un tempo del prossimo, della natura e di se medesimo. E i vantaggi di questo saggio operare godette soprattutto nell'età più

100 tarda, quando la forma degli alberi sopperiva sempre di più alla sua perdita di forze. Poi, bastò l'avvento di generazioni più scriteriate, d'improvvide avidità, gente non amica di nulla, neppure di se stessa, e tutto ormai è cambiato, nessun Cosimo potrà più incedere per gli alberi.

I. Calvino, *Il barone rampante*, Torino, Einaudi, 1958

Dal romanzo puoi leggere anche il brano
Il ritorno di Viola

---

21. **per questo suo elemento arboreo:** *per gli alberi.*

COMPRENSIONE

1 Quali interessi culturali manifesta Cosimo, il protagonista del romanzo? In che modo soddisfa le sue curiosità intellettuali?

2 Quale «disgrazia» capita all'Abate Fauchelafleur?

3 Che effetti determina su Cosimo la lettura dell'*Encyclopedie* di Diderot?

4 Quale di questi sinonimi non può sostituire «estri» nel contesto del brano?
a. interessi
b. passioni
c. intuizioni
d. azioni

5 Nel brano prevale una sintassi di tipo paratattico o ipotattico? Rispondi con esempi tratti dal testo.

ANALISI E INTERPRETAZIONE

6 Nel capitolo si alternano sequenze dialogiche e sequenze riflessive. Distinguile nel testo e spiega il significato di questa alternanza.

7 In che senso con il passare del tempo il rapporto tra Cosimo e il suo precettore si capovolge? Di quali diverse concezioni del sapere sono interpreti i due personaggi?

8 Il narratore riferisce che, al momento dell'arresto, l'Abate «ebbe un guizzo come se volesse correre verso un olmo e arrampicarsi, ma gli mancarono le gambe». Che cosa intende sottolineare?

9 Quali elementi del testo rinviano esplicitamente al clima razionalistico e cosmopolita della cultura settecentesca?

10 Che tipo di rapporto si stabilisce tra Cosimo e il suo prossimo? In che senso il protagonista rappresenta un modello ideale di intellettuale?

SCRITTURA E APPROFONDIMENTI

11 Il brano si conclude con un'amara riflessione del narratore sull'«avvento di generazioni più scriteriate, d'improvvidente avidità», poco rispettose dell'ambiente. Quale tipo di rapporto tra uomo e natura Calvino intende suggerire? In che misura la sua concezione è simile a quella propugnata nel Settecento illuminista? Esponi le tue riflessioni in un breve testo scritto.

12 Pensi che la scelta di ambientare il romanzo nel Settecento, secolo dell'Illuminismo, sia casuale o, invece, ritieni che essa abbia un significato particolare alla luce della concezione della ragione che emerge dall'opera di Calvino? Se sì, quale?

13 Che legame c'è tra il personaggio di Cosimo e il modello di intellettuale impegnato che caratterizza la cultura italiana del dopoguerra? Rispondi tenendo presente l'evoluzione del pensiero e della poetica di Calvino negli anni Cinquanta.

La sfida al labirinto

Tra sperimentalismo e postmoderno Verso la metà degli anni Sessanta Calvino approda a nuove forme narrative, influenzate dall'incontro con i letterati parigini dell'*Oulipo*. Come già teorizzato nel saggio *La sfida al labirinto* (1962), egli si confronta con una realtà storica e sociale sempre più complessa e frammentaria, non più rappresentabile in modo tradizionale. Grazie all'apporto della **scienza**, dello **strutturalismo** e della **semiotica**, Calvino rilancia quindi la sua «sfida» e individua nei **meccanismi del linguaggio** e nell'individuazione di **strutture narrative ricorrenti** lo strumento per ricondurre la caoticità del mondo fenomenico a un preciso ordine razionale.

Le Cosmicomiche Questa nuova fase si apre con *Le Cosmicomiche* (1965), una raccolta di **dodici racconti fantastici** narrati dal bizzarro Qfwfq, un affabile personaggio vecchio quanto il cosmo, che afferma di essere stato «testimone oculare e spesso parte in causa» degli eventi. Ogni racconto è introdotto dalla sintetica enunciazione di una **teoria scientifica** che viene poi **sviluppata in una narrazione di tono quotidiano e spesso paradossale**. I racconti, «**cosmici**» in quanto relativi alle origini dell'universo, risultano quindi al tempo stesso «**comici**», poiché calati in una dimensione dimessa e straniata. Calvino applica lo stesso procedimento dei miti, illustrando concetti astratti con immagini e vicende in cui essi prendono forma concreta. Si tratta però di un'operazione che non sottintende nessun culto della verità scientifica, nessun elogio della sua capacità di svelare i misteri del cosmo. Al contrario, l'autore insiste sulla **fallibilità della scienza**, le cui ipotesi sono destinate a essere costantemente corrette e precisate.

Le città invisibili La «sfida al labirinto» si fa più complessa in *Le città invisibili* (1972), un libro **liberamente ispirato al *Milione* di Marco Polo**, in cui si immagina che il viaggiatore veneziano venga incaricato dall'imperatore Kublai Kan di percorrere il suo vastissimo impero e riferirgli **notizie sulle città che ha visitato**. All'interno di una cornice narrativa in cui si svolge il dialogo tra il Kan e Marco Polo si collocano **55 brevi testi** che descrivono altrettante città dai suggestivi nomi femminili, raggruppate in **undici serie "tematiche"** (*Le città e i segni, Le città continue, Le città nascoste*…) da cinque città. L'opera, particolarmente complessa ed elaborata, si presta a diverse possibili interpretazioni, comunque legate all'idea della **scrittura come mezzo per porre un freno al caos della realtà**. Il tentativo di Polo di illustrare al Kan la struttura del suo impero

Jean Dubuffet,
Città fantoccio, 1963.

Le *Cosmicomiche* non sono fantascienza

In una auto-intervista pubblicata su diversi giornali italiani all'indomani dell'uscita delle *Cosmicomiche* (1965), Calvino precisa che il suo non è un racconto di fantascienza, bensì un libro «fantastico», che per questo può essere accomunato a tutta la sua precedente narrativa.

Si parla delle «Cosmicomiche» come d'una fantascienza di nuovo tipo. È così?
No, mi pare che i racconti di fantascienza siano costruiti con un metodo completamente diverso dai miei. C'è il fatto osservato già da vari critici, che la *sciencefiction*[1] tratta del futuro mentre ognuno dei miei racconti ha l'aria di fare il verso d'un «mito delle origini». Ma non è tanto questo: è il diverso rapporto tra dati scientifici e invenzione fantastica. […] Insomma io vorrei servirmi del dato scientifico come d'una carica propulsiva per uscire dalle abitudini dell'immaginazione, e vivere magari il quotidiano nei termini più lontani dalla nostra esperienza; la fantascienza invece mi pare che tenda ad avvicinare ciò che è lontano, ciò che è difficile da immaginare, che tenda a dargli una dimensione realistica o comunque a farlo entrare in un orizzonte d'immaginazione che fa parte già d'una abitudine accettata.

Quali sono secondo lei i legami tra «Le Cosmicomiche» e gli altri libri suoi?
Penso che questi racconti continuino il discorso dei miei romanzi fantastici, ma non solo di quelli. Anche stavolta mi sono accorto che mi vengono bene specialmente le storie dove c'è il non-essere contrapposto a quel che c'è, il vuoto o il rarefatto contrapposto al pieno o al denso, il rovescio contrapposto al dritto. Non per niente l'esperienza dei romanzi fantastici è culminata nel *Cavaliere inesistente*, uno dei miei libri cui tengo di più. Ma da questo punto di vista astratto, geometrico, densimetrico, possono essere lette anche le mie prime storie di guerra che vent'anni fa parevano battere bandiera neorealista, la più significativa delle quali è *Ultimo viene il corvo*.

I. Calvino, *Presentazione*, in *Le Cosmicomiche*, Milano, Mondadori, 2003

1. sciencefiction: denominazione anglosassone per il genere narrativo della fantascienza.

si fa quindi metafora dello sforzo dell'autore di riordinare in un sistema organico i frammenti di un mondo ambiguo e multiforme attraverso i **segni del linguaggio**, anch'essi duplici e sfuggenti. Il viaggio attraverso spazi urbani tra loro molto diversi – dalle «città continue», metafora dell'inferno postmoderno, alle «città nascoste», in cui si cela un fondo di positività – si risolve in apparenza con un **fallimento**, che testimonia l'inconoscibilità del mondo e la sua negatività. Il romanzo si conclude però con un messaggio di **speranza**, nell'auspicio espresso da Marco a «cercare e saper riconoscere chi e cosa, in mezzo all'inferno, non è inferno, e farlo durare, e dargli spazio».

Se una notte d'inverno un viaggiatore

Dopo alcuni anni di silenzio, Calvino torna alla narrativa con quello che sarà il suo romanzo di maggior successo, in cui egli porta all'estremo la «**tecnica combinatoria**» delle opere precedenti e al tempo stesso, per il fitto gioco di autocitazioni e parodie, si avvicina alla **corrente postmoderna**. *Se una notte d'inverno un viaggiatore* (1979) è stato definito il «**romanzo della teoria del romanzo**» (Cesare Segre), in quanto mette al centro della narrazione i meccanismi stessi della scrittura letteraria e, in particolare, il **rapporto tra il testo, l'autore e il lettore**. Protagonista è appunto un Lettore che, apprestandosi a leggere il romanzo *Se una notte d'inverno un viaggiatore* di Italo Calvino, per un errore nella rilegatura è costretto a interrompersi dopo poche pagine. In compagnia di una Lettrice di nome Ludmilla, inizia così **una ricerca affannosa del seguito del romanzo**, che lo porta però a scoprire gli *incipit* **di altri nove romanzi**, tutti interrotti. La vicenda, complicata dalle trame di un editore truffaldino, termina con le nozze tra Lettore e Lettrice, in un lieto fine consolatorio e ironico, parodia del romanzo di consumo.

L'opera è quindi un **metaromanzo**, ossia un romanzo che riflette su se stesso e che contiene al suo interno una sorta di **campionario delle diverse possibili forme narrative**, rappresentate dai diversi *incipit* che sviluppano tutti lo stesso schema narrativo ma secondo generi tra loro diversi (poliziesco, *thriller*, romanzo realistico…). Al di là del divertito gioco combinatorio, Calvino sembra suggerire che nell'epoca postmoderna non è più possibile scrivere un romanzo che abbia un inizio e una fine e che si ponga come riflesso di una visione organica della realtà, ma soltanto una complessa «macchina narrativa» che riflette su se stessa.

T5 **Tutto in un punto**

Le Cosmicomiche

Nelle Cosmicomiche Calvino prende spunto da una teoria scientifica – sintetizzata in un breve cappello introduttivo – per dar vita a una narrazione condotta in prima persona da Qfwfq, un bizzarro personaggio antico quanto l'universo, testimone degli eventi del passato più remoto.
Attraverso le sue parole, i contenuti più astratti della fisica vengono rivissuti in termini quotidiani, con effetti volutamente comici e stranianti.

In questo caso Calvino trae spunto dalla teoria del big bang, secondo cui, prima che l'universo si generasse da un'enorme esplosione, tutta la materia si trovava concentrata in un unico punto. Qfwfq ricorda divertito che, a quell'epoca, si stava tutti piuttosto stretti, come in un microappartamento superaffollato. Quanto al big bang, fu generato in realtà dal desiderio di un'affascinante signora di preparare per tutti i suoi ammiratori un bel piatto di tagliatelle…

> Il brano inizia con l'enunciazione della teoria scientifica che verrà spiegata nel prosieguo del racconto.

Attraverso i calcoli iniziati da Edwin P. Hubble[1] sulla velocità d'allontanamento delle galassie, si può stabilire il momento in cui tutta la materia dell'universo era concentrata in un punto solo, prima di cominciare a espandersi nello spazio. La «grande esplosione» (big bang) da cui ha avuto origine l'universo sarebbe avvenuta circa 15 o 20 miliardi d'anni fa.

5

Si capisce che si stava tutti lì, – fece il vecchio Qfwfq[2], – e dove, altrimenti? Che ci potesse essere lo spazio, nessuno ancora lo sapeva. E il tempo, idem[3]: cosa volete che ce ne facessimo, del tempo, stando lì pigiati come acciughe?
Ho detto «pigiati come acciughe» tanto per usare una immagine letteraria: in realtà non c'era spazio nemmeno per pigiarci. Ogni punto d'ognuno di noi coinci-

10   deva con ogni punto di ognuno degli altri in un punto unico che era quello in cui stavamo tutti. Insomma, non ci davamo nemmeno fastidio, se non sotto l'aspetto del carattere, perché quando non c'è spazio, aver sempre tra i piedi un antipatico come il signor Pber[t] Pber[d] è la cosa più seccante.
Quanti eravamo? Eh, non ho mai potuto rendermene conto nemmeno approssi-

15   mativamente. Per contarsi, ci si deve staccare almeno un pochino uno dall'altro, invece occupavamo tutti quello stesso punto. Al contrario di quel che può sembrare, non era una situazione che favorisse la socievolezza; so che per esempio in altre epoche tra vicini ci si frequenta; lì invece, per il fatto che vicini si era tutti, non ci si diceva neppure buongiorno o buonasera.

20   Ognuno finiva per aver rapporti solo con un ristretto numero di conoscenti. Quelli che ricordo io sono soprattutto la signora Ph(i)Nk$_o$, il suo amico De XuaeauX, una famiglia di immigrati, certi Z'zu, e il signor Pber[t] Pber[d] che ho già nominato. C'era anche una donna delle pulizie – «addetta alla manutenzione», veniva chiamata – una sola per tutto l'universo, dato l'ambiente così piccolo. A dire il vero, non aveva nien-

> Improvvisamente dalla situazione "quotidiana" del condominio il narratore ritorna a presentare gli argomenti cosmologici annunciati nel prologo.

te da fare tutto il giorno, nemmeno spolverare – dentro un punto non può entrarci

25   neanche un granello di polvere – e si sfogava in continui pettegolezzi e piagnistei.
Già con questi che vi ho detto si sarebbe stati in soprannumero; aggiungi poi la roba che dovevamo tenere lì ammucchiata: tutto il materiale che sarebbe poi servito a formare l'universo, smontato e concentrato in maniera che non riuscivi a

---

1. Hubble: l'astrofisico statunitense Edwin Powell Hubble (1889-1953) elaborò per primo la teoria del *big bang*, basandosi sullo studio del movimento delle galassie, da cui derivò l'idea che l'universo è in continua espansione.
2. il vecchio Qfwfq: in realtà il narratore è davvero «vecchio», tanto quanto l'universo.
3. idem: *uguale* (dal latino idem, «la stessa cosa»).

riconoscere quel che in seguito sarebbe andato a far parte dell'astronomia (come la nebulosa d'Andromeda[4]) da quel che era destinato alla geografia (per esempio i Vosgi[5]) o alla chimica (come certi isotopi del berillio[6]). In più si urtava sempre nelle masserizie[7] della famiglia Z'zu, brande, materassi, ceste; questi Z'zu, se non si stava attenti, con la scusa che erano una famiglia numerosa, facevano come se al mondo ci fossero solo loro: pretendevano perfino di appendere delle corde attraverso il punto per stendere la biancheria.

Anche gli altri però avevano i loro torti verso gli Z'zu, a cominciare da quella definizione di «immigrati», basata sulla pretesa che, mentre gli altri erano lì da prima, loro fossero venuti dopo. Che questo fosse un pregiudizio senza fondamento, mi par chiaro, dato che non esisteva né un prima né un dopo né un altrove da cui immigrare, ma c'era chi sosteneva che il concetto di «immigrato» poteva esser inteso allo stato puro, cioè indipendentemente dallo spazio e dal tempo.

Era una mentalità, diciamolo, ristretta, quella che avevamo allora, meschina. Colpa dell'ambiente in cui ci eravamo formati. Una mentalità che è rimasta in fondo a tutti noi[8], badate: continua a saltar fuori ancor oggi, se per caso due di noi s'incontrano – alla fermata d'un autobus, in un cinema, in un congresso internazionale di dentisti – e si mettono a ricordare di allora. Ci salutiamo – alle volte è qualcuno che riconosce me, alle volte sono io a riconoscere qualcuno – e subito prendiamo a domandarci dell'uno e dell'altro (anche se ognuno ricorda solo qualcuno di quelli ricordati dagli altri), e così si riattacca con le beghe[9] di un tempo, le malignità, le denigrazioni[10]. Finché non si nomina la signora $Ph(i)Nk_o$ – tutti i discorsi vanno sempre a finir lì – e allora di colpo le meschinità vengono lasciate da parte, e ci si sente sollevati come in una commozione beata e generosa. La signora $Ph(i)Nk_o$, la sola che nessuno di noi ha dimenticato e che tutti rimpiangiamo. Dove è finita? Da tempo ho smesso di cercarla: la signora $Ph(i)Nk_o$, il suo seno, i suoi fianchi, la sua vestaglia arancione, non la incontreremo più, né in questo sistema di galassie né in un altro.

Sia ben chiaro, a me la teoria che l'universo, dopo aver raggiunto un estremo di rarefazione[11], tornerà a condensarsi, e che quindi ci toccherà di ritrovarci in quel punto per poi ricominciare, non mi ha mai persuaso. Eppure tanti di noi non fan conto che su quello, continuano a far progetti per quando si sarà di nuovo tutti lì. Il mese scorso, entro al caffè qui all'angolo e chi vedo? Il signor Pber^t Pber^d. «Che fa di bello? Come mai da queste parti?» Apprendo che ha una rappresentanza di materie plastiche, a Pavia. È rimasto tal quale, col suo dente d'argento, e le bretelle a fiori. «Quando si tornerà là», mi dice, sottovoce, «la cosa cui bisogna stare attenti è che stavolta certa gente rimanga fuori… Ci siamo capiti: quegli Z'zu…» Avrei voluto rispondergli che questo discorso l'ho sentito già fare a più d'uno di noi, che aggiungeva: «ci siamo capiti… il signor Pber^t Pber^d…».

Per non lasciarmi portare su questa china[12], m'affrettai a dire: «E la signora $Ph(i)Nk_o$, crede che la ritroveremo?» «Ah, sì… Lei sì…» fece lui, imporporandosi[13].

Per tutti noi la speranza di ritornare nel punto è soprattutto quella di trovarci an-

Prima che l'universo si formasse anche tempo e spazio non esistevano.

---

4. nebulosa d'Andromeda: distante dalla Terra due milioni di anni-luce, è l'unica nebulosa visibile a occhio nudo al di fuori del sistema che contiene la nostra galassia.
5. Vosgi: catena montuosa della Francia orientale.
6. isotopi del berillio: si chiamano "isotopi" gli atomi dello stesso elemento chimico che

hanno peso atomico diverso tra loro: hanno infatti lo stesso numero di protoni e di elettroni, ma un diverso numero di neutroni. Il «berillio» è uno degli elementi chimici, un metallo raro.
7. masserizie: insieme di mobili, oggetti e utensili vari.
8. tutti noi: cioè tutti coloro che in origine

stavano nel «punto».
9. beghe: *litigi.*
10. denigrazioni: *offese.*
11. rarefazione: allontanamento degli elementi che lo compongono.
12. portare su questa china: *condurre verso questo argomento imbarazzante.*
13. imporporandosi: *arrossendo.*

cora insieme alla signora Ph(i)Nk$_o$. (È così anche per me che non ci credo.) E in quel caffè, come succede sempre, ci mettemmo a rievocare lei, commossi, e anche l'antipatia del signor Pber^t Pber^d sbiadiva, davanti a quel ricordo.

Il gran segreto della signora Ph(i)Nk$_o$ è che non ha mai provocato gelosie tra noi. E neppure pettegolezzi. Che andasse a letto col suo amico, il signor De Xuae-auX, era noto. Ma in un punto, se c'è un letto, occupa tutto il punto, quindi non si tratta di andare a letto ma di esserci, perché chiunque è nel punto è anche nel letto. Di conseguenza, era inevitabile che lei fosse a letto anche con ognuno di noi. Fosse stata un'altra persona, chissà quante cose le si sarebbero dette dietro. La donna delle pulizie era sempre lei a dare la stura[14] alle maldicenze, e gli altri non si facevano pregare a imitarla. Degli Z'zu, tanto per cambiare, le cose orribili che ci toccava sentire: padre figlie fratelli sorelle madre zie, non ci si fermava davanti a nessuna losca insinuazione[15]. Con lei invece era diverso: la felicità che mi veniva da lei era insieme quella di celarmi io puntiforme in lei, e quella di proteggere lei puntiforme in me, era contemplazione viziosa (data la promiscuità del convergere puntiforme di tutti in lei) e insieme casta (data l'impenetrabilità puntiforme di lei). Insomma, cosa potevo chiedere di più?

E tutto questo, così come era vero per me, valeva pure per ciascuno degli altri. E per lei: conteneva ed era contenuta con pari gioia, e ci accoglieva e amava e abitava tutti ugualmente.

Si stava così bene tutti insieme, così bene, che qualcosa di straordinario doveva pur accadere. Bastò che a un certo momento lei dicesse: «Ragazzi, avessi un po' di spazio, come mi piacerebbe farvi le tagliatelle!» E in quel momento tutti pensammo allo spazio che avrebbero occupato le tonde braccia di lei muovendosi avanti e indietro con il mattarello sulla sfoglia di pasta, il petto di lei calando sul gran mucchio di farina e uova che ingombrava il largo tagliere mentre le sue braccia impastavano impastavano, bianche e unte d'olio fin sopra al gomito; pensammo allo spazio che avrebbero occupato la farina, e il grano per fare la farina, e i campi per coltivare il grano, e le montagne da cui scendeva l'acqua per irrigare i campi, e i pascoli per le mandrie di vitelli che avrebbero dato la carne per il sugo; allo spazio che ci sarebbe voluto perché il Sole arrivasse con i suoi raggi a maturare il grano; allo spazio perché dalle nubi di gas stellari il Sole si condensasse e bruciasse; alle quantità di stelle e galassie e ammassi galattici in fuga nello spazio che ci sarebbero volute per tener sospesa ogni galassia ogni nebula[16] ogni sole ogni pianeta, e nello stesso tempo del pensarlo questo spazio inarrestabilmente si formava, nello stesso tempo in cui la signora Ph(i)Nk$_o$ pronunciava quelle parole: «… le tagliatelle, ve', ragazzi!» il punto che conteneva lei e noi tutti s'espandeva in una raggera di distanze d'anni-luce e secoli-luce e miliardi di millenni-luce, e noi sbattuti ai quattro angoli dell'universo (il signor Pber^t Pber^d fino a Pavia), e lei dissolta in non so quale specie d'energia luce calore, lei signora Ph(i)Nk$_o$, quella che in mezzo al chiuso nostro mondo meschino era stata capace d'uno slancio generoso, il primo, «Ragazzi, che tagliatelle vi farei mangiare!», un vero slancio d'amore generale, dando inizio nello stesso momento al concetto di spazio, e allo spazio propriamente detto, e al tempo, e alla gravitazione universale, e all'universo gravitante, rendendo possibili miliardi di miliardi di soli, e di pianeti, e di campi di grano, e di signore Ph(i)Nk$_o$ sparse per i continenti dei pianeti che impastano con le braccia unte e generose infarinate, e lei da quel momento perduta, e noi a rimpiangerla.

I. Calvino, *Le Cosmicomiche*, Milano, Mondadori, 2003

Anche l'attrazione che tutti provano per la signora Ph(i)Nk$_o$ viene ricondotta a un concetto fisico, quello della concentrazione della materia in un unico punto, che fa sì che tutti siano in uno stesso momento "insieme" alla signora.

---

14. **dare la stura:** *dare inizio.*   15. **losca insinuazione:** *ipotesi offensiva* (sulla loro moralità).   16. **nebula:** *nebulosa.*

Analisi guidata

Una comicità cosmica

Come in tutte *Le Cosmicomiche*, l'effetto comico della narrazione di Qfwfq deriva dalla riduzione di una **teoria scientifica in sé seria** e complessa a una **dimensione di familiare quotidianità**. La precisione scientifica si unisce all'utilizzo di immagini e situazioni della vita di ogni giorno, con **effetti paradossali**. Per esempio, in una dimensione in cui non esiste ancora lo spazio non sarebbe possibile soffrire per l'eccessiva vicinanza, così come non potrebbero esistere degli «immigrati», provenienti da un altro luogo. Il contrasto tra l'argomento elevato e «cosmico» e la situazione bassa e «comica» in cui esso viene calato si riflette anche nella forma. Lo stile alterna infatti la **precisione dei termini tecnici delle scienze** («nebulosa di Andromeda», «isotopi del berillio») con un **linguaggio volutamente basso e colloquiale** («pigiati come acciughe», «aver sempre tra i piedi un antipatico» ecc.).

 ### Competenze di comprensione e analisi

- Calvino, come gli scrittori di fantascienza, basa le sue invenzioni fantastiche su scoperte e ipotesi scientifiche. Che cosa differenzia però questo racconto dalla fantascienza tradizionale?

- Quali caratteristiche della psicologia di Qfwfq si possono desumere dal suo racconto? Per quale motivo a tuo parere Calvino ha scelto questo stravagante personaggio come narratore?

- Rintraccia nel testo le espressioni tipiche del linguaggio scientifico e quelle che rinviano invece a un registro basso e colloquiale. Quali sono nettamente prevalenti e per quale motivo?

La tematica mitico-esistenziale

Per la sua natura «cosmica», il racconto può essere letto anche come una sorta di mito in cui, al di là del tono ironico, si cela un significato più profondo, legato al **desiderio di rapporti umani schietti** e di sentimenti sinceri. Nel mondo descritto dal narratore, con le sue inimicizie e i suoi pregiudizi, la disponibilità amabile della **signora Ph(i)Nk$_o$** rappresenta un'eccezione che tutti ricordano con affetto. La scelta di far derivare la nascita del cosmo da un suo gesto di amore disinteressato (sia pure nella forma comica delle «tagliatelle») rappresenta un'apertura ottimistica da parte dell'autore, che individua nell'**amore** e nella **simpatia** la **spinta generatrice del cosmo**. Resta però il fatto che proprio questa miracolosa creazione è all'origine della separazione della signora Ph(i)Nk$_o$ – una sorta di mitica dea-madre – dagli altri esseri, che genera in loro un senso di solitudine e di desolato **rimpianto**.

 ### Competenze di comprensione e analisi

- Molti particolari del racconto alludono indirettamente a comportamenti e pregiudizi molto vivi in ogni società. Individuali nel testo e commentali.

- I nomi utilizzati da Calvino, che ricordano strane formule chimiche, non sono in realtà casuali: che cosa ti ricordano in particolare «Z'zu», «De XuaeauX» e «Ph(i)Nk$_o$» (in inglese)?

- In che senso si può dire che la signora Ph(i)Nk$_o$ sia una sorta di figura mitica, una sorta di dea-madre della fecondità?

- A quale aspetto della sensibilità dell'uomo moderno potrebbe alludere la nostalgia dei protagonisti per la loro vita di un tempo, quando erano strettamente legati tra loro e alla signora Ph(i)Nk$_o$?

Le città invisibili, Le città e i segni

Nelle Città invisibili i brevi capitoli dedicati alla descrizione delle diverse città visitate (o sognate) da Marco Polo sono inseriti all'interno di una cornice metanarrativa – in corsivo nel testo – in cui si registrano diversi momenti del dialogo tra il viaggiatore veneziano e l'imperatore Kublai Kan. Riportiamo qui il brano di apertura del libro e il «ritratto» di Tamara, la prima metropoli della serie «Le città e i segni».
Di fronte al timore di Kublai Kan che il suo immenso impero sia ormai in preda alla dissoluzione e allo sfa-

celo, Marco Polo si propone con i suoi resoconti di viaggio come l'unica via per intravedere, nel caos della realtà, un principio di razionalità e ordine. Il cammino sarà però ambiguo e il risultato ultimo sempre sfuggente. Come emerge dalla descrizione della città di Tamara, infatti, ogni creazione umana (le città così come il linguaggio che le descrive) è un «segno» che rinvia ad altro, a un significato profondo destinato a restare sempre inconoscibile.

Non è detto che Kublai Kan[1] creda a tutto quel che dice Marco Polo quando gli descrive le città visitate nelle sue ambascerie, ma certo l'imperatore dei tartari continua ad ascoltare il giovane veneziano con più curiosità e attenzione che ogni altro suo messo o esploratore. Nella vita degli imperatori c'è un momento, che segue
5 *all'orgoglio per l'ampiezza sterminata dei territori che abbiamo conquistato, alla malinconia e al sollievo di sapere che presto rinunceremo a conoscerli e a comprenderli; un senso come di vuoto che ci prende una sera con l'odore degli elefanti dopo la pioggia e della cenere di sandalo[2] che si raffredda nei bracieri; una vertigine che fa tremare i fiumi e le montagne istoriati sulla fulva groppa dei planisferi[3], arroto-*
10 *la uno sull'altro i dispacci che ci annunciano il franare degli ultimi eserciti nemici di sconfitta in sconfitta, e scrosta la ceralacca[4] dei sigilli di re mai sentiti nominare che implorano la protezione delle nostre armate avanzanti in cambio di tributi annuali in metalli preziosi, pelli conciate e gusci di testuggine: è il momento disperato in cui si scopre che quest'impero che ci era sembrato la somma di tutte le meravi-*
15 *glie è uno sfacelo senza fine né forma, che la sua corruzione è troppo incancrenita perché il nostro scettro possa mettervi riparo, che il trionfo sui sovrani avversari ci ha fatto eredi della loro lunga rovina. Solo nei resoconti di Marco Polo, Kublai Kan riusciva a discernere, attraverso le muraglie e le torri destinate a crollare, la filigrana d'un disegno così sottile da sfuggire al morso delle termiti[5].*

20 Le città e i segni. 1.

L'uomo cammina per giornate tra gli alberi e le pietre. Raramente l'occhio si ferma su una cosa, ed è quando l'ha riconosciuta per il segno d'un'altra cosa: un'impronta sulla sabbia indica il passaggio della tigre, un pantano annuncia una vena d'acqua, il fiore dell'ibisco la fine dell'inferno. Tutto il resto è muto
25 e intercambiabile; alberi e pietre sono soltanto ciò che sono.

Finalmente il viaggio conduce alla città di Tamara. Ci si addentra per vie fit-

---

> Lo sconforto dell'imperatore è simile a quello dell'uomo moderno di fronte a una realtà sempre più complessa e sfuggente.

> L'attacco fiabesco e il soggetto indefinito («l'uomo») sottolineano la valenza allegorica e universale dell'apologo.

---

1. Kublai Kan: imperatore mongolo che regnò sulla Cina alla fine del XIII secolo, alla cui corte soggiornò per oltre vent'anni il viaggiatore veneziano Marco Polo, che fu da lui incaricato di ambascerie e missioni diplomatiche.

2. sandalo: legno pregiato dal profumo intenso.
3. istoriati ... planisferi: *raffigurati sulla superficie ricurva dei mappamondi.*
4. ceralacca: materiale gommoso usato per

sigillare i documenti ufficiali.
5. termiti: piccoli insetti che rodono e scavano il legno.

L'intrico di segni è tanto fitto che spesso non è possibile comprendere il loro esatto significato.

Apri il vocabolario

Il termine "voluttà", derivato dal latino *voluptas* ("piacere"), indica il diletto in generale, ma anche, in senso più specifico, la completa soddisfazione o il desiderio sessuale.

La città è come un grande libro da interpretare, in cui alle parole corrispondono altrettanti emblemi.

L'uomo può conoscere solo ciò che ha creato, ossia la cultura e il linguaggio, mentre la realtà vera resta inconoscibile.

te d'insegne che sporgono dai muri. L'occhio non vede cose ma figure di cose che significano altre cose: la tenaglia indica la casa del cavadenti[6], il boccale la taverna, le alabarde[7] il corpo di guardia, la stadera[8] l'erbivendola. Statue e scudi rappresentano leoni delfini torri stelle: segno che qualcosa – chissà cosa – ha per segno un leone o delfino o torre o stella. Altri segnali avvertono di ciò che in un luogo è proibito – entrare nel vicolo con i carretti, orinare dietro l'edicola, pescare con la canna dal ponte – e di ciò che è lecito – abbeverare le zebre, giocare a bocce, bruciare i cadaveri dei parenti. Dalla porta dei templi si vedono le statue degli dei, raffigurati ognuno coi suoi attributi: la cornucopia, la clessidra, la medusa[9], per cui il fedele può riconoscerli e rivolgere loro le preghiere giuste. Se un edificio non porta nessuna insegna o figura, la sua stessa forma e il posto che occupa nell'ordine della città bastano a indicarne la funzione: la reggia, la prigione, la zecca[10], la scuola pitagorica[11], il bordello. Anche le mercanzie che i venditori mettono in mostra sui banchi valgono non per se stesse ma come segni d'altre cose: la benda ricamata per la fronte vuol dire eleganza, la portantina dorata potere, i volumi di Averroè[12] sapienza, il monile per la caviglia voluttà. Lo sguardo percorre le vie come pagine scritte: la città dice tutto quello che devi pensare, ti fa ripetere il suo discorso, e mentre credi di visitare Tamara non fai che registrare i nomi con cui essa definisce se stessa e tutte le sue parti.

Come veramente sia la città sotto questo fitto involucro di segni, cosa contenga o nasconda, l'uomo esce da Tamara senza averlo saputo. Fuori s'estende la terra vuota fino all'orizzonte, s'apre il cielo dove corrono le nuvole. Nella forma che il caso e il vento dànno alle nuvole l'uomo è già intento a riconoscere figure: un veliero, una mano, un elefante…

I. Calvino, *Le Città invisibili*, Milano, Mondadori, 1996

---

6. cavadenti: *dentista.*

7. alabarde: *lance.*

8. stadera: *bilancia.*

9. la cornucopia… medusa: la «cornucopia» è un vaso conico coronato di fiori, simbolo di abbondanza; la «clessidra» rinvia a Gio-

ve, signore del tempo; la «medusa» è la Gorgone, figura mitologica dai capelli formati da serpenti.

10. zecca: luogo in cui vengono coniate le monete.

11. scuola pitagorica: Pitagora era un filo-

sofo e un matematico greco; l'espressione indica qui in genere le scuole.

12. Averroè: filosofo spagnolo di origine araba vissuto nel XII secolo, a cui si deve la diffusione del pensiero di Aristotele in Occidente.

Analisi del testo

COMPRENSIONE

Nel **brano iniziale** si confrontano Kublai Kan e Marco Polo, i due protagonisti della macronarrazione che racchiude e collega i brevi capitoli che compongono l'opera. L'imperatore, che regna su un territorio tanto vasto da risultare indominabile, è preso dallo sconforto, da «un senso come di vuoto» e di «vertigine» al pensiero che il suo regno sia soltanto «uno sfacelo senza fine né forma». La sua ansia si placa solo durante l'ascolto dei resoconti di viaggio di Marco, dai quali sembra emergere la descrizione di una realtà almeno in parte ordinata e dotata di senso. La **descrizione della città di Tamara**, svolta in prima persona da Marco Polo, insiste sul concetto che il viaggiatore in realtà non entra direttamente in

contatto con gli oggetti reali che la compongono, ma soltanto con «insegne», «segnali» e «figure», che «valgono non per se stesse ma come segni d'altre cose». La realtà che si nasconde dietro questi emblemi resta però inconoscibile.

ANALISI E INTERPRETAZIONE

La realtà e il linguaggio   Con *Le città invisibili*, Calvino costruisce un complesso **meccanismo metanarrativo**, ossia una narrazione che ha come oggetto il potere della scrittura, i suoi limiti e il rapporto tra i segni linguistici e la realtà. Fin dall'esordio, il **viaggio di Marco Polo** si configura come **una metafora dell'opera dello scrittore** che, attraverso il suo racconto, si pone come intermediario tra la realtà e il lettore. Come i racconti di Marco permettono al Kan di scorgere a tratti nel suo informe impero in sfacelo «la filigrana d'un disegno… sottile», così Calvino aspira, attraverso l'elaborata struttura del suo testo, a riconoscere in una realtà labirintica e complessa un **principio di ordine e razionalità**. Per entrambi, lo strumento privilegiato di conoscenza della realtà è la parola, il **linguaggio che si fa racconto e «sfida al labirinto»** del mondo.

Nel labirinto dei segni   Nella città di Tamara, **tutto è «segno d'altre cose»**, emblema che vale non in sé ma in riferimento a un oggetto o un concetto cui è legato da un rapporto arbitrario e convenzionale. «La tenaglia indica la casa del cavadenti, il boccale la taverna» e via dicendo, in una città che il viaggiatore è invitato a **«leggere» come un libro**. Influenzato dalla semiotica, Calvino applica il principio centrale di questa disciplina, secondo cui l'uomo è portato a interpre-

tare la realtà in chiave simbolica. Ciò vale ancor più per uno spazio non naturale qual è quello urbano: **la città**, infatti, **è un complesso insieme di segni**, così come il **linguaggio** che Marco usa per descriverla.

Lo stile: precisione e fantasia   Anche ne *Le città invisibili* Calvino ricorre a uno stile relativamente semplice, che tende all'**esattezza** e alla **precisione**. I periodi sintattici sono in genere lineari, spesso costruiti secondo la struttura dell'**elenco**, mentre sul piano lessicale vengono prediletti **vocaboli specifici** e precisi («ibisco», «alabarde» ecc.). Il nitore espressivo non è però finalizzato a conferire concretezza alla realtà descritta. Al contrario, la presenza di **particolari esotici** («l'odore degli elefanti», «la cenere di sandalo» ecc.), unita all'uso di termini di sapore letterario e arcaico che sembrano rinviare al mondo medievale («la stadera», «la cornucopia», «la clessidra» ecc.), avvolgono le descrizioni in un **alone fiabesco e fantastico**.

Lavoriamo sul testo

COMPRENSIONE

1 Con quale stato d'animo Kublai Kan ascolta i resoconti di viaggio di Marco Polo? Che cosa spera di trarre da essi?

2 Per quale motivo la città di Tamara è collocata nella struttura dell'opera all'interno della categoria «Le città e i segni»?

3 Perché il primo brano è scritto in corsivo e il secondo in tondo? La voce narrante è la stessa in entrambi i passi o varia?

LINGUA E LESSICO

4 Scrivi il significato delle seguenti parole e componi una frase con ciascuna di esse: dispacci – discernere – bordello – monile.

5 «L'occhio non vede cose ma figure di cose che significano altre cose» (rr. 27-28): che tipo di subordinata è presente in questa frase?

ANALISI E INTERPRETAZIONE

6 Quali particolari apparentemente descrittivi contribuiscono a evocare la sensazione di «vuoto» e di sconforto dell'imperatore?

7 A che cosa allude l'immagine della «filigrana d'un disegno così sottile da sfuggire al morso delle termiti» (rr. 18-19)?

8 Quali segni incontra Marco Polo nella città di Tamara e a che cosa rinviano?

9 Tamara ricorda una città greca e al tempo stesso medievale. Quali particolari indirizzano in questo senso la descrizione?

10 A tuo parere Tamara esiste davvero o è soltanto immaginata da Marco Polo? Motiva adeguatamente la tua risposta.

11 Analizza il brano sul piano sintattico e lessicale. Riscontri differenze tra la prima e la seconda parte?

SCRITTURA E APPROFONDIMENTO

12 «Lo sguardo percorre le vie come pagine scritte» (rr. 43-44). L'idea che il mondo sia una sorta di grande «libro» che l'uomo è chiamato a decodificare risale alla Bibbia e alla letteratura medievale. In che modo Calvino attualizza questo *tòpos* letterario, adattandolo alla sua visione del mondo e del rapporto tra la realtà e il linguaggio?

L'*Oulipo* e gli *Esercizi di stile* di Raymond Queneau

Un gruppo sperimentale Nel 1972 Calvino viene accolto come membro straniero dell'*Oulipo* (acronimo per *Ouvroir de Littérature Potentielle*, «Officina di letteratura potenziale»), fondato nel 1960 da Raymond Queneau e dal matematico François Le Lionnais. Il gruppo parigino riunisce scrittori sperimentali interessati a esplorare le infinite potenzialità della letteratura, a partire dai vincoli formali autoimposti che, invece di frenare la fantasia, stimolano la ricerca di soluzioni innovative e ludiche. Dotati di una solida preparazione scientifica, essi si propongono di realizzare, secondo le parole di Calvino stesso, un «incontro tra matematica e letteratura» e di costruire testi in cui «domina il divertimento, l'acrobazia dell'intelligenza e dell'immaginazione».

Esercizi di stile Le opere degli autori dell'*Oulipo* offrono una panoramica di soluzioni formali ingegnose. Per esempio nel romanzo di Georges Perec *La sparizione* (1969), incentrato sulla ricerca di un misterioso elemento scomparso, si rivela infine che a essere «sparita» è la lettera «e», che non viene mai usata nel romanzo, costruito secondo la tecnica del lipogramma.

L'esempio più noto delle sperimentazioni dell'*Oulipo* sono però gli *Esercizi di stile*, in cui Raymond Queneau propone novantanove diverse varianti stilistiche di uno stesso, brevissimo testo. Si passa dalle varianti puramente formali (con anagrammi e permutazioni di lettere) a quelle basate sull'uso insistito di specifiche figure retoriche a quelle costruite su linguaggi settoriali, fino alle varianti di tipi testuali (testo teatrale, tema scolastico, sonetto ecc.). L'opera, edita nel 1947 e rivista nel 1969, è stata tradotta in italiano da Umberto Eco nel 1983. Ecco qualche esempio:

Notazioni Sulla S, in un'ora di traffico. Un tipo di circa ventisei anni, cappello floscio con una cordicella al posto del nastro, collo troppo lungo, come se glielo avessero tirato. La gente scende. Il tizio in questione si arrabbia con un vicino. Gli rimprovera di spingerlo ogni volta che passa qualcuno. Tono lamentoso, con pretese di cattiveria. Non appena vede un posto libero, vi si butta. Due ore più tardi lo incontro alla Cour de Rome, davanti alla Gare Saint-Lazare. È con un amico che gli dice: «Dovresti far mettere un bottone in più al soprabito». Gli fa vedere dove (alla sciancratura) e perché.

Parole composte In una trafficora mi buspiattafformavo comultitudinariamente in uno spaziotempo luteziomeridiano coitinerando con un lungicollo floscincappucciato e nastrocordicellone, il quale appellava un tiziocaiosempronio altavociando che lo piedipremesse. Poscia si rapidosedilizzò.

In una posteroeventualità lo rividi stazioncellonlazzarizzante con un caiotizionio impertinentementenunciante l'esigenza di una bottonelevazione paltosupplementante. E gli perchépercomava.

Telegrafico BUS COMPLETO STOP TIZIO LUNGOCOLLO CAPPELLO TRECCIA APOSTROFA SCONOSCIUTO SENZA VALIDO PRETESTO STOP PROBLEMA CONCERNE ALLUCI TOCCATI TACCO PRESUMIBILMENTE AZIONE VOLONTARIA STOP TIZIO ABBANDONA DIVERBIO PER POSTO LIBERO STOP ORE DUE STAZIONE SAINTLAZARE TIZIO ASCOLTA CONSIGLI MODA INTERLOCUTORE STOP SPOSTARE BOTTONE SEGUE LETTERA STOP.

Modern style Okey baby, se vuoi proprio saperlo. Mezzogiorno, autobus, in mezzo a una banda di rammolliti. Il più rammollito, una specie di suonato con un collo da strangolare con la cordicella che aveva intorno alla berretta. Un floscio incapace anche di fare il palo, che nel pigia-pigia, invece di dar di gomito e di tacco come un duro, piagnucola sul muso a un altro duro che dava di acceleratore sui suoi scarpini tipi da colpire subito sotto la cintura e poi via, nel bidone della spazzatura. Baby, ti ho abituata male, ma ci sono anche ometti di questo tipo, beata te che non lo sai.

Okey, il nostro fiuta l'uppercut e si butta a sbavare su un posto per mutilati, perché un altro rammollito se l'era filata come se arrivasse la Madama.

Finis. Lo rivedo due ore dopo, mentre io tenevo duro sulla bagnarola, e che ti fa il paraplegico? Si fa metter le mani addosso da un floscio della sua razza, che gli fiata sulla balconata una storia di bottoni su e giù che sembrava Novella Duemila.

R. Queneau, *Esercizi di stile*, traduzione di U. Eco, Torino, Einaudi, 2005

«Stai per cominciare a leggere...»

Se una notte d'inverno un viaggiatore, cap. 1

Il brano che proponiamo è l'inizio di Se una notte d'inverno un viaggiatore *(1979). Fin dalle prime pagine Calvino dà avvio al complesso gioco metanarrativo che si protrarrà per tutto il romanzo.*

Con un attacco di grande originalità, l'autore si rivolge direttamente al lettore e lo invita a «mettersi comodo» prima di iniziare la lettura del romanzo di Italo Calvino *che ha appena acquistato. Poco oltre, un nuovo titolo (ancora «Se una notte d'inverno un viaggiatore») segnala quello che dovrebbe essere l'inizio del romanzo vero e proprio. Anche in questo caso però il narratore non si abbandona a un racconto tradizionale ma invita il lettore a riflettere sui meccanismi della scrittura.*

> L'insolito attacco si rivolge direttamente al lettore, chiamandolo in causa con l'uso della seconda persona singolare.

Stai per cominciare a leggere il nuovo romanzo *Se una notte d'inverno un viaggiatore* di Italo Calvino. Rilassati. Raccogliti. Allontana da te ogni altro pensiero. Lascia che il mondo che ti circonda sfumi nell'indistinto. La porta è meglio chiuderla: di là c'è sempre la televisione accesa. Dillo subito, agli altri: «No, non voglio vedere la televisione!». Alza la voce, se no non ti sentono: «Sto leggen-
5 do! Non voglio essere disturbato!». Forse non ti hanno sentito, con tutto quel chiasso; dillo più forte, grida: «Sto cominciando a leggere il nuovo romanzo di Italo Calvino!». O se non vuoi non dirlo; speriamo che ti lascino in pace.

Prendi la posizione più comoda: seduto, sdraiato, raggomitolato, coricato. Coricato sulla schiena, su un fianco, sulla pancia. In poltrona, sul divano, sulla se-
10 dia a dondolo, sulla sedia a sdraio, sul pouf[1]. Sull'amaca, se hai un'amaca. Sul letto, naturalmente, o dentro il letto. Puoi anche metterti a testa in giù, in posizione yoga. Col libro capovolto, si capisce.

Certo, la posizione ideale per leggere non si riesce a trovarla. Una volta si leggeva in piedi, di fronte a un leggio[2]. Si era abituati a stare fermi in piedi. Ci si ri-
15 posava così quando si era stanchi d'andare a cavallo. A cavallo nessuno ha mai pensato di leggere; eppure ora l'idea di leggere stando in arcioni[3], il libro posato sulla criniera del cavallo, magari appeso alle orecchie del cavallo con un finimento[4] speciale, ti sembra attraente. Coi piedi nelle staffe si dovrebbe stare molto comodi per leggere; tenere i piedi sollevati è la prima condizione per
20 godere della lettura.

Bene, cosa aspetti? Distendi le gambe, allunga pure i piedi su un cuscino, su due cuscini, sui braccioli del divano, sugli orecchioni della poltrona, sul tavolino da tè, sulla scrivania, sul pianoforte, sul mappamondo. Togliti le scarpe, prima. Se vuoi tenere i piedi sollevati; se no, rimettitele. Adesso non restare lì con le scarpe in una mano e il libro nell'altra.

25 Regola la luce in modo che non ti stanchi la vista. Fallo adesso, perché appena sarai sprofondato nella lettura non ci sarà più verso di smuoverti. Fa' in modo che la pagina non resti in ombra, un addensarsi di lettere nere su sfondo grigio, uniformi come un branco di topi; ma sta' attento che non le batta addosso una luce troppo forte e non si rifletta sul bianco crudele della carta
30 rosicchiando le ombre dei caratteri come in un mezzogiorno del Sud. Cerca

---

1. pouf: sgabello imbottito.
2. leggio: sostegno fisso per tenere i libri aperti.
3. in arcioni: *in sella.*
4. finimento: *briglia.*

di prevedere ora tutto ciò che può evitarti d'interrompere la lettura. Le sigarette a portata di mano, se fumi, il portacenere. Che c'è ancora? Devi far pipì? Bene, saprai tu.

Non che t'aspetti qualcosa di particolare da questo libro in particolare. Sei uno che per principio non s'aspetta più niente da niente. Ci sono tanti, più giovani di te o meno giovani, che vivono in attesa di esperienze straordinarie: dai libri, dalle persone, dagli avvenimenti, da quello che il domani tiene in serbo. Tu no. Tu sai che il meglio che ci si può aspettare è di evitare il peggio. Questa è la conclusione a cui sei arrivato, nella vita personale come nelle questioni generali e addirittura mondiali. E coi libri? Ecco, proprio perché lo hai escluso da ogni altro campo, credi che sia giusto concederti ancora questo piacere giovanile dell'aspettativa in un settore ben circoscritto[5] come quello dei libri, dove può andarti male o andarti bene, ma il rischio della delusione non è grave. […] Ecco dunque ora sei pronto ad attaccare le prime righe della prima pagina. Ti prepari a riconoscere l'inconfondibile accento dell'autore. No. Non lo riconosci affatto. Ma, a pensarci bene, chi ha mai detto che questo autore ha un accento inconfondibile? Anzi, si sa che è un autore che cambia molto da libro a libro. E proprio in questi cambiamenti si riconosce che è lui. Qui però sembra che non c'entri proprio niente con tutto il resto che ha scritto, almeno a quanto tu ricordi. È una delusione? Vediamo. Magari in principio provi un po' di disorientamento, come quando ti si presenta una persona che dal nome tu identificavi con una certa faccia, e cerchi di far collimare[6] i lineamenti che vedi con quelli che ricordi, e non va. Ma poi prosegui e t'accorgi che il libro si fa leggere comunque, indipendentemente da quel che t'aspettavi dall'autore, è il libro in sé che t'incuriosisce, anzi a pensarci bene preferisci che sia così, trovarti di fronte a qualcosa che ancora non sai bene cos'è.

Se una notte d'inverno un viaggiatore

Il romanzo comincia in una stazione ferroviaria, sbuffa una locomotiva, uno sfiatare di stantuffo copre l'apertura del capitolo, una nuvola di fumo nasconde parte del primo capoverso[7]. Nell'odore di stazione passa una ventata d'odore di buffet della stazione. C'è qualcuno che sta guardando attraverso i vetri appannati, apre la porta a vetri del bar, tutto è nebbioso, anche dentro, come visto da occhi di miope, oppure occhi irritati da granelli di carbone. Sono le pagine del libro a essere appannate come i vetri d'un vecchio treno, è sulle frasi che si posa la nuvola di fumo. È una sera piovosa; l'uomo entra nel bar; si sbottona il soprabito umido; una nuvola di vapore l'avvolge; un fischio parte lungo i binari a perdita d'occhio lucidi di pioggia.

Un fischio come di locomotiva e un getto di vapore si levano dalla macchina del caffè che il vecchio barista mette sotto pressione come lanciasse un segnale, o almeno così sembra dalla successione delle frasi del secondo capoverso […]. Le stazioni si somigliano tutte; poco importa se le luci non riescono a rischiarare più in là del loro alone sbavato[8], tanto questo è un ambiente che tu conosci a memoria, con l'odore di treno che resta anche dopo che tutti i treni sono partiti, l'odore speciale delle stazioni dopo che è partito l'ultimo treno. Le luci della

Il lettore è un uomo un po' cinico e disilluso, che però non rinuncia al piacere della lettura.

35

Calvino allude a se stesso e allo sperimentalismo tipico della sua produzione letteraria.

In una sorta di gioco a incastro, il romanzo vero e proprio sembra iniziare solo ora.

Alla descrizione della realtà narrata si sovrappone il richiamo alla sua natura fittizia e letteraria.

---

5. circoscritto: *limitato.*
6. collimare: *coincidere.*

7. capoverso: *paragrafo.*
8. sbavato: *indistinto.*

75 stazione e le frasi che stai leggendo sembra abbiano il compito di dissolvere più che di indicare le cose affioranti da un velo di buio e di nebbia. Io sono sbarcato in questa stazione stasera per la prima volta in vita mia e già mi sembra d'averci passato una vita, entrando e uscendo da questo bar, passando dall'odore della pensilina all'odore di segatura bagnata dei gabinetti, tutto mescolato in un uni-

80 co odore che è quello dell'attesa, l'odore delle cabine telefoniche quando non resta che recuperare i gettoni perché il numero chiamato non dà segno di vita. Io sono l'uomo che va e viene tra il bar e la cabina telefonica. Ossia: quell'uomo si chiama "io" e non sai altro di lui, così come questa stazione si chiama soltanto "stazione" e al di fuori di essa non esiste altro che il segnale senza ri-

85 sposta d'un telefono che suona in una stanza buia d'una città lontana. Riattacco il ricevitore, attendo lo scroscio di ferraglia giù per la gola metallica[9], ritorno a spingere la porta a vetri, a dirigermi verso le tazze ammucchiate ad asciugare in una nuvola di vapore.

[…] È già da un paio di pagine che stai andando avanti a leggere e sarebbe ora

90 che ti si dicesse chiaramente se questa a cui io sono sceso da un treno in ritardo è una stazione d'una volta o una stazione d'adesso; invece le frasi continuano a muoversi nell'indeterminato, nel grigio, in una specie di terra di nessuno

dell'esperienza ridotta al minimo comune denominatore[10]. Sta' attento: è certo un sistema per coinvolgerti a poco a poco, per catturarti nella vicenda senza che

95 te ne renda conto: una trappola. O forse l'autore è ancora indeciso, come d'altronde anche tu lettore non sei ben sicuro di cosa ti farebbe più piacere leggere: se l'arrivo a una vecchia stazione che ti dia il senso d'un ritorno all'indietro, d'una rioccupazione dei tempi e dei luoghi perduti, oppure un balenare di luci e di suoni che ti dia il senso d'essere vivo oggi, nel modo in cui oggi si crede

100 faccia piacere essere vivo.

I. Calvino, *Se una notte d'inverno un viaggiatore*, Milano, Mondadori, 2000

9. lo scroscio ... metallica: il rumore dei gettoni inghiottiti dal telefono.

10. ridotta ... denominatore: *riportata ai suoi termini più consueti.*

Pablo Picasso,
Donna distesa che legge,
1960.

Analisi del testo

Un gioco di scatole cinesi Fin dall'esordio, Calvino infrange volutamente le regole della narrazione tradizionale, impostando la sua opera come un **romanzo sul romanzo**. In una sorta di «gioco a incastro», **la narrazione è costruita su più piani**, uno interno all'altro. A un **primo livello**, l'autore si rivolge direttamente a un lettore medio (che diventerà poi il Lettore protagonista della vicenda narrata nella cornice). Nel seguito, all'interno di un romanzo di **secondo livello**, intitolato ancora *Se una notte d'inverno un viaggiatore*, si svolge una vicenda raccontata da un narratore in terza persona che, continuando ad apostrofare il lettore con il «tu», lascia poi il posto a un io-narrante che racconta in prima persona.

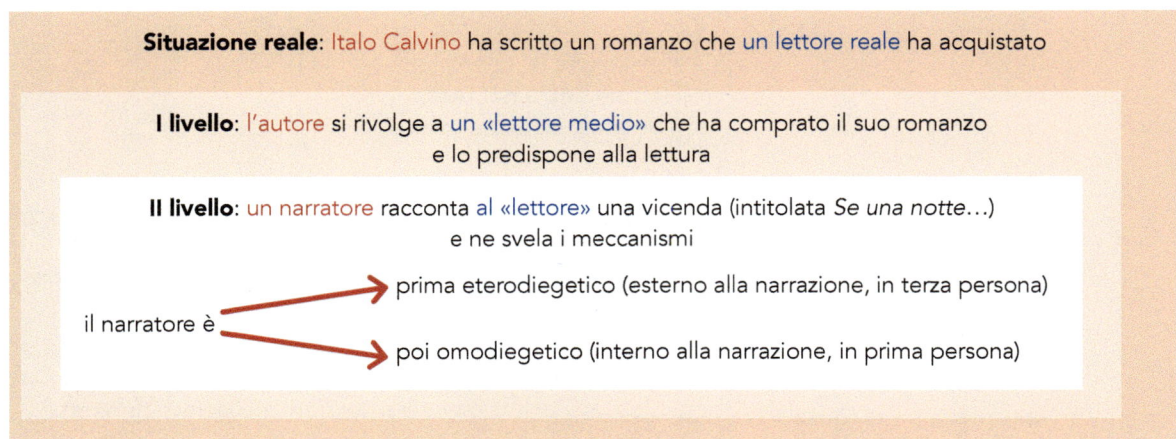

Situazione reale: Italo Calvino ha scritto un romanzo che un lettore reale ha acquistato

I livello: l'autore si rivolge a un «lettore medio» che ha comprato il suo romanzo e lo predispone alla lettura

II livello: un narratore racconta al «lettore» una vicenda (intitolata *Se una notte…*) e ne svela i meccanismi

il narratore è → prima eterodiegetico (esterno alla narrazione, in terza persona)
→ poi omodiegetico (interno alla narrazione, in prima persona)

Un romanzo che parla di se stesso Contrariamente a quanto accade nella narrativa tradizionale, le prime pagine del romanzo di Calvino non impostano una vera e propria trama di eventi. L'opera si rivela subito strutturata nella forma del **«metaromanzo»**, ossia di un **romanzo che riflette su se stesso** e sull'operazione della scrittura letteraria, svelandone i meccanismi. La riflessione, sempre ironica, riguarda dapprima la lettura, poi l'autore e infine i meccanismi della narrazione. Calvino sembra quindi sottolineare che **il romanzo moderno non è più in grado di spiegare la realtà**, ma solo di parlare di se stesso.

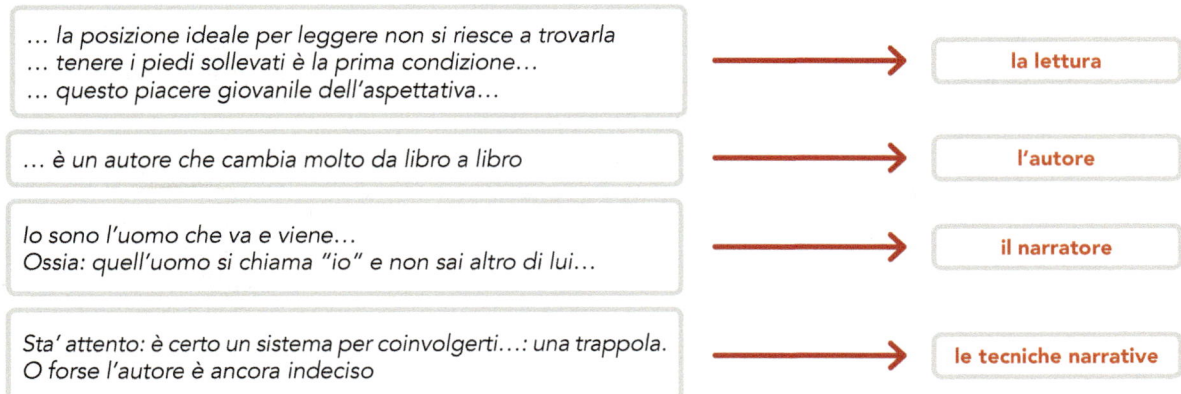

… la posizione ideale per leggere non si riesce a trovarla
… tenere i piedi sollevati è la prima condizione…
… questo piacere giovanile dell'aspettativa… → **la lettura**

… è un autore che cambia molto da libro a libro → **l'autore**

Io sono l'uomo che va e viene…
Ossia: quell'uomo si chiama "io" e non sai altro di lui… → **il narratore**

Sta' attento: è certo un sistema per coinvolgerti…: una trappola.
O forse l'autore è ancora indeciso → **le tecniche narrative**

Lector in fabula Calvino costruisce il proprio romanzo sul **principio tipico del Postmoderno** che il **lettore** sia **parte integrante dell'opera** e contribuisca alla definizione del suo significato. Il lettore viene subito chiamato in causa in modo diretto, e anche l'elenco delle possibili posizioni di lettura mira a coinvolgerlo, facendolo sentire protagonista. Al tempo stesso, il fatto che il testo di secondo livello ostenti apertamente il proprio carattere fittizio, di pura costruzione narrativa, ostacola un'effettiva immedesimazione del lettore, deludendone ripetutamente l'attesa e rinviando l'inizio della «storia» vera e propria. Calvino riesce quindi in un'operazione paradossale: **avvincere il lettore frustrandone le aspettative**, attribuendogli però un ruolo attivo nell'operazione narrativa.

PRIMA PARTE

- *Stai per cominciare a leggere*
- *Rilassati. Raccogliti*
- *Prendi la posizione più comoda*
- *Bene, cosa aspetti? Distendi le gambe*
- *Non che t'aspetti qualcosa di particolare*

SECONDA PARTE

- *… uno sfiatare di stantuffo copre l'apertura del capitolo*
- *È già da un paio di pagine che stai andando avanti a leggere e sarebbe ora che ti si dicesse…*
- *Sta' attento: è certo un sistema per coinvolgerti…: una trappola. O forse l'autore è ancora indeciso*

immedesimazione
lettore = protagonista

distacco
lettore = spettatore

il lettore **entra nel testo**
con un ruolo **critico e attivo**

Lavoriamo sul testo

COMPRENSIONE

1 Il brano riportato è suddiviso in due diverse sequenze, chiaramente distinte. Individuale nel testo. Quale elemento le separa nettamente?

2 Nella prima parte, quali consigli vengono dati al lettore per meglio godere della lettura a cui si accinge? Si tratta di indicazioni serie o ironiche?

3 Qual è l'argomento della narrazione che ha inizio alla r. 58?

LINGUA E LESSICO

4 Qual è il modo verbale prevalente nella parte iniziale del brano? Qual è, a tuo parere, il motivo di questa scelta da parte dell'autore?

5 Qual è il valore grammaticale di "che" nella frase «Sei uno che per principio non s'aspetta più niente da niente» (rr. 34-35)?

ANALISI E INTERPRETAZIONE

6 Nella prima parte del testo a chi appartiene la voce narrante? Chi è il destinatario a cui si rivolge?

7 In quali punti del testo Calvino ironizza sulla propria stessa opera di scrittore?

8 Quale ritratto del lettore emerge dalla prima sequenza del testo? Quali sono le sue aspettative nei confronti del nuovo romanzo?

9 Individua nella seconda parte del testo i punti in cui è più evidente la sovrapposizione tra la finzione narrativa e il richiamo alla natura fittizia della narrazione.

10 Rintraccia nel brano le espressioni che favoriscono l'immedesimazione del lettore nella vicenda narrata e quelle che invece lo inducono a diffidare degli artifici posti in atto dall'autore. Qual è lo scopo di questa alternanza?

SCRITTURA E APPROFONDIMENTI

11 La particolare natura metanarrativa di *Se una notte d'inverno un viaggiatore* suscita in te una reazione di fastidio o di interesse? Esponi le tue riflessioni in un testo scritto che tenga conto del contesto storico-culturale in cui fu composto il romanzo.

L'ultimo Calvino

Un bilancio provvisorio Le ultime opere di Calvino – a partire dalla raccolta di saggi *Una pietra sopra* (1980) – sono accomunate da un **atteggiamento tendenzialmente pessimistico** e dall'apparente venir meno della fiducia nelle possibilità della ragione e della letteratura di interpretare la realtà. Di fronte alla crescente complessità del mondo contemporaneo, l'autore assume «un'**attitudine di perplessità sistematica**», che tuttavia non coincide con una resa incondizionata. Sia nel protagonista del romanzo *Palomar*, che non cessa di scrutare i fenomeni più minuti per vedere oltre la superficie di essi, sia nel lucido bilancio delle *Lezioni americane*, in realtà **Calvino non**

interrompe la sua ricerca di senso, resa ancor più significativa dalla consapevolezza che la meta ultima resta irraggiungibile. Per l'ultimo Calvino valgono più che mai le parole che egli riferisce a Palomar: «Un uomo si mette in marcia per raggiungere, passo a passo, la saggezza. Non è ancora arrivato».

Palomar L'ultimo romanzo di Calvino, pubblicato nel **1983**, è formato da **27 microracconti** scritti in terza persona da un narratore esterno e unificati dalla presenza del personaggio autobiografico di **Palomar**. I singoli testi sono distribuiti in tre sezioni (*Le vacanze di Palomar*, *Palomar in città*, *I silenzi di Palomar*), ciascuna delle quali fa riferimento a **esperienze conoscitive** di tre diversi tipi, a cui corrispondono diverse tipologie testuali: testi descrittivi per le esperienze puramente **visive**, narrazioni per quelle **antropologiche** e meditazioni per quelle **speculative**.
Palomar – il cui nome richiama non a caso Mount Palomar, sede di un osservatorio astronomico californiano – si confronta con **aspetti minimi della realtà quotidiana**, dal movimento di un'onda alla spesa in un negozio di formaggi, che tuttavia, sotto il suo attento sguardo analitico, rivelano abissi insondabili e misteriosi. Sempre alla ricerca di schemi astratti entro cui ricondurre i diversi aspetti della realtà, **Palomar non riesce** ad andare oltre la superficie dei fenomeni per **comprenderne il senso**

complessivo. In un estremo sforzo analitico, decide allora di osservare ogni istante della sua vita in modo distaccato, dall'esterno, finché, proprio mentre pensa alla sua morte, muore. Il finale, ironico e paradossale, si pone come un'**allegoria dell'impossibilità della conoscenza**, o quanto meno della sua necessità di arrestarsi di fronte alla mutevolezza e alla varietà del reale.

Le *Lezioni americane* L'idea della letteratura come strumento, sempre imperfetto e parziale, di conoscenza del mondo è alla base del volume di saggi *Lezioni americane. Sei proposte per il prossimo millennio*, ultima opera di Calvino, edita **postuma nel 1988**. Invitato nel 1985 a tenere una serie di **conferenze** di argomento letterario negli Stati Uniti, Calvino scelse di organizzare i suoi interventi intorno a **sei concetti-chiave** della letteratura occidentale, che avevano orientato la sua produzione e che egli considerava «valori letterari da conservare nel prossimo millennio».
La raccolta è formata da cinque dei sei saggi che l'autore aveva steso come traccia delle sue lezioni: *Leggerezza, Rapidità, Esattezza, Visibilità* e *Molteplicità*. Calvino unisce in questi scritti il consueto nitore espressivo con un'argomentazione rigorosa ma mai rigida che, rifiutando ogni schematismo, ripercorre con originalità il patrimonio della letteratura e della cultura occidentale alla luce della propria personale poetica.

La parola alla critica

Marco Belpoliti, *L'occhio di Calvino*

Nei saggi riuniti nella raccolta *L'occhio di Calvino* (1996), Marco Belpoliti analizza la produzione letteraria di Calvino alla luce del tema della «visione», che secondo il critico costituisce il principale elemento unificante di tutta la sua opera. In *Palomar*, in particolare, l'osservazione del mondo si pone esplicitamente come riflessione su di esso, alla ricerca di una sua possibile interpretazione razionale.

Chi è il signor Palomar? È un uomo dal carattere difficile, taciturno e riflessivo, un uomo nervoso che vive in un mondo congestionato, un uomo che guarda. È un miope, cioè un uomo afflitto da un vizio di rifrazione dell'occhio che non gli consente di vedere bene gli oggetti lontani, e che tuttavia compie continue osservazioni del mondo circostante. Tra i tre differenti verbi che la lingua italiana ci offre per definire l'attività che svolge il signor Palomar – *osservare, guardare, vedere* – il verbo più adatto è sicuramente *vedere*. L'antica radice indoeuropea di questa parola indica in modo inequivocabile che l'atto di vedere non è disgiunto da quello di conoscere: *vedere è un atto mentale*.
Palomar è dedicato al *vedere*, i principali protagonisti sono l'occhio e la mente, mentre gli oggetti della visione divengono, via via, il mondo, gli animali, il cosmo, la storia, il tempo, la società e lo sguardo medesimo.
Nello schema che Calvino ha indicato nell'indice, ogni sezione è suddivisa in tre parti [...]. Il movimento che compie la scrittura di Calvino, se teniamo conto del suo schema ternario, è quello che va dallo *scrivere intorno* (de-scrivere), al *raccontare* del narrare, sino al *riflettere* della meditazione; allo stesso modo si va dalla visione-osservazione del mondo esterno fino alla visione-osservazione del vedere stesso, passando attraverso la visione del mondo come società-animale e come società-umana, cioè da fuori a dentro, anche se il dentro non significa un'introspezione psicologica.

M. Belpoliti, *L'occhio di Calvino*, Torino, Einaudi, 1996

Il brano fa parte della seconda sezione del romanzo, Palomar in città, in cui il protagonista, inserito in un contesto urbano, affronta eventi quotidiani che si configurano come esperienze conoscitive, definite da Calvino di tipo «antropologico», ossia culturale, mediate dal linguaggio.

Il signor Palomar, entrato in una gastronomia di Parigi per comprare del formaggio, di fronte alla varietà dei latticini esposti esita a lungo prima di fare la sua scelta. Dopo molte inutili analisi e riflessioni, una volta giunto al dunque, ordinerà a caso la marca più pubblicizzata.

> La situazione di partenza è assolutamente quotidiana e quasi banale.

Il signor Palomar fa la coda in un negozio di formaggi, a Parigi. Vuole comprare certi formaggini di capra che si conservano sott'olio in piccoli recipienti trasparenti, conditi con varie spezie ed erbe. La fila dei clienti procede lungo un banco dove sono esposti esemplari delle specialità più insolite e disparate. È
5 un negozio il cui assortimento sembra voler documentare ogni forma di latticino pensabile; già l'insegna «Spécialités froumagères» con quel raro aggettivo arcaico o vernacolo[1] avverte che qui si custodisce l'eredità d'un sapere accumulato da una civiltà attraverso tutta la sua storia e geografia.

Tre o quattro ragazze in grembiule rosa accudiscono i clienti. Appena una è libera, prende a carico il primo della fila e l'invita a dichiarare i suoi desideri;
10 il cliente nomina e più spesso indica, spostandosi per il negozio verso l'oggetto dei suoi appetiti precisi e competenti.

In quel momento tutta la fila si sposta avanti d'un passo; e chi finora aveva sostato accanto al «Bleu d'Auvergne»[2] venato di verde viene a trovarsi all'altezza del «Brin d'amour» il cui biancore trattiene fili di paglia secca appiccicati;
15 chi contemplava una palla avvolta in foglie può concentrarsi su un cubo cosparso di cenere. C'è chi dagli incontri di queste fortuite[3] tappe trae ispirazione per nuovi stimoli e nuovi desideri: cambia idea su quel che stava per chiedere o aggiunge una nuova voce alla sua lista; e c'è chi non si lascia distrarre nemmeno per un istante dall'obiettivo che sta perseguendo e ogni suggestione
20 diversa in cui s'imbatte serve solo a delimitare, per via d'esclusione, il campo di ciò che lui testardamente vuole.

> Palomar inizia a riflettere con una sottigliezza sproporzionata rispetto alla circostanza.

L'animo di Palomar oscilla tra spinte contrastanti: quella che tende a una conoscenza completa, esaustiva, e potrebbe essere soddisfatta solo assaporando tutte le qualità; o quella che tende a una scelta assoluta, all'identificazione del formag-
25 gio che solo è suo, un formaggio che certamente esiste anche se lui ancora non sa riconoscerlo (non sa riconoscersi in esso). Oppure, oppure: non è questione di scegliere il proprio formaggio ma d'essere scelti. C'è un rapporto reciproco tra formaggio e cliente: ogni formaggio aspetta il suo cliente, si atteggia in modo d'attrarlo, con una sostenutezza o granulosità un po' altezzosa, o al
30 contrario sciogliendosi in un arrendevole abbandono.

Un'ombra di complicità viziosa aleggia intorno: la raffinatezza gustativa e so-

---

1. arcaico o vernacolo: *antiquato o dialettale.* L'insegna reca infatti la forma «froumagè-

res» invece del più comune «fromagères».
2. «Bleu d'Auvergne»: *come quelli che se-*

guono, è il nome di un formaggio francese.
3. fortuite: *casuali.*

prattutto olfattiva conosce i suoi momenti di rilassatezza, d'incanaglimento[4], in cui i formaggi sui loro vassoi sembrano offrirsi come sui divani d'un bordello. Un sogghigno perverso affiora nel compiacimento d'avvilire l'oggetto
35 della propria ghiottoneria con nomignoli infamanti: *crottin, boule de moine, bouton de culotte.*

Non è questo il tipo di conoscenza che il signor Palomar è più portato ad approfondire: a lui basterebbe stabilire la semplicità d'un rapporto fisico diretto tra uomo e formaggio. Ma se lui al posto dei formaggi vede nomi di formag-
40 gi, concetti di formaggi, significati di formaggi, storie di formaggi, contesti di formaggi, psicologie di formaggi, se – più che sapere – presente[5] che dietro a ogni formaggio ci sia tutto questo, ecco che il suo rapporto diventa molto complicato.

La formaggeria si presenta a Palomar come un'enciclopedia a un autodidat-
45 ta; potrebbe memorizzare tutti i nomi, tentare una classificazione a seconda delle forme – a saponetta, a cilindro, a cupola, a palla – a seconda della consistenza – secco, burroso, cremoso, venoso, compatto – a seconda dei materiali estranei coinvolti nella crosta o nella pasta – uva passa, pepe, noci, sesamo, erbe, muffe – ma questo non l'avvicinerebbe d'un passo alla vera conoscen-
50 za, che sta nell'esperienza dei sapori, fatta di memoria e d'immaginazione insieme, e in base ad essa soltanto potrebbe stabilire una scala di gusti e preferenze e curiosità ed esclusioni.

Dietro ogni formaggio c'è un pascolo d'un diverso verde sotto un diverso cielo: prati incrostati di sale che le maree di Normandia depositano ogni sera; pra-
55 ti profumati d'aromi al sole ventoso di Provenza; ci sono diversi armenti con le loro stabulazioni e transumanze[6]; ci sono segreti di lavorazione tramandati nei secoli. Questo negozio è un museo: il signor Palomar visitandolo sente, come al Louvre[7], dietro ogni oggetto esposto la presenza della civiltà che gli ha dato forma e che da esso prende forma.

Questo negozio è un dizionario; la lingua è il sistema dei formaggi nel suo insieme: una lingua la cui morfologia registra declinazioni e coniugazioni in innu-
60 merevoli varianti, e il cui lessico presenta una ricchezza inesauribile di sinonimi, usi idiomatici[8], connotazioni e sfumature di significato, come tutte le lingue nutrite dall'apporto di cento dialetti. È una lingua fatta di cose; la nomenclatura ne è solo un aspetto esteriore, strumentale; ma per il signor Palomar impararsi un po' di nomenclatura resta sempre la prima misura da pren-
65 dere se vuole fermare un momento le cose che scorrono davanti ai suoi occhi. Estrae di tasca un taccuino, una penna, comincia a scriversi dei nomi, a segnare accanto a ogni nome qualche qualifica che permetta di richiamare l'immagine alla memoria; prova anche a disegnare uno schizzo sintetico della forma. Scrive *pavé d'Airvault*, annota "muffe verdi", disegna un parallelepipe-
70 do piatto e su un lato annota "4 cm circa"; scrive *St-Maure*, annota "cilindro grigio granuloso con un bastoncino dentro" e lo disegna, misurandolo a occhio "20 cm"; poi scrive *Chabicholi* e disegna un piccolo cilindro. «*Monsieur! Houhou! Monsieur![9]*» Una giovane formaggiaia vestita di rosa è davanti a lui, assorto nel suo taccuino. È il suo turno, tocca a lui, nella fila dietro di lui tut-

---

Palomar è inevitabilmente portato a guardare alla realtà non in modo diretto ma attraverso il filtro della cultura e del linguaggio.

La conoscenza della realtà può derivare solo da un approccio diretto, dato dai sensi e dalle emozioni.

Palomar interpreta il mondo secondo i suoi schemi, nel tentativo di imporgli un ordine razionale.

---

4. incanaglimento: *degradazione morale.*
5. presente: *intuisce.*
6. stabulazioni e transumanze: i due termini indicano rispettivamente lo stazionare del bestiame nelle stalle e il loro spostamento verso i pascoli montuosi in estate.
7. Louvre: famoso museo parigino.
8. idiomatici: *tipici di una determinata lingua.*
9. Monsieur ... Monsieur!: *Signore, ehi, signore!* (in francese).

75 | ti stanno osservando il suo incongruo[10] comportamento e scuotono il capo con l'aria tra ironica e spazientita con cui gli abitanti delle grandi città considerano il numero sempre crescente dei deboli di mente in giro per le strade. L'ordinazione elaborata e ghiotta che aveva intenzione di fare gli sfugge dalla memoria; balbetta; ripiega sul più ovvio, sul più banale, sul più pubblicizzato, come se gli automatismi della civiltà di massa non aspettassero che quel suo
80 | momento d'incertezza per riafferrarlo in loro balìa.

> Il finale sottolinea in forma ironica il fallimento dell'esperienza conoscitiva di Palomar.

I. Calvino, *Palomar*, Milano, Mondadori, 1994

---

10. **incongruo:** *inadeguato.*

 ## Analisi del testo

COMPRENSIONE

Palomar è in fila in un negozio di formaggi parigino, dove è entrato per comprare dei caprini sott'olio. Mentre attende il suo turno osserva il comportamento degli altri clienti e soprattutto l'enorme varietà delle merci, che lo rende **incerto sulla scelta** da fare. Nel tentativo di tracciare una classificazione ordinata di tutto ciò che offre il negozio – che gli appare come «un museo» o un'«enciclopedia» – estrae allora il suo taccuino e prende alcuni appunti sulle caratteristiche dei diversi formaggi. Mentre è impegnato in questa bizzarra operazione, giunge improvvisamente il suo turno e Palomar, colto di sorpresa, non sa far altro che **ordinare il formaggio «più banale» e «più pubblicizzato»**.

ANALISI E INTERPRETAZIONE
Una scelta impossibile Come in tutti i brani che compongono il romanzo, anche in questo caso l'autore mostra Palomar – protagonista dell'opera e suo nuovo *alter ego* – in una **situazione di per sé quotidiana**, che assume però una **valenza emblematica**. Posto di fronte alla necessità di operare una scelta del tutto banale, Palomar è colto da una sorta di vertigine di fronte alla varietà apparentemente infinita dei formaggi esposti nel negozio. Per fare la scelta migliore, Palomar dovrebbe infatti raggiungere una «conoscenza completa, esaustiva» di tutti i prodotti. Per superare l'ostacolo, Palomar mette in atto le **strategie sottilmente analitiche** a lui note e prova a ipotizzare una «classificazione» dei formaggi a se-

conda delle diverse variabili in gioco (forma, colore, consistenza ecc.), ma l'operazione, chiaramente paradossale, fallisce. Dietro l'apparente ironia del racconto, l'autore intende in realtà sottolineare l'**impossibilità di una conoscenza esaustiva della realtà** che, nella sua **infinita mutevolezza e varietà**, rifiuta di lasciarsi ridurre a schemi e strutture razionali.

Natura e civiltà: i nomi e le cose La conoscenza completa della realtà – rappresentata attraverso la metafora dimessa del «negozio di formaggi» – è ostacolata non solo dalla disordinata molteplicità dei suoi elementi, ma anche dalla tendenza di Palomar e di ogni uomo a **osservare il mondo attraverso il filtro della cultura e del linguaggio**. Il protagonista ammette infatti che per operare una scelta sarebbe forse sufficiente un semplice assaggio, poiché «la vera conoscenza [...] sta nell'esperienza dei sapori, fatta di memoria e d'immaginazione insieme». Ma Palomar rifiuta questa via e tende inconsciamente a vedere di fronte a sé non semplici formaggi ma «nomi di formaggi, concetti di formaggi, significati di formaggi», fino a pensare al negozio come a «un'enciclopedia», «un museo» o «un dizionario». La tendenza a **sovrapporre alla natura le sovrastrutture della cultura**, tipica della società moderna, si traduce in un'ossessione classificatoria che in realtà **allontana dalla vera conoscenza**, che si può raggiungere solo attraverso l'**esperienza diretta dei sensi e delle emozioni**.

COMPRENSIONE

1 Quali diversi comportamenti osserva Palomar negli altri clienti del negozio?

2 A quali metafore ricorre il protagonista nella seconda parte del testo per indicare il negozio di formaggi?

3 Per quale motivo nel finale tutti osservano Palomar «con l'aria tra ironica e spazientita»?

LINGUA E LESSICO

4 Rintraccia nel testo tutti i termini che possono essere ricondotti a un lessico tecnico e specialistico.

5 Trova almeno due sinonimi e due contrari per ciascuno di questi aggettivi: trasparenti – insolite – disparate – cosparso – altezzosa.

ANALISI E INTERPRETAZIONE

6 Se il «negozio di formaggi» può essere interpretato come una metafora del mondo, a che cosa allude l'autore sottolineando la grande varietà dei prodotti che vi sono esposti?

7 Attraverso quali vie Palomar cerca di giungere a una conoscenza del mondo e perché i suoi strumenti si rivelano inadeguati?

8 «Questo negozio è un dizionario» (r. 65): qual è il significato di questa metafora?

9 Il brano è permeato di ironia. In quali punti essa è particolarmente evidente e qual è il suo scopo?

SCRITTURA E APPROFONDIMENTI

10 Il finale sembra contenere uno spunto polemico nei confronti della «civiltà di massa» e degli «automatismi» che genera nei singoli individui. Dopo aver spiegato il senso di questa affermazione in rapporto al testo, confronta, in un testo di massimo venti righe, la posizione di Calvino con quella di altri autori che hanno dato spazio nelle loro opere alla critica della «società del benessere».

Mario Schifano,
Coca Cola, 1962.

La leggerezza

Lezioni americane

Riportiamo alcune parti della prima delle Lezioni americane, *dedicata al valore della Leggerezza. La scelta di Calvino di riservare alla trattazione di questo valore una posizione di rilievo, all'inizio dell'opera, evidenzia l'importanza che egli vi attribuiva.*

In antitesi rispetto alla mentalità corrente, che tende a considerare la «leggerezza» come sinonimo di superficialità, l'autore vede infatti in essa un atteggiamento mentale positivo, che ha sempre guidato la sua scrittura. Per illustrare meglio l'antitesi tra «leggerezza» e «peso», egli ricorre all'immagine mitologica della Medusa, capace di pietrificare con lo sguardo, e del suo uccisore Perseo, che la vince grazie ai suoi sandali alati e al suo scudo riflettente. La riflessione si sposta poi sul significato della leggerezza nella scienza moderna e, procedendo per liberi accostamenti analogici, sull'analisi di una novella di Boccaccio.

> Calvino si riferisce ad alcune tappe fondamentali della sua opera: Il cavaliere inesistente («togliere peso alle figure umane»), Le Cosmicomiche («ai corpi celesti») e Le città invisibili («alle città»).

Dedicherò la prima conferenza all'opposizione leggerezza-peso, e sosterrò le ragioni della leggerezza. Questo non vuol dire che io consideri le ragioni del peso meno valide, ma solo che sulla leggerezza penso d'aver più cose da dire. Dopo quarant'anni che scrivo *fiction*[1], dopo aver esplorato varie strade e com-
5 piuto esperimenti diversi, è venuta l'ora che io cerchi una definizione complessiva per il mio lavoro; proporrei questa: la mia operazione è stata il più delle volte una sottrazione di peso; ho cercato di togliere peso ora alle figure umane, ora ai corpi celesti, ora alle città; soprattutto ho cercato di togliere peso alla struttura del racconto e al linguaggio.
10 In questa conferenza cercherò di spiegare – a me stesso e a voi – perché sono stato portato a considerare la leggerezza un valore anziché un difetto; quali sono gli esempi tra le opere del passato in cui riconosco il mio ideale di leggerezza; come situo questo valore nel presente e come lo proietto nel futuro.

> Allusione all'epoca del Neorealismo in cui Calvino ha esordito come scrittore.

Comincerò dall'ultimo punto. Quando ho iniziato la mia attività, il dovere di
15 rappresentare il nostro tempo era l'imperativo categorico d'ogni giovane scrittore. Pieno di buona volontà, cercavo d'immedesimarmi nell'energia spietata che muove la storia del nostro secolo, nelle sue vicende collettive e individuali. Cercavo di cogliere una sintonia tra il movimentato spettacolo del mondo, ora drammatico ora grottesco, e il ritmo interiore picaresco[2] e avventuroso
20 che mi spingeva a scrivere. Presto mi sono accorto che tra i fatti della vita che avrebbero dovuto essere la mia materia prima e l'agilità scattante e tagliente che volevo animasse la mia scrittura c'era un divario[3] che mi costava sempre più sforzo superare. Forse stavo scoprendo solo allora la pesantezza, l'inerzia, l'opacità del mondo: qualità che s'attaccano subito alla scrittura, se non
25 si trova il modo di sfuggirle.
In certi momenti mi sembrava che il mondo stesse diventando tutto di pietra: una lenta pietrificazione più o meno avanzata a seconda delle persone e dei luoghi, ma che non risparmiava nessun aspetto della vita. Era come se nessuno potesse sfuggire allo sguardo inesorabile della Medusa[4].

---

1. fiction: *opere letterarie d'invenzione.*
2. picaresco: sinonimo di «avventuroso»; il termine deriva da "picaro", un vagabondo che vive di espedienti, protagonista di molti romanzi spagnoli del XVI secolo.
3. divario: *distanza, differenza.*
4. Medusa: la Medusa o Gorgone è un mostro mitologico dai capelli di serpenti che pietrifica chi la guarda.

30 L'unico eroe capace di tagliare la testa della Medusa è Perseo[5], che vola coi sandali alati, Perseo che non rivolge il suo sguardo sul volto della Gorgone ma solo sulla sua immagine riflessa nello scudo di bronzo. Ecco che Perseo mi viene in soccorso anche in questo momento, mentre mi sentivo già catturare dalla morsa di pietra, come mi succede ogni volta che tento una rievoca-

35 zione storico-autobiografica. Meglio lasciare che il mio discorso si componga con le immagini della mitologia. Per tagliare la testa di Medusa senza lasciarsi pietrificare, Perseo si sostiene su ciò che vi è di più leggero, i venti e le nuvole; e spinge il suo sguardo su ciò che può rivelarglisi solo in una visione indiretta, in un'immagine catturata da uno specchio. Subito sento la tentazione di

40 trovare in questo mito un'allegoria del rapporto del poeta col mondo, una lezione del metodo da seguire scrivendo. Ma so che ogni interpretazione impoverisce il mito e lo soffoca: coi miti non bisogna aver fretta; è meglio lasciarli depositare nella memoria, fermarsi a meditare su ogni dettaglio, ragionarci sopra senza uscire dal loro linguaggio di immagini. La lezione che possiamo

45 trarre da un mito sta nella letteralità del racconto, non in ciò che vi aggiungiamo noi dal di fuori. [...]

Nei momenti in cui il regno dell'umano mi sembra condannato alla pesantezza, penso che dovrei volare come Perseo in un altro spazio. Non sto parlando di fughe nel sogno o nell'irrazionale. Voglio dire che devo cambiare il mio ap-

50 proccio, devo guardare il mondo con un'altra ottica, un'altra logica, altri metodi di conoscenza e di verifica. Le immagini di leggerezza che io cerco non devono lasciarsi dissolvere come sogni dalla realtà del presente e del futuro... Nell'universo infinito della letteratura s'aprono sempre altre vie da esplorare, nuovissime o antichissime, stili e forme che possono cambiare la nostra im-

55 magine del mondo... Ma se la letteratura non basta ad assicurarmi che non sto solo inseguendo dei sogni, cerco nella scienza alimento per le mie visioni in cui ogni pesantezza viene dissolta...

Oggi ogni ramo della scienza sembra ci voglia dimostrare che il mondo si regge su entità sottilissime: come i messaggi del DNA[6], gli impulsi dei neuroni[7], i

60 quarks[8], i neutrini vaganti nello spazio dall'inizio dei tempi... Poi, l'informatica. È vero che il software non potrebbe esercitare i poteri della sua leggerezza se non mediante la pesantezza del hardware[9]; ma è il software che comanda, che agisce sul mondo esterno e sulle macchine, le quali esistono solo in funzione del software, si evolvono in modo d'elaborare programmi sempre più

65 complessi. La seconda rivoluzione industriale[10] non si presenta come la prima con immagini schiaccianti quali presse di laminatoi o colate d'acciaio, ma come i bits[11] d'un flusso d'informazione che corre sui circuiti sotto forma d'impulsi elettronici. Le macchine di ferro ci sono sempre, ma obbediscono ai bits senza peso. [...]

70 Da quanto ho detto fin qui mi pare che il concetto di leggerezza cominci a precisarsi; spero innanzitutto d'aver dimostrato che esiste una leggerezza della

---

5. Perseo: figlio di Zeus e di Danae, l'eroe mitologico decapitò Medusa mentre dormiva.
6. DNA: la molecola che contiene il patrimonio genetico.
7. neuroni: cellule del sistema nervoso.
8. quarks: come i neutrini, sono particelle elementari della materia.
9. software ... hardware: il *software* è l'insieme dei programmi che permettono il funzionamento di un computer, mentre l'*hardware* è l'insieme fisico dei suoi componenti elettronici.
10. seconda rivoluzione industriale: Calvino si riferisce alla rivoluzione informatica della seconda metà del Novecento.
11. bits: il *bit* è l'unità minima di informazione della comunicazione digitale.

pensosità, così come tutti sappiamo che esiste una leggerezza della frivolezza; anzi, la leggerezza pensosa può far apparire la frivolezza come pesante e opaca. Non potrei illustrare meglio questa idea che con una novella del *Decameron*
75 (VI, 9) dove appare il poeta fiorentino Guido Cavalcanti. Boccaccio ci presenta Cavalcanti come un austero filosofo che passeggia meditando tra i sepolcri di marmo davanti a una chiesa. La *jeunesse dorée*[12] fiorentina cavalcava per la città in brigate che passavano da una festa all'altra, sempre cercando occasioni d'ampliare il loro giro di scambievoli[13] inviti. Cavalcanti non era popolare
80 tra loro, perché, benché fosse ricco ed elegante, non accettava mai di far baldoria con loro e perché la sua misteriosa filosofia[14] era sospettata d'empietà:

> *Ora avvenne un giorno che, essendo Guido partito d'Orto San Michele e venutosene per lo Corso degli Adimari infino a San Giovanni, il quale spesse volte era suo cammino, essendo quelle arche[15] grandi di marmo, che oggi sono in San-*
> 85 *ta Reparata, e molte altre dintorno a San Giovanni, e egli essendo tra le colonne del porfido che vi sono e quelle arche e la porta di San Giovanni, che serrata[16] era, messer Betto con sua brigata a caval venendo su per la piazza di Santa Reparata, vedendo Guido là tra quelle sepolture, dissero: "Andiamo a dargli briga[17]"; e spronati i cavalli, a guisa d'uno assalto sollazzevole gli furono, quasi*
> 85 *prima che egli se ne avvedesse, sopra e cominciarongli a dire: "Guido, tu rifiuti d'esser di nostra brigata; ma ecco, quando tu avrai trovato che Iddio non sia, che avrai fatto[18]?". A' quali Guido, da lor veggendosi chiuso, prestamente disse: "Signori, voi mi potete dire a casa vostra[19] ciò che vi piace"; e posta la mano sopra una di quelle arche, che grandi erano, sì come colui che leggerissimo era,*
> 90 *prese un salto e fussi gittato[20] dall'altra parte, e sviluppatosi[21] da loro se n'andò.*

Ciò che qui ci interessa non è tanto la battuta attribuita a Cavalcanti [...]. Ciò che ci colpisce è l'immagine visuale che Boccaccio evoca: Cavalcanti che si libera d'un salto "sì come colui che leggerissimo era". Se volessi scegliere un simbolo augurale per l'affacciarsi al nuovo millennio, sceglierei questo: l'agi-
95 le salto improvviso del poeta-filosofo che si solleva sulla pesantezza del mondo, dimostrando che la sua gravità contiene il segreto della leggerezza, mentre quella che molti credono essere la vitalità dei tempi, rumorosa, aggressiva, scalpitante e rombante, appartiene al regno della morte, come un cimitero d'automobili arrugginite.

I. Calvino, Lezioni americane, Milano, Mondadori, 2000

---

12. jeunesse dorée: *i giovani più abbienti e in vista* (dal francese, letteralmente «gioventù dorata»).
13. scambievoli: *reciproci.*
14. la sua... filosofia: Cavalcanti seguiva la corrente radicale dell'aristotelismo, che era ritenuta eretica dalla Chiesa.
15. arche: *sepolcri.*
16. serrata: *chiusa.*
17. dargli briga: *dargli fastidio.*
18. che avrai fatto: *che cosa avrai ottenuto.*
19. a casa vostra: i giovani si trovano in un cimitero e Cavalcanti con la sua battuta intende dire che i suoi detrattori sono ignoranti e privi di spirito come dei morti.
20. fussi gittato: *si gettò.*
21. sviluppatosi: *liberatosi.*

Un valore per il «prossimo millennio»

Attraverso una serie di riferimenti culturali che spaziano **dal mito classico alla letteratura e alla scienza**, Calvino illustra la sua particolare idea di «leggerezza». Come emerge dal testo, egli intende questo valore sia in senso strettamente letterario sia come **categoria mentale** e come «modello di rapporto con la realtà». Sul piano stilistico elogia la capacità evocativa della fantasia, che si esprime nella scelta di una **forma agile e fluida**. In senso più profondo, tuttavia, la leggerezza allude anche alla capacità, tipica della scrittura, di **osservare la realtà senza lasciarsi sopraffare dall'«opacità del mondo»** e dalla sua «pesantezza». Come Perseo, che «vola coi sandali alati» e guarda Medusa solo attraverso l'immagine riflessa nel suo scudo di bronzo, anche lo scrittore è chiamato a non eludere il confronto diretto con la realtà, ma a trascenderlo, osservandolo da una posizione decentrata e trasfigurandone i contrasti.

Competenze di comprensione e analisi

- La riflessione di Calvino prende spunto dal rovesciamento dell'idea corrente che identifica la «leggerezza» con la superficialità. In quali punti del testo è espresso questo concetto?

- L'autore afferma di vedere nel mito di Perseo e Medusa «un'allegoria del rapporto del poeta col mondo, una lezione del metodo da seguire scrivendo». In che senso va intesa questa affermazione?

- Per quali aspetti l'autore ritrova anche nell'informatica e nella scienza moderna un esempio dell'importanza della leggerezza?

- Che significato assume nel contesto il riferimento alla novella di Boccaccio su Cavalcanti?

Riflessione personale e operazione culturale

I numerosi rimandi culturali si alternano alle riflessioni dell'autore sulla propria opera letteraria, di cui egli sembra tracciare un **bilancio finale**, individuandone le caratteristiche più tipiche. Al pari dell'«esattezza», della «rapidità» e degli altri valori affrontati nelle *Lezioni americane*, la leggerezza non è quindi per Calvino soltanto una categoria astratta, ma anche un **principio-guida della sua poetica**, costantemente finalizzata, come egli stesso afferma, a una «sottrazione di peso», a un **alleggerimento della materia e delle forme narrative**. L'intreccio di riferimenti alla propria opera e di osservazioni più ampie conferisce alla scrittura saggistica di Calvino una particolare originalità, permettendo all'autore di rileggere e reinterpretare esempi e modelli alla luce del proprio personale itinerario artistico.

Competenze di comprensione e analisi

- Individua nel testo i punti in cui Calvino fa esplicito riferimento alla propria produzione letteraria.

- L'autore rilegge l'evoluzione della sua ricerca letteraria all'insegna di un progressivo distacco dalla «pesantezza del mondo». Nelle sue diverse opere, come si attua questo passaggio?

- Come viene valutato a posteriori da Calvino il suo esordio neorealista?

- Nell'analisi del mito e della letteratura l'autore assume un atteggiamento neutro da studioso o esprime interpretazioni insolite?

La struttura e lo stile della «lezione»

Nel brano – come in tutte le *Lezioni americane* – Calvino adotta una **struttura argomentativa** particolare. Dopo una breve introduzione (rr. 1-13) che chiarisce l'argomento della *lezione*, la riflessione procede infatti in modo libero, per **accostamento di immagini** che non seguono un rigoroso ordine deduttivo ma si collegano per analogia. Alla rilettura del mito di Perseo e Medusa seguono alcune osservazioni sulla scienza contemporanea e, infine, il riferimento a Boccaccio. Rinunciando a una struttura troppo rigida, Calvino fornisce nel testo un'immediata **applicazione dell'ideale di «leggerezza»** teorizzato nel saggio.

⬤ Competenze di comprensione e analisi

- Per quale motivo, a tuo parere, Calvino evita un'esposizione rigorosamente argomentata, preferendo una struttura più libera e aperta?

- La lettura del testo ti risulta ardua e complessa o agevole e semplice? Motiva la tua risposta in un testo scritto.

- Analizza il brano sul piano formale. Lo stile è elaborato o semplice? Quali caratteristiche presentano la sintassi e il lessico?

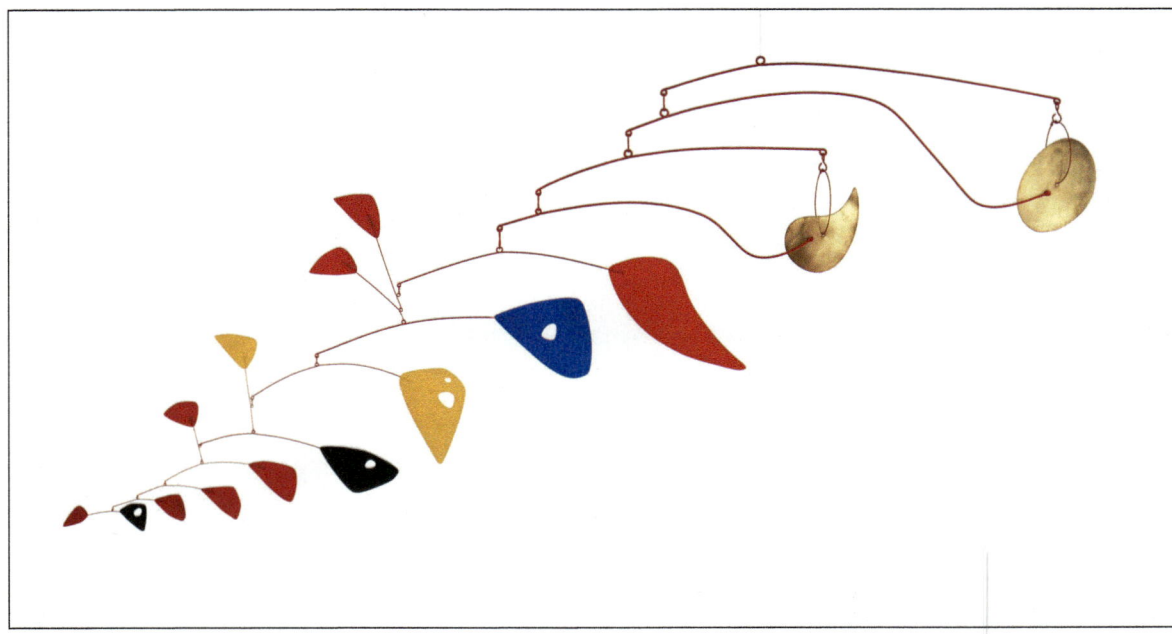

Alexander Calder, *Doppio gong*, 1953.

➜ Il libro del mese

Il mondo deve sapere.
Romanzo tragicomico
di una telefonista precaria

AUTORE Michela Murgia

ANNO DI PUBBLICAZIONE 2006

CASA EDITRICE Isbn

MICHELA MURGIA

Il mondo deve sapere

9 788876 380440

Romanzo tragicomico
di una telefonista precaria

TRE BUONI MOTIVI PER LEGGERLO

1 È un libro che svela inquietanti retroscena sul mondo delle vendite porta a porta.

2 Dietro la facciata comica e divertente mostra la dura condizione dei lavoratori precari.

3 È stato uno dei primi libri italiani a nascere come blog su internet.

L'AUTORE E L'OPERA

Michela Murgia è nata a Cabras, in Sardegna, nel 1972. Ha studiato teologia e dopo numerosi lavori saltuari si è rivelata con *Il mondo deve sapere* (2006). Nel 2010 ha vinto il premio Campiello per il romanzo *Accabadora* (2009) e nel 2012 ha pubblicato il romanzo *L'incontro*.
Il mondo deve sapere è il resoconto autobiografico di un periodo di lavoro in un call-center di una nota marca di aspirapolveri. I singoli capitoli hanno una cadenza giornaliera poiché nascono come post di un seguitissimo blog tenuto dalla Murgia, che solo dopo l'imprevisto successo di pubblico decise di dar vita a un libro. In forma dissacrante e irriverente questo breve romanzo descrive le tecniche "scientifiche" usate da telefonisti e venditori e il mondo del lavoro precario.

L'INCIPIT

Venerdì 13 gennaio
Deh, direbbe Silvia.
Ho iniziato a lavorare in un call center. Quei lavori disperati che ti vergogni a dire agli amici.
«Cosa fai?» E tu: «Be', mi occupo di promozione pubblicitaria». Che meraviglia l'italiano, altro che giochi di prestigio. Ma questo non è un call center comune. È un call center della Kirby. E 'sti cazzi, mica robetta! Ho saputo subito che era il call center che cercavo, quello dove avrei potuto davvero divertirmi. Non l'innocente sorriso del bambino davanti alla farfallina.
Direi piuttosto il sadico sorriso del bambino mentre con uno spillone fissa la farfallina al pezzetto di sughero per iniettarle la formalina. Mentre è ancora viva, ovviamente.

LA TRAMA

Camilla, una giovane laureata che desidera fare esperienza nel mondo del lavoro, racconta le incredibili vicende che si nascondono dietro la realtà di un call-center: stipendi basati quasi esclusivamente sul numero di appuntamenti ottenuti, turni di lavoro estenuanti, una costante pressione psicologica finalizzata al raggiungimento degli obiettivi, che rende le operatrici succubi dei responsabili e instaura un clima di ostilità tra le ragazze, alle quali si chiede non solo di svolgere i compiti assegnati, ma di sposare in toto la *mission* aziendale.

TRE PISTE DI LETTURA

1 Confronta il romanzo di Michela Murgia con alcune famose opere della letteratura industriale degli anni Sessanta; ti sembra che la condizione dei lavoratori sia cambiata o, invece, alcune dinamiche di fondo sono rimaste immutate?

2 Il libro diverte e coinvolge il lettore grazie a scelte stilistiche che ricreano un tono colloquiale; riassumile e spiega se le trovi pertinenti alla materia trattata.

3 Nel 2008 il regista Paolo Virzì si è ispirato al romanzo per il film *Tutta la vita davanti*; dopo averlo visto esponi le principali differenze con il libro e spiega se sei d'accordo o meno con le scelte del regista.

Testo laboratorio

T10 ## L'inferno delle "città continue"

Le città invisibili

Riportiamo qui tre testi appartenenti alla sezione Le città continue *da* Le città invisibili (1972), *in cui Calvino offre un'immagine inquietante delle moderne megalopoli. Attraverso la descrizione di Leonia, assediata dai propri stessi rifiuti, di Trude e di Pentesi-* *lea, città prive di un centro e tutte uguali a se stesse, l'autore induce a riflettere su problematiche che risultano oggi ancor più attuali e concrete: l'inquinamento, il consumismo e l'omologazione culturale del «villaggio globale».*

Le città continue 1. (*Leonia*)

La città di Leonia rifà se stessa tutti i giorni: ogni mattina la popolazione si risveglia tra lenzuola fresche, si lava con saponette appena sgusciate dall'involucro, indossa vestaglie nuove fiammanti, estrae dal più perfezionato frigorifero barattoli di latta ancora intonsi[1], ascoltando le ultime filastrocche dall'ultimo modello d'apparecchio.

Sui marciapiedi, avviluppati in tersi sacchi di plastica, i resti di Leonia d'ieri aspettano il carro dello spazzaturaio. Non solo i tubi di dentifricio schiacciati, lampadine fulminate, giornali, contenitori, materiali d'imballaggio, ma anche scaldabagni, enciclopedie, pianoforti, servizi di porcellana: più che dalle cose che ogni giorno vengono fabbricate vendute comprate, l'opulenza di Leonia si misura dalle cose che ogni giorno vengono buttate via per far posto alle nuove. Tanto che ci si chiede se la vera passione di Leonia sia davvero come dicono il godere delle cose nuove e diverse, o non piuttosto l'espellere, l'allontanare da sé, il mondarsi[2] d'una ricorrente impurità. Certo è che gli spazzaturai[3] sono accolti come angeli, e il loro compito di rimuovere i resti dell'esistenza di ieri è circondato d'un rispetto silenzioso, come un rito che ispira devozione, o forse solo perché una volta buttata via la roba nessuno vuole più averci da pensare.

Dove portino ogni giorno il loro carico gli spazzaturai nessuno se lo chiede: fuori dalla città, certo; ma ogni anno la città s'espande, e gli immondezzai devono arretrare più lontano; l'imponenza del gettito[4] aumenta e le cataste s'innalzano, si stratificano, si dispiegano su un perimetro più vasto. Aggiungi che più l'arte di Leonia eccelle nel fabbricare nuovi materiali, più la spazzatura migliora la sua sostanza, resiste al tempo, alle intemperie, a fermentazioni e combustioni. È una fortezza di rimasugli indistruttibili che circonda Leonia, la sovrasta da ogni lato come un acrocoro[5] di montagne.

Il risultato è questo: che più Leonia espelle roba più ne accumula; le squame del suo passato si saldano in una corazza che non si può togliere; rinnovandosi

---

1. intonsi: *intatti.*
2. mondarsi: *ripulirsi.*

3. spazzaturai: *spazzini.*
4. del gettito: *della produzione di spazzatura.*

5. acrocoro: *un insieme di rilievi, sia montagne sia altopiani.*

30 ogni giorno la città conserva tutta se stessa nella sola forma definitiva: quella delle spazzature d'ieri che s'ammucchiano sulle spazzature dell'altroieri e di tutti i suoi giorni e anni e lustri.

Il pattume di Leonia a poco a poco invaderebbe il mondo, se sullo sterminato immondezzaio non stessero premendo, al di là dell'estremo crinale, immondezzai d'altre città, che anch'esse respingono lontano da sé le montagne di rifiuti. Forse il mondo intero, oltre i confini di Leonia, è ricoperto da crateri di spazzatura, ognuno con al centro una metropoli in eruzione ininterrotta. I confini tra le città estranee e nemiche sono bastioni infetti in cui i detriti dell'una e dell'altra si puntellano a vicenda, si sovrastano, si mescolano.

Più ne cresce l'altezza, più incombe il pericolo delle frane: basta che un barattolo, un vecchio pneumatico, un fiasco spagliato rotoli dalla parte di Leonia e una valanga di scarpe spaiate, calendari d'anni trascorsi, fiori secchi sommergerà la città nel proprio passato che invano tentava di respingere, mescolato con quello delle altre città limitrofe, finalmente monde: un cataclisma spianerà la sordida catena montuosa, cancellerà ogni traccia della metropoli sempre vestita a nuovo. Già dalle città vicine sono pronti coi rulli compressori per spianare il suolo, estendersi nel nuovo territorio, ingrandire se stesse, allontanare i nuovi immondezzai.

Le città continue 2. (*Trude*)

Se toccando terra a Trude non avessi letto il nome della città scritto a grandi lettere, avrei creduto d'essere arrivato allo stesso aeroporto da cui ero partito. I sobborghi che mi fecero attraversare non erano diversi da quegli altri, con le stesse case gialline e verdoline. Seguendo le stesse frecce si girava le stesse aiole delle stesse piazze. Le vie del centro mettevano in mostra mercanzie imballaggi insegne che non cambiavano in nulla. Era la prima volta che venivo a Trude, ma conoscevo già l'albergo in cui mi capitò di scendere; avevo già sentito e detto i miei dialoghi con compratori e venditori di ferraglia; altre giornate uguali a quella erano finite guardando attraverso gli stessi bicchieri gli stessi ombelichi che ondeggiavano. Perché venire a Trude? mi chiedevo. E già volevo ripartire.

«Puoi riprendere il volo quando vuoi», mi dissero, «ma arriverai a un'altra Trude, uguale punto per punto, il mondo è ricoperto da un'unica Trude che non comincia e non finisce, cambia solo il nome all'aereoporto».

Le città continue 5. (*Pentesilea*)

Per parlarti di Pentesilea dovrei cominciare a descriverti l'ingresso nella città. Tu certo immagini di vedere levarsi dalla pianura polverosa una cinta di mura, d'avvicinarti passo passo alla porta, sorvegliata dai gabellieri[6] che già guatano storto ai tuoi fagotti[7]. Fino a che non l'hai raggiunta ne sei fuori; passi sotto un archivolto[8] e ti ritrovi dentro la città; il suo spessore compatto ti circonda; intagliato nella sua pietra c'è un disegno che ti si rivelerà se ne segui il tracciato tutto spigoli. Se credi questo, sbagli: a Pentesilea è diverso. Sono ore che avanzi e non ti è chiaro se sei già in mezzo alla città o ancora fuori. Come un lago dalle rive basse che si perde in acquitrini, così Pentesilea si spande per miglia intorno in una zuppa di

---

6. gabellieri: *guardie di confine*, incaricate di riscuotere i dazi doganali.

7. che già ... fagotti: *che già guardano storto i tuoi bagagli.*

8. archivolto: elemento architettonico che decora la parte superiore di un arco.

città diluita nella pianura: casamenti pallidi che si dànno le spalle in prati ispidi, tra steccati di tavole e tettoie di lamiera. Ogni tanto ai margini della strada un infittirsi di costruzioni dalle magre facciate, alte alte o basse basse come in un pettine sdentato, sembra indicare che di là in poi le maglie della città si restringono.

75 Invece tu prosegui e ritrovi altri terreni vaghi, poi un sobborgo arrugginito d'officine e depositi, un cimitero, una fiera con le giostre, un mattatoio, ti inoltri per una via di botteghe macilente che si perde tra chiazze di campagna spelacchiata. La gente che s'incontra, se gli chiedi: «Per Pentesilea?» fanno un gesto intorno che non sai se voglia dire: "Qui", oppure: "Piú in là", o: "Tutt'in giro", o ancora:

80 "Dalla parte opposta".

«La città» insisti a chiedere.

«Noi veniamo qui a lavorare tutte le mattine» ti rispondono alcuni, e altri: «Noi torniamo qui a dormire»

«Ma la città dove si vive?» chiedi.

85 «Dev'essere» dicono, «per lì» e alcuni levano il braccio obliquamente verso una concrezione di poliedri opachi[9], all'orizzonte, mentre altri indicano alle tue spalle lo spettro d'altre cuspidi[10].

«Allora l'ho oltrepassata senza accorgermene?»

«No, prova a andare ancora avanti».

90 Così prosegui, passando da una periferia all'altra, e viene l'ora di partire da Pentesilea. Chiedi la strada per uscire dalla città; ripercorri la sfilza dei sobborghi sparpagliati come un pigmento lattiginoso[13]; viene notte; s'illuminano le finestre ora più rade ora più dense.

Se nascosta in qualche sacca o ruga di questo slabbrato circondario esista una

95 Pentesilea riconoscibile e ricordabile da chi c'è stato, oppure se Pentesilea è solo periferia di se stessa e ha il suo centro in ogni luogo, hai rinunciato a capirlo. La domanda che adesso comincia a rodere nella tua testa è più angosciosa: fuori da Pentesilea esiste un fuori? O per quanto ti allontani dalla città non fai che passare da un limbo all'altro e non arrivi a uscirne?

I. Calvino, *Le città invisibili*, Milano, Mondadori, 1996

---

9. concrezione … opachi: *accumulo di forme geometriche indistinguibili.*

10. lo spettro d'altre cuspidi: *la forma indistinta di altri edifici.*

11. pigmento lattiginoso: *una sostanza di colore bianco opaco.*

COMPRENSIONE

1 Qual è il problema principale che caratterizza la città di Leonia? Come viene risolto dai suoi abitanti?

2 Qual è la caratteristica della città di Trude?

3 Che tipo di problema incontra il viaggiatore che visita Pentesilea? Perché fatica a orientarsi all'interno della città?

→ Oltre il testo Confrontare e analizzare

- In che senso è possibile dire che la città di Pentesilea è una allegoria del caos che domina l'esistenza? Rispondi facendo riferimento al pensiero e alla poetica di Calvino.

4 Scrivi il significato dei seguenti termini e forma una frase con ciascuno di essi: tersi – opulenza – sordide – guatano – diluita.

5 Che tipo di periodo ipotetico è contenuto nella frase «se sullo sterminato immondezzaio non stessero premendo, al di là dell'estremo crinale, immondezzai d'altre città» (rr. 32-34)?

ANALISI E INTERPRETAZIONE

6 «L'opulenza di Leonia si misura dalle cose che ogni giorno vengono buttate via per far posto alle nuove» (rr. 11-12). Quale aspetto della società occidentale degli anni Settanta è qui indirettamente criticato da Calvino?

7 Nella descrizione di Leonia, quali tecniche narrative trasmettono al lettore la sensazione quasi fisica dell'assedio dei rifiuti?

8 «Il mondo è ricoperto da un'unica Trude che non comincia e non finisce, cambia solo il nome dell'aeroporto» (rr. 59-60). In che senso si può dire che Trude rappresenta un emblema della città postmoderna? Perché essa non si differenzia in nulla da altre città?

➲ Oltre il testo — Confrontare e analizzare

- In quali altre opere di Calvino è particolarmente evidente l'influenza della corrente postmoderna? Da quali aspetti tematici e formali lo si può dedurre?

9 Che tipo di rapporto tra centro e periferia viene evidenziato nella descrizione della città di Pentesilea? Che significato assume nel contesto la domanda: «Fuori da Pentesilea esiste un fuori?» (rr. 97-98)?

➲ Oltre il testo — Confrontare e analizzare

- Metti a confronto la descrizione di Pentesilea con le posizioni espresse da Calvino nel saggio *La sfida al labirinto*: ti sembra che vi siano delle analogie tra questi due testi?

10 Come si collega l'immagine delle città di Trude e Pentesilea con il titolo della sezione, «Le città continue»?

11 Analizza i tre brani dal punto di vista stilistico e formale. Il linguaggio utilizzato è semplice o complesso? Le descrizioni sono realistiche o fantastiche? Rispondi attraverso espliciti riferimenti ai brani.

➲ Oltre il testo — Confrontare e analizzare

- Sulla base di questi testi e di altri da te studiati nell'unità scrivi un breve commento sulle caratteristiche dello stile di Calvino.

ANALISI E INTERPRETAZIONE

12 Nella prefazione a *Le città invisibili*, Calvino scrive: «Forse stiamo avvicinandoci a un momento di crisi della vita urbana [...]. L'immagine della "megalopoli", la città continua, uniforme, che va coprendo il mondo, domina anche il mio libro. Ma libri che profetizzano catastrofi e apocalissi ce ne sono già tanti [...]. Il mio libro s'apre e si chiude su immagini di città felici che continuamente prendono forma e svaniscono, nascoste nelle città infelici». Alla luce di queste affermazioni, rifletti sull'immagine complessiva della città moderna che emerge dall'opera.

13 La descrizione di Leonia si accompagna a una riflessione sul problema dei rifiuti e dell'inquinamento, affrontato da Calvino anche nel racconto lungo *La nuvola di smog* e che risulta oggi quanto mai attuale. Dopo esserti documentato sulla questione, scrivi un testo di massimo due colonne di foglio protocollo sull'argomento.

Guida alla verifica orale

Verifica le tue conoscenze

DOMANDA N. 1 In quali opere è più evidente l'impegno sociale e civile di Calvino?

LA RISPOSTA IN SINTESI

L'impegno civile e politico dell'autore, legato alla sua militanza nel PCI, emerge soprattutto nel romanzo d'esordio, *Il sentiero dei nidi di ragno,* influenzato dal Neorealismo e, più tardi, nella *Giornata di uno scrutatore*. In queste opere prevale un intento realistico, unito però a una certa propensione per il fantastico.

LA RISPOSTA NEI TESTI

T1 Calvino difende i valori della Resistenza ma, adottando il punto di vista di un bambino, evita ogni celebrazione retorica e ne offre un'immagine antieroica, sospesa tra il realismo e la trasfigurazione fiabesca.

T3 Amerigo Ormea, posto di fronte al dolore che la natura impone ai più sfortunati, riflette al di là di ogni schematismo sui limiti della società civile e di ogni ideologia, interrogandosi sull'essenza più profonda dell'uomo.

DOMANDA N. 2 Che cosa si intende con l'espressione «letteratura combinatoria» e in quale fase della sua produzione Calvino compone opere di questo tipo?

LA RISPOSTA IN SINTESI

Il concetto di «letteratura combinatoria», derivato dallo strutturalismo e dal gruppo parigino dell'*Oulipo*, rinvia a un'idea del testo letterario come risultato della combinazione di elementi narrativi secondo precisi schemi. Calvino segue questa tecnica soprattutto nei romanzi degli anni Settanta.

LA RISPOSTA NEI TESTI

T6 In *Le città invisibili* le descrizioni delle città visitate da Marco Polo sono strutturate secondo una precisa geometria che allude alla volontà di ricondurre a un ordine razionale il caos della realtà.

T7 In *Se una notte d'inverno un viaggiatore* Calvino riflette sul romanzo e sulle regole compositive della narrazione, rivolgendosi direttamente al lettore e rendendolo protagonista.

DOMANDA N. 3 Quali sono le caratteristiche formali più frequenti nella scrittura di Calvino?

LA RISPOSTA IN SINTESI

Calvino tende all'uso di un linguaggio semplice ed essenziale che, senza rinunciare alle suggestioni fantastiche, possa essere compreso da un pubblico vasto.

LA RISPOSTA NEI TESTI

T1 Ne *Il sentiero dei nidi di ragno* la narrazione, condotta attraverso l'ottica di un bambino, mescola elementi fiabeschi e suggestioni fantastiche a una ricostruzione oggettiva della realtà resistenziale.

T2 Nei romanzi fantastici Calvino non rinuncia alla precisione dello stile, che si arricchisce di ironia e di una dimensione parodica.

T5 Nelle *Cosmicomiche* l'autore ottiene effetti originali dal contrasto tra la serietà delle tesi scientifiche enunciate e il tono dimesso e quotidiano della narrazione che ne deriva.

T8 In *Palomar* è particolarmente evidente lo sforzo di fornire una descrizione precisa e quasi ossessiva degli aspetti più minuti della realtà.

T9 Nelle *Lezioni americane* l'autore teorizza come principio-guida della sua scrittura la «leggerezza», intesa anche come capacità di descrivere il reale in una forma fluente e gradevole.

Verifica delle conoscenze

Quesiti a risposta chiusa

1 Calvino nacque a:
- ☐ Santiago de Las Vegas
- ☐ Parigi
- ☐ Sanremo
- ☐ New York

2 Secondo Calvino la letteratura deve proporsi soprattutto di:
- ☐ intrattenere e divertire il lettore con narrazioni piacevoli
- ☐ inventare vicende originali e fantastiche
- ☐ riflettere sui problemi della società contemporanea
- ☐ tentare di interpretare e descrivere razionalmente il mondo

3 Ne *Il sentiero dei nidi di ragno* lo stile è caratterizzato da:
- ☐ il rigore realistico della descrizione
- ☐ un tono fantastico e fiabesco
- ☐ una commistione di realismo e fantastico
- ☐ il ricorso a forme elevate e letterarie

4 La trilogia dei *Nostri antenati* comprende:
- ☐ *Il sentiero dei nidi di ragno, Il visconte dimezzato* e *Il cavaliere inesistente*
- ☐ *Il visconte dimezzato, Il barone rampante* e *Il cavaliere inesistente*
- ☐ *Il barone rampante, Il cavaliere inesistente* e *La giornata di uno scrutatore*
- ☐ *Il barone rampante, Le Cosmicomiche* e *Le città invisibili*

5 *Le Cosmicomiche* appartengono al genere:
- ☐ fantastico
- ☐ saggistico
- ☐ realistico
- ☐ poliziesco

6 In *Se una notte d'inverno un viaggiatore* è evidente l'influenza letteraria:
- ☐ dello strutturalismo
- ☐ dell'opera di Cesare Pavese
- ☐ del Neorealismo
- ☐ del Postmoderno

7 Nelle ultime opere di Calvino prevale:
- ☐ un rinnovato impegno etico e civile verso i problemi concreti della società
- ☐ un senso di sfiducia verso la possibilità di spiegare la realtà attraverso la scrittura
- ☐ la tendenza a costruire strutture narrative sempre più elaborate e complesse
- ☐ il gusto dell'autocitazione ironica e della parodia, tipici del Postmoderno

Quesiti a risposta aperta
(massimo 8 righe per ciascuno)

1 Indica in quali opere è più evidente il gusto fantastico che anima la narrativa di Calvino.

2 Spiega quale rappresentazione della Resistenza viene offerta ne *Il sentiero dei nidi di ragno* e come viene ottenuto questo effetto sul piano delle scelte narrative.

3 Sintetizza il contenuto e il significato del romanzo *Il cavaliere inesistente*.

4 Illustra la struttura de *Le città invisibili* e spiega quale messaggio di fondo intende trasmettere Calvino con questo complesso romanzo.

5 Spiega per quali motivi *Se una notte d'inverno un viaggiatore* può essere ricondotto al contesto culturale e letterario del Postmoderno.

6 Indica l'argomento di *Palomar* e spiega in che cosa consiste la novità di questo testo rispetto alla precedente produzione letteraria di Calvino.

7 Illustra che cosa intende Calvino con «leggerezza» nelle sue *Lezioni americane*.

Trattazione sintetica di argomenti
(massimo 20 righe per ciascuno)

1 La critica ha spesso messo in luce la matrice autobiografica dei protagonisti delle opere di Calvino. Facendo riferimento alle opere che hai letto, illustra questa tesi, analizzando come si modifica nel tempo il pensiero di Calvino e il suo atteggiamento verso la realtà e la scrittura.

2 Calvino stesso ha definito la sua opera come una costante «sfida al labirinto». Spiega sulla base di riferimenti concreti ai testi analizzati il significato di questa affermazione in rapporto alla poetica dell'autore.

Analisi del testo

T11 Dov'è più azzurro il fiume

Marcovaldo

Marcovaldo ovvero le stagioni in città (1963) è una raccolta di venti "favole moderne" che hanno come protagonista Marcovaldo, un ex contadino trasferitosi in un'anonima metropoli industriale, che cerca invano di ritrovare un contatto diretto con la natura.
In questo brano Marcovaldo tenta di procurarsi del pesce fresco pescandolo in un torrente fuori città, ma i suoi sforzi sono destinati a risolversi in un fallimento.

Era un tempo in cui i più semplici cibi racchiudevano minacce insidie e frodi. Non c'era giorno in cui qualche giornale non parlasse di scoperte spaventose nella spesa del mercato: il formaggio era fatto di materia plastica, il burro con le candele steariche[1], nella frutta e verdura l'arsenico degli insetticidi era concentrato
5 in percentuali più forti che non le vitamine, i polli per ingrassarli li imbottivano di certe pillole sintetiche che potevano trasformare in pollo chi ne mangiava un cosciotto. Il pesce fresco era stato pescato l'anno scorso in Islanda e gli truccavano gli occhi perché sembrasse di ieri. Da certe bottiglie di latte era saltato fuori un sorcio, non si sa se vivo o morto. Da quelle d'olio non colava il dorato succo
10 dell'oliva, ma grasso di vecchi muli, opportunamente distillato.
Marcovaldo al lavoro o al caffè ascoltava raccontare queste cose e ogni volta sentiva come il calcio d'un mulo nello stomaco, o il correre d'un topo per l'esofago. A casa, quando sua moglie Domitilla tornava dalla spesa, la vista della sporta che una volta gli dava tanta gioia, con i sedani, le melanzane, la carta ruvida e porosa
15 dei pacchetti del droghiere e del salumaio, ora gli ispirava timore come per l'infiltrarsi di presenze nemiche tra le mura di casa.
«Tutti i miei sforzi devono essere diretti», si ripromise, «a provvedere la famiglia di cibi che non siano passati per le mani infide di speculatori». Al mattino andando al lavoro, incontrava alle volte uomini con la lenza e gli stivali di gomma, di-
20 retti al lungofiume. «È quella la via», si disse Marcovaldo. Ma il fiume lì in città, che raccoglieva spazzature scoli e fogne, gli ispirava una profonda ripugnanza. «Devo cercare un posto», si disse, «dove l'acqua sia davvero acqua, i pesci davvero pesci. Lì getterò la mia lenza».
Le giornate cominciavano ad allungarsi: col suo ciclomotore, dopo il lavoro Mar-
25 covaldo si spingeva a esplorare il fiume nel suo corso a monte della città, e i fiumicelli suoi affluenti. Lo interessavano soprattutto i tratti in cui l'acqua scorreva più discosta[2] dalla strada asfaltata. Prendeva per i sentieri, tra le macchie di salici, sul suo motociclo finché poteva, poi – lasciatolo in un cespuglio – a piedi, finché arrivava al corso d'acqua. Una volta si smarrì: girava per ripe cespugliose
30 e scoscese, e non trovava più alcun sentiero, ne sapeva più da che parte fosse il fiume: a un tratto, spostando certi rami, vide, a poche braccia sotto di sé, l'acqua

---

1. steariche: fatte con grasso animale o vegetale.   **2. discosta:** *nascosta, lontana.*

silenziosa – era uno slargo del fiume, quasi un piccolo calmo bacino – d'un colore azzurro che pareva un laghetto di montagna.

35 L'emozione non gli impedì di scrutare giù tra le sottili increspature della corrente. Ed ecco, la sua ostinazione era premiata! un battito, il guizzo inconfondibile d'una pinna a filo della superficie, e poi un altro, un altro ancora, una felicità da non credere ai suoi occhi: quello era il luogo di raccolta dei pesci di tutto il fiume, il paradiso del pescatore, forse ancora sconosciuto a tutti tranne a lui. Tornando (già imbruniva) si fermò a incidere segni sulla corteccia degli olmi, e ad

40 ammucchiare pietre in certi punti, per poter ritrovare il cammino.

Ora non gli restava che farsi l'equipaggiamento. Veramente, già ci aveva pensato: tra i vicini di casa e il personale della ditta aveva già individuato una decina d'appassionati della pesca. Con mezze parole e allusioni, promettendo a ciascuno d'informarlo, appena ne fosse stato ben sicuro, d'un posto pieno di tinche[3]

45 conosciuto da lui solo, riuscì a farsi prestare un po' dall'uno un po' dall'altro un arsenale da pescatore il più completo che si fosse mai visto.

A questo punto non gli mancava nulla: canna lenza ami esca retino stivaloni sporta, una bella mattina, due ore di tempo – dalle sei alle otto – prima d'andare a lavorare, il fiume con le tinche… Poteva non prenderne? Difatti: bastava buttare

50 la lenza e ne prendeva; le tinche abboccavano prive di sospetto. Visto che con la lenza era così facile, provò con la rete: erano tinche così ben disposte che correvano nella rete a capofitto.

Quando fu l'ora d'andarsene, la sua sporta era già piena. Cercò un cammino, risalendo il fiume.

55 «Ehi, lei!» a un gomito dalla riva, tra i pioppi, c'era ritto un tipo col berretto da guardia, che lo fissava brutto.

«Me? Che c'è?» fece Marcovaldo avvertendo un'ignota minaccia contro le sue tinche.

«Dove li ha presi, quei pesci lì?» disse la guardia.

«Eh? Perché?» e Marcovaldo aveva già il cuore in gola.

60 «Se li ha pescati là sotto, li butti via subito: non ha visto la fabbrica qui a monte?» e indicava difatti un edificio lungo e basso che ora, girata l'ansa del fiume, si scorgeva, di là dei salici, e che buttava nell'aria fumo e nell'acqua una nube densa d'un incredibile colore tra turchese e violetto. «Almeno l'acqua, di che colore è, l'avrà vista! Fabbrica di vernici: il fiume è avvelenato per via di quel blu, e i

65 pesci anche. Li butti subito, se no glieli sequestro!»

Marcovaldo ora avrebbe voluto buttarli lontano al più presto, toglierseli di dosso, come se solo l'odore bastasse ad avvelenarlo. Ma davanti alla guardia, non voleva fare quella brutta figura. «E se li avessi pescati più su?»

«Allora è un altro paio di maniche. Glieli sequestro e le faccio la multa. A monte

70 della fabbrica c'è una riserva di pesca. Lo vede il cartello?»

«Io, veramente», s'affrettò a dire Marcovaldo, «porto la lenza così, per darla da intendere agli amici, ma i pesci li ho comperati dal pescivendolo del paese qui vicino.» «Niente da dire, allora. Resta solo il dazio da pagare, per portarli in città: qui siamo fuori della cinta[4].»

75 Marcovaldo aveva già aperto la sporta e la rovesciava nel fiume. Qualcuna delle tinche doveva essere ancora viva, perché guizzò via tutta contenta.

I. Calvino, *Marcovaldo*, Milano, Mondadori, 1994

---

3. **tinche:** pesci d'acqua dolce.   4. **della cinta:** dal perimetro urbano.

COMPRENSIONE

1 Dividi il testo in sequenze e assegna a ciascuna di esse un titolo che ne sintetizzi il contenuto.

2 Riassumi il contenuto del brano in non più di dieci righe.

ANALISI E INTERPRETAZIONE

3 Sulla base delle informazioni che puoi ricavare dal testo stendi un ritratto psicologico di Marcovaldo.

4 Qual è lo stato d'animo di Marcovaldo quando sente chiamare il suo nome dalla guardia? In base a quello che viene raccontato prima si ha o meno la sensazione che la sua pesca si risolverà in maniera beffarda?

5 Come viene caratterizzato il paesaggio cittadino rispetto a quello della campagna circostante?

6 Ti sembra che la parte iniziale del racconto, in cui si parla di cibi inquinati e sofisticazioni alimentari, sia realistica o, invece, pensi che l'autore abbia volutamente accentuato questo aspetto? Se sì, per quale motivo?

7 La narrazione, condotta in terza persona, è costantemente filtrata attraverso il punto di vista "ingenuo" di Marcovaldo. In quali punti del testo ciò è particolarmente evidente?

APPROFONDIMENTO

8 A proposito di *Marcovaldo* Calvino ha affermato: «Il mio ideale pedagogico quando pubblicai come libro per l'infanzia questa serie di novelle era quell'educazione al pessimismo che è il vero senso che si può ricavare dai grandi umoristi». Dopo aver letto il racconto condividi o meno questa considerazione? Rispondi in un testo scritto di massimo 20 righe.

Saggio breve

ARGOMENTO Letteratura e scienza: un incontro possibile

DOCUMENTI

1 La filosofia naturale è scritta in questo grandissimo libro che continuamente ci sta aperto innanzi agli occhi, io dico l'universo, ma non si può intendere se prima non s'impara a intender la lingua e conoscer i caratteri nei quali è scritto. Egli è scritto in lingua matematica, e i caratteri son triangoli, cerchi ed altre figure geometriche, senza i quali mezzi è impossibile a intenderne umanamente parola; senza questi è un aggirarsi vanamente per un oscuro labirinto.

G. Galilei, *Il saggiatore*

2 Leopardi nello *Zibaldone* ammira la prosa di Galileo per la precisione e l'eleganza congiunte. […] L'ideale di sguardo sul mondo che guida anche il Galileo scienziato è nutrito di cultura letteraria. […] Ma Galileo – dice Cassola – era scienziato, non scrittore. Questo argomento mi sembra facilmente smontabile: allo stesso modo anche Dante, in un diverso orizzonte culturale, faceva opera enciclopedica e cosmologica, anche Dante cercava attraverso la parola di costruire un'immagine dell'universo. Questa è una vocazione profonda della letteratura italiana che passa da Dante a Galileo: l'opera letteraria come mappa del mondo e dello scibile, lo scrivere mosso da una spinta che è ora teologica ora speculativa ora stregonesca ora enciclopedica ora di filosofia naturale ora di osservazione trasfigurante e visionaria.

I. Calvino, *Due interviste su scienza e letteratura* [1968], in *Una pietra sopra*, in *Saggi*, I, Milano, Mondadori, 1995

3 Maurits Cornelis Escher, *Cubo con nastri magici*, 1957

4 Il discorso scientifico tende a un linguaggio puramente formale, matematico, basato su una logica astratta, indifferente al proprio contenuto. Il discorso letterario tende a costruire un sistema di valori, in cui ogni parola, ogni segno è un valore per il solo fatto d'esser stato scelto e fissato sulla pagina. Non ci potrebbe essere nessuna coincidenza tra i due linguaggi, ma ci può essere (proprio per la loro estrema diversità) una sfida, una scommessa tra loro. In qualche situazione è la letteratura che può indirettamente servire da molla propulsiva per lo scienziato: come esempio di coraggio nell'immaginazione, nel portare alle estreme conseguenze un'ipotesi ecc. E così in altre situazioni può avvenire il contrario. In questo momento, il modello del linguaggio matematico, della logica formale, può salvare lo scrittore dal logoramento in cui sono scadute parole e immagini per il loro falso uso. Con questo lo scrittore non deve però credere d'aver trovato qualcosa d'assoluto; anche qui può servirgli l'esempio della scienza: nella paziente modestia di considerare ogni risultato come facente parte di una serie forse infinita d'approssimazioni.

I. Calvino, *Due interviste su scienza e letteratura*, cit.

5 I. Calvino, *Tutto in un punto*, p. 436

6 I. Calvino, *Tamara*, p. 440

7 Paradossalmente, nelle nostre società si può essere considerati colti se si conoscono Dante, Bach, Velázquez o Aristotele, ma l'ignoranza su Einstein, Heisenberg o Darwin non viene ritenuta rilevante per definirci tali, quasi che la scienza non sia a pieno titolo "cultura" e non palpiti con forza nella nostra vita di tutti i giorni, nella nostra «società della conoscenza».

Questo è vero un po' in tutto il mondo, ma in Italia è peggio, molto peggio. Qualche mese fa, proprio su queste pagine, Armando Massarenti ricordava come, al congresso della Società filosofica italiana del 6 aprile 1911, un uomo di ampissime vedute come il matematico e filosofo della scienza Federigo Enriques venisse umiliato e fatto passare per dilettante da Benedetto Croce e Giovanni Gentile. Per Croce, infatti, sulla scia di Hegel, la scienza non aveva un valore conoscitivo, non era nemmeno un sapere; al massimo, era un'attività pratica, utile al più per ordinare le nostre esperienze e favorire la memoria. Eppure, nel clima di reazione antipositivista dell'epoca, fu proprio il neoidealismo a vincere la battaglia, ricorrendo a ogni tipo di colpi bassi. Un vero e proprio *turning point*, quel congresso.

Da allora, come ha notato Carlo Bernardini, Gentile mise le mani sulla scuola, mentre Croce diventò il punto di riferimento della cultura italiana. E la scienza fu confinata in ambito accademico, salvo poi approfittare delle sue utilissime e appetibili ricadute tecnologiche. Ecco: noi, per quanto riguarda i rapporti tra le "due culture", siamo rimasti segnati da quel congresso di cent'anni fa. Quell'idea di scienza imposta da don Benedetto, riduttiva, sbagliata, ma vincente, ha marcato, almeno in Italia, lo sviluppo culturale, sociale, economico e perfino politico del Paese.

Va detto, d'altronde, che non sempre i pochi umanisti che si sono avventurati su qualche sentiero battuto dalla scienza hanno reso un gran servizio alla ricomposizione delle due culture. Facciamo un esempio impegnativo: Italo Calvino. Sì, proprio lui, nonostante la sua grandezza. Perché a me, con molta umiltà, sembra che, più che provare a raccontare il mondo avendo nel proprio bagaglio intimo di narratore l'immaginario e la conoscenza scientifici, Calvino sia al massimo riuscito a citare i semplici nomi della scienza, riducendola spesso a materia sottilmente esotica da cui attingere evocativamente, mentre, a livello di struttura, non è quasi mai andato oltre il fascino dell'enumerazione o della simmetria. Del resto, la sua visione della scienza, illuministica, algida, immancabilmente esatta (quindi in radicale contrasto con la stessa epistemologia novecentesca, aperta alla probabilità e all'indeterminazione), non è stata capace di riversare sulla pagina il mistero, la passione e la fascinazione che abitano quel mondo, i tesori ancora da scoprire in quei territori.

Cosa fare, allora? Al punto in cui siamo, mi sembra riduttivo perfino parlare di incrementare il dialogo tra le due culture, tanto più che (è stato sempre Enzensberger a sottolinearlo) la crescente specializzazione e parcellizzazione dei saperi ha ormai prodotto tre, cinque, cento culture con reciproche difficoltà di comprensione. Bisognerebbe, allora, spingersi perfino oltre il concetto di "terza cultura", abbozzato da Snow e poi ripreso da quel gran filibustiere intelligente che è John Brockman, il creatore di Edge. Bisognerebbe tornare alle radici comuni tra i saperi, facendole circolare come sangue nella società, nelle istituzioni, nel sistema educativo e della ricerca. Perché non è soltanto vero che, insieme, le arti, le *humanities* e le scienze formano la nostra cultura; è vero anche che esse possiedono una sostanziale unità, sono una cosa sola. C'è una frase straordinaria di Primo Levi, una frase che ho già citato molte volte, ma che riciclo qui perché fa fare sempre bella figura. Diceva, dunque, il grande Levi: «La distinzione tra arte, filosofia, scienza non la conoscevano Empedocle, Dante, Leonardo, Galileo, Cartesio, Goethe, Einstein, né gli anonimi costruttori delle cattedrali gotiche, né Michelangelo; né la conoscono i buoni artigiani di oggi, né i fisici esitanti sull'orlo del conoscibile». Forse è da qui, da queste parole di Primo Levi che bisognerebbe davvero ripartire.

B. Arpaia, *Non due ma mille culture*, «Il Sole 24 ore», 10 aprile 2011

8 Stabiliti questi procedimenti, affidato a un computer il compito di compiere queste operazioni, avremo la macchina capace di sostituire il poeta e lo scrittore? [...] Quello che interessa non è tanto se questo problema sia risolvibile in pratica – perché poi non varrebbe la pena di costruire una macchina così complicata – quanto la sua realizzabilità teorica, che ci può aprire una serie di congetture insolite. E in questo momento non penso a una macchina capace solo di una produzione letteraria diciamo così in serie, già meccanica di per se stessa; penso a una macchina scrivente che metta in gioco sulla pagina tutti quegli elementi che siamo soliti considerare i più gelosi attributi dell'intimità psicologica, dell'esperienza vissuta, dell'imprevedibilità e degli scatti d'umore, i sussulti e gli strazi e le illuminazioni interiori. Che cosa sono questi se non altrettanti campi linguistici, di cui possiamo benissimo arrivare a stabilire lessico grammatica sintassi?

I. Calvino, *Cibernetica e fantasmi*, in *Saggi*, I, Milano, Mondadori, 1995

9 Robert Morris, *Labirinto*, 1974

Periferie 'rammendate'

Competenze linguistiche
● Uso dei connettivi

L'architetto di fama internazionale Renzo Piano, ideatore, tra gli altri celebri edifici, del Centre Georges Pompidou di Parigi e, in Italia, dello Stadio di Bari e dell'Auditorium Parco della Musica di Roma, riflette

sul ruolo delle periferie nel moderno assetto urbano. La pagina, densa di stimoli e spunti di riflessione, è stata proposta come traccia per il tema di attualità all'Esame di Stato nel 2014.

Quando il presidente Giorgio Napolitano mi ha nominato senatore a vita non ho chiuso occhio per una settimana. Mi domandavo: io, un architetto che la politica la legge solo sui giornali, cosa posso fare di utile per il Paese? Un Paese bellissimo e allo stesso tempo fragile. Sono state notti di travaglio ma alla fine si è accesa una lampadina: l'unico vero contributo
5 che posso dare è continuare a fare il mio mestiere anche in Senato e metterlo a disposizione della collettività. Mi sono ricordato di una scena del film *Il postino* con Massimo Troisi, quando il personaggio di Pablo Neruda spiega: sono poeta e mi esprimo con questo linguaggio. Io invece sono un geometra genovese che gira il mondo e costruisco usando il linguaggio che conosco, quello dell'architettura. Ecco cosa posso fare. Mi son detto: l'architetto è un mestiere
10 politico, dopotutto il termine politica deriva da *polis* che è la città. La risposta come la intendo io è questa: quello che farò è un progetto di lungo respiro, come la carica di senatore a vita impone. Ma quale progetto? Dagli studi liceali è affiorato alla memoria il giuramento degli amministratori agli ateniesi: prometto di restituirvi Atene migliore di come me l'avete consegnata. Per tutte queste ragioni ho pensato di lavorare sulla trasformazione della città,
15 sulla sua parte più fragile che sono le periferie dove vive la stragrande maggioranza della popolazione urbana. Credo che il grande progetto del nostro Paese sia quello delle periferie: la città del futuro, la città che sarà, quella che lasceremo in eredità ai nostri figli. Sono ricche di umanità, qui si trova l'energia e qui abitano i giovani carichi di speranze e voglia di cambiare. Ma le periferie sono sempre abbinate ad aggettivi denigranti. Renderle luoghi felici
20 e fecondi è il disegno che ho in mente. Questa è la sfida urbanistica dei prossimi decenni: diventeranno o no parte della città? Riusciremo o no a renderle urbane, che vuole anche dire civili? Al contrario dei nostri centri storici, già protetti e salvaguardati, esse rappresentano la bellezza che ancora non c'è. Poi la periferia fa parte del mio vissuto, da sempre. Sono nato e cresciuto a Pegli, nella periferia di Genova verso Ponente vicino ai cantieri navali e alle
25 acciaierie. Nel '68 quando ero studente al Politecnico di Milano vivevo a Lambrate e andavo rigorosamente in periferia per fare politica e anche per ascoltare jazz al Capolinea, in fondo ai Navigli come dice il nome stesso. E anche oggi i miei progetti più importanti sono la riqualificazione di periferie urbane, dalla Columbia University ad Harlem, al nuovo palazzo di giustizia nella banlieue di Parigi al polo ospedaliero di Sesto San Giovanni che sorgerà
30 dove un tempo c'era la Falck. Un'area che gli anglosassoni chiamano *brownfield*, ovvero un terreno industriale dismesso.

Questo è un punto importante nel nostro progetto di rammendo. Oggi la crescita delle città anziché esplosiva deve essere implosiva, bisogna completare le ex aree abbandonate dalle fabbriche, dalle ferrovie e dalle caserme, c'è un sacco di spazio a disposizione. Si deve intensificare
35 la città, costruire sul costruito, sanare le ferite aperte. Di certo non bisogna costruire nuove periferie oltre a quelle esistenti: devono diventare città ma senza espandersi a macchia d'olio, vanno ricucite e fertilizzate con strutture pubbliche. È necessario mettere un limite a questo tipo di crescita, non possiamo più permetterci altre periferie remote, anche per ragioni economiche. Diventa insostenibile portare i trasporti pubblici, realizzare le fogne, aprire nuove scuole e

40 persino raccogliere la spazzatura sempre più lontano dal centro. Per questo con il mio stipendio
da parlamentare ho messo a bottega sei giovani architetti che si sono occupati nell'ultimo anno
di rendere più vivibili lembi di città a Roma, Torino e Catania. E il prossimo anno saranno
altri ragazzi a raccoglierne il testimone e a continuare. Mi piace parlare di giovani perché sono
loro e non io il motore di questa grande opera di rammendo e sono loro il mio progetto. Le
45 periferie e i giovani sono le mie stelle guida in questa avventura da senatore, e non solo. Mi
piace anche il concetto di bottega che ha una nobile e antica origine, una sorta di scuola del
fare che in questo caso significa fare per il nostro Paese.
Anche perché i nostri ragazzi devono capire quanto sono stati fortunati a nascere in Italia. Siamo
eredi di una storia unica in tutto il pianeta, siamo nani sulle spalle di un gigante che è la nostra
50 cultura. Qualcosa noi del G124 abbiamo fatto, [...]: si tratta di piccoli interventi di rammendo
che possono innescare la rigenerazione anche attraverso mestieri nuovi, microimprese, start
up, cantieri leggeri e diffusi, creando così nuova occupazione. Si tratta solo di scintille, che
però stimolano l'orgoglio di chi ci vive. Perché come scriveva Italo Calvino "ci sono frammenti
di città felici che continuamente prendono forma e svaniscono, nascoste nelle città infelici".
55 Questi frammenti vanno scovati e valorizzati. Ci vuole l'amore, fosse pure sotto forma di rabbia,
ci vuole l'identità, ci vuole l'orgoglio di essere periferia.

R. Piano, *Periferie. Diario del rammendo delle nostre città*,
Report 2013-2014 sul G124

 Verso
l'INVALSI

1 La frase «Quando il presidente Giorgio Napolitano mi ha nominato senatore a vita» (r. 1) rispetto all'azione espressa dalla frase «non ho chiuso occhio per una settimana» (r. 2) ci dà informazioni:

a sulla causa

b sul tempo

c sulle conseguenze

d sulle condizioni

2 Come potresti trasformare in discorso indiretto il periodo «Mi domandavo: io, un architetto che la politica la legge solo sui giornali, cosa posso fare di utile per il Paese?» (rr. 2-3)?

....

....

....

3 Nella frase «Sono state notti di travaglio ma alla fine si è accesa una lampadina» (rr. 4-5) il *ma* ha valore:

a avversativo

b conclusivo

c copulativo

d esplicativo

4 Nella frase «metterlo a disposizione della collettività» (rr. 5-6) che cosa sostituisce il pronome *lo*?

....

....

....

5 Indica quali tra i seguenti motivi sono considerati nell'espressione «per tutte queste ragioni ho pensato di lavorare sulla trasformazione della città» (r. 14):

	SÌ	NO
Il desiderio di vivere fuori dal centro città		
Il desiderio di migliorare la condizione delle città		
La messa a disposizione delle proprie capacità di architetto		
Il desiderio di lavorare a qualcosa di insolito		
La volontà di elaborare un progetto lungo e complesso		

6 Qual è, secondo il noto architetto «la sfida urbanistica» (r. 20) che attende il mondo contemporaneo?

a aumentare i centri storici delle città

b costruire città più a misura d'uomo

c migliorare le periferie

d ingrandire le periferie

7 Nell'espressione «al contrario dei nostri centri storici [...] esse rappresentano la bellezza che ancora non c'è» (rr. 22-23), si fa un paragone tra:

a centri storici e città moderne

b periferie civili e degradate

c città antiche e città contemporanee

d centri storici e periferie

8 Nella frase «Un'area che gli anglosassoni chiamano *brownfield*, ovvero un terreno industriale dismesso» (r. 30) come potresti sostituire *ovvero*?

a ossia

b oppure

c piuttosto che

d o

9 Alla base del «progetto di rammendo» (r. 32) proposto dall'architetto, vi è la convinzione che:

a non è più possibile espandere ulteriormente gli spazi periferici, ma occorre riqualificare quelli esistenti

b bisogna costruire nuove periferie, ma più qualificate, in modo che le città, per quanto grandi, siano ben servite in ogni zona

c bisogna cercare di riportare la popolazione a vivere nei centri storici

d bisogna ricostruire gli edifici rovinati o fatiscenti delle città

10 Con le espressioni «progetto di rammendo» e «lembi di città», si costruisce un implicito paragone tra:

....

....

11 Spiega l'espressione «Siamo nani sulle spalle di un gigante» (r. 48):

....

....

12 Quali sono, secondo le parole di Italo Calvino citate nel testo, i «frammenti di città felici»?

....

....

Ripassiamo insieme – Sintassi

Connettivi: di cosa si tratta?

I **connettivi** sono speciali "ganci" che servono per collegare le informazioni di un testo. Si tratta di parole ed espressioni (per lo più congiunzioni e preposizioni) che **permettono di collegare** tra loro le parole, le frasi, le parti del testo **secondo precisi rapporti logici**.
Usare bene i connettivi permette quindi di costruire un testo coerente e coeso.

Il linguista Francesco Sabatini ha indicato sei categorie di connettivi, classificabili secondo la seguente tabella:

1. DESINENZE E CONCORDANZE MORFOLOGICHE	Genere e numero dei nomi, persone, tempi, aspetti e modi dei verbi
2. PREPOSIZIONI	Consentono di combinare tra loro nomi, nomi con pronomi, aggettivi con nomi, nomi con verbi ecc.
3. SOSTITUENTI	Pronomi personali, dimostrativi, possessivi, relativi, indefiniti, interrogativi, aggettivi dimostrativi, possessivi ecc.
4. CONGIUNZIONI	Coordinanti e subordinanti
5. AVVERBI E LEGAMENTI SINTATTICI	Parole o perifrasi che fungono da anelli di congiunzione tra frasi o gruppi di frasi
6. IL SIGNIFICATO STESSO DELLE PAROLE CHIAVE O DELLE PAROLE CHE ESPRIMONO IL TEMA PRINCIPALE	Queste parole, mediante ripetizioni, riprese, sinonimi, ellissi ecc. creano una trama di legami semantici (cioè di significato) che tengono unito il testo

Sarà utile riepilogare i connettivi più comuni e i rapporti logici che esprimono:

- **causa-effetto**:
  quindi, perciò, dunque, ne consegue che, ne deriva che, a seguito di, in conseguenza di...
- **tempo**:
  nel frattempo, alla fine, prima, dopo, in seguito, quando, mentre...
- **spazio**:
  vicino, lontano, sopra, sotto, accanto...
- **contrasto**:
  invece, ma, tuttavia, altrimenti...
- **esemplificazione**:
  cioè, ossia, per esempio, come...
- **somiglianza**:
  similmente, in modo analogo, ugualmente...
- **chiarificazione**:
  pertanto, dunque, infatti, in breve ...
- **aggiunta**:
  inoltre, poi, anche, per di più...
- **conclusione**:
  infine, insomma, per concludere, sintetizzando, riassumendo, da quanto detto si deduce...
- **legamenti rafforzativi**:
  in verità, in effetti, come si sa, in ogni caso, per esempio...
- **legamenti valutativi**:
  secondo me, a mio parere, vale la pena di...
- **segnali discorsivi demarcativi** (cioè parole che segnalano l'apertura, la successione, la conclusione del discorso):
  in primo luogo, secondariamente, concludendo, insomma, infine, per concludere...

La narrativa straniera del secondo Novecento

La narrativa straniera del secondo Novecento

Marguerite Yourcenar fotografata da Yousuf Karsh nel 1987.

Il romanzo fra tradizione e contestazione

Il recupero della tradizione Dopo la grande fioritura di opere che nel primo Novecento rivoluzionano le strutture del romanzo, nel periodo tra le due guerre la narrativa europea e statunitense è caratterizzata da una **tendenza alla "normalizzazione"**. Vengono infatti recuperati aspetti tipici del romanzo tradizionale, come la **centralità della trama** e l'**impianto realistico**, senza tuttavia rinunciare a soluzioni sperimentali quali, per esempio, il "flusso di coscienza". Ne derivano romanzi di ampio respiro, in cui il piacere della narrazione e l'**oggettività rappresentativa** si fondono con l'**analisi psicologica** e l'interesse per i temi sociali coesiste con l'attenzione a **problematiche esistenziali** tipiche della modernità.

A questo filone sono riconducibili non solo le opere di George Orwell, Albert Camus ed Ernest Hemingway ma anche romanzi che, in forme talora **sarcastiche o stranianti**, propongono una analisi del mondo contemporaneo, come *Tamburo di latta* (1959) di **Günter Grass** e *Opinioni di un clown* (1963) di **Heinrich Böll**, autori tedeschi appartenenti al **Gruppo 47**, formato da intellettuali che intendono denunciare le atrocità del nazismo ma anche l'ipocrisia della società tedesca del dopoguerra.

Il caso Yourcenar Marguerite Yourcenar (pseudonimo di Margherite de Crayencour) nasce a **Bruxelles** nel **1903**, ma da bambina si trasferisce a Parigi. Allo scoppio della Prima guerra mondiale soggiorna per alcuni anni in Inghilterra e nel 1918 torna in Francia per completare gli studi. Negli anni Venti e Trenta viag-

gia a lungo in Europa e pubblica opere di vario genere (raccolte di versi, romanzi, saggi). All'inizio della Seconda guerra mondiale **emigra negli Stati Uniti**, ottenendo nel 1947 la cittadinanza americana. Il grande successo internazionale arriva nel **1951** con il romanzo storico ***Memorie di Adriano***; a questo genere appartengono anche ***L'opera al nero*** (1968), che ha per protagonista Zenone, un filosofo e alchimista che nei decenni centrali del Cinquecento viaggia per l'Europa e vive in prima persona grandi eventi come la Riforma protestante e la Controriforma, e *Anna... soror* (1982). La Yourcenar, autrice anche di una trilogia autobiografica (*Il labirinto del mondo*) in cui ripercorre la storia della sua famiglia durante il ventesimo secolo, muore negli Stati Uniti nel **1987**.

Memorie di Adriano Pubblicato nel 1951, è un romanzo storico ambientato nella Roma del II secolo d.C. in cui l'imperatore Adriano, prossimo alla morte, ripercorre, in forma di lettera inviata al nipote Marco Aurelio, le vicende che lo hanno visto alla guida dell'impero, in un'originale **commistione tra romanzo storico e dissertazione filosofica**, che fa di quest'opera uno dei testi più famosi del Novecento. In questa **autobiografia immaginaria** Adriano racconta la propria giovinezza, i viaggi e le conquiste che hanno contraddistinto il suo regno, ma anche il tragico amore per il giovane Alcinoo, bruscamente interrotto dal suicidio del ragazzo. Secondo i precetti della filosofia stoica a cui si ispira, Adriano è consapevole della propria fine imminente, ma rifiuta di accettare passivamente il vuoto della morte.

Accanto alla ricostruzione storica, per la quale la Yourcenar si impegnò in un lungo e scrupoloso lavoro di documentazione, l'opera affronta alcuni grandi **temi etici ed esistenziali**: la coerenza morale che guida (o dovrebbe guidare) le azioni umane, i valori che Adriano ha cercato di trasmettere con la sua opera di governo e, soprattutto, l'angoscioso **interrogativo sul destino ultraterreno dell'uomo**, qui affrontato secondo un punto di vista laico e pagano, ma ugualmente condivisibile da lettori di ogni epoca.

Salinger e la cultura giovanile

È negli Stati Uniti che il romanzo si orienta verso tematiche nuove, che hanno al centro il **difficile rapporto dei giovani con la società dei consumi** e con le rigide regole imposte dalla morale borghese. Iniziatore di questo filone è **Jerome David Salinger**, nato a New York il primo gennaio del **1919**. Nel 1939 Salinger si iscrive all'università, ma quando gli Stati Uniti entrano nella **Seconda guerra mondiale** viene chiamato alle armi; partecipa ad alcune importanti battaglie ed è tra i primi ad entrare nel campo di concentramento di Dachau, esperienza che lo segna in maniera traumatica. Nel 1951 pubblica *Il giovane Holden*, acclamato da critica e pubblico come uno dei libri più innovativi dell'epoca. Per sfuggire alla popolarità, nel 1953 si trasferisce sulle colline di Cornish, nel New Hampshire. Qui vive nel più completo isolamento, rifiutando di rilasciare interviste e di apparire in pubblico fino alla morte, nel **2010**. Tra gli anni Cinquanta e Sessanta scrive altre opere (*Nove racconti*, 1953; *Franny and Zooey*, 1961; *Alzate l'architrave, carpentieri*, 1963), senza però riuscire a replicare il successo del *Giovane Holden*.

Il giovane Holden

Pubblicato nel 1951, è un particolare **romanzo di formazione** in cui il sedicenne **Holden Caulfield** racconta in prima persona ciò che gli è successo nel dicembre 1947. Proveniente da una ricca e importante famiglia newyorchese, Holden è stato cacciato da varie scuole e poco prima di Natale viene espulso anche dal prestigioso college di Pencey. Prima di informare i genitori Holden va a New York, dove incontra varie persone che lo fanno sentire sempre più incompreso ed estraniato.

Deciso a fuggire il più lontano possibile, passa in segreto da casa per salutare la sorellina Phoebe, ma quando capisce che la bambina ha intenzione di partire insieme a lui rinuncia al suo proposito. Il romanzo termina con una brusca ellissi, da cui apprendiamo che Holden si trova in ospedale, sottoposto a cure psichiatriche, e ha intenzione di riprendere gli studi. Il successo del *Giovane Holden* è dovuto a uno **stile rivoluzionario** e, soprattutto, a un **personaggio che incarna i mutamenti in atto nella società americana** dell'epoca, che di lì a poco sarebbero esplosi in pieno con il movimento *beat*. Holden è un **adolescente inquieto** e in guerra contro il mondo, che rifiuta il conformismo e l'ipocrisia dei suoi coetanei. Ma in realtà, dietro la sua apparente durezza e le sue velleitarie aspirazioni alla **ribellione**, si rivela un ragazzo fragile e insicuro, che cerca faticosamente di trovare la propria strada e si scontra con una società che sembra ignorare i suoi desideri e le sue aspirazioni.

Edward Hopper,
Sera d'estate, 1947.

La *Beat generation* Negli anni Cinquanta in America nasce il movimento della *Beat generation* (espressione dal significato ambiguo, poiché il termine *beat* significa sia "battuto, sconfitto" che "beato"), che contesta in modo esplicito l'*american way of life* basato sul consumismo e su una rigida educazione conservatrice. La narrativa *beat* propone **storie di personaggi emarginati**, che rifiutano le regole della società in nome di un'**ansia di libertà** che sfocia spesso in **esperienze trasgressive** e atteggiamenti autodistruttivi, raccontati in romanzi come *On the road* di Jack Kerouac o *Il pasto nudo* (1959) di William Burroughs.

Tra gli esponenti di spicco del movimento, di cui fanno parte romanzieri, poeti, intellettuali, cantanti, vi è **Jack Kerouac**. Nato nel **1922** a Lowell, nel Massachusetts, frequenta la Columbia University di New York, senza però laurearsi; in questi anni conosce **William Burroughs** e **Allen Ginsberg**, che saranno insieme a lui protagonisti dell'esperienza *beat*. Alla fine degli anni Quaranta Kerouac viaggia più volte attraverso gli Stati Uniti e il Messico, vivendo in prima persona le esperienze che saranno al centro della sua opera più famosa, **On the road** (*Sulla strada*); scritto di getto nell'aprile del 1951, il romanzo viene pubblicato solo nel **1957**, a causa dei numerosi rifiuti ricevuti dagli editori, spaventati dal contenuto trasgressivo e ribelle del libro. Dopo il successo internazionale di *On the road*, Kerouac scrive altri romanzi (*I sotterranei*, *I vagabondi del Dharma*) e anche una raccolta di poesie, *Mexico City Blues* (1959), in cui affronta alcuni dei temi a lui più cari come il viaggio, la libertà intellettuale, l'amicizia. Ritiratosi in Florida, muore nel **1969**.

Il manifesto di una generazione *Sulla strada* (1957) è l'opera simbolo della letteratura *beat* e il manifesto di un'intera generazione che trova nel romanzo di Kerouac l'ispirazione per nuovi modi di vita e per una critica radicale della società. L'opera racconta, in forma di diario, i viaggi compiuti dal giovane **Sal Paradise** tra il 1947 e il 1950. Da solo o insieme all'amico Dean Moriarty (personaggio che nasconde lo scrittore *beat* Neal Cassady, con il quale Kerouac aveva viaggiato a lungo), Sal gira per l'America in autostop o in macchina, vivendo dove capita e facendo esperienze di ogni genere. Sempre in bilico tra il desiderio di costruirsi una vita stabile e l'**ansia di libertà**, alla fine di ogni viaggio Sal torna a New York e inizia a fare progetti per il futuro, ma dopo pochi mesi il richiamo della strada torna a farsi sentire spingendolo a ripartire nuovamente. Durante le sue avventure il protagonista conosce uomini e donne di ogni genere e si scontra con l'aggressività di una **società che non comprende il suo desiderio di libertà** e la sua ribellione ai valori borghesi, fino al finale aperto in cui Sal termina il racconto pensando con nostalgia all'amico Dean, con il quale ha precedentemente avuto un violento litigio.

⃝ Sosta di verifica

1. In che contesto storico è ambientato il romanzo *Memorie di Adriano*?
2. Quali sono le particolari caratteristiche dello stile del *Giovane Holden*?
3. Chi sono i protagonisti delle opere della letteratura *beat*?
4. Quale è l'argomento del romanzo *On the road*?

Gli scrittori e gli artisti della Beat Generation a New York negli anni Cinquanta: (da sinistra a destra) Larry Rivers, Jack Kerouac, David Amram, Allen Ginsberg.

Marguerite Yourcenar
Adriano

Memorie di Adriano, cap. I

Nel romanzo Memorie di Adriano *(1951) Marguerite Yourcenar ricostruisce la vita di uno dei più famosi imperatori romani, che regnò dal 117 al 138 d.C. L'autrice immagina che Adriano, sentendosi vicino alla morte, scriva una lunga lettera al nipote Marco Aurelio (che fu poi realmente alla guida dell'impero), nella quale ripercorre le tappe fondamentali della sua vita e*

riflette su alcuni grandi temi universali come l'amore, il potere, il desiderio di lasciare ai posteri una traccia della propria esistenza.
Nel brano proposto, che costituisce l'inizio del romanzo, Adriano descrive i sintomi della sua malattia e mostra un rapporto distaccato e consapevole nei confronti della morte.

> L'opera inizia *in medias res*, proiettando il lettore nell'epoca in cui è ambientato il romanzo senza dargli alcuna indicazione.

> Fin dall'inizio viene mostrato l'Adriano uomo piuttosto che l'imperatore.

Mio caro Marco[1],

sono andato stamattina dal mio medico, Ermogene, recentemente rientrato in Villa da un lungo viaggio in Asia. Bisognava che mi visitasse a digiuno ed eravamo d'accordo per incontrarci di primo mattino. Ho deposto mantello e tunica; mi so-
5 no adagiato sul letto. Ti risparmio particolari che sarebbero altrettanto sgradevoli per te quanto lo sono per me, e la descrizione del corpo d'un uomo che s'inoltra negli anni ed è vicino a morire di un'idropisia[2] del cuore. Diciamo solo che ho tossito, respirato, trattenuto il fiato, secondo le indicazioni di Ermogene, allarmato suo malgrado per la rapidità dei progressi del male, pronto ad attribuirne la col-
10 pa al giovane Giolla, che m'ha curato in sua assenza. È difficile rimanere imperatore in presenza di un medico; difficile anche conservare la propria essenza umana: l'occhio del medico non vede in me che un aggregato di umori, povero amalgama di linfa e di sangue. E per la prima volta, stamane, m'è venuto in mente che il mio corpo, compagno fedele, amico sicuro e a me noto più dell'anima, è solo un mo-
15 stro subdolo che finirà per divorare il padrone. Basta.. .Il mio corpo mi è caro; mi ha servito bene, e in tutti i modi, e non starò a lesinargli le cure necessarie. Ma, ormai, non credo più, come finge ancora Ermogene, nelle virtù prodigiose delle piante, nella dosatura precisa di quei sali minerali che è andato a procurarsi in Oriente. È un uomo fine; eppure, m'ha propinato[3] formule vaghe di conforto, troppo ovvie
20 per poterci credere; sa bene quanto detesto questo genere d'imposture, ma non si esercita impunemente[4] più di trent'anni la medicina. Perdono a questo mio fedele il suo tentativo di nascondermi la mia morte. Ermogene è dotto; è persino saggio; la sua probità[5] è di gran lunga superiore a quella d'un qualunque medico di corte. Avrò in sorte d'essere il più curato dei malati. Ma nessuno può oltrepassare i limi-
25 ti prescritti dalla natura; le gambe gonfie non mi sostengono più nelle lunghe cerimonie di Roma[6]; mi sento soffocare; e ho sessant'anni.
Non mi fraintendere: non sono ancora così a mal partito[7] da cedere alle immaginazioni della paura, assurde quasi quanto quelle della speranza, e certamente

---

1. Marco: Marco Aurelio, che fu imperatore dal 161 al 180 d.C.
2. idropisia: termine della medicina antica che veniva usato per indicare sintomi di varie malattie; in questo caso può essere inteso come *gonfiore, ingrossamento.*
3. propinato: *offerto, dato.*
4. impunemente: *senza pericolo, senza danno.*
5. probità: *onestà.*
6. lunghe cerimonie di Roma: *le* cerimonie pubbliche a cui Adriano deve partecipare in veste di imperatore.
7. a mal partito: *mal ridotto.*

Pur desiderando vivere ancora, Adriano ha un atteggiamento sereno verso la morte, vista come inevitabile conclusione di ogni percorso umano.

assai più penose. Se occorresse ingannarmi, preferirei che lo si facesse ispirandomi fiducia; non ci rimetterei più che tanto, e ne soffrirei meno. Non è detto che quel termine così vicino debba essere imminente; vado ancora a letto, ogni sera, con la speranza di rivedere il mattino. Nell'ambito di quei limiti invalicabili[8] di cui t'ho fatto cenno poc'anzi, posso difendere la mia posizione palmo a palmo, e persino riconquistare qualche pollice di terreno perduto. Ciò nonpertanto[9], sono giunto a quell'età in cui la vita è, per ogni uomo, una sconfitta accettata. Dire che ho i giorni contati non significa nulla; è stato sempre così; è così per noi tutti. Ma l'incertezza del luogo, del tempo, e del modo, che ci impedisce di distinguere chiaramente quel fine verso il quale procediamo senza tregua, diminuisce per me col progredire della mia malattia mortale. Chiunque può morire da un momento all'altro, ma chi è malato sa che tra dieci anni non ci sarà più. Il mio margine d'incertezza non si estende più su anni, ma su mesi. Le probabilità che io finisca per una pugnalata al cuore o per una caduta da cavallo diventano quanto mai remote; la peste pare improbabile; la lebbra e il cancro sembrano definitivamente allontanati. Non corro più il rischio di cadere ai confini[10], colpito da una ascia caledonia o trafitto da una freccia partica[11]; le tempeste non hanno saputo profittare delle occasioni loro offerte, e sembra avesse ragione quel mago a predirmi che non sarei annegato. Morirò a Tivoli[12], o a Roma, tutt'al più a Napoli, e una crisi di asfissia sbrigherà la bisogna[13]. Sarà la decima crisi a portarmi via, o la centesima? Il problema è tutto qui. Come il viaggiatore che naviga tra le isole dell'Arcipelago vede levarsi a sera i vapori luminosi, e scopre a poco a poco la linea della costa, così io comincio a scorgere il profilo della mia morte.

Vi sono già zone della mia vita simili alle sale spoglie d'un palazzo troppo vasto, che un proprietario decaduto rinuncia a occupare per intero. Non vado più a caccia: se non ci fosse altri che io a disturbarli, mentre ruminano e giocano, i caprioli dei monti d'Etruria potrebbero vivere tranquilli. Con la Diana[14] delle foreste, ho avuto sempre i rapporti mutevoli e appassionati d'un uomo con l'oggetto amato: adolescente, la caccia al cinghiale m'ha offerto le prime occasioni di conoscere l'autorità e il pericolo; mi ci dedicavo con passione; i miei eccessi in questo esercizio mi attirarono le rampogne di Traiano[15]. La spartizione della preda in una radura della Spagna è stata la mia prima esperienza della morte, del coraggio, della pietà per le creature, e del piacere tragico di vederle soffrire. Uomo fatto, la caccia mi rilassava da tante lotte segrete contro avversari di volta in volta troppo sottili o troppo ottusi, troppo deboli o troppo forti per me; è una lotta pari tra l'intelligenza umana e l'astuzia delle fiere e sembrava stranamente pulita in paragone con gli agguati degli uomini. Imperatore, le cacce in Etruria mi sono servite per giudicare il coraggio o le capacità dei miei alti funzionari: ivi ho scartato o prescelto più d'un uomo di Stato. Più tardi, in Bitinia, in Cappadocia[16], le grandi battute di caccia mi fornirono un pretesto di feste, di trionfi autunnali nei boschi dell'Asia. Ma il compagno delle mie ultime cacce è morto giovane, e il desiderio di questi piaceri violenti è molto scemato[17] in me dopo la sua dipartita. Pure, persino qui a Tivoli, basta l'improvviso sbuffare d'un cervo sotto le fronde perché trasalisca in me un istinto più antico di

---

8. limiti invalicabili: quelli biologici della vita.
9. nonpertanto: *nondimeno.*
10. confini: i confini dell'impero.
11. ascia caledonia ... freccia partica: i Caledoni erano una popolazione che risiedeva nell'attuale Scozia, mentre l'impero dei Parti si estendeva nel territorio dell'attuale Iran.

12. Tivoli: località nei pressi di Roma in cui Adriano fece costruire una magnifica residenza, nota come Villa Adriana.
13. sbrigherà la bisogna: *concluderà ciò che è inevitabile,* cioè mi porterà alla morte.
14. Diana: nella mitologia greco-romana era la dea della caccia.

15. le rampogne di Traiano: *i rimproveri di Traiano,* l'imperatore che precedette Adriano.
16. Bitinia, Cappadocia: province orientali dell'impero, nel territorio dell'attuale Turchia.
17. scemato: *diminuito.*

Adriano sembra preferire gli animali agli esseri umani, perché più autentici e di più facile comprensione.

tutti gli altri, grazie al quale mi sento gattopardo[18] quanto imperatore. Chissà, forse sono stato così parco di sangue umano[19] perché ho versato tanto quello delle fiere: benché talvolta, segretamente, le preferissi agli uomini. La loro immagine, comunque, mi torna alla memoria più spesso, e m'è difficile non abbandonarmi ogni sera a interminabili racconti di caccia che mettono a dura prova la pazienza dei miei invitati. Certo, il ricordo del giorno della mia adozione[20] mi è dolce, ma quello dei leoni uccisi in Mauretania[21] lo vale[22].

Rinunciare al cavallo è un sacrificio ancora più penoso per me: una belva non è che un avversario, ma il cavallo era un amico. Se mi si fosse lasciata la scelta della mia condizione, avrei optato per quella di Centauro[23]. Tra Boristene[24] e me i rapporti erano d'una precisione matematica: obbediva a me come al suo cervello, non come al padrone. Ho mai ottenuto altrettanto da un uomo? Un'autorità così totale comporta, come qualsiasi altra, il rischio d'un errore per chi la esercita, ma il piacere di tentare l'impossibile in fatto di salti all'ostacolo era troppo grande per rimpiangere la lussazione d'una spalla o la frattura d'una costola. Il mio cavallo surrogava[25] i mille concetti inerenti al titolo, alla funzione, al nome, che complicano le amicizie umane, con la sola conoscenza del mio peso esatto. I miei slanci erano per metà suoi; conosceva con precisione, e forse meglio di me, il momento in cui la mia volontà divergeva dalle mie forze. Ma non infliggo più al successore di Boristene il peso d'un malato dai muscoli afflosciati, troppo debole per issarsi in groppa da solo. In questo momento, il mio aiutante di campo, Celere, lo sta addestrando sulla strada di Preneste[26]; tutte le mie esperienze di velocità mi consentono di condividere il piacere del cavaliere e quello dell'animale, di valutare le sensazioni d'un uomo lanciato a briglia sciolta in una giornata di sole e di vento; quando Celere balza da cavallo, io riprendo contatto col suolo insieme a lui. Lo stesso accade col nuoto: io vi ho rinunciato, ma partecipo ancora alla delizia del nuotatore carezzato dall'acqua. Correre, perfino sul più breve dei percorsi, oggi mi sarebbe impossibile quanto lo sarebbe a una statua massiccia, a un Cesare di pietra, ma ricordo le mie corse di fanciullo sulle arse colline della Spagna[27], il gioco che si fa con se stesso allorché, trafelati[28] sino ai limiti della resistenza, si sa che il cuore saldo, i polmoni intatti ristabiliranno l'equilibrio; e provo, con il più oscuro tra gli atleti che si allenano alla corsa di fondo nello stadio, un'intesa che l'intelletto da solo non saprebbe darmi. Così, da ciascuna delle arti che praticai a suo tempo traggo una conoscenza che mi compensa in parte dei piaceri perduti.

Adriano esprime la sua intima comunione con gli altri uomini tramite una metafora che sposta il discorso dal singolo individuo (il nuotatore) all'intero universo (l'onda).

Ho creduto, e nei miei momenti migliori lo credo ancora, che in tal modo si potrebbe partecipare all'esistenza di tutti; e questa simpatia[29] essere uno degli aspetti meno revocabili[30] dell'immortalità. Ho avuto momenti in cui questa comprensione ha tentato di oltrepassare la sfera dell'umano, si è rivolta dal nuotatore all'onda. Ma, poiché in questo campo non c'è nulla di preciso a rendermi edotto[31], entro nella sfera delle metamorfosi, che appartengono al sogno.

M. Yourcenar, *Memorie di Adriano*, traduzione di L. Storoni Mazzolani, Torino, Einaudi, 1988

---

18. gattopardo: specie di gatto selvatico.

19. parco di sangue umano: *misurato nell'uccidere uomini.*

20. il giorno della mia adozione: Adriano non era figlio di Traiano, ma fu da lui adottato intorno al 114 d.C.

21. Mauretania: regione dell'Africa subsahariana.

22. lo vale: *lo eguaglia.*

23. Centauro: figura mitologica con il corpo di cavallo e il tronco e la testa umani.

24. Boristene: il cavallo di Adriano.

25. surrogava: *compensava.*

26. Preneste: località nei pressi di Roma, oggi compresa all'interno della città.

27. Spagna: Adriano era di origine spagnola.

28. trafelati: *ansimanti, affannati.*

29. simpatia: il termine è qui usato nel suo significato etimologico di *'provare emozioni insieme'.*

30. meno revocabili: *a cui sarebbe più difficile rinunciare.*

31. a rendermi edotto: *a istruirmi.*

Analisi guidata

Una "filosofia" della morte

Il romanzo ha inizio con Adriano che mostra chiaramente la **consapevolezza del proprio destino**. L'imperatore, ormai gravemente malato, sa bene che, nonostante le rassicurazioni e l'ottimismo del suo medico, nessun rimedio potrà salvarlo e si appresta quindi a vivere con serenità il tempo che ancora gli resta. Il suo atteggiamento è improntato agli **insegnamenti della filosofia stoica** (di cui l'imperatore Adriano era un grande ammiratore), che impongono di accettare con serenità tutto ciò che il destino offre e negano qualsiasi forma di esistenza ultraterrena. Scrivendo al nipote Marco Aurelio, Adriano si appresta dunque a **rievocare i momenti felici della sua vita**, senza rimpianti e senza mostrare un eccessivo attaccamento alle sue spoglie mortali.

 ### Competenze di comprensione e analisi

- Quale concezione del corpo umano emerge dal brano? In quali passaggi è più evidente?
- Riassumi in un testo di massimo dieci righe la concezione della morte che trapela dalle riflessioni di Adriano.

Le passioni di una vita

Nonostante la serena accettazione del destino che lo attende, **Adriano ripensa con rimpianto alle sue grandi passioni**, la caccia e i cavalli. Può a prima vista sembrare strano che un "filosofo" come lui metta al primo posto il mondo animale rispetto a quello umano, ma ciò indica sia la sua profonda empatia con le **leggi naturali dell'universo**, sia la ricerca di rapporti non viziati dai pregiudizi umani. La sua condizione privilegiata di imperatore gli impedisce infatti di instaurare legami autentici e genuini, come invece gli accade per esempio con il suo amato cavallo («Ho mai ottenuto altrettanto da un uomo?»).

 ### Competenze di comprensione e analisi

- Quali aspetti della personalità di Adriano vengono messi in luce nel brano?
- Per quale motivo Adriano mostra di preferire gli animali agli uomini?
- Attraverso quale immagine egli esprime la sua ammirazione per i cavalli?

Una rigorosa ricostruzione

La Yourcenar ricostruisce con estrema precisione, frutto di un imponente lavoro di **documentazione storica**, non solo la vita della **Roma del II secolo d.C.** ma anche i **sentimenti** e i **pensieri** di Adriano, imperatore che ha lasciato numerosi componimenti in greco. Il lettore si trova catapultato in un universo storicamente ben determinato in cui, tuttavia, è molto difficile distinguere l'invenzione romanzesca dalla meticolosa ricostruzione filologica. Anche la scelta di **affidare la narrazione allo stesso Adriano** conferisce all'opera una patina di "autenticità" che contribuisce a ridefinire i confini del genere, aprendo la strada a romanzi storici ben diversi dal tradizionale modello ottocentesco.

 ### Competenze di comprensione e analisi

- Quali sono le principali differenze tra l'impianto adottato dalla Yourcenar e quello del romanzo storico ottocentesco?
- Lo stile del romanzo è prezioso ed estremamente letterario, come ben si addice ai personaggi e all'ambiente rappresentati. Rintraccia nel testo qualche esempio di questo stile e spiega in un breve testo scritto se apprezzi o meno la scelta dell'autrice.

Jerome David Salinger
L'incontro tra Holden e Sally

Il giovane Holden

Narrato in prima persona dal sedicenne Holden Caulfield, Il giovane Holden (1951) è ambientato nel dicembre 1947. Dopo essere stato espulso dal collegio di Pencey, il ragazzo non avverte i genitori, ma vagabonda per qualche giorno a New York, meditando sul da farsi.

Holden è stato a pattinare sul ghiaccio insieme a Sally, una sua amica di infanzia alla quale propone di andare a vivere in campagna lontano da tutti. Ma la reazione della ragazza non è quella che Holden aveva immaginato.

> Sally non è affatto «vecchia», ma l'espressione è tipica del gergo giovanile usato da Holden, come poco dopo il volgare epiteto riservato al cameriere.

> Sally oppone all'irrequietezza di Holden la sua normalità borghese.

> L'atteggiamento di Holden esprime un'ansia di ribellione ingenua e infantile, ma non per questo meno autentica.

Ci togliemmo quei maledetti pattini e andammo in quel bar dove si può bere qualcosa e guardare i pattinatori senza bisogno di rimettersi le scarpe. Appena ci sedemmo, la vecchia Sally si tolse i guanti e io le diedi una sigaretta. Non aveva l'aria tanto felice. Venne il cameriere e io ordinai una coca cola per lei – che non beve –

5   e un whisky e soda per me, ma quel figlio di cagna non volle portarmelo[1], così presi una coca cola anch'io. Poi mi misi ad accendere fiammiferi. È una cosa che faccio spesso, quando sono di un certo umore. Li lascio bruciare finché non posso più tenerli in mano, e allora li butto nel posacenere. È una specie di tic nervoso. Poi tutt'a un tratto, come un fulmine a ciel sereno, la vecchia Sally mi fa: «Sta' a

10 sentire. Bisogna che lo sappia. La vigilia di Natale vieni sì o no ad aiutarmi a decorare l'albero? Bisogna che lo sappia». Aveva ancora l'aria pizzicata per quella faccenda delle caviglie mentre pattinava[2].

«Ti ho scritto che venivo. Me l'hai domandato una ventina di volte. Certo che vengo».

15 «Bisogna che lo sappia, sul serio», disse lei. E cominciò a girare lo sguardo per quella maledetta sala.

Tutt'a un tratto, io smisi di accendere fiammiferi e mi chinai un po' sul tavolo verso di lei. Mi giravano per la testa un sacco di cose. «Di' un po', Sally», dissi.

«Cosa?» disse lei. Stava guardando una ragazza dall'altra parte della sala.

20 «Ti succede mai di averne fin sopra i capelli?» dissi. «Voglio dire, ti succede mai d'aver paura che tutto vada a finire in modo schifo se non fai qualcosa? Voglio dire, ti piace la scuola e tutte quelle buffonate?»

«È una *barba* tremenda».

«Voglio dire, la odi? Lo so che è una barba tremenda, ma la odi, voglio dire?»

25 «Be', non è proprio che la odio. Uno deve sempre...»

«Be', *io* la odio. Ragazzi, se la *odio*», dissi. «Ma non è solo questo. È tutto. Odio vivere a New York e via discorrendo. I tassì, e gli autobus di Madison Avenue, con i conducenti e compagnia bella che ti urlano sempre di scendere dietro, e essere presentato a dei palloni gonfiati che chiamano angeli i Lunt[3], e andare su

30 e giù con gli ascensori ogni volta che vuoi mettere il naso fuori di casa, e quegli scocciatori sempre lì da Brooks[4], e la gente che non fa altro...»

---

1. quel figlio ... portarmelo: Holden infatti è ancora minorenne.
2. Aveva ... pattinava: Sally si è fatta male a una caviglia mentre pattinava.

3. palloni gonfiati ... Lunt: Holden sta parlando di un amico di Sally che, a teatro, aveva lodato in modo eccessivo la coppia di attori (i Lunt).

4. Brooks: famoso negozio di abbigliamento di New York.

«Non gridare, per piacere», disse la vecchia Sally. Il che era buffo, perché non stavo gridando per niente.

«Prendi le macchine», dissi. Lo dissi a voce bassissima. «Prendi la maggior parte della gente, hanno il pallino delle macchine. Sudano freddo per un graffio alla carrozzeria, e non la finiscono più di raccontarti quanti chilometri fanno con un litro, e se prendono un nuovo modello già pensano di cambiarlo con un altro ancora più nuovo. A me non mi piacciono nemmeno le macchine *vecchie*, figurati. Voglio dire, non mi interessano nemmeno. Preferirei avere un maledetto cavallo. Almeno un cavallo è *umano*, Dio santo. Almeno un cavallo puoi...»

«Non so nemmeno di che cosa stai parlando», disse la vecchia Sally. «Salti di palo...[5]»

«Sai una cosa?» dissi io. «Probabilmente tu sei l'unica ragazza per cui adesso sono a New York o in un posto qualunque. Se non ci fossi tu, probabilmente sarei a casa del diavolo. Nei boschi o in chi sa che maledetto posto. Tu sei l'unica ragione per cui ci sono, praticamente».

«Sei carino», disse. Ma si vedeva lontano un miglio che se cambiavo quel maledetto discorso le facevo un piacere.

«Dovresti andare in un collegio maschile, una volta. Provaci, una volta», dissi. «È pieno di palloni gonfiati, e non fai altro che studiare, così impari quanto basta per essere furbo quanto basta per poterti comprare un giorno o l'altro una maledetta Cadillac, e devi continuare a far la commedia che ti strappi i capelli se la squadra di rugby perde, e tutto il giorno non fai che parlare di ragazze e di liquori e di sesso, e tutti fanno lega tra loro in quelle piccole sporche maledette cricche[6]. Quelli della squadra di pallacanestro fanno lega tra loro, i cattolici fanno lega tra loro, i maledetti intellettuali fanno lega tra loro, quelli che giocano a bridge fanno lega tra loro. Fanno lega perfino quelli che appartengono a quel dannato Club del Libro del Mese! Se cerchi di fare un discorso intell...»

«Be', sta' a sentire», disse la vecchia Sally. «C'è un mucchio di ragazzi che nella scuola trovano molto più di *questo*».

«Eccome! È proprio così, per certi. Ma *io* non ne cavo fuori altro. Vedi? Ecco il mio guaio. Proprio questo è il mio maledettissimo guaio», dissi. «Non mi riesce di cavar fuori niente da niente. Sono fatto molto male. Sono fatto in modo *schifo*».

«Senza dubbio».

Allora, tutt'a un tratto, mi venne quell'idea.

«Sta' a sentire», dissi. «Ho avuto un'idea. Che ne diresti di tagliare la corda? Ho avuto un'idea. Conosco quel tale del Greenwich Village[7] che può prestarci la macchina per un paio di settimane. Andavamo alla stessa scuola e mi deve ancora dieci dollari. Possiamo fare così, domattina ce ne andiamo nel Massachusetts e nel Vermont[8] e tutto lì intorno, capisci? È bellissimo, laggiù, una meraviglia». Non stavo più nella pelle dall'entusiasmo via via che ci pensavo, così allungai un po' il braccio e strinsi la stramaledetta mano della vecchia Sally. Che dannato cretino! «Senza scherzi», dissi. «Ho circa centottanta dollari in banca. Posso ritirarli domattina appena apre, e poi vado a prendere la macchina di quel tale. Senza scherzi. Andremo a stare in quei campeggi di casette di legno o un posto così finché non restiamo

Holden si scaglia contro il consumismo e contro la società dell'apparire che proprio in quegli anni stavano facendo la loro comparsa.

La ribellione di Holden ha come primo bersaglio la scuola e, soprattutto, i ragazzi che la frequentano, che ai suoi occhi appaiono omologati a ciò che la società si aspetta da loro.

---

5. Salti di palo ...: "salti di palo in frasca", cioè *passi da un argomento all'altro in modo improvviso*.

6. cricche: *piccoli gruppi*.
7. Greenwich Village: un quartiere di New York.

8. Massachusetts ... Vermont: due Stati americani a nord di New York.

a corto di soldi. Poi, quando restiamo a corto[9], posso trovarmi un lavoro in qualche posto e possiamo vivere in qualche posto con un ruscello e tutto quanto, e dopo possiamo sposarci eccetera eccetera. Posso spaccare tutta la legna che ci occorre d'inverno eccetera eccetera. Parola d'onore, ci divertiremmo in un modo fantastico! Che ne dici? Forza! Che ne dici? Vieni via con me? Te ne prego!»

«Non si possono *fare* certe cose», disse la vecchia Sally. Sembrava arrabbiatissima.

«Perché no? Perché diavolo non si può?»

«Smettila di gridare, per piacere», disse la vecchia Sally. Il che era una cretinata, perché non stavo gridando per niente.

«Perché non si può? Perché?»

Sally riconduce bruscamente alla ragione Holden, facendogli capire la velleitarietà del suo progetto.

«Perché non si può, ecco tutto. Tanto per cominciare, siamo praticamente due *bambini*. E poi, ti sei fermato un momento a considerare che cosa faresti se *non* trovassi un lavoro quando resti a corto di soldi? Moriremmo di *fame*. Tutta questa storia è così assurda che non è nemmeno...»

«Non è assurda. Un lavoro lo trovo. Non ti preoccupare di questo. Non devi preoccupartene. Che ti piglia? Non vuoi venire con me? *Dillo*, se non vuoi».

«Non è *questo*. Non è affatto questo», disse la vecchia Sally. Stavo cominciando a odiarla, in certo qual modo.

«Avremo un sacco di tempo per far queste cose, tutte queste cose. Voglio dire, dopo che sarai andato all'università eccetera eccetera, e se ci sposeremo eccetera eccetera. Ci saranno un sacco di posti meravigliosi dove andare. Tu sei soltanto...»

«Neanche per sogno. Non ci sarebbero un sacco di posti meravigliosi dove andare eccetera eccetera. Sarebbe tutta un'altra cosa», dissi. Stavo ricominciando a sentirmi depresso da morire.

«Cosa?» disse lei. «Non ti sento. Un po' strilli e un po'...»

Holden rifiuta di essere inserito nella normalità borghese che Sally gli prospetta quando parla di ciò che potranno fare «dopo».

«Ho detto di no, che non ci sarebbero posti meravigliosi dove andare dopo che avrò fatto l'università e tutto quanto. Sturati le orecchie. Sarebbe tutta un'altra cosa. Dovremmo scendere in ascensore con le valige e tutto. Dovremmo telefonare alla gente e salutarla e mandare cartoline dagli alberghi e via discorrendo. E io avrei un impiego, farei un sacco di soldi, andrei in ufficio col tassì e con l'autobus della Madison Avenue e leggerei i giornali e giocherei a bridge tutto il tempo e andrei al cinema a vedere un sacco di cortometraggi e di prossimamente e di cinegiornali[10]. I cinegiornali. Cristo onnipotente. C'è sempre qualche idiotissima corsa di cavalli, qualche gran dama che spacca una bottiglia su una nave e uno scimpanzè in pantaloni su una dannata bicicletta. Non sarebbe proprio la stessa cosa. Non capisci proprio quello che voglio dire».

«Può darsi! Ma può darsi che non lo capisci nemmeno tu», disse la vecchia Sally. A quel punto ci odiavamo a morte. Si vedeva lontano un miglio che il tentativo di fare un discorso intelligente era del tutto sprecato. Rimpiangevo con tutta l'anima d'averlo cominciato.

«Forza, andiamocene di qui», dissi. «Se proprio vuoi saperlo, mi stai sulle scatole che non ne hai un'idea».

Ragazzi! A questa mia uscita montò su tutte le furie. Lo so che non avrei dovuto dirlo, e in circostanze normali probabilmente non l'avrei detto, ma lei mi stava deprimendo da morire. Di solito io alle ragazze non dico mai frasi tanto forti. *Ragazzi*, se montò su tutte le furie! Io non la finivo più di scusarmi, ma lei non volle

---

9. a corto: di soldi.
10. e di prossimamente e di cinegiornali: *pubblicità delle anteprime cinematografiche e notiziari* (prima dell'avvento della televisione i notiziari venivano infatti proiettati al cinema).

125 accettare le mie scuse. Si mise perfino a piangere. E questo mi spaventò un poco, perché avevo una certa fifa che andasse a casa a raccontare a suo padre che io le avevo detto che mi stava sulle scatole. Suo padre era uno di quei grossi bastardi taciturni, e non aveva mai avuto una gran passione per me. Una volta aveva detto alla vecchia Sally che ero troppo maledettamente rumoroso.

«Senza scherzi. Mi dispiace», continuavo a dirle.

130 «Ti dispiace. Ti dispiace. Questa è proprio buffa», disse lei. Stava ancora piangendo un poco, e tutt'a un tratto a me dispiacque sul serio d'averlo detto.

«Andiamo, ti accompagno a casa. Senza scherzi».

«A casa posso andarci da sola, grazie. Se credi che permetta a uno come *te* di accompagnarmi a casa, sei matto. Nessun ragazzo mi ha mai detto una cosa simile in tutta la mia vita».

135 A pensarci bene, tutta la faccenda era un po' buffa, in un certo senso, e a un tratto feci una cosa che non avrei dovuto fare. Mi misi a ridere. E io ho una di quelle stupide risate che fanno girare tutti. Voglio dire che se mai mi capitasse di star seduto dietro di me al cinema o in un altro posto, probabilmente mi sporgerei in avanti e mi pregherei di piantarla. La vecchia Sally s'infuriò peggio che mai.

140 Io mi fermai ancora un poco, scusandomi e cercando di farmi perdonare, ma lei niente. Continuava a dirmi di andar via e di lasciarla in pace. E finii col farlo. Andai dentro a mettermi le scarpe e tutto quanto, poi me ne andai senza di lei. Non avrei dovuto, ma a quel punto ne avevo fin sopra i capelli, accidenti.

Se proprio volete saperlo, non so nemmeno perché avessi cominciato tutta quella storia. Voglio dire, di andarcene in qualche posto, nel Massachusetts e nel Vermont e compagnia bella. È probabile che non ce l'avrei portata nemmeno se fosse voluta venire. Non era proprio il tipo di ragazza che uno si porta dietro. La cosa terribile, però, è che quando gliel'avevo chiesto dicevo *sul serio*. Questa è la cosa terribile. Giuro davanti a Dio che sono matto.

J.D. Salinger, Il giovane Holden, traduzione di A. Motti, Torino, Einaudi, 1961

⦿ Analisi guidata

Un personaggio "arrabbiato"

Il protagonista del romanzo, il giovane Holden Caulfield, è un **giovane arrabbiato con il mondo**. Odia la scuola, ma soprattutto detesta i ragazzi che la frequentano, impegnati in attività stupide e interessati solo a cose frivole e superficiali. La critica di Holden non si limita al mondo degli adolescenti, ma coinvolge tutta la società, che pensa solo a consumare, a mostrare con orgoglio i propri acquisti e a farsi imbonire da cinegiornali con notizie di nessuna importanza. La protesta di Holden, ingenua nella sua radicalità estrema, nasconde un profondo **malessere esistenziale**, tanto che quando Sally rifiuta la sua proposta di fuga il ragazzo va su tutte le furie: lui infatti non vuole partire «dopo», ha bisogno di **fuggire subito** per dare un senso alla sua ribellione. Alla fine, però, anche Holden deve ammettere che **non è la società a essere sbagliata, ma è lui che non riesce a comprenderne i meccanismi**.

⬛ Competenze di comprensione e analisi

- Holden afferma che preferirebbe possedere un cavallo invece di una macchina, perché «Almeno un cavallo è *umano*»; qual è, a tuo parere, il significato di questa affermazione?
- Rintraccia nel brano i passaggi in cui Holden dichiara la propria "diversità" rispetto alla società in cui vive.

Una bizzarra proposta di fuga

L'evento centrale del brano è la **proposta di fuga di Holden** che, all'improvviso, chiede a Sally di scappare con lui, per andare a vivere da qualche parte sulle colline del Massachusetts o del Vermont. Il rifiuto di Sally finisce per farlo litigare con la ragazza e rappresenta un'altra **sconfitta di Holden**: il litigio finale tra i due è molto di più di un normale bisticcio tra ragazzi e rappresenta simbolicamente l'**incapacità di Holden di relazionarsi e integrarsi con gli altri**.

Competenze di comprensione e analisi

- Quali motivi adduce Sally per giustificare il suo rifiuto alla proposta di Holden?
- Sulla base delle informazioni che puoi ricavare dal testo traccia un breve ritratto psicologico di Holden e Sally, evidenziando le differenze tra i due personaggi.

Un nuovo stile

Il romanzo di Salinger costituisce una tappa fondamentale della narrativa novecentesca non solo per i contenuti, ma anche per le scelte stilistiche dell'autore, che fa parlare il suo protagonista con una **lingua modellata sullo *slang* giovanile**, infarcita di espressioni volgari e colloquiali che esprimono il desiderio di libertà di Holden. Lo **stile** riflette infatti le **caratteristiche del personaggio**, che si esprime con una **lingua gergale** spesso al limite dello sgrammaticato, piena di **intercalari** (*vecchia*, *maledetto*, *sporco*) e modi di dire volgari («quel figlio di cagna»), che riflettono i suoi atteggiamenti da duro. Tipica di Holden è anche la **tendenza a divagare** («Salti di palo…»): egli passa improvvisamente da un argomento all'altro, come per esprimere, attraverso questo particolare modo di parlare, il suo rifiuto dell'ordine borghese che regola la società.

Competenze di comprensione e analisi

- Sottolinea nel testo tutti i casi in cui il linguaggio di Holden diventa sgrammaticato.
- Che cosa vuole esprimere Salinger con il linguaggio "arrabbiato" di Holden?

Edward Hopper, *I granai dei Cobb e case in lontananza*, 1930 circa.

Il libro del mese

Bianca come il latte, rossa come il sangue

AUTORE Alessandro d'Avenia

ANNO DI PUBBLICAZIONE 2010

CASA EDITRICE Mondadori

TRE BUONI MOTIVI PER LEGGERLO

1 Mette in scena uno dei momenti più critici della crescita adolescenziale.

2 Mostra il difficile rapporto che i ragazzi hanno con la morte.

3 È uno dei "casi editoriali" degli ultimi anni.

L'AUTORE E L'OPERA Alessandro d'Avenia è nato a Palermo nel 1977 e dopo la laurea in lettere classiche si è dedicato all'insegnamento. Dopo lo straordinario successo del suo primo libro, *Bianca come il latte, rossa come il sangue* (2010) ha pubblicato i romanzi *Cose che nessuno sa* (2011) e *Ciò che inferno non è* (2014).

I protagonisti adolescenti, la vena sentimentale e il connubio amore-morte al centro dell'opera d'esordio ne hanno decretato la straordinaria popolarità tra i più giovani, ma hanno anche spinto molti critici a etichettare questo libro come "commerciale" e costruito "a tavolino". Al di là delle polemiche, è comunque innegabile che il romanzo sia diventato un vero *cult* per gli adolescenti.

L'INCIPIT Ogni cosa è un colore. Ogni emozione è un colore. Il silenzio è bianco. Il bianco infatti è un colore che non sopporto: non ha confini. Passare una notte in bianco, andare in bianco, alzare bandiera bianca, lasciare il foglio bianco, avere un capello bianco... Anzi, il bianco non è neanche un colore. Non è niente, come il silenzio. Un niente senza parole e senza musica. In silenzio: in bianco. Non so rimanere in silenzio o da solo, che è lo stesso.

LA TRAMA Leo è un ragazzo di sedici anni, annoiato dalla scuola e alle prese con le tipiche insicurezze adolescenziali. La sua vita cambia improvvisamente quando vede per la prima volta Beatrice, una bellissima ragazza dai capelli rossi che si rivela però affetta da una grave forma di leucemia. Dopo mesi di incertezze e tentennamenti, durante i quali stringe un rapporto profondo con il nuovo professore di filosofia, Leo riesce finalmente a dichiararsi a Beatrice, ma scopre che alla ragazza restano soltanto pochi mesi di vita. Nonostante questo Leo continuerà a frequentarla e proprio grazie a lei scoprirà che Silvia, che considerava la sua migliore amica, è da tempo innamorata di lui.

TRE PISTE DI LETTURA

1 Il connubio amore-morte è ricorrente nella letteratura occidentale, almeno fin dalla storia di Tristano e Isotta. Fai una ricerca sull'argomento e presenta le tue conclusioni in un testo scritto o in un elaborato multimediale, spiegando in che modo il romanzo affronta questo tema.

2 Il successo del romanzo segue quello di *Tre metri sopra il cielo* (2004) di Federico Moccia, altro libro accusato di essere stato appositamente pensato per soddisfare i gusti degli adolescenti. Sei d'accordo con queste critiche, o pensi invece che la fortuna di queste opere denoti un cambiamento dei gusti dei lettori più giovani?

3 Il film tratto dal romanzo ha contribuito ad accrescerne la popolarità. Pensi che ormai il successo di un libro sia legato a un'eventuale trasposizione cinematografica o, invece, credi che il valore di un'opera scritta possa affermarsi anche senza il relativo film?

Jack Kerouac
In viaggio verso New Orleans

Sulla strada, parte II, cap. 6

Jack Kerouac scrisse Sulla strada *in sole tre settimane, nell'aprile 1951, ma il libro fu pubblicato solo nel 1957, divenendo rapidamente l'opera simbolo della nuova cultura* beat, *tanto che il suo stesso titolo fu assunto come slogan per esprimere il desiderio di libertà e il rifiuto delle regole da parte di* un'intera generazione di giovani americani. Siamo nella seconda parte del romanzo. Il protagonista, Sal Paradise, ha deciso di rimettersi in viaggio e ha appena lasciato New York per dirigersi a New Orleans assieme a Dean Cassady, la sua donna e un altro amico.

> Il viaggio è l'unica condizione esistenziale in cui il protagonista e gli altri personaggi del romanzo riescono a dimenticare il grigiore della loro vita quotidiana.

> Insieme al viaggio e al desiderio di libertà, la musica jazz è l'altra grande passione dei protagonisti del romanzo.

Il principio del nostro viaggio fu piovigginoso e misterioso. Potevo capire che tutto stava per diventare una gran saga[1] della nebbia. «Urrà» urlava Dean. «Ecco che andiamo!» E si rannicchiava sul volante e lanciava la macchina come un bolide; era tornato nel suo elemento, ognuno di noi poteva vederlo. Tutti eravamo felici,
5 ci rendevamo conto che stavamo abbandonando dietro di noi la confusione e le sciocchezze e compiendo la nostra unica e nobile funzione nel tempo, andare. E come andavamo! Saettammo oltre i misteriosi segnali bianchi nella notte in qualche punto del New Jersey che dicono SUD (con una freccia) e OVEST (con una freccia) e prendemmo quella del sud. New Orleans! Ci bruciava il cervello. Dal-
10 le sporche nevi "di quella gelata città di pederasti[2] ch'è New York", come la definiva Dean, giù verso il verde e gli odori fluviali della vecchia New Orleans fino al fondo dell'America lavato dall'acqua; poi a ovest. Ed stava nel sedile di dietro; Marylou[3] e Dean e io sedevamo davanti e facevamo la più calorosa chiacchierata sulla bontà e gioia della vita. Dean tutto a un tratto si fece tenero. «Adesso, dia-
15 volo, guardate un po', tutti voi, dobbiamo ammettere che ogni cosa va benissimo e non c'è necessità al mondo di preoccuparsi, e infatti dovremmo renderci conto cosa significherebbe per noi CAPIRE che VERAMENTE non siamo preoccupati di NIENTE. Ho ragione?»
Fummo tutti d'accordo. «Eccoci qua, siamo tutti insieme… Cosa abbiamo fatto a
20 New York? Perdoniamo». Avevamo avuto tutti i nostri dissapori, laggiù. «Quello è dietro a noi, separato semplicemente da miglia e inclinazioni. Ora siamo diretti a New Orleans per vedere il vecchio Bull Lee[4] e non sarà una festa questo e state a sentire, vi prego, questo vecchio sax-tenore[5] che suona come un dio» – alzò il volume della radio fino a far vibrare la macchina – «e ascoltatelo mentre raccon-
25 ta la sua storia ed esprime il vero rilassamento e la vera conoscenza».
Saltammo tutti di gioia per la musica e fummo d'accordo. La purezza della strada. La linea bianca nel centro dell'autostrada si svolgeva[6] e abbracciava la nostra ruota anteriore sinistra come se fosse incollata al nostro battistrada. Dean pro-

---

1. saga: *racconto, storia*; letteralmente il termine è usato a proposito di racconti epici e leggendari.
2. pederasti: *omosessuali.*
3. Ed … Marylou: Ed Dunkel è un amico di Sal; Marylou è la ex moglie di Dean.
4. Bull-Lee: è un amico di Dean e Sal, che ha invitato i due a raggiungerli a New Orleans. Dietro questo personaggio si cela in realtà lo scrittore William S. Burroughs (1914-1997), uno dei più famosi esponenti della *beat generation.*
5. sax-tenore: tipo di sassofono.
6. si svolgeva: *si srotolava, si dispiegava.*

tendeva il collo muscoloso, coperto dalla sola maglietta nella notte invernale, e
30 lanciava la macchina come un razzo. Insistette perché guidassi io attraverso Bal-
timora per esercitarmi in mezzo al traffico; questo sarebbe stato niente, sennon-
ché lui e Marylou continuavano a toccare il volante mentre si baciavano e facevano i matti. Era pazzesco; la radio andava a tutto volume. Dean suonava la bat-
35 teria sul cruscotto finché non ci si formò una grossa cavità; lo facevo anch'io. La
povera Hudson[7] – "il dolce battello per la Cina[8]" – stava buscandosi la sua parte.
«Oh, amico, che gioia», urlava Dean. «Adesso Marylou, davvero sta a sentire, tesoro, tu sai che io sono maledettamente capace di far cento cose nello stesso momento e che ho energia da vendere: adesso a San Francisco dobbiamo continuare

Uno degli aspetti
più "scandalosi" del
romanzo, è la liber-
tà sessuale dei per-
sonaggi, che non
si sentono vincolati
da legami stabili né,
tantomeno, dal ma-
trimonio.

40 a vivere insieme. So il posto che ti ci vuole – al di fuori della regolare catena ma-
trimoniale – io sarò a casa appena un poco meno che ogni due giorni e per dodici
ore di fila: e mia cara, tu sai quel che possiamo fare in dodici ore, tesoro. Nel frattempo, continuerò a vivere con Camille[9] come se niente fosse, capisci, lei non lo
saprà. Non sarà tanto difficile, l'abbiamo già fatto altre volte». Per Marylou anda-
45 va benissimo, lei avrebbe voluto addirittura far la pelle a Camille. L'intesa era che
Marylou si sarebbe messa con me a San Francisco, ma adesso cominciai a capire
che quei due non si sarebbero separati e che mi avrebbero lasciato solo come un
fesso dall'altra parte del continente. Ma perché pensare a questo con tutta quella
terra dorata davanti a te e tutta una serie di imprevedibili avvenimenti che ti aspet-
50 tano in agguato per sorprenderti e farti felice di essere vivo per potervi assistere?
Arrivammo a Washington all'alba. Era il giorno dell'insediamento di Harry Truman per la sua seconda presidenza[10]. Grandi spiegamenti di mezzi da guerra stavano allineati lungo la Pennsylvania Avenue mentre noi passavamo nella nostra
macchina malconcia. C'erano dei B-29[11], dei battelli da sbarco, artiglieria, tutti i
55 generi di materiale da guerra che apparivano truculenti sull'erba coperta di neve;
l'ultima cosa era una piccola normale regolare scialuppa da salvataggio che appariva misera e stupida. Dean rallentò per guardarla. Continuò a scuotere la testa
in preda a stupore. «Che ha intenzione di fare questa gente? Harry sta dormendo
da qualche parte in questa città... Buon vecchio Harry... Uno del Missouri[12], co-
60 me me... Quella dev'essere la sua barchetta personale».
Dean si mise a dormire nel sedile di dietro e Dunkel guidò. Gli demmo precise istruzioni perché andasse piano. Ci eravamo appena addormentati che quello lanciò la macchina a centotrenta l'ora, con i supporti in cattivo stato e tutto, e
non solo questo ma fece un triplice sorpasso in un punto in cui un poliziotto sta-
65 va discutendo con un motociclista: lui stava nella quarta corsia di un'autostrada
a quattro corsie, e andava in senso vietato. Naturalmente l'agente ci inseguì con
la sirena ululante. Fummo fermati. Ci disse di seguirlo alla stazione di polizia. Là
dentro c'era un poliziotto malvagio che prese subito Dean in antipatia; gli sentiva addosso dappertutto puzza di carcere. Spedì fuori la sua coorte[13] per inter-
70 rogare privatamente me e Marylou. Volevano sapere quanti anni aveva Marylou,
cercavano di montare un caso di tratta delle bianche[14]. Ma lei aveva il certificato

---

7. Hudson: casa automobilistica americana
attiva fino alla metà degli anni Cinquanta;
qui il termine indica la macchina sulla quale
i personaggi stanno viaggiando.
8. il dolce ... Cina: titolo di una popolare
canzone del 1948 – in inglese (*I'd Like to Get
You on a Slow Boat to China*) – incisa tra gli

altri dal clarinettista jazz Benny Goodman.
9. Camille: è l'attuale compagna di Dean.
10. era il giorno ... presidenza: il 20 gennaio 1949; Truman fu presidente degli Stati
Uniti dal 1945 al 1953.
11. B-29: particolare tipologia di aerei da
guerra.

12. Harry ... Missouri: Harry Truman, che
era nato appunto nello stato del Missouri.
13. la sua coorte: i suoi uomini; la "coorte"
era un'unità dell'esercito romano.
14. di tratta delle bianche: *di prostituzione.*

di matrimonio. Poi mi presero da parte da solo e vollero sapere con chi andava a letto Marylou. «Con suo marito» risposi con sufficiente semplicità. Erano curiosi. C'era qualcosa che non gli andava a genio. Tentarono di fare gli Sherlock Holmes dilettanti ponendo due volte la stessa domanda, aspettandosi uno scivolone da parte nostra. Io dissi: «Questi due ragazzi stanno tornando al lavoro nelle ferrovie in California, questa è la moglie del più basso, e io sono un amico in vacanza dall'università per due settimane».

Il poliziotto sorrise e disse: «Davvero? Questo portafogli è davvero il tuo?».

Infine quello cattivo che stava dentro multò Dean per venticinque dollari. Noi dicemmo loro che ne avevamo solo quaranta per andare fino alla Costa; dissero che non gliene importava niente. Quando Dean protestò, il poliziotto cattivo minacciò di riportarlo in Pennsylvania e di levare contro di lui un'accusa speciale.

«Quale accusa?»

«Non preoccuparti, quale accusa. Non pensare a questo, furbacchione».

Dovemmo consegnare loro i venticinque dollari. Prima però Ed Dunkel, quel reo[15], si offrì di andare in carcere. Dean considerò la cosa. Il poliziotto s'imbestialì; disse: «Se lasci che il tuo amico vada in carcere io ti riporto dritto in Pennsylvania in questo minuto stesso. Mi senti?». La sola cosa che ci premeva era andarcene.

«Un'altra multa per eccesso di velocità in Virginia e perdete la macchina» disse il poliziotto cattivo come sparata finale. Dean era rosso in faccia. Partimmo in silenzio. Portarci via i soldi per il nostro viaggio era un vero invito al furto. Sapevano che eravamo in bolletta e non avevamo parenti lungo la strada o qualcuno cui telegrafare per i soldi. I poliziotti americani sono in uno stato di guerra psicologica contro quei cittadini che non riescono a impressionarli con documenti importanti e con minacce. È un corpo di polizia vittoriano[16]; fa capolino da cadenti finestre e pretende di indagare su tutto, ed è capace di fabbricare crimini se non ne esistono tali da soddisfarli. "Nove parti di delitto, una di noia" diceva Luis-Ferdinand Céline[17]. Dean era talmente furioso che voleva tornare in Virginia e ammazzare il poliziotto non appena avesse avuto una pistola.

«Pennsylvania!» motteggiò[18]. «Vorrei sapere che imputazione era quella! Vagabondaggio, probabilmente; mi prendono tutti i soldi e mi accusano di vagabondaggio. Quei tipi la fanno così maledettamente facile. Ti prendono e ti ammazzano pure, se protesti». Non c'era altro da fare che tornare a essere felici fra di noi e non pensarci più. Quando attraversammo Richmond cominciammo a non pensarci, e ben presto tutto fu a posto.

Adesso avevamo quindici dollari per andare fino in fondo. Avremmo dovuto prender su qualche autostoppista e fargli sborsare i soldi per la benzina. Nelle desolazioni della Virginia tutto a un tratto vedemmo un uomo camminare lungo la strada. Dean fece una frenata folgorante. Io guardai indietro e dissi che era solo vagabondo e probabilmente non aveva un centesimo.

«Lo prenderemo su solo per divertirci!» rise Dean. L'uomo era un tipo di pazzo tutto stracciato, con gli occhiali, che camminava leggendo un libro infangato in edizione economica; l'aveva trovato in un fosso accanto alla strada. Salì sulla macchina e continuò a leggere; era incredibilmente sporco e ricoperto di croste. Disse di chiamarsi Hyman Solomon e che andava a piedi attraverso tutti gli Stati

[margin note] Nel romanzo la polizia è sempre presentata in modo negativo, evidenziando i pregiudizi degli agenti nei confronti di autostoppisti e persone dallo stile di vita libero e alternativo.

---

15. reo: *colpevole.*

16. vittoriano: alla lettera significa di età vittoriana (1837-1901, epoca in cui l'Inghilterra fu governata dalla regina Vittoria), ma in senso metaforico può significare sia *antico* sia *ipocrita.*

17. Nove parti … Céline: è una citazione da *Omaggio a Zola* (1933) del celebre scrittore francese (1894-1961), autore di *Viaggio al termine della notte (1932).*

18. motteggiò: *disse in tono scherzoso.*

Uniti, bussando e qualche volta prendendo a calci le porte degli ebrei e chiedendo denaro: "Datemi i soldi per mangiare, sono ebreo".

Disse che la cosa funzionava benissimo e che gli conveniva. Gli chiedemmo che
120 cosa stesse leggendo. Non lo sapeva. Non si preoccupò di guardare il titolo in
copertina. Guardava solo le parole, come se avesse trovato la vera Torah[19], nella
sua sede ideale, cioè nei luoghi selvaggi.

«Vedi? Vedi? Vedi?» ridacchiava Dean dandomi gomitate nelle costole. «Ti avevo
detto che ci saremmo divertiti. Tutti sono un divertimento, caro mio!» Portammo
125 Solomon fino a Testament. Mio fratello era ormai nella sua nuova casa dall'altra
parte della città. Eccoci tornati sulla lunga strada ventosa con la linea ferroviaria
che correva nel mezzo e i tristi, tetri meridionali che ciondolavano davanti ai negozi di ferramenta e ai magazzini a prezzo unico.

Solomon disse: «Vedo che voi, gente, avete bisogno di un po' di soldi per conti-
130 nuare il vostro viaggio. Aspettatemi che vado a spremere qualche dollaro in una
casa ebrea e poi vengo con voi fino in Alabama».

Dean era fuori di sé per la felicità; lui e io corremmo a comprare del pane e crema
di formaggio per uno spuntino nella macchina. Marylou ed Ed attesero in macchina. Passammo due ore a Testament aspettando che Hyman Solomon si faces-
135 se vivo; si stava dando da fare per il suo pane in qualche punto della città, però
non riuscimmo a vederlo. Il sole cominciò a farsi rosso e tardo.

Solomon non si fece più vivo, così partimmo da Testament. «Adesso vedi, Sal,
Dio esiste, per il fatto che noi continuiamo a rimanere impegolati[20] in questa città,
qualsiasi cosa si tenti di fare, e tu noterai il suo strano nome biblico, e quello stra-
140 no personaggio biblico che ci ha fatto fermar qui ancora una volta, e tutte queste
cose collegate insieme come una pioggia che unisca tutti nel mondo intero come
in una simbolica catena...» Dean continuò a sproloquiare su questo tono; era entusiasta ed esuberante. Lui e io vedemmo a un tratto l'intero paese come un'ostrica
che potevamo aprire; e la perla c'era, la perla c'era. Proseguimmo rombando per il
145 sud. Prendemmo su un altro autostoppista. Costui era un ragazzino triste che disse di avere una zia proprietaria di un negozio di alimentari a Dunn, nella Carolina
del Nord, proprio fuori Fayetteville. «Quando arriviamo là puoi scucire un dollaro?
Bene! Benissimo! Andiamo!» Arrivammo a Dunn in un'ora, al tramonto. Andammo
fin dove il ragazzo aveva detto che sua zia aveva un negozio di alimentari. Era una
150 piccola strada triste che moriva contro il muro di una fabbrica. C'era un negozio di
alimentari ma nessuna zia. Noi ci chiedemmo di cosa stesse parlando il ragazzo. Gli
chiedemmo fin dove andava; non lo sapeva. Era stato un grosso trucco; una volta,
in un'avventura in qualche sperduto vicoletto, aveva visto il negozio di alimentari a
Dunn, e questa era stata la prima storia che gli fosse balzata avanti nel suo cervello
155 febbrile e disordinato. Gli comprammo un panino con salsiccia, ma Dean disse che
non avremmo potuto portarcelo dietro perché avevamo bisogno di posto per dormire e spazio per autostoppisti che potessero comprare un po' di benzina. Questo
era triste ma vero. Lo lasciammo a Dunn al cader della notte.

Guidai io attraverso la Carolina del Sud e oltre Macon, in Georgia, mentre Dean,
160 Marylou e Ed dormivano. Tutto solo nella notte mi lasciai andare ai miei pensieri e mantenni la macchina sulla linea bianca nella benedetta strada. Che facevo?
Dove andavo? L'avrei scoperto presto. Dopo Macon mi sentii stanco come un ca-

---

19. Torah: parola ebraica che significa "insegnamento" e che indica **20. impegolati:** *invischiati, bloccati.*
i primi cinque libri dell'Antico Testamento.

Il viaggio attraverso l'America fa sì che i protagonisti passino dalla neve invernale di New York al clima quasi primaverile della Florida.

ne e svegliai Dean perché riprendesse il volante. Uscimmo dalla macchina per prendere un po' d'aria e improvvisamente tutti e due ci bloccammo per la gioia scoprendo che tutto attorno a noi nel buio c'era fragrante erba verde e odore di letame fresco e acque calde. «Siamo nel Sud! Ci siamo lasciati dietro l'inverno!» Un primo debole bagliore illuminava i germogli verdi ai lati della strada. Tirai un profondo sospiro; una locomotiva lacerò ululando l'oscurità, diretta a Mobile. Ci andavamo anche noi. Mi levai la camicia ed esultai. Venti chilometri più avanti lungo la strada Dean portò la macchina col motore spento a un distributore di benzina, si accorse che il benzinaro era profondamente addormentato sul banco, saltò giù, riempì in silenzio il serbatoio, fece in modo che il campanello non suonasse, e sgusciò via come un arabo con cinque dollari di benzina nel serbatoio per il nostro pellegrinaggio.

Dormii e mi risvegliai ai pazzi suoni esultanti della musica mentre Dean e Marylou parlavano e la vasta distesa verde scorreva ai lati. «Dove siamo?»
«Abbiamo appena passato la punta della Florida, amico... Si chiama Flomaton». La Florida! Stavamo andando giù verso la pianura costiera e Mobile; davanti a noi stavano le grosse nuvole librantisi sul Golfo del Messico. Erano appena passate trentadue ore da quando avevamo detto addio a tutti nelle sporche nevi del nord. Ci fermammo a una stazione di rifornimento, e là Dean e Marylou giocarono a saltamontone[21] intorno ai bidoni e Dunkel andò dentro e rubò tre pacchetti di sigarette al primo colpo. Riprendemmo il viaggio. Entrando a Mobile dalla lunga autostrada sul mare tutti ci levammo gli abiti invernali e ci godemmo la temperatura del meridione. Fu a questo punto che Dean cominciò a raccontare la storia della sua vita e, oltre Mobile, arrivò a uno sbarramento di macchine imbottigliate a un incrocio e invece di aggirarle ci si ficcò addirittura in mezzo attraverso l'accesso di una stazione di rifornimento e continuò dritto senza diminuire la sua velocità di crociera di centoventi l'ora. Ci lasciammo alle spalle facce boccheggianti. Lui tirò avanti con la sua storia. «Vi dico che è vero, ho cominciato a nove anni, con una ragazza di nome Milly Mayfair dietro al garage di Rod in Grant Street; la stessa strada di Denver dove abitava Carlo[22]. È stato quando mio padre lavorava ancora un po' nella fucina. Ricordo che mia zia urlava dalla finestra: "Che stai facendo laggiù dietro al garage?". Oh, Marylou, tesoro, se solo ti avessi conosciuta allora! Uauh! Come devi esser stata dolce a nove anni». Sghignazzò come un pazzo; le ficcò un dito in bocca e se lo leccò; le prese la mano e se la strofinò addosso. Lei stava seduta e basta, sorridendo serena.

Il lungo e grosso Ed Dunkel sedeva guardando fuori del finestrino, parlando da solo. «Sissignore, ho creduto d'essere un fantasma quella notte». Si chiedeva inoltre che cosa gli avrebbe detto Galatea Dunkel[23] a New Orleans.

Dean proseguì. «Una volta viaggiai su un carro merci dal New Mexico dritto fino a Los Angeles. Avevo undici anni, avevo perso mio padre su un binario morto, stavamo tutti in un accampamento di vagabondi, io ero con un uomo chiamato Rosso il Grosso, mio padre era ubriaco fradicio in un carro chiuso – quello cominciò a muoversi – Rosso il Grosso e io non riuscimmo a prenderlo, non vidi mio padre per vari mesi. Viaggiai su un treno merci di lungo percorso fino in California, una freccia del deserto. Per tutta la strada viaggiai sui respingenti[24] – potete immaginarvi quanto fosse pericoloso, ero solo un bambino, non lo sapevo – stringendo un fi-

---

21. saltamontone: gioco simile alla cavallina.
22. Denver ... Carlo: Dean è originario di Denver, in Colorado; Carlo Marx è un altro personaggio del romanzo, dietro il quale si cela lo scrittore beat Allen Ginsberg (1926-1997).
23. Galatea Dunkel: è la moglie di Ed.

24. respingenti: i giunti metallici che tengono uniti i vagoni del treno.

210 lone di pane sotto un braccio mentre con l'altro mi tenevo aggrappato alla sbarra del freno. Queste non sono frottole, è la verità. Quando arrivai a Los Angeles avevo tanta voglia di latte e panna che presi un lavoro in una latteria e la prima cosa che feci fu di bermi un litro di panna grassa e vomitare».

«Povero Dean» disse Marylou, e lo baciò. Lui guardò davanti a sé pieno d'orgoglio. L'amava.

215 Improvvisamente stavamo correndo lungo le acque azzurre del Golfo, e nello stesso momento alla radio attaccò una formidabile pazzia: era il programma di dischi Chicken Jazz'n Gumbo da New Orleans, tutti indiavolati dischi di jazz, dischi di musica negra, con il presentatore che diceva: «Non preoccupatevi di niente!». Vedemmo con gioia New Orleans nella notte davanti a noi. Dean si fregò le ma-
220 ni sopra il volante. «Adesso ci divertiremo un mondo!» Al tramonto stavamo entrando nelle ronzanti strade di New Orleans. «Oh, sentite l'odore della gente!» urlava Dean, annusando, il viso fuori del finestrino. «Ah! Dio! Che vita!» Girò attorno a un filobus. «Sì!» Lanciò la macchina e guardò in tutte le direzioni in cerca di ragazze. «Guardate quella!» L'aria di New Orleans era così dolce che pare-
225 va giungere in morbide fasce di seta; e si poteva sentire l'odore del fiume e veramente sentire quello della gente, e del fango, e della melassa[25], e ogni genere di esalazioni tropicali col naso distolto all'improvviso dai geli asciutti di un inverno settentrionale. Saltavamo sui sedili. «E osservate quella!» gridava Dean, indicando un'altra donna. «Oh, io adoro, adoro, adoro le donne! Penso che le donne sono
230 meravigliose! Adoro le donne!» Sputò dal finestrino; mugolò; si afferrò la testa. Grosse gocce di sudore gli cadevano dalla fronte per pura eccitazione e sfinimento.

J. Kerouac, *Sulla strada*, traduzione di M. de Cristofaro, Milano, Mondadori, 1989

25. melassa: liquido dolciastro che si ottiene dallo zucchero, usato per fare molti liquori artigianali.

Analisi guidata

Un'icona della cultura *beat*

Il brano racconta l'inizio di un nuovo viaggio che Sal Paradise compie insieme al suo amico e mentore **Dean Moriarty**, personaggio carismatico e affascinante dietro il quale si cela **Neal Cassady** (1926-1968), uno degli iniziatori della *beat generation*. Dean è la figura che meglio esprime l'**ansia di libertà** e il **rifiuto delle regole** che caratterizzano gli esponenti della cultura *beat*, a partire dai costumi sessuali estremamente disinibiti fino ai comportamenti trasgressivi e polemici nei confronti dell'autorità (in questo caso la polizia, che ha fermato il gruppo per un sorpasso azzardato in autostrada). Come si apprende dal suo racconto, egli ha iniziato a girare l'America fin da bambino, quando viaggiava sui treni prima con il padre e poi da solo, e questo **vagabondare** è ormai divenuto parte integrante della sua personalità, tanto da impedirgli di rimanere a lungo in un luogo fisso.

 Competenze di comprensione e analisi

- Che rapporti ha Dean Moriarty con Marylou e Camille?

- Ricostruisci il contesto storico e culturale in cui è ambientato *On the road* e spiega perché gli atteggiamenti di Dean e degli altri personaggi del romanzo appaiono così particolari e trasgressivi per l'epoca.

Il viaggio come simbolo di libertà

Per i protagonisti del romanzo ciò che è importante non è viaggiare per raggiungere una meta, ma il **viaggio in sé**, inteso come **momento di libertà e scoperta**. Mentre attraversa gli Stati Uniti da nord a sud (da New York a New Orleans) il gruppo incontra personaggi bizzarri (il vagabondo che chiede soldi alle famiglie ebraiche, l'autostoppista ragazzino) che immergono il lettore nell'atmosfera *on the road*. Tuttavia, i viaggiatori devono spesso scontrarsi con la **diffidenza della società**, qui rappresentata dai poliziotti, che cercano in tutti i modi di trovare qualcosa con cui accusare i quattro («il poliziotto cattivo minacciò di riportarlo in Pennsylvania e di levare contro di lui un'accusa speciale»); all'epoca del romanzo, infatti, il vagabondaggio non solo era mal visto dalla morale comune, ma costituiva addirittura un reato, come rivelano le parole di Dean («mi prendono tutti i soldi e mi accusano di vagabondaggio»).

⬤ Competenze di comprensione e analisi

- Con l'aiuto di una carta geografica ricostruisci l'itinerario seguito dai protagonisti del brano.

- Quale accusa viene mossa ai poliziotti americani dall'autore?

- Come cambia il paesaggio lungo il quale si muovono i personaggi? Ti sembra che le caratteristiche dello spazio siano solo fisiche o credi che alludano anche a una dimensione simbolica?

Lo stile

Lo **stile** di Kerouac è molto **vicino al parlato**. I personaggi parlano in modo spontaneo e **colloquiale** (anche se l'autore non rinuncia a inserire citazioni colte e riferimenti letterari come quello di Céline), utilizzando **intercalari** («sporche nevi», «vecchio Bull Lee) e **modi di dire tipici dello** *slang* giovanile («la fanno così maledettamente facile»)

⬤ Competenze di comprensione e analisi

- Metti a confronto la prosa di Kerouac con quella del brano di Salinger (p. 483), evidenziando in un breve testo scritto le principali analogie tra i due autori.

David Hockney,
*Autostrada
Pearblossom*, 1986.

I sudamericani: Borges e Marquez

Borges: tra Argentina e Europa

Molte delle tematiche e delle tecniche narrative tipiche del romanzo postmoderno trovano la loro prima formulazione nelle opere di **Jorge Luis Borges**, a cui molti autori del secondo Novecento guarderanno come a un maestro e a un precursore. Nato a **Buenos Aires** nel **1899**, Borges trascorre la giovinezza in Europa avvicinandosi alle Avanguardie del Surrealismo e del Dadaismo. Al suo ritorno in Argentina inizia a collaborare con riviste letterarie e compone le sue prime raccolte poetiche (*Fervore di Buenos Aires*, 1923; *Luna di fronte*, 1925; *Quaderno San Martín*, 1929), a cui seguono alcune tra le sue più importanti raccolte di racconti, come *Storia universale dell'infamia* (1935), *Finzioni* (1944) e *L'Aleph* (1949). Avverso alla dittatura di Perón, nel 1946 viene rimosso per motivi politici dal suo incarico di bibliotecario, ma alla caduta del dittatore, nel 1955, è nominato direttore della Biblioteca Nazionale e successivamente professore di letteratura tedesca, inglese e americana presso l'Università di Buenos Aires. Nonostante la cecità che lo affligge negli ultimi decenni di vita, prosegue nella sua intensa attività critica e letteraria, pubblicando testi saggistici e nuove raccolte di racconti: *Il manoscritto di Brodie* (1970), *Il congresso del mondo* (1971) e *Il libro di sabbia* (1975). Insignito di importanti riconoscimenti che sanciscono la sua fama mondiale, muore a **Ginevra** nel **1986**.

Realtà e finzione

Borges si esprime soprattutto nella forma del **racconto breve di natura fantastica**, che ha spesso al centro tematiche esistenziali tipiche della modernità, quali il problema di Dio, la **natura mutevole del tempo** e il **rapporto tra realtà e letteratura**. Nella storia e nella letteratura, secondo Borges, ricorrono i medesimi fatti e ogni libro si pone quindi come un tentativo di interpretazione e trascrizione del mondo attraverso il filtro della cultura e del linguaggio. I racconti si presentano quindi come una **contaminazione tra realtà, metafora e finzione** e diventano «specchio» di un universo che lo scrittore concepisce come sospensione tra caos e ordine. Elementi ricorrenti delle sue raccolte sono il **labirinto**, gli specchi, la **biblioteca**, con cui riesce a comunicare lo scambio e l'intreccio tra mondo delle parole e mondo della realtà. Sul piano formale, Borges anticipa il postmoderno nella tendenza a costruire trame narrative a partire da **citazioni e riferimenti eruditi** al patrimonio della cultura occidentale, **reinterpretati in chiave fantastica** e simbolica.

Gabriel García Marquez.

Il «realismo magico»

La narrativa latino-americana, quasi sconosciuta in Occidente nella prima metà del Novecento, conosce un periodo di grande fioritura a partire dagli **anni Sessanta**. Grazie anche allo sviluppo socio-economico che in questo periodo interessa paesi come il Perù, la Colombia e l'Argentina, i letterati entrano in contatto con i **modelli europei e statunitensi** della generazione precedente e li reinterpretano in opere originali, che si diffondono rapidamente su scala mondiale.

Al di là delle differenze tra i diversi autori, un tratto che accomuna i romanzi provenienti da questa area geografica può essere rintracciato in quello che la critica ha definito «realismo magico», ossia la **commistione di elementi realistici e fantastici**. Le trame narrative si richiamano infatti, in modo più o meno diretto, alla tormentata **storia recente** dell'America Latina, segnata da sanguinosi regimi dittatoriali e dallo sfruttamento economico postcoloniale, ma tendono a proiettare gli eventi concreti su uno **sfondo mitico**, che ha origine nelle radici arcaiche delle **civiltà precolombiane**. Nascono così romanzi in cui l'intento di **denuncia politica e sociale** si fonde con un rinnovato gusto per la narrazione, in equilibrio tra concretezza e **dimensione simbolica**.

Gabriel García Marquez

Il primo romanzo latino-americano ad attrarre l'attenzione del pubblico

La biblioteca del mondo: Borges postmoderno

In un racconto del 1941 Borges rappresenta l'universo come un'enorme e labirintica biblioteca, in cui tutto lo scibile umano è contenuto all'interno di una struttura ordinata secondo precisi riferimenti geometrici, che esprimono un tema tipico del Postmoderno quale il rapporto tra la realtà e il linguaggio.

L'universo (che altri chiama la Biblioteca) si compone d'un numero indefinito, e forse infinito, di gallerie esagonali, con vasti pozzi di ventilazione nel mezzo, bordati di basse ringhiere. Da qualsiasi esagono si vedono i piani superiori e inferiori, interminabilmente. La distribuzione degli oggetti nelle gallerie è invariabile. Venticinque vasti scaffali, in ragione di cinque per lato, coprono tutti i lati meno uno; la loro altezza, che è quella stessa di ciascun piano, non supera di molto quella d'una biblioteca normale. Il lato libero dà su un angusto corridoio che porta a un'altra galleria, identica alla prima e a tutte. A destra e a sinistra del corridoio vi sono due gabinetti minuscoli. Uno permette di dormire in piedi; l'altro di soddisfare le necessità fecali.
Di qui passa la scala spirale, che s'inabissa e s'innalza nel remoto. Nel corridoio è uno specchio, che fedelmente duplica le apparenze. Gli uomini sogliono inferire[1] da questo specchio che la Biblioteca non è infinita (se realmente fosse tale, perché questa duplicazione illusoria?); io preferisco sognare che queste superfici argentate figurino e promettano l'infinito... La luce procede da frutti sferici che hanno il nome di lampade. Ve ne sono due per esagono, su una trasversale. La luce che emettono è insufficiente, incessante. [...] Un bibliotecario di genio scoprì la legge fondamentale della Biblioteca. Questo pensatore osservò che tutti i libri, per diversi che fossero, constavano di elementi eguali: lo spazio, il punto, la virgola, le ventidue lettere dell'alfabeto. Stabilì, inoltre, un fatto che tutti i viaggiatori hanno confermato: non vi sono, nella vasta Biblioteca, due soli libri identici. Da queste premesse incontrovertibili dedusse che la Biblioteca è totale, e che i suoi scaffali registrano tutte le possibili combinazioni dei venticinque simboli ortografici (numero, anche se vastissimo, non infinito) cioè tutto ciò ch'è dato di esprimere, in tutte le lingue. [...] Non mi sembra inverosimile che in un certo scaffale dell'universo esista un libro totale; prego gli dei ignoti che un uomo – uno solo, e sia pure tra migliaia d'anni! – l'abbia trovato e l'abbia letto. Se l'onore e la speranza non sono per me, che siano per altri. Che il cielo esista, anche se il mio posto è l'inferno.

J-L. Borges, *La biblioteca di Babele*, in *Finzioni*, traduzione di A. Meli, Milano, Adelphi, 2003

1. inferire: dedurre.

internazionale è senza dubbio ***Cent'anni di solitudine*** (1967), del colombiano Gabriel García Marquez. Nato ad Aracataca nel **1928**, esordisce con *Nessuno scrive al colonnello* (1961) e *La mala ora* (1962), ai quali fa seguito un'abbondante produzione che comprende capolavori come *L'autunno del patriarca* (1975), cronaca fantastica della vita di un dittatore, e ***Cronaca di una morte annunciata*** (1981). Insignito del **premio Nobel** per la letteratura **nel 1982**, negli ultimi decenni Marquez ha privilegiato soprattutto vicende amorose, come il grande affresco sentimentale di *L'amore ai tempi del colera* (1985) o la delicata storia d'amore di *Dell'amore e di altri demoni* (1994). García Marquez è morto a Città del Messico nell'aprile **2014**.

Cent'anni di solitudine I temi caratteristici dell'opera di García Marquez emergono con chiarezza nel suo capolavoro, *Cent'anni di solitudine*, che narra attraverso cinque diverse generazioni la storia di un **immaginario paese** sudamericano, **Macondo**. A partire dalla fondazione di Macondo in un'epoca remota

che assume tratti leggendari e fiabeschi, la vicenda si snoda **alternando eventi fantastici e surreali a fatti reali**, raccogliendo intorno alla **famiglia Buendía** le storie di numerosi personaggi secondari. Gradualmente, nella semplicità idilliaca di Macondo fa irruzione la **civiltà moderna**, sotto forma di una compagnia statunitense che impianta nel territorio una piantagione di banane, sfruttando i lavoratori locali e reprimendo nel sangue le loro ribellioni. A questa fase segue rapidamente la **decadenza** che, in una sorta di apocalisse, porta all'estinzione della famiglia Buendía, protagonista corale del romanzo, e di Macondo stessa.
Con questo grandioso affresco Marquez fornisce una chiave di lettura della **storia di tutti i popoli dell'America del Sud**, costretti a passare da una dimensione arcaica naturale a una condizione di oppressione e violenza storica dalla quale sembra impossibile riscattarsi. La fusione di elementi realistici e fantastici è resa possibile, sul piano narrativo, dall'adozione del **punto di vista dei vari personaggi** e della loro ottica primitiva, che induce il lettore a

leggere eventi straordinari e surreali come se fossero del tutto naturali. Anche la frequenza delle prolessi (anticipazioni) e il continuo **scambio dei piani temporali** sottolinea l'antitesi tra il procedere lineare del **tempo storico** e il **«tempo curvo» e circolare del mondo premoderno**, che asseconda i ritmi ciclici della natura. La doppia dimensione spazio-temporale comporta inoltre l'adozione di **stili diversi**, da quello realistico a quello fantastico, dall'epico al comico, in un tessuto narrativo in cui finzione e realtà si sovrappongono di continuo.

Altri autori sudamericani Oltre a García Marquez molti altri autori sudamericani hanno incontrato il favore del pubblico internazionale, attestando l'apertura di questo continente alle correnti più recenti della narrativa europea e statunitense. Se già negli anni Quaranta l'argentino Jorge Luis Borges anticipa temi e strutture del Postmoderno, anche il suo connazionale **Julio Cortázar** (1914-1984) riprende elementi tipici della narrativa sperimentale degli anni Sessanta. Emigrato a Parigi per sfuggire al regime di Perón, Cortázar utilizza nelle sue opere **tecniche narrative combinatorie** che ricordano quelle dell'*Oulipo* e che sono particolarmente evidenti nel suo romanzo maggiore, ***Il gioco del mondo*** (1963), traduzione dello spagnolo *Rayuela* (alla lettera "linea", nome di un gioco per bambini che si svolge saltando su un solo piede lungo caselle disegnate a terra): formata da tre parti, l'opera può essere letta sia in modo lineare sia a partire dal capitolo 73, procedendo avanti e indietro nel testo secondo precise indicazioni fornite dall'autore.

Frida Kahlo, *Le due Frida*, 1939.

Cortázar ha scritto inoltre numerose raccolte di **racconti fantastici**, tra cui *Bestiario* (1959) e *Tanto amore per Glenda* (1979).

Altri celebri **esponenti del «realismo magico»** sono il brasiliano **Jorge Amado** (1912-2001) e il peruviano **Manuel Scorza** (1928-1984). Dopo romanzi caratterizzati da un forte impegno politico e incentrati sulle lotte sindacali dei lavoratori (*Terre del finimondo*, 1943), Amado approda a una narrativa di tipo fantastico, in cui surreali storie d'amore, riti magici e credenze arcaiche (***Donna Flor e i suoi due mariti***, 1966), si intrecciano con la violenza e le **contraddizioni della società brasiliana** (*Teresa Batista stanca di guerra*, 1972).

La produzione di **Scorza** mira invece a denunciare, in forma spesso surreale, le **sopraffazioni subite dagli indigeni quechua del Perù**, cacciati dalle loro zone d'origine dai grandi proprietari terrieri e dalle multinazionali occidentali: simbolo della sua narrativa è l'indio protagonista di ***Storia di Garabombo, l'invisibile*** (1972), che si reca in città per rivendicare il possesso di una terra in cui la sua gente vive da secoli, ma scopre di essere divenuto invisibile.

Il filone «magico» è particolarmente importante anche nell'opera di un'autrice molto amata dal pubblico europeo, **Isabel Allende** (1942), nipote del presidente del Cile assassinato durante il colpo di stato del 1973, giunta al successo con il romanzo ***La casa degli spiriti*** (1982), in cui rievoca la storia della sua famiglia accostando la cronaca politico-sociale al gusto per il fantastico,

Occorre infine ricordare il peruviano **Mario Vargas Llosa** (1936), vincitore del Nobel per la letteratura nel 2010. Dalle posizioni di estrema sinistra di ***Conversazione nella cattedrale*** (1971), egli approda successivamente a un atteggiamento liberale e conservatore, causa di una decennale polemica con García Marquez. Nella sua produzione romanzi di tono comico come *La zia Julia e lo scribacchino* (1978) si alternano a testi più innovativi sul piano strutturale (***La città e i cani***, 1963) e a opere più tradizionali come il romanzo storico ***La guerra alla fine del mondo*** (1981).

Sosta di verifica

1 Che cosa si intende per «realismo magico»?
2 Da che cosa è caratterizzata la letteratura di Borges?
3 Qual è la trama di *Cent'anni di solitudine* di García Marquez?
4 Quali altri scrittori sudamericani hanno raggiunto la fama internazionale negli ultimi anni?

Jorge Luis Borges
Il labirinto di Asterione

L'Aleph

Ascolta il brano

La raccolta *L'Aleph* deriva il suo titolo dalla parola che indica la prima lettera dell'alfabeto ebraico, simbolo dell'origine da cui tutto nasce e a cui tutto fa ritorno. Nell'edizione del 1949 il volume comprende tredici racconti, per lo più surreali e fantastici.
Il racconto proposto reinterpreta liberamente il mito del Minotauro Asterione, una creatura mitologica con corpo di uomo e testa taurina, generato dall'unione

tra Pasifae, moglie del re di Creta Minosse, e un toro. Minosse fece rinchiudere il mostro in un labirinto costruito da Dedalo e, dopo aver sconfitto in guerra gli Ateniesi, impose loro un tributo annuale di sette giovani e sette fanciulle da dare in pasto al Minotauro. Infine, il giovane eroe ateniese Teseo, con l'aiuto di Arianna, figlia di Minosse, riuscì a penetrare nel labirinto e a uccidere il Minotauro.

> E la regina[1] dette alla luce un figlio che
> si chiamò Asterione
> APOLLODORO[2], *Biblioteca*, III, 1

> La voce narrante del racconto è lo stesso Minotauro, che descrive la sua condizione ai lettori.

So che mi accusano di superbia, e forse di misantropia[3], o di pazzia. Tali accuse (che punirò al momento giusto) sono ridicole. È vero che non esco di casa, ma è anche vero che le porte (il cui numero è infinito) restano aperte giorno e notte agli uomini e agli animali. Entri chi vuole. Non troverà quei lussi donneschi né la splendida pompa[4] dei palazzi, ma la quiete e la solitudine. E troverà una casa come non ce n'è altre sulla faccia della terra. (Mente chi afferma che in Egitto ce n'è una simile). Perfino i miei calunniatori ammettono che nella casa non c'è *un solo mobile*. Un'altra menzogna ridicola è che io, Asterione, sia un prigioniero. Dovrò ripetere che non c'è una porta chiusa, e aggiungere che non c'è una sola serratura? D'altronde, una volta al calare del sole percorsi le strade; e se prima di notte tornai, fu per il timore che m'infondevano i volti della folla, volti scoloriti e spianati, come una mano aperta. Il sole era già tramontato, ma il pianto accorato d'un bambino e le rozze preghiere del gregge[5] dissero che mi avevano riconosciuto. La gente pregava, fuggiva, si prosternava[6]; alcuni si arrampicavano sullo stilobate[7] del tempio delle Fiaccole, altri ammucchiavano pietre. Qualcuno, credo, cercò rifugio nel mare. Non per nulla mia madre fu una regina; non posso confondermi col volgo, anche se la mia modestia lo vuole.
La verità è che sono unico. Non m'interessa ciò che un uomo può trasmettere ad altri uomini; come il filosofo, penso che nulla può essere comunicato attraverso l'arte della scrittura[8]. Le fastidiose e volgari minuzie non hanno ricetto[9] nel mio spirito, che è atto solo al grande[10]; non ho mai potuto ricordare la differenza che

---

1. **la regina:** Pasifae.
2. **Apollodoro:** scrittore ateniese del II secolo a.C.
3. **misantropia:** *odio e disprezzo nei confronti del genere umano.*
4. **pompa:** *lusso.*
5. **gregge:** agli occhi di Asterione gli uomini ap-

paiono tutti uguali, come un gregge di pecore.
6. **si prosternava:** *si gettava a terra,* implorando pietà.
7. **stilobate:** gradini alla base del tempio greco.
8. **come ... scrittura:** la frase è riconducibile a un dialogo del filosofo greco Platone (*Fedro*) in cui si parla del mito di Teuth, dio

egizio inventore dell'alfabeto. Nel racconto Platone evidenzia i pericoli legati all'esercizio della scrittura, tra cui l'indebolimento della memoria.
9. **ricetto:** *spazio.*
10. **atto... grande:** *adatto a compiere solo grandi imprese.*

25 distingue una lettera dall'altra. Un'impazienza generosa non ha consentito che imparassi a leggere. A volte me ne dolgo, perché le notti e i giorni sono lunghi. Certo, non mi mancano distrazioni. Come il montone che s'avventa, corro pei corridoi di pietra fino a cadere al suolo in preda alla vertigine. Mi acquatto all'ombra di una cisterna e all'angolo d'un corridoio e giuoco a rimpiattino[11]. Ci sono terraz-

30 ze dalle quali mi lascio cadere, finché resto insanguinato. In qualunque momento posso giocare a fare l'addormentato, con gli occhi chiusi e il respiro pesante (a volte m'addormento davvero; a volte, quando riapro gli occhi, il colore del giorno è cambiato). Ma, fra tanti giuochi, preferisco quello di un altro Asterione. Im-

35 magino ch'egli venga a farmi visita e che io gli mostri la casa. Con grandi inchini, gli dico: «Adesso torniamo all'angolo di prima», o: «Adesso sbocchiamo in un altro cortile», o: «Lo dicevo io che ti sarebbe piaciuto il canale dell'acqua», oppure: «Ora ti faccio vedere una cisterna che s'è riempita di sabbia», o anche: «Vedrai come si biforca la cantina». A volte mi sbaglio, e ci mettiamo a ridere entrambi.

Il labirinto è uno dei simboli della cultura postmoderna poiché rappresenta la complessità e la frammentarietà del reale.

40 Ma non ho soltanto immaginato giuochi; ho anche meditato sulla casa. Tutte le parti della casa si ripetono, qualunque luogo di essa è un altro luogo. Non ci sono una cisterna, un cortile, una fontana, una stalla; sono infinite le stalle, le fontane, i cortili, le cisterne. La casa è grande come il mondo. Tuttavia, a forza di percorrere cortili con una cisterna e polverosi corridoi di pietra grigia, raggiunsi

45 la strada e vidi il tempio delle fiaccole e il mare. Non compresi, finché una visione notturna mi rivelò che anche i mari e i templi sono infiniti. Tutto esiste molte volte, infinite volte; soltanto due cose al mondo sembrano esistere una sola volta: in alto, l'intricato sole; in basso, Asterione. Forse fui io a creare le stelle e il sole e questa enorme casa, ma non me ne ricordo.

50 Ogni nove anni entrano nella casa nove uomini[12], perché io li liberi da ogni male. Odo i loro passi o la loro voce in fondo ai corridoi di pietra e corro lietamente incontro ad essi. La cerimonia dura pochi minuti. Cadono uno dopo l'altro; senza che io mi macchi le mani di sangue. Dove sono caduti restano, e i cadaveri aiutano a distinguere un corridoio dagli altri. Ignoro chi siano, ma so che uno di essi pro-

55 fetizzò, sul punto di morire, che un giorno sarebbe giunto il mio redentore[13]. Da allora la solitudine non mi duole, perché so che il mio redentore vive e un giorno sorgerà dalla polvere. Se il mio udito potesse percepire tutti i rumori del mondo, io sentirei i suoi passi. Mi portasse a un luogo con meno corridoi e meno porte! Come sarà il mio redentore? Sarà forse un toro con volto d'uomo? O sarà come me?

60 Il sole della mattina brillò sulla spada di bronzo. Non restava più traccia di sangue. «Lo crederesti, Arianna[14]?» disse Teseo. «Il Minotauro non s'è quasi difeso».

J. L. Borges, *L'Aleph*, traduzione di F. Tentori Montalto, Milano, Feltrinelli, 1961

---

11. a rimpiattino: *a nascondino.*
12. Ogni ... uomini: si fa riferimento al pesante tributo di vite umane che Atene era costretta a pagare a Creta.
13. il mio redentore: *colui che mi libererà da questa condizione.*
14. Arianna: *figlia di Minosse e sorellastra del Minotauro, aiutò Teseo a trovare la via d'uscita dal labirinto.*

Analisi guidata

La riscrittura del mito

Secondo una procedura che sarà poi tipica del Postmoderno, il racconto si presenta come una **libera reinterpretazione di un mito classico**, di cui però **Borges rovescia il significato**. Mentre infatti la tradizione presentava il Minotauro come un mostro crudele e assetato di sangue, l'autore ne fa una **creatura**

misteriosa e solitaria, la cui vita si consuma nella più totale reclusione e nella costante attesa di un «redentore». Asterione si consegna quindi fiducioso a Teseo nella certezza che egli sia il suo liberatore, mentre l'eroe lo uccide senza alcuna pietà.

La scelta di affidare la narrazione, in una sorta di lungo monologo, direttamente ad Asterione, che fornisce la sua versione degli eventi, favorisce l'**identificazione del lettore** con il Minotauro, mentre l'inatteso passaggio, nel finale, al punto di vista esterno di Teseo sottolinea il triste inganno di cui Asterione cade vittima.

● Competenze di comprensione e analisi

- Sulla base degli elementi presenti nel testo traccia un ritratto psicologico di Asterione.
- Il rovesciamento di prospettiva attuato nel racconto interviene anche a modificare i rapporti tra i personaggi. In che modo Asterione vede gli uomini?
- Nel racconto è presente l'ellissi di un momento importante della vicenda del Minotauro. Qual è il fatto omesso? Quali sono a tuo parere le motivazioni di questa scelta narrativa?
- Quale tipo di focalizzazione viene adottata? Il punto di vista adottato dal narratore è sempre lo stesso o cambia nel corso del racconto?

Il destino dell'uomo

La vicenda narrata presenta le caratteristiche del **racconto fantastico**, ma si presta anche a una lettura **allegorica**. Lo spazio in cui si svolgono gli eventi, un enorme **labirinto** in cui è impossibile orientarsi, è **simbolo del mondo**, visto come una realtà complessa e inconoscibile in cui il protagonista si aggira in totale solitudine, senza comprendere il vero senso degli eventi e ponendosi vani interrogativi esistenziali. A sua volta il Minotauro si fa **emblema dell'uomo**, perduto in un universo incomprensibile e in attesa di un misterioso salvatore, dal quale potrà però aspettarsi, come unica possibile liberazione, solo la morte.

● Competenze di comprensione e analisi

- La casa di Asterione «è grande come il mondo». Che cosa vuole sottolineare l'autore con questa frase? Per quale motivo sceglie proprio l'immagine del labirinto?
- Quali aspetti del monologo di Asterione mettono in risalto la sua totale solitudine?
- Il protagonista spera che il suo liberatore lo porti «a un luogo con meno corridoi e meno porte». Che cosa simboleggia questo suo desiderio?

Borges e il labirinto

Il tema del **labirinto**, **simbolo del caos geometrico e incomprensibile dell'universo**, torna spesso, come una presenza ossessiva e inquietante, nelle opere di Borges. In *Labirinti* si legge infatti: «Ossessivamente sogno di un labirinto piccolo, pulito, al cui centro c'è un'anfora che ho quasi toccato con le mani, che ho visto con i miei occhi, ma le strade erano così contorte, così confuse, che una cosa mi apparve chiara: sarei morto prima di arrivarci». E ancora in *Abenjacàn il Bojarì, ucciso nel suo labirinto* (tratto da *L'Aleph*), Borges estende l'immagine del labirinto a tutto l'universo: «Un fuggiasco non si nasconde in un labirinto. Non innalza un labirinto su un luogo alto della costa, un labirinto cremisi che i marinai avvistano da lontano. Non ha bisogno di erigere un labirinto, perché l'universo già lo è».

● Competenze di comprensione e analisi

- Dopo aver riletto il racconto e le citazioni sul labirinto, rifletti in un breve testo scritto sull'importanza di questa immagine per lo scrittore argentino. Ricerca poi, per tuo conto, altre immagini del labirinto nelle arti figurative e nella letteratura e riferisci di ciò che hai rinvenuto in un breve elenco ragionato.

Gabriel García Marquez
La violenza e l'oblio

Cent'anni di solitudine

Nella trama di Cent'anni di solitudine *le vicende dei personaggi si intrecciano con le vicende politiche e sociali della Colombia. Nella sua autobiografia l'autore afferma infatti che l'episodio qui riportato è ispirato a un evento realmente accaduto: la repressione da parte dell'esercito di uno sciopero scoppiato tra i lavoratori della società statunitense United Fruit Corporation. I lavoratori di Macondo, impiegati in una piantagione di banane controllata da una multinazionale nordamericana, decidono di scioperare, ma la repressione della manifestazione da parte dei militari è spietata. A vivere in prima persona l'evento è José Arcadio Secondo che si trova in mezzo alla strage dei civili e viene erroneamente caricato su un treno pieno di cadaveri. Tornato al villaggio si rende conto che gli abitanti ignorano o fingono di ignorare il dramma che è appena accaduto.*

Il grande sciopero esplose. I coltivi[1] rimasero a mezzo, la frutta maturò sugli alberi e i treni di centoventi vagoni si fermarono sui binari morti. Gli operai oziosi fecero traboccare i villaggi. La Strada dei Turchi splendette in un sabato di molti giorni[2], e nella sala dei biliardi dell'Hotel di Jacob fu necessario stabilire turni di
5   ventiquattro ore. Lì si trovava José Arcadio Secondo il giorno in cui si annunciò che l'esercito era stato incaricato di ristabilire l'ordine pubblico. Benché non fosse uomo di presagi, la notizia fu per lui come un annuncio della morte, che aveva aspettato sin dal lontano mattino in cui il colonnello Gerineldo Marquez gli aveva permesso di assistere a una fucilazione[3]. Tuttavia, il malaugurio non alterò
10 la sua solennità. Tirò il colpo che aveva previsto e non sbagliò la carambola[4]. Poco dopo i rulli del tamburino, i latrati della tromba, le grida e la confusione della gente, gli indicarono che non soltanto la partita a biliardo ma anche la taciturna e solitaria partita che giocava con se stesso dal mattino dell'esecuzione erano finalmente terminate. Allora si affacciò in strada, e li vide. Erano tre reggimenti, la
15 cui marcia ritmata da tamburi di galeotti faceva trepidare la terra. Il loro alito di drago multicefalo[5] impregnò di un vapore pestilenziale il chiarore di mezzogiorno. Erano piccoli, massicci, bruti. Sudavano con sudore di cavallo, e avevano un odore di carnaccia macerata dal sole, e l'impavidità[6] taciturna e impenetrabile degli uomini dell'altipiano. Benché ci mettessero più di un'ora a passare, si sarebbe
20 potuto pensare che fossero soltanto poche squadre intente a girare in giro, perché tutti erano identici, figli della stessa madre, e tutti sopportavano con uguale stolidità[7] il peso dei tascapane e delle borracce, e la vergogna dei fucili con le baionette innestate, e la scoglionatura[8] dell'obbedienza cieca e del senso dell'onore. [...] La legge marziale dava facoltà all'esercito di assumere funzioni di arbitro nella
25 controversia, ma non fu fatto nessun tentativo di conciliazione. Non appena eseguita la loro esibizione a Macondo, i soldati misero da parte i fucili, tagliarono e caricarono le banane e fecero muovere i treni. I lavoratori, che fino a quel momento si erano accontentati di aspettare, si buttarono nella selva senza altre ar-

> L'accenno ai «presagi» lascia intuire che lo sciopero si concluderà in maniera drammatica.

---

1. coltivi: *campi coltivati.*
2. in un sabato ... giorni: *in un clima di festa continua.*
3. sin dal lontano... fucilazione: si allude a un episodio dell'infanzia di José.
4. carambola: *un particolare colpo del gioco del biliardo.*
5. multicefalo: *dalle numerose teste.*
6. impavidità: *assenza di paura.*
7. stolidità: *cieca sottomissione.*
8. scoglionatura: *seccatura.*

mi che i loro machetes[9] da lavoro, e cominciarono a sabotare il sabotaggio[10]. In-
30 cendiarono poderi e magazzini, distrussero i binari per impedire il passaggio dei
treni che cominciavano ad aprirsi la strada col fuoco delle mitragliatrici, e tagliarono i fili del telegrafo e del telefono. I canali di irrigazione si tinsero di sangue.
Il signor Brown[11], che era vivo nella capponaia[12] elettrificata, fu fatto uscire da
35 Macondo con la sua famiglia e quelle di altri suoi compatrioti, e tutti furono condotti in territorio sicuro sotto la protezione dell'esercito. La situazione minaccia-
va di degenerare in una guerra civile impari e sanguinosa, quando le autorità diramarono[13] un comunicato ai lavoratori perché si concentrassero a Macondo. Il
comunicato annunciava che il Capo Civile e Militare della provincia sarebbe ar-
40 rivato il venerdì seguente, disposto a intercedere nel conflitto.
José Arcadio Secondo si trovava tra la folla che si era concentrata nella stazione
fin dal mattino del venerdì. Aveva partecipato a una riunione dei dirigenti sindacali ed era stato incaricato insieme al colonnello Gavilàn di mescolarsi alla folla
e di orientarla secondo le circostanze. Non si sentiva bene, e ruminava una pa-
45 sta salnitrosa[14] sul palato, da quando aveva notato che l'esercito aveva piazzato
nidi[15] di mitragliatrici intorno alla piazzetta, e che la città recintata della compagnia bananiera era protetta da pezzi di artiglieria. Verso le dodici, in attesa di un
treno che non arrivava, più di tremila persone, tra lavoratori, donne e bambini,
traboccavano nello spazio scoperto davanti alla stazione e si ammassavano nelle
50 strade adiacenti che l'esercito chiuse con file di mitragliatrici. Sembrava in quei
momenti, più che un'accoglienza, una fiera allegra. Avevano fatto venire i banchi
di frittelle e le baracche di bibite dalla Strada dei Turchi, e la gente sopportava di
buon animo il fastidio dell'attesa e il sole rovente. Poco prima delle tre corse voce che il treno ufficiale non sarebbe arrivato fino al giorno dopo. La folla stanca
55 esalò un sospiro di avvilimento. Un tenente dell'esercito salì allora sul tetto della stazione, dove erano piazzati quattro nidi di mitragliatrici puntate sulla folla,
e ci fu lo squillo del silenzio. Di fianco a José Arcadio Secondo c'era una donna
scalza, molto grassa, con due bambini di quattro e sette anni circa. Prese in braccio il minore, e chiese a José Arcadio Secondo, senza conoscerlo, di alzare l'altro
60 perché potesse sentire meglio quello che avrebbero detto. José Arcadio Secondo
prese il bambino sulle spalle. Molti anni dopo, quel bambino avrebbe continuato a raccontare, anche se nessuno gli credeva, di aver visto il tenente leggere dentro una tromba da grammofono[16] il Decreto Numero 4 del Capo Civile e Militare della provincia. Era firmato dal generale Carlos Cortes Vargas, e dal segretario,
65 il maggiore Enrique Garcìa Isaza, e in tre articoli di ottanta parole dichiarava gli
scioperanti un branco di *malfattori* e dava facoltà all'esercito di ucciderli a fucilate.
Letto il decreto, in mezzo a un'assordante fischiata di protesta, un capitano sosti-
tuì il tenente sul tetto della stazione, e con la tromba da grammofono fece segno
che voleva parlare. La folla tornò a fare silenzio.
70 «Signore e signori» disse il capitano con voce bassa, lenta, un po' stanca, «con-
cedo cinque minuti perché tutti si ritirino».
I fischi e gli urli raddoppiati soffocarono lo squillo di tromba che annunciò l'inizio

Il paese si appresta a celebrare la fine della vertenza sin- dacale, immaginan- do che l'inviato del governo riuscirà a ri- comporre il contra- sto tra gli scioperan- ti e la Compagnia.

9. machetes: coltelli tipici delle popolazioni latino-americane.
10. a sabotare il sabotaggio: cioè a cercare
di annullare gli effetti dell'opera dei soldati.
11. Il signor Brown: l'americano che gestisce la multinazionale proprietaria della

piantagione di banane.
12. capponaia: *gabbia di polli.*
13. diramarono: *diffusero.*
14. pasta salnitrosa: pasta dal sapore di
salnitro (nitrato di potassio). L'espressione
vuol dire che José sente in bocca un sapo-

re amaro e sgradevole.
15. nidi: *postazioni.*
16. tromba di grammofono: usata dai militari come altoparlante.

del tempo concesso. Nessuno si mosse. «Sono passati cinque minuti», disse il capitano con lo stesso tono. «Un minuto ancora e poi si farà fuoco».

75 José Arcadio Secondo, sudando ghiaccio, fece scendere il bambino dalle spalle e lo consegnò a sua madre. «Questi cornuti sono capaci di sparare», mormorò la donna. José Arcadio Secondo non ebbe il tempo di parlare, perché in quello stesso momento riconobbe la voce rauca del colonnello Gavilàn che faceva eco con un grido alle parole della donna. Ubriacato dalla tensione, dalla meravigliosa profondi-

80 tà del silenzio e, inoltre, convinto che nulla avrebbe smosso quella folla ammaliata da fascino della morte, José Arcadio Secondo si alzò sulla punta dei piedi al di sopra delle teste che aveva davanti a lui e per la prima volta in vita sua alzò la voce. «Cornuti!» gridò. «Vi regaliamo il minuto che manca».

Al termine del suo grido accadde qualcosa che non gli causò spavento ma una

85 specie di allucinazione. Il capitano diede l'ordine di fuoco e quattordici nidi di mitragliatrici gli risposero all'istante. Ma tutto sembrava una farsa. Era come se le mitragliatrici fossero state caricate con fuochi pirotecnici[17], perché si udiva il loro affannoso crepitio, e si vedevano gli schizzi incandescenti, ma non si percepiva la benché minima reazione, né una voce, nemmeno un sospiro, tra la folla compatta

90 che sembrava pietrificata da una invulnerabilità istantanea. Improvvisamente, da un lato della stazione, un grido di morte lacerò l'incanto: «Aaaahi, madre mia». Una forza sismica, un alito vulcanico, un ruggito da cataclisma, scoppiarono nel centro della folla con una straordinaria potenza espansiva. José Arcadio Secondo ebbe appena il tempo di sollevare il bambino, mentre la madre con l'altro era as-

95 sorbita dalla folla centrifugata dal panico[18].

Molti anni dopo, il bambino avrebbe raccontato ancora, nonostante i vicini continuassero a crederlo un vecchio svitato, che José Arcadio Secondo lo aveva alzato sopra la sua testa, e si era lasciato trascinare, quasi in aria, come fluttuando nel terrore della folla, verso una strada adiacente[19]. La posizione privilegiata del

100 bambino gli consentì di vedere che in quel momento la massa traboccante cominciava ad arrivare all'angolo e la fila delle mitragliatrici aprì il fuoco. Parecchie voci gridarono contemporaneamente:

«Buttatevi a terra! Buttatevi a terra!».

Quelli delle prime file lo avevano già fatto, falciati dalle raffiche di mitragliatri-

105 ce. I sopravvissuti, invece di gettarsi a terra, cercarono di tornare nella piazzetta, e il panico diede allora una codata da drago[20], e li mandò in un'ondata compatta contro l'altra ondata compatta che si moveva in senso contrario, lanciata dall'altra codata da drago della strada opposta, poiché anche lì le mitragliatrici sparavano senza sosta. Erano accerchiati, giravano in un vortice gigantesco che a po-

110 co a poco si riduceva al suo epicentro perché i suoi bordi venivano sistematicamente ritagliati in tondo, come una cipolla, quando viene pelata, dalle forbici insaziabili e metodiche della mitraglia. Il bambino vide una donna inginocchiata, con le braccia in croce, in uno spazio vuoto, misteriosamente vietato agli scoppi. Lì lo mise José Arcadio Secondo, nell'attimo di stramazzare con la faccia bagna-

115 ta di sangue, prima che il branco colossale travolgesse lo spazio vuoto, la donna inginocchiata, la luce dell'alto cielo di secca[21]. [...]

Quando José Arcadio Secondo si svegliò era disteso supino nel buio. Si accorse

---

17. fuochi pirotecnici: *fuochi d'artificio.*
18. centrifugata dal panico: *che si agitava in cerca di una via d'uscita, presa dal terrore.*

19. adiacente: *vicina.*
20. diede ... drago: *li spazzò via come se avessero impattato contro il colpo di co-*

da di un drago.
21. cielo di secca: *cielo senza pioggia.*

120 che stava viaggiando su un treno interminabile e silenzioso, e che aveva i capelli appiccicati dal sangue secco e gli dolevano tutte le ossa. Provò una tremenda stanchezza. Con una voglia di dormire per ore e ore, al sicuro dal terrore e dall'orrore, si accomodò sul lato che gli faceva meno male, e soltanto allora scoprì d'esser sdraiato sui morti. Non c'era spazio libero nel vagone, tranne il corridoio centrale. Dovevano essere trascorse parecchie ore dal massacro, perché i cadaveri avevano la temperatura del gesso in autunno[22], e la sua stessa consistenza di schiuma

125 pietrificata, e coloro che li avevano messi nel vagone avevano avuto il tempo di stivarli nell'ordine e nel senso con cui si trasportano i caschi di banane. Cercando di sfuggire all'incubo, José Arcadio Secondo si trascinò di vagone in vagone, nella direzione verso la quale avanzava il treno, e nei lampi di luce che divampavano tra le assi di legno[23] quando passavano per i villaggi addormentati vedeva i

130 morti uomini, i morti donne, i morti bambini, destinati ad essere gettati in mare come le banane di scarto. Riconobbe soltanto una donna che vendeva rinfreschi in piazza e il colonnello Gavilàn, che teneva ancora stretto nella mano il cinturone con la fibbia d'argento col quale aveva cercato di aprirsi la strada attraverso il panico. Quando arrivò nel primo vagone fece un salto nel buio, e rimase disteso

135 nella cunetta finché il treno non fu passato del tutto. Era il treno più lungo che aveva mai visto, con quasi duecento carri merci, e una locomotiva a ogni estremo e una terza nel centro. Non aveva nessuna luce, nemmeno i fanali verdi e rossi di posizione, e scivolava a una velocità notturna e furtiva. Sopra il tetto dei cadaveri si vedevano le masse scure dei soldati con le mitragliatrici piazzate.

140 Dopo mezzanotte scrosciò un acquazzone torrenziale. José Arcadio Secondo ignorava dove era saltato, ma sapeva che camminando in senso contrario a quello del treno sarebbe arrivato a Macondo. Dopo più di tre ore di marcia, inzuppato fino alle ossa, con un terribile mal di testa, scorse le prime case alla luce dell'alba. Attratto dall'odore del caffè, entrò in una cucina dove una donna con un bambino

145 in braccio era curva sul focolare.
«'giorno» disse esausto. «Sono José Arcadio Secondo Buendìa».
Pronunciò il nome completo, spiaccicando ogni sillaba, per convincersi di essere vivo. Fece bene, perché la donna aveva pensato che fosse un fantasma vedendo sulla porta la figura squallida, oscura, con la testa e i vestiti sporchi di sangue, e toccata dalla solennità della morte. Lo conosceva. Portò una coperta per-

150 ché vi si avvolgesse mentre gli asciugava la roba vicino al focolare, gli scaldò l'acqua perché si lavasse la ferita, che era solo una lacerazione della pelle, e gli diede una fascia pulita perché si bendasse la testa. Poi gli offrì una ciotola di caffè, senza zucchero, come le avevano detto che lo bevevano i Buendìa[24], e sciorinò[25]

155 la roba vicino al fuoco.
José Arcadio Secondo non parlò finché non ebbe bevuto il caffè.
«Dovevano essere un tremila», mormorò.
«Cosa?».
«I morti», spiegò lui. «Dovevano essere tutti quelli che erano nella stazione».

160 La donna lo guardò con un'occhiata di compassione. «Qui non ci sono stati morti», disse. «Dai tempi di tuo zio, il colonnello, non è successo nulla a Macondo». In tre cucine dove si fermò José Arcadio Secondo prima di arrivare a casa gli dis-

---

Note a margine:

Questo particolare macabro testimonia la metodica consapevolezza dei soldati nello stivare i cadaveri sul treno, in modo da farne entrare il maggior numero possibile in ogni vagone.

La terribile esperienza vissuta ha dato anche a José Arcadio l'aspetto di un cadavere.

Nonostante la sanguinosa strage il paese sembra aver completamente rimosso quello che è appena accaduto.

---

22. **avevano ... autunno**: erano cioè ormai freddi.
23. **nei lampi ... legno**: *nella luce che filtrava a tratti nello scompartimento.*
24. **come ... Buendìa**: i Buendìa sono, da generazioni, la famiglia più conosciuta di Macondo.
25. **sciorinò**: *stese, dispose.*

165 sero la stessa cosa: «Non ci sono stati morti». Attraversò la piazzetta della stazione, e vide i banchi di frittelle ammucchiati l'uno sull'altro e nemmeno lì trovò traccia alcuna del massacro. [...]

Aureliano Secondo[26] aveva dormito nella casa perché lì lo aveva sorpreso la pioggia, e alle tre del pomeriggio stava ancora aspettando che spiovesse. Informato segretamente da Santa Sofia de la Piedad[27], a quell'ora andò a trovare suo fratello nella stanza di Melquíades[28]. Nemmeno lui credette alla versione del massacro 170 e all'incubo del treno carico di morti diretto verso il mare. La notte precedente avevano letto un proclama nazionale straordinario, che informava che gli operai avevano ubbidito all'ordine di evacuare[29] la stazione, e si dirigevano verso le loro case in carovane pacifiche. [...] La versione ufficiale, mille volte ripetuta e ribadita in tutto il paese con quanti mezzi di divulgazione fossero alla portata del go 175 verno, finì per imporsi: non c'erano stati morti. La legge marziale continuava, in previsione che fosse necessario applicare misure di emergenza a causa della calamità pubblica dell'acquazzone interminabile, ma la truppa era accasermata[30]. Durante il giorno i militari diguazzavano[31] per i torrenti delle strade, coi pantaloni arrotolati a mezza gamba, giocando ai naufragi con i bambini. Di notte, dopo 180 il coprifuoco[32], sfondavano le porte col calcio del fucile, gettavano fuori dal letto le persone sospette e se le portavano via per un viaggio senza ritorno. Era ancora la ricerca e lo sterminio dei malfattori, assassini e rivoltosi del Decreto Numero 4[33], ma i militari lo negavano agli stessi parenti delle loro vittime, che affollavano l'ufficio dei comandanti in cerca di notizie.

185 «Sarà stato solo un sogno» insistevano gli ufficiali. «A Macondo non è successo, né sta succedendo né succederà mai nulla. Questo è un villaggio felice».

G.G. Marquez, *Cent'anni di solitudine*, traduzione di E. Cicogna, Milano, Mondadori, 2000

> Anche i militari, nonostante continuino l'opera di repressione e gli arresti dei rivoltosi, negano sistematicamente le loro azioni, contribuendo alla rimozione totale dell'accaduto.

---

26. Aureliano Secondo: è il fratello gemello di José Arcadio Secondo.
27. Santa Sofia de la Piedad: è la madre dei due protagonisti.

28. Melquíades: uno zingaro amico della famiglia.
29. evacuare: *allontanarsi dalla*.
30. accasermata: *chiusa in caserma*.
31. diguazzavano: *sguazzavano*.

32. coprifuoco: proibizione di uscire di casa durante la notte.
33. Decreto Numero 4: è il proclama letto dal tenente durante lo sciopero.

⦿ Analisi guidata

Il realismo magico

Nel brano è evidente la tendenza, tipica di tutto il romanzo, alla **compresenza di** una **dimensione concreta** e di un'**atmosfera visionaria e surreale**. La rivolta dei lavoratori è descritta in modo realistico, come pure la brutale repressione dell'esercito. In alcune scene, tuttavia, **l'accaduto viene deformato in modi espressionistici**, come in una sorta di incubo. Se nella prima parte del brano prevale comunque un registro realistico, nella seconda parte del brano l'atmosfera surreale si accentua, sfumando infine in una dimensione sospesa **tra la realtà e l'allucinazione**.

⦿ Competenze di comprensione e analisi

- Suddividi il brano in sequenze, assegnando a ciascuna un titolo che ne riassuma il contenuto.
- Le coordinate spazio-temporali sono concrete e dettagliate o sfumate e indefinite? Per quale motivo?
- Individua nel testo i punti in cui è più evidente la tendenza alla trasfigurazione degli eventi in chiave onirica e surreale.

La rimozione della verità

Quando il protagonista, scampato al massacro, giunge a Macondo, viene accolto da una donna che sembra non sapere nulla di quanto è accaduto («Qui non ci sono stati morti»). La medesima inspiegabile situazione si ripete quando José Arcadio, tornato nella piazzetta della strage, la trova immutata nella sua quotidiana normalità. La **duplice cancellazione dell'accaduto** – non solo da parte del potere ma anche degli stessi interessati – ha un chiaro **valore simbolico** e intende alludere in modo indiretto alla drammatica **storia dei popoli sudamericani**, assuefatti da secoli a subire il peso della sopraffazione e della violenza.

Di fronte all'incredulità generale, José Arcadio diventa il custode di un dramma che assume i tratti di un **incubo personale**. L'unico a condividere la memoria dell'accaduto è il **bambino** che egli ha salvato dal massacro, a cui pure nessuno presterà fede.

⬤ Competenze di comprensione e analisi

- Come si spiega a tuo parere il fatto che i luoghi della strage non rechino alcuna traccia dell'accaduto?

- Per quale motivo la donna afferma che «Non ci sono stati morti» (r. 160)?

- Qual è l'atteggiamento delle autorità nei confronti della strage?

- Che significato assume l'insistenza del narratore sul fatto che il bambino salvato da José racconterà, da adulto, l'evento di cui è stato testimone?

- Nell'oblio in cui sembra cadere la strage quale ruolo può svolgere la letteratura? Ti sembra che l'atteggiamento di Marquez riveli una forma di impegno civile e sociale?

Le tecniche narrative

La mescolanza di realismo e fantastico e la commistione tra realtà e sogno (o incubo) è espressa in modi efficaci attraverso lo stile, in cui la **registrazione quasi cronachistica** della rivolta si accompagna al ricorso a **metafore** e immagini che trasfigurano la rappresentazione in **termini surreali e quasi onirici**.

Del tutto particolare è anche la trattazione del **tempo narrativo**. Nella prima parte, la fase centrale della rivolta è raccontata con un notevole **rallentamento del ritmo**, che enfatizza i particolari espressionistici e sottolinea l'angoscia dei protagonisti, mentre nel seguito una vistosa **ellissi temporale** introduce una cesura nella narrazione. Sul piano dell'intreccio, gli eventi vengono esposti in modo sostanzialmente lineare, ma sono presenti anche alcune **prolessi**, legate ai racconti che il bambino superstite farà una volta cresciuto.

⬤ Competenze di comprensione e analisi

- Individua nel testo le metafore e le similitudini che trasfigurano gli eventi in chiave fantastica.

- Nel complesso ti sembra dominante un registro realistico o un tono surreale? Motiva la tua risposta con riferimenti concreti al testo.

- Come varia nella narrazione il ritmo del racconto? In quali punti è più veloce e dove invece rallenta? Per quale motivo?

- Il brano è diviso in due parti da un'evidente ellissi temporale: quale?

- Che funzione hanno le prolessi contenute nel testo?

Il romanzo postmoderno

Le forme della complessità Nel panorama della narrativa del secondo Novecento coesistono tendenze e autori molto diversi tra loro, tanto che risulta di fatto impossibile fornire un quadro d'insieme esaustivo. Nelle opere più significative di questo periodo è tuttavia evidente la **ricerca di forme narrative nuove** che, in un incessante sperimentalismo, si propongono di trasferire nella scrittura letteraria una visione del mondo sempre più frammentaria e incerta. La crescente **difficoltà di interpretazione del reale** è visibile sia nel ricorrere delle **metafore del labirinto e del doppio**, sia nell'utilizzo di strutture narrative estremamente complesse, che aspirano a ricondurre all'ordine la caoticità del reale, mentre il romanzo stesso sembra ridursi ad **artificio narrativo**, a citazione e parodia di altri linguaggi.

Questa trasformazione del genere romanzo si sviluppa in **due fasi** cronologicamente distinte: in un primo momento (tra gli anni Cinquanta e Sessanta) prevalgono soprattutto in Europa le sperimentazioni della Neoavanguardia, mentre in seguito si sviluppano, a partire dagli Stati Uniti, forme e temi legati alla corrente del Postmoderno. Sebbene le due fasi siano tra loro strettamente collegate, è opportuno sottolineare alcune differenze. Mentre la **Neoavanguardia** è animata da una **polemica contro l'impoverimento del linguaggio** e da un desiderio di rifondazione culturale, il **Postmoderno** non presenta più **alcun aspetto di contestazione** e si limita a rivisitare messaggi e linguaggi senza intenti di denuncia. Inoltre, se il romanzo della Neoavanguardia si rivolge deliberatamente a un pubblico colto e ristretto, la narrativa postmoderna si rivolge anche al grande pubblico, abolendo ogni distinzione tra letteratura "alta" e romanzo "di consumo".

L'*Oulipo* e Georges Perec Mentre negli Stati Uniti gli anni Sessanta sono dominati dalla letteratura della *beat generation*, in ambito europeo si afferma il romanzo sperimentale neoavanguardistico, che fiorisce intorno al **gruppo parigino** dell'*Oulipo* (*Ouvroir de littérature potentielle*, "laboratorio di letteratura potenziale"). Animati dalla volontà di **applicare alla letteratura schemi geometrici e matematici**, i letterati del gruppo costruiscono testi caratterizzati da strutture estremamente complesse, autoimponendosi **rigidi vincoli formali** (per esempio l'eliminazione di una lettera dell'alfabeto, l'utilizzo di termini onomatopeici o il rispetto di determinati schemi narrativi) che, invece di limitare la libertà

Robert Rauschenberg, *Soffocare*, 1964.

creativa dell'autore, rivelano le infinite **potenzialità della scrittura**.

Nascono così opere come gli *Esercizi di stile* (1949) di **Raymond Queneau** (1903-1976) o *La sparizione* (1969) di **Georges Perec** (1936-1982), una sorta di giallo incentrato sulla scomparsa di un misterioso oggetto che si scopre infine essere la lettera *e*, mai usata nella narrazione. Alla fase più matura della produzione di Perec risale il romanzo *La vita, istruzioni per l'uso* (1978), che si propone di descrivere la vita quotidiana degli abitanti di un immaginario caseggiato parigino composto da dieci piani di dieci appartamenti ciascuno. Muovendosi nelle diverse «stanze» come su una grande scacchiera, il narratore costruisce **99 capitoli**, ciascuno dei quali è dedicato agli abitanti di un appartamento, componendo una **elaborata macchina narrativa** in cui ogni microtesto è al tempo stesso autonomo e legato all'insieme da una fitta rete di rimandi intertestuali. Al di là del «gioco» narrativo, l'opera intende porsi come un tentativo di **ricondurre la varietà dell'esistenza a un ordine razionale**, in un esperimento che è tuttavia destinato al fallimento.

Il romanzo postmoderno Negli **ultimi decenni del XX secolo**, l'affermarsi della corrente del Postmoderno – dapprima negli Stati Uniti e in seguito anche in Europa – coinvolge anche la narrativa, modificando in profondità temi, strutture e forme del romanzo. Si accentua in particolare la tendenza alla **metanarrazione**, ossia la costruzione di romanzi che analizzano il rapporto tra realtà e letteratura e i meccanismi stessi della narrazione, come pure il ricorso alla **citazione** o alla **rilettura di opere della tradizione**, reinterpretate e liberamente contaminate fra loro in un gioco erudito che non esclude la parodia. In una **mescolanza di registri e generi diversi**, le differenze tra letteratura "alta" e produzione "di consumo" tendono a sfumare, mentre le scelte espressive privilegiano una **forma espressiva spesso sperimentale**, in cui linguaggi diversi si fondono nella forma del *pastiche*.

A livello contenutistico, vengono privilegiate le tematiche connesse al venir meno dei rapporti affettivi autentici, al **prevalere dell'immagine** e dell'apparenza e alla crisi del soggetto, trattati tuttavia non in forma drammatica o polemica, ma con **tono ironico** e distaccato, in una sorta di anestesia emotiva. L'ambientazione privilegiata è la città postmoderna, la **metropoli** spersonalizzante e ipertecnologica, dominata dal traffico, da un'onnipresente pubblicità e da asettici 'non-luoghi' come i supermarket, i centri commerciali o gli aeroporti.

José Saramago Il Postmoderno influenza, in misura più o meno significativa, l'opera di numerosi autori europei, tra cui il russo **Vladimir Nabokov** (per esempio in *Fuoco pallido*, 1962), il ceco (naturalizzato francese) **Milan Kundera**, autore del fortunato *L'insostenibile leggerezza dell'essere* (1984) e il portoghese **José Saramago** (1922-2010), il quale ha ricevuto il premio Nobel per la letteratura nel 1998. Giornalista, critico letterario e poeta, Saramago giunge al successo relativamente tardi, con il romanzo storico *Memoriale del convento* (1982), a cui fa seguito un'abbondante produzione sospesa tra l'interesse realistico per temi storico-politici e il gusto per la **trasfigurazione fantastica**. L'autore, di formazione laica e politicamente schierato su posizioni di sinistra, ambienta molte delle sue opere sullo sfondo del Portogallo governato per decenni dal regime dittatoriale di Salazar, traendo spunto dalle vicende contemporanee per denunciare le **degenerazioni autoritarie del potere** e per riflettere sui temi del pacifismo e della democrazia. A questa dimensione di **impegno sociale**, basata sul richiamo a precisi valori etici, si sovrappone la tendenza a trasfigurare eventi e personaggi in **chiave fantastica e surreale**, recuperando le esperienze avanguardistiche e introducendo le tematiche tipicamente postmoderne del «dop-

---

La parola ai protagonisti

Don DeLillo: la letteratura è ambiguità

Intervistato da Fernanda Pivano nei primi anni Novanta, Don DeLillo riflette sui temi e sugli elementi ricorrenti della sua letteratura postmoderna, fra cui, anzitutto, il senso di ambiguità che pervade l'esistenza dell'uomo contemporaneo.

Per me scrivere significa cercare di realizzare un linguaggio interessante, chiaro, bello. Il lavoro sulle frasi e sui ritmi è probabilmente la cosa più soddisfacente che faccio come scrittore. Secondo me a un certo punto lo scrittore può cominciare a conoscersi attraverso il suo linguaggio. [...] Ci sono temi ricorrenti nei miei libri. Forse un senso di moduli segreti nella nostra vita. Un senso di ambiguità. Certo uno dei motivi è la violenza della vita contemporanea. Considero la violenza contemporanea una specie di risposta sardonica alla promessa di appagamento consumistico in America. Di nuovo ritorniamo a questi uomini che non possono uscire dalle loro stanze minuscole e devono organizzare la loro disperazione e la loro solitudine, e spesso finiscono per farlo con mezzi violenti. Vedo questa disperazione sui pacchetti dai colori sgargianti e nella felicità del consumatore e in tutte le promesse che la vita americana ci fa giorno per giorno e minuto per minuto dovunque andiamo. Molti personaggi moderni hanno un'esistenza piatta, di proposito, e non esistono in un luogo preciso. Non c'è un forte senso del luogo. È in questo che sono diverso da quello che si potrebbe chiamare la corrente principale. Io sento la necessità e lo stimolo a creare una specie di spessa superficie intorno ai miei personaggi. Credo che tutti i miei romanzi abbiano un forte senso dello spazio. Ma nella narrativa contemporanea, in generale, c'è un forte senso che il mondo di Beckett[1] e di Kafka sia ridisceso sull'America contemporanea perché i personaggi hanno l'aria di vivere in un ambiente teorico più che reale. Io non ne faccio parte. Mi sono sempre basato sul mondo reale, nonostante i voli esoterici che mi sono permesso ogni tanto.

F. Pivano, *Introduzione*, in D. DeLillo, *Giocatori*, Napoli, Pironti, 1999

1. Beckett: il drammaturgo irlandese Samuel Beckett (1906-1989), uno dei maggiori esponenti del cosiddetto "teatro dell'assurdo".

pio» e del **rapporto tra realtà e finzione letteraria**. Esemplare in questo senso è il romanzo *L'anno della morte di Ricardo Reis* (1984), il cui protagonista è una proiezione autobiografica del grande **poeta portoghese Pessoa** che, sbarcato a Lisbona nel 1935, si confronta da un lato con la realtà politica dell'epoca e, dall'altro, con situazioni paradossali come l'incontro con il vero Pessoa. La componente fantastica predomina in romanzi come *Cecità* (1995) e *L'uomo duplicato* (2002), mentre *Il vangelo secondo Gesù Cristo* (1991) si presenta come una **rilettura razionalistica e demistificante** della vita di Gesù. La riscrittura di testi appartenenti alla tradizione, il gusto per il **gioco metaletterario** e le **citazioni colte** riconducono in parte l'opera di Saramago al Postmoderno, di cui risente anche lo stile originalissimo, caratterizzato dalla ripresa del monologo interiore e da un uso limitatissimo dei segni d'interpunzione.

Il Postmoderno negli Usa   Negli Stati Uniti il romanzo postmoderno si afferma già negli **anni Sessanta**, grazie all'opera di **Thomas Pynchon**, autore di romanzi sperimentali e complessi come *V* (1963), *L'incanto del lotto 49* (1966) e *L'arcobaleno della gravità* (1973), in cui le vicende di diversi personaggi si intrecciano a formare trame volutamente improbabili e grottesche. Temi e strutture narrative di matrice postmoderna sono presenti anche nei romanzi di fantascienza di **Kurt Vonnegut** (*Ghiaccio-nove*, 1963; *Mattatoio n. 5*, 1969) e nei crudi **polizieschi** di **James Ellroy**, tra cui il fortunato *L. A. Confidential* (1990). Al genere poliziesco, reinterpretato in chiave surreale sullo sfondo di una metropoli enigmatica e inquie-

tante, sembra ispirarsi anche *Trilogia di New York* (1985-1986) di **Paul Auster**, tre misteriose *detective-stories* che sfociano nel gioco metaletterario.

Alla rappresentazione della **società americana** e delle sue ossessioni sono invece dedicate le opere di **Don DeLillo**. Nato a Brooklyn nel 1936, raggiunge la fama internazionale con *Underworld* (1997), un grande affresco dell'America dal 1951 al 1992, svolto seguendo un'originale tecnica narrativa "a ritroso" nel tempo. Le tematiche dell'opera, legate alla **presenza ossessiva dei *mass-media***, della pubblicità e di **uno sfrenato consumismo**, sono centrali anche nel precedente *Rumore bianco* (1985), storia di una famiglia americana sconvolta dall'improvviso sprigionarsi di una pericolosa nube di gas tossico che diffonde un vero e proprio terrore della morte; contro questa misteriosa minaccia l'unico paradossale antidoto sembra essere un nuovo farmaco sperimentale dal nome emblematico: il Dylar, ovvero *die-laugh* (muori ridendo). Nel romanzo la satira nei confronti dell'insensato e grottesco consumismo della società contemporanea si fonde con la constatazione dell'incapacità dell'uomo moderno sia di vivere pienamente, sia di affrontare l'ancestrale paura della morte.

◯ Sosta di verifica

1 In che cosa consiste lo sperimentalismo di Perec?

2 In quale genere si colloca la letteratura di Saramago?

3 Quali sono gli elementi caratterizzanti della letteratura postmoderna?

4 Quali sono i principali autori postmoderni americani?

Joan Mirò,
Costellazione stella del mattino, 1940.

José Saramago
L'immagine della Crocifissione

Il vangelo secondo Gesù Cristo

Il vangelo secondo Gesù Cristo (1991) è un romanzo storico sulla vita di Cristo, che si immagina narrata dal protagonista stesso. Sebbene le vicende prendano spunto dai testi sacri, l'autore interpreta gli eventi con spirito razionalista e critico – e talvolta volutamente dissacratorio – modificando gli eventi tramandati dai vangeli canonici e contestualizzando l'intero racconto con la ricostruzione della quotidianità della Palestina del I secolo d.C. Le aspre critiche rivolte al romanzo hanno indotto l'autore a lasciare il suo Paese per trasferirsi alle Canarie.

Le pagine che seguono costituiscono l'incipit del romanzo. L'autore sceglie di introdurre la figura di Gesù Cristo attraverso la descrizione di un'incisione del pittore tedesco Albrecht Dürer (1471-1528), intitolata La crocifissione (1498). Emergono subito due delle caratteristiche più importanti del romanzo di Saramago: l'attitudine tipicamente postmoderna alla rielaborazione di testi e opere della tradizione letteraria e artistica e la rilettura in chiave "umana" della storia di Gesù.

> Il brano inizia descrivendo una famosa incisione di Dürer che raffigura la crocifissione di Cristo.

Si vede il sole in uno degli angoli superiori del rettangolo, quello alla sinistra di chi guarda, e l'astro re è raffigurato con la testa di un uomo da cui sprizzano raggi di luce pungente e sinuose lingue di fuoco, come una rosa dei venti[1] indecisa in quali direzioni puntare, e quel viso ha un'espressione piangente, contratta da un dolore inconfortabile, e dalla bocca aperta emette un urlo che non potremo udire, giacché nessuna di queste cose è reale, quanto abbiamo davanti è solo carta e colore, nient'altro. Sotto il sole vediamo un uomo nudo, legato a un tronco d'albero, i fianchi cinti da un drappo, a coprirgli le parti che chiamiamo intime o vergognose, e i piedi li ha posati su quanto resta di un ramo tagliato, ma per maggior saldezza, perché non scivolino da quel sostegno naturale, sono fissati da due chiodi, profondamente conficcati. Dall'espressione del viso, d'ispirata sofferenza, e dalla direzione dello sguardo, levato in alto, deve essere il Buon Ladrone. I capelli, a riccioli, sono un altro indizio che non tradisce, infatti è noto che angeli e arcangeli li usano così, e il criminale pentito, a quanto pare, è già sulla buona strada per ascendere al mondo delle celesti creature. [...]

La donna inginocchiata si chiamerà di certo Maria, perché sappiamo già che tutte quelle radunate qui portano questo nome, ma solo una, essendo in più Maddalena, si distingue onomasticamente dalle altre; ebbene, qualunque osservatore, purché abbastanza addentro ai fatti elementari della vita, giurerebbe di primo acchito che la suddetta Maddalena è proprio questa, giacché soltanto una come lei, con un passato dissoluto[2], avrebbe osato presentarsi, nel tragico momento, con una scollatura così profonda e con un bustino tanto ridotto da farle risaltare e sporgere le rotondità dei seni, ragion per cui, inevitabilmente, attira e fissa su di sé lo sguardo avido degli uomini che passano, pregiudicando seriamente le anime, trascinate così alla perdizione dal turpe corpo. È tuttavia di compunta[3] tristezza l'espressione del suo viso, e l'abbandono del cor-

---

1. rosa dei venti: rappresentazione schematica dei quattro punti cardinali.

2. con un passato dissoluto: Maria Maddalena, prima di conoscere Gesù Cristo, faceva la prostituta.

3. compunta: *dispiaciuta.*

po non esprime altro che il dolore di un'anima, sì, magari nascosta da carni tentatrici, ma che dobbiamo pur tenere in conto, stiamo parlando dell'anima,

30 è chiaro, questa donna potrebbe essere addirittura completamente nuda, se avessero scelto di raffigurarla in tale stato, eppure dovremmo dimostrarle comunque rispetto e considerazione. Maria Maddalena, se è lei, sostiene e, con un gesto di compassione intraducibile a parole, sembra sul punto di baciare la

35 mano dell'altra donna, questa sì, accasciata a terra, quasi priva di forze o ferita a morte. Anche lei si chiama Maria, seconda in ordine di apparizione, ma, senza dubbio, di primissima importanza, ammesso che signifíchi qualcosa il posto centrale che occupa nella parte inferiore della composizione. A parte il viso piangente e le mani inerti, non si riesce a vedere nulla del corpo, coper-

40 to dalle innumerevoli pieghe del mantello e della tunica, stretta in vita da un cordone di cui s'indovina la ruvidezza. È più vecchia dell'altra Maria, e questa probabilmente è una buona ragione, ma non l'unica, perché la sua aureola abbia un disegno più complesso, o perlomeno questo sarebbe autorizzato a pensare chi, non disponendo di informazioni precise su priorità, graduatorie

45 e gerarchie in vigore su questo mondo, fosse costretto a esprimere un'opinione. Ma, tenendo conto del grado di divulgazione, fatta con arti maggiori o minori, di queste iconografie[4], solo un abitante di un altro pianeta, supponendo che non vi avessero mai replicato, o magari solo messo in scena, questo dramma, solo quell'essere davvero inimmaginabile ignorerebbe che l'addolorata è

Nel romanzo di Saramago Maria ha, oltre a Gesù, altri figli nati dalla relazione con Giuseppe.

50 la vedova di un falegname di nome Giuseppe e la madre di tanti figli e figlie, sebbene solo uno, per i dettami[5] del destino o di chi lo regola, abbia finito col prosperare, non tanto in vita quanto, soprattutto, dopo morto. Reclinata sulla sinistra, Maria, la madre di Gesù, proprio quello di cui abbiamo appena detto, appoggia l'avambraccio sulla coscia di un'altra donna, anch'essa inginoc-

55 chiata, anch'essa di nome Maria, e in fondo, benché non possiamo vedere né immaginare la sua scollatura, forse la vera Maddalena. Identica alla prima di questa trinità al femminile, ha i lunghi capelli sciolti sulle spalle, ma questi hanno tutta l'aria di essere biondi, a meno che non sia dovuta a pura casualità la differenza del tratto, più lieve in questo caso e con alcuni spazi vuoti fra

60 una ciocca e l'altra, il che ovviamente sarà servito all'incisore per schiarire la tonalità della chioma raffigurata. Con simili ragioni non intendiamo affermare che Maria Maddalena sia stata di fatto bionda, ci stiamo solo adeguando alla corrente d'opinione prevalente, che insiste nel vedere nelle bionde, sia in quelle naturali sia in quelle tinte, i più efficaci strumenti di perdizione. Es-

In mezzo alla drammatica rievocazione del pianto delle "tre Marie" sotto la croce, l'autore mette in bocca al narratore un'ironica considerazione sulle "bionde" e sul loro potere seduttivo.

65 sendo stata, com'è noto, Maria Maddalena una donna così peccaminosa, perduta come tante altre, doveva pur essere bionda, per non smentire le credenze, bene o male acquisite, di una buona metà del genere umano. Comunque, non è che, perché apparentemente più chiara di carnagione e colore di capelli rispetto all'altra, suggeriamo e proponiamo, contro le prove schiaccianti di una profonda scollatura e di un seno in mostra, che sia questa terza Maria la

70 Maddalena. Un'altra prova, e molto consistente, rafforza e convalida l'identificazione, e cioè che questa donna, per quanto sostenendo appena, con fare un po' distratto, l'estenuata madre di Gesù, ha lo sguardo rivolto verso l'alto, ed è uno sguardo di autentico e appassionato amore, che ascende con forza

---

4. tenendo conto … iconografie: considerando quanto sono diffuse queste immagini.

5. dettami: precetti, norme.

75 tale da sollevare apparentemente tutto il corpo, tutto il suo essere carnale, come un'aureola raggiante capace di far impallidire l'alone che già le circonda
la testa e disperde pensieri ed emozioni. Solo una donna che abbia amato nel
modo e nella misura che attribuiamo a Maria Maddalena può guardare così,
ed ecco quindi, in ultima analisi, la prova che dev'essere questa, solo questa
80 e nessun'altra, [...]. Un po' più vicino, per l'illusione della prospettiva, quattro cavalieri con elmo, lancia e armatura fanno volteggiare le cavalcature in
destrezze d'alta scuola[6], ma i loro gesti suggeriscono che sono ormai al termine dell'esibizione, stanno salutando, per così dire, un pubblico invisibile. La
stessa impressione di epilogo della festa ce la dà quel fante che sta facendo il
85 primo passo per ritirarsi, portando via tenendo con la mano destra qualcosa
che, a questa distanza, sembra un pezzo di stoffa, ma che potrebbe essere un
mantello o una tunica, mentre altri due militari mostrano segni di irritazione
e dispetto, ammesso che da così lontano si possa decifrare sui visi minuscoli un sentimento, come di chi ha giocato e perduto[7]. Al di sopra di simili ba-
90 nalità, come eserciti e città recintate da mura, aleggiano quattro angeli, di cui
due a tutto campo, che piangono e si lamentano, mentre uno, con espressione seria, è assorto nel suo compito di raccogliere in un recipiente fino all'ultima goccia lo zampillo di sangue che sprizza dal lato destro del Crocifisso.
Su questo luogo chiamato Golgota molti hanno avuto lo stesso fatale destino,
95 e tanti altri lo avranno, ma quest'uomo nudo, inchiodato piedi e mani a una
croce, figlio di Giuseppe e Maria, di nome Gesù, è l'unico cui il futuro concederà l'onore dell'iniziale maiuscola, gli altri non saranno che crocifissi minori. E lui, in fondo, l'uomo verso cui volgono lo sguardo Giuseppe d'Arimatea
e Maria Maddalena, lui che fa piangere il sole e la luna, lui che poco fa ha lo-
100 dato il Buon Ladrone e disprezzato il Cattivo perché non ha capito che non
c'è alcuna differenza tra l'uno e l'altro o, se si ha una differenza, non è quella,
che il Bene e il Male non esistono in se stessi, ciascuno di essi è solo l'assenza
dell'altro. Sopra la testa, risplendente di raggi di luce, più del sole e della luna insieme, ha un cartiglio[8] scritto con lettere romane che lo proclama Re dei
105 Giudei, e a cingerla una dolorosa corona di spine, come ce l'hanno, senza saperlo, anche quando non sanguinano all'esterno del corpo, quegli uomini cui
non è permesso di essere re di se stessi.

J. Saramago, *Il vangelo secondo Gesù Cristo*, traduzione di R. Desti,
Torino, Einaudi, 2002

---

6. in destrezze d'alta scuola: *con notevole abilità.*
7. La stessa ... perduto: la scena descritta
è riconducibile all'episodio evangelico in
cui alcuni soldati presenti alla crocifissione di Gesù si giocano a dadi la sua tunica.
8. cartiglio: foglio o cartello con un breve testo.

Di testo in testo

Con un procedimento tipicamente postmoderno, Saramago propone la **riscrittura di un'opera pre-esistente**, che è in questo caso addirittura la **Bibbia**, il testo sacro per eccellenza della cultura occidentale. Al desiderio di reinterpretare secondo una prospettiva inedita un'opera tanto autorevole si sovrappone, in queste pagine, la scelta di avviare la narrazione partendo dalla **descrizione di una incisione** del pittore tedesco Albrecht Dürer. La pagina di Saramago si pone quindi come **una doppia riscrittura**, capace di rielaborare in chiave inedita vicende e immagini conosciute.

Il **"gioco" letterario** è **condotto in modo scoperto**, tanto che la voce del narratore – in questo caso coincidente con quella dell'autore – si sofferma sui singoli particolari dell'opera come uno spettatore, procedendo per **ipotesi e deduzioni**, senza celare la natura colta dello spunto ispiratore.

◻ Competenze di comprensione e analisi

- Cerca l'immagine della *Crocifissione* di Dürer e confrontala con la scena descritta nel brano, mettendo in rilievo tutte le analogie e le differenze che riscontri.

Storia sacra e amore profano

L'**atteggiamento dell'autore** verso la vicenda terrena di Cristo è **ambiguo**. I continui interventi del narratore, talora sottilmente ironici tendono a sottolineare la **dimensione fittizia** della rappresentazione, mentre l'abbassamento del tono contribuisce a trasferire la scena da una dimensione di sacralità astratta a un **piano più umano e quotidiano**. In tale contesto risalta il dolore della «trinità al femminile» (r. 57) raccolta ai piedi della croce e in particolare la **figura della Maddalena**, donna «perduta» che però è l'unica capace di rivolgere su Gesù (r. 74) «uno sguardo di autentico e appassionato **amore**», **del tutto terreno**.

◻ Competenze di comprensione e analisi

- Individua i punti in cui è più evidente l'ironia talvolta dissacratrice dell'autore verso la scena rappresentata.

- Nel romanzo si narra il rapporto tra Cristo e la Maddalena come un vero e proprio amore, anche carnale. A tuo giudizio per quale motivo l'autore ha operato questa scelta?

Un Dio che si è fatto uomo

Nella descrizione della scena, Cristo viene presentato per ultimo, non senza un **accento polemico** («è l'unico cui il futuro concederà l'onore dell'iniziale maiuscola», rr. 96-97). Nel finale viene tuttavia preannunciato l'intento più profondo dell'opera, ossia il desiderio di fare della vicenda storica di Cristo l'**emblema della condizione dell'uomo moderno**, solo davanti al mistero della vita e al dolore della morte e in cerca del significato dell'esistenza. **Cristo crocifisso diviene così l'apologia e il riscatto di un'umanità dolente** che in lui si identifica. E in questo senso, sia pure in modi che la Chiesa ha giudicato blasfemi, Saramago coglie, almeno in parte, il senso del mistero del «Dio che si fa uomo».

◻ Competenze di comprensione e analisi

- Per quale motivo, a tuo parere, nella scena Cristo non sembra occupare una posizione centrale?

- Come valuti la reinterpretazione della Passione fornita da Saramago? Ti sembra si tratti di un testo blasfemo, irridente, profondo o che altro? Motiva adeguatamente la tua risposta.

Don DeLillo
La nube tossica

Rumore bianco, cap. 21

Il brano è tratto dalla parte centrale del romanzo Rumore bianco (1985), in cui una nube di gas tossico, il Nyodene D, si sprigiona nell'atmosfera costringendo a un'evacuazione di massa della popolazione dalla zona contaminata. Anche il protagonista, Jack Gladney, è costretto insieme alla sua famiglia a seguire gli sfollati.

Seguendo le indicazioni delle autorità, Jack – che è stato contaminato dalla nube tossica – guida la sua famiglia nel centro di raccolta di Iron City. Nella confusione generale, uno strano personaggio rivolge un duro atto d'accusa contro i mezzi di informazione, che non sembrano dare alcun rilievo all'accaduto.

Era ancora buio. Cadeva una forte pioggia. Davanti a noi si stendeva un panorama di disordine. Auto bloccate nel fango, auto in panne, auto lentamente in fila sull'unica corsia della via di scampo, auto che prendevano scorciatoie per i boschi, auto bloccate tra alberi e massi, altre auto. Sirene che strepitava-
5 no e si attenuavano, clacson che lanciavano berci[1] di disperazione e protesta. C'erano uomini che correvano, tende che svolazzavano tra gli alberi, spazzate via dal vento, intere famiglie che abbandonavano i propri veicoli per dirigersi a piedi verso la strada panoramica. Dal profondo dei boschi sentivamo motociclette imballate[2], voci che levavano grida incoerenti. Sembrava la ca-
10 duta di una capitale coloniale nelle mani di devoti ribelli. Un grande ribollire di dramma, con tracce di umiliazione e di colpa. […]
La pioggia si trasformò in nevischio, il nevischio in neve.
Vidi una fila lontana di fari, sulla destra, per cui percorsi alla sua volta una cinquantina di metri in un canalone, con l'auto che sbandava come un bob.
15 Ma non sembravamo avvicinarci. Babette[3] accese la radio e venimmo informati che gli evacuati del campeggio dei boy scout[4] dovevano dirigersi verso Iron City, dove si stava approntando il necessario per fornire loro cibo e ricovero. Sentimmo i clacson suonare e pensammo che fosse una reazione all'annuncio radiofonico, ma essi continuarono in cadenza rapida e agitata, diffondendo
20 nella notte tempestosa un senso di timore e paura animale.
Quindi sentimmo i rotori. E attraverso i rami spogli la vedemmo, l'immensa nube tossica, ora illuminata da diciotto elicotteri, immensa quasi al di là dei limiti dell'accettabile, al di là di leggenda e mormorio, massa intorbidante, tumefatta[5], in forma di lumaca. Sembrava impegnata a generare proprie
25 tempeste interiori. Crepitii e scoppiettii, lampi di luce, lunghe scie incurvate di fiamma chimica. I clacson strepitavano e gemevano. Gli elicotteri vibravano come giganteschi elettrodomestici. Rimanemmo seduti in auto, nel bosco innevato, senza dire nulla. La grande nube, all'esterno del proprio turbolento

> La descrizione della nube la fa assomigliare prima a un qualcosa di animato e antropomorfo, poi a una grande immagine televisiva.

---

1. berci: *suoni lamentosi e acuti.*
2. imballate: portate troppo su di giri, tanto da perdere potenza.

3. Babette: è la quarta moglie del protagonista, Jack Gladney.
4. campeggio dei boy scout: è il luogo dove

gli evacuati erano stati inizialmente raccolti.
5. intorbidante, tumefatta: *portatrice di malattie e gonfia.*

nucleo, esibiva i bordi inargentati dai fari[6]. Si muoveva orribile e lumacosa[7]
30 nella notte, con gli elicotteri che sembravano spetezzare senza alcuna efficacia attorno ai suoi margini. Nella sua dimensione enorme, nella minacciosità
oscura e corposa, con la sua scorta aerea, la nube sembrava una pubblicità su
scala nazionale della morte, una campagna per molti milioni di dollari, soste-
35 nuta da spot radiofonici, grossi annunci attraverso stampa e affissioni, totale
copertura televisiva. Vi fu uno scarico ad alta tensione di luce vivida. Il suono dei clacson aumentò di volume.

Con un soprassalto ricordai che ero tecnicamente morto. Il colloquio con il
tecnico della *simulac* mi tornò alla mente in maniera tremendamente detta-
40 gliata[8]. Mi sentii male a diversi livelli.

Non c'era altro da fare che cercare di portare in salvo la famiglia. Continuai a procedere faticosamente verso i fari, verso il frastuono dei clacson. […]
Raggiungemmo Iron City all'alba. Agli sbocchi delle strade erano stati siste-
mati dei posti di controllo. Personale della polizia e della Croce Rossa distri-
45 buiva in fotocopia istruzioni circa i centri di raccolta. Mezz'ora più tardi ci
trovammo, con altre quaranta famiglie, in una palestra abbandonata di karate, all'ultimo piano di un edificio a quattro piani, sulla strada principale. Non
c'erano letti né sedie. Steffie[9] rifiutò di togliersi la maschera.
Entro le nove del mattino venimmo forniti di materassini gonfiabili, nonché di
50 un po' di cibo e caffè. Attraverso le finestre impolverate vedemmo un gruppo
di scolaretti in turbante, membri della locale comunità sikh[10], in piedi per strada con un cartello scritto a mano, che diceva: IRON CITY DÁ IL BENVENU-
TO AGLI EVACUATI DELLA ZONA. Non ci era consentito uscire dall'edificio.
Sulla parete della palestra c'erano delle illustrazioni formato poster delle sei
55 parti con cui la mano può colpire[11]. A mezzogiorno per la città dilagò una voce. Si diceva che dagli elicotteri dell'esercito si stessero calando dei tecnici im-
bracati, con il compito di impiantare certi microrganismi nel nucleo della nube tossica. Organismi che sarebbero stati delle ricombinazioni genetiche con
una fame congenita per gli agenti tossici del Nyodene D[12]. Avrebbero letteral-
60 mente consumato la grassa nube, mandandola in frantumi, decomponendola.
La stupefacente innovazione, tanto simile per natura a qualcosa che avremmo
potuto trovare sul *National Enquirer* o nello stesso *Star*[13], ci fece sentire un po'
stufi, inconsistentemente sazi, come dopo una gran mangiata di junkfood[14].
Vagai per il locale, come avevo fatto all'accampamento dei boy scout, spostan-
65 domi da un centro di conversazioni all'altro. […]
L'auto si trovò a un guado in un torrente che non sapevo ci fosse finché non
mi ci ero trovato dentro. Mi sforzai di traghettare tutti noi sull'altra riva. La
neve cadeva fitta attraverso i sovrastanti raggi di luce. Il dialogo smorzato intanto proseguiva. Riflettei che il pasticcio nel quale ci trovavamo, ad alcuni
70 di noi sembrava un fatto degno unicamente di un'occhiata. Volevo che pre-
stassero attenzione all'evento tossico. Volevo che apprezzassero gli sforzi che

---

6. esibiva … fari: i contorni della nube sembrano color argento perché sono illuminati
dalle luci degli elicotteri.
7. lumacosa: *strisciante* (neologismo).
8. ricordai … dettagliata: una squadra di
tecnici ha esaminato le persone esposte al
gas tossico e ne ha misurato il grado di con-

taminazione. A Jack è stato comunicato che
morirà nell'arco di pochi anni.
9. Steffie: è *una dei figli di Jack*.
10. comunità sikh: seguaci del sikhismo, una
religione di origine indiana.
11. sei parti … colpire: *i* personaggi si trovano in una palestra di karate.

12. Nyodene D: è il misterioso gas tossico
che si è sprigionato nell'atmosfera.
13. National Enquirer … Star: due noti ta-
bloid statunitensi.
14. junkfood: "cibo spazzatura"; l'espressione indica l'alimentazione tipica dei fast
food.

stavo facendo per portarci tutti sulla strada panoramica. Pensai di raccontare loro del riscontro del computer, della morte a tempo che portavo con me nei cromosomi e nel sangue. La mia anima grondava autocompassione. Cercai di rilassarmi e di godermela.

«Do cinque dollari a chiunque in questa macchina», disse Heinrich attraverso la maschera protettiva, «sappia dirmi se è morta più gente costruendo le piramidi in Egitto o la Grande Muraglia cinese, e mi sappia dire quanta ne è morta in entrambi i casi, con un'approssimazione di cinquanta individui». [...]

Alle sette di sera un uomo che portava un minuscolo televisore prese a spostarsi lentamente per il locale, facendo un discorso mentre si muoveva. Era di mezza età o anche più anziano, un uomo eretto, dagli occhi chiari, con in testa un berretto bordato di pelliccia, i paraorecchi abbassati. Teneva il televisore ben sollevato e lontano dal corpo, e nel corso della propria allocuzione girò parecchie volte su se stesso, in maniera da mostrare a noi tutti lo schermo. «Alla televisione non dicono niente», dichiarò. «Non una parola, non un'immagine. Sul canale di Glassboro allo stato attuale valiamo cinquantadue parole. Niente riprese, niente cronaca dal vivo. Sono cose che capitano talmente spesso che a nessuno interessa più niente? Lo sanno che cosa abbiamo passato? Abbiamo avuto una paura da restare secchi. E l'abbiamo ancora. Abbiamo lasciato le nostre case, abbiamo attraversato in auto tormente di neve, abbiamo visto la nube. Uno spettro mortale, lì sopra di noi. È possibile che nessuno dedichi una copertura informativa decente a un fatto del genere? Mezzo minuto, venti secondi? Vogliono farci capire che è stata una cosa insignificante, trascurabile? Sono così insensibili? Sono così stufi di inquinamento, contaminazioni, scorie? Credono che sia soltanto televisione?» "Ce n'è già troppa, perché farne vedere ancora?" Non lo sanno che è un fatto vero? Le strade non dovrebbero essere piene di cameramen, di tecnici del suono, di giornalisti? Non dovremmo essere qui a gridargli dalle finestre: "Lasciateci in pace, ne abbiamo abbastanza, fuori dai piedi con i vostri stupidi strumenti di intrusione"? Hanno bisogno di duecento morti, di rare scene di calamità[15] da riprendere, per arrivare in massa in un dato posto con i loro elicotteri e le macchinone delle reti televisive? Che cosa deve succedere esattamente prima che ci sbattano in faccia il microfono, dandoci la caccia fin sulla soglia di casa, accampandosi nel nostro giardino, creando il solito circo televisivo? Guardateci qua. Siamo come i lebbrosi del medioevo. Non ci fanno uscire. Ci lasciano il cibo ai piedi delle scale e scappano in punta di piedi verso la sicurezza. È il periodo più terrificante della nostra vita. Tutto ciò che amiamo e per cui abbiamo lavorato è soggetto a una seria minaccia. Ma se ci guardiamo attorno non vediamo alcuna reazione da parte degli organi ufficiali dell'informazione televisiva. L'evento tossico aereo è una cosa orrenda. La nostra paura è enorme. Anche se non ci sono state molte perdite in termini di vite umane, non meritiamo qualche attenzione per la nostra sofferenza, per la nostra preoccupazione umana, per il nostro terrore? La paura non fa notizia?»

Applausi. Una sostenuta selva di grida e battimani. L'oratore si girò ancora una volta su se stesso, esibendo il piccolo televisore agli astanti.

D. DeLillo, *Rumore bianco*, traduzione di M. Biondi, Torino, Einaudi, 1999

---

15. calamità: *disgrazie*.

L'incubo della morte

Il brano evoca lo spettro della **catastrofe ecologica**, vero e proprio incubo dell'immaginario collettivo moderno. Il timore di un evento apocalittico che sconvolga la civiltà prende forma concreta nell'immagine della **nube tossica**, descritta in modi espressionistici e quasi **antropomorfizzata** nella sua potenza distruttiva («massa intorbidante, tumefatta, in forma di lumaca»). L'evento scatena nei personaggi un senso di disorientamento cui si accompagna una **crescente paura della morte**, presente nei pensieri del protagonista («ricordai che ero tecnicamente morto») e destinata a diventare il tema centrale di tutto il romanzo.

● Competenze di comprensione e analisi

- La diffusione della nube crea una situazione di confusione e di panico. Attraverso quali elementi viene trasmesso al lettore questo stato d'animo?
- Da quale punto di vista viene descritta la nube tossica? Quali connotati assume?
- Il tema della paura della morte affiora in diversi punti del brano: individuali e commentali.

Realtà o spettacolo?

Secondo una modalità tipica del postmoderno, la narrazione, di per sé drammatica e apocalittica, viene vissuta dai protagonisti in una sorta di **anestesia emotiva**, senza reale partecipazione. Assuefatti dalla pubblicità e dai *media* alla **spettacolarizzazione della realtà**, anche davanti a un evento drammaticamente concreto i protagonisti hanno l'impressione di trovarsi di fronte a una sorta di **finzione televisiva** (la nube stessa sembra «una pubblicità su scala nazionale della morte»).
Nella parte finale del brano, il discorso dello stravagante predicatore sottolinea con toni straniati e volutamente enfatici la **difficoltà di distinguere tra la realtà vissuta e la sua rappresentazione mediatica** («Credono che sia soltanto televisione?... Non lo sanno che è un fatto vero?»).

● Competenze di comprensione e analisi

- In un'intervista del 1977, DeLillo affermava che «i mass-media privilegiano unicamente le notizie a fondo oscuro, tragico, violento. Dittature, catastrofi naturali, terrorismo, in un procedimento perverso che non consente più di capire se siano loro a imporre una simile scelta o se è il largo pubblico ad avere fame di sensazioni del genere». Esprimi la tua opinione in merito in un breve testo argomentativo.

Uno stile apparentemente semplice

A differenza dei primi autori postmoderni, DeLillo adotta una struttura narrativa di impianto tradizionale e uno **stile all'apparenza semplice** e di facile comprensione, che testimonia il **desiderio di rivolgersi a un pubblico più ampio**. Tuttavia le scelte linguistiche sono particolarmente attente e curate e alternano la **precisione descrittiva** a **toni espressionistici** (la nube è «tumefatta» e «lumacosa»). Come l'autore stesso sottolinea, la sua scrittura è infatti mossa dal desiderio di restituire al linguaggio la sua capacità di descrivere il reale, sottraendosi all'uso banalizzante della lingua operato dai *media* e dalla pubblicità.

● Competenze di comprensione e analisi

- Individua nel brano le parti in cui prevale una descrizione realistica dell'accaduto, evidenziando l'uso di eventuali termini tecnici o settoriali.
- Quale parte del testo è caratterizzata dal ricorso a un linguaggio più immaginifico e simbolico? Per quale motivo?

Testo laboratorio

T8 George Perec
Il disegno del nulla

La vita, istruzioni per l'uso, parte I, cap. XXVI

Il brano, che costituisce uno dei 99 capitoli del romanzo La vita, istruzioni per l'uso *(1978), si presta a essere interpretato come chiave di lettura dell'intera opera, svelando gli intenti dell'autore e i risultati della sua operazione narrativa.*

Il ricchissimo Bartlebooth concepisce fin dalla giovinezza un ambizioso progetto di descrizione della realtà attraverso l'arte. Dopo aver imparato a dipingere, viaggia e *compone in modo casuale ritratti di albe e tramonti sul mare. Periodicamente, invia i suoi dipinti a un vicino di casa, l'artigiano Winckler, che li incolla su un supporto di legno e li taglia in minuscole tessere da puzzle. Negli ultimi vent'anni della sua vita, Bartlebooth ricomporrà le sue marine allo stesso ritmo col quale le ha dipinte vent'anni prima e alla fine separerà la carta dal legno, ma solo per distruggere l'immagine che vi è impressa.*

Immaginiamo un uomo la cui fortuna fosse pari solo all'indifferenza verso quello che generalmente la fortuna permette, e il cui desiderio fosse, con molto più orgoglio, cogliere, descrivere, esaurire, non la totalità del mondo – progetto che il suo stesso enunciato è sufficiente a mandare in rovina – ma un frammento costituito di quest'ul-
5 timo: di fronte all'inestricabile incoerenza del mondo. Si tratterà allora di portare fino in fondo un programma, ristretto sì, ma intero, intatto, irriducibile. Bartlebooth, in altre parole, decise un giorno di organizzare tutta la sua vita intorno a un progetto unico la cui necessità arbitraria non avrebbe potuto avere uno scopo diverso da sé. L'idea gli venne quando aveva vent'anni. Fu sulle prime un'idea vaga, una doman-
10 da che si poneva: *cosa fare?*, una risposta che si abbozzava: *niente*. Il denaro, il potere, l'arte, le donne, non interessavano Bartlebooth. Come neanche la scienza, né il gioco. Tutt'al più le cravatte e i cavalli o, se preferite, imprecisa ma palpitante sotto queste futili apparenze (anche se migliaia di persone ordinano efficacemente la loro vita intorno alle cravatte e in numero ancora superiore intorno ai cavalli
15 della domenica), una certa idea di perfezione. Che si sviluppò nei mesi, negli anni a seguire, articolandosi intorno a tre princìpi direttivi:

Il primo fu di ordine morale: non si sarebbe trattato di un'impresa o di un record, né di una cima da scalare o di un abisso marino da raggiungere. Quello che Bart-
20 lebooth avrebbe fatto non sarebbe stato né spettacolare né eroico; sarebbe stato semplicemente, discretamente, un progetto, difficile certo, ma non irrealizzabile, controllato da cima a fondo e che, in compenso, avrebbe dominato, in ogni suo particolare, la vita di colui che vi si sarebbe dedicato.

Il secondo fu di ordine logico: senza alcun ricorso al caso, l'iniziativa avrebbe fat-
25 to funzionare tempo e spazio come coordinate astratte in cui si sarebbero inscritti con una ricorrenza ineluttabile degli avvenimenti identici inesorabilmente prodotti in una certa data, in un certo luogo.

30 Il terzo, infine, fu di ordine estetico: inutile, essendo proprio la gratuità l'unica garanzia del suo divenire; la perfezione sarebbe stata circolare: una successione di avvenimenti che, concatenandosi, si sarebbe annullata: partito da zero, Bartlebooth allo zero sarebbe tornato, attraverso trasformazioni precise di oggetti finiti.

Così si organizzò in concreto un programma che possiamo in succinto[1] enunciare così:

35 Per dieci anni, dal 1925 al 1935, Bartlebooth si sarebbe iniziato all'arte dell'acquerello.

Per vent'anni, dal 1935 al 1955, avrebbe viaggiato in lungo e in largo, dipingendo, in ragione di un acquerello ogni quindici giorni, cinquecento marine dello stesso formato (65 x 50, o 50 x 64 standard) raffiguranti porti di mare. Appena finita, ciascuna di quelle marine sarebbe stata spedita a un artigiano specializzato (Ga-

40 spard Winckler[2]) che incollandola su un foglio di legno l'avrebbe tagliata in un puzzle di settecentocinquanta pezzi.

Per vent'anni, dal 1955 al 1975, Bartlebooth, tornato in Francia, avrebbe ricomposto, nell'ordine, i puzzle così preparati, in ragione, di nuovo, di un puzzle ogni quindici giorni.

45 Via via che i puzzle sarebbero stati ricostruiti, le marine sarebbero state ristrutturate in modo da poterle scollare dal loro supporto, trasportate nel luogo stesso in cui – vent'anni prima – erano state dipinte, e immerse in una soluzione solvente da cui non sarebbe riemerso che un foglio di carta Whatman[3], vergine e intatto.

50 Così, non sarebbe rimasta traccia alcuna di quella operazione che, per cinquant'anni, aveva completamente mobilitato il suo autore.

G. Perec, *La vita, istruzioni per l'uso*, traduzione di D. Selvatico Estense,
Milano, Rizzoli, 1984

---

1. in succinto: *in sintesi.*
2. Gaspard Winckler: è un artigiano che abita un altro appartamento del caseggiato in cui è ambientato il romanzo.
3. carta Whatman: una qualità di carta spessa e porosa.

COMPRENSIONE

1 Qual è lo strano progetto a cui Bartlebooth decide di dedicare la sua vita? Di che cosa è simbolo?

2 Il protagonista si propone tre princìpi guida: quali sono e qual è il loro significato?

3 Qual è l'obiettivo finale del progetto di Bartlebooth?

Oltre il testo Comprendere e riflettere

- In che senso è possibile dire che il progetto di Bartlebooth rappresenta un'allegoria dell'impossibilità di comprendere il vero significato dell'esistenza? Rispondi tenendo conto delle caratteristiche della narrativa postmoderna.

4 Scrivi almeno un sinonimo per ognuno dei seguenti vocaboli e poi componi una frase con ciascuno di essi: inestricabile – arbitraria – palpitante – inesorabile – mobilitato.

ANALISI E INTERPRETAZIONE

5 Il progetto nasce all'improvviso nella mente del protagonista o si delinea gradualmente? In che senso il narratore afferma che a guidarlo è la ricerca di «una certa idea di perfezione» (r. 15)?

6 Il narratore indica con precisione date, misure dei dipinti e numero dei pezzi del puzzle che andranno a costituire. Che significato ha tanta precisione in rapporto alla struttura del romanzo?

Oltre il testo Confrontare e analizzzare

- Confronta il brano di Perec con quello di Saramago (p. 511): a che cosa è dovuta, a tuo parere, l'estrema precisione analitica con cui i due autori "compongono" la loro narrazione?

7 In quali punti del testo il narratore insiste sull'inutilità del progetto di Bartlebooth, di cui il personaggio è del resto pienamente consapevole?

Oltre il testo Confrontare e analizzzare

- Metti a confronto Bartlebooth con Palomar, protagonista dell'omonimo romanzo di Italo Calvino (vedi p. 450); ti sembra che esistano delle analogie tra i due personaggi? Rispondi in un testo scritto con riferimenti ai testi.

8 «La perfezione sarebbe stata circolare: una successione di eventi che, concatenandosi, si sarebbe annullata» (rr.29-30). Che rapporto si stabilisce tra la perfezione del progetto e la sua inutilità?

9 Come può essere interpretato a tuo parere il risultato ultimo e paradossale della sfida di Bartlebooth? Il messaggio dell'autore è positivo o pessimistico?

10 Quale figura retorica di sintassi individui nell'espressione «intero, intatto, irriducibile» (r. 6)?

SCRITTURA E APPROFONDIMENTI

11 Sulla base del brano letto e di altri da te studiati in questa unità scrivi un breve testo in cui esponi le principali caratteristiche tematiche e formali della narrativa postmoderna.

Guida alla verifica orale

Verifica
le tue
conoscenze

DOMANDA N. 1 Quali sono le principali caratteristiche della letteratura della "contestazione" fiorita negli Stati Uniti nel corso degli anni Cinquanta?

LA RISPOSTA IN SINTESI

Con *Il giovane Holden* di Salinger e poi con le opere della *beat generation* il romanzo dà voce alla ribellione di personaggi che rifiutano lo stile di vita consumistico e le rigide regole della società borghese, con comportamenti trasgressivi e scelte di vita anticonvenzionali.

LA RISPOSTA NEI TESTI

T1 Il protagonista del *Giovane Holden* non riesce a inserirsi nella società e tenta ingenuamente di scappare lontano da New York, ma le sue aspirazioni non vengono comprese dall'amica, che egli vorrebbe coinvolgere nel suo tentativo di fuga.

T2 I personaggi del romanzo *Sulla strada* amano la libertà del viaggio, anche senza una meta precisa, e contestano la "normalità" della società, a cui contrappongono il vagabondare e l'assenza di regole.

DOMANDA N. 2 Chi sono le maggiori voci della letteratura sudamericana del secondo Novecento?

LA RISPOSTA IN SINTESI

La narrativa dei paesi latino-americani conosce un periodo di grande fioritura a partire dagli anni Sessanta. Un tratto che accomuna i romanzi provenienti da quest'area è il cosiddetto «realismo magico», ossia la commistione di elementi realistici e fantastici, di cui è rappresentante emblematico il colombiano Gabriel García Marquez. Molte delle tematiche e delle tecniche narrative tipiche del romanzo postmoderno trovano invece la loro prima formulazione nelle opere dell'argentino Jorge Luis Borges.

LA RISPOSTA NEI TESTI

T4 Il racconto *Il labirinto di Asterione* reinterpreta il mito del Minotauro, una creatura mitologica con corpo di uomo e testa di toro, rovesciando la prospettiva tradizionale che presenta questa creatura come un mostro assetato di sangue.

T5 In *Cent'anni di solitudine* Marquez narra attraverso cinque diverse generazioni la storia di un immaginario paese sudamericano, Macondo, intrecciando le vicende dei protagonisti con gli eventi storici concreti.

DOMANDA N. 3 Quali sono gli elementi caratterizzanti del romanzo postmoderno?

LA RISPOSTA IN SINTESI

L'affermarsi del Postmoderno coinvolge anche la narrativa, modificando temi, strutture e forme del romanzo. Le opere postmoderne si incentrano sull'analisi del rapporto tra realtà e letteratura e sui meccanismi della narrazione, facendo un uso ironico della citazione e della rilettura di opere della tradizione, reinterpretate e liberamente contaminate fra loro.

LA RISPOSTA NEI TESTI

T6 Nel romanzo *Il vangelo secondo Gesù Cristo* Saramago immagina che sia Cristo a narrare la propria vita. Sebbene le vicende prendano spunto dai testi sacri, l'autore modifica gli eventi tramandati dai vangeli canonici con spirito critico e dissacratorio.

T7 In *Rumore bianco* DeLillo narra la vicenda di una famiglia americana sconvolta dall'improvviso sprigionarsi di una pericolosa nube di gas tossico, contro la quale l'unico, paradossale antidoto sembra essere un nuovo farmaco sperimentale dal nome emblematico: il Dylar, ovvero *die-laugh* («muori ridendo»).

Le nuove vie del romanzo italiano

Le nuove vie del romanzo italiano

Emilio Tadini, *L'uomo dell'organizzazione*, 1968

Un panorama variegato

Il mutamento del pubblico Il periodo che va dagli anni Sessanta ai giorni nostri è caratterizzato dal progressivo **aumento del pubblico**. Se alla fine della Seconda guerra mondiale, complice un analfabetismo ancora largamente diffuso, i lettori rappresentano una minoranza rispetto alla totalità della popolazione, già dalla seconda metà degli anni Cinquanta si assiste a una vera e propria svolta. L'accoglienza riservata ad alcuni romanzi rivela un **pubblico diverso**, più consapevole e **molto più ampio** rispetto al passato. Un esempio di questa nuova tendenza è dato dal grande successo di romanzi quali *Il dottor Živago* di Pasternak (1957) e *Il Gattopardo* di Tomasi di Lampedusa (1958), cui fanno seguito *La ragazza di Bube* di Cassola (1960) e *Il giardino dei Finzi-Contini* (1962) di Bassani. L'ampliamento del pubblico determina mutamenti importanti: da un lato l'editoria inizia ad assumere i caratteri di una vera e propria industria, dall'altro **la produzione letteraria aumenta**, sia sul piano quantitativo che qualitativo.

Tradizione e avanguardia Gli anni Sessanta si aprono all'insegna di una contrapposizione tra i fautori di una **letteratura d'avanguardia**, provocatoria e sperimentale, e i rappresentanti di una narrativa più rispettosa delle **forme tradizionali**. A questo secondo gruppo appartengono i romanzi di ambientazione borghese e di tono intimistico di Bassani e Cassola, mentre sul versante opposto vi sono scrittori che sostengono la necessità di rifondare contenuti e strutture del romanzo tradizionale. All'interno di questa **corrente sperimentale legata alla Neoavanguardia** si possono distinguere tendenze e gruppi diversi. Da un lato alcuni autori legati alla **rivista «Officina»**, come **Pasolini e Volponi**, rivalu-

tano la figura dell'intellettuale "impegnato" e avviano una critica serrata verso la società del benessere. Su un altro versante si pone invece il **Gruppo 63**, la cui produzione è caratterizzata da un accentuato **sperimentalismo formale** e si rivolge a un pubblico ristretto ed elitario.

Dall'avanguardia al Postmoderno Tra il 1965 e i **primi anni Settanta** si registra una relativa **crisi del romanzo**, poiché le nuove generazioni tendono a preferire la sperimentazione d'avanguardia. Nella **seconda metà degli anni Settanta** si assiste invece a un **ritorno alla narrazione distesa**, testimoniato dal grande successo di un'opera di impianto tradizionale come *La Storia* di Elsa Morante (1974). In questi anni appaiono anche le prime opere riconducibili alla **corrente postmoderna**, che si afferma definitivamente con *Se una notte d'inverno un viaggiatore* (1979) di Italo **Calvino** e *Il nome della rosa* (1980) di Umberto **Eco**. Questi autori, così come più tardi Sebastiano Vassalli, superano la distinzione tra letteratura «alta» e opere «di consumo» e **contaminano generi diversi** come il «giallo», il «gotico» e il romanzo storico, senza rinunciare ai riferimenti colti e al **gusto ironico delle citazioni** intertestuali, che caratterizzano anche le prime opere di scrittori dalla narrativa più complessa ed elitaria come Antonio Tabucchi e Vincenzo Consolo.

Le ultime tendenze Negli **anni Ottanta** si afferma una nuova generazione di romanzieri, molto diversi tra loro ma accomunati dalla capacità di produrre opere in sintonia con l'evoluzione dei tempi. Breve ma significativa è, negli **anni Novanta**, la stagione dei cosiddetti **narratori «cannibali»** come Niccolò Ammaniti e Aldo Nove, così chiamati per il **linguaggio crudo** e per trame ricche di violenza e sesso. La loro narrativa è indirizzata prevalentemente a un pubblico giovane e si ispira ai **modelli dei** *cartoon* **e del cinema** per polemizzare contro il vuoto di valori della società contemporanea.

L'evoluzione del romanzo prosegue fino ai nostri giorni, alternando sempre più spesso opere di reale spessore artistico a **romanzi commerciali**, costruiti ad arte dall'industria editoriale per seguire i **gusti del pubblico**, spesso in cerca di facile intrattenimento attraverso improbabili vicende *fantasy* o patetiche vicende sentimentali.

Sperimentazioni e nuovo impegno

La Neoavanguardia e il Gruppo 63
All'inizio degli anni Sessanta si manifesta in molti scrittori un'**esigenza di rinnovamento** delle forme letterarie tradizionali, ritenute non più adeguate a esprimere una realtà profondamente modificata dall'avvento del capitalismo avanzato. La polemica verso l'**alienazione causata dalla modernità** e la denuncia della **banalizzazione del linguaggio** imposta dalla pubblicità, dalla televisione e dai *mass-media* inducono i letterati legati alla **Neoavanguardia** e al **Gruppo 63** a tentare forme narrative nuove, segnate da un acceso **sperimentalismo**. Nascono così romanzi rivolti a un pubblico colto, in cui le ardite **innovazioni linguistiche** si risolvono spesso in un virtuosismo formale, volto a denunciare con amaro sarcasmo la **superficialità del mondo massificato**.

L'autore più significativo di questa tendenza è Giorgio **Manganelli** (1922-1990), le cui teorie sulla scrittura come operazione del tutto artificiosa e come trascrizione della mancanza di senso della realtà – compiutamente formulate nel saggio *Letteratura come menzogna* (1967) – trovano applicazione in *Hilarotragoedia* (1964), opera al confine tra romanzo, saggio e dissertazione linguistica. Ancora più radicale è la destrutturazione delle forme narrative condotta da Luigi **Malerba** (1927-2008) in *La scoperta dell'alfabeto* (1963) e nel romanzo *Il serpente* (1966), mentre in *Fratelli d'Italia* (1963) Alberto **Arbasino** (1930) ritrae la frivolezza della società contemporanea in una sorta di anti-romanzo ricco di citazioni, riferimenti letterari e giochi parodici.

Letteratura e industria
Tra la fine degli anni Cinquanta e i primi anni Sessanta anche in Italia prende avvio una **terza rivoluzione industriale**. Le conseguenze di questo fenomeno sono di enorme portata e interessano non solo le condizioni materiali di vita, ma anche i rapporti sociali e la mentalità delle persone. Uno dei primi intellettuali a teorizzare il **rapporto tra letteratura e industria** è Elio **Vittorini**, che nel **1961** dedica all'argomento il numero 4 della rivista «Il Menabò». Con grande realismo, Vittorini sottolinea che la letteratura ha il dovere di confrontarsi con questa realtà, scegliendo come tema la **condizione operaia** e interrogandosi sulle **trasformazioni sociali e antropologiche** legate all'affermarsi del neocapitalismo. L'intervento di Vittorini dà vita a un **acceso dibattito** che coinvolge intellettuali come Italo Calvino, Franco Fortini, Pier Paolo Pasolini e Umberto Eco.

Il tema dell'industria viene trattato in **romanzi legati alla realtà della fabbrica**, spesso scritti da intellettuali che avevano collaborato in prima persona con grandi aziende, come Paolo Volponi e Ottiero **Ottieri** (1924-2002), autore di *Tempi stretti* (1957) e soprattutto *Donnarumma all'assalto* (1959), una sorta di romanzo-diario in cui lo psicologo protagonista, incaricato di selezionare il personale per una fabbrica meridionale, mette in luce la speranza che anima gli operai in cerca di un impiego e nello stesso tempo riflette sull'alienazione che un simile compito genera in lui. Il mondo aziendale fa da sfondo anche al romanzo *Il padrone* (1965) di Goffredo **Parise** (1929-1986), in cui è descritto il rapporto di dipendenza psicologica tra un impiegato e il suo capoufficio, mentre Lucio **Mastronardi** (1930-1979) analizza i mutamenti sociali della provincia del Nord Italia nella cosiddetta "trilogia di Vigevano" (*Il calzolaio di Vigevano*, 1962; *Il maestro di Vigevano*, 1962; *Il meridionale di Vigevano*, 1964), ripubblicata nel 1977 con il titolo *Gente di Vigevano*. La tematica industriale viene affrontata anche da Nanni **Balestrini** (1935) in *Vogliamo tutto* (1971), storia di un meridionale che emigra al Nord e si impiega come operaio alla FIAT negli anni caldi delle lotte sindacali.

Paolo Volponi
Nato a Urbino nel **1924**, Paolo Volponi rappresenta una figura nuova di intellettuale che, ben lontano dal chiudersi nel mondo delle "belle lettere", si confronta attivamente con la realtà produttiva del suo tempo, all'insegna di una costante militanza politica nelle file della sinistra. Assunto nel 1950 alla **Olivetti**, passa nel 1972 alla **FIAT** e rievoca queste esperienze nel suo primo romanzo legato alla tematica industriale, *Memoriale* (1962), a cui segue *La macchina del mondo* (1965), storia di un "diverso" che si propone di lottare contro l'ordine fittizio del mondo attraverso stravaganti teorie filosofiche. Negli anni Settanta Volponi approda a forme narrative più sperimentali, evidenti ne *Il pia-*

neta irritabile (1978), un'opera aperta sospesa tra favola allegorica e genere fantascientifico. L'ultimo romanzo, *Le mosche del capitale* (1989), si ricollega nuovamente al tema industriale, ma appare segnato da un più sfiduciato **pessimismo**. Volponi muore ad Ancona nel 1994.

Tema ricorrente della narrativa di Volponi è l'analisi della **alienazione prodotta** nei singoli e nella società **dalla fabbrica** e dalle modalità produttive del **capitalismo**. *Memoriale* è incentrato sulla vicenda di **Albino Saluggia**, un reduce dalla Seconda guerra mondiale che viene assunto come **operaio in una grande fabbrica**, in cui spera di trovare una soluzione ai suoi problemi materiali e psicologici. La ripetitività del lavoro e l'assenza di rapporti interpersonali aggravano invece le sue manie di persecuzione finché, dopo aver partecipato a uno sciopero, Albino viene bruscamente **licenziato**. La sua progressiva **alienazione** è denunciata attraverso una sorta di diario, che permette al lettore di seguire le dinamiche spersonalizzanti della vita in fabbrica attraverso l'**ottica straniata del protagonista**, affetto da una forma sempre più grave di paranoia.

Luciano Bianciardi   Le trasformazioni della società neocapitalistica sono analizzate anche da Luciano **Bian-**ciardi. Nato a Grosseto nel **1922**, Bianciardi si interessa alle lotte operaie e alla vita dei minatori della sua terra e, dopo un incidente nella miniera di Ribolla (1954) che provoca la morte di 43 lavoratori, scrive insieme all'amico Carlo Cassola l'inchiesta *I minatori della Maremma* (1956). Impiegato presso la casa editrice Feltrinelli, per la quale pubblica alcuni saggi sul mondo della cultura e dell'editoria (*Il lavoro culturale*, 1957; *L'integrazione*, 1959), ottiene un improvviso successo con *La vita agra* (1962), romanzo che riflette in parte la sua esperienza autobiografica. Il protagonista, infatti, è un **intellettuale di provincia anarchico e umorale** (evidente *alter ego* dell'autore) che si trasferisce a Milano per vendicare le vittime del disastro di Ribolla progettando di far esplodere il grattacielo in cui ha sede la società mineraria responsabile del disastro. Ben presto, tuttavia, la città e il lavoro editoriale lo assorbono con i loro ritmi alienanti e spersonalizzanti, inducendolo a trascurare i suoi progetti di rivolta e a rassegnarsi infine a una **mediocre vita piccolo-borghese** con la ragazza che ama. Nell'opera, condotta in uno stile risentito e carico di *verve* polemica, Bianciardi analizza con una **satira graffiante** le conseguenze del *boom* economico nella capitale industriale del Nord Italia, esprimendo un amaro disincanto nei confronti del cosiddetto «miracolo economico». Dopo la grande notorietà ottenuta con *La vita agra* (anche grazie all'omonimo film realizzato due anni dopo da Carlo Lizzani, con Ugo Tognazzi come protagonista), Bianciardi decide di abbandonare i personaggi "ribelli" per dedicarsi ad altri progetti e, complice anche una forte dipendenza dall'alcol, si isola dall'ambiente letterario e muore a Milano nel 1971.

Luigi Meneghello   L'interesse per la realtà sociale e lo sperimentalismo linguistico si combinano in modo originale nell'opera di Luigi Meneghello. Nato nel **1922** a **Malo**, in provincia di Vicenza, dopo aver partecipato alla Resistenza si trasferisce in **Inghilterra**, dove vive per molti decenni insegnando all'università di Reading e organizzandovi un prestigioso istituto di cultura italiana. Proprio questa distanza geografica lo rende particolarmente sensibile ai mutamenti degli anni del *boom* economico. Il suo primo e più importante romanzo, ***Libera nos a Malo*** (1963), è un ritratto ironico e commosso del suo paese d'origine e della sua infanzia, segnato da una personalissima ricerca sul **rapporto tra lingua e dialetto**. Seguendo un'esile trama narrativa, Meneghello costruisce il testo intorno a brevi brani autonomi legati dal filo dei **ricordi** a cui si alternano, soprattutto nella seconda parte, riflessioni sulla lingua e sul rapporto tra **passato e presente del paese natale**. Il punto di vista

del bambino e quello dell'adulto si intrecciano nella ricostruzione di un passato che è al tempo stesso personale e collettivo, descrivendo con ironia e pacatezza uno spaccato di vita paesana degli anni Venti e Trenta. Fondamentale è il ricorso al **dialetto**, utilizzato non tanto in funzione realistica o mimetica, ma come **lingua prima e autentica**, strumento di conoscenza e descrizione di un mondo ormai scomparso sotto l'urto della modernità.

Tra le altre opere di Meneghello ricordiamo *I piccoli maestri* (1964), delicata rievocazione autobiografica della lotta partigiana sull'altopiano di Asiago, *Pomo pero* (1974), anch'esso legato a esperienze giovanili, e *Fiori italiani* (1976), che ricorda gli anni della scuola durante il fascismo. Meneghello è morto a Thiene nel 2007.

⬤ Sosta di verifica

1 Quali caratteristiche presenta il romanzo sperimentale nato nell'ambito della Neoavanguardia?

2 Come viene affrontato in *Memoriale* di Volponi il tema del rapporto tra letteratura e industria?

3 Chi è il protagonista de *La vita agra* di Bianciardi?

4 Con quale funzione viene utilizzato il dialetto nell'opera di Meneghello?

→ La narrativa del secondo Novecento

1955-1965
- **romanzo tradizionale** → • Cassola • Bassani
- **romanzo sperimentale** →
  - Pasolini, Volponi (impegno sociale, letteratura e industria)
  - Gruppo 63 (Manganelli, Arbasino) Sperimentalismo formale
  - Sciascia
  - Meneghello (recupero del dialetto)

1965-1970 → **crisi del romanzo** →
- sperimentazioni formali Calvino, *Se una notte d'inverno un viaggiatore*

1975-anni '80
- **recupero della tradizione** → • Elsa Morante, *La storia*
- **romanzo postmoderno** → • Eco, Tabucchi, Calvino, Vassalli

ultimi decenni →
- nuovi romanzieri
- «cannibali» (Ammaniti, Nove)
- romanzi di consumo
- scrittura al femminile

Paolo Volponi, Il fascino della fabbrica

Memoriale

Memoriale (1962) è un romanzo-confessione, narrato in prima persona dal protagonista, Albino Saluggia. Reduce dalla drammatica esperienza della guerra, Albino sente il desiderio di una vita nuova e sana, che sembra per lui incarnarsi nel lavoro in una grande fabbrica piemontese. Al suo interno Saluggia sperimenterà invece la superficialità dei rapporti umani e l'alienazione e il fascino per il mondo della fabbrica si trasformerà progressivamente in odio. Le pagine che seguono descrivono i primi giorni di lavoro di Albino in fabbrica.

Il giorno in cui cominciai a lavorare da solo alla fresatrice, più del padrone, odiavo tutti i compagni. Speravo che le loro macchine s'inceppassero e tagliassero malamente i pezzi. Questo odio m'aiutava a lavorare e mi dava l'ambizione di riuscire a fare meglio degli altri. Prendevo il grezzo[1] dalla cassetta come fosse un nemico da sgominare
5   e lo riponevo finito che ormai gli ero affezionato come a una parte di me stesso. Il rumore della fresatrice mi tirava nella lotta e più la sentivo mordere più m'infervoravo nel lavoro. Il suo rumore, i suoi tagli, mi convincevano aspramente di saper lavorare; davano alle mie mani una forza che non avevano mai avuto, anche se mi ero accorto che le mie mani più che guidarla erano trascinate dalla macchina. Grosset[2] si avvici-
10   nava spesso al mio posto. Un giorno mi guardò per qualche secondo e poi passandomi una mano sulla spalla, mi disse: «Vai calmo, Saluggia». Lui capiva la condizione in cui mi trovavo. «Non prendere il lavoro come un nemico», soggiunse, «o non durerai a lungo. E non farne nemmeno l'unica ragione della tua vita».
Siccome la sua benevolenza andava oltre la sua confidenza, per non sentirmi troppo in debito, dissi anch'io: «Si lavora per un padrone». «Per più d'uno» rispose
15   Grosset, «ma siccome il lavoro è per forza una parte della tua vita, cerca di non rovinartela». E se ne andò, senza guardare nella cassetta la qualità dei pezzi finiti. Ancora non lavoravo a cottimo[3] ma certamente in quei giorni superavo il cento per cento. Ad un certo punto m'accorsi che il pezzo cambiando sotto le frese, un attimo prima d'essere finito, assumeva il colore opaco del lago di Candia[4]. Que-
20   sta fu una grossa rivelazione tanto che da allora per molto tempo, anche se non per tutta la giornata, svolgevo il mio lavoro per arrivare ogni volta al punto in cui compariva il colore del lago; la frazione di lavoro successiva, necessaria per finire il pezzo, era diventata per me come l'ultimo tratto di una strada, diversa da quella vera, tra il lago e casa mia: di una strada diversa e più facile, dove sarebbe do-
25   vuto capitarmi qualcosa, la rivelazione, il segno del mio nuovo destino. Intanto la mia macchina funzionava bene, aveva solo il motore della tavola un poco più rumoroso del normale. Mentre i motori andavano, m'immaginavo qualche volta che si stesse effettuando una corsa automobilistica, nella quale ero in gara con una macchina di mia costruzione. Immaginavo sempre di essere in testa, con il
30   numero 17, il numero che mi era stato attribuito da Pinna[5] e che io mantenevo perché la mia corsa era proprio una sfida lanciata contro il destino avverso e contro la congiura ordita a mio danno da tutti gli altri concorrenti. Nel culmine della corsa la mia macchina subiva un guasto e solo la mia abilità le impediva di fermarsi. Con-
35   tinuavo la gara con il fiato sospeso per gli ultimi giri, guardando i miei compagni di lavoro come se veramente stessero per superarmi con le loro fresatrici e poi, con

Agli occhi del protagonista la fabbrica assume tratti fantastici e quasi mistici.

È uno dei primi passaggi in cui nel protagonista emerge la mania di persecuzione.

Apri il vocabolario

Derivato dal latino *coniurare* ("giurare insieme"), il sostantivo "congiura" indica un patto segreto per sovvertire una situazione politica o un governo in carica o anche un accordo raggiunto da più persone ai danni di altre.

---

1. il grezzo: il pezzo ancora da lavorare.
2. Grosset: Michele Grosset, il capo del reparto fresatrici.
3. a cottimo: venendo pagato sulla base della quantità di pezzi prodotti.
4. Candia: Candia Canavese, paese in provincia di Torino da cui proviene il protagonista.
5. Pinna: è l'amico operaio con il quale Saluggia è stato assunto in fabbrica.

un ultimo sforzo di volontà, riuscivo a vincere. Un altro giro e la mia macchina si sarebbe incendiata. Seguendo questi pensieri potevo ugualmente controllare bene il mio lavoro e procedere senza la noia di dover numerare uno ad uno i pezzi finiti.

40 Passavo le ore, che gli orologi nelle officine segnano a migliaia partendo dall'inizio delle diverse lavorazioni. Quando io sono entrato nella fabbrica, l'orologio della nostra officina segnava l'ora 12.27. Anche il tempo, come gli uomini, è diverso nella fabbrica; perde il suo giro per seguire la vita dei pezzi. Trascorrevano le ore, anche se con qualche sigaretta che fumavo, le visite di Grosset e ogni tan-

45 to un discorso di Pinna, che borbottava quasi sempre, anche da solo.

Il rumore mi rapiva: il sentire andare tutta la fabbrica come un solo motore mi trascinava e mi obbligava a tenere con il mio lavoro il ritmo che tutta la fabbrica aveva. Non potevo trattenermi, come una foglia di un grande albero scosso in tutti i suoi rami dal vento. La gente non esisteva più ed io pensavo che per quanto nella fabbrica

50 si lavori tutt'insieme, stretti nei reparti, con le fresatrici su tre file ad intervalli regolari, e così i torni e le presse, o tutt'in fila nelle catene di montaggio o nei controlli, o si mangi in tanti alla mensa e si viaggi tutti sulle corriere[6], è difficile poter avere delle compagnie e degli aiuti dagli altri. Io non potevo mischiarmi, come faceva Pinna, ai gruppi che parlavano in quel tempo di un aumento di venti lire orarie, perché se io

55 avessi parlato dei poveri contadini o dei disoccupati mi avrebbero voltato le spalle. Pinna entrava in quei gruppi, non so bene perché; non parlava quasi mai o si limitava a ripetere le parole degli altri. Pinna si cacciava dappertutto ed io non capisco perché lo sopportassi come amico, con quel suo testone nero e quello sputarello[7] sempre tra le labbra. Continuava a farsi ammirare per il suo coraggio di partigiano e per

60 la sua fuga dal terzo piano di un albergo di Torino dove i tedeschi lo tenevano prigioniero in attesa di fucilarlo. Pinna mi aveva addirittura proposto di iscrivermi al Partito Socialista e ai sindacati della C.G.I.L.[8] sempre ridendo naturalmente e aggiungendo: «Vedrai poi, vedrai poi…». «Io vedo chiaro ora, caro Pinna» gli avevo detto «e non mi iscrivo a niente. Io non ho niente da spartire con nessuno». Ma Pinna aveva riso,

65 facendo saltare la sua gamba più del solito: «Vedrai che aiuto ti daranno i preti[9]…»

Tutto sommato, compresa la mia solitudine o meglio la mia differenza dagli altri, i primi giorni di lavoro non furono brutti giorni; anzi molte cose mi piacevano e mi confortavano: così la mensa, gli spogliatoi, le docce, i grandi corridoi, le luci al neon dentro e fuori, il veder passare alti e silenziosi tanti ingegneri e dirigen-

70 ti che mi facevano sentire al sicuro, in una fabbrica ben governata. Pensavo con piacere, anche se con il timore di non esserne degno, di far parte di un'industria così forte e bella e che la sua forza e la sua bellezza fossero in parte mie e pronte ad aiutarmi, così come la fabbrica mi scaldava e mi dava luce.

Amavo a poco a poco la fabbrica, sempre di più man mano che m'interessava meno

75 la gente che vi lavorava. Mi sembrava che tutti gli operai avessero poco a che fare con la fabbrica, che fossero o degli abusivi o dei nemici, che non si rendessero conto della sua sovrumana bellezza e che proprio per questo, lavorando con più fracasso del necessario, parlando e ridendo la offendessero deliberatamente. Mi sembrava che si divertissero a guastarla e a sporcarla, a voltarle le spalle ogni momento.

80 La fabbrica mi appariva sempre più bella e mi sembrava che si rivolgesse direttamente a me, come se fossi l'unico o uno dei pochi in grado e ben disposti a capirla.

P. Volponi, *Il fascino della fabbrica*, Milano, Garzanti, 1962

> Nel romanzo non mancano accenni e riferimenti alla realtà industriale e operaia del periodo.

> Il fascino della fabbrica e la diffidenza nei confronti degli altri operai sono indici della progressiva alienazione di cui è vittima il protagonista.

---

6. corriere: autobus.
7. sputarello: *mozzicone di sigaretta.*
8. C.G.I.L.: Confederazione Generale Italiana del Lavoro; si tratta dell'organizzazione sindacale degli operai di sinistra (in quegli anni per lo più elettori del PSI e PCI).
9. i preti: Saluggia è cattolico e aderisce politicamente alla Democrazia Cristiana.

→ Analisi del testo

COMPRENSIONE

Saluggia, protagonista e io-narrante del romanzo, descrive i suoi **primi giorni di lavoro** in fabbrica con toni di totale **entusiasmo**. Isolato dagli altri lavoratori, egli compie con scrupolo e quasi con accanimento il compito che gli è stato affidato, immergendosi completamente nel ritmo della fabbrica, nei suoi suoni e nei suoi tempi rigidamente scanditi. Incurante degli inviti alla moderazione del caporeparto, Saluggia **rifiuta di solidarizzare con gli altri operai**, completamente affascinato dalla «forza» e dalla «bellezza» della fabbrica, destinata a inghiottire la sua vita.

ANALISI E INTERPRETAZIONE

Competizione e produttività: una vita per il lavoro L'impatto di Saluggia con il lavoro in fabbrica è a dir poco esaltante. Il protagonista mostra in tal senso poco equilibrio e, infatti, viene invitato dal capo reparto a lavorare senza eccedere troppo in sforzi inutili. Per Saluggia il **lavoro** non è solo l'unica ragione di vita, ma un «**terreno di lotta**» dove poter **dimostrare il proprio valore** e la propria attitudine professionale. Egli recepisce a tal punto la **mentalità competitiva della fabbrica** da evitare ogni forma di solidarietà con gli altri operai. Emerge infatti fin d'ora la condizione di **solitudine e isolamento** destinata a radicarsi profondamente nell'animo del protagonista, conducendolo a una totale **alienazione**.

I rumori e il tempo della fabbrica Il primo ostacolo alla comunicazione tra gli operai è rappresentato dal **rumore assordante dei macchinari**. Questa presenza ossessiva trasmette a Saluggia una sorta di **energia bellica** («Il rumore della fresatrice mi tirava nella lotta e più la sentivo mordere più m'infervoravo nel lavoro», rr. 6-7), trasformandosi nella «voce» alienante del mondo della fabbrica. Anche **la percezione del tempo è alterata** e assume ritmi opprimenti, diversi da quelli della vita reale. Saluggia stesso afferma che il tempo «perde il suo giro per seguire la vita dei pezzi» (r. 43). Seguire una simile scansione temporale trasforma l'esistenza in una **disumana corsa per la produzione**, finendo col minare irrimediabilmente l'integrità fisica e psichica degli operai, proprio come capiterà al protagonista.

Un'ottica straniata La narrazione è svolta in prima persona da Saluggia, protagonista del romanzo. L'adozione del **punto di vista del personaggio** permette al lettore di guardare la realtà della fabbrica attraverso il suo stesso sguardo, affascinato ed entusiasta, e di partecipare all'esaltazione che lo coglie nel pieno del lavoro. In un'ottica straniata, Saluggia si sente **tutt'uno con la fabbrica** e con la sua straordinaria e misteriosa bellezza. Lo **stile**, insieme **realistico e visionario**, mescola espressioni e registri diversi, passando da toni colloquiali a vocaboli talvolta più elevati, non senza immagini di notevole suggestione.

Lavoriamo sul testo

COMPRENSIONE

1 Qual è l'atteggiamento del protagonista nei confronti del suo nuovo lavoro in fabbrica?
2 Con quali personaggi dialoga Saluggia e come si rapporta agli altri operai?

LINGUA E LESSICO

3 Trova almeno due contrari per ciascuno di questi aggettivi: calmo – unica – grossa – facile – rumoroso – avverso.
4 Individua la proposizione incidentale nel periodo «Tutto sommato, compresa la mia solitudine o meglio la mia differenza dagli altri, i primi giorni di lavoro non furono brutti giorni» (r. 66-67).

ANALISI E INTERPRETAZIONE

5 Come si manifesta l'ammirazione del protagonista nei confronti della fabbrica?

6 Quale legame sussiste tra il rumore assordante dei macchinari e il rapporto tra operai?
7 In quali punti del brano emergono più chiaramente la chiusura e la solitudine del protagonista?
8 Con quali aggettivi Saluggia descrive la fabbrica? Egli la percepisce come luogo reale o simbolico?
9 Analizza lo stile adottato nel brano: è elevato o basso?

SCRITTURA E APPROFONDIMENTO

10 Nel finale del romanzo, dopo molte esperienze negative, la fabbrica apparirà al protagonista in una luce assai diversa, come «un edificio senza senso, un luogo ostile e innaturale». Quali elementi in questo brano possono far prevedere la disillusione e l'alienazione di cui Saluggia sarà vittima? Rispondi in un testo scritto di massimo quindici righe, con opportune citazioni dal brano.

Il libro del mese

Acciaio

AUTORE	Silvia Avallone
ANNO DI PUBBLICAZIONE	2010
CASA EDITRICE	Rizzoli

TRE BUONI MOTIVI PER LEGGERLO

1 Descrive l'improvvisa rottura dell'amicizia tra due ragazze che sembravano inseparabili.

2 Riflette sulla difficile situazione dei giovani in realtà segnate dalla crisi dell'industria.

3 Mostra come l'arrivo dell'amore sconvolge la vita di un'adolescente.

L'AUTORE E IL ROMANZO Silvia Avallone è nata a Biella nel 1984. Nel 2010 ha pubblicato il suo romanzo d'esordio, *Acciaio*, che ha riscosso un grande successo di pubblico e critica; nel 2013 ha dato alle stampe *Marina Bellezza*.

Acciaio racconta la vita di due amiche nel delicato passaggio tra infanzia e adolescenza. In mezzo alle prime esperienze sentimentali delle due protagoniste si snodano le vicende dei loro familiari, tutti più o meno coinvolti con il grande impianto siderurgico che domina la città di Piombino.

L'INCIPIT Nel cerchio sfocato della lente la figura si muoveva appena, senza testa.
Uno spicchio di pelle zoomata in controluce.
Quel corpo da un anno all'altro era cambiato, piano, sotto i vestiti. E adesso, nel binocolo dell'estate, esplodeva.
L'occhio da lontano brucava i particolari: il laccio del costume, del pezzo di sotto, un filamento di alghe sul fianco. I muscoli tesi sopra il ginocchio, la curva del polpaccio, la caviglia sporca di sabbia.

LA TRAMA Anna e Francesca sono due tredicenni di Piombino che hanno appena terminato la scuola media. L'estate che precede l'inizio delle superiori trascorre tra giornate al mare e amori adolescenziali, fino a quando Anna conosce Mattia, un amico di suo fratello Alessio appena tornato in città dopo tre anni passati all'estero. L'innamoramento di Anna ha un effetto dirompente su Francesca, che si sente messa in disparte e, incapace di parlare all'amica con sincerità, tronca bruscamente il loro rapporto. Le due ragazze si troveranno da sole ad affrontare difficoltà familiari, in una fase delicatissima della loro esistenza che avrà conseguenze imprevedibili per entrambe.

TRE PISTE DI LETTURA

1 Per gli adolescenti la rottura di un'amicizia rappresenta un evento traumatico. Ritieni che la situazione che si viene a creare nel romanzo sia realistica o pensi che nella realtà le cose vadano in modo diverso? Scrivi le tue riflessioni sull'argomento in un testo di massimo due pagine.

2 Un elemento importante del romanzo è il grande stabilimento industriale in cui lavorano molti personaggi legati alle due protagoniste. Ti sembra che la visione della fabbrica che trapela da *Acciaio* sia la stessa che emerge dalle opere della letteratura industriale degli anni Sessanta?

3 Rintraccia nel testo gli elementi caratteristici del romanzo di formazione e spiega se, a tuo parere, *Acciaio* può essere inserito in questo genere narrativo.

Luciano Bianciardi
Lavorare in azienda

La vita agra, cap. VIII

La vita agra racconta la vicenda, in parte autobiografica, di un intellettuale anarchico giunto a Milano con l'intenzione di far esplodere la sede dell'azienda che egli reputa colpevole per la morte di alcuni minatori della sua terra (la Maremma toscana).
Nel brano proposto, tratto dal capitolo VIII, il protagonista riflette con amaro sarcasmo sulla sua condizione di impiegato in una grande casa editrice dove, come in tutte le aziende del terziario, per fare carriera sembrano necessarie solo doti di adulazione e apparente attivismo. Ma l'eventualità di un licenziamento è sempre in agguato.

> Lo stile del romanzo è caratterizzato da moduli tipici del parlato, che danno l'impressione di una sorta di monologo interiore.

No, hanno ragione quelli che dicono che io sono rozzo, che non mi so muovere. È vero, io non so nemmeno camminare, e una volta mi arrestarono per strada, soltanto perché non so camminare. E poi mi licenziarono, per lo stesso motivo. Così come licenziarono Carlo, mio nobile amico e vero signore, soltanto perché,
5 dicevano gli altri, gli attivisti, non sapeva parlare, era lento di pronuncia e rallentava il ritmo di tutta la produzione. Io non cammino, non marcio: strascico i piedi, io, mi fermo per strada, addirittura torno indietro, guardo di qua e guardo di là, anche quando non c'è da traversare. Sorpreso in atteggiamento sospetto, diceva appunto al telefono quel maresciallo del buon costume[1], dopo che mi ebbero
10 fermato, caricato sul furgone nero e portato in questura. [...]
E mi licenziarono, soltanto per via di questo fatto che strascico i piedi, mi muovo piano, mi guardo attorno anche quando non è indispensabile. Nel nostro mestiere invece occorre staccarli bene da terra, i piedi, e ribatterli sull'impiantito[2] sonoramente, bisogna muoversi, scarpinare, scattare e fare polvere, una nube di
15 polvere possibilmente, e poi nascondercisi dentro.
Non è come fare il contadino o l'operaio. Il contadino si muove lento, perché tanto il suo lavoro va con le stagioni, lui non può seminare a luglio e vendemmiare a febbraio. L'operaio si muove svelto, ma se è alla catena, perché gli hanno contato i tempi di produzione, e se non cammina a quel ritmo sono guai. Ma altrimenti
20 l'operaio va piano, in miniera per esempio non si mette mai a battere i piedi e il falegname se la fa con calma, la sua seggiola o il suo tavolino, con calma e precisione, e l'imbianchino ti resta in casa una settimana solo per scialbare[3] una stanza. Ma il fatto è che il contadino appartiene alle attività primarie, e l'operaio alle secondarie. L'uno produce dal nulla, l'altro trasforma una cosa in un'altra. Il metro
25 di valutazione, per l'operaio e per il contadino, è facile, quantitativo: se la fabbrica sforna tanti pezzi all'ora, se il podere rende.
Nei nostri mestieri è diverso, non ci sono metri di valutazione quantitativa. Come si misura la bravura di un prete, di un pubblicitario, di un PRM[4]? Costoro né producono dal nulla, né trasformano. Non sono né primari, né secondari. Ter-
30 ziari sono, e anzi oserei dire addirittura "quartari"[5]. Non sono strumenti di pro-

---

1. del buon costume: la «squadra del buon costume» era una sezione della Polizia di Stato che si occupava dei reati contro la morale, come la prostituzione.

2. impiantito: *pavimento.*
3. scialbare: *imbiancare.*
4. PRM: acronimo di *Public Relation Man,* locuzione inglese che indica l'*addetto alle*

pubbliche relazioni.
5. "quartari": neologismo ironico, modellato su «terziario», il settore dell'economia che si occupa di fornire servizi.

duzione, e nemmeno cinghie di trasmissione. Sono lubrificante, al massimo, sono vaselina pura.

Come si può valutare un prete, un pubblicitario, un PRM? Come si fa a calcolare la quantità di fede, di desiderio di acquisto, di simpatia che costoro saranno riusciti a far sorgere? No, non abbiamo altro metro se non la capacità di ciascuno di restare a galla, e di salire più su, insomma di diventare vescovo. [...]

Sei diventato vescovo? No? Allora vatti a riporre[6]. La concorrenza? Che t'importa della concorrenza? L'importante è fare le scarpe al capoufficio, al collega, a chi ti lavora accanto.

Il metodo del successo consiste in larga misura nel sollevamento della polvere. È come certe ali al gioco del calcio, in serie C, che ai margini del campo, vicino alla bandierina, dribblano se medesime[7] sei, sette volte, e mandano in visibilio il pubblico sprovveduto. Il gol non viene, ma intanto l'ala ha svolto, come suol dirsi, larga mole di lavoro. Così bisogna fare nelle aziende di tipo terziario e quartario, che oltre tutto, ripeto, non hanno nessun gol da segnare, nessuna meta da raggiungere.

E poi badare ai marcamenti. Marcamenti a zona, marcamenti a uomo[8]. [...]

L'uomo da marcare è il superiore più alto accessibile, in ipotesi ideale è il padrone, il moro, il Timber Jack[9]. Occorre stargli alle costole di continuo, non dargli mai il tempo di ricevere la palla, bisogna anticiparlo sempre, avere le sue idee un attimo prima che egli si accorga di averle. Il dirigente destinato a far carriera ha miriadi di idee, anzi le ha tutte, quanto più contraddittorie tanto meglio, perché contraddittorio e capriccioso è il padrone. Dirà il questo e il non-questo, il quell'altro e poi il suo opposto, tutto filato, senza scarti né pause.

E non si creda che sia sempre utile l'atteggiamento supino e servile. Spesso anzi bisogna dare torto al padrone, ma beninteso quando il padrone, per una sua libidine neocapitalistica, brama[10] che gli si dia torto. Ho conosciuto dirigenti che contavano di far carriera dicendo sempre di sì: entro l'anno erano tutti liquidati. Non che il padrone li cacciasse: li metteva in condizione di andarsene. Era capace di tenerli tre giorni in anticamera, saltando i pasti, e poi di chiamarli ad alta voce, in modo che sentissero tutti: «Stronzo!» cantilenava il padrone, quasi gioviale. «Stronzetto! Vieni, vieni che mo' parliamo.»

Ma soprattutto, ripeto, marcare l'uomo. Se il padrone va in crociera alle Baleari, o nella rada di Spalato, o nel mare di Ulisse, al ritorno troverà il suo uomo in attesa sul molo, per dargli le ultime novità.

Rincasando con la sua ==masnada== di portatori e di guide dalla caccia allo stambecco in Stiria, al Brennero ci sarà il suo uomo, con la borsa gonfia di carte sottobraccio, e nuove proposte, e nuove idee, perché il padrone che torna dalle vacanze è fresco, scattante, aggressivo, e bisogna anticiparlo subito.

E lo avrà accanto nelle riunioni, nei cocktail, nelle feste familiari, e vedrà la propria consorte strettamente marcata anch'essa, dalla consorte del dirigente, donna di solito sensibilissima al mutare degli umori e degli amori padronali, rapida a cambiare direzione ai suoi regaluzzi, baciuzzi, vezzucci. La moglie del padrone

---

L'insistita metafora calcistica sottolinea la necessità di mostrarsi sempre attivi e, soprattutto, solleciti nei confronti dei superiori.

Apri il vocabolario

Il sostantivo "masnada", ricalcato sul provenzale *maisnada* (derivato dal latino *mansio*, "casa, dimora", da cui anche il francese *maison*) indicava in origine un gruppo di contadini o servi addetti alle macine dei mulini e, per estensione, un gruppo di persone al servizio di un signore. Poiché, in molti casi, potevano svolgere la funzione di scorta armata, il termine è passato a indicare un insieme di uomini poco raccomandabili e in senso figurato anche un gruppo numeroso di persone.

---

6. vatti a riporre: *fatti da parte.*

7. dribblano se medesime: dribblano se stessi; l'espressione è ovviamente ironica perché il dribbling si realizza quando un giocatore supera un avversario.

8. Marcamenti... a uomo: nel gergo calcistico, «marcare» significa *controllare* una determinata zona dell'area («Marcamento a zona») o un giocatore avversario («marcamento a uomo»).

9. Timber Jack: nome (in inglese, «tagliaboschi») di una macchina per abbattere gli alberi nella foresta; è una metafora per sottolineare il potere e l'insensibilità del «padrone».

10. brama: *desidera.*

Luciano Bianciardi   **533**

sa quando si approssima il congedo, la liquidazione, il divorzio, proprio dal mutato atteggiamento della moglie del dirigente.

75 Il quale doserà da par suo i licenziamenti dei sottoposti. Egli sa che il padrone ha bisogno non soltanto di udire idee e proposte nuove, ma anche di vedere facce diverse, personale continuamente rinnovato, in rotazione; perciò periodicamente, e di solito a settembre, quando il padrone torna dalle vacanze ed è aggressivo,
80 licenzia qualcuno. O meglio, fa in modo che il padrone creda di aver licenziato di sua iniziativa il dipendente fin allora stimatissimo. [...]

Il trasferimento forzato dell'ufficio del protagonista è un preludio al suo licenziamento imminente.

A me accadde, sempre dopo la fine delle vacanze (il settembre, ripeto, è il mese tipico dei licenziamenti), d'essere messo alla scelta fra un sottoscala e un terzo di stanzuccia con tavolo dietro la porta, e orientato in modo che entrando, il ve-
85 tro smerigliato andava a sbattere contro lo spigolo e si rompeva fragorosamente, e questo diventava un altro elemento negativo, che preludeva al licenziamento.

Ma poi, se proprio non sei ottuso, te ne accorgi perché cambia anche l'aria attorno a te: i colleghi perdono man mano ogni consistenza fisica, sono gli stessi, ma paiono vuotarsi della loro sostanza spirituale. Ti guardano, ma pare che non ti
90 vedano, non sorridono più, mutano anche voce, hai l'impressione che non siano più uomini, ma pesci, non so, ectoplasmi, baccelloni di ultracorpi[11], marziani travestiti da terricoli[12].

Dicono «ah sì, ah sì, eh davvero, molto interessante». Chiedi una cosa qualunque, che riguarda il lavoro, e quelli dicono: «Ah non so, non ho visto, non ho senti-
95 to. Non ci sono disposizioni». Il lavoro già da un paio di settimane ti è sfuggito, vedi gli altri passare carte, ma non una approda sul tuo tavolo, e tu resti lì con le mani in mano, non osi chiedere, perché sai che ti risponderebbero sempre in quel modo, vai al gabinetto, e rischi di restarci chiuso da una segretarietta secca che finge di essersi sbagliata.

Nella spietata logica aziendale chi non è più utile e sta per essere estromesso diviene quasi trasparente agli occhi dei colleghi.

100 «Ah, c'era lei dottàre[13]? Non l'avevo vista, sa».

Soltanto una dattilografetta, di solito la più giovane, incontrandoti per caso sul tram ti guarda impietosita «Come sta, dottore?» chiede, e dal tono della voce a te viene il sospetto d'avere un brutto colorito, di star male.

La lettera di licenziamento, tutto sommato, è una liberazione, perché ti annulla
105 definitivamente e ti lascia libero di reincarnarti altrove. «Tu avrai già capito perché ti ho fatto chiamare» dice il dirigente, e non aggiunge altro. Raccogli le tue robe, sfili davanti a porte chiuse, da dove non viene né una voce né un suono, non incontri nemmeno la telefonista, nessuno per le scale, anche il portiere ha abbandonato il suo abitacolo a vetri, e ti ritrovi nel turbinio della strada. Voltan-
110 do l'angolo prendi una gran spallata da un camminatore frettoloso, che oltre tutto si volta a guardarti male.

L. Bianciardi, *La vita agra*, Milano, Rizzoli, 1962

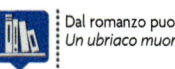 Dal romanzo puoi leggere anche il brano
Un ubriaco muore di sabato

---

11. ectoplasmi, baccelloni di ultracorpi: «ectoplasmi» significa *fantasmi*. La seconda espressione allude ironicamente al celebre film di fantascienza del 1956 *L'invasione de-* *gli ultracorpi*, di Don Siegel, in cui dei replicanti extraterrestri nascevano da grandi baccelli e si sostituivano agli umani.
12. terricoli: *terrestri*.

13. dottàre: la grafia intende imitare la pronuncia affettata della segretaria.

Analisi guidata

Un protagonista "ribelle"

Il protagonista della *Vita agra* è un giovane intorno ai trent'anni, il cui **nome** viene lasciato volutamente **anonimo dall'autore**. Dal brano emerge con chiarezza la sua **psicologia inquieta** e la sua **incapacità di integrarsi** nei meccanismi lavorativi basati su rapporti umani, complicità e servilismo, tanto che la lettera di licenziamento rappresenta una sorta di «liberazione». Si tratta di un **personaggio autobiografico**, che vive molte delle esperienze realmente capitate a Bianciardi, il quale, per esempio, fu realmente licenziato per "scarso rendimento" dalla casa editrice Feltrinelli, e, come lui, rimase sempre in bilico tra il desiderio di integrarsi all'intero dell'*establishment* culturale e il rifiuto di omologarsi ai modelli dominanti.

Competenze di analisi e interpretazione

- Nelle prime righe del testo, il protagonista insiste sulla sua abitudine a camminare piano. A che cosa allude metaforicamente la sua incapacità di «marciare» in un contesto in cui è invece importante «scarpinare, scattare» e, soprattutto, «fare polvere» (rr. 14)?

- Nella parte finale del brano vengono individuati alcuni segni premonitori che precedono il licenziamento: quali?

- Per quale motivo il licenziamento, dopo tanti segnali, giunge infine quasi come una «liberazione»?

La polemica contro la società contemporanea

Nelle parole del protagonista è evidente la **polemica contro una società in cui il mondo del lavoro si è radicalmente trasformato**. Mentre nei settori tradizionali (agricoltura e industria) vi sono dei parametri oggettivi per valutare la produttività dei lavoratori, nel terziario – e ancora di più tra i «quartari», che «né producono dal nulla, né trasformano» (rr. 28-29) – quello che sembra contare è soltanto «la capacità di ciascuno di restare a galla». Questa considerazione è all'origine di una feroce critica del **servilismo che regola i rapporti lavorativi**. L'unico modo per fare carriera rapidamente è quello di compiacere il padrone, assecondando – e anzi prevenendo – i suoi desideri e, possibilmente, mettendo in cattiva luce i colleghi («L'importante è fare le scarpe al capoufficio, al collega, a chi ti lavora accanto»).

Competenze di analisi e interpretazione

- Per quale motivo l'io narrante mette sullo stesso piano il «prete», il «pubblicitario» e l'addetto alle relazioni pubbliche (r. 28)? Che cosa hanno in comune a suo parere?

- Attraverso la metafora calcistica del «marcamento a uomo» (r. 47) il protagonista consiglia un certo tipo di comportamento da tenere nei confronti dei superiori: quale?

- Quali differenze e quali analogie è possibile individuare tra la rappresentazione del mondo impiegatizio dell'Italia degli anni Sessanta e la realtà della fabbrica che emerge dal brano di Volponi (T1)?

Uno stile ironico e sarcastico

Lo **stile** di Bianciardi è **ironico e graffiante** e riesce a rendere con vivido realismo un contesto di **rapporti improntati a opportunismo e ipocrisia**, in cui il lavoratore a rischio licenziamento viene trattato dai colleghi al pari di un appestato e «Soltanto una dattilografetta, di solito la più giovane, incontrandoti per caso sul tram ti guarda impietosita» (r. 101). Ma è nelle scene che hanno come protagonisti dirigenti e padroni che Bianciardi dà il meglio di sé: l'immagine del povero dirigente costretto ad attendere sul molo lo yacht del principale o ad accoglierlo mentre sta «rincasando con la sua masnada di portatori e di guide dalla caccia allo stambecco in Stiria» (rr. 66-67) è ovviamente ironica e iperbolica, ma prefigura una **società ormai svuotata di valori reali**, in cui ciò che sembra davvero importante è l'ostentazione della ricchezza e la completa sottomissione ai propri superiori.

⬤ Competenze di analisi e interpretazione

- Nella descrizione del perfetto impiegato e del suo comportamento ideale nei confronti del "capo", è evidente il sarcasmo dell'autore. Da quali punti del testo emerge con più chiarezza?

- Analizza il brano dal punto di vista formale, individuando il tipo di registro linguistico adottato e il livello stilistico. Il tono è colloquiale o letterario? Come si concilia con l'andamento riflessivo più che propriamente narrativo del brano?

- La *verve* polemica di Bianciardi nei confronti del lavoro impiegatizio – e in particolare nei confronti degli operatori culturali – ti sembra oggi ancora attuale? Rifletti su questo tema in un breve testo argomentativo, anche alla luce di eventuali esperienze personali.

Mimmo Rotella, *A minuit*, 1962.

Luigi Meneghello
Cambiamenti

Libera nos a Malo, capitolo 13

Il brano è tratto dal primo romanzo di Meneghello, Libera nos a Malo (1963), commossa rievocazione dell'infanzia trascorsa a Malo, in provincia di Vicenza. Il titolo del romanzo riprende l'ultimo versetto latino del Padre nostro («liberaci dal male»), creando attraverso la maiuscola un gioco di parole con il nome del paese d'origine di Meneghello.

L'autore riflette sulle trasformazioni che hanno interessato Malo e i suoi abitanti negli ultimi anni e sulla modernità che ha portato una «piccola brezza di prosperità». Dall'«immagine di stanchezza e di decadenza» che il paese dava solo qualche anno prima, ecco che, tornandovi dopo un periodo di assenza, si avverte «un'aria di nuovo».

> L'inizio del brano descrive i cambiamenti che il boom economico ha portato nella vita degli abitanti di Malo.

Il paese non è cambiato come tanti altri, ma è pur cambiato. Fino a questi ultimi anni era restato quasi fuori dello sviluppo industriale e commerciale del dopoguerra, ma ora ci è arrivata una piccola brezza di prosperità. Tra il paese e la nuova strada di Schio[1] è sorto un quartiere di case nuove, nel vecchio centro le case si sono rinnovate, molte hanno ora anche il bagno, le osterie e i negozi si sono rammodernati, ci sono lampioni al posto delle vecchie lampadine col piatto di ferro[2] appese ai fili.

Il rinnovamento è cominciato sette o otto anni fa. Prima di allora il solo senso che pareva venire dal paese (dopo la guerra) era un'immagine di stanchezza e di decadenza. Guardando dall'inferriata della mia finestra, quando venivo a casa, il palazzotto del conte Brunoro qua di fronte, mi pareva di vederlo agonizzare. Nell'alto portone di legno scuro c'era un portellino come una feritoia; le finestre del pianterreno ingabbiate dalle grate davano su un buio muffito[3], di cameroni trasformati in ripostigli. Due fasce di muratura staccano[4] il primo piano: finestre a largo intervallo, con gli scuri[5] verdi, sempre chiuse, tranne quella centrale da cui in un barlume nebbioso s'intravedeva l'altra opposta, aperta al nord, attraverso lo spazio di uno stanzone patriarcale. Dentro, in qualche parte, lavorava l'altissimo, circospetto, silenzioso signor Nicola falegname, venuto ad abitarci colla famiglia in tempo di guerra.

Dalla casa del Conte, all'altro lato della strada, fu aperta una porta senza rumore, poi fu richiusa e sbatté. Uscivano il Conte e la Contessa, distintissimi, isolati, antichi, aprivano gli ombrelli sul marciapiede. Un carro col fieno passava il rastrello del Montécio.

> Agli occhi dell'autore il progresso si contrappone all'inevitabile decadenza del mondo contadino in cui è cresciuto.

Era uno spettacolo funebre: morivano i prati verdi, la siepe troppo folta, gli alberi sovraccarichi di foglie. Mi pareva di non poter comunicare con nessuno. Passavano automobiline col motore imballato, stupidi corvi spennacchiati, e una gracchiò[6].

Le strade, le persone, gli edifici: tutto pareva soltanto che invecchiasse, che si preparasse a morire senza altro senso. Sarà stato nel 1953: era certo un errore di prospettiva anche allora; ad ogni modo in seguito la modesta ripresa della vita del paese ha cancellato queste impressioni. Qualche anno fa, tornando do-

---

1. Schio: un paese della provincia di Vicenza.
2. piatto di ferro: disco di lamiera che riparava le lampadine dalla pioggia.
3. davano ... muffito: *si affacciavano su un ambiente oscuro e umido.*
4. staccano: *separano.*
5. gli scuri: *le persiane.*
6. gracchiò: *grattò, cambiò male la marcia.*

po un'assenza d'un paio d'anni, abbiamo sentito dappertutto un'aria di nuovo. In questo paese che si svecchia e si sgretola, mi dicevo, le cose di prima avranno più senso, non meno. Il cromo scaccia il legno, i finti marmi la pietra, il neon le lampadine; i bagni entrano nelle case, le cucinette moderne soppiantano le vecchie cucine; verranno i termosifoni, i frigoriferi, i tappeti. Non importa: è perché la gente ha ricominciato o forse ha sempre continuato a vivere. È come «le campane d'argento sopra il borgo»[7], e poi il resto non si può fermare, le antiche travi, i mattoni rossi delle camere, gli intonachi, i corridoi, i ciottoli della corte, il vecchio cesso nel cortile.

Le case del centro hanno un portico selciato[8] che dà nel cortile; nel portico si aprono le porte delle stanze a pianterreno, e le scale. Le stanze sono a travi, i pavimenti a mattoni o a tavole di legno. La cucina è la stanza più importante; c'è il focolare di pietra, la cucina economica[9], la tavola bislunga dove la famiglia si siede a mangiare due volte al giorno. Qui i bambini fanno i compiti, la mamma cuce. Gli uomini non si vedono mai seduti in casa, tranne all'ora dei pasti. Una volta che Gaetano[10] era gravemente malato il papà lo prese in braccio e si mise a sedere in cucina sulla sedia vicino alla porta: ricordo che aveva il cappello in testa calato sugli occhi, e lagrimava.

Le camere sono grandi e nude, gelide d'inverno; hanno letti di ferro con la rete metallica (figli) o gli elastici (genitori), il materasso di crine sotto e quello di lana sopra. C'è un lavandino in camera, con la brocca e la secchia; in questa al mattino si vuotano anche i vasi da notte.

La casa ha amplissimi granai, quasi un'altra casa lassù, ventosa e luminosa, cogli alti soffitti sbilenchi. Queste sfere sopramondane hanno più importanza che non si possa dire: si dovrebbe trascrivere tutto in chiave neo-platonica[11]. Era come la Sacrestia nuova di San Lorenzo a Firenze[12]: c'era la zona intermedia delle cose terrene, camere, cucine, cortili; in basso quella oscura dell'Ade[13] a cui davano adito[14] la scala della cantina, la casetta della benzina in orto[15], e le altre aperture da cui s'udivano gorgogli di cose liquide, sotterranee. Qui in alto c'era la sfera nitida, spaziosa, aperta e nuda dei granai, il mondo scorporato dove emigrano le idee dei giocattoli rotti[16], degli oggetti spenti; il mondo delle essenze che l'artista ha cercato di riprodurre in pietra serena a San Lorenzo. Gli sporti[17] del tetto sono ampi, e danno alla casa un'aria quasi aggrondata. «Gorne», «stellaresse»[18]: qui al riparo si può stare a guardare la piova[19] appoggiati al muro del cortile, all'asciutto. Spesso le finestre hanno l'inferriata, e il sole entra nella casa a rombi[20]. C'è un tinello per famiglia: ha i mobili morti, gli scuri accostati. Se non c'è un battesimo o una visita importante, raramente la fami-

---

7. «le campane ... borgo»: è una citazione dalla *Il carnevale di Gerti* (vv. 49-50), inserita ne *Le occasioni* di Eugenio Montale. Nel testo si immagina che durante il carnevale, come per magia, per un attimo il tempo resti sospeso e permetta alla protagonista di ricordare il paese della sua infanzia.
8. **selciato:** con il pavimento di pietra.
9. **cucina economica:** la stufa a legna che serviva sia per cucinare sia per riscaldare la stanza.
10. **Gaetano:** è il fratello dell'autore.
11. **in chiave neo-platonica:** l'espressione, ironica, fa riferimento alla teoria platonica

secondo cui a ogni realtà concreta corrisponde una realtà ideale di cui quella terrena è semplice imitazione.
12. **Sacrestia ... Lorenzo:** ambiente della basilica di San Lorenzo, a Firenze, destinato a ospitare le tombe della famiglia Medici; fu commissionato da Leone X a Michelangelo, che lo realizzò tra il 1524 e il 1526.
13. **Ade:** il mondo dei morti della mitologia classica.
14. **adito:** *accesso.*
15. **la casetta... in orto:** il casotto con il deposito di carburante.

16. **il mondo... rotti:** riprende il riferimento alla teoria platonica delle idee: nella fantasia del bambino, i giocattoli rotti e gli oggetti fuori uso finiscono in una sorta di paradiso dove, restando inutilizzati, riacquistano la loro perfezione ideale.
17. **sporti:** spioventi che sporgono rispetto ai muri esterni della casa.
18. **«Gorne», «stellaresse»:** *grondaie metalliche* («Gorne») *e in pietra* («stellaresse»).
19. **piova:** *pioggia.*
20. **a rombi:** disegnando sul pavimento figure romboidali, a causa delle inferriate.

70 glia lo usa. Se ci si porta un visitatore inaspettato, chi lo precede scocca via[21] dalla tavola una mosca morta, raddrizza le fotografie a sghembo nella cornice. Nelle case migliori c'è un rubinetto d'acqua corrente in cucina, o nel retrocucina dove le donne lavano i piatti. L'acquaio è un'unica grande lastra di pietra viva, sopra di esso sono appesi ad una grossa mensola i grandi secchi di rame in
75 cui si tiene l'acqua che si va a prendere alla fontana pubblica più vicina. D'estate anche chi ha il rubinetto in casa manda a prendere l'acqua fresca alla fontana. Quest'acqua dei secchi si attinge con una «cassa»[22] di rame, nessuna acqua è buona come quella che si beve così. Sotto i secchi c'è il catino di rame, dove ci si lava le mani durante il giorno, e chi non ha il lavandino in camera viene a
80 lavarsi la faccia alla mattina.

C'è molto rame in casa, secchi, testi[23], stampi, leccarde[24], paioli appesi sopra il camino. Sospeso alla catena del focolare c'è il paiolo della polenta. Tutto ciò che ha attinenza con la polenta era importante, il ceppo incavato che premevano col ginocchio sul paiolo per tenerlo fermo, la méscola[25], le croste che si grattano di-
85 rettamente dal paiolo, il vasto panaro[26], il filo di cotone con cui si tagliano le fette che solo i barbari ignari assassinano con la lama del coltello. La pellagra[27] non c'era più, ma si ricordava benissimo, collettivamente parlando. «Pelagroso!» ci dicevano ridendo le zie, come per vezzeggiarci[28] con una minaccia che non fa più paura. Poi si guardavano attorno, se per caso non ci fosse uno da Isola[29] che
90 sentiva, e precisavano abbassando la voce: «Pelagroso da Isola». Chissà se loro dicono pelagroso da Malo? Secondo i nostri vecchi però, se lo dicono sbagliano; la pellagra si era seduta lì e tenne duro un pezzo; noi andavamo soltanto a vederla. Io non mi pronuncio.

La stanza da bagno è sconosciuta; due o tre famiglie di signori si dice che l'ab-
95 biano; la Flora ne ha vista una nella casa del Cavaliere. Quando si è sporchi ci si lava sotto la fontana del cortile; in casi eccezionali si fa un bagno nel mastello in lissiara[30].

L. Meneghello, *Libera nos a Malo*, Milano, Mondadori, 1963

> Il riferimento alla pellagra ricorda un'epoca di sottosviluppo, in cui la fame e la miseria erano però compensati da una maggiore autenticità dei rapporti umani.

---

21. scocca via: *scaccia con un gesto.*
22. «cassa»: *mestolo.*
23. testi: tegami larghi con i bordi bassi.
24. leccarde: i recipienti in cui colava il grasso dell'arrosto.
25. méscola: il bastone di legno usato per rimestare la polenta.
26. panaro: *tagliere.*
27. pellagra: malattia della pelle dovuta alla mancanza di vitamine, un tempo molto diffusa nelle campagne a causa dell'alimentazione povera e poco variata dei contadini.
28. vezzeggiarci: *prenderci affettuosamente in giro.*
29. Isola: è un altro paese vicino a Malo.
30. lissiara: stanza in cui si faceva il bucato.

● Analisi guidata

Passato e presente

In una forma a metà tra la narrazione e il saggio, nella **prima parte** l'autore descrive le **novità portate dal progresso** a Malo, soffermandosi sull'antitesi tra passato e presente, senza note polemiche verso la modernità e senza rimpianti. Nella **seconda parte**, invece, Meneghello si abbandona alla **rievocazione nostalgica**, immergendosi quasi completamente nel ricordo. L'immediatezza del recupero memoriale è sottolineata dall'uso del **tempo presente** e dal ricorso a numerosi termini dialettali.

⬤ Competenze di analisi e interpretazione

- L'autore contrappone passato e presente. A quali due epoche storiche fa riferimento?

- Individua nella prima parte del testo i termini e le espressioni afferenti all'ambito semantico della morte e della decadenza. Per quale motivo sono tanto frequenti?

- Quali personaggi del passato ricorda l'autore? A quali ceti sociali appartengono?

- Il brano può essere suddiviso in due parti: dove inizia la seconda sequenza e da che cosa è segnalata?

Storia personale e collettiva

Il romanzo di Meneghello procede in **assenza di una precisa trama di eventi**, accostando brevi sequenze narrative o descrittive con cui l'autore intende ripercorrere gli anni della propria infanzia e, al tempo stesso, riportare in vita un **mondo contadino ormai per sempre perduto**. Gli elementi soggettivi si alternano quindi a riflessioni più ampie, che forniscono un vivido affresco dell'Italia paesana negli anni del fascismo. Nel suo percorso a ritroso nel tempo, l'autore recupera sensazioni semplici e genuine quasi dimenticate («nessuna acqua è buona come quella che si beve così»), ma ricorre anche a **riferimenti colti e letterari** (come il verso di Montale), dando vita a una prosa in cui l'**ottica ingenua del bambino** di un tempo si alterna al **punto di vista colto del narratore adulto**, con un originale effetto straniante.

⬤ Competenze di analisi e interpretazione

- Distingui nel brano le sequenze descrittive da quelle narrative e riflessive. Quali ti sembrano prevalenti? Ti sembra che l'opera possa essere considerata un «romanzo» nel senso tradizionale del termine?

- In quali punti del testo Meneghello fa riferimento esplicito ai suoi ricordi personali?

- Quali sono le caratteristiche che più differenziano il vecchio paese di Malo da quello del presente?

- Individua e spiega i riferimenti colti presenti nel brano. Qual è la loro funzione complessiva?

La funzione del dialetto

Sebbene nel testo domini un linguaggio piano e scorrevole, soprattutto nella seconda parte si infittiscono i **termini dialettali** («Gorne», «stellaresse», «piova», «lissiara» ecc.), utilizzati per indicare oggetti e realtà ormai cancellati dal progresso, ma ben vivi nella memoria dell'autore. A differenza di Gadda o Pasolini, Meneghello non è interessato alla riproduzione realistica della lingua parlata dai suoi personaggi, ma utilizza il dialetto per **far rivivere** sulla pagina un mondo di **oggetti ed emozioni** ormai scomparso.
In un'epoca in cui i dialetti stavano scomparendo in seguito all'avvento della televisione e dei *media*, l'autore recupera l'idioma della sua infanzia e della sua terra in **funzione psicologica e soggettiva**, come unico linguaggio "autentico".

⬤ Competenze di analisi e interpretazione

- Rintraccia nel testo tutti i termini dialettali e spiegane la funzione.

- Nella sua difesa del dialetto, Meneghello sostiene che «morendo una lingua non muoiono certe alternative per dire le cose, ma muoiono certe cose». Spiega il senso di questa affermazione alla luce del testo.

- Confronta il brano di Meneghello con il testo di Pasolini tratto da *Ragazzi di vita* (p. 392) e spiega il diverso significato che l'uso del dialetto assume nei due autori.

Nell'area del Postmoderno

Il gusto del narrare   A cavallo tra gli anni Settanta e Ottanta il romanzo italiano conosce una rinnovata fioritura, recuperando **strutture più tradizionali**, fondate su intrecci avvincenti e su uno stile piano e semplice. L'abbandono delle ardite sperimentazioni della Neoavanguardia è favorito sia dal **clima di «riflusso» nel privato** tipico del nuovo decennio – che induce a una rivalutazione della dimensione individuale e all'abbandono dell'impegno civile – sia dalle **esigenze dell'industria editoriale** che mirano ad assecondare i gusti di un **pubblico di lettori sempre più ampio**. Di conseguenza si riduce progressivamente la tradizionale separazione tra una produzione letteraria «alta» e opere «di consumo» e riscuotono un notevole successo, accanto a *best seller* di dubbio valore artistico, anche opere di pregio, che si prestano a **diversi livelli di fruizione**. In mezzo a questo variegato panorama, spiccano alcuni autori che riprendono elementi tipici del **romanzo postmoderno** rielaborandoli all'interno di strutture narrative accessibili al grande pubblico. Sul piano tematico, motivi ricorrenti sono la riflessione sul **rapporto tra realtà e scrittura**, l'idea del **mondo** contemporaneo **come «labirinto» indecifrabile** e una sorta di ironico nichilismo, mentre a livello formale si afferma il gusto della **citazione**, della parodia e della **mescolanza tra generi e registri linguistici diversi**. Con *Il nome della rosa* di Umberto Eco, grande fortuna riscuote anche il **romanzo «neostorico»**, incentrato su vicende ambientate in un passato più o meno lontano che si prestano ad affrontare tematiche del mondo contemporaneo.

All'ambito del romanzo postmoderno si possono ricondurre, oltre alla produzione dell'ultimo Calvino (in particolare *Se una notte d'inverno un viaggiatore*, 1979), di Umberto **Eco** e di Antonio **Tabucchi**, anche alcune opere di Sebastiano **Vassalli** (*La chimera*, 1990; *Marco e Mattio*, 1992) e di Vincenzo **Consolo** (*Il sorriso dell'ignoto marinaio*, 1976; *Retablo*, 1987).

Umberto Eco   L'affermazione più compiuta del romanzo postmoderno in Italia si realizza nel 1980, con *Il nome della rosa* di Umberto Eco, che diviene rapidamente uno straordinario *best seller* internazionale. L'opera segna l'esordio narrativo di Eco, nato ad Alessandria nel **1932** e già assai noto a livello internazionale

---

La parola ai protagonisti

Umberto Eco: l'uomo come vittima dei mass media

In *Diario minimo* (1963), raccolta di appunti, aneddoti e pillole critiche, Umberto Eco analizza con impareggiabile intelligenza alcuni fenomeni tipici della società contemporanea. La celebre *Fenomenologia di Mike Bongiorno* è dedicata al potere condizionante dei *mass media* e soprattutto della televisione.

L'uomo circuito dai *mass media* è in fondo, fra tutti i suoi simili, il più rispettato: non gli si chiede mai di diventare che ciò che egli è già. In altre parole gli vengono provocati desideri studiati sulla falsariga delle sue tendenze. Tuttavia, poiché uno dei compensi narcotici a cui ha diritto è l'evasione nel sogno, gli vengono presentati di solito degli ideali tra lui e i quali si possa stabilire una tensione. Per togliergli ogni responsabilità si provvede però a far sì che questi ideali siano di fatto irraggiungibili, in modo che la tensione si risolva in una proiezione e non in una serie di operazioni effettive volte a modificare lo stato delle cose. [...] L'ideale del consumatore di *mass media* è un superuomo che egli non pretenderà mai di diventare, ma che si diletta a impersonare fantasticamente, come si indossa per alcuni minuti davanti a uno specchio un abito altrui, senza neppur pensare di possederlo un giorno.

La situazione nuova in cui si pone al riguardo la TV è questa: la TV non offre, come ideale in cui immedesimarsi, il *superman* ma l'*everyman*. La TV presenta come ideale l'uomo assolutamente medio. [...] Il caso più vistoso di riduzione del *superman* all'*everyman* lo abbiamo in Italia nella figura di Mike Bongiorno[1] e nella storia della sua fortuna. Idolatrato da milioni di persone, quest'uomo deve il suo successo al fatto che in ogni atto e in ogni parola del personaggio cui dà vita davanti alle telecamere traspare una mediocrità assoluta unita (questa è l'unica virtù che egli possiede in grado eccedente) ad un fascino immediato e spontaneo spiegabile col fatto che in lui non si avverte nessuna costruzione o finzione scenica: sembra quasi che egli si venda per quello che è e che quello che è sia tale da non porre in stato di inferiorità nessuno spettatore, neppure il più sprovveduto. Lo spettatore vede glorificato e insignito ufficialmente di autorità nazionale il ritratto dei propri limiti.

U. Eco, *Diario minimo*, Milano, Mondadori, 1963

1. Mike Bongiorno: celebre presentatore televisivo, nato a New York nel 1924 e morto in Italia nel 2009.

come linguista, accademico e critico letterario. Studioso di estetica medievale, dopo essersi avvicinato negli anni Sessanta alla **Neoavanguardia** e aver partecipato alla fondazione del **Gruppo 63**, Eco si interessa alla **semiotica** e alla **narratologia**, in testi teorici quali *La struttura assente* (1968) e *Lector in fabula* (1979), in cui analizza il ruolo del lettore nella definizione del senso del testo letterario. *Il nome della rosa* rappresenta quindi il punto di convergenza tra scrittura e riflessione teorica e si avvale di una profonda conoscenza della cultura medievale che fa da sfondo al romanzo, un avvincente **«giallo» storico** in cui si fondono generi diversi. Il gioco delle citazioni e dell'ibridazione tra generi è tipico anche dei successivi romanzi di Eco: *Il pendolo di Foucault* (1988) interpreta fatti importanti della storia passata e recente sulla base di un presunto complotto ordito da una misteriosa setta di Templari, mentre con *L'isola del giorno prima* (1994) e *Baudolino* (2000), Eco fa ritorno al genere del romanzo storico, ambientato rispettivamente nel Seicento e ancora in epoca medievale. Infine, *La misteriosa fiamma della regina Loana* (2004) e *Il cimitero di Praga* (2010) presentano rispettivamente un percorso a ritroso nel passato recente, volto al recupero della memoria del protagonista, e il tema del complotto storico ambientato nel Risorgimento.

Umberto Eco

Il nome della rosa

Il nome della rosa è un **romanzo storico** ambientato nel **tardo Medioevo** e si presenta – con un espediente narrativo già utilizzato da Cervantes nel *Don Chisciotte* e da Manzoni nei *Promessi sposi* – come la traduzione francese ottocentesca di un **antico manoscritto** in cui il frate benedettino **Adso da Melk** ha trascritto un'avventura vissuta in gioventù. La vicenda si svolge nel **1327** nell'arco di **sette giornate** e ha come protagonista il frate francescano **Guglielmo da Baskerville** che, insieme ad Adso, giunge in un'abbazia cistercense dell'Italia settentrionale per una delicata missione diplomatica, ma si imbatte in una serie di **inspiegabili delitti** che colpiscono i monaci. Grazie al suo lucido razionalismo e a complesse indagini che lo conducono nei meandri della biblioteca dell'abbazia, Guglielmo riesce risolvere il mistero e a scoprire il colpevole: si tratta dell'anziano **Jorge da Burgos** – che ha avvelenato alcuni confratelli per impedire la diffusione di un'opera perduta di Aristotele dedicata al comico e al riso, da lui considerati strumenti del demonio – che nel finale si suicida dando fuoco all'abbazia e alla sua immensa biblioteca. Il romanzo è intessuto di **citazioni letterarie** e rimandi culturali antichi e moderni, evidenti già nel nome del protagonista, che rinvia sia al filosofo medievale Guglielmo di Occam sia a Sherlock Holmes, il celebre investigatore protagonista creato da Arthur Conan Doyle e protagonista del romanzo *Il mastino dei Baskerville*. Il gioco dei riferimenti intertestuali crea un variopinto e coltissimo **«mosaico»** di gusto tipicamente postmoderno, calato all'interno di una struttura da **«giallo» tradizionale**. L'opera, in cui si fondono **generi diversi** (*thriller*, romanzo storico, romanzo «gotico», saggio), si presta del resto a **vari livelli di interpretazione**: i lettori meno colti possono appassionarsi alla trama poliziesca, mentre il pubblico più smaliziato segue la rete dei richiami letterari, alla ricerca di un significato più profondo. Secondo alcuni critici, nella contrapposizione tra Guglielmo e Jorge sarebbe infatti possibile scorgere l'antitesi tra l'**intellettuale moderno**, razionalista e un po' scettico, e il **fanatismo delle ideologie totalizzanti** del XX secolo. A un livello ancor più profondo e alla luce del finale, il romanzo diviene un'**allegoria dell'impossibilità di decifrare il mondo**, visto come una foresta di simboli e di segni dietro cui si cela il vuoto. Le diverse letture, comunque, non si escludono a vicenda ma anzi si integrano in una modernissima «opera aperta», che lascia al lettore il compito dell'interpretazione ultima.

Antonio Tabucchi

All'influsso del Postmoderno possono essere ricondotti alcuni aspetti della produzione di Antonio Tabucchi, uno dei più importanti romanzieri degli ultimi decenni. Nato a Pisa nel **1943**, negli anni degli studi universitari compie numerosi viaggi in Europa, interessandosi soprattutto alla lingua e alla **letteratura portoghese**, che a partire dal 1973 insegna all'Università di Bologna. Nello stesso anno esordisce con *Piazza d'Italia*, favola popolare e romanzo epico-anarchico che ripercorre cento anni della storia d'Italia. Negli anni Ottanta Tabucchi alterna romanzi brevi e **raccolte di racconti** (*Il gioco del rovescio e altri racconti*,1981, *Piccoli equivoci senza importanza*, 1985). Il 1984 è l'anno del suo primo romanzo di successo, ***Notturno indiano***, ispirato alle tematiche postmoderne care a Borges, seguito nel 1986 dal giallo *Il filo dell'orizzonte*. Divenuto uno dei più importanti studiosi della cultura del Portogallo e residente per molti mesi all'anno a Lisbona, Tabucchi si ispira alla storia portoghese per il suo romanzo più fortunato, ***Sostiene Pereira*** (1994), e per il successivo *La testa perduta di Damasceno Monteiro* (1997). Più recenti sono il romanzo epistolare *Si sta facendo sempre più tardi* (2001) e i racconti di *Il tempo invecchia in fretta* (2009). Tabucchi muore a Lisbona nel marzo 2012.

Dai racconti di Tabucchi, intrisi di **riferimenti letterari** a grandi autori come Conrad, Borges e il prediletto poeta portoghese Fernando Pessoa, emerge una concezione dell'esistenza come *rebus* insondabile, rispetto al quale la scrittura si pone come un tentativo di restituzione di senso. La percezione di un **mondo labirintico e frammentato** è uno degli aspetti più tipicamente postmoderni della sua opera, unita alla **riscrittura dei generi tradizionali** (romanzo storico, fantastico, poliziesco), alla **citazione** e all'intertestualità.

Sostiene Pereira Tipici della narrativa di Tabucchi sono l'**impegno politico** e la forte **tensione civile**, evidenti nel romanzo *Sostiene Pereira*. Ambientata a **Lisbona** nel **1938**, durante la **dittatura di Salazar**, l'opera ha come protagonista un anziano giornalista, Pereira, che conduce un'esistenza grigia e un po' vuota, disinteressandosi alle vicende del proprio paese. Ma l'incontro con il giovane Monteiro Rossi, un attivista politico avverso al regime, determinerà in Pereira la **nascita di una coscienza civile** che, dopo l'assassinio del ragazzo ad opera della polizia, lo porterà a un clamoroso gesto di protesta. Sul piano formale, la caratteristica più evidente del romanzo è la continua ripetizione dell'espressione «sostiene Pereira», quasi a sottolineare che l'autore si pone come un semplice intermediario limitandosi a registrare la testimonianza del protagonista.

⊙ Sosta di verifica

1 Quali sono le caratteristiche tematiche e formali del romanzo postmoderno?

2 Qual è l'argomento de *Il nome della rosa* di Eco e a quale genere appartiene questo romanzo?

3 In quale contesto storico è ambientato *Sostiene Pereira* di Antonio Tabucchi e qual è la tematica centrale dell'opera?

Mattia Moreni,
L'uomo dietro la staccionata, 1954

Umberto Eco, Una dotta discussione sulla natura del riso

Il nome della rosa, giorno II, ora III

Dopo la scoperta del secondo delitto avvenuto nell'abbazia, Guglielmo da Baskerville e il suo discepolo Adso da Melk iniziano le indagini per scoprire il colpevole. I due entrano nello scriptorium per raccogliere informazioni utili e dopo aver rivolto alcune domande a Berengario, l'aiuto bibliotecario, si avvicinano alla postazione di Venanzio, il monaco ucciso.

Mentre Guglielmo e Adso stanno osservando il tavolo di Venanzio, fa il suo ingresso nella stanza Jorge da Burgos, uno dei frati più anziani dell'abbazia, profondo conoscitore dei segreti della biblioteca. Sotto lo sguardo attonito dei monaci, Guglielmo da Baskerville e il venerabile Jorge danno vita a una dotta discussione sulla natura del riso.

«La biblioteca è testimonianza della verità e dell'errore,» disse allora una voce alle nostre spalle. Era Jorge. Ancora una volta mi stupii (ma molto avrei dovuto stupirmi ancora nei giorni seguenti) per il modo inopinato[1] in cui quel vecchio appariva d'improvviso, come se noi non vedessimo lui e lui vedesse noi[2]. Mi
5 chiesi anche cosa mai facesse un cieco nello scriptorium[3], ma mi resi conto in seguito che Jorge era onnipresente in tutti i luoghi dell'abbazia. E sovente stava nello scriptorium, seduto su uno scranno presso al camino, e pareva seguisse tutto quello che avveniva nella sala. Una volta lo udii dal suo posto domandare ad alta voce: «Chi sale?» e si rivolgeva a Malachia[4] che, i passi attutiti dalla pa-

> Jorge da Burgos rappresenta, agli occhi dei monaci, il principio di autorità per eccellenza, la memoria storica e l'essenza stessa dell'abbazia.

10 glia, stava avviandosi alla biblioteca. I monaci tutti lo avevano in grande stima e si rivolgevano sovente a lui leggendogli brani di difficile comprensione, consultandolo per uno scolio[5] o chiedendogli lumi sul come rappresentare un animale o un santo. Ed egli guardava nel vuoto coi suoi occhi spenti, come fissasse pagine che aveva vivide nella memoria e rispondeva che i falsi profeti sono
15 abbigliati come vescovi e le rane escono loro dalla bocca, o quali erano le pietre che dovevano adornare le mura della Gerusalemme celeste, o che gli arimaspi[6] van rappresentati nelle mappe presso alla terra del prete Gianni[7] – raccomandando di non eccedere nel farli seducenti nella loro mostruosità, ché[8] bastava fossero rappresentati in modo di emblema, riconoscibili ma non concupiscibili[9], o repellenti sino al riso. […]
20 Egli era insomma la memoria stessa della biblioteca e l'anima dello scriptorium. Talora ammoniva i monaci che udiva chiacchierare tra loro: «Affrettatevi a lasciare testimonianza della verità, ché i tempi sono vicini!» e alludeva alla venuta dell'Anticristo.
25 «La biblioteca è testimonianza della verità e dell'errore» disse dunque Jorge.

---

1. inopinato: imprevisto, inatteso.
2. come se ... vedesse noi: la frase di Guglielmo ha il sapore del paradosso dal momento che l'anziano frate è cieco.
3. scriptorium: parte del complesso monastico dedicata alla copiatura dei manoscritti, solitamente in stretta connessione con una biblioteca.

4. Malachia: Malachia da Hildesheim, il monaco bibliotecario dell'abbazia.
5. scolio: annotazione critica apposta dai lettori in margine ai testi.
6. arimaspi: popolo leggendario che secondo alcuni autori greci e latini abitava in un territorio a nord-est della Grecia.

7. prete Gianni: personaggio leggendario che avrebbe creato un regno cristiano nel cuore dell'Africa o secondo altri autori in Oriente. Alla figura del Prete Gianni Eco ha dedicato il romanzo *Baudolino* (2000).
8. ché: perché.
9. concupiscibili: *desiderabili*.

«Certo, Apuleio e Luciano[10] erano colpevoli di molti errori», disse Guglielmo. «Ma questa favola contiene sotto il velame delle proprie finzioni anche una buona morale, perché insegna quanto si paghino i propri errori e inoltre credo che la storia dell'uomo trasformato in asino alluda alla metamorfosi dell'anima che 30 cade nel peccato».

«Può darsi», disse Jorge.

«Però adesso capisco perché Venanzio[11] durante quella conversazione di cui mi disse ieri fosse così interessato ai problemi della commedia; infatti anche le favole di questo tipo possono essere assimilate alle commedie degli antichi. En-35 trambe non narrano di uomini che esistettero veramente, come le tragedie ma, dice Isidoro[12], sono finzioni: "fabulae poetae a *fando* nominaverunt quia non sunt *res factae* sed tantum loquendo *fictae*[13]…"»

A tutta prima non capii perché Guglielmo si fosse inoltrato in quella dotta discussione e proprio con un uomo che pareva non amare simili argomenti, ma 40 la risposta di Jorge mi disse quanto il mio maestro fosse stato sottile.

«Quel giorno non si discuteva di commedie, ma solo della liceità[14] del riso», disse accigliato Jorge. E io mi ricordavo benissimo che quando Venanzio aveva accennato a quella discussione, proprio il giorno prima, Jorge aveva asserito di non ricordarsene.

La posizione di Jorge è di assoluta chiusura verso il comico, che è a suo parere estraneo al messaggio cristiano.

45 «Ah,» disse con noncuranza Guglielmo, «credevo aveste parlato delle menzogne dei poeti e degli enigmi arguti…»

«Si parlava del riso,» disse seccamente Jorge. «Le commedie erano scritte dai pagani per muovere gli spettatori al riso, e male facevano. Gesù Nostro Signore non raccontò mai commedie né favole, ma solo limpide parabole che allegori-50 camente ci istruiscono su come guadagnarci il paradiso, e così sia.»

Apri il vocabolario

Derivato dal greco *parabolè* ("comparazione"), il termine "parabola" si riferisce a una similitudine in grado di illuminare il significato oscuro di un avvenimento. A partire dai Vangeli e passa invece a indicare un racconto volto a trasmettere un insegnamento morale. In matematica la "parabola" è una curva piana, mentre nel lessico quotidiano il vocabolo è spesso usato per descrivere l'andamento, tendente al declino di una serie di eventi.

«Mi chiedo», disse Guglielmo, «perché siate tanto contrario a pensare che Gesù abbia mai riso. Io credo che il riso sia una buona medicina, come i bagni, per curare gli umori e le altre affezioni del corpo, in particolare la melanconia».

55 «I bagni sono cosa buona», disse Jorge, «e lo stesso Aquinate[15] li consiglia per rimuovere la tristezza, che può essere passione cattiva quando non si rivolga a un male che possa essere rimosso attraverso l'audacia. I bagni restituiscono l'equilibrio degli umori. Il riso squassa il corpo, deforma i lineamenti del viso, rende l'uomo simile alla scimmia».

60 «Le scimmie non ridono, il riso è proprio dell'uomo, è segno della sua razionalità», disse Guglielmo.

«È segno della razionalità umana anche la parola e con la parola si può bestemmiare Dio. Non tutto ciò che è proprio dell'uomo è necessariamente buono. Il riso è segno di stoltezza. Chi ride non crede in ciò di cui si ride, ma neppure lo 65 odia. E dunque ridere del male significa non disporsi a combatterlo e ridere del bene significa disconoscere la forza per cui il bene è diffusivo di sé. Per questo la

---

10. Apuleio e Luciano: Apuleio è l'autore latino del III secolo di cui Venanzio stava copiando l'opera, ispirata a quella di Luciano, autore greco del II secolo d.C.

11. Venanzio: monaco traduttore dal greco e dall'arabo, esperto conoscitore di Aristotele. È, dopo Adelmo, il secondo monaco a

essere assassinato nell'abbazia.

12. Isidoro: Isidoro di Siviglia (560 circa-636 d.C.) fu vescovo della città spagnola ed è ricordato per le *Etymologiae*, un'opera di carattere enciclopedico.

13. fabulae … fictae: «Le favole del poeta sono state chiamate così dal (verbo) "fabula-

re" (parlare) perché non sono cose accadute ma soltanto dette con la parola».

14. liceità: *legittimità*.

15. Aquinate: Tommaso d'Aquino (1225-1274), filosofo, teologo e Dottore della Chiesa.

Regola dice: "decimus humilitatis gradus est si non sit facilis ac promptus in risu, quia scriptum est: stultus in risu exaltat vocem suam"[16]».

70 «Quintiliano[17]», interruppe il mio maestro, «dice che il riso è da reprimere nel panegirico[18], per dignità, ma è da incoraggiare in molti altri casi. Tacito[19] loda l'ironia di Calpurnio Pisone[20], Plinio il giovane[21] scrisse: "aliquando praeterea rideo, jocor, ludo, homo sum"[22]».

«Erano pagani», replicò Jorge. «La Regola dice: "scurrilitates vero vel verba otiosa et risum moventia aeterna clausura in omnibus locis damnamus, et ad talia

75 eloquia discipulum aperire os non permittitur"[23]».

«Però quando già il verbo di Cristo aveva trionfato sulla terra, Sinesio di Cirene[24] dice che la divinità ha saputo combinare armoniosamente comico e tragico, ed Elio Sparziano[25] dice dell'imperatore Adriano, uomo di elevati costumi e di animo naturaliter[26] cristiano, che seppe mescolare momenti di gaiezza a

80 momenti di gravità. E infine Ausonio[27] raccomanda di dosare con moderazione il serio e il giocoso».

«Ma Paolino da Nola e Clemente di Alessandria[28] ci misero in guardia contro queste stoltezze, e Sulpicio Severo[29] dice che san Martino non fu mai visto da alcuno né in preda all'ira né in preda all'ilarità».

85 «Però ricorda del santo alcune risposte spiritualiter salsa[30]», disse Guglielmo.

«Erano pronte e sapienti, non ridicole. San Ephraim ha scritto una parenesi[31] contro il riso dei monaci, e nel *De habitu et conversatione monachorum* si raccomanda di evitare oscenità e lepidezze come fossero il veleno degli aspidi!»

«Ma Ildeberto[32] disse: "admittenda tibi joca sunt post seria quaedam, sed tamen

90 et dignis et ipsa gerenda modis"[33]. E Giovanni di Salisbury[34] ha autorizzato una modesta ilarità. E infine l'Ecclesiastico[35], di cui avete citato il passo a cui si riferisce la vostra Regola, dove si dice che il riso è proprio dello stolto, ammette almeno un riso silenzioso, dell'animo sereno».

«L'animo è sereno solo quando contempla la verità e si diletta del bene com-

95 piuto, e della verità e del bene non si ride. Ecco perché Cristo non rideva. Il riso è fomite[36] di dubbio.»

«Ma talora è giusto dubitare»

«Non ne vedo la ragione. Quando si dubita occorre rivolgersi a un'autorità, alle parole di un padre o di un dottore, e cessa ogni ragione di dubbio. Mi

---

Tutto il dialogo è fitto di citazioni, secondo un procedimento usato nel Medioevo ma anche tipico del Postmoderno.

Mentre Guglielmo è aperto al dubbio inteso come espressione di spirito critico, Jorge crede nelle verità incrollabili della fede.

---

16. decimus ... vocem suam: «Il decimo grado dell'umiltà è quello in cui il monaco non è sempre pronto a ridere, perché sta scritto: "Lo stolto nel ridere mette in mostra la sua voce"». Il passo è tratto dalla Regola di San Benedetto da Norcia.

17. Quintiliano: Marco Fabio Quintiliano (35/40-96 d.C.), oratore romano e maestro di retorica.

18. panegirico: componimento oratorio di carattere encomiastico (ovvero pronunciato in pubblico, per lo più in assemblea, per esaltare i meriti di un personaggio, di una città o di un popolo).

19. Tacito: Publio Cornelio Tacito (55-120 d.C.), storico latino.

20. Calpurnio Pisone: senatore romano del I secolo d.C., fu a capo di una congiura organizzata nel 65 contro l'imperatore Nerone.

21. Plinio il giovane: Gaio Plinio Cecilio Secondo (61-112 d.C.), scrittore latino.

22. aliquando ... homo sum: «talora inoltre rido, scherzo, gioco, sono uomo».

23. scurrilitates ... permittitur: «escludiamo poi sempre e dovunque la trivialità, le frivolezze e le buffonerie e non permettiamo assolutamente che il monaco apra la bocca per discorsi di questo genere».

24. Sinesio di Cirene: filosofo neoplatonico vissuto tra III e IV secolo d.C.

25. Elio Sparziano: storico romano vissuto tra il IV e il V secolo d.C.

26. naturaliter: *naturalmente* (latino).

27. Ausonio: Decimo Magno Ausonio (310-395 d.C. circa), poeta latino.

28. Paolino da Nola e Clemente di Alessandria: sono rispettivamente il vescovo di Nola nel V secolo d.C. e un teologo e scrittore cristiano greco del II secolo d.C.

29. Sulpicio Severo: storico e saggista cristiano vissuto tra III e IV secolo d.C.

30. spiritualiter salsa: «condite di spirito».

31. parenesi: *ammonimento, esortazione.*

32. Ildeberto: Ildeberto di Lavardin (1056-1133), vescovo e poeta francese.

33. admittenda ... modis: «siano concessi pure motti di spirito dopo osservazioni seriose, ma pur sempre nei giusti modi».

34. Giovanni di Salisbury: storico e vescovo inglese vissuto nel XII secolo (1120-1180).

35. Ecclesiastico: l'Ecclesiaste (Qohèlet in ebraico) è uno dei libri della Bibbia.

36. fomite: *causa (termine raro).*

100 sembrate imbevuto di dottrine discutibili, come quelle dei logici di Parigi. Ma san Bernardo seppe bene intervenire contro il castrato Abelardo[37] che voleva sottomettere tutti i problemi al vaglio freddo e senza vita di una ragione non illuminata dalle scritture, pronunciando il suo è così e non è così. Certo colui che accetti queste idee pericolosissime può anche apprezzare il gio-
105 co dell'insipiente[38] che ride di ciò di cui solo si deve sapere l'unica verità, che è già stata detta una volta per tutte. Così ridendo l'insipiente dice implicitamente "Deus non est"[39]».

«Venerabile Jorge, mi sembrate ingiusto quando trattate da castrato Abelardo, perché sapete che incorse in tale triste condizione per la nequizia[40] altrui…»
110 «Per i suoi peccati. Per l'albagia[41] della sua fiducia nella ragione dell'uomo. Così la fede dei semplici venne irrisa, i misteri di Dio furono sviscerati (o si tentò, stolti coloro che lo tentarono), questioni che riguardavano le cose altissime vennero trattate temerariamente, si irrise ai padri perché avevano ritenuto che tali questioni andavano piuttosto sopite che sciolte».
115 «Non sono d'accordo, venerabile Jorge. Dio vuole da noi che esercitiamo la nostra ragione su molte cose oscure su cui la scrittura ci ha lasciato liberi di decidere. E quando qualcuno vi propone di credere a una proposizione voi dovete prima esaminare se essa è accettabile, perché la nostra ragione è stata creata da Dio, e ciò che piace alla nostra ragione non può non piacere alla ragione divi-
120 na, sulla quale peraltro sappiamo solo quello che, per analogia e spesso per negazione, ne inferiamo[42] dai procedimenti della nostra ragione. E allora vedete che talora, per minare la falsa autorità di una proposizione assurda che ripugna alla ragione, anche il riso può essere uno strumento giusto. Spesso il riso serve anche a confondere i malvagi e far rifulgere la loro stoltezza. Si racconta
125 di san Mauro che i pagani lo posero nell'acqua bollente ed egli si lamentò che il bagno fosse troppo freddo; il governatore pagano mise stoltamente la mano nell'acqua per controllare, e si ustionò. Bella azione di quel santo martire che ridicolizzò i nemici della fede».

Jorge sogghignò: «Anche negli episodi che raccontano i predicatori si trovano
130 molte fole[43]. Un santo immerso nell'acqua bollente soffre per Cristo e trattiene le sue grida, non gioca tiri da bambini ai pagani!»

«Vedete?» disse Guglielmo, «questa storia vi pare ripugnare alla ragione e l'accusate di essere ridicola! Sia pure tacitamente e controllando le vostre labbra, voi state ridendo di qualcosa e volete che anch'io non la prenda sul serio. Ri-
135 dete del riso, ma ridete».

Jorge ebbe un gesto di fastidio: «Giocando sul riso mi trascinate in discorsi vani. Ma voi sapete che Cristo non rideva».

«Non ne sono sicuro. Quando invita i farisei a gettare la prima pietra, quando chiede di chi sia l'effige sulla moneta da pagare in tributo, quando gioca con
140 le parole e dice "Tu es petrus"[44], io credo che egli dicesse cose argute, per confondere i peccatori, per sostenere l'animo dei suoi. […] Persino Dio dunque si esprime per arguzie per confondere coloro che vuol punire. […]»

---

37. castrato Abelardo: il filosofo e teologo francese Pietro Abelardo (1079-1142). La sua passione per Eloisa, giovane nipote del canonico di Notre-Dame, non fu tollerata dallo zio della fanciulla, il quale si vendicò facendolo evirare.

38. insipiente: *stolto e ignorante.*

39. Deus non est: «Dio non esiste».

40. nequizia: *malvagità.*

41. albagia: *boria, presunzione.*

42. inferiamo: *deduciamo logicamente.*

43. fole: *storie inventate, falsità.*

44. Tu es petrus: si tratta di un gioco di parole. «*Tu sei Pietro (Tu sei duro come la pietra)*».

I monaci intorno risero e Jorge si infuriò: «Mi state trascinando questi confratelli in una festa dei folli. Lo so che è uso tra i francescani accattivarsi le simpatie del popolo con stoltezze di questo genere, ma di questi ludi vi dirò quello che dice un verso che udii da uno dei vostri predicatori: "tum podex carmen extulit horridulum"[45]»

La reprimenda[46] era un po' troppo forte, Guglielmo era stato impertinente, ma ora Jorge lo accusava di emettere peti dalla bocca. Mi chiesi se questa risposta severa non doveva significare un invito, da parte del monaco anziano, a uscire dallo scriptorium. Ma vidi Guglielmo, così combattivo poco prima, farsi mansuetissimo.

«Vi chiedo perdono, venerabile Jorge,» disse. «La mia bocca ha tradito i miei pensieri, non volevo mancarvi di rispetto. Forse quello che dite è giusto, e io mi sbagliavo».

Jorge, di fronte a quest'atto di squisita umiltà, emise un grugnito che poteva esprimere sia soddisfazione che perdono, e non poté far altro che tornare al suo posto, mentre i monaci, che durante la discussione si erano via via avvicinati, rifluivano ai loro tavoli da lavoro. Guglielmo si inginocchiò di nuovo davanti al tavolo di Venanzio e riprese a frugare tra le carte. Con la sua risposta umilissima Guglielmo si era guadagnato alcuni secondi di tranquillità. E quello che vide in quei pochi secondi ispirò le sue ricerche della notte che doveva venire.

U. Eco, *Il nome della Rosa*, Milano, Bompiani, 1980

L'umile atteggiamento di Guglielmo è in realtà un astuto stratagemma che gli consente di proseguire le sue indagini sui misteri dell'abbazia.

45. tum... horridulum: «allora l'ano emise un canto quanto mai rozzo».
46. reprimenda: *rimprovero*.

Analisi del testo

COMPRENSIONE

Dopo una breve **presentazione di Jorge da Burgos**, di cui vengono sottolineate la cultura e l'autorevolezza, il brano si svolge interamente nella forma di un serrato **dialogo tra Guglielmo e Jorge**. Lo spunto è offerto dal testo comico che Venanzio stava traducendo, un'opera di Luciano di Samosata incentrata sulla vicenda di un uomo trasformato in asino. **Jorge sostiene**, con abbondanza di citazioni bibliche e classiche, **che il riso è negativo e peccaminoso**, in quanto induce al dubbio; al contrario **il razionale Guglielmo afferma la sua liceità**, giungendo a sostenere che esso è un tratto distintivo dell'uomo rispetto agli animali. La dotta conversazione spazientisce Jorge, che accusa Guglielmo di appoggiare le tesi di Abelardo e dei razionalisti e lo rimprovera aspramente. Guglielmo si mostra pentito e prende tempo per procedere nelle sue indagini.

Due personaggi a confronto I due protagonisti dell'episodio, Guglielmo da Baskerville e l'anziano monaco benedettino Jorge da Burgos, rappresentano in realtà **due epoche e due mentalità diverse**, coesistenti nel Trecento. Jorge incarna una **mentalità medievale intollerante**, carica di preconcetti e fondata su autorità indiscutibili, ma anche profondamente **mistica e spirituale**; Guglielmo, con la sua sete di conoscenza e il suo desiderio di cercare la verità attraverso l'indagine razionale, incarna il **nuovo mondo che avanza**, anticipando il metodo scientifico che si affermerà secoli dopo in Europa. Al di là della finzione del romanzo storico, i due atteggiamenti sono in fondo compresenti in ogni epoca in cui il dogmatismo si oppone all'analisi critica della realtà.

La questione del riso All'interno del romanzo sono numerosi gli episodi in cui si parla del riso e la causa stessa dei delitti dell'abbazia è un libro del filosofo greco Aristotele sulla commedia e la natura del riso. Il timore che Jorge nutre nei confronti del riso deriva dalla convinzione che la fede deve fondarsi sulla paura della morte e del castigo divino, mentre il riso distoglie l'uomo da questi sentimenti e, di conseguenza, lo allontana dalla fede. È questo il motivo per cui Jorge si ostina a controbattere punto su punto le osservazioni di Guglielmo sulla possibilità di conciliare la fede con una **visione del mondo meno rigida** e seriosa.

Un romanzo fatto di libri Ciò che colpisce il lettore è il **ricorso alle numerose citazioni dotte** – spesso in latino – e il fitto richiamo alle autorità dottrinali cui fanno ricorso i due monaci. Si assiste infatti al rapido avvicendamento di riferimenti ai dottori della Chiesa e ai teologi, passando per scrittori e storici, fino ad arrivare alle citazioni di passi della Regola di San Benedetto. L'uso esibito della citazione è un **elemento tipico dell'arte postmoderna**, frutto di un'epoca in cui, venute meno le certezze del passato, la conoscenza può fondarsi soltanto sulla ricombinazione di elementi desunti dalla tradizione. Ne consegue un'opera letteraria fondata sull'**intertestualità**, intesa come combinazione, **riscrittura e rifacimento di altri testi**.

Lavoriamo sul testo

COMPRENSIONE

1 Quali sono i motivi che spingono Guglielmo da Baskerville e Jorge da Burgos a confrontarsi nell'accesa disputa?

2 Quale ruolo riveste l'anziano monaco all'interno dell'abbazia? Come viene visto dai confratelli?

> **LINGUA E LESSICO**
>
> **3** Rintraccia tutti i termini aulici e letterari presenti nel testo.
>
> **4** Individua le subordinate presenti nel periodo «A tutta prima non capii perché Guglielmo si fosse inoltrato in quella dotta discussione e proprio con un uomo che pareva non amare simili argomenti, ma la risposta di Jorge mi disse quanto il mio maestro fosse stato sottile» (rr. 38-40).

ANALISI E INTERPRETAZIONE

5 È possibile vedere in Guglielmo e Jorge due diversi modi di pensare e di vedere il mondo? Spiega perché con riferimenti al testo.

6 Per quale motivo Jorge teme così tanto il riso?

7 A quale corrente letteraria si rifà l'uso programmatico delle citazioni?

SCRITTURA E APPROFONDIMENTO

8 Il romanzo di Eco si configura come una commistione di generi letterari, in particolare come un romanzo storico e un «giallo». Avvalora, in un breve testo scritto, questa affermazione facendo riferimento al brano letto e più in generale a tutta l'opera.

Antonio Tabucchi
Un'idea folle

Ascolta
il brano

Sostiene Pereira, cap. 25

Il romanzo è ambientato a Lisbona nell'agosto del 1938, negli anni della dittatura di Antonio de Oliveira Salazar, e ha come protagonista Pereira, un anziano giornalista che lavora come responsabile culturale del quotidiano «Lisboa». La sua esistenza scorre tranquilla fino al momento in cui conosce Monteiro Rossi, un attivista politico avverso al regime salazarista. Questo incontro, unito a quello con il dottor Cardoso e con padre Antonio, contribuirà a determinare in Pereira, fino ad allora estraneo a ogni interes-

se per la politica, la nascita di una coscienza civile. Le pagine riportate costituiscono l'ultimo capitolo del romanzo. Dopo la morte di Monteiro Rossi, brutalmente ucciso dalla polizia, Pereira riesce a far pubblicare sul proprio giornale, con un ingegnoso stratagemma, un articolo di denuncia sull'omicidio dell'attivista e si appresta a lasciare definitivamente il Portogallo. Con questo gesto Pereira determina la fase finale della sua metamorfosi, e da «vecchio in discarica» si trasforma in un vero e proprio eroe.

> L'espressione, ripetuta continuamente nel corso del romanzo, intende sottolineare il valore di testimonianza diretta del racconto.

> L'autore intreccia discorsi diretti in forma libera, non introdotti da didascalie né da segni di interpunzione.

Pereira sostiene che gli venne un'idea folle, ma forse poteva metterla in pratica, pensò. Si mise la giacca e uscì. Davanti alla cattedrale c'era un caffè che restava aperto fino a tardi e che aveva un telefono. Pereira entrò e si guardò intorno. Nel caffè c'era un gruppo di ritardatari che giocavano a carte con il padrone. Il cameriere era un ragazzo insonnolito che oziava dietro il banco. Pereira ordinò
5 una limonata, si diresse al telefono e fece il numero della clinica talassoterapica di Parede. Chiese del dottor Cardoso[1]. Il dottor Cardoso è già andato in camera sua, chi lo vuole?, disse la voce della telefonista. Sono il dottor Pereira, disse Pereira, ho urgente bisogno di parlare con lui. Glielo vado a chiamare ma deve attendere qualche minuto, disse la telefonista, il tempo di scendere. Pe-
10 reira attese pazientemente finché non arrivò il dottor Cardoso. Buonasera, dottor Cardoso, disse Pereira, vorrei dirle una cosa importante, ma ora non posso. Cosa c'è, dottor Pereira, chiese il dottor Cardoso, non si sente bene? Effettivamente non mi sento bene, rispose Pereira, ma non è questo che conta, il fatto è che in casa mia è successo un grave problema, non so se il mio telefono pri-
15 vato è sorvegliato, ma non importa, ora non le posso dire altro, ho bisogno del suo aiuto, dottor Cardoso. Mi dica in che modo, disse il dottor Cardoso. Ebbene, dottor Cardoso, disse Pereira, domani a mezzogiorno le telefono, lei deve farmi un favore, deve fingere di essere un pezzo grosso della censura, deve dire che il mio articolo ha ricevuto il visto, è solo questo. Non capisco, replicò il
20 dottor Cardoso. Senta, dottor Cardoso, disse Pereira, le telefono da un caffè e non le posso dare spiegazioni, ho in casa un problema che lei non si immagina neppure, ma lo apprenderà dall'edizione del «Lisboa»[2] del pomeriggio, ci sarà scritto tutto nero su bianco, ma lei deve farmi un grosso favore, deve sostenere che il mio articolo ha il suo beneplacito, ha capito?, deve dire che la poli-
25 zia portoghese non ha paura di scandali, che è una polizia pulita e che non ha paura di scandali. Ho capito, disse il dottor Cardoso, domani a mezzogiorno aspetto la sua telefonata.

---

1. dottor Cardoso: si tratta del medico curante di Pereira, che soffre di cuore.
2. «Lisboa»: quotidiano locale per il quale Pereira dirige la pagina culturale.

Pereira rientrò in casa. Andò in camera da letto e tolse l'asciugamano dal volto
30 di Monteiro Rossi. Lo coprì con un lenzuolo. Poi andò nello studio e si sedette
davanti alla macchina per scrivere. Scrisse come titolo: *Assassinato un giornalista*.
Poi andò a capo e cominciò a scrivere: «Si chiamava Francesco Monteiro Rossi,
era di origine italiana. Collaborava con il nostro giornale con articoli e necrologi.
Ha scritto testi sui grandi scrittori della nostra epoca, come Majakovskji[3], Ma-
35 rinetti[4], D'Annunzio[5], García Lorca[6]. I suoi articoli non sono stati ancora pubblicati, ma forse lo saranno un giorno. Era un ragazzo allegro, che amava la vita e che invece era stato chiamato a scrivere sulla morte, compito al quale non
si era sottratto. E stanotte la morte è andata a cercarlo. Ieri sera, mentre cena-
va dal direttore della pagina culturale del "Lisboa", il dottor Pereira che scrive
40 questo articolo, tre uomini armati hanno fatto irruzione nell'appartamento. Si
sono qualificati come polizia politica, ma non hanno esibito nessun documento
che avvalorasse la loro parola. Si tende a escludere che si trattasse di vera polizia, perché erano vestiti in borghese e perché si spera che la polizia del nostro
paese non usi questi metodi. Erano dei facinorosi, che agivano con la compli-
45 cità di non si sa chi, e sarebbe bene che le autorità indagassero su questo turpe
avvenimento. Li guidava un uomo magro e basso, con i baffi e un pizzetto, che
gli altri due chiamavano comandante. Gli altri due sono stati più volte chiamati
per nome dal loro comandante. Se i nomi non erano falsi essi si chiamano Fonseca e Lima, sono due uomini alti e robusti, di incarnato scuro, con l'aria poco
intelligente. Mentre l'uomo magro e basso teneva sotto il tiro della pistola chi
50 scrive questo articolo, il Fonseca e il Lima hanno trascinato Monteiro Rossi in
camera da letto per interrogarlo, secondo quanto loro stessi hanno dichiarato.
Chi scrive questo articolo ha udito colpi e gridi soffocati. Poi i due uomini hanno detto che il lavoro era fatto. I tre hanno rapidamente abbandonato l'appartamento di chi scrive minacciandolo di morte, se avesse divulgato il fatto. Chi
55 scrive si è recato in camera da letto e non ha potuto fare altro che constatare il
decesso del giovane Monteiro Rossi. Era stato pestato a sangue, e dei colpi, in-
ferti con il manganello o con il calcio della pistola, gli avevano fracassato il cranio. Il suo cadavere si trova attualmente al secondo piano di Rua da Saudade
numero 22, in casa di chi scrive questo articolo. Monteiro Rossi era orfano e
60 non aveva parenti. Era innamorato di una ragazza bella e dolce[7] di cui non conosciamo il nome. Sappiamo solo che aveva i capelli color rame e che amava la
cultura. A questa ragazza, se ci legge, noi porgiamo le nostre condoglianze più
sincere e i nostri più affettuosi saluti. Invitiamo le autorità competenti a vigilare attentamente su questi episodi di violenza che alla loro ombra, e forse con la
65 complicità di qualcuno, vengono perpetrati[8] oggi in Portogallo».
Pereira andò a capo e sotto, a destra, mise il suo nome: Pereira. Firmò soltanto
Pereira, perché era così che tutti lo conoscevano, con il cognome, come aveva
firmato tutti i suoi articoli di cronaca nera per tanti anni.
Alzò gli occhi alla finestra e vide che albeggiava sulle braccia delle palme della

> Pereira si espone in prima persona, facendo i nomi dei responsabili e indicando la sede della sua abitazione, esponendosi così a possibili rappresaglie del regime.

---

3. Majakovskji: Vladimir Majakovskji (1893-1930), poeta e drammaturgo russo, fautore della rivoluzione d'Ottobre.
4. Marinetti: Filippo Tommaso Marinetti (1876-1944), fondatore del movimento futurista, fu interventista e poi sostenitore del fascismo.
5. D'Annunzio: Gabriele D'Annunzio (1863-

1938), uno dei maggiori esponenti del Decadentismo italiano, celebre anche per le sue imprese belliche e per il suo acceso nazionalismo.
6. García Lorca: Federico Garcia Lorca (1898-1936), poeta spagnolo che allo scoppio della guerra civile si schierò a favore delle forze repubblicane e fu per questo ucciso dai

seguaci di Francisco Franco.
7. ragazza bella e dolce: è Marta, la fidanzata di Monteiro Rossi, giovane bellissima e di forti ideali politici. È grazie a lei che Pereira comincia a interessarsi alla vita civile del Portogallo.
8. perpetrati: *commessi*.

70 caserma di fronte. Sentì uno squillo di tromba. Pereira si sdraiò su una poltrona e si addormentò. Quando si svegliò era già giorno alto e Pereira guardò allarmato l'orologio. Pensò che doveva fare in fretta, sostiene. Si fece la barba, si sciacquò il viso con acqua fresca e uscì. Trovò un taxi davanti alla cattedrale e si fece portare alla sua redazione. Nel suo bugigattolo[9] c'era la Celeste[10], che lo
75 salutò con aria cordiale. Niente per me?, chiese Pereira. Nessuna novità, dottor Pereira, rispose Celeste, solo che mi hanno dato una settimana di ferie. E mostrandogli il calendario continuò: ritorno il prossimo sabato, per una settimana dovrà fare a meno di me, oggigiorno lo Stato protegge i più deboli, insomma la gente come me, non per niente siamo corporativi. Cercheremo di non sentire
80 troppo la sua mancanza, mormorò Pereira, e salì le scale. Entrò in redazione e prese dall'archivio la cartellina dove aveva scritto «Necrologi». La mise in una borsa di cuoio e uscì. Si fermò al Café Orquídea e pensò che aveva tempo di sedersi cinque minuti e prendere una bibita. Una limonata, dottor Pereira?, chiese sollecito Manuel[11] mentre lui si accomodava al tavolo. No, rispose Pereira,
85 prendo un porto secco, preferisco un porto secco. È una novità, dottor Pereira, disse Manuel, e poi a quest'ora, comunque mi fa piacere, vuol dire che sta meglio. Manuel gli mise il bicchiere e gli lasciò la bottiglia. Senta, dottor Pereira, disse Manuel, le lascio la bottiglia, se ha voglia di farsi un altro bicchiere faccia pure, e se desidera un sigaro glielo porto subito. Portami un sigaro leggero, dis-
90 se Pereira, ma a proposito, Manuel, tu hai un amico che riceve radio Londra[12], che notizie ci sono? Pare che i repubblicani le stiano buscando[13], disse Manuel, ma sa, dottor Pereira, fece abbassando la voce, hanno parlato anche del Portogallo. Ah sì, disse Pereira, e cosa dicono di noi? Dicono che viviamo in una dittatura, rispose il cameriere, e che la polizia tortura le persone. Tu che ne dici,
95 Manuel?, chiese Pereira. Manuel si grattò la testa. Lei che ne dice, dottor Pereira?, replicò, lei è nel giornalismo e di queste cose se ne intende. Io dico che gli inglesi hanno ragione, dichiarò Pereira. Accese il sigaro e pagò il conto, poi uscì e prese un taxi per andare in tipografia. Quando arrivò trovò il proto[14] tutto affannato. Il giornale va in macchina fra un'ora, disse il proto, dottor Pereira, ha
100 fatto bene a mettere il racconto di Camilo Castelo Branco[15], è una bellezza, io l'ho letto da ragazzo a scuola, ma è ancora una bellezza. Bisognerà accorciarlo di una colonna, disse Pereira, ho qui un articolo che chiude la pagina culturale, è un necrologio. Pereira gli tese il foglio, il proto lo lesse e si grattò la testa. Dottor Pereira, disse il proto, è una faccenda molto delicata, lei me lo porta all'ul-
105 timo momento e non c'è il visto della censura, mi pare che qui si parli di fatti gravi. Senta, signor Pedro, disse Pereira, noi ci conosciamo da quasi trent'anni, da quando facevo la cronaca nera nel giornale più importante di Lisbona, le ho mai causato dei guai? Non me ne ha mai causati, rispose il proto, ma ora i tempi sono cambiati, non è come nel passato, ora c'è tutta questa burocrazia
110 e io devo rispettarla, dottor Pereira. Ascolti, signor Pedro, disse Pereira, il per-

---

Le parole di Celeste alludono alla presunta attenzione per i ceti più deboli che il regime di Salazar sostiene attraverso il corporativismo, una dottrina politico-sociale ispirata alle corporazioni medievali, che promuove la collaborazione tra le varie classi.

Il breve dialogo con il cameriere testimonia il nuovo impegno civile e sociale maturato dal protagonista.

---

9. **bugigattolo:** *piccola camera, stanzino.*

10. **Celeste:** è la portinaia dell'ufficio di Pereira. Segretamente tiene informata la polizia del regime sulle attività sospette di Pereira e di Monteiro.

11. **Manuel:** cameriere del Café Orquídea che il protagonista frequenta abitualmente.

12. **radio Londra:** indica l'insieme dei pro-

grammi radiofonici trasmessi, a partire da settembre 1938, dalla radio inglese BBC e indirizzati alle popolazioni europee continentali. Negli anni della seconda guerra mondiale servì agli Alleati a inviare messaggi alle unità partigiane in Italia.

13. **pare ... buscando:** riferimento alla guerra civile spagnola (1936-1939), che vedeva il

governo repubblicano opposto ai golpisti guidati dal generale Franco.

14. **proto:** è il capo operaio incaricato della distribuzione e del controllo generale del lavoro in una tipografia.

15. **Camilo Castelo Branco:** scrittore portoghese (1825-1890).

messo me lo hanno dato alla censura oralmente, ho telefonato mezz'ora fa dalla redazione, ho parlato con il maggiore Lourenço, lui è d'accordo. Però sarebbe meglio telefonare al direttore, obiettò il proto. Pereira fece un sospiro profondo e disse: d'accordo, telefoni pure, signor Pedro. Il proto fece il numero e Pe-
115 reira stette a sentire con il cuore in gola. Capì che il proto parlava con la signorina Filipa. Il direttore è uscito per il pranzo, disse il signor Pedro, ho parlato con la segretaria, non rientra fino alle tre. Alle tre il giornale è già pronto, disse Pereira, non possiamo aspettare fino alle tre. Non possiamo proprio, disse il proto, non so che fare, dottor Pereira. Senta, suggerì Pereira, la cosa migliore è
120 telefonare direttamente alla censura, forse riusciamo a parlare con il maggiore Lourenço. Il maggiore Lourenço, esclamò il proto come se avesse paura di quel nome, con lui direttamente? È un amico, disse Pereira con finta noncuranza, stamani gli ho letto il mio articolo, lui è perfettamente d'accordo, ci parlo tutti i giorni, signor Pedro, è il mio lavoro. Pereira prese il telefono e fece il numero
125 della clinica talassoterapica di Parede. Sentì la voce del dottor Cardoso. Pronto, maggiore, disse Pereira, sono il dottor Pereira del «Lisboa», sono qui in tipografia per inserire quell'articolo che le ho letto stamani ma il tipografo è indeciso perché manca il suo visto stampato, veda un po' di convincerlo, ora glielo passo. Tese la cornetta al proto e lo osservò mentre parlava. Il signor Pedro co-
130 minciò a annuire. Certo, signor maggiore, diceva, d'accordo, signor maggiore. Poi posò la cornetta e guardò Pereira. Allora?, chiese Pereira. Dice che la polizia portoghese non ha paura di questi scandali, disse il tipografo, che ci sono in giro dei malfattori che vanno denunciati e che il suo articolo deve uscire oggi, dottor Pereira, è quanto mi ha detto. E poi continuò: e mi ha detto anche: dica
135 al dottor Pereira di scrivere un articolo sull'anima[16], che ne abbiamo bisogno tutti, così mi ha detto, dottor Pereira. Avrà voluto scherzare, disse Pereira, comunque domani ci parlo io.

Lasciò il suo articolo al signor Pedro e uscì. Si sentiva esausto e aveva un grande rimescolamento negli intestini. Pensò di fermarsi a mangiare un panino al caf-
140 fè dell'angolo, invece ordinò solo una limonata. Poi prese un taxi e si fece portare fino alla cattedrale. Entrò in casa con cautela, con il timore che qualcuno lo stesse aspettando. Ma in casa non c'era nessuno, solo un grande silenzio. Andò in camera da letto e dette uno sguardo al lenzuolo che copriva il corpo di Monteiro Rossi. Poi prese una piccola valigia, ci mise lo stretto necessario e la cartellina dei necro-
145 logi. Andò alla libreria, e cominciò a sfogliare i passaporti di Monteiro Rossi[17]. Finalmente ne trovò uno che faceva al caso suo. Era un bel passaporto francese, fatto molto bene, la fotografia era quella di un uomo grasso con le borse sotto gli occhi, e l'età corrispondeva. Si chiamava Baudin, François Baudin. Gli parve un bel nome, a Pereira. Lo cacciò in valigia e prese il ritratto di sua moglie. Ti porto con me,
150 gli disse, è meglio che tu venga con me. Lo mise a testa in su, perché respirasse bene. Poi si dette uno sguardo intorno e consultò l'orologio.

Era meglio affrettarsi, il «Lisboa» sarebbe uscito fra poco e non c'era tempo da perdere, sostiene Pereira.

25 agosto 1993

A. Tabucchi, *Sostiene Pereira*, Milano, Feltrinelli, 1994

La moglie di Pereira è morta da anni, ma lui continua a parlare al suo ritratto, informandolo di tutto ciò che gli accade. La vedovanza del protagonista trova un corrispettivo ideale nell'atmosfera di morte che grava sul Portogallo oppresso dalla dittatura.

---

16. un articolo sull'anima: nei capitoli precedenti del romanzo il dottor Cardoso aveva spiegato a Pereira una particolare teoria sull'anima.

17. i passaporti di Monteiro Rossi: Monteiro aveva vari passaporti falsi che distribuiva ai membri dell'opposizione per consentire loro di fuggire all'estero evitando l'arresto.

Analisi guidata

Una scelta coraggiosa

L'episodio, sul quale si conclude il romanzo, costituisce il **momento culminante** del lungo cammino compiuto dal protagonista verso la **maturazione di una coscienza civile e politica** attenta ai problemi del suo Paese. La scelta di pubblicare sul suo quotidiano una circonstanziata denuncia del brutale omicidio di Monteiro Rossi da parte della polizia salazarista indica che Pereira ha finalmente preso una posizione di **reale opposizione al regime**. Le pagine conclusive dell'opera presentano quindi il completamento della trasformazione di Pereira, ormai pronto a cambiare vita trasferendosi in Francia con un passaporto falso.

Competenze di analisi e interpretazione

- «Pereira sostiene che gli venne un'idea folle...» (r. 1). Le parole con cui prende avvio il brano indicano il cambiamento radicale avvenuto nel protagonista. Prova a spiegare per quale motivo.
- Analizza la parte del testo in cui Pereira discute con Manuel, il cameriere del Café Orquídea. È possibile intravedere nel dialogo segnali dell'avvenuto cambiamento?

Il ruolo dell'intellettuale

Sostiene Pereira può essere considerato un **«romanzo di formazione»**: il giornalista infatti cambia il suo modo di pensare, conosce persone nuove e riscopre valori da tempo offuscati dalla dittatura. Inizialmente rassegnato all'impossibilità di una concreta ribellione, al termine del suo cammino Pereira si rende conto dell'importanza del suo ruolo di giornalista nell'**orientare l'opinione pubblica** verso un processo di **consapevolezza politica**. Grazie all'apporto di altri personaggi, da Monteiro Rossi al dottor Cardoso, Pereira comprende l'importanza del ruolo dell'intellettuale, che non solo ha il **dovere di denunciare** i soprusi, ma deve anche **agire attivamente** per combatterli.

Competenze di analisi e interpretazione

- Nella prima parte del romanzo, il protagonista afferma: «Non è facile fare del proprio meglio in un paese come questo, per una persona come me, [...] io non sono Thomas Mann». Che tipo di visione della letteratura e dell'intellettuale ha Pereira all'inizio del romanzo?
- Nel brano proposto emerge in maniera netta il ruolo che l'intellettuale e lo scrittore devono avere nei confronti della società. Illustralo attraverso precisi riferimenti al testo.

«Sostiene Pereira»: un sintagma ostinato

Il sintagma **«sostiene Pereira» ricorre in maniera frequente** non solo nel brano proposto ma in tutto il libro e rappresenta il tratto di maggior caratterizzazione dell'intero romanzo. L'uso di questo intercalare, oltre a riecheggiare i modi espressivi tipici del parlato, serve a **chiamare continuamente in causa il protagonista**, come per avvalorare la veridicità degli avvenimenti.

La vicenda è infatti raccontata da un narratore esterno, che la espone facendo credere che gli sia stata **raccontata dal protagonista stesso**. Il romanzo si configura quindi come una sorta di verbale d'interrogatorio, ossia come **"racconto nel racconto"**, secondo una procedura metanarrativa di gusto postmoderno.

- Quale duplice funzione svolge la ripetizione quasi ossessiva dell'espressione «sostiene Pereira» nel corso del brano e dell'intero romanzo?

- Quali caratteristiche stilistiche presenta il testo? La sintassi è complessa o paratattica? Le scelte lessicali sono elevate o medio-basse?

- Quale particolarità noti nel riportare i discorsi diretti dei personaggi? Per quale motivo a tuo parere l'autore opera questa scelta?

Approfondimento

Letteratura e mercato

L'industria editoriale Negli ultimi decenni lo sviluppo dei mercati e l'aumento della concorrenza hanno trasformato in modo significativo l'editoria e la produzione libraria. Il progressivo sviluppo del sistema produttivo dei libri ha comportato un incremento nella produzione e nella vendita di libri, a cui si sono andati affiancando altri prodotti come i giornali, le riviste, i prodotti pubblicitari e informatici, sempre più spesso commercializzati non soltanto nelle tradizionali librerie, ma anche nelle edicole e nei supermercati.

La letteratura di massa Questi fattori, insieme all'accresciuto livello culturale del pubblico e alla crescita del numero dei lettori, hanno contribuito a trasformare la letteratura in un fenomeno di massa, influenzando in modo significativo le scelte di editori e scrittori. Il risultato più evidente è il diffondersi di una letteratura di consumo e d'intrattenimento, sempre più attenta alla legge della domanda e dell'offerta. È in questo panorama che nasce e si sviluppa la cosiddetta «letteratura di genere», una produzione che rientra in un genere letterario definito e che mira a intrattenere il pubblico in modo leggero con personaggi, temi e situazioni ricorrenti. Caratteristiche della letteratura di genere sono appunto la serialità, la ripetitività e la stereotipia che, unite al ricorso a uno stile semplice e talora banale, fanno sì che questo tipo di opere sia spesso considerato di bassa qualità e contrapposto alla letteratura "alta".

Tra arte e operazioni di mercato In alcuni casi, generi considerati "minori" sono stati terreno di interessanti operazioni letterarie, come il "giallo d'autore" di Gadda (*Quer pasticciaccio brutto de via Merulana*)

o di Sciascia (*Il giorno della civetta*). Non mancano poi casi in cui romanzi di notevole valore letterario hanno incontrato anche il favore del grande pubblico: veri e propri *best seller* sono stati *La Storia* di Elsa Morante (1974) e *Il nome della rosa* di Umberto Eco (1980). Più spesso si assiste però a una coincidenza tra successo di mercato e successo letterario, che premia prodotti incentrati sulla facile leggibilità e sull'immediatezza dei temi trattati. Significativo è il caso di *Va' dove ti porta il cuore* (1994) di Susanna Tamaro, che ha venduto milioni di copie in Italia, mentre nel caso di un romanzo come *Tre metri sopra il cielo* (2004) di Federico Moccia, il successo di pubblico non corrisponde a una altrettanto elevata qualità letteraria.

Il fantasy e il «giallo» La letteratura di genere tende oggi a privilegiare il romanzo «rosa», *horror* o *fantasy*, come prova l'enorme successo della "saga" di Harry Potter, il giovane mago protagonista dei romanzi della scrittrice inglese Joanne K. Rowling, da *Harry Potter e la pietra filosofale* (1997) a *Harry Potter e i doni della morte* (2010). Grande fortuna incontra anche il «giallo», genere in cui si sono cimentati numerosi autori italiani come Loriano Macchiavelli, Massimo Carlotto e Carlo Lucarelli. Particolarmente amata dal pubblico è la produzione di romanzi gialli del siciliano Andrea Camilleri, che hanno come protagonista il commissario Montalbano (tra i più famosi si ricordano *La forma dell'acqua*, *Il cane di terracotta*, *Il ladro di merendine*, *La gita a Tindari*, *La pazienza del ragno*); in questo caso, tuttavia, possiamo parlare di opere all'incrocio tra letteratura di genere e narrativa "alta", poiché la prosa di Camilleri è caratterizzata da una lingua ricalcata sul parlato siciliano e dalla presenza di numerosi riferimenti colti.

I giovani narratori e i «cannibali»

I giovani narratori Tracciare un panorama esaustivo della narrativa degli ultimi due decenni risulta di fatto impossibile a causa dell'assenza di un'adeguata prospettiva storica. Numerosi sono gli scrittori e i romanzieri che hanno raggiunto il successo, spesso con temi e tecniche narrative molto diverse: dal nitore delle opere di Andrea **De Carlo** all'inventiva fantastica di testi come *Oceano mare* (1993) di Alessandro **Baricco**, dalle trasgressive provocazioni di Aldo **Busi** al sentimentalismo di un discusso *bestseller* come *Va' dove ti porta il cuore* (1994) di Susanna **Tamaro**.

Pier Vittorio Tondelli L'autore a cui i giovani narratori guardano con più interesse, considerandolo un loro **precursore e modello**, è l'emiliano Pier Vittorio **Tondelli** (1955-1991). Dopo gli studi al DAMS di Bologna Tondelli esordisce con la raccolta di racconti ***Altri libertini*** (1980), che ottiene un buon successo ma viene accusata di oscenità e posta sotto sequestro. Nel 1982 pubblica il suo secondo romanzo, *Pao Pao*, seguito da *Rimini* (1985), in cui si intrecciano tre vicende autonome ma tutte ambientate nella stessa «capitale» del turismo estivo, descritta senza moralismi né falsi pudori. Le ultime opere sono il romanzo *Camere separate* (1989), storia di un amore omosessuale, e il primo volume di *Un weekend postmoderno. Cronache degli anni ottanta* (1990).
Al centro della produzione di Tondelli si collocano le esperienze concrete e il vissuto dei **giovani**, descritti senza falsi moralismi nelle loro abitudini quotidiane, spesso molto distanti dalla "normalità" imposta dalla società borghese. È il caso dei racconti di *Altri libertini*, in cui vengono narrati episodi ambientati nella provincia emiliana, tra **amori omosessuali, storie di tossicodipendenza e vite al margine**. La prosa di Tondelli è caratterizzata da una **tendenza neoespressionistica**, che mira a riprodurre il **gergo ibrido dei giovani** degli anni Settanta e Ottanta. Il risultato è un linguaggio fortemente espressivo a cui si ispireranno gli scrittori «cannibali» degli anni Novanta, che mescola espressioni oscene, citazioni, frammenti del mondo cinematografico e della musica *rock*.

Gioventù cannibale Una corrente che presenta una sua omogeneità di fondo e si ricollega in parte agli esiti del Postmoderno è costituita dai cosiddetti «cannibali», un gruppo di giovani scrittori attivi a partire dagli **anni Novanta**, tra cui Niccolò **Amma**niti, Aldo **Nove**, Tiziano **Scarpa** e Isabella **Santacroce**. La curiosa definizione si deve alla pubblicazione di un'**antologia** intitolata *Gioventù cannibale* (1996) e fa riferimento alla **crudezza del linguaggio e delle trame**, che si richiamano programmaticamente al cosiddetto genere *pulp* (termine che, soprattutto dopo il film di Quentin Tarantino *Pulp Fiction*, comprende contenuti forti, situazioni macabre o crimini violenti e assurdi). Questi nuovi narratori scelgono tematiche indirizzate a un pubblico giovane e incentrano le loro opere sull'esasperazione degli **aspetti negativi della società contemporanea**, ritraendo una realtà priva di valori e dominata dal trionfo del **consumismo** e dei **falsi miti televisivi** e da una totale **sterilità emotiva**. Sul piano formale, essi spostano la tecnica tipicamente postmoderna del citazionismo e della **riscrittura** dal versante letterario a quello dei nuovi linguaggi del presente: *spot* pubblicitari, televisione, cinema, *videogame*. I loro personaggi si ispirano ai modelli dei *cartoon*, dei **fumetti dell'orrore e della fantascienza** e appaiono come una trasposizione letteraria degli ultimi possibili eroi: quelli dei *comics* e dei film d'avventura.

Niccolò Ammaniti Tra gli autori della nuova generazione, Niccolò Ammaniti compie nella sua opera un percorso originale, che lo porta dall'esordio nell'ambito dei «cannibali» a esiti più personali. Nato a Roma nel **1966**, nel suo primo romanzo, *Branchie* (1994), narra la vicenda rocambolesca di un ragazzo malato di cancro cui viene avanzata la strana proposta di trasferirsi in India. Il soggiorno in Oriente si rivela un'esperienza all'insegna dell'eccesso, tra sequestri, musicisti che vivono sottoterra, ragazze seducenti e bande di delinquenti specializzati in trapianti di organi. All'ambito della **narrativa *pulp*** appartiene anche il racconto, scritto a quattro mani con Luisa Brancaccio e inserito nella fortunata antologia *Gioventù cannibale* (1996). Nello stesso anno esce la raccolta di racconti ***Fango***, popolata dai grotteschi eroi di un'umanità giovane e sbandata.
Nei romanzi successivi Ammaniti modera gli aspetti più crudi della sua prosa per aprirsi a tematiche relative all'**età adolescenziale**, evidenti in *Ti prendo e ti porto via* (1999) e in ***Io non ho paura*** (2001), che racconta, attraverso il punto di vista del piccolo protagonista Michele, la casuale scoperta di un bambino tenuto recluso in una cascina abbandonata, dove è stato sequestrato a scopo di estorsione dal padre dello stesso Michele. Superando timori immaginari e reali, il protagonista compie, nell'arco di un'estate, un **cammino di formazione** che lo porta a confrontarsi con la durezza del mondo degli adulti, mettendo in crisi le sue

certezze e le sue figure di riferimento. Il difficile rapporto tra un padre e un figlio uniti da un legame fatto di sopraffazione e violenza, di culto della forza e spirito di sopravvivenza, è al centro di *Come Dio comanda* (2006). Atmosfere surreali e grottesche dominano *Che la festa cominci* (2009), mentre nel racconto lungo *Io e te* (2010) si riaffaccia il tema dell'adolescenza come età di dubbi e di crescita interiore.

La scrittura al femminile

Oltre agli autori citati occorre segnalare il ruolo sempre più importante della cosiddetta "scrittura al femminile". Seguendo l'esempio di autrici come Elsa Morante e Dacia **Maraini** (*La lunga vita di Marianna Ucrìa*, 1990), nel terzo millennio molte nuove scrittrici si sono affacciate nel panorama letterario italiano. Si possono ricordare Margaret **Mazzantini** (*Non ti muovere*, 2001; *Nessuno si salva da solo*, 2013), Simona **Vinci**, autrice di romanzi dall'intensa scrittura metaforica in cui ricorre il tema dell'infanzia e della sua ingenuità (*Dei bambini non si sa niente*, 1997; *In tutti i sensi come l'amore*, 1999; *Come prima delle madri*, 2003), *Lo spazio bianco* (2008) di Valeria **Parrella**, *Acciaio* (2010) di Silvia **Avallone**, romanzo di formazione incentrato sull'amicizia fra due ragazze sullo sfondo delle acciaierie di Piombino, fino al recente successo di Elena **Ferran-**te, che torna sul tema dell'amicizia tra donne nella tetralogia *L'amica geniale* (2011-2014).

L'opera di Melania **Mazzucco** (1966) si caratterizza invece per il recupero di forme più distese e tradizionali e per l'attenzione a tematiche sociali legate all'attualità. Il suo romanzo di maggior successo, *Vita* (2003), ricostruisce, in tono ora realistico ora fiabesco, l'emigrazione del nonno Diamante negli Stati Uniti, nei primi anni del Novecento. *Un giorno perfetto* (2005) è la cronaca di una convulsa giornata in cui le vicende di diversi personaggi s'intrecciano fino a culminare in una drammatica sparatoria, mentre il più recente *Limbo* (2012) ha come protagonista una donna-soldato ferita durante una missione in Afghanistan.

○ Sosta di verifica

1 Chi sono i cosiddetti «cannibali» e quali sono le caratteristiche delle loro opere?

2 Quali sono le tematiche tipiche della narrativa di Tondelli?

3 Qual è il tema centrale di *Io non ho paura* di Niccolò Ammaniti?

4 Delinea in breve un panorama della narrativa femminile dell'ultimo decennio.

La parola alla critica

Alberto Asor Rosa, «*Gli esploratori del magma*»

Nelle ultime pagine della sua *Storia europea della letteratura italiana*, uscita nel 2009, Alberto Asor Rosa traccia una possibile linea interpretativa per le ultime tendenze narrative.

Rovesciamo l'angolo visuale: la poesia è più pura e continua perché se ne sta un po' in disparte; ma la narrativa è più sporca e corrosa, perché se ne sta in prima linea a fare i conti con il magma. […] non si scrive se questo in cui viviamo è un periodo «bello» o «brutto» secondo le nozioni secolari acquisite durante tutta la nostra storia precedente. Lo si descrive fenomenologicamente. E questa descrizione rivela, - almeno, - che le coordinate fondamentali del discorso si son perse, inabissate nelle nostre più recenti vicende nazionali («più recenti», si fa per dire: parliamo degli ultimi trenta-quarant'anni). Bene: la nostra narrativa si misura in un corpo a corpo con questa assenza di coordinate, con questa mancanza di punti di riferimento, con questo caos universale. E bisogna dire, che ci sono molti che si battono con energia e intelligenza. Quanto al metro di misura con cui valutare i risultati, - metro di misura più precario ed incerto che in qualsiasi altro periodo storico, per i motivi che ormai si son detti e ridetti, - resta per me quello solito, quello di sempre: l'*adaequatio forma rei*[1], che rappresenta la formula del «letterario» in tutti i tempi della storia.

A. Asor Rosa, *Storia europea della letteratura italiana*, III. *La letteratura della Nazione*, Torino, Einaudi, 2009.

1. adaequatio forma rei: in latino, adeguamento della forma alla cosa; il critico si riferisce all'auspicabile identità tra ciò di cui si scrive e il modo in cui lo si fa.

Pier Vittorio Tondelli
L'odore del Mare del Nord

Altri libertini

In questo brano tratto da Autobahn, *racconto di chiusura della raccolta* Altri libertini *(1980), il narratore registra i pensieri e i desideri di un ragazzo che immagina di evadere dallo spazio ristretto di un piccola cittadina di provincia.*

Il protagonista è preda di un continuo «scoramento» e le luci dell'autostrada del Brennero fanno nascere in lui il desiderio di intraprendere un viaggio alla ricerca di un orizzonte più ampio e vitale.

> Il linguaggio, il lessico la sintassi ricalcano i modi del parlato giovanile in una sorta di libero flusso di coscienza.

Lacrime lacrime non ce n'è mai abbastanza quando vien su la scoglionatura, inutile dire cuore mio spaccati a mezzo come un uovo e manda via il vischioso male, quando ti prende lei la bestia[1] non c'è da fare proprio nulla solo stare ad aspettare un giorno appresso all'altro. E quando viene comincia ad attaccarti la bassa pancia, quindi sale su allo stomaco e lo agita in tremolio di frullatore e dopo diventa ansia che è come un sospiro trattenuto che dice vengo su eppoi non viene mai.

E Laura diceva, mi ricordo, che questo faceva male ahimè davvero molto male come ti stringessero da dentro le budella e te le graffettassero e punzecchiassero, insomma tanti scorpioncini appesi al tubo digerente così che poi dovevi per guarire cercare un disinfestatore che ti imponesse i fluidi[2], magari girando mezzitalia e trovatolo fare poi sala d'attesa in compagnia di melanconici stultiferi biliatici neurotici[3] et altri disperati con artrosis e acciacchi d'ossa, persino invasamento del Maligno.

E l'Angelo[4], anche ciò mi rammento e ve lo passo, questa scoglionatura che dà sul neuroduro[5] la chiama Scoramenti, al plurale perché quando arriva non vien mai in solitudine. Si porta appresso nevralgie d'ossa, brufoletti sulle labbra o

> Il disagio del giovane protagonista riguarda soprattutto la ricerca di un'identità e di una dimensione proprie.

nel fondoschiena ma poi i più gravi mali, quelli della vocina; cioè chi sei? cosa fai? dove vai? qual è il tuo posto nel Gran Trojajo? cheffarai? e poi ancora quelli più deleteri[6], i mali del non so giammai né perché venni al mondo né cosa sia il mondo né cosa io stesso mi sia e quando son proprio gravi persino il non so quale sia il mio sesso né il corpo né la cacca mia, cioè i disturbi dubitativi della decadenza.

E contagia. Ostia se contagia. Casa mia divenuta tante volte ospedaletto, sul mio lettuccio Chiara che guardava l'aquilone del soffitto e ruttava invece che parlare. Ma io capito[7] quei rutti e tradotto per voi "non ho caromio nessun progetto di me, menchemeno realizzazione libidica e razionale, ruth".

Eppoi Maria Giulia, sempre in cameretta mia con su il contagio[8], si contava i riccioli e boccheggiava e vedevo che malediceva quel fulmine a ciel sereno che era caduto addosso a lei che non se lo aspettava proprio che arrivasse, ma una volta giunto, come digià detto, fatica boia, ma tanta tanta a cacciarlo via, il ful-

---

1. **la bestia:** cioè lo scoraggiamento.
2. **ti imponesse i fluidi:** *ti guarisse.*
3. **stultiferi ... neurotici:** *stupidi, biliosi e nevrotici;* i termini sono però deformati a coniare arditi neologismi.
4. **l'Angelo:** come «Laura», è un amico del protagonista.
5. **dà sul neuroduro:** *fa quasi impazzire.*
6. **deleteri:** *nocivi, dannosi.*
7. **capito:** *ho capito.*
8. **con su il contagio:** *anche lei preda dello scoramento.*

mine. Insomma saputo quel che vi era dovuto lettori amici miei, vi passo a fare il menastorie di una sera come tante con su le belve degli scoramenti che a rimanere fermo non ci riesco trenta secondi d'orologio, mi sento un passerotto che ha perduto il nido, faccio un bar didietro all'altro e un beveraggio appresso all'altro perché il vino è farmaco dei mali e credete a me, questa è l'unica risposta che al mondo c'è.

In tale stato di coscienza bevute dunque sette vodke a credito dall'Armando, lavati dieci tavoli e consegnati cappuccini al ragioniere d'ufficio sopra il bar come baratto, ingoiati poi due Pinot triveneto, due Albana[9] in compagnia del Simposio dell'Osteria e sbausciate[10] infine due birrette da trecento lire dall'Aroldo, cioè entra entra vino santo strapazza il dolore, produci calore, sciogli l'uovo del mio cuore, fammi infine vomitare e cacciar lontano il mio gran male. Dopo messo in cinquecento[11] che dico così di certo passerà. Però di soldi mica ne tenevo tanti nel portafoglio, fortuna che ci stava la benzina almeno per scorazzare un paio d'ore cioè la lancettina[12] diceva due quarti e traballava ballerina più verso il quattro quarti che la barretta opposta. Da questo capito il fatto, tutt'intero. Ma dentro non ci capivo proprio niente di quel che succedeva e impossibile continuare silenziosamente la notte; dentro che gran baccano che avevo! Come una fiera di paese anco[13] coi mangiafuochi che sputavano fiammelle spiritate e gli elefanti d'India che saltavano sui trespoli e tutto un tremolio di saltimbanchi e culbuttisti e trapezisti, funambolici e giocolieri, perfino bertuccette e oranghi tanghi mai fermi porcodio cinque minuti.

Bestemmiata la malattia, ostia se la bestemmio sulla mia cinquecento bianca come il latte e scappottata ora che è primavera, o almeno sembra, cioè una bella aria fresca di marzo pazzerello che gira come un fringuelletto tra le mie gambe e petto e esce poi da dove è entrata, cioè il tettuccio. Così metto una marcia più forte dell'altra e pesto l'acceleratore come la tavoletta della batteria e infatti ci canto sopra un bel reggae, di quelli sdiavolati[14] e vado forte sulla strada, scanso i gatti e i topi della campagna, le ranocchie dei fossati, sempre forte bella guida, neanche paura. E scalare, che goduria! Sembra di stare a dar cazzotti al motore, ai pistoni, alle biellette e anco agli stronzi porci che m'incrociano con gli abbaglianti sparati sui miei denti, gli si secchino le palle, accidenti! Poi d'un tratto fiutato nel marzo pazzerello un buon odore, allargati i polmoni, litri e litri di buon odore dentro, che gioia l'ho ritrovato il buon profumo selvatico e libero, non lo farò scappare. Accidenti a te respiro mio che non ti riesce di trattenerlo dentro un po' di più questo odorino, ma fatti forza allarga il naso, sì l'hai ritrovato, esulta e impreca, all'inseguimento, e via!

Però mentre io sul mio ronzino scappottato sono lanciato all'inseguimento, dovete sapere alcune chiacchiere e portare un poco pazienza, tipo accendervi una sigaretta se c'avete il vizio, o bere una cocacola o dare un bacio alla vostra compagna se siete in compagnia, e se siete soli, be' cazzi vostri io non lo vorrei proprio ma se è così è così, non menatevela tanto; quindi passo a dirvi le menate che vi devo cioè che al tempo degli scoramenti io abitavo in Correggio, Reggio Emilia ma non è detto che ora che abito in altro loco non abbia più gli scoramenti, ma in quel tempo erano davvero frequenti, fulmini a ciel sereno, ho detto. E lo ripeto qui.

---

9. **Albana:** vino secco prodotto in Romagna.
10. **sbausciate:** termine colloquiale che significa «sbavate».

11. **messo in cinquecento:** *sono salito sulla Cinquecento* (una piccola automobile).
12. **la lancettina:** il segnalatore del livello

del carburante nel serbatoio.
13. **anco:** *anche, persino.*
14. **sdiavolati:** *indiavolati.*

Correggio sta a 5 km dall'inizio dell'autobrennero di Carpi, Modena che è l'autobahn[15] più meravigliosa che c'è perché se ti metti lissù ed hai soldi e tempo in una giornata intera e anche meno esci sul Mare del Nord, diciamo Amsterdam, tutto senza fare una sola curva, entri a Carpi ed esci lassù. Io ci sono affeziona- 80 to a questo rullo di asfalto perché quando vedo le luci del casello d'ingresso, luci proprio da gran teatro, colorate e montate sul proscenio di ferri luccicanti, con tutte le cabine ordinate e pulite che ti fan sentir bene anche solo a spiarle dalla provinciale, insomma quando le guardo mi succede una gran bella cosa, cioè non mi sento prigioniero di casa mia italiana, che odio, sì odio alla follia tanto 85 che quando avrò tempo e soldi me ne andrò in America, da tutt'altra parte s'intende, però è sempre andar via.

Ma ci son notti o pomeriggi o albe o anco tramonti, anche questo dovete imparare, che succede il Gran Miracolo, cioè arriva su quel rullo[16] l'odore del Mare del Nord che spazza le strade e la campagna e quando arriva senti proprio 90 dentro la salsedine delle burrasche e dell'oceano e persino il rauco gridolino dei gabbiani e lo sferragliare dei docks[17] e dei cantieri e anche il puzzo sottile delle alghe che la marea ha gettato sugli scogli, insomma t'arriva difilato lungo questo corridoio l'odore del gran mare, dei viaggi, l'odore che sento adesso come un prodigio e che sto inseguendo sulla mia ronzinante cinquecento con su 95 gli scoramenti e dentro tanto vino e in bocca tanta voglia di gridare. Sono sulla strada amico, son partito, ho il mio odore a litri nei polmoni, ho fra i denti la salsedine aaghhh e in testa libertà. Sono partito, al massimo lancio il motore, avanti avanti attraversare il Po, dentro ai tunnel tra le montagne di Verona, avanti sfila Trento sulla destra e poi Bolzano e poi al Brennero niente frontiera 100 per carità, non mi fermo non mi fermo, verso Innsbruck forte forte poi a Ulm, poi via Stuttgart e Karlsruhe e Mannheim, una collina dietro l'altra, da un su e giù all'altro, spicca il volo macchina mia, vola vola, Frankfurt, Köln, forza eddai ronzino mio, ormai ci siamo, fuori Arnhem, fuori Utrecht, ci siamo ci siamo ostia se ci siamo senti il mare? Amsterdam Amsterdam! Son partito chi mi 105 fermerà più?

P.V. Tondelli, *Altri libertini*, Milano, Feltrinelli, 1980

La vista delle luci dell'autostrada è sufficiente a far vagheggiare la fuga dall'odiata realtà quotidiana.

Il viaggio attraverso le capitali del Nord è naturalmente solo immaginario.

---

15. **autobahn:** *autostrada* in tedesco.
16. **su quel rullo:** cioè sull'autostrada.

17. **docks:** anticamente una parte del Porto di Londra, ora adibita a zona commerciale.

● Analisi guidata

Una via di fuga dagli «scoramenti»

Il protagonista del racconto è un giovane in preda a **momenti di sconforto** («Scoramenti»; «scoglionatura») e segnato da una **irrequietezza** che solo l'alcol e la fuga sembrano in grado di lenire. La prospettiva di un **viaggio nel Nord Europa** si offre come **evasione fantastica** e consolatoria, alternativa al grigiore di una vita quotidiana priva di prospettive.

Il brano esprime in maniera evidente questo contrasto attraverso la **contrapposizione tra i luoghi chiusi** e angusti della prima parte («Casa mia divenuta tante volte ospedaletto») **e quelli aperti** e spaziosi della seconda («Sono sulla strada amico… ho fra i denti la salsedine aaghhh e in testa libertà»).

L'*autobahn*

La possibilità di fuga si incarna nel «rullo di asfalto» dell'**autobrennero** e nelle «luci proprio da gran teatro» del casello autostradale, vero e proprio **miraggio di liberazione** da un'esistenza opaca.
Il racconto si basa sul **tema del viaggio**, inteso sia come spostamento fisico (anche se solo vagheggiato con la fantasia), sia come **avventura interiore** e occasione di conoscersi. Questa ricerca passa attraverso lo «scoramento» e la temporanea perdita di sé negli eccessi dell'**alcol**, per culminare nel breve tragitto in autostrada dove prende forma la possibilità della **fuga**, di un percorso attraverso cui seguire «l'odore del Mare del Nord», ossia il **profumo della libertà e della gioventù**.

Una mescolanza plurilinguistica

Sul piano stilistico il brano presenta una **mescolanza plurilinguistica** tipicamente postmoderna, in cui coesistono espressioni gergali («scoglionatura», «sbausciate», «che goduria», «sdiavolati» ecc.) ed espressioni **metaforiche**, pesante **turpiloquio** e **citazioni letterarie** («ronzinante cinquecento»).
Il tono prevalente è quello del **gergo giovanile**, imitato anche nella sintassi, che asseconda liberamente, con **anacoluti ed ellissi**, il libero fluire dei pensieri ed esprime la rabbia repressa del protagonista. Ne deriva una lingua nuova, frutto di un progetto letterario che troverà spazio e piena realizzazione nella narrativa della generazione dei **«cannibali»**.

Niccolò Ammaniti
«Io non ho paura di niente»

Io non ho paura, cap. II

Il romanzo Io non ho paura *(2001) ottiene un immediato successo, tanto che il regista premio Oscar Gabriele Salvatores lo sceglie come soggetto per un film, uscito nelle sale nel marzo 2003.*
Dopo la scoperta, avvenuta nel corso di una perlustrazione di una casa abbandonata, di una grot-

ta in cui è tenuta nascosta una persona, il piccolo Michele decide di tornare sul posto. Spaventato all'idea dell'avventura che lo attende, con la mente popolata di mostri, il protagonista scopre che in fondo alla grotta è tenuto prigioniero un bambino, e per di più vivo.

Quando mi sono svegliato mamma e papà dormivano ancora. Ho buttato giù il latte e il pane con la marmellata, sono uscito e ho preso la bicicletta.
– Dove vai?
Maria[1] era sulle scale di casa, in mutande, e mi guardava.
5 – A fare un giro.
– Dove?
– Non lo so.
– Voglio venire con te.
– No.
10 – Io lo so dove vai… Vai sulla montagna.
– No. Non ci vado. Se papà o mamma ti chiedono qualcosa digli che sono andato a fare un giro e che torno subito.
Un altro giorno di fuoco.
Alle otto della mattina il sole era ancora basso, ma già cominciava ad arrostire
15 la pianura. Percorrevo la strada che avevamo fatto il pomeriggio prima[2] e non pensavo a niente, pedalavo nella polvere e negli insetti e cercavo di arrivare presto. Ho preso la via dei campi, quella che costeggiava la collina e raggiungeva la valle. Ogni tanto dal grano si sollevavano le gazze con le loro code bianche e nere. Si inseguivano, si litigavano, si insultavano con quei versacci striduli. Un
20 falco volteggiava immobile, spinto dalle correnti calde. E ho visto pure una lepre rossa, con le orecchie lunghe, sfrecciarmi davanti. Avanzavo a fatica, spingendo sui pedali, le ruote slittavano sui sassi e le zolle aride. Più mi avvicinavo alla casa, più la collina gialla cresceva di fronte a me, più un peso mi schiacciava il petto, togliendomi il respiro.

> Nella mente del protagonista si affacciano le tipiche paure dell'infanzia.

25 E se arrivavo su e c'erano le streghe o un orco?
Sapevo che le streghe si riunivano la notte nelle case abbandonate e facevano le feste e se partecipavi diventavi pazzo e gli orchi si mangiavano i bambini.
Dovevo stare attento. Se un orco mi prendeva, buttava anche me in un buco e mi mangiava a pezzi. Prima un braccio, poi una gamba e così via. E nessuno sa-
30 peva più niente. I miei genitori avrebbero pianto disperati. E tutti a dire: «Michele era tanto buono, come ci dispiace». Sarebbero venuti gli zii e mia cugina

---

1. Maria: è la sorellina di Michele, presenza costante in tutti i suoi giochi.
2. Percorrevo … il pomeriggio prima: il pomeriggio precedente Michele e i suoi amici

erano entrati per gioco in una casa abbandonata nei dintorni di Acqua Traverse. È lì che Michele, intento a scontare una penitenza assegnatagli dal resto della compagnia, ca-

sualmente trova nella grotta in cui è tenuto nascosto il bambino.

Evelina, con la Giulietta blu. Il Teschio non si sarebbe messo a piangere, figuriamoci, e neanche Barbara. Mia sorella e Salvatore[3], sì.

Non volevo morire. Anche se mi sarebbe piaciuto andare al mio funerale.

35 Non ci dovevo andare lassù. Ma che mi ero impazzito?

Ho girato la bicicletta e mi sono avviato verso casa. Dopo un centinaio di metri ho frenato.

Agli occhi di Michele la realtà è sempre filtrata attraverso il mondo della fantasia, dei fumetti o degli eroi.

Cos'avrebbe fatto Tiger Jack al mio posto?

Non tornava indietro neanche se glielo ordinava Manitù[4] in persona.

40 Tiger Jack.

Quella era una persona seria. Tiger Jack, l'amico indiano di Tex Willer.

E Tiger Jack su quella collina ci saliva pure se c'era il convegno internazionale di tutte le streghe, i banditi e gli orchi del pianeta perché era un indiano navajo, ed era intrepido e invisibile e silenzioso come un puma e sapeva arrampicarsi e sa-
45 peva aspettare e poi colpire con il pugnale i nemici.

Io sono Tiger, anche meglio, io sono il figlio italiano di Tiger, mi sono detto.

Peccato che non avevo un pugnale, un arco o un fucile Winchester.

Ho nascosto la bicicletta, come avrebbe fatto Tiger con il suo cavallo, mi sono infilato nel grano e sono avanzato a quattro zampe, fino a quando non ho sentito le gambe dure come pezzi di legno e le braccia indolenzite. Allora ho cominciato a
50 zompettare come un fagiano, guardandomi a destra e a sinistra.

Quando sono arrivato nella valle, sono rimasto qualche minuto a riprendere aria, spalmato contro un tronco. E sono passato da un albero all'altro, come un'ombra sioux. Con le orecchie drizzate a qualsiasi voce o rumore sospetto. Ma sentivo solo il sangue che pulsava nei timpani.

55 Acquattato dietro un cespuglio ho spiato la casa.

Era silenziosa e tranquilla. Niente sembrava cambiato. Se erano passate le streghe avevano rimesso tutto a posto.

La semplicità dei pensieri del bambino viene riprodotta con frasi brevi in rapida sequenza.

Mi sono infilato tra i rovi e mi sono ritrovato nel cortile.

Nascosto sotto la lastra e il materasso ci stava il buco.

60 Non me l'ero sognato.

Non riuscivo a vederlo bene. Era buio e pieno di mosche e saliva una puzza, nauseante.

Mi sono inginocchiato sul bordo.

– Sei vivo?

65 Nulla.

– Sei vivo? Mi senti?

Ho aspettato, poi ho preso un sasso e gliel'ho tirato. L'ho colpito su un piede. Su un piede magro e sottile e con le dita nere. Su un piede che non si è mosso di un millimetro.

70 Era morto. E da lì si sarebbe sollevato solo se Gesù in persona glielo ordinava.

Mi è venuta la pelle d'oca.

I cani e i gatti morti non mi avevano mai fatto tanta impressione. Il pelo nasconde la morte. Quel cadavere invece, così bianco, con un braccio buttato da una parte, la testa contro la parete, faceva ribrezzo. Non c'era sangue, niente. Solo un
75 corpo senza vita in un buco sperduto.

Non aveva più niente di umano.

---

3. Il Teschio … Salvatore: il Teschio, Barbara e Salvatore sono i compagni di giochi di Michele.

4. Manitù: chiamato anche Wakan Tanka, Gitchi Manitou (da cui il semplice termine Manitù), è il Grande Spirito e la divinità suprema venerata dai nativi americani.

Dovevo vedergli la faccia. La faccia è la cosa più importante. Dalla faccia si capisce tutto.

Ma scendere lì dentro mi faceva paura. Potevo girarlo con una mazza. Ci voleva
80 una mazza bella lunga. Sono entrato nella stalla e lì ho trovato un palo, ma era corto. Sono tornato indietro. Sul cortile si affacciava una porticina chiusa a chiave. Ho provato a spingerla, ma anche se era malmessa, resisteva. Sopra la porta c'era una finestrella. Mi sono arrampicato puntellandomi sugli stipiti e, di testa, mi sono infilato dentro. Bastavano un paio di chili in più, o il culo di Barbara, e
85 non ci sarei passato.

Mi sono ritrovato nella stanza che avevo visto mentre attraversavo il ponte. C'erano i pacchi di pasta. I barattoli di pelati aperti. Bottiglie di birra vuote. I resti di un fuoco. Dei giornali. Un materasso. Un bidone pieno d'acqua. Un cestino. Ho avuto la sensazione del giorno prima, che lì ci veniva qualcuno. Quella stanza
90 non era abbandonata come il resto della casa.

Sotto una coperta grigia c'era uno scatolone. Dentro ho trovato una corda che finiva con un uncino di ferro.

Con questa posso andare giù, ho pensato.

L'ho presa e l'ho buttata dalla finestrella e sono uscito.
95 Per terra c'era il braccio arrugginito di una gru. Ci ho legato intorno la corda. Ma avevo paura che si scioglieva e io rimanevo nel buco insieme al morto. Ho fatto tre nodi, come quelli che faceva papà al telone del camion. Ho tirato con tutta la forza, resisteva. Allora l'ho gettata nel buco.

– Io non ho paura di niente, – ho sussurrato per farmi coraggio, ma le gambe mi
100 cedevano e una voce nel cervello mi urlava di non andare.

I morti non fanno niente, mi sono detto, mi sono fatto il segno della croce e sono sceso.

Dentro faceva più freddo.
105 La pelle del morto era sudicia, incrostata di fango e merda. Era nudo. Alto come me, ma più magro. Era pelle e ossa. Le costole gli sporgevano. Doveva avere più o meno la mia età.

Gli ho toccato la mano con la punta del piede, ma è rimasta senza vita. Ho sollevato la coperta che gli copriva le gambe. Intorno alla caviglia destra aveva una

110 grossa catena chiusa con un lucchetto. La pelle era scorticata e rosa. Un liquido trasparente e denso trasudava dalla carne e colava sulle maglie arrugginite della catena attaccata a un anello interrato.

Volevo vedergli la faccia. Ma non volevo toccargli la testa. Mi faceva impressione. Alla fine, tentennando, ho allungato un braccio e ho afferrato con due dita un
115 lembo della coperta e stavo cercando di levargliela dal viso quando il morto ha piegato la gamba.

Ho stretto i pugni e ho spalancato la bocca e il terrore mi ha afferrato le palle con una mano gelata.

Poi il morto ha sollevato il busto come fosse vivo e a occhi chiusi ha allungato
120 le braccia verso di me.

I capelli mi si sono rizzati in testa, ho cacciato un urlo, ho fatto un salto indietro e sono inciampato nel secchio e la merda si è versata ovunque. Sono finito schiena a terra urlando.

Anche il morto ha cominciato a urlare.
125 Mi sono dimenato nella merda. Poi finalmente con uno scatto disperato ho preso la corda e sono schizzato fuori da quel buco come una pulce impazzita.

130 Pedalavo, mi infilavo tra buche e cunette rischiando di spezzarmi la schiena, ma non frenavo. Il cuore mi esplodeva, i polmoni mi bruciavano. Ho preso un dosso e mi sono ritrovato in aria. Sono atterrato male, ho strusciato un piede a terra e ho tirato i freni, ma è stato peggio, la ruota davanti si è inchiodata e sono scivolato nel fosso a lato della strada. Mi sono rimesso in piedi con le gambe che mi tremavano e mi sono guardato. Un ginocchio era sbucciato a sangue, la maglietta era tutta sporca di merda, una striscia di cuoio del sandalo si era spezzata. Respira, mi sono detto.

135 Respiravo e sentivo il cuore placarsi, il fiato tornare normale e improvvisamente mi è venuto sonno. Mi sono sdraiato. Ho chiuso gli occhi. Sotto le palpebre era tutto rosso. La paura c'era ancora, ma era appena un bruciore in fondo allo stomaco. Il sole mi scaldava le braccia gelate. I grilli mi strillavano nelle orecchie. Il ginocchio mi pulsava.

140 Quando ho riaperto gli occhi delle grosse formiche nere mi camminavano addosso.

Quanto avevo dormito? Potevano essere cinque minuti come due ore.

Sono salito sulla Scassona[5] e ho ripreso la strada di casa. Mentre pedalavo continuavo a vedere il bambino morto che si sollevava e stendeva le mani verso di
145 me. Quella faccia scavata, quegli occhi chiusi, quella bocca spalancata continuavano a balenarmi davanti.

Ora mi appariva come un sogno. Un incubo che non aveva più forza.

Era vivo. Aveva fatto finta di essere morto. Perché?

Forse era malato. Forse era un mostro.

150 Un lupo mannaro.

Di notte diventava un lupo. Lo tenevano incatenato lì perché era pericoloso. Avevo visto alla televisione un film di un uomo che nelle notti di luna piena si trasformava in lupo e assaliva la gente. I contadini preparavano una trappola e il lupo ci finiva dentro e un cacciatore gli sparava e il lupo moriva e tornava uo-
155 mo. Era il farmacista. E il cacciatore era il figlio del farmacista.

Quel bambino lo tenevano incatenato sotto una lastra coperta di terra per non esporlo ai raggi della luna.

I lupi mannari non si possono curare. Per ucciderli bisogna avere una pallottola d'argento.

Ma i lupi mannari non esistevano.

«Piantala con questi mostri, Michele. I mostri non esistono. I fantasmi, i lupi mannari, le streghe sono fesserie inventate per mettere paura ai creduloni come te. Devi avere paura degli uomini, non dei mostri», mi aveva detto papà un giorno che gli avevo chiesto se i mostri potevano respirare sott'acqua.

Ma se lo avevano nascosto lì ci doveva essere una ragione.

Papà mi avrebbe spiegato tutto.

N. Ammaniti, *Io non ho paura*, Torino, Einaudi, 2001

> Michele sperimenterà presto la verità di questa affermazione.

---

5. Scassona: termine con cui affettuosamente Michele chiama la sua bicicletta.

Analisi guidata

Un'avventura degna di Tiger Jack

Per farsi coraggio durante la sua impresa il piccolo protagonista cerca di **immedesimarsi in Tiger Jack**, uno dei suoi eroi preferiti, e armato della forza e del coraggio dell'indiano navajo, scopre che quanto ha creduto di vedere il giorno precedente è reale: sul fondo del buco c'è un bambino vivo. Il **desiderio di scoprire la verità** è grande, ma altrettanto forte è la **paura** che attanaglia Michele e che lo fa letteralmente «schizzar fuori» dal buco quando il bambino si muove e tende il braccio verso di lui. A questo punto le domande diventano troppe per un bambino di soli nove anni e a Michele non resta che confidare nella sola persona al mondo capace di offrire una risposta logica e rassicurante a tutto: suo padre, che avrà però un ruolo ben diverso nella vicenda.

Competenze di analisi e interpretazione

- Descrivi le sensazioni e le emozioni provate da Michele durante la sua avventura.
- Nel brano si fa riferimento ad alcuni eroi della fantasia o dei fumetti. Dopo averli elencati, prova a dare a ognuno un significato.
- Qual è la reazione di Michele al tentativo del bambino di toccarlo?
- Perché Michele si ostina a pensare che il bambino sia morto? In che cosa lo identifica nella sua accesa fantasia?

Una porta tra infanzia ed età adulta: la paura

Il brano ruota attorno al sentimento della **paura**, visto come uno degli aspetti più caratteristici della fase di passaggio dal mondo dell'infanzia a quello adulto. La paura rappresenta una vera e propria **iniziazione alla vita**, mentre i mostri e i fantasmi che popolano la fantasia di Michele sono i volti contro cui combattere per superare la sua sfida e **raggiungere l'autonomia**. Il seguito del romanzo costringerà però il protagonista a confrontarsi con paure ben più reali, che metteranno in crisi le sue certezze, aiutandolo dolorosamente a crescere. La scelta di **affidare la narrazione direttamente al piccolo Michele** produce effetti di grande originalità attraverso uno **stile piano e paratattico**, costruito sulla successione di frasi brevi e sul ricorrere di espressioni proprie del parlato, che favorisce l'identificazione del lettore con la psicologia infantile del protagonista, in cui la realtà si mescola alla fantasia.

Competenze di analisi e interpretazione

- «Io non ho paura» è l'espressione che Michele spesso ripete a se stesso e che dà anche il titolo al romanzo. Prova a dare una spiegazione della sua importanza.
- A che cosa sono legate le paure di Michele? Si tratta di timori concreti o fantastici?
- A chi appartiene la voce narrante nel brano? Quale particolare effetto ne deriva?
- Sul piano stilistico, qual è la caratteristica sintattica più evidente del brano? Il linguaggio utilizzato è semplice o elevato?

Un paesaggio archetipico

La vicenda si svolge nel paesino immaginario di Acqua Traverse, nel **Sud Italia**. Il paesaggio, dominato dalla calura estiva e descritto in modi apparentemente realistici, assume nel prosieguo del romanzo una **valenza simbolica**. L'ambiente naturale ha in sé un incanto primordiale di **bellezza arcana e inquietante** e appare popolato da forze del bene e del male, simbolicamente rappresentate da **animali prede e predatori**. Il paesaggio acquista dunque una dimensione archetipica, divenendo luogo della psiche e dei conflitti umani, **sfondo ideale e concreto** a un tempo dell'esperienza umana di Michele e del suo percorso di formazione.

⬤ Competenze di analisi e interpretazione

- Descrivi il paesaggio di Acqua Traverse. Siamo di fronte a un paesaggio realistico oppure simbolico?

- Nella descrizione dello spazio, quale significato simbolico assume il contrasto tra le vive notazioni cromatiche dei campi e la nera oscurità della grotta?

- Quali sono gli animali che Michele incontra nel suo percorso verso la casa abbandonata? Che cosa simboleggiano?

Karel Appel, *Persone, uccelli e sole*, 1954

Io non ho paura

REGIA Gabriele Salvatores

ANNO 2003

DURATA 108 min.

CAST Giuseppe Cristiano (Michele),
Mattia Di Pierro (Filippo),
Dino Abbrescia (Pino Amitrano),
Aitana Sánchez-Gijón (Anna Amitrano),
Diego Abatantuono (Sergio)

 Scopri altri
materiali
sul film

TRE BUONI MOTIVI PER VEDERLO

1 Porta sullo schermo un romanzo che, come ha rivelato lo stesso Ammaniti, era nato proprio come un soggetto cinematografico.

2 Racconta senza moralismi e falsi pudori una storia drammatica che ha come protagonisti due bambini.

3 È uno dei maggiori successi del cinema italiano contemporaneo.

L'AUTORE E L'OPERA

Gabriele Salvatores (1950) è uno dei più noti registi italiani degli ultimi decenni, vincitore dell'Oscar per il miglior film straniero con *Mediterraneo* (1992). Autore di molte opere ispirate a romanzi italiani (*Puerto Escondido* di Pino Cacucci, *Denti* di Domenico Starnone, *Come Dio comanda* dello stesso Ammaniti, *Educazione siberiana* di Nicolai Lilin), Salvatores ha affrontato nei suoi film i generi più svariati, dall'avventura esotica tra amici (*Marrakech Express*), al thriller fantascientifico (*Nirvana*), alla metanarrazione di ispirazione pirandelliana (*Happy family*).

Io non ho paura è l'adattamento cinematografico dell'omonimo romanzo di Niccolò Ammaniti, che è anche uno degli autori della sceneggiatura. Candidato all'Oscar come miglior film straniero e premiato in Italia con numerosi riconoscimenti, *Io non ho paura* racconta una storia di crescita e di formazione, sullo sfondo della bellissima campagna del Meridione, un ambiente "magico" che nasconde però inquietanti misteri.

LA TRAMA Mentre sta giocando con gli amici il piccolo Michele, un bambino di dieci anni che vive in uno sperduto paesino della campagna lucana, entra in un casolare abbandonato per recuperare gli occhiali della sorellina. Incuriosito da una lastra appoggiata sul pavimento, la sposta e vede in fondo a un buco un piede umano. Senza rivelare niente a nessuno, nei giorni seguenti torna al casolare e si rende conto che il piede appartiene a un bambino di nome Filippo, legato con una catena e in pessime condizioni fisiche. Michele non sa spiegarsi perché Filippo si trovi in quel luogo, ma comincia a portargli da mangiare e i due diventano amici. Una sera, sente alla televisione che un bambino è stato rapito a Milano e dalla foto capisce che si tratta proprio di Filippo. Michele vorrebbe rivelare al padre quello che ha scoperto, ma quando lo vede parlare in segreto con un gruppo di uomini del paese comincia a sospettare che forse anche lui sia implicato nel rapimento…

Melania Mazzucco

T8 ## Alla scoperta di New York

Vita

Pubblicato nel 2003 (e vincitore del premio Strega), Vita di Melania Mazzucco (1966) narra la storia della famiglia Mazzucco in Italia e in America, da Tufo di Minturno – piccolissimo paese in provincia di Latina – fino a New York. Nell'aprile 1903, dopo un lungo viaggio per mare, Diamante e Vita, di nove e dodici anni, raggiungono in America il padre della bambina, Agnello. Nel brano riportato Vita e Diamante si allontanano dalla zona del porto e scoprono l'abbagliante bellezza di un grande magazzino di Manhattan.

Non avevano la minima idea di dove si trovassero. Era come essere sulla luna. La città – così sudicia e pittoresca nei pressi del porto – era diventata più bella. Sparite le case di legno fatiscenti, le folle stracciate e gli ambulanti. Sparita la gente bracalona che parlava dialetti vagamente familiari, la miriade di ragaz-
5   zini che giocavano a biglie negli scoli della fogna. Ora ai lati della strada c'erano palazzi con facciate di marmo, e i pedoni portavano bombette e mazzarelli[1] da passeggio di canna di bambù. Camminavano rasentando i muri, per passare inosservati. Ma non passavano inosservati sulla Broadway[2] alla Trentaquattresima strada un ragazzino con un abito di cotone liso, un berretto e la federa di un
10 cuscino a righe sulla spalla, e una bambina scalza coi capelli neri e un vestito a fiori più lurido del marciapiede. Ormai si trascinavano. Avevano i piedi in fiamme, e la città non finiva mai. A tratti si interrompeva – per un po' costeggiavano un prato, o l'ennesima voragine, dove operai stavano costruendo le fondamenta di un palazzo – ma poi ricominciava, più imponente, bella e lussuosa di prima.
15 Erano già le cinque del pomeriggio. Vita incollò il naso alla vetrina di un negozio. In verità non era un negozio. Alto sei piani, lungo trecento metri, immenso, occupava un intero isolato. Nella vetrina, il manichino di una donna slanciata, sportiva, ostentava un braccio nudo: la sua mano impugnava un attrezzo enigmatico, simile a una racchetta da neve[3]. La donna sorrideva. Era una donna finta,
20 ma tutte le donne qui – anche quelle vere – sembravano finte. Non erano vestite di nero. Non portavano la tovaglia in testa. Né il corpetto ricamato né le sottane. Erano altissime, magrissime, biondissime. Avevano sorrisi radiosi – come la donna del cartellone, al cimitero – denti bianchi, fianchi stretti, piedi grandi. Vita non aveva mai visto donne simili, ed era affascinata. Forse al sole di questa
25 città anche lei sarebbe diventata così – da grande. Dobbiamo andarcene – disse Diamante, tirandola per un lembo del vestito. Ci guardano tutti storto. Vita sguainò la lingua in direzione di una signora che, appena scesa da una carrozza, li indicava a un tipo vestito di blu che se ne stava con le mani in mano accanto a un incrocio. Che ce ne importa? Rispose Vita,
30 estasiata di fronte al manichino. Chi nun ce po' vede' gli occhi se cava[4]. Eppure tutti li guardavano come se avessero appena rubato una gallina. E già verso di loro veniva un poliziotto. Il manganello gli sbatteva contro la coscia «Hey, kids!»

---

1. **mazzarelli:** bastoni.
2. **Broadway:** è la via principale di Manhattan, il centro di New York.
3. **un attrezzo ... neve:** è una racchetta da tennis.
4. **Chi nun ce po' vede' gli occhi se cava:** chi non ci può vedere si cava gli occhi (in dialetto).

Il poliziotto era giallo di capelli, con la pelle bianca come la carne della sogliola. «Hey, come here!»[5] Diamante e Vita non avevano simpatia per le guardie. Non
35 portavano mai buone notizie. Quando, tutte impennacchiate, le autorità — fossero guardie, carabinieri, sindaci, politici o borghesi di Minturno[6] — si azzardavano a venire verso il paese, i ragazzini di Tufo li bersagliavano di sassate. Per dimostrare la loro profonda simpatia. Vita spinse la porta e se lo tirò dietro. Passarono sotto un arco con la scritta MACY'S[7] ed entrarono nel regno della luce.
40 Vita non aveva mai visto un luogo simile, né lo avrebbe visto negli anni successivi. Non avrebbe più varcato il confine di Houston Street. Ma quel pomeriggio rimase indelebile nella sua memoria — con la vivida immediatezza di un sogno. Fu una visita rapida, accelerata — tutto durò non più di tre minuti. Non aveva il tempo di fermarsi da nessuna parte, Diamante la trascinava di qua e di là, e
45 poi si misero a correre, perché anche il poliziotto era entrato nel grande magazzino, aveva portato un fischietto alle labbra, li inseguiva e dei commessi biondi larghi come armadi avanzavano minacciosi da tutte le direzioni. Attraversarono correndo un locale più vasto di una cattedrale, eppure anche correndo lei non poteva non vedere le piramidi di cappelli e guanti, le montagne di sciarpe e foulard colorati, i mucchi di forcine e pettini di tartaruga, le calze di seta e di
50 cotone bianco — e tutto era bello, di una bellezza meravigliosa e accattivante, e Diamante correva, Vita inciampava, il poliziotto urlava: «Stop those kids!»[8] tutti si voltavano a guardarli — finché si infilarono in una stanza con le pareti trasparenti. Era una trappola, perché un uomo in divisa, che piantonava una bottoniera d'ottone, premette un pulsante e le porte si chiusero, imprigionandoli.
55 Eppure quell'uomo non era un poliziotto: solo un negro ossuto e lucido di sudore che, impercettibilmente, sorrise.
Diamante non aveva mai visto un uomo con la pelle così scura: solo nelle recite per la Presa d'Africa del 1896[9], che tutti gli anni si replicava a Portanuova — ma in quel caso i soldati dell'esercito di Menelik erano neri perché truccati
60 col catrame e in realtà erano scolari di Minturno, bianchi come lui. Alcuni negri veri li aveva visti nelle vignette degli almanacchi popolari, dove però portavano un osso fra i capelli e scodelle nelle labbra e non una divisa con i bottoni d'oro. Erano selvaggi e cannibali, mentre quest'uomo elegantissimo e impeccabile pareva importante. A un tratto la stanza con le pareti trasparenti cominciò
65 a muoversi, e schizzò verso l'alto. Diamante s'appoggiò alla parete, spaventato. La stanza volava! Il cannibale scrutò, impassibile, i suoi scarponcini impolverati e la federa del cuscino che Diamante teneva sulla spalla. I suoi occhi nerissimi indugiarono sul musetto di Vita, rigato di polvere. Lei s'aggrappò a Diamante, perché nelle storie che le raccontava sua madre l'uomo nero era un flagello mi-
70 cidiale, peggiore dei morti viventi e delle streghe janare[10] che rubano i bambini: l'uomo nero ruba le bambine curiose. Ma Diamante non riusciva a farle coraggio, anzi tremava, perché la stanza volava, vibrava, scricchiolava. Quando le porte della stanza-scatola si aprirono, erano in cima al mondo, e il poliziotto, i commessi, il direttore del magazzino minuscoli, cinque piani più in basso.

5. «Hey, kids!» ... «Hey, come here!»: ehi ragazzi... venite qui (in inglese).
6. Minturno: paese in provincia di Latina, vicino a Tufo, luogo di origine dei due ragazzini.
7. MACY'S: grande magazzino di lusso ancora attivo e conosciuto in tutto il mondo.
8. «Stop those kids!»: *fermate quei ragazzi*!
9. la Presa d'Africa del 1896: riferimento all'impresa coloniale italiana contro l'Impero d'Etiopia, retto dal negus Menelik. In realtà la guerra, intrapresa dall'Italia che rivendicava diritti sui territori etiopi, si concluse con una disfatta per gli italiani, che dovettero accontentarsi dell'Eritrea e rinunciare a qualsiasi altra ingerenza in Etiopia.
10. streghe janare: streghe della credenza popolare contadina dell'Italia meridionale.

75 L'uomo dell'ascensore li spinse fuori e premette il bottone. Mentre le porte si accostavano sul suo viso sconcertante, l'uomo nero indicò la via d'uscita – davanti a loro. Erano le scale antincendio.

Scendeva il buio quando, attirati dalla vista di un bosco, si inoltrarono in un parco[11] che somigliava a una campagna. Si sdraiarono su un prato, davanti a 80 un lago. Nel parco non c'era quasi nessuno. Vita si sciacquò i piedi neri nell'acqua dove navigavano altezzose anatre bianche. Mangiarono l'ultima salsiccia rimasta nelle federa e l'ultima manciata di fichi secchi. Erano immensamente felici e avrebbero voluto che questa giornata non finisse mai. Fu allora che l'italiano li notò.

85 Era un ambulante. Si avvicinava trascinandosi dietro un organetto, che sulle irregolarità del terreno esalava, di tanto in tanto, una nota. Non potete stare qui, piccerelli[12], disse, sfoderando un sorriso amichevole. Dopo il tramonto il parco chiude, se vi trovano gli sbirri vi portano in prigione. Siete appena arrivati? chiese, mettendosi a sedere accanto a loro. Sì, rispose Vita, con orgoglio. 90 Stamattina, col traghetto dall'isola. Abbiamo visto tutta la città. Siete soli? Sì, disse Vita, e azzinnò[13] un'occhiata complice a Diamante. Siete fratelli? Sì, disse Diamante. No, disse Vita, mio fratello non lo conosco quasi, Diamante invece abita nello stesso vico mio. L'ambulante si arrotolò del tabacco in un lembo di giornale e aspirò qualche boccata. Siccome era italiano, e suonava delle can-95 zoni bellissime sul suo organetto, non diffidarono di lui. Dopo aver camminato tutto il giorno sulla luna, era bello sentir parlare la lingua di casa. Era bello trovare una guida. Se venite con me, vi faccio vedere un posto per dormire. È lontano? disse Diamante, che non sarebbe mai riuscito a costringere di nuovo i suoi piedi negli scarponcini stretti. No, dietro l'angolo. Lo vedi il Dakota[14]? In-100 dicò lo stupefacente castello tutto torri, pinnacoli, pignoni e torrette, dall'altra parte del lago. È la dietro.

Era lo scheletro di una casa in costruzione. Un asse mancante nella recinzione del cantiere immetteva in una specie di cantina. C'era un cartone macchiato che fungeva da materasso e una tavola sospesa su due latte vuote, che fungeva da tavolo. 105 C'erano mucchi di scatole di conserva arrugginite e rifiuti. L'ambulante spinse l'organetto contro il muro e li invitò a sdraiarsi sul cartone. Lui s'avvolse in una coperta stinta, talmente piena di pidocchi che camminava da sola. […] Era gentile e interessato ai loro discorsi, come gli adulti non sono mai. Gli offrì un bicchiere del suo vino – l'unica cosa che avesse qui dell'Italia. Insistette, perché non volevano bere. Il 110 vino aveva un vago sapore di medicina. Poi si fece triste e disse in tono malinconico che non sarebbero mai dovuti venire. Questo era un posto bruttissimo, non era vero niente di quello che si raccontava dall'altra parte. L'unica differenza fra l'America e l'Italia erano i soldi: i soldi qui c'erano, ma non erano destinati a loro. Dovevano tornare subito in Italia. Lui, se avesse potuto, sarebbe partito anche adesso. 115 Solo che non poteva. A volte è difficile tornare indietro. Dall'altra parte, tutti credevano che fosse diventato ricco. Invece, in dieci anni che era qui, l'organetto era tutto quello che gli restava.

M. Mazzucco, *Vita*, Milano, Rizzoli, 2003

---

11. un parco: *il Central Park, enorme parco nel centro di Manhattan.*
12. piccerelli: *piccolini* (dialettale).
13. azzinnò: *ammiccò.*

14. il Dakota: edificio residenziale, collocato nell'Upper West Side di Manhattan.
15. era stata respinta … malati: gli stranieri che desideravano diventare cittadini ame-

ricani venivano fermati nell'isolotto di Ellis Island e sottoposti a una serie di esami medici e di idoneità e solo se li superavano potevano sbarcare.

COMPRENSIONE

1 Come appare inizialmente ai due bambini la città di New York? Quali sono gli aspetti del grande magazzino che più colpiscono i due protagonisti e perché?

2 Chi è «l'uomo dalla pelle scura» con cui i due bambini si trovano all'interno di una «stanza volante»?

3 Come si comporta con Vita e Diamante l'italiano venditore ambulante?

4 Rintraccia nel testo le espressioni dialettali e quelle in inglese e spiega quale effetto producono nel testo.

ANALISI E INTERPRETAZIONE

5 Il brano è suddiviso in due sequenze distinte. Quale rapporto si stabilisce, sul piano del significato, tra l'apparente sfarzo degli ambienti attraversati dai bambini nella prima parte e lo squallore della dimora dell'ambulante nella seconda sequenza?

6 L'ambulante italiano afferma: «L'unica differenza fra l'America e l'Italia erano i soldi: i soldi qui c'erano, ma non erano destinati a loro». In che senso la sua situazione è emblematica di quella di molti emigranti italiani giunti negli Stati Uniti ai primi del Novecento?

7 Il brano ha l'andamento e la struttura di una fiaba. I due bambini, tenendosi per mano come Hänsel e Gretel, entrano in un mondo incantato, sono inseguiti dagli avversari e riescono a fuggire grazie a un aiutante insospettato. Individua nel brano i punti in cui emerge con più evidenza la dimensione fiabesca, accentuata dall'adozione del punto di vista dei due bambini.

➔ Oltre il testo   Confrontare e analizzare

- Anche nel brano di Ammaniti (a p. 562) il giovane protagonista si trova catapultato in una situazione per certi aspetti fiabesca; metti a confronto le sue reazioni con quelle di Diamante e Vita; quali sono le principali differenze con cui i due autori rappresentano al lettore le emozioni di questi personaggi bambini?

SCRITTURA E APPROFONDIMENTO

8 Traendo spunto da una vicenda reale il romanzo di Melania Mazzucco analizza un fenomeno storico (l'emigrazione degli italiani in USA all'inizio del Novecento) che si presta a un confronto con fenomeni sociali quanto mai attuali (la massiccia immigrazione di extracomunitari in Italia). Sulla base del testo letto, elabora un breve scritto in cui metti in luce analogie e differenze tra le speranze e le problematiche affrontate dagli italiani all'inizio del XX secolo in America e quelle degli stranieri che giungono oggi in Italia nella speranza di una vita migliore.

Guida alla verifica orale

 Verifica le tue conoscenze

DOMANDA N. 1 **Quali sono le principali tendenze del romanzo negli anni Sessanta?**

LA RISPOSTA IN SINTESI

Negli anni Sessanta, accanto a romanzi di struttura tradizionale si sviluppa una tendenza sperimentale, evidente soprattutto nelle opere degli autori della Neoavanguardia, e un filone tematico che analizza il rapporto tra letteratura e industria con romanzi ambientati nel mondo della fabbrica e la denuncia dell'alienazione prodotta dai ritmi della società neocapitalistica.

LA RISPOSTA NEI TESTI

T1 In *Memoriale* Volponi affronta in modo critico il problema dell'affermarsi dell'industria in Italia e le sue conseguenze sociali e psicologiche sulla classe operaia.

T2 Ne *La vita agra* Bianciardi denuncia la spietata competizione che regna nei luoghi di lavoro e l'ipocrisia che regola i rapporti umani.

T3 Nell'opera di Meneghello la riflessione sulle trasformazioni sociali si accompagna alla ripresa del dialetto in funzione emotiva ed espressiva.

DOMANDA N. 2 **Quali sono le principali caratteristiche del romanzo postmoderno?**

LA RISPOSTA IN SINTESI

Il romanzo postmoderno è caratterizzato dalla citazione e dall'intertestualità, dalla mescolanza tra generi e registri linguistici diversi e, in Italia, dalla fioritura del romanzo «neostorico».

LA RISPOSTA NEI TESTI

T4 L'esempio più tipico di romanzo postmoderno in Italia è *Il nome della rosa* di Umberto Eco, una sorta di «giallo» medievale fittissimo di citazioni dotte, che si presta a diversi livelli di lettura.

T5 *Sostiene Pereira* di Tabucchi riprende il gusto postmoderno del citazionismo, ma si caratterizza per la presenza di un particolare impegno civile e sociale.

DOMANDA N. 3 **Chi sono i «cannibali» e quale autore prendono spesso a modello?**

LA RISPOSTA IN SINTESI

I cosiddetti «cannibali» sono un gruppo di giovani autori attivi a partire dagli anni Novanta (tra cui Ammaniti). I loro romanzi sono incentrati soprattutto sull'inquietudine giovanile e sulla critica della società moderna, massificata e priva di valori. L'autore che i giovani «cannibali» considerano un loro precursore è Pier Vittorio Tondelli, di una generazione a loro anteriore.

LA RISPOSTA NEI TESTI

T6 L'opera di Tondelli, con il suo ricorso al gergo giovanile e con la presenza dei temi del viaggio e dell'inquietudine giovanile, costituisce il modello principale dei «cannibali».

T7 In *Io non ho paura* Ammaniti costruisce una sorta di romanzo di formazione, reso più efficace dalla scelta di narrare la vicenda dal punto di vista del piccolo protagonista.

Il mito delle nuove tecnologie

Umberto Galimberti, filosofo e psicoanalista sempre attento alle dinamiche e ai mutamenti socio-culturali dell'età contemporanea, riflette sulle nuove tecnologie applicate ai mezzi di comunicazione.

Il sospetto è che la sempre più massiccia diffusione dei mezzi di comunicazione, potenziati dalle nuove tecnologie, abolisca progressivamente il bisogno di comunicare, perché nonostante l'enorme quantità di voci diffuse dai media, o forse proprio per questo, la nostra società parla nel suo insieme solo con se stessa. Infatti, come osserva Günther Anders, alla base di chi parla
5 e di chi ascolta non c'è, come un tempo, una diversa esperienza del mondo, perché sempre più identico è il mondo a tutti fornito dai media, così come sempre più identiche sono le parole messe a disposizione per descriverlo. Il risultato è una sorta di comunicazione tautologica, dove chi ascolta finisce con l'ascoltare le identiche cose che egli stesso potrebbe tranquillamente dire, e chi parla dice le stesse cose che potrebbe ascoltare da chiunque. In questo senso è possibile
10 dire che la diffusione dei mezzi di comunicazione, che la tecnologia ha reso esponenziale, tende ad abolire la necessità della comunicazione.
Con il loro rincorrersi, infatti, le mille voci che riempiono l'etere eliminano progressivamente le differenze che ancora sussistono fra gli uomini e, perfezionando la loro omologazione, rendono superfluo, se non impossibile, parlare in prima persona. In questo modo i mezzi di
15 comunicazione cessano di essere dei mezzi, perché, come ci ricorda Günther Anders, nel loro insieme compongono quel mondo fuori dal quale non è dato avere altra e diversa esperienza, né altra libertà se non quella di prendervi parte o starsene in disparte. Ma è davvero possibile "stare in disparte" in un mondo dove non ha valore la realtà del mondo o l'*esperienza* che se ne può fare, ma solo la sua rappresentazione, la sua buona riuscita nella versione telecomunicata?
20 Qui non si tratta di enfatizzare o demonizzare le enormi potenzialità presenti e future dei mezzi di comunicazione, ma di capire come l'uomo profondamente si trasforma per effetto di questo potenziamento. Allo scopo è necessario far piazza pulita di tutti quei luoghi comuni, per non dire idee arretrate, che fanno da tacita guida a quasi tutte le riflessioni sui media, e in particolare a quella persuasione secondo la quale l'uomo può usare le tecniche comunicative come qualcosa di
25 neutrale rispetto alla sua natura, senza neppure il sospetto che la natura umana possa modificarsi proprio in base alle modalità con cui si declina tecnicamente nella comunicazione. L'uomo, infatti, non è qualcosa che prescinde dal modo con cui manipola il mondo, e trascurare questa relazione significa non rendersi conto che a trasformarsi non saranno solo i mezzi di comunicazione, ma, come dice McLuhan, l'uomo stesso. [...]
30 Infatti la radio, la televisione, il computer, il cellulare ci plasmano qualunque sia lo scopo per cui li impieghiamo, perché una trasmissione televisiva edificante e una degradante, per diversi che siano gli scopi a cui tendono, hanno in comune, come osserva Anders, "il fatto che noi *non vi prendiamo parte*, ma ne consumiamo soltanto la sua *immagine*". Il "mezzo", indipendentemente dallo "scopo", ci istituisce come spettatori e non come partecipi di un'esperienza o attori di un
35 evento.
Questa condizione, che vale per la televisione, vale in maniera esponenziale per internet, dove il *consumo in comune* del mezzo non equivale a una *reale esperienza comune*. Ciò che in internet

si scambia, quando non è una somma spropositata di informazioni, è pur sempre una realtà
personale che non diventa mai una realtà *condivisa*. Lo scambio ha un andamento solipsistico
40 dove, come vuole la metafora di Anders, un numero infinito di "eremiti di massa" comunicano
le vedute del mondo quale appare dal loro eremo, separati l'uno dall'altro, chiusi nel loro guscio
come i monaci di un tempo sui picchi delle alture, "non già per rinunciare al mondo, bensì per
non perdere, per l'amor del cielo, nemmeno una briciola del mondo in *effigie*".
E così, sotto la falsa rappresentazione di un computer personale (*personal computer*), ciò che si
45 produce è sempre di più l'uomo di massa, e per generarlo non occorrono maree oceaniche, ma
oceaniche solitudini che, sotto l'apparente difesa del diritto all'individualità, producono, come
lavoratori a domicilio, beni di massa e, come fruitori a domicilio, consumano gli stessi beni
di massa che altre solitudini hanno prodotto. A questo punto le considerazioni di Gustave Le
Bon sulle situazioni di massa che alterano l'individuo sono ampiamente superate perché, grazie
50 al *personal computer*, oggi si procede a domicilio a questa degradazione dell'individualità e al
livellamento della razionalità.

(U. Galimberti, *I miti del nostro tempo*, Milano, Feltrinelli, 2009)

 Verso
l'INVALSI

1 Quali delle seguenti frasi tratte dal testo riassume meglio la tesi sostenuta dall'autore?

a Infatti, come osserva Günther Anders, alla base di chi parla e di chi ascolta non c'è, come un tempo, una diversa esperienza del mondo (r. 5)

b è possibile dire che la diffusione dei mezzi di comunicazione, che la tecnologia ha reso esponenziale, tende ad abolire la necessità della comunicazione (rr. 10-11)

c In questo modo i mezzi di comunicazione cessano di essere dei *mezzi* (rr. 14-15)

d Lo scambio ha un andamento solipsistico dove, come vuole la metafora di Anders, un numero infinito di "eremiti di massa" comunicano le vedute del mondo quale appare dal loro eremo, separati l'uno dall'altro (rr. 39-41)

2 Cosa intende l'autore con l'espressione «comunicazione tautolgica» (r. 7)?

a la comunicazione avviene sempre più tramite mezzi tecnologici

b la comunicazione ripete sempre se stessa, senza produrre niente di nuovo

c la comunicazione odierna è potenziata dai mezzi di comunicazione

d la comunicazione di oggi è spesso nociva

3 Qual è la conseguenza della diffusione dei mezzi di comunicazione secondo quanto afferma l'autore?

a un aumento del bisogno del comunicare proprio dell'uomo

b un potenziamento delle abilità comunicative dell'uomo

c un superamento della dimensione egoistica

d una progressiva riduzione della necessità di comunicare

4 In base alle idee dell'autore che puoi desumere dal testo, quale delle seguenti affermazioni è vera?

a il cambiamento delle tecniche comunicative non può modificare la natura dell'uomo

b la trasformazione dei mezzi di comunicazione è in grado di trasformare anche l'uomo che li usa

c tra i nuovi mezzi di comunicazione, Internet è l'unico in grado di dar vita a un'esperienza di autentica condivisione

a l'impiego dei nuovi mezzi di comunicazione è in grado di distinguere sempre più l'individuo dalla massa, nonostante la tendenza all'omologazione

5 Spiega il significato dell'espressione «eremiti di massa» (r. 40) contenuta nel testo:

....

....

6 Individua una parte del testo in cui si introduce una obiezione alla tesi dell'autore, con successiva confutazione

....

....

7 Nella frase «E così, sotto la falsa rappresentazione di un computer personale (*personal computer*), ciò che si produce è sempre di più l'uomo di massa» (rr. 44-45) il connettivo così introduce.

a una contrapposizione a quanto detto precedentemente

b un'ipotesi

c una spiegazione

d la conclusione del ragionamento

8 Per quale motivo le considerazioni dello studioso Gustave Le Bon non sono più valide, secondo l'autore? Riporta la frase del testo da cui puoi desumerlo:

....

....

....

9 Il testo che hai appena letto è:

a un articolo divulgativo

b un testo descrittivo

c un testo espositivo

d un saggio argomentativo

10 Sei d'accordo con la tesi sostenuta dall'autore? Esponi la tua opinione in merito

Ripassiamo insieme – Sintassi / Testualità

Cosa significa argomentare?

Argomentare $\longrightarrow$ **esporre il proprio punto di vista** in modo persuasivo

Con lo scopo di $\longrightarrow$ **convincere l'interlocutore** della validità delle nostre opinioni

Il **testo argomentativo** è uno dei più usati, non solo nella pratica scolastica (pensa per esempio al saggio breve), ma anche nella vita quotidiana.

Come argomentare?

Perché la nostra argomentazione sia efficace sono necessarie alcune accortezze:

- **stabilire con esattezza la propria tesi,** senza cambiare idea in corso d'opera;
- **conoscere bene il tema** di cui si intende parlare e avere a disposizione una grande quantità di dati e informazioni;
- **selezionare i dati**, scegliendo quelli più recenti e autorevoli;
- **esporre le proprie idee** utilizzando specifiche tecniche argomentative: dobbiamo portare degli argomenti, ossia delle prove, della validità delle nostre idee;
- **utilizzare con correttezza i connettivi**, in modo da creare un testo molto coerente e coeso.

Attenzione!

Sono troppo deboli le argomentazioni basate su:

- informazioni e dati troppo vecchi, poco attendibili o superati;
- sentimenti ed emozioni del tutto soggettive, senza alcun dato oggettivo.

La poesia italiana di fine Millennio

La poesia italiana di fine Millennio

Una pluralità di tendenze

L'eterogeneità della lirica La tradizione poetica del secondo Novecento è caratterizzata da alcune **correnti** di massima, al cui interno è possibile collocare gli autori e le opere più significativi.

Una prima tendenza (**lirica** o **post-ermetica**) è legata alla **tradizione simbolista e post-simbolista**, iniziata con Pascoli, proseguita in modi differenti con Ungaretti e Montale, e culminata nella stagione dell'Ermetismo. Al filone post-ermetico, vivo soprattutto negli anni Quaranta e Cinquanta, appartiene parte della produzione giovanile di Mario Luzi e Vittorio Sereni. Una seconda linea, definita "**antinovecentista**", trova in Saba e nei crepuscolari i propri punti di riferimento. Questa poesia contrappone al linguaggio chiuso dell'Ermetismo una **forma espressiva più vicina alla prosa**, con **tematiche quotidiane** e autobiografiche. A questa tendenza si può ricondurre l'opera di Sandro Penna, Attilio Bertolucci e Giorgio Caproni. Un terzo filone si riappropria delle esperienze avanguardistiche dei primi anni del Novecento (Futurismo, Surrealismo), ponendo al centro della propria attenzione un **rinnovamento dei codici linguistici** e la riflessione sul **ruolo della poesia e del poeta** nella società neocapitalistica. Questa tendenza, caratterizzata da un acceso sperimentalismo formale, si sviluppa soprattutto negli **anni Settanta** e comprende poeti della **Neoavanguardia** come Edoardo Sanguineti ed Elio Pagliarani, ma anche autori ad essa estranei come Andrea Zanzotto.

Tardo Ermetismo e Post-ermetismo Nel **1942** il critico Luciano **Anceschi** pubblica l'antologia *I lirici nuovi*, in cui propone una sorta di **bilancio dell'esperienza ermetica**. In seguito alla drammatica esperienza della Seconda guerra mondiale, molti autori ermetici – da Quasimodo a Luzi – modificano in profondità la propria poetica e passano a **forme nuove, più comunicative** e prosastiche e più legate alla **realtà contemporanea**. L'esaurirsi dell'Ermetismo non comporta però la completa dissoluzione dei suoi temi e delle sue forme. Alcuni dei più importanti poeti del secondo dopoguerra esordiscono infatti negli anni Trenta con raccolte di gusto ermetico, ma nei decenni successivi approdano a una lirica basata su un **linguaggio più prosastico** e aperta ai temi della contemporaneità, come accade a Vittorio **Sereni.**

L'Antinovecentismo Il termine "Antinovecentismo" viene coniato, sul modello di "**Novecentismo**", nella seconda metà degli anni Cinquanta, nell'ambito della rivista bolognese «**Officina**» e poi compiutamente teorizzato da Pasolini, nei saggi *Passione e ideologia* (1960), per definire il filone alternativo a quello della poesia pura e dell'Ermetismo, caratterizzato da una **tendenza all'impressionismo e al realismo**. Principale esponente di questa linea è Sandro **Penna**, la cui prima raccolta, *Poesie* (1939), appare influenzata dalla lezione di Saba, sia per quanto riguarda la chiarezza espressiva sia per il **tono colloquiale** dei versi. La medesima ricerca di **linguaggi immediati**, e apparentemente più semplici rispetto a quelli ermetici, caratterizza anche l'opera di poeti come **Caproni** e Bertolucci.

Neoavanguardia e sperimentazione A partire dagli **anni Sessanta** gli esponenti della **Neoavanguardia** e del **Gruppo 63** rifiutano l'idea stessa di poesia lirica: secondo la loro visione, la poesia non deve essere espressione dell'interiorità dell'autore o della sua visione soggettiva del mondo, ma deve proporsi in modo provocatorio come **lavoro sul linguaggio e sulle forme** di comunicazione, e come **riproduzione dell'incomunicabilità** del mondo moderno.

Accanto agli autori della Neoavanguardia, lo sperimentalismo caratterizza anche l'opera di Pier Paolo **Pasolini** e Andrea **Zanzotto**, che diventano, a loro volta, i modelli di riferimento per la generazione di poeti che si affaccia sulla scena nella seconda metà degli anni Settanta.

Dagli anni Ottanta in poi: le nuove tendenze della lirica

Molti tra i poeti che si affermano negli anni Settanta e Ottanta vengono definiti "**poeti innamorati**", dal nome dell'**antologia *La parola innamorata*** (1978), curata da Enzo Di Mauro e Giancarlo Pontiggia. Dalla *Prefazione*, firmata dai due curatori, si legge: «La parola poetica è dunque: *innamorata*, e perciò impertinente e beffarda, indifferente ai conclami e ai conclavi della giustizia; *colorata*, perché non traccia disegni e percorsi, cioè la linea che va da una verità a un errore come riconoscimento di una verità, ma crea il disorientamento bruciante (e abbagliante) di un distogliersi dal senso che è l'apparenza di quel distogliersi, e la sua dissimulazione; *rapinosa*, e per questo è in un movimento di seduzione e di allontanamento... La poesia usa i lettori, non è usata. Allora occorre intendersi: l'illusione della poesia è la poesia che non crea illusioni (al contrario del mito romantico, e da noi leopardiano) Il lettore è smarrito, non può precedere le fasi perché, come in amore, non c'è fase, ma la durata eterna e infinita del testo meraviglioso e inarrestabile». Gli autori presenti nell'antologia sono caratterizzati da un **ritorno al soggettivismo lirico** e alla tradizione del Simbolismo, nella volontà di recuperare la dimensione quasi sacra della poesia, intesa come **forma di rivelazione dell'assoluto**. La loro poesia rappresenta dunque un recupero della **dimensione privata** e al contempo è espressione di **sentimenti individuali** (è il caso di Giuseppe Conte, Dario Bellezza, Maurizio Cucchi).

Accanto alle **tendenze neo-orfiche** (legate cioè alla rivalutazione della **sacralità** della poesia) che interessano la produzione di Alda **Merini** non mancano **esperienze alternative**. Tra le tante ricordiamo la poesia di Patrizia **Valduga**, caratterizzata dal recupero della tradizione della metrica delle origini, e quella di Valerio **Magrelli**, autore che presenta un rapporto personale e aperto con la tradizione e che si interroga sul ruolo del poeta e sulle caratteristiche stesse della scrittura poetica. Interessanti infine i tentativi di **recupero del dialetto** operati dal milanese Milo De Angelis, dall'anconetano Franco Scataglini e dalla sarda Antonella Anedda.

◯ Sosta di verifica

1 Quali sono le principali tendenze della lirica del secondo Novecento?

2 Che cosa si intende per «Antinovecentismo»? E che cos'è invece il "Novecentismo"?

3 Chi sono i poeti "innamorati"?

◯ Le tendenze della poesia italiana degli ultimi decenni

Linea post-ermetica →
• legame con la tradizione postsimbolista e con l'Ermetismo
• produzione giovanile di Luzi e Sereni

Linea antinovecentista →
• poesia attenta alla quotidianità e alla chiarezza espressiva
• influenza di Saba
• Penna, Caproni, Bertolucci

Neoavanguardia →
• lavoro sul linguaggio per esprimere il caos e l'alienazione della società neocapitalistica: Sanguineti, Pagliarani
• sperimentalismo linguistico: Zanzotto

Altre tendenze →
• Neo-orfismo (recupero della concezione sacrale della poesia): Merini
• poeti "innamorati"
• legame con la tradizione poetica delle origini: Valduga
• riflessione sul ruolo del poeta: Magrelli
• recupero del dialetto

Dopo l'Ermetismo: Sereni e la "linea lombarda"

Vittorio Sereni   Nato a **Luino**, sul Lago Maggiore, nel **1913**, Sereni studia presso l'Università di Milano. Tra il '38 e il '39 collabora con la rivista «Corrente di vita giovanile», per le cui edizioni appare nel **1941** la prima raccolta di versi, *Frontiera*. Negli anni successivi Sereni prende parte alla guerra; nel luglio del '43 viene **catturato** in Sicilia dalle truppe alleate ed è rinchiuso in un campo di concentramento in **Algeria** e poi nelle vicinanze di Casablanca. Di ritorno dalla prigionia, rattristato per non aver preso parte alla Resistenza, inizia la carriera di insegnante. Nel **1947** esce una nuova raccolta di versi, *Diario d'Algeria*. Sereni lavora poi presso l'ufficio stampa della Pirelli e successivamente diventa dirigente editoriale della Mondadori. A molti anni di distanza dal *Diario* esce la sua terza raccolta, *Gli strumenti umani* (1965), seguita nel 1981 da un volume di traduzioni da vari poeti moderni (*Il musicante di Saint-Merry*) e dall'ultimo volume di poesie, *Stella variabile* (1983). Muore a Milano il 10 febbraio del **1983**.

I "tre tempi" di Sereni   La lirica di Sereni si sviluppa attraverso quelli che il critico Pier Vincenzo Mengaldo definisce «tre tempi», ovvero **tre diverse fasi** corrispondenti ad altrettanti temi centrali nella biografia dell'autore: **Luino e i luoghi dell'infanzia, l'esperienza bellica, il dopoguerra.**

La **prima raccolta**, *Frontiera*, appartiene ancora a una **impostazione ermetica**, già segnata però da una spiccata **esigenza comunicativa** e dominato dal paesaggio lacustre di Luino, al confine tra Italia e Svizzera. L'immagine della «frontiera», intesa come limite anche simbolico, allude al momento di passaggio dalla giovinezza all'età matura.

La **seconda fase** è rappresentata da *Diario d'Algeria*, raccolta fortemente segnata dall'esperienza della **guerra** e della **prigionia**, che con la sua terribile brutalità induce l'autore al **confronto con la violenza della storia**, soggettiva e collettiva. Il poeta, impossibilitato a partecipare direttamente agli eventi, si trova in una condizione di alienazione totale.

La terza e **ultima fase** comprende *Gli strumenti umani* e *Stella variabile*. *Gli strumenti umani* presentano il difficile confronto con il ritorno alla normalità dopo l'esperienza della guerra, mettendo in primo piano le perplessità e le **delusioni del dopoguerra**. A livello tematico si affacciano numerosi riferimenti alla **vita quotidiana**, richiami alla cultura di massa, tracce di cronaca e concreti riferimenti alla **realtà sociale** degli anni Cinquanta e Sessanta, di cui l'autore critica i falsi miti e la mancanza di valori. Da qui il carattere dinamico di una poesia che si traduce in uno stile eterogeneo, ricco di elementi prosastici, in cui la **dimensione narrativa** prevale sul tono lirico degli esordi, in linea con una più immediata comunicazione con la realtà contemporanea. Il titolo dell'ultima raccolta, *Stella variabile*, si riferisce invece alla **poesia** e al suo rapporto con il mondo, alla sua condizione di "stella" dalla luce fioca e intermittente, **incapace di offrire certezze** e orientamenti etici saldi.

L'opera di Sereni evolve quindi progressivamente da una **dimensione individuale e lirica** a una più piena volontà comunicativa e a **forme più distese e realistiche**, attribuendo alla poesia una profonda funzione conoscitiva e morale, pur senza approdare a facili certezze consolatorie.

La "linea lombarda"   La predilezione dell'ultimo Sereni per una **poesia concreta e narrativa**, segnata da un intento di **critica sociale** e di parziale realismo, fa del poeta il modello prediletto da una serie di autori di origine lombarda che, pur non costituendo una vera e propria scuola, sono accomunati da alcune scelte di poetica. La denominazione del gruppo ha origine da un'**antologia** pubblicata nel **1952** dal critico letterario **Luciano Anceschi**, intitolata appunto *Linea lombarda*. Agli autori di questa raccolta, che comprende tra gli altri Vittorio Sereni, Luciano Erba e Nelo Risi, si possono accostare Giovanni **Giudici** e Giovanni **Raboni**, come pure il più giovane Maurizio Cucchi. Questi poeti sono caratterizzati, oltre che dalla predilezione per il **paesaggio lombardo**, da una marcata tendenza alla concretezza e all'**impegno etico e civile** che avevano contraddistinto la Lombardia nel Settecento illuministico. La loro poesia – che riprende la **lezione civile di Parini e Manzoni**, ma guarda anche a Montale e alla sua tecnica del correlativo oggettivo – è lontana dall'esperienza ermetica e da ogni forma di astrazione lirica e si pone in **rapporto diretto e critico con la realtà e con la storia**, portando in primo piano gli oggetti concreti, a cui affidare un valore simbolico.

Giovanni Giudici   All'impegno concreto della "linea lombarda" si richiama l'opera di Giovanni Giudici. Nato nel **1924** a Le Grazie (una frazione di Portovenere), dopo la laurea in Lettere conseguita a Roma, vive dapprima a Torino e poi, dal 1958, a Milano, dove svolge attività giornalistica e politica (prima nel Partito d'Azione e poi nell'area socialista e comunista) e lavora per la **Olivetti** nel settore pubblicitario. Saggista e traduttore di poeti inglesi e russi, esordisce negli anni Cinquanta con la raccolta *Fiori d'improvviso* (1953), cui segue *L'educazione cattolica* (1963). Nel 1965 riunisce il meglio della sua produzione nel volume *La vita in versi* (1965), che già nel titolo allude alla **dimensione autobiografica** e cronachistica della sua poesia. Queste caratteristiche ritornano anche in *Autobiologia* (1969), titolo che enuncia con un neologismo l'intento di tracciare un ritratto che rispecchi con precisione scientifica la propria essenza interiore. Seguono altre raccolte, in parte influenzate dai modi della Neoavanguardia (come *O beatrice*, 1972; *Il male dei creditori*, 1977 e *Lume dei tuoi misteri*, 1984), in parte segnate da un ritorno alla tradizione anche sul piano metrico (*Salutz*, 1986). Le ultime liriche di *Empie stelle* (1999) e *Eresia della sera* (1999) si aprono invece a una dimensione religiosa. Giudici muore a La Spezia nel 2011.

Sia pure all'interno di un itinerario poetico vario e sperimentale, nell'opera di Giudici rimane costante l'interesse per gli aspetti più concreti della vita quotidiana, registrati attraverso uno **stile pacato e colloquiale**, che cela in realtà un sottile **intento critico** nei confronti del grigiore e del vuoto di valori dell'esistenza borghese.

Giovanni Raboni   Giovanni Raboni nasce a **Milano** nel **1932**. Poeta e critico letterario, collabora fin dagli anni Sessanta con importanti riviste e quotidiani, come «Quaderni piacentini», «Paragone» e il «Corriere della Sera» e traduce dal francese opere di Flaubert, Baudelaire, Apollinaire e Proust. Nel 1961 pubblica *Il catalogo è questo* e *L'insalubrità dell'aria*, a cui segue *Le case*

della Vetra (1966), raccolta che fin dal titolo (la Vetra è un quartiere di Milano) rende evidente il **legame con la sua città di origine**, descritta nei suoi aspetti quotidiani e nelle trasformazioni che, durante gli anni del *boom* economico, ne stanno cambiando il volto. Ammiratore dell'opera di Ungaretti, con il quale instaura un rapporto molto stretto, Raboni amplia negli anni i suoi orizzonti tematici, fino ad approdare a una meditazione esistenziale, che ha tuttavia origine da una contemplazione del paesaggio e dalla **riflessione su aspetti della quotidianità**. Alla produzione poetica (*Cadenza d'inganno*, 1975; *Nel grave sogno*, 1982; *A tanto caro sangue*, 1988), raccolta nel 2000 nel volume **Tutte le poesie (1951-1993)**, Raboni affianca anche un'intensa attività intellettuale, che si indirizza soprattutto al teatro, anche sotto forma di collaborazione con il Piccolo Teatro di Milano. Muore a Fontanellato nel 2004.

⭘ Sosta di verifica

1 Quali sono i "tre tempi" della produzione poetica di Sereni?

2 Quali sono le caratteristiche dei poeti della "linea lombarda"?

3 A che cosa allude il titolo della raccolta di Giudici *La vita in versi*?

4 In quale contesto sono ambientate la maggior parte delle liriche di Raboni?

Gianni Berengo Gardin, *Milano*, 1971.

Vittorio Sereni
Ancora sulla strada di Zenna

Di Vittorio Sereni
puoi leggere
anche *Una visita
in fabbrica*

Gli strumenti umani

La poesia appartiene alla seconda delle tre sezioni in cui si articola la raccolta Gli strumenti umani *(1965), il cui titolo allude alle concrete presenze umane della società, con cui il poeta si pone in comunicazione diretta. La lirica si richiama a* Sulla strada di Zenna, *componimento inserito nella raccolta giovanile* Frontiera *(1941): in entrambi i casi il poeta è presentato nel paesaggio della sua infanzia, nei pressi di Luino. In età ormai matura, l'io lirico immagina di fare ri-torno nei suoi luoghi d'origine e di percorrere a bordo di un'automobile la strada che costeggia il Lago Maggiore da Luino a Zenna, lungo il confine con la Svizzera. L'osservazione di paesaggi noti offre lo spunto per una riflessione e un confronto tra la staticità dei luoghi dominati da «poveri / strumenti umani avvinti alla catena / della necessità» e la mobilità del poeta, che ha scelto di lasciare il luogo d'origine e andare a vivere in città.*

Metrica Versi liberi, che vanno dalla misura minima del settenario a versi irregolari di 15-16 sillabe.

> **Perché ... miei anni.** La contemplazione del paesaggio diviene occasione per una riflessione che coinvolge prima il trascorrere del tempo e poi il confronto tra il passato e il presente.

Perché quelle piante turbate[1] m'inteneriscono[2]?
Forse perché ridicono che il verde si rinnova
a ogni primavera, ma non rifiorisce la gioia?[3]
Ma non è questa volta un mio lamento
5 e non è primavera, è un'estate,
l'estate dei miei anni[4].
Sotto i miei occhi portata dalla corsa
la costa va formandosi immutata
da sempre e non la muta il mio rumore[5]
10 né, più fondo, quel repentino vento che la turba
e alla prossima svolta, forse finirà[6].
E io potrò per ciò che muta disperarmi
portare attorno il capo bruciante di dolore[7]...
ma l'opaca trafila delle cose
15 che là dietro indovino[8]: la carrucola nel pozzo,
la spola[9] della teleferica nei boschi,
i minimi atti, i poveri
strumenti umani avvinti alla catena
della necessità[10], la lenza

> Gli «strumenti umani» sono i miseri oggetti da lavoro che ancora segnano la vita paesana.

> **Apri il vocabolario**
>
> Il termine (derivato da filo) nasce nel Cinquecento per indicare una piastra che consente di affilare fili metallici; in senso figurato allude invece al e molte azioni da fare e ai molti ostacoli da superare per raggiungere uno scopo preciso.

---

1. turbate: agitate dal vento, oppure mosse dalla corrente provocata dal passaggio dell'automobile.

2. mi inteneriscono: mi commuovono.

3. Forse perché ... gioia?: forse perché ripetono che la natura («il verde») ciclicamente si rigenera, mentre la gioia provata nel passato non ritorna?

4. non è ... miei anni: il poeta allude alla primavera nella quale la poesia è stata composta (marzo 1960), periodo in cui si tro-va nella fase matura della sua vita («l'estate dei miei anni»).

5. Sotto i miei ... rumore: davanti ai miei occhi, come trasportata dalla corsa dell'automobile va definendosi la costa, sempre uguale a se stessa e non modificata dal rumore della mia auto.

6. né ... finirà: né tantomeno viene modificata dal rumore più profondo di quel vento improvviso che fa smuovere la sua vegetazione e che forse cesserà di soffiare alla prossima curva.

7. portare ... dolore: portare con me il mio pensiero ossessionato da questo dolore.

8. ma ... indovino: ma ecco farsi avanti l'ordine ripetitivo delle cose che intravedo («indovino») là dietro.

9. la spola: l'andare e venire.

10. i poveri ... necessità: i poveri e semplici strumenti di lavoro dell'uomo, legati («avvinti») alla necessità della sua sopravvivenza.

20	buttata a vuoto nei secoli[11],
	le scarse vite[12], che all'occhio di chi torna
	e trova che nulla nulla è veramente mutato
	si ripetono identiche,
	quelle agitate braccia[13] che presto ricadranno,
25	quelle inutilmente fresche mani
	che si tendono a me e il privilegio
	del moto mi rinfacciano[14]...
	Dunque pietà per le turbate piante
	evocate per poco nella spirale del vento[15]
30	che presto da me arretreranno[16] via via
	salutando salutando.
	Ed ecco già mutato il mio rumore
	s'impunta un attimo e poi si sfrena
	fuori da sonni enormi
35	e un altro paesaggio gira e passa[17].

----

11. la lenza ... secoli: *la lenza per la pesca, gettata a lungo con uno scarso risultato.*
12. le scarse vite: *le esistenze misere.*
13. agitate braccia: *in segno di saluto.*
14. il privilegio ... rinfacciano: *sembrano accusarmi per la mia condizione privilegiata di chi può muoversi e viaggiare (invece di*

restare legato per sempre alla vita inerte e immobile).
15. evocate ... vento: *smosse e come ridestate («evocate») per un attimo nel movimento del vento.*
16. da me arretreranno: *si allontaneranno da me.*

17. Ed ecco ... passa: *e adesso il rumore del motore, già mutato (per il cambio di marcia), si blocca («si impunta») per un attimo e poi riprende forza portandomi via dall'immobilità secolare della natura e di quegli uomini («sonni enormi») e un nuovo paesaggio si mostra davanti ai miei occhi e passa via.*

Analisi del testo

COMPRENSIONE

Il **tema del ritorno** è espresso attraverso un viaggio concreto, che porta il poeta a riappropriarsi di luoghi a lui noti fin dall'infanzia. Il ritorno è però vissuto nel segno della **mancata appartenenza**. Gli oggetti enumerati sono infatti il simbolo di una **civiltà statica** (quella arcaico-rurale) che si contrappone alla **velocità del tempo moderno** (simboleggiato a sua volta dall'automobile). Sfila dinanzi agli occhi del poeta quello che resta di Zenna: i suoi «poveri / strumenti umani», ovvero la realtà semplice del paese e dell'infanzia, simbolo di un tempo bloccato e sempre uguale a se stesso. Alla «catena / della necessità» (vv. 18-19) che cristallizza in un tempo ciclico la vita di quei luoghi si contrappone il «privilegio / del moto» (vv. 26-27), il rombo moderno dell'automobile che consente di accelerare i tempi e di **allontanarsi per sempre** dall'immobilità del passato, seguendo una via necessaria, anche se non necessariamente salvifica.

ANALISI E INTERPRETAZIONE

Tra passato e progresso Il **contrasto tra immobilità e dinamismo** sottolinea il passaggio, a livel-

lo personale e collettivo, da un'epoca antica (l'infanzia ma anche la società preindustriale), in cui prevalgono la misura e la compostezza, all'epoca moderna, segnata dallo spaesamento e dalla necessità del viaggio. L'**antitesi** rimanda dunque a un contrasto storico-sociale tra il mondo arcaico rurale (il paesaggio naturale di Zenna) e il mondo del movimento e del progresso industriale che, proprio in quegli anni, stava drasticamente trasformando il profilo della società italiana. Di fronte al **contrasto tra passato e progresso**, Sereni evita tuttavia la tentazione di uno sterile rimpianto del passato, pure evocato ai vv. 12-13 («E io potrò per ciò che muta disperarmi»). Ne deriva un atteggiamento duplice: la natura resta eterna nella sua bellezza, ma l'immobilità di un'Italia arcaica e povera è tanto negativa da indurre ad allontanarsene. Resta comunque evidente l'**apertura del poeta** a un **confronto con la realtà storico-sociale del suo tempo**, in modi ormai lontani dalla chiusura individualistica delle raccolte precedenti.

Lo stile: discorsività ed equilibrio Lontano dalle raffinatezze dell'Ermetismo, lo stile della lirica si mostra nel suo complesso **discorsivo e lineare**, fondato su una struttura prevalentemente paratattica. Al contempo è possibile registrare una **sapiente armonia espressiva**, in cui il linguaggio allusivo e analogico proprio della lirica («il capo bruciante di dolore», v. 13) lascia spesso il posto a una **poetica degli oggetti**, in cui le immagini concrete si caricano di una valenza simbolica che ricorda il "correlativo oggettivo" di Montale («la carrucola nel pozzo, / la spola della teleferica nei boschi... la lenza / buttata a vuoto nei secoli», vv. 15-20). Frequente, e tipico di Sereni, è anche il ricorso alle figure di **ripetizione** («nulla nulla è veramente mutato», v. 22; «via via / salutando salutando», vv. 30-31), che conferiscono al linguaggio lirico una **dimensione colloquiale e quotidiana** e al tempo stesso insistono sul concetto della ripetitività ciclica del tempo della natura, sottolineata anche da verbi come «ridire», «rinnovare» e «rifiorire» (vv. 2-3).

Lavoriamo sul testo

COMPRENSIONE

1 Quali sono le caratteristiche del paesaggio presentato? Quali quelle delle persone che lo abitano?

2 Qual è lo stato d'animo del poeta nei confronti dei luoghi attraversati durate il viaggio in macchina?

3 Quale sinonimo è possibile trovare per il sostantivo «estate» (v. 6)?

4 Cerca almeno due contrari per ciascuno di questi aggettivi: *immutata – muta – scarse – turbate – enormi*.

ANALISI E INTERPRETAZIONE

5 Individua nel testo immagini ed espressioni riconducibili alle opposte aree semantiche del movimento e della staticità.

6 Che cosa rappresenta la macchina guidata dal poeta? La sua andatura è regolare oppure ci sono rallentamenti e accelerate? Prova a dare una spiegazione.

7 L'immagine delle «piante turbate» ritorna due volte nel testo: a che cosa allude?

8 Rileggi i versi 26-27; perché, a tuo avviso, il poeta definisce la mobilità un privilegio?

9 Fai un elenco degli «strumenti umani» citati ai vv. 15-27. È possibile assegnare a ognuno di essi un particolare significato?

SCRITTURA E APPROFONDIMENTO

10 *Gli strumenti umani* e *Stella variabile* hanno saputo fare quello che ogni grande poesia lirica moderna deve saper fare: hanno proposto un modello di soggettività e di esperienza all'altezza del proprio tempo, hanno acclimatato il pronome di prima persona singolare a un'epoca che ne ha messo in discussione la consistenza e le pretese di verità…Ciò che però Sereni evita rigorosamente è il cozzo fra aulico e prosaico, l'ironia, gli atteggiamenti neocrepuscolari comuni nella poesia italiana che, durante gli anni del miracolo economico, si confronta con la perdita di mandato sociale e con l'obsolescenza della letteratura nella società di massa. In secondo luogo, Sereni situa le esperienze canonicamente poetiche in contesti precisi, prosaici e quotidiani. Alcune delle sue poesie più belle debbono il proprio fascino a questa sovrapposizione di piani: in *Ancora sulla strada di Zenna* l'io coglie l'eterno ritorno dell'identico o riflette sull'immanenza assoluta guidando un'automobile (è una delle prime poesie italiane che mettono in versi l'esperienza del paesaggio che si fa guidando)» (G. Mazzoni). Commenta questa affermazione, con riferimenti alle poesie di Sereni che conosci.

11 Già a partire dal secondo Ottocento molti artisti avvertono la contrapposizione tra la realtà arcaica e fuori dal tempo del mondo naturale e contadino e la dirompente affermazione del progresso industriale, segnato dal movimento e dall'accelerazione del tempo. In quali autori è possibile rintracciare questo tema? Prova a fare un confronto tra questa lirica e uno di essi, evidenziando analogie e differenze.

Giovanni Raboni
Ci sono sere che vorrei guardare

La lirica fa parte dell'ultima produzione di Raboni, in cui i temi quotidiani caratteristici della sua poesia si caricano di una valenza universale sul significato dell'esistenza.
Camminando lungo le strade illuminate dalle luci delle abitazioni, in cui risuonano le voci delle persone, il poeta riflette sull'individualismo e sull'egoismo che dominano la società: le mura delle case diventano così una metafora della distanza che c'è tra gli uomini e della paura del confronto.

Metrica   Sonetto con rime incrociate nelle quartine (ABBA, ABBA)) e rime invertite nelle terzine (ABB, ACC).

> Di Giovanni Raboni puoi leggere anche, dalla raccolta *A tanto caro sangue*, *La guerra*

Ci sono sere che vorrei guardare
da tutte le finestre delle strade
per cui passo, essere tutte le rade[1]
4 ombre che vedo o immagino vegliare

nei loro fiochi santuari[2]. Abbiamo,
sussurro passando, lo stesso sogno,
cancellare fino a domani il sogno
8 opaco, cruento del giorno, li amo

anch'io i vostri muri pallidamente
fioriti, i vostri sonnolenti acquari
11 televisivi dove i lampadari

nuotano come polpi, non c'è niente
che mi escluda tranne la serratura
14 chiusa che esclude voi dalla paura.

> L'espressione conferisce alle abitazioni un aspetto che è al tempo stesso sacrale e funereo.

> Improvvisamente, l'identificazione tra l'io lirico e gli abitanti delle case si interrompe, rivelando la distanza che li separa.

1. **rade:** *rare.*
2. **fiochi santuari:** le case in cui la luce è bassa.

Patrick Caulfield,
Lampione, 1994.

Una impossibile identificazione

La lirica presenta una **situazione realistica e quotidiana** (il poeta che si sofferma a guardare le case illuminate mentre sta passeggiando per una strada del centro di Milano) caricandola però di una **valenza simbolica**. Come le «rade ombre» all'interno delle loro abitazioni, anche l'io lirico sogna di lasciarsi alle spalle la giornata appena trascorsa, con le sue preoccupazioni e i suoi motivi di sofferenza. Ma l'**identificazione** che è al centro della seconda terzina («Abbiamo ... lo stesso sogno») e della prima terzina («li amo / anch'io») **si interrompe bruscamente** negli ultimi versi del componimento. Il poeta si sente infatti escluso da questa condizione di apparente serenità domestica, poiché si rende conto che l'**isolamento delle persone** chiuse nelle loro case è in realtà un sintomo di paura, che li spinge a rifiutare il contatto con gli "altri" e a nascondersi nei loro «fiochi santuari».

● Competenze di comprensione e analisi

- Qual è l'atteggiamento dell'io lirico rispetto alle persone che vede nelle loro case?

- Come interpreti l'espressione «sogno opaco» riferita alla giornata appena trascorsa?

- Perché, a tuo parere, il componimento si chiude sull'immagine della paura? A che cosa vuole alludere il poeta?

Uno spazio simbolico e realistico

Nei versi inziali lo **spazio interiore** della casa è **connotato in termini simbolici**, che alludono alla sua presunta sacralità (con l'immagine dei santuari), ma rimandano anche a un luogo di morte, simile a un immaginario oltretomba in cui si aggirano «rade ombre». Nella seconda parte, invece, vengono introdotti **particolari concreti che rimandano a un interno borghese**, in cui spicca la presenza della **televisione**, che impedisce qualsiasi tentativo di fuga ai telespettatori.

● Competenze di comprensione e analisi

- Rintraccia nel testo le espressioni metaforiche e i particolari concreti che si riferiscono agli spazi interni.

- Con quale metafora è reso il potere della televisione sulle persone chiuse in casa?

Lo stile

Raboni utilizza una **forma metrica chiusa** (il sonetto), ma la impreziosisce con una **fitta rete di rimandi fonici interni**, come l'assonanza tra le rime della prima quartina. Molto importante è la funzione dei continui *enjambement*, che danno al componimento un **ritmo serrato**, simile a una confessione interiore che sgorga dall'animo del poeta.

● Competenze di comprensione e analisi

- Individua tutti gli *enjambement* presenti nel testo e spiega quali parole acquistano particolare rilevanza grazie a queste spezzature.

- Dopo aver letto questa lirica a quale tipo di tradizione poetica ti sembra più vicino Raboni? Rispondi in un breve testo scritto.

Giovanni Giudici
Una sera come tante

La vita in versi

Dalla stessa raccolta puoi leggere anche la poesia *Le ore migliori*

La lirica, pubblicata in origine come testo iniziale della raccolta L'educazione cattolica *(1963), fu inserita poi nel volume* La vita in versi.
In cinque strofe simmetriche, l'io lirico descrive i rituali di una tranquilla serata borghese (mettere a letto i bambini, occuparsi del cagnolino...), parte di un'esistenza che scorre in una «grigia innocenza» (v.

35), alienata da un benessere che rende impossibile ogni forma di ribellione. All'uomo-massa, assopito nel falso benessere della società dei consumi, non resta nemmeno la possibilità di dedicarsi alla poesia: ingabbiato nell'uniforme apatia di una vita sempre uguale a se stessa, l'intellettuale si crogiola con amarezza nella propria indifferenza.

> *La lirica si apre con una situazione quotidiana, di cui vengono riportati particolari realistici.*

Una sera come tante, e nuovamente
noi qui, chissà per quanto ancora, al nostro
settimo piano, dopo i soliti urli
i bambini si sono addormentati,
5   e dorme anche il cucciolo i cui escrementi
un'altra volta nello studio abbiamo trovati.
Lo batti col giornale, i suoi guaìti commenti[1].

Una sera come tante, e i miei proponimenti
intatti, in apparenza, come anni
10   or sono, anzi più chiari, più concreti:
scrivere versi cristiani in cui si mostri
che mi distrusse ragazzo[2] l'educazione dei preti;
due ore almeno ogni giorno per me;
basta con la bontà, qualche volta mentire[3].

15   Una sera come tante (quante ne resta a morire
di sere come questa?) e non tentato da nulla,
dico dal sonno, dalla voglia di bere,
o dall'angoscia futile[4] che mi prendeva alle spalle,
né dalle mie impiegatizie frustrazioni:
20   mi ridomando, vorrei sapere,
se un giorno sarò meno stanco, se illusioni

siano le antiche speranze della salvezza;
o se nel mio corpo vile io soffra naturalmente
la sorte di ogni altro, non volgare
25   letteratura ma vita che si piega al suo vertice,
senza né più virtù né giovinezza[5].
Potremo avere domani una vita più semplice?

> *Si esprime in questo verso l'interrogativo esistenziale che è alla base della lirica.*

Ha un fine il nostro subire il presente?

---

1. Lo batti … commenti: *lo picchi con il giornale e poi commenti (con compassione) i suoi guaiti.*
2. ragazzo: *quando ero ragazzo.*
3. qualche volta mentire: *a volte è meglio*

mentire, cioè non essere giusti e corretti.
4. futile: *vuota, inconcludente.*
5. non volgare … giovinezza: *che non si tratti cioè di volgare finzione (come può esse-*

re la vita altisonante di un poeta-vate, tutta vissuta in modo artificioso e letterario) ma della vera vita che è destinata a indebolirsi, senza più virtù né giovinezza.

Ma che si viva o si muoia è indifferente,
30 se private persone senza storia
siamo, lettori di giornali, spettatori
televisivi, utenti di servizi:
dovremmo essere in molti, sbagliare in molti,
in compagnia di molti sommare i nostri vizi,
35 non questa grigia innocenza che inermi ci tiene

qui, dove il male è facile e inarrivabile il bene.
È nostalgia di futuro che mi estenua,
ma poi d'un sorriso si appaga o di un come-se-fosse[6]!
Da quanti anni non vedo un fiume in piena?
40 Da quanto in questa viltà ci assicura
la nostra disciplina senza percosse?
Da quanto ha nome bontà la paura?[7]

Una sera come tante, ed è la mia vecchia impostura[8]
che dice: domani, domani... pur sapendo
45 che il nostro domani era già ieri da sempre.
La verità chiedeva assai più semplici tempre.
Ride il tranquillo despota[9] che lo sa:
mi calcola fra i suoi[10] lungo la strada che scendo.
C'è più onore in tradire che in essere fedeli a metà[11].

---

6. come-se-fosse: qualcosa che dovrebbe essere ma non è, quindi un'illusione.
7. Da quanto ... paura?: da quanto tempo la paura ha il nome di bontà?
8. vecchia impostura: consueta illusione.
9. tranquillo despota: è colui che regge il

sistema in cui è ingabbiato l'uomo contemporaneo, cioè il potente di turno che condiziona, attraverso la politica o i media, le menti degli uomini.
10. i suoi: cioè tra i suoi seguaci, tra coloro che accettano il suo sistema.

11. C'è ... metà: *c'è più onore nel tradire la purezza di se stessi (ovvero nello scendere totalmente a compromessi con il sistema sociale), piuttosto che nel cercare di salvarsi a metà.*

COMPRENSIONE

1 Come si svolge la «sera come tante» descritta nella lirica? È diversa o simile a quelle del passato?

2 Quali sentimenti dominano l'io-lirico? Quale giudizio traspare sulla propria esistenza e sul presente?

3 Chi è il «tranquillo despota» del v. 47? Che significato ha il suo «ridere»?

ANALISI E INTERPRETAZIONE

4 Rintraccia nel testo tutti i termini tipici del lessico quotidiano.

5 Quale funzione svolge in rapporto al significato del testo l'anafora del titolo, ripetuto identico all'inizio della prima, seconda, terza e settima strofa?

6 Per quale motivo al v. 27 il poeta passa dalla prima persona singolare alla prima plurale («Potremo»)? Le sue riflessioni hanno un valore individuale o collettivo?

7 Commenta il contenuto dei vv. 29-35, spiegando in che senso essi contengono una dura critica alla civiltà consumistica degli anni Sessanta.

8 L'alienazione indotta dal consumismo e dai mass-media risulta ancora più subdola in quanto produce un apparente benessere, che spegne ogni volontà di ribellione. In quali punti del testo è più evidente questo concetto?

SCRITTURA E APPROFONDIMENTI

9 Commenta i versi finali della lirica in un breve testo e rifletti sulla posizione dell'intellettuale nei confronti della società degli anni Sessanta, facendo riferimento anche ad altri autori (per esempio Vittorio Sereni o Pier Paolo Pasolini) che affrontano tematiche analoghe.

Giorgio Caproni e l'Antinovecentismo

Una poesia realistica e colloquiale Parallelamente alla progressiva dissoluzione del filone ermetico, si affermano nella letteratura italiana tendenze alternative che, rifiutando la poetica della "parola pura", adottano un **linguaggio piano e colloquiale** e trattano in modi realistici **tematiche quotidiane e dimesse**, ora autobiografiche ora legate alla realtà del proprio tempo. Questo filone – denominato Antinovecentismo – è presente già negli anni Trenta nell'opera di Sandro Penna, ma si afferma più compiutamente negli anni del dopoguerra e, in seguito, dello sviluppo industriale, con autori tra loro diversi come Attilio **Bertolucci**, Giorgio **Caproni** e, in parte, Giovanni Giudici. Ciò che accomuna questi poeti è il forte intento comunicativo e il **tono spesso prosastico** e narrativo, unito al **rifiuto del lirismo** inteso come messaggio puro e assoluto. Caproni rinuncia per esempio a esprimere in forma diretta il proprio stato d'animo e ricorre spesso, nelle sue raccolte più mature, alla creazione di personaggi fittizi capaci di filtrare le proprie sensazioni. Nella raccolta *La camera da letto* (1984) Bertolucci costruisce una sorta di "**romanzo in versi**" di contenuto autobiografico, mentre il rifiuto del lirismo tradizionale viene portato alle sue estreme conseguenze nelle ultime raccolte di Giovanni Giudici che, attraverso l'impiego di toni dimessi e mescolando autobiografismo, ironia e analisi della realtà sociale, sembra riprendere il modello della poesia crepuscolare.

La vita "ordinaria" di Caproni Nato a **Livorno** nel **1912**, Giorgio Caproni si trasferisce ancora bambino a **Genova**, sua città d'adozione celebrata in molti componimenti. La sua vita, tranne che per la partecipazione alla guerra e alla Resistenza, si svolge senza eventi di particolare rilievo, dedita all'insegnamento, al giornalismo e all'attività di poeta e traduttore. Le sue prime raccolte, *Come un'allegoria* (1937) e *Ballo a Fontanigorda* (1938), risultano già in parte distanti dal clima ermetico e ispirate piuttosto al sobrio impressionismo di Pascoli e Saba. Negli anni Cinquanta inizia la fase più intensa dell'attività creativa di Caproni, che con *Stanze per la funicolare* (1952) si apre alla dimensione della **realtà quotidiana genovese**, colta nella concretezza e nell'umanità dei personaggi rappresentati. Nel 1956 esce *Il passaggio d'Enea*, che riunisce tutta

---

La parola all'autore

Un'intervista a Giorgio Caproni

Il giornalista Renato Minore ha raccolto le sue interviste ad alcuni poeti italiani, tra cui quella a Giorgio Caproni, della quale riportiamo un estratto utile a illuminare la sua poetica.

Vi sono certe sue scelte poetiche apparentemente controcorrente. Ad esempio la rima…
Sulla rima ci sarebbe a lungo da parlare. Anche Montale, anche Saba la usano: non è una mia novità. E poi ho cominciato con versi liberi. In seguito ho usato la rima quasi per estrema disperazione: era un afferrarsi sapendo che uno si afferra al niente, alla forma letteraria come ultimo tetto. Questa sfiducia nelle parole fino al *Franco Cacciatore* è dichiarata. Qui c'è una poesia sulle parole che dissolvono l'oggetto. Questa posizione ha spesso messo a disagio la critica per la quale non ero abbastanza novecentesco.
Ma un poeta è in qualche maniera consapevole di ciò che scrive?
I miei libri obbediscono a una progettazione inconscia. Quando scrivo versi, non penso mai al senso che avranno nell'insieme. Forse, è vero che oggi per il poeta, al posto della Musa, c'è il subconscio. C'è un filo di vissuto che tiene insieme il testo: una poesia che non contenga né un bicchiere né una stringa mi mette in sospetto. Concepisco il libro come una sinfonia, con i vari tempi: l'allegro, l'adagio, il grave, lo scherzo.
Non sono capace di tradurre un verso in termini logici. Ma hanno importanza anche le pause, i «bianchi» tipografici, i versi troncati, così come nella musica hanno funzione espressiva gli improvvisi silenzi.
Per tanti anni lei è stato maestro. Ha anche insegnato poesia alle elementari, un esperimento pilota in tutta Italia. Ma di tutto ciò ha sempre parlato poco. O sbaglio?
Sì, e per modestia. Io non mi sentivo con le carte in regola: non avevo fatto le scuole magistrali, non mi sentivo un vero maestro. Ero un amico dei ragazzi con i quali chiacchieravo molto. Un anno, alla Crispi, c'erano tutti gli alunni di un orfanotrofio, i figli di nessuno, come si diceva allora. Non li voleva nessuno. Con un grembiule nero per distinguerli dagli altri, questo già in democrazia.

R. Minore, *La promessa della notte. Conversazioni con poeti italiani*, Roma, Donzelli, 2011

la produzione precedente e si incentra sui temi della città, del viaggio e del dolore collettivo causato dalla **guerra**. Alla figura della madre e alla personale sofferenza per la sua perdita si lega invece, sempre in una dimensione realistica e concreta, la raccolta successiva, *Il seme del piangere* (1959).

In *Congedo del viaggiatore cerimonioso & altre prosopopee* (1965), Caproni sperimenta, con un **impianto decisamente narrativo**, la forma della «prosopopea», introducendo a parlare diversi personaggi (un viaggiatore, un prete ecc.) che esprimono le riflessioni esistenziali del poeta. Nelle ultime raccolte (*Il muro della terra*, *Il franco cacciatore* e *Il conte di Kevenhüller*) la poesia tende a ridursi, privilegiando testi molto brevi, spesso risolti con un effetto paradossale e inatteso. Le tematiche approfondiscono la **riflessione esistenziale** e, con toni pessimistici ma anche ironici, registrano la «morte di Dio» e il disperato **bisogno di spiritualità**, in un mondo che ha ormai perso ogni significato certo. Motivi e forme analoghe ritornano in *Res amissa*, pubblicata postuma un anno dopo la morte del poeta, avvenuta a Roma nel 1990.

Tra concretezza e finzione   Pur nella varietà delle tematiche affrontate, una costante della poesia di Caproni è la **apparente immediatezza e spontaneità**, che attraverso una forma semplice e musicale intende aderire alla **quotidianità della vita** nei suoi aspetti più dimessi. La concretezza della realtà urbana, l'affetto per la madre e i motivi del viaggio e del paesaggio non escludono però, specie nelle ultime opere, una più profonda e cupa **riflessione sulla vita e sulla morte**, sulla fede e sulla precaria condizione dell'uomo moderno, unita a un senso crescente di marginalità ed esclusione.

Anche dal punto di vista formale Caproni si ispira alla chiarezza espressiva di Saba, utilizzando uno **stile semplice e colloquiale** che non rinuncia però a richiamarsi a una **tradizione letteraria** condivisa, evidente anche nell'adozione di una metrica tradizionale, segnata dalla rima e da strutture chiuse come il sonetto. Come nel caso di Saba, tuttavia, la **semplicità** dei testi di Caproni è più **apparente** che reale e racchiude in sé, spesso dissimulata in **forme autoironiche**, una forte componente intellettualistica. La sua poesia, sebbene apparentemente realistica e fedele alla vita, si fonda infatti sulla **consapevolezza della finzione** e del filtro letterario che sempre si frappone tra la realtà e la pagina scritta.

⭕ Sosta di verifica

1 Chi sono i poeti più rappresentativi del filone realistico e colloquiale?

2 Come si caratterizza l'impianto della raccolta di Caproni *Congedo del viaggiatore cerimonioso & altre prosopopee*?

3 Che cosa accomuna le poesie di Caproni a quelle di Saba?

Mimmo Paladino, *Chiaro di luna*, 2008-2009.

Giorgio Caproni
Preghiera

Il seme del piangere

La raccolta Il seme del piangere *(1959) comprende le poesie degli anni tra il 1950 e il 1958, quasi tutte dedicate alla madre. Il titolo prende spunto da un passaggio del Purgatorio dantesco (XXXI, 45-46), in cui Beatrice invita Dante a riconoscere i peccati commessi (il «seme del piangere», cioè la causa del dolore e della sofferenza) e a pentirsene; ma qui l'invito è rivolto dal poeta a se stesso per affermare la necessità di deporre il motivo del proprio dolore – la morte della madre Anna – e risolverlo in poesia. La lirica che segue è la prima della sezione* Versi livornesi.

Il poeta rievoca la figura della madre adolescente, che invano ha cercato di ritrovare recandosi a Livorno di persona e che riesce invece a far rivivere grazie all'immaginazione poetica. Anna Picchi emerge così come una delle più intense figure femminili della poesia italiana contemporanea. I versi sono piuttosto brevi – in prevalenza settenari – e le rime elementari e orecchiabili, ma le strutture ritmiche sono più complesse e spesso articolate (con variazioni e infrazioni alle regole) nello schema della ballata o della canzonetta medievali.

Metrica Tre strofe di settenari (con alcuni versi ipermetri), variamente rimati.

Anima mia, leggera
va' a Livorno, ti prego.
E con la tua candela
timida, di nottetempo
5 fa' un giro; e, se n'hai il tempo,
perlustra e scruta, e scrivi
se per caso Anna Picchi
è ancor viva tra i vivi.

Proprio quest'oggi torno,
10 deluso, da Livorno.
Ma tu, tanto più netta
di me, la camicetta
ricorderai, e il rubino
di sangue[1], sul serpentino
15 d'oro[2] che lei portava
sul petto, dove s'appannava.

Anima mia, sii brava
e va' in cerca di lei.
Tu sai cosa darei
20 se la incontrassi per strada.

> La figura della madre del poeta è caratterizzata da oggetti semplici e vezzosi, che rimandano a un'immagine adolescenziale della donna.

---

1. di sangue: *rosso vivo.* **2. serpentino d'oro:** un ciondolo d'oro a forma di serpentello.

◉ Analisi guidata

Una poesia proemio

La poesia si trova all'inizio della sezione dedicata dal poeta alla **madre recentemente scomparsa** e ha quindi un valore proemiale, introduttivo: Caproni si rivolge infatti alla sua anima, spiegando di essere andato a Livorno, poco dopo la morte della madre, per tentare di **farla rivivere nella sua memoria** visitando i luoghi dove la donna ha vissuto; ma questa esperienza si è risolta in una **delusione**. Ora, perciò, egli tenta un'altra strada, quella della **rievocazione fantastica**.

> ### ◉ Competenze di comprensione e analisi
>
> - Che cosa chiede il poeta alla propria anima?
>
> - Perché il poeta afferma di essere appena tornato «deluso» da Livorno? Che cosa era andato a cercare? Che cosa non ha trovato?

La funzione eternatrice della poesia

Caproni ripropone qui la funzione eternatrice della poesia che era stata propria di **Foscolo** e di tanti poeti antichi. Ma lo fa con un **tono** apparentemente **svagato e ironico**, del tutto diverso da quello dei suoi predecessori. L'anima viene rappresentata con una candela in mano, intenta a perlustrare le vie di Livorno prima dell'alba, e il poeta le si rivolge con una strana cortesia, come chi chiede un piacere a una persona molto impegnata («se n'hai il tempo»). È un'anima (una poesia), quella di Caproni, che si presenta con i tratti della **quotidianità più dimessa** e ben si adatta al **tono privato e intimo** della raccolta.

> ### ◉ Competenze di comprensione e analisi
>
> - La poesia si conclude con una frase ricca di pathos. Commentala brevemente, mettendo in luce altri elementi del testo che testimoniano la partecipazione emotiva del poeta nascosta sotto il tono ironico.

Il poeta e la madre

Anna Picchi, come abbiamo detto, viene rappresentata come una ragazza: il poeta la rievoca infatti poco più che adolescente, sartina in una Livorno ancora ottocentesca, fatta di mare, di vento, di profumi e di colori. Nella seconda strofa, il poeta anticipa i tratti fondamentali del personaggio (la semplicità popolaresca unita a una certa istintiva signorilità: «un'operaia regina» la definisce in un altro testo) attraverso un **elemento simbolico**, il gioiello che Anna porta sul petto. Quello tra il poeta e Anna Picchi **non si configura come un rapporto di tipo filiale**: il sentimento che emerge dai versi è un amore in cui la componente erotica è tutt'altro che assente.

> ### ◉ Competenze di comprensione e analisi
>
> - L'ambiguità (ovviamente voluta) della relazione "amorosa" tra il poeta e la madre rimanda a quella del rapporto tra Dante e Beatrice (evocato dal titolo della raccolta, *Il seme del piangere*), in cui la donna è nello stesso tempo amante e guida materna del poeta. In base a questo suggerimento, scrivi un breve testo in cui metti a confronto le figure di Beatrice e Anna Picchi, e il loro ruolo nei confronti del poeta.

Congedo del viaggiatore cerimonioso

Congedo del viaggiatore cerimonioso & altre prosopopee

Scritto nel 1960, il testo viene inserito nell'omonima raccolta Congedo del viaggiatore cerimonioso & altre prosopopee *(1965). Secondo l'intenzione espressa da Caproni in una lettera all'amico poeta Carlo Betocchi, il componimento doveva essere in origine «il preludio "recitato" (da un bravo attore, con una certa enfasi) di un poemetto dove mi piacerebbe descrivere la mia calata nel limbo e un mio incontro con i morti, divenuto loro concittadino e fratello».*

L'intonazione "teatrale" del testo è confermata dalla dedica della raccolta all'attore Achille Millo. La lirica è costituita dal lungo monologo di commiato che un anonimo viaggiatore – chiaramente un alter ego del poeta – rivolge alle persone che hanno condiviso con lui un viaggio in treno nel medesimo scompartimento. La situazione è un'allegoria dell'imminenza della morte, che diviene occasione per un'ironica e distaccata riflessione esistenziale.

Metrica Otto strofe di varia lunghezza composte di versi brevi (in prevalenza settenari e ottonari), legati da rime libere e assonanze. Nel finale un verso isolato, in rima baciata con il penultimo, funge da congedo.

> Amici, credo che sia
> meglio per me cominciare
> a tirar giù la valigia.
> Anche se non so bene l'ora
> 5 d'arrivo, e neppure
> conosca quali stazioni
> precedano la mia,
> sicuri segni mi dicono,
> da quanto m'è giunto all'orecchio
> 10 di questi luoghi, ch'io
> vi dovrò presto lasciare.
>
> Vogliatemi perdonare
> quel po' di disturbo che reco.
> Con voi sono stato lieto
> 15 dalla partenza, e molto
> vi sono grato, credetemi,
> per l'ottima compagnia.
>
> Ancora vorrei conversare
> a lungo con voi. Ma sia[1].
> 20 Il luogo del trasferimento
> lo ignoro. Sento
> però che vi dovrò ricordare
> spesso, nella nuova sede,
> mentre il mio occhio già vede

Simili espressioni rendono efficacemente il tono cerimonioso e garbato che il viaggiatore utilizza per l'intero monologo.

---

1. Ma sia: *ma sia pure così.*

Il fumo che avvol-
ge il poeta suggeri-
sce l'impossibilità di
vedere e conoscere
ciò che circonda i
viaggiatori.

25 dal finestrino, oltre il fumo
ùmido del nebbione
che ci avvolge, rosso
il disco[2] della mia stazione.

Chiedo congedo a voi
30 senza potervi nascondere,
lieve, una costernazione[3].
Era così bello parlare
insieme, seduti di fronte:
così bello confondere
35 i volti[4] (fumare,
scambiandoci le sigarette),
e tutto quel raccontare
di noi (quell'inventare
facile, nel dire agli altri[5]),
40 fino a poter confessare
quanto, anche messi alle strette,
mai avremmo osato un istante
(per sbaglio) confidare.

(Scusate. È una valigia pesante
45 anche se non contiene gran che:
tanto ch'io mi domando perché
l'ho recata, e quale
aiuto mi potrà dare
poi, quando l'avrò con me.
50 Ma pur la debbo portare,
non fosse che per seguire l'uso.
Lasciatemi, vi prego, passare. Ecco.
Ora ch'essa è
nel corridoio, mi sento
55 più sciolto. Vogliate scusare).

Dicevo, ch'era bello stare
insieme. Chiacchierare.
Abbiamo avuto qualche
diverbio[6], è naturale.
60 Ci siamo – ed è normale
anche questo – odiati
su più d'un punto, e frenati
soltanto per cortesia.
Ma, cos'importa. Sia
65 come sia, torno

---

2. rosso il disco: la luce rossa del segnale fer-
roviario che indica l'arresto del treno.
3. costernazione: *sconforto, dispiacere.*
4. confondere i volti: cioè condividere

un'esperienza, viaggiando faccia a faccia.
5. quell'inventare ... altri: la frase allude alla
spontanea naturalezza («facile») con la quale, di fronte a degli sconosciuti, ci si dipinge

migliori di quanto non siamo.
6. diverbio: *litigio.*

a dirvi, e di cuore, grazie
per l'ottima compagnia.
Congedo a lei, dottore,
e alla sua faconda dottrina[7].

70 Congedo a te ragazzina
smilza[8], e al tuo lieve afrore
di ricreatorio e di prato[9]
sul volto, la cui tinta
mite è sì lieve spinta[10].

75 Congedo, o militare
(o marinaio! In terra
come in cielo ed in mare)
alla pace e alla guerra.

Ed anche a lei, sacerdote,
80 congedo, che m'ha chiesto s'io
(scherzava!) ho avuto in dote
di credere al vero Dio.
Congedo alla sapienza
e congedo all'amore.

85 Congedo anche alla religione.
Ormai sono a destinazione.

Ora che più forte sento
stridere il freno, vi lascio
davvero, amici. Addio.
90 Di questo, son certo: io
son giunto alla disperazione
calma, senza sgomento[11].

Scendo. Buon proseguimento.

Tra le figure umane, la ragazzina è l'unica a essere descritta in modo dettagliato, rimandando a un'immagine di gracilità, felicità adolescenziale e acerba femminilità.

La figura del prete ritorna più volte in questa fase della poesia di Caproni, a sottolineare la difficoltà di un incontro con Dio strenuamente cercato e mai trovato.

7. **faconda dottrina:** *eloquente sapienza.*
8. **smilza:** *magra.*
9. **lieve afrore ... di prato:** *tenue profumo di oratorio parrocchiale e di campagna.* I due tratti sottolineano l'innocenza della ragazzina.
10. **la cui tinta ... spinta:** *il cui rossore appena accennato costituisce uno stimolo («spinta») così lieve al desiderio sessuale.*
11. **sgomento:** *angoscia.*

→ Analisi del testo

COMPRENSIONE

Nel componimento un **anonimo viaggiatore** si rivolge in tono gentile e complimentoso agli «amici» che condividono con lui lo scompartimento di un treno: è tempo di «tirar giù la valigia», poiché la sua destinazione ultima è ormai prossima. In realtà egli ignora quale sarà la sua «nuova sede» e si concentra piuttosto sui compagni di viaggio, con i quali si scusa per il disturbo e che ringrazia con calore «per l'ottima compagnia» (vv. 17 e 67). Dopo un'intera strofa tra parentesi (vv. 44-55) dedicata alla «valigia pesante» che deve portare con sé, il viaggiatore si rivolge ai **singoli personaggi** dello scompartimento, riconoscendo in essi alcuni tipi umani (il dottore, la ragazzina, il militare, il sacerdote) ed evocandone i relativi caratteri. Le brevi strofe conclusive allargano il congedo dai singoli personaggi alle categorie universali («sapienza», «amore», «religione», vv. 83-85), fino ad arrivare al **momento dell'addio**: il viaggiatore scende, augurando agli altri un «buon proseguimento» del viaggio.

ANALISI E INTERPRETAZIONE

Un viaggio allegorico　La lirica si basa su un'**allegoria**: il **viaggio in treno** allude all'**esistenza**, mentre la **discesa** ne rappresenta il termine ultimo, ovvero la **morte**. Lo scompartimento diviene quindi una sorta di «società in miniatura», mentre la valigia allude al bagaglio di esperienze passate che concorrono a definire la personalità del singolo.

L'originalità del testo non va ricercata tanto nell'equivalenza simbolica tra il viaggio e la vita – di per sé ricorrente – quanto nella **fisionomia del viaggiatore** e nel suo tono «cerimonioso», **cordiale e distaccato** al tempo stesso. Verso i suoi compagni di viaggio egli si mostra educato e persino troppo sussiegoso, chiedendo perdono per il disturbo («Vogliatemi perdonare», v. 12; «scusate», v. 44; «Vogliate scusare», v. 55) ed esprimendo una composta gratitudine per la condivisione del viaggio («Era così bello parlare / insieme», vv. 32-33; «Dicevo, ch'era bello stare / insieme», vv. 56-57). Dal suo atteggiamento trapela tuttavia un profondo **senso di estraneità e di separazione** dai propri simili, a cui pure lo lega un affetto sincero.

Prosopopea e teatralità　Mosso dal desiderio di evitare il lirismo e l'effusione diretta dei propri sentimenti, Caproni ricorre nel testo (come in tutta la raccolta che da esso prende nome) alla

figura retorica della **prosopopea**, facendo sì che a esprimere le sue riflessioni esistenziali sia una sua **controfigura**, rappresentata in questo caso dal «viaggiatore cerimonioso». In questo modo il poeta **parla di sé fingendo di parlare di altri** e dialoga con il lettore attraverso il garbato monologo di una «maschera» schiva e affabile, che riassume in sé il rapporto ambiguo, affettuoso ma convenzionale, del poeta verso il suo prossimo.

La **percezione del distacco** – dalla vita ma anche e soprattutto dai propri simili – è accentuata dalla dimensione teatrale del componimento, che si presenta come una sorta di **monologo teatrale**, recitato da un "attore" gentile e disilluso. In questo modo, facendo coesistere il significato allegorico e i particolari concreti della situazione, Caproni si affaccia sul mistero della morte con una «disperazione / calma, senza sgomento», congedandosi dalla vita senza drammi, ma con **autoironica leggerezza**.

Linguaggio e metrica　L'intonazione del poemetto è **colloquiale**, fitta di versi prosaici, in cui vengono esibiti i convenevoli e i luoghi comuni tipici di una conversazione fra occasionali compagni di viaggio. Il testo si basa sul ricorrere di **espressioni tipiche del parlato** («tirar giù la valigia», v. 3; «messi alle strette», v. 41 ecc.), che non escludono tuttavia il ricorso a **termini più letterari** («reco» invece di «porto» al v. 13; «costernazione» per «dispiacere» al v. 31 ecc.) e a inversioni sintattiche («molto / vi sono grato... / per l'ottima compagnia», vv. 15-17).

Nel complesso, lo **stile semplice ma forbito**, unito a una sintassi lineare su cui intervengono però incisi e fratture di ritmo, evoca il tono complimentoso del viaggiatore. Il particolare uso delle **parentesi**, oltre a sottolineare l'effetto teatrale, suggerisce quasi uno sdoppiamento dell'io lirico, che da un lato conduce il dialogo con i compagni di viaggio, dall'altro registra pensieri detti «tra sé e sé», che in genere **ridimensionano** ironicamente quanto detto poco prima. Per esempio, alla domanda impegnativa del sacerdote («che m'ha chiesto s'io / [...] ho avuto in dote / di credere al vero Dio», vv. 80-82), fa da controcanto ironico il commento («scherzava!»), come a voler sottolineare il rammarico per una fede cercata e mai trovata. Sul piano metrico, il testo è caratterizzato da un **ritmo musicale e cantabile**, quasi da canzonetta, ottenuto con il ricorso a versi brevi e uniti tra loro da *enjambement*, rime o assonanze.

COMPRENSIONE

1 Quale messaggio è possibile cogliere nell'allegoria poetica del viaggio in treno?

2 Riassumi il contenuto di ciascuna strofa soffermandoti sulle sensazioni, sui gesti e sugli stati d'animo dell'io lirico.

ANALISI E INTERPRETAZIONE

3 Trova almeno due sinonimi per il termine «sciolto» (v. 55).

4 Rintraccia tutte le frasi nominali e spiega quale effetto producono nella lirica.

5 Individua le parole e le immagini che contribuiscono a fare del viaggio e delle sue circostanze una grande metafora della vita; chiarisci per ognuna di esse il significato metaforico.

6 Analizza il linguaggio e lo stile utilizzati dall'autore nella poesia; quale tono conferiscono al brano le scelte formali adottate?

7 Qual è il senso delle parentesi presenti nel testo?

8 Se il viaggio è la metafora della vita, che cosa rappresenta a tuo avviso la valigia del viaggiatore?

9 Che cosa potrebbero rappresentare i vari compagni di viaggio da cui l'io lirico si congeda alla fine della poesia?

SCRITTURA E APPROFONDIMENTO

10 Prova a definire in un testo scritto quale idea della vita e della morte emerge dalla poesia; quali problemi esistenziali emergono da una tale impostazione di fondo?

11 Al termine della lirica il poeta sintetizza il suo atteggiamento nei confronti della vita nella celebre formula «io / son giunto alla disperazione / calma, senza sgomento». Commenta in un breve testo scritto queste parole.

Valerio Adami, *Il viaggiatore*, 1975.

Neoavanguardia
e sperimentalismo

Un nuovo linguaggio In concomitanza con il *boom economico* dei primi anni Sessanta si diffonde tra gli intellettuali italiani una serrata **critica nei confronti del neocapitalismo** e dell'omologazione culturale di massa. Abbandonato l'impegno sociale e politico di matrice neorealista, molti poeti interpretano questa **esigenza di rinnovamento** soprattutto in senso formale, denunciando l'alienazione dell'uomo moderno attraverso un'acuta **riflessione sul linguaggio banalizzato dei *mass-media***, denunciato come strumento artefatto e inautentico, incapace di veicolare una comunicazione reale.

Autori come Pier Paolo Pasolini, Elio Pagliarani ed Edoardo Sanguineti scelgono quindi di portare avanti la propria polemica contro la massificazione culturale impegnandosi in un'opera di **rifondazione del linguaggio poetico**, nel tentativo di creare una forma espressiva nuova che, mescolando registri e stili diversi fino al limite del non-senso, **rispecchi nel suo disordine la caoticità del reale**. Se l'interesse per il rinnovamento delle forme poetiche tradizionali e lo sperimentalismo linguistico accomuna gran parte dei poeti attivi negli anni Sessanta, i modi e le forme di questa ricerca variano a seconda dei diversi autori. Nell'opera di Pier Paolo **Pasolini** e del gruppo della rivista «Officina» la ricerca formale si accompagna a un marcato impegno ideologico e politico, mentre autori della **Neoavanguardia** come Elio **Pagliarani** ed Edoardo **Sanguineti** rifiutano programmaticamente ogni forma di impegno sul piano dei contenuti, dando vita a una poesia che sfiora il non-senso e denunciando attraverso il linguaggio l'alienazione della modernità. Ancora differente è la posizione di Andrea **Zanzotto** che, recuperando la linea novecentista e la tradizione del lirismo, si impegna nel tentativo di ritrovare una lingua poetica in grado di esprimere in modo autentico l'interiorità e le angosce dell'io. Al filone sperimentale possono infine essere in parte ricondotte le **liriche dialettali**, che caratterizzano la produzione del veneto Biagio Marin e del romagnolo Tonino Guerra, e gli esordi poetici in friulano di Pasolini.

La Neoavanguardia Lo sperimentalismo linguistico costituisce il tratto caratteristico della Neoavanguardia, così chiamata per l'esplicito richiamo allo spirito innovatore e antitradizionalista delle avanguardie storiche del primo Novecento. La corrente riunisce un gruppo di poeti e letterati attivi già sulle pagine della rivista **«Il Verri»**, fondata a Bologna nel 1956 dal critico Luciano Anceschi. Nel **1961** Alfredo Giuliani cura poi la pubblicazione di un'importante antologia intitolata *I Novissimi. Poesie per gli anni 60*, che comprende testi di Edoardo **Sanguineti**, Nanni **Balestrini**, Elio **Pagliarani**, Antonio **Porta**, Alfredo **Giuliani** e Amelia **Rosselli**. Nell'autunno del 1963 questi giovani poeti, riuniti in un convegno a Palermo, formano il cosiddetto **Gruppo 63**, tra cui figurano anche romanzieri come Umberto Eco, Giorgio Manganelli e Sebastiano Vassalli.

Al di là delle differenze individuali, i poeti della Neoavanguardia condividono alcuni importanti presupposti di poetica: l'**opposizione alla massificazione culturale** e alla letteratura di consumo, gestita dai detentori del potere economico e soggetta allo sfruttamento commerciale; la **polemica nei confronti del linguaggio della tradizione**, ormai logoro e inautentico; l'acceso e spesso estremo **sperimentalismo formale**, che si esprime nelle forme del *collage* e del *pastiche* linguistico e nella **contaminazione tra registri** differenti e spesso antitetici. La tensione verso una poesia nuova si concentra quindi sugli aspetti strettamente formali, propugnando l'**abolizione della soggettività dell'io lirico**, posta in secondo piano rispetto a una letteratura oggettiva, che sia in grado di riflettere nei toni prosastici e nella pluralità dei punti di vista la complessità della realtà contemporanea. Tuttavia, la poesia della Neoavanguardia resta una **manifestazione elitaria**, riservata a un pubblico ristretto e spesso guardata con sospetto dalla critica, anche se essa svolge una funzione fondamentale nel rinnovamento delle forme poetiche del secondo Novecento.

Sanguineti: la rivoluzione del linguaggio Nato a Genova nel **1930**, Edoardo Sanguineti è uno dei principali esponenti della **Neoavanguardia**, oltre che saggista, narratore e traduttore. In contatto con la rivista «Officina», nel 1961 è tra i promotori dell'antologia *I Novissimi* e nel corso degli anni Sessanta svolge un ruolo guida all'interno del **Gruppo 63**. Convinto che il **linguaggio** non sia mai uno strumento in sé neutrale ma sia **espressione dei valori dell'ideologia dominante**, Sanguineti si fa promotore di una contestazione radicale nei confronti delle forme espressive tradizionali, specchio del ceto borghese e del neocapitalismo, in cui anche l'arte viene degradata e ridotta a merce senza valore. Sulla base del **pensiero marxista**, ma anche delle suggestioni provenienti dalla **psicanalisi junghiana**, egli porta avanti la sua critica sociale e politica (dal 1979 al 1983 è anche deputato del Pci) attraverso una rivoluzione di natura essenzialmente formale, ossia attraverso la

L'eccentrica "invocazione alla luna" di Sanguineti

Il testo *Ritorna la mia luna in alternative di pienezza e di esiguità* (contenuto nella raccolta *Laborintus*) presenta apparentemente il classico *topos* letterario dell'invocazione alla luna, ma a una lettura più attenta rivela ulteriori e complessi significati. Il componimento costituisce un esempio significativo degli esiti più esasperati della sperimentazione linguistica e della rottura sintattica operata da Sanguineti.

ritorna mia luna in alternative[1] di pienezza e di esiguità
mia luna al bivio e lingua di luna
cronometro sepolto e Sinus Roris[2] e salmodia litania ombra
ferro di cavallo e margherita e mammella malata e nausea
(vedo i miei pesci morire sopra gli scogli delle tue ciglia)
e disavventura e ostacolo passo doppio[3] epidemia chorus[4] e mese di aprile
apposizione ventilata risucchio di inibizione e cosa e strumento
mostra di tutto o anche insetto o accostamento di giallo e di nero
dunque foglia in campo
tu pipistrello in pesce luna tu macchia in augmento lunae[5]
(dunque in campo giallo e nero) pennello del sogno talvolta luogo comune
vor der Mondbrücke[6] vor den Mondbrüchen
in un orizzonte isterico di paglia maiale impagliato con ali di farfalla
crittografia[7] maschera polvere da sparo fegato indemoniato nulla

E. Sanguineti, *Laborintus*, a cura di E. Risso, Lecce, Manni, 2006

---

1. alternative: *alternanze*.
2. Sinus Roris: baia della rugiada (latino).
3. passo doppio: movimento di danza (in spagnolo paso doble), ispirato alle movenze del torero.

4. chorus: danza (latino).
5. in augmento lunae: nell'aumento della luna (latino), cioè nella fase crescente dell'astro.
6. vor der ... Mondbrüchen: davanti al ponte della luna (tedesco).

7. crittografia: tecnica per rendere un messaggio incomprensibile per chi non è autorizzato a leggerlo.

---

destrutturazione delle regole sintattiche e metriche** del linguaggio poetico tradizionale. Ne deriva la creazione di una **lingua nuova**, totalmente sperimentale, che nasce dall'aggregazione di **frammenti di idiomi diversi** (dall'italiano al tedesco al latino) e, rinunciando a ogni pretesa di comunicazione immediata, intende trasporre sulla pagina in modi volutamente provocatori il senso di profonda **alienazione** dell'uomo contemporaneo.

Questa particolare poetica trova espressione già nella sua raccolta d'esordio, il cui titolo **Laborintus** (1956) allude al "labirinto" del capitalismo moderno e al suo linguaggio degradato. Nella *palus putredinis* ("palude della decadenza") della società contemporanea assume un particolare rilievo il tema dell'**esperienza erotica** e la rivalutazione del corpo, visti come elementi di autenticità in un mondo in gran parte fittizio. Al tema erotico sono legate anche le liriche della raccolta **Erotopaegnia** (in greco, "Scherzi d'amore"), raccolto insieme a *Laborintus* e al successivo **Purgatorio de l'Inferno** nel volume **Triperuno** (1964).

Dopo un periodo dedicato alla scrittura narrativa e al teatro, Sanguineti torna alla poesia nel 1971 con **Wirrwarr** (in tedesco, "confusione, caos"), raccolta in cui l'esasperato sperimentalismo ritmico e linguistico delle precedenti esperienze si stempera in **toni più dimessi e comunicativi**, presentando più spesso motivi e spunti di vita quotidiana. Anche nelle opere seguenti (*Postkarten*, 1978; *Stracciafoglio*, 1980; *Scartabello*, 1981; *Senza titolo*, 1992) la fase sperimentale lascia sempre più spazio a **tematiche autobiografiche** e a una struttura quasi diaristica, mentre sul piano formale vengono recuperate le forme chiuse della tradizione poetica tanto a lungo osteggiata. Si tratta comunque di una **letterarietà esibita** e svuotata dall'interno grazie all'introduzione di contenuti prosastici e a un intento talora parodico, quasi una sorta di "**sabotaggio**" sperimentale **della poesia**. Sanguineti ha raccolto buona parte della sua produzione nei volumi *Segnalibro* (1982) e **Il gatto lupesco** (2002), mentre *Microcosmos* (2004) si presenta come un'ampia antologia con inediti. L'autore è morto nel **2010** a Genova.

Pagliarani e gli altri "novissimi" Tra gli autori antologizzati nella raccolta *I Novissimi* figura

Elio Pagliarani. Nato nel **1927** a Viserba e laureato in scienze politiche, dopo aver vissuto a Milano, dove ricopre anche il ruolo di direttore dell'«Avanti!», si trasferisce a **Roma** negli anni Sessanta. Dopo gli esordi con raccolte di gusto crepuscolare e lirico (*Cronache e altre poesie*, 1954; *Inventario privato*, 1959) aderisce al Gruppo 63 e cura con Angelo Guglielmi il **Manuale di poesia sperimentale** (1964). Il suo libro di versi più celebre è **La ragazza Carla e altre poesie** (1962), in cui spicca il poemetto omonimo, che descrive in toni realistici e narrativi la vita quotidiana di Carla Dondi, una giovane stenodattilografa alle prese con un lavoro alienante in una Milano grigia e periferica. Sul piano formale lo sperimentalismo de *La ragazza Carla* risulta meno estremo rispetto a quello degli altri *Novissimi*, pur se caratterizzato da uno **stile antilirico** e dalla mescolanza di registri diversi.

Lo sperimentalismo formale si accentua invece nelle raccolte successive, tra cui **Lezioni di fisica** (1964), *Fecaloro* (1968) e **La ballata di Rudi** (1995). Pagliarani è morto a Roma nel **2012**.

Radicalmente innovativa è invece la poesia del milanese **Nanni Balestrini**, tanto da giungere, già nella raccolta *Il sasso appeso* (1961), a una completa destrutturazione sintattica. Dopo l'esperienza della Neoavanguardia, Balestrini si dedica alla militanza politica attiva nell'estrema sinistra e, incriminato insieme ad altri membri di Autonomia operaia, si rifugia in Francia. Tra gli esponenti del Gruppo 63 notevole è l'opera di **Antonio Porta** (1935-1989), il cui violento **espressionismo** si esprime nelle raccolte d'esordio, *La palpebra rovesciata* (1961) e *I rapporti* (1965) e rimane costante fino a *Invasioni* (1988) e al poemetto *Il giardiniere contro il becchino* (1988), amara riflessione sull'inutilità della poesia nel mondo contemporaneo.

Zanzotto: dalla «parola pura» allo sperimentalismo

Sebbene sia estraneo al movimento della Neoavanguardia, nella sua fase più matura il poeta trevigiano Andrea Zanzotto ne condivide in parte le istanze di sperimentalismo formale e linguistico. Nato a Pieve di Soligo nel **1921** e formatosi negli anni dell'Ermetismo, Zanzotto esordisce nel 1951 con la raccolta *Dietro il paesaggio*, in cui è ancora presente l'idea di matrice simbolista della poesia come strumento per andare «oltre» la superficie della realtà e coglierne l'essenza più profonda. Già nei suoi primi versi è però viva la **coscienza dell'alienazione** e dell'inautenticità della società contemporanea, unita alla presa d'atto dell'impoverimento del linguaggio. Nelle raccolte successive, da *Elegie e altri versi* (1954) a **Vocativo** (1957) a *IX*

Ecloghe (1962) – in cui si misura con il modello classico delle *Bucoliche* virgiliane – l'aspirazione all'equilibrio formale viene progressivamente abbandonata, fino alla svolta rappresentata da **La Beltà**, edita nel **1968** e segnata dall'approdo a un **radicale sperimentalismo**. A partire da questa data Zanzotto si impegna in un'intensa **esplorazione delle potenzialità della lingua**, saggiando e intrecciando i più svariati gerghi, coniando neologismi, distruggendo le regole grammaticali e sintattiche e arrivando addirittura all'impiego di segni grafici. A questa fase appartengono il **Galateo in bosco** (1978), **Fosfeni** (1982) e **Idioma** (1986). Più recenti sono *Sovrimpressioni* (2001) e *Conglomerati*, che raccoglie testi composti tra il 2000 e il 2009. Zanzotto muore a Conegliano nel **2011**.

Il lirismo sperimentale di Zanzotto

Pur nell'evoluzione che lo porta dal tardo Ermetismo allo sperimentalismo, la poetica di Zanzotto si mantiene in fondo sempre fedele a se stessa e lo differenzia dagli autori del Gruppo 63. Mentre infatti questi ultimi intendono provocatoriamente distruggere il linguaggio poetico, egli, constatata la sua inadeguatezza, tenta di **rifondare** su basi nuove **una lingua che permetta di esprimere l'essenza della realtà** e il nucleo profondo del proprio io. Se il linguaggio è stato usurato dalla pubblicità, dai *mass-media* e da una società alienata alle radici, Zanzotto si propone di rinnovarlo attingendo agli **ambiti più diversi**: all'immediatezza del **dialetto veneto**, ai linguaggi settoriali della scienza e della psicanalisi, ai giochi fonici e persino al **linguaggio infantile** e pre-grammaticale (il cosiddetto **petèl**), senza trascurare le lingue morte e il lessico della tradizione letteraria. Ne deriva una poesia oscura e complessa, che tuttavia si distingue per il suo carattere squisitamente lirico, ancora legato all'idea del poeta come ricercatore di una **verità assoluta**. Zanzotto resta quindi un autore tipicamente novecentesco, convinto che la ricerca di senso sia in fondo destinata a fallire di fronte all'ostinato nonsenso della realtà o, al massimo, a permettere il raggiungimento di **verità provvisorie e instabili**, enunciate non senza un'amara ironia.

O Sosta di verifica

1 Qual è l'esigenza degli intellettuali italiani a seguito del *boom* economico degli anni Cinquanta e Sessanta?

2 Che cos'è il Gruppo 63 e come nasce?

3 Quali diverse tendenze si delineano nello sperimentalismo della lirica degli anni Sessanta?

Edoardo Sanguineti
Questo è il gatto con gli stivali

Purgatorio de l'Inferno

La poesia proposta è tratta da Purgatorio de l'Inferno *(1963), il cui titolo prende spunto da un'opera perduta (o forse mai scritta) del filosofo Giordano Bruno, cui si accenna fuggevolmente ne* La Cena delle Ceneri. *Il testo riporta la voce di un padre che elenca al suo bambino ciò che vede sul proprio tavolo da lavoro: fiabe il-* *lustrate, libri, giocattoli, resti della colazione e riproduzioni d'arte. Ma tutto ciò che il poeta mostra al figlio è accomunato dal fatto di non essere altro che merce, ossia denaro sotto forme sempre diverse. E poiché il denaro non contiene valori in sé, tutti gli aspetti della realtà rivelano in fondo la loro inconsistenza.*

Metrica Versi liberi di varia lunghezza.

> L'esordio con il rimando alla favola di Perrault conferisce alla poesia un tono in apparenza giocoso, che ben si accorda con il piccolo destinatario cui è rivolta.

questo è il gatto con gli stivali[1], questa è la pace di Barcellona
fra Carlo V e Clemente VII[2], è la locomotiva, è il pesco
fiorito, è il cavalluccio marino: ma se volti pagina, Alessandro,
ci vedi il denaro:

5 questi sono i satelliti di Giove[3], questa è l'autostrada
del Sole[4], è la lavagna quadrettata[5], è il primo volume dei Poetae
Latini Aevi Carolini[6], sono le scarpe, sono le bugie, è la scuola di Atene[7], è il burro,
è una cartolina che mi è arrivata oggi dalla Finlandia, è il muscolo massetere[8],
è il parto[9]: ma se volti foglio, Alessandro, ci vedi
10 il denaro:

e questo è il denaro,
e questi sono i generali con le loro mitragliatrici, e sono i cimiteri
con le loro tombe, e sono le casse di risparmio con le loro cassette
di sicurezza, e sono i libri di storia con le loro storie[10]:

> La banca, luogo di conservazione del denaro, viene qui presentata come il nucleo vitale del sistema capitalistico.

15 ma se volti il foglio, Alessandro, non ci vedi niente:

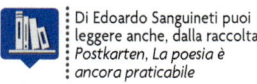 Di Edoardo Sanguineti puoi leggere anche, dalla raccolta *Postkarten*, *La poesia è ancora praticabile*

---

1. il gatto con gli stivali: allusione alla celebre favola di Charles Perrault.
2. la pace ... Clemente VII: la pace di Barcellona fu firmata nel 1529 da Carlo V e papa Clemente VII, dopo il sacco di Roma.
3. i satelliti di Giove: le lune di Giove, scoperte da Galilei nel 1610 e dedicate ai Medici.

4. autostrada del Sole: autostrada che collega Milano e Napoli.
5. quadrettata: a quadretti.
6. Poetae Latini Aevi Carolini: raccolta di poeti latini dell'epoca di Carlo Magno (VIII-IX secolo d.C.).
7. scuola di Atene: una riproduzione del

celebre affresco di Raffaello nelle Stanze vaticane.
8. muscolo massetere: muscolo facciale che serve a far muovere la mandibola.
9. parto: la raffigurazione di un parto.
10. le loro storie: qui forse nel senso ironico di finzioni senza sostanza.

→ Analisi del testo

COMPRENSIONE

Il testo si presenta come una lezione che il poeta impartisce al figlio («Alessandro», vv. 3, 9, 15). Secondo una tradizionale **scansione didattica**, il maestro indica all'alunno gli oggetti e le immagini che si trova davanti, spiegando però come dietro a ognuna di esse si nasconda in realtà un solo significato: la **legge del profitto** («ma se volti pagina [foglio], Alessandro, / ci vedi il denaro», vv. 3-4 e 9-10).

ANALISI E INTERPRETAZIONE

Insegnamento e denuncia Al di là della apparente leggerezza ironica, la poesia mostra un evidente intento demistificante ed esprime una precisa **denuncia ideologica** legata al pensiero di Marx, secondo cui il denaro è l'«equivalente universale», motivo per cui nella modernità tutto ha un prezzo. Il poeta intende sottolineare che la vita degli uomini, in tutte le sue forme e prodotti, è regolata dall'unica **legge del denaro**, capace a sua volta di **ridurre tutto a merce**, senza distinzione di valore. Ciò rende ragione anche degli accostamenti bizzarri con cui vengono elencati oggetti di importanza assai diversa: i preziosi volumi dei poeti carolingi si trovano accanto alle «scarpe», mentre l'immagine del capolavoro di Raffaello convive prosasticamente con il «burro», come a sottolineare che, nell'alienazione del capitalismo, **anche la cultura e l'arte perdono ogni valore** e ogni cosa è asservita al profitto. Nella terza e ultima strofa, il verso finale muta e la parola «denaro» (vv. 4 e 10) è sostitu-

ita da «niente» (v. 15). La conclusione tragica, espressa in modi volutamente stranianti, è che l'imporsi del dio denaro determina uno **svuotamento di valori** e quindi la **riduzione del mondo al nulla**.

Lo stile sperimentale La poesia adotta uno **stile** decisamente **antilirico**, costruito su periodi colloquiali e su versi molto lunghi, **ai limiti della prosa**. L'anafora del dimostrativo deittico («questo») e il polisindeto, unito alla simmetria tra le sequenze, suggerisce quasi un **tono da filastrocca**, in voluto contrasto con la serietà del contenuto. Le **tre strofe simili** presentano una struttura retorica piuttosto semplice: l'**anafora** che apre ogni sequenza di versi («questo è... è... è...») assolve a una funzione esplicativa, che si risolve con la ripetizione finale dello stesso sintagma: «ma se volti ... ci vedi» (**epifora**). La **struttura paratattica** del testo allinea tutti gli oggetti su un unico piano, con effetto di **accumulazione**, come a sottolineare l'appiattimento mentale cui il singolo e la collettività sono sottoposti di fronte alla legge del profitto.

Lo sperimentalismo formale investe anche la grafia e la **punteggiatura**: la lirica inizia con la **lettera minuscola** e si chiude con i **due punti**. L'attacco sulla minuscola sembra alludere alla casualità dell'esordio, mentre i due punti finali paiono suggerire che l'elenco potrebbe essere ampliato a dismisura con altri esempi, giungendo però sempre alle medesime conclusioni.

○ Lavoriamo sul testo

COMPRENSIONE

1 Qual è la situazione quotidiana da cui prende spunto la poesia?

2 A chi si rivolge il poeta nel testo? Qual è il suo scopo?

3 In quali punti del componimento la punteggiatura e le maiuscole sono usate in modo insolito?

ANALISI E INTERPRETAZIONE

4 Individua nel testo tutti i termini e le espressioni del linguaggio colloquiale e quotidiano; quale effetto producono sul componimento?

5 Ogni oggetto e ogni situazione presentati nell'inventario del poeta appaiono diversi dal precedente e dal successivo; qual è l'elemento che li accomuna e li tiene uniti?

6 Gli oggetti indicati sono tra loro molto diversi e sono avvicinati non senza una voluta ironia. Quali accostamenti sono a tuo parere particolarmente stranianti e qual è il loro significato?

7 Quale significato ha, a tuo parere, l'accostamento tra le «tombe» dei caduti e le «casse»... di risparmio?

9 Quali caratteristiche presenta il testo sul piano metrico e ritmico?

SCRITTURA E APPROFONDIMENTO

10 Rifletti sull'equivalenza tra «denaro» e «niente»: perché secondo il poeta la mercificazione degli oggetti li riduce al nulla? Rispondi in un testo scritto di massimo quindici righe.

Elio Pagliarani
Il primo giorno di lavoro

La ragazza Carla, II

Il poemetto La ragazza Carla, *pubblicato nel 1960 sulla rivista «il Menabò» e parzialmente anche nell'antologia* I Novissimi (1961), *viene inserito nel 1962 nella raccolta* La ragazza Carla e altre poesie. *Definito dall'autore un «racconto in versi», ripercorre in modi prosastici e narrativi la vicenda di Carla Dondi, gio-* *vane stenodattilografa che viene assunta in una ditta della periferia milanese.*
Riportiamo qui le parti iniziali della seconda sezione, in cui si descrive il primo giorno di lavoro di Carla e il suo incontro con la realtà spersonalizzante del mondo impiegatizio della metropoli.

Metrica   Versi liberi

> La protagonista è presentata con un linguaggio "ufficiale" che prelude al suo ingresso nel mondo del lavoro.

II, 1
Carla Dondi fu Ambrogio[1] di anni
diciassette primo impiego stenodattilo[2]
all'ombra del Duomo

5   ....Sollecitudine e amore, amore ci vuole al lavoro
...............sia svelta, sorrida e impari le lingue
...............le lingue qui dentro le lingue oggigiorno
...............capisce dove si trova? TRANSOCEAN LIMITED[3]
...............qui tutto il mondo...
....è certo che sarà orgogliosa.

10   Signorina, noi siamo abbonati
alle Pulizie Generali, due volte
la settimana, ma il Signor Praték[4] è molto
esigente – amore al lavoro è amore all'ambiente – così
nello sgabuzzino lei trova la scopa e il piumino
15   sarà sua prima cura la mattina.
UFFICIO A UFFICIO B UFFICIO C

Perché non mangi? Adesso che lavori ne hai bisogno
...................adesso che lavori ne hai diritto
....molto di più[5].

> La giornata lavorativa ha depresso Carla, che è stata costretta a un lavoro alienante e ora, tornata a casa, sente il bisogno di ritrovare se stessa.

20   S'è lavata nel bagno e poi nel letto
s'è accarezzata tutta quella sera.
.....Non le mancava niente, c'era tutta
.....come la sera prima – pure con le mani e la bocca
.....si cerca si tocca si strofina, ha una voglia

---

1. fu Ambrogio: *figlia di Ambrogio, deceduto. Lo stile rispecchia quello delle registrazioni anagrafiche.*
2. stenodattilo: *stenodattilografa.*
3. TRANSOCEAN LIMITED: è il nome della ditta di import-export in cui Carla è stata assunta.
4. il signor Praték: è il titolare della ditta.
5. Perché ... di più: la battuta è pronunciata dalla madre di Carla.

25   ....di piangere di compatirsi
  ....ma senza fantasia
  come può immaginare di commuoversi?
  Tira il collo all'indietro[6] ed ecco tutto.

  II, 2
  All'ombra del Duomo, di un fianco del Duomo
30   i segni colorati dei semafori le polveri idriz elettriche[7]
  mobili sulle facciate del vecchio casermone d'angolo
  fra l'infelice corso Vittorio Emanuele e Camposanto,
  Santa Radegonda, Odeon bar cinema e teatro
  un casermone sinistrato e cadente che sarà la Rinascente
35   cento targhe d'ottone come quella
  TRANSOCEAN LIMITED IMPORT EXPORT COMPANY
  le nove di mattina al 3 febbraio.

  La civiltà si è trasferita al nord
  come è nata nel sud, per via del clima[8],
40   quante energie distilla[9] alla mattina
  il tempo di febbraio, qui in città?

  Carla spiuma i mobili
  Aldo Lavagnino coi codici traduce telegrammi night letters[10]
  una signora bianca ha cominciato i calcoli
45   sulla calcolatrice svedese. [...]

  E questo cielo contemporaneo
  in alto, tira su la schiena, in alto ma non tanto
  questo cielo colore di lamiera
    sulla piazza a Sesto a Cinisello alla Bovisa[11]
50   sopra tutti i tranvieri ai capolinea

  non prolunga all'infinito
  i fianchi le guglie i grattacieli i capannoni Pirelli[12]
  coperti di lamiera?

  È nostro questo cielo d'acciaio che non finge
55   Eden e non concede smarrimenti[13],
  è nostro ed è morale il cielo
  che non promette scampo dalla terra,
  proprio perché sulla terra non c'è
  scampo da noi[14] nella vita.

> Il lavoro spersonalizzante e meccanico trova il suo corrispettivo nel cielo «color di lamiera» e nel panorama della Milano industriale.

---

6. Tira il collo all'indietro: con fierezza amara, come a inghiottire un boccone sgradito.

7. le polveri idriz elettriche: *le insegne luminose che pubblicizzano le polveri all'idrolitina*, per rendere l'acqua frizzante.

8. La civiltà ... clima: l'osservazione è chiaramente ironica.

9. distilla: *consuma.*

10. night letters: telegrammi in codice, trasmessi nelle ore notturne a tariffa ridotta.

11. Sesto ... Cinisello ... Bovisa: paesi e quartieri della periferia di Milano.

12. i capannoni Pirelli: dell'azienda Pirelli.

13. che non finge ... smarrimenti: *che non simula paradisi terrestri e non permette sogni.*

14. da noi: *per noi.*

Analisi guidata

Carla «all'ombra del Duomo»

Dopo i tre versi iniziali, che presentano la protagonista del poemetto in **tono freddamente burocratico**, l'ingresso di Carla nella ditta in cui ha trovato lavoro viene evocato attraverso le parole del capo del personale, che la esorta a un'operosa efficienza («Sollecitudine e amore», v. 4) e la introduce nel suo ufficio. Nonostante l'impiego ottenuto, tuttavia, Carla rifiuta di mangiare e, a sera, si sente preda di un cupo **sconforto** («una voglia / di piangere di compatirsi», vv. 24-25), chiaro segno del suo rifiuto del grigiore e dell'alienazione del lavoro impiegatizio.

Nella seconda parte il poeta si sofferma a descrivere il **paesaggio cittadino** che circonda l'ufficio di Carla: insegne pubblicitarie, edifici fatiscenti e un cielo «colore di lamiera» fanno da sfondo alla vita quotidiana, a un'esistenza sempre uguale che non sembra lasciare alcun margine alla speranza.

 ### Competenze di comprensione e analisi

- Quali informazioni vengono comunicate al lettore sulla figura di Carla?

- Quale tono assume l'addetto al personale accogliendo Carla nel suo nuovo posto di lavoro (vv. 4-15)? Perché la ragazza dovrebbe essere «orgogliosa» del suo nuovo impiego?

- Come reagisce la protagonista al suo nuovo lavoro?

- Quale impressione complessiva viene trasmessa al lettore dalla descrizione dell'ambiente milanese ai vv. 55-63?

L'alienazione del lavoro

La vicenda di Carla, una ragazza di origini umili che giunge dalla periferia nella grande città e vi trova lavoro, riflette appieno la realtà storico-sociale degli **anni del *boom* economico**, particolarmente evidente nelle città del Nord. Attraverso una sorta di racconto epico in tono minore, il poeta non si sofferma sulle conquiste sociali o economiche della protagonista, ma piuttosto sul senso di **alienazione** e spersonalizzazione causato da un **lavoro noioso e ripetitivo**, che sembra annullare ogni slancio e ogni sogno di una vita diversa. Nonostante il benessere raggiunto, Carla mostra infatti i segni evidenti del disadattamento: rifiuta di mangiare, si lava ripetutamente quasi a scrollarsi di dosso il grigiore dell'ufficio e si accarezza, come per ritrovare se stessa, nel timore di perdersi.

Sulla protagonista e sui suoi anonimi colleghi incombe la **città**, anonima e ravvivata soltanto dalle insegne e dalle pubblicità, simbolo di una civiltà protesa esclusivamente al profitto.

 ### Competenze di comprensione e analisi

- Individua nelle parole del capo del personale le espressioni che fanno riferimento al prestigio della ditta e ai suoi valori. Ti sembra che l'intento dell'autore sia serio o ironico?

- Perché a sera Carla si sente triste? Quale stato d'animo la induce ad accarezzarsi e tastarsi, per constatare che «Non le mancava niente, c'era tutta / come la sera prima» (vv. 22-23)?

- A che cosa allude il gesto di «tirare il collo all'indietro» (v. 28) da parte della protagonista?

- Spiega alla luce del contesto il significato dei versi finali.

L'alternarsi dei punti di vista

Il testo è costruito attraverso la giustapposizione di **brevi sequenze** in sé autonome, in alcune delle quali il poeta delega la narrazione ad altri personaggi, riportando integralmente **parti di discorso diretto** non segnalate da alcun segno di interpunzione. Si succedono dapprima la voce di un anonimo addetto al personale (vv. 4-14) e poi di un familiare di Carla, verosimilmente la madre (vv. 16-18), mentre il **commento dell'autore** emerge in modo indiretto e spesso ironico, per esempio ai vv. 38-41. Attraverso questa soluzione espressiva, in linea con lo sperimentalismo della Neoavanguardia, Pagliarani evita volutamente ogni forma di lirismo soggettivo, privilegiando uno stile scarno e apparentemente oggettivo, che si limita alla **rappresentazione in presa diretta** della realtà.

L'adozione di un **linguaggio prosastico e impoetico**, con frequenti inserzioni colloquiali, accentua l'impressione di voluto squallore che emerge dalla realtà rappresentata, in cui si muovono individui incapaci di reale comunicazione e alienati da se stessi.

Competenze di comprensione e analisi

- Quali "voci" si alternano nella porzione di testo riportata? Quale funzione espressiva svolge il continuo alternarsi dei punti di vista?

- Individua nel componimento i punti in cui emerge in modo diretto o indiretto il giudizio del poeta sulla situazione descritta.

- Sul piano linguistico, quali vocaboli ed espressioni risultano particolarmente innovative ed estranee alla tradizione del linguaggio lirico?

- La critica ha parlato, a proposito del poemetto *La ragazza Carla*, di «tentativo di epica moderna». Spiega il senso di questa opinione sulla base di riferimenti diretti al testo.

- Rispetto al testo di Sanguineti (p. 601), i versi di Pagliarani ti sembrano più o meno sperimentali sul piano espressivo?

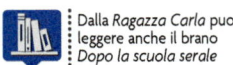 Dalla *Ragazza Carla* puoi leggere anche il brano *Dopo la scuola serale*

La parola all'autore

Com'è nata *La ragazza Carla*

Nel brano proposto, tratto dalla *Cronistoria minima* posta in appendice ad una nuova pubblicazione dei suoi romanzi in versi, Elio Pagliarani ricorda la genesi del poemetto.

Incominciai *La ragazza Carla* a Milano fra settembre e ottobre del '54, erano da poco iniziate le scuole, non ricordo se ero ancora nel vecchio "Istituto Leonida", una scuola media privata in viale Umbria dove avevo cominciato a insegnare nel '51, o se era un'altra nuova in via Commenda, di cui ora non ricordo il nome. Ricordo che iniziai a scrivere, a mano, durante un compito in classe di italiano che avevo assegnato alla scolaresca, di terza media, mi pare. E l'inizio del poemetto è rimasto proprio quell'inizio: «Di là dal ponte della ferrovia una traversa di viale Ripamonti / c'è la casa di Carla ... »; e mi ricordo anche che un'allieva impicciona, con la scusa di chiedermi qualcosa sul suo tema, venne a sbirciare cosa stavo scrivendo: per lei non era né una lettera d'amore, né una poesia - come forse sospettava. E deve essere rimasta delusa, suppongo. [...] Il poemetto lo terminai il giorno di Ferragosto del 1957. Potrei dire di averlo scritto *en plein air* perché man mano che lo scrivevo me lo recitavo ad alta voce, misurando il verso "secondo l'orecchio", e più ancora perché ne leggevo via via dei brani ad alcuni amici, sempre ad alta voce, anche per strada o meglio nei parchi, più spesso in trattoria, anche in vere e proprie osterie, ne ricordo una in viale Umbria, vicino al Leonida, che non ci dev'essere più da molto tempo, e ricordo particolarmente quella dietro la Rinascente di piazza Duomo, vicino alla Hoepli, detta mi pare il Bottegone, dove c'era l'abitudine di suonare e/o cantare dopo i pasti e forse fui io ad aggiungervi quella di recitare versi.

E. Pagliarani, *Cronistoria minima*, in E. Pagliarani, *I romanzi in versi*, Milano, Mondadori, 1997

Andrea Zanzotto
Al mondo

La Beltà

La lirica, tratta dalla raccolta La Beltà (1968), rappresenta uno dei momenti più maturi e avanzati della ricerca sperimentale di Zanzotto. Come ricorda Gianfranco Contini, «quando uscì La Beltà, Eugenio Montale ne trovò l'autore "indubbiamente aumentato" rispetto al "posto di rilievo" da Andrea Zanzotto già tenuto "in quella", soggiungeva ironicamente Montale, "che vien definita generazione di mezzo (non so quando cominci e quando stia per finire)". Ciò che tradotto in chiaro, e aggiunta tutta la grossezza inerente a siffatte graduatorie, significa: il più importante poeta italiano dopo Montale».

Il poeta si rivolge direttamente al mondo e lo invita a esistere e a essere buono, cercando da un lato di esorcizzare la paura che la realtà non esista al di fuori del soggetto, e dall'altro di darle vita attraverso il linguaggio stesso. Il tono ironico lascia però intendere che si tratta di un tentativo destinato a fallire.

Metrica Tre strofe irregolari di versi liberi.

> La parola «mondo» potrebbe essere intesa anche come aggettivo («pulito»), in modo da creare un parallelismo con l'aggettivo «buono».

Mondo, sii, e buono[1];
esisti buonamente[2],
fa' che, cerca di, tendi a, dimmi tutto,
ed ecco che io ribaltavo eludevo[3]
5   e ogni inclusione era fattiva
non meno che ogni esclusione[4];
su bravo, esisti,
non accartocciarti[5] in te stesso in me stesso

> Da queste esortazioni, prive di senso compiuto in quanto incomplete sul piano logico-grammaticale, il lettore comprende come l'unica cosa importante sia che il mondo faccia qualcosa, ovvero dimostri di esistere.

Io pensavo che il mondo così concepito
10 con questo super-cadere super-morire[6]
il mondo così fatturato[7]
fosse soltanto un io male sbozzolato[8]
fossi io indigesto[9] male fantasticante[10]
male fantasticato[11] mal pagato[12]
15 e non tu, bello, non tu «santo» e «santificato»
un po' più in là, da lato, da lato[13]

Fa' di (ex-de-ob etc.[14]) -sistere

> L'accostamento del prefisso «super-», tipico del linguaggio pubblicitario, a un termine "impegnativo" come «morire» crea un effetto ironico.

---

1. Mondo ... buono: o mondo, esisti, e sii buono.
2. buonamente: in maniera buona (neologismo creato dal poeta).
3. ribaltavo eludevo: (chiedendo tutto ciò) rovesciavo e sfuggivo (il rapporto con il mondo).
4. ogni ... esclusione: ogni mia ipotesi positiva sull'essenza del mondo («inclusione») era costruttiva («fattiva»), così come pure ogni ipotesi negativa («esclusione»).
5. accartocciarti: rinchiuderti in te stesso.

6. con ... super-morire: con questo cadere smisurato e questo enorme morire.
7. fatturato: costruito.
8. fosse ... sbozzolato: fosse soltanto l'espressione di un io ancora immaturo («sbozzolato», cioè non ancora ben uscito dal bozzolo).
9. fossi io indigesto: fosse una proiezione di me stesso ancora non ben assimilata («indigesto», ossia «non ben digerito»).
10. male fantasticante: che fantastica in maniera sbagliata.

11. male fantasticato: che è osservato nella maniera sbagliata.
12. mal pagato: ricambiato malamente.
13. e non ... da lato: e non tu mondo, bello, non tu che sei «santo» e «santificato», spòstati un po' più in là, da una parte, da una parte.
14. (ex ... etc.): prefissi latini che in unione alla radice «-sistere» (che di per sé rimanda al significato di "stare in piedi") danno vita a verbi diversi (esistere, cessare, resistere), espressione di diversi possibili modi di «esistere».

e oltre tutte le preposizioni note e ignote,
abbi qualche chance[15],

20   fa' buonamente un po'[16];
il congegno abbia gioco[17].
Su, bello, su.
Su, münchhausen[18].

---

15. chance: *possibilità* (termine francese).
16. fa ... un po': *comportati in maniera un po' più buona.*
17. il congegno ... gioco: *il meccanismo di funzionamento del mondo si metta in moto.*

18. münchhausen: l'appellativo paragona il mondo al barone di Münchhausen, protagonista dell'omonimo romanzo (1785) dello scrittore tedesco Rudolf Erich Raspe, che raccontava imprese vissute solo nella fan-

tasia. In particolare Zanzotto fa riferimento all'episodio in cui il barone si salva da una palude tirandosi per i capelli.

Analisi guidata

Un dialogo con il mondo

Con il tono bonario di un genitore che parla a un ragazzino disubbidiente, **il poeta si rivolge al mondo, esortandolo a esistere e a essere «buono»**. Nella seconda strofa, il poeta finge di aver ormai abbandonato il concetto idealistico secondo cui la realtà è solo una proiezione del soggetto («Io pensavo che il mondo ... fosse soltanto un io male sbozzolato», vv. 9-12) e nella terza parte invita nuovamente il mondo a «(ex-de-ob etc.) -sistere» (v. 17), cioè ad assumere una qualche forma oggettiva e autonoma. In realtà, l'esistenza del mondo non è affatto scontata, poiché per l'autore **l'esistenza oggettiva della realtà non è certa al di fuori del soggetto che la pensa** e la determina attraverso **i segni linguistici**. L'ironia tocca il culmine nel verso finale: chiedere al mondo di esistere è **paradossale e illusorio**, almeno quanto credere che il grottesco barone di Münchhausen si sia salvato da una palude tirandosi da solo per i capelli, senza alcun aiuto esterno.

Competenze di comprensione e analisi

- Perché l'invocazione a esistere e quella a essere buono risultano complementari?
- È possibile, secondo l'ottica del poeta, la conoscenza oggettiva del mondo a partire dalle proprie proiezioni interiori?
- Rintraccia nel testo i versi in cui il poeta ironizza a proposito della concezione idealistica della realtà.
- Il poeta è sincero quando afferma di non credere più che il mondo sia una creazione del soggetto che lo osserva?
- Che significato ha il riferimento al barone di Münchhausen contenuto nel verso finale?

Le possibilità del linguaggio

Al di là del tono ironico, Zanzotto esprime una convinzione tipicamente novecentesca, che riprende e rielabora le teorie dello **strutturalismo**, secondo cui **il linguaggio è un sistema in sé autonomo** e non una semplice riproduzione della realtà. Poiché le parole non sono legate alle cose in modo univoco ma sono esse stesse creatrici di senso, il poeta può costruire il suo testo sul tentativo di sfruttare ogni possibile risorsa del linguaggio non semplicemente **per parlare al mondo, ma per crearlo e costruire la realtà**. Alla poesia viene affidato un compito altissimo – quello di creare e conoscere il mondo – destinato però a risolversi in un **fallimento**: l'autore non cessa di inseguire **il senso ultimo della realtà**, ma è anche ironicamente consapevole che esso **non esiste**, né in sé né attraverso la mediazione del soggetto.

⬤ Competenze di comprensione e analisi

- Da quali aspetti della lirica emerge il tono ironico del poeta? Che cosa intende sottolineare?

- Quale funzione viene attribuita dal poeta al linguaggio in rapporto alla realtà?

- Che rapporto sussiste tra lo sperimentalismo linguistico del testo e la parziale fiducia nella possibilità di «costruire» la realtà a partire dal rinnovamento del linguaggio?

- Quali analogie e quali differenze riscontri fra lo sperimentalismo linguistico di questo testo e quello di Sanguineti (p. 601)? Lo scopo che si propongono i due poeti è simile o diverso?

La dimensione sperimentale

L'incertezza conoscitiva avanzata dalla poesia trova espressione nella **distruzione** stessa **delle strutture linguistiche**. L'arbitrarietà dei significati è evidenziata dal processo di **accumulazione** degli elementi. Inoltre il meccanismo di **cambiamento dei prefissi** conferisce alla radice verbale significati sempre diversi grazie a un **processo combinatorio** praticamente illimitato. Tale aspetto appare anche dalla formazione di parole nuove (**neologismi**) a partire dalla variazione di una stessa radice («buono-buonamente», vv. 1-2), nell'uso di parole straniere e infine nella riproposizione del linguaggio pubblicitario.

⬤ Competenze di comprensione e analisi

- Attraverso quali espedienti formali e retorici il poeta suggerisce l'arbitrarietà dei significati veicolati dalla lingua?

- Il testo presenta una mescolanza di diversi registri linguistici; quali espressioni rimandano alla vita quotidiana, quali al linguaggio filosofico, quali alla preghiera?

- Quali elementi linguistici conferiscono all'apostrofe al mondo un tono colloquiale e bonario, implicitamente ironico?

Francesco Clemente, *Ritz*, 1983.

Amelia Rosselli
Se l'anima perde il suo dono

Variazioni belliche

Amelia Rosselli (1930-1996), figlia dell'esule antifascista Carlo Rosselli, visse a lungo a Parigi, prima di trasferirsi in Italia alla fine degli anni Cinquanta, partecipando all'esperienza della Neoavanguardia e del Gruppo 63. Le dolorose esperienze e i traumi vissuti in gioventù sono alla base di una ricerca poetica sofferta e originale, fondata sull'esplorazione dell'incon-

scio e sul plurilinguismo: la Rosselli, infatti, non scrisse solo in italiano, ma anche in inglese e in francese. Questo testo fa parte delle prime quindici poesie di Variazioni belliche (1964), già pubblicate nel 1960 come Variazioni. Tema di fondo è l'oscillazione dell'anima tra uno stato di "follia" e uno di normalità, visto come un inaridimento della creatività poetica.

Metrica Versi liberi

Se l'anima perde il suo dono allora perde terreno, se l'inferno
è una cosa certa, allora l'Abissinia[1] della mia anima rinasce.
Se l'alba decide di morire, allora il fiume delle nostre
lacrime si allarga, e la voce di Dio rimane contemplata.
5 Se l'anima è la ritrosia dei sensi, allora l'amore è una
scienza che cade al primo venuto[2] Se l'anima vende il suo
bagaglio allora l'inchiostro è un paradiso[3]. Se l'anima
scende dal suo gradino, la terra muore.

Io contemplo gli uccelli che cantano ma la mia anima è
10 triste come il soldato in guerra.

A. Rosselli, *Le poesie*, Milano, Garzanti, 2007

---

1. l'Abissinia: regione dell'Etiopia conquistata dall'Italia durante il regime fascista, in occasione della guerra d'Etiopia (1935-1936). Il significato dell'espressione è che, nell'animo della poetessa, rinasce un qual-

cosa di lontano ed esotico che ella credeva perduto.
2. che cade al primo venuto: *che viene meno la prima volta che incontriamo qualcuno.*

3. Se l'anima ... paradiso: *se l'anima perde la sua 'follia' allora soltanto la scrittura* («l'inchiostro») *può ridarle la felicità* («paradiso»).

COMPRENSIONE

1 Qual è il «dono» a cui si a riferimento all'inizio della poesia?

2 Come mai l'io lirico afferma che «la voce di Dio rimane contemplata»?

3 Perché l'anima è «triste come un soldato in guerra»?

LINGUA E LESSICO

4 Di che tipo sono i periodi ipotetici che compaiono nella poesia?

5 Trova almeno un sinonimo per i termini ritrosia, contemplata, bagaglio.

ANALISI E INTERPRETAZIONE

6 Ricostruisci lo schema metrico della poesia, calcolando il numero di sillabe di ciascun verso.

7 Al v. 3 è presente un ossimoro: individualo e spiegane il significato.

8 Qual è il significato simbolico dell'Abissinia (v. 2)

9 Qual è, a tuo avviso, il tema di fondo della poesia?

SCRITTURA E APPROFONDIMENTI

10 Metti a confronto questa lirica con la seguente poesia di Alda Merini (*L'anima*, da *Clinica dell'abbandono*), autrice anch'essa segnata dalla dolorosa esperienza della malattia psichica, e in un breve testo scritto evidenzia le principali analogie e differenze tra i due testi.

> Io ero fatta di prati verdi
> di lucciole della notte.
> Ma qualche adulto bambino
> ha preso in mano il grillo
> la lucciola e la cicala
> che erano in me.
> Alcuni falsi poeti
> chiudono i grandi nel pugno
> della curiosità
> e non sanno che anche nel grillo
> vive presente un'anima.

Carla Accardi, *Bianco rosso nero*, 1957.

Alda Merini e i poeti nuovi

Una pluralità di voci   Gli ultimi decenni del Novecento, successivi all'esaurirsi della fase più vivace della Neoavanguardia, vedono da un lato le ultime raccolte di autori dalla fama ormai consolidata – Montale, Luzi, Caproni – e, dall'altro, l'emergere di una **nuova generazione di poeti**, nati nel secondo dopoguerra. Considerata anche la vicinanza storica del periodo cronologico preso in esame, risulta quindi molto difficile ricondurre i singoli autori all'interno di correnti ben definite.

Anche la **funzione sociale del poeta** e l'importanza attribuita alla poesia registrano due tendenze contrapposte. Se la scrittura in versi, anche sul piano editoriale, incontra il gradimento di un numero sempre minore di lettori, dimostrando la **crescente marginalità** di questa forma espressiva nel mondo moderno, sul finire del Novecento si fa però strada una tendenza antitetica che pare voler provocatoriamente riaffermare il ruolo del **poeta come portatore di verità assolute**.

Il recupero del simbolismo   Nel **1978** viene pubblicata una raccolta antologica che segna una svolta importante nella poesia contemporanea. Il volume, intitolato *La parola innamorata. I poeti nuovi (1976-1978)*, propone opere di alcuni giovani poeti tra cui Milo De Angelis, Valerio Magrelli, Maurizio Cucchi e Giuseppe Conte, che si richiamano più o meno direttamente all'**esperienza ermetica** e al suo assoluto lirismo. Nei loro versi essi ripropongono non solo un modello di **poesia difficile** ed elitaria, ma una figura del **poeta come "cercatore della verità"** opposta a quella della concezione neoavanguardistica. La poesia degli **anni Settanta e Ottanta** è dunque caratterizzata da una ripresa di **atteggiamenti** che la critica ha definito «neo-orfici» (con riferimento alla tradizione simbolista del primo Novecento), a cui si accompagna spesso il recupero di **forme metriche e linguistiche regolari** e la predilezione per **tematiche soggettive**, intimistiche e quotidiane. A questa tendenza si ricollegano, fra gli altri, Maurizio **Cucchi** e Valerio **Magrelli**.

Valerio Magrelli   Nato a Roma nel **1957**, docente e studioso di letteratura francese, Valerio Magrelli è uno dei più interessanti poeti contemporanei. I suoi primi versi, che risalgono agli anni Settanta, vengono pubblicati su vari periodici e confluiscono in parte nella celebre e discussa antologia *La parola innamorata* (1978). Nelle sue liriche Magrelli affronta **argo-**

Alda Merini.

menti legati al mondo contemporaneo, utilizzando **forme e metri estremamente personali**, che rivelano la sua profonda conoscenza della lingua poetica della tradizione. Tra le sue raccolte si segnalano *Ora serrata retinae* (1980), *Nature e Venature* (1987), *Esercizi di tipologia* (1992), *Disturbi del sistema binario* (2006), *Il sangue amaro* (2014).

Alda Merini   Appartata e solitaria è invece la figura di Alda **Merini**, segnata dall'esperienza del disagio psichico e rivalutata dalla critica in tempi recenti. Nata a **Milano** nel **1931** da una famiglia modesta, frequenta le scuole di avviamento al lavoro professionale, tentando anche, senza successo, l'esame di ammissione al Liceo Manzoni. Esordisce giovanissima, intorno ai quindici anni, sotto la guida di Giacinto Spagnoletti, il primo a notare il suo talento lirico, ma nel 1947 comincia a mostrare alcuni **segni di squilibrio mentale** e viene internata per un mese nella clinica Villa Turro. In seguito, per tutta la vita sarà afflitta da continue ricadute nella malattia mentale che la porteranno per **lunghi periodi in manicomio**. Dopo la morte del primo marito si lega sentimentalmente al poeta Michele Pierri e nel 1983 si trasferisce a Taranto, ma nel 1986 torna a Milano, continuando la sua attività letteraria e ottenendo numerosi riconoscimenti pubblici. È morta il 1° novembre **2009**.

La produzione di Alda Merini può essere ripartita in **due periodi**, separati tra loro da un lungo silenzio poetico, dovuto alla malattia. Al primo appartengono **La presenza di Orfeo** (1953), *Paura di Dio* e *Nozze romane* (entrambe del 1955), *Tu sei Pietro* (1961). Del secondo fanno invece parte **La terra santa** (1984), *Testamento* (1988), **Vuoto d'amore** (1991), *Ballate non pagate* (1995), **La volpe e il sipario** (1997), *Superba è la notte* (2000). La sua opera si presenta come **espressione spontanea**, emotiva e visionaria **di una vita vissuta tra sofferenza, passione e desiderio**. Erotismo e misticismo, esaltazione e depressione, identificazioni mitologiche, pena e passione: questi alcuni degli aspetti più significativi di una produzione fitta di **riferimenti autobiografici** e indissolubilmente legata all'esperienza della **malattia**.

Patrizia Valduga   Nata a Castelfranco Veneto nel 1953, Patrizia Valduga è una delle voci più intense della poesia italiana degli ultimi anni. Sul piano formale, la sua opera è orientata verso una virtuosistica **reinterpretazione della tradizione poetica**, sia nelle forme metriche canoniche, come il sonetto, sia in un impianto fonico ricco di assonanze e allitterazioni. La compostezza della forma si accompagna a tematiche inquiete, legate a un **eros tormentato e conflittual**e e al motivo ricorrente della **morte** e del **dolore**, in un contrasto che emerge già

in **Medicamenta** (1982), di impianto petrarchesco, e nel successivo *La tentazione* (1985), che recupera la forma della terzina dantesca. Il motivo funebre che caratterizza *Donna di dolori* (1991) emerge in primo piano anche nelle commosse liriche di *Requiem* (1994), dedicate alla memoria del padre scomparso, e nel monologo di gusto teatrale *Corsia degli incurabili* (1996). Nelle raccolte seguenti ritorna la tematica erotica: in **Cento quartine e altre storie d'amore** (1997) un uomo e una donna si confrontano, nei loro diversi linguaggi e nelle diverse sensibilità, nel corso di una lunga notte d'amore e di sesso. Una ideale continuazione della raccolta è *Quartine. Seconda centuria* (2001), cui segue *Lezioni d'amore* (2004). Passione e sensualità, lutto e solitudine si alternano nuovamente nel *Libro delle laudi* (2012), in cui il dolore per la perdita del compagno di una vita, il poeta Giovanni Raboni, è rivissuto in modi che riecheggiano la grande poesia di San Francesco e Jacopone da Todi.

◗ Sosta di verifica

1 Quali atteggiamenti antitetici si sono verificati negli ultimi decenni del Novecento nei confronti del ruolo del poeta?

2 Che cosa si intende per tendenze «neo-orfiche» nella poesia degli anni Settanta e Ottanta?

3 Quali sono le due fasi della poesia di Alda Merini e da che cosa sono separate?

4 Quali sono i temi caratteristici della produzione di Patrizia Valduga?

Sandro Chia, *Senza titolo*, 1989-1990.

Alda Merini
Il pastrano

Vuoto d'amore

La lirica è tratta da Vuoto d'amore *(1991), volume che comprende sei gruppi di poesie inedite disposte in ordine cronologico. Il fondo biografico della raccolta risulta evidente dai richiami, spesso espliciti, a persone, eventi, situazioni della vita reale.*
Il pastrano rievoca la figura del padre attraverso un oggetto che, nella memoria della poetessa, diventa il suo emblema: un pesante soprabito invernale che l'uomo era solito indossare. A livello stilistico il testo, lontano dal lirismo che caratterizza gran parte della produzione di Alda Merini, presenta toni piuttosto distesi e narrativi.

Metrica Versi liberi di varia lunghezza.

> *Il verbo dà inizio alla personificazione dell'oggetto inanimato.*

Un certo pastrano abitò lungo tempo in casa
era un pastrano di lana buona
un pettinato[1] leggero
un pastrano di molte fatture[2]
5 vissuto e rivoltato mille volte
era il disegno del nostro babbo
la sua sagoma ora assorta ed ora felice.
Appeso a un cappio[3] o al portabiti
assumeva un'aria sconfitta:
10 traverso[4] quell'antico pastrano
ho conosciuto i segreti di mio padre
vivendolo così, nell'ombra.

> *L'espressione richiama la concezione del poeta come colui che è in grado di vedere in profondità, oltre l'apparenza delle cose.*

1. un pettinato: un tessuto di lana pettinata.
2. di molte fatture: in cui si riconosceva l'intervento di molte mani diverse.
3. cappio: gancio.
4. traverso: attraverso.

Domenico Gnoli, *Doppia personalità*, 1967.

COMPRENSIONE

La poesia presenta una ripartizione interna che consente di suddividerla in **due parti**. Nella prima (vv. 1-7), attraverso la descrizione delle sue fattezze e delle sue caratteristiche principali, viene presentato un vecchio pastrano, simbolo attraverso cui l'autrice "rilegge" e interpreta la **figura paterna**. Dalla descrizione si passa poi al **tono meditativo** della seconda parte (vv. 8-12), in cui è apertamente dichiarata l'identificazione tra il logoro capo di abbigliamento e la figura del padre.

ANALISI E INTERPRETAZIONE

Un oggetto simbolico   La lirica si apre con una sequenza di **sette versi**, completamente **privi di punteggiatura**, a eccezione del punto finale, in cui l'autrice descrive il pastrano usurato del genitore. L'oggetto assume via via nel testo un carattere dichiaratamente **simbolico**, fino ad arrivare alla dichiarazione finale, posta al centro esatto del testo: «era il disegno del nostro babbo / la sua sagoma ora assorta ed ora felice» (vv. 6-7).

Come conseguenza dell'andamento più ragionativo, i versi seguenti presentano invece la punteggiatura. Attraverso ulteriori **procedimenti di personificazione** (il pastrano appeso che «assumeva un'aria sconfitta», v. 9), l'oggetto-emblema diviene il tramite per svelare i segreti del padre, per stabilire un rapporto con una figura che resta nel complesso misteriosa. La poetessa, nascosta «nell'ombra», assume il ruolo di chi, osservando la realtà, **riesce a vedere al di là delle apparenze** ed è in grado di cogliere il valore simbolico degli oggetti, anche di quelli più comuni. In questo modo, sia pure in una dimensione familiare e dimessa, la Merini recupera su scala minore l'idea del **ruolo "orfico" e quasi religioso del poeta**, capace di penetrare la vera essenza della realtà.

Un tono colloquiale   Rispetto a buona parte della produzione della Merini, questa lirica rivela un **tono decisamente colloquiale**. Le scelte lessicali, mai al di sopra di un livello medio, da un lato sembrano rispondere a un'esigenza di **umiltà** (quasi a volere rappresentare al meglio l'aspetto dimesso del pastrano), dall'altro rivelano la **prospettiva infantile** di una bambina che osserva con curiosità i gesti del padre. Attraverso personificazioni e aggettivi l'autrice insiste però nel rivelare la **valenza simbolica dell'oggetto**, permettendo così al discorso lirico di andare oltre la dimensione concreta del reale.

Lavoriamo sul testo

COMPRENSIONE

1 Sintetizza il contenuto della poesia, tenendo conto della suddivisione del testo in due parti.

> **LINGUA E LESSICO**
>
> **2** Trova almeno due sinonimi per gli aggettivi «vissuto» e «rivoltato» (v. 5). Cerca due contrari per gli aggettivi «assorta» e «felice» del v. 7.

ANALISI E INTERPRETAZIONE

3 Il testo presenta una differente strutturazione sintattica tra prima e seconda parte. Che cosa suggerisce, a tuo modo di vedere, tale ripartizione?

4 Rintraccia tutti gli elementi e gli aspetti materiali che caratterizzano il pastrano e, successivamente, cerca di attribuire loro un valore simbolico.

5 Individua le parole-chiave della lirica e motiva la tua scelta indicando il tema o i temi di fondo sviluppati dall'autrice.

6 Quali aspetti del testo (parole, espressioni, immagini) evocano il rapporto padre-figlia?

SCRITTURA E APPROFONDIMENTO

7 Questa lirica attribuisce alla poesia un carattere "orfico" e al poeta un ruolo religioso. Prova a spiegare, attraverso opportuni riferimenti al testo, il senso di questa affermazione.

Il libro del mese

L'amica geniale

AUTORE	Elena Ferrante
ANNO DI PUBBLICAZIONE	2011
CASA EDITRICE	E/O

TRE BUONI MOTIVI PER LEGGERLO

1 Racconta un'amicizia che lega in modo indissolubile due donne per oltre cinquant'anni.

2 Ricrea in modo realistico l'atmosfera del rione napoletano in cui si svolge la vicenda.

3 Propone una concezione della donna estremamente moderna e libera.

L'AUTORE E L'OPERA Elena Ferrante è un'autrice mai comparsa in pubblico (tanto che molti sospettano che si tratti di uno pseudonimo), la cui vera identità è nota solo al suo editore. Una scelta seguita con rigore fin dal suo primo romanzo, *L'amore molesto* (1992). *L'amica geniale* (2011) è il primo volume di una quadrilogia (che comprende anche *Storia del nuovo cognome*, *Storia di chi fugge e di chi resta* e *Storia della bambina perduta*, apparsi tra il 2012 e il 2014) che racconta l'amicizia di due donne napoletane, dagli anni dell'infanzia fino a quelli della loro piena maturità.

L'INCIPIT Stamattina mi ha telefonato Rino, ho creduto che volesse ancora soldi e mi sono preparata a negarglieli. Invece il motivo della telefonata era un altro: sua madre non si trovava più...

LA TRAMA Nate e cresciute in un rione popolare di Napoli all'inizio degli anni Cinquanta, Elena e Lila sono due bambine perfettamente complementari: timida e intelligente la prima, sfrontata e ribelle la seconda. Anche Lila, in realtà, dimostra un'intelligenza straordinaria, ma in famiglia nessuno si interessa alle sue capacità, tanto che lei stessa sembra quasi vergognarsene, assumendo atteggiamenti da "cattiva". Lila decide quindi che sarà Elena «l'amica geniale» destinata ad avere successo. Tra le due ragazze si crea così un legame indissolubile, che prosegue nel tempo anche quando Elena va a studiare a Pisa e diventa una scrittrice affermata, mentre Lila continua a vivere nel quartiere, in mezzo al degrado e alla miseria.

TRE PISTE DI LETTURA

1 Nel romanzo compare una Napoli popolare che, anche con l'arrivo della "modernità", mantiene intatte le sue caratteristiche più autentiche. Ti sembra che la descrizione della città sia simile a quella della letteratura neorealista? Rispondi facendo riferimenti agli autori da te studiati.

2 I dubbi sull'identità di Elena Ferrante hanno suscitato un acceso dibattito tra i critici, che hanno creduto di riconoscere dietro questo nome vari scrittori (sia uomini che donne). Al delle polemiche, ti sembra che oggi sia ancora possibile ottenere successo in campo artistico senza mai apparire in pubblico? Esponi le tue riflessioni in un testo di massimo due pagine.

3 Metti a confronto le due protagoniste del romanzo: in un breve testo scritto spiega in quale delle due ti riconosci maggiormente e i motivi della tua scelta.

Patrizia Valduga
In nome di Dio aiutami

Medicamenta

La lirica, contenuta nella prima raccolta della Valduga, Medicamenta (1982), è un'appassionata dichiarazione d'amore.
In un'intervista, la poetessa ricorda così la genesi del componimento: «il primo sonetto scaturì dall'innamoramento per un professore di un altro corso scoperto

un giorno fuori dalla facoltà a fissare il canale come se volesse buttarvisi. Colpita gli scrissi per sedurlo In nome di Dio aiutami… (1978). Mi ha dato un tale piacere sperimentare il sonetto in tutte le sue possibilità che ne ho scritti tanti».

Metrica Sonetto con rime alternate nelle quartine (ABAB ABAB) e rime invertite nelle terzine (BBC BCB).

> L'esordio mostra la ricerca lessicale e stilistica della Valduga, che si richiama esplicitamente alla lirica della tradizione italiana.

In nome di Dio, aiutami! Ché tanto
amor non muta e muta mi trascino.
Ancora sete ho di te… soltanto
4 sola a te solo e col sole declino.

O marea d'amore viverti accanto
e arresto del cuore, amor mio divino,
che eterni della vita luce e canto[1].
8 La mia[2] ne muore… dal ricordo sino

al qui ancora verso il cuore in cammino,
verso te, mio dissorte[3] eppur destino…
11 se non di morte… ora di te rimpianto…

e il mare discolora[4] il mio mattino.
Ma tu incatenami all'amato incanto,
14 resta, è giorno, vieni più vicino.

---

1. eterni della vita luce e canto: *rendi eterni la luce e il canto della vita.*
2. mia: (sottinteso) vita.
3. dissorte: contrario di "consorte"
4. discolora: *scolorisce, spegne.*

Analisi guidata

Un amore appassionato

Il testo, concepito nella forma di un'accorata allocuzione rivolta all'amato, si concentra sull'espressione del desiderio e della passione, vissuta come una «marea d'amore» (v. 5) che travolge l'io lirico, preda di sentimenti contrastanti. La presenza dell'innamorato appare come l'unica realtà in grado di dare «luce e canto» alla vita, ma al tempo stesso provoca un turbamento tanto intenso da portare vicino alla morte. In una **continua oscillazione tra esaltazione e dolore**, l'unico «aiuto» a sopportare la piena del desiderio può venire, paradossalmente, proprio da colui che è causa di tanto sconvolgimento, e di cui si invoca la presenza («resta... vieni più vicino»).

 ### Competenze di comprensione e analisi

- Individua nel testo i pronomi di seconda persona singolare e spiega per quale motivo essi sono tanto numerosi.

- Quali espressioni nel componimento connotano la passione in senso positivo e vitalistico? Quali elementi invece evocano l'ombra dell'abbandono e della morte?

- Nel testo sono evocati alcuni elementi del paesaggio. Qual è la loro funzione?

Una forma sorvegliata

L'urgenza della materia passionale viene calata – come spesso accade nelle poesie della Valduga – in una struttura di tipo tradizionale, a partire dalla scelta di una **forma metrica chiusa: il sonetto**. La presenza di versi endecasillabi e di uno schema di rime fisso si accompagna all'adozione di svariate figure retoriche, quasi esibite in una sorta di tormentato **manierismo**. Particolarmente evidenti risultano le paronomasie (vv. 2 e 4), di vaga ascendenza petrarchesca, come pure la struttura antitetica su cui si fonda il componimento, in cui si alternano termini legati all'ambito dell'amore e della morte.
L'adozione di una forma tradizionale è però contraddetta in parte dall'interno, attraverso la presenza di marcati *enjambement* e di una **sintassi spezzata** e convulsa, che evoca lo smarrimento interiore del soggetto e il suo profondo turbamento.

Competenze di comprensione e analisi

- Il tono stilistico del componimento è elevato o colloquiale? Rintraccia le espressioni lette-rarie e quelle di tono meno aulico, spiegando il senso di questa compresenza.

- Quale funzione svolgono nella lirica i frequenti puntini di sospensione? Che stato d'animo intendono evocare?

- Spiega come sono costruite e in che cosa consistono le paronomasie dei vv. 2 e 4.

- Che significato assume nel contesto il neologismo «dissorte» (v. 10)?

- Individua gli *enjambement* presenti nel testo. In che senso essi contraddicono la linearità metrica del sonetto?

- Lettura
- Comprensione
- Analisi
- Interpretazione
- Produzione scritta

Testo laboratorio
T12 **Valerio Magrelli**
Altre nature morte

Altre nature morte *è una lirica incentrata sul proces-*
so di creazione letteraria, che fu inserita nell'antologia
La parola innamorata. I poeti nuovi (1976-1978).
In forme del tutto lontane dallo sperimentalismo del-
la Neoavanguardia e anzi con un lessico tradiziona-
le e simbolista, Magrelli riflette sul fenomeno della
scrittura poetica, colto in una dimensione onirica e
quasi sacrale. La figura del poeta, dopo la dissacra-
zione neoavanguardistica, è qui recuperata nella sua
accezione più aulica: un «pescatore d'immagini» che
si nutre dei «frutti» divini lasciati scorrere nelle ac-
que del pensiero.

Eppure la stanchezza, simile in questo
ad una vela pesante, si riempie
alla fine del giorno,
di tutto il vento trascorso
5 e lentamente muove
i miei pensieri nella sera.
Così il silenzioso soffio della mente
e del sonno, disincaglia[1]
il corpo dalla luce.
10 Io m'addormento in questo scafo azzurro
e già le lenzuola accarezzano l'acqua,
e già la riva è lontana.
Nella notte si curva e s'ingravida
la bianca superficie della pagina.

15 Ho perso un'idea, dimenticata.
Chino sul lento corso del fiume
non ho saputo trattenere il ramo intagliato
che la corrente trascinava con sé
da paesi tumulati[2] alla sorgente del pensiero.
20 Popoli silenziosi li abitano
e affidano all'acqua per un dolente rito,
le loro divinità. Così io,
come un pescatore d'immagini,
sosto sulle rive e raccolgo
25 questi inattesi e assorti frutti
che lentamente maturano dal cuore del gorgo.

---

1. disincaglia: *libera.*   **2. tumulati:** *seppelliti.*

Scrivendo sdraiato
di sera spesso capita
che la penna, stordita
30 dal candore delle pagine,
l'abbandoni, per entrare
tra le onde calde del cuscino.
Si perdono così le parole nel letto:

la carta è una chitarra senza corde.
35 Passeggiando nel giardino del sonno
s'ingrossa il filo del pensiero
e dopo aver traversato le lenzuola
s'affaccia ubriaco sul foglio silenzioso.
Ma questa spiaggia è paziente
40 e nel suo arco dolcemente si depositano
tutti i resti che il mare non ingoia.
Allora incarto il legno fradicio,
i copertoni gonfi, le bottiglie,
per stendere con cura
45 il diligente elenco dei miei beni.

Non trovo nessun sasso da buttare
in questo lago. Certo di notte
è più difficile cercare sulla spiaggia
ma tutto il resto del giorno
50 trascorre a pesca o a spasso:
e solo adesso ricevo quiete.
Perciò alla fine è bello far fiorire
nel buio cerchi liquidi,
vederli scomparire accordando
55 in silenzio il loro ritmo:
immaginare la lenta discesa
della pietra sul fondo
fino a depositarsi tra le alghe
come una foglia, o come una parola
60 abbandonata nell'acqua.

1 Riassumi il contenuto delle singole strofe della poesia e spiega il suo significato complessivo in un massimo di quattro righe.

2 In quale contesto spaziale è ambientata la poesia?

3 Come si conclude la lirica?

ANALISI E INTERPRETAZIONE

4 Rintraccia nel testo tutti i termini legati al campo semantico dell'acqua e spiega di che cosa esso è simbolo.

> **Oltre il testo** **Confrontare e analizzare**
>
> • Spiega in quali altri importanti poeti del Novecento si trovano di frequente immagini dell'acqua e della navigazione e quale significato assumono.

5 Spiega il significato delle seguenti espressioni nel contesto della lirica: *s'ingravida – assorti – diligente*

6 Fa' un'analisi metrica della poesia: che tipi di versi predominano? Come è il ritmo?

> **Oltre il testo** **Confrontare e riflettere**
>
> • A quale delle correnti che hai studiato in questa unità ti sembra più vicina questa lirica? Rispondi in un testo scritto con opportuni riferimenti agli autori citati.

7 Che cosa significa, a tuo parere, l'espressione «Certo di notte / è più difficile cercare sulla spiaggia / ma tutto il resto del giorno / trascorre a pesca o a spasso» (vv. 47-50)?

8 A che cosa vuole alludere il poeta con l'immagine del «pescatore d'immagini» (v. 23)?

9 Quale concezione della poesia emerge da questa lirica? Rispondi in un testo di massimo quindici righe.

> **Oltre il testo** **Confrontare e riflettere**
>
> • Pensi che questa immagine possa essere messa in relazione con *Questo è il gatto con gli stivali* (p. 601) di Sanguineti? Rispondi in un testo scritto motivando le tue opinioni.
>
> • L'immagine della «lenta discesa / della pietra sul fondo» sembra richiamare *Il porto sepolto* di Ungaretti, dal quale il poeta «torna alla luce / con i suoi canti». Spiega quale legame esiste tra i due testi anche alla luce dell'interpretazione che hai dato di questa lirica.

10 Che rapporto c'è, secondo te, tra il titolo e il contenuto della lirica?

SCRITTURA E APPROFONDIMENTI

11 Sulla base di questa lirica e di altre da te studiate, scrivi un testo espositivo in cui sintetizzi le tendenze della poesia italiana degli ultimi decenni.

Guida alla verifica orale

Verifica
le tue
conoscenze

DOMANDA N. 1 Quali sono le principali tendenze della poesia del secondo Novecento?

LA RISPOSTA IN SINTESI

Si possono individuare tre filoni principali: una tendenza post-ermetica, tipica della poesia più matura di Sereni e Luzi; una tendenza "antinovecentista", caratterizzata da toni quotidiani e da uno stile prosastico, evidente nelle liriche di Caproni, e infine, negli anni Sessanta, un filone sperimentale, con l'opera di Sanguineti, Pagliarani e Zanzotto.

LA RISPOSTA NEI TESTI

T1 Nell'ultima fase della sua ricerca poetica, Vittorio Sereni abbandona il lirismo oscuro dei suoi esordi ermetici per approdare a una più pacata riflessione sulla propria esperienza personale, posta a confronto con le problematiche della società contemporanea.

T5 Nel *Congedo del viaggiatore cerimonioso* di Caproni è evidente la tematica esistenziale, affrontata in tono umile e dimesso e in uno stile prosastico e colloquiale, non privo di autoironia.

T6 La poesia di Sanguineti è caratterizzata dall'estremo sperimentalismo formale, che diviene un originale strumento di denuncia dell'incomunicabilità e della falsità del linguaggio corrente.

T7 Nel poemetto *La ragazza Carla* Pagliarani denuncia l'alienazione prodotta dalla società neocapitalistica in forme sperimentali che combinano linguaggi e registri stilistici differenti.

T8 In tono ironico e contorto, Zanzotto invoca nella sua poesia il mondo, e lo prega di esistere, di fornire all'uomo una qualche certezza dell'esistenza di una realtà esterna e oggettiva.

DOMANDA N. 2 Come si caratterizza la poesia antinovecentista di Giorgio Caproni?

LA RISPOSTA IN SINTESI

A partire dal secondo dopoguerra si affermano, nella lirica italiana, tendenze antinovecentiste che adottano un linguaggio piano e colloquiale e trattano in modi realistici tematiche quotidiane e dimesse. La poesia di Caproni si ispira alla "chiarezza" espressiva di Saba, utilizzando uno stile semplice che non esclude però il riferimento a una tradizione letteraria condivisa. Ma, come in Saba, la semplicità dei testi è più apparente che reale e racchiude in sé, spesso dissimulata in forme autoironiche, una forte componente intellettualistica.

LA RISPOSTA NEI TESTI

T4 Nella poesia dedicata alla madre ormai scomparsa, Caproni adotta un linguaggio estremamente semplice, cadenzato sui toni dell'affetto amoroso e del sentimento più puro.

T5 Nel *Congedo del viaggiatore cerimonioso*, attraverso uno stile nitido e pacato, Caproni affronta una delle sue tematiche più ricorrenti, quella del viaggio.

DOMANDA N. 3 Quali correnti poetiche caratterizzano i decenni a noi più vicini?

LA RISPOSTA IN SINTESI

Negli anni Ottanta del Novecento il gruppo dei poeti "innamorati" recupera tematiche soggettive e liriche, espresse in una forma più tradizionale. A questa tendenza si accompagnano però altre voci, tra cui spiccano, per esempio, quella neo-simbolista di Alda Merini e quella di Patrizia Valduga.

LA RISPOSTA NEI TESTI

T9 Nella poesia di Alda Merini gli oggetti sembrano recuperare, come in Montale, il loro valore simbolico, allusivo a una realtà nascosta oltre le apparenze e accessibile solo al poeta.

T10 Nella poesia di Patrizia Valduga i temi erotici e sentimentali sono ricombinati in una scrittura che guarda alla tradizione lirica delle origini.

Il teatro del Novecento

Il teatro del Novecento

Carlo Carrà, *Il figlio del costruttore*, 1921.

La rivoluzione del teatro

Le innovazioni del secondo Ottocento

L'esigenza di rinnovamento che caratterizza l'arte del XX secolo si esprime anche nella letteratura teatrale europea con una spiccata ricerca di nuove modalità espressive. Una prima parziale innovazione si manifesta già nella **seconda metà dell'Ottocento**, quando il teatro romantico viene messo in crisi dall'affermarsi «**dramma borghese**» naturalista. Autori come Henrick **Ibsen** (1828-1906), August **Strindberg** (1849-1912) e Anton **Čechov** (1860-1904) rinunciano alle vicende sentimentali e patetiche del Romanticismo e rappresentano in modi realistici i conflitti familiari e le tensioni psicologiche di personaggi della società borghese dell'epoca, in toni che alternano l'umorismo al dramma. Un contributo essenziale alla resa naturalistica della messa in scena è dato dal regista russo Konstantin **Satnislavskij** (1863-1938), ideatore di un metodo di recitazione che **induce gli attori a identificarsi con i personaggi** rappresentati, così da esprimerne realisticamente psicologia, carattere e atteggiamenti. Tra la fine dell'Ottocento e l'inizio del nuovo secolo elementi di novità sono introdotti anche dal **teatro di area simbolista**, che mette al centro della vicenda gli **aspetti psicologici** e recupera la **concezione "rituale" della tragedia classica**, attraverso l'uso di un linguaggio elevato ed elitario. Questa seconda tendenza trova espressione nelle opere di Maurice **Maeterlinck** (*Pelléas et Mélisande*, 1892), Oscar **Wilde** (*Salomè*, 1893) e Gabriele **D'Annunzio** (*La Figlia di Iorio*, 1903).

L'importanza della messa in scena

Rispetto al teatro naturalista e simbolista, la drammaturgia del Novecento introduce innovazioni ancora più radicali, che riguardano in primo luogo la **perdita di importanza del testo scritto a favore della "messa in scena"**, ossia delle diverse componenti che concorrono all'allestimento dello spettacolo teatrale. Acquista così rilievo la **figura del regista**, non più considerato un semplice "tecnico", ma un artista che, con le sue personali scelte formali, interpreta il testo in modo originale. In questo nuovo ruolo si distingue all'inizio del secolo il francese Jacques **Copeau** (1879-1949), regista di grande rigore formale, che dedica una cura minuziosa a ogni aspetto della rappresentazione.

Si modifica parallelamente anche il **ruolo dell'attore**, non più inteso come interprete virtuoso di un testo scritto ma come artista che incarna il personaggio anche attraverso la gestualità e la mimica del corpo. A questi mutamenti corrisponde una **trasformazione del pubblico** teatrale, che nel corso del secolo **si riduce progressivamente** a causa della concorrenza del cinema e, in seguito, della televisione, ma si fa al tempo stesso **più colto e impegnato**, anche per via del suo sempre più frequente coinvolgimento nella definizione del significato ultimo dello spettacolo.

La rottura dei generi tradizionali

Nel corso del Novecento i generi teatrali tradizionali come la commedia e la tragedia vengono progressivamente abbandonati, o meglio tendono a **fondersi e mescolarsi** dando vita a **forme nuove** e ibride, più adatte a esprimere la sensibilità e le tematiche della modernità. Anche il «dramma borghese» viene superato, svuotato dall'interno e **sottoposto a parodia**, al fine di sottolineare la vacuità delle convenzioni borghesi e l'ipocrisia della società, dietro cui si cela il non-senso di un'esistenza dominata dall'incomunicabilità e dal vuoto affettivo.

Ormai definitivamente **abbandonate le tre unità aristoteliche** – di tempo, luogo e azione – i nuovi testi teatrali si sviluppano in modi talora anarchici, spesso nella forma dell'atto unico e attraverso dialoghi apparentemente privi di senso.

Il rifiuto del teatro di evasione Il carattere fortemente sperimentale delle esperienze teatrali novecentesche si accompagna in genere al rifiuto della rappresentazione come momento di semplice evasione disimpegnata o come evento commerciale. In polemica con l'industria dello spettacolo che domina in modo sempre più vistoso il mondo del cinema e della televisione, il teatro si propone sempre più come **spazio di riflessione impegnata** e come invito rivolto a un pubblico selezionato a **riflettere criticamente sui problemi del presente**: la difficoltà di stabilire rapporti autentici, la ricerca di un senso profondo dell'esistenza e il rapporto tra realtà e finzione. Paradossalmente, in un'epoca dominata dalla spettacolarizzazione, in cui i confini tra realtà e spettacolo tendono a sfumare, il teatro **rifiuta la via della rappresentazione realistica**, proponendosi invece – soprattutto con il 'metateatro' di Pirandello e con il 'teatro dell'assurdo' di Beckett – come **consapevole finzione** e come analisi critica di se stesso e della propria capacità di interpretare il mondo.

Le tendenze novecentesche

Le sperimentazioni delle Avanguardie La tendenza ad abbandonare le forme tradizionali del teatro di impianto realistico in favore di una sperimentazione innovativa e radicale si afferma, nei primi decenni del XX secolo, nell'ambito delle **Avanguardie storiche**.

In **Germania**, negli anni Dieci e Venti la ricerca teatrale è dominata dall'**Espressionismo**, il cui principale esponente è Ernst **Toller** (1893-1939). Il teatro espressionista si caratterizza per il desiderio di rappresentare sulla scena le emozioni e i contrasti interiori dei personaggi attraverso una **recitazione esasperata** e forti contrasti cromatici e di luce, in opere in cui il testo è strutturato come successione di quadri separati. L'innovazione teatrale è favorita anche in Italia dal **Futurismo** e particolarmente significativi sono i risultati del **Cubofuturismo russo**, con l'opera ideologicamente e politicamente impegnata di **Vladimir Majakovskij** (1893-1930), autore di testi come *Mistero buffo* (1918) e *La cimice* (1928). In ambito **francese** è invece vivo l'influsso del **Surrealismo**, che porta ad intendere anche il teatro come occasione per esprimere liberamente le dinamiche profonde dell'inconscio. Al teatro surrealista si ricollega l'esperienza di **Antonin Artaud** (1896-1948), il quale teorizza un **«teatro della crudeltà»** in grado di liberare le pulsioni inconsce che covano al di sotto delle convenzioni sociali e che si ponga come una sorta di rituale liberatorio, perseguito attraverso una scrittura elevata e tragica.

Teatro epico e teatro dell'assurdo Oltre all'influsso determinante dell'opera di **Luigi Pirandello**, le due tendenze che segnano più profondamente il panorama della drammaturgia europea del Novecento sono riconducibili, da un lato, al **«teatro epico»** di **Bertolt Brecht** e al cosiddetto **«teatro dell'assurdo»**, i cui principali esponenti sono **Eugène Ionesco** e **Samuel Beckett**. Secondo Brecht lo spettacolo teatrale deve sollecitare in modi più o meno diretti la coscienza degli spettatori, proponendosi anzitutto come **analisi critica** in chiave marxista **dei conflitti storici e sociali**. L'opera di Ionesco e Beckett pone invece l'accento sulla **crisi dell'uomo moderno** e sull'insensatezza dell'esistenza, traducendosi in testi che dissolvono la tradizione naturalista, azzerano l'intreccio e l'analisi psicologica dei personaggi per rispecchiare allegoricamente, attraverso situazioni bloccate e **dialoghi al limite del non-senso**, l'alienazione degli individui. Sebbene differenti per modi espressivi e tematiche, entrambe queste linee presuppongono che lo **spettatore** partecipi attivamente a quanto accade sulla scena e assuma una posizione critica e, Inoltre, costruendo testi impegnati e lontani da ogni intento di verisimiglianza e di realismo, costituiscono il punto di riferimento per le sperimentazioni teatrali del secondo Novecento.

Il teatro in lingua inglese In Inghilterra si segnala la produzione teatrale di Thomas Stearns **Eliot** (1888-1965), noto soprattutto per il dramma storico *Assassinio nella cattedrale* (1936), che riprende la struttura del teatro liturgico medievale per rievocare l'assassinio dell'arcivescovo di Canterbury Thomas Beckett. Dopo la Seconda guerra mondiale conosce invece notevole sviluppo il **teatro statunitense**, incentrato soprattutto su tematiche sociali e morali e caratterizzato da un linguaggio piano e scarno. Tra gli autori si segnalano **Tennessee Williams** (1914-1948), autore de *Lo zoo di vetro* (1945) e *Un tram che si chiama desiderio* (1947), e **Arthur Miller** (1915-2005), che in *Morte di un commesso viaggiatore* (1949), sullo sfondo di una società opulenta e consumistica, mette in scena il fallimento individuale e familiare del protagonista, analizzato con grande abilità di introspezione psicologica.

◯ Sosta di verifica

1 Che cos'è il «dramma borghese»?
2 Da quali aspetti è caratterizzata la «rivoluzione» novecentesca del teatro?
3 Che cosa si intende per teatro dell'assurdo?

Alle origini del teatro moderno:
Casa di bambola di Henrick Ibsen

In una famosa lettera del 1867 a un amico, il drammaturgo norvegese Henrick Ibsen dichiarava: «Ho in animo di farmi fotografo. Farò posare dinanzi al mio obiettivo i miei contemporanei, uno per uno. Non risparmierò né il bambino nel ventre della madre né un pensiero, un'intenzione fugace, mascherata sotto la parola, ogni volta che mi troverò in presenza di un'anima che meriti di essere rappresentata.» La scelta di indagare l'interiorità dei personaggi, di mostrare le loro ipocrisie e i loro pregiudizi assume spesso nelle opere di Ibsen un significato decisamente polemico nei confronti del rigido moralismo che caratterizzava la società borghese del tempo. La carica innovativa della sua opera è soprattutto, nel suo testo più noto, Casa di bambola (1879). In quest'opera, ispirandosi a una vicenda reale, il tema della condizione della donna nella società borghese contemporanea. La protagonista Nora, per salvare il marito Torvald Helmer, ha falsificato la firma di suo padre e ha segretamente contratto un debito con Krogstad, impiegato nella banca di cui ora il marito è direttore. Krogstad ricatta però Nora e quando la vicenda viene conosciuta da Torvald, egli accusa duramente la moglie, salvo poi decidere di perdonarla quando il ricattatore si dichiara pentito e rinuncia ai suoi piani. Ma i tentativi di Torvald di riconciliarsi con Nora sono vani: la donna ha ormai compreso la grettezza del marito e, soprattutto, si è resa conto di essere sempre stata, prima per il padre e poi per Torvald, solo una «bambola», passiva e incapace di gestire la sua vita. Ecco lo scambio di battute in cui, nella scena finale del dramma, Nora dichiara al marito la propria presa di coscienza:

NORA Quando ero a casa col babbo, egli mi comunicava tutte le sue opinioni, sicché avevo le medesime opinioni. Ma se qualche volta ero d'opinione diversa, glielo nascondevo, perché ciò non gli sarebbe andato a genio. Mi chiamava la sua bambola e giocava con me come io giocavo con le mie bambole. Poi entrai in casa tua...

HELMER. Che parola adoperi per il nostro matrimonio[1]?

NORA. (*imperterrita*) Voglio dire che passai dalle mani del babbo nelle tue[2]. Tu regolasti ogni cosa sul tuo gusto e io ebbi lo stesso gusto tuo. Ma fingevo soltanto: non so più con sicurezza... Forse era l'uno e l'altro: ora così, ora cosà. Se adesso ci ripenso, ho l'impressione di essere vissuta qui come una mendica... dal naso alla bocca[3]. Vivevo presentandoti atti di bravu-ra[4]. Ma eri tu che volevi così. Tu e il babbo vi siete re-si gravemente colpevoli nei miei confronti. Vostra è la colpa se non sono riuscita a niente.

HELMER. Come sei ridicola e ingrata, Nora! Qui non sei stata forse felice?

NORA. No, mai. Ho creduto, ma non lo sono mai stata.

H. Ibsen, Casa di bambola, traduzione di E. Pocar, Milano, Mondadori, 1986

1. matrimonio: Nora considera una semplice convivenza il suo rapporto con Torvald Helmer, perché è mancato l'elemento essenziale del matrimonio, cioè la comunione delle anime, l'intesa spirituale fra i coniugi. - **2. passai ... nelle tue:** la legge stabiliva infatti che le donne dovessero essere sempre sottoposte alla tutela di un uomo. - **3. dal naso alla bocca:** senza prospettive, giorno per giorno. - **4. presentandoti atti di bravura:** recitando per te.

La conclusione dell'opera, con la decisione della donna di lasciare la casa coniugale e i figli per intraprendere un cammino di maturazione autonoma, suscitò all'epoca grande scandalo, facendo di Nora una sorta di eroina del nascente movimento femminista. In realtà, Ibsen stesso respinse in parte, in discorso del maggio 1898 davanti alla Lega delle donne norvegesi, «l'onore di avere consapevolmente lavorato per la causa femminile. Peraltro – puntualizza – non mi è chiaro che cosa sia propriamente questa causa. Per me, essa si è posta come una causa dell'umanità. E se si leggono i miei libri con attenzione lo si capisce».

Bertolt Brecht

Un teatro impegnato Nato nel **1898** ad Augusta, in **Germania**, fin da giovane Brecht si distingue per le sue posizioni anticonformiste e per la passione per il teatro e la letteratura. Convinto antimilitarista, dopo la stesura dei primi drammi si trasferisce a Monaco e quindi a Berlino, dove nel 1924 entra in contatto con i letterati espressionisti e aderisce al **marxismo**, avvicinandosi al Partito comunista tedesco. La produzione giovanile ispirata a ideali socialisti culmina nel *L'opera da tre soldi* (1928), rappresentazione degli ambienti del proletariato di Londra ritratto in modi realistici e grotteschi. Le opere degli anni Trenta comprendono i cosiddetti «drammi didattici» – tra cui *Santa Giovanna dei macelli* e *L'eccezione e la regola*, entrambi del 1930 – che hanno al centro la riflessione sui **meccanismi politici, economici** e sociali della società contemporanea. Negli anni del nazismo Brecht, che ha sposato un'attrice ebrea, è costretto a **lasciare la Germania**, trovando rifugio in Danimarca. Appartengono a quel periodo le sue opere più note: *Madre Coraggio e i suoi figli*, (1939), storia di una vivandiera che durante la guerra dei Trent'anni si arricchisce facendo affari con i vari eserciti ma perde i suoi figli; *Vita di Galileo* (1938-1939), che si propone come una rilettura critica della vicenda del fondatore della scienza moderna; *L'anima buona di Sezuan* (1938-1940), una sorta di apologo morale sull'impossibilità di essere buoni in un mondo malvagio, e *La resistibile ascesa di Arturo Ui* (1941), che allude all'ascesa di Hitler. Tra 1941 e 1947 Brecht vive negli **Stati Uniti** dove, oltre che di teatro, si occupa anche di cinema. La sua adesione al Partito comunista gli rende però sempre più difficile il soggiorno americano, e nel 1947 lo scrittore torna in Europa, trasferendosi a Zurigo, per poi far ritorno definitivamente in Germania, a **Berlino est**. Negli ultimi anni Brecht si concentra sulla rielaborazione dei suoi testi più importanti, fino alla morte avvenuta nel 1956.

Epos e straniamento Brecht modifica la sua poetica nel tempo, passando dai primi drammi antirealistici e vicini all'**espressionismo** a un teatro più impegnato in senso ideologico e **didascalico**, fino ad approdare alla fase più matura del **teatro «epico»**, da lui contrapposto al teatro «drammatico» della tradizione ottocentesca e naturalistica. Mentre infatti quest'ultimo tende a coinvolgere emotivamente lo spettatore nell'azione scenica, suscitando sentimenti ed emozioni, Brecht si propone opere di **indurre il pubblico alla riflessione critica**, stimolandolo a esprimere giudizi su specifici problemi della realtà contemporanea. Per raggiungere questo scopo il teatro brechtiano **evita un eccessivo coinvolgimento**

emotivo degli spettatori attraverso uno «**straniamento**» ottenuto mediante **artifici che sottolineano il carattere fittizio della rappresentazione** (mentre, invece, il teatro tradizionale aveva come obiettivo l'«illusione di realtà»): **canzoni e commenti** che interrompono l'azione scenica, **cartelli** che anticipano gli eventi riducendo la *suspense*, didascalie che commentano l'azione e bruschi cambiamenti di scenografia. In questo modo l'autore invita il pubblico a riflettere su alcune tematiche legate soprattutto alle conseguenze negative del sistema capitalistico, in cui i cinismo dei potenti mantiene il popolo in una condizione di sopraffazione e miseria.

Vita di Galileo Il dramma *Vita di Galileo* (*Leben des Galilei*), uno dei testi più maturi del teatro epico brechtiano, ripercorre in quindici scene le tappe salienti della **vita di Galileo dal 1609**, anno in cui lo scienziato elabora la sua concezione eliocentrica, **al 1637** quando, costretto dall'Inquisizione ad abiurare le sue tesi, si ritira a vita privata, continuando però a lavorare a una nuova opera scientifica, che consegnerà all'allievo Andrea Sarti perché la pubblichi in Olanda. *Vita di Galileo* non vuole essere una ricostruzione storicamente attendibile degli eventi storici ma serve all'autore per riflettere sul **rapporto tra scienza e potere**.
La portata del tema rende ragione della lunga e **travagliata composizione** dell'opera, di cui esistono tre diverse stesure. La **prima versione**, scritta nel 1938-1939 in Danimarca, presenta Galileo come un **eroico scienziato**, che abiura pubblicamente le proprie convinzioni e finge di cedere alle pressioni dell'Inquisizione per poter continuare le sue ricerche a dispetto di un sistema repressivo. La **seconda stesura risale al 1947** e risente del trauma legato all'utilizzo della bomba atomica a Hiroshima e Nagasaki: la figura di Galileo si modifica, perdendo le connotazioni di eroe e di vittima per diventare il simbolo dell'**uomo di scienza che**, per timore della morte e del dolore, **si compromette con il potere**. La versione definitiva (**1956**) mantiene questa interpretazione, problematizzando però la figura del protagonista, che non riesce a essere un eroe come i tempi invece richiederebbero. Il dramma mantiene quindi un tono decisamente critico, **evitando di esprimere un giudizio** esplicito su Galileo e lasciando allo spettatore il compito di trarre dalla rappresentazione le sue personali conclusioni.

⬤ Sosta di verifica

1 Quali sono i rapporti di Bertolt Brecht con il nazismo?

2 A che cosa è finalizzato il teatro brechtiano?

3 Qual è il messaggio fondamentale del dramma *Vita di Galileo*?

Bertolt Brecht
Il tradimento di Galileo

Vita di Galileo, scena XIV

Il testo che proponiamo è la scena finale della Vita di Galileo, *nella sua versione definitiva (1956). Dopo aver abiurato nel 1633 le sue teorie eliocentriche davanti al Tribunale dell'Inquisizione, Galileo vive ritirato nella sua villa di Arcetri, nei pressi di Firenze, in compagnia della figlia Virginia, ormai quasi cieco. Andrea Sarti, il discepolo prediletto di Galilei che, dopo l'abiura, lo aveva abbandonato indignato per la sua scelta, prima di partire per Amsterdam si reca a saluta-*
re il suo maestro. Galileo gli confida di aver continuato i suoi studi in clandestinità e di aver portato a termine una nuova opera, i Discorsi *intorno a due nuove scienze attenenti alla meccanica, che gli affida perché egli la faccia stampare nella più tollerante Olanda e la faccia conoscere in tutta Europa. Di fronte al rinnovato entusiasmo di Andrea, Galilei pronuncia però un'impietosa autoaccusa, affermando di avere tradito la scienza e i suoi principi.*

ANDREA   I «Discorsi»! *(Sfoglia il manoscritto. Legge)* «È mio proposito esporre una nuovissima scienza che tratta di un assai antico oggetto, il moto. Con l'aiuto di esperimenti ho scoperto alcune sue proprietà che sono degne di essere conosciute».
GALILEO Dovevo pur impiegare in qualche maniera il mio tempo.
5   ANDREA   Saranno i fondamenti di una nuova fisica!
GALILEO   Nascondilo sotto il mantello.
ANDREA   E noi pensavamo che aveste disertato[1]! Io sono stato, di tutti, quello che più vi ha dato addosso.
GALILEO   Non mi pare ci sia nulla da ridire. Io ti ho insegnato la scienza e poi ho
10   rinnegato la verità.
ANDREA   Ma questo cambia tutto! Tutto!
GALILEO   Davvero?
ANDREA   Avete nascosto la verità! Contro il nemico. Anche sul terreno dell'etica ci precedevate di secoli.
15   GALILEO   Spiegati, Andrea.
ANDREA   Noi ripetevamo all'uomo della strada: «Morirà ma non abiurerà». E voi siete tornato dicendoci: «Ho abiurato, ma vivrò». Noi allora: «Vi siete sporcate le mani». E voi: «Meglio sporche che vuote».
GALILEO   Meglio sporche che vuote… Bello. Ha un suono di qualcosa di reale.
20   Un suono che mi somiglia. Nuova scienza, nuova etica.
ANDREA   Fra tutti, io avrei dovuto capirlo! Avevo undici anni, quando vendeste al Senato veneziano il telescopio che un altro vi aveva portato[2]; e vidi l'uso che ne faceste per uno scopo immortale. Quando vi prosternaste al mocciosetto fiorentino[3], i vostri amici scossero il capo: ma la vostra scienza conquistò un più largo uditorio.
25   Vi siete sempre beffato degli eroismi. «La gente che soffre mi annoia, – solevate dire; – la sfortuna generalmente è dovuta a un errore di calcolo»; e «quando ci si trova davanti a un ostacolo, la linea più breve tra due punti può essere una linea curva».

---

1. disertato: *tradito.*
2. il telescopio … portato: il telescopio costruito da Galileo dopo aver appreso da un suo studente, Ludovico Marsili, che in Olanda
venivano fabbricati i cannocchiali.
3. mocciosetto fiorentino: il granduca di Toscana Cosimo de' Medici, che era appena un bambino quando Galileo gli aveva offerto i
suoi servigi. Durante una visita del granduca a Galileo, Andrea e Cosimo avevano litigato e si erano picchiati.

GALILEO   Mi rammento.

ANDREA   Poi, nel '33, quando credeste bene di ritrattare un punto delle vostre
30   dottrine che aveva acquistato notorietà tra il volgo, dovevo capire che avevate
semplicemente deciso di ritirarvi da una rissa politica ormai senza speranza, per
continuare a dedicarvi al vero lavoro dello scienziato.

GALILEO   Il quale consiste…

ANDREA   … Nello studio delle proprietà del moto, padre delle macchine, che
35   sole potranno rendere il mondo abitabile e permettere così di demolire il cielo[4].

GALILEO   Ah!

ANDREA   Volevate guadagnar tempo per scrivere il libro che solo voi potevate
scrivere. Se foste salito al rogo, se foste morto in un'aureola di fuoco, avrebbero vinto gli altri.

40   GALILEO   Hanno vinto gli altri. E un'opera scientifica che possa essere scritta da
un uomo solo, non esiste.

ANDREA   Ma allora, perché avete abiurato?

GALILEO   Ho abiurato perché il dolore fisico mi faceva paura.

ANDREA   No!

45   GALILEO   Mi hanno mostrato gli strumenti[5].

ANDREA   Dunque non l'avevate meditato?

GALILEO   Niente affatto.

Pausa.

Le parole di Andrea
esprimono una con-
cezione disinteres-
sata della scienza,
che non deve pie-
garsi all'interesse
del potere politico,
ma solo contribui-
re al progresso del
sapere.

ANDREA   *(forte)* La scienza non ha che un imperativo: contribuire alla scienza.

50   GALILEO   E questo, l'ho assolto. Benvenuto allora nella mia sentina[6], caro fratello di scienza e cugino di tradimento! Vuoi comprare pesce? Ho pesce! E non è il
mio pesce che puzza, sono io. Io svendo, e tu acquisti. O irresistibile potere di
questa merce consacrata, il libro! Gli basta guardarlo perché gli venga l'acquoli-
na in bocca e ricacci giù tutti gl'improperi[7]. La grande Babilonia, la scarlatta bel-
55   va assassina, spalanca le cosce, ed ecco, tutto è cambiato. Santificata sia la nostra congrega di trafficanti, di riverginatori[8] e di tremebondi davanti alla morte!

ANDREA   La paura della morte è umana! E le debolezze umane non interessano
la scienza.

GALILEO   No!… Caro Andrea, anche nella mia attuale condizione mi sento di
60   orientarvi un poco su tutto ciò che interessa questa professione di scienziato, cui
vi siete legato per l'esistenza.

Breve pausa.

GALILEO   *(con le mani professoralmente congiunte sull'adipe[9])* Nel tempo che ho libero – e ne ho, di tempo libero – mi è avvenuto di rimeditare il mio caso e di do-
65   mandarmi come dovrà giudicarlo quel mondo della scienza al quale non credo
più di appartenere. Anche un venditore di lana, per quanto abile sia ad acquistar-
la a buon prezzo per poi rivenderla cara, deve preoccuparsi che il commercio della lana possa svolgersi senza difficoltà. Non credo che la pratica della scienza pos-

---

4. demolire il cielo: cioè modificare le concezioni astronomiche, ma anche, in senso metaforico, far crollare le certezze teologiche.
5. gli strumenti: gli strumenti con cui lo
avrebbero torturato se non avesse abiurato.
6. sentina: luogo di bassezze e brutture.

7. improperi: *offese.*
8. riverginatori: *ipocriti.*
9. sull'adipe: *sul ventre grasso.*

sa andar disgiunta dal coraggio. Essa tratta il sapere, che è un prodotto del dub-
70 bio; e col procacciare sapere a tutti su ogni cosa, tende a destare il dubbio in tutti.
Ora, la gran parte della popolazione è tenuta dai suoi sovrani, dai suoi proprietari
di terre, dai suoi preti, in una nebbia madreperlacea di superstizioni e di antiche
sentenze, che occulta le malefatte di costoro. Antica come le rocce è la condizione
dei più, e dall'alto dei pulpiti e delle cattedre si soleva dipingerla come altrettan-
75 to imperitura[10]. Ma la nostra nuova arte del dubbio appassionò il gran pubblico,
che corse a strapparci di mano il telescopio per puntarlo sui suoi aguzzini. Cote-
sti uomini egoisti e prepotenti, avidi predatori a proprio vantaggio dei frutti della scienza, si avvidero subito che un freddo occhio scientifico si era posato su una
miseria millenaria ma artificiale[11]: una miseria che chiaramente poteva essere eli-
80 minata con l'eliminare loro stessi; e allora sommersero noi sotto un profluvio[12] di
minacce e di corruzioni, tale da travolgere gli spiriti deboli. Ma possiamo noi respingere la massa e conservarci uomini di scienza? I moti dei corpi celesti ci sono divenuti più chiari; ma i moti dei potenti restano pur sempre imperscrutabi-
li ai popoli. E se il dubbio ha vinto la battaglia per la misurabilità dei cieli, la bat-
85 taglia della massaia romana per la sua bottiglia di latte sarà sempre perduta dalla credulità. Con tutt'e due queste battaglie, Andrea, ha a che fare la scienza. Finché l'umanità continuerà a brancolare nella sua nebbia millenaria di superstizioni
e di venerande sentenze, finché sarà troppo ignorante per sviluppare le sue proprie energie, non sarà nemmeno capace di sviluppare le energie della natura che
90 le vengono svelate. Che scopo si prefigge il vostro lavoro? Non credo che la scienza possa proporsi altro scopo che quello di alleviare la fatica dell'esistenza umana. Se gli uomini di scienza non reagiscono all'intimidazione dei potenti egoisti e
si limitano ad accumulare sapere per sapere, la scienza può rimanere fiaccata per
sempre, ed ogni nuova macchina non sarà che fonte di nuovi triboli[13] per l'uomo.
95 E quando, coll'andar del tempo, avrete scoperto tutto lo scopribile, il vostro progresso non sarà che un progressivo allontanamento dall'umanità. Tra voi e l'umanità si scaverà un abisso così grande, che ad ogni vostro eureka[14] risponderà un
grido di dolore universale. Nella mia vita di scienziato ho avuto una fortuna senza
pari: quella di vedere l'astronomia dilagare nelle pubbliche piazze. In circostanze
100 così straordinarie, la fermezza di un uomo poteva produrre grandissimi rivolgi-
menti. Se io avessi resistito, i naturalisti avrebbero potuto sviluppare qualcosa di
simile a ciò che per i medici è il giuramento d'Ippocrate[15]: il voto solenne di far
uso della scienza ad esclusivo vantaggio dell'umanità. Così stando le cose, il massimo in cui si può sperare è una progenie di gnomi inventivi, pronti a farsi assol-
105 dare per qualsiasi scopo. Mi sono anche convinto, Andrea, di non aver mai corso
dei rischi gravi. Per alcuni anni ebbi la stessa forza di una pubblica autorità; e misi la mia sapienza a disposizione dei potenti perché la usassero, o non la usassero,
o ne abusassero, a seconda dei loro fini. (*Virginia è entrata con un vassoio: resta im-*
mobile ad ascoltare). Ho tradito la mia professione; e quando un uomo ha fatto ciò
110 che ho fatto io, la sua presenza non può essere tollerata nei ranghi della scienza.
VIRGINIA Babbo, hai il tuo posto nei ranghi della fede. (*Si fa avanti e posa il vasso-*
io sulla tavola).

---

10. imperitura: *eterna.*
11. artificiale: cioè prodotta dall'uomo.
12. profluvio: *grande abbondanza.*
13. triboli: *sofferenze, dolori.*
14. eureka: verbo greco che significa "ho trovato", "ho scoperto". L'esclamazione, attribuita ad Archimede, indica che è stata trovata
la soluzione a un difficile problema.
15. giuramento d'Ippocrate: è la formula recitata ancora oggi dai neolaureati in
medicina, con cui essi si impegnano a non
usare le loro conoscenze per nuocere ai
pazienti. Ippocrate era un medico dell'antica Grecia.

GALILEO   Giusto. Ora debbo cenare. (*Andrea gli tende la mano: Galileo la vede ma non la prende*) Ormai anche tu insegni. Come puoi permetterti di stringere una mano come la mia? (*Va verso la tavola*) Oggi un viaggiatore di passaggio mi ha mandato due oche. Apprezzo sempre la buona mensa.

ANDREA   Dunque, non pensate più che sia iniziata una nuova era?

GALILEO   Al contrario. Abbiti riguardo. Quando attraversi la Germania, riponi la verità sotto il mantello[16].

ANDREA   (*incapace di partire*) Quanto al vostro giudizio sull'autore di cui abbiamo discorso, non so che rispondervi. Ma non posso credere che quella vostra crudele analisi sia l'ultima parola.

GALILEO   Grazie, amico. (*Comincia a mangiare*).

VIRGINIA   (*accompagnando Andrea alla porta*) Le visite degli amici del passato non ci fanno piacere. Lo mettono in agitazione.

Andrea esce. Virginia torna nella stanza.

GALILEO   (*mangiando*) Non hai pensato chi può aver mandato le oche?

VIRGINIA   Non è stato Andrea.

GALILEO   No, forse. Com'è la notte?

VIRGINIA (*alla finestra*) Chiara.

B. Brecht, *Teatro*, a cura di E. Castellani, Torino, Einaudi, 1963

16. **riponi … il mantello:** cioè nascondi bene il manoscritto.

 ## Analisi del testo

COMPRENSIONE

La scena si apre con l'entusiasmo di Andrea Sarti, discepolo di Galileo, nel constatare che il suo maestro, dopo l'abiura, non ha in realtà abbandonato i suoi studi scientifici ma li ha continuati fino a elaborare una nuova opera di portata rivoluzionaria, che contiene «i fondamenti di una nuova fisica». Andrea rovescia quindi il severo giudizio precedentemente espresso sull'abiura di Galileo, pensando che la sua scelta sia stata dettata dal desiderio di poter **proseguire indisturbato le sue ricerche**. Di fronte agli elogi del discepolo, Galileo mantiene però un atteggiamento di freddezza e, dopo aver ribadito di **aver abiurato per paura del dolore** fisico, in un lungo monologo spiega che chi, come lui, si è compromesso con il potere politico, **ha tradito lo scopo primario della scienza**, permettendo ai potenti di utilizzare le proprie scoperte non nell'interesse comune dell'umanità, ma per i loro scopi egoistici di dominio e sopraffazione.

ANALISI E INTERPRETAZIONE

Scienza e potere   Il dialogo tra Andrea e Galileo verte sulle **implicazioni etiche e sociali delle scoperte scientifiche**, tema particolarmente sentito dopo il lancio delle bombe atomiche su Hiroshima e Nagasaki, nell'agosto del 1945.

Nel dialogo si contrappongono **due diverse interpretazioni del rapporto tra scienza e potere** e delle responsabilità etiche dello scienziato. Da un lato Andrea sostiene l'autonomia della scienza, che a suo parere trova in sé il proprio fine e la propria giustificazione («la scienza non ha che un imperativo: contribuire alla scienza»). Al contrario Galileo sottolinea come le scoperte scientifiche siano sempre state utilizzate dal potere politico e spirituale per mantenere la popolazione in uno stato di soggezione e di timore. Allo scienziato spetta quindi il compito non solo di realizzare nuove scoperte, ma anche di **vigilare sul loro uso**. Galileo giudica quindi severamente il proprio cedimento di fronte alle intimidazioni dei potenti, profetizzando che esso aprirà la strada a un **uso distorto della scienza** e a un progresso foriero di sventure, che coinciderà con «un progressivo allontanamento dall'umanità».

Galileo: un personaggio complesso Nel finale del dramma, Brecht delinea un'immagine di Galileo per certi aspetti ambigua, frutto del lungo travaglio che accompagna la composizione dell'opera. Galileo è senza dubbio una figura antieroica e negativa, che per sua stessa ammissione ha abdicato per paura al proprio impegno morale e sociale, compromettendosi con il potere. Tuttavia, la lucidità con cui lo scienziato si autoaccusa, affermando di aver «tradito la *sua* professione» aprendo la strada a un uso improprio della scienza, riscatta in parte il personaggio, lasciando trasparire la fragilità e la debolezza di un uomo incapace di quell'eroismo che la situazione e i tempi richiederebbero. Brecht, quindi, non esprime un giudizio esplicito o troppo severo sulle vicende rappresentate, chiamando in causa lo spettatore e stimolandolo a una riflessione personale e critica.

Un teatro didattico La struttura del testo chiarisce in modo evidente la **finalità didascalica** dell'opera di Brecht, che non mira a una ricostruzione accurata della fisionomia storica di Galilei, ma ne fa una sorta di **emblema dello scienziato di ogni tempo**, chiamato a operare scelte etiche fondamentali. Spinto dal desiderio di **indurre il pubblico alla riflessione** e non all'immedesimazione con i personaggi, l'autore riduce le parti più dinamiche della rappresentazione per lasciare ampio spazio al **monologo di Galileo**, che riassume il senso dell'intera opera.

Lo stile, scarno ed essenziale, procede in **modi rigorosamente argomentativi**, fatta eccezione per qualche **rara immagine metaforica** di grande suggestione, come nella battuta finale, che attraverso l'immagine della notte «chiara» sembra lasciare aperta **una prospettiva di speranza**.

Lavoriamo sul testo

COMPRENSIONE

1 Qual è il motivo dell'entusiasmo iniziale di Andrea Sarti? Per quale ragione egli modifica il suo precedente giudizio sull'abiura di Galileo?
2 Quali episodi della vita di Galileo vengono ricordati da Andrea nella prima parte del brano?
3 Quali motivazioni adduce lo scienziato per giustificare la sua abiura?

ANALISI E INTERPRETAZIONE

4 Di quale visione della scienza si fa interprete Andrea?
5 Che cosa intende dire Galileo quando afferma che la scienza deve svolgere «due battaglie» (r. 88)?

6 Per quale motivo Galileo afferma di non essere più degno di essere considerato un uomo di scienza e di aver tradito la sua professione?
7 Nel monologo di Galileo, in quali punti emerge più chiaramente l'allusione alla realtà contemporanea, segnata dall'uso bellico delle scoperte sull'atomo?

SCRITTURA E APPROFONDIMENTI

8 Il problema del rapporto tra scienza e potere e la questione relativa ai limiti e agli usi delle scoperte scientifiche sono di grande rilievo anche ai giorni nostri. Rifletti criticamente su questa problematica in un breve testo scritto, di carattere argomentativo.

Frederic Ewen, *L'anno di Galileo*

In *Bertolt Brecht. La vita, le opere, i tempi*, Frederic Ewen racconta la genesi della *Vita di Galileo*, un testo che riflette su una vicenda del lontano passato per illuminare il presente di una Germania oppressa dalla dittatura nazista.

Il 1938 non fu certo un anno tale da ispirare euforia o eccessive speranze per il futuro. Fu l'anno di Monaco, dell'occupazione nazista dell'Austria e della Cecoslovacchia, degli ultimi tempi della Repubblica spagnola.
Ma fu anche l'anno fatale che aprì l'era atomica!
Nel suo diario, Brecht annotò il 23 novembre 1938: «Terminata *La vita di Galileo*».
Così nel profondo delle tenebre, Brecht salutava la nuova era.
L'idea embrionale di questo dramma si era andata sviluppando nella sua mente da un certo tempo, e già prima dell'evento che segnò l'inizio di un'epoca aveva terminato un primo abbozzo dal titolo *Eppur si muove! (Die Erde bewege sich)*. Ora le implicazioni dei nuovi progressi scientifici costituirono per lui uno stimolo ulteriore. Con quell'impegno e quella curiosità scientifica che sempre caratterizzavano il suo lavoro preparatorio, si accinse ad esaminare la natura e le conseguenze della nuova rivoluzione nel campo delle scienze fisiche.
Brecht, come sappiamo, non era uomo da immergersi nella storia allo scopo di dimenticare il presente. Ora gli sembrava importante occuparsi del passato. Hitler e i nazisti si erano spinti molto lontano nel compito di riscrivere la storia, di falsarla e di propalarne delle versioni distorte per motivare la loro «missione» storica. Né si limitarono ad una semplice manipolazione. Tutti i settori della cultura furono sottoposti a una revisione. L'insigne Philipp Lenard, vincitore di un Premio Nobel, aveva espulso Albert Einstein dall'associazione degli scienziati, e stava scrivendo un trattato in quattro volumi di *Fisica tedesca*, libera da influenze «ebraiche».
Era quindi necessario ricostruire il passato storico nella sua realtà, liberandolo da interpretazioni metafisiche, mistiche e razziste, metterlo in relazione col presente in modo che questo ne risultasse illuminato. Era essenziale che l'uomo riscoprisse le possenti fonti del pensiero progressista, e stabilisse così la continuità di una tradizione democratica militante. Brecht non era l'unico ad avvertire quest'esigenza. Nel campo di concentramento francese di Le Fernet, Friedrich Wolf scriveva un dramma storico su Beaumarchais e le origini della Rivoluzione Francese. Grandi romanzieri come Thomas Mann, Heinrich Mann e Lion Feuchtwanger, si servivano del presente per approfondire la loro comprensione della storia.
Era naturale che Brecht cercasse di porre in rapporto fra loro la grande rivoluzione scientifica contemporanea e l'altra rivoluzione, che aveva dato vita alla scienza moderna e non si poteva disgiungere da Galileo Galilei e dai suoi *Discorsi*.

F. Ewen, *Bertolt Brecht. La vita, l'opera, i tempi*, traduzione di A. D'Anna, Milano, Feltrinelli, 2005

Beckett e il teatro dell'assurdo

Il teatro dell'assurdo Nel secondo dopoguerra si sviluppa in Europa il cosiddetto «teatro dell'assurdo» che, affermatosi dapprima in Francia con l'opera di **Jean Genet** (1910-1986), trova poi i suoi rappresentanti più significativi in **Eugène Ionesco**, **Samuel Beckett** e, più tardi, nell'inglese **Harold Pinter** (1930-2008).
Questi autori sono accomunati dalla tendenza a rappresentare il **carattere assurdo e insensato dell'esistenza** umana, il senso di **vuoto e solitudine dell'uomo moderno**, preda di sensazioni riconducibili in parte al contesto storico (l'orrore del nazismo e della guerra mondiale, la minaccia della distruzione atomica) e sociale (la vacuità delle convenzioni borghesi).

La tematica dell'assurdo, inizialmente legata alla filosofia dell'**Esistenzialismo** e alla sua riflessione sulla posizione dell'uomo rispetto al nulla, trova la sua prima espressione nelle opere teatrali di Albert **Camus** (*Caligola*, 1944) e Jean-Paul **Sartre** (*Le mani sporche*, 1948), ma è solo con Beckett e Ionesco che il testo teatrale viene sottoposto a un profondo stravolgimento, al fine di **trasmettere il non-senso dell'esistenza** attraverso il ricorso a un **teatro antirealistico** e a un costante **effetto di straniamento**. L'azione non si svolge più secondo un intreccio plausibile e conseguenziale, ma risulta costituita da **eventi slegati tra di loro** o scarsamente coordinati.
Viene meno anche ogni criterio di verosimiglianza scenica e persino la comprensibilità del testo risulta compromessa da uno scambio di **battute prive di senso o fuori contesto**, dando così vita a un dialogo che rimanda all'**incomunicabilità che domina la so-**

cietà contemporanea. Un rilievo particolare assume la scenografia, spesso dotata di espressività simbolica oppure assemblata in modo da non rispondere a criteri realistici, bensì allegorici.

Samuel Beckett Nato a **Dublino** nel 1906 e morto a Parigi nel 1989, Samuel Beckett si trasferisce in Francia nel 1927 e a partire dal 1945 **scrive le sue opere in francese**. In questa lingua è redatto inizialmente anche il suo primo e più fortunato testo teatrale, intitolato *Aspettando Godot* (*En attendant Godot*) e rappresentato nel **1953**.
Protagonisti del dramma sono due mendicanti, Vladimiro ed Estragone, che in una strada di campagna **aspettano l'arrivo di un misterioso personaggio**, Godot. L'unica interruzione ai loro dialoghi privi di senso è costituita dall'arrivo di Pozzo, che reca al guinzaglio il suo servo Lucky. Alla loro partenza giunge un ragazzo che li informa che Godot per quel giorno non verrà, ma li raggiungerà l'indomani. Il secondo atto – corrispondente al secondo giorno di attesa – vede ripetersi con poche varianti la medesima situazione: l'attesa dei due protagonisti, l'arrivo di Pozzo e Lucky (divenuti l'uno cieco e l'altro muto) e il nuovo annuncio del mancato arrivo di Godot. Di nuovo, Vladimiro ed Estragone si propongono di andarsene, ma **restano immobili** sulla scena. L'opera si svolge quindi nell'**attesa di un'improbabile salvezza** e nella speranza dell'arrivo di un personaggio che i critici hanno interpretato nei modi più vari (Dio, la morte, la libertà politica), ma che incarna piuttosto il **senso della propria esistenza**, che all'uomo moderno appare sempre più come un irraggiungibile miraggio. Attraverso i **dialoghi surreali** dei due protagonisti, Beckett propone quindi una **grottesca allegoria dell'assurdo della vita**, solo in parte compensata dalla presenza di un compagno di sventura.
Tematiche analoghe, accompagnate dall'adozione di modalità rappresentative altrettanto innovative, caratterizzano anche le opere successive di Beckett, tra cui spicca *Finale di partita* (1957), in cui in uno scenario apocalittico dove la natura è scomparsa e gli uomini sono ridotti a relitti si svolge il dialogo tra Hamm, cieco e paralizzato, i suoi genitori e il suo servitore, in un'impietosa rappresentazione di un dolore esistenziale grottesco e senza rimedio. Tra le ultime opere di Beckett – che ottenne il **Premio Nobel** nel 1969 – ricordiamo *L'ultimo nastro di Krapp* (1960) e *Giorni felici* (1961).

Eugène Ionesco Al «teatro dell'assurdo» si collega anche l'opera teatrale di Eugène Ionesco (1912-1994), nato in Romania ma naturalizzato francese. Il suo esordio teatrale avviene in età matura con *La*

Samuel Beckett.

cantatrice calva (1950), una «**anticommedia**» – come recita il sottotitolo – che denuncia la **falsità delle convenzioni borghesi** e il **dramma dell'incomunicabilità**, che investe anche i legami più stretti.
La scena si svolge nel salotto dei coniugi Smith, una tipica coppia inglese che scambia con una coppia di amici battute del tutto prive di significato, giocate su una comicità paradossale e amara, che degenerano talvolta in semplici suoni. La polemica nei confronti della società contemporanea si fa più articolata in *Il rinoceronte* (1958), che mette in scena la graduale trasformazione degli abitanti di una cittadina francese in enormi e ottusi rinoceronti, con un'allegoria che allude in senso politico all'affermarsi della violenza brutale dei **totalitarismi** e, in senso più ampio, all'**alienazione dell'uomo moderno**, che nel vuoto delle convenzioni e del conformismo finisce con lo smarrire ogni residua traccia di umanità.

◯ Sosta di verifica

1 Quali sono gli autori rappresentativi del teatro dell'assurdo?

2 Su che cosa è incentrato il testo più celebre di Beckett, *Aspettando Godot*?

3 Su quali tematiche verte l'«assurdo» di Ionesco?

L'«assurdo» di Eugène Ionesco

La cantatrice calva (1950) di Ionesco si svolge all'interno di un salotto borghese, dove il signore e la signora Smith chiacchierano fra loro: inizialmente a parlare è soltanto la donna, che accumula osservazioni slegate di sconcertante banalità, mentre il marito si limita a «far schioccare la lingua». Al di là della comicità della scena, che sfiora il grottesco, il messaggio profondo del testo è amaro e inquietante: persino tra marito e moglie non esiste più nessuna possibilità di comunicazione. Dalla *pièce* proponiamo la prima scena.

Interno borghese inglese, con poltrone inglesi. Serata inglese. Il signor Smith, inglese, nella sua poltrona e nelle sue pantofole inglesi, fuma la sua pipa inglese e legge un giornale inglese accanto a un fuoco inglese. Porta occhiali inglesi; ha baffetti grigi, inglesi. Vicino a lui, in un'altra poltrona inglese, la signora Smith, inglese, rammenda un paio di calze inglesi. Lungo silenzio inglese. La pendola inglese batte diciassette colpi inglesi.

SIGNORA SMITH   Già le nove. Abbiamo mangiato minestra, pesce, patate al lardo, insalata inglese. I ragazzi hanno bevuto acqua inglese. Abbiamo mangiato bene questa sera. La ragione si è che abitiamo nei dintorni di Londra e che il nostro nome è Smith.

SIGNOR SMITH   (*continuando a leggere, fa schioccare la lingua*)

SIGNORA SMITH   Le patate sono molto buone col lardo, l'olio dell'insalata non era rancido. L'olio del droghiere dell'angolo è di qualità assai migliore dell'olio del droghiere di fronte, ed è persino migliore dell'olio del droghiere ai piedi della salita. Non voglio dire però che l'olio di costoro sia cattivo.

SIGNOR SMITH   (*continuando a leggere, fa schioccare la lingua*)

SIGNORA SMITH Ad ogni modo l'olio del droghiere dell'angolo resta il migliore…

SIGNOR SMITH   (*continuando a leggere, fa schioccare la lingua*)

SIGNORA SMITH Questa volta Mary ha cotto le patate proprio a dovere. L'ultima volta non le aveva fatte cuocere bene A me piacciono solo quando sono ben cotte.

SIGNOR SMITH   (*continuando a leggere, fa schioccate la lingua*)

SIGNORA SMITH Il pesce era fresco. Mi sono persino leccata i baffi. Ne ho preso due volte. Anzi, tre. Mi farà andar di corpo. Anche tu ne hai preso tre volte. Però la terza volta ne hai preso meno delle due volte precedenti, mentre io ne ho preso molto di più. Ho mangiato meglio di te, questa sera. Come si spiega? Di solito, tu mangi più di me. Non è certo l'appetito che ti manca.

SIGNOR SMITH   (*fa schioccare la lingua*).

SIGNORA SMITH   Tutto sommato però la minestra era forse un po' troppo salata. Aveva più sale in zucca di te. Ah, ah, ah. Aveva pure troppi porri e troppa poca zucca e cipolla. Mi dispiace di non aver suggerito a Mary di aggiungere un po' di anice stellato. La prossima volta saprò come regolarmi.

SIGNOR SMITH   (*continuando a leggere, fa schioccare la lingua*)

SIGNORA SMITH   Il nostro bambino avrebbe voluto bere della birra, un giorno o l'altro non lo terrà più nessuno. Ti rassomiglia. Hai visto, a tavola, come fissava la bottiglia? Ma io gli ho riempito il bicchiere con l'acqua della caraffa. Aveva sete e l'ha bevuta. Elena invece assomiglia a me: brava donna di casa, economa, suona il piano. Non chiede mai di bere birra inglese. È come la più piccola, che beve solo latte e non mangia che pappa. Da ciò si può capire che ha appena due anni. Si chiama Peggy[1]. Il pasticcio di cotogne e fagioli era formidabile. Alla frutta avremmo forse potuto concederci un bicchierino di borgogna australiano, ma non ho voluto mettere in tavola il vino per non dare ai ragazzi un cattivo esempio di golosità. Bisogna insegnar loro ad essere parchi e misurati nella vita.

SIGNOR SMITH *continuando a leggere, fa schioccare la lingua*).

SIGNOR SMITH   (*continuando a leggere, fa schioccare la lingua*)

SIGNORA SMITH La signora Parker conosce un droghiere rumeno, chiamato Popesco Rosenfeld, che e appena arrivato da Costantinopoli. È un gran specialista in yoghurt. È diplomato alla scuola dei fabbricanti di yoghurt di Adrianopoli. Domani andrò da lui a comprare una grossa pentola di yoghurt rumeno folklonstico. Non si trovano sovente cose così nei dintorni di Londra.

SIGNOR SMITH (*continuando a leggere, fa schioccare la lingua*). […]

SIGNOR SMITH Beninteso. (*Pausa. Sempre col giornale in mano*) C'è una cosa che non capisco. Perché nella rubrica dello stato civile è sempre indicata l'età dei morti e mai quella dei nati? È un controsenso.

SIGNORA SMITH Non me lo sono mai domandato!

Silenzio. La pendola non suona affatto.

E. Ionesco, La cantatrice calva, a cura di G. R. Morteo, Torino, Einaudi, 1958

1. Si chiama Peggy: la battuta suona paradossale, poiché il marito dovrebbe conoscere il nome di sua figlia.

Samuel Beckett
Un'attesa infinita

Aspettando Godot, atto I e atto II

I brani che seguono sono tratti rispettivamente dalla parte iniziale e da quella conclusiva di Aspettando Godot di Samuel Beckett.
La scena iniziale e quella finale del dramma rispresentano, con minime variazioni, la medesima situazione. In un paesaggio spoglio, i due mendicanti Vladimiro ed

Estragone aspettano l'arrivo di Godot, incerti persino sul luogo e sulla data dell'appuntamento. I loro dialoghi al limite del non-senso, densi di ripetizioni e di domande retoriche, denunciano la loro esasperazione ma anche l'impossibilità di rinunciare a una speranza che pure sembra destinata a non realizzarsi.

	VLADIMIRO Puah! (*Sputa per terra*).
	ESTRAGONE (*ritorna al centro della scena e guarda verso il fondo*) Un luogo incantevole. (*Si volta, avanza fino alla ribalta, guarda verso il pubblico*) Panorami ridenti[1]. (*Si volta verso Vladimiro*) Andiamocene.

> **La situazione di partenza, bloccata tra attesa e desiderio di fuga, resterà inalterata in tutta l'opera.**

    VLADIMIRO   Non si può.
5   ESTRAGONE   Perché?
    VLADIMIRO   Aspettiamo Godot.
    ESTRAGONE   Già, è vero. (*Pausa*). Sei sicuro che sia qui?
    VLADIMIRO   Cosa?
10   ESTRAGONE   Che lo dobbiamo aspettare.
    VLADIMIRO   Ha detto davanti all'albero[2]. (*Guardano l'albero*). Ne vedi altri?
    ESTRAGONE   Che albero è?
    VLADIMIRO   Un salice, direi.
    ESTRAGONE   E le foglie dove sono?
15   VLADIMIRO   Dev'essere morto.
    ESTRAGONE   Finito di piangere.
    VLADIMIRO   A meno che non sia la stagione giusta.
    ESTRAGONE   Ma non sarà poi mica un arboscello?
    VLADIMIRO   Un arbusto.
20   ESTRAGONE   Un arboscello.
    VLADIMIRO   Un… (*S'interrompe*) Cosa vorresti insinuare? Che ci siamo sbagliati di posto?
    ESTRAGONE   Dovrebbe essere già qui.
    VLADIMIRO   Non ha detto che verrà di sicuro.
25   ESTRAGONE   E se non viene?
    VLADIMIRO   Torneremo domani.
    ESTRAGONE   E magari dopodomani.
    VLADIMIRO   Forse.
    ESTRAGONE   E così di seguito.
30   VLADIMIRO   Insomma…
    ESTRAGONE   Fino a quando non verrà.

---

1. Panorami ridenti: la battuta, evidentemente ironica, è rivolta al pubblico.
2. davanti all'albero: Beckett fa riferimento a un'espressione figurata francese (*attende moi sous l'orme*, letteralmente: "aspettatemi sotto l'olmo") usata ironicamente da chi sa già che non verrà, per cui l'attesa nei pressi dell'albero risulta vana.

	VLADIMIRO	Sei spietato.
	ESTRAGONE	Siamo già venuti ieri.
	VLADIMIRO	Ah no! Non esagerare, adesso.
35	ESTRAGONE	Cosa abbiamo fatto ieri?
	VLADIMIRO	Cosa abbiamo fatto ieri?
	ESTRAGONE	Sì
	VLADIMIRO	Be'… *(Arrabbiandosi)* Per seminare il dubbio sei un campione.
	ESTRAGONE	Io dico che eravamo qui.
40	VLADIMIRO	*(con un'occhiata circolare)* Forse che il posto ti sembra familiare?
	ESTRAGONE	Non dico questo.
	VLADIMIRO	E allora?
	ESTRAGONE	Ma non vuol dire.
	VLADIMIRO	Però, però… Quell'albero… *(voltandosi verso il pubblico)*… quella tor-
45		biera[3].
	ESTRAGONE	Sei sicuro che era stasera?
	VLADIMIRO	Cosa?
	ESTRAGONE	Che bisognava aspettarlo?
	VLADIMIRO	Ha detto sabato. *(Pausa)*. Mi pare.
50	ESTRAGONE	Dopo il lavoro.
	VLADIMIRO	Devo aver preso nota. *(Si fruga in tutte le tasche, strapiene di ogni sor-ta di cianfrusaglie)*.
	ESTRAGONE	Ma quale sabato? E poi, è sabato oggi? Non sarà poi domenica? O lunedì? O venerdì?
55	VLADIMIRO	*(guardandosi intorno, affannatissimo come se la data fosse scritta sul pa-esaggio)* Non è possibile.
	ESTRAGONE	O giovedì.
	VLADIMIRO	Come si fa?
	ESTRAGONE	Se si è scomodato per niente ieri sera, puoi star sicuro che oggi non
60		verrà.
	VLADIMIRO	Ma tu dici che noi siamo venuti, ieri sera.
	ESTRAGONE	Potrei sbagliarmi. *(Pausa)*. Stiamo un po' zitti, se ti va.
		[…]
	ESTRAGONE	Che hai?
65	VLADIMIRO	Niente.
	ESTRAGONE	Io me ne vado.
	VLADIMIRO	Anch'io. *(Silenzio)*.
	ESTRAGONE	È da tanto che dormivo?
	VLADIMIRO	Non so. *(Silenzio)*.
70	ESTRAGONE	Dove andiamo?
	VLADIMIRO	Non lontano.
	ESTRAGONE	No, no, andiamocene lontano di qui!
	VLADIMIRO	Non si può.
	ESTRAGONE	Perché?
75	VLADIMIRO	Bisogna tornare domani.

Il surreale scambio di battute evidenzia la totale incertezza dei protagonisti, che non sembrano ricordare nemmeno il recente passato.

L'incertezza coinvolge persino le coordinate temporali minime di riferimento.

---

3. torbiera: *acquitrino dove si deposita la torba*; l'immagine si riferisce alla platea del teatro dove si trova il pubblico che assiste alla rappresentazione.

	ESTRAGONE	A far che?
	VLADIMIRO	Ad aspettare Godot.
	ESTRAGONE	Già, è vero. (*Pausa*). Non è venuto?
	VLADIMIRO	No.
80	ESTRAGONE	E ormai è troppo tardi.
	VLADIMIRO	Sì, è notte.
	ESTRAGONE	E se lo lasciassimo perdere? (*Pausa*). Se lo lasciassimo perdere?
	VLADIMIRO	Ci punirebbe. (*Silenzio. Guarda l'albero*) Soltanto l'albero vive[4].
	ESTRAGONE	(*guardando l'albero*) Che cos'è?
85	VLADIMIRO	È l'albero.
	ESTRAGONE	Volevo dire di che genere?
	VLADIMIRO	Non lo so. Un salice.
	ESTRAGONE	Andiamo a vedere. (*Trascina Vladimiro verso l'albero. Lo guardano immobili. Silenzio*). E se c'impiccassimo?
90	VLADIMIRO	Con cosa?
	ESTRAGONE	Non ce l'hai un pezzo di corda?
	VLADIMIRO	No.
	ESTRAGONE	Allora non si può.
	VLADIMIRO	Andiamocene.
95	ESTRAGONE	Aspetta, c'è la mia cintola.
	VLADIMIRO	È troppo corta.
	ESTRAGONE	Mi tirerai per le gambe.
	VLADIMIRO	E chi tirerà le mie?
	ESTRAGONE	È vero.
100	VLADIMIRO	Fa' vedere lo stesso. (*Estragone si slaccia la corda che gli regge i pantaloni. Questi, che sono larghissimi, gli si afflosciano sulle caviglie. Tutti e due guardano la corda*). In teoria dovrebbe bastare. Ma sarà solida?
	ESTRAGONE	Adesso vediamo. Tieni.

Ciascuno dei due prende un capo della corda e tira. La corda si rompe facendoli qua-
| 105 | | *si cadere.* |

	VLADIMIRO	Non val niente. (*Silenzio*).
	ESTRAGONE	Dicevi che dobbiamo tornare domani?
	VLADIMIRO	Sì.
	ESTRAGONE	Allora ci procureremo una buona corda.
110	VLADIMIRO	Giusto. (*Silenzio*).
	ESTRAGONE	Didi[5].
	VLADIMIRO	Sì.
	ESTRAGONE	Non posso più andare avanti così.
	VLADIMIRO	Sono cose che si dicono.
115	ESTRAGONE	Se provassimo a lasciarci? Forse le cose andrebbero meglio.
	VLADIMIRO	C'impiccheremo domani. (*Pausa*). A meno che Godot non venga.
	ESTRAGONE	E se viene?
	VLADIMIRO	Saremo salvati. (*Vladimiro si toglie il cappello – che è quello di Lucky[6] – ci guarda dentro, ci passa la mano, lo scuote, lo rimette in testa*).

La morte sembra l'unica via d'uscita da una situazione insostenibile, ma anch'essa si risolverà in una farsa.

---

4. Soltanto l'albero vive: all'inizio del secondo atto l'albero, che in precedenza sembrava morto, è «coperto di foglie».

5. Didi: è il diminutivo con cui Estragone chiama Vladimiro.

6. Lucky: il facchino schiavizzato da Pozzo.

La strana coppia ha fatto la sua comparsa sia la prima che la seconda sera.

120	ESTRAGONE	Allora andiamo?
	VLADIMIRO	I pantaloni.
	ESTRAGONE	Come?
	VLADIMIRO	I pantaloni.
	ESTRAGONE	Vuoi i miei pantaloni?
125	VLADIMIRO	Tìrati su i pantaloni.
	ESTRAGONE	Già, è vero. *(Si tira su i pantaloni. Silenzio).*
	VLADIMIRO	Allora andiamo?
	ESTRAGONE	Andiamo.

Non si muovono.

> Il finale, identico alla conclusione del primo atto, sembra suggerire che la situazione si ripeterà ciclicamente all'infinito.

S. Beckett, *Teatro*, traduzione di C. Fruttero, Torino, Einaudi, 1961

Balthus, *La strada*, 1935.

➡️ Analisi del testo

COMPRENSIONE

Nella **prima scena** Vladimiro ed Estragone, i due protagonisti del dramma, aspettano Godot in un paesaggio spoglio e deserto, animato solo da un albero stecchito. I due si scambiano battute apparentemente prive di senso, incerti non solo sul luogo e sul momento dell'appuntamento, ma persino sull'arrivo del misterioso personaggio («Non ha detto che verrà di sicuro»). Nella **scena conclusiva** i due si trovano nella **medesima situazione iniziale**, in un paesaggio solo leggermente modificato (sull'albero è spuntata qualche foglia) al termine di una giornata in cui si sono ripetuti con minime variazioni gli stessi avvenimenti della giornata precedente. I due non sembrano però avere memoria dell'accaduto e, dopo un **grottesco tentativo di suicidio**, decidono di andarsene, ma restano in realtà immobili, prolungando indefinitamente la loro attesa.

ANALISI E INTERPRETAZIONE

Un'allegoria vuota   Come risulta evidente dai due brani proposti, in *Aspettando Godot* **la trama di eventi è sostanzialmente inesistente**. Fatta eccezione per l'irruzione sulla scena di Pozzo e Lucky, i due protagonisti consumano il tempo in un'**attesa senza fine**, nella speranza continuamente frustrata che giunga il misterioso Godot. Nel testo **non viene mai rivelato chi sia Godot** (forse la morte, Dio, come farebbe pensare l'assonanza con l'inglese *God*, «Dio») e Beckett stesso non volle mai dare indicazioni precise in merito. Tutta l'opera si fonda quindi su un'allegoria vuota, che allude probabilmente alla **condizione dell'uomo moderno**, la cui vita scorre priva di ogni finalità, nell'attesa di un **evento rivelatore in grado di dare un senso all'esistenza**.

Una situazione bloccata   Ne passaggio dalla prima scena al finale dell'opera, il **ripetersi delle situazioni e delle battute** tra i personaggi sottolinea come essi siano prigionieri di una **situazione senza via d'uscita**. Costretti all'attesa («Andiamocene» / «Non si può»), essi vivono in una condizione di **continua incertezza**, senza conservare memoria neppure del loro passato più recente («Cosa abbiamo fatto ieri?»). L'esortazione e la didascalia finale, nella loro contraddittorietà, costituiscono in un certo senso la sintesi e la **cifra simbolica dell'intero testo**. La conclusione mostra infatti la **compresenza di tensione** («Andiamo») **e paralisi** (*Non si muovono*) e ribadisce l'esistenza di uno scarto incolmabile tra desiderio e realizzazione, volontà di azione e reale possibilità di agire.

La parodia del dramma borghese   Il testo costituisce per alcuni aspetti anche una raffinata parodia del «dramma borghese» di impianto tradizionale. Quest'ultimo era infatti basato su un intreccio talora complesso e sulla caratterizzazione psicologica accurata dei personaggi. In questo caso invece **i protagonisti sono tipizzati e quasi indistinguibili**. Inoltre, mentre nel dramma borghese i dialoghi erano pregnanti e densi di significato, le **battute** che Vladimiro ed Estragone si scambiano sono **vuote e quasi al limite del non-senso**, come per ribadire l'assenza di significato della loro attesa. Nell'opera di Beckett viene meno anche ogni distinzione di genere e si determina una **continua alternanza di commedia e tragedia**, come mostra il proposito suicida che finisce per lasciare il povero Estragone miseramente in mutande, in una situazione grottesca.

⬤ Lavoriamo sul testo

COMPRENSIONE

1 Dove si trovano Vladimiro ed Estragone e chi stanno aspettando?

2 Che cosa tentano di fare i due nel finale? Perché il loro tentativo fallisce?

3 Quanto tempo si immagina sia trascorso dall'inizio della scena alla fine?

ANALISI E INTERPRETAZIONE

4 Individua nel testo tutti i punti in cui i due protagonisti si mostrano incerti sul luogo e sul tempo e sulle loro azioni.

5 Perché alla fine i due protagonisti non si muovono? Che cosa simboleggia la loro immobilità?

SCRITTURA E APPROFONDIMENTI

6 Sull'identità di Godot, Beckett disse che, se avesse saputo chi era, l'avrebbe scritto nella sua opera. A tuo parere, di chi o di cosa è simbolo il misterioso personaggio? Rispondi alla domanda in un testo scritto di dieci righe.

Le «attese» di Lucio Fontana

Il concetto di attesa che domina il messaggio di *Aspettando Godot* di Beckett è quasi traslato, nella sua originaria accezione di smarrimento e angoscia dell'infinito, dalle opere concettuali dell'artista italiano Lucio Fontana (1899-1968). Le grandi tele monocrome attraversate da uno o più tagli verticali, che invitano lo sguardo dell'osservatore su uno spazio indefinito al di là della superficie, sono emblema di una condizione umana «sospesa» nell'eterna attesa di qualcosa: non a caso queste opere prendono il sottotitolo di *Attese* o di *Attesa* nel caso in cui presentino un solo «taglio». Fondamentale è anche la loro relazione alle coeve scoperte della scienza, alle riflessioni sull'infinito e sulla relatività di Einstein. «Ormai nello spazio non c'è più misura», precisava lo stesso Fontana in un'intervista raccolta da Carla Lonzi nel suo libro *Autoritratto* (1969). «Vedi, adesso, l'infinito… nella Via Lattea ormai sono miliardi… il senso della misurazione del tempo è finito… e allora, ecco, il nulla, l'uomo si riduce a niente. E l'uomo ridotto a niente non vuol dire che si distrugge. Diventa un uomo semplice come una pianta, come un fiore, e, quando sarà puro così, l'uomo sarà perfetto. […] Io cerco di rappresentare il vuoto. L'umanità, accettando l'idea dell'infinito, ha già accettato l'idea del nulla». I numerosi tagli sulla tela aprono un varco verso uno spazio ulteriore, oscuro, che richiama l'infinito e restituisce anche l'inquietudine dell'ignoto. «C'è l'infinito là dentro», confessò infatti l'artista in un'intervista rilasciata a Umberto Eco nel 1965. Rispetto ai primi *Concetti spaziali* anteriori di un decennio, i «tagli» realizzati alla fine degli anni Sessanta si caratterizzano per la scelta preferenziale di tele monocrome (specialmente rosse, blu, gialle e bianche) e per la maggiore estensione dei tagli stessi, non più fenditure concise, bensì squarci estesi e allungati.

Lucio Fontana, *Concetto spaziale. Attese*, 1968.

Il teatro del Novecento in Italia

Il panorama del primo Novecento
Anche in Italia il Novecento si apre all'insegna dello **sperimentalismo delle Avanguardie** e delle provocazioni del **movimento futurista**, che si propone di innovare le scene rompendo ogni legame con la tradizione del teatro naturalista. Centrale è il ruolo del fondatore Filippo Tommaso **Marinetti** (1876-1944), impegnato a creare un teatro «sintetico», cioè in grado di «stringere in pochi minuti, in poche parole e in pochi gesti innumerevoli situazioni, sensibilità, idee, sensazioni, fatti e simboli». Il *Manifesto del teatro futurista sintetico* (1915) propone infatti di perseguire un ideale di **dramma dinamico e brevissimo**, in cui concentrare il vitalismo della modernità con una scrittura «simultanea» e alogica.

Nonostante questi esperimenti elitari il teatro italiano del primo Novecento è comunque caratterizzato dal prevalere di **commedie disimpegnate e brillanti**, che ottengono grande successo presso un pubblico in cerca soprattutto di evasione. Nel periodo tra le due guerre il regime fascista, ben comprendendo l'utilità del teatro come strumento di organizzazione del consenso e diffusione della propaganda, si impegna nel tentativo di **sviluppare un «teatro di massa»**, offrendo cospicui **finanziamenti ai primi teatri stabili**. Tra il 1925 e il 1928 beneficia di questa politica anche il Teatro d'arte di **Luigi Pirandello** (1867-1936), autore che, al di là della sua parziale compromissione con il regime, domina con la sua opera il panorama di questi decenni, affermandosi anche all'estero e influenzando i futuri sviluppi del teatro dell'assurdo.

«Teatro di parola» e Neoavanguardia
Dopo la Seconda guerra mondiale, il teatro italiano conosce una rinnovata fioritura, grazie anche all'affermarsi di **importanti registi** tra cui **Giorgio Strehler** che, in associazione con Paolo Grassi, fonda nel 1947 il Piccolo Teatro di Milano. Dopo una parziale ripresa del teatro realistico che coincide con l'avvento del Neorealismo, nella seconda metà del secolo i drammaturghi sperimentano varie vie, dal recupero della tradizione alla ricerca di nuovi linguaggi, mantenendo comunque una forte caratterizzazione letteraria della scrittura teatrale. Al teatro si dedica a partire dagli anni Sessanta Pier Paolo **Pasolini** (1922-1975), prima attraverso l'originale traduzione di testi classici e in seguito con opere in cui ricorre il tema del passaggio dalla civiltà contadina preindustriale alla cultura tecnologica e al **dominio del capitalismo**. Attraverso la **rilettura dei miti classici**, con-

taminati con la tradizione medievale e barocca, Pasolini porta avanti l'idea di un **«teatro di parola»** in cui il testo scritto si riappropria di quell'intensità di significato che era andata persa nella produzione post-pirandelliana. In opere di impostazione tragica come *Affabulazione, Orgia, Pilade o Porcile* egli si contrappone quindi implicitamente anche alla Neoavanguardia, che tende invece a svalutare il valore della parola a vantaggio dell'espressione corporea, del «gesto» e dell'azione scenica.

I risultati più significativi degli **anni Sessanta e Settanta** provengono dall'ambiente della **Neoavanguardia**, che sviluppa una drammaturgia lontana dalle strutture tradizionali del teatro borghese e caratterizzata da **opere fortemente sperimentali**, che ricorrono a moduli espressivi basati sull'accumulo di materiale verbale, sulla recitazione in contemporanea di più attori, sulla deformazione espressionistica e la contaminazione gergale. A simili esperienze è legato il teatro di **Giovanni Testori** (1923-1993), i cui testi più significativi (*Ambleto*, *Macbetto*, *Edipus*) delineano un **orizzonte tragico**, espresso però in **forma declassata e talvolta parodiata** e con un uso spregiudicato del linguaggio. Queste scelte restano costanti anche dopo la conversione al cattolicesimo (*Conversazione con la morte, Factum est, In exitu*), che diventa per Testori occasione per esprimere la drammatica condizione esistenziale di un uomo immerso in un mondo sempre più caotico e misterioso. La sperimentazione formale è al centro anche della produzione teatrale di **Edoardo Sanguineti** (1930-2010), che nei suoi testi più significativi (*K, Passaggio, Traumdeutung*), utilizza la parola come strumento di regressione alle dinamiche istintuali dell'in-

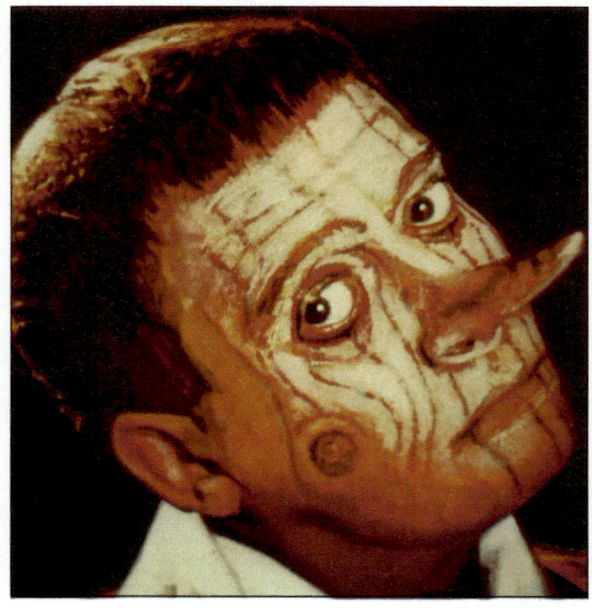

Carmelo Bene.

conscio e come espressione dell'insensatezza e dell'incomunicabilità del mondo moderno.

Fra scrittura e recitazione

Mentre i letterati tendono a comporre testi teatrali concepiti più per la lettura che per la rappresentazione, a registi e attori si devono alcune delle opere più fortunate del teatro degli ultimi decenni. È il caso sia di **Eduardo De Filippo**, che attinge alla tradizione del teatro napoletano dialettale, sia di **Dario Fo** e delle sue opere ideologicamente impegnate e sperimentali.

Un'interessante tendenza sperimentale caratterizza invece l'attività teatrale di **Carmelo Bene** (1937-2002), la cui attività di autore, attore e regista si realizza per lo più attraverso la **riscrittura dei classici**, soprattutto di Shakespeare. Pur partendo da uno spunto letterario, egli si riappropria della lezione surrealista, arrivando a concepire il **teatro come provocazione e intervento sul presente**, rifiutando l'idea canonica del repertorio e sfruttando in modo originale e provocatorio la gestualità e le proprie istrioniche abilità di attore. Tra le sue opere più significative ricordiamo, oltre alle numerose **riletture dell'*Amleto***, *Nostra Signora dei Turchi* (1966) e *Romeo e Giulietta (storia di Shakespeare) secondo Carmelo Bene* (1976). A partire dagli **anni Ottanta** si è infine affermata un «**ritorno alla parola**», in cui l'attore, posto al centro della scena, **monologa rievocando e interpretando eventi spesso tratti dalla storia recente e dalla cronaca**. Nasce così il cosiddetto «**teatro di narrazione**», fondato sul recupero dell'oralità e della sua capacità memoriale e rievocativa, intesa come una sorta di terapia per una civiltà dominata dai *media* televisivi e minacciata dalla perdita di identità e di memoria storica. Fanno parte di quest'ambito autori come **Ascanio Celestini**, **Marco Baliani** e **Marco Paolini**, autore nel 1994 insieme a Gabriele Vacis de *Il racconto del Vajont*.

⭕ Sosta di verifica

1 Come si configura il panorama teatrale italiano del primo Novecento?

2 Che cos'è il «teatro di parola» e da quali autori è rappresentato?

3 Come si caratterizzano le sperimentazioni teatrali della Neoavanguardia?

4 Quali caratteristiche accomunano le figure di Dario Fo, Eduardo De Filippo e Carmelo Bene?

La parola all'autore

Avanguardia e teatro: il *Manifesto dei drammaturghi futuristi*

Provocatorio e sperimentale, il teatro futurista promosso da Marinetti irruppe sulla scena italiana con l'intensità goliardica e innovativa tipica del movimento d'avanguardia da lui creato. Pubblicato l'11 ottobre 1910 sulla rivista «Poesia», il *Manifesto dei drammaturghi futuristi*, di cui riportiamo nell'originale veste grafica quattro degli undici punti in cui si articola, è un documento essenziale a illustrare l'idea di questo nuovo teatro.

1. Noi futuristi insegniamo anzitutto agli autori **il disprezzo del pubblico** e specialmente il disprezzo del pubblico delle prime rappresentazioni, del quale possiamo sintetizzare così la psicologia: rivalità di cappelli e di *toilettes* femminili, – vanità del posto pagato caro, che si trasforma in orgoglio intellettuale, – palchi e platea occupati da uomini maturi e ricchi, dal cervello naturalmente sprezzante e dalla digestione laboriosissima, che rende impossibile qualsiasi sforzo della mente.

7. L'arte drammatica non deve fare della fotografia psicologica, ma tendere invece ad una **sintesi della vita nelle sue linee più tipiche** e più significative.

8. Non può esistere arte drammatica senza poesia, cioè senza ebbrezza e senza sintesi. Le forme prosodiche regolari devono essere escluse. Lo scrittore futurista si servirà dunque, pel teatro, del **verso libero**: mobile orchestrazione di immagini e di suoni, che passando dal tono più semplice, quando si tratti per esempio dell'ingresso di un domestico o della chiusura di una porta, possa elevarsi gradualmente, al ritmo delle passioni, in strofe cadenzate o caòtiche a volta a volta, quando si tratti di annunciare la vittoria d'un popolo o la morte gloriosa d'un aviatore.

11. Noi insegniamo infine agli autori e agli attori **la voluttà di essere fischiati**. Tutto ciò che viene fischiato non è necessariamente bello o nuovo. Ma tutto ciò che viene immediatamente applaudito, certo non è superiore alla media delle intelligenze ed è quindi *cosa mediocre, banale, rivomitata o troppo ben digerita*.

F. T. Marinetti, *Teatro*, a cura di J. Schnapp, Milano, Mondadori, 2004

Eduardo De Filippo e Dario Fo

Il realismo morale di Eduardo   Grande successo presso il pubblico hanno riscosso e continuano a riscuotere le commedie del napoletano **Eduardo De Filippo** (1900-1984), che nelle sue opere si fa interprete di un **teatro realistico ispirato alla tradizione partenopea** e dialettale. Figlio dell'attore e commediografo Eduardo Scarpetta, De Filippo esordisce nel 1920 come autore di testi farseschi destinati a essere interpretati successivamente dalla «Compagnia del teatro umoristico», da lui fondata con i fratelli Peppino e Titina. Già a questi anni risalgono testi in cui, accanto a figure che ricordano le «maschere» tradizionali, emergono **toni più meditativi** e spesso venati di tristezza, come *Natale in casa Cupiello* (1931). È però soprattutto con le opere composte nel secondo dopoguerra che De Filippo supera l'ambito locale per attribuire ai suoi personaggi e alla loro condizione esistenziale un valore più ampio e una **portata universale**, pur senza mai rinunciare alla napoletanità.

Questa più matura stagione prende avvio con *Napoli milionaria!* (1945), commedia dialettale ambientata in una **Napoli distrutta materialmente e moralmente dalla guerra**. Il protagonista, Gennaro Jovine, vive in dignitosa povertà con la famiglia ma, con l'arrivo della guerra, la moglie Amalia, sedotta dal miraggio di un facile guadagno, dà il via a una serie di loschi traffici di contrabbando, cui il marito inutilmente cerca di opporsi. Catturato dai tedeschi durante un rastrellamento, Gennaro trascorre un lungo periodo lontano dai suoi. Al suo ritorno, niente appare più come prima: i commerci clandestini di Amalia hanno portato in casa, insieme al lusso e alla ricchezza, cinismo e immoralità. A poco a poco Gennaro riuscirà però a riportare i suoi familiari sulla strada dei valori e dell'onestà.

Altri capolavori di questa fase sono *Filumena Marturano* (1946), che mette in scena le vicende di una madre che, per amore dei figli, si finge moribonda per indurre il loro padre naturale a sposarla; *Questi fantasmi* (1946), testo che ruota attorno al tema dell'adulterio, e *Le voci di dentro* (1948), la più «pirandelliana» delle commedie di Eduardo.

Dario Fo, l'ultimo giullare   Il riconoscimento del Premio Nobel per la letteratura giunge nel 1997 a coronare l'intensa attività teatrale di Dario Fo, nato nel 1926 a Sangiano, in provincia di Varese, e affermatosi a partire dagli anni Sessanta come **attore, autore e regista teatrale**. Fo esordisce come autore con **commedie di tono grottesco** – tra cui *Settimo:*

ruba un po' meno (1964) – in cui la farsa si unisce alla satira di costume e a un notevole **impegno politico e sociale**, volto a denunciare l'oppressione esercitata dalle varie forme di potere (economico, mediatico e politico) sulle masse. A questo intento di denuncia si collega anche *Morte accidentale di un anarchico* (1970), ricostruzione polemica e irridente della vicenda di Giuseppe Pinelli, un anarchico caduto da una finestra in circostanze non chiare mentre era sottoposto a un interrogatorio di polizia.

I risultati più originali del teatro di Fo vanno però ricercati nei **monologhi** in cui l'autore si propone di reinterpretare, attualizzandolo, il ruolo del **giullare** nel teatro popolare del Medioevo. Della tradizione giullaresca Fo riprende l'intento di **polemica nei confronti del potere** e di **denuncia dell'ingiustizia** che colpisce i più deboli. La tecnica espressiva di Fo è basata sull'improvvisazione e sull'utilizzo di un **linguaggio composto**, che spazia dal recupero dei dialetti alla loro contaminazione, fino alla creazione di un linguaggio d'invenzione di base padana (il cosiddetto *grammelot*) ottenuto assemblando suoni onomatopeici di differenti idiomi.

Mistero buffo   L'acceso sperimentalismo linguistico e l'uso del *grammelot* caratterizzano sul piano formale il testo più significativo di Fo, *Mistero buffo* (1969). L'opera è costituita da un insieme di brani in gran parte legati a temi religiosi, che si propongono di riprendere le **sacre rappresentazioni medievali** (i «misteri» appunto) reinterpretati però in chiave grottesca, in una **prospettiva popolare e «bassa»**, vicina alla critica irridente della tradizione buffonesca. *Mistero buffo* rappresenta una vigorosa presa di coscienza dell'esistenza di una **cultura popolare**, fulcro della storia del teatro ma anche di altre arti, che è sempre rimasta in secondo piano rispetto alla cultura ufficiale. Attraverso la messa in scena in chiave irridente di drammi religiosi e parabole, l'autore evoca la **vitalità inarrestabile** della cultura popolare, repressa per secoli ma capace di liberarsi simbolicamente attraverso la **forza dissacrante della risata** e dello sberleffo. Fondamentali in questo senso risultano anche le scelte linguistiche, lontane dai modelli della tradizione ma dense di espressività e sfumature parodiche.

⃝ Sosta di verifica

1   In quale lingua è scritto il teatro di Eduardo De Filippo?

2   Perché Dario Fo può essere considerato l'ultimo giullare?

3   Di che cosa tratta Mistero buffo e in che lingua è scritto?

Dario Fo
La resurrezione di Lazzaro

Di Dario Fo puoi leggere anche *La giornalista e il matto* da *Morte accidentale di un anarchico* e *L'arte dell'attore* da *Manuale dell'attore*

Mistero buffo

Presentato per la prima volta come «giullarata popolare» nel 1969, Mistero buffo appare come un insieme di monologhi ispirati a brani dei vangeli apocrifi o a racconti popolari sulla vita di Gesù. Il testo adotta una lingua reinventata, una miscela di svariati linguaggi detta «grammelot», che assume la cadenza del dialetto padano.

L'episodio riportato costituisce la riproposizione in chiave parodica della resurrezione di Lazzaro narrata nel Vangelo di Giovanni (11, 1-46). Il miracolo è raccontato dal punto di vista dei popolani, accorsi in massa per assistere all'evento. La resa della folla di curiosi è affidata alla recitazione di un unico attore che, alternandosi tra varie parti, ha il compito di dar voce alle numerose reazioni.

– Oh scusè! Oh l'è questo ol simiteri, campusanto, duè che vai a fà ol süscitamento d'ul Lassaro?
– Si, l'è quest.
– Ah bon.
5 – On mument, des palanche par entrar.
– Des palanche?
– Fasemo do[1].
– Doi palanche?! Boja, e parché?
– Parché mi a sont ol guardian d'ol simiteri e vialtri a vegnit dentar a impiascicam
10 tütu, a rüinam i sciesi e a schisciarme l'erba, e mi ho da ves cumpensat de tüti i fastidi e i scruseri che me impiantí. Doi palanche o no 's vede ol miracol.
– Bon! As ben un bel furbasso anca te, va'!
– Doi palanche anca vi altri, e no me importa se aví i fiolit, a non m'importa, anca quei varden. Si, d'acord: mesa palanca. Vai giò disgrassiat dal mür. Al voi vede ol
15 miracol a gratis, ol fürbaso! As paga, no?! Doi palanche... no, non hait pagat. Doi palanche, anca vui doi palanche par 'gní dentar.

– Scusi! È questo il cimitero, camposanto, dove vanno a fare il resuscitamento del Lazzaro?
– Sì, è questo.
– Ah bene.
– Un momento, dieci soldi per entrare.
– Dieci soldi?
– Facciamo due.
– Due soldi?! Boia, e perché?
– Perché io sono il guardiano del cimitero e voialtri venite dentro a schiacciarmi tutto, a rovinarmi le siepi e a schiacciarmi l'erba, e io devo essere ricompensato di tutti i fastidi e i danni che mi impiantate. Due soldi o non si vede il miracolo.
– Bene! Sei bene un bel furbacchione anche tu, va' là!
– Due soldi anche voialtri, e non m'importa se avete i bambini, non mi importa, anche loro guardano. Sì, d'accordo: mezzo soldo. Vai giù, disgraziato, dal muro. Vuol vedere il miracolo gratis, il furbastro! Si paga, no?! Due soldi... no, non hai pagato. Due soldi, anche voi due soldi per venire dentro.

1. **Fasemo do:** di fronte alla protesta del visitatore, il guardiano riduce la richiesta, così come poche battute dopo si accontenterà di mezzo soldo per i bambini.

– On bel furbasso quelo! Ol fa i dané coi miracoli. Ades bisogna ved 'ndua l'è ol Lassaro… Ag sarà ol nom sü la tomba! L'altra volta son gnit a vede ol miracol d'un altro, sont stai mezza giurnada a speciare e pö ol miracolo a me l'hait fait in funda là! Sunt stait chí cume un babie, un baltroc, a vardag. Ma sta volta ca so al nom, me sont interesat, a treuvi ol nom in sü la tumba, a sunt ol primo! Lassaro?! … (cercando) me meti… Lassaro?! me meti davanti a la tumba, a veuri vede tüt dal prinzipi. Varda! Lassaro?! E anca se treuvi la tumba cun scrit Lassaro, ca non son capaze a lezar? Bon! A beh! Induini! Sto chi. M'è 'ndai mal l'oltra volta, sperom adesso. Chi ariva intorna? No, non cominzum a spigner! A sont rivai mi prem, e voi stà davanti! No m'importa se ti sie piccolo! Queli piccoli vien la matina presto a torse el posto. Furbo eh! A l'è picolo e' el vegn davanti! A fem la scaleta? I piccoli davanti, quei lunghi de drio! E peu el piccolo el riva dopo e l'è cuma s'el füss rivà prima! Non spigner, me fait andar dentar la tumba! Boja! No m'interessa, stiè indrio! Eh?! Ah! Le done, anca lor i spigne adesso!

– No ariva? No è ora de sto miracolamento?

– No gh'è un quai vügn ca conoss stu Jesus Cristo, che ol pò andà a ciamarlo, che nüm sem arivadi, no? 'N se pò aspeciare sempre pai miracoli, no?

– O dit un urari, o rivare, no?

– Cadreghe! Chi vole cadreghe?! Done! Cateve 'na cadrega! Doi bajochi 'na cadrega! Catè 'na cadrega par insetarve, done! Che quando gh'è ol miracolamento e ol santo el fa vegní feura ul Lassaro in pie, c'ul parla, ul canta, ul se move, ve catè un tal stremizio, quant de li a renta, par de dre, andarí dentra a picar par tera su una bocia, un sas, cu' la testa, e restet cupadi! Morti! E ul santo ne fa ün solamente de miracolamento, int un ziorno, eh! Cateve! Cateve la cadrega! Doi bajochi!

– Un bel furbo quello! Fa i soldi con i miracoli. Adesso bisogna vedere dov'è il Lazzaro. Ci sarà il nome sulla tomba! L'altra volta sono venuto a vedere il miracolo di un altro, sono stato mezza giornata ad aspettare e poi il miracolo me l'hanno fatto in fondo là! Sono stato qui come un cretino a guardare. Ma questa volta che so il nome, mi sono interessato, trovo il nome sulla tomba, sono il primo! Lazzaro?! … (cercando) mi metto… Lazzaro?! mi metto davanti alla tomba, e voglio veder tutto dall'inizio. Guarda! Lazzaro?! E anche se trovo la tomba con scritto Lazzaro, che non sono capace di leggere? Va beh! Indovino! Sto qui. M'è andata male l'altra volta, speriamo adesso (che vada meglio). Chi sta venendo avanti? No, non cominciamo a spingere! Sono arrivato io prima, e voglio stare davanti! Non m'importa se tu sei piccolo! Quelli piccoli vengono la mattina presto a prendersi il posto. Furbo, eh! È piccolo e viene davanti! Facciamo la scaletta? I piccoli davanti, quelli lunghi di dietro! E poi il piccolo arriva dopo ed è come se fosse arrivato prima! Non spingere, mi fai andare dentro la tomba! Boia! Non mi importa, state indietro. Eh? Ah! Le donne, anche loro spingono, adesso!

– Non arriva? Non è ora per 'sto miracolo?

– Non c'è qualcuno che conosca questo Gesù Cristo, che possa andare a chiamarlo, che noi siamo arrivati, no? Non si può aspettare sempre per i miracoli, no?

– Mettete un orario e rispettatelo, no?

– Seggiole! Chi vuole seggiole? Donne! Prendetevi una seggiola! Due soldi una sedia! Prendete una sedia per sedervi, donne! Che quando c'è il miracolo e il santo fa venir fuori il Lazzaro in piedi, che parla, canta, si muove, vi prendete uno spavento quando gli lucicheranno gli occhi (vivi) che andrete a sbattere di dietro e a picchiare per terra su un sasso con la testa e resterete ammazzate! Morte! E il santo ne fa uno solo di miracolo in un giorno. Prendetevi una sedia! Due soldi!

– Ohi, nol pense propri che a fà dané, eh!

– Alora, a gh'è nisün che o vaga...[2]?

– No spigner! No m'interessa!

– No muntár sü le cadréghe! Ah furbo! L'hai vist? Ol pículu as piassa sü le cadréghe!

45 – E non appogiare, eh! cu gh'è la tumba che...[3]

– Ariva? Non ariva!

– Sardele! Dolze le sardele! Doi bajochi le sardele! Dolze! Brustolide! Bone! Bone le sardele! Che fa suscitare i morti! Bone! Doi palanche!

– Sardele, sardele, daghen un cartocio al Lazzaro, ca'l se prepara ul stomego!

50 – Cito, blasfémo!

– Boni!

– Ul riva! Ul riva! L'è chi!

– Chi l'è? cu l'è?

– Jesus.

55 – Qual'è?

– Quelo negru? Uh, che ogio catívu!

– Ma no! Quelu l'e ol Marco[4]!

– Quelo de drio?

– Qual'è? Quelo alto?

60 – No, quel picolin.

– Quel fiulin?

– Quelo li cun la barbeta.

– Oh ma 'l par un fiulin, boja!

– Varda! Gh'è de dre tüti!

– Ohi, pensa proprio solo a fare soldi, eh!

– Allora, non c'è nessuno che vada...

– Non spingere! Non m'interessa!

– Non salire sulle sedie! Ah furbo! Avete visto? Il piccolo si piazza (in piedi) sulle sedie!

– E non (ti) appoggiare che c'è la tomba (davanti) che...

– Arriva? Non arriva!

– Sardelle! Dolci le sardelle! Due soldi le sardelle! Dolci! Abbrustolite! Buone! Buone le sardelle! Che fanno resuscitare i morti! Due soldi!

– (Chiamando) Sardelle, sardelle... danne un cartoccio al Lazzaro che si prepara lo stomaco!

– Zitto, blasfemo! – Buoni!

– Arriva! Arriva! È qui!

– Chi è? qual è?

– Gesù!

– Qual è?

– Quello nero? Uh, che occhio cattivo!

– Ma no! Quello è il Marco!

– Quello dietro?

– Qual è? Quello alto?

– No, quello piccolo.

– Quel ragazzino?

– Quello lì con la barbetta.

– Oh, ma sembra un ragazzino, boia!

– Guarda! Ci sono dietro tutti!

2. A gh'è nisün che o vaga: sottinteso "a chiamare Gesù". **3.** E non... la tumba che...: sottinteso "si rischia di caderci dentro". **4.** Marco: uno degli Apostoli.

65   – Ohè! Giuvanni! Cugnussi mi el Giuvanni. Giuvanni Jesus! Che simpatic co l'è ol Jesus!

– Ohè! Guarda! Gh'è anca la Madona, gh'è tüta la parentela! Ma 'l và in turno sempar con tüta...? O là! ...

– No 'l lasseno andà in turno solengo, parché a l'è un pɔ' mato!

70   – Jesus! Sempatego! M'ha schiscià l'ögiu!

– Jesus! Jesus, fag ol miracolamento dei pessi e dei pani come l'altra volta, che i era 'si boni[5]!

– Cito, blasfemo, sta' bon!

– Silenzio! In genögio, l'ha fait segn de 'ndà in genogio, besogna pregà.

75   – 'Ndue l'è la tumba?

– Eh... l'è quela là.

– Ohia! Varda! L'ha dit de tirà sü ol tumbun!

– Oh, la piera!

– Cittu!

80   – In genögio, in genögio, sü, giu tüti in genögio, và!

– Ma mi no, no va in genögio parché no ghe credo! O bella!

– Cittu!

– Fam vedé.

– No, giò de lí, giò de la cadrega.

85   – No, lasséme montar che voi vedar!

– Boia! Ohi guarda! L'ha tirà sü ol tombon, o gh'è 'ol morto, ol gh'è dentro! Boja, ol Lassaro, euh che spüssa, s'o l'è stu tanfo?

– Boja!

– Ohè il Giovanni! Lo conosco io il Giovanni. (Chiamando) Giovanni! Gesù! Che simpatico che è Gesù!

– Oh! Guarda! C'è anche la Madonna! C'è tutta la parentela! Ma va sempre in giro con tutta... (sta gente)? Oheu! ...

– Non lo lasciano andare in giro solo, perché è un po' matto!

– (Chiamando) Gesù! Simpatico! M'ha schiacciato l'occhio!

– Gesù! Gesù, facci il miracolo dei pesci e dei pani come l'altra volta che erano così buoni!

– Zitto! Blasfemo, sta' buono!

– Silenzio! In ginocchio, ha fatto segno di mettersi in ginocchio, bisogna pregare.

– Dov'è la tomba?

– Eh... è quella là.

– Oh! Guarda! Ha detto di tirare su il tombone (la pietra tombale).

– Oh, la pietra!

– Zitto!

– In ginocchio, in ginocchio, su, giù tutti in ginocchio!

– Io no! Io non mi metto in ginocchio, perché non ci credɔ. Oh bella!

– Zitto!

– Fammi vedere.

– No! Giù di lì, giù dalla sedia.

– No! Lasciatemi salire che voglio vedere!

– Boia! Guarda! Hanno alzato la pietra, c'è il morto, è dentro boia, (è) il Lazzaro che puzza! Cos'è 'sto tanfo?

– Boia!

L'interesse per miracoli che hanno a che fare con il cibo rivela la natura popolare e volta al concreto di chi assiste all'episodio.

---

5. fag... sì boni: allusione è al miracolo della moltiplicazione dei pani e dei pesci narrata nel Vangelo (cfr. *Luca*, 5, 1-11).

– Cus'è?

90 – Cittu!

– Lassém guardà!

– O l'è impieník de vermini, de tafáni. Euh! ol sarà almanco un mese che l'è morto quelo, ul s'è disfát! Uh, la carugnada co g'han fai! Uhia che schers! No ghe la fa stavolta, povaretto!

95 – De seguro non ghe la fa, non ghe riesse! Imposibil ca l'è bon a tirar fora! O l'è marscio! Che scherso, ohh disgrassià! G'han dit tri dí co l'era morto! O l'è un mese almanco! Che figüra! Por Jesus!

– Mi digo che l'è capaz eguale! Quel l'è un santo c'ol fa ol miracolamento anca dopo un mese che l'è marscio!

100 – Mi digo che non è capaze!

– Vòi far scomessa?

– E femo scomessa!

– Deh! Doi baiocchi! Tre baiocchi! Diese baiocchi! Quel che te vol scometer.

– I tegno mi? Ti te fidi? Se fida! Se fidemo tuti? D'accordo, i tegno mi sti bajochi!

105 – Bon, ecco, fet atension! Tuti in genogio, silensio!

– Ul cossa 'l fa?

– U l'è lì ch'el prega!

– Cittu! Eh?!

– Ohia! Alzati, Lassaro!

110 – Ohl Ghe pò dire e anco cantare, sojamente i vermini che o l'è impienido ven fora! ... Alsarse? ...

– Cittu! U s'è muntà in genogio!

– Chi? Jesus?

– No, Lassaro. Boja, varda!

– Cos'è?

– Zitto!

– Lasciatemi guardare!

– È pieno di vermi, di tafani! Oheu! Sarà almeno un mese che è morto quello, s'è disfatto! Oh, che carognata che gli hanno fatto! Oh che scherzo! Non ce la fa 'sta volta, poveretto!

– Di sicuro non ce la fa, non ci riesce! Impossibile che sia buono di (che riesca a) tirarlo fuori (resuscitarlo)! È marcito! Che scherzo! Oh disgraziati! Gli hanno detto tre giorni che era morto! È un mese almeno! Che figura! Povero Gesù!

– Io dico che è capace ugualmente! Quello è un santo che fa il miracolo anche dopo un mese che è marcito!

– Io dico che non è capace!

– Vuoi far scommessa?

– E facciamo scommessa!

– Sì! Due soldi! Tre soldi! Dieci soldi! Quello che vuoi scommettere!

– Li tengo io? Ti fidi? Si fida! Ci fidiamo tutti? D'accordo, li tengo io questi soldi!

– Buoni, ecco, fate attenzione! Tutti in ginocchio, silenzio!

– Cosa fa?

– È lì che prega.

– Zitto eh!

– Ohia! Alzati, Lazzaro!

– Oh! Glielo può dire e anche cantare, solo i vermi di cui è pieno vengono fuori! Alzarsi?

– Zitto! Si è montato (alzato, messo) in ginocchio!

– Chi? Gesù?

– No! Lazzaro! Boia, guarda!

115   – Ma va', impusibil!

– Fa' vedè!

– Oh varda! ol va, ol va, l'è in pie, ol va, ol va, ol borla, ol va, ol va, sü, sü, ol va, ol va, l'è in piè!...

120   – Miracolo! Oeh! Miracolamento! Oh Jesus, dolze che ti set creatura, ca mi non credeva miga!

– Bravo Jesus!

– Ho vinciü la scumessa, da' chí. Uehi! Fa' mia ul fürbasso!

– Jesus, bravo!

– La mia borsa! Mel'han robada! Lader!

125   – Bravo Jesus!

– Lader!

– Jesus, bravo! Jesus! Bravo!... Lader...

D. Fo, *Mistero buffo*, Torino, Einaudi, 2001

– Ma va', impossibile! – Fammi vedere!

– Oh, guarda! Va, va, è in piedi, va, va, cade! Va, va su, è in piedi!

– Miracolo! Oh! Miracolamento. Oh Gesù, dolce creatura che sei, che io non credevo!

– Bravo Gesù!

– Ho vinto la scommessa, dài qui. Uehi! non fare il furbacchione!

– Gesù, bravo!

– La mia borsa! Me l'hanno rubata! Ladro!

– Bravo Gesù!

– Ladro!

– Gesù, bravo! Gesù! Bravo!... Ladro ...

Un acquarello di Dario Fo ispirato a *Mistero Buffo*.

→ Analisi del testo

COMPRENSIONE

Il brano reinterpreta l'episodio della resurrezione di Lazzaro osservandolo dal **punto di vista di un popolano**. Spinto dalla curiosità, egli giunge nel luogo in cui dovrà aver luogo l'atteso miracolo e, dopo aver dovuto pagare una sorta di biglietto d'ingresso, assiste tra la folla all'arrivo di Gesù che, tra lo stupore del pubblico, riesce nella difficile impresa di **resuscitare un cadavere ormai quasi putrefatto**. Proprio mentre si entusiasma per l'accaduto, l'anonimo popolano si accorge però che qualcuno ha approfittato della confusione… per rubargli la borsa!

Analisi e interpretazione

Tra sacro e profano Il miracolo è presentato in una **dimensione quotidiana** che sembra non avere nulla a che fare con la tradizione sacra dalla quale ci è stato tramandato. La storia sacra è infatti calata in un **clima gioioso e caotico di festa popolare** e l'effetto comico nasce proprio dal contrasto tra la solennità dell'evento miracoloso e il contesto farsesco in cui è inserito. La reinterpretazione giullaresca, pur non risultando esplicitamente blasfema – Cristo non viene rappresentato, ma solo evocato nei commenti della folla – restituisce alla **cultura popolare** le vicende narrate nel Vangelo, spogliandole dell'alone di sacralità che le ha accompagnate nei secoli e sottraendole all'interpretazione univoca della Chiesa.

Uno «spettacolo» a pagamento L'abbassamento della materia sacra si accompagna nel testo alla sua marcata spettacolarizzazione. L'evento miracoloso assume le caratteristiche di una sorta di **numero circense**, a cui la folla assiste più con curiosità che con reale devozione. Gli spettatori accorrono, si spintonano per un posto in prima fila e arrivano a scommettere sulla riuscita dell'impresa. Non manca neppure chi cerca di trarre profitto dal miracolo, affittando sedie, facendo pagare il «biglietto d'ingresso» e vendendo da mangiare. In modo implicito, l'autore svolge così una **sottile critica** nei confronti di una società capace di **mercificare e ridurre a spettacolo i valori** e i momenti più importanti di una collettività, non esclusa la religione.

Tanti ruoli, un unico attore Sebbene il testo sia strutturato in forma di dialogo e preveda l'intervento di diversi personaggi (il guardiano, il venditore di sedie, gli scommettitori, ecc.), lo spettacolo è in realtà **recitato dal solo Dario Fo**, che con il suo talento di attore riesce a passare rapidamente da un ruolo all'altro, cambiando posizione sulla scena e modificando la voce e la mimica. Del tutto particolare è **la lingua** utilizzata che, nella sua mescolanza di dialetto padano, termini italiani storpiati ed espressioni colloquiali, rende con efficacia **la voce corale del popolo**.

Lavoriamo sul testo

COMPRENSIONE

1 Chi è il personaggio che prende la parola per primo e dalla cui ottica viene rappresentata l'intera scena?

2 Individua i vari personaggi cui dà voce l'attore. Quali caratteristiche presentano?

LINGUA E LESSICO

3 Ricostruisci l'etimologia dei seguenti termini: disgraziato – miracolo – Cristo – ginocchio – scommessa.

4 Individua la proposizione finale nel periodo «Perché io sono il guardiano del cimitero e voialtri venite dentro a schiacciarmi tutto».

ANALISI E INTERPRETAZIONE

5 Quali elementi sottolineano in particolare la spettacolarizzazione del miracolo?

6 Individua tutti i punti del testo in cui si fa riferimento alla mercificazione del miracolo e in cui entra in gioco il denaro. Qual è l'intento dell'autore nel sottolineare questo aspetto?

7 Per quale motivo a tuo parere non vengono indicati i personaggi che pronunciano le diverse battute e non sono presenti le didascalie?

8 Per quale motivo Cristo e la Madonna non vengono rappresentati direttamente sulla scena?

9 Analizza il linguaggio utilizzato nel testo. Come si caratterizza?

SCRITTURA E APPROFONDIMENTI

10 La rilettura dal basso dell'episodio sacro può urtare la sensibilità dei credenti. A tuo parere l'operazione dell'autore risulta blasfema? Quale visione della religiosità popolare emerge dal testo? Rifletti su questi argomenti in un testo scritto, lungo dieci righe.

Testo laboratorio

T4 # Eduardo De Filippo
Ha da passà 'a nuttata

Napoli milionaria!, atto III

Il testo proposto è il finale della commedia Napoli milionaria!, *rappresentato per la prima volta il 25 marzo 1945, al Teatro San Carlo di Napoli. Dal testo teatrale verrà tratto nel 1950 un film e nel 1962 una riduzione televisiva, entrambi con la regia di Eduardo De Filippo.*

Di ritorno dalla guerra, Gennaro ritrova una famiglia disgregata e corrotta, in cui stenta a riconoscere i valori di un tempo: la moglie si è arricchita con il contrabbando; il figlio, Amedeo, è un ladro di gomme e la figlia, Maria Rosaria, si è data a un soldato americano. La figlia più piccola, Rituccia, è gravemente malata e solo dopo molte ricerche è stato possibile trovare la medicina che potrà forse portarla alla guarigione. Mentre la famiglia riunita attende che la bambina passi la notte, con la sua integrità e la semplicità dei suoi gesti quotidiani Gennaro perdona la moglie e i figli e si apre a una cauta speranza.

AMALIA   E pecché me guarde? Aggio fatto chello che hanno fatto ll'ate. Me so' difesa, me so' aiutata... E tu pecché me guarde e nun parle? 'A stammatina tu me guarde e nun parle. Che colpa me può da'? Che t'hanno ditto?

GENNARO   *(che a qualunque costo avrebbe voluto evitare la spiegazione)* Aggia par-5 la'? Me vuo' sèntere proprio 'e parla'? E io parlo. [...]

GENNARO   *(chiude il telaio a vetri e lentamente si avvicina alla donna. Non sa di dove cominciare; guarda la camera della bimba ammalata e si decide)* Ama', nun saccio pecché, ma chella criatura ca sta llà dinto[1] me fa penza' 'o paese nuosto. Io so' turnato e me credevo 'e truva' 'a famiglia mia o distrutta o a posto, 10 onestamente. Ma pecché?... pecché io turnavo d' 'a guerra... Invece, ccà nisciuno ne vo' sentere parla'. Quann'io turnaie 'a ll'ata guerra, chi me chiammava 'a ccà, chi me chiammava 'a llà. Pe' sape', pe' sentere 'e fattarielle, gli atti eroici... Tant'è vero ca, quann'io nun tenevo cchiù che dicere, me ricordo ca,

---

AMALIA   E perché mi guardi? Ho fatto quello che hanno fatto le altre. Mi sono difesa, mi sono aiutata... e tu perché mi guardi e non parli? Da stamattina tu mi guardi e non parli. Che colpa mi puoi dare? Che cosa ti hanno detto?

GENNARO   Devo parlare? Mi vuoi proprio sentire parlare? E io parlo. [...]

GENNARO   Amalia, non so perché ma quella bambina che sta là dentro mi fa pensare al nostro paese. Io sono tornato e credevo di trovare la mia famiglia o distrutta o a posto, [che viveva] onestamente. Ma perché?... perché io tornavo dalla guerra... Invece, qua nessuno ne vuole sentir parlare. Quando io tornai dall'altra guerra, chi mi chiamava di qua, chi mi chiamava di là. Per sapere, per sentire i piccoli fatti, gli atti eroici... Tanto è vero che, quando io non avevo più niente da dire, mi ricordo che, per levarmeli di torno

---

1. chella... dinto: Rituccia, la bambina malata.

15 pe' m' 'e lleva' 'a tuorno, dicevo buscìe, cuntavo pure cose ca nun erano succiese, o ca erano succiese all'ati surdate... pecché era troppa 'a folla, 'a gente
ca vuleva sèntere... 'e guagliune... (*Rivivendo le scene di entusiasmo di allora*) 'O
surdato! 'Assance sèntere, conta! Fatelo bere! Il soldato italiano! Ma mo pecché nun ne vonno sèntere parla'? Primma 'e tutto pecché nun è colpa toia, 'a
20 guerra nun l'he' vuluta tu, e po' pecché 'e ccarte 'e mille lire fanno perdere 'a
capa... (*Comprensivo*) Tu ll'he' accumminciate a vede' a poco 'a vota, po' cchiù
assaie, po' cientomila, po' nu milione... E nun he' capito niente cchiù... (*Apre
un tiretto del comò e prende due, tre pacchi di biglietti da mille di occupazione. Li
mostra ad Amalia*) Guarda ccà. A te t'hanno fatto impressione pecché ll'he' viste a ppoco 'a vota e nun he' avuto 'o riempo 'e capi' chello ca capisco io ca
25 so' turnato e ll'aggio viste tutte nzieme... A me, vedenno tutta sta quantità 'e
carte 'e mille lire me pare nu scherzo[2], me pare na pazzia... (*Ora alla rinfusa
fa scivolare i biglietti di banca sul tavolo sotto gli occhi della moglie*) Tiene mente,
Ama': io 'e ttocco e nun me sbatte 'o core...E 'o core ha da sbattere quanno se
toccano 'e ccarte 'e mille lire... (*Pausa*) Che t'aggia di'? Si stevo cca, forse per-
30 devo 'a capa pur'io... A mia figlia, ca aieressera, vicino 'o lietto d' 'a sora, me
cunfessaie tutte cosa, che aggi' 'a fa'? 'A piglio pe' nu vraccio, 'a metto mmiez'
'a strada e le dico: – Va fa' 'a prostituta? – E quanta pate n'avesser' 'a caccia 'e
figlie? E no sulo a Napule. Ma dint' 'a tutte 'e paise d' 'o munno. A te ca nun
he' saputo fa' 'a mamma, che faccio, Ama', t'accido? Faccio 'a tragedia? (*Sem-
35 pre più commosso, saggio*) E nun abbasta 'a tragedia ca sta scialanno pe' tutt' 'o
munno, nun abbasta 'o llutto ca purtammo nfaccia tutte quante... E Amedeo?
Amedeo che va facenno 'o mariuolo?

*Amalia trasale, fissa gli occhi nel vuoto. Le parole di Gennaro si trasformano in im-
magini che si sovrappongono una dopo l'altra sul volto di lei. Gennaro insiste.*

dicevo bugie, raccontavo anche fatti che non erano successi, o che erano successi agli altri soldati... Perché era troppa la folla, la gente che voleva sentire... i ragazzi... Il soldato! Facci sentire, racconta! Fatelo bere! Il soldato italiano! Ma perché adesso non ne vogliono sentire parlare? Prima di tutto perché non è colpa tua, la guerra non l'hai voluta
tu, e poi perché i biglietti da mille lire fanno perdere la testa... Tu hai cominciato a vederli un poco alla volta, poi molti di più, poi centomila, poi un milione... e non hai capito più niente... Guarda qua. A te hanno fatto impressione perché li hai visti poco alla
volta e non hai avuto il tempo di capire quello che capisco io, che sono tornato e li ho
visti tutti insieme... A me, vedere tutta questa quantità di biglietti da mille lire mi sembra uno scherzo, mi sembra una pazzia. Stai attenta, Amalia: io li tocco e non mi trema
il cuore... E il cuore deve tremare quando si toccano i biglietti da mille lire. Che ti devo
dire? Se stavo qua, forse perdevo anch'io la testa... A mia figlia, che ieri sera, vicino al letto della sorella, mi ha confessato tutto, che devo fare? La piglio per un braccio e la metto
in mezzo alla strada e le dico: – Va' a fare la prostituta? – E quanti padri dovrebbero cacciare di casa le figlie? E non solo a Napoli. Ma in tutti i paesi del mondo. A te, che non
hai saputo fare la mamma, che faccio, Amalia, ti uccido? Faccio una tragedia? E non basta la tragedia che sta trionfando in tutto il mondo, non basta il lutto che ci portiamo in
faccia tutti quanti? E Amedeo? Amedeo che sta facendo il ladro? Amedeo fa il ladro. Tuo

2. e nun he' avuto... scherzo: Amalia si è abituata alla corruzione poco alla volta, quasi senza accorgersene, mentre Gennaro,
di ritorno dalla prigionia, è rimasto colpito dall'improvviso cambiamento della sua
famiglia.

40 Amedeo fa 'o mariuolo. Figlieto arrobba. E... forse sulo a isso nun ce aggia penza', pecché ce sta chi ce penza...[3] (*Il crollo totale di Amalia non gli sfugge, ne ha pietà*) Tu mo he' capito. E io aggio capito che aggi' 'a sta' ccà. Cchiù 'a famiglia se sta perdenno e cchiu 'o pate 'e famiglia ha da piglia' 'a responsabilità. (*Ora il suo pensiero corre verso la piccola inferma*). E se ognuno putesse guarda'

45 'a dint' 'a chella porta[4]... (*mostra la prima a sinistra*) ogneduno se passaria 'a mano p' 'a cuscienza... Mo avimm'aspetta', Ama'... S'ha da aspetta'. Comme ha ditto 'o dottore? Deve passare la nottata. (*E lentamente si avvia verso il fondo per riaprire il telaio a vetri come per rinnovare l'aria*).

AMALIA (*vinta, affranta, piangente, come risvegliata da un sogno di incubo*) Ch'è ssuc-

50 cieso... ch'è ssuccieso... GENNARO (*facendo risuonare la voce anche nel vicolo*) 'A guerra, Ama'!

AMALIA (*smarrita*) E che nne saccio? Che è ssuccieso!

Maria Rosaria, dalla prima a sinistra, recando una ciotolina con un cucchiaio, si avvia verso la «vinella[5]».

55 GENNARO Mari', scàrfeme nu poco 'e cafè...

Maria Rosaria senza rispondere si avvicina al piccolo tavolo nell'angolo a destra, accende una macchinetta a spirito e dispone una piccola «cócoma[6]».

AMALIA (*rievocando a se stessa un passato felice di vita semplice*) 'A matina asce-vo a ffa' 'o ppoco 'e spesa... Amedeo accumpagnava a Rituccia a scòla e ghieva

60 a fatica'... Io turnavo 'a casa e cucenavo... Ch'è ssuccieso... 'A sera ce assetta-vamo tuttu quante attuorno 'a tavula e primma 'e mangia' ce facevamo 'a cro-ce... Ch'è ssuccieso... (*E piange in silenzio*).

AMEDEO (*entra lentamente dal fondo. Guarda un po' tutti e chiede ansioso*) Com-me sta Rituccia?

---

figlio ruba. E... forse solo a lui non devo pensare, perché c'è chi ci pensa... Tu mi hai capito. E io ho capito che devo stare qua. Più la famiglia sta andando in rovina e più il padre di famiglia deve prendersene la responsabilità. E se ognuno potesse guardare den-tro a quella porta... ognuno si passerebbe una mano sulla coscienza... Ora dobbiamo aspettare, Amalia... Si deve aspettare. Come ha detto il dottore? Deve passare la nottata.
AMALIA Che cosa è successo... che cosa è successo...
GENNARO La guerra, Amalia!
AMALIA E che ne so? Che cosa è successo!
GENNARO Maria, scaldami un po' di caffè.
AMALIA Al mattino uscivo a fare un po' di spesa... Amedeo accompagnava Rituccia a scuola e andava a lavorare... Io tornavo a casa e cucinavo... Che cosa è successo... Alla sera ci sedevamo tutti quanti intorno al tavolo e prima di mangiare ci facevamo il segno della croce... Che cosa è successo...
AMEDEO Come sta Rituccia?

---

3. Figlieto ... penza: *la polizia.*
4. dint' 'a chella porta: *quella dietro cui sta Rituccia malata.*
5. vinella: *cortile.*
6. cócoma: *recipiente per scaldare il caffè.*

GENNARO (*che si era seduto accanto al tavolo, alla voce di Amedeo trasale. Il suo volto s'illumina. Vorrebbe piangere, ma si domina*) S'è truvata 'a mmedicina. (*Si alza e dandosi un contegno, prosegue*) 'O duttore ha fatto chello ch' avev' 'a fa'. Mo' ha da passa' 'a nuttata. (*Poi chiede con ostentata indifferenza*) E tu? nun si' ghiuto 'appuntamento[7]?

AMEDEO (*timido*) No. Aggio pensato ca Rituccia steva accussì e me ne so' turnato. Pareva brutto.

GENNARO (*con lieve accento di rimprovero*) Era brutto. Damme nu bacio. (*Amedeo bacia Gennaro, con effusione*) Va' te miette nu poco vicino 'o lietto d' 'a piccerella ca tene 'a freva forte.

AMEDEO Sì, papà. (*Si avvia*).

GENNARO (*fermandolo*) E si Rituccia dimane sta meglio, t'accumpagno io stesso 'a Cumpagnia d' 'o Gas, e tuorne a piglia' servizio.

AMEDEO (*convinto*) Sì, papà. (*Ed esce per la prima a sinistra*).

Maria Rosaria ha riscaldato il caffè e ora porge la tazzina al padre. Gennaro la guarda teneramente. Avverte negli occhi della fanciulla il desiderio d'un bacio di perdono, così come per Amedeo. Non esita. L'avvince a sé e le sfiora la fronte. Maria Rosaria si sente come liberata e, commossa, esce per la prima a sinistra. Gennaro fa l'atto di bere il suo caffè, ma l'atteggiamento di Amalia stanco e avvilito gli ferma il gesto a metà. Si avvicina alla donna e, con trasporto di solidarietà, affettuoso, sincero, le dice:

GENNARO Teh… Pigliate nu surzo 'e cafè… (*Le offre la tazzina. Amalia accetta volentieri e guarda il marito con occhi interrogativi nei quali si legge una domanda angosciosa: «Come ci risaneremo? Come potremo ritornare quelli di una volta? Quando?» Gennaro intuisce e risponde con il suo tono di pronta saggezza*). S'ha da aspetta', Ama'. Ha da passa' 'a nuttata. (*E dicendo questa ultima battuta, riprende posto accanto al tavolo come in attesa, ma fiduciosa*).

E. De Filippo, *Cantata dei giorni pari*, Torino, Einaudi, 1959

GENNARO Si è trovata la medicina. Il dottore ha fatto quello che doveva fare. Ora deve passare la nottata. E tu? non sei andato all'appuntamento?

AMEDEO No. Ho pensato che Rituccia stava così e sono tornato. Mi sembrava brutto.

GENNARO Era brutto. Dammi un bacio. Vai a metterti un po' vicino al letto della piccolina, che ha la febbre alta.

AMEDEO Sì, papà.

GENNARO E se Rituccia domani sta meglio, ti accompagno io stesso alla Compagnia del Gas, e torni a prendere servizio.

AMEDEO Sì, papà.

GENNARO Tieni, prenditi un sorso di caffè…. Si deve aspettare, Amalia. Deve passare la nottata.

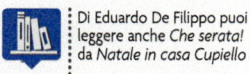 Di Eduardo De Filippo puoi leggere anche *Che serata!* da *Natale in casa Cupiello*

....

7. nun si' ghiuto 'appuntamento?: Amedeo doveva recarsi con alcuni amici a trattare uno dei suoi loschi affari.

LABORATORIO DELLE COMPETENZE

COMPRENSIONE

1 Qual è l'atteggiamento di Gennaro nei confronti degli errori dei suoi familiari? Egli si erge a giudice severo o cerca di comprendere le loro azioni?

2 Come reagisce Amalia alle parole del marito?

3 Che cosa promette Amedeo al padre, nel finale della commedia?

ANALISI E INTERPRETAZIONE

4 Come valuta il protagonista l'improvvisa ricchezza portata nella sua famiglia dalla guerra?

5 È possibile collegare le vicende private della famiglia Jovine a una dimensione più ampia? Quale e perché?

6 Quali concreti riferimenti presenti nel testo alludono alla reale situazione storica dell'Italia negli anni della guerra?

> ➡ **Oltre il testo** **Confrontare e riflettere**
>
> • Metti a confronto il brano di Eduardo con la descrizione dell'Italia postbellica presente nella letteratura neorealista; ti sembra che vi siano dei punti di contatto tra queste rappresentazioni?

7 Quale ruolo svolge la presenza di Rituccia malata? Per quale motivo la riconciliazione della famiglia avviene proprio in questo momento di angoscia?

8 Chiarisci il valore simbolico della battuta conclusiva del terzo atto.

9 Le didascalie sono particolarmente ampie: qual è la loro funzione?

10 In quali punti le didascalie assumono una funzione quasi narrativa, interpretando gli stati d'animo dei personaggi?

11 Il personaggio che parla un dialetto più "stretto" è Gennaro: quale significato simbolico può avere questa scelta stilistica?

> ➡ **Oltre il testo** **Confrontare e analizzare**
>
> • Quali differenze i sono tra il dialetto napoletano di Eduardo e il *grammelot* di Dario Fo? Ti sembra che le scelte dei due autori siano dettate da intenti analoghi?

SCRITTURA E APPROFONDIMENTI

12 Esponi le principali caratteristiche del teatro italiano del secondo Novecento in un testo di massimo 20 righe.

Guida alla verifica orale

Verifica le tue conoscenze

DOMANDA N. 1 Quali tendenze influenzano in modo più significativo il teatro europeo del XX secolo?

LA RISPOSTA IN SINTESI

Oltre all'opera di Pirandello, il panorama teatrale europeo del Novecento è influenzato soprattutto dal «teatro epico» di Brecht, autore di drammi didascalici ideologicamente e civilmente impegnati, e dal cosiddetto «teatro dell'assurdo» di Beckett e Ionesco.

LA RISPOSTA NEI TESTI

T1 In *Vita di Galileo* Brecht rilegge la vicenda di Galileo alla luce dell'attualità, inducendo lo spettatore a interrogarsi criticamente sul problema dei rapporti tra scienza e potere e sulle responsabilità etiche dello scienziato.

T2 Attraverso l'attesa senza fine dei due protagonisti di *Aspettando Godot* e la registrazione dei loro surreali dialoghi, Beckett trasferisce sulla scena la solitudine e l'insensatezza della vita dell'uomo moderno, che si consuma nella speranza di una impossibile rivelazione del senso dell'esistenza.

DOMANDA N. 2 Come si caratterizza il teatro italiano nel corso del Novecento?

LA RISPOSTA IN SINTESI

Il teatro italiano del primo Novecento è dominato dalla figura di Pirandello, mentre i tentativi di creare un «teatro di massa» messi in atto dal regime fascista si rivelano invece fallimentari. Bisogna aspettare il secondo dopoguerra e gli anni Sessanta, per una rinascita del teatro, con i due speculari orientamenti del «teatro di parola», intellettualisticamente impegnato a riscoprire il valore puro della parola letteraria, e del teatro sperimentale e «d'azione» della Neoavanguardia. Ma le figure di maggior successo del secondo Novecento sono artisti completi (come Dario Fo e Eduardo De Filippo), cioè autori di teatro ma anche registi e attori loro stessi, che propongono un teatro impegnato politicamente ma anche connotato dalla scelta del dialetto o di particolari varianti linguistiche.

LA RISPOSTA NEI TESTI

T3 Dario Fo recupera la funzione giullaresca di denuncia sociale attraverso un testo scritto in *grammelot*, una lingua derivata dalla commistione di dialetto e suoni onomatopeici.

T4 In *Napoli milionaria!*, attraverso le vicende private della famiglia Jovine, Eduardo De Filippo riflette sulla situazione storica e nazionale, segnata dal degrado morale.

DOMANDA N. 3 Quali sono le caratteristiche tematiche e formali del teatro di Dario Fo?

LA RISPOSTA IN SINTESI

Le opere di Dario Fo sono contrassegnate dall'impegno civile e sociale e dalla denuncia delle sopraffazioni del potere sul popolo. In particolare in *Mistero buffo* Fo si propone come moderno «giullare», rileggendo episodi sacri secondo un'ottica popolare e attraverso l'utilizzo del *grammelot*, una lingua ibrida basata sul dialetto padano.

LA RISPOSTA NEI TESTI

T3 In *Mistero buffo*, Fo reinterpreta in chiave parodica l'episodio evangelico della resurrezione di Lazzaro, osservato con gli occhi ingenui di un popolano allo scopo sia di ridare voce alla cultura non ufficiale, sia di denunciare la spettacolarizzazione e la mercificazione dei valori tipiche della società moderna.

Tendenze e protagonisti del grande cinema italiano: 1945-1960

Competenze attive

- Leggo le immagini
- Confronto
- Rifletto
- Ricerco

Il Neorealismo

La parabola del Neorealismo cinematografico si consuma in una breve e intensa stagione, tra il 1943 e il 1949, quando registi e sceneggiatori riformulano l'identità del cinema italiano. La *vague* neorealista è caratterizzata da una pluralità di poetiche individuali legate dall'impegno comune nel fare un cinema «utile all'uomo», e dall'esigenza di conoscere e descrivere il reale.

Gli autori neorealisti fondano un nuovo immaginario cinematografico: assumono a soggetto il quotidiano e l'ordinario, enunciano e praticano un'etica dell'estetica dove il realismo diviene la forma artistica della verità: «oggetto vivo del film» diventa «il mondo», secondo la dichiarazione di Roberto Rossellini, uno dei principali esponenti del movimento.

La locandina del film *Ladri di biciclette*, diretto da Vittorio De Sica nel 1948.

Zavattini propugna la poetica del «pedinamento», che documenta la vita degli «anonimi», con scene reali riprese dagli operatori per le strade, per i campi, per le fabbriche, producendo una visione partecipe degli eventi.

In *Ladri di biciclette* Zavattini e De Sica operano una minimalizzazione dell'intreccio narrativo, valorizzando i gesti quotidiani dei personaggi. La cinepresa segue la disperata ricerca di una bicicletta rubata. Il protagonista attraversa con il figlio la città, fra catapecchie, periferie, mense di beneficenza, case di tolleranza e trattorie popolari.

I protagonisti del film Lamberto Maggiorani (Antonio, il padre) e Enzo Staiola (Bruno, il bambino).

Spesso gli attori non sono professionisti, perché lo spettacolo deve coincidere con la realtà e riprodurre «un fatto di cronaca nei luoghi dove è realmente avvenuto», interpretato da «coloro stessi che ne sono stati i principali protagonisti».

Caratteristica del cinema neorealista è il rifiuto del teatro di posa e la scelta prevalente degli ambienti naturali, interni ed esterni.

Tra i *topoi* cinematografici del Neorealismo vi è la scelta di un parlato naturale, spesso con cadenze dialettali e mai doppiato.

Una caratteristica del cinema neorealista presente in *Riso amaro* è la riscoperta del paesaggio, che diviene coprotagonista delle storie.

Locandina del film *Riso Amaro*, diretto da Giuseppe De Santis nel 1949.

De Santis opera un abbassamento dei canoni neorealisti a favore di una resa popolare, contaminandosi col cinema americano, con la cultura popolare e il fotoromanzo.

Gli autori neorealisti mirano ad ampliare l'orizzonte del visibile cinematografico, mettendo in scena soggetti e situazioni marginali e periferiche. Nel caso di De Santis, lo sguardo si posa sulla dura realtà delle mondine piemontesi.

Il regista opta per una narrazione partecipe e mira a un pieno coinvolgimento del pubblico con le vicende dei personaggi, attraverso l'utilizzo dei classici mezzi cinematografici e l'antitesi tra il 'buono', destinato ad avere l'amore, e il 'cattivo' destinato alla mala morte.

Altra pietra miliare del cinema neorealista è *Roma città aperta* di Rossellini, girato nei mesi immediatamente successivi alla Liberazione e perciò particolarmente forte: al centro delle scene, oltre alle drammatiche vicende umane, c'è sempre la città devastata dai bombardamenti.

La pellicola fa parte della *Trilogia della guerra antifascista* insieme a *Paisà* (1946) e *Germania anno zero* (1948).

Roma città aperta è il simbolo del rinnovamento del cinema italiano nel dopoguerra che fa leva sull'antifascismo, su un sentimento fortemente anticonservatore e sulle speranze di una palingenesi sociopolitica.

La locandina del film *Roma città aperta* diretto da Roberto Rossellini nel 1945.

L'attrice Anna Magnani interpreta Pina in *Roma città aperta*.

Lo stile di Rossellini è antispettacolare: il regista rompe con i canoni del cinema classico e si sofferma sulle piccole cose. Alle scene madri sostituisce le attese. I suoi film, mossi da un intento divulgativo, sono realizzati a basso costo, svincolati dai condizionamenti dell'industria cinematografica.

Con Rossellini la narrazione di vicende particolari si intreccia alla Storia collettiva. La storia di Pina si ispira alla vita di Teresa Gullace, uccisa dai soldati nazisti a Roma nel 1944 mentre tentava di parlare col marito prigioniero dei tedeschi.

Elio Vittorini nel primo numero de «Il Politecnico» invoca la necessità di un'arte e una cultura impegnate, che si avvicina all'ideale zavattiniano del «conoscere per provvedere» o al realismo di Rossellini inteso come «la forma artistica della verità [...] che pone e si pone problemi».

● Quali sono le analogie tra la letteratura e cinema neorealisti?

Il perfezionismo drammaturgico di Luchino Visconti

La rivista «Cinema» e il gruppo di intellettuali che la animarono tra la fine degli anni Trenta e i primi anni Quaranta, costituiscono il maggior centro propulsivo del Neorealismo. Da quel gruppo e dai suoi sodali escono molti registi, come Luchino Visconti. Se la nascita del Neorealismo cinematografico è sancita dal film *Ossessione*, diretto proprio da Luchino Visconti nel 1943, negli anni lo stile del regista si trasforma: con Visconti si assiste al passaggio dalla pura registrazione e descrizione dell'esistente alla sua narrativizzazione.

La locandina del film *Rocco e i suoi fratelli*, diretto da Luchino Visconti nel 1960.

Rocco e i suoi fratelli racconta la drammatica vicenda di una famiglia meridionale emigrata a Milano. Il film è un affresco dell'epoca: il passaggio dell'Italia da una civiltà agricola a una industriale alla fine degli anni Cinquanta, raccontata come una tragedia greca, anche se sono presenti molte analogie con il melodramma.

Nel film sono presenti numerose allusioni letterarie: da Dostoevskij a Mann, passando attraverso Verga.

Visconti è allievo del regista francese Jean Renoir, autore di film tratti dai romanzi di Émile Zola (*Nanà*, 1926; *L'angelo del male*, 1938), ma è anche un attento conoscitore del teatro, delle arti figurative e della cultura europea ottocentesca.

● Esegui una ricerca sulla cinematografia di Luchino Visconti: ci sono delle pellicole tratte da opere narrative?

Visconti separa il momento dell'ideazione del soggetto dalla realizzazione scenica del film. Ogni singola scena è il frutto di un lungo e attento processo di elaborazione. Stilisticamente Visconti predilige il campo lungo e lunghe inquadrature panoramiche che si soffermano sugli scenari urbani.

Il montaggio alterna a contrasto momenti di intimità a momenti di violenza, con un'attenta cura simbolica valorizzata da un intenso bianco e nero e dalla colonna sonora che conferiscono al suo stile un perfezionismo drammaturgico.

Luchino Visconti dirige Alain Delon (Rocco) e Annie Girardot (Nadia).

Pasolini e il cinema di poesia

In Italia, da D'Annunzio alle Avanguardie degli anni Venti, passando per Gozzano e Montale, il legame tra poeti e cinema è sempre stato molto forte. Pier Paolo Pasolini riflette su questo rapporto e teorizza il «cinema di poesia», definendo il cinema una *lingua* a tutti gli effetti. Nell'antologia *Empirismo eretico* (1972), Pasolini dichiara: «Lo strumento linguistico su cui si impianta il cinema è […] di tipo irrazionalistico: e questo spiega la profonda qualità onirica del cinema, e anche la sua assoluta e imprescindibile concretezza, diciamo, oggettuale. […] Non esiste un dizionario delle immagini. Non c'è nessuna immagine incasellata e pronta per l'uso. Se per caso volessimo immaginare un dizionario delle immagini dovremmo immaginare un dizionario infinito, come infinito continua a restare il dizionario delle parole possibili. […] Nella sua ricerca di un dizionario come operazione fondamentale e preliminare, l'autore cinematografico non potrà mai raccogliere termini astratti. Questa è probabilmente la differenza principe tra l'opera letteraria e l'opera cinematografica». Pasolini delinea così un'idea di cinema poetico costituito da segni «irrazionalistici, onirici, elementari e barbarici», contrapposto a quello prosastico-narrativo imposto dall'industria hollywoodiana. Ecco dunque la corrispondenza di sensibilità tra cinema e poesia: la natura fortemente onirica di questi due linguaggi.

Pasolini durante le riprese di *Accattone*, 1961.

Le sue opere sono fortemente influenzate dalla letteratura, dall'arte figurativa, dalla filosofia e dall'antropologia culturale.

Il suo stile è sintetizzabile nella frase pronunciata dal centauro Giasone nel film *Medea* (1969): «Solo chi è realistico è mitico e solo chi è mitico è realistico».

Locandina del film *Accattone*.

Pasolini prosegue l'esperienza del Neorealismo (soprattutto di Roberto Rossellini), ma lo declina nella ricerca della presenza del mito nella realtà quotidiana, con una continua commistione di sacro e profano: al realismo provocatore e spietato si contrappone sempre un'intensa religiosità.

Lo cinematografia pasoliniana si contraddistingue per la frontalità delle inquadrature, la fotografia in bianco e nero contrastata, l'adozione di un linguaggio dialettale, un'attenta scelta alle colonne sonore.

Pasolini esordisce alla regia nel 1961 con *Accattone*, portando sullo schermo quei giovani delle borgate romane che animavano le pagine del romanzo *Ragazzi di vita* (1955).

● Adesso esegui una ricerca su Pier Paolo Pasolini regista.

La commedia all'italiana

Negli anni Cinquanta e Sessanta il cinema italiano conosce un forte impulso e sperimenta le forme del comico, della commedia, del melodramma, facendosi testimone della realtà storica in mutamento. Il sistema produttivo viene riorganizzato, strutturandosi sul cinema di genere e sulla creatività di sceneggiatori e scrittori come Vasco Pratolini, Alberto Moravia, Cesare Pavese, Ennio Flaiano. Antesignani della commedia all'italiana degli anni Sessanta sono la commedia paesana, la commedia cittadina, i racconti balneari, i racconti a episodi realizzati tra gli altri da Luigi Comencini, Dino Risi e Luciano Emmer negli anni Cinquanta. La commedia tipica offre una lettura sociologica dell'Italia del *boom* economico e crea lo stereotipo dell'italiano medio, un personaggio interpretato da attori iconici come Nino Manfredi, Alberto Sordi, Ugo Tognazzi e Vittorio Gassman.

L'auto che sfreccia veloce, simbolo di deriva e di fuga dalla realtà, impedisce di fermarsi e guardare. Bruno e Roberto vivono in una realtà illusoria, apparentemente felice e spensierata come le canzonette che compongono la colonna sonora.

I due protagonisti si muovo inconsapevoli in una realtà effimera, ridicola e talvolta mostruosa, di cui essi stessi sono parte. Il susseguirsi di esperienze durante il loro viaggio non li porta ad alcuna riflessione o consapevolezza, accecati dalla luce estiva e abbagliate che pervade l'atmosfera rarefatta.

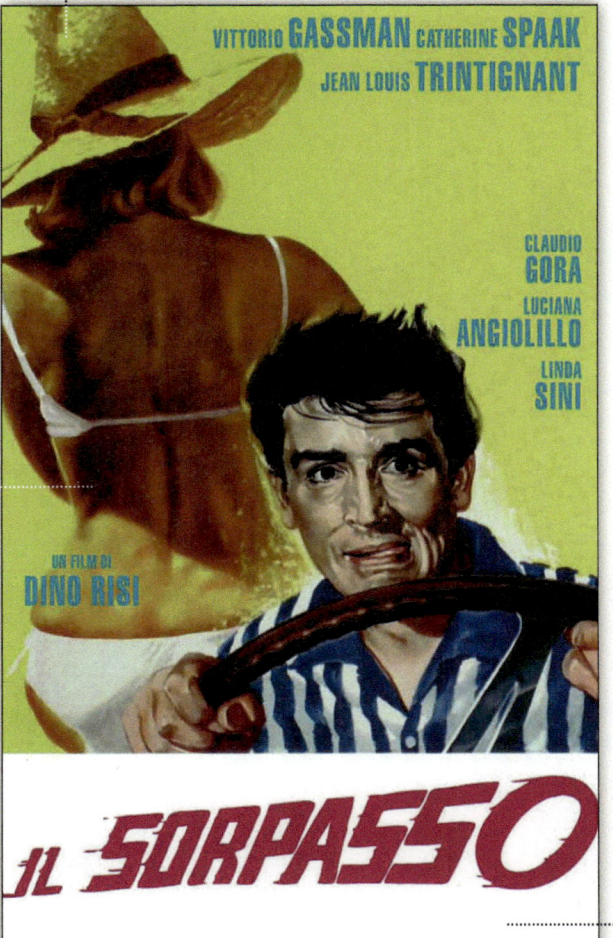

La commedia si struttura su un racconto frammentato, non lineare: *Il sorpasso* di Dino Risi è costruito sulla giustapposizione di nuclei narrativi che seguono le tappe lungo il viaggio dei due protagonisti, lo spaccone Bruno (Vittorio Gassman) e il timido studente Roberto (Jean-Louis Trintignant).

Locandina del film *Il sorpasso* diretto da Dino Risi nel 1962.

Il cinema visionario di Federico Fellini

Federico Fellini, disegnatore, sceneggiatore e regista, si caratterizza per uno stile onirico e autobiografico, con una cifra stilistica e un universo immaginario inconfondibili. Orchestratore di visioni che creano atmosfere surreali, Fellini riflette, con ironia, sulle contraddizioni, le ambizioni e le pulsioni che attraversano un'intera epoca. Con *La dolce vita*, del 1960, il regista marca una nuova epoca nella rappresentazione dei costumi nazionali, suscitando polemiche furibonde e la condanna della Chiesa, ma segna un record d'incassi ai botteghini.

La locandina del film *La dolce vita*, diretto da Federico Fellini nel 1960.

La dissoluzione del soggetto, iniziata con la narrazione plurifocale e i racconti corali della commedia degli anni Cinquanta, si risolve nella messa in scena di personaggi svuotati, a pezzi, come Marcello, il protagonista de *La dolce vita*.

L'opera è strutturata come un «rotocalco in pellicola», un'accumulazione di episodi che non rispettano la struttura drammaturgica tradizionale.

Il percorso erratico di Marcello, in un corto circuito di giorni che si susseguono senza rapporti di causalità, ricorda un dormiveglia sonnambolico o un sogno a occhi aperti che Fellini esplorerà in profondità nei film successivi.

Il tema centrale della pellicola è la perdita di ogni centro di gravità: una coazione a ripetere di riti collettivi e dinamiche private al cui fondo si ripropone implacabile il vuoto esistenziale.

La dolce vita diventa una metafora della vita contemporanea: un'esistenza dispersiva, superficiale, che si dipana tra feste, incontri casuali e amori fuggevoli

Due anni dopo *La dolce vita* esce un altro film *cult* del regista, *8 ½*, sempre interpretato da Marcello Mastroianni. È l'ottavo film di Fellini. Il 'mezzo' del titolo si riferisce all'episodio *Le tentazioni del dottor Antonio* per il film antologico *Boccaccio '70* (1962): un cortometraggio che equivale a mezzo film. La trama di *8 1/2*, fortemente autobiografica, ruota attorno al personaggio di Guido, un regista in cerca di ispirazione e che non riesce a girare il suo film. Gli sceneggiatori attingono al plurilinguismo e al flusso di coscienza caratteristici della letteratura d'avanguardia del Novecento, mentre il regista si diverte a mescolare varie espressioni della cultura popolare di massa: il fumetto, il circo equestre, il teatro di varietà.

La locandina del film *8 1/2*, diretto da Federico Fellini nel 1963.

Il film è calato in una dimensione soggettiva e antinaturalistica. L'estetica felliniana si allontana dal Neorealismo e reinventa la realtà negli studi cinematografici di Cinecittà.

Una scena del film *Otto e mezzo*.

L'opera riflette sulla difficoltà di trovare un linguaggio espressivo: *8 1/2* è un «teorema sul caos creativo e materiale» all'origine di un film, ma è anche una documentazione sul periodo di incubazione che dà vita alla sua ideazione.

Lo sguardo moderno di Michelangelo Antonioni

Michelangelo Antonioni, dopo un esordio neorealistico che si esprime con una produzione documentaristica tra il 1943 e il 1950, approda a un cinema riflessivo che scandaglia la vita della borghesia italiana, adottando un punto di vista anti-ideologico e laico e mettendo in scena figure mediocri, vacue, e instabili. La tetralogia composta da *L'avventura* (1959-1960), *La notte* (1961), *L'eclisse* (1962) e *Il deserto rosso* (1964), si focalizza su un medesimo patrimonio tematico: l'amore, la solitudine, la coppia, la donna, la nevrosi. La cifra stilistica e la coerenza etico-estetica di Antonioni si manifesta come uno sguardo critico sui sentimenti e sugli esseri umani.

Una scena del film *L'avventura*, diretto da Michelangelo Antonioni nel 1959-1960.

Ne *L'avventura* affiora la riflessione dell'Antonioni teorico e critico cinematografico, che aveva animato le pagine della rivista «Cinema». Il regista assimila ed estremizza l'esperienza neorealista. Su tutte emerge l'attenzione posta sul paesaggio, saturo di significati metaforici ed evocativi. Il paesaggio è sempre consonante con i sentimenti che animano i protagonisti.

Un'altra scena de *L'avventura*.

Antonioni filma con immagini documentarie la roccia, le asperità del terreno, gli scogli dell'isola siciliana in cui è ambientato il film.

Attraverso la tecnica della dissolvenza incrociata, Antonioni amplifica l'evanescenza della figura umana che sparisce nel paesaggio. Il regista fa evaporare l'immagine attraverso la gradazione dei grigi, fino all'annullamento completo dell'inquadratura bianca.

Ricerca, rifletti, organizza e realizza

● Esegui una ricerca sulla Storia del cinema e realizza una presentazione con power point corredata di immagini e didascalie dettagliate. Per cominciare può esserti di aiuto la scaletta che ti proponiamo:

– Il cinema delle origini: Lumière e Méliès

– Il cinema classico: David W. Griffith

– Il cinema espressionista tedesco degli anni Venti: Muranu e Lang

– Il cinema sovietico degli Anni Venti

– La comicità degli anni Venti: Chaplin e Keaton

– Il cinema americano classico e lo «studio system» dal 1930 al 1960

– John Ford e il genere western

– Alfred Hitchcock, il maestro della *suspense*

Scrivere per l'Esame di Stato

■ Le risposte ai quesiti

Una delle varie prove di scrittura previste dall'esame di Stato è la risposta ai quesiti, cioè il testo da scrivere in risposta a domande espressamente formulate. In sede d'esame questo tipo di testi trova spazio all'interno della **terza prova**.

Da questa prova emerge soprattutto la capacità di sintesi, tutt'altro che facile da conseguire e spendibile in molte altre occasioni: esami universitari, redazione di *abstract*, comunicati ecc. Peraltro la virtù di saper dire l'essenziale senza dilungarsi in inutili verbosità qualifica la nostra espressione, scritta o orale, in qualsiasi momento.

Sul piano scolastico i testi che rientrano in questa categoria sono la **trattazione sintetica di argomenti** e i **quesiti a risposta singola**: due tipologie che differiscono soprattutto dal punto di vista quantitativo, ma non senza qualche implicazione qualitativa.

La trattazione sintetica di argomenti

Che cos'è La terza prova scritta dell'esame di Stato prevede, come prima modalità, la «trattazione sintetica di argomenti significativi, anche a carattere pluridisciplinare, contenente l'indicazione della estensione massima consentita (numero delle righe o delle parole). Tale proposta può essere presentata al candidato anche mediante un breve testo, in relazione al quale vengano poste specifiche domande». In sostanza, la trattazione sintetica è la risposta a un quesito formulata in uno spazio che indicativamente può andare **dalle 8 alle 20 righe**. Si tratta dunque di un piccolo tema, per il cui svolgimento il **tempo** disponibile si desume dalla durata complessiva della prova.

Come si organizza La trattazione sintetica prevede alcune operazioni da svolgere in quest'ordine:
- leggere e capire la consegna, che può consistere in:
  - una o più domande;
  - un breve testo;
  - un'immagine;
- individuare l'argomento su cui verte la domanda;
- approntare uno schema di risposta, che dovrebbe comprendere gli elementi irrinunciabili, cioè i concetti fondamentali che non potranno mancare;
- scrivere la risposta;
- rileggere.

Sapere e saper fare Per rispondere in modo esauriente a un quesito che richiede una trattazione sintetica, è necessario conoscere l'argomento. La terza prova è la più temuta dagli studenti proprio perché

presuppone il possesso di **conoscenze** specifiche. D'altra parte, la terza prova intende anche accertare le **competenze**, cioè che si sappia:
- organizzare la risposta;
- rispondere sinteticamente negli spazi previsti;
- argomentare il proprio punto di vista;
- esprimersi in modo appropriato.

I quesiti a risposta singola

Che cosa sono Come seconda modalità per la terza prova, sono previsti «quesiti a risposta singola, volti ad accertare la conoscenza e i livelli di competenza raggiunti dal candidato su argomenti riguardanti una o più materie; possono essere articolati in una o più domande chiaramente esplicitate». In sostanza questi quesiti prevedono una risposta contenuta in uno spazio che indicativamente può andare **dalle 5 alle 8 righe**.

Rispetto alla trattazione sintetica, la differenza di estensione si ripercuote sulla qualità: il breve respiro di questa seconda tipologia implica che la risposta sia centrata sulle conoscenze e non lasci spazio al dibattito.

Come si risponde Il consiglio è quello di rispondere a tono, con questa scansione del testo:
- reimpiegare la parola portante del quesito come soggetto della prima frase (la risposta potrà abbracciare un massimo di due-tre frasi). Se il quesito fosse «Quali sono i principi della poetica verista?», la risposta dovrebbe esordire così: «I principi della poetica verista sono…»;
- aprire la seconda frase con nessi del tipo:
  «In particolare…», se si passa dal generale al particolare;
  «Infatti…», se si portano argomenti a supporto di quanto si è affermato;
  «Inoltre…», se si aggiunge qualcosa ecc.;
- rileggere e verificare che la risposta sia stata esauriente.

La qualità della risposta In questo tipo di prova la bravura consiste nel saper dire il più possibile nel poco spazio consentito. Per fare questo è necessario:
- centrare il nocciolo del problema;
- non divagare parlando d'altro;
- omettere introduzione e conclusione;
- non aggiungere esempi;
- non pretendere di dire tutto: superare il massimo di righe previsto è un titolo di demerito;
- usare termini netti, con pochi aggettivi e senza giri di parole.

VERIFICA LE COMPETENZE

1. Proviamo a rispondere al seguente quesito:
Illustra sinteticamente i caratteri generali del Decadentismo.

Scaletta
- Il significato del termine
- L'epoca
- Decadentismo europeo e Decadentismo italiano
- Caratteri:
  - rifiuto del mondo borghese
  - perdita di identità da parte dell'intellettuale:
  - culto dell'irrazionale
  - estetismo
  - ricerca di valori segreti e di esperienze soggettive

Trattazione sintetica *(massimo 20 righe)*

Il termine "Decadentismo" nacque in Francia negli anni Ottanta dell'Ottocento per indicare gli artisti anticonformisti che professavano disprezzo per le consuetudini borghesi, curiosità per epoche di decadenza, rottura con la tradizione letteraria precedente. Il Decadentismo non è però un vero e proprio movimento culturale, con appartenenze e caratteri ben definiti, ma una categoria critica che serve a indicare alcune linee di tendenza a livello europeo.

Alle spalle di questo orientamento sta la fine del Positivismo e l'idea di vivere una crisi che è, prima di tutto, storico-culturale, in quanto è la crisi stessa della borghesia. A essa si aggiunge la perdita di identità dell'intellettuale, che si sente un ribelle, estraneo alla società coeva, e cerca un risarcimento nel culto dell'irrazionale, nella ricerca di esperienze soggettive e di valori segreti.

A questa disposizione d'animo corrisponde, sul piano letterario, il cosiddetto estetismo, cioè la ricerca esasperata di valori formali e la fuga in un mondo di bellezza raffinata e preziosa, fine a se stessa. L'apprezzamento per la parola pura e magica, ricca di suggestioni simboliche, si nutre anche della diffusa attenzione per il subcosciente. L'arte non è più conoscenza razionale della realtà esteriore, ma una ricerca alogica dell'anima del reale: una ricerca in cui la funzione del poeta è simile a quella di un veggente. Delineare una mappa degli autori "decadenti", dunque, diventa tanto più difficile quanto più ciascuno vive esperienze letterarie diverse: Pascoli, D'Annunzio, Pirandello, Svevo, i crepuscolari percepiscono la temperie comune in modi diversi, che portano a risultati diversi sul piano artistico.

Ora fornisci tu la Risposta singola *(massimo 8 righe).*

2. Immaginiamo ora di dover costruire una trattazione sintetica in risposta a un quesito del tipo «Illustra come è fatto e quali significati può avere il quadro di Francesco Hayez, *Il bacio*, 1859, Milano, Pinacoteca di Brera».

(massimo 20 righe)

Analisi del quesito
- Descrivere il quadro
- Dire che cosa significa, cioè darne un'interpretazione

Scaletta
- Il tema: l'abbraccio tra i due amanti
- Come sono raffigurati
- Qual è lo sfondo
- Il senso simbolico

Risposta (parziale)

Il quadro di Francesco Hayez, *Il bacio*, presenta un tenero abbraccio tra due amanti: il giovane indossa un mantello e ha il volto quasi nascosto da un cappello con penne; la ragazza indossa un abito di seta celeste lungo fino ai piedi. Gli abiti ambientano la scena nel Medioevo; tanto più, dunque, l'attenzione si concentra sull'espressione sentimentale, accentuata dalla delicatezza dei contorni e delle fisionomie.

Alcuni elementi hanno però autorizzato un'interpretazione simbolica in chiave politica: il giovane ha l'aria di chi sta partendo, anzi fuggendo, e posa il piede sul gradino come se stesse per andarsene; dal fianco gli pende un pugnale. C'è quanto basta perché i contemporanei abbiano visto in lui un combattente risorgimentale. Alcuni critici arrivarono a interpretare politicamente *Il bacio* come un'allegoria dell'alleanza tra Italia e Francia in quegli anni.

Ora continua tu per un'altra decina di righe.

3. Descrivi e interpreta il *Monaco sulla spiaggia* (1808) del pittore tedesco Caspar Friedrich, un'opera che interpreta l'anima spirituale del Romanticismo. (*massimo 20 righe*)

Ti suggeriamo i seguenti elementi irrinunciabili che dovranno comparire nella **trattazione sintetica**:

- la struttura dell'opera:
  - che cosa c'è in primo piano
  - che cosa sopra, per 4/5 del quadro
  - qual è l'unico elemento verticale
  - la figura è ritratta di spalle perché lo spettatore condivida il suo punto di vista
  - la natura costituisce la parte preponderante del quadro
  - che cosa percepisce lo spettatore di fronte a questo quadro, guardando attraverso gli occhi del monaco.

E questo è un modo romantico di concepire la natura.

4. Analizza i motivi della disfatta di Caporetto e le misure assunte per arginare la rotta dell'esercito italiano. (*15 righe*)

Elementi irrinunciabili che dovranno figurare nella **trattazione sintetica**:

- nel 1917 gli austro-tedeschi attaccano in modo massiccio il fronte dell'Isonzo
- l'esercito italiano è stanco e logorato dalla durezza del comandante Cadorna e dai suoi errori di strategia
- il generale Diaz chiama alle armi la leva del '99 e infonde fiducia alle truppe promettendo di distribuire terre ai contadini.

5. Come è vista la natura dagli autori romantici, dai veristi, dai decadenti? (*massimo 15 righe*)

Elementi irrinunciabili che dovranno figurare nella **trattazione sintetica**:

- i romantici (per esempio Manzoni e Leopardi) vedono la natura attraverso la propria sensibilità, tramite gli occhi dei loro personaggi
- i veristi (per esempio Verga) vedono la natura come un oggetto da descrivere fedelmente, anche se non sempre riescono a reprimere ogni forma di partecipazione
- i decadenti (per esempio Pascoli e D'Annunzio) vedono nella natura un mistero da svelare attraverso magiche suggestioni.

6. «Il trionfo del romanzo [...] si raggiungerà allorché l'affinità e la coesione di ogni sua parte sarà così completa che il processo della creazione rimarrà un mistero [...], la mano dell'artista rimarrà assolutamente invisibile, e il romanzo avrà l'impronta dell'avvenimento reale, e l'opera d'arte sembrerà essersi fatta da sé [...]» (*G. Verga, Prefazione a L'amante di Gramigna*).

Traendo spunto dalla citazione, delinea la poetica del verismo (*massimo 8 righe*).

Elementi irrinunciabili che dovranno figurare nella **risposta singola**:

- l'arte come documento
- il canone dell'impersonalità
- il romanzo come paradigma della condizione umana.

La tesina

Un "lavoro di ricerca" Le disposizioni ministeriali prevedono che il colloquio d'esame inizi "con un **argomento** o con la **presentazione di un lavoro** di ricerca e di progetto, anche in forma multimediale, proposto dal candidato".

Questo è, espresso in termini espliciti, ciò che comunemente si intende con il termine "**tesina**". La definizione ministeriale lascia ampi spazi di libertà: chi non vuole sottoporsi a un impegno forte può limitarsi a proporre un argomento con cui iniziare il colloquio (in pratica il cosiddetto argomento a scelta); chi vuole e può fare di più può dimostrare il proprio valore presentando un lavoro di ricerca.

C'è da aggiungere che si tratta di una prova a cui le commissioni esaminatrici attribuiscono un peso molto vario a seconda dei lavori che si vedono presentare e che possono andare da qualche pagina messa insieme con il copia-incolla (da internet o da qualche libro) a un serio lavoro di ricerca.

In un momento in cui la scuola sembra avere riscoperto l'importanza delle competenze – e quindi la **preminenza del "saper fare"** sul "sapere" – la tesina acquista rilievo in quanto "lavoro di ricerca e di progetto" che rispecchia le **competenze** dell'autore: essa evidenzia infatti le sue risorse nel concepire il progetto e nel reperire la documentazione, la sua abilità nell'usare le fonti, la capacità di redigere un piano e, infine, la stesura nel rispetto delle regole redazionali.

La tesina e il colloquio In teoria lo studente non è obbligato a presentare un lavoro scritto, e può anche limitarsi a stendere una mappa o un indice dell'argomento scelto. Tuttavia è buona regola approntare una redazione scritta da sottoporre all'attenzione dei commissari interessati, prima o durante il colloquio stesso, con il quale la tesina si integra e del quale condivide la finalità di accertare:

- la padronanza della lingua
- la capacità di:
  – utilizzare le conoscenze acquisite
  – collegarle nell'argomentazione
  – discutere e approfondire i diversi argomenti.

I requisiti di una tesina Il primo requisito della tesina è che questa sia un lavoro di **approfondimento**, meglio se **pluridisciplinare**, scelto dal candidato in accordo con un docente, che può suggerire l'area tematica, il taglio, la bibliografia, le eventuali altre materie da coinvolgere.

Il secondo requisito è l'**originalità**, cioè che, possibilmente, si tratti di un lavoro di prima mano e non di materiali estrapolati da altri testi e composti senza alcun personale apporto di idee.

La tentazione di presentare tesine copiate o composte da altri e riutilizzate riceve un notevole impulso dalla diffusione di internet. Ma è bene non farsi illusioni: una tesina contraffatta difficilmente riesce a ingannare il docente, che in sede di colloquio può facilmente riscontrare quanto di originale vi sia nel lavoro. Viceversa, lo sforzo di comporre una tesina ben fatta non ricade solo sul voto d'esame, ma è una verifica che lo studente compie su se stesso, per accertare **che cosa ha imparato a fare** dopo tanti anni di scuola.

Prima della tesina: la scelta dell'argomento Si può dire che qualsiasi argomento si presti a essere sviluppato in una tesina. Tuttavia il lavoro è tanto più gratificante quanto più risponde a un effettivo interesse. Una volta definita la materia prescelta, è bene rivolgersi al **docente** per sottoporgli una eventuale **proposta** o per chiedergli di indicarne una, anche in prospettiva **pluridisciplinare**. Il docente stesso potrà indicare una **bibliografia** o almeno qualche lavoro generale da cui partire.

In generale, il consiglio è di leggere **solo quanto è necessario**. Leggere tutto compete a uno studioso dell'argomento; leggere quasi tutto a uno studente che fa una tesi di laurea; per lo studente che lavora alla tesina, leggere troppo può essere fuorviante e ostacolare l'operazione di sintesi; leggere troppo poco può portare a una redazione povera o parziale.

La ricerca dei contenuti Ci occuperemo qui dei due principali strumenti di apprendimento: il libro e il web.

Una volta individuato il libro o i libri da leggere, è necessario procurarseli. La soluzione più semplice sarebbe quella di acquistarli, ma questo non sempre è possibile per varie ragioni; allora si ricorre alla biblioteca. In genere lo studente ha a disposizione almeno due biblioteche. Si può partire dalla biblioteca di istituto, che ha il vantaggio di essere la più vicina, anche se non sempre vi si può contare. Per essere funzionale, la **biblioteca di istituto** dovrebbe essere aggiornata con nuovi acquisti, disporre di una catalogazione efficiente, essere affidata alle cure di un bibliotecario che ne assicuri l'apertura ecc.: tutti requisiti molto costosi, che difficilmente la scuola si può permettere.

Un valido sostituto si può trovare nelle **biblioteche comunali**, che in genere sono aggiornate con le ultime pubblicazioni, hanno orari di apertura ben definiti, sono perlopiù integrate in un sistema costituito da tutte le biblioteche dei comuni della zona e hanno un **catalogo** *on line* **consultabile da casa**. Grazie al prestito interbibliotecario, è possibile nel giro di qualche giorno ottenere un libro che si trova in un'altra biblioteca di quel sistema bibliotecario o anche di un sistema contiguo, e questo assicura una larga disponibilità di titoli.

Come muoversi in biblioteca Le biblioteche comunali offrono altri due vantaggi. Il primo è che sono perlopiù del tipo "**a scaffale aperto**", cioè con i libri in vista, sui quali è l'utente stesso a mettere le mani, senza dover cercare nel catalogo e poi consegnare la richiesta a un inserviente, che preleva il libro da un deposito. In questo modo l'utente può prendere di persona il libro che desidera, sedersi a un tavolo per consultarlo e poi, eventualmente, decidere se prenderlo in prestito.

Il secondo vantaggio è che in queste biblioteche solitamente la catalogazione è fatta con il **sistema Dewey**, che dispone i libri per argomento: soluzione ideale per chi debba approntare una ricerca a uso scolastico, perché nello scaffale trova tutti i libri che la biblioteca possiede su un determinato argomento. Per farsene un'idea si può tenere presente questo specchietto con le dieci classi numeriche fondamentali e le relative materie (ogni classe ammette ulteriori suddivisioni, pure indicate da cifre decimali):

CLASSI	MATERIE
000-099	Generalità
100-199	Filosofia e Psicologia
200-299	Religione
300-399	Scienze sociali
400-499	Linguaggio
500-599	Scienze naturali
600-699	Tecnologia
700-799	Arti
800-899	Letteratura
900-999	Geografia e storia

I materiali *on line* Un modo molto comodo per documentarsi è quello di cercare informazioni *on line*. I materiali presenti in rete, infatti, sono disponibili immediatamente, anche se presentano alcuni limiti strutturali, impliciti nella natura stessa del mezzo.

Tra i pregi c'è sicuramente il fatto che la ragnatela del *World Wide Web* è estesa a tutto il mondo e aperta a tutti: ciascuno vi può facilmente pubblicare il suo pensiero, senza che sia sottoposto a censure, controlli, divieti. Questa assenza di regole può apparire **molto democratica** a un'epoca come la nostra, che avverte il peso di un'informazione largamente controllata da gruppi di potere e appiattita sugli interessi di parte.

Ma c'è anche il rovescio della medaglia, nel senso che, in genere, neppure il sito internet è mai del tutto disinteressato. Questo ci obbliga a valutare l'**attendibilità** del sito molto più accuratamente di quanto si fa con un libro, che è in qualche misura garantito dal marchio editoriale stesso e, prima di essere pubblicato, deve superare numerosi controlli.

Come cercare (e trovare) un libro in biblioteca
Immagina di dover svolgere una tesina sul tema della *Shoah* e di doverti documentare in biblioteca.

1. Se la biblioteca ha un catalogo *on line*, puoi consultarlo da casa tua digitando in un motore di ricerca il termine "biblioteca" seguito dal nome della città o del paese (o eventuale intestazione): dalla pagina che si aprirà sarai indirizzato al catalogo.

2. Il catalogo può essere interrogato in vari modi (Autore, Titolo, Soggetto ecc.) e per successivi tentativi: nel caso specifico, non dovrai limitarti a cercare tra i soggetti e i titoli il termine *Shoah*, che si è generalizzato solo in tempi recenti, ma dovrai provare anche con *Olocausto* e con altri soggetti a cui ti rinvierà il catalogo stesso: per esempio: *Ebrei-Persecuzioni*; *Antisemitismo*; *Razzismo* ecc.

3. Quando hai verificato se i libri che intendi consultare sono presenti in catalogo, puoi prendere nota della segnatura e andare in biblioteca per esaminare personalmente i volumi. Se un volume non è presente nella biblioteca che frequenti ma in un'altra collegata, tramite il prestito interbibliotecario puoi fare richiesta del libro direttamente *on line* e nel giro di qualche giorno lo avrai a disposizione.

La risorsa più usata e più indicata dai motori di ricerca è *Wikipedia*, la grande enciclopedia *on line* a contenuto libero.

Nata nel 2001 per iniziativa dell'imprenditore americano Jimmy Wales, e pubblicata in oltre 280 lingue, questa enciclopedia è una piattaforma *wiki*, cioè un sito web che viene continuamente **aggiornato dai suoi stessi utenti** non solo redigendo nuove voci, ma anche modificando o cancellando quelle già esistenti. Lo scopo è di creare e distribuire un'**enciclopedia libera** e ricca di contenuti, alla portata di tutti.

L'edizione inglese è la più ricca, con oltre quattro milioni e mezzo di voci, ma anche la versione italiana ne comprende ormai oltre un milione, incrementate di giorno in giorno.

Wikipedia è una realtà per molti aspetti sorprendente: si mantiene senza pubblicità, finanziata con le donazioni, e funziona come un mondo miracolosamente civile e sereno, esente da faziosità e facilonerìa, che sono la nota dominante nel web. Anche per questo, dopo la fase iniziale in cui era guardata con sospetto, l'enciclopedia è cresciuta fino a diventare uno dei siti più visitati al mondo. Gli eventuali errori, involontari o maliziosi, sono corretti dai collaboratori stessi e da un team di circa 1800 utenti-amministratori, tutti volontari: è stato calcolato che il tempo medio di permanenza di un errore è di cinque minuti e che il numero medio di errori per ogni voce è di quattro, contro i tre dell'*Enciclopedia Britannica*. Questo spiega perché, nei dieci anni trascorsi dalla sua fondazione, l'**attendibilità di questo strumento sia cresciuta** al punto da guadagnare il riconoscimento di studenti, giornalisti, scrittori e degli stessi studiosi, anche per il fatto che i contenuti non sono soggetti a copyright e quindi possono essere liberamente utilizzati. Il collaboratore tipico è un venticinquenne laureato, spesso ricercatore universitario: una garanzia di attendibilità, ma anche di serietà e mentalità aperta.

Quale uso farne Anche se *Wikipedia* ha ormai soppiantato l'*Enciclopedia Britannica* e in generale le enciclopedie cartacee, nel farne uso è bene adottare le seguenti cautele:

- possibilmente **controllare i dati**: i correttivi esposti non escludono che rimanga qualche inesattezza, da cui non vanno esenti neppure le enciclopedie cartacee;
- **evitare il copia-incolla**: è vero che i contenuti non sono soggetti a copyright, ma non fa mai una bella impressione trovare frasi prese di peso da una fonte, qualunque essa sia;
- ricorrere a *Wikipedia* soprattutto per una **prima informazione**, per verificare un dato o una data, un fatto storico, una biografia: per riflessioni più approfondite è bene rivolgersi a scritti specifici;
- tenere presente che, per statuto, i contributi di *Wikipedia* **non sono materiali inediti** né riflessioni originali, ma si appoggiano a fonti dichiarate e verificabili (perlopiù cartacee), alle quali si può ricorrere per approfondire.

Con queste cautele, si può ricorrere a *Wikipedia* in qualsiasi momento.

Come elaborare i dati Sui materiali raccolti dai libri o dai siti consultati vanno compiute le stesse operazioni che, in ambito più ristretto, costituiscono i preliminari del saggio breve. I testi dovranno dunque essere:

- **letti** e **interpretati**, per accertarne l'effettivo significato;
- **schedati**, per ricavarne le informazioni utili;
- **confrontati**, per individuare analogie e differenze;
- **collegati** tra loro in vista della funzione che rivestiranno all'interno della tesina;
- **commentati** attraverso valutazioni e giudizi personali: quest'ultima è l'attività più qualificante perché dimostra lo spirito critico con cui si è capaci di elaborare i dati. I giudizi personali possono poi essere espressi in una valutazione conclusiva e inseriti nel corso della tesina stessa.

Nulla vieta di riportare nella tesina brani desunti dalle fonti stesse, a patto che la citazione sia necessaria ed efficace, che la fonte sia dichiarata e che la tesina non si riduca a un *collage* di brani. Una particolare cautela richiedono i materiali *on line*, ai quali si possono attingere dati e informazioni, la cui attendibilità va controllata, se non è certificata dall'autorevolezza del sito.

IL PUNTO SU...

Come valutare i siti internet

Per valutare un sito è necessario rifarsi ai seguenti criteri:

Badare all'essenziale:	– mirare all'attendibilità delle notizie – non lasciarsi allettare dalla grafica
Preferire i portali ufficiali, che fanno capo a enti istituzionali:	– il portale del CENSIS per dati sulla situazione del Paese – il portale dell'ISTAT per dati statistici – i siti delle università (riconoscibili dall'indirizzo, composto dal prefisso *uni*-seguito dalla sigla della città: per es. www.unimi.it apre il sito dell'Università Statale di Milano), se si cercano contributi culturali
Verificare l'appartenenza, tenendo conto che:	– raramente un sito è disinteressato: chi lo messo in rete si aspetta qualche tornaconto – un sito può essere fazioso o connotato ideologicamente: per esempio, se si cercano notizie sull'attività del Governo, possono dare notizie tendenziose sia un sito filogovernativo sia un sito che fa capo a un partito di opposizione
Verificare le credenziali:	– scoprire chi è l'autore, che cosa si può sapere di lui e quale competenza ha in ciò che scrive – vedere se il suo contributo è stato recensito da altri – un sito anonimo o non controllabile deve essere considerato inaffidabile
Verificare la qualità dell'informazione:	– cioè se l'autore riporta **fatti** reali o **opinioni** personali – se è **preciso** nel riportare i dati – se dichiara a quali **fonti** li ha attinti – se è **ragionevole** nell'esprimere giudizi
Cercare conferme:	– verificare se altre fonti confermano la sua versione – tenere presente che i giudizi possono anche essere discordanti, ma i fatti devono coincidere
Osservare se l'autore scrive in buon italiano:	– la qualità della scrittura rispecchia la cultura di chi scrive – gli errori di ortografia sono un pessimo indizio
accertare che il sito sia aggiornato, cioè che tenga conto:	– dei fatti recenti – delle prospettive più aggiornate

La costruzione del prodotto Prima della stesura è bene redigere una mappa o una scaletta, che poi, aggiornata alla fine del lavoro, diventerà l'indice della tesina stessa. Questo indice, corredato degli obiettivi del lavoro e dell'indicazione delle materie coinvolte, confluirà nella **scheda sintetica** da presentare alla commissione d'esame.

La **stesura** deve avere i requisiti di qualsiasi altro testo scritto, cioè essere corretta, lineare, ben argomentata, possibilmente sintetica. In particolare, è bene:
- ripartire il testo in **capitoli**
- scandire ogni capitolo in **paragrafi**, assegnando a ciascuno un **titolo**
- se necessario, aggiungere **note**

- alla fine collocare la **bibliografia** dei libri e siti utilizzati.

Lo **stile** deve essere rigoroso e professionale, intermedio tra il saggio e la relazione: a seconda dell'argomento scelto, la forma espressiva potrebbe avere come modello il manuale scolastico della rispettiva materia.

Non bisogna dimenticare, in ogni caso, che il primo obiettivo della tesina è quello di costituire una traccia per l'esposizione orale durante il colloquio d'esame, per una durata massima di una ventina di minuti. A questa destinazione devono conformarsi, prima di tutto, le **dimensioni**: indicativamente 10/15 pagine.

La scheda sintetica per la commissione È il "biglietto da visita" e pertanto merita una redazione accurata. In particolare dovrà contenere:
- le **generalità** dello studente, scuola, classe, commissione ecc.;
- il **titolo** della tesina;
- le **materie** coinvolte;
- gli **obiettivi** del lavoro, cioè che cosa si è voluto fare e che cosa si intende dimostrare
- un **indice** molto dettagliato, che possa dare l'idea dei contenuti e fungere da traccia per l'esposizione;
- una **bibliografia**. Sarebbe bene distinguere tra le opere lette, su cui si è disposti a rispondere a eventuali domande, e i libri solo consultati.

Il supporto multimediale Le disposizioni ministeriali prevedono che, in sede di colloquio d'esame, l'argomento o il lavoro di ricerca e di progetto possa essere proposto "anche in forma multimediale". Ciò significa, in primo luogo, che la presentazione può avvalersi di un programma *ad hoc* come *PowerPoint*.

Tuttavia i supporti multimediali possono essere di vario genere:
- **immagini**: per alcuni argomenti possono essere fondamentali come documento e testimonianza storica;
- **filmati**: si può scegliere uno spezzone di un film citato nella tesina e presentarlo durante l'esposizione;
- **musiche**: non è privo di effetto accompagnare l'esposizione con un sottofondo musicale inerente al tema.

In ogni caso, l'apparato multimediale dovrebbe essere strettamente integrato nell'esposizione; se deve solo "fare colpo", è meglio farne a meno.

L'esposizione orale I 15-20 minuti indicativamente riservati alla tesina all'interno del colloquio d'esame devono essere sfruttati al meglio sia per esporre il più possibile di quanto si è preparato, sia per dare l'idea che si è in grado di pianificare il proprio discorso.

A questo scopo si consiglia di:

- controllare la propria **emotività**;
- esporre a **voce alta** e in modo chiaro, scandendo le frasi con calma e determinazione, interponendo le dovute pause;
- avere chiaro in mente lo **schema** della propria ricerca così da sapere su che cosa insistere, anche in vista delle possibili aperture verso altre materie;
- avere fatto in precedenza una **prova generale** del discorso;
- evitare troppi preliminari ed esporre quanto prima gli **aspetti qualificanti** del proprio lavoro;
- usare in modo appropriato i **supporti multimediali** (immagini, musiche ecc.);
- se si usano *slide*, prepararle in modo adeguato, evitando che contengano troppo testo: limitarsi a tre-quattro concetti;
- calibrare la **gestualità**: come il modo di presentarci così anche gesti e atteggiamenti ci rendono trasparenti agli occhi di chi ci guarda e pertanto devono essere calibrati; un gesto della nostra mano può sottolineare un concetto; fermarsi per un attimo e osservare l'interlocutore può esprimere una ricerca di approvazione ecc.

DOMANDE FREQUENTI SU...

Che fare con la tesina?

1. Sento dire che non è il caso di perdere tempo con la tesina e che si può "riciclare" una tesina fatta da altri o copiata da internet.

Tutto è possibile se la commissione è distratta. In caso contrario, è difficile che la cosa passi inosservata. La fonte on line può essere scoperta con un semplice controllo; nel corso del colloquio, poi, è facile saggiare le tue conoscenze sull'argomento. Infine c'è da aggiungere che i materiali on line, come anche quelli ottenuti da altri, possono anche non essere affidabili.

2. Bisogna cominciare presto a pensare alla tesina o si può allestire in fretta all'ultimo momento?

La soluzione ideale sarebbe quella di pensarci per tempo, in modo da non dover lavorare negli ultimi tempi, che saranno assorbiti dallo studio. Soprattutto se si vuole fare un lavoro un po' originale, si potrebbe affrontare qualche lettura già durante le vacanze estive e poi passare alla stesura nel corso dell'anno.

3. Quale iniziativa devo prendere in vista della tesina?

I preliminari sono:

- concordare l'argomento con un docente
- farsi indicare una bibliografia di riferimento
- procurarsi i libri e prenderne visione
- fare una ricerca *on line*, tenendo conto solo di materiali attendibili.

In un secondo tempo dovrai:

- selezionare i materiali scegliendo quelli più interessanti
- schedarli e confrontarli in vista della stesura
  – stendere un progetto
  – infine passare alla stesura.

4. È il caso di fare tanto lavoro, che poi potrebbe anche non essere tenuto nella giusta considerazione?

Il genere la commissione d'esame non presta attenzione a lavori improvvisati o mal presentati, ma i docenti interni sanno bene se e come lo studente ha lavorato alla tesina.

Proposta di tesina: la *Shoah*

In questa proposta di tesina accompagniamo uno studente che voglia orientarsi nella folta bibliografia sulla *Shoah*, uno dei temi prediletti dagli approfondimenti scolastici, sul quale è giusto farsi un'idea personale, visto che molto se ne parla, e non sempre a proposito. Il lavoro si articola in tre fasi:

1. Reperimento e scelta dei materiali
2. Elaborazione dell'indice in forma di scheda sintetica da presentare alla commissione
3. Tesina vera e propria, che puoi leggere in http://libropiuweb.mondadorieducation.it/studente/librocontenuti/488193

Partire dal libro di testo Il manuale di storia dedica alla *Shoah* non più di qualche pagina all'interno del capitolo sui totalitarismi e sulla Seconda guerra mondiale. Se però si consulta la bibliografia aggiornata in fondo al capitolo, si può scoprire che all'argomento è stata dedicata una recentissima *Storia della Shoah* (Torino, UTET, 2006) in cinque volumi di oltre 600 pagine ciascuno, nei quali sono affrontati da diversi specialisti i molteplici aspetti del tema, dal contesto della crisi dell'Europa alla distruzione degli ebrei e alla pesante eredità di questo passato. La pubblicazione del *Dizionario dell'Olocausto* (Torino, Einaudi, 2004) e di un *Album Auschwitz* (Einaudi 2008) con un percorso storico tra le immagini offre quanto di più aggiornato si può avere sul tema. Non si tratta di libri da leggere, naturalmente, ma di opere monumentali di cui è bene conoscere l'esistenza: da tenere presenti per eventuale consultazione.

Orientarsi nella bibliografia Queste opere enciclopediche sono il risultato di una ricerca sulla *Shoah* che è cresciuta immensamente in questi ultimi quindici anni, dando luogo a una bibliografia molto nutrita. Ciò rende a volte difficile distinguere valore e utilità dei vari contributi.
Per ovviare a questo inconveniente, si può partire da B. Segre, *La Shoah: il genocidio degli ebrei d'Europa* (Milano, il Saggiatore, 1998), che passa in rassegna sinteticamente tutti gli aspetti del tema, dall'*escalation* della persecuzione alla "soluzione finale", al non intervento e ai silenzi degli alleati. Questo libro – un centinaio di pagine di facile lettura – può essere sufficiente come **base per la tesina**. Aspetti particolari possono essere approfonditi sulla base dei titoli che seguono.

Tenere conto dei documenti Un cenno a parte meritano i documenti originali, che costituiscono la **base di ogni ricerca**: fare riferimento a qualcuno di essi può dare l'idea che la tesina non riporti materiali di seconda o terza mano, ma, almeno in qualche caso, risalga direttamente alle fonti.
I documenti sono reperibili nel volume V della *Storia della Shoah* citata: un dossier di oltre 600 pagine che investe tutti gli aspetti (l'ideologia, la legislazione razziale, la "soluzione finale", i ghetti, i campi di sterminio, i processi, la memoria).

Affrontare l'argomento Ogni storia complessiva può essere scritta soltanto se in precedenza sono state prodotte monografie che hanno esplorato i vari aspetti del tema. Ne illustriamo solo qualcuno, indicando sempre, accanto all'opera di riferimento, qualche contributo più accessibile.
Sull'**antisemitismo** l'opera classica sull'argomento è L. Poliakov, *Storia dell'antisemitismo*, 5 voll., Firenze, La Nuova Italia, 1974-1996, da consultare se si intende centrare su questo tema l'intera tesina. Se invece si vuole solo accennare all'antisemitismo come introduzione al tema della *Shoah*, ci si può limitare a lavori più sintetici, come quello di G. Luzzatto Voghera, *L'antisemitismo. Domande e risposte*, Milano, Feltrinelli, 1994.
Su **tempi e tecniche dello sterminio**, il lavoro di riferimento è R. Hilberg, *Lo sterminio degli ebrei d'Europa*, 2 voll., trad. it., Torino, Einaudi 1999; ma si può utilizzare il più sintetico *Carnefici, vittime, spettatori*, Milano, Mondadori, 1994.
Sulle **interpretazioni** della *Shoah* indichiamo tre importanti tesi storiografiche, che fanno capo ad altrettanti libri:

- secondo C.R. Browning, *Uomini comuni* (trad. it., Torino, Einaudi, 1995), la responsabilità del genocidio non va attribuita a una particolare predisposizione alla ferocia del popolo tedesco, ma a un meccanismo di abdicazione collettiva delle responsabilità da parte di **uomini comuni**;
- viceversa, secondo D.J. Goldhagen, *I volonterosi carnefici di Hitler* (trad. it., Milano, Mondadori, 1998), i responsabili dell'eccidio non furono solo le SS, ma i **tedeschi di ogni condizione ed estrazione sociale**, che brutalizzarono gli ebrei per libera scelta sulla scorta dell'antisemitismo secolare che assimilava queste vittime a una forza demoniaca da eliminare;
- una tesi complementare è quella di Z. Bauman, *Modernità e Olocausto* (trad. it., Bologna, il Mulino, 1992), che denuncia il carattere derespon-

sabilizzante della civiltà tecnocratica, per il quale ogni individuo che costituisce un ingranaggio nella macchina della distruzione diviene **moralmente indifferente** di fronte alle azioni che superano la sua esperienza.

Memorialistica e letteratura Naturalmente non è che si debbano leggere i libri sopra indicati: è importante sapere che esistono per potersi fare un'idea dell'entità dell'argomento. Peraltro sulla *Shoah* non sono stati scritti solo libri di storia, ma anche opere narrative. Ci limitiamo a qualche titolo. Il primo è *Comandante ad Auschwitz* (trad. it., Torino, Einaudi, 1958), che contiene le memorie di Rudolf Höss, comandante per due anni del campo di Auschwitz: una testimonianza impressionante, che dimostra l'inquietante coesistenza tra il criminale e l'uomo comune.
Il secondo è *Se questo è un uomo* di Primo Levi: un libro la cui lettura non è solo un dovere scolastico, ma un imperativo morale, e ci consente di capire più di tutti i libri citati fin qui e messi assieme. Uno scritto assolutamente unico è quello di Giacomo Debenedetti, *16 ottobre 1943*, Torino, Einaudi 2005: più volte ripubblicato a partire dalla prima uscita nel 1944, è una cronaca bruciante della retata nazista nel ghetto di Roma, che in una mattina si concluse con la deportazione di oltre mille ebrei nei campi di sterminio. Una cinquantina di pagine scritte dalla mano finissima di un critico letterario: da sole potrebbero fornire lo spunto per una tesina sull'argomento.
Un libro di culto è opera del popolare corrispondente di guerra e scrittore russo Vasilij Grossman: *L'inferno di Treblinka*, trad. it., Milano, Adelphi, 2010. Si tratta di settanta paginette su fatti ormai di dominio comune (in parte anche ridimensionati dall'indagine storica) ma storicamente importantissime in quanto sono un reportage scritto nell'autunno del 1944, subito dopo la liberazione del campo, e fondato su testimonianze di prima mano. Basta dire che, per iniziativa del procuratore militare sovietico, furono date in lettura al collegio d'accusa del processo di Norimberga.
Per finire, una lettura facile e avvincente: Enrico Deaglio, *La banalità del bene*, Milano, Feltrinelli 1991. Con questo titolo (che riprende per antite-

si il noto libro di Hannah Arendt, *La banalità del male*, sul processo a Eichmann) viene raccontata l'incredibile vicenda del commerciane padovano Giorgio Perlasca, che nel 1944 riuscì a salvare dallo sterminio migliaia di ebrei ungheresi facendosi passare per il console di Spagna.

Cinema e musica Della produzione cinematografica ricordiamo qualcuno tra i titoli più significativi:

- *Arrivederci ragazzi*, di Louis Malle (1987): ambientato nel Collegio del Bambin Gesù di Fontainebleau, racconta l'amicizia tra il regista bambino e un coetaneo ebreo nascosto sotto falso nome, poi deportato insieme con il Padre rettore e altri piccoli ebrei.
- *Schindler's List* di Steven Spielberg (1993): racconta con grande effetto cinematografico la vicenda di Oskar Schindler, l'industriale tedesco che salvò 1100 ebrei destinati allo sterminio.
- *Il pianista* di Roman Polanski (2002): la rivolta del ghetto di Varsavia vista da un pianista ebreo sopravvissuto, che non perde la fiducia nell'arte.

Oltre alla notissima canzone di Francesco Guccini, *Auschwitz* (1967), è strettamente legata al tema la musica *klezmer* in quanto prodotto tradizionale delle comunità ebraiche dell'Europa centro-orientale: ci è nota soprattutto attraverso le raccolte di Moni Ovadia (*Oylem goylem* e *Dybbuk*) e Goran Bregovic.
Di Moni Ovadia e Felice Cappa vale la pena di ricordare il film *Binario 21. Il canto del popolo ebraico massacrato*. È l'adattamento del *Canto del popolo ebraico massacrato* di Yitzhak Kalzenelson; il binario 21 è quello della stazione centrale di Milano, da cui partivano i treni carichi di deportati, ora sede della Fondazione Memoriale della Shoah.

Risorse *on line* Materiali interessanti e attendibili si trovano nel *Sito italiano sulla storia dell'Olocausto* all'indirizzo http://www.olokaustos.org/; soprattutto alla deportazione degli ebrei italiani è dedicato il sito del "Centro di Documentazione ebraica contemporanea": http://www.museoshoah.it/mostra-la-persecuzione-degli-ebrei-in-italia.asp?id=0301000000.

Nome e cognome dell'alunno ....

Argomento per il colloquio

Titolo: I "sommersi" e i "giusti" nella tragedia della Shoah

Materie coinvolte: Storia, Italiano

Obiettivi:
- approfondire il tema delle persecuzioni contro gli ebrei durante l'ultimo conflitto mondiale (Storia)
- in particolare, cogliere l'opposto destino dei "sommersi" (coloro che furono travolti dall'evento) e dei 'giusti' (i non ebrei che salvarono ebrei dallo sterminio) (Storia)
- leggere i libri di Primo Levi, *Se questo è un uomo* e *I sommersi e i salvati* e coglierne il valore documentario e narrativo (Italiano)

Indice

Premessa [una pagina per introdurre il tema e anticiparne gli estremi]
  Olocausto e *Shoah*
  I "sommersi"
  I "giusti"

1. Tempi, luoghi, entità dello sterminio
  [INQUADRAMENTO: richiama gli eventi principali]
  La "soluzione finale"
  La prima fase dello sterminio
  La seconda fase
  L'ultima fase e l'eccidio
  I numeri del genocidio

2. Le colpevolezze e le responsabilità
  [APPROFONDIMENTO: chi sono stati i colpevoli]
  Il passato che non passa
  Il processo di Norimberga
  Le responsabilità attive
  Le responsabilità passive

3. La resistenza al genocidio e il soccorso agli ebrei
  [ASPETTO PARTICOLARE: è lo specifico della tesina]

  3.1 Il comportamento dei governi
    Il caso della Danimarca
    Una grande operazione di salvataggio
    Il comportamento della Spagna

  3.2 La resistenza politica
    La resistenza al nazismo
    La resistenza nei Lager
    La voce dei "sommersi"
    La rivolta dei *Sonderkommando* di Auschwitz il 7 ottobre 1944

  3.3 I "giusti delle nazioni" e i benemeriti della *Shoah*
    Raoul Wallenberg
    Giorgio Perlasca

Opere lette
- B. Segre, *La Shoah: il genocidio degli ebrei d'Europa*, Milano, il Saggiatore, 1998 (inquadramento generale)
- P. Levi, *Se questo è un uomo*; *I sommersi e i salvati*
- Nel libro *La voce dei sommersi*, a. c. di C. Saletti, Venezia, Marsilio, 1996, i capitoli *Manoscritto di Salmen Gradowski* e *Manoscritto di Haïm Herman* (la rivolta dei *Sonderkommando* di Auschwitz)
- E. Deaglio, *La banalità del bene*, Milano, Feltrinelli, 1991 (su Giorgio Perlasca)

◼ Altre proposte per le tesine

Ti proponiamo qui gli spunti per alcune tesine, indicando per ciascuna gli obiettivi e una bibliografia orientativa.

1. Percorsi di guerra in letteratura e nel cinema

Obiettivi:

- seguire il tema della guerra nella letteratura italiana attraverso la lettura di alcuni romanzi
- individuare le diverse soluzioni narratologiche e linguistiche
- osservare la diversa configurazione assunta dal tema in letteratura e nel linguaggio cinematografico

Bibliografia

Si consiglia la lettura dei seguenti romanzi:
- C. Malaparte, *Viva Caporetto!* (1921)
- E. Lussu, *Un anno sull'Altipiano* (1936-1937)
- E. Vittorini, *Uomini e no* (1945)
- N. Revelli, *La guerra dei poveri* (1962)
- B. Fenoglio, *Il partigiano Johnny* (1968)
- P. Levi, *La tregua* (1965)

E la visione dei seguenti film:
- *Orizzonti di gloria* di Stanley Kubrick (1957)
- *Apocalypse Now* di Francis Ford Coppola (1979)
- *Full Metal Jacket* di Stanley Kubrick (1987)
- *Salvate il soldato Ryan* di Steven Spielberg (1998)

Come vedi, i romanzi vertono sulla prima e sulla seconda guerra mondiale: i film sulle due guerre mondiali e sulla guerra in Vietnam. Puoi aggiungere altri documenti di cui sei a conoscenza.

2. Il viaggio come metafora della vita

Obiettivi:

- leggere alcuni testi di letteratura italiana e straniera dedicati al tema del viaggio
- ricavare indicazioni utili a cogliere il senso metaforico del viaggio
- mettere a fuoco l'interpretazione del viaggio come metafora della vita

Bibliografia

- D. Defoe, *Robinson Crusoe* (1719)
- J. Swift, *Gulliver's Travels* (1726)
- J. Conrad, *Heart of darkness* (1902)
- J. Kerouac, *On the road* (1957)
- T. S. Eliot, *Il viaggio dei Magi* (1927)
- D. Alighieri, *Inferno XXVI*
- A. Rimbaud, *Il battello ebbro* (1872)
- G. Carducci, *Traversando la Maremma toscana* (1885)
- G. Pascoli, *L'ultimo viaggio* (1904)

- C. Kavafis, *Itaca* (1911)
- U. Saba, *Ulisse* (1948)
- C. Pavese, *I mari del Sud* (1930)
- G. Caproni, *Congedo del viaggiatore cerimonioso* (1960)
- I. Calvino, *Le città invisibili* (1972)

Film
- *2001 Odissea nello spazio* di Stanley Kubrick (1968)

Sicuramente conosci già alcuni di questi titoli: leggi almeno un paio di testi tra quelli che ancora non conosci e ritaglia poi la ricerca a tuo piacere.

3. La figura dello scienziato

Obiettivi:

- leggere almeno una biografia di scienziati del '900 o contemporanei
- ricavare dalla biografia elementi utili a ricostruire la figura dello scienziato e le condizioni ambientali che fanno da sfondo alle sue scoperte scientifiche

Bibliografia

- G. Bruzzaniti, *Enrico Fermi. Il genio obbediente*, Torino, Einaudi, 2007: illustra il carattere personale e l'attività dello scienziato che nel 1945 collaborò a creare la prima bomba atomica nei laboratori segreti di Los Alamos.
- M. Mafai, *Il lungo freddo*, Milano, Mondadori, 1992: vita del fisico Bruno Pontecorvo, che dopo aver lavorato a Roma con Fermi e poi a Parigi, negli Stati Uniti e in Inghilterra allo studio delle particelle elementari, nel 1950 decise di varcare la cortina di ferro e passare in Unione Sovietica.
- R. Levi Montalcini, *Elogio dell'imperfezione*, Milano, Garzanti 1987: autobiografia della scopritrice dell'NGF (Nerve Growth Factor, «Fattore di crescita nervosa»), la molecola che regola la crescita delle cellule del sistema nervoso.
- A. Pais, *Oppenheimer*, trad. it., Milano, Mondadori, 2007: racconta la tragedia dello scienziato che, dopo aver diretto il progetto Manhattan per la messa a punto della bomba atomica, capì che dopo Hiroshima «il mondo non sarebbe mai più stato lo stesso». Sottoposto nel 1954 a una commissione d'inchiesta per essersi opposto alla costruzione della bomba all'idrogeno, fu vittima del clima di anticomunismo e "caccia alle streghe" promosso dal senatore McCarthy, tanto da essere estromesso da ogni incarico.

- L. Sciascia, *La scomparsa di Majorana*, Torino, Einaudi, 1975: romanzo sulla vicenda del giovane fisico trentaduenne, definito da Fermi un genio come Galileo e Newton, misteriosamente scomparso nel marzo del 1938: rapimento? suicidio? autoreclusione in convento dopo aver intuito che era stato inventato un ordigno di distruzione di massa?

4. Il mondo della comunicazione

Obiettivi:
- documentarsi su un'attività che caratterizza il nostro tempo e attira molto i giovani
- cogliere gli aspetti di modernità insiti nella comunicazione attuale
- mettere in luce i limiti di una comunicazione dominata da poteri forti e non adeguatamente regolata

Bibliografia
- M. C. Belloni, *La comunicazione mediata*, Roma, Carocci, 2002: approfondisce lo studio di **forme e stili** della comunicazione.
- G. Sartori, *Homo videns. Televisione e post-pensiero*, Roma-Bari, Laterza, 1997: il noto politologo denuncia caratteri e limiti della "**disinformazione**" televisiva.
- K. R. Popper-J. Condry, *Cattiva maestra televisione*, trad. it., Reset, Milano,1994: lo scritto che ha denunciato il **pericolo** connesso con il mezzo televisivo.
- R. Bradbury, *Fahrenheit 451* (1953), da cui è stato tratto l'omonimo film di F. Truffaut (1966): affronta il tema dell'informazione e del **controllo sociale** esercitato attraverso la televisione, che tutti i cittadini rispettosi della legge devono utilizzare per istruirsi, per informarsi e per vivere serenamente rinunciando a ogni altra forma di comunicazione, soprattutto alla lettura; presenta contatti con opere famose come G. Orwell, *1984* (1948), e A. Huxley, *Il mondo nuovo* (1932).

Film
- *The Truman show* di Peter Weir (1998): il protagonista di questo film si ritrova vittima inconsapevole di un *reality show*, in cui tutta la sua vita è di dominio pubblico e le persone che gli stanno vicine non sono che attori. Solo alla fine riesce a uscire da questo mondo.

5. I crimini contro l'umanità

Obiettivi:
- documentarsi su una realtà che sta segnando duramente il nostro tempo e non sempre viene prospettata nei giusti termini

- distinguere fino a che punto arriva l'autodeterminazione dei popoli e qual è la legittimità di una corte penale internazionale
- affrontare il tema della connessione tra giustizia e potere nella storia
- aggiornare la situazione sulla base degli ultimi sviluppi

Bibliografia
- S. Zappalà, *La giustizia penale internazionale*, Bologna, il Mulino, 2005: delinea i termini e la storia del problema.
- *Processare il nemico. Da Socrate a Norimberga*, a cura di A. Demandt, trad. it., Torino, Einaudi, 1996: il libro arriva al processo di Norimberga ai criminali nazisti solo dopo aver trattato **i più famosi processi "politici" della storia**: Socrate, Gesù, Galileo, i processi staliniani.
- A. Garapon, *Crimini che non si possono né punire né perdonare*, trad. it., Bologna, il Mulino, 2004: lavoro fondamentale, che pone il problema della giurisdizione penale internazionale in relazione a vari processi famosi (Norimberga, Eichmann, Pinochet; dopo l'uscita del libro la questione si è riaperta per il processo a Saddam Hussein) e all'entrata in funzione nel 2002 della **Corte penale internazionale** dell'Aia.
- M. Franzinelli, *Le stragi nascoste. L'armadio della vergogna: impunità e rimozione dei crimini di guerra nazifascisti 1943-2001*, Mondadori, Milano, 2003. Il libro verte su un aspetto particolare, ma afferente al tema: la scoperta nel 1994 di un armadio in un ripostiglio nella cancelleria della procura militare di Roma, contenente 695 fascicoli riguardanti crimini di guerra commessi sul territorio italiano durante l'occupazione nazi-fascista e occultati subito dopo la guerra. Sono reperibili *on line* le problematiche e le polemiche suscitate da questo ritrovamento e dai lavori della commissione parlamentare d'inchiesta appositamente istituita.
- F. Focardi, *Criminali di guerra in libertà*, Roma, Carocci, 2008: attraverso nuova documentazione, ricostruisce un **accordo segreto** del 1950 tra Italia e Germania federale per la scarcerazione di criminali tedeschi detenuti in Italia.

6. La menzogna della razza

Materie coinvolte: Italiano, Storia, Scienze

Obiettivi:
- approfondire il tema del razzismo nel Novecento
- affrontare gli aspetti biologici del tema della razza
- leggere il romanzo dedicato a questo tema da un genetista

Bibliografia

- *La legislazione razziale*, in *Storia della Shoah*, vol. V (Documenti), UTET, Torino 2006, pp. 76-139: presenta e riporta le **leggi** razziali tedesche e italiane.
- M. Wieworka, *Il razzismo*, Laterza, Roma-Bari 2000: un agile contributo, in cui si possono trovare succintamente delineate la **storia** e l'**attualità** del razzismo.
- G. Barbujani, *L'invenzione delle razze*, Bompiani, Milano 2006: noto **genetista**, Barbujani si oppone ai fautori delle teorie razziali sostenendo che non è possibile collegare alle identità etniche diversi livelli di intelligenza e di moralità.
- Nel sito http://www.minerva.unito.it/SIS/Razza/Razza.html si trova una tesi d'esame SISS sul tema *Fallimento scientifico del concetto di razza nell'uomo*, che può essere utilmente consultata.

7. La mafia ha vinto?

Materie coinvolte: Italiano, Storia

Obiettivi:
- affrontare l'argomento della lotta alla mafia in prospettiva storica
- esaminare l'aspetto delle connivenze e delle responsabilità, cioè la più importante chiave di lettura
- raccogliere notizie su episodi clamorosi collegati al fenomeno

Bibliografia

- N. Tranfaglia, *Perché la mafia ha vinto*, UTET Libreria, Torino 2008: illustra il rapporto tra classi dirigenti e lotta alla mafia nell'Italia unita (dal 1861 al 2008).
- C. Stajano, *Un eroe borghese*, Einaudi, Torino 1991: sulla vicenda dell'avvocato milanese Giorgio Ambrosoli ucciso nel 1979 su commissione del bancarottiere Michele Sindona, collegato con mafia e massoneria e protetto da politici italiani.
- G. Nuzzi-C. Antonelli, *Metastasi*, Chiarelettere, Milano 2010: sfruttando la testimonianza di un 'pentito', illustra l'infiltrazione delle varie mafie nel tessuto economico del Nord Italia.
- E. Deaglio, *Il vile agguato*, Feltrinelli, Milano 2012: vent'anni dopo la strage di via D'Amelio (1992), i magistrati sospettano che la principale causa della morte di Paolo Borsellino sia stato il suo rifiuto a scendere a compromessi nella trattativa tra la mafia e alcuni apparati dello Stato. Intanto, in questi stessi vent'anni, i metodi mafiosi hanno permeato il tessuto della vita civile in Italia.

■ Presentare la tesina con PPT

Uno strumento per comunicare Il Regolamento dell'esame di Stato prevede che la tesina possa essere presentata «anche in forma multimediale». Se infatti il lavoro di ricerca del candidato deve avere carattere pluridisciplinare, esso può prevedere, accanto all'esposizione orale, la visione di immagini o filmati e l'ascolto di musiche: soluzioni per le quali basta avere a disposizione un notebook, possibilmente collegato a un videoproiettore. Un valido aiuto all'esposizione orale può venire dall'uso di *slide* («diapositive»), che possono accompagnarla sottolineandone i passaggi principali.

La preparazione delle slide *PowerPoint* è un programma presente nel pacchetto *Office* di Microsoft che consente di scegliere una struttura generale della presentazione e di elaborare le diapositive in modo più o meno automatico (a seconda delle versioni). La successione delle *slide* deve seguire un ordine che indicativamente potrebbe essere il seguente e che esemplifichiamo immaginando di presentare una tesina tipo:
- prima *slide* → **titolo** del lavoro;
- seconda *slide* → **indice** o mappa dei contenuti;
- *slide* successive → diversi **aspetti** dell'argomento;
- *slide* finale → riassume e **conclude** la presentazione.

Ogni *slide* deve avere un **titolo**, che aiuta la comprensione soprattutto nel caso in cui le *slide* vengano stampate.

È importante calcolare **i tempi** della presentazione, tenendo presente che, per una presentazione di quindici minuti, è bene non superare le 20-22 *slide*.

La struttura della slide Dopo avere scelto la struttura generale della presentazione, è necessario definire la struttura grafica e l'impaginazione (in inglese *layout*) delle singole *slide*. Anche in questo caso, il programma fornisce alcuni modelli predefiniti che permettono di inserire in ogni *slide*, entro spazi predeterminati ma flessibili, testi scritti, elementi grafici (disegni, schemi o altro) e immagini. Per il **testo scritto**, si possono seguire alcuni accorgimenti che fanno capo a un concetto fondamentale: la *slide* non è né la pagina di un libro né una pagina web né una pagina di appunti, ma è la **traccia** di una presentazione da fare a voce. Pertanto non può contenere tutto, ma solo i punti fondamentali. Chiarito questo, è bene:

- non superare le **5-6 righe** di testo per ciascuna *slide*;
- associare a una *slide* **un solo concetto forte**, per evitare che, mentre si spiega un concetto, l'ascoltatore si distragga leggendo gli altri presenti nella stessa pagina;
- non costruire frasi compiute né paragrafi di testo, ma:
  - formulare i concetti in forma di **titoli** o **slogan**, con frasi nominali;
  - eliminare termini non necessari (aggettivi, avverbi ecc.);
  - usare simboli grafici: per esempio → per indicare la conseguenza ecc.;
  - organizzare elenchi puntati o numerati;
  - privilegiare dati e cifre.
- proporre un testo facilmente **leggibile**: utilizzare *font* come *Arial* o *Calibri* (i caratteri *Times New Roman* presentano apici che li rendono meno leggibili), di dimensioni non inferiori ai 14 punti. Il titolo avrà dimensioni maggiori (tra i 36 e i 44 punti) e i diversi livelli del testo saranno costruiti con punti a scalare.

La grafica Gli elementi grafici contribuiscono a rendere gradevole la presentazione, anche se una presentazione che vuole essere sobria ed efficace evita di fare affidamento sugli "effetti speciali". Si possono seguire i seguenti criteri:

- gli **sfondi** non devono essere troppo elaborati, per non ostacolare la lettura del testo: uno sfondo chiaro con il testo nero o blu o uno sfondo blu con il testo in bianco sono sobri e gradevoli;
- le **tabelle** e i **grafici** devono essere corredati di titoli o legende;
- le **mappe** devono essere sommarie, non troppo articolate;
- l'aggiunta di **immagini** arricchisce la presentazione, ma non deve essere fine a se stessa;
- nel passaggio da una *slide* all'altra si possono utilizzare effetti di **dissolvenza**, oppure far apparire i diversi elementi in modo **graduale**, per evitare che l'uditorio legga per proprio conto l'intera diapositiva, distraendosi dalla presentazione orale.

In ogni caso, eventuali animazioni, *clip art* o altri **effetti** (lampeggiamenti, rotazione di scritte, colori sgargianti ecc.) devono sempre essere usati con moderazione, per non creare confusione o dare l'impressione di scarso rigore.

I *link* È anche possibile inserire collegamenti ipertestuali (in inglese *link*) che rimandino ad altre *slide* o a siti internet. Per creare il *link*, si evidenzia la parola interessata, poi nel menu "Inserisci" si clicca su "Collegamento ipertestuale" indicando l'oggetto con cui collegarsi: da questo momento la parola compare sottolineata e basta cliccarvi sopra nella visualizzazione "Presentazione" per aprire il collegamento.

Questa opzione permette di organizzare la propria pagina come un **ipertesto**, creando diversi livelli di approfondimento tra le varie *slide*.

DOMANDE FREQUENTI SU...

Come usare *PowerPoint*

1. Nelle *slide* è preferibile inserire molto o poco testo?
Le slide non sono testi organici, ma solo appunti e promemoria. Pertanto devono essere brevi, contenere non più di 5-6 righe scritte in caratteri non troppo piccoli.

2. Devo scrivere un testo continuo o preferire una forma schematica?
Il testo delle slide deve essere schematico e utilizzare preferibilmente elenchi puntati o numerati.

3. Durante l'esposizione, posso limitarmi a leggere il testo delle *slide*?
Non devi leggere la slide, ma sviluppare ed eventualmente approfondire i concetti che in esse hai indicato.

4. Come mi devo comportare durante l'esposizione?
Per non sbagliare, segui questi criteri:

- lascia a chi ascolta il tempo di leggere la *slide* prima di illustrarla e di passare alla successiva;
- non parlare volgendo le spalle al pubblico per guardare verso lo schermo, ma collocati in modo da poter interagire con il pubblico;
- ricordati di rispettare i tempi previsti per l'esposizione.

INDICE DEI NOMI

NOTA *I numeri contrassegnati in* **neretto** *indicano le pagine in cui si ha la trattazione monografica di un autore o quelle in cui un autore è presente con un testo, un'opera d'arte o un film.*

REFERENZE ICONOGRAFICHE

Tra le due guerre

Dal Surrealismo alle correnti più recenti, in «Maestri del Colore», n. 278, Milano, Fabbri, 1965; *Max Ernst*, in «Maestri del Colore», n. 188, Milano, Fabbri, 1965; *Morandi*, in «Maestri del Colore», n. 38, Milano, Fabbri, 1965; C. Cresti, *Le Corbusier. La cappella di Ronchamp*, in «Forma e Colore», Firenze, Sansoni, 1966; U. Apollonio, *A.P. Mondrian*, in «Maestri del Colore», Milano, Fabbri, 1967; *I manifesti italiani*, Milano, Fabbri, 1975; *Mondrian*, Roma, Curcio ed., 1980; *Italia moderna*, Milano, Electa, 1983; *Maestri dell'arte moderna nella collezione Thyssen-Bornemisza*, catalogo della mostra, Milano, Electa, 1985; *La Metafisica*, Bologna, Grafis Industrie Grafiche, 1986; *Carrà*, in «Art e Dossier», n.13, Firenze, Giunti, 1987; R. Bossaglia, *Sironi e il "Novecento"*, in «Art e Dossier», n. 53, Firenze, Giunti, 1988; M. Calvesi – G. Mori, *De Chirico*, in «Art e Dossier», n. 28, Firenze, Giunti, 1988; L. Vinca-Masini, *Arte Contemporanea. La linea dell'unicità*, Firenze, Giunti, 1989; *Autobiografia di una nazione*, Roma, Editori Riuniti, 1990; G. Cortenova, *Magritte*, in «Art e Dossier», n. 59, Firenze, Giunti, 1991; *Da Van Gogh a Picasso. Da Kandinsky a Pollock. Il percorso dell'arte moderna*, Milano, Bompiani, 1991; G. Gatt, *Ernst*, in «Art e Dossier», n. 63, Firenze, Giunti, 1991; *La Pittura in Italia. Il Novecento/1*, Milano, Electa, 1991; *Storia dell'Arte Italiana*, vol. 4, Milano, Electa, 1992; *Art of this Century, The Guggenheim Museum and its Collection*, New York, The Guggenheim Museum, 1993; *Art and Power*, New York, Thames & Hudson, 1995; P. Baldacci, *De Chirico*, Milano, Skira, 1997; *Bauhaus*, in «Art e Dossier», n. 119, Firenze, Giunti, 1997; *Espressionismo tedesco. Arte e società*, Milano, Bompiani, 1997; A. Schwartz, *Man Ray*, in «Art e Dossier», n. 139, Firenze, Giunti, 1998; *Bauhaus*, a cura di J. Fiedler – P. Feierabend, Köln, Könemann, 1999; J. Gympel, *Storia dell'architettura, dall'antichità a oggi*, Köln, Könemann, 1999; *La Provenza. Arte, paesaggio, architettura*, a cura di R. Toman, Köln, Könemann, 1999; B. Mantura, *Picasso. Da Guernica a Massacro in Corea*, in «Art e Dossier», n. 141, Firenze, Giunti, 1999; *Mondrian, Broadway Boogie Woogie*, in «Cento dipinti», Milano, Rizzoli, 1999; *Storia della città dalla preistoria a oggi*, Rimini, Idealibri, 1999; *Novecento. Arte e Storia in Italia*, Milano, Skira, 2000; R.B. Stolley, *Life. Our Century in Pictures*, New York, Bulvinch, Press, 2000; J.L. Ferrier, *Paul Klee. Vita e opere*, Santarcangelo di Romagna, Key Book Arte, 2001; *Immagini e Retorica di Regime*, Milano, Federico Motta Editore, 2001; *Storia dell'Arte Italiana*, vol. 4, Milano, Electa, 2002; *I luoghi dell'arte*, vol. 6. Milano, Electa-Mondadori, 2003; *La pittura moderna*, Milano, Electa, 2003; *Savinio*, in «Art e Dossier», n. 185, Firenze, Giunti, 2003; *De Chirico*, in «I Classici dell'Arte – Il Novecento», Milano, Rizzoli-Skira, 2004; S. Deicher, *Mondrian*, Köln, Taschen, 2004; *Kandinsky e l'anima russa*, Venezia, Marsilio Editori, 2004; C. Khingsöhr - Leroy, *Surrealismo*, Köln, Taschen, 2004; L. Lahti, *Alvar Aalto*, Köln, Taschen, 2004; *Art of the 20th Century*, vol. II, Köln, Taschen, 2005; *Astrattismo*, in «Art e Dossier», n. 52, Firenze, Giunti, 2005; *Il Novecento, prima parte* in «La grande storia dell'arte», Firenze, Scala Group, 2005; B. Brooks, Pfeiffer, *Frank Lloyd Wright*, Köln, Taschen, 2005; J.L. Le Cohen, *Le Corbusier*, Köln, Taschen, 2005; F. Prina- E. Demartini, *Grande Atlante dell'Architettura*, Milano, Electa, 2005;

J.T. Schnapp, *L'arte del manifesto politico 1914-1989*, Milano, Skira, 2005; A. Del Puppo, *Duchamp e il dadaismo*, Milano-Firenze, «Il Sole 24 ore» – E-ducation.it, 2008; a cura di A. Schwarz, *Dada e Surrealismo riscoperti*, catalogo della mostra (Roma, Complesso Monumentale del Vittoriano 9 ottobre 2009-7 febbraio 2010), Ginevra-Milano, Skira, 2009; a cura di A. Mazzanti, L. Mannini, V. Gensini, *Novecento sedotto. Il fascino del Seicento tra le due guerre*, catalogo della mostra (Firenze, Museo Annigoni, 16 dicembre 2010 – 1 maggio 2011), Firenze, Polistampa, 2010.

L'età contemporanea

Sculpture, vol. II, Köln, Taschen, 1986; *Pop Art America Europa*, Milano, Electa, 1987; G.C. Argan, *L'Arte Moderna*, Firenze, Sansoni, 1988; M. Calvesi – A. Boatto, *Pop Art*, in «Art e Dossier», n. 36 Firenze, Giunti, 1989; L. Vinca-Masini, *Arte Contemporanea. La linea dell'unicità*, vol. 2, Firenze, Giunti, 1989; *Giuseppe Penone*, Milano, Fabbri, 1991; *La Pittura in Italia. Il Novecento/2*, Milano, Electa, 1992; *La Pittura in Italia. Il Novecento/3*, Milano, Electa, 1992; *Art of this Century*, New York, The Guggenheim Museum, New York, 1993; A. Boatto, *Warhol*, in «Art e Dossier», n. 105, Firenze, Giunti, 1995; *Les figures de la liberté*, Geneve, Musée d'Art et d'Histoire, 1995; E. Lucie-Smith, *Art today*, London, Phaidon, 1995; F. Poli, *Minimalismo, Arte Povera, Arte Concettuale*, Roma-Bari, Laterza, 1995; *Roma 1950-59*, Ferrara, 1995; J. James, *Pop Art*, London, Phaidon Press Limited, 1996; *Looking at Fashion*, Milano, Skira, 1996; E. Crispolti, *Centenario di Lucio Fontana*, Milano, Charta, 1999; R. Barilli, *Haring*, in «Art e Dossier», n. 162, Firenze, Giunti, 2000; S. Bordini, *Arte elettronica*, in «Art e Dossier», n. 156, Firenze, Giunti, 2000; *Novecento. Arte e Storia in Italia*, Milano, Skira, 2000; G. Serafini, *Lichenstein*, in «Art e Dossier», n. 152, Firenze, Giunti, 2000; L. Trucchi, *Dubuffet*, in «Art e Dossier», n. 173, Firenze, Giunti, 2000; *Alighiero Boetti*, Milano, Skira, 2001; N. Colombo, *Roberto Crippa*, Verona, Edizioni d'Arte Guelfi, 2001; A. Bonito Oliva, *Pollock*, in «Art e Dossier», n. 177, Firenze, Giunti, 2002; *Transavanguardia*, in «Art e Dossier», n. 183 Firenze, Giunti, 2002; *Architettura del XX Secolo*, Köln, Taschen, 2004; *Art of the 20th Century*, vol. I, Köln, Taschen, 2004; *Art of the 20th Century*, vol. II, Köln, Taschen, 2004; *Design del XX Secolo*, Köln, Taschen, 2004; L. Emmerling, *Jackson Pollock*, Köln, Taschen, 2004; B. Hess, *De Koonig*, Köln, Taschen, 2004; K. Honnef, *Pop Art*, Köln, Taschen, 2004; *Les maîtres de la peinture*, Köln, Taschen, 2004; D. Marzona, *Minimal Art*, Köln, Taschen, 2004; *Art Now*, vol. II, Köln, Taschen, 2005; W. Guadagnini, *Pop Art in Italia*, Milano, Silvana Editoriale, 2005; B. Hess, *Espressionismo Astratto*, Köln, Taschen, 2005; a cura di L. Vergine, *D'ombra*, catalogo della mostra (Siena, Centro arte contemporanea Palazzo delle Papesse, 14 ottobre 2006 – 7 gennaio 2007), Cinisello Balsamo, Silvana Editoriale, 2006; M. De Sabbata, *Burri e l'informale*, Milano-Firenze, «Il Sole 24 ore» – E-Ducation.it, 2008; G. Sirch, *Warhol e la Pop Art*, Milano-Firenze, «Il Sole 24 ore» – E-Ducation. it, 2008; *Gerhard Richter e la dissolvenza dell'immagine nell'arte contemporanea*, catalogo della mostra (Firenze, Centro di Cultura Contemporanea Strozzina, 20 febbraio – 25 aprile 2010), Firenze, Alias, 2010.